Arthur Rubinstein

Mein glückliches Leben

S. Fischer

Übersetzung aus dem Englischen
von Günther Danehl

© 1980 Arthur Rubinstein
Deutsche Ausgabe:
© 1980 S. Fischer Verlag GmbH, Frankfurt am Main
Die amerikanische Originalausgabe
erschien 1980 unter dem Titel ›My many Years‹ als Borzoi Book
bei Alfred A. Knopf Inc., New York
Umschlagentwurf: Rambow, Lienemeyer, van de Sand
unter Verwendung eines Fotos von Nomi Baumgartl
Satz: Bauer & Bökeler Filmsatz KG, Denkendorf
Druck: Gutmann, Heilbronn
Einband: G. Lachenmaier, Reutlingen
Printed in Germany 1980
ISBN 3 10 067602 5

*Meiner hingebungsvollen Freundin und Gefährtin Annabelle
in Liebe und Dankbarkeit gewidmet*

Vorwort

Dieser zweite Band meiner Lebenserinnerungen ist für mich ein recht seltsames Abenteuer geworden. Ich konnte ihn nicht mit der Hand schreiben, sondern mußte ihn diktieren, und das wäre unmöglich gewesen ohne die unschätzbare Hilfe von Tony Madigan, der anfangs einen großen Teil meines Diktats geduldig aufnahm, und dessen Arbeit dann von Annabelle Whitestone fortgesetzt wurde, die das Manuskript nicht nur schrieb, sondern deren stilistischer Fertigkeit ich es hauptsächlich danke, daß ich zwei Jahre lang bei dieser schweren Arbeit aushielt, die mein Gedächtnis aufs äußerste strapazierte. Denn alles, was hier steht, sind Erinnerungen, die ich in meinem Gedächtnis bewahre; über Dokumente oder andere Hilfsmittel verfüge ich nicht. Ich möchte also den beiden Mitautoren dieser umfangreichen Autobiographie ausdrücklich meinen Dank abstatten. Wie immer man auch den literarischen Wert des Buches beurteilen mag, die Tatsache, daß ich es zu Ende gebracht habe, hat mir neuen Lebensmut gegeben und läßt mich im reifen Alter von dreiundneunzig Jahren das Leben mehr lieben denn je.

Erster Teil

Das Land der Verheißung –
Südamerika und
das Ende des Ersten Weltkrieges

Kapitel 1

Der Erste Weltkrieg hat mein Leben von Grund auf verändert. Nach der Machtübernahme durch die Bolschewiki in Rußland war ich ein Mann ohne Vaterland, denn der Teil Polens, in dem ich geboren bin, gehörte ehedem zum Reich des Zaren.

Bei Kriegsausbruch befand ich mich gerade in London. Ich reiste sofort nach Paris, um mich einer dort aufgestellten Polnischen Legion anzuschließen, aber der Zar widerrief seine Genehmigung der Legion, und ich mußte nach London zurückkehren. Dank einer Verkettung glücklicher Zufälle wurde ich aufgefordert, in San Sebastián für einen zum Kriegsdienst einberufenen französischen Pianisten einzuspringen. Dieses Konzert während der Sommersaison in dem spanischen Badeort wurde der Beginn meiner eigentlichen Karriere. Das spanische Konzertpublikum, die Presse, ja die königliche Familie schlossen mich sogleich in ihr Herz, denn sie sahen in mir den einzigen authentischen Interpreten spanischer Musik. So verbrachte ich denn die ersten beiden Kriegsjahre in Spanien, spielte in fast allen Städten vor ausverkauften Häusern, ohne freilich je das nagende Schuldgefühl loszuwerden, meinen Erfolg wenigstens zum Teil dem Umstand zu verdanken, daß der Krieg andere Pianisten daran hinderte, hier aufzutreten.

1917, ich war unterdessen dreißig geworden, drang mein in Spanien erworbener Ruf bis nach Lateinamerika, und man bot mir ein beträchtliches Honorar für eine Konzertreise. Begleitet von meinem Agenten Ernesto de Quesada, der sich bereit fand, für die gesamte Dauer der Tournee mein Sekretär zu sein, machte ich die Überfahrt auf dem Dampfschiff ›Infanta Isabel‹.

Die erste Berührung mit Argentinien, das für mich das Land der Verheißung sein sollte, war alles andere als verheißungsvoll. Spät abends liefen wir in Buenos Aires ein, wurden von einem Beauftragten Faustino da Rosas, des berühmten Impresarios des Teatro Colón und des Odeón, in Empfang genommen und ins beste Hotel am Platze geleitet, das Plaza.

Soweit so gut, doch Regina Badet, eine reizende französische Schauspielerin, die mir während der Überfahrt aufs charmanteste Gesellschaft geleistet hatte – unser Steward ließ sich durch ein handfestes Trinkgeld überreden, die Verbindungstür zwischen unseren Kajüten aufzuschließen –, wollte unbedingt die letzte Nacht vor ihrer Weiterreise nach Chile mit mir verbringen, und daraus wurde eine echte Farce. Im Plaza fand ich ein behagliches Zimmer vor, das außer einem Bett auch ein Sofa enthielt, und Regina besuchte mich. Doch das Telefon machte diesem Idyll unerwartet ein Ende. »Die Dame muß augenblicks Ihr Zimmer verlassen«, hörte ich den Geschäftsführer sagen. »Unverheiratete Paare dürfen hier nicht das Zimmer teilen.«

Ich fuhr in meine Kleider, rannte nach unten und erklärte dem Manager, meine Freundin werde bereits am folgenden Morgen weiterreisen, was ihm aber keinerlei Eindruck machte. Also überließ ich notgedrungen Regina mein Zimmer und bekam statt dessen eines jener Kämmerchen zugewiesen, welche das Hotel für herrschaftliche Diener bereithielt. Dort verbrachte ich nach einem tränenreichen Abschied von Regina eine schlaflose und wahrlich qualvolle Nacht, denn das winzige Gelaß hatte weder ein Fenster noch fließendes Wasser. Zum Glück währte diese Pein nicht ewig, denn Regina mußte schon früh zum Bahnhof, und ich begleitete sie.

Kaum wieder in meinem behaglichen Hotelzimmer installiert und sehr des Schlafes bedürftig, wurde ich abermals vom Telefon geweckt. Diesmal war Quesada dran, der in einem anderen Hotel wohnte. »Sie müssen sich fertigmachen. Zwei Herren erwarten Sie, die im Auftrag von da Rosa Ihre Konzertprogramme festlegen wollen.« Nach einer knappen Stunde betraten in seiner Begleitung zwei junge Männer mein Zimmer. »Haben Sie Ihre Programme bereit?« hieß es, »wir brauchen sofort drei für eine Serie von sechs Abonnementkonzerten.« Als ich sagte, die könnten sie am Nachmittag bekommen, erhielt ich die Antwort: »Nein, am Nachmittag müssen wir die Zeitungsredaktionen besuchen.« Als sie mein Befremden spürten, wollten sie mich beschwichtigen. »Es sind insgesamt nur fünf.« Worauf ich verdutzt erwiderte: »Dazu brauchen Sie mich doch nicht, die Programme können Sie wohl selber abliefern.«

»Keineswegs. Diese Besuche sind ungemein wichtig. Ausländische

Solisten müssen sich vor ihrem ersten Auftreten unbedingt der Presse vorstellen.«

»Soll das heißen, Sie erwarten, daß ich mich bei denen Liebkind mache? Das habe ich noch nie getan, und ich gedenke nicht, hier damit anzufangen.«

»Sogar Caruso hat das tun müssen!« riefen sie empört.

»Ich bin zwar nur ein bescheidener Pianist«, entgegnete ich, »aber mein Stolz verbietet mir nun einmal, vor den Potentaten der Presse auf dem Bauch zu kriechen.«

Nun entstand ein Tumult, wir vier suchten einander zu überschreien, und zu meiner Erbitterung schlug Ernesto sich auf die Seite meiner Gegner. Als sie jedoch sahen, daß ich allmählich in eine wahre Wut geriet, mäßigten sie ihren Ton. »Bitte, Don Arturo, machen Sie wenigstens ›La Nación‹ einen Besuch, das ist unser bedeutendstes Morgenblatt, und Don Luis Mitre, der Eigentümer und Herausgeber, ein echter Musikliebhaber. Er wird Sie gewiß mit Freuden empfangen.«

Der Name Mitre ließ mich stutzen. »Mitre, Mitre, den Namen kenne ich doch?« Richtig! Vor meiner Abreise aus Madrid war ich fast täglich mit Manuel de Falla und der berühmten Zigeunersängerin und -tänzerin Pastora Imperio zusammen gewesen. Sie trat damals in de Fallas ›El Amor brujo‹ (›Liebeszauber‹) auf, und nach der Vorstellung pflegten der Komponist und ich sie ins Mallorquina auszuführen, das für seine heiße Schokolade berühmt war. Pastora war meist in Begleitung eines ganzen Schwarmes armer Verwandter, und ich machte den Gastgeber.

Weil sie überzeugt war, jeder Mann, der in ihre Nähe kam, müsse sich unfehlbar in sie verlieben, blickte sie mich häufig mitleidig an und murmelte dabei: »*Tsk, tsk, pobrecito de mi alma.*« Bei unserem Abschiedsmahl schenkte sie mir ein Kettchen mit einer Medaille des hl. Christophorus und reichte mir einen Brief mit der Bemerkung: »Übergib diesen Brief einem sehr sehr lieben Freund von mir, der wird dir sehr von Nutzen sein in deiner Laufbahn.« Weil ich Empfehlungsbriefe nicht leiden kann, lehnte ich anfangs ab, doch sie drängte ihn mir förmlich auf, so daß ich ihn schließlich nahm, allerdings mit dem Vorsatz, ihn niemals abzugeben. Dieser Brief also war an einen Don Luis Mitre gerichtet. Wegen Pastoras miserabler Rechtschreibung hätte ich mich aber geschämt, ihn irgendwem zu zeigen.

Nun also stammelte ich bei der Erwähnung des Namens Mitre: »Meine Herren, Sie werden es nicht glauben, doch habe ich in meinem Gepäck einen Brief, der an einen Herrn dieses Namens adressiert ist.« Als sie schmunzelnd fragten: »Von wem stammt der Brief?« erwiderte ich lachend: »Von einer Flamencotänzerin, die meinte, der Brief könnte mir nützlich sein.« Die Herren lachten aber keineswegs, sondern fragten: »Und wie heißt die Dame?«
»Pastora Imperio.« Da waren sie wie vom Donner gerührt. »Was? Ein Wunder! Selbstverständlich handelt es sich um denselben Don Luis Mitre, er ist ganz vernarrt in Pastora Imperio und würde ihr zu Gefallen alles tun, wirklich alles! Geben Sie uns sofort den Brief, wir liefern ihn ab.« Ich kam aus dem Staunen nicht heraus; da war doch wieder jener deus ex machina am Werk, der so bestimmend in meinen frühen Jahren eingegriffen hatte.

Pastoras kindlicher Brief, der dem Adressaten ihren *pobrecito* aufs dringlichste ans Herz legte, bewirkte Erstaunliches. Mitre beauftragte den ersten Musikkritiker von ›La Nación‹, für die Titelseite einen wahren Hymnus auf Rubinstein zu schreiben, seine Triumphe in Spanien aufzuzählen und zu behaupten, daß man es hier gar nicht abwarten könne, ihn zu hören. José Ojeda, der Kritiker, gehorchte ohne Widerrede, und ich muß leider gestehen, daß ich es bei der Kritik ohne seine Einführung sehr viel schwerer gehabt haben würde.

Das erste Konzert fand am 2. Juli 1917 im Teatro Odeón statt. Das angebotene Abonnement für meine sechs angekündigten Konzerte war nur spärlich verkauft worden, ich war also verblüfft darüber, daß dieses elegante Theater recht gut besucht war, vor allem die Logenplätze – nach Auskunft von da Rosas Büro nur schwer zu verkaufen – waren mit dem elegantesten Publikum der Stadt gefüllt. Für mein Debüt hatte ich ein eklektisches Programm zusammengestellt, eine Toccata von Bach, eine Sonate von Beethoven, selbstverständlich Chopin, und einige meiner erfolgreichsten spanischen Stücke, darunter ›Navarra‹ von Albéniz, Ravels ›Ondine‹ aus ›Gaspard de la nuit‹, für Buenos Aires eine Erstaufführung, und den Beschluß machte die Zwölfte Rhapsodie von Liszt, ein verläßliches Bravourstück.

Man nahm die klassischen Sachen zurückhaltend auf – ich weiß nicht, ob meine Interpretation befremdete, oder ob das Publikum die Stücke nicht kannte. ›Ondine‹ blieb ohne Beifall, weil niemand genau wußte, wann das Stück zu Ende war, ›Navarra‹ indessen tat seine Pflicht, und die Rhapsodie wurde so stürmisch beklatscht, daß ich vier Zugaben spielen mußte. Der lauteste und herzlichste Beifall kam von den Schauspielern des Teatro Lara aus Madrid, die in den Kulissen standen und sich als meine standhaften Parteigänger fühlten; in Spanien hatte ich meine ersten wirklich großen Erfolge gehabt. Faustino da Rosa war ebenso zufrieden mit dem Ausgang meines Debüts wie mit der Kasse, aber wir erwarteten alle etwas beklommen die Kritiken, die ich mit klopfendem Herzen am nächsten Morgen beim Frühstück las.

Nach der Lektüre von Ojedas Artikel in ›La Nación‹ rief ich begeistert: »Pastora Imperio soll leben!«, doch war ich von den anderen Besprechungen recht enttäuscht. Laguardia von ›La Prensa‹, dem Konkurrenzblatt von ›La Nación‹, beispielsweise war bekannt dafür, daß er an ausländische Künstler besonders strenge Maßstäbe legte; er hatte es geschafft, daß Paderewski vor Beendigung seiner Tournee das Land verließ. Meinen Bach wie meinen Beethoven bezeichnete er als unreif, mein Chopin gefiel ihm schon besser, doch den Rest des Programms bezeichnete er als pure Effekthascherei vor der Galerie (!). Die anderen Kritiker waren weniger unfreundlich, aber keineswegs begeistert. An abfällige Kritik gewöhnt, machte mich das nicht besonders besorgt, indessen, die Mittagszeitung ›La Razón‹ brachte einen Verriß durch Miguel Mastrogianni, der meinen Agenten rundheraus Vorwürfe dafür machte, daß sie dem Publikum für so hohe Eintrittspreise einen so jungen, so unreifen Pianisten präsentierten. Die Herren berieten miteinander und verwiesen dann auf den Artikel in ›La Nación‹, wobei sie sagten: »Wir haben Ihnen doch ausdrücklich geraten, vorher bei der Presse Besuch zu machen.«

Ich versetzte stolz lächelnd: »Und doch bin ich froh darüber, es nicht getan zu haben.« Selbstverständlich fürchteten wir alle, daß mein nächstes Konzert, das fünf Tage später stattfinden sollte, schlecht besucht sein würde.

Zu meiner Überraschung erhielt ich kurz darauf eine in warmen Worten gehaltene Einladung der Witwe des sehr beliebten ehemaligen argentinischen Staatspräsidenten Manuel Quintana und eine weitere Einladung zum Diner bei dem Komponisten Maestro Alberto Williams, der mich, wie er schrieb, mit den bedeutendsten Musikern der Stadt bekannt machen wolle. Beide Einladungen imponierten meinen Managern sehr, und ich vermutete Luis Mitre dahinter. Dies war aber nicht der Fall. Señora de Quintana bewohnte mit zwei verheirateten Töchtern und vier schon erwachsenen Enkeln eine weitläufige Villa, und zu Gast war die Creme der Gesellschaft von Buenos Aires, die noch exklusiver war als die des Faubourg St. Germain in Paris. Bei den Alvear, Unzue, Gainza Paz, Miguel Martínez de Hoz, Anchorena Sánchez Elía war niemand zugelassen, der nicht »dazugehörte«. Sehr bald schon nach meiner Ankunft bei der Teegesellschaft von Señora de Quintana wurde deutlich, weshalb man mich gebeten hatte: David Moreno, der Gatte ihrer jüngsten Tochter, war dazumal argentinischer Gesandter in Madrid und gehörte zu meinen begeistertsten Zuhörern. Er fehlte in keinem meiner Konzerte. Seiner ihm etwas entfremdeten Gattin hatte er brieflich ans Herz gelegt, mich unbedingt zu hören und zu sehen, denn er schätze mich ganz ungemein. Man stellte mich bei dieser Gelegenheit auch der Marquesa de Salamanca vor, Tochter von Miguel Martínez de Hoz, dem Präsidenten des Jockey Clubs. Wer den ersten Teil meiner Autobiographie kennt, wird sich erinnern, was der Name Salamanca mir bedeutete – ich durfte sie ohne weiteres meine besten spanischen Freunde nennen, und das sind sie bis zum heutigen Tage geblieben. Auch der Marqués Luis de Salamanca hatte seine Frau brieflich aufgefordert, mich in seinem Elternhaus herzlich aufzunehmen. Wieder fand das schon bekannte Wunder statt: Die unzugängliche beste Gesellschaft von Buenos Aires, die sich nur selten bei Konzerten sehen ließ, besetzte nicht nur bei meinem Debüt die Logen, sondern auch bei allen weiteren Konzerten im Odeón. Das Abonnement für die Opernspielzeit war ein ungeschriebenes Muß und riß oft genug ein schmerzliches Loch ins jährliche Budget, und doch ließen sie mich im Odeón niemals im Stich.

Beim Empfang im Hause Quintana erbot ich mich, den Gästen vorzuspielen, was ich selten genug in meinem Leben getan habe, und als ich mich verabschiedete, sagte meine Gastgeberin: »Kommen Sie zu jeder Mahlzeit, wann immer es Ihnen beliebt, Ihr Gedeck liegt immer auf.« Diese beinahe achtzig Jahre alte Dame wurde mir eine mütterliche, stets teilnehmende Freundin, und ihr Andenken ist meinem Herzen teuer.

Der Komponist Alberto Williams war Schüler von César Franck und erregte dadurch allgemeine Aufmerksamkeit, daß er das erste Konservatorium von Buenos Aires gründete und nach sich selber benannte. Es wurde sehr gut besucht, ja, von Musikstudenten schier überlaufen. Im weiteren zeigte sich, daß Williams ein Gespür für Geld hatte, nicht unähnlich dem der großen Finanziers von Nordamerika; er beauftragte nämlich seine Meisterschüler damit, in den Provinzhauptstädten wie Rosario, Córdoba, Mendoza und anderen ›Alberto-Williams-Konservatorien‹ zu gründen, die Prozente an ihn abzuführen hatten. Bei meiner Ankunft in Argentinien bestand bereits ein wahres Imperium solcher Konservatorien. Dem Beispiel des geschickten Williams folgend, machten Pianisten, Geiger und andere Instrumentalisten – übrigens auch Sänger –, praktisch an jeder Straßenecke ihre eigene Musikschule auf, die sie dann nach Verdi, Mozart, Bach, ja sogar nach Caruso nannten. Pablo Casals und Harold Bauer, die etliche Jahre vor mir in Buenos Aires gastiert hatten, nannten es eine »Konservatropolis«. Wenige Jahre später widerfuhr mir die hohe Ehre, daß in Belgrano, einer Vorstadt von Buenos Aires, ein »Conservatorio Arturo Rubinstein« gegründet wurde.

Maestro Williams, ein schon älterer grauhaariger Herr mit ausgeprägten Gesichtszügen, empfing mich in seinem luxuriösen Heim aufs herzlichste. Er äußerte sich sehr freundlich über mein Konzert. Unter den Gästen befanden sich auch Mastrogianni von ›La Razón‹ und José Frías, ebenfalls Musikkritiker, der mein Konzert eher abfällig beurteilt hatte. Die übrigen Gäste waren Lehrer am Konservatorium des Gastgebers, etliche Berufsmusiker und Amateure von Ruf. Ein recht häßlicher Mensch von Mitte vierzig begrüßte mich mit einem mörderischen deutschen Akzent: »Willkommen, lieber Kollege, auch ich bin ein Schüler von Barth. Ich betreibe ein Konservatorium (wie denn auch nicht!) und Sie müssen es sich ansehen.« Dieser Herr hieß Ernesto Drangosch.

Seine Aufforderung fand ich wenig verlockend, doch ließ dieser aufdringliche Kollege mich nicht mehr aus den Klauen. Alle übrigen Gäste waren liebenswürdig und sehr verbindlich in ihrem Betragen. Man speiste an kleinen Tischen, und der Gastgeber brachte einen Toast auf mich aus. Beim Kaffee fragte mich Williams' Professor für die Geigenklasse, ob ich nicht Lust hätte, etwas vorzuspielen. Ich schlug nun meinerseits eine Duo-Sonate vor. Darauf ging er gern ein.

»Was schlagen Sie vor?« fragte er.

»Warum versuchen wir's nicht mit der Kreutzersonate?« Don Alberto gestand mir mit Bedauern, daß er die Noten nicht im Hause habe. »Noten für Piano und Violine sind nur im Konservatorium.« »Können Sie nicht auswendig spielen?« fragte ich den Geiger, dem bei diesem Ansinnen sichtlich beklommen zumute wurde. »Nun ... probieren kann ich es ...« Er holte sein Instrument; augenscheinlich war er darauf vorbereitet, etwas vorzuspielen. Die Gäste sammelten sich erwartungsvoll, wenn auch nicht ohne einige Skepsis um uns. Es kam mir sehr zustatten, daß ich so häufig mit meinem lieben Freund Paul Kochanski Duosonaten gespielt hatte, und ich traf es insofern recht glücklich, als der Geiger seine Sache verstand und mit Sorgfalt und viel Einfühlungsvermögen spielte. So bewältigten wir die ganze Sonate recht gut, und die Zuhörer applaudierten denn auch kräftig. Daraufhin wagte ich es, meinem Partner die d-moll-Sonate von Brahms vorzuschlagen, mein Lieblingsstück. Richtig, auch ihm war sie lieb und vertraut, und wir spielten sie mit viel Bravour, ganz wie in einem öffentlichen Konzert. Mastrogianni und Frías gaben sich total geschlagen, sie entschuldigten sich dafür, mich einen oberflächlichen Blender genannt zu haben, und zählten fortan zu meinen wärmsten Fürsprechern. Der liebe Kollege Drangosch wurde grün vor Neid. »Sie müssen unbedingt noch etwas spielen«, verlangte er und nannte eine Sonate von Schubert. Als ich ablehnte, kehrte seine normale Gesichtsfarbe zurück.

Dieser Abend war für mich insofern von Bedeutung, als ich hinfort Kritik und »Kenner« auf meiner Seite hatte. Blieb nur noch ein junger Kritiker, der für eine unbedeutende Wochenzeitschrift schrieb. Auch er tadelte die Veranstalter schroff dafür, daß sie unverschämte Eintrittspreise für die Konzerte eines unbegabten Pianisten forderten, der es noch dazu wage, sich nach dem göttlichen Paderewski hören zu lassen. Seine alberne Attacke fand wenig Aufmerksamkeit, sie reizte allerdings meine Spanier vom Teatro Lara zu den wildesten Beschimpfungen, ja zu Morddrohungen. Bei meinem nächsten Konzert indessen wurde er anderen Sinnes und betrat während der Pause meine Garderobe; schon an der Tür rief er breit lächelnd: »Hoy sí!« (Heute ja!) was ihm aber insofern wenig nützte, als drei oder vier Schauspieler vom Lara ihn mit dem sprichwörtlichen spanischen Nachdruck weichklopften und unter den anfeuernden Rufen »Hoy sí für dich, du Halunke!« auf die Straße warfen. Andere Beschimpfungen, die sie ihm nachriefen, sind leider nicht druckreif.

Kapitel 2

Ernesto de Quesada versicherte mir nun strahlend, die Schlacht um Buenos Aires sei gewonnen. Die folgenden Konzerte waren gut besucht, eines sogar ausverkauft. Meine Programme waren für die damalige Zeit schon recht gewagt, denn sie enthielten Kompositionen von Karol Szymanowski, Prokofieff, Skriabin, Medtner, Ravel und nicht zuletzt ›Iberia‹ von Albéniz, lauter unbekannte Stücke für diese dem Klavier sehr zugetane Stadt.

Das Haus Quintana wurde mir unterdessen eine zweite Heimat. Ich war dort beinahe täglich zum Mittagessen, und die Marquesa Nena de Salamanca lud mich häufig zum Diner ein.

Mit dem sechsten Konzert hatte ich den Vertrag mit dem Schokoladenfabrikanten erfüllt, abgesehen von vier weiteren in Montevideo im Teatro Solís. Von Buenos Aires kam man nur zu Schiff in die uruguayische Hauptstadt; täglich um 22 Uhr legte ein großes Dampfschiff mit winzigen Kajüten für je eine Person von Buenos Aires ab, das Gegenschiff verließ gleichzeitig Montevideo, und beide langten anderntags früh um sieben an. Bei der ersten Überquerung des Río de la Plata waren Quesada und ich seekrank; es war wie eine Kanalüberquerung, nur schlimmer. Das erste Gesicht, das ich beim Anlegen erblickte, war das vertraute von Wilhelm (Guillermo) Kolischer, einem polnischen Pianisten, der auch bei meinem Professor Barth studiert hatte und mit dem ich in Berlin oder Krakau ganze Tage zu verbringen pflegte, wenn wir uns zufällig begegneten. Er war in Begleitung von Freunden, lauter jungen Musikern, darunter der Komponist und Geiger Eduardo Fabini und der Geiger Joaquín Mora, der mit Paul Kochanski in Brüssel das Zimmer geteilt hatte, als beide dort studierten. Jedesmal, wenn ich wieder nach Montevideo kam, war ich in Gesellschaft Kolischers und seiner Freunde.

In Montevideo herrschte eine ganz andere Atmosphäre als in Buenos

Aires. Uruguay rühmte sich damals, das freieste und demokratischste Land der Welt zu sein. Man machte keine Rassenunterschiede, und seit Kriegsbeginn hatte der Wert des Pesos sich verdoppelt. Es gab dort zwar längst nicht so viele Konservatorien wie in Buenos Aires, doch das Publikum war aufgeschlossener für Musik als das argentinische. Der Leiter des Teatro Solís machte den schönsten Gebrauch von all dem Werbematerial, das Quesada aus Spanien mitgebracht hatte, und nicht zuletzt dank dem Wirken meiner neuen Freunde, der bedeutendsten Musiker des Landes, war mein erstes Konzert ausverkauft. Ich spielte dasselbe Programm wie bei meinem Debüt im Odeón, doch der donnernde Applaus, die Rufe nach Zugaben und andere Begeisterungsausbrüche waren so massiv, daß mir der Verdacht kam, meine neuen Freunde könnten das alles arrangiert haben. Dies um so mehr, als ich nach dem Verlassen des Theaters von meinen Freunden und jungen Musikstudenten auf den Schultern über die Plaza Independencia ins Hotel getragen wurde. Als ich dann beim Essen, getrieben von meinem angeborenen Mißtrauen, Kolischer fragte, ob etwa mein Impresario diesen Trubel organisiert habe, lachte er nur: »Mein Lieber, hier in Uruguay würde sich jeder lieber ins Gefängnis stecken lassen, als sich zum Claqueur zu erniedrigen.« Da erst erlaubte ich mir, diesen Erfolg so recht von Herzen zu genießen. Ich habe in späteren Jahren oft in Montevideo gastiert und jedesmal die gleiche Begeisterung erfahren – nur mußte ich später zu Fuß ins Hotel gehen, denn die jungen Leute wurden älter und ich nicht gerade leichter.

Zwei Wochen später hatte ich das letzte der vier Konzerte gegeben und war wieder in Buenos Aires. Ernesto de Quesada eröffnete mir nun eines schönen Morgens: »Von jetzt an müssen Sie sich selber um Konzerte bemühen. Sollen wir nach Spanien zurückfahren? Allerdings meine ich, daß es hier viel mehr zu verdienen gibt. Ich habe einen Brief von Renato Salvati, dem Operndirektor in Santiago de Chile, der möchte, daß Sie dort ein Konzert geben.« Ich beriet mich nun vorsichtshalber mit Don Luis Mitre, Señora Susana de Quintana und dem mir befreundeten Martínez de Hoz, die mir alle versicherten, ich stünde erst am Anfang meiner Erfolge. Señor Martínez de Hoz meinte: »Sie können noch wesentlich mehr verdienen, mein Freund. Zunächst einmal könnten Sie im Jockey Club konzertieren, und ich garantiere Ihnen dafür 20000 Pesos Einnahme.« (Das waren damals etwa 10000 Dollar.) Ernesto entfaltete seine wahre Begabung als Manager, je intensiver wir beratschlagten. Hatte er sich bislang ziemlich gleichgültig verhalten, so entwickelte er nun die fieberhafteste Tätigkeit. Er schloß über drei Konzerte in Santiago und über zwei in Valparaíso ab, bereitete vier weitere Konzerte im Teatro Odeón vor, und zwar mit einer Beteiligung an den Einnahmen, was für mich wesentlich vorteilhafter war. Für Montevideo kündigte er einfach drei weitere Konzerte an, und gleich nach dem ersten erwartete mich dort eine angenehme Überraschung. Als es morgens im Hotel an meiner Tür klopfte und ich in Erwartung des Frühstücks »Adelante!« rief, platzte das gesamte Diaghilev-Ballett in mein Zimmer. Nun, das ist selbstverständlich übertrieben: es waren nicht alle, nur die besten. Meine lieben Freunde und Kumpane aus den unvergessenen Tagen von San Sebastián waren erst diesen Morgen zu Schiff eingetroffen. Die reizende Lydia Lopoukhova, später mit John Maynard Keynes verheiratet, setzte mich über den neuesten Klatsch ins Bild und berichtete von dem kuriosen Vertrag, der das Ballett nach Südamerika gebracht hatte. Die Colón-Oper wollte unbedingt Diaghilevs Ballett engagieren, denn es fehlte an Attraktionen. Der Krieg ließ viele berühmte Sänger und Dirigenten vor der Schiffsreise zurückschrecken. Diaghilev nun benötigte dringend Geld, um seine Truppe beisammenzuhalten, doch das Colón lehnte einen anderen Ersten Tänzer als Nijinsky ab, und wie man weiß, hatten Diaghilev und Nijinsky miteinander gebrochen. Das war nun eine üble Kalamität, denn nicht nur mußte Nijinsky zur Teilnahme gewonnen werden, man mußte ihn auch irgendwie aus Feindesland hinausbugsieren – aus Ungarn nämlich, der Heimat seiner Frau. Das gelang denn auch nach umständlichen diplomatischen Bemühungen, und der bereitwillige Nijinsky kam nach Argentinien. Dafür aber zogen Diaghilev und sein neuer Star Massine es vor, in Europa zu bleiben. Immerhin war als Dirigent wieder mein alter Freund Ansermet dabei. Selbstverständlich fand ich das alles höchst aufregend, Nijinsky kannte ich schon aus London, und war vor meiner Abreise nach Buenos Aires oft mit ihm zusammen gewesen. Ich erinnere mich, ihn zu den berühmten baskischen Pelota-Spielen mitgenommen zu haben, wo die Sprünge und Läufe der Mitspieler ihn so erregten, daß er einmal buchstäblich vom Stuhl fiel. »Das sind ja die geborenen Tänzer!« schrie er, »ich würde sofort mitmachen, wenn ich dürfte!«

»Laß das lieber«, warnte ich ihn, »der kleine Ball ist tödlich, wenn er richtig trifft.« Als ich ihn zum Stierkampf mitnehmen wollte, blieb er am Eingang zur Arena stehen, erbleichte und flüsterte: »Laß uns umkehren, ich kann das nicht mitansehen.« Damals bemerkte ich erstmals in seinem Blick Anzeichen der Geisteskrankheit.

Die Ballettabende in der Oper von Buenos Aires, wohin ich zu meinen nächsten vier Konzerten zurückfuhr, genoß ich schwelgerisch; man gab alle meine Lieblingsstücke: ›Schéhérezade‹, ›Petruschka‹, ›L'Après-midi d'un faune‹, ›Les Sylphides‹, ›Le Spectre de la Rose‹ – leider ohne meine geliebte Karsawina – und die Tänze aus ›Fürst Igor‹. Tagsüber war ich viel mit dem nicht nur ungemein charmanten, sondern auch höchst gescheiten Ansermet zusammen und machte ihn mit wichtigen Leuten bekannt, die ihm nützlich sein konnten; er freundete sich mit Victoria Ocampo an, die auch heute noch als Argentiniens bedeutendste Intellektuelle gilt.

Eines Abends kam es im Colón zu einem unerfreulichen Zwischenfall. Die erste Nummer war ›L'Après-midi d'un faune‹, wo nach den einleitenden Takten der Vorhang sich über einer griechischen Landschaft hebt, in der Nijinsky im spärlichen Kostüm des Fauns zu erscheinen hatte. Ansermet dirigierte besser denn je, der Vorhang hob sich, Nijinsky war nicht zu erblicken. Das Orchester spielte nichtsahnend weiter, doch hörte man aus dem Bühnenhintergrund heftigen Streit, und der Vorhang fiel. In den Kulissen spielte sich unterdessen ein Drama ab; Nijinsky weigerte sich ganz unvermittelt aufzutreten – mag sein, es überkam ihn eine Hemmung wie damals vor der Stierkampfarena –, und niemand, weder der Bühnenmeister, noch seine Kollegen, noch seine Frau konnten ihn umstimmen. Nun gibt es in spanischsprechenden Ländern ein Gesetz, das jeden Darsteller zwingt aufzutreten, selbst wenn er keine Gage bekommen hat, und folglich rief man nach der Polizei. Der Zuschauer, der sein Eintrittsgeld hinterlegt hat, muß dafür auch etwas geboten bekommen. Mit zwei Polizisten konfrontiert, rannte der entsetzte Nijinsky auf die Bühne und tanzte so herrlich wie nie.

Als die Spielzeit des Balletts endete, verabschiedete ich mich mit Küssen und Umarmungen von den vertrauten Gefährten. Nijinsky und seine Frau allerdings reisten nicht ab, was mich sehr überraschte. Madame Nijinska suchte mich wenige Tage später auf, in einer wichtigen Angelegenheit, wie sie sagte. »Sie müssen uns einen großen Gefallen tun. Vaslav und ich sind in Schwierigkeiten, weil wir nur ungarische Pässe haben, mit denen wir jetzt im Krieg nicht in Länder der Westmächte einreisen können. Nun hat uns der englische Gesandte in Uruguay englische Pässe versprochen, falls Vaslav zugunsten des Roten Kreuzes in Montevideo auftritt. Er würde selbstverständlich gern auftreten, hat aber kein Solorepertoire und könnte höchstens vom Klavier begleitet die drei Tänze aus ›Les Sylphides‹ geben. Wären Sie wohl so lieb, bei dieser Veranstaltung mitzuwirken, damit wir zurückkönnen nach Europa?« Und sie sah mich mit flehenden Blicken an.

Das war nun der denkbar ungelegenste Moment insofern, als Quesada soeben das Abonnement für meine nächsten Konzerte in Montevideo aufgelegt hatte, und wenn ich zuvor auf einem Galaabend gegen hohes Eintrittsgeld auftrat, mochten die Logenplatzhalter meinen folgenden Konzerten fernbleiben. Als ich Quesada sagte, was man von mir wünschte, traf ihn beinahe der Schlag. »Das wäre ja Irrsinn! Es könnte unser Ruin sein!«

Ich rede nicht gern von meiner Gutherzigkeit, muß aber hier sagen, daß ich es wirklich nicht fertigbrachte, einen großen Künstler und Landsmann im Stich zu lassen; auch ertrug ich den flehenden Ausdruck in den Augen seiner Frau nicht, versprach also, aufzutreten, jedoch wolle ich nur drei kleine Stücke spielen, zwei spanische Kompositionen und einen Walzer von Chopin.

Abends vor dem Galakonzert schiffte ich mich nach Montevideo ein, trank im Hotel rasch Kaffee und ging aufs Zimmer, mich von der scheußlichen Überfahrt zu erholen. Schon unterwegs vom Hafen herauf waren mir zahlreiche Plakate aufgefallen, die in der Mitte ein großes Rotes Kreuz zeigten, darüber und darunter stand NIJINSKY-RUBINSTEIN und RUBINSTEIN-NIJINSKY. Ein solcher Aufwand an Reklame war mir zuvor nicht zu Gesicht gekommen. Um neun bereits klopfte ein junger Mensch bei mir an und entschuldigte sich für die unzeitige Störung damit, daß er mir das Programm vorlegen und hören wolle, ob alles richtig gedruckt sei. Das Programm hatte den Umfang eines kleinen Buches, war eine rechte Anzeigenplantage, und die Seite mit dem Programm kaum zu finden. Als ich sie entdeckte, packte mich das Entsetzen. »Mehr haben Sie nicht?« rief ich.

»Nein«, antwortete er arglos. »Das Komitee wollte nur die beiden Berühmtheiten Rubinstein und Nijinsky vorstellen.«

Ich sprang aus dem Bette und fuhr in meinen Schlafrock. »Das ist ja der bare Wahnsinn«, sagte ich und deutete auf die Seite mit dem Programm. »Was Sie hier haben, füllt knappe zwanzig Minuten! Was stellen Sie sich unter einem Galaabend vor?« Das wußte er nun nicht, er verstand gar nicht, was ich meinte. »Jetzt gehen Sie auf der Stelle zu Ihrem Komitee und richten aus, daß es einen furchtbaren Skandal geben wird, wenn nicht noch andere Künstler an dieser Veranstaltung mitwirken.«

Er ging, ich kleidete mich eilig an, ging in die Halle und wartete das Weitere ab. Keine halbe Stunde, und es erschienen drei Damen. »Wir haben die Veranstaltung beschlossen, aber nichts mit dem Programm zu tun. Das haben wir dem Drucker gegeben, ohne es vorher anzusehen.«

Nun erklärte ich kalt, ich gedächte nicht an einer derartigen Galaveranstaltung teilzunehmen. Das brachte die Damen außer sich. »Unmöglich!« riefen sie, »der Staatspräsident kommt, alle Gesandtschaften haben Logen gemietet, das Haus ist ausverkauft, und die Stadt redet von nichts anderem. Irgendwie müssen Sie uns doch helfen können?«

Mir war von Anfang an klar, daß ich das Opfer dieser Affäre werden würde. »Also gut, wenn es denn sein muß, spiele ich statt der kleinen Stücke den ersten Teil eines Konzertprogramms. Dann kommt eine längere Pause, und Nijinsky absolviert anschließend seine drei Chopintänze. Dann wieder eine längere Pause, und ich mache den Schluß mit dem zweiten Teil eines Abendprogramms.« Notgedrungen kritzelte ich auf einen Zettel die Titel von Stücken, die ich spielen konnte, ohne meine Abonnementskonzerte allzusehr zu gefährden. Die Damen wollten mir die Hände küssen und zogen sich zurück, während ich meinerseits aufs Zimmer ging, in der Absicht, endlich etwas Schlaf zu finden und dieses neuerliche Mißgeschick zu verwinden. Doch schon nach zehn Minuten präsentierte sich erneut jener junge Mensch, der mich im Auftrag der Damen fragte, ob ich etwas dagegen habe, daß die Stadtkapelle vor Beginn des Konzertes und während der Pausen die Nationalhymnen befreundeter Länder spiele? Dagegen hatte ich nichts, und er verschwand freudestrahlend. Nun verging eine halbe Stunde, bevor neue Besucher eintrafen, diesmal zwei Damen. Die hatten einen Geistesblitz gehabt: »Nijinskys Auftritte sind doch sehr kurz, und da haben wir gedacht, einer unserer jungen Dichter könnte zuvor einen Essay betitelt ›Der Tanz‹ zur Verlesung bringen, den er eigens dafür verfaßt hat.« Weil ich derartige öffentliche Lesungen nicht sehr schätze, stimmte mich der Vorschlag nicht froh, doch mochte ich die Damen nicht enttäuschen, die sich jetzt sichtlich große Mühe gaben.

Abends war alles festgelegt, das neue Programm gedruckt und ich kleidete mich um und ging ins Theater. Meine Garderobe war der Nijinskys benachbart, und ich hörte, wie er dort seine mächtigen Sprünge übte, die den Boden unter meinen Füßen erbeben ließen. Pünktlich um halb zehn nahmen der Präsident und die Diplomaten in den Logen Platz, die Stadtkapelle schmetterte die uruguayische Nationalhymne und gleich anschließend auch noch die englische und die französische. Alsdann war ich an der Reihe, spielte eine Beethoven-Sonate und zwei kleinere Stücke, was insgesamt eine halbe Stunde füllte. Man applaudierte stark, ich verbeugte mich, ging in die Garderobe. Und schon klopfte es; ein eleganter älterer Herr, der sich als der französische Gesandte zu erkennen gab, teilte mir mit: »Monsieur, ich muß Ihnen eine unangenehme Eröffnung machen: der bedauernswerte Nijinsky klagt über Schmerzen im Fuß, und er bittet Sie, nach der Pause den zweiten Teil Ihres Programms zu spielen, damit er Zeit hat, für seinen Auftritt Kräfte zu sammeln.« Das nahm ich nun gar nicht gut auf, vielmehr versetzte ich empört: »Daß ich mein Programm so erweitert habe, ist bereits ein erhebliches Zugeständnis, und ich gedenke nicht, anstelle Nijinskys vor ein enttäuschtes Publikum zu treten.« Der Gesandte insistierte, er flehte förmlich, er gab nicht auf. »*Le pauvre Nijinsky est dans un état terrible. Il est si nerveux que je crains qu'il pourrait décider de ne pas danser de tout.*« (»Der arme Nijinsky ist in einem schrecklichen Zustand, er ist so nervös, daß ich fürchte, er weigert sich, überhaupt aufzutreten.«)

Wieder gab ich nach, allerdings unter Vorbehalt: »Man muß dem Publikum von der Bühne erklären, daß ich mich dankenswerterweise bereit erklärt habe, schon jetzt aufzutreten, um Nijinsky einen Gefallen zu tun.« Der Gesandte ergriff meine Hand und ging ab, um den geeigneten Sprecher zu suchen.

Auf der Bühne drängten sich eine Horde junger Wichtigtuer mit der Schleife des Galakomitees am Rock; sie verkauften die überteuerten Programme. Als der französische Gesandte jedoch einen von ihnen bat, vor das Publikum zu treten und die Programmänderung zu begründen, zerstoben sie wie die Ratten. In den spanischsprechenden Ländern findet man nämlich so leicht niemanden, der bereit wäre, unvorbereitet vor ein Publikum zu treten, und der Gesandte bemerkte denn auch nur achselzuckend: »Sehen Sie selber, es ist unmöglich.« Diesmal allerdings blieb ich fest, und es drohte eine Krise. Der Franzose beriet sich nun mit seinem englischen Kollegen, einem recht absonderlichen Burschen, der erstaunlich dem Don Quijote glich und bereitwillig versetzte: »Na, was denn, das ist keine Affäre, ich mache das selber.«

Er trat also vor den Vorhang, das Publikum wurde still, und dieser Engländer sagte ungefähr folgendes, wobei er nach jedem Halbsatz laut lachte: »Nijinsky ... con los Füße ... Hoho!« Und er patschte sich auf die Sohlen. »Nada nada« er wedelte beschwichtigend mit den Armen. »Ballett geht weiter, aber ahora« – er lachte wieder und mimte einen Pianisten, »Rubinstein, ho, ho.« Ich ahne nicht, ob jemand ihn verstanden hat, doch dieser reizende Herr sagte strahlend: »Sie sehen, das ist alles ganz einfach. Jeder hat mich verstanden.« Nun gewann mein angeborener Sinn für Humor zum Glück die Oberhand und ich lachte ebenfalls schallend.

Es klingelte zum zweiten Teil des Abends, die Stadtkapelle spielte weitere Nationalhymnen – ich ahnte nicht, welche, mag sein die Belgiens, Japans oder Italiens –, jedenfalls es waren drei, und das Publikum hörte sie stehend an. Gerade wollte ich auf die Bühne, als ich dort eine Geige und ein Klavier hörte. Ich blinzelte total perplex durch die Kulisse und erblickte einen Geiger, der Kaffeehausstückchen vom Blatt spielte, am Flügel von einem Herrn gleichen Kalibers begleitet. Auf meine Frage, was dies denn zu bedeuten habe, wurde mir die Auskunft zuteil: »Sie haben doch befürchtet, das Programm wird zu kurz, also hat man den Geiger aus dem Café nebenan gebeten, auch etwas beizutragen.«

Nun reichte es mir, und ich barst vor Wut. Die folgenden Nummern fetzte ich so brillant wie möglich herunter, einzig auf Beifall bedacht, denn ich wollte Nijinsky strafen; ich glaubte, wie so viele ehrgeizige Virtuosen habe er es darauf angelegt, den letzten Beifall einzuheimsen, und ahnte nicht, daß diese Farce tatsächlich das Ende der Laufbahn eines der größten Künstler bedeutete, die ich gekannt habe. Man zollte mir rauschenden Beifall, gab keine Ruhe, bevor ich nicht drei Zugaben spielte, und da war Mitternacht vorüber. Wieder folgte eine ausgedehnte Pause, und man bat mich für Nijinskys Auftritt in die Loge des Komitees. Die Stadtkapelle spielte weitere Nationalhymnen vor stehendem Publikum, das bereits etwas ermattet wirkte. Die letzte Hymne war unmäßig lang, und niemand konnte mir sagen, zum Lobe welchen Landes sie erklang, aber sie hörte noch immer nicht auf, und wir konnten uns nicht setzen. Indessen ging das Marschtempo unvermittelt in einen Walzer über, und die Anwesenden schauten einander ratlos und erstaunt an. Man nahm endlich Platz. Später stellte sich heraus, daß die Kapelle leider keine Hymnen mehr auf Lager hatte und das Publikum mit einer Auswahl von Melodien aus einer Operette zu unterhalten gedachte, die kaum jemand kannte.

Als dieses närrische Zwischenspiel vorüber war, erschien statt Nijinsky ein junger Mann mit einem kleinen Buch auf der Bühne und verlas mit süßlicher Stimme »La Danza . . .«, wobei er recht weibische Gesten vollführte. Sein Vortrag handelte davon, wie er sich den Tanz vorstellte, und war eher schon ärgerlich. Auf der Galerie, wo den ganzen Abend über vorbildliches Benehmen die Regel gewesen war, brach plötzlich die Hölle los.

»Basta de danza!« brüllte man. »Mariconazo! Fuera!«

Der erschreckte Dichter flüchtete.

Hinter dem herabgelassenen Vorhang rückten Bühnenarbeiter den Flügel beiseite, um Platz zu schaffen, und es kehrte Ruhe ein. Leider vergaß man, den Bühnenboden mit Wasser zu besprengen. Nijinsky erschien in dem Trikot, das er in ›Les Sylphides‹ trug, und am Flügel saß eine dickliche Dame, die seine drei Tänze von Chopin spielte. Sie war zu bedauern, denn gewiß hätte sie lieber einen spanischen *paso doble* gespielt und nicht ausgerechnet nach mir drei Stücke von Chopin. Nijinsky vollführte einige seiner berühmten Sprünge, und vom Boden stiegen solche Staubwolken auf, daß die Zuschauer in den vorderen Reihen schier erstickten. Auch für ihn mußte es gefährlich sein, auf diesem trokkenen, staubigen Boden zu tanzen, und ich fand, er sah betrübter drein, als wenn er Petruschkas Tod tanzte, ja, ich gestehe, daß mir die Tränen kamen. Diese Mischung aus einer schier endlosen Farce und einer herzzerbrechenden Tragödie war mehr, als man ertragen konnte. Wir bereiteten ihm eine gewaltige Ovation, und mir wurde plötzlich klar, daß alle

Anwesenden ahnten, welches Drama auf der Bühne vorging. Es war der letzte Auftritt Vaslav Nijinskys, der nach all diesen Jahren unvergessen ist, der größte Tänzer seiner Zeit.

Kapitel 3

Quesada riet mir dringend, zunächst nach Chile zu gehen und erst nach meiner Rückkehr wieder in Buenos Aires und in Montevideo Konzerte zu geben. »Ihr Publikum wird Sie derweil vermissen und Ihre nächsten Konzerte als ein Gottesgeschenk betrachten.« Ich lachte über seine Übertreibung, wußte aber, er hatte nicht unrecht.
Damals war die Bahnfahrt nach Chile ein heroisches Unternehmen. Man verbrachte vierundzwanzig Stunden in einem muffigen englischen Eisenbahnwagen (die Bahnlinie gehörte einer englischen Gesellschaft, sogar die Zeitungskioske auf den Bahnhöfen verkauften ausnahmslos englische Blätter), und der Staub der Pampa quoll unentwegt durch die Ritzen, so daß man völlig erschöpft in Mendoza eintraf. Wir brauchten einen geschlagenen Tag, uns von dieser Strapaze zu erholen, und eine noch schlimmere stand uns sogleich bevor: die Reise mit der Bahn durch die Anden. Der Zug fuhr um Mitternacht aus Mendoza ab. Ständig war man in Gefahr, von Lawinen verschüttet zu werden. Wir hatten allerdings Glück, diesmal gab es keine Lawine. Wir entgingen auch dem ewig drohenden Schnee, der den Zug in seinen Wehen begraben konnte. Am Morgen trafen wir in dem wunderschönen Santiago de Chile ein, am Fuße der majestätischen Andenkette, auf der ewiger Schnee im Sonnenschein glitzerte. Man rollte dort für mich den roten Teppich aus und brachte mir Ovationen, bevor ich auch nur eine einzige Taste angeschlagen hatte. Juanita Gandarillas, die mich schon in London unter ihre Fittiche genommen hatte, bewährte sich auch hier als Märchenfee; sie hatte mich brieflich angekündigt und ihren nahen und fernen Verwandten, denen praktisch das ganze Land gehörte, ans Herz gelegt. Nicht nur spielte ich in Santiago und in Valparaíso vor ausverkauften Häusern, man machte in den ersten Kreisen der Hauptstadt viel von mir her, und

ich sah mich genötigt, bei Juanita Gandarillas' Schwägerin Eugenia Errazuriz zu wohnen, die mir zu Ehren einen Empfang um den anderen gab.

Man mag es glauben oder nicht, ich kehrte geradezu erleichtert nach Buenos Aires zurück. Die zweite Konzertsaison in dieser Stadt brachte den Umschwung. Nach Jahren eines finanziell völlig ungesicherten Daseins fühlte ich mich plötzlich reich. Jetzt sah ich mich in der Lage, reizenden Damen Blumengebinde zu schicken, kostbare Geschenke zu machen, ja, guten Gewissens wie eh und je und in alle Zukunft Geld an mich selber zu verschwenden. Ich kaufte beim besten Juwelier von Buenos Aires eine flache Uhr aus Platin mit meinem Monogramm in weißer Emaille auf dem Rücken des Gehäuses, und es erfüllte mich mit Stolz, zu wissen, daß niemand sonst in dieser reichen Stadt dergleichen besaß.

Ernesto de Quesada wurde ganz überraschend von seiner Frau nach Spanien zurückgerufen, ich blieb aber noch über einen Monat und spielte in beiden benachbarten Hauptstädten gegen gutes Honorar vor Gesellschaften von Musikfreunden, die Abonnementskonzerte veranstalteten. Eine davon, die es meines Wissens immer noch gibt, nannte sich Asociación Wagneriana, engagierte aber ausschließlich Solisten und Kammermusiker und brachte damals kein Orchesterwerk zu Gehör, geschweige denn ein Wagnersches Leitmotiv. Zweimal trat ich dort vor einem vermutlich wagnerfeindlichen Publikum auf. Ferner gab es eine Sociedad Hebraica, die dafür sorgte, daß die Juden, diese großen Musikliebhaber, auch im Exil musikalische Genüsse nicht entbehren mußten. Deren Konzerte waren übrigens besser als die der Wagnerianer, ihrer erbitterten Rivalen. Im Jockey Club spielte ich für ein sehr nobles Honorar vor Zuhörern, die ihre Abende gewöhnlich beim Kartenspiel oder dösend in bequemen Sesseln verbrachten, die Zeitung auf den Knien. Es war gar nicht einfach, sie wachzuhalten, und gelang mir nur mit Fortissimo-Passagen. Erst beim Champagner nach dem Konzert wurden sie lebendiger.

Während meines ausgedehnten Aufenthaltes lernte ich eine Menge über das Musikleben in diesen Ländern. Leider gab es keine Komponisten, die originelle Werke zu schaffen verstanden. Alberto Williams verfertigte einen verwässerten César Franck um den anderen, tat an unerwarteten Stellen eine Prise Schumann hinzu und in verwegenen Momenten auch eine Sechstonfolge à la Debussy. Andere Komponisten spanischer oder italienischer Herkunft suchten heimatliche Folklore in seriöse Formen zu bringen, doch fehlte ihnen die Inspiration. Dann allerdings wurde mir eine Offenbarung zuteil. Als ich eines Abends nach dem Essen bei meinem ehemaligen Gegner und nunmehrigen Verbündeten, dem Kritiker Frías, saß, trat ein junger unauffälliger Mann zum Flügel und bat die älteste Tochter von Frías, Brigidita, einige seiner Lieder zu singen. Manche waren unverkennbar Fauré, Duparc, auch Debussy nachempfunden, doch dank der echten Begabung des jungen Komponisten Carlos López Buchardo wirkten sie wie originäre Schöpfungen, ganz erfüllt von den bezaubernden Rhythmen der Lieder und Tänze des Landes, und ihre jähen Modulationen hatten etwas Schubertisches. Überdies kam ihm ein unvergleichlicher Glücksfall zu Hilfe: Brigidita hatte die göttlichste Stimme aller Liedersängerinnen, die ich je gehört habe, purer Samt. Sie trug seine Kompositionen mit einer Leichtigkeit, einer so selbstverständlichen Reinheit der Aussprache und so viel echtem Gefühl vor, daß mir die Tränen in die Augen traten. Bei späteren Aufenthalten in Buenos Aires hörte ich dieses Paar immer wieder mit unendlichem Genuß. López Buchardo gehörte jedoch unseligerweise zur »Gesellschaft«, und seine Erziehung hatte hauptsächlich darin bestanden, ihn Müßiggang zu lehren. Er war also nicht leicht dazu anzuhalten, seine Inspiration zu nutzen. Es gibt von ihm zwei oder drei Kompositionen für Orchester, doch wandte er nicht genug Sorgfalt und Mühe darauf, und sie sind vergessen. Seine Lieder allerdings werden noch gesungen.

Seither hat die argentinische Musik große Fortschritte gemacht. Männer wie Alberto Ginastra sind weltberühmt, und das Publikum verlangt nicht mehr ausschließlich Opern zu hören. Schon bei meinem ersten Aufenthalt wurden die damals ultramodernen Stücke, die ich im Programm hatte, achtungsvoll aufgenommen, und es machte mir Mut, daß ich Stücke von Prokofieff, Szymanowski, Ravel, Medtner, Skriabin oder Debussy in meinen Konzerten oft zweimal spielen mußte. Albéniz wurde so beliebt, daß von meinen Konzerten beträchtliche Tantiemen für die Angehörigen des Komponisten abfielen, auch wollte man unbedingt mehr von de Falla hören, dessen Ruhm es ihm schließlich ermöglichte, sich während des spanischen Bürgerkrieges in der argentinischen Provinz Córdoba niederzulassen, wo er 1946 gestorben ist. Übrigens fiel mir damals schon auf, daß so mancher Komponist durch Werke berühmt wurde, von denen er selber nichts hielt: zum Beispiel de Falla durch den ›Feuertanz‹, Ravel durch den ›Bolero‹ und Rachmaninoff durch das ›Prelude‹ in cis-moll.

Man hätte denken sollen, daß die unzähligen Konservatorien das Land mit einem wahren Überfluß an guten Solisten versorgten, doch gab es 1917 nicht einen einzigen Dirigenten, Pianisten, Geiger, Cellisten oder Sänger, von dem zu reden gelohnt hätte, während heutzutage einige argentinische Künstler Weltruf genießen. In Chile spielte sich eine sehr ähnliche Entwicklung ab.

Vor meiner Rückkehr schlossen Faustino da Rosa und ich einen Vertrag, der vorsah, daß ich in der Saison 1918 in Brasilien, Uruguay, Argentinien, Chile, Perú und, via Panama, auch in Havanna konzertieren sollte. Der Konzertunternehmer sollte meine Reisekosten tragen, für einen ständigen Sekretär und die Reklame sorgen und fünfundfünfzig Prozent der Bruttoeinnahmen an mich abführen. Ich unterzeichnete diesen Vertrag sehr befriedigt, denn er bewies, daß ich mir einen Namen gemacht hatte. Doña Susana Quintana, die ich zuvor um Rat gebeten hatte, fand die Bedingungen ebenfalls ausgezeichnet; diese bemerkenswerte Frau war mir überhaupt eine rechte Mutter, ich aß beinahe täglich im Kreise der Familie, sie versäumte keines meiner Konzerte, ja, sie erschien sogar zu früher Stunde verstohlen im Hotel, um nachzuprüfen, ob meine Garderobe einwandfrei instand gehalten wurde. Auch empfahl sie mir einen italienischen Schneider, der mir für meine Auftritte die besten Fräcke lieferte, die ich je besessen habe. Und endlich legte ich auf ihren Rat hin mein Geld in Papieren des Crédito Argentino an, für die der Staat bürgte und die sechs Prozent abwarfen. »Du bist ein Verschwender, Arturo«, sagte sie, »und ich will, daß du dir was auf die Seite legst.« Als Abschiedsgeschenk überreichte sie mir eine Perle von schönstem Regenbogenglanz, die ihrem Mann gehört hatte, und ein mit den köstlichsten Zigarren gefülltes silbernes Kästchen. Ihre Perle ziert auch heute noch meine Krawatte.

Kapitel 4

Spanien war mir unterdessen zur zweiten Heimat geworden. Auf der nun folgenden Konzertreise benutzte ich meinen neuen Flügel, den ich bei der Steinway-Vertretung in Buenos Aires erworben hatte und der mitten im Kriege nach Madrid transportiert wurde. Überhaupt spielte ich jetzt die Rolle des Neureichen und Parvenüs, verbrachte die Nächte mit meinen Freunden aus der Aristokratie und zahlte meist auch die Rechnungen. Bei de Falla bestellte ich eine Klavierkomposition und bezahlte darüber hinaus die Exklusivrechte daran für ein ganzes Jahr. Während ich dieses Stück aus dem Manuskript spielte, nahm ich seine ›Andaluza‹, die schon gedruckt vorlag, in mein Programm auf.

Als die Zeit für meine zweite Südamerika-Tournee heranrückte, hörte ich recht betroffen, daß Ernesto de Quesada mich nicht begleiten konnte; ohne mein Wissen hatte er in allen von uns bereisten Ländern seine eigene Agentur gegründet, die Conciertos Daniel, und mußte sich daher um seine eigenen Geschäfte kümmern.

Meine Freunde aus dem Adel waren meist nicht gerade musikalisch, und wenn ich ein Konzert gab, saßen sie hinter der Bühne und warteten ungeduldig auf den Schluß. »Wie lange soll das noch dauern?« fragten sie oft, »die Verrückten da draußen hören nicht auf zu brüllen, tu doch endlich was, damit sie stille sind!« Als ich nun nach einem späten Diner, schon in den frühen Morgenstunden, im Kreise meiner Freunde darüber klagte, daß ausgerechnet jetzt, da ich dringend jemand brauchte, dem ich die Abrechnung über meine Einnahmen anvertrauen könne, niemand mich auf meiner Reise begleiten wolle, meldete sich ein gescheiter und recht gewandter junger Mann zu Worte, der noch nicht lange unserem Kreise angehörte. »Was würden Sie einem Sekretär bezahlen?« fragte Juan Avila.

»Ein Monatssalär und selbstverständlich die Reisekosten.«

Nachdem ich auch die Summe genannt hatte, meinte er: »Für das Doppelte stehe ich Ihnen zur Verfügung.«

»Machen Sie keine Witze, ich weiß doch, Sie sind verheiratet und haben Kinder. Sollte das allerdings Ihr Ernst sein« – ich blinzelte den anderen zu –, »dann schließen wir auf der Stelle Vertrag.«

»Einverstanden.« Und wirklich, wir setzten den Vertrag noch bei Tische auf und unterzeichneten ihn beide unter allgemeinem Gelächter. Ich konnte immer noch nicht recht daran glauben, doch erwies sich, daß er es ganz ernst meinte. Er entstammte einer sehr alten Familie, und womöglich steckte ein Familiendrama hinter seiner Bereitschaft, auf Reisen zu gehen. Ich wußte es nicht und wollte es auch nicht wissen.

Im Teatro Real, dem Königlichen Opernhaus von Madrid, hörte ich eines Abends Gabriella Besanzoni, eine wahrhaft sensationelle Carmen. Sie bleibt in meiner Erinnerung die größte Carmen, die ich je gehört habe. Ihr Alt erreichte in der Tiefe mühelos ein baritonales Register, und ebenso mühelos war ihre Höhe in den Spitzentönen. Sie hatte etwas von einem wilden, sinnlichen Tier an sich, und dadurch wirkte die Tragödie des Don José endlich einmal überzeugend; die Besanzoni war durchaus nicht schön, aber sie war die echte Verkörperung von Mérimées Zigeunerin, und das außer Rand und Band geratende Publikum überschüttete sie mit Beifallsstürmen, wie ich sie in Madrid nie zuvor gehört hatte.

Diese Carmen also wollte Faustino da Rosa für das Colón in Buenos Aires gewinnen, und deshalb, und auch um letzte Details meiner Konzertreise mit mir zu besprechen, hielt er sich in Madrid auf. Ich sah ihn täglich in der runden Halle des Palast-Hotels nach den Mahlzeiten beim Kaffee mit der Sängerin und einer anderen Dame sitzen, und immer, wenn ich vorüberging, in der Hoffnung, er möge mich der Sängerin vorstellen, sprang er auf und eilte mir entgegen, augenscheinlich um gerade dies zu verhindern. Ich konnte ihr meine Bewunderung also nur durch Blicke ausdrücken, die sie immer mit einem leisen Lächeln erwiderte. Eines Abends begegnete ich ihr allein auf einem leeren Hotelkorridor – da Rosa hatte das Feld bereits geräumt – und geriet in höchste Verlegenheit. Als ich stehenblieb und mich ihr vorstellen wollte, packte sie mich ganz unerwartet beim Kopf und küßte mich so wild auf die Lippen, daß es blutete. Als wir wieder zu Atem gekommen waren, schlug ich vor, sie möge mich folgenden Tages auf einer Ausfahrt in meiner offenen Kutsche entlang der Castellana begleiten; es war der erste Tag des Madrider Karnevals. Sie klatschte vor Freude in die Hände und nahm entzückt an.

So rollten wir denn in einer gemieteten, mit Blumen und Schleifen geschmückten Kutsche diese prachtvolle Avenue entlang, auf der sich lachende, jauchzende Menschen drängten, die einander und auch uns mit

Blumen bewarfen. Wir warfen unsererseits Blumen, schüttelten denen die Hände, von denen wir erkannt wurden, wir lachten, wir spielten mit, und wenn sich die Gelegenheit bot, küßten wir einander verstohlen. Wieder im Hotel, nahm Gabriella mich bei der Hand, führte mich auf ihr Zimmer und sagte dabei: »Legen wir uns ein wenig hin und ruhen wir uns aus, *caro*.« Drei Stunden später verließ ich sie, zwar ermüdet, doch überschäumend glücklich. Dieses Abenteuer erfüllte mich selbstverständlich mit Stolz, Carmen umarmt zu haben, war keine Kleinigkeit, doch ich hielt dies mehr für die Laune einer heißblütigen Frau.

Darin nun irrte ich. Die Affäre nahm sehr bald ernstere Züge an. Gabriella betrug sich wie eine verliebte Frau. Sie gestand mir ungefragt, sie habe mit da Rosa eine Affäre, doch einzig um ihre Karriere zu fördern. »*Povere donne!*« schluchzte sie. Mich überraschte das nicht, ich hatte mir schon so etwas gedacht, immerhin sah ich der Entwicklung mit einiger Sorge entgegen. Zum Glück sollte sie schon wenige Tage später nach Buenos Aires abfahren, während ich noch in Valencia und Barcelona Konzerte zu geben hatte und alsdann meinen Steinway bei Joaquin Peña unterbringen wollte, meinem Manager, gleichzeitig Musikkritiker von ›La Vanguardia‹. Er sollte den Flügel verkaufen, falls er jemand fände, der bereit war zu zahlen, was ich verlangte. Avila würde in Barcelona zu Beginn der Reise zu mir stoßen. Von der weinenden Gabriella verabschiedete ich mich mit der tröstlichen Versicherung: »In Buenos Aires wirst du bald für mich singen, und ich will für dich spielen.«

Im Teatro Principal in Valencia hörte ich zwei Tage später vom Direktor: »Übrigens ist die berühmte Besanzoni hier, um Sie spielen zu hören.« Ich erschrak, denn sie hätte eigentlich schon aus Cadiz abgefahren sein sollen. Nach dem Konzert kam sie zu mir. »Arturo mio, jetzt, da ich dich spielen gehört habe, bin ich glücklich. Ich werde dir auch in Barcelona zuhören.«

»Und dein Schiff?«

»Ich habe meine Abreise verschoben, denn ich will gemeinsam mit dir fahren.« Darauf nun konnte ich nicht eingehen.

»Unmöglich! Falls da Rosa merkt, daß wir auf demselben Schiff gereist sind, wird er unsere Verträge aufkündigen.«

Zum Glück lief ein italienischer Dampfer vor der Überfahrt nach Buenos Aires noch Barcelona an, und ich nötigte sie, darauf Passage zu nehmen. Wieder kam es zu einem tränenreichen Abschied, was Avila aufs höchste mißbilligte; er verabscheute Opern und genoß einzig den skandalösen Klatsch über Sänger.

Er und ich nahmen denselben Dampfer, auf dem ich schon im Vorjahr gefahren war, die liebe alte ›Infanta Isabel‹, und die Reise verlief wahrlich tumultuös, denn schon nach wenigen Tagen tanzte das ganze Schiff nach Juan Avilas Pfeife. Dieser eher kleine Mann von Mitte Zwanzig, immer tadellos gekleidet und korrekt frisiert, besaß durchdringend blikkende, grünliche Augen; man konnte ihn nicht eigentlich gutaussehend nennen, doch seine Ausstrahlung war unwiderstehlich. Besonders auffallend war sein Mund, stets in gierig lüsterner Bewegung, und das teilte sich jedem mit, der in seine Nähe kam. Die wenigen reizvollen weiblichen Passagiere verfielen in kürzester Frist seinem Zauber, und eine liebliche junge französische *demimondaine*, unterwegs zu ihrem *ami sérieux* in Brasilien, machte sich gar zu seiner Sklavin. Er bot sie mir an wie eine leckere Nachspeise. »Charlottavotte« nannte er sie mit einem französischen Jargonausdruck, und wenn uns niemand störte, amüsierten wir uns miteinander in den Nischen zwischen den Rettungsbooten an Deck. Avila entging nichts. Meist stand er umringt von unseren Mitreisenden an der Bar; man lachte über seine Scherze, bewunderte seine Schlagfertigkeit. Sein Einfluß machte auch vor der Küche nicht halt. Er betrat sie furchtlos und erkundigte sich: »Was werden wir heute speisen? Ach, schon wieder *Paella*?« Und er betrachtete die Speisekarte. »Versteht sich denn niemand hier auf die Zubereitung eines *entrecôte minute*? Muß es denn jedesmal Reis geben?« Die verschreckten Köche mühten sich, seinen anspruchsvollen Gaumen zufriedenzustellen, und die übrigen Passagiere verzehrten die Leckerbissen mit wohligem Schmatzen, wobei sie dankbare Blicke auf ihren Wohltäter warfen.

Wieder im Hotel Plaza, fühlte ich mich augenblicks daheim. Schon erwartete mich eine Einladung Nena da Salamancas zum Diner am folgenden Abend. Ihr Mann war noch in Madrid. Ich sagte telefonisch zu und erwähnte dabei, mein Sekretär sei diesmal ein gewisser Juan Avila von bester Familie.

»Etwa *der* Juan Avila?« rief sie verblüfft. »Über den hört man ja die tollsten Geschichten! Bringen Sie ihn unbedingt mit, meine Eltern werden hocherfreut sein, ihn kennenzulernen.«

Tatsächlich waren wir noch nicht beim Fisch angelangt, da konversierte Avila bereits aufs Ungezwungenste mit allen Anwesenden. Sie hingen an seinen Lippen, als er den Klatsch von Madrid ausbreitete, und zum Abschied forderten sie ihn auf, jederzeit zum Essen zu ihnen zu kommen.

Im Laufe dieses Tages waren Beauftragte von da Rosa bei mir erschienen, um die Programme der ersten Konzerte zu erhalten und mich über den geplanten Verlauf der Tournee ins Bild zu setzen; als sie anstelle Quesadas auf Juan Avila stießen, waren sie einigermaßen verdutzt, doch da ich ihn als meinen Sekretär vorgestellt hatte, glaubten sie, ihn in dieser Eigenschaft sich ebenfalls nutzbar machen zu können. Als sie ihm Anweisungen erteilen wollten, kamen sie bei Juan allerdings schön an. »Von Ihnen nehme ich überhaupt keine Anordnungen entgegen«, sagte er scharf. »Ich kümmere mich darum, daß sie meinen Freund Arturo nicht benachteiligen. Wir werden alle beide dafür sorgen, daß alles glatt geht.« Ich erspare mir zu beschreiben, welche Veränderung mit den beiden Herren vorging – sie bekamen es mit der Angst. An diesem Tage erfuhr ich, daß Brasilien die erste Station meiner Reise sein sollte; danach Argentinien und Uruguay, dann Chile und Perú, die an den Pazifik grenzten, und zu guter Letzt Havanna.

Kapitel 5

Gabriella traf zwei oder drei Tage nach mir in Buenos Aires ein, und ich sah sie nur ein einziges Mal. Sie wohnte mit ihrer Reisebegleiterin in einem Privatquartier und berichtete einigermaßen nervös, da Rosa habe sie recht kühl empfangen und ihr Debüt verschoben. Er nötigte sie, den lieben langen Tag zu üben, Kostüme zu probieren, Besuch bei der Presse zu machen, Interviews zu geben. »Dabei liebe ich dich mehr denn je!« beteuerte sie. Indessen, mir war nicht ganz wohl dabei.

Weil Argentinien im Krieg neutral blieb, Brasilien hingegen der Entente beitrat, war der Schiffsverkehr zwischen beiden Ländern erschwert, und wir mußten mit dem Zuge fahren. Der brauchte bis São Paulo vier Tage.

Mein Abschied von Gabriella war nicht besonders zärtlich, was auf das ausgesprochen feindselige Verhalten von da Rosa zurückzuführen war. Juan und ich fuhren nach Montevideo, um von dort den Zug nach São Paulo zu nehmen. Meine uruguayischen Freunde warnten mich vor den Unbequemlichkeiten der Bahnfahrt, aber ich achtete nicht darauf; ich freute mich darauf, ein neues Land kennenzulernen, insbesondere das märchenhafte Rio de Janeiro zu sehen. Der Zug erwies sich als eine jämmerliche Kopie der nordamerikanischen Züge, man verbrachte die Nacht in oberen oder unteren Betten, der Speisewagen war unsäglich schmutzig, und man bekam scheußliches Essen vorgesetzt.

Auch die Reisenden waren eine recht gemischte Gesellschaft: ein schwarzer Jesuitenpater, brasilianische Geschäftsleute, die unentwegt schwatzten; einige wenige Frauen, die sich ihren Männern gegenüber servil und unterwürfig betrugen, und keine einzige Dame. Ferner reiste in meinem Waggon ein recht bedrohlich aussehender Riese mit Glatze und ungestutztem Bart, großer roter Nase und blutunterlaufenen Augen, von etlichen Reisenden, die ihn kannten, Don Salvador genannt. Wir übrigen gingen ihm achtungsvoll aus dem Wege.

Der erste Tag der Reise verlief friedlich genug; wir fuhren durch unwirtliche Ebenen. Es wurde allmählich wärmer, und wir saßen dösend auf den Bänken, während der Zug über die Schienen holperte. Einzig Don Salvador erregte einige Unruhe. Er ließ sich nicht herbei, den Speisewagen zu betreten, zog vielmehr ein gefährlich blitzendes Messer aus der Tasche und öffnete mit zwei geschickten Stößen eine Konservendose. Deren Inhalt beförderte er alsdann seelenruhig mit der Spitze eben dieses Messers in seinen Mund. Nach dem Verzehr zweier Dosen gesättigt, bot er uns ein weiteres Spektakel: er stocherte elegant mit seinem Dolch in den Zähnen. Dieses Schauspiel wiederholte sich mehrmals, und immer, wenn das Messer zum Vorschein kam, zuckten wir zusammen, denn Don Salvador schaute uns dabei jedesmal mit wilden Blicken an.

Der zweite Tag war schon beträchtlich heißer, und wir hatten den Angriff eines Heuschreckenschwarmes zu bestehen. Millionen dieser Tiere schwärmten durch die geöffneten Fenster herein und ließen sich am Boden nieder. Bald reichten sie uns bis an die Knie. Der Zug hielt, Lokomotivführer, Schaffner und Reisende schaufelten die ungebetenen Gäste nach draußen. Das nahm mehrere Stunden in Anspruch.

Am dritten Tage gab es schlimme Neuigkeiten: man hatte unseren Speisewagen abgehängt. Eine Erklärung dafür wurde nicht gegeben. Der Schaffner sagte nur achselzuckend etwas von einem Defekt und fügte schmunzelnd hinzu, die Vorräte seien ohnehin aufgebraucht gewesen. Also hungerten wir an diesem Tage. Ich gebe zu, daß die Mitreisenden sich sehr entgegenkommend zeigten; sie erboten sich zu teilen, was sie an Reiseproviant bei sich hatten, Hartbrot und Käse vor allem, und wir nahmen dankbar an. Bevor wir an diesem Abend unsere Betten aufsuchten, hielt der Zug auf einer größeren Station, wo uns der Zug aus São Paulo entgegenkam. Plötzlich rief der Jesuitenpater: »Der Zug hat einen Speisewagen!« Und nun verwandelte der dösende Avila sich in einen wahren Napoleon. Mit dem Schlachtruf »Adelante« stürmten er und der Jesuit, gefolgt von den weniger beherzten Reisenden, darunter auch mir, jenen Speisewagen. Der Jesuit stieß einen Kellner beiseite und fiel zusammen mit Avila über die Vorräte her. Die meisten von uns halfen dabei, niemand wagte, sich Avilas Kommandos zu widersetzen, und wir kehrten mit Beute beladen zurück. Don Salvador beschränkte sich auch weiterhin auf seine Dosen. Wir anderen verzehrten das erste richtige Mahl in vierundzwanzig Stunden und gingen zufrieden schlafen. Tags darauf kamen wir in São Paulo an.

Damals sah diese Millionenstadt wie ein Provinznest aus. Die Hauptstraße mit ihren Geschäften und Banken erinnerte mich an Lodz. Immerhin gab es ein Wohnviertel mit Villen, die reichen italienischen Einwanderern gehörten. Das dynamische Potential, das dann später aus São Paulo eine der größten und wohlhabendsten Städte der Welt machte, war aber bereits vorhanden.

Am Bahnhof wurden wir von einem Beauftragten von Walter Mocchi empfangen, dem Partner da Rosas, zugleich Direktor des Teatro Municipal von Rio de Janeiro und Direktor der Oper von São Paulo. Der führte uns in ein bescheidenes, nur zwei Stockwerke hohes Hotel, wo die Zimmer schlicht, aber sauber, vor allem mit Bädern ausgestattet waren, was uns ungeheuer wohltat. Selbst die Speisen waren genießbar, und wir aßen mit Appetit einheimische Spezialitäten, darunter eine *canja* genannte Reissuppe, die uns während des Aufenthaltes in Brasilien täglich serviert wurde.

Juan verkündete frohlockend: »Im Hotel gibt es ein Spielcasino«, und

Minuten später bereits saßen wir am Roulette. Meine ganz in Schwarz gekleidete Nachbarin erwies sich als Anna Pawlowa. Ihre Truppe trat gerade hier auf und blieb noch drei Tage. Wir saßen nicht lange am Spieltisch. Ich gewann eine Kleinigkeit. Avila verlor und mußte sich Geld von mir borgen. Dann zogen wir mit der Pawlowa in eine benachbarte Bar. Als ich der großen Künstlerin von Diaghilevs Nöten, seinen übermenschlichen Anstrengungen, die Balletttruppe am Leben zu erhalten, und von Nijinskys traurigem Schicksal erzählte, brach sie in lautes Schluchzen aus und konnte sich gar nicht fassen: »Das alles ist meine Schuld! Ich hätte ihn nie verlassen dürfen! Aber ich bin eine gräßliche Egoistin und dachte nur immer an mich!« Ich beruhigte sie, einigermaßen verärgert darüber, daß sie sich so wichtig machte.

»Diaghilev ist ein Zauberer«, sagte ich. »Der findet schon einen Ausweg, das ist ihm noch immer gelungen.« Darauf verließ sie mich hoheitsvoll wie eine byzantinische Kaiserin.

Am folgenden Morgen weckte mich das Telefon. »Ein Wagen erwartet Sie«, hieß es. Dies überraschte mich, ich erwartete Mocchis Sekretär nicht vor zwölf, zog mich aber rasch an, denn es mochte sich um Wichtiges handeln, und ging hinunter. Dort überreichte mir ein Chauffeur eine Karte mit der Botschaft: »*Chéri, la voiture est a toi pour la journée – Charlottavotte.*« Ich wurde ganz rot und kritzelte auf die Rückseite: »Kann dieses reizende Anerbieten unmöglich annehmen. Bitte ruf mich abends an«, und schickte den Chauffeur damit zurück. Abends stiegen wir in den Zug nach Rio.

In Brasilien herrschten Kriegsverhältnisse. Die wenigen guten Hotels hatten geschlossen. Man brachte uns in Tijuca unter, auf einem der berühmten aus dem Meer aufsteigenden Vorberge, in einem kleinen, aber sehr angenehmen Privathaus, das als Herberge für gestrandete Touristen diente. Aus unseren Fenstern schauten wir direkt auf die zuckerhutförmigen Berge, die wie Riesen aus einem Märchen die Einfahrt zum Hafen beschützten. 1918 konnte man Rio de Janeiro nicht eine von ihren Bewohnern geplante und entwickelte Stadt nennen, vielmehr war die Natur selber der Baumeister, und ich möchte die Stadt eines ihrer Meisterwerke nennen. Die Bewohner gaben sich später alle Mühe, den Eindruck zu verderben, indem sie nach dem Vorbild New Yorks Wolkenkratzer errichteten, doch selbst deren höchste wirkten angesichts der umgebenden Berge nur wie Zwerge. Dank trennenden Tälern und nicht miteinander verbundenen Stränden konnte die Stadt sich nicht nach Lust und Laune ausdehnen, und so ist denn die paradiesische Schönheit der Bucht erhalten geblieben. Ich verliebte mich stracks in diese Stadt, und selbst der blasierte Lebensgourmet Avila war sprachlos.

Walter Mocchi, anders als sein Partner in Buenos Aires, war ein Mann von Welt. Er veranstaltete für mich einen reizenden Empfang im Teatro Municipal, machte mich mit seinen Mitarbeitern, Musikern und prominenten Persönlichkeiten bekannt. Die Reklame, die er sich hatte einfallen lassen, erregte großes Aufsehen; so hatte er in Großbuchstaben auf einen Bretterzaun, der die Fassade des Theaters gegen im Gange befindliche Straßenbauarbeiten abschirmte, meinen Namen malen lassen, mit mehreren Schritten Abstand zwischen den Buchstaben. Kein Wunder, daß meine sechs Konzerte von Abonnenten gut besucht waren.

Mein Debüt fand fünf oder sechs Tage nach der Ankunft statt, der Steinway-Flügel war in gutem Zustand, und die Akustik des Opernhauses, das nicht zu groß war und nicht zu klein, entzückte mich. Man wurde an ein italienisches Opernhaus erinnert, so reizvoll war es. Mein Programm bestand aus bewährten Zugstücken. Ich erinnere mich nicht mehr an alle, weiß aber mit Bestimmtheit, daß ich Schumanns ›Carnaval‹ und drei oder vier meiner besten Chopin-Nummern spielte, mit der Polonaise in As als Höhepunkt, und daß ich unter anderem ›Navarra‹ zugab. Der Erfolg war groß. Auf der Galerie wurde noch eine halbe Stunde nach Schluß geklatscht, und ich war vor Freude ganz außer mir. Es tat mir gut, auf dem Heimweg meinen nüchternen und unmusikalischen Avila trocken sagen zu hören: »*Aquí vas a ganar mucho dinero.*« (»Hier wirst du viel Geld verdienen.«) Wie ich gespielt hatte, kümmerte ihn keinen Deut.

Bis auf eine Ausnahme lobte die Presse mich am folgenden Tage begeistert. Ein junger Kritiker hatte dies und das an meinem Vortrag auszusetzen und tat das mit Hilfe bewährter deutscher Musikhandbücher, wie so viele andere seinesgleichen. Dieses Menschen nahm sich nun Juan Avila an, und, ob nun mit der Pistole in der Hand, bei einem Glas Wein oder sonstwie, vollbrachte er das Wunder, aus dem Jüngling meinen hitzigsten Parteigänger zu machen.

Kapitel 6

Der Direktor des Nationalen Konservatoriums, Maestro Oswaldo, ein ganz reizender Herr in den Sechzigern, forderte mich auf, mit ihm zu speisen und anschließend einen Abend mit den prominenten Musikern der Stadt zu verbringen. Das bot Gelegenheit, etwas über das hiesige Musikleben zu erfahren. Man nahm an einer langen Tafel Platz, ich in der Mitte zwischen zwei bedeutenden Komponisten und Professoren für Kontrapunkt, Francisco Braga und Alberto Nepomuceno. Wie unter Musikern üblich, wurde die Unterhaltung schon nach dem ersten Glas Wein höchst angeregt, man plauderte lebhaft, erzählte Anekdoten, die meist von Opernsängern handelten, und imitierte diese. Ich ließ mich nicht lumpen und gab einige meiner Histörchen zum besten, womit ich großen Erfolg hatte. Nun wollte jeder eine Geschichte erzählen, und es entstand erhebliches Stimmengewirr, weil einer den anderen zu überschreien suchte.

Mein Gegenüber hatte bislang noch keine Miene verzogen. Sein Gesichtsausdruck faszinierte mich, ich fand ihn brasilianischer als die anderen Anwesenden, die fast ausnahmslos portugiesischer oder italienischer Herkunft waren. Dieser stille Mann indessen hatte ein volles, rundes, glattrasiertes Gesicht, war von dunklerer Hautfarbe als die anderen und besaß melancholisch blickende kluge Augen. Was mir am meisten auffiel, war, daß er fließend Französisch sprach. Als es für Momente ruhiger wurde, sagte ich: »Erlauben Sie mir, Ihnen zu Ihrem ausgezeichneten Französisch zu gratulieren; ich habe noch nie einen Ausländer getroffen, der diese schöne, aber schwierige Sprache so blendend beherrscht.«

Darauf sagte er lächelnd: »Ich bin Franzose, Privatsekretär des französischen Gesandten. Mein Name ist Darius Milhaud, von Hause aus bin ich Geiger und Komponist.« Ich hatte noch nie von ihm gehört.

Er fuhr fort: »Ich bin kriegsuntauglich befunden worden, und unser Gesandter, M. Paul Claudel, hat mich als seinen Sekretär hierher mitgenommen, praktisch aber als seinen Mitarbeiter.«

Claudel, dachte ich, Claudel . . . Als ich vor Jahren den Sommer bei Karol Szymanowski auf seinem Landgut in der Ukraine verbrachte, gab er mir zwei schmale Bücher von einem Paul Claudel zu lesen, die Dramen ›L'Otage‹ und ›L'Annonce faite à Marie‹, wie ich mich erinnerte (›Der Bürge‹ und ›Verkündigung‹). Nach der Lektüre hatte ich den Eindruck, der Autor habe zur Zeit Napoleons gelebt, denn der Stil erinnerte an Chateaubriand oder Stendhal. Näheres wußte ich nicht über ihn.

»Ist der Gesandte ein Nachkomme des berühmten Dramatikers?« fragte ich deshalb. Milhaud sah mich verdutzt an. »Ich kenne keinen Dramatiker dieses Namens außer unserem Gesandten.« »Das ist ja höchst erstaunlich«, rief ich. »Die Dramen haben mir sehr gefallen, aber ich glaubte, sie stammten von Anfang des 19. Jahrhunderts.« Da lachte Milhaud zum ersten Mal. »Das ist nun wirklich die reizendste Geschichte des heutigen Abends, und ich muß sie unbedingt gleich dem Gesandten erzählen.« Während wir den Kaffee nahmen, telefonierte er mit Claudel und kam ganz aufgeregt zurück. »Der Gesandte ist so entzückt von Ihrem Urteil, daß er herkommen will.«

Tatsächlich traf der *ministre plénipotenciaire* eine halbe Stunde später ein. »Entschuldigen Sie, daß ich uneingeladen eindringe, doch Milhaud hat mir eine so verlockende Schilderung Ihrer Gesellschaft gegeben, und ich möchte unbedingt Ihren Ehrengast M. Rubinstein kennenlernen.« Er sprach sehr knapp und präzis. Zu Milhaud und mir gewendet, flüsterte er sodann: »*Allons-nous-en; on va souper.*«

Paul Claudel ähnelte mehr einem Gutsbesitzer als einem Diplomaten. Hochgewachsen, breitschultrig und mit einem *embonpoint*, wirkte er auf mich etwas furchterregend. Mir war so, als könne er keinen Widerspruch ertragen, doch das runde bäuerliche Gesicht mit der breiten Stirn war erhellt von einem noblen Temperament. Wir verabschiedeten uns also rasch von unseren Gastgebern, verließen das Haus und nahmen im Dienstwagen des Gesandten Platz. »Zum Dachrestaurant, wo wir gestern abend waren«, wies dieser den Chauffeur an, und wenige Minuten später hielten wir vor einem Gebäude, dessen Fahrstuhl uns auf das Dach beförderte. Das Restaurant lag unterm freien Himmel, und an zwei oder drei Tischen beendeten einige Gäste soeben ihre Mahlzeit. Claudel führte uns an einen Tisch, auf dem eine Kerze brannte, bestellte *vatapá*, ein brasilianisches Gericht, das so heiß serviert wird, daß man dazu unbedingt eine Beilage essen und schweren weißen Wein trinken muß. Heiß und schwer sind geradezu Untertreibungen; als ich den ersten Löffel *vatapá* schluckte, schoß ich buchstäblich vom Stuhl in die Höhe und mußte das Zeug dezent in einer Ecke der Terrasse ausspucken. Meine Augen tränten, und Claudel genoß das wie einen persönlichen Triumph. »Habe ich nicht gesagt, es ist ziemlich heiß?« Ich lernte meine Lektion und verleibte mir den Rest dieses Vulkans etwas behutsamer ein. Drei Gläser des starken Weines taten ihre Wirkung. Wir waren unterdessen die einzigen Gäste hier oben und bis auf einen oder zwei Kellner ganz allein. Claudel nutzte diesen Umstand dazu, mit seiner scharfen, durchdringenden Stimme Gedichte von Rimbaud zu rezitieren, und Milhaud war davon ebenso stark beeindruckt wie ich. Vom Wein befeuert, zitierte Claudel sodann eine lange Passage aus seinem neuesten Buch, die Milhaud in Musik setzen sollte. Davon war ich sogar noch stärker beeindruckt als von Rimbauds Versen. Der große Autor fühlte sich von unserer Reaktion so beschwingt, daß er aus einer auf dem Tisch stehenden Obstschale eine Weintraube nahm, an den Rand der Terrasse trat und mit den Weinbeeren nach Passanten warf. Weil er sie verfehlte, holte er neue Munition vom Tisch, und diesmal traf er eine Dame am Kopf. Diese schrie laut, sie drohte mit den Fäusten einem ihr unsichtbaren Beerenwerfer, der seinerseits da oben auf dem Dach vor Vergnügen über seinen Streich schier bersten wollte. Nun versammelten sich einige Passanten, man rief nach der Polizei und verlangte die Festnahme des Übeltäters. Sehr bald schon führte ein Kellner einen streng und finster dreinblickenden Polizisten an unseren Tisch, der wissen wollte: »Wer von Ihnen hat die Dame, die da unten auf der Straße steht, mit Weinbeeren beworfen?« Claudel erhob sich zu seiner ganzen Größe und sagte: »Guter Freund, ich verstehe nicht Portugiesisch, beschaffen Sie sich also einen Dolmetscher, falls Sie mit mir reden wollen.« Und lauter: »*Eu Ministro da Francia*.« Milhaud erklärte nun eilfertig, wir hätten um die Trauben gestritten, und dabei seien etliche Weinbeeren versehentlich über den Terrassenrand gefallen. »Belästigen Sie also den französischen Gesandten nicht länger.« Der Polizist zog sich unter vielen Verbeugungen zurück.

»*Milhaud, vous êtes un bon diplomat*«, beglückwünschte Claudel ihn, und wir verließen auf unsicheren Beinen das Lokal. Der Chauffeur brachte die beiden Franzosen nach Hause und wurde angewiesen, mich nach Tijuca hinauszufahren.

In Mocchis Abwesenheit rechneten zwei seiner Angestellten nach meinen Konzerten mit Avila ab. Eines Abends war ich zufällig dabei, als diese Herren – ein kräftiger Einheimischer und ein recht durchtrieben aussehender Italiener namens Pellas – Juan eine nicht einwandfreie Abrechnung vorlegten. Mein Freund reagierte mit der Schnelligkeit eines Panthers und schlug mit der Pranke auf den Tisch:»Ihr üblen Betrüger«, brüllte er,»her mit dem fehlenden Geld!« Und sogleich zählten die beiden stämmigen Burschen den Rest des uns zukommenden Geldes mit zitternden Fingern auf den Tisch.

Avila und ich waren fast täglich zu Gast in der französischen Gesandtschaft, wo wir den Gesandtschaftsrat Henri Hoppenot, ebenfalls einen höchst bemerkenswerten Menschen, und seine reizende Gattin kennenlernten. Claudel und Milhaud besuchten alle meine sechs Konzerte, und wir verbrachten die Pausen mit angeregten, sachkundigen Gesprächen. Als einmal während einer Pause der einflußreiche Kritiker Oscar Guanabarino anwesend war, wurde mir ein herrliches Blumengebinde hereingereicht. Der unmäßig neugierige Guanabarino las die anhängende Karte, weil er gern wissen wollte, wer mein Bewunderer war. Dafür bekam er von Claudel, der ihn scharf zur Ordnung rief, einen strengen Klaps auf die Hand.»Wie können Sie es wagen, so indiskret zu sein?« Guanabarino ließ die Karte hastig aus den Fingern.

Nach dem Konzert speisten wir gewöhnlich in der Gesandtschaft oder in einem Restaurant. Ich erinnere mich, daß Claudel eines Abends meine Befürchtungen hinsichtlich des Kriegsausganges mit den Worten beschwichtigte:»*Après l'entrée des Americains il n'y a rien à craindre. Nous tenons bon.*«

Durch Milhaud wurde ich mit einer sehr musikliebenden Familie bekannt, in deren Haus wir ›Le sacre du printemps‹ vierhändig spielten. Die Tochter des Hauses spielte sehr gut Klavier und mit Darius zusammen aufs schönste Sonaten für Geige und Klavier, darunter eine sehr gute von Darius selbst.

Claudel»befahl« mir eines Tages, mich von ihm porträtieren zu lassen. Damals war alle Welt versessen aufs Photographieren. Ich sage»befahl«, weil dank seiner sehr bestimmten Ausdrucksweise jede Bitte klang wie ein Befehl, dem man unbedingt gehorchen mußte. Er traf von Milhaud und Hoppenot begleitet im Hotel ein, ausgerüstet mit einer riesigen Kamera, wie Berufsphotographen sie benutzten, und ich hatte ihm zu Ehren meinen schönsten Anzug angelegt. »*C'est dégoutant de poser comme ça*«, sagte er. »Runter mit der Jacke, und knöpfen Sie das Hemd am Kragen auf, damit Sie aussehen wie ein Mensch.« Ich erinnere mich nicht, je wieder von einem Photographen so gepeinigt worden zu sein. »Milhaud«, brüllte er, »schließen Sie den Vorhang! Und Sie, Hoppenot, öffnen Sie das Fenster dort, dann haben wir besseres Licht.« Und zu mir, der ich reglos dasaß: »Schneiden Sie gefälligst keine Grimassen!« Sodann verschwand er mit dem Kopf unter einem schwarzen Tuch und betrachtete mich auf der Mattscheibe. »Sie sitzen da wie ein Leichnam«, schrie er. »Milhaud, öffnen Sie den Vorhang ein wenig.« Drei Stunden dauerte diese Heimsuchung, und einzig Claudel fühlte sich dabei wohl wie ein Fisch im Wasser. Tatsächlich gelang ihm ein gutes Porträt, und er tat mir die Ehre an, um mein Autogramm darauf zu bitten. Vor einigen Jahren schenkte seine Enkelin mir das Bild, das sie von ihm geerbt hatte.

Eines Abends wurden wir zu einem Diplomatenessen in die Gesandtschaft gebeten. Die Gattin des brasilianischen Außenministers, Claudels Tischdame, suchte ihm zu schmeicheln, indem sie sich abfällig über vielgelesene französische Autoren äußerte. »*Taisez-vous, vous dites des bêtises*«, fuhr Claudel sie an. Zu meiner Überraschung überhörten sämtliche Gäste diese Bemerkung.

Eines Tages bemerkte der große Schriftsteller: »Ihr Avila gefällt mir, er ist unverschämt, aber originell.« Juan fühlte sich geschmeichelt. »Arturo«, sagte er, »wir sollten eigentlich für Claudel, Milhaud und Hoppenot ein Essen geben, ich habe mir auch schon etwas Hübsches ausgedacht.« Ich ließ ihn machen, und das Diner wurde denn auch ein unvorstellbar üppiges Bankett. Juan ließ sämtliche Kellner des Hotels an unserer Tafel bedienen, die als solche bereits ein Meisterwerk an Dekoration war: dunkelblaue Reben auf einem Tischtuch aus spitzenbesetzter rosa Seide. Die handgeschriebene Speisenfolge hätte jedem höfischen Galadiner Ehre gemacht. Juan hatte die feinsten Delikatessen und die besten Weine zusammengesucht, darunter echten Champagner, was alles nicht leicht aufzutreiben war. Hauptgang war eine Ente, die ein eigens für diese Gelegenheit engagierter Koch zubereitete. Meine Gäste waren angenehm überrascht, sogar Claudel zeigte Verblüffung. Die Rechnung verschlang die Einnahmen von zweien meiner Konzerte, Avila jedoch genoß diesen ganz persönlichen Triumph sehr.

Kapitel 7

Die Programme meiner ersten sechs Konzerte waren praktisch die, die ich in Buenos Aires gespielt hatte, doch befriedigte es mich sehr, daß die Stücke von Prokofieff, Szymanowski und Ravel hier auf wesentlich größere Resonanz stießen. Ich habe häufig die Meinung geäußert, von allen Nationen Amerikas seien die Brasilianer und die Mexikaner die musikverständigsten. Schon damals lernte ich in Brasilien einige vielversprechende junge Komponisten und zwei glänzende Pianistinnen kennen: Antonietta Rudge und Guiomar Novaes. Die Novaes wurde später in Paris und in New York sehr bekannt. Im Städtischen Opernhaus gab ich insgesamt fünfzehn Konzerte, dann sechs in São Paulo, die nicht weniger erfolgreich waren. Das alles ist mir unvergeßlich geblieben. Das Publikum von São Paulo erinnerte mich an das in Deutschland, das von Rio mehr an ein italienisches; dieses lauschte der Musik, als habe es selber Musik in den Adern, während das in São Paulo aus Kennern bestand. Luigi Schiafarelli, ein Klavierlehrer, dessen Ruf Schüler aus dem Ausland anlockte, galt als Busoni und Isidore Philippe durchaus ebenbürtig. Sowohl die Novaes als auch die Rudge hatten bei ihm studiert. Er war bereits über sechzig, sehr klug, beherrschte vier Sprachen, war sehr belesen und hatte viel Verständnis für die menschliche Psyche und die Weltpolitik. Das Auffallendste an ihm war aber sein ausgeprägter Sinn für Humor. Schon bei meinem ersten Besuch bei ihm schlossen wir Freundschaft, und wir blieben jahrelang befreundet. In seinem Heim fühlte ich mich äußerst wohl, wir spielten Werke für zwei Klaviere, ich probierte meine Programme, und beim anschließenden Essen wurde das alles endlos besprochen. Es waren schöne Tage damals in São Paulo!

In Rio hatte ich noch einige Konzerte zu geben, das letzte an einem Sonntagnachmittag. Nach endlosem Beifall wurde ich wie in Montevideo draußen vor der Oper von einigen jungen Leuten auf die Schulter gehoben, und als das Avila sah, brüllte er: »Arturo, paß auf, daß dir nicht deine Perle gestohlen wird!« Diesmal machten wir die Fahrt nach Buenos Aires zum Glück mit dem Schiff, und zwar ohne einen Don Salvador an Bord.

In Buenos Aires wurden wir sehr herzlich empfangen, die Konzerte waren ausverkauft und die Kritiker mir wohlgesonnen. Einzig mein alter Feind Laguardia von ›La Prensa‹ wollte sich nicht bekehren. Avila seinerseits wurde von der besten Gesellschaft mit offenen Armen aufgenommen – *la sociedad* nannte sie sich selber. Die Einstellung dieser Menschen hat mich von jung auf gereizt; in Polen nannten sie sich *arystocracja*, in Paris kannte man sie unter der bescheidenen Bezeichnung *le monde*, und in den USA nannten sie die von ihnen frequentierten Golf- und Tennisclubs, sogar Hotels und Restaurants »exklusiv« – ein Ausdruck, der nichts über diese Einrichtungen besagt, sondern nur etwas darüber, daß andere von ihnen ausgeschlossen sind. Vor meinem Freund Avila indessen öffneten sich alle Türen, was ihn aber keineswegs verleitete, seine Pflichten zu vernachlässigen – die Abendkasse zitterte vor ihm.

In Spanien hatte ich mich bemüht, meine Programme durch die Aufnahme neuer Stücke aufzufrischen, und für Argentinien waren die meisten davon, etwa ›Gaspard de la nuit‹, absolute Novitäten. Man nahm sie unfehlbar mit Interesse, doch mit recht gemischten Gefühlen auf. Ich wagte sogar ein ganzes Programm nur Debussy zu widmen, zu Ehren des Komponisten, der kürzlich verstorben war. Mein Chopin, Albéniz und die wenigen Tänze von de Falla wurden unweigerlich mit großem Enthusiasmus entgegengenommen. Da der Krieg noch immer nicht zu Ende war, gab es nur wenige Konzertveranstaltungen, ausgenommen die der Sociedad Hebraica und der Asociación Wagneriana. Es waren recht uninteressante Abende. Allerdings lernte ich eine sehr begabte italienische Pianistin kennen, Maria Carreras, die einen Argentinier namens Carreras geheiratet hatte. Ich war häufiger mit ihnen zusammen, und Carreras, der auch der Manager seiner Frau war, übergab mir eines Abends einen recht interessanten Brief aus New York. Darin bot mir eine bekannte amerikanische Konzertagentur eine Tournee mit fünfzehn Abenden in den USA an, ein Honorar von vierhundert Dollar pro Konzert, Reisekosten und Reklame zu Lasten der Veranstalter. Das Honorar war alles andere als glänzend, doch reizte es mich sehr, mich noch einmal der Herausforderung zu stellen, welche die USA bot. Besonders freute ich mich, daß dieses Angebot nicht meiner Erfolge in Südamerika wegen erfolgte, sondern auf die dringende Empfehlung von Eugène Ysaÿe. Carreras allerdings warnte mich: »Der Konzertagent R. E. Johnson ist nicht gerade berühmt dafür, daß er seine Künstler pünktlich bezahlt, ich rate Ihnen also, den Vertrag nur zu unterzeichnen, wenn er Ihnen das Honorar für die letzten vier Konzerte im voraus zahlt.« Und er schrieb entsprechend an Johnson. Ich war ihm sehr dankbar für diesen Hinweis, und nun warteten wir auf die Antwort aus den USA.

Unterdessen war die Opernsaison am Colón in vollem Gange, und die Vorstellungen waren wahrhaft glanzvoll. ›Carmen‹ sah ich selbstverständlich zweimal; die Besanzoni feierte in der Titelrolle Triumphe, war aber auch als Amneris und Azucena bewundernswert. Ansermet dirigierte eine prachtvolle ›Pelleas et Mélisande‹-Aufführung mit Ninon Vallin, einer bedeutenden Sängerin und Musikerin. Allein war ich mit Gabriella so gut wie nie, denn wir fürchteten beide den Oger da Rosa.

Hier ist vielleicht der Ort, einer erstaunlichen Eigenschaft von Juan Avila Erwähnung zu tun. Vorausschicken muß ich, daß wir zwar häufig abends getrennte Wege gingen, doch immer etwa um die gleiche Zeit ins Hotel zurückkamen und unsere Erlebnisse ausführlich beredeten. Eines Nachts nun kam er gar nicht, das heißt, erst gegen vier Uhr früh, und ich erwartete ihn aufs höchste besorgt. »Was war denn nur?« rief ich, als er in mein Zimmer kam, »ich habe vor Angst kein Auge zugetan.« Nun setzte er sich auf mein Bett und erzählte folgende höchst bemerkenswerte Geschichte: »Heute früh las ich in ›La Nación‹, daß ein Elternpaar mit fünf Kindern und einer Schwiegermutter exmittiert wurde und seit Tagen auf einer Baustelle nächtigt. Nun nahm ich zwar an, daß ihnen unterdessen Hilfe zuteil geworden sei, aber ich wollte mich davon selber überzeugen. Und siehe da, sie schliefen noch im Freien. Nun, ich habe ihnen für die Nacht eine billige Unterkunft verschafft, und morgen rede ich mit meinen reichen Bekannten. Eine Stadt wie diese sollte sich schämen, daß so etwas hier vorkommen kann.« Das zeigte mir Juan ganz überraschend von einer neuen Seite.

Kurz vor der Abreise nach Chile gab er mir einen verblüffenden Ratschlag: »Arturo, Sie brauchen einen Diener. Ein Mann von Ihrem Status darf nicht ohne Diener reisen. Das schickt sich nicht. Der Kellner hier im dritten Stock ist genau der Richtige für Sie. Sie wissen schon, der kleine Gallego Enrique. Ich habe mit ihm geredet, und er will mitkommen. Er verlangt nur einen geringen Lohn, aber Sie müssen für seine Reisekosten aufkommen.« Wie so mancher andere konnte ich seiner Beredsamkeit nicht widerstehen, obschon mir klar war, daß Juan einen Diener sehr viel dringender brauchte als ich, denn er war daran gewöhnt, einen zu haben. So wurde Enrique denn auf der Stelle engagiert.

Nach Abschiedsdiners bei Señora Susana und den Martínez de Hoz reisten wir drei nach Chile ab. Unterwegs nach Mendoza erstickten Juan und Enrique beinahe im Staub, ich hingegen schützte mich mit einem Schleier, den Señora de Quintana mir mit den Worten überreicht hatte: »Arturito, den habe ich selber immer auf Reisen benutzt.« Tags darauf langten wir in Santiago an, anzusehen wie Soldaten, die aus dem Gefecht zurückkehren, kamen aber nach einem längeren Aufenthalt im Badezimmer elegant wie immer zum Vorschein. Über Chile mag ich jetzt weiter nichts erzählen, neues gibt es nicht zu berichten. Die nach Hunderten zählende Verwandtschaft von Eugenia Errazuriz bereitete uns wieder einen königlichen Empfang, und wie nicht anders zu erwarten, kam ein Teil meines Erfolges Juan zugute.

Nach einigen Konzerten, deren Publikum meine modernen Stücke mit mehr Verständnis aufnahm als das von Buenos Aires, schifften wir uns nach Lima ein, wo wir Anfang November eintrafen. Hier war man über meine Erfolge in Spanien bestens informiert und mein Debüt daher höchst gelungen. Die Musiker staunten darüber, daß *la sociedad* von Perú meine Konzerte besuchte. Während des zweiten von vier Konzerten brach plötzlich im Theater die Hölle los: »*Armisticio! Armisticio!*« brüllte das Publikum, vergaß das Konzert und rannte auf die Straße. Ich schloß mich unbedenklich an, und Minuten später drängte sich eine lachende, weinende, jauchzende, tobende Menge auf dem Platz, und ich gestehe, mir kamen die Tränen. Blitzschnell zogen durch mein Bewußtsein die vier schrecklichen Jahre mit dem deutschen Einfall in Belgien und Frankreich, der Hölle von Verdun, dem Desaster bei den Dardanellen, der letzten deutschen Frühjahrsoffensive. Daß dies alles ganz plötzlich zu Ende sein sollte, war nicht zu fassen. Wir weinten und jauchzten abwechselnd lange Zeit, bevor wir wieder zu Sinnen kamen.

Darauf folgte die nur zu natürliche Reaktion: Der Sieg mußte gefeiert werden. Juan und ich betraten das nächstgelegene Lokal und stimmten die Marseillaise an, was Gäste und Bedienstete mitriß. Anschließend marschierten wir auf die Straße, gefolgt von immer mehr Menschen, und das dauerte bis zum frühen Morgen. In jedem Lokal, in jedem Restaurant, an dem wir vorbeikamen, zwangen wir die Gäste, ob sie wollten oder nicht, in die Marseillaise einzustimmen, und manchmal begleitete ich diese auf einem verstimmten Klavier, wenn eines zur Hand war. Wie und wann wir am 12. November ins Bett kamen, weiß ich nicht mehr, nur, daß ich anschließend den größten Kater meines Lebens hatte. Juan hingegen war wie immer geistesgegenwärtig und alert und versetzte mir sogleich eine unangenehme Neuigkeit. »Seien Sie mir nicht böse, Arturo, aber ich verlasse Sie. In so erregenden Zeiten muß ich sein, wo Entscheidendes geschieht, in Paris oder wenigstens in Madrid. Ich weiß, Sie müssen Ihren Vertrag noch erfüllen, aber unter uns, mich brauchen Sie dazu nicht mehr.« Das stimmte bis zu einem gewissen Grade, denn seit Chile wurden wir von einem gewissen Biancamano begleitet, einem Agenten da Rosas. Trotzdem kam das als ein schwerer Schlag für mich. Unsere kombinierte Vitalität hatte mir ein ganz besonderes Kraftgefühl vermittelt. Ich zahlte Juan aus, lieh ihm noch einen größeren Betrag, und er fuhr ab nach Chile und überließ mich Biancamano, dessen Hände keineswegs so weiß waren, wie sein Name versprach.

Kapitel 8

Statt meiner angekündigten Konzerte gab ich eine Galavorstellung zugunsten des Roten Kreuzes von Frankreich, England und den USA. Eine recht erhebliche Summe konnte den Gesandten dieser drei Länder ausgehändigt werden. Sodann bestiegen wir ein chilenisches Schiff, das uns nach Panama brachte, eine recht langwierige Reise mit vielen Zwischenhalten in tropischen Häfen. Von Callao ging es nach Colón, wo uns buchstäblich das Hemd am Leibe klebte. Dort sollte ich nicht konzertieren, es ging nur darum, ein nach Kuba bestimmtes Schiff zu finden. Colón war eine riesige amerikanische Militärbasis, und außer marschierenden Soldaten, Kasernen und sonstigen Unterkünften, die augenscheinlich während des Krieges entstanden waren, gab es dort nichts zu sehen. In unserem Hotel prüften amerikanische Soldaten unsere Pässe, und ich mußte umständlich erklären, wie ich an meinen spanischen Paß gekommen war, in dem vermerkt stand, ich sei ein Bürger des freien Polen, das ja noch keineswegs frei war. Man verstand das ungewöhnliche Dokument nicht recht, und ich vermißte Juan bei dieser Gelegenheit schmerzlich. Schweißgetränkt langte ich endlich auf meinem Zimmer an und hätte mich am liebsten, wie ich ging und stand, unter die Dusche gestellt.

Enrique erwies sich als ein vortrefflicher Diener. Er packte meine Sachen aus, ordnete alles in Windeseile und besorgte etwas zu essen. Biancamano händigte mir abends einen Brief und ein Telegramm von Gabriella Besanzoni aus, beide noch aus Rio. Das Telegramm war mir unverständlich, so suchte ich die Erklärung in dem Brief. Sie schrieb darin, sie sei nach wenigen Vorstellungen bereits an der spanischen Grippe erkrankt – einer damals grassierenden Seuche –, fühle sich einsam und sehne sich nach Italien und ihrer Mutter. Auch versicherte sie mich ihrer immerwährenden Liebe und schloß mit »un grande baccio carissimo Tutullo«, mit diesem scheußlichen Kosenamen pflegte sie mich leider anzureden. Nun war mir das Telegramm nur desto rätselhafter, denn es hieß darin: »Völlig genesen, treffe dich in Panama, ankomme Santiago dann und dann. Laß mich bitte durch einen Freund nach Valparaíso begleiten und auf ein Schiff nach Panama bringen. Kann nicht erwarten, dich wiederzusehen.« Das drohte soviel Unruhe in mein Leben zu bringen, daß ich mich erst mal aufs Bett legen und nachdenken mußte. Pola war bislang meine einzige ständige Gefährtin gewesen. Ich will nicht leugnen, daß Gabriellas Anerbieten meiner männlichen Eitelkeit wohltat, doch vor den zu erwartenden Komplikationen und der Verantwortung schreckte ich zurück. Heiraten wollte ich Gabriella keinesfalls, und es stand zu befürchten, daß sie eben dies wünschte. Aber wie sollte ich sie jetzt noch aufhalten? Sie war bereits nach Santiago unterwegs. Also telegrafierte ich meinem guten Freund Raúl von Schröder – trotz seines Namens ein entschiedener Parteigänger der Alliierten – nach Chile, wie er sich ihr gegenüber verhalten und daß er ihr notfalls mit Geld aushelfen solle. Er erklärte sich telegrafisch zu allem bereit und ließ mich zwei

Tage später wissen, sie sei gesund eingetroffen, nannte auch den Namen des Schiffes, das sie nach Panama bringen würde. Ich erwartete ihre Ankunft mit Grauen, denn alle in Panama liegenden Schiffe waren vom Militär mit Beschlag belegt worden und sollten die alliierten Truppen aus Europa heimschaffen. In meinen trübsten Momenten sah ich mich also schon dazu verdammt, Monat um Monat mit Gabriella in Panama zu verbringen, einem teuflischen Nest.

Und schon kam sie, küßte mich und rief: »Tutu, Tutullo, Tutullino!« Wir betraten recht euphorisch das Hotel, und ich begleitete sie in ein sauberes, behagliches Zimmer. Kaum hatte sie die Tür hinter uns verschlossen, klopfte es, und einer der im Hotel stationierten Soldaten befahl barsch: »Der Herr muß sofort das Zimmer der Dame verlassen.« Gabriella war bestürzt, sie glaubte, ich habe ein Verbrechen begangen und man wolle mich festnehmen. Als ich übersetzte, riß sie erstaunt die Augen auf: »Ma come?« schrie sie, »die sind ja verrückt! Wie kann man eine Frau und einen Mann daran hindern wollen, glücklich zu sein?« Dieser Mensch ließ sich jedoch durch nichts umstimmen, wir waren also dazu verurteilt, uns nur bei den Mahlzeiten und auf dem Korridor zu sehen und durften niemals allein miteinander in einem Zimmer sein. Als ich ihr dann noch eröffnete, des Mangels an Schiffsraum halber würden wir gewiß lange hier festgehalten werden, brach sie zusammen und wurde schier hysterisch. Es mußte also was geschehen, und ich machte mich auf den Weg zum Zivilgouverneur. Drei Tage brauchte ich, seine Untergebenen dazu zu bringen, daß sie mich bei ihm vorließen. Endlich wurde ich von einem gütigen älteren Herrn empfangen. Er nahm mir zunächst einmal meinen Paß ab, der ein in Chile für Panama ausgestelltes Visum enthielt. Er hörte sich die abenteuerliche Geschichte meines Passes an und fragte alsdann, was ich denn für einen Beruf ausübe? Als ich sagte, ich sei Konzertpianist, schaute er mich nachdenklich an, stand auf und ging nach nebenan. Nach einer Weile kam er mit einem Büchlein unter dem Arm zurück und fragte: »Haben Sie je in Dresden gespielt?«

»Ja, aber nur ein einziges Mal. Damals war ich dreizehn.« Er blätterte nun in seinem Büchlein, bis er eine Widmung mit meiner Unterschrift fand. »Im Zuge von Berlin erzählten Sie mir, sie wollten in Dresden ein Konzert geben, und ich bat Sie damals um Ihr Autogramm. Hier ist es.« Wieder ein unerwartetes Wunder. »Was also kann ich für Sie tun?« fuhr dieser reizende Mensch fort, augenscheinlich bereit, mir in jeder Weise gefällig zu sein. Ich berichtete ihm in diskreten Wendungen, eine mir befreundete, berühmte italienische Sängerin, mein Diener, mein Agent Biancamano und ich seien auf der Durchreise nach Havanna, Madame solle in der dortigen Oper auftreten, ich Konzerte geben, doch fänden wir uns hier gestrandet. Was wir nun machen sollten?

»Lassen Sie Ihren Paß da und schicken Sie mir die anderen Pässe auch. Ich stelle Ihnen ein Visum für die USA aus, und damit kommen Sie ohne weiteres aus Panama weg. Sie müssen mir dafür«, setzte er lächelnd hinzu, »aber einen Gefallen tun. Es wäre doch schön, wenn Sie und die berühmte Sängerin unseren Soldaten ein Konzert gäben. Wir haben den nötigen Platz, und für einen anständigen Flügel werde ich sorgen. Was meinen Sie?« Was blieb mir übrig als zuzustimmen?

Nun, das war also nicht zu vermeiden. Gabriella ließ ihr gewohntes »Dio mio!« hören, war aber bereit, aufzutreten. Das Konzert fand im Freien vor zehntausend Soldaten statt, die allerdings so gut wie nichts hören konnten; angeleitet von ihrem Kommandeur klatschten sie jedoch im richtigen Moment. Der Gouverneur, der ganz nahe bei uns saß, hörte uns gut und war entzückt.

Wenige Tage später kam er persönlich mit der Nachricht ins Hotel, ein Frachter der Grace Fruit Company laufe nach Havanna aus, mit Zwischenhalt in Santa Marta, in Kolumbien und in New Orleans. Der Kapitän sei bereit, uns gratis zu befördern.

Ich nahm das Angebot freudig an, denn alles war besser, als hier in der Hitze zu schmachten, noch dazu jeder allein auf seinem Zimmer. Biancamano verließ uns bei dieser Gelegenheit.

Die Fahrt durch den berühmten Panamakanal war recht aufregend, insbesondere die Passage durch die Schleusen von Gatun und Colebra, wo das Schiff gehoben und gesenkt wurde, war faszinierend. Wir brauchten fast den ganzen Tag, um in Balboa den Atlantik zu erreichen, wo wir am frühen Morgen, nach der Kontrolle durch den Zoll und die Militärpolizei, endlich den verheißenen Dampfer bestiegen, der allerdings auf Passagiere nicht eingerichtet war. Am Oberdeck sah man mehrere Kajüten, die offenbar von den Schiffsoffizieren bewohnt wurden, im übrigen gab es die üblichen Kojen für die Besatzung. Zwei davon wurden uns angewiesen. »Für Sie und Ihren Diener«, hieß es. »Die Dame bekommt eine eigene.« Der Gedanke, Gabriella müsse Tage in so unbequemer Umgebung verbringen, erfüllte mich mit Angst. Vergeblich machte ich den Versuch, mich an den Kapitän zu wenden, und einzig der Schiffsarzt zeigte Verständnis. »Ich will der Dame gern meine Kajüte abtreten, denn ich kann jederzeit bei einem der Offiziere wohnen.« Das nahmen wir dankbar an. Nach stundenlangem Hin und Her, Laden und Löschen, kündigte die dumpfe Sirene unsere Abfahrt an. Wir aßen von unseren mitgebrachten Vorräten, und Gabriella zog sich bis zum folgenden Morgen in ihre mehr oder weniger behagliche Kajüte zurück. Enrique suchte sich einen anderen Platz und überließ mir die Doppelkoje.

So weit, so gut. Ich schlief ein, träumte von der Ankunft im zauberhaften Havanna, wurde aber gegen sechs durch erheblichen Lärm geweckt. Meine Koje hatte einen recht schmuddeligen Vorhang, und als ich durch den Spalt blinzelte, erblickte ich mit Schrecken einen Haufen Männer, die mehr Halsabschneidern glichen als Matrosen. Fehlte nur einer mit einer Augenklappe und einem Holzbein, und ich hätte mich in ›Die Schatzinsel‹ versetzt gefühlt. Sie waren höchst phantasievoll kostümiert, etliche trugen nur schmutzige Hosen, andere Unterhemden, die seit Wochen nicht gewaschen waren, manche hatten Bärte, alle waren unrasiert. Ich verspürte den irrwitzigen Wunsch, die ganze Reise über unsichtbar bleiben zu dürfen, und das hauptsächlich Gabriellas wegen, denn als Kenner amerikanischer Filme wußte ich Bescheid über die Piratenschiffe, die die Karibische See unsicher machten, Schiffe kaperten, Besatzung und Passagiere über die Klinge springen ließen. Leider war ich diesmal nicht nur ein verschreckter Zuschauer. Ich paßte also einen Moment ab, da alle diese wilden Männer irgendwie beschäftigt waren und wetzte so rasch ich konnte zur Kajüte des Schiffsarztes, wo ich Gabriella starr vor Schrecken antraf. Sie war unfähig zu sprechen. »Gabriella«, piepste ich zitternd wie ein Küken, »fürchte dich nicht, ich beschütze dich.« In ihren Blicken las ich keine Spur von Vertrauen, doch was sollten wir schon machen? Wir mußten uns mit der Lage abfinden. Ich für meinen Teil beschloß, während der gesamten Überfahrt Tag und Nacht für den Notfall angekleidet zu bleiben und bat Enrique, der unterdessen so ängstlich wirkte wie Sancho Pansa, die Tür zur Kajüte des Schiffsarztes im Auge zu behalten und unverzüglich zu melden, wenn Gefahr drohte. Die Mahlzeiten nahmen wir zum Glück mit den Offizieren ein, und das waren die einzigen Momente, in denen unsere Wachsamkeit nachlassen durfte. Wir versuchten deshalb, diese Mahlzeiten so lange als möglich auszudehnen, doch fanden wir uns immer schon sehr bald nur noch in Gesellschaft der weißbejackten Stewards. Kaum verließen wir die Messe, spürten wir wieder die Blicke jener als Matrosen verkleideten Hyänen auf uns, die das einzige an Bord befindliche Weib nicht aus den Augen lassen konnten. Ich erwartete jeden Moment, daß sie sich auf Gabriella stürzen und sie allesamt vergewaltigen würden. Drei scheußliche Tage vergingen so, bis wir Santa Marta in Kolumbien anliefen, um Bananen zu laden.

Hier war es wahrhaftig noch heißer als in Panama, und zwei Tage lang regte sich nicht das kleinste Lüftchen über dem Schiff. Singende Kolumbianer ließen die Bananenstauden von Hand zu Hand wandern, und die dumpfe Sirene, welche die Abfahrt ankündigte, klang in meinen Ohren wie Mozart, so glücklich waren wir, dieser Hölle zu entkommen.

Die wahre Hölle allerdings erwartete uns erst. Die grünen, unreifen Bananen wurden nämlich von ihren Liebhabern begleitet, die ohne sie nicht leben konnten: Würmer und Insekten aller Art. Die waren denn unsere ständigen, ungebetenen Besucher. Als wir in New Orleans anlegten, war es früher Morgen, die Luft feucht, aber kühler. Gabriella und ich sahen einander an, wir hatten den gleichen Gedanken: nichts wie runter von diesem Kahn! Ich beschloß, von New Orleans mit dem Zug nach Florida zu fahren und mit dem täglich verkehrenden Dampfschiff von dort nach Havanna. Wir bedankten uns beim Schiffsarzt, Enrique brachte unser Gepäck von Bord und zum Zoll, Gabriella und Enrique durften dank ihrer in Panama ausgestellten Visen ohne weiteres passieren, auch ich kam durch die zivile Kontrolle, mußte meinen Paß dann aber einem Offizier vorweisen, denn das Militär war immer noch wie zu Kriegszeiten die oberste Behörde. Der Offizier betrachtete aufmerksam meinen Paß. »Sie sind kein Spanier – wie kommen Sie zu einem spanischen Paß?« Ich gab also eine recht farbige Schilderung der Umstände und erwähnte, daß König Alfonso persönlich für mich gebürgt habe, was ihn aber nur dazu veranlaßte, den Paß auf den Boden zu schmeißen und zu rufen: »Alfonso ist mir scheißegal, und Ihrem Paß nach sind Sie Russe!« Und er zeigte mit dem Finger auf mich wie auf ein Insekt: »Der Kerl ist Russe!« rief er seinem Kollegen zu, überzeugt, endlich den Meisterspion des Jahrhunderts attrappiert zu haben. Ich meinerseits kochte vor Wut und hätte am liebsten alle beide umgebracht.

»Der US-Konsul in Colón hat mir ein Visum für die USA gegeben«, sagte ich, mühsam beherrscht, »das ist Ihnen wohl entgangen?«

»Ein Visum schert uns nicht, vergessen Sie nicht, wir sind im Krieg!«

Mit einem solchen Menschen ließ sich nicht reden. Da fiel mir ein, daß in einem meiner Koffer ein Empfehlungsbrief war, den der amerikanische Gesandte in Madrid, Joseph E. Willard, mir für seinen Kollegen in Buenos Aires mitgegeben hatte; er war ein großer Musikliebhaber. Ich hatte das Schreiben nie abgegeben, ja bis zu diesem Augenblick ganz vergessen. Vielleicht war es nützlich, diesem dickköpfigen Narren den Brief vorzuweisen?»Ich möchte gern einen meiner Koffer aufmachen, denn ich habe darin ein Dokument, das Sie interessieren dürfte.« Er grinste schadenfroh, ließ mich aber an mein Gepäck. Ich fand den Brief zum Glück und gab ihn ihm.

Er las mit zunehmender Verblüffung.»Warum haben Sie mir das nicht gleich gezeigt?«

»Warum sollte ich Ihnen meine Privatpapiere zeigen? Meine amtlichen Dokumente sind völlig ausreichend und hätten Ihnen genügen müssen.« Und ganz im Genusse meines Triumphes fügte ich an: »Sagen Sie mir bitte Ihren Namen und Ihre Adresse, denn ich gedenke mich über Ihr Betragen zu beschweren und auch darüber, daß Sie den Herrscher eines befreundeten Landes schwer beleidigt haben.«

Nie habe ich einen servileren Ausdruck auf dem Gesicht eines Menschen gesehen als auf dem dieses Mannes, der jetzt stammelnd Entschuldigungen vorbrachte: der Krieg, die Last seiner Verantwortung und so weiter und so fort. Ich ließ mich aber nicht beeindrucken, verlangte, daß er Namen und Adresse gut lesbar aufschrieb, gesellte mich zu der entsetzten Gabriella und dem ebenso verschreckten Enrique, befahl einen Gepäckträger und ein Taxi herbei und ließ uns ins Hotel Charles bringen. Der Offizier folgte uns bis ins Hotel, unentwegt um Vergebung bittend. Er suchte sogar Gabriella mit Blumen für sich zu gewinnen. Sie aber bedachte ihn mit jenem Blick, den sie sonst für Don José im letzten Akt aufsparte. Allerdings konnten wir nicht verhindern, daß er unser Gepäck zum Bahnhof schleppte, wo ich die Schiffskarten kaufte und die Schlafwagenkarten für den Zug nach Miami.

Die nicht sehr bequemen amerikanischen Schlafwagen und die recht mäßigen Speisen, die man unterwegs bekam, schienen uns der wahre Himmel. Immerhin kamen wir recht ermattet in Miami an und mußten hier nach Key West umsteigen. Noch eine Nachtfahrt, und endlich acht Stunden Überfahrt nach Havanna. Dort stiegen wir in dem sehr angenehmen Hotel Plaza ab, hatten benachbarte Zimmer und Ausblick auf den Platz und das Opernhaus. Enrique packte aus. Da es zu spät war, im Restaurant zu essen, ließen wir uns etwas Kaltes aufs Zimmer bringen, und Gabriella entschwand mit den Worten: »Arturo mio, ich bin tot und muß schlafen« in ihr Zimmer. Ich selber hatte die Absicht, gleich noch den Direktor der Oper aufzusuchen und wegen meiner Konzerte mit ihm zu sprechen, die von Buenos Aires aus festgemacht worden waren, und wollte mich nur einen Moment hinlegen; ich schlief aber geschlagene sechzehn Stunden durch.

Kapitel 9

Am nächsten Morgen weckte mich die schon höchst elegant gekleidete Gabriella, bestellte mir ein Frühstück und wartete geduldig, bis ich zum Ausgehen angekleidet war. Ich rief Antonio Braccale an, den Operndirektor, der einen legendären Ruf genoß, und er war auch sogleich für mich zu sprechen. Ich sagte, Biancamano sei desertiert, ich folglich ganz allein und wüßte gern, ob schon Daten für meine Konzerte festgelegt seien.

»Angekündigt sind noch keine, denn ich habe aus Buenos Aires nichts gehört. Aber kommen Sie doch in mein Büro, damit wir uns ausführlich über Daten und Programme unterhalten können.«

Eine Stunde später saß ich in den Privaträumen Braccales in der Oper. Der war nun wirklich ein Mann der Tat. Klein, italienischer Abkunft, glattrasiert, mit lebhaften Augen, die einen niemals fest anblickten. Meine vier Konzerte sollten innerhalb von zehn Tagen stattfinden. Aus meinen Programmheften aus Buenos Aires stellten wir vier Programme zusammen. Bevor ich ging, führte er mich hinter die Bühne, wo gut

geschützt in einer Kiste ein Steinway-Flügel stand. »Der soll morgen vormittag für Sie auf der Bühne bereitstehen; neu ist er nicht, aber ich glaube, er wird Ihnen gefallen.« Als er mich aufforderte, mit ihm zu lunchen, sagte ich schüchtern: »Ich reise in Begleitung einer guten Bekannten, einer italienischen Sängerin, und die erwartet mich.«
»Eine Opernsängerin? Wie heißt sie denn?«
»Gabriella Besanzoni, ein sehr berühmter Alt.«
Braccale machte einen Luftsprung. »Die große Besanzoni! Das ist ja ganz wunderbar! Seit zwei Jahren versuche ich, sie zu engagieren. Darf ich mit Ihnen kommen und sie kennenlernen?« Das konnte ich nicht gut abschlagen, wenngleich ich bezüglich Gabriellas Reaktion recht unsicher war.

Wir trafen sie in der Halle an, und Braccale wartete gar nicht ab, daß ich ihn vorstellte, er eilte einfach auf sie zu und küßte ihre Hände. »Grande diva!« rief er dabei, »welches Glück, Sie zu sehen! Sie müssen unbedingt für uns singen.« Sie reagierte eher kühl, mußte angesichts seines Eifers aber lächeln und ließ sich zum Lunch einladen. Während der Mahlzeit überredete er sie dazu, mit Caruso die Amneris zu singen, und anschließend wollte er eigens für sie ›Carmen‹ ansetzen. Als sie ihre Gage nannte, schwand seine Begeisterung sichtlich, doch willigte er ein. Von Stund an waren wir von Zeitungsleuten umgeben, speisten erst spät in der Nacht und bekamen nicht genug Schlaf. So lebten wir in Havanna. Der Flügel erwies sich als besser denn erwartet, als ich ihn anspielte, Gabriella probte, anfangs mit einem Klavierbegleiter, später mit dem Orchester unter der Leitung des ausgezeichneten Giorgio Polacco aus Chicago.

Diesmal hatte ich vor meinen Konzerten ausgesprochen Angst, denn meine Finger gehorchten mir bei schwierigen Passagen nicht mehr. Mir wurde klar, was es bedeutet, wochenlang nicht zu üben. Endlich einmal machte ich mich im Ernst daran, verbrachte ganze Tage in einem Hinterzimmer der Steinway-Filiale, was Gabriella übel aufnahm. Definitiv auf der Habenseite waren die köstlichsten Zigarren zu verbuchen. Nur wer es selber erfahren hat, weiß, was es heißt, in einem Caféhaus schlückchenweise den herrlich starken Kaffee zu sich zu nehmen und dabei den himmlischen kubanischen Tabak zu rauchen.

Es gab in Havanna ein gutes Konservatorium, gegründet und ausgezeichnet geleitet von einem holländischen Musiker, einem gewissen de Blanck. Als ich eines Abends bei ihm gegessen hatte, nahm er mich mit zu einem Ball, der fast ausschließlich von der schwarzen Bevölkerung besucht wurde. »Die Musik und der Tanz werden Sie begeistern«, versprach er und hatte recht damit. Der kubanische Samba hat einen anderen Rhythmus und ist noch erregender als der brasilianische, es gab ein ganzes Ensemble von Schlaginstrumenten, das gelegentlich allein spielte, und die Tänzer besaßen einen unerreichten Sinn für Rhythmus, wie man ihn nur bei Schwarzen antrifft. Doch drückten sie ihn mit fast unsichtbaren Schritten aus; Männer und Frauen aneinandergeschmiegt wie festgeleimt, schneller und schneller tanzend bis zum Höhepunkt. Gabriella und ich hatten beide großen Erfolg. In meinem ersten Konzert spielte ich hauptsächlich Chopin, einschließlich der Polonaise in As, ferner ›Triana‹ und ›Navarra‹, beide für spanische Ohren unwiderstehlich. Die letzte Zugabe, der ›Feuertanz‹ von de Falla, brachte den Sieg. Braccale sah bereits Geld auf uns beide herunterregnen und machte schon Pläne für weitere sechs Konzerte in der Hauptstadt und mehrere in der Provinz. Gabriellas Debüt als Amneris in ›Aida‹ war ein Triumph. Die Presse erklärte einmütig, nie einen Alt mit einer Stimme dieses Umfanges und von solcher Schönheit gehört zu haben. Leider ereignete sich dabei ein komischer Zwischenfall. Vorherschicken muß ich, daß der große Caruso, der den Radames sang, für jedes Auftreten zehntausend Dollar erhielt, was selbstverständlich jedermann wußte und was viel Mißfallen erregte, denn der Lebensstandard der Kubaner war niedrig, und ein Normalverdiener hätte jahrelang für eine solche Summe arbeiten müssen. Kein Wunder also, daß das Publikum ihm nicht ausnahmslos gewogen war, und während des berühmten Triumphmarsches wurde denn auch eine Stinkbombe mitten ins Parkett geworfen, die nicht nur wirklich grauenhaft stank, sondern auch laut knallte. Caruso alias Radames schürzte sein Gewand, entwich auf die Straße und rannte, von Zeitungsverkäufern verfolgt, ins Hotel. Man kann sich vorstellen, welche Verblüffung im Opernhaus Platz griff. Gabriella, das muß ich sagen, betrug sich wie eine echte Pharaonentochter. Braccale und der Bühnenmeister rannten selbstverständlich in Carusos Hotel, beruhigten den Sieger über die Äthiopier und ließen ihn noch einmal im Triumph aufmarschieren. Die Vorstellung endete denn auch mit Ovationen, Blumen und allem Drum und Dran. Aida und Amneris teilten sich in den Sieg des unvergleichlichen Tenors, und eine zweite Stinkbombe wurde nicht mehr geworfen.

Bei meinem zweiten Konzert war die berühmte katalanische Koloratursängerin Maria Barrientos anwesend und besuchte mich in meiner Garderobe. Ich küßte ihr die Hand und lud sie für den folgenden Tag zum Lunch ein. Als sie mich fragte: »Wann reisen Sie nach New York?« erwiderte ich, ich hätte nicht die Absicht, überhaupt zu reisen. »Aber hören Sie«, sagte sie völlig perplex, »Ihre Konzerte sind schon angekündigt! Sie sind in sechs Konzerten mit dem Bostoner Sinfonieorchester der Solist, in New York, Philadelphia, Baltimore, Washington und Boston. Wenn ich mich recht erinnere, ist Ihr erstes Konzert in einer Woche.«

Sie gab übrigens zu, daß der Impresario R. E. Johnson nicht ganz vertrauenswürdig sei, und was sie mir da berichtete, traf mich wie ein Blitz aus heiterem Himmel. Ich nahm an, daß Johnson Geld und Vertrag an mich abgeschickt, daß es mich aber nicht erreicht habe. Da mußte nun gleich etwas geschehen, ich mußte meine Konzerte in Kuba verschieben, Johnson telegrafisch mein Eintreffen ankündigen, im Ritz-Carlton, das die Barrientos mir empfahl, ein Zimmer buchen, und nicht zuletzt Gabriella informieren. Braccale war betrübt, aber er hatte ein Einsehen. Nur legte er mir dringend ans Herz, so bald wie möglich wieder nach Kuba zu kommen.

Erst als ich ausführlich an R. E. Johnson telegrafiert hatte, faßte ich mir ein Herz und teilte Gabriella mit, was ich vorhatte. Ihre Reaktion war noch schlimmer als befürchtet: sie beschloß auf der Stelle, mit mir zu kommen. »Ich will bei dir bleiben, auf keinen Fall darfst du mich mit diesem Teufel Braccale allein lassen.« Es dauerte geraume Zeit, bis ich sie überreden konnte, ihren Vertrag zu erfüllen und mir erst dann nachzureisen.

Am folgenden Morgen erhielt ich dieses Telegramm: »Zimmer für Sie in Biltmore reserviert. Erwarte Sie nach Ankunft in meinem Büro.« Das klang nicht verheißungsvoll, doch kümmerte es mich wenig, denn daß ich mit dem Bostoner Sinfonieorchester spielen sollte, machte für mich den Reiz dieser Tournee aus. Vor der Abfahrt bat ich den Baß des Ensembles, einen gütigen Menschen, über Gabriella zu wachen und ihr falls nötig behilflich zu sein. Gabriella und Braccale brachten mich abends zum Schiff.

Zweiter Teil

Zweiter Versuch in den Vereinigten Staaten
und Abenteuer in Mexiko

Kapitel 10

Nach einer langen, ermüdenden Reise kamen Enrique und ich spät in der Nacht in New York an. Niemand holte uns ab, weit und breit kein Taxi. Im Hotel Biltmore fand ich eine Nachricht von Johnson vor, in der es hieß, zu so später Stunde könne er mich leider nicht mehr abholen, ich möge mittags in sein Büro kommen. Es erwartete mich noch ein weiterer Brief, nämlich ein enthusiastischer Willkommensgruß von Dagmar Godowsky, die ich seit unserer Wiener Zeit nicht mehr gesehen hatte; sie bat mich, sie tags darauf zum Lunch auszuführen. Mein Zimmer war recht angenehm, und ein kleineres für Enrique fand sich ebenfalls. Dienerkammern waren in amerikanischen Hotels unbekannt.

Die Nacht verging mir schlaflos, zuviele Gedanken bewegten mich, allen voran einer: die Furcht, Muriel Draper zu begegnen, von der ich nichts mehr gehört hatte, seit sie aus London fortgegangen war; zwischen ihr und mir, so spürte ich, gab es noch eine offene Rechnung. Bemüht, meine Gefühle zu analysieren, kam ich zu dem Ergebnis, daß ich Gabriella lieb hatte, ohne verliebt in sie zu sein, während es sich mit Muriel Draper genau umgekehrt verhielt; die mochte ich eigentlich nicht, aber ich war verliebt in sie und fürchtete mehr als alles, wieder unter ihren Einfluß zu geraten. Was Pola betraf, so war ich überzeugt, sie habe sich mit der Familie ausgesöhnt und lebe wieder bei ihren Kindern. Mir wurde in jener Nacht sehr deutlich bewußt, daß ich seit Kriegsbeginn weder zu Pola noch meiner Familie, weder zu Paul Kochanski noch zu Szymanowski und meinen anderen polnischen Freunden den geringsten Kontakt gehabt hatte. Ich war zu feige, mich zu fragen, ob sie noch am Leben oder womöglich tot seien. Gegen Morgen döste ich ein wenig ein, dann ließ ich mich von Enrique ankleiden, frühstückte auf dem Zimmer und rief Dagmar an, die im selben Hotel wohnte. Wir begrüßten uns sehr herzlich, und ich verabredete mich mit ihr zum Lunch im Ritz-Carlton. Alsdann begab ich mich in Johnsons Büro Ecke Broadway, 39. Straße, gegenüber der alten Metropolitan Opera. Da saß er in einem

Drehstuhl, breitschultrig, mit dem Gesicht eines Säufers, große tränende Augen, große Nase von undefinierbarer Farbe, glatt rasiert, dichtes blondes graumeliertes Haar. Er dürfte über sechzig gewesen sein. »Großartig!« brüllte er. »Kein Vertrag, kein gar nichts, und doch sind Sie gekommen. Ich habe Sie an die Bostoner verkauft, aber die wollten nicht warten und haben sich Rachmaninoff geholt.« Das machte mich wütend.

Ich brüllte zurück: »Sie haben mir weder Vertrag noch Geld geschickt, und wäre nicht Maria Barrientos gewesen, ich wäre nie im Leben gekommen. Ihretwegen habe ich in Kuba meine Konzerte schießen lassen, obschon ich dort einen Haufen Geld verdiente. Aber das kann ich noch nachholen.« Er stand auf, und ich sah, er hinkte. »Nicht mal das Geld haben Sie geschickt, das ich verlangt habe.«

Er hüpfte behende auf einem Bein. »Lieber falle ich tot um, als Vorschuß zu zahlen, dieser Carreras ist verrückt!« Was er weiter noch sagte, ist mir entfallen, nur rief er ganz plötzlich: »Lulu!«, und eine große, stramme Endvierzigerin kam herein. »Lulu, der Junge hat Charakter«, sagte er. »Der gefällt mir.« Und zu mir: »Ich habe schon noch ein paar gute Konzerte für Sie, Sie müssen nicht gleich wieder in Ihr gottverdammtes Kuba zurück. Mit Ysaÿe spielen Sie zwei Konzerte in Cincinnati, und unter Frederick Stock mit dem Chicagoer Sinfonieorchester. Und ich buche die Carnegie Hall für Sie.« So trennten wir uns als Freunde.

Ich kam gerade noch rechtzeitig ins Ritz. Dagmar hatte sich zum Glück verspätet, und ich wartete auf sie in der Halle, durch die man ins Restaurant geht. Und der erste Mensch, der die Halle betrat, war Muriel Draper.

Ich sprang auf. Sie war unverändert. Ich stotterte: »Mu..Muriel!« Sie trat auf mich zu, als habe sie erwartet, mich hier anzutreffen, und als ich ihr die Hand küßte, passierte etwas höchst Sonderbares. Ich fühlte mich befreit. Frei. Als wäre sie mir ganz unbekannt. Die Ängste, die ich in der Nacht ausgestanden hatte, verflogen. Wir führten eine kurze, ganz banale Unterhaltung.

»Ich bin von Paul geschieden. Und was machst du? Ich höre, du hast in Südamerika großen Erfolg?«

»Ja«, bestätigte ich nicht uneitel, »die schlechten Zeiten sind vorbei.«

»Wir sehen uns sicher noch«, sagte sie, denn jetzt traten Bekannte von ihr herzu und führten sie zum Essen. Dagmar kam Minuten später. Sie sah jetzt recht gut aus, sehr jüdisch, nicht mehr wie eine persische Miniatur. Die alte Lebhaftigkeit war ihr aber geblieben. Daß sie mit starkem deutschen Akzent sprach, irritierte mich jetzt so kurz nach dem Krieg, erinnerte mich aber auch an die alten Wiener Zeiten. Während des Essens unterhielt sie mich unentwegt mit dem neuesten Klatsch. Sie war jetzt beim Film, bisher zweimal als Statistin, einmal in einer kleinen Rolle, doch wollte nichts Rechtes daraus werden. Ich hörte alles über das künstlerische Leben in New York und kam mir vor, als hätte ich die vergangenen zwei Jahre hier verlebt. Und immer noch hielt jenes außergewöhnliche Phänomen an: Ich vergaß, daß Muriel im selben Raume saß.

Auf meinem Zimmer wurde ich mit Telefonanrufen überschwemmt, von denen zwei mir noch in Erinnerung sind. Ein gewisser Ernst Urchs, der hiesige Steinway-Vertreter, bot mir an, ein Instrument auszuwählen und mir zunächst einmal einen Stutzflügel ins Hotel zu schicken. Dies war einmal eine gute Tat von R. E. Johnson. Der zweite Anruf kam von meinem guten Freund Adolf Bolm, der zu Diaghilevs Truppe gehörte und in ›Fürst Igor‹ die barbarischen Bogenschützen anführte. Er wußte von Dagmar, daß ich angekommen war, rief uns beiden die schönen Tage von San Sebastian in Erinnerung und lud mich zum Abendessen ein. Ich gab vor, zu müde zu sein, er aber beharrte auf seinem Vorschlag. »Du wirst nicht nur deinem guten alten Freund Richard Ordynski begegnen, sondern auch Sergej Prokofieff.« Da war ich selbstverständlich nicht zu halten.

Pierre Monteux, der mit Prokofieff dessen erste zwei Klavierkonzerte aufgeführt hatte, erzählte mir kurz vor dem Krieg, er halte Prokofieff für den bedeutendsten lebenden Komponisten, und ich selber spielte drei seiner gedruckten Stücke in meinem Programm.

Das nun folgende Essen war für mich ein großes Erlebnis. Nach Szymanowski, Strawinsky und Ravel lernte ich einen weiteren bedeutenden Komponisten kennen. Prokofieff wirkte ausgesprochen jugendlich, viel jünger als seine Jahre, und dieses Aussehen blieb ihm bis zu seinem Tode. Er war ziemlich groß, kräftig gebaut, scheu, ja linkisch und hatte die Gesichtszüge eines weißen Negers, nämlich die platte Nase und die roten Wulstlippen. Die Brauen waren weiß, kaum sichtbar, das

Haar war hell, dazu eine sehr zarte Haut, die beim geringsten Anlaß errötete. Bolm und Ordynski umarmten mich zur Begrüßung; letzteren kannte ich, als er noch bei Max Reinhardt in Berlin gewesen war. Prokofieff schüttelte mir kräftig die Hand nach russischer Manier, errötete aber sogleich und hörte mißbilligend zu, als ich Monteux' Urteil wiederholte und sagte, ich freue mich aufrichtig, ihn kennenzulernen. Nachdem wir munter plaudernd bei Wodka, Kaviar und anderen Leckerbissen beisammen gesessen hatten, führte Bolm mich ans Klavier. Ich spielte die von mir so sehr geliebte Barcarole von Chopin und auf Drängen der anderen einige meiner besten spanischen Sachen. Prokofieff gefiel mein Spiel, und das machte mich glücklicher als der Beifall ganz Südamerikas. Wieder ereignete sich das Wunderbare: an diesem Abend noch begann unsere Freundschaft, die bis zu seinem vorzeitigen Tode währte. Wir waren häufig zusammen, oft allein miteinander, gelegentlich mit Vera Janacopoulos, einer griechisch-brasilianischen Sängerin, die Prokofieffs Lieder zu seiner Zufriedenheit sang. Leider hatte sie einen grausligen Gatten, einen bärtigen Russen, der unmäßig Wodka trank.

Prokofieff spielte Sachen vor, an denen er arbeitete; er gestand lachend, er habe sich zwei alte Sonaten vorgenommen, die er als Examensarbeiten abgeliefert hatte und nun modernisiere. Die Druckfahnen der zweiten Sonate machte er mir zum Geschenk. Auch war er dabei, sein drittes Klavierkonzert auszuarbeiten, sowie etliche kleine Stücke, denen er den Namen ›Visions Fugitives‹ geben wollte, und einige davon spielte er mir vor. Mir klangen sie sehr sonderbar im Ohr, doch besaßen sie etwas ganz Neuartiges und Erfrischendes, was mich anzog. Im Laufe der Jahre gelangte ich zu dem Urteil, daß Prokofieff der bedeutendste russische Komponist ist. Strawinsky wurde Kosmopolit, und man merkt das seinen Werken an; was die anderen Komponisten angeht, so fehlt in ihren Werken das spezifisch russische musikalische Idiom, das wir bei Prokofieff finden.

R. E. Johnson eröffnete mir, ich hätte mein Debüt in der Carnegie Hall an einem Sonntagnachmittag zu geben, etwa zehn Tage nach meiner Ankunft. Er stellte ein Programm aus meinen Zugstücken zusammen, angefangen mit Beethovens ›Waldstein-Sonate‹, dann drei kleinere Stücke von Chopin, drei oder vier von Debussy, ›Triana‹ von Albéniz und zum Schluß den ›Militärmarsch‹ von Schubert-Tausig. Ich verbrachte viele Vormittage am Flügel, bemüht, nach viel zu viel bloßer Routine wirkliche Mühe und Sorgfalt an die Musik zu wenden. Das Debüt war für meine weitere Laufbahn von größter Bedeutung, und das war mir nur zu schmerzlich bewußt. Johnson unterredete sich täglich mit mir über die Reklame, über Interviews und ähnliche Sachen, meist in der riesigen Bar des Hotels Biltmore, die zu allen Tageszeiten so wirkte, wie ich mir die Börse vorstellte. Es wurde unentwegt geschrien und gelacht, man unterhielt sich lautstark über weite Entfernungen, es war ein wahres Pandämonium, ertränkt in Alkohol. Mein bescheidener, schwacher Martini hob mich nicht auf das Niveau der herrschenden Euphorie. Meist mußte ich den schwer betrunkenen R. E. in seine Wohnung bringen, doch das Schlimmste war, daß er mich anderen Trunkenbolden vorstellte mit der unwandelbaren Formel: »Das ist Joe Smith, ein guter Kerl, der jede Menge Leute dazu bringt, ins Konzert zu gehen. Du bist doch Musikliebhaber, nicht wahr, Joe?« schrie er den verständnislosen Saufkumpan an und dann: »Der Junge hat Charakter, glaub mir, der reißt die Leute von den Stühlen.«

Eines Tages erhielt ich aus Cienfuegos einen sonderbaren Brief von Gabriella, den ich sobald nicht vergessen werde: »Der peruanische Bassist, dem Du mich ans Herz gelegt hast und der mir helfen sollte, falls nötig, hat mich schon bald mit unsittlichen Anträgen verfolgt. Als ich ihn abwies, mich weigerte mit ihm zu sprechen, wurde er gewalttätig. Er versuchte, in mein Zimmer einzudringen, bediente sich der schmutzigsten Ausdrücke und hat mich eines Tages gar mit einem Dolch bedroht. Ich fürchte mich zu Tode, Arturo. Niemand hier hat den Mut, ihm entgegenzutreten. Du mußt mir helfen, bitte, bitte, veranlasse jemand von der kubanischen Gesandtschaft, sich meiner anzunehmen. Ich fürchte, der Mensch ist verrückt und gehört eingesperrt.« Ich fühlte mich sehr schuldig, weil ich sie ausgerechnet unter den Schutz eines Irren gestellt hatte, eilte ins kubanische Konsulat und wurde auch sogleich vom Konsul empfangen, dem ich den Brief vorlas. Er setzte sich mit der Polizei von Cienfuegos in Verbindung und berichtete mir noch am selben Tage: der Bassist sei tatsächlich gemeingefährlich, habe einen Polizisten bedroht und versucht, die Besanzoni umzubringen. Er sei nun verhaftet. Man halte ihn für geistesgestört. Gabriella bedankte sich umgehend, und ich war froh, sie von diesem Alptraum befreit zu haben.

New York verwandelte sich in ein Militärlager, die Straßen waren voll von heimkehrenden Soldaten. Zwei einheimische Regimenter paradierten unter dem Triumphbogen auf dem Washington Square, und die Fifth Avenue war von vielen Tausenden Bewunderern gesäumt. Man bewarf die jungen Männer mit Blumen, und die Frauen konnten sich nicht genug tun, alle und jeden zu küssen. Es gab rührende und auch komische Auftritte in Fülle. Auch in meinem Hotel spielte sich einiges ab – so zum Beispiel kam ein Mann herein und begab sich schnurstracks auf das Zimmer einer Dame. Das Personal entfernte ihn gewaltsam, es kam im Korridor zu einer Rauferei, von der ich geweckt und deren Augenzeuge ich wurde. Man warf den Herrn einfach auf die Straße, obschon er sich für einen heimgekehrten Offizier ausgab, der nur seine Frau habe besuchen wollen. Der Hausdetektiv schenkte ihm keinen Glauben, obschon der Mann beteuerte, er sei wirklich Offizier und habe nur sein Gepäck und seine Papiere an Bord des Schiffes gelassen, mit dem er heimgekehrt sei. Zur Genugtuung aller Gäste mußte das Hotel ihm 100 000 Dollar Schadensersatz zahlen, denn der Mann war nicht nur wirklich der rechtmäßige Gatte der Zimmerbewohnerin, sondern überdies ein Held. Mich freute ganz besonders, daß die puritanischen amerikanischen Hoteliers auf diese Weise eins ausgewischt bekamen. Als ich von Gabriella hörte, sie wolle sogleich nach ihrer letzten Vorstellung von Kuba nach New York kommen, erinnerte ich mich unseres Aufenthaltes in Panama, und mir wurde recht unbehaglich. Man beruhigte mich jedoch: »Falls die Dame ein Appartement mietet, bestehend aus Salon und Schlafzimmer, darf sie zu jeder Tages- oder Nachtzeit Herrenbesuche empfangen.« Das fand ich ausgesprochen zynisch.

Der Sieg erzeugte in den Bewohnern der Stadt eine Hochstimmung, wie ich sie nie zuvor gesehen hatte. Straßen, Bars, Restaurants, Tanzpaläste wimmelten Tag und Nacht von lachenden, lärmenden Menschen. Stimmte man in den allgemeinen Jubel nicht ein, konnte einem das gefährlich werden. Dagmars Bekannte, und sie hatte ihrer viele, wollten mich in diesen Wirbel mit hineinziehen, doch sträubte ich mich. In jenen Tagen hielt ich mich streng an meinen Flügel und zu Prokofieff, der die allgemeine Hysterie überhaupt nicht beachtete. R. E., der mehr trank denn je, sagte mit schwerer Zunge zu Lulu: »Sag ihm, wie es um unsere Kasse steht.«

»Die Karten verkaufen sich gut«, informierte mich Lulu schläfrig.

Gabriella kündigte das Eintreffen ihres Schiffes für den Morgen des Tages vor meinem Konzert an. Ich holte sie am Hafen ab und brachte sie im Biltmore unter, und zwar in einem geräumigen »Appartement« im ersten Stock. Ich selber wohnte im elften. Es war nicht einfach, ihr zu erklären, weshalb wir uns in das Appartement nicht teilen durften. Als sie endlich den Grund begriff, sagte sie bloß: »America non mi piace.« Mit dramatischen Gebärden erzählte sie ausführlich von ihren Heimsuchungen. Dabei erwähnte sie allerdings allzuoft den Namen eines gut aussehenden Baritons, der augenscheinlich nicht von ihrer Seite gewichen war, und als ich ironisch fragte, ob er ihr denn auch in anderer Weise dienlich gewesen sei, reagierte sie mit viel zu viel Entrüstung. Es kam nun zu einem häßlichen Streit, ich wurde sogar etwas heftig. Anschließend wurde unter Tränen und Küssen der Friede geschlossen.

Ihr Eintreffen mit den geschilderten Begleitumständen einen Tag vor meinem ersten Auftreten in New York seit 1906 tat meinen Nerven nicht gut, und ich kam in ziemlich schlechter Verfassung in die Carnegie Hall, doch der gut besetzte Konzertsaal, die Anwesenheit von Prokofieff und Josef Hofmann und meiner alten Freunde Joseph Lhévinne und Jacques Thibaud machten mir Mut und stellten mein Selbstvertrauen wieder her.

Während ich mich vor dem Publikum verbeugte, sah ich Paul und Muriel Draper friedlich nebeneinander sitzen. Mein Konzert vereinigte die beiden mindestens für diesen einen Tag.

Ich entsinne mich, recht gut gespielt zu haben, hauptsächlich die kleineren Stücke. Während der Beethoven-Sonate hatten meine Nerven noch die Oberhand. R. E. Johnson, erstaunlich nüchtern, war von meinem Erfolg hingerissen. »Ich habe schon wieder ein Konzert für Sie – das wird die Leute umschmeißen.« Meine Freunde gratulierten mir anschließend und gaben mir die üblichen Ratschläge für das nächste Programm. Hofmann erschien nicht, man richtete mir aber aus, daß ihm dieses und jenes gefallen habe, anderes weniger. Die Anwesenheit der Besanzoni in meiner Garderobe machte großen Eindruck, insbesondere auf R. E. und Lulu, und Jacques Thibaud nahm eine Einladung zum Diner in Gabriellas Appartement an.

Alle bedeutenden Kritiker waren im Konzert gewesen. James Huneker, der am meisten respektierte Kritiker jener Zeit, schrieb eine sehr freundliche Besprechung, nannte mich jedoch einen brillanten Miniaturisten, was mir nicht sehr gefiel. Mein »alter Freund« Henry Edward Krehbiel zeigte seine schwere deutsche Hand, indem er seine Kritik von 1906 unverändert abdruckte. Wütend wünschte ich mir, ihn solle der Schlag treffen. (Dies geschah auch wenige Jahre später. Es ist dies der einzige Mord, den ich in meinem Leben begangen habe.) Die anderen Kritiker waren begeistert.

Kapitel 11

Gabriellas Anwesenheit in New York bildete schon sehr bald das Tagesgespräch in Kreisen der Opernfreunde und Impresarii. Man telefonierte ihretwegen pausenlos mit mir; der berühmte Direktor der Metropolitan Opera, Giulio Gatti-Casazza, wollte mich dringend sprechen. Die betriebsamste Konzertagentur, die von Wolfson, wollte sie für eine Tournee gewinnen, und nicht zuletzt wollte die Schallplattenfirma Victor, die Caruso, die Destinn und Paderewski neben anderen unter Vertrag hatte, mit mir einen Kontrakt für die Besanzoni aushandeln. Diese Anrufe verwirrten mich einigermaßen; ich fühlte mich plötzlich nicht mehr als Pianist, sondern als Konzertagent von internationalem Ruf. Gabriella nahm dies alles für selbstverständlich, und mir wurde wieder mal klar, daß das Selbstwertgefühl von Sängern einfach grenzenlos ist. Für die meisten Dirigenten gilt das übrigens auch.

Gatti-Casazza war nicht nur ein höchst tüchtiger Operndirektor, er war auch ein hartgesottener Unterhändler. Dabei entdeckte ich, daß auch ich eine ähnliche Begabung habe. Zwei Stunden dauerte es, bis wir einen beiderseits befriedigenden Vertrag für Gabriella ausgehandelt hatten. Als Carmen allerdings konnte ich sie nicht anbringen, denn diese Rolle »gehörte« der wunderschönen Geraldine Farrar, die sich eher hätte totschießen lassen als die Partie herzugeben. Die arme Besanzoni mußte sich also mit den üblichen Rollen von Mezzosopranen und Altistinnen begnügen, die nicht immer die Bedeutung von Bizets Operngestalt haben. Gabriella wollte anfangs ohne die Carmen den Vertrag nicht unterschreiben, begriff dann aber nach viel gutem Zureden, wie wichtig es für sie war, überhaupt an der Met zu debütieren.

Wolfson bot auf der Stelle zehn Konzerte à dreitausend Dollar pro Auftritt. Das war ein großzügiges Angebot, doch machte mir der Umstand einiges Bedenken, daß meine Freundin, soweit ich wußte, kein nennenswertes Konzertrepertoire hatte. Von Liedern hatte sie nie etwas gesagt, sie redete stets nur von der Oper. Auf meine Vorhaltungen entgegnete sie indessen leichtfertig: »Tutullo, mit deiner Hilfe werde ich dann eben ein paar Lieder einstudieren«, und das war genau, was ich am meisten fürchtete.

Sodann drängte sie mich, so bald wie möglich mit dem mächtigen Direktor der Schallplattenfirma Victor zu verhandeln. Ihr Traum war, mit Caruso und den anderen Größen im selben Plattenverzeichnis zu stehen. Calvin Childs, der Direktor dieses neuen und bedeutenden Industrieunternehmens, ließ mich eine geschlagene halbe Stunde warten, dann durfte ich Platz nehmen, und er begann mit einer Herablassung über die Geschäfte zu reden, der ich später nur noch bei den Herren der Filmindustrie von Hollywood begegnet bin.

»Versteht sie was von Aufnahmetechnik?« fragte er.

»Das glaube ich nicht.«

»Na, dann müssen wir ihr das beibringen.«

»Was bieten Sie?« fragte ich ungeduldig.

»Was heißt da bieten? Sie kriegt zehn Prozent von den Einnahmen, wie alle anderen auch.« Ich stand auf. »Darauf dürfte Madame Besanzoni kaum eingehen.« Er lachte unterdrückt: »Und wie! Sie werden schon sehen.«

Das überzeugte mich nicht, und ich wandte mich ab. Er hielt mich an der Tür zurück. »Nicht so eilig. Falls Sie den Vertrag vermitteln, könnte ich auch von Ihnen eine kleine Aufnahme machen. Das würde Ihnen nützlich sein.«

Ich erbleichte vor Wut. »Das stinkt nach Bestechung. Verhandeln Sie selber mit Madame. Und auf Ihren Apparaten klingt der Flügel ohnehin wie ein Banjo. Schönsten Dank.« Und da ging ich.

Was ich zu berichten hatte, gefiel Gabriella nicht. Sie war so versessen darauf, Schallplatten zu besingen, daß sie mich dafür tadelte, nicht auf die zehn Prozent eingegangen zu sein und Aufnahmen von mir abgelehnt zu haben. Ein paar Tage später verhandelte sie selber mit Childs und unterschrieb drei Einzelverträge für folgenden Herbst. Damit endete meine Karriere als Vermittler.

Nebenbei besuchte ich einige sehr interessante Konzerte, so das des achtzehnjährigen Jascha Heifetz, der ungeheuren Erfolg hatte. Sein schöner starker Ton entzückte mich ebenso wie seine perfekte Intonation und seine unvorstellbare Virtuosität, dies alles mit so überlegener Geste geboten, daß man den Eindruck gewann, er könne unmöglich weniger leisten. Sein Auftreten war allerdings von einer gewissen Kühle, und man zollte ihm zwar in den kommenden Jahren unweigerlich stärksten Beifall, doch warm wurde sein Publikum nicht mit ihm.

Ich lernte ihn eines Tages durch Dagmar Godowsky kennen. Mein Klavierspiel interessierte ihn weniger, dafür aber um so brennender, in welchen Geschäften ich Schlipse und Schuhe kaufte, und ebenso interessierte ihn meine goldene Schlüsselkette, ganz zu schweigen von meinem Diener und Gabriella Besanzoni. Weil mein Erfolg sich mit seinem eigenen sensationellen Triumph nicht vergleichen ließ, behandelte er mich, wie er auch andere Solisten behandelte, seien es Geiger, Cellisten oder Pianisten, nämlich als Satelliten. Und doch hatte er mich auf seine sonderbare Weise gern.

Damals bestanden in New York noch zwei weitere Orchester, das alte Symphony Orchestra unter dem Veteranen Walter Damrosch, und ein jüngeres, das New Philharmonic Orchestra, das einen Austro-Amerikaner zum Dirigenten wählte, Joseph Stransky. Eine kleine Anekdote in diesem Zusammenhang: Bei einer Gesellschaft, auf der es recht munter zuging und die hauptsächlich aus ausübenden Musikern bestand, spielte Godowsky Cello, Heifetz Klavier, Kreisler die Flöte, und Stransky dirigierte.

Eines Tages berichtete die Presse über die Gründung eines dritten Orchesters, das ein junger, kaum bekannter Franzose namens Varèse ins Leben rief. Persönlich kannte ihn kaum jemand, doch die klatschsüchtigen New Yorker, die nicht zugeben können, etwas nicht zu wissen, erfanden kleine Geschichten über ihn; es hieß, die Frau eines der reichsten Bankiers der USA habe ihm das Orchester geschenkt wie eine

Geburtstagstorte. Ganz unglaubwürdig war das nicht, denn bekannt war immerhin, daß es sich um einen sehr gut aussehenden jungen Mann handelte. Man besuchte also das mit viel Werbung angekündigte erste Konzert dieses Orchesters, um den Dirigenten zu sehen, der öffentlich geäußert hatte, das Musikleben in der Stadt stagniere, und er wolle den musikalischen Augiasstall ausmisten.

Auf dem Programm standen lauter Erstaufführungen, eine noch ungedruckte Gigue von Debussy, zwei neue Stücke von Bartók, ein größeres Werk eines amerikanischen Modernen, und enden sollte das Ganze mit einer der nie aufgeführten sinfonischen Dichtungen von Liszt. Die Carnegie Hall war ausverkauft, das Publikum höchst erwartungsvoll. Als die Orchestermusiker nacheinander hereinkamen, wurde es still. Das Erscheinen des wirklich blendend aussehenden Dirigenten beeindruckte den weiblichen Teil des Publikums enorm, die Männer weniger, die ihn nur mit mattem Beifall begrüßten. Das Konzert gehörte zu den befremdlichsten, die ich je erlebt habe. Wie seit Kriegsbeginn üblich, begann es mit der Nationalhymne, und das Publikum hörte sie stehend an. Bei Varèses erstem Schlag schon wurde deutlich, daß er die Hymne nicht kannte, mindestens tat, als kenne er sie nicht. Wie auch immer, das Orchester brach ab, im Saal ertönten Buhrufe, besonders Kriegsbegeisterte schimpften laut. Unberührt von diesem Vorfall dirigierte Varèse sämtliche Stücke aus dem Programm, und zwar ohne die geringste Begabung. Alles wackelte, die Musiker sahen ihn hilfesuchend an, ohne seine Hilfe zu erhalten, das Publikum hörte nicht mehr hin, unterhielt sich laut über die Aufführung. Drei Viertel der Zuhörer gingen vor dem Ende des Konzertes. Und tags darauf wurde das Orchester samt Varèse entlassen – von der Gattin des Bankiers.

Von Varèse hörte man jahrelang nichts; erst nach Ende des Zweiten Weltkrieges standen Kompositionen von ihm auf den Programmen der Nach-Schönbergschen Modernisten. Die Exponenten dieser neuen Richtung, Boulez, Stockhausen, Nono, priesen sein Genie und nannten ihn ihren mutigen Vorkämpfer.

Kapitel 12

Zu jener Zeit brach eine Art musikalischer Epidemie aus: das Pianola. Schon in Europa hatte ich von einer neuen Erfindung gehört, dem Welte-Mignon-Klavier, das es einem Pianisten ermöglichte, sein eigenes Spiel auf einem anderen Klavier wiederzugeben. Man brauchte weiter nichts zu tun, als in solch ein Pianola eine perforierte Rolle einzulegen, auf der das Spiel des Pianisten aufgezeichnet war. Plötzlich war unter den Musikern New Yorks von nichts anderem mehr die Rede. Am größten war selbstverständlich das Interesse der Pianisten, denn es gab massenhaft Geld daran zu verdienen.

In Europa brachte man Busoni, sogar Ravel und Debussy dazu, diese neue Reproduktionsmethode zu erproben, und in New York wurden zwei große Firmen gegründet: die Aeolian Duo-Art und die Ampico Pianolas, ein Ableger der Klavierfabrik Knabe. Die erstgenannte Gesellschaft bot mir einen Fünfjahresvertrag an – für ein ungewöhnlich niedriges Honorar. Ich hielt sie hin, bis ich ein Angebot von Ampico bekam, wo mein alter Freund George Hochman derzeit in leitender Stellung war. Als ich das den Leuten von der Aeolian beiläufig erzählte, zeigten sie plötzlich das lebhafteste Interesse an mir und boten ein erheblich höheres Honorar. Ich begriff sehr schnell eine Grundregel des amerikanischen Geschäftslebens: Man bekam einen Vertrag so angeboten, als werde einem ein Gefallen erwiesen, stieg aber sofort im Wert, wenn ein Konkurrent an einen herantrat. Ich schloß also mit Aeolian über fünf Jahre auf jährlich sechstausend Dollar ab, wofür ich drei Rollen pro Jahr zu bespielen hatte. Man gestattete mir widerwillig, auch für Ampico drei Rollen zu bespielen, für eine runde Summe. Unter den drei ersten war ›Triana‹ von Albéniz.

Ich muß nun eine beschämende Episode erwähnen, in die sich mit mir noch drei Kollegen teilten, nämlich Leopold Godowsky, Mischa Levitzki und Leo Ornstein. Wir vier erklärten uns bereit, in sechs Städten aufzutreten (aber nicht in New York und Boston), jeder ein Stück auf dem Pianola zu spielen und es dann von dem Mechanismus in unserer Gegenwart wiederholen zu lassen. Wir waren dabei gar nicht stolz auf uns.

Und noch eine Geschichte aus jener Zeit: R. E. nannte mir die Adresse eines Konzerthauses in Brooklyn und die Uhrzeit meines Auftretens dort. Begleitet von Enrique, fuhr ich an einem verschneiten Abend nach Brooklyn, der Chauffeur hielt, ich schickte Enrique los, den Bühneneingang zu suchen. Ich war wie üblich fürs Konzert gekleidet. Enrique kam ganz aufgeregt zurück und meinte, wir seien am falschen Ort, denn hier finde ein Kostümfest statt. Was nun? Unser Chauffeur kannte kein anderes Konzerthaus in der Gegend. Also beschloß ich, ausfindig zu machen, ob es im selben Gebäude vielleicht einen anderen Saal gäbe. Als ich jemand danach fragte, sagte er: »Sie sind Rubinstein? Sehr gut, wir warten schon auf Sie.« Und als er mein verdutztes Gesicht sah: »Es ist das jährliche Stiftungsfest der Freimaurer, und Sie sollen als Unterhalter auftreten.« Ich Ärmster mußte also vor Leuten spielen, die alberne Hüte und mit Ketten behängte orientalische Gewänder trugen, noch dazu leicht betrunken wirkten. Sie waren mehr zu Scherzen aufgelegt als dazu, still meinem Spiel zu lauschen. Der Beifall setzte unfehlbar zu früh ein, und das Publikum war ebenso erleichtert wie ich, als alles vorüber war. Als ich meinen amerikanischen Bekannten davon erzählte, fanden sie daran nichts Lächerliches. Ehrliche Arbeit, einerlei welcher Art, wurde respektiert, vorausgesetzt, sie brachte Geld ein.

Vor meinem zweiten Konzert in Carnegie Hall spielte ich in Cincinnati mit Eugène Ysaÿe ein Konzert als Solist des von ihm geleiteten Orchesters und Sonaten für Violine und Klavier. Gabriella bestand darauf, mitzukommen. Sie hatte eine Platte von Wagners ›Preislied‹ mit Ysaÿe gehört, die sie zu Tränen rührte, und verschwor sich: »Ich will seine Hände küssen, ich werde ihn auf Knien anflehen, es für mich zu spielen.«

Vor der Abreise sagte R. E. augenzwinkernd zu mir: »Ich habe Sie in einem Hotel untergebracht, dessen Direktor ich gut kenne, er ist Ire und sorgt dafür, daß Sie benachbarte Zimmer mit einer offenen Verbindungstür bekommen.« Und so geschah es auch.

Ysaÿe lud uns gleich am ersten Abend zum Essen ein, küßte Gabriella die Hand, und als sie versuchte, ebenso zu erwidern, küßte er ihre Wange. Ysaÿe und ich ergingen uns in Erinnerungen an London und äußerten unsere Befriedigung über den Ausgang des Krieges. Er trank mir mit Champagner zu: »*A notre prochain concert à Bruxelles!*« Nach dem Essen flehte Gabriella ihn mit bebender Stimme an, das ›Preislied‹ zu spielen, und ich erbot mich, ihn auswendig zu begleiten. Ysaÿe verlor die Geduld: »Das habe ich seit Jahren nicht mehr gespielt, Sie müssen bis zu unserem Konzert warten.« Gabriella aber wollte nicht nachgeben, sie war den Tränen nahe.

»Eigens mit dieser Hoffnung bin ich hergekommen, bitte, bitte, bitte, spielen Sie es für mich!« Und nun bedeckte sie seine Hand wirklich mit Küssen. Da konnte der Meister nicht mehr widerstehen, er holte seine Guarneri, stimmte sie und gab mir das Zeichen, anzufangen.

Und nun geschah etwas Fürchterliches: bei den ersten Strichen fing die Bogenhand an zu zittern, er brach ab, setzte neuerlich an, doch vergeblich. Es war einer der traurigsten Momente meines Lebens. Ysaÿe setzte sich und flüsterte: »Ich bin müde . . .« Gabriella weinte leise, und wir verabschiedeten uns eilig. Es dauerte lange, bevor wir sprechen konnten.

Am folgenden Vormittag probten wir das G-Dur-Konzert von Beethoven. Ysaÿe war ein Dirigent der alten Schule, gab dem Orchester den Takt an und erwartete von seinen Musikern, daß die Musik so klang, wie sie sollte. Seit ich es von d'Albert gehört hatte, war das G-Dur-Konzert mein Beethovensches Lieblingskonzert. Es ist schwer, das richtige Tempo für den ersten Satz zu finden. Das Klavier beginnt mit dem Thema, es folgt ein langes Tutti, dann setzt das Klavier wieder ein. Ich nahm das Thema eher langsam, um ihm besonderes Gewicht und dem ganzen Satz damit ein festes Fundament zu geben. Also bat ich Ysaÿe bei der Probe, zu Beginn des Tutti mein Tempo aufzunehmen und erst nach und nach zum eigentlichen Zeitmaß überzugehen. Das tat er indessen nicht, folglich klang der Satz sowohl bei der Probe als auch im Konzert langweilig. Ich war außer mir, denn ich hatte diesem großen Künstler und wunderbaren Menschen Ehre machen wollen.

Der zweite Satz dagegen ging wunderschön. Die strengen Bekundungen des Orchesters und die flehenden Antworten des Klaviers waren herzergreifend, und wir hielten meinen letzten gehauchten Ton solange wir konnten aus, bevor wir uns in das brillante Allegro stürzten. Trotz des mißglückten ersten Satzes nahm das Publikum von Cincinnati unsere Wiedergabe mit großem Beifall auf. Als wir uns zum dritten Mal verbeugt hatten, tat der gutherzige Ysaÿe etwas, was mir auf Jahre hinaus in Cincinnati nachgetragen wurde: Er ließ das Orchester aufstehen und nicht sich, sondern mir zu Ehren einen Tusch spielen. Das Publikum war sichtlich verstört durch diesen übertriebenen Tribut, der der Aufnahme durch die Zuhörer nicht angemessen war, und erst nach mehreren Konzerten konnte ich den schlechten Eindruck vergessen machen. Dem bedauernswerten Ysaÿe fiel das gar nicht auf, ihn freute es einfach, dies für mich getan zu haben. Die Presse jedoch, obwohl mein Konzert ihren Beifall fand, tadelte einmütig den Tusch. »*Ces idiots ne reconnaissent pas un vrai grand artiste*«, bemerkte Ysaÿe dazu nur. »*Mais ils se tuent pour acclamer n'importe quel sportiv gagnant.*« (»Diese Idioten wissen einen echten Künstler nicht zu schätzen, aber wegen eines siegreichen Sportlers bringen sie sich um.«)

Unser Sonatenabend wurde ein wahrer Erfolg. Der alte Meister zeigte sein Können. Die ›Kreutzersonate‹ spielte er wie ein Löwe, die d-moll-Sonate von Brahms mit dem großartigen Stolz, der in dieser Musik lebt, und in der frühen Sonate von Fauré kam sein gallischer Charme zum Ausdruck. Man zollte uns diesmal ganz aufrichtigen Beifall, und das ohne Tusch. Die arme Gabriella fand die Sonaten längst nicht so schön wie das ›Preislied‹ auf der Schallplatte; immerhin merkte sie, daß sie einem großen Künstler zuhörte.

Wieder in New York, bereitete ich mich fleißig auf meinen zweiten Klavierabend vor. Diesmal stand eine Toccata von Bach auf dem Programm, die b-moll-Sonate von Chopin, dazu vier der langen Stücke aus der ›Iberia‹, zwei frühe Etüden von Szymanowski und Liszts ›Mephistowalzer‹. Zur großen Enttäuschung von R. E. kamen diesmal weniger Hörer als zu meinem ersten Konzert, doch wiederholte er grimmig: »Wir reißen sie von den Stühlen!«

Er war ein echter Ire. In Amerika war der irische Volksteil eine Art gutmütige Mafia, leicht zu erkennen an der Neigung zu blinzeln, einem Hang zum Alkohol, der ständigen Bereitschaft, sich zu prügeln. Die meisten Polizisten der Stadt waren Iren, und ein anderer als ein irischer Polizeipräsident war undenkbar. Es stellte sich heraus, daß auch der Geschäftsführer des Biltmore Ire war, und R. E. hatte ich zu danken, daß meine Hotelrechnung maßvoll blieb. Er und der Geschäftsführer veranstalteten sogenannte ›Musicales‹ im Biltmore und engagierten zu diesem Zwecke zwei oder drei Musiker, die jeder mit ihrer Spezialität aufwarteten, einer ohne Rücksicht auf den anderen, also etwa eine Operettensängerin zusammen mit einem Cembalisten, der Scarlatti spielte, und einem nicht gerade erstklassigen Geiger. Man kann sich schon denken, daß er auch mich dazu brachte, dort vorzuspielen. Damit prahlte ich allerdings vor meinen Bekannten nicht.

Diese »Musicales« waren sehr in Mode, dank einem geschickten Menschen namens Bagby, der sie unter dieser französischen Bezeichnung erstmals im Waldorf Astoria eingeführt hatte. Die Veranstaltungen galten als chic, Abonnenten waren im wesentlichen die Frauen der Vanderbilt, Rockefeller, Gould und ähnliche, die während eines Einkaufsbummels hereinschauten. Die Eintrittskarten waren teuer und meist ausverkauft. Das eigentliche Steckenpferd Bagbys war das anschließende Luncheon, zu dem alle anwesenden Europäer von Adel gebeten wurden. Man traf dort einen österreichischen Erzherzog, Prinzessin Marina von Griechenland, spätere Herzogin von Kent, Fürst Obolensky und Größen der New Yorker Gesellschaft. Bei diesen Luncheons führte er dann »seine« Künstler vor wie preisgekröntes Vieh auf einer landwirtschaftlichen Ausstellung. Ein Künstler durfte einmal bei einem Konzert fehlen, doch Abwesenheit bei dem anschließenden Luncheon war unverzeihlich.

Das Hotel Commodore, ein Luxuswolkenkratzer, den man unmittelbar von der Grand Central Station erreichen konnte, sollte im folgenden Jahr fertiggestellt werden und unter der Leitung eines gewissen Bowman den Betrieb eröffnen. Um dieses Ereignis gebührend zu feiern, schlug R. E. vor, ein Konzert zu geben, das würdig wäre, die auch für das Commodore geplanten »Musicales« einzuleiten, die selbstverständlich vom Besten sein mußten. Man wird es kaum glauben, doch für das Eröffnungskonzert gewannen diese beiden geschäftstüchtigen Herren den berühmten Caruso, Mischa Elman, Mary Garden und mich, und ein ganzes Jahr lang las man auf allen Speisekarten des Biltmore unter den Käsesorten als passenden Abschluß unsere vier Namen mit dem Zusatz: »Nächstes Jahr im Commodore.«

Ich bin weit davon entfernt, mich über das Musikleben New Yorks lustig zu machen. Tatsächlich war seit meinem ersten Aufenthalt im Jahre 1906 eine bedeutende Veränderung zum Guten eingetreten. Die besten Dirigenten, Instrumentalisten und Sänger drängten nach Amerika. Ein wahrer Musikbesessener, Mr. Charles Lanier, gründete den

Verein ›Friends of Music‹, der schon bald sehr aktiv wurde. Artur Bodanzky, Dirigent an der Met, war musikalischer Berater und übernahm auch das Orchester. Er veranstaltete vortreffliche Aufführungen der damals kaum gespielten Sinfonien von Schumann und Schubert, auch sehr erfolgreiche konzertante Aufführungen von Wagners Werken. Ferner gab es einen Chor, der sich Schola Cantorum nannte und von Kurt Schindler geleitet wurde, den ich aus meiner Berliner Zeit gut kannte. Der war ein ausgezeichneter Chormeister und veranstaltete jedes Jahr eine Reihe von Konzerten, in denen die beste Chormusik zu hören war.

Die Trias der »unerreichbaren« Pianisten hieß immer noch Paderewski, Rachmaninoff und Hofmann. Paderewski gab zur Feier des Sieges zwei Konzerte, bevor er das Amt des polnischen Staatspräsidenten übernahm, und Rachmaninoff, der während des Krieges via Schweden ins Land gekommen war, wurde sowohl als Pianist wie als Komponist sogleich anerkannt.

Ich bewunderte ganz besonders seinen schönen singenden Ton, wie man ihn bei Pianisten nur ganz selten antrifft. Hofmann war immer noch ein wahrer Hexenmeister der Dynamik, doch großes Vergnügen empfand ich dabei nie. Da war Godowsky mit seiner märchenhaften Technik, und mein alter Freund Ossip Gabrilowitsch, ein sehr feiner Musiker, Gatte von Mark Twains Tochter, gründete das Detroit Symphony Orchestra. Harold Bauer, der von der Geige mit großem Erfolg zum Klavier gewechselt hatte, war als Kammermusiker unübertrefflich. Unter den jüngeren hatte ich zwei ernsthafte Rivalen: Benno Moiseiwitsch und Mischa Levitzki. Joseph und Rosina Lhévinne lehrten beide an der Juilliard School of Music, einem der bedeutendsten Konservatorien der Welt. König der Geiger war immer noch Fritz Kreisler, der zwar auf seiten des Feindes gekämpft hatte, doch nach dem Krieg wieder mit offenen Armen in Amerika empfangen wurde. Von den Jüngsten hatte sich Heifetz gegen Zimbalist und Elman durchgesetzt. Die wenigen amerikanischen Komponisten machten im wesentlichen dasselbe wie ihre bekannten Kollegen in Europa. MacDowell ahmte Grieg nach, Griffes versuchte, seinen Werken eine Prise Debussy beizufügen, und die übrigen waren unbedeutend. Die Metropolitan Opera, ohne Zweifel das beste Opernhaus der Welt, konnte sich die berühmtesten Sänger leisten und gedieh unter den Händen von Gatti-Casazza.

Mein zweites Konzert in der Carnegie Hall verschaffte mir insofern eine besondere Genugtuung, als James Huneker mich mit »Pan Artur« anredete, was die höfliche polnische Form ist, und sich dafür entschuldigte, mich vordem einen Miniaturisten genannt zu haben. Er erkannte meine Begabung voll an und legte sogar Begeisterung an den Tag, was bei ihm selten war. Krehbiel kam nicht. Das Ergebnis der beiden Konzerte ist weiter nicht erwähnenswert, ich wurde nicht etwa mit Angeboten überschwemmt. Es gelang R. E., mir einige gute Engagements zu verschaffen, darunter ein Konzert mit den Detroiter Sinfonikern unter Gabrilowitsch, mit denen ich Brahms spielte, auch spielte ich unter Damrosch in New York, doch mehrere andere Konzerte waren nicht bedeutender als die »Musicales« im Biltmore. Immerhin arrangierte er mir eine Tournee mit fünfzehn Abenden für die im Januar 1920 beginnende Saison.

Kapitel 13

Mein gesellschaftliches Leben war unterdessen recht betriebsam, und Mrs. Lanier erwies sich dabei als eine hilfreiche Freundin. Sie lud mich zu Luncheon Parties ein, wo ich mit allerlei interessanten Menschen Bekanntschaft schloß, so mit Bob Chanler und dem Verleger der ›New York Times‹, Adolph Ochs. Als ich mich einmal beim Kaffee mit ihm über die politische Lage im Nachkriegseuropa unterhielt, schlug er ganz unvermittelt vor: »Schreiben Sie mir doch eine Artikelserie darüber.« Ich errötete bei diesem unglaublichen Vorschlag und sagte: »Ich mag zwar so meine Gedanken über die Ereignisse haben, aber aufschreiben könnte ich sie gewiß nicht.« Und so verpatzte ich mir die Laufbahn des politischen Kommentators.

Noch ein paar Worte über Mrs. Lanier. Sie war klein und zierlich, stets elegant gekleidet, hatte ein grauhaariges Köpfchen, einen schmallippigen Mund, kühle graue Augen und eine grelle metallische Stimme, mit der sie viele Leute verschreckte. Ihr Mann, ein reicher Bankier, war so scheu, daß er von Gästen, die seine Gesellschaften besuchten, gelegentlich für den Butler gehalten wurde (er sah auch ein bißchen so aus). Typisch für seine Frau war, daß sie mich aufforderte, mit ihr im offenen Wagen durch den Central Park zu fahren und »Musik zu reden«, wie sie das nannte. Ihr danke ich, daß die ›Friends of Music‹ mich als Solisten engagierten.

Immer noch hatte ich von meinen Angehörigen und Freunden in Polen nichts gehört, und ich sah keinen Weg, mich mit ihnen in Verbindung zu setzen. Es hieß, viele Polen seien vor den Deutschen nach Rußland geflohen, und ich hielt für gewiß, daß sowohl Szymanowskis als auch Kochanskis dies getan hatten. Bis zur Revolution war meine Schwester Jadwiga mit den Ihren in Moskau gewesen, seither wußte ich nichts mehr von ihnen. Selbstverständlich beabsichtigte ich, nach Europa zurückzukehren, um ihnen näher zu sein; meine nächste Spanien-Tournee sollte im späten Herbst beginnen.

Eines Tages traf eine schlimme Nachricht von Strawinsky ein, der sich schon vor dem Kriege in Vevey niedergelassen hatte. Er saß mittellos da, Diaghilev und sein Ballett konnten ihm nicht helfen. Ob ich in Amerika etwas für ihn tun könne?

Ich wandte mich unverzüglich an Mrs. Lanier, und damit traf ich die richtige Wahl. Sie veranlaßte ihren Mann, eine Sammlung für den bedeutendsten Komponisten unserer Zeit aufzulegen und spendete selber fünftausend Dollar. Ich selber gab ganz stolz fünfhundert. Bald schon konnte man Strawinsky zehntausend Dollar überweisen, wofür er sich innig bedankte und versicherte, er wolle sein erstes Klavierwerk mir widmen. »Auf dem Konservatorium habe ich einige unbedeutende Klaviersachen geschrieben, seither nicht, und das ist das erste wirkliche Klavierstück, so wie ich es mir vorstelle. Ich schicke Ihnen mein Manuskript, sobald es fertig ist.« Man kann sich vorstellen, wie ich mich freute: Strawinskys erste Komposition für Klavier sollte mir gewidmet sein.

Gabriella und ich amüsierten uns in New York großartig. Sie traf italienische Bekannte, die an der Met sangen, und ich war viel mit Kollegen zusammen. Auch gingen wir häufig ins Kino, vergötterten beide Charlie Chaplin, Douglas Fairbanks und Mary Pickford. Pola Negri, die schöne Polin, war in Hollywood ein Star geworden. Wie sehr das Kino von den Massen Besitz ergriff, war faszinierend zu beobachten. Wir sahen eine musikalische Komödie, die den jungen Fred und Adele Astaire zum Erfolg verhalf. Die von den mächtigen Barrymores beherrschten Theater waren uns verschlossen, weil Gabriella nur Italienisch und ein paar Brocken Spanisch sprach; wir unterhielten uns in einer dieser Sprachen, wie es gerade kam. Laniers besuchte ich ohne Gabriella, denn unser Verhältnis und die Verständigungsschwierigkeiten geboten das. Bekanntschaften mit anderen Musikern gediehen nie zur Freundschaft. Sie sprachen immer nur von Geschäften – von Managern, Honoraren, Reisespesen; sie klatschten übereinander, doch von Musik war ernsthaft nie die Rede. Mein Leben lang habe ich unter dieser weitverbreiteten Eigentümlichkeit von Berufsmusikern gelitten. Ausnahmen waren nur die bedeutenden Komponisten Strawinsky, Prokofieff, Szymanowski, die mir die Ehre ihrer Freundschaft erwiesen, und selbstverständlich mein alter ego, Paul Kochanski. Ich ziehe die Gesellschaft von Schriftstellern vor; bis zum heutigen Tage bilden sie in vielen Ländern meinen ständigen Umgang, und manche sind eng mit mir befreundet.

Paul Draper besuchte mich häufig im Hotel, meist schon früh am Tage, und wir erinnerten uns der herrlichen Zeiten in London. Er hatte nichts von seinem Charme verloren. Muriel und er hatten sich scheiden lassen, als sie sich in Amerika niederließ; er selber wohnte bei seinem Bruder George, einem Arzt, der gemeinsam mit seiner Frau und Pauls Schwester Ruth seiner unseligen Süchtigkeit wegen ein wachsames Auge auf ihn hatte. Gabriella gefiel ihm, und wir beide wurden oft von Drapers eingeladen. Hier überwand sie die Sprachhindernisse leicht durch ihren Gesang. Insbesondere Paul war vom Umfang ihrer Stimme fasziniert. Er sang in Oratorien mit dem Boston Symphony Orchestra, riskierte aber keine Solopartie mehr, denn seine Stimme war erheblich geschwächt.

Am Ende der Spielzeit wollte Gabriella nach Rom heimfahren, und ich brannte darauf, nach London zu kommen, wo ich leichter Verbindung mit Polen anzuknüpfen hoffte. Das Schicksal machte uns indessen in Gestalt eines mexikanischen Impresarios einen Strich durch die Rechnung. Señor José Rivera kam eigens nach New York, um Gabriella als Carmen und für andere Rollen zu verpflichten. In Mexico City war während dieser Opernspielzeit Titta Ruffo sein bedeutendster Star. Riveras Angebot war sehr generös. Gabriella, eine echte Professionelle, konnte nicht abschlagen, bei ihm zu singen, sogar Caruso hatte ihm eine Zusage gegeben. »Ohne Arturo komme ich aber nicht«, sagte sie. Dies nicht nur aus Liebe, sondern auch weil in Mexico der Bürgerkrieg tobte. Ich wollte nicht mit, sondern unbedingt zurück nach Europa. Nun machte sich Señor Rivera an mich heran; er köderte mich mit drei Konzerten, für die er ein gutes Honorar in Gold versprach. Das alles hätte mich nicht umgestimmt, doch Gabriella rief mir mit dramatischen Gebärden und höchstem Pathos ins Gedächtnis, daß sie mir ein ungeheures Opfer gebracht habe, indem sie nicht sogleich bei Ende des Krieges zu ihrer Mutter nach Rom heimgekehrt, vielmehr unter den fürchterlichsten Strapazen zu mir gestoßen sei. Da gab ich denn bekümmert nach. Was hätte ich schon tun sollen? Wir unterzeichneten die Verträge, reisten aber nicht gemeinsam, denn Gabriella sollte schon sehr bald auftreten, während ich in New York noch einige Pianola-Verpflichtungen hatte.

Nach Gabriellas Abreise nahm mich Efrem Zimbalist eines Abends in eine private Spielrunde mit. Ich stieß hier auf Fritz Kreisler, Franz Kneisel von dem bekannten Quartett, Andrés de Segurola, einen katalanischen Sänger mit Monokel, einige weniger bekannte Musiker und auf Leonard Liebling, den Herausgeber des ›Musical Courier‹. Ich glaubte mich in dieser Gesellschaft sicher, und wir setzten uns zum ›chemin de fer‹. (Auch in privatem Kreis war das Glücksspiel in den USA strafbar.) Wir kauften jeder Spielmarken für hundert Dollar, und es begann ein Spiel unter Freunden. Ich setzte waghalsig, schrie dauernd »Banco!« und hielt meine Karten oft auch noch nach drei »coups«. Man kann auf diese Weise unheimlich schnell viel Geld verlieren, doch hatte ich an jenem Abend Glück. Ich gewann die hübsche Summe von sechs- oder siebenhundert Dollar, hauptsächlich von de Segurola, der mich das für den Rest meines Lebens nicht vergessen ließ. Am folgenden Abend spielten wir wieder, und wieder gewann ich, und nicht bloß ein paar lumpige Dollar.

Die Reise nach Mexiko sollte an einem Sonntagmorgen um acht losgehen. Enrique war so erfreut von der Aussicht, wieder in einem spanischsprechenden Land zu leben, daß er beim Packen meiner Sachen Gallego-Volkslieder vor sich hinsummte. Da klingelte das Telefon, Mr. Liebling bat mich zum Abendessen. »Hinterher machen wir ein Spielchen«, sagte er.

»Vielen Dank, aber leider kann ich nicht. Morgen früh muß ich um sieben aufstehen, denn um acht geht mein Zug nach Mexiko.«

»Nun, essen müssen Sie heute abend auf alle Fälle, und dann gehen Sie eben, sobald es Ihnen geboten scheint.«

Nun sagte ich entschieden: »Nur unter der Bedingung, daß es nicht später wird als eins.«

»o. k., o. k.«, war die Antwort.

Zum Essen hatte er Gäste, die mir teils unbekannt, teils nur flüchtig bekannt waren, lauter wohlhabende Geschäftsleute, wie Liebling versicherte. Nach einer kleinen Mahlzeit, die seine Frau servierte, um das Geheimnis zu wahren, setzten wir uns an den Spieltisch. Ich hatte mein Scheckbuch in der Tasche und fühlte die Augen der anderen gierig auf mir ruhen. Liebling hatte ihnen wohl gesagt, ich sei das geborene Opfer.

Statt dessen wurde es für mich eine siegreiche Nacht. Ich bekam den ganzen Abend über nichts als Achten und Neunen, und vor Mitternacht hatte ich mehr als siebentausendfünfhundert Dollar gewonnen. Alle verloren an mich, auch der Gastgeber, den das Vergnügen tausend Dollar kostete. Ich verkaufte unentwegt Spielmarken gegen Schuldscheine, und als es eins geworden war, schämte ich mich aufzustehen und wegzugehen – ich hatte zuviel gewonnen.

Ich gab mir wirklich Mühe, ein gut Teil des Geldes zu verlieren, spielte nicht nur verwegen, sondern töricht, hielt die Karten, bis keiner mehr mitbot, und doch verließ das Glück mich nur so weit, daß ich gegen vier Uhr früh viertausend Dollar verloren hatte. Nun mußte ich wirklich gehen. »Wir spielen weiter«, hieß es.

»Was soll ich mit den Schuldscheinen machen?« fragte ich. Liebling sammelte sie ein und breitete sie vor sich auf dem Tisch aus. »Keine Sorge, die löse ich für Sie ein und schreibe sie Ihrem Konto gut. Geben Sie mir die Nummer.«

Im Hotel fand ich anfangs keinen Schlaf, schlief dann aber so fest, daß Enrique mich kaum wach bekam. Ich kämpfte mich in meine Kleider, schlang ein Frühstück herunter, und ab ging's, auf die lange Reise in den Süden.

Bis nach Laredo in Texas, der Grenzstation, las ich ununterbrochen – Bücher, Zeitungen, was mir in die Hände kam, nur gelegentlich aß ich etwas Reizloses im Speisewagen. Von Laredo dauerte die Fahrt bis in die

Hauptstadt noch lange Stunden. Der Zug hielt an den ausgefallensten Punkten, man sprach von Raubüberfall, aufgerissenen Schienen, Banditen. Es war eine wahre Erleichterung, endlich anzukommen!

Kapitel 14

Im Hotel Victoria, wo ich abstieg, sagte man mir, Gabriella habe gerade Probe. Rivera hatte es für unnötig gehalten, mich abzuholen. Wir hatten ein Doppelzimmer und einen sehr hübschen Salon, in dem ein gar nicht übles Klavier stand, und ich richtete mich häuslich ein. Gabriella brachte schlechte Nachrichten, als sie ins Hotel kam. »Rivera ist bankrott. Titta Ruffo hat ihn ruiniert, die Spielzeit hat sich für ihn nicht bezahlt gemacht. Ich wollte schon zurück nach New York, aber im letzten Moment hat sich ein Konsortium von Bankiers und anderen Geldgebern gefunden, das die laufenden Unkosten für die kommende Spielzeit übernehmen will. Rivera hat nicht einmal genügend Geld, um deine Konzerte anzukündigen. Gegenüber, vor dem Teatro Arbeu hängt aber wenigstens ein Plakat, und in drei Tagen ist dein Konzert.«

Am Nachmittag erschien Rivera und suchte meine Besorgnis wegen des Konzertes zu zerstreuen. »Titta Ruffo hat mich furchtbar reingelegt«, sagte er, »aber Sie brauchen keine Bedenken zu haben.«

Auf dem Plakat war wenigstens mein Programm abgedruckt, eben das, welches ich bei einem Debüt immer spielte. Auf der Bühne fand ich einen erstaunlich guten Steinway-Flügel vor und verbrachte die beiden folgenden Tage entweder am Klavier im Hotel oder am Flügel im Theater. Weil keinerlei Reklame gemacht worden war, zählte mein Publikum keine hundert Zuhörer. Viele mir bekannte Künstler fürchten nichts so sehr als einen kaum besetzten Saal, doch ich bemühe mich bei solchen Gelegenheiten immer, besonders gut zu spielen, denn diese wenigen Zuhörer sind im allgemeinen die wahren Kenner, und auch in einem vollbesetzten Haus gibt es kaum mehr. Die Leute, die auf der Straße flanierten und nicht ins Konzert kamen, waren eben nicht die echten Musikliebhaber. Ich gab also mein Bestes, und das Publikum ging wunderbar mit. Rivera ließ sich ebensowenig sehen wie mein Honorar.

Gabriella kam wütend in die Garderobe. »*Questo malcanzone!*« fluchte sie auf Rivera. Hinter ihr erschien nun jedoch ein Herr, der sich in perfektem Englisch als Rafael Sánchez vorstellte, Anwalt von Beruf, und von meinem Konzert ganz begeistert war. »Ich schäme mich für Mexiko, weil dieser Mensch Sie so behandelt. Die ganze Stadt sollte Ihre Konzerte besuchen. Wenn Sie erlauben, nehme ich jetzt die Sache in die Hand. Den Vertrag mit Rivera können wir annullieren, selbst wenn er Ihnen morgen das Honorar zahlen sollte.« (Das Honorar wird für gewöhnlich während der Pause ausgezahlt.) »Wegen des Bürgerkrieges tritt im Teatro Arbeu derzeit keine Truppe auf, ich kann es Ihnen also zur Verfügung stellen lassen. Bitte gestatten Sie, daß ich mich um diese Dinge kümmere, und Sie erhalten morgen von mir ausführlich Bescheid.« Dieser Herr erweckte großes Vertrauen in mir, ich erlaubte ihm, nach Gutdünken zu verfahren.

Gabriella hatte ebenfalls Ärger; sie fühlte sich in ihrem Ensemble nicht wohl. »Wenigstens habe ich eine gute Freundin aus Rom hier getroffen, Ada Paggi, die kleine Sopranrollen singt. Sie war vorher in Chicago engagiert.«

Sánchez brachte am nächsten Vormittag gute Nachricht. »Dieser Rivera ist ein Stümper, der nicht versteht, wie man Konzerte arrangiert. Er hat früher Stierkämpfe gemanagt und war übel beraten, sich mit der Oper einzulassen. Der Eigentümer des Teatro Arbeu stellt Ihnen sein Haus für zwei Monate zur Verfügung. Sie bekommen fünfundachtzig Prozent der Einnahmen, er begnügt sich mit dem Rest und sorgt überdies für die Reklame.« Ein derartiges Anerbieten hatte mir noch nie jemand gemacht. Ich war zunächst sprachlos. »Das ist ein sehr generöses Angebot, aber was, zum Kuckuck, soll ich zwei Monate lang mit seinem Theater anfangen? Ich bin doch kein Schauspieler!«

»Ich kenne meine Mitbürger«, sagte Sánchez lächelnd. »Falls denen ein Künstler gefällt, machen sie vor nichts halt.« Er bestand darauf, ein Abonnement für sechs Konzerte aufzulegen, und ich willigte schweren Herzens ein. »Am besten spielen Sie dienstags, donnerstags und samstags abends und geben sonntags eine Matinee.«

»Lieber Himmel, bedenken Sie doch, wie leer das Haus gestern war«, protestierte ich. »Wäre es nicht besser, mit einem einzigen Konzert noch einen Versuch zu machen?«

Das tat er mit unnachahmlicher Zuversicht ab. »Warten Sie nur... die hundert Zuhörer von gestern abend bringen Tausende in Ihre Konzerte.«

Und bei Gott, er hatte recht. Ich spielte viermal in der Woche, ganz wie geplant insgesamt sechsundzwanzig Konzerte vor ausverkauftem Haus, dreiundzwanzig im Theater und drei zu volkstümlichen Preisen in einem Kinosaal am Stadtrand, einer wahren Scheune. Allein die Programme für diese Konzertlawine zusammenzustellen, war eine Riesenarbeit. Die ersten sechs boten keine Schwierigkeiten, die hatte ich alle erst kürzlich gespielt, doch schon nach dem zweiten Abend wurde klar, daß ich alle sechsundzwanzig Konzerte würde geben müssen. Das war nur möglich, wenn ich mich nicht mehr mit meinen vertrauten sechs Programmen begnügte, sondern jeweils für eine Woche vier ganz neue Programme ausarbeitete, und das sieben Wochen lang. Um die Wahrheit zu sagen, verschaffte ich mir gewisse Erleichterungen; so etwa enthielt ein Chopin-Abend Stücke, die ich schon zuvor gespielt hatte und »auf allgemeinen Wunsch« mit einbezog, und für ›Iberia‹ von Albéniz galt das gleiche. Mit der Zeit wurde ich immer kühner, spielte freie Klavierbearbeitungen von Orchesterstücken, Opern oder Ballettmusik, Stücke, die mir besonders zusagten: den Tanz der Salome, ein eigenes Arrangement von Strawinskys ›Feuervogel‹, eine Phantasie über ›Der goldene Hahn‹ von Rimsky-Korsakov, selbstverständlich den Wagner-Lisztschen ›Tristan‹, mein eigenes Arrangement des Walkürenrittes, und ich studierte sogar ein scheußliches Arrangement der mexikanischen Nationalhymne von Manuel M. Ponce ein, das viel zu lang war, das ich aber in jedem Konzert wiederholen mußte. Als Grundstock dienten mir all die Beethoven-Sonaten, mit denen ich mich seit dem zehnten Lebensjahr befaßt hatte, dazu wenig gespielte Sachen von Schubert und Mendelssohn, etwas Brahms, aber nur wenig, weil das Publikum ihn spürbar ablehnte, ferner alle Modernen, deren Werke ich bei mir hatte. In Mexiko City gab es eine erstklassige Musikalienhandlung – natürlich von einem Deutschen geleitet –, und ich fand hier alles an Noten, was ich brauchte. Meine freien Abende verbrachte ich selbstverständlich im Teatro Esperanza Iris, wo die Oper in vollem Schwunge war. Die Sänger wohnten fast alle im Victoria, und wir kamen uns allmählich vor wie eine große Familie. Gabriellas Carmen war hier wie überall ein voller Erfolg, die Mexikaner bejubelten sie in wilder Begeisterung, bewarfen sie auf der Bühne mit Blumen, liefen ihr auf der Straße nach, verlangten unentwegt Autogramme. Ich selber wurde sonntags nach der Matinee wieder einmal von jugendlichen Enthusiasten auf den Schultern ins Hotel getragen; anschließend mußten wir uns beide auf dem Balkon zeigen und nahmen Hochrufe entgegen: »Viva Polonia! Viva Italia!«

Und das alles mitten in einem schrecklichen Bürgerkrieg. Man verdächtigte den Staatspräsidenten Venustiano Carranza, der diktatorische Vollmachten besaß, von als Banditen verkleideten Polizisten Banküberfälle ausführen zu lassen. Das Volk hatte kein Vertrauen zu ihm. Er beförderte Männer von Mitte Zwanzig zu Generälen und besuchte Bars und Restaurants bewaffnet mit großen Revolvern in beiden Seitentaschen. Einmal waren wir zugegen, als einer seiner »Generäle« in einer eleganten Bar nach den Kerzen des Kronleuchters schoß, um seine Treffsicherheit zu beweisen. Manchmal mußten wir nach der Vorstellung eine oder zwei Stunden im Theater bleiben, weil auf der Straße geschossen wurde. Über die Vorfälle in anderen Städten las man die grausigsten Berichte. Eisenbahnzüge wurden überfallen, Banditen zogen ungehindert im Lande umher. Doch nichts konnte der unglaublichen Vitalität dieses Volkes Abbruch tun. Im Victoria, das nun mehr einem Konservatorium glich als einem Hotel, wurde tagein, tagaus gesungen und gespielt. Zu den Gästen zählten der Tenor Pertile, die großartige Sopranistin Rosa Raiza und ihr Gatte, Giacomo Rimini. Pertile war zugleich ein glänzender Koch und setzte uns vortreffliche Minestrone und Spaghetti vor. Gabriella konnte nicht kochen, aß aber für zwei. Die allgemeine Hochstimmung hatte auch damit zu tun, daß wir nach jedem Auftritt unsere Gage in wunderhübschen Goldstücken zu zwanzig Pesos ausgezahlt bekamen. Wir machten uns das Vergnügen, diese Münzen auf dem Tisch zu Türmchen zu häufen und anzustaunen. Dank Carranza gab es kein Papiergeld mehr.

Es kam ein Tag, der mir in unauslöschlicher Erinnerung bleiben wird. Gabriella sollte abends die Carmen singen, und ich saß gerade am Klavier, als sie plötzlich ausrief: »Heute abend trete ich nicht auf!« Als ich nach dem Grund fragte, schrie sie empört: »Man hat Ada Paggi die Rolle der Frasquita weggenommen!«

Gabriellas Freundin sang, wenn Gabriella auftrat, die Frasquita, aber die Theaterdirektion hatte nun diese Rolle, wie Gabriella sich ausdrückte, mit einer anderen Sängerin besetzt, die ihr nicht gefiel. Meine Versuche, sie zu beruhigen, machten die Sache nur schlimmer. »Alle sind gegen mich und du auch!« heulte sie. Die Lage wurde unhaltbar. Gabriella ließ in der Oper ausrichten, sie werde abends nicht auftreten. Darauf bekam sie den Bescheid: »Sie kennen die Gesetze. Sie werden singen, ob es Ihnen paßt oder nicht!« Gabriella stampfte mit den Füßen. »Denen werde ich es zeigen! Mein Publikum wird mich beschützen, und wer versucht, mir was zu tun, dem kann es leicht ans Leben gehen.« Im Laufe des Tages verschlimmerte sich die Lage noch. Gabriella legte sich zu Bett und erklärte mit starker Stimme, sie sei krank.

Am Spätnachmittag erschien der Amtsarzt. Sie wollte ihn nicht einlassen, doch verschaffte er sich mit Hilfe zweier starker Männer Zutritt, sah sie sich an und erklärte sie schriftlich für kerngesund. Als es Zeit wurde, sich anzukleiden, rührte Gabriella sich nicht aus dem Bett. Auf meine sanften Vorhaltungen warf sie mir Verrat vor. Zur Stunde Null trafen zwei Polizisten ein, befahlen ihr, sich anzukleiden und ins Theater zu kommen, andernfalls sei sie verhaftet. Gabriella zog sich wortlos an, schminkte sich, warf einen Pelz über, setzte einen Hut auf und ging. An der Tür drehte sie sich um. »Arturo, du mußt mich beschützen, wenn man mich töten will.« Sie ging zwischen den beiden Polizisten ab, und ich folgte ihr lahm ins Esperanza Iris. Man führte sie hinter die Bühne, ich nahm meinen gewohnten Parkettplatz ein. Nun erklang der Toreromarsch der Ouvertüre, und ich dachte schon erleichtert: na, das geht ja noch mal gut. Das Duett der tapferen Micaela (ich war auf ihrer Seite) mit Don José beruhigte meine Nerven. Das Orchester spielte die Stelle, an der Carmen aufzutreten hat, und es geschah eine fürchterliche Überraschung. Die Besanzoni kam in Straßenkleidung die Treppe herunter, zwar ohne den Pelzmantel, doch mit dem Hut auf dem Kopf. Nach anfänglicher Verblüffung erklangen wütende Proteste. Sie sang die ersten Takte schöner denn je, doch als sie sich Don José näherte und die berühmte Habanera beginnen sollte, blieb sie stehen, hob die Hände, um dem Publikum Schweigen zu gebieten, und beschimpfte in einem abscheulichen Gemisch von Spanisch und Italienisch die sadistische Operndirektion und die mexikanischen Gesetze. Man überschrie sie schon bald von der Galerie her, die beiden tapferen Polizisten traten auf die Bühne und führten die sich Sträubende ab. Ich schwitzte stark, denn ich war kein Held und hatte nicht den Mut, gegen mit Dolchen und Revolvern bewaffnete Männer für Gabriella zu kämpfen. Statt dessen rannte ich hinter die Bühne, um herauszubekommen, was da geschah, aber auch, um mich zu verstecken. Ich fand Gabriella total niedergebrochen vor. Sie zog jetzt ganz mechanisch ihr Kostüm an und kehrte auf die Bühne zurück. Der Dirigent begann die Habanera, und Gabriella verwandelte sich wieder in die große Besanzoni. Ein mexikanisches Publikum ist ebenso wie ein spanisches mit dem Stierkampf groß geworden, wo die Zuschauer den Torero wegen des geringsten Zeichens von Feigheit bedrohen und beschimpfen, ihm aber nach zwei, drei prächtigen *pases* begeistert applaudieren. Und so geschah es denn auch an diesem Abend. Die Vorstellung endete triumphal. Überglücklich wollte ich Gabriella zum Souper abholen, denn wir waren von zwei Bekannten in das einzige Restaurant eingeladen worden, das um diese Stunde noch geöffnet war. Weil ich den ganzen Tag so gut wie nichts gegessen hatte, verspürte ich geradezu Heißhunger. Gabriella indessen sagte in einem Ton, der keinen Widerspruch duldete: »Wir müssen sofort sämtliche Zeitungen über die Vorfälle in Kenntnis setzen.« Das war ein schlimmer Schlag auf meinen leeren Magen. Drei Stunden brauchten wir vier, um in einem jämmerlichen Taxi bei allen einflußreichen Zeitungen vorzufahren, wo man Gabriellas Bezichtigungen recht kühl aufnahm.

Um drei Uhr früh endlich betraten wir das Restaurant. Das Souper war erstklassig, dafür hatten schon unsere Freunde gesorgt. Gabriella aß mit bestem Appetit, insbesondere ein Salat hatte es ihr angetan, von dem sie sich dreimal geben ließ. »Woraus besteht der?« fragte sie, »ich möchte das Rezept haben, den könnte meine Mutter machen, die versteht sich auf sowas.« Der Chefkoch eröffnete ihr daraufhin: »Hierzulande gibt es besonders schmackhafte *gusanos* (Würmer), die den Salaten ein wunderbares Aroma verleihen.« Sie schwieg einen Moment, dann kreischte sie mit unmenschlicher Stimme: »*Assassini!*« und rannte auf die Straße. Wir holten sie erst nach einer Weile ein, und sie kreischte immer noch »*Assassini*«. Dann übergab sie sich endlos, und ich mußte ihr den Kopf halten.

Die Paggi sang nun wieder die Frasquita, und es stellte sich heraus, daß die andere Sängerin, eigentlich eine Choristin, in ihrem Vertrag zugesagt bekommen hatte, zweimal als Frasquita auftreten zu dürfen.

Unter solchen Umständen fiel es mir schwer, mich auf meine Programme zu konzentrieren. Trotzdem fand ich noch Zeit, Gabriella auf ihre Konzerttournee durch die USA vorzubereiten. Ich spielte ihr die schönsten Lieder von Schubert und Schumann vor, leichtere französische Sachen, selbstverständlich nicht Brahms. Sie hörte aufmerksam zu, Schumanns ›Ich grolle nicht‹ schien sie zu rühren, und dann fragte sie: »Kennst du ›La Mattinata‹ von Leoncavallo? Das ist das schönste Lied der Welt.« Damit war die Angelegenheit für mich erledigt, und ich riet ihr, sich auf ihre Arien und ›La Mattinata‹ zu beschränken.

Im Spanischen Club von Mexiko City wurde mir zu Ehren ein Bankett gegeben, auf dem man mir einen Ring überreichte, einen Smaragd *en cabochon* zwischen zwei Diamanten, ein wahrlich königliches Geschenk. Leider war die Fassung wenig geschmackvoll; die herrlichen Steine waren in drei unterschiedlich getönten Goldarten gefaßt. Als ich später in Paris hörte, die Kampfflieger hätten während des Krieges Ringe aus schwarzem Holz getragen, die sie als glückbringend betrachteten, wollte ich mir die Steine von Cartier ebenfalls in schwarzes Holz fassen lassen. »Das geht leider nicht«, hieß es. »Holz hält die Steine nicht sicher genug, aber wir können eine schwarz emaillierte Goldfassung anfertigen.« Dieser Ring erregte viel Bewunderung. Als ich ihn meiner Frau schenken wollte, lehnte sie ab. »Das ist dein Glücksring, Arthur.« Und damit hatte sie wohl recht. Ich trage ihn auch heute.

Das Musikleben in Mexiko litt erheblich unter dem Bürgerkrieg. Begabte mexikanische Musiker waren außer Landes gegangen, ein Sinfonieorchester bestand derzeit nicht, und aus Geldmangel wurde an dem Palacio de Bellas Artes, der später ein wahrer Musiktempel wurde, nicht weitergebaut.

Ich freundete mich mit dem Komponisten Manuel M. Ponce an, der mir einige Klavierstücke widmete. Seine Werke sind hübsch, aber unbedeutend, ausgenommen vielleicht das recht gute Violinkonzert und eines für Gitarre, das oft von Segovia gespielt wird. Er und seine Frau stellten sich unfehlbar zu allen meinen Konzerten ein, und später in Paris setzten wir den freundschaftlichen Umgang fort. Typisch für ihn war Folgendes: Er schrieb so ganz nebenher ein hübsches Lied, das er verschenkte. Es wurde später in den USA gedruckt, von einem Crooner im Radio gesungen und dann ein populärer Schlager. Heifetz arrangierte es für Geige und spielte es häufig auf Verlangen, Ponce indessen bekam dafür nie einen Pfennig zu sehen. Als ich sagte, wieviel Geld ihm entgehe, weil er keine Ansprüche stellte, zuckte er philosophisch die Achseln und meinte nur: »Sollen sie's doch behalten.«

Mein Konzertmarathon ging zu Ende. Rafael Sánchez war überglücklich. Wir veranstalteten noch »Drei Letze Konzerte«, dann weiter drei »últimos recitales« und endlich noch mal vier »Adieu, Mexiko«. Dieses nun wirklich letzte Konzert war herzergreifend. Ich bekam ein wahres Meer von Blumen und etliche Geschenke, einheimisches Kunstgewerbe, einen *sarape* und einen Sombrero. Unter meinem Hotelbett stand ein mit Goldmünzen gefülltes Kistchen, unter Gabriellas Bett ebenfalls. Manchmal zählten wir, wer von uns mehr hatte.

Am Tage meines Abschiedskonzertes erschien bei mir ein kleiner bärtiger Jude aus Krakau. »Mein Name ist Granat, ich bin der Besitzer eines großen Filmtheaters in einer Vorstadt. Möchten Sie nicht in meinem Saal noch drei Konzerte geben? Wir haben dreitausend Sitzplätze und könnten die Eintrittskarten billig verkaufen.« Ich lachte laut auf. »Sie sind wohl nicht bei Troste! Wenn ich nach meinen dreiundzwanzig Konzerten noch drei weitere gebe, jagt man mich zur Stadt raus.«

Mit der gleichen unerschütterlichen Zuversicht, die mein späterer berühmter Manager Saul Hurok an den Tag legte, versicherte er mir: »Ich garantiere für drei ausverkaufte Häuser.« Und um mich noch mehr zu locken, brachte er einen Beutel voller Goldstücke zum Vorschein. »Und ich garantiere Ihnen ein Honorar von fünftausend Pesos.« Da nahm ich an, und siehe da, er behielt recht. Der Saal war voll, und zu meinem Erstaunen sah ich im Publikum viele meiner Hörer aus dem Teatro Arbeu. Die Programme waren selbstverständlich so gut wie ausschließlich Wiederholungen, und das Publikum, dankbar dafür, nicht Beethoven hören zu müssen, genoß sie sichtlich.

Ende Juni stand in der Zeitung, in Versailles, wo Bismarck 1871 den Franzosen seine Friedensbedingungen auferlegte, sei ein Friedensvertrag geschlossen worden.

Weil man in den Provinzhauptstädten dringend Konzerte von mir verlangte, spielte ich noch in Guadalajara, und auf der Reise nach Europa, die uns über New York führte, gab ich mit Gabriella Konzerte in San Luis, Potosi und in Monterrey, wo man mich nötigte, meine schönen goldenen Pesostücke in Dollarnoten umzutauschen; immerhin gelang es mir, tausend Goldpesos zu verstecken. Gabriella mußte zurück nach Mexiko, wo sie mit Caruso aufzutreten hatte, was bewirkte, daß es diesmal keine Tränen beim Abschied gab, denn sie brannte darauf, mit dem großen Tenor zu singen, und ich meinerseits konnte es nicht erwarten, nach Europa zu kommen.

Kapitel 15

In New York war die Konzertsaison vorbei, die Soldaten aus Europa waren endlich heimgekehrt. Das Leben verlief weniger hektisch, die Stadt schien Atem zu schöpfen. R. E. Johnson war von meinem Bericht über die mexikanische Tournee stark beeindruckt. »Hast du das gehört, Lulu?« rief er von seinem Drehstuhl her. »Sechsundzwanzig Konzerte hat er angeblich in dieser gottverfluchten Stadt gegeben – dreizehn wären schon reichlich.«

Und zu mir: »Da haben Sie wohl eine Menge Moos gemacht?« Als er hörte, daß das Moos aus purem Gold bestanden hatte, seufzte er: »Gütiger Gott, wenn ich doch bloß was davon in die Hand bekäme!« Über meine Tournee im Januar äußerte er sich optimistisch. »Wir haben für Sie Boston unter Monteux, und Stokowski will Sie ebenfalls haben. Ysaÿe selbstverständlich auch. Vielleicht könnte ich ihn sogar dazu bringen, zusammen mit Ihnen hier in New York die Fiedel zu spielen.« Ich hörte mir das etwas ungläubig an, es klang aber nicht übel.

Drapers verzogen nach Long Island, Dagmar reiste nach Kalifornien, und die mir bekannten Musiker waren allesamt wie vom Erdboden verschwunden. Zum Glück bekam ich eine Kajüte auf einem nach Liverpool bestimmten Dampfer, und das war ein kleines Wunder, denn alle Welt wollte plötzlich nach Europa reisen. In einem langen Telegramm kündigte ich Mrs. Bergheim meine bevorstehende Ankunft an. Daß ich kein Briefschreiber bin, wußte sie ja. Weil ich nicht ahnte, was aus meinen anderen Freunden in England geworden sein mochte, war sie die einzige, mit deren Anwesenheit ich fest rechnen durfte.

Im Grill des Ritz-Carlton eröffnete mir ein Pole aus Chicago ganz erregt:»Es gibt jetzt ein polnisches Konsulat in New York!« Das war in der Tat eine tolle Überraschung. Er führte mich in ein kleines Büro auf der Westseite von Manhattan. Am Haus war ein Schild mit der Aufschrift »Konsulat der Republik Polen« befestigt, und das Büro war von zwei Herren besetzt, die mich dem Namen nach kannten; einer sagte mir, er amtiere vorläufig als Vizekonsul; der Konsul sei noch nicht eingetroffen. Ich fragte schüchtern:»Dürfen Sie mir einen polnischen Paß ausstellen?«

»Das kommt auf die Dokumente an, die Sie vorlegen können.« Nun zeigte ich meinen spanischen Paß, in welchem König Alfonso persönlich mich 1917 als einen Bürger des freien, unabhängigen Polen bezeichnete, und er geriet außer sich vor Staunen.»Sie können stolz darauf sein, als erster von einer fremden Macht als Bürger des Unabhängigen Polen anerkannt worden zu sein. Ich stelle Ihnen jetzt ein befristetes Dokument aus, muß Ihren Paß aber einbehalten.« Der Vizekonsul, er hieß Pan Kwapiczewski, wurde später nach Washington versetzt. Wir sind immer noch befreundet.

Vor der Abreise erkundigte ich mich bei meiner Bank, ob Mr. Liebling etwas für mich eingezahlt habe, und erfuhr, dies sei nicht geschehen. Also suchte ich ihn auf gut Glück in der Redaktion des ›Musical Courier‹ auf. Als ich anklopfte, rief er zwar »Herein«, doch als ich eintrat, sah ich seinem Gesicht eine unangenehme Überraschung an. Nach der einleitenden Begrüßung sagte ich:»Sie haben gewiß den Zettel mit der Anschrift meiner Bank verloren, denn ich fand keine Überweisung vor.« Darauf erwiderte er hastig und nervös:»Ah, Rubinstein, ich hätte Ihnen längst schreiben sollen. Es hat sich nämlich herausgestellt, daß einer der Mitspieler gemogelt hat, es gab einen Skandal, und die Schuldscheine wurden den Ausstellern zurückgegeben. Wir haben die ganze Sache vergessen.«

Diese Lüge erboste mich.»Hören Sie mal, Sie laden mich zu sich nach Hause ein, ich komme mit dem Scheckbuch in der Tasche, bereit, meine Spielschulden auf der Stelle zu bezahlen – was, wenn ich verloren hätte?«

»Dann hätten Sie Ihr Geld bestimmt zurückbekommen.«

Da konnte ich nur lachen.»Sie haben Glück, daß ich mich nicht an die

Namen der Herren erinnere und der Sache nicht nachgehen kann, aber ich mache Sie als den Gastgeber haftbar und verlange dreitausendfünfhundert Dollar von Ihnen.«
»Sie müssen doch verrückt sein. Wie komme ich dazu, anderer Leute Spielschulden zu bezahlen?«
»Dann zahlen Sie wenigstens die tausend Dollar, für die Sie mir Ihren Schuldschein erst ausgestellt und dann gestohlen haben.« Nun versetzte er zynisch: »Kaum waren Sie weg, da habe ich eine Menge Geld gewonnen und auch keinen Pfennig davon gesehen.«
Ich stand auf. »In Europa sind Spielschulden Ehrenschulden. Da Sie aber kein Ehrenmann zu sein scheinen, erkläre ich Ihnen hiermit, daß, sollte ich Ihnen je im Hause von Freunden begegnen, ich dafür sorgen werde, daß man Sie hinauswirft.« Damit ging ich ab, um dreitausendfünfhundert Dollar ärmer.

Dritter Teil

Europa nach dem Krieg
und die goldenen zwanziger Jahre

Kapitel 16

Obwohl das Schiff überfüllt und die Aufregung unter den Passagieren groß war, genoß ich die Überfahrt nach England. Enrique mußte, da sich keine Kajüte fand, im Zwischendeck reisen, was bedeutete, daß ich für mich selber zu sorgen hatte. Mir fiel das schwer – ich war bereits auf Lebenszeit verwöhnt. Die Zollabfertigung, das Verladen des Gepäcks und die Bahnfahrt nach London ermüdeten mich recht sehr, doch kam ich endlich glücklich auf dem Bahnhof Euston an. Dort stand die liebe alte Mrs. Bergheim. »Sie müssen unbedingt bei mir wohnen, lieber Arthur, das ist doch Ihr Zuhause.« Ihrer englischen Großmut hatten der Krieg und die mit ihm verbundenen Entbehrungen nichts anhaben können, und ich nahm ihre Einladung dankbar an. Daß ich zwei große Kabinenkoffer und Handgepäck hatte, verstörte die bedauernswerte alte Dame etwas, und als ich ihr Enrique vorstellte, fiel sie fast in Ohnmacht. Weil sie mich jahrelang nur als arme Kirchenmaus gekannt hatte, blieb ihr bei meinen Worten: »Dies ist mein Kammerdiener« der Mund vor Staunen offenstehen. Sie verstaute mich mit meinem Handgepäck in ihrem Wagen, während Enrique samt Bagage in einem Taxi folgte. Im Belsize Park hatte sich nichts verändert. Auch Wiggins war noch da und stierte Enrique verdutzt an. Es gelang diesem irgendwie, sich durch komische Gesten verständlich zu machen. Bei und nach Tisch erzählte ich stundenlang von meinen Reisen. Die alte Dame freute sich aufrichtig über meine Erfolge, doch als echte Engländerin nahm sie keinerlei Interesse an den Ländern, die ich bereist hatte, ausgenommen Mexiko. »Johnny (das war ihr verstorbener Mann) hat in Yucatán sehr schöne Orchideen gefunden; bestimmt haben auch Sie Freude an ihnen gehabt.« Schamrot mußte ich ihr gestehen, daß ausgerechnet Yucatán die Provinz war, die ich verpaßt hatte. Als ich sie nach den Kriegsereignissen in England fragte, stellte sie den Weltenbrand als eine häusliche Unbill dar. »Es war manchmal schwierig, Tee und Zucker und anderes zu bekommen, was mir nicht mehr einfällt. Und die Treibhäuser zu heizen, war gar nicht einfach.«

Früh am nächsten Morgen hängte ich mich ans Telefon und erfuhr zu meiner Freude, daß Gandarillas in London waren. Ich besuchte sie noch am selben Nachmittag. Das war ein wunderbares Wiedersehen. Juanita hatte selbstverständlich schon Nachrichten aus Chile, und sie und José Antonio lauschten meinen Erzählungen gespannt. Sylvia Sparrow und Lionel Tertis standen mit ihnen in Verbindung, nur Eugenia Errazuriz war nach Frankreich gereist.

Es tat mir gut, wieder in London zu sein, unter der tapferen englischen Bevölkerung, die allmählich aus einem vier Jahre währenden Alptraum in den Alltag zurückfand. Man war stolz auf den Sieg, prahlte aber nicht mit ihm, und getreu dem Grundsatz der Fairness ehrte man auch die Tapferkeit des Feindes. Bei allen meinen nahen Freunden traf ich diese Stimmung und Meinung an. Ich selber ließ meiner Eitelkeit die Zügel schießen. Bei einem Einkaufsbummel durch die Bond Street ging sie mit mir durch. Bei Asprey, dem kostspieligsten Luxusgeschäft, kaufte ich für Mrs. Bergheim die schönste Handtasche aus schwarzem Krokodilleder, für Sylvia französisches Parfüm und überschüttete alle mit einem Blumenregen. Ich freute mich schon auf die Wirkung meiner Geschenke, da sie von jemand kamen, der jahrelang ohne einen Penny in der Tasche eine jämmerliche Existenz geführt hatte, und ich täuschte mich nicht. Mrs. Bergheim war ganz aufgeregt vor Glück und rief: »Mein Johnny hat mir nie so eine teure Tasche geschenkt, aber ich hab's ja immer gewußt: Sie sind ein großzügiger Mensch.« Und über Nacht wurde aus mir der »reiche Freund«.

Für die kommende Spielzeit bot mir die Londoner Konzertagentur Mitchell sechs Konzerte in England und Schottland an. »Ich habe bereits Emma Calvé und Jacques Thibaud unter Vertrag, und die würden sich freuen, Sie als Dritten dabeizuhaben«, sagte Mitchell. Das ist ja eine sonderbare Mischung, dachte ich, griff aber zu, denn ich hoffte, mit Thibaud, der immer zu Streichen aufgelegt war, würde es sehr unterhaltsam werden, und Emma Calvé, meines Wissens die erste Carmen, hatte ich immer schon kennenlernen wollen. Ich meinte, sie müsse schon ziemlich alt sein. Es ist mir aufgefallen, daß die Engländer ihren Lieblingskünstlern bis ins biblische Alter treu bleiben, die jungen Talente aber nicht genügend schätzen. In Sylvias Atelier spielte ich mit Albert Sammons, Lionel Tertis und Warwick Evans herrlichste Kammermusik.

Daß es nun auch in London eine polnische Gesandtschaft gab, fand ich wunderbar. Ich machte sogleich dem Fürstenpaar Sapieha meine Aufwartung – die Fürstin kannte ich aus Warschau. Erst hier in London wurde mir klar, was aus unserer alten Vorkriegswelt geworden war. Die Tage der Belle Epoque waren endgültig vorüber. Nachdem ich mich mit den Tatsachen vertraut gemacht hatte, empfand ich die größte Bewunderung für den integren und einsichtsvollen Präsidenten Woodrow Wilson. Zum einen hätten die Alliierten den Krieg nicht gewinnen können, hätte er nicht mit der gesamten Macht der USA eingegriffen. Dabei war dieser ehemalige Professor aus Princeton persönlich ein Gegner des Krieges. Zum anderen waren seine vierzehn Punkte und sein Plan für einen Völkerbund große staatsmännische Handlungen. Mit dieser Bewunderung ging meine Dankbarkeit für alles einher, was er zum Wohle meiner Heimat tat. Paderewski war Polens Nationalheld geworden. Seine feurigen Reden brachten Millionen Polen in Chicago, Buffalo und Detroit dazu, für Polens Freiheit zu kämpfen, und er war es auch, der Oberst House, die rechte Hand des Präsidenten, dazu veranlaßte, Wilson von der Notwendigkeit zu überzeugen, Polens Unabhängigkeit und Einheit wiederherzustellen. Wilson tat noch mehr: er gab Polen außer festen Grenzen einen Zugang zum Meer. Paderewski, der freiwillig im Exil in der Schweiz gelebt hatte, wurde im Triumph nach Polen gerufen, und die dankbaren Bürger trugen ihm das Amt des Ministerpräsidenten an. Als solcher war er im Juni am Versailler Vertrag beteiligt. In Paris hörte ich, Clémenceau habe bei Paderewskis Antrittsbesuch ausgerufen: »Und wen sehe ich? Den großen Paderewski! Ich kann es gar nicht glauben, daß ich diesen berühmten Pianisten leibhaftig vor mir habe! Und nun ist er auch noch polnischer Premierminister.« Und als Paderewski nickte, sagte der alte Tiger: »Ein rechter Abstieg.«

Bei Sapiehas begegnete ich meinem Freund Richard Ordynski, der unterwegs war nach Warschau. Weil ich immer noch nichts von meinen Angehörigen gehört hatte, bat ich ihn, meine Schwestern in Warschau aufzusuchen, ihnen fünfzig mexikanische Goldstücke für meine Eltern zu überbringen und meiner Mutter einen Kaschmirschal. Weil Richard sagte, in Polen herrsche Hungersnot, gab ich ihm haltbare Lebensmittel mit, darunter Milchpulver, die ich bei Fortnum & Mason in hübschen Packungen einkaufte.

Die freudigen Londoner Tage gingen zu Ende, es war Zeit, nach Spanien aufzubrechen. Ich machte für einige Tage in Paris Station und besuchte meinen Bruder Ignacy in seinem Zimmer in der Rue Campagne Première. Er hatte sich in den vergangenen vier Jahren nicht verändert, nur das Geigenspiel endgültig aufgegeben. Er war eng befreundet mit einem französischen Ehepaar, das eine erwachsene Tochter hatte. Der Mann war Korrespondent der linksgerichteten ›Dépêche de Toulouse‹ und ließ von meinem Bruder für dieses Blatt Horoskope stellen, was Ignacy mit viel Überzeugung tat. Wieder war zwischen uns keine Wärme fühlbar. Er nötigte mich, mit jenen Leuten in deren bescheidener Wohnung zu essen, und es gab mir zu Ehren Hummer. Ignacy war augenscheinlich darum bemüht, Eindruck auf mich zu machen. Auch hatte er Nachrichten von daheim: Die Familie lebte derzeit in Lodz, meine Schwester Hela war mit den Kindern in Warschau, Jadwiga und die Ihren waren noch in Rußland, und man wußte nichts Näheres. Von Kochanskis und Szymanowskis hatte er dagegen keine Nachricht, doch auch er bestätigte, daß in Polen Hungersnot herrschte. Herbert Hoover sorgte dafür, daß die schlimmste Not gelindert wurde. In Posen steht heute noch sein Denkmal. Ich konnte nur hoffen, Ordynski werde meine Pakete möglichst rasch abliefern.

Kapitel 17

Die Tournee durch Spanien war nicht weniger erfolgreich als die vorangegangene. Auf meine telegrafische Anweisung, den Steinway nach Madrid zu schicken, kam eine recht ernüchternde Antwort von Joaquín Peña: »Habe Flügel für 10 000 Peseten (2000 Dollar) an Herrn Mata verkauft. Sie erhalten die Summe bei Ihrer Ankunft in Barcelona.«

Ernesto de Quesada hatte nun in Spanien als Konzertagent ein Monopol. In vielen Städten organisierte er die Asociación Musical und »half aus«, indem er diesen Gesellschaften auf Kredit Konzertflügel überließ, die er hier und dort aufkaufte. So besaß er eine Sammlung alter Erards, Pleyels, Blüthners und Schiedmayers, die er neu besaiten und befilzen und mit neuen Hämmern versehen ließ. In Madrid fand ich einen Bechstein in leidlichem Zustand, doch wo es eine Asociación Musical gab, hatte ich es schwer mit diesen alten Flügeln. Einige mir unbekannte Städte bestanden hartnäckig auf meinem Kommen – abgelegene Orte wie Almeria, Murcia, Cartagena. Ich sehe gern unbekannte Städte, reise überhaupt gern, also akzeptierte ich, machte nur zur Bedingung, daß der Bechstein aus Madrid herbeigeschafft wurde. Cartagena, am südlichsten Punkt der Halbinsel, hatte bislang wohl noch nie einen Klavierabend erlebt. Als ich den Direktor des Teatro Circo fragte, ob dies zutreffe, verneinte er stolz: »Nein, Maestro, erst kürzlich habe ich meinem begeisterten Publikum in einem kleinen Saal mein funkelnagelneues Pianola vorgeführt.«

Das Teatro Circo war ein Rundbau (daher der Name) und bis zum Rand besetzt. Gegenüber dem Flügel saß in einer breiten Loge der Bürgermeister mit Gattin und zwei Töchtern, alle drei Damen, milde ausgedrückt, recht beleibt. Sie fanden in der für zehn Personen gedachten Loge jedenfalls kaum Platz. Der Bürgermeister, der wohl schon anderswo ein Konzert besucht hatte, übernahm sogleich die Leitung. Kaum betrat ich die Bühne, erhob er sich, schaute streng ins Publikum und gab mit einem Händeklatschen das Zeichen für den Beifall. Das Publikum gehorchte fügsam. Dies wiederholte er nach jedem Satz meiner Sonate. Das Publikum benahm sich aber schon bald wie jedes andere auch und achtete nicht mehr auf den Bürgermeister. Das machte ihn wütend, er fürchtete wohl um seine Autorität, denn nach dem ersten von vier Chopin-Stücken stand er auf und rief mir zu: »Maestro, spielen Sie bitte ›Die Schwalben‹.« Das rief allgemeines Erstaunen hervor, ich antwortete ihm nicht, sondern fuhr fort, Chopin vorzutragen. Während man mich in der Pause beglückwünschte und mein Autogramm wollte, erschien der Bürgermeister. »Entschuldigen Sie, daß ich Ihrer Bitte nicht entsprochen habe, Herr Bürgermeister«, sagte ich zu ihm, »doch meines Wissens sind ›Die Schwalben‹ eine Zarzuela und hat keinen Klavierpart.« Darauf klopfte er mir ermutigend auf die Schulter und bemerkte: »Na, na, nur keine Angst, Sie lernen den schon noch – *Ya lo aprenderá*!«

Noch ein weiterer amüsanter Zwischenfall ereignete sich auf dieser Tournee: Manuel de Falla, der in Granada wohnte, wo ich ebenfalls spielte, bat mich, zwei Konzerte zugunsten eines Waisenhauses zu geben. Die Behörden machten daraus eine siebentägige Fiesta, täglich erschienen Interviews und Bilder von dem Bürgermeister, de Falla und mir zusammen mit dem Direktor des Waisenhauses. Der Bürgermeister veranstaltete ein Bankett, und der Kurator der Alhambra arrangierte ein nächtliches Fest im Patio de los Leones, wo es massenhaft *jamón serrano* und den köstlichen trockenen *jerez* gab.

Auf einem Balkon spielte ein Gitarrenquartett liebliche spanische Volksweisen, es war wirklich entzückend. Das Fest währte die ganze Nacht über, man kam nicht zum Schlafen. Weil der Frühzug nach Madrid bereits sehr zeitig ging, legte ich mich in ein Abteil erster Klasse, um möglichst viel Schlaf nachzuholen. Die Nachbarplätze waren von einem breitschultrigen, großgesichtigen *Madrileño* und seiner winzigen Frau besetzt. Gegenüber saß eine wohlgenährte Andalusierin mit ihren jungen Töchtern. Alle drei Damen hatten die häßliche Angewohnheit, ihre hölzernen Fächer mit einem Knall auf- und zuzuklappen, doch nicht nur das, mein Nachbar hinderte mich mit seiner lauten, tiefen, alkoholisierten Stimme am Schlafen. Offenbar war er einer jener in Madrid häufig anzutreffenden Caféhauspolitiker. »Die Franzosen ziehen starke Kräfte an der spanischen Grenze zusammen«, dröhnte er, und dann folgten weitere gleich eselhafte Bemerkungen, die er in irgendeinem Winkelblättchen gelesen haben dürfte. Bevor ich meinen Platz im Abteil einnahm, gab ich zwei englischen Touristen in englischer Sprache Auskunft über ein Gebäude, das durchs Fenster zu sehen war: »Nein, das ist keine Kathedrale, das ist eine Stierkampfarena«, und als ich nun nach einer guten halben Stunde die Nase gründlich voll hatte vom Geschwafel meines Nachbarn und ihm versicherte: »Nichts von allem, was Sie da sagen, enthält auch nur ein Körnchen Wahrheit!« funkelten seine Äuglein triumphierend. Da hatte er nun einen richtigen Caféhausgegner gefunden, noch dazu einen Engländer, wie er meinte. »Nein«, sagte ich, »ich bin keiner.« »Sie haben aber vorhin Englisch gesprochen.«

»Ich spreche mehrere Sprachen.«

»Aha, dann sind Sie also Franzose!«

»Nein«, versetzte ich gefaßt, »Pole.«

Das verschlug ihm einen Moment die Sprache, doch dann sagte er gewichtig: »Ich habe einen guten polnischen Freund, Arthur Rubinstein, der Pianist.« Ich klappte schon den Mund auf, war aber einfach zu müde, um die Situation voll auszukosten. Statt ihn aufs Glatteis zu führen, sagte ich daher nur matt: »Arthur Rubinstein bin ich.« Das platzte wie eine Bombe. Die dicke Dame lachte ungeheuerlich, ich glaube bis Madrid konnte sie nicht mehr aufhören. Der Mann stand auf, ging auf den Korridor und verbrachte dort den Rest der Fahrt, in den Anblick der Landschaft vertieft.

Kapitel 18

Ernesto teilte mir mit, daß er in allen bedeutenden Ländern Lateinamerikas Unteragenturen seiner Conciertos Daniel eingerichtet habe, und versicherte, er könne mir die besten Gagen bieten. »Ich schlage vor, daß Sie nach Ihrer nordamerikanischen Tournee mit Brasilien anfangen. Dort würde ich persönlich Ihre Konzerte vorbereiten, und Sie könnten anschließend nach Argentinien und Uruguay gehen. Meine Agentur beschafft Ihnen für die Dauer der Spielzeit das Teatro Odeón. Mit mir sind Sie garantiert besser dran als mit Mocchi oder da Rosa.« Ich kannte seine Manager-Fähigkeiten, und es fiel ihm daher leicht, mich zu überzeugen.

Ich hatte gehofft, Juan zu begegnen, hörte aber, er sei noch im Ausland. In Barcelona erwartete mich im Hotel Ritz ein Brief von Peña. Er entschuldigte sich dafür, mich nicht abholen zu können, er sei einige Tage abwesend und habe den Erlös aus dem Verkauf des Flügels vorderhand behalten, weil er dringend Geld brauchte; er wolle es in kleinen Raten zurückzahlen. Ich erhielt niemals die erste Rate, geschweige denn den Rest. Trotz meiner Warnung, ihm sei nicht zu trauen, stellte Pablo Casals ihn später als Manager seines Orchesters in Barcelona an.

Nach dem Ende der Tournee fuhr ich sogleich nach London, um mit Madame Calvé und Jacques Thibaud auf Konzertreise zu gehen. Unser Programm begann mit Beethovens ›Frühlingssonate‹, es folgte eine klassische Arie, alsdann spielten Thibaud und ich je eine Solonummer, und Madame Calvé machte den Schluß. Sie hatte eine gut geschulte Stimme, leider war in ihrem Alter nicht mehr viel davon übrig. Doch sie war eine reizende, stets lächelnde alte Dame. Wenn Jacques und ich unsere Scherze machten, beteiligte sie sich kokett kichernd, was wir als unser Stichwort nahmen: wir spielten die eifersüchtigen Verehrer. »Sie sehen Jacques zu oft an, das entgeht mir nicht«, sagte ich drohend. »*Ah, ce petit, ce petit*«, lachte sie dann entzückt. Jacques war da schon unternehmender, er suchte sie um die Taille zu fassen, was ihr ungeheuer schmeichelte, wenngleich sie ihm mit dem Finger drohte. Die auf die Vorstellung folgenden Soupers waren fröhlich und ausgedehnt, und der gallische Esprit herrschte vor.

In London stieg ich diesmal im Ritz ab. Ich geriet hier ganz unvermutet in einen gesellschaftlichen Trubel. José Antonio Gandarillas nahm mich eines Tages mit zu der wunderschönen Diana Cooper, die beim Siegesfestball ein Bein gebrochen hatte. Sie empfing ihre Freunde auf dem Bette liegend, prachtvoll angekleidet und lieblicher denn je. Sie war ständig von Freunden umringt und wurde vergnügt von ihrem Mann im Rollstuhl geschoben. Mit allen möglichen Leuten machte sie mich bekannt, die mich einluden. Gandarillas verhalf mir zur Mitgliedschaft im Embassy, dem elegantesten Nachtclub in der Bond Street. Im Hause des bekannten Advokaten Sir George Lewis lernte ich einen jungen Anwalt und seine Frau kennen, zu denen ich mich sogleich hingezogen fühlte. Der Mann hatte Statur und Antlitz eines künftigen Premiers, und Leslie, seine Frau, war eine schottische Schönheit. Es war William Jowitt. Nach dem Zweiten Weltkrieg wurde er Lord Chancellor. Beide wurden mir Lebensfreunde. Leslie zeigte mir die Seite ihres Tagebuches, auf der sie ihre Eindrücke von einem meiner Konzerte festgehalten hatte, das sie mit einem Schützling, der jungen Guiomar Novaes, besucht hatte. Kurzum, ich war unversehens im Mittelpunkt des gesellschaftlichen Lebens von London, mein Bild erschien in den eleganten Illustrierten, im ›Tatler‹ war ich in Begleitung der Duchess of Rutland zu sehen, über der Bildlegende: »Duchess of Rutland und Freund.«

In diesen Kreisen schätzte man am meisten meine spanischen Sachen, insbesondere ›Navarra‹, in Konkurrenz mit dem ›Feuertanz‹. Eines Abends murmelte eine leicht beschwipste aus Amerika stammende Duchess mir unermüdlich ins Ohr: »Bitte, spielen Sie Ramón Navarro.«

Mr. Mitchell war zwar der Sprechweise und der Kleidung nach der perfekte englische Gentleman, doch stand er finanziell auf schwachen

Füßen. Seine junge, gut aussehende Frau nahm in Hamburg Gesangsunterricht, und der arme Mitchell, betrübt wegen ihrer Abwesenheit und der dadurch verursachten Kosten, sprach stark dem Alkohol zu, ohne allerdings je die Haltung zu verlieren. Nachdem wir kurz die Möglichkeit weiterer Konzerte erwogen hatten, schlug er in seiner reizenden Art vor: »Wie wäre es mit einem halbdutzend Austern, Rubinstein? Ich wüßte ein ausgezeichnetes Lokal.« Ich kam aber schnell dahinter, daß ihn weniger die Austern lockten als zwei oder drei unverdünnte Whiskeys. Doch hatten wir ihn alle gern.

Ein sonderbares Phänomen verwirrte mich indessen: in der Provinz fanden meine Konzerte viel Zuspruch – es waren allerdings fast ausschließlich Abonnementskonzerte –, doch in London hatte ich einfach kein Glück. Nicht einmal die Kleine Bechstein Hall, die nach dem Kriege und dem Bankrott von Bechstein in Wigmore Hall umgetauft wurde, konnte ich füllen. Die Gute Gesellschaft machte viel von mir her, ich wurde in den elegantesten Wochenblättern erwähnt, verstand also nicht, weshalb meine Auftritte keinen Erfolg brachten. Dann allerdings erfuhr ich die Ursache und lernte meine Lektion: eben diese Popularität in den Londoner Salons, die Tatsache, daß der ›Tatler‹ oder der ›Sketch‹ mich als »Freund« von Herzoginnen abbildeten, schadete meiner Laufbahn ungeheuer. Die arroganten Londoner Kritiker taten mich ab mit einem »Rubinstein spielt recht gut spanische Musik«, und alles übrige gefiel ihnen nicht. Weil meine Rivalen am Klavier, neidisch auf meinen gesellschaftlichen Erfolg, ebensolche Meinungen kundtaten, war London für mich ein schwer zu beackerndes Feld, und ich mußte bis zum Ende des Zweiten Weltkrieges warten, bevor man mich dort wirklich ins Herz schloß, dann aber womöglich fester als anderswo.

Kapitel 19

Mrs. Bergheim heiratete wieder! Die einsame Witwe, die sich nach einem Gefährten sehnte, fand einen englischen, in Mexiko lebenden Witwer, der Haus und Treibhaus mit ihr teilte. Weil sie darauf brannte, ihm zu zeigen, wie sehr sie in Künstlerkreisen geschätzt wurde, rief sie mich an. »Ich würde Ihnen zu Ehren gern eine große Gesellschaft geben, Arthur, und wäre Ihnen dankbar, wenn Sie und Ihre Freunde Kammermusik spielen würden – selbstverständlich gegen Honorar –, und wenn auch Ihre sonstigen Freunde kämen, so viele Sie wollen.« Das fand ich recht lustig und ging darauf ein. Thibaud war in London, und Sammons, Tertis, der vorzügliche Cellist Felix Salmond und ich könnten Quartette und Quintette spielen. Viele meiner adligen Bekannten folgten der Einladung mit Vergnügen; das war einmal etwas anderes. Lady Diana Cooper war untröstlich, nicht kommen zu können, des Rollstuhls wegen. »Der Rollstuhl paßt leider in keinen Wagen, mein Teurer, und Hampstead ist so weit, daß niemand mich hinschieben kann.«

Ich versprach ihr: »Liebste Diana, ich sorge dafür, daß Sie hinkommen.« Es war wirklich so schwierig, wie sie behauptete, doch setzte ich alles daran, mein Versprechen zu halten, und es gelang – ich mietete einen Leichenwagen. Der Rollstuhl war darin leicht unterzubringen. Welch ein Spaß! Sie fuhr also mit diesem Gefährt, begleitet von etlichen Freunden, nach Hampstead, und das wurde das Gespräch des Abends. Mrs. Bergheim (wie sie jetzt hieß, habe ich vergessen) gab uns ein köstliches kaltes Büfett, und unser Konzert wurde ein prächtiger Erfolg.

Zu Sylvester lud ich Lesley Jowitt, Juanita und José Antonio und die schöne Cristabel McClaren, die einen berühmten Salon hatte, zum Diner ins Ritz ein. Ich schrieb die Speisekarte selber und befestigte sie an einem Ballon, der gcrade soviel Gas enthielt, daß er über dem Tisch schwebte. Anschließend besuchten wir den Silvesterball in der Albert Hall.

Während dieses Aufenthaltes in London traten die Gebrüder Sitwell mit der Bitte an mich heran, ich solle mir die Musik eines jungen Komponisten anhören, eines schlanken, blonden jungen Mannes namens William Walton. Der spielte mir eine Art Concertino für Klavier und Orchester vor, das mich stark beeindruckte. Sein Werk war frisch und originell, und ich versprach ihm, den Klavierpart zu spielen. Walton und Benjamin Britten wurden später die bedeutendsten englischen Komponisten.

Jowitts machten mich mit Lord Asquith bekannt, der während des Krieges eine Zeitlang Premierminister gewesen war. Lord Asquith, damals noch Mr. Asquith, und seine wegen ihres Witzes und ihrer Schlagfertigkeit berühmte Gattin Margot sowie ihr sehr musikalischer Sohn Anthony faßten eine Neigung zu mir. Ich verbrachte zwei Wochenenden auf ihrem Landsitz nahe Oxford und spielte Anthony vor, der wegen seines Kraushaars Puffin genannt wurde. Mit Mrs. Asquith spielte ich Bridge und hörte dabei gefaßt meinen Gastgeber immer wieder dieselben Geschichten erzählen. Seine Lieblingsanekdote bekam ich wohl ein halbes dutzendmal zu hören; sie handelte von dem berühmten Schachspieler Johannes Zuckertort, der bei internationalen Turnieren nur Tee zu trinken pflegte. Wurde ihm welcher serviert, spie er ihn sogleich mit dem Ruf aus: »Das ist kein Tee, das ist Pisse!« Diese seine Angewohnheit war wohlbekannt. In Manchester, wo er sämtliche Partien gewann, schmeckte der Tee ihm besonders schlecht. Nach dem Ende des Turniers wurde er von einem großen, grauhaarigen, graubärtigen Engländer angesprochen. »Möchten Sie in zwei Monaten fünftausend Pfund verdienen samt Spesen?« fragte er Zuckertort. Der Schachmeister riß die Augen auf, denn eine derartige Summe war ihm noch nie geboten worden. Beim Schach war nicht viel zu holen. »Muß ich jemand ermorden?« fragte er.

»Nein«, lächelte der Engländer, »nur rauchen dürfen Sie nicht und keinen Alkohol trinken.«

»Ich rauche nicht, und trinken tue ich nur Tee.«

»Deshalb sind Sie der richtige Mann für mich. Ich bin nämlich Thomas Lipton. Außerdem bin ich ein Schachenthusiast, und weil ich meist die Turniere verfolge, weiß ich auch, daß Sie Teekenner sind. Sie sollen in meinem Auftrag nach Ceylon fahren und Tee einkaufen.« Das war eine hübsche Anekdote, aber nicht hübsch genug, um sie sechsmal anzuhören.

Margot schloß mich in ihr Herz und besuchte oft meine Konzerte, so auch eines Tages das in der Wigmore Hall. Ich hatte einen besonders guten Tag, Praeludium, Choral und Fuge von Franck schlugen ein, auch der Rest des Programms, Chopin und Albéniz wurde stark beklatscht, und der Marsch von Prokofieff löste Ovationen aus. Ich blieb nach diesem schönen Erfolg hinter der Bühne und wartete, herausgerufen zu werden, mich zu verbeugen und wie gewöhnlich noch Zugaben zu spielen. Doch herrschte absolute Stille. Ich fragte einen Bühnenarbeiter:

»Hält jemand im Saal eine Rede?« Er öffnete die Tür einen Spaltbreit und berichtete: »Nein, Sir. Das Publikum ist gegangen.« »Das ist doch ausgeschlossen!«

»Nun, die Halle ist leer, Sir. Darf ich ebenfalls gehen?« Ich war völlig perplex, noch nie war so etwas geschehen. Ich dachte an Sabotage, glaubte, es habe vielleicht jemand »Feuer!« gerufen, erfuhr dann aber, was sich wirklich begeben hatte. Kaum hatte ich nach der letzten Nummer die Bühne verlassen, stand Margot Asquith auf, wandte sich zum Publikum und sagte laut: »Habt ihr noch nicht genug gehört für euer Geld? Wollt ihr den armen Menschen umbringen? Geht nach Hause und gönnt ihm seine Ruhe!« Die geduldigen englischen Konzertbesucher gehorchten erfurchtsvoll der Gattin des Ex-Premiers und verließen still und beschämt den Saal. Ich hätte die Frau eigenhändig erwürgen mögen, nur war sie eben Margot Asquith und eine prächtige Freundin, die mir wohlwollte.

Ich weiß auch noch gut, was sich später bei der Semana Santa-Feria in Sevilla zutrug. Margot und Puffin, Jowitts und die Baronesse d'Erlanger waren alle zusammen da, und ich konnte ihnen als idealer Fremdenführer dienen, denn ich hatte schon mehrmals an *ferias* in Sevilla teilgenommen. Es war äußerst schwierig, sie für die farbenfrohe Prozession zu begeistern, die leidenschaftlichen *saetas* und die barfüßigen *cofradîas*, denn ihr angelsächsisches Temperament lehnte derlei ab. »Hört denn dieses Zeug nie auf?« fragte Margot, »geht es immer so weiter?« Das war am Sonnabend. »Heute nacht wird überall in Spanien ausgiebig gefeiert«, erklärte ich, »alle Restaurants und Tanzlokale sind geöffnet. Wir können uns nach Herzenslust vergnügen.« Margot wollte unbedingt Flamenco tanzen und singen hören, und dank meinem Freunde Juan Lafita bekamen wir eine Loge in einem Saal, in dem schon sensationelle Debüts stattgefunden hatten. Mrs. Asquith erschien in einer tief ausgeschnittenen Robe, Gott weiß weshalb, denn zu zeigen hatte sie nichts, und saß vorn in der Loge neben Leslie und Madame d'Erlanger. Lafita und ich saßen hinter ihnen, Puffin hockte indessen, um besser zu sehen, auf dem Fußboden, die Arme im Schoße seiner Mutter. Das alles konnten die Besucher unten im Saal deutlich sehen. Sie stammten in ihrer Mehrheit aus Triana und besetzten alle Tische. Margots Décolleté erregte großes Aufsehen, und als sie das bemerkte, steckte sie eine Zigarette an, was unten ein Schreckensgemurmel auslöste. Sie bemerkte: »Arthur, ich glaube, man erkennt Sie, Sie werden dauernd angestarrt.« Sodann machte sie eine unglückselige Gebärde zur Menge hin, die man für eine Beleidigung hielt, und alle, die sie gesehen hatten, brüllten empört. Die Leute sprangen auf, machten Anstalten, unsere Loge zu stürmen. Ich spürte die Gefahr, und schon schrie Lafita: »Alle mir nach!« Wir rannten durch einen hinteren Saalausgang auf die Straße und gleich weiter zum Auto. Ich glaube, Juan Lafita hat der Gattin eines englischen Premiers damals das Leben gerettet.

Mitchell hatte für den Herbst ein durchaus reizvolles Angebot parat: eine kleine Tournee mit Elisabeth Schumann, ein Konzert in der Queen's Hall unter Sir Henry Wood und drei oder vier weitere Klavierabende, sonderbarerweise nicht in Großstädten, sondern in Badeorten wie Brighton, Bournemouth, Eastbourne und Hastings. Auf diese Weise konnte man in England nicht sehr bekannt werden.

Kapitel 20

Die Überfahrt nach New York war äußerst stürmisch. Kaum im Biltmore angekommen, wurde ich schon angerufen. Es meldete sich der Mann, der mit mir an den Pianola-Aufnahmen für die Firma Aeolian gearbeitet hatte. Ich war unwirsch, denn ich fand, er hätte mir wenigstens ein paar Tage Ruhe gönnen sollen, bevor er mit weiteren Programmvorschlägen kam, aber ich ließ ihn bitten. »Ich sehe Ihnen an, daß Sie erholungsbedürftig sind«, sagte er. »Warum kaufen Sie nicht ein nettes Haus auf Long Island und ruhen sich vor Ihrer Tournee gründlich aus?«

Ich erwiderte höflich: »Für so etwas habe ich keine Zeit.«

»Dann mieten Sie doch wenigstens in New York eine hübsche Wohnung. Man würde Sie nicht dauernd belästigen, und Sie könnten in Ruhe arbeiten.« Nun wurde ich gereizt. »Kommen Sie endlich zur Sache. Was schlagen Sie als nächste Aufnahme vor?« Darauf sagte er lächelnd: »Ich bin nicht mehr bei Aeolian. Ich bin jetzt Grundstücksmakler.« Daraufhin warf ich ihn hinaus.

Nun rief ich Gabriella an. Sie hatte mir die Adresse und Telefonnummer nach London geschickt. Unsere zuvor zwischen London und Rom gewechselten Briefe waren voller Bitterkeit wegen meines langen Schweigens. Sie war selbst am Apparat, und ich konnte sie mit ein paar versöhnlichen Sätzen beschwichtigen; wir verabredeten uns, noch diesen Abend im Grill des Ritz-Carlton zu essen. Ich schickte ihr Rosen und erwartete sie in der Halle des Ritz. Sie kam eine halbe Stunde verspätet mit hochrotem Gesicht, umarmte mich und entschuldigte sich damit, daß ihre Mutter bei ihr wohne und sie deren Abendessen habe zubereiten müssen. Während des Essens berichtete sie von ihrem traurigen Debüt in New York. Schon vor Beginn der Proben hatte sie die Atmosphäre an der Met als ausgesprochen unfreundlich empfunden. Sie witterte eine gegen sie gerichtete Kabale. »An der Met ist eine deutsche Altistin, Matzenauer heißt sie, die widerwärtigste Schlange, die mir je begegnet ist. Weil sie weiß, daß ich ihr gefährlich werden kann, streut sie die phantastischsten Gerüchte über mich aus: ich sei absolut unzuverlässig und so weiter. Den Kritikern, bei denen sie als der beste Mezzosopran der Welt gilt, redete sie ein, meine Erfolge in Südamerika und Spanien seien irgendwie erschlichen worden, meine Carmen werde nicht meiner Stimme wegen geschätzt, sondern weil ich dabei auf der Bühne obszöne Gesten mache, die auf das männliche Publikum aufreizend wirken. Die Farrar, die hier die Carmen singt, hat ihr dabei geholfen, einzig Caruso hielt zu mir und tat sein Bestes, mich vor meinem Debüt in Aida zu beruhigen. Er hat mich öfter in der Garderobe aufgesucht, um mich zu ermutigen, und ihm danke ich, daß ich wirklich hervorragend sang. Die Matzenauer, die die Amneris singt, bezahlte eine Claque dafür, daß sie mich ausbuhte. Caruso war empört und erzählte mir später, derartiges ereigne sich an der Met häufig. Gatti-Casazza hat sich anständig benommen, er meinte, dem Publikum habe ich gefallen, ich solle Geduld haben, und im Laufe der Spielzeit würde ich mich durchsetzen. Aber mein Vertrag endet im Januar, und er hat ihn nicht verlängert.« Die arme Gabriella. Ich stellte später fest, daß sie in allem die Wahrheit gesagt hatte. Sie hatte jedoch echtes Theaterblut und sang tapfer ihre Partien trotz der Ungerechtigkeiten, die sie erdulden mußte.

Ich brachte sie nach Hause, blieb einige Stunden bei ihr und suchte nach Kräften, ihren Mut und ihre Vitalität wiederherzustellen. Wenn ich in New York war, sahen wir uns fast täglich. Die Mutter war ihr keine Hilfe. Statt die Tochter nach Möglichkeit zu besänftigen, stachelte sie sie nur auf und schrie ihrerseits nach Rache. Später erfuhr ich, daß ihre Konzerttournee im Einvernehmen mit Wolfson abgesetzt wurde. Gabriella selber war der Meinung, ihr beschränktes Repertoire und die unfreundliche Presse würden sie um jeden Erfolg bringen. Wolfson gab ihr eine gute Abfindung. Sogar die Schallplattenfirma Victor ließ sie im Stich, behauptete, die erste Aufnahme enthalte Fehler, und machte nur nebelhafte Versprechungen. Gabriella kehrte daher nach Rom zurück, wo ihr Stern erneut aufging, und auch in Lateinamerika hatte sie neue Triumphe.

R. E. zeigte mir den Kalender meiner kommenden Saison, und der war alles andere als eindrucksvoll. »In dieser Stadt gibt es zu viele gottverdammt gute Pianisten, und alle wollen Hofmann und Rachmaninoff. Die Abendkasse gibt den Ausschlag.« Er verschaffte mir eine zweitklassige Tournee mit zehn Klavierabenden in kleineren Städten. Keine Rede von Carnegie Hall, ein einziges Konzert mit Ysaÿe, und möglicherweise zwei oder drei Engagements mit Orchestern. Das Eröffnungskonzert im Commodore schien der Höhepunkt meiner Spielzeit zu werden, und es wurde auch einer. Die irischen Freunde von Mr. Bowman hatten sich beim Essen betrunken und konnten während des Konzertes nicht still sein. Man redete laut und klatschte regelmäßig zu früh. Caruso konnte sich vor ihnen kaum retten, den wollten sie unbedingt mit Champagner traktieren. Mary Garden wurde mit anerkennenden Pfiffen begrüßt, Elman und ich bekamen weder Champagner, noch pfiff man uns aufmunternd zu.

Ich spielte wieder in Cincinnati, diesmal mein Saint-Saëns-Konzert, doch Ysaÿes Tusch vom Vorjahr war beim Publikum unvergessen.

In New York erwartete mich ein kleines, sorgsam verpacktes Päckchen aus Europa. Ich öffnete es klopfenden Herzens, denn ich ahnte, was es war: die Komposition, die mir Strawinsky versprochen hatte. Der Titel lautete ›*Piano Rag Music*‹, gewidmet Arthur Rubinstein. Es war ein wunderschön und sorgsam geschriebenes Autograph. Um meinen Namen hatte er sogar ein paar Blümchen gemalt. Ehrfurchtsvoll legte ich es auf das Notenpult meines Flügels und studierte es. Vier- oder fünfmal mußte ich es durchlesen, bevor ich es verstand. Es entsprach ganz Strawinskys Ankündigung, es sei »seine erste wirkliche Komposition für Klavier«. In seinem Sinne war es das auch, nur kam es mir vor wie eine Komposition für Schlaginstrumente, hatte nichts mit Ragtime oder irgendeiner anderen mir bekannten Musik zu tun. Ich gebe zu, ich war bitter, bitter enttäuscht, und gute Musiker, denen ich es zeigte, teilten meine Meinung.

Nach Gabriellas Abreise war ich frei und konnte mich mehr der Arbeit widmen. Mrs. Lanier engagierte mich wieder für die Friends of Music. Bekannte von Mengelberg, denen mein Spiel gefiel, veranlaßten ihn, mich für das d-moll-Konzert von Brahms zu engagieren. Mengelberg gefiel mein Spiel ebenfalls, was mir Mut machte, insbesondere weil er behauptete, er habe Brahms dieses Konzert noch selber spielen gehört. Dieser Erfolg führte zu weiteren Engagements. Stokowski verpflichtete mich für das Brahms-Konzert in B-Dur und war sehr zufrieden. Alfred Hertz, der an der Met Wagner dirigiert hatte, holte mich als Solisten für zwei Konzerte mit seinem Orchester nach San Franzisko. Damit die lange Reise profitabel sei, sicherte er mir zwei oder drei Klavierabende zu. Es war ein gutes Gefühl, weniger von R. E. abhängig zu sein und mein Geschick in die eigenen Hände zu nehmen.

In New York ging es zu wie auf einem Bacchanal. Die USA merkten, daß sie die stärkste und reichste Macht der Welt geworden waren. Der Sieg, die glänzende Bewährung ihrer Soldaten erfüllten die Amerikaner zu Recht mit Stolz. Man wollte da alles bis zum Äußersten genießen, hatte aber einen schweren Schock vor sich, der sich ankündigte, als die Regierung eine Vorlage einbrachte, welche den Alkoholkonsum im ganzen Lande unter Strafe stellen wollte. Man lachte zunächst darüber, doch als Kongreß und Senat zustimmten, waren die Leute wie vor den Kopf geschlagen. Ich war zufällig am letzten Tag vor Inkrafttreten der Prohibition im Lande und erlebte die unvorstellbarste Orgie. Der in jener Nacht konsumierte Alkohol hätte das Flußbett des Mississippi füllen können. Drapers luden mich zu dieser Gelegenheit ein, und ich sah mit Entsetzen, daß Paul wieder trank.

In jener Nacht war es auf den Straßen unsicher, Betrunkene lagen in der Gosse, Autos fuhren im Zickzack, man wurde von Fremden entweder umarmt oder verprügelt oder von lallenden Trunkenbolden zu einer letzten Runde eingeladen.

Am folgenden Morgen durften die New Yorker stolz verkünden, daß sie den größten Kater der Weltgeschichte hatten. In den nun folgenden Tagen machte sich eine andere Art Leben in der Stadt fühlbar. Alles wirkte unverändert, doch die Menschen benahmen sich anders. Es herrschte so etwas wie eine riesige Verschwörung. Schon am frühen Morgen wurde man von flüchtigen Bekannten angeredet: »Kommen Sie mit zu mir, ich habe noch was.« In guten Restaurants genügte es, daß ein angesehener Gast blinzelte, und schon servierte man ihm in einer Tasse nicht etwa den von den Engländern so geschätzten Tee, sondern Alkohol fragwürdiger Qualität. In den Zeitungen las man von Schwarzbrennern, die an ihren Produkten zugrunde gingen. Einen gewissen Trost hielt noch das Gesundheitsamt bereit, das, dem Rat der Ärzte folgend, Whiskey als Herzstärkungsmittel anerkannte, und man sah denn auch vor allen Apotheken Menschenschlangen stehen, die Rezepte auf eine Flasche Whiskey vorweisen konnten. Der Polizeipräsident Thomas Enright, selbstverständlich Ire, fragte bei seinem Kumpan R. E. an, ob ich mich an einem Konzert zugunsten der Stadtpolizei beteiligen wolle. »Dafür kriegen Sie eine Dienstmarke und können die Leute nach Herzenslust anbrüllen, ganz wie ein Polyp«, stellte R. E. mir in Aussicht. Nach dem Konzert, bei dem die uniformierten Zuhörer mir förmlich Angst einjagten, lud Mr. Enright mich zu einer Party ins Präsidium ein, wo ich meine Dienstmarke bekommen sollte. Von Lulu und R. E. begleitet, erklomm ich die breite Treppe, die zu den Empfangsräumen des bedrohlichen Bauwerks führte, und hörte gleich, daß man einige Italiener eingesperrt hatte. Enright überreichte mir sehr förmlich die Dienstmarke, dann wurde ich von einem höheren Polizeibeamten nach nebenan geleitet – »ans Büfett«, wie er sagte. Dort konnte man nach Herzenslust trinken, was man wollte, Champagner, Rum, Gin, Whiskey. Eine sehr vornehme Dame fiel betrunken die Treppe hinunter, und viele Gäste konnten sich kaum auf den Beinen halten.

Noch blieben mir bis zur Abreise nach Südamerika vier Wochen, ich hatte also Zeit, Konzerte zu besuchen, die mich interessierten. Ich hörte Klavierabende von Hofmann und Rachmaninoff, den poetischen Gabrilowitsch, den jungen Heifetz in der ausverkauften Carnegie Hall, doch Fritz Kreisler behauptete sich immer noch an der Spitze. Die meisten dieser Künstler kannte ich, hatte sie früher schon gehört. Auch fand sich

Gelegenheit, meine unmittelbaren Rivalen Benno Moiseiwitsch und Mischa Levitzki zu hören. Ich nahm mir vor, alle ihre Konzerte zu besuchen und jedesmal zuzuhören, als hörte ich die Stücke zum ersten Mal. Dabei hatte ich die meisten davon in meinem eigenen Repertoire. Alle diese großen Künstler in so rascher Folge nacheinander zu hören, gab mir viel zu denken. Meine Abneigung gegen die damals verbreiteten »Methoden« festigte sich. Viele begabte junge Pianisten wurden Opfer der »Methode Leschetitzky« oder der »Methode Breithaupt«, und das waren nicht die einzigen. Die weniger begabten Schüler dieser Meister rühmten sich schamlos dieser ›Methoden‹ und schlugen viel Geld daraus. Ich war immer der Meinung, ein Lehrer müsse ganz wie ein Arzt jeden Fall individuell behandeln, die besondere musikalische oder technische Begabung ebenso berücksichtigen wie etwaige Mängel. Auch die körperlichen Unterschiede der Schüler sollten in Betracht gezogen werden. Ein kleingewachsener Pianist geht anders an ein Klavier heran als ein lang aufgeschossener. Manche haben kleine Hände, andere zu große. Es gibt zu kurze kleine Finger, und die Spannfähigkeit ist unterschiedlich. Das alles müßten die Lehrer beachten, wenn sie die Stücke auswählen, die sie ihren Schülern zum Studium geben. Meiner Meinung nach waren die besten Lehrer professionelle Pianisten mit ausgeprägter pädagogischer Begabung. Es kann gefährlich sein, Unterricht bei einem berühmten Pianisten zu nehmen, denn allzuleicht drückt er dem Schüler den Stempel seiner großen Persönlichkeit auf und macht oft genug aus ihm einen schwächlichen Nachahmer. Es gibt Lehrer, die an ihren begabten Schülern so sehr hängen, daß sie ihnen jahrelang nicht erlauben, auf eigenen Füßen zu stehen. Ich rate hier mit allem Ernst und gestützt auf lange Erfahrung, allen vielversprechenden Talenten, sich von ihren Lehrern zu lösen, sobald ihnen ihre Technik erlaubt, sich an jede beliebige Komposition zu wagen; *sie sollen dann selber lernen, Musik zu machen.* Die meisten jungen Pianisten sind mit siebzehn oder achtzehn Jahren technisch ausreichend auf ihre Laufbahn vorbereitet und sollten dann anfangen, den Dialog mit dem Komponisten zu suchen. Wir Interpreten ähneln in gewisser Weise den Malern. Wer sich von zehn Malern porträtieren läßt, sieht auf jedem Bild anders aus, und doch wird jeder Maler schwören, gemalt zu haben, was er sieht. Und Gleiches gilt für unsere Interpretation von Musik. Jeder geht eine Komposition mit der eigenen Begabung und dem eigenen Werkzeug an, erzielt mittels des eigenen Verständnisses das bestmögliche Ergebnis und entwickelt seine Auffassung entsprechend seiner eigenen einzigartigen Persönlichkeit.

Und noch ein Rat: Man hüte sich davor, in der Öffentlichkeit eine Komposition zu spielen, die man entweder nicht leiden mag oder nicht versteht, nur weil man glaubt, sie könnte nützlich sein für das Programm. Man erweist damit weder sich selber noch dem Komponisten einen Dienst.

Derlei Gedanken gingen mir durch den Kopf, als ich diesen bedeutenden Künstlern zuhörte. Rachmaninoff war ein Pianist nach meinem Herzen. Spielte er seine eigenen Kompositionen, war er unübertrefflich. Hörte man ihn seine Konzerte spielen, war man überzeugt, niemals sei Großartigeres komponiert worden; wurden sie von anderen Pianisten gespielt, erwiesen sie sich als das, was sie in Wahrheit sind: brillante Stücke von orientalischer Schwüle, beim Publikum ungeheuer beliebt. In fremden Kompositionen machte er auf mich großen Eindruck durch die Neuigkeit und Originalität seiner Auffassung. Spielte er Schumann oder Chopin, und sei es ganz gegen meine eigene Empfindung, überzeugte er mich gleichwohl allein durch die schiere Kraft seiner Persönlichkeit. Er war der faszinierendste Pianist seit Busoni. Er besaß das Geheimnis des goldenen lebendigen Tones, der aus dem Herzen kommt und unnachahmlich ist. Meiner Überzeugung nach war er als Pianist bedeutender denn als Komponist. Ich gebe zu, daß ich dem Zauber seiner Stücke verfalle, wenn ich sie höre, doch schon auf dem Heimweg habe ich ein leises Unbehagen, das von ihrer penetranten Süßlichkeit herrührt.

Hofmann, drei Tage später, verwirrte mich. Im Vorkriegsrußland und in den USA galt er als ein Gigant, der Nachfolger Anton Rubinsteins. Ich kannte ihn schon als junger Mensch, und er hatte mich enttäuscht, weil er zugab, Musik interessiere ihn nicht. Er war ein ungemein begabter Mechaniker und befaßte sich unentwegt mit Verbesserungen der Konstruktion des Klaviers, der Höhe der Tasten, der Anordnung der Saiten, der Schallöcher im Rahmen. Seine phantastische Beherrschung der Klaviatur muß ihm angeboren gewesen sein. Selbst wenn er die Meister spielte, interessierte ihn nur die Dynamik; etwa ein langsam ansteigendes Crescendo, das in einem Vulkanausbruch endete, und es bereitete ihm große Befriedigung, dem Publikum Angst einzujagen, indem er den jähen Kontrast zwischen einem Pianissimo und einem unvermittelten Fortissimo herausarbeitete. Auch hatte er eine andere ärgerliche Angewohnheit: er betonte Begleitstimmen, die man bei anderen Pianisten nie zu hören bekam. Und doch war er ein bedeutender Pianist, denn trotz allem, was ich gegen ihn einzuwenden habe, trat in jedem seiner Konzerte eine musikalische Persönlichkeit zutage, die ich nicht einfach abtun kann.

Spielte Gabrilowitsch seraphisch romantische Musik, meinte man einen Heiligenschein um seinen Kopf wahrzunehmen. Er spielte mit soviel Hingabe und Werktreue, daß man glaubte, einem Gottesdienst beizuwohnen. Dank seinem schönen Ton und seiner Pedaltechnik klang alles absolut richtig. Die Dynamik stimmte unfehlbar. Nach seinen Konzerten hatte ich immer den Eindruck, man könne das alles nicht besser spielen, alles sei perfekt, und doch fühlte ich mich nicht beglückt davon. Das einzige, für das zu leben lohnt, die Inspiration, die fehlte. Indem ich diese Zeilen wieder lese, gerate ich ins Grübeln. Diese drei weltberühmten Pianisten spielten im wesentlichen dieselben Stücke derselben Komponisten, und doch lebte ich in jedem ihrer Konzerte in einer anderen Welt. Das musikalische Talent, sei es das des Interpreten oder das des Komponisten, ist wie ein Saatkorn, angelegt in der Person, und es will sich natürlich entwickeln. Man kann Musik nicht lernen, man kann nur das eigene individuelle Talent entfalten.

Moiseiwitsch und Levitzki besaßen unbestreitbar alle erforderlichen Voraussetzungen für eine erfolgreiche Karriere, die Technik, das Temperament, das Gedächtnis und die gründliche Musikalität. Es fehlte nichts, doch sonderbar, nach ihren Konzerten vergaß man, was man gehört hatte, und schloß man die Augen, konnte man leicht den einen mit dem anderen verwechseln.

Es wurde nun Zeit, nach Südamerika zurückzukehren und Geld zu verdienen. Die mageren Gagen in den Staaten, meine kostspielige Lebensführung samt Kammerdiener brachten mich allmählich in Bedrängnis. Drapers geleiteten mich ans Schiff und steckten mir ein Eßpaket zu. Ruth sagte: »Leg das alles auf Eis, dann brauchst du dich nicht unterwegs an dem scheußlichen Zeug zu vergiften, das du an Bord zu essen bekommst.« Und wirklich, wenn ich mich an ihren Leckerbissen gütlich tat, bedauerte ich meine Mitreisenden.

Kapitel 21

Mit großen Erwartungen kam ich zum zweiten Mal nach Rio. Beim ersten Mal hatten mir die fünfzehn Konzerte einen glänzenden Erfolg gebracht. Ernesto de Quesada begrüßte mich an Deck. Seine Angehörigen waren nach Rio mitgekommen, und ich konnte annehmen, meine Tournee liege bei ihm in guten Händen. Statt dessen harrte meiner eine unangenehme Überraschung. Schon auf dem Weg ins Hotel eröffnete mir Quesada unverblümt, er habe erst Abonnements auf acht Konzerte eröffnet, vier von mir und vier von George Boskoff. Nach Schluß des Abonnements blieben noch Karten für den freien Verkauf. Mir fehlten die Worte. Ich kannte Boskoff aus Paris, wohin Georges Enesco ihn aus Rumänien gebracht hatte. Er war ein guter Pianist, besaß einen gewissen Charme, doch Erfolg hatte er nur in einigen Pariser Salons gehabt, nie vor größerem Publikum. Nun fiel es mir wie Schuppen von den Augen. Quesada hatte Boskoff für ein Butterbrot engagiert und gedachte einen Haufen Geld zu machen, indem er ihn mit mir koppelte, der ich ja bereits ein triumphales Debüt hinter mir hatte. Das hieß, das Geschäft über die Freundschaft stellen, und das fand ich abscheulich. Er drückte damit mein bedeutendes Wiedererscheinen auf das Niveau eines Wettbewerbs mit einem anderen Pianisten.

In Gesprächen mit guten Bekannten wurde mir das bestätigt. »Was ist dieser Boskoff für ein Pianist?« fragte man mich begierig, und ich mußte mir auf die Lippe beißen und sagen, er sei ausgezeichnet.

Das Theater war überwiegend von Abonnenten besetzt, und der neue Mann, Georges Boskoff, wurde mit hoher Spannung erwartet. Kein Wunder, daß Publikum und Kritiker sich darauf spitzten, unsere Leistungen zu vergleichen. Die Musikkultur dieser Stadt hatte sich auch nicht weit entwickelt. Ich war dank meinen spanischen Stücken, bei denen ›Navarra‹ nicht fehlte, der Sieger, und Boskoff machte sich beim Publikum mit einem überdelikaten Debussy-Spiel beliebt.

Er war ein feinnerviger kleiner Mensch, trug eine lange schwarze Mähne bis auf die Schultern, hatte verträumte Augen und ging stets in Schwarz, auch in jenem heißen Klima. Wenn wir uns zum Essen im Restaurant trafen, brachte er einen Band Gedichte mit. Er unterbrach gern die Mahlzeit, um aus Mallarmé oder Verlaine vorzulesen, war kultiviert, höflich und bescheiden, lauter Eigenschaften, die mir zusagten.

Nach den Abonnementskonzerten gab ich drei gut besuchte Konzerte, zu denen jedermann Zutritt hatte, und mußte feststellen, daß die Einnahmen einem unterbesetzten Haus entsprachen. Als ich mich beklagte, zeigte der Kassierer mir die übriggebliebenen Eintrittskarten, um zu beweisen, daß alles mit rechten Dingen zugegangen sei. Ich wurde aber mißtrauisch und beauftragte meinen gewitzten Enrique, sich einmal umzuhören, ob nicht doch ein Schwindel vorlag, und er hatte denn auch Skandalöses zu berichten: »Ich habe den Kassierer in eine Bar mitgenommen und mich mit ihm angefreundet. Nach zwei Gläsern Rum hat er mir anvertraut, daß es zwei Rollen mit Eintrittskarten gibt und er Ihnen die falsche gezeigt hat.«

Es kam zu einem heftigen Auftritt mit Quesada, der angeblich von nichts etwas wußte, doch hatte ich mich über diese brasilianische Begebenheit so sehr geärgert, daß ich beschloß, meine Tournee durch Uruguay und Argentinien ohne Quesada zu machen.

Der Aufenthalt in Brasilien war im ganzen keineswegs unangenehm, und ich habe viele schöne Erinnerungen an ihn. Von zwei jungen Musikstudenten, die mich sehr bewunderten, hörte ich Wunderdinge über einen Komponisten, den sie ein Genie nannten. »Zweimal wurde er vom Konservatorium gejagt, weil er sich nicht von den Lehrern in seine Kompositionen hineinreden lassen wollte. Den Lehrplan fand er blödsinnig. Wir halten ihn für einen Mann, der sich ausschließlich auf sein schöpferisches Genie verläßt und völlig unabhängig ist.« Damit war meine Neugier geweckt.

»Wo kann man den denn kennenlernen oder wenigstens seine Sachen hören?«

»Wir schämen uns, es einzugestehen. Er muß sich sein Geld als Cellist in einem Kino an der Avenida Rio Branco verdienen.«

»Und was spielt er da?«

»Na, eben Begleitmusik zu dem Film, der gerade gezeigt wird – Galopp, wenn die Keystone-Cops einen Verbrecher jagen, oder eine traurige Ballade, wenn die Mutter am Bett des kranken Kindes wacht.« Das klang nicht besonders verlockend. »Gut, hören wir uns mal den Galopp und die Balladen an.« Wir betraten ein dunkles Kino, das um diese Tageszeit fast leer war. Auf der Leinwand flimmerte ein amerikanisches Melodram, und zu jeder Szene erklang die passende Musik. Es gab eine Pause, die Lichter gingen an, und die fünf Musiker winkten ihren Freunden, schienen mich auch zu erkennen. Nach kurzem setzten sie ihr Spiel fort, doch diesmal war es richtige Musik, brasilianische Rhythmen, die ich mühelos identifizierte, aber in einer ganz originellen Weise arrangiert, irgendwie verwirrend, ungeformt, aber ungemein anziehend. Meine Begleiter flüsterten: »Er nennt das ›Der Amazonas‹. Ein Choro für Orchester.« Ich konnte damit nicht viel anfangen, doch ließ ich mich Hector Villa-Lobos vorstellen, einem kleinen, dunkelhäutigen Mann, glattrasiert, unordentliches Haar, große melancholische Augen. Am anziehendsten aber waren seine Hände, lebhaft, sensitiv und herrlich geformt. Ich redete ihn in meinem gebrochenen Portugiesisch an, und er erwiderte in gebrochenem Französisch. Ich sagte, was ich da eben gehört habe, fessele mich ungemein und ob er auch etwas für Klavier komponiert habe? Da wurde er plötzlich sehr grob. »Pianisten scheren sich einen Dreck um die Komponisten. Die wollen alle bloß Geld und Erfolg.« Das kränkte mich. Ich kehrte mich ab und ging weg. Meine jungen Freunde liefen hinter mir her: »Seien Sie nicht beleidigt«, flehten sie, »er ist nur so verbittert, weil er in Ihrer Gegenwart diese alberne Filmmusik spielen mußte.«

Als ich mich bei Oswaldos nach Villa-Lobos erkundigte, erfuhr ich nur Nachteiliges über ihn, seine Unverschämtheiten auf dem Konservatorium und seinen Hochmut. Professor Nepomuceno sagte verächtlich: »Er hält sich für den bedeutendsten brasilianischen Komponisten.« Weil ich den ›Amazonas‹ sehr eindrucksvoll fand, erwähnte ich nicht, daß der Komponist mich ungezogen behandelt hatte.

Als ich Tage später am frühen Morgen noch schlafend unter meinem Moskitonetz lag, klopfte es. Ich glaubte, es handle sich um ein Telegramm, kroch unter dem Netz hervor und öffnete. Zu meiner Überraschung gewahrte ich ein Dutzend Leute mit Musikinstrumenten, einer davon war Villa-Lobos, der mir in einer Mischung aus Portugiesisch und Französisch zu verstehen gab, er sei gekommen, weil ich seine Musik zu hören gewünscht habe. »Meine Freunde müssen tagsüber arbeiten, sie haben nur jetzt Zeit.« (Es war acht Uhr in der Frühe.) Ich fürchtete, meine Nachbarn zu stören, erfuhr aber von der Hoteldirektion, um diese Zeit sei alles auf den Beinen, und die Leute würden sich freuen, ein bißchen Musik zu hören. Es war allerdings nicht einfach, die Musiker unterzubringen. Ich hatte nur ein kleines Schlafzimmer und einen daran anschließenden Salon, und bevor wir anfangen konnten, mußten Möbel gerückt und Stühle herbeigeschafft werden. Zu Anfang spielte man ein Streichquartett, in dem die Instrumente auf eine befremdliche Weise behandelt wurden, doch war die Wirkung originell und erfrischend. Dann folgte ein kleineres Stück, betitelt ›Choros‹, für Flöte und Klarinette, das ich bezaubernd fand. Es war nicht improvisiert, sondern in strenger Form gehalten. Danach hörte ich noch mehrere Stücke für verschiedene Instrumentalkombinationen. Die Form dieser Stücke war nicht leicht zu fassen. Ich war aber bereits überzeugt, einen bedeutenden Komponisten vor mir zu haben, der etwas Wichtiges auszusagen hatte. Ich brauchte es ihm nicht zu bestätigen, er spürte, was ich empfand, und blieb noch eine Weile, nachdem seine Freunde gegangen waren. Für heute beurlaubte er sich von seiner Arbeit im Kino und berichtete beim Essen sehr anschaulich über sein Leben. Seine Frau Lucille spielte ausgezeichnet Klavier, und er hatte für sie eine Serie kleiner Stücke geschrieben, mit dem Titel ›*A Prole do Bebe*‹ (›Die Kinderwiege‹), für die er Schlafliedchen verwendete. Er lebte sichtlich auf, erzählte aus seiner Kindheit und Jugend, was alles noch unglaubhafter klang als die Romane von Jules Verne. Er behauptete, als erster die wahre Seele Brasiliens entdeckt zu haben. »Ich lauschte den Stimmen der Wilden am Amazonas. Wochenlang lebte ich in den Dschungeln am Matto Grosso und schrieb die Weisen der *caboclos* auf. Oft schwebte ich in großer Gefahr, aber das war mir einerlei.« Das alles erzählte er sehr überzeugend in seinem unzulänglichen Französisch, mit fistelnder Stimme und sprechenden Gebärden. Tatsächlich hatte er das ganze Land bereist und viel folkloristisches Material gesammelt. Bei Kaffee und langen Zigarren schlossen wir Freundschaft. Am nächsten Tag schickte er mir einen Stoß Klavierkompositionen, die bei Arturo Napoleão verlegt worden waren, einem ehemals berühmten Pianisten, der mir im reifen Alter von achtundneunzig Jahren mit erstaunlicher Präzision ein Stück von Gottschalk vorspielte. In meinem letzten Konzert in Rio gab ich die erste Folge aus ›A Prole do Bebe‹ und wurde ausgebuht. Man beschwerte sich brieflich bei mir darüber, daß ich nicht echte brasilianische Stücke gespielt habe, wie sie von den Professoren am Konservatorium geschrieben wurden. Villa-Lobos nahm das gelassen hin: »Für die bin ich immer noch viel zu gut.«

Kapitel 22

In Montevideo und in Buenos Aires wurde ich wie ein langentbehrter Freund empfangen. Meine Konzerte waren ausverkauft, ein wahres Glück, denn Grassi, der Partner von Quesada, versuchte mehr von meinen Einnahmen für sich abzuzweigen, als ihm zukam. Ich stellte darum einen netten Menschen namens Francisco Ruiz ein, der mich auf Reisen in die Provinz begleitete und mir alle erforderlichen Hilfsdienste leistete.

Von meinen lieben Freunden Nena da Salamanca und den Quintanas hörte ich gleich die tollsten Geschichten über Juan Avila. Der hatte wieder einmal auf seine gewitzte Weise den Vogel abgeschossen. Als aufmerksamer Beobachter bemerkte er schon bei seinem ersten Aufenthalt in Buenos Aires, daß es hier keine wirklich eleganten Läden gab, wo Kunstgewerbe, Nippes und allerlei überflüssige Luxusgegenstände verkauft werden wie in Frankreich oder Italien – alte Schnupftabaksdosen, Talmischmuck, Antiquitäten, Brokat aus Florenz, Glas aus Venedig und ähnliches. Niemand wußte, woher er sich die Mittel beschafft hatte, doch gelang es ihm, Mengen dieser Gegenstände nicht nur einzukaufen, sondern auch durch den Zoll zu bringen; im Hotel Plaza nahm man ihn mit offenen Armen auf, stellte ihm im ersten Stock einen schönen Ausstellungsraum zur Verfügung, und hier nun bot Juan denn seine Waren geschmackvoll dekoriert einem ausgewählten Publikum an. Seine kaufmännische Begabung äußerte sich unter anderem darin, daß er einzelne

Objekte raffiniert beleuchtete und an Blumen nicht sparte. Zur Eröffnung erschienen mehr Personen, als der Raum fassen konnte, und die glitzernden »Kostbarkeiten« blendeten die *porteños* (Bewohner von Buenos Aires), nicht gerade weitgereiste Leute, die gleich erkannt hätten, daß es sich um billigen Nippes und ähnliches handelte. Juans Erlöse am ersten Tage übertrafen weit seine Erwartungen, und es gab dann noch das Tüpfelchen aufs I: Eine der reichsten Damen des Landes, eine veritable Matrone, betrachtete durch ihr Lorgnon fasziniert den Teppich, mit dem der Raum ausgelegt war, und bemerkte: »Was für ein wunderschönes Stück. Ich habe dergleichen nie gesehen. Was kostet er?« Juan sagte geistesgegenwärtig: »Es ist ein sehr seltener Buchara und eigentlich nicht zu verkaufen, doch weil Sie es sind, überlasse ich Ihnen den Teppich für 50 000 Pesos (25 000 Dollar).« Und schon zog sie das Scheckbuch.

Als die geladenen Kunden endlich das Feld geräumt hatten, bat Avila den Hoteldirektor zu sich. »Ich könnte diesen Teppich gut gebrauchen«, eröffnete er ihm, »was wollen Sie dafür haben?« Die Frage löste verständlicherweise Erstaunen aus, doch der Direktor ließ im Inventarverzeichnis nachsehen und stellte fest, daß der Teppich tausend Pesos gekostet hatte. »Er ist aber ziemlich abgewetzt, und wenn Sie ihn unbedingt haben wollen, gehört er Ihnen für fünfhundert Pesos.« Diese Geschichte machte selbstverständlich die Runde in der Stadt.

Ich hatte auf meinem Programm diesmal mehr Chopin als zuvor, so die beiden Sonaten, zu denen ich ein neues Verhältnis gewonnen hatte. Der erste Satz der Sonate in b-moll opus 35 wurde von allen Pianisten, die ich je gehört hatte – und da war ich selber keine Ausnahme –, zu rasch gespielt. Bei gründlichem Studium wurde mir klar, daß dies falsch ist. Chopin kannte die Sonatenform genau und würde für das erste Allegro (in diesem Fall das *doppio movimento* im Largo) niemals ein Tempo vorgesehen haben, das zwar für den letzten Satz geeignet ist, nicht aber für den Teil, der der Sonate die Struktur geben soll. Auch das gespenstische Finale gewinnt durch langsameres Spiel, das kurze Motiv ist dann deutlicher zu hören. Beim wiederholten Lesen oft gespielter Stücke kamen mir neue Einfälle. Wir Pianisten neigen zu der schlechten Gewohnheit, dasselbe Werk immer gleich zu spielen. Junge Pianisten sollten sich ihre Noten von Zeit zu Zeit einmal wieder gründlich ansehen, und sie werden auf ungehobene Schätze stoßen. In Montevideo fanden die Stücke Villa-Lobos' großen Anklang, und ich mußte etliche davon häufig wiederholen, während sie in Buenos Aires auf stumme Ablehnung stießen.

Ich kann hier eine kleine Liebesaffäre nicht verschweigen, die in den Konzerten meinem Temperament sehr zugute kam, was dem Publikum keineswegs entging. Es war nicht etwa eine mühelose Affäre, nein, sie war sehr kompliziert. Die fragliche Dame war verheiratet und wohnte mit Mann und Kind in meinem Hotel. Schon bei meinem ersten Aufenthalt in Buenos Aires fand zwischen uns so etwas wie ein kleiner Flirt statt, doch der Ehemann, ein reicher und bekannter Grundbesitzer, hatte schroff, ja unhöflich reagiert, als ich ihm vorgestellt wurde. Indessen, zwei Herzen, die unisono schlagen, finden immer eine Möglichkeit, und dank der Hilfe von dritter Seite kam es zu einer ersten Begegnung.

Nun entwarfen wir einen recht umständlichen Plan. Von meinem Zimmer aus sah ich das Fenster ihres Appartements dem meinen gegenüber, und erschien ein grüner Blumentopf auf dem Fensterbrett da drüben, wußte ich, der Gatte war für einige Stunden abwesend. Nun begab ich mich in einem jener altmodischen Taxis, die nur vorne Fenster haben, während der Fahrgast hinten im Dunkeln sitzt, zu einer praktisch menschenleeren Straße, wo mich meine Schöne erwartete, von Kopf bis Fuß ganz in Schwarz, was sie noch schöner aussehen ließ, und nun fuhren wir mit dem Taxi zu einem Haus, dessen Adresse mir ein Musiker einmal beiläufig genannt hatte, als er von eigenen Eskapaden erzählt hatte. Das Taxi hielt, und wir betraten durch ein bis zum Boden reichendes Fenster praktisch vom Taxi aus das Zimmer und verbrachten so manche schöne Stunde miteinander, während das Taxi selbstverständlich wartete.

Auf dem Rückweg stieg sie weit vor dem Hotel in ein anderes Taxi um, denn sie mußte vor mir eintreffen; das war nicht immer ganz einfach zu machen, doch sie mußte vor dem Lunch zurück sein. Wir trafen uns stets am Vormittag. Ich erfrischte mich im Bade, wählte einen stets gut gebügelten Anzug, der ihr besonders gefiel, dazu eine Krawatte, in der meine Perle steckte, schob ein leicht parfümiertes Tüchlein in die Brusttasche, betrat mit den von Enrique polierten Schuhen an den Füßen den Grill, und ging an ihrem Tisch vorüber zu meinem kleinen Tisch, der am Fenster stand. Eines Vormittags vertraute sie mir an: »Immer, wenn du

an unserem Tisch vorbeigehst, sagt mein Mann ganz überzeugt: ›Der Bursche da ist schwul, das riecht man doch gleich an seinem Parfüm. Außerdem weiß ich es aus bester Quelle.‹ Und das sagt er jeden Tag!«
Im Hotel lebte ein alter Engländer, ein Musikliebhaber, der meine Konzerte gern besuchte. Er hatte ein ständiges Appartement im Plaza, und wir tranken gelegentlich miteinander ein Gläschen an der Bar. Eines Tages lud er mich zur Premiere von Richard Strauss' ›Salome‹ ins Colón ein, wo Geneviève Vix auftrat, eine französische Sopranistin, die in dieser Rolle berühmt war. Weil ich vor der Vorstellung gut essen wollte, lud ich den Engländer ein und sagte, wir wollten uns bei der Mahlzeit Ruhe gönnen. Man weiß unterdessen, daß ich ein unverbesserlicher Gourmet bin, und gerade bei dieser Gelegenheit hatte ich es darauf abgesehen, meine kulinarischen Kenntnisse zu demonstrieren. Mit Hilfe des Oberkellners stellte ich die Speisenfolge zusammen: Zu Beginn frischer Kaviar mit dünnen crèpes (die dickeren russischen verabscheue ich), danach eine argentinische Spezialität, *jugo de carne* (Fleischsaft) in Schalen – das ist eigentlich gekochtes Rinderblut mit Pfeffer und anderen Zutaten, sehr schmackhaft und stärkend. Es folgte ein *pejerrey*, der köstlichste Fisch der Welt; es gibt ihn nur in den dortigen Gewässern. Dazu servierte der Oberkellner kleine Muscheln, Pilze und eine Sauce, die zwar aussah wie Mayonaise, aber keine war. Als Kontrast zum Fisch wurde Ente kalt en gelée gereicht, samt Endivien in französischer Salatsauce mit blättrig geschnittenen Trüffeln. Krönung des Ganzen war ein *parfait au moka* mit den petit fours aus der berühmten Bäckerei des Hotels. Zum Kaviar gab es Wodka in winzigen Gläsern, zum Fisch einen Corton-Charlemagne, dann einen guten Jahrgang Château Latour und endlich eiskalten Château d'Yquem. Zu meinem Gast sagte ich: »Zu einer so sorgsam zusammengestellten Mahlzeit darf man keinen Champagner servieren.«

Der Oberkellner legte uns eine handgeschriebene Speisekarte aufs Gedeck, einige herrliche Rosen verliehen dem Tisch zusätzliche Eleganz. Als ich dies alles überblickte, verlor mein Gast für Augenblicke seine englische Kaltblütigkeit und rief: »Es ist ja unglaublich, daß ein Musiker so viel vom guten Essen versteht! Die Musiker, die ich kenne, können einen Fisch nicht von einem Huhn unterscheiden, und was sie essen, ist ihnen gleich, wenn es nur reichlich gibt. Sie aber, ein berühmter Pianist, Sie verstehen sich auf gute Küche besser als alle Mitglieder von White's Club in London!« Ich lächelte in gespielter Bescheidenheit. Die ›Salome‹ war nicht so gut wie erwartet. Als bösartige Tochter des Herodes agierte Madame Vix ausgezeichnet, doch die Stimme reichte für die Rolle nicht hin. Die Enttäuschung spülten wir denn an der Hotelbar mit einer halben Flasche Champagner hinunter.

Folgenden Tages bekam ich einen Brief von Eugenia Errazuriz, in dem sie mir zu meinen Erfolgen Glück wünschte. »Ich wußte immer, daß Sie eines Tages reich sein werden, und falls Sie Geld erübrigen können, schicken Sie mir etwas, ich brauche es für einen hungernden Dichter.« Sogleich wies ich ihr tausend Pesos an.

Nun mußte ich meiner kleinen Tournee mit Elisabeth Schumann wegen zurück nach England und reiste in einer Einzelkajüte mit Bad auf der ›Andes‹, einem angenehmen englischen Dampfer. Selbstverständlich gab es zuvor etliche Abschiedsessen, und nach einem bekümmerten Blick auf das Fensterbrett ohne den grünen Blumentopf schiffte ich mich mit Enrique ein. Freunde brachten uns zum Hafen. Kaum legte das Schiff ab, ging ich hinunter in meine Kajüte, wo mich ein augenzwinkernder Steward erwartete. »Sie haben zwei Kajüten, Sir.«

»Unsinn. Ich habe nur eine gebucht.«

»Und doch haben Sie zwei, Sir.«

Jetzt wurde ich ärgerlich: »Was soll ich mit einer zweiten Kajüte? Diese reicht mir völlig.«

Er lächelte. »Nein, Sir, das tut sie nicht. Der Kapitän hat angeordnet, daß die Nachbarkajüte für Sie bereitsteht.«

Nun war ich wirklich verdutzt. »Zu welchem Zweck?«

»Sie werden gleich sehen, Sir . . .« Er machte die Verbindungstür auf, und da bot sich ein fürwahr atemberaubender Anblick: Zwölf Kisten Champagner, also hundertvierundvierzig Flaschen bewohnten diese elegante Kabine ganz allein. Und ich fand einen Brief meines Engländers aus dem Hotel Plaza: »Weil Sie der größte Feinschmecker sind, dem ich je begegnet bin, macht es mir ein besonderes Vergnügen, Ihnen diesen vortrefflichen Champagner mit auf die Reise zu geben, der neben manch anderem guten Jahrgang in meinem Weinkeller gelegen hat.« Als sich die Neuigkeit von meinem Champagnerschatz verbreitete, galt ich als ungekrönter König des Schiffes. Täglich erwarteten mich gleich nach dem Frühstück und bis in die späte Nacht hinein zwei Flaschen köstlichen Pomeroys 1904 in einem Eiskübel an der Schiffsbar. Mit Ignaz Friedman, dem polnischen Pianisten, den die Agentur Quesada für Montevideo und Buenos Aires unter Vertrag hatte, dem jungen Lord Queensberry und der Tänzerin Maude Alan spielte ich nächtelang Poker, wobei uns der Champagner befeuerte. Ich habe in ›Die frühen Jahre‹ geschildert, wie Friedman bei unserem gemeinsamen Auftreten in Lwov ausgesprochen vom Pech verfolgt worden war, doch beim Poker war er nicht zu schlagen, und das nicht, weil er etwa stets gute Karten bekam, sondern weil er auf geniale Weise ahnte, was für Karten seine Mitspieler hielten. Erhöhte ich den Einsatz auf meine Karten zum zweiten oder dritten Mal, konnte er ganz unvermittelt fragen: »Wollen wir das Blatt tauschen?« Und dann saß ich in der Klemme: willigte ich ein, hatte er bestimmt zwei Siebener im Blatt, tat ich es nicht, hielt er mit Sicherheit vier Asse.

Als wir in Lissabon ankamen, war der Champagner ausgetrunken und alles Geld, das ich bei mir hatte, verspielt. Die drei Tage vor der Ankunft in Southampton wurden für meine Gesundheit geradezu gefährlich, denn nun wurde ich von allen möglichen Leuten unentwegt eingeladen, Champagner mit ihnen zu trinken. »Jetzt wollen wir uns revanchieren« hieß es, und ablehnen durfte ich nicht. Friedman lieh mir großzügig soviel Geld, daß ich noch Trinkgelder verteilen konnte. Als ich in London aus dem Zug stieg, waren meine Magenbeschwerden – Folgen des zu reichlichen Champagnergenusses –, der Ärger über die Spielverluste und andere störende Gedanken wie weggeblasen.

Paul Kochanski erwartete mich mit Sophie, unverändert, ganz der, als den ich ihn zuletzt gesehen hatte. Mitchell hatte ihm gesagt, daß er mich erwartete, und verschaffte mir so eines der schönsten Wiedersehen meines ganzen Lebens. Wir kamen vor lauter Freudenrufen und unbeantworteten Fragen gar nicht zum Sprechen; dauernd umarmten wir uns. Als Enrique endlich einen großen Wagen aufgetrieben hatte, der mein Gepäck aufnehmen konnte, fragte Sophie: »Hast du Zimmer bestellt?« Darauf bemerkte ich lässig: »Nein, ich wohne am liebsten im Ritz, da bin ich bekannt.«

Beide blickten besorgt drein. »Weißt du genau, daß du dort unterkommst?«

»Keine Angst, ich kriege dort immer meine Zimmer.«

Nun bekam Paul es sichtlich mit der Angst: »Du weißt wohl nicht, daß man im Moment in ganz London weder für Geld noch gute Worte ein Zimmer bekommt. Man errichtet in den Grünanlagen schon Baracken für obdachlose Touristen. Die Lage ist katastrophal.«

Das war eine böse Kunde, doch in Notfällen hat sich mein Glück noch stets bewährt. Also sagte ich kurz entschlossen zu Enrique: »Lege das Gepäck in ein anderes Taxi um, das einen Dachgepäckträger hat. Sobald du im Ritz ankommst, laß dir vom Portier beim Abladen helfen und antworte auf keine Fragen. Wir kommen mit einem anderen Taxi nach.«

Tatsächlich hatte Enrique bereits meine gesamte Bagage im Hotel eingelagert, als wir ankamen, und wir betraten die Halle in lebhafter polnischer Unterhaltung. Ich unterbrach das Gespräch und sagte auf Englisch: »Moment mal, ich hole mir meine Zimmerschlüssel«, und war mit drei schnellen Schritten am Empfang. »Bitte geben Sie mir rasch meine Schlüssel, auch für das Zimmer meines Dieners. Ich bin in Eile, denn ich muß mich zum Abendessen umkleiden.« Die Herren am Empfang schauten verblüfft drein. »Haben Sie vorbestellt, Sir? Wir sind nämlich voll besetzt.« Das war das Stichwort für den dramatischen Ausbruch, den ich vorbereitet hatte. »Was soll denn das heißen? Ich habe bereits vor sechs Monaten von Argentinien aus Zimmer reservieren lassen, sehen Sie also mal nach. Sie werden doch nicht behaupten wollen, nichts für mich frei zu haben. Ich kenne diese Tricks von Hotels, wenn sie wichtige Gäste unterbringen wollen, aber ich lasse mir so etwas nicht gefallen!« Und zu Enrique gewandt, schrie ich auf Spanisch: »Bügle meine Sachen auf, in einer Viertelstunde brauche ich alles auf meinem Zimmer.« Die Herren am Empfang waren total perplex, schauten einander mißtrauisch, aber auch ängstlich an und berieten leise. Dann gaben sie mir zwei Schlüssel: »Aber nur für eine Nacht, Sir. Morgen müssen Sie sich ein anderes Quartier suchen.«

»Das wollen wir noch sehen. Da werde ich erstmal mit der Direktion sprechen.« Ich winkte heimlich lächelnd meine Freunde herbei, und wir nahmen den Fahrstuhl hinauf zu einem wunderschönen Appartement, bestehend aus Salon und Schlafzimmer. Auch Enrique bekam ein Zimmer. Paul und Sophie waren sprachlos vor Bewunderung. Vor allem anderen rief ich Juanita Gandarillas an, die zum Glück zu Hause war.

»Juanita, Liebste, ich bin eben aus Buenos Aires angekommen, und stellen Sie sich vor, wem ich hier begegnet bin? Meinen besten Freunden, Sophie und Paul Kochanski, von denen ich Ihnen schon soviel erzählt habe. Könnten wir heute abend bei Ihnen essen?«
»Aber mit Vergnügen«, entgegnete dieser Engel, »kommen Sie, sobald Sie können, ich freue mich sehr.«
Es dauerte keine fünf Minuten, und Juanita schloß die beiden aufs wärmste und für immer in ihr Herz. Es wurde ein richtiges Familientreffen. Als wir nach dem Essen glücklich und behaglich beieinander saßen, berichtete Paul ausführlich, was alles geschehen war, seit wir uns zu Beginn des Krieges getrennt hatten.
»Zunächst fuhren wir von London nach Ilgovo, dem Gut Mlynarskis in Litauen. Vor den Deutschen flüchteten Mlynarskis mit vielen Verwandten nach Moskau und wir in die Ukraine zu Jaroszynski, wo wir für den Rest des Krieges in Sicherheit zu sein glaubten. Karol Szymanowski kam ebenfalls dorthin und komponierte sehr schöne Sachen für Geige, wobei ich ihm mit technischem Rat behilflich war. Nach der russischen Niederlage und der Machtergreifung durch die Bolschewiki folgte eine Katastrophe der anderen. Die Landgüter von Szymanowskis, Jaroszynski, Dawydows und Fürst Lubomirski wurden enteignet und geplündert. Die Besitzer mußten fliehen. Jaroszynski, Szymanowski, Sophie und ich gingen nach Kiew, und dort gab ich Konzerte, Zosia und ich zogen dann nach Moskau und wurden von den dortigen Musikern, diesen politischen Chamäleons, mit offenen Armen als ›Genossen‹ aufgenommen. Ich hatte sogar recht großen Erfolg da. Nachdem Pilsudski Polen befreit hatte, hielten wir es aber in Moskau nicht länger aus und flohen nach Warschau. Mlynarskis und die anderen Freunde waren schon dort. Mlynarskis bekamen ihr Gut übrigens zurück, aber Jaroszynski, Szymanowskis und Fürst Lubomirski verloren alles. In London und Paris wimmelt es von Exilierten – übrigens kommt Karol demnächst nach Paris.«
Ich fasse hier nur das Hauptsächliche zusammen, aber selbstverständlich dauerte es bis in den frühen Morgen, all das zu erzählen mit sämtlichen betrüblichen, sonderbaren, auch komischen Einzelheiten. Ich erfuhr von Paul, daß meine Schwester Jadwiga mit den Ihren bis zum Ende der Zarenherrschaft in Moskau gelebt, daß ihr Mann ein großes

Vermögen erworben und ihre Tochter Maryla einen Baron Wrangel geheiratet hatte.

Kochanskis mieteten eine kleine Wohnung in der Cork Street und fanden nahebei auch eine für mich. Paul hatte bereits wieder Verbindung zu früheren Freunden aufgenommen, darunter Sir Hamilton Harty, einem sehr guten Musiker und beliebten Dirigenten. Vor dem Kriege hatte Hamilton Harty gelegentlich Paul in dessen Konzerten am Klavier begleitet; er freute sich herzlich, ihn jetzt wiederzusehen, und engagierte ihn sogleich für das Violinkonzert von Brahms, das er mit dem Londoner Sinfonieorchester in der Queen's Hall spielen sollte. Auf diese Weise würde es ihm am leichtesten gelingen, sich in London wieder einzuführen. Mitchell hörte erfreut, daß ich mit Paul in der Wigmore Hall gern Duos spielen wollte. »Das müßte sich eigentlich ermöglichen lassen. Wie wäre es mit einem Dutzend Austern?« Tatsächlich gelang es ihm, und Paul hatte ebenfalls etwas für Austern übrig.

Es wurde für uns eine zwar kurze, aber besonders schöne Spielzeit in London. Paul war mit seinem Konzert so erfolgreich, daß sein Ruhm bis nach Amerika drang. George Engels, Paderewskis Impresario, war nämlich bei Pauls Konzert zugegen und schlug ihm auf der Stelle für Januar eine Tournee durch die Staaten vor. Ich machte Kochanskis mit allen meinen Freunden bekannt, und Lesley Jowitt gab ihm nach seinem Konzert eine reizende Party.

Die Tournee mit Elisabeth Schumann war für mich ein künstlerischer Gewinn, denn ich hatte das Vergnügen, ihre herrliche Stimme zu der brillanten Begleitung von Ivor Newton zu hören.

Mrs. Bergheims Ehe mit dem mexikanischen Witwer hatte einen großen Wandel in unseren Beziehungen zur Folge; ihr zweiter Mann mochte mich nicht leiden, er fürchtete ganz offenbar, sie könnte mich in ihrem Testament bedenken.

Der Duo-Abend in der Wigmore Hall fand sehr viel Anklang. Paul und ich spielten unsere Lieblingsstücke, Beethovens c-moll-, Brahms' d-moll-Sonate und die von César Franck, als wären wir nicht sechs Jahre getrennt gewesen. Der Saal war voll, alle unsere Freunde waren gekommen, und anschließend wurde bei Juanita gegessen und Kammermusik gemacht. Nach dem Konzert mit Paul wollte ich für ein paar Tage nach Paris gehen als Zwischenaufenthalt auf der Reise nach Spanien. Welche

Freude, zu wissen, daß meine besten Freunde wohlbehalten in London waren und ein Wiedersehen mit Karol bevorstand.

In Calais wollte ich kurz vor Abfahrt des Zuges etwas zu lesen kaufen; das meiste, was da im Kiosk angeboten wurde, kannte ich bereits aus der Vorkriegszeit. Der Verkäufer fragte mich, ob ich gern Gedichte läse? »Lesen mag ich sie schon, nur lasse ich sie mir ungern vortragen.« Er empfahl mir ein etwas sonderbar aussehendes Büchlein, das aussah wie ein Fahrplan. Er erklärte mir aber, es seien Reisegedichte eines unbekannten Lyrikers namens Blaise Cendrars. Das erste Gedicht war überschrieben ›*Pâques à New York*‹ und bewegte mich zu Tränen. Es sprach von Einsamkeit, jener Einsamkeit, die ich selber empfunden hatte.

Kapitel 23

In Paris war es ebenso schwer, im Hotel unterzukommen, wie in New York. Ich verbrachte eine jämmerliche Nacht in einem Dienerzimmer des Meurice, das man mir, wie es hieß, aus Gefälligkeit überließ (wo Enrique die Nacht verbrachte, weiß ich nicht), und fand tags darauf im Hotel Régina ein Zimmer mit Ausblick auf eine wunderschöne vergoldete Statue der Jeanne d'Arc. Karol war noch in Warschau. Ich telegrafierte ihm, zu mir ins Hotel zu ziehen, ein Quartier für ihn war mir zugesichert.

Darius Milhaud war der erste, den ich anrief. Wir hatten uns zuletzt in New York gesehen, wo er und Paul Claudel auf der Durchreise nach Paris waren. Er schlug mir vor, mich am selben Nachmittag noch zu Musikern mitzunehmen, mit denen er eine Art Verein gegründet hatte. »Man nennt uns schon ›Die Sechs‹«, berichtete er, »und damit übertreffen wir die russischen ›Fünf‹.« Er führte mich in die Bar Gaya, Rue Duphot. Die Wände der Bar waren mit bunten Plakaten ausgeschmückt, auf denen zu lesen stand: »*Bienvenue à Arthur Rubinstein*«, »*Vive Arthur Rubinstein!*« »*Vos amis vous salvent, Arthur Rubinstein*«. Ich umarmte Milhaud, der augenscheinlich dieses herzliche Willkommen arrangiert hatte. Anwesend waren Auric, Poulenc, Honegger und die schöne Germaine Tailleferre, lauter vergnügte junge Leute, die durcheinander schwatzten, alle Vorkriegsmeister, auch Ravel, als »pompier« bezeichneten und eine ganz neue Musikwelt erschaffen wollten. Wir tranken alkoholfreie Getränke, und ihr junger Freund Jean Wiéner begleitete unsere Gespräche am Klavier mit den neuesten amerikanischen Melodien. Er spielte zarten Blues und Straight Jazz hervorragend, auch die Schlager von Jerome Kern, Cole Porter und Irving Berlin. Nach einer Weile trat Jean Cocteau auf, von dem ich schon viel gehört hatte. Tony Gandarillas war ganz entzückt von seinem Charme, seiner Intelligenz, seiner Poesie, hatte aber unterlassen, mich auf seine Erscheinung vorzubereiten. Gestalt und Bewegungen waren die eines Schulknaben. Er war schlank und anmutig, sein Gesicht aber zeigte alles, was man ihm nachsagte – Augen, Mund, die unglaublich zarten Hände verrieten eine geradezu unheimlich schillernde Intelligenz. Man spürte in dieser ungewöhnlich anziehenden und machtvollen Persönlichkeit tiefe Weisheit, kindische Bosheit und etwas Weibisches. Cocteau beherrschte ganz offensichtlich die Gruppe.

Für mich wurde das einer der faszinierendsten Nachmittage, deren ich mich entsinne. Ich erlebte die erste Berührung mit der Welt der neuen Kunst nach dem Kriege. Am meisten gefiel mir, daß diese Künstler das Leben liebten und die Musik liebten. Die Musik enthielt für sie keine Geheimnisse. Sie begriffen alles. Ich hatte das Glück, diese Künstler und ihre Musik näher kennenzulernen, und werde über ihre Werke später noch mehr zu sagen haben.

Zunächst einmal wurde mir die Ehre zuteil, von Jean Cocteau und Darius Milhaud zu den stets am Sonnabend irgendwo in Montmartre stattfindenden Mahlzeiten eingeladen zu werden. Darius brachte mich heim und erzählte unterwegs von seinen Freunden. »Sie werden noch sehen – jeder von uns komponiert ganz anders als der andere, wir sind voneinander unabhängig, uns verbindet nur Freundschaft und gegenseitige Achtung vor unserer Arbeit. Jean Cocteau hat sich zu unserem Sprecher gemacht, er nimmt diese Rolle auch sehr ernst; uns schmeichelt und amüsiert das aber, denn die einzige Begabung, die ihm fehlt, ist die für Musik.«

Hochgestimmt nach dem Erlebnis dieses Nachmittages, beschloß ich, im Maxim zu essen, an das ich die lebhaftesten Erinnerungen bewahrte.

Kaum betrat ich dieses berühmte Restaurant, hörte ich eine vertraute Stimme rufen »Arturo!« Es war Juan Avila, der mit einer bezaubernden jungen Dame einen Tisch teilte. Obwohl ich ungern ein Duo störe, ließ ich mich von ihm dazu bereden, an den Tisch zu kommen (die Dame war übrigens Französin und interessierte sich nicht im mindesten für unsere lebhafte, spanisch geführte Unterhaltung). Juan berichtete selbstverständlich über seine sensationellen Verkaufserfolge in Buenos Aires. »Von dem Geld, das ich dort verdiente, habe ich mir hier eine Wohnung genommen. Madame ist meine petite amie«, sagte er und lächelte ihr zu. Sie lächelte zurück. »*No entiende nada de nada*«, vertraute er mir an. (Sie versteht rein gar nichts.)

Von diesem Abend an war ich abwechselnd Jekyll und Hyde. Tagsüber befaßte ich mich ernsthaft mit musikalischen Dingen, besuchte Strawinsky, war mit Karol zusammen, der wenige Tage später eintraf; sobald es Abend wurde, zog mich unwiderstehlich das vergnügte Leben in seinen Bann, das Avila führte.

Beginnen wir mit Strawinsky. Igor hatte seine Angehörigen in der Schweiz gelassen. Weil er dringend Geld brauchte, hoffte er, in Paris auf Diaghilev zu stoßen. Die Firma Pleyel stellte ihm in der rue Rochechouart ein kleines Arbeitszimmer zur Verfügung und gab ihm einen Vertrag für Schallplattenaufnahmen. Er lud mich dorthin ein, und es wurde ein herzerwärmendes, brüderliches Wiedersehen. Er berichtete von seinen Schwierigkeiten, zeigte mir die Werke, die aufgenommen werden sollten, und fragte dann: »Haben Sie meine ›Piano Rag Music‹ im Konzert gespielt?« Ich sagte ganz offen: »Lieber Igor, ich bin stolz darauf, das Manuskript zu besitzen, aber ich gehöre noch zu den Pianisten der alten Ära. Ihr Stück ist mehr für Schlaginstrumente geschrieben als für meine Art Klavierspiel.« Das gefiel ihm nicht. »Das bedeutet bloß, Sie verstehen diese Musik nicht«, sagte er unwirsch. »Ich spiele sie Ihnen einmal vor.« Er paukte es zehnmal hintereinander herunter, und jedesmal wuchs mein Widerwille. Daraufhin wurde er wütend, und es kam zu einem häßlichen Zank. »Sie glauben immer noch, auf dem Flügel kann man singen, aber das ist eine Illusion! Das Klavier ist nichts als ein Gebrauchsinstrument und nur, wenn man es als Schlaginstrument behandelt, klingt es richtig.«

Nun geriet ich in Zorn und wollte ihn kränken. »Sie wissen sehr gut,

daß das große Publikum Ihre Musik weder versteht noch schätzt. Ihr Orchester findet man zu laut. Sie erinnern sich gewiß der Uraufführung von ›Sacre du printemps‹. Aber wenn ich Ihre Sachen auf dem Flügel spiele, ereignet sich das Wunder, daß die Leute sie plötzlich besser verstehen und sogar Gefallen daran finden.« Darüber lachte er verächtlich.»Reiner Blödsinn.«
Ich ging zum Flügel und spielte Teile aus ›Petruschka‹, vor allem die Musik in Petruschkas Zimmer.»Klingt das nach Schlaginstrument?« fragte ich ihn.»Oder eher wie Musik?« Strawinsky – und das war typisch für ihn – vergaß auf der Stelle alles, was vorangegangen war, und wurde ganz professionell.»Wie bringen Sie es fertig, daß Ihre Bässe so klingen? Haben Sie eine spezielle Pedaltechnik?«
»Ja, selbstverständlich. Ich halte schnell mit dem Fuß die noch vibrierenden Bässe und kann deshalb im Diskant die Harmonien wechseln. Und«, fuhr ich spaßhaft fort,»das von Ihnen so gehaßte Klavier kann noch viel mehr, mein Lieber.« Igor war nun ganz versöhnt.»Ich schreibe Ihnen eine Sonate auf Motive aus ›Petruschka‹.« Ich umarmte ihn freudig, lud ihn zum Essen ein, und wir erzählten einander stundenlang, was wir im Krieg getrieben hatten. Er hatte in der Schweiz viel komponiert. »Mit Charles Ramuz, einem Schweizer Autor, habe ich etwas geschrieben, das wird Ihnen gefallen. ›Die Geschichte vom Soldaten.‹ Darin kommt komische Violinmusik vor, über die Sie lachen werden. Auch ein längeres Stück habe ich geschrieben, ›Noces‹, ein schlichtes russisches Hochzeitsfest, wo gesungen, getrunken, getanzt wird, und es spielt nicht ein Orchester, sondern vier Klaviere – perkussiv«, setzte er spöttisch lächelnd hinzu. Es freute ihn zu hören, daß ich am Beginn einer Laufbahn stand und gut verdiente.»Ah ja. Ihr Pianisten verdient Millionen an den Werken, die Hungerleider wie Mozart und Schubert und der arme verrückte Schumann hinterlassen haben, der tuberkulöse Chopin und der kranke Beethoven.« Da hatte er recht. Ich bin immer der Meinung gewesen, daß wir uns wie Vampire am Blut dieser Genies mästen.

Kapitel 24

Karol kam in erstaunlich guter körperlicher Verfassung an, bedenkt man, was er alles hatte durchmachen müssen. Ich war über Einzelheiten dank Paul ja bereits im Bilde und brannte vor allem darauf, Szymanowskis neue Kompositionen kennenzulernen. Er hatte eine Unmenge herrlicher Stücke für Geige geschrieben, dazu drei exotisch klingende für Klavier, betitelt ›Masques‹. Das erste, ›Schéhérezade‹, in orientalisch debussyischer Manier, das zweite, ›Tantris der Narr‹, nach einer deutschen Dichtung von Ernst Hardt. Tristan will sich eines Nachts unter diesem falschen Namen in Isoldes Schlafgemach stehlen, wird aber von den Hunden erkannt und erregt das Mißtrauen des Gesindes. Die Komposition ist herrlich, doch auf dem Klavier nur schwer zum Leben zu bringen, sie verlangt nach Orchestrierung. Das dritte Stück ›Don Juans Serenade‹, das mir gewidmet war, ist farbenprächtig und brillant, und ich spielte es in meinen Konzerten mit gutem Erfolg. Karol hatte sich verändert; schon vor dem Kriege waren mir erste Anzeichen dieser Veränderung aufgefallen, als er aus Italien zurückkam, wohin er zweimal von einem sehr reichen Freund und Bewunderer eingeladen worden war. Er schwärmte von Sizilien, insbesondere Taormina hatte es ihm angetan. »Ich habe dort junge Männer baden gesehen, die sehr wohl Modell für den Adonis hätten stehen können, und ich konnte einfach meine Blicke nicht losreißen.« Er war jetzt manifest homosexuell und eröffnete mir das auch mit funkelnden Augen. »Paul hat dir von den schrecklichen Ereignissen erzählt, die uns widerfahren sind. Zum Glück gelang es mir, meine Familie nach Warschau zu bringen, wo ich mich von jetzt an um sie kümmern kann. Mehr als einmal sind wir mit knapper Not dem Tode entronnen. Die Bauern in der Ukraine haben mehrere Grundbesitzer erschlagen. Fürst Sanguszko wurde verstümmelt, wir müssen also Gott danken dafür, daß wir heil und gesund sind. Du wirst es nicht glauben, Arthur, doch gleich nach unserer Flucht aus Tymoszófka habe ich in Kiew einen jungen Mann von ungewöhnlicher Schönheit kennengelernt, einen Dichter mit einer Stimme wie ein Engel, und wirklich lebte ich mit ihm wie im Himmel, denn er liebte mich. Nur dank dieser Liebe war ich imstande, so viel zu komponieren. Ich habe sogar noch eine dritte Sonate und meine dritte Sinfonie fertiggestellt. Seit ich in Warschau lebe, habe ich keine Verbindung mehr zu ihm, und du kannst dir vorstellen, wie ich leide.« Ich erkannte Karol kaum wieder – er war ein zum ersten Mal verliebter Jüngling.

Zu meiner Bekümmernis vernahm ich, daß Gabriel Astruc Bankrott gemacht hatte, nur wenige Monate, nachdem er den Parisern das letzte Theater geschenkt hatte, das der großen Stadt würdig ist. Dieser Bau war sein Traum, und er verwirklichte ihn, indem er unermüdlich Geld dafür sammelte. Er setzte allen Ehrgeiz daran, ein Gebäude von großer Schlichtheit zu schaffen, und es kostete viel Mühe, die Künstler, die er sich wünschte, zur Mitarbeit zu gewinnen: Bourdelle für die Fassade; Maurice Denis für die Dekoration der Decke; den großen Maler Vuillard, der das Foyer der Comédie des Champs Elysées meisterlich mit Szenen aus Lustspielen von Molière ausstattete. Es gelang ihm sogar, den bedeutenden Karikaturisten Sem zu überreden, die Bar des Theaters mit einem Fresko auszumalen, auf dem berühmte Pariser zu sehen sind, darunter Großfürst Wladimir von Rußland und der Maharadscha von Kapurthala, von denen die Pariser mit Stolz sagten: »*Ce sont des vrais Parisiens.*« Ich glaube, Paris ist die einzige Stadt, in der zu wohnen bereits eine Auszeichnung darstellt. Sogar von Eduard VII. hieß es, als er die Stadt besuchte: »*Il est très Parisien.*«

Von Misia Sert wurde ich zum Tee mit Diaghilev, Massine und Eric Satie eingeladen, den ich bei dieser Gelegenheit erst kennenlernte. Er war ein kleiner Mann mit spärlichem Haar, Bart und einer Brille, die nicht sehr fest auf seiner Nase saß. Beim Sprechen hielt er die Hände vor den Mund, wohl um seine schlechten Zähne zu verbergen. Ich kannte nichts von seinen Sachen, doch augenscheinlich war er der Meister, der »den Sechs« den Weg bereitet hatte. Es gereichte ihm zum Ruhm, daß Debussy sich die Mühe machte, seine ›Gymnopédies‹ zu orchestrieren. Seine kleinen Klavierstücke waren mehr der witzigen Titel und seiner Anmerkungen in den Noten berühmt als ihres Gehaltes wegen. Er erfand Titel wie ›In Form einer Birne‹ oder ›crescendo, wenn Sie mir glauben‹ *(si vous n'en croyez).* Wo auf ein Fortissimo unvermittelt ein Pianissimo folgte, verlangte er vom Pianisten, sich tief über die Tastatur zu beugen *(le dos voûté).* Bei dieser Teegesellschaft fand ich ihn witzig und sehr lebhaft. Mit Hilfe von Misia, einer geborenen Polin, suchten wir Diaghilev für Szymanowski und dessen Musik zu interessieren, was auch gelang. Diaghilev lud Karol und mich zum Diner ins Continental ein. Wir kamen pünktlich, ließen vom Empfang telefonisch bei ihm ausrichten, daß wir ihn erwarteten, und setzten uns in die Halle. Kurz darauf sahen wir den großen Mann oben auf dem Treppenabsatz erscheinen und sich uns langsamen Schrittes nähern, gefolgt von einem Jüngling. Szymanowski, der bislang eher unbeteiligt geschienen hatte, sah plötzlich aus, als drohe ihm ein Herzanfall. Ich bekam es mit der Angst. Doch gleich darauf sah ich, daß er sich gefaßt hatte, wenngleich in seinen Augen ein tragischer Ausdruck stand. Diaghilev begrüßte uns sehr höflich und stellte den jungen Mann als einen neuen Mitarbeiter vor. Karol murmelte etwas, und wir begaben uns ins Restaurant. Plötzlich wußte ich, was geschehen war: Der junge Mensch war Karols Dichter aus Kiew, und nun wurde es beim Diner recht spannend. Diaghilev ließ durchblicken, daß er etwas ahnte, und der Jüngling, der um seine Stellung fürchtete, mußte so tun, als sei er Karol nie zuvor begegnet, gewiß eine schwere Aufgabe. Karol wurde schier zerrissen von dem Wunsch, sich zu offenbaren, und von der Gewißheit, daß sein Freund auf der Stelle von Diaghilev entlassen werden und daß dieser auch mit Karol nichts mehr würde zu tun haben wollen. Also oblag es mir, das Tischgespräch in Fluß zu halten. Zum Glück traf nun Strawinsky ein, der Diaghilev sofort in eine ausführliche Erörterung ihrer gemeinsamen Pläne verwickelte, was den beiden anderen Beteiligten dieses Dramas wenigstens erlaubte, sich mit Blicken zu begrüßen. Es gelang Karol immerhin, zwei oder drei heimliche Treffen zu verabreden, doch fand ich, daß dies ein trauriges Ende ihrer Liebe war.

Eines Nachmittags schleppte ich Karol in die Bar Gaya, weil ich wollte, daß er einige der dort verkehrenden Musiker kennenlerne. Man nahm ihn höflich und achtungsvoll auf, aber ich spürte gleich, daß sie und ihn nichts verband. Einzig Honegger zeigte aufrichtiges Interesse, Karols Arbeiten kennenzulernen.

Die Samstagabende waren höchst vergnüglich; Cocteau spielte dabei die Hauptrolle, er ließ kaum jemand zu Worte kommen, doch lohnte es, ihm zuzuhören, denn ausgenommen vielleicht Oscar Wilde gab es kei-

nen ähnlich glänzenden Causeur. An einem dieser Samstage, ich hatte wohl zwei oder drei Gläser Cognac zuviel getrunken, wandte ich mich an meinen Tischnachbarn Jean Hugo, den Enkel von Victor Hugo:»Ich bewundere Ihren Großvater außerordentlich. Ich habe ›Marion DeLorme‹ und ›Ruy Blas‹ mit Mounet-Sully in der Comédie Française gesehen, ich kenne die Verfilmung von ›Les Misérables‹, gehe mit größter Hochachtung an seinem Denkmal in der Place Victor Hugo vorüber, und auf der Avenue Victor Hugo bin ich mir ständig seines Namens bewußt. Und doch habe ich nie auch nur ein einziges seiner Bücher gelesen.«
»Ich auch nicht«, antwortete mir Jean Hugo.
Poulenc spielte mir viele seiner Klavierkompositionen vor, und ich übernahm einige davon sogleich in mein Repertoire. Sie waren erfrischend in ihrer subtilen Einfachheit. Weil sie einen immer an Anderes erinnerten, behauptete ich gelegentlich, es seien schlichte Nachahmungen, wurde später aber eines Besseren belehrt. Poulenc gehörte zu den integersten Musikern seiner Zeit; er sträubte sich gegen keinerlei Einflüsse, verwandelte aber alles in unverwechselbar persönliche Werke. Cocteau drückte das so aus:»Wenn ein schöpferischer Künstler kopiert, werden die Kopien zu Originalen.« Honeggers und Aurics Musik hörte ich erst später. Stolz aber war ich darauf, daß Poulenc mir ein superbes Werk widmete, ›Les Promenades‹.

Strawinsky spielte mir aus seinen ›Noces‹ und aus ›Coq et le renard‹ vor, Auftragsarbeiten für die Fürstin Edmond de Polignac. Meist hatte er eine Klavierfassung seiner Sachen, doch die neuesten mußte er nach der Partitur spielen, wobei ich die Oberstimmen zu übernehmen hatte, was mich der häufigen Tempiwechsel wegen viel Mühe kostete. Er donnerte aufs Klavier und sang dazu, wobei er den Tempowechsel jedesmal stark betonte. Nach mehreren solcher Proben kam ich dahinter, daß es völlig ausreichte, jedesmal bis vier zu zählen. Wir aßen häufig zu zweit in einem Bistro, denn Karol verbrachte die Abende mit polnischen Freunden und Bewunderern. Strawinsky führte mich in ein russisches Varieté, ›Die Fledermaus‹, dessen Direktor, Nikita Valiev, seine Sache glänzend verstand. Ehe der Vorhang aufging, richtete er ans Publikum einige witzige Bemerkungen, die sogleich eine erwartungsvolle Atmosphäre schufen. Man kommentierte die derzeitigen politischen Verhältnisse, insbesondere ging es über die Kommunisten her. Zwischen den einzelnen Nummern wurden Pausen eingelegt, in denen man sang und tanzte. Größten Erfolg hatte eine alberne Polka, die von einem bärtigen Russen auf dem Akkordeon gespielt und von einer unvorstellbar üppigen Blondine getanzt wurde. Sie war eine Rubenssche Gestalt, aber von festem Fleisch. Sie zeigte freigebig ihre Reize, und ihr Auftritt hinterließ ein vor Staunen sprachloses Publikum. Einige Male hatte ich nach Ende der Vorstellung das Vergnügen, diese Schöne mit ihrer Busenfreundin Vera Sudeikin, Frau des Malers, bei Fouquet zu bewirten.

Gabriella Besanzoni schrieb mir, sie wolle für drei Tage mit ihrer Schwester nach Paris kommen. »Ich nehme diesen kleinen Urlaub, um dich nach langer Trennung endlich wiederzusehen.« Das war nun eine hübsche Überraschung. Ich freute mich darauf, ihr Paris in seiner Schönheit zu zeigen; wäre ich nicht Pianist gewesen, ich hätte gewiß einen guten Fremdenführer abgegeben. Sie sollte nachmittags ankommen, also machte ich schon ein Programm für den Abend, bestellte in dem mir vertrauten Maxim einen Tisch, denn hier aß man gut, und gewiß waren keine Würmer im Salat. Daß sie nach dem Essen einzig Interesse für die Folies Bergères haben würde, stand bei mir fest – ein weltberühmtes Varieté, bei dessen Erwähnung ich von nun an immer einen bitteren Geschmack im Munde fühlte. Als ich gerade zur Gare de Lyon aufbrechen wollte, rief Strawinsky an. »Kommen Sie rasch, Arthur, ich brauche Sie dringend.« Seine Stimme klang belegt, so als stehe jemand mit der Pistole hinter ihm.

»Heute abend geht es wirklich nicht, Igor, aber gleich morgen früh komme ich.«

»Nein, nein«, sagte er auf Russisch, »Sie verstehen mich nicht. Ich muß Sie unbedingt heute abend sehen.« Ich erklärte kurz, daß ich Gabriellas wegen nicht abkömmlich sei, doch nahm er das gar nicht auf, er unterbrach mich sogar und versicherte: »Arthur, es geht um Leben und Tod!« Dieser Satz und seine sonderbar klingende Stimme jagten mir Angst ein. Nachgerade glaubte ich ihn wirklich in Lebensgefahr; offenbar war ich seine letzte Hoffnung. Da blieb denn nichts anderes übrig, als ihm zu willfahren, und ich beriet mich mit Karol. Der meinte: »Daß Strawinsky dir so zusetzt, finde ich ziemlich übel.« Darin konnte ich ihm nicht beipflichten, flehte ihn also an: »Karol, ich bitte dich, mir einen

Dienst zu erweisen, einen Dienst, der dir schwerfallen wird, wie ich sehr gut weiß, den du aber, wie ich glaube, unserer Freundschaft schuldest. Du allein kannst mich bei Gabriella Besanzoni und ihrer Schwester entschuldigen, sie würde mir nie verzeihen, wenn ich jemand anderen darum bäte. Ich habe bei Maxim einen Tisch reserviert, und ich gebe dir Geld genug für das beste Essen und soviel Champagner, wie du magst. Anschließend gehst du mit den Damen in diese Loge« (ich gab ihm die Karten) »in die Folies Bergères, läßt sie vorn sitzen und kannst auf einem hinteren Platz schlafen. Ich werde trachten, dorthin zu kommen, sobald es geht. Wenn du mir diesen Gefallen tust, Karol, werde ich dir das nie vergessen. Sag der Besanzoni die Wahrheit und auch, daß ich untröstlich bin.« Der arme Junge gab nach, obwohl er, wie ich wußte, lieber ins Gefängnis gegangen wäre. Ich eilte zu Strawinsky ins Hotel. Er nahm sich kaum Zeit, mich zu begrüßen, sondern sagte: »Gehen wir wohin, wo wir ungestört sind.« Ich führte ihn ins Laperouse, wo es *séparées* gibt, die ich gelegentlich für andere Zwecke benutzte und wo man ganz ungestört ist. Als der Kellner hereinkam, winkte Strawinsky ihn hinaus. »Kommen Sie erst, wenn wir klingeln.« Und dann brach die ganze Geschichte aus ihm hervor.

»Seit Kriegsbeginn lebe ich in ständiger Angst, meine Familie nicht ernähren zu können. Unser Gut in Rußland ist enteignet worden, aus ihm bezogen wir bis dahin im wesentlichen unsere Einkünfte. Diaghilev konnte seine Schulden nicht bezahlen, dem ging es, wie Sie wissen, drekkig genug. Mit dem Geld, das Sie für mich in Amerika aufgetrieben haben, konnte ich meine Schulden bezahlen, das war aber fast schon alles, und hier lebe ich mehr oder weniger von Versprechungen. Pleyels überlassen mir wenigstens ein Arbeitszimmer, und Diaghilev hat mir ein Opernballett in Auftrag gegeben, das nächsten Sommer, rechtzeitig zur Spielzeit, fertig sein soll. Aber bis dahin weiß ich nicht, was tun. Das alles jedoch würde mir nicht den Mut nehmen, denn ich bin gewöhnt, damit fertig zu werden – ich fürchte jedoch, daß ich unheilbar krank bin.« Dann sagte er vertraulich mit gesenkter Stimme: »Ich habe mich in eine Frau verliebt und mußte zu meinem Entsetzen feststellen, daß ich völlig impotent bin.« Darüber lachte ich laut. »Igor, Sie sind verrückt. Das ist mir mehr als einmal passiert. Die Gefühle bei der ersten Annäherung überwältigen die Physis. Vergessen Sie das doch.«

»Arthur, heute früh war ich dicht davor, mir das Leben zu nehmen, und mein Instinkt sagte mir, einzig Ihre Heiterkeit könnte mich davor bewahren. Es geht mir schon besser, nachdem ich Ihnen das alles erzählt habe.«

Ich klingelte, bestellte ein gutes Abendessen und eine Flasche Wodka. Dann sagte ich: »Misia Sert ist eine sehr einfallsreiche Person, noch dazu vermögend, und wenn ich mit ihr rede, wird sie sich ausdenken, wie sie Ihnen finanziell helfen kann. Ohne ihre Hilfe hätte Diaghilev mit seinem Ballett den Krieg nicht überstanden. Was Ihre Krankheit betrifft, gehen Sie zu einem tüchtigen Arzt, und der wird Sie beruhigen. Wenn Ihnen etwas fehlte, hätten Sie nicht die Kräfte zu arbeiten, hätten Sie keinen Appetit und fühlten sich viel weniger vital. Und was Ihre Angst vor der Impotenz angeht, da kann ich nur lachen. Ich weiß, wie man das kuriert.«

Nach dem ausgezeichneten Essen und zwei, drei Gläsern Wodka heiterte er sich auf, und beim Kaffee sagte ich: »Sie müssen nun Ihrerseits etwas für mich tun, Igor. Kommen Sie mit in die Folies Bergères zu meiner Freundin. Karol langweilt sich dort wahrscheinlich schon zu Tode.« Er stimmte fügsam zu, und wir kamen gerade noch vor Ende der Vorstellung in die Loge. Gabriella saß da, in eine Furie verwandelt. Die Schwester wagte nicht, uns zu begrüßen, und Karol sah aus wie ein Schulknabe, den man zum Nachsitzen verdonnert hat. Gabriella sagte mit eisiger Stimme: »Führen Sie uns bitte nach Hause, Herr Szymanowski.« Karol warf mir einen ratlosen Blick zu und geleitete die Damen hinaus. Igor bewahrte bei diesem Auftritt königlichen Gleichmut. Er fragte ganz ruhig: »Und wohin nun?« Da riß mir der Geduldsfaden. »Ich bringe Sie in ein bekanntes Bordell, Rue Chabanais 12, da werden Sie kuriert.« Und er folgte mir wortlos.

In diesem berühmten Institut befahl ich der *sousmaîtresse:* »Rufen Sie Madeleine«, und als diese Schöne eintrat, sagte ich: »Madeleine, nimm dich dieses Herrn an.« Zum ersten Mal betätigte ich mich selber nicht, sondern wartete nur. Nach einer halben Stunde erschien Strawinsky strahlend und sagte anerkennend: »*Cette femme est génial.*« Damit endete ein schwerer Tag.

Am folgenden Morgen kam ein Brief von Gabriella: »Arthur, *ho capito tutto.* Du bist ein schmutziger Päderast. Schon in Amerika hatte ich meine Zweifel, aber jetzt bin ich sicher. Dein Geliebter hat uns deutlich gezeigt, daß es ihm zuwider war, mit uns zusammenzusein statt mit dir. Ich hoffe, dich nie wiederzusehen. Gabriella.« Sie reiste folgenden Tages ab, und ich sah sie erst nach vielen Jahren wieder, als sie mit einem brasilianischen Multimillionär verheiratet war und ich mit Nela Mlynarski. Sie besuchte mein Konzert in Rom und gratulierte mir zu meinem Spiel und zu meiner Frau.

Kapitel 25

Während meines Aufenthaltes in Paris wurde ich häufig aufgefordert vorzuspielen. Darius Milhaud, stark beeindruckt von meinen fünfzehn triumphalen Konzerterfolgen in Rio de Janeiro, verbreitete meinen Ruhm in übertriebener Weise. Doch zog ich es vor, mich auf meinen brasilianischen Lorbeeren auszuruhen, denn ich kannte meine Pariser nur allzu gut. Dieses intelligente, unberechenbare, nicht sehr musikalische und deshalb gefährliche Publikum bekommt einen Künstler sehr schnell satt, wenn er nicht eine ausgesprochene Sensation ist. Es tut, als wüßte es im voraus, was von ihm zu erwarten ist. Von Artur Schnabel etwa hieß es: »Der versteht bloß etwas von Beethoven, alles andere, was er spielt, ist langweilig.« Ein zweitklassiger Pianist hinwiederum wurde hochgelobt als »*sublime dans Chopin*«. In einem Konzert von Alfred Cortot warteten alle ungeduldig darauf, daß ihn sein Gedächtnis im Stich ließ. Ich hatte meine Lektion in England gelernt, wo man mich als Salonpianisten abstempelte, dessen einzige Stärke spanische Stücke seien. Darunter hatte ich jahrelang zu leiden. So weigerte ich mich denn, bei Zusammenkünften mit Milhaud oder Poulenc auch nur ein einziges Stück aus meinem Repertoire zu spielen, sondern unterhielt die Anwesenden mit Tangos und Liedern von López Buchardo, mit brasilianischen Sambas und anderen folkloristischen Leckerbissen, was ihnen sehr gefiel und mir nicht schadete.

Ignacy hatte schlechte Nachrichten von daheim. Die Gesundheit meiner Mutter sei angegriffen, doch hätten die Eltern über Ordynski meine Goldmünzen erhalten, und meine Schwestern seien beleidigt, weil ich ihnen Lebensmittel geschickt hatte. »Für wen hält er uns eigentlich, daß er uns Milchpulver und solches Zeug schickt?« hatten sie sich offenbar beklagt. Ich bedauerte, ihnen keinen Kaviar geschickt zu haben, den hätten sie womöglich zu schätzen gewußt.

Strawinsky erholte sich von seiner Depression und bekam dank Misia Sert genügend Geld, um den Sommer in Biarritz zu verbringen, wo er seine Arbeit für Diaghilev vollenden wollte, ›Mavra‹, eine Art Ballett-Oper. Das Libretto dazu schrieb sein junger Mitarbeiter. Karol fuhr zu Kochanskis nach London, und ich mußte, bevor ich ihm dahin folgen konnte, noch ein paar Konzerte in Spanien geben.

Das erste Konzert sollte in Pamplona sein, dann folgten Madrid, Valencia, Barcelona. Die Nacht vor meiner Abreise mit dem Südexpreß verbrachte ich mit Avila in Gesellschaft zweier reizender Damen, und es wurde eine tolle Nacht. Wir begannen im Maxim, wanderten von dort nach Montmartre, und es endete in der Abbaye de Thélème, dem einzigen Lokal, wo man sehr früh am Morgen gut essen konnte. Um sieben war ich im Hotel, gerade noch zur Zeit, um eilig zu baden, mich umzukleiden und zur Gare d'Orsay zu fahren. Zum Glück hatte Enrique alles gepackt, und wir erreichten eben noch den abfahrenden Zug. Ich fand Platz in einem Großraumwagen, wo soviel Handgepäck herumstand, daß man sich kaum bewegen konnte. Mein Zustand war jämmerlich, ich konnte weder schlafen noch dösen oder sonst etwas tun. So vergingen zwölf qualvolle Stunden. Nach langwierigen Zollformalitäten stieg ich in Irun in den Zug nach San Sebastián und kam spät nachts dort an. Ein Taxi brachte uns zum Hotel Maria Cristina; ein Greis in Hemdsärmeln öffnete auf unser Klingeln, sagte, das Hotel sei wie üblich über Winter geschlossen, doch wolle er uns schon unterbringen.

Nachdem Enrique ausgepackt und meine Toilettensachen herausgelegt hatte, merkte ich plötzlich, daß ich heißhungrig war. Ich hatte den ganzen Tag über nichts gegessen. Der alte Mann sagte, im Hotel gebe es nichts, »aber das Casino gleich gegenüber ist die ganze Nacht geöffnet und hat auch ein Restaurant«. Also wandte ich mich dahin.

Schon in der Halle traf ich auf spanische Freunde: »Arturo, Arturo, was machen Sie denn hier?« Sie führten mich ins Restaurant, tränkten und fütterten mich überreichlich und mochten nichts davon hören, daß ich zu Bett wollte. »Man kann hier Roulette spielen, und es sind ein paar auffallend schöne Damen da.« Ich begann zu spielen, und meine Glückszahl 29 kam zweimal heraus. Von diesem unerwarteten Zufall sehr befeuert, spielte ich weiter und verlor. Das nun ertrage ich gar nicht, und als das Geld weg war, das ich bei mir hatte, lief ich hinüber ins Hotel nach meinen Goldmünzen. Ich nahm nur einige, verlor aber auch die und holte den Rest. Gegen Morgen war alles verspielt, bis auf das Geld, das ich fürs Hotel und einen Tag in Pamplona brauchte. Der Zug nach Pamplona ging um neun, ich fand also noch zwei Stunden Schlaf. Der Greis und Enrique bekamen mich kaum wach. Halb schlafend in meinem Abteil erster Klasse sitzend, bat ich einen Mitreisenden, mich in Pamplona zu wecken, falls ich verschlafen sollte. Er vergaß das beinahe, und um ein Haar wäre ich weitergefahren nach Saragossa. Ich sprang aus dem anfahrenden Zuge, entdeckte Enrique, und wir fuhren ins Hotel La Perla auf dem Platz vor dem Teatro Gayarra, wo ich spielen sollte.

Es war ein Uhr mittags. Ich bat die reizende Dame am Empfang, mich bis fünf ungestört schlafen zu lassen, und sie versprach das auch. Enrique packte aus, ich hüpfte ins Bett und schlief auf der Stelle ein wie tot. Eine Viertelstunde später klopfte es laut an der Tür. »Wer ist da?« schrie ich wutentbrannt. »*Los Señores de la Filarmónica.*«

»Holen Sie mich vor dem Konzert ab und lassen Sie mich bis dahin um Gottes willen schlafen, sonst fällt das Konzert aus!« Und schon schlief ich wieder ein.

Nach einer Stunde klopfte es wieder laut, und mein Herz blieb vor Schreck stehen. Ich sprang aus dem Bett, wild entschlossen, diesen Quälgeist umzubringen. Vor der Tür standen drei ernst blickende Herren, die behaupteten: »Wir müssen Sie auf der Stelle sprechen.« Ich ließ sie ein. »Was gibt es denn?«

»Das Konzert kann leider nicht stattfinden«, sagten sie verzagt. »Wir wollten es Ihnen durch den Portier ausrichten lassen, aber das hat offenbar nicht geklappt.« Wäre ich jünger gewesen, ich glaube, ich hätte laut geheult, so aber fragte ich nur, wann ich nach Madrid weiterfahren könne. Mein Billet hatte ich bereits.

»Heute abend geht ein Bus nach Alsasua, und dort trifft um zwei Uhr früh der Expreß von Paris ein.«

Alsasua war nichts als ein kleiner Bahnhof, dessen *fonda* um Mitternacht zumachte. Ich richtete mich also auf dem kalten Bahnhof zum

Warten ein. Doch nun geschah etwas Rührendes, wie es einem nur in Spanien begegnet. Zwei Herren traten plötzlich aus dem Nichts hervor und fragten: »Sind Sie Arthur Rubinstein? Wir wissen aus der Zeitung, daß Sie heute nach Madrid fahren, und weil wir den Bahnhof kennen, haben wir uns erlaubt, in unserem Büro eine kleine Mahlzeit für Sie anzurichten. Wir sind nämlich die Bahntelegrafisten.« Sie bewirteten mich mit Schinken, Käse und Kaffee, plauderten munter und gestanden mir, daß sie mich nie hätten spielen hören. Diese wirklich reizende Geste tröstete mich über das in Pamplona erlittene Ungemach hinweg.

Kapitel 26

Manuel de Falla besuchte mich im Madrider Palasthotel und brachte in einer Aktenmappe die lange ersehnte Komposition mit, die ich ihm in Auftrag gegeben hatte. Er überreichte sie mir mit scheuem Lächeln. »Es ist ziemlich lang geworden. Ich habe es in der Manier meines ›*Amor brujo*‹ (›Liebeszauber‹) gehalten, der Ihnen so gefallen hat, und beim Schreiben hörte ich es Sie im Geiste spielen. Und, bitte, nehmen Sie das Manuskript und die Widmung von ›*Fantasia Bética*‹ als Geschenk an als Zeichen meiner Freundschaft und meiner Dankbarkeit für Ihr großes Interesse an meiner Arbeit.« Wir schritten feierlich zum Klavier, er stellte das kostbare Manuskript auf und spielte mir mit viel Mühe vor, wobei er sich hin und wieder unterbrach, um mir eine Passage besonders deutlich zu machen. Alsdann nahm ich seinen Platz ein und versuchte, das Stück vom Blatt zu spielen. Das fiel mir nicht leicht. Der stilisierte Flamenco-Charakter, komplizierte Gitarren-Imitationen und einige überflüssige Glissandi bereiteten erhebliche technische Probleme. Ich bedankte mich aufs wärmste, versprach de Falla, das Stück zu studieren, und nahm mir vor, es bei erster Gelegenheit in einem Konzert in der Provinz zu spielen. Wir feierten das Ereignis mit je zwei Tassen Schokolade im Mallorquina.

Zu Mittag war ich bei Elisabeth Asquith, der Tochter von Margot, die mit Prinz Antoine Bibesco verheiratet war, der jetzt Rumänien am spanischen Hof vertrat. Er war ein sehr kultivierter Mann, hatte etliche gute Theaterstücke verfaßt und konnte sich der Freundschaft mit Proust rühmen.

In London genoß ich es, wieder mit Paul und Karol zusammenzusein. Wir plauderten stundenlang über Vergangenes und machten Pläne für die nächste Zukunft. Paul freute sich auf seine Tournee durch Amerika. R. E. hatte auch für mich einige Konzerte vorbereitet, unbedeutende allerdings, doch verschaffte ich mir auf eigene Faust bessere Engagements dazu. Dann fragten Paul und ich:»Warum begleitest du uns nicht, Karol?« Und ich sagte:»Ich habe in New York viele Verbindungen, könnte dich mit Bodanzky von der Met bekannt machen, und du zeigst ihm deine Oper. So mancher Dirigent würde sich darum reißen, deine Sachen uraufzuführen. Weder in Paris noch in London hast du im Moment viel zu erwarten, und Amerika könnte eine Chance für dich sein.«

Es war nicht einfach, mit Karol umzugehen. Er litt an Platzangst und war im Umgang mit Fremden ungemein scheu. Auch mochte er seine Arbeiten niemand zeigen, der ihn nicht schon kannte.»Ich verabscheue es, in meinem Alter als Examenskandidat dazustehen«, sagte er. Das alles machte, wie gesagt, den Umgang mit ihm schwierig, doch setzte er ein kindliches Vertrauen in uns beide und fühlte sich in unserer Gesellschaft sicher. So reisten wir denn alle vier voller Hoffnung in die Neue Welt.

Alexander Siloti, berühmter Lisztschüler und jahrelang Leiter eines nach ihm benannten Sinfonieorchesters in St. Petersburg, der samt seiner Familie über Skandinavien aus Rußland geflohen war, besuchte Paul und mich in London fast täglich. Trotz dem großen Altersunterschied bot er uns das Du an, denn wir sprachen stets Russisch miteinander. Er überschüttete uns mit langweiligen Klavierbearbeitungen von Bachs Chorälen und Toccaten. Bevor wir nach Amerika abfuhren, übergab er mir einen langen, unverschlossenen Brief an Rachmaninoff.»Schreib noch was dazu, Arthur. Du weißt, Rachmaninoff ist ein Vetter von mir. Er ist jetzt so berühmt, daß er mir mühelos drüben etwas verschaffen könnte, sei es eine Professur oder einen Dirigentenposten. Ich könnte auch Konzerte geben. Mein Brief enthält alles Wichtige, aber es wäre gut, wenn du noch etwas über meine jetzige Tätigkeit anfügtest, auch über meine schönen Bearbeitungen von Bach und alles übrige, was Paul und dir noch einfällt.«

Dieser Auftrag machte mich nicht sehr glücklich, denn Rachmaninoff hatte sich nie besonders für mich interessiert. In New York traf ich mit Rachmaninoffs Sekretär eine Verabredung und präsentierte mich eines Vormittags mit dem dicken Brief im Hause des Meisters, der mich höflich empfing. Ich durfte ihm gegenüber am Tisch Platz nehmen, und kommentarlos nahm er den Brief entgegen. Nachdem er die mehr als zwanzig Seiten gelesen hatte, fragte er mich, ohne eine Miene zu verziehen: »Sagen Sie mir doch, kann man Siloti als Pianisten empfehlen?« Und er entließ mich höflich, ohne ein weiteres Wort zu dieser Angelegenheit zu sagen. Um im Leser keine Enttäuschungen über Rachmaninoffs Verhalten aufkommen zu lassen, möchte ich gleich hier sagen, daß Siloti an der Juilliard School of Music trotz Rachmaninoffs geringer Meinung über ihn als Pianisten eine Meisterklasse bekam und von seinen Kollegen in den USA hoch geachtet wurde.

Sophie Kochanski mit ihrem angeborenen Organisationstalent fand eine reizende Wohnung für uns auf der East Side, die Paul und ich für ein Vierteljahr mieteten. Hier konnten wir zu viert behaglich hausen. Karol, der Lärm nicht vertrug, hatte ein Zimmer nach hinten hinaus, und Sophie stellte ein italienisches Hausmädchen für uns an. Enrique bediente bei Tisch und kümmerte sich um unsere Garderobe.

Unsere Wohnungsnachbarn waren ein reizendes Ehepaar mit Namen Wendell. Sie war Engländerin, sehr jung und hübsch; ihr Mann Leiter einer Bankfiliale. Über kurz hatten wir uns angefreundet und luden einander wechselseitig zu den Mahlzeiten ein. Eines Nachmittags erblickte ich auf der Straße vor mir eine auffallend große, schlanke Frau, so elegant, daß ich ihr nachging und gern unauffällig ihr Gesicht betrachtet hätte. An der nächsten Straßenecke mußten wir beide warten, und ich konnte das feine Gesicht mit den dunklen Augen in Ruhe bewundern. Sie ignorierte meine Bewunderung und ließ mich gleichsam offenen Mundes stehen.

Wer beschreibt mein Erstaunen, als Ruth Wendell mich bei unserer nächsten gemeinsamen Mahlzeit mit eben dieser Schönheit bekannt machte? »Das ist meine Schwester, Mrs. Hay«, sagte sie, und Mrs. Hay erinnerte sich, wie sich nun zeigte, sehr genau an meine bewundernden

Blicke. »Ich gestehe, das hat mir geschmeichelt, denn ich habe Sie wohl erkannt«, sagte sie. Ihr Mann Clarence war der einzige Sohn von John Hay, dem berühmten Außenminister Theodore Roosevelts. Die arme Ruth Wendell erlag früh einer schrecklichen Krankheit, Hays jedoch sind auch heute noch mit mir befreundet, und Alice, jetzt Witwe, hat nichts von ihrer Schönheit und Haltung verloren.

Paul hatte ein sensationelles Debüt. Er spielte unter Damrosch mit dem Sinfonieorchester das Brahms-Konzert, und nie habe ich ihn mit mehr Inspiration spielen gehört. George Engels, sein Impresario, fand es leicht, diesen Erfolg auszumünzen, und die bedeutendsten Orchester rissen sich um Paul. Für diese Spielzeit war er ausgebucht. R. E. Johnson fand für mich nichts Besseres als die *Musicales* im Commodore und im Biltmore, Klavierabende vor Damenclubs in der Provinz und ähnliches. Zum Glück half mir die Freundschaft mit Dirigenten wie Pierre Monteux, Joseph Stransky (!), Alfred Hertz und Ysaÿe in Cincinnati, meinem Namen einiges von seiner Geltung zu bewahren. Im übrigen hatte ich nicht zu klagen, denn nach wie vor war ich in der sogenannten Gesellschaft von New York gern gesehen. Vanderbilts, Mrs. Lanier und Hoyty Witborg, die ich durch Drapers kannte, überhäuften mich mit Einladungen zum Lunch oder Diner. Ich führte Paul und Zosia bei ihnen ein, deren größte Begabung darin bestand, die Großen, die Reichen und die Berühmten zu Freunden zu gewinnen. Paul teilte Zosias Snobismus nicht, er war lieber in Gesellschaft von Musikern, spielte Bridge oder Poker. Szymanowski verabscheute sowohl Gesellschaften als auch das Kartenspiel, er saß am liebsten an der Arbeit oder freundete sich mit Musikern an, die Interesse an seinen Kompositionen zeigten, so mit Alexander Steinert, Wladimir Dukelsky und zwei jungen Geigern, die Karols Stücke begeistert in ihr Programm aufnahmen. Er zeigte Bodanzky tatsächlich seine Oper ›Hagith‹, doch ohne Ergebnis. Diesem alten Wagnerianer war Karols Musik fremd, und er sah auch nicht, daß sie in der Met Anklang finden würde, wo man nur die altgewohnten Opern aufführte. Pierre Monteux, unter allen Dirigenten der beste Musiker, erkannte die Schönheiten von Karols Zweiter Sinfonie auf Anhieb und nahm sie in das Programm der Tournee auf, die er für das kommende Jahr mit dem Boston Symphony Orchestra plante.

Ein junger kubanischer Konzertagent schlug mir drei oder vier Konzerte in Havanna vor, und da ich den durch R. E. Johnson so unselig abgeschnittenen Erfolg noch gut im Gedächtnis hatte, ging ich gern darauf ein. Karol kam mit, denn ich meinte, ein Aufenthalt in exotischer Umgebung werde ihm gut tun. Tatsächlich amüsierten wir uns auf diesem Ausflug beide gut. Karol war fasziniert von dem unwiderstehlichen Rhythmus und der Tanzart der kubanischen Sambas. Ich verbot ihm, mehr als eines meiner Konzerte zu besuchen, in denen ich auch einige seiner Sachen spielte, weil ich wußte, wie sehr er es fürchtete, unbegleitet in einem Konzertsaal zu sitzen. Nachts besuchten wir das Spielkasino, und das Geld, das ich ihm lieh, weil man mit geborgtem Geld bekanntlich gewinnt, brachte ihm tatsächlich ein hübsches Häufchen kubanischer Pesos ein. Wir kamen also von unseren Erlebnissen angeregt und mit Geld versehen zurück nach New York, wo Paul uns mit guten Neuigkeiten aufwartete: George Engels hatte für die kommende Spielzeit eine Tournee für ihn organisiert, und ihm war eine Professur an der Juilliard School angetragen worden, dem besten Konservatorium des Landes. Er akzeptierte unter dem Vorbehalt, auch weiterhin konzertieren zu dürfen.

Einen Vorfall, der sich damals ereignete, habe ich noch gut in Erinnerung: Prokofieff spielte unter Walter Damrosch die Welturaufführung seines Dritten Klavierkonzertes. Karol und ich, in der Loge des Dirigenten, waren von der ungewöhnlichen Originalität und Schönheit des Werkes ganz hingerissen. Ich möchte gleich anfügen, daß Prokofieff hier ausnahmsweise einmal ganz so spielte, wie seine Komposition es erforderte – technisch perfekt und mit einem wunderbaren Ton. Das Publikum applaudierte lauwarm. Mich freut es ganz besonders, daß ich noch erleben durfte, wie alle Pianisten dieses glänzende Werk vor begeisterten Hörern spielen.

Wir reisten auf demselben Schiff nach England zurück, mit dem wir gekommen waren; Kochanskis blieben in London, Karol fuhr weiter nach Warschau.

Mitchell machte sich nun einige der üblen Angewohnheiten von R. E. Johnson zu eigen. Statt Konzerte in bedeutenderen Städten wie Liverpool und Manchester für mich zu arrangieren, verfrachtete er mich in obskure Seebäder, wo ich vor pensionierten Kolonialoffizieren und deren Gattinnen sowie asthmatischen alten Damen zu spielen hatte, die hier zur Kur weilten. Nach mehreren solchen Konzerten in Hastings, Eastbourne und Bournemouth hatte ich es gründlich satt. Ich sehnte mich nach Paris.

Kapitel 27

Dort erwarteten mich sehr, sehr traurige Nachrichten. Von Ignacy mußte ich hören, daß die Eltern beide gestorben waren. Meine Mutter starb an Krebs, mein Vater, den ich nie krank gesehen hatte, überlebte sie nur um zwei Monate. Er starb an einer Lungenentzündung, aber das war wohl nur ein Vorwand; er konnte den Tod seiner Frau nach zweiundfünfzig Jahre währender Ehe nicht verwinden. Das alles machte mich sehr unglücklich. Ich hatte beabsichtigt, beide in eine Kur zu schicken, und dazu war es nun zu spät. Seit meinen Berliner Tagen waren wir getrennte Wege gegangen, ich sah die Familie nur flüchtig, wenn ich in Lodz ein Konzert hatte; bei diesen Gelegenheiten fühlte ich mich dem Vater sehr vertraut, empfand große Zuneigung zu meinem Bruder Stas, und ich hing an meiner Schwester Jadwiga.

Nun nahm ich sogleich den Zug nach Lodz. Enrique blieb in Paris. Seit Polen wieder einen bedeutenden Platz unter den Völkern Europas einnahm, hatte sich vieles verändert. Unser Ministerpräsident amtierte im alten Königspalast, und der allseits verehrte Pilsudski, der Nationalheld, war Staatsoberhaupt. Meine Vaterstadt wirkte verarmt, die Tage, da Lodz seiner Textilindustrie wegen als das zweite Manchester galt, waren vorüber. Der unbegrenzt aufnahmefähige russische Markt war verloren, und man fand im ausgepowerten Europa nur schwer neuen Absatz. Das Wiedersehen mit den Meinen war von Trauer überschattet. Die Gegenwart der Eltern hatte stets etwas Patriarchalisches gehabt, und das fehlte nun spürbar. Die Wohnung hatte mein Bruder Stas inne, und bei ihm wohnten zwei Tanten – eine verwitwet, Patin meiner geliebten Noemi, die andere verheiratet mit Nathan Follman, jenem Onkel, der den berühmten Brief an Joachim geschrieben hatte, als ich drei Jahre alt war. Stas hatte seinen hohen Posten bei der russischen Bank verloren, wo er jahrelang tätig gewesen war. Auch meinem zweiten Bruder, Tadeus, ging es finanziell nicht gut; er war Ingenieur, verheiratet und Vater zweier kleiner Mädchen. Der Mann meiner Schwester Frania, Leo Likiernik, war ein unverbesserlicher Spieler und brachte seine Familie mit Mühe durch. Seine Tochter Jadwiga war eine ausgezeichnete Pianistin und hatte am Warschauer Konservatorium eine Goldmedaille erhalten, sein Sohn studierte Medizin, mußte aber des zunehmenden Antisemitismus wegen von der Universität abgehen. Hela lebte mit ihren drei Kindern in Warschau. Einzig mein Schwager Maurice Landau war immer noch wohlhabend. Zu Beginn des Krieges floh er mit den Seinen nach Moskau und machte dort ein Vermögen. Nach der Oktoberrevolution büßte er es zwar ein, gelangte aber mit Frau und Kindern nach Berlin und kam dort mit Stinnes in Verbindung, der ihm die Möglichkeit eröffnete, rasch wieder zu Geld zu kommen. Er kaufte eine Textilfabrik in Lodz, eine weitere in Zagreb und brachte die Familie in Nizza unter, wo er selber sich zur Ruhe setzte; die Fabriken leitete sein Sohn. Stas wurde Buchhalter in der Fabrik in Lodz, zerstritt sich aber bald mit seinem Neffen, der vom Vater nur die schlechten Eigenschaften geerbt hatte, überdies grausam und unbeschreiblich egoistisch war. Stas wollte sich unabhängig machen, er hatte bereits einen Partner, und ich gab ihm das Geld für die Geschäftseinlage. Der Partner betrog ihn indessen und verschwand mit dem Geld, so daß der arme Stas wieder in die Fabrik mußte. Wenigstens meinem Neffen Likiernik konnte ich helfen: er beendete sein Medizinstudium in Montpellier mit einem glänzenden Examen. Allerdings bekam er dann in Warschau nicht die Approbation, konnte also in Polen nicht praktizieren. Er, seine reizende Schwester und die Eltern sind später alle in deutschen Lagern ermordet worden, mitsamt meinen übrigen Angehörigen, ausgenommen einige wenige Neffen und Nichten, die dem Holocaust entkamen.

Kapitel 28

Sowohl in Warschau als auch in Lodz gab es zwei betriebsame Konzertagenturen, und kaum wurde meine Ankunft bekannt, boten sie mir in beiden Städten Klavierabende an. Ich erklärte mich bereit, zu einem späteren Zeitpunkt dort zu spielen, bedang mir aber die Gage in Dollar aus; der polnische Zloty war eine sehr unsichere Währung.

Nun hatte ich in Madrid zwei Konzerte zu geben, und die Einnahmen aus dem einen ließ ich Königin Victoria Eugenia für wohltätige Zwecke zukommen, ein geringer Gegendienst für alles, was ich Spanien zu verdanken hatte. Weil ich Erholung dringend nötig hatte, besuchte ich zum dritten Mal die *feria* in Sevilla.

Wie üblich kam ich samt Enrique und meinem Cordobeser Hut gut im Hotel de Madrid unter. Ich hörte hier, daß Sevilla buchstäblich im Gelde schwamm, denn das Königspaar sei anwesend und bewohne den Alcázar.

Wie schon früher mietete ich eine offene Maultierkutsche für die Dauer meines Aufenthaltes und kutschierte, den *cordobés* auf dem Kopf, wie ein stolzer *sevillano* zur *feria*. Schon bemächtigten sich meiner die wimmelnden *caseras*, und ich mußte mich als Drehorgelmann photographieren lassen. Auch knipste man mich die *sevillana* tanzend, in der Hand das unvermeidliche Glas *jerez*. Am folgenden Tag fand die bedeutendste *corrida* statt mit Gallito, Belmonte und Gaona, und ich bekam vom Herzog von Alba, der immer über Karten verfügte, einen guten Platz an der *barrera*. Der erste Tag endete mit einer Orgie in der Venta de Antequera, mit *flamencos, jamón serrano* und weiterem *jerez*. Ich kam völlig erschöpft im Hotel an und fand ein Telegramm vor: »Eintreffe in Begleitung morgen zehn Uhr. Reservieren Sie bitte zwei Zimmer. Grüße. Alma Gluck.« Ich fiel vor Schreck buchstäblich um, und in dieser Position erinnerte ich mich:

Auf einer großen Abendgesellschaft bei Mrs. Lanier saß ich neben Alma Gluck, der berühmten Sopranistin von der Met, Gattin des Geigers Efrem Zimbalist. Eine gutaussehende, sehr charmante junge Dame. Es ist gar nicht so leicht, seine Tischdame zu unterhalten, und ich wähle meist ein harmloses, zu nichts verpflichtendes Thema, insbesondere im

Gespräch mit Berufskollegen. An diesem Abend also rühmte ich fatalerweise die Reize der *feria* von Sevilla, das ja Tausende von Meilen entfernt lag, wie mir schien, ein unverfängliches Thema. Ich schloß meine Lobeshyme auf Sevilla mit dem Satz: »Sie sollten sich die *feria* einmal ansehen, das darf man einfach nicht verpassen.« Und ich erinnerte mich auch ihrer Antwort: »Würden Sie sich meiner annehmen, wenn ich käme?« Worauf ich, ganz Kavalier, erwiderte: »Ich will nicht prahlen, doch einen besseren Führer als mich könnten Sie nicht haben.« Auch, daß ich vom Hotel de Madrid schwärmte, fiel mir jetzt ein. Meine Leser sollen wissen, daß ich stets versucht habe, mich wie ein Gentleman zu betragen, doch bei dieser Gelegenheit fiel mir das schwer. Da weder in meinem Hotel noch sonstwo ein Zimmer aufzutreiben war, beschloß ich, ihr meines abzutreten, das immerhin zwei Betten für die beiden Damen hatte; ich selber wollte in Enriques miserables Kämmerchen ziehen, und der mochte dann auf der Straße schlafen. Ich bat den Direktor, für einen schön mit den berühmten roten Nelken dekorierten Tisch für drei Personen zu sorgen und auch dafür, daß wir beim Frühstück besonders aufmerksam bedient würden. Ferner fragte ich beim Sekretär des Herzogs von Alba an, ob zufällig noch zwei Karten für den Stierkampf verfügbar seien, ich erwarte den Besuch einer der berühmtesten Sängerinnen aller Zeiten und ihrer Begleiterin, die sich überraschend angesagt hätten, und denen ich, koste es, was es wolle, die größte Attraktion der *feria* zeigen müsse. Tatsächlich hatte er noch zwei Plätze an der *barrera*. Von der schlaflosen Nacht erschöpft und mit dem Gefühl, ich sei in Wahrheit ein *jerez*-Faß, kutschierte ich zum Bahnhof. Alma Gluck winkte aus dem Abteilfenster, neben ihr eine Dame, deren Alter ich auf zwischen vierzig und sechzig taxierte und die drei Goldzähne blitzen ließ. Ich begrüßte sie so galant es gehen wollte, sorgte für den Transport des Gepäcks und führte sie stolz zu meiner Kutsche. Dabei gab ich meiner Erbitterung über diesen unangekündigten Überfall Ausdruck, soweit es die Höflichkeit erlaubte: »Sie hätten Ihre von mir mit Entzücken begrüßte Ankunft schon vor einigen Wochen ankündigen sollen. Leider vergaß ich damals zu erwähnen, daß die Stadt während der *feria* überfüllt ist; ich kann Ihnen also nur mein eigenes Zimmer anbieten, das zum Glück zwei Betten hat.« Wo ich derweil blieb, interessierte sie nicht im mindesten, sie gaben nur ihrer Enttäuschung darüber Ausdruck, daß sie nicht jede ein

Zimmer für sich hatten. Ich fuhr nach diesem sanften Vorwurf tröstend fort: »Dafür erwartet Sie aber ein herrliches sevillanisches Frühstück im Patio des Hotel Madrid, von dem ich Ihnen vorgeschwärmt habe, wie Sie sich vielleicht erinnern, Alma?« Diese versetzte sachlich: »Bevor wir ins Hotel gehen, muß ich auf die Bank.«
»Auf die Bank?«
»Ich trage nie Bargeld bei mir. Meine Bank hat einen Kreditbrief geschickt« (ich weiß nicht mehr, an welche spanische Bank) »und ich will mir Schecks ausstellen lassen.« Davon wollte ich sie gern abbringen. »Geben Sie mir einen Scheck auf Ihre amerikanische Bank, und ich leihe Ihnen soviel Geld, wie Sie brauchen.« Das lehnte sie ab. »Fahren Sie uns zur Bank, Arthur«, befahl sie streng. Von Fahren allerdings konnte keine Rede sein, denn die calle Sierpes, wo sich die gewünschte Bank befand, ist für den Fahrzeugverkehr gesperrt, wir mußten also laufen. In der Bank fanden wir zwei junge Angestellte beim Kartenspiel, die gereizt waren, weil wir sie störten. Alma präsentierte ein Dokument und verlangte Schecks in Höhe der angewiesenen Summe. Die Angestellten fragten mich: »Sie wissen wohl nicht, daß Feiertag ist? Außer uns ist niemand hier, und wir gehen jetzt.« Alma verstand zwar kein Spanisch, begriff aber, was vorging, und verlangte, ich solle ihr die Schecks verschaffen. Nun begann die Suche nach dem Kreditbrief aus New York, der aber nicht auffindbar war. Ein Schuhputzer, der auf der Treppe hockte, informierte uns: »Solche Dokumente werden immer in der Schublade da links verwahrt.« Tatsächlich kam der Kreditbrief ans Licht. Der junge Mann sagte, Schecks könne er nicht ausstellen, er wolle aber das Geld aushändigen, falls ich ein Dokument unterzeichne, das er plötzlich in der Hand hielt. Als ich erklärte, das Geld gehöre Alma, fragte er: »*Pero usted es el marido?*« (Sind Sie der Ehemann?) und als ich verneinte, hieß es: »Ohne Unterschrift des Ehemannes geben wir nichts.« Als ich das übersetzte, verlor Alma die Fassung. »Hier leben sie ja im Mittelalter! Das ist unerhört! Wir fahren sofort zum amerikanischen Konsulat.«

Ich mußte gehorchen, kutschierte die Damen zum Konsulat, wo der Konsul, dem Alma ihre Karte schickte, uns sogleich in seinem Privatsalon empfing und die gesamte Familie hereinholte, damit sie die berühmte Sängerin kennenlerne und sich Autogramme geben lasse. Ihre Beschwerde über die Bank ließ ihn völlig kalt, doch erbot er sich, ihr durch das Konsulat jede gewünschte Summe zur Verfügung zu stellen. Nun stieg in mir die stille Hoffnung auf, sie werde den nächsten Zug nach Paris besteigen, doch nein, sie gab nach. »Aber in dieses Land werde ich nie und nimmer wieder einen Fuß setzen.« Damit nahm sie das Geld vom Konsul entgegen. Auf der Straße bemerkte sie düster: »Na, Arthur, dann können wir ja endlich Ihr berühmtes Frühstück zu uns nehmen.« Wir gingen denn auch schnurstracks in den Patio des Hotels, aber der Tisch samt den Nelken war weggeräumt. Drei Stunden hatte man vergeblich auf uns gewartet, und nun warteten wir weitere zwei Stunden auf das Mittagessen. Als Alma sich etwas beruhigt hatte, sagte ich stolz, es sei mir geglückt, ihr noch Karten für die *corrida* am Nachmittag zu besorgen, ausgezeichnete Plätze. Ihre Begleiterin, die bislang den Mund nicht aufgemacht hatte, ließ die Goldzähne blinken, klatschte begeistert in die Hände und rief: »Nein, wie aufregend.«

Nach dem Lunch ruhten die Damen in meinem Zimmer, während ich es mir auf einem jener Sessel aus hartem Córdoba-Leder bequem zu machen suchte.

Meine Kutsche brachte uns zur Arena. Alma Gluck saß herrlich gekleidet neben dem falschen spanischen Hidalgo mit der roten Nelke im Knopfloch. Die Begleiterin hielt zum Glück den Mund. Ich machte die Damen mit dem Herzog von Alba bekannt, der sie gnädig begrüßte und so tat, als habe er von der Gluck schon viel gehört – was gewiß nicht der Fall war.

Als das Königspaar eintraf, die Königin wunderschön in Mantilla und hohem Kamm, begann die Parade der Toreros. Ein erhebender Anblick. Auf die drei *matadores* in ihren kostbaren Galakostümen mit den Kniehosen und den glänzenden fleischfarbenen Seidenstrümpfen folgten die *banderilleros* und die *picadores* zu Pferde, die Beine von schweren Lederschürzen geschützt. Der Bürgermeister gab das Zeichen, die Trompete blies zum Beginn. Ein mächtiger schwarzer Stier, seit Stunden im Dunkeln eingesperrt, sprengte ins gleißende Licht und attackierte alles, was ihm vor die Hörner kam. Nach etlichen graziösen Schwüngen mit den *capas* ritten zwei *picadores* ein. Damals waren die Pferde leider noch ganz ungeschützt, sie blieben also meist tot in der Arena, wenn der Stier sie samt den Reitern auf die Hörner nahm. Als dies nun geschah, kreischte Alma aus Leibeskräften: »Mörder! Mörder!« Sie sprang auf und bedeutete ihrer Begleiterin zu folgen. Der jedoch gefiel, was sie sah, und sie sagte gelassen:»Ich bleibe hier.« So war denn ich Bedauernswerter wieder einmal das Opfer, ich rannte hinter der wütenden Sängerin her, die vom Publikum insultiert wurde.»Cállese, sinvergüenza!«(»Halten Sie den Mund, Unverschämte!«) Ich mußte die schluchzende Alma ins Hotel bringen. Sie begab sich aufs Zimmer, ich hingegen eilte zurück zum Stierkampf.

Abends erschien eine völlig veränderte Alma Gluck in blendend weißem Abendkleid zum Diner. Sie sah ausnehmend schön aus, lächelte mich unwiderstehlich an und sagte:»Armer Arthur, ich habe Ihnen den Tag gründlich verdorben, stimmt's?« Nach einem köstlichen Mahl aus frischen *langostinos* und anderen sevillanischen Leckerbissen führte ich sie in die Venta de Antequera zum *flamenco;* eine Hütte und meine *flamencos* erwarteten mich dort unfehlbar. Alma ließ ihre Begleiterin im Hotel, einesteils um sie für ihr Benehmen in der Arena zu strafen, andererseits mir zu Gefallen.

In der Venta machte sie sich allgemein beliebt und war Mittelpunkt der Gesellschaft. Sie versuchte mit mir die *sevillana* zu tanzen, gar nicht so schlecht übrigens, trank *jerez* wie ein Mann. Sie fand alles herrlich, und am nächsten Tag genoß sie auch diese einzigartige Stadt gebührend. Die riesige Kathedrale, in der Kolumbus begraben liegt, Spaniens größte, imponierte ihr schon ihrer Ausmaße wegen. Von dem herrlichen Giraldaturm, den sie tapfer erstieg, hatte sie einen bezaubernden Blick auf den majestätischen Guadalquivir, die Torre del Oro, den maurischen Alcázar und den herrlichen Park von María Luisa. Ein nächtlicher Besuch des Barrio de Santa Cruz mit seiner geheimnisvollen, unverdorbenen alten Architektur und seiner romantischen Atmosphäre bezauberte sie ganz und gar. Auf dem kleinen Platz angelangt, zitierte ich den albernen Spruch aller Fremdenführer:»Auf dieser Bank saßen Doña Elvira und Don Juan.« Das trieb ihr die Tränen in die Augen.

Sie bedankte sich bei mir mit einem herzlichen Kuß für unvergeßliche Stunden und reiste aus Sevilla ab.

Nach ihrer Abreise erhielt ich eine schmeichelhafte Einladung von Guglielmo Marconi, dem Erfinder der drahtlosen Telegrafie, der vor der Torre del Oro mit seiner Yacht ›Electra‹ voller wissenschaftlicher Apparate auf dem Guadalquivir ankerte. Wir waren uns in London begegnet, und ich erinnerte mich, erwähnt zu haben, daß ich beabsichtigte, die *feria* zu besuchen. Irgendwie hatte er meine Adresse erfahren und lud mich für zwei Tage zu sich an Bord ein. Das schmeichelte mir, wie gesagt, sehr, obschon mir klar war, daß er mich als Fremdenführer benutzen wollte. An Bord wohnten zwei Damen, eine atemberaubende junge Schönheit, Schwester eines Lord; die andere fungierte als ihre ›duenna‹, war aber alles andere als das. Sie war verheiratet mit dem berühmten Schauspieler Sir Charles Hawtrey und eine der wohlbekannten Mätressen Eduards VII. gewesen. Wir amüsierten uns großartig, ich bewies meine Fähigkeiten als Fremdenführer, konnte einen unangenehmen Vorfall aber nicht verhindern. Die von mir dringend empfohlene dicke spanische heiße Schokolade, die mit *churros* serviert wird, einer andalusischen Spezialität, die man eintunkt, erwies sich als kolossaler Reinfall. Schon nach dem ersten Schluck spien wir alles aus. Die Schokolade war mit Ziegenmilch gekocht, dem kultivierten Gaumen unerträglich. Ich herrschte den Kellner an: »Das ist Ziegenmilch! Schämen Sie sich! Haben Sie keine Kuhmilch?«

»Sofort, mein Herr.« Er brachte neue Tassen, und auch diesmal spien wir den ersten Schluck wieder aus. Der Kerl glaubte, uns zum Narren halten zu können, er meinte, wir seien außerstande, Kuhmilch von Ziegenmilch zu unterscheiden!

Lois, das junge Mädchen, war eine recht gefährliche Kokette. Nach einer langen Flamenconacht ertappte Marconi uns in einer feurigen Umarmung und machte eine fürchterliche Szene. Lois ließ sich davon wenig beeindrucken, und Lady Hawtrey amüsierte sich köstlich. Diese beinahe achtzigjährige Dame hielt sich wie eine Dreißigerin; junge Männer stiegen ihr auf der Straße nach und fielen in Ohnmacht, wenn sie ihr Gesicht sahen. Ich mußte sie in London und Monte Carlo zum Tanz ausführen, und sie tanzte unermüdlich mit Berufstänzern, die ich bezahlen mußte. Zum Dank dafür erzählte sie mir pikante Geschichten, die von ihrer Affäre mit dem englischen König handelten.

In Madrid erwartete mich ein Brief von Juan mit sensationellen Neuigkeiten. »Monsieur Hebertot, derzeit Direktor des Théâtre des Champs Elysées, bietet Ihnen drei Klavierabende innerhalb einer Woche. Sie müssen drei verschiedene Programme spielen, und die Gage beträgt pro Abend den Gegenwert von vierhundert Dollar in Franken.« Woher Juan

M. Hebertot kannte und wie es ihm gelang, ihn zu diesem Angebot zu bewegen, erfuhr ich später. Zunächst sagte ich telegrafisch zu. Das also sollte mein zweites Debüt in Paris werden – siebzehn Jahre nach dem ersten, verfrühten, das der optimistische Gabriel Astruc als »Gala« anzukündigen gewagt hatte. Diesmal war ich gewiß, allen Ansprüchen genügen zu können.

Paul kam aus England herüber, und wir spielten in einigen größeren spanischen Städten Duos. Diese Einführung bewirkte, daß er später häufig Engagements in Spanien erhielt.

Kapitel 29

In Paris stellte Juan mich Hebertot vor, dem er eingeredet hatte, es könnte ihm nichts Besseres widerfahren, als mich für Konzerte zu verpflichten. Dieser Theatermann bereitete meine Konzerte mit sensationellen Zeitungsartikeln und wichtigen Interviews vor. Zudem hatte der teuflisch listige Juan in Erfahrung gebracht, daß der Besitzer des luxuriösen Hotels Majestic, ein geborener Österreicher namens Tauber, ein Musikliebhaber war und Busoni wochenlang als Ehrengast beherbergt hatte, wofür dieser ihm zum Dank seine köstliche ›Carmen-Phantasie‹ widmete. Unter dem Eindruck der angekündigten Konzerte und meines berühmten Namens (berühmt Anton Rubinsteins wegen!) überließ er mir ein wunderhübsches Appartement im Erdgeschoß seines Anbaus in der rue La Pérouse, bestehend aus einem großen Salon, einem reizenden Schlafzimmer und einem ungemein großen, ganz modernen Bad, und das alles zu einem lächerlich geringen Preis. Hier schlug ich für lange Zeit mein Hauptquartier auf.

Die Firma Pleyel stellte mir fürs Hotel ein gutes Klavier zur Verfügung und für mein Konzert im Théâtre des Champs Elysées einen herrlich klingenden Flügel. Gabriel Astruc hatte sein Theater so eingerichtet, daß man es in einen Konzertsaal verwandeln konnte, die Dekoration paßte zu der des Foyers, und über der Bühne konnte man eine muschelförmige Abdeckung anbringen, die eine tadellose Akustik gewährte.

Meine drei Programme waren sorgfältig zusammengestellt. Das erste begann mit der majestätischen Orgel-Toccata in F-Dur von Bach, in der glänzenden Transkription von D'Albert, gefolgt von der h-Moll-Sonate von Chopin. Den Schluß des zweiten Teils bildeten ›Albaicín‹ und ›Triana‹, die großen Beifall fanden, also gab ich ›Navarra‹ und ›Feuertanz‹ zu, die eine Ovation um die andere auslösten. Jahrelang durfte ich nicht vom Podium, ohne das eine oder andere dieser Stücke gespielt zu haben. Das gleiche geschah übrigens auch in Japan, Australien, Italien und Skandinavien, und auch die Polen bezeugten eine fanatische Liebe zu diesen spanischen Kompositionen.

Weiter enthielten die drei Programme Schumanns ›Carnaval‹ und seine ›Etudes Symphoniques‹, das zweite Heft der ›Paganini-Variationen‹ von Brahms, die Sonate von Liszt, Beethovens ›Waldsteinsonate‹, einiges von Skriabin, Prokofieff und Szymanowski; Barcarole, Etüden und ein oder zwei Nocturnes von Chopin, Liszts ›Mephistowalzer‹, fünf oder sechs Stücke von Debussy, darunter die von mir geliebte ›Ondine‹, die sechs kurzen Stücke aus ›A Prole do Bebe‹ von Villa-Lobos, und endlich die Polonaise in As von Chopin.

Alle drei Konzerte waren große Erfolge. Es gelang Hebertot, »tout Paris« anzulocken, und zwar diesmal das echte, nicht das falsche wie bei meinem Debüt. Außer der Elite der Musikliebhaber kamen Strawinsky, Milhaud und seine Kollegen; die bedeutendsten Kritiker; Marguerite Long und Isidore Philippe, die gefürchteten Professoren des Pariser Konservatoriums; nicht zu reden von allen Pianisten, die sich zur Zeit in Paris aufhielten. Viele besuchten alle drei Konzerte, und über Nacht wurde mir jener Ehrentitel zuerkannt, den ich bis heute trage: »*Arthur Rubinstein est un vrai Parisien.*«

Bei der Kritik hatte ich fast ohne Ausnahme ein gutes Echo. Mein Villa-Lobos wurde gelobt, mein Chopin von einigen bemängelt, die mein Spiel brillant, aber zu trocken fanden. Paderewskis übertriebene Sentimentalität und Cortots allzu große Zartheit galten immer noch als Maßstäbe für das Chopinspiel, besonders Cortots Darstellung des polnischen Meisters als des tuberkulösen Künstlers war beim Publikum in Gunst. Ich selber hielt Chopin stets für einen kraftvollen, sehr männlichen Schöpfer, der sich von seiner körperlichen Verfassung so wenig beeinträchtigen ließ wie Beethoven, der ja auch schwach und krank war, als er seine größten Meisterwerke schuf. Chopins Polonaise in As besitzt mehr Stolz und Heroismus als irgendeine Komposition von Liszt.

Nach dem Konzert wurde das Künstlerzimmer von Gratulanten gestürmt, und ich bekam sogar ganz unerwartet ein besonders schönes Geschenk. Eine liebreizende amerikanische Schauspielerin, die ich aus den Staaten kannte, sagte mir: »Ihr Spiel hat mich bezaubert, und ich möchte Ihnen dafür ein Geschenk machen. Da ich aber nichts zu verschenken habe als mich selber, lade ich Sie ein, die Nacht mit mir zu verbringen, wenn Sie mögen.« Es wurde eine wunderbare Nacht.

Die Konzerte machten also in Paris Eindruck. »*Le tout Paris*« stellt eine Macht dar, die einem Künstler zum Durchbruch verhelfen, ihn aber auch vernichten kann. Es war mein Glück, daß man mich anerkannte. Man überhäufte mich mit Einladungen, darunter war auch eine der Baroness Edouard de Rothschild, die sich sehr für erfolgreiche jüdische Künstler interessierte. Sie bot mir eine verlockende Gage, falls ich vor ihren Gästen spielen wolle in dem prachtvollen Haus, das Talleyrand Ecke Place de la Concorde und rue St. Florentin hatte bauen lassen. Ich willigte ein vorzuspielen, lehnte aber ab, am vorhergehenden Diner teilzunehmen, denn ich esse vor einem Auftritt niemals. Die Gesellschaft war glänzend. Außer der ganzen Familie Rothschild waren nur Musikliebhaber oder gute ausübende Musiker anwesend. Anschließend nahm der Baron mich beim Arm, führte mich in einen kleinen Salon und ließ mir Kaviar, Wodka und etliche Speisen vorsetzen, die man auch beim Diner serviert hatte. Er leistete mir Gesellschaft, und wir kehrten gemeinsam zu den übrigen Gästen zurück. Baron Edouard war ein Herr von wahrhaft adliger Distinktion, und er bewies das auch im Zweiten Weltkrieg, und zwar besser als so mancher Sproß von uraltem Adel. Gezwungen, Frankreich und alle seine Besitztümer zu verlassen, lud er meine Frau und mich, kaum in New York angelangt, in ein bescheidenes Hotel ein und bewirtete uns dort ebenso wie in seinem Pariser Stadtpalais. Seit jenem Abend galt ich als Freund der Familie, und nach meiner Heirat wurde diese Freundschaft auch auf meine Frau und meine Kinder übertragen.

Kapitel 30

Nach meinem zweiten Konzert besuchte mich Denis Dawydow, Madame Nathalies ältester Sohn. Er hatte Trauriges zu erzählen vom Schicksal seiner Familie seit der Flucht aus Rußland. »Meine Mutter, mein Bruder Vassia und ich leben jetzt in Paris. Mein Vater hat eine Anstellung im Casino von Monte Carlo gefunden.« Und kaum hörbar fügte er an: »Meine Mutter kam mit meinem kleinen Bruder Kiki, Sie erinnern sich doch an ihn, ins Gefängnis, und sie sah mit ihren eigenen Augen, wie man den Kleinen im Hof erschossen hat. Nach ein paar Tagen wurde sie freigelassen, und nun wohnt sie bei uns. Aber von diesem furchtbaren Schock erholt sie sich nicht mehr.«

Ich besuchte sie noch am selben Tag und traf diese einstmals so heitere, kunstsinnige Dame als eine ganz veränderte, stark gealterte Frau; ihr Gesicht zeigte einen starren, tragischen Ausdruck. Sie schien sich über meinen Besuch zu freuen, erwähnte das Geschehene mit keinem Wort, und fragte mich nur, ob ich ihr nicht bei Coco Chanel Arbeit verschaffen könne. »Man sagt, sie ist sehr gütig zu uns russischen Emigranten.« Selbstverständlich versprach ich zu tun, was mir möglich sei.

Zunächst erkundigte ich mich bei Misia, auf welche Weise man sich an Coco Chanel in einer solchen Angelegenheit wenden solle. »Könnte sie als Mannequin arbeiten?« fragte Misia. Was für eine grauenhafte Frage! Ich mußte ihr wohl oder übel die ganze Geschichte erzählen, Misia reagierte verständnisvoll. »Coco könnte sie beim Empfang oder in der Buchhaltung beschäftigen.«

Sogleich stellte sie die Verbindung her, und Coco Chanel erklärte sich bereit, Frau Dawydow zu empfangen. Als ich ihr das ausrichtete, sagte Madame Nathalie ohne eine Regung ihres Gesichtes: »Ich danke Ihnen, Arthur. Würden Sie mich begleiten, wenn es soweit ist?« Das versprach ich.

Als ich sie abholte, bot sich mir ein herzergreifender Anblick. Die große Dame, die ich aus Verbovka in Erinnerung hatte, war so grotesk geschminkt, daß sie wie eine alte Prostituierte aussah, und das war um so tragischer, als sie glaubte, jugendlicher auszusehen; ich hatte nicht den Mut, ihr etwas zu sagen. Coco Chanel, die wirklich ein Herz für die russischen Emigranten hatte, fand etwas für sie und brachte es auch fertig, sie zu bitten, dieses grausige Make-up zu entfernen. Frau Dawydow kam zu meinem nächsten Konzert und auch später, wenn sie mich gelegentlich besuchte, stets mit jenem tragischen Gesichtsausdruck. Eines Tages hörte ich die traurige Nachricht: Sie hatte eine Überdosis von Schlafmitteln genommen, am Morgen fand man sie tot, ein Foto von Kiki in der Hand.

Gleich nach meinem letzten Konzert kam ein junger Konzertagent zu mir ins Hotel, der einen tatkräftigen, energischen Eindruck auf mich machte. Von meinem Erfolg beeindruckt, erbot er sich, gegen einen geringen Anteil das Management meiner Konzerte in Frankreich zu übernehmen. Er zweifle nicht, so sagte er, daß er der richtige Mann für mich sei. Weil ich immer gehört hatte, die wenigen etablierten Konzertagenturen von Paris lägen in den Händen älterer Herren, die es zufrieden seien, für bekannte Künstler zu arbeiten und sich nicht um den Nachwuchs zu kümmern, war ich bereit, mit Marcel de Valmalète einen Dreijahreskontrakt abzuschließen. Er verschaffte mir sogleich Angebote vom Lamoureux- und vom Colonne-Orchester, als Solist in der nächsten Saison zu spielen, und riet mir, gleichzeitig einige Klavierabende in der Salle Gaveau zu geben.

»Warum ausgerechnet in diesem kleinen Saal?« fragte ich. »Können Sie mir nicht wieder die Salle des Champs Elysées besorgen?«

»Die Salle Gaveau kostet Sie keinen Pfennig, wenn Sie einen Flügel von Gaveau benutzen.«

Das versetzte mir einen mächtigen Schock, denn ich gedachte meines Unbehagens bei meinem ersten Konzert mit diesem hölzernen, tonlosen Instrument. Also sagte ich entschieden: »Es kommt nichts in Frage außer einem Steinway.«

Darauf entgegnete er maliziös lächelnd: »Der französische Zoll gestattet nicht, daß ausländische Flügel eingeführt werden; Sie dürfen wählen zwischen Gaveau, Erard und Pleyel, und ich rate dringend zu Gaveau, er ist ein sehr bemühter Klavierbauer. Seine Instrumente haben jetzt einen weit besseren Klang, während die anderen seit den Tagen von Liszt und Chopin nichts geändert haben.« Ich Unseliger folgte seinem Rat. Es stimmt, der Pleyel im Champs Elysées hatte nicht genug Kraft, immerhin aber einen schönen, menschlichen Ton, während die Gaveaus, die ich probierte, zwar stärker waren, auch eine bessere Mechanik hatten, aber einen ausnehmend kalten Ton. Jahrelang habe ich mich mit ihnen quälen müssen. Das lag aber noch in der Zukunft. Im Augenblick sonnte ich mich in meinem frischen Ruhm, ging zu allen Einladungen, zu Frühstücken, Diners und Gesellschaften, auf Bälle, in Restaurants. In der verbleibenden Zeit war ich im Theater, in der Oper, und der Abend endete meist in Gesellschaft von Avila oder im kürzlich eröffneten Bœuf sur le Toit, dessen Direktor ein gewisser Moïse war, ein Freund von Jean Cocteau. Musiker, Maler und Autoren zogen aus der Bar Gaya dorthin um. Léon-Paul Fargue, Cendrars, Picasso und auch Jean Cocteau selber nahmen mich mit auf die Runde durch die Kneipen, und bis in die frühen Morgenstunden hielten uns die witzigen Unterhaltungen, scharfzüngigen Dispute und das Erzählen amüsanter Anekdoten wach.

Dieser späte Frühling in Paris war einer der schönsten, die ich je erlebt habe. Die prächtigen alten Kastanien in der Avenue du Bois boten einen königlichen Anblick, auf den Boulevards wimmelte es von seligen Touristen, junge Paare gingen eng umschlungen und blieben gelegentlich stehen, um sich leidenschaftlich zu küssen. Auf den Terrassen der Cafés redeten die Gäste bei kalten Getränken in allen Sprachen. Nachts wurde die rue Pigalle in Montmartre Treffpunkt der *noceurs*, ewig auf der Jagd nach Sensationen. Die russischen Kabaretts waren in voller Blüte, und ehemalige Generale in allen möglichen Uniformen öffneten einem die Tür. Die kaukasischen Tänzer im Nationalkostüm mit Wespentaille und weichen Stiefeln erregten die Französinnen bis zum Wahnsinn. Montparnasse etablierte sich immer schneller als Rivalin von Montmartre. Hier begegnete man Malern und Bildhauern mit ihren schönen Modellen, welche die Abende in La Coupole, La Rotonde und Le Dôme verbrachten, nach einem Tag voller Arbeit große Mahlzeiten heruntersclangen und Pernod tranken. Man sah dort Modigliani, meinen lieben, lieben Freund Moïse Kisling, wurde Zeuge, wie der kränkliche Soutine und Gottlieb ihren Streit über Fragen der Kunst austrugen, gelegentlich gar mit den Fäusten. Jahre zuvor hatte in früher Morgenstunde zwischen den beiden ein echtes Duell im Bois de Boulogne stattgefunden, damals die Sensation des Tages, denn Hunderte von Montparnassians, Parteigänger des einen oder anderen, waren dabei zugegen. Keiner von beiden verstand sich aufs Fechten, sie droschen einfach aufeinander ein und wollten auch nicht aufhören, als Blut floß. Beide mußten ins Krankenhaus. Nach ihrer Entlassung erschienen sie gemeinsam in La Coupole, versöhnt und Freunde auf immer.

Kapitel 31

Eines Abends wollte ich Avila, seine reizende Freundin und zwei junge Franzosen ins Abbaye de Thélème einladen, aber Juan erklärte mir: »Das Thélème ist gestorben, Arturo, man geht jetzt in den Jardin de Ma Soeur, in einer Gasse beim Etoile. Ich bestelle uns einen Tisch, man bekommt nämlich nur schwer einen.«

Das Lokal hatte einen kleinen Blumengarten, einen großen Rasen, mittendrin eine Tanzfläche, um die herum Tische angeordnet waren, fast sämtlich besetzt. Avila hatte einen nahe der Tanzfläche reservieren lassen. Die Küche war hervorragend, der Champagner war richtig gekühlt, die Band angenehm, und wir tanzten reihum mit unserer Begleiterin, alle außer Juan, der uns unentwegt mit seinem Witz und seinen brillanten Anekdoten amüsierte. Als ich gegen drei Uhr früh die Rechnung verlangte, sagte der Kellner, es sei schon bezahlt. Das paßte mir nicht, ich mag mich nicht von unbekannten Leuten freihalten lassen, doch der Kellner beruhigte mich: »Das Souper hat Ihnen die Direktion geboten.« Nun wollte ich mich für diese Generosität beim Direktor bedanken, der sich indessen als Frau erwies und Elsa Maxwell hieß. Sie war klein und dick und sprach Französisch mit einem grauenhaften amerikanischen Akzent, hatte das Gesicht einer Scheuerfrau und das farblose Haar zu einem Knoten aufgesteckt. Attraktiv waren nur die Augen, sehr gescheite, wache Augen. Sie trug, was sie wohl für ein Abendkleid hielt; es sah aber keineswegs so aus. Nun erinnerte sie mich daran, daß wir uns schon begegnet waren, und da fiel es mir denn auch ein: Bei meinem ersten Aufenthalt nach dem Kriege in New York hatte ich an einer Galavorstellung zugunsten des Roten Kreuzes in der Met teilgenommen; Star des Abends war Mary Garden. Prokofieff dirigierte eines seiner

Frühwerke, und außer mir spielte, irre ich nicht, noch Mischa Elman. Bei den Proben war eine dicke kleine Dame zugegen, die das alles organisiert hatte. Mary Garden schwor auf sie: »Kein Mensch kann solche Veranstaltungen besser ausrichten als diese kleine Person. Ich habe sie in Chicago schon ausprobiert.« Ohne es zu merken, waren wir allesamt bereits für jede Kleinigkeit von ihr abhängig: die Beleuchtung, die Placierung des Orchesters, einen Klavierschemel von der benötigten Höhe, gar nicht zu reden von Freikarten für unsere Freunde. Sie verstand es, die Logen des berühmten »Brillantenhufeisens« den richtigen Leuten zuzuteilen. Vanderbilts saßen wie gewöhnlich in der besten Loge rechts. Andere Vorzugsplätze wurden an Astors und Goulds verkauft. Otto H. Kahn samt Familie behielt seine übliche Loge als Aufsichtsratsvorsitzender bei, und Rockefellers wurden von ihr an einem nicht allzu auffälligen Platz untergebracht. Gatti-Casazza hatte seine Starsänger bei sich in der Direktionsloge. Junge Damen der New Yorker Gesellschaft boten die in exquisiter Schrift auf kostbarem Papier gedruckten Programmhefte feil, die Anzeigen vieler großer Firmen enthielten. Das alles hatte Elsa Maxwell auf die Beine gestellt. »Jetzt leite ich dieses Restaurant, und es ist in kurzer Zeit das beste in ganz Paris geworden.« Schnippisch lächelnd setzte sie hinzu: »Aber ich fürchte, der Eigentümer wird bald pleite machen. Ich habe nämlich eine ganz besondere Methode. Ich präsidiere täglich einer großen Tafel, zu der ich die gerade in Paris anwesenden Berühmtheiten lade. Vorgestern waren der Prinz von Wales mit seiner Freundin da, Douglas Fairbanks und Mary Pickford und einige Personen aus dem französischen Hochadel. Ich habe Sie damals in der Met sehr bewundert, Arthur, und deshalb ist es mir ein Vergnügen, Sie und Ihre Freunde heute als meine Gäste zu bewirten.«

In den Jahren zwischen den Kriegen war diese Dame das Staunen von Paris, London, New York, Rom, Venedig. Ihre unheimliche Vitalität wirkte geradezu ansteckend. Alte, blasierte, erstarrte Gattinnen und Witwen von Millionären tanzten nach ihrer Pfeife. Sie spielte Bridge mit der alten Mrs. Belmont und den vermögenden, aus Amerika stammenden Frauen französischer Aristokraten und gewann unweigerlich recht erkleckliche Summen, mit denen sie großzügig junge, mittellose Künstler unterstützte. Im Pariser Ritz, im Danieli in Venedig oder im Londoner Claridge veranstaltete sie phantastische Festlichkeiten unter jeweils einem besonderen Zeichen. Die Kosten dafür übernahm unweigerlich ein gestrandeter Millionär aus der amerikanischen Provinz, dem sie versprach, ihn in die beste Pariser Gesellschaft einzuführen; für dieses Privileg zahlte er nur allzu bereitwillig. Weil er auf Elsas Party nur ein Gast unter den zahllosen anderen Gästen zu sein schien, wurde er nicht beachtet; nur die wenigen Eingeweihten wetteten untereinander, wer von diesen Unbekannten wohl derjenige sein könnte, der die Zeche zahlte. Es wäre nicht übertrieben, Elsas Parties kleine Sensationen zu nennen, denn immer hielt sie noch die eine oder andere Überraschung bereit. Die im allgemeinen unpünktlichen Gäste ließ sie durch zwei große Busse herbeischaffen, und einerlei, ob man mit dem Ankleiden nun schon fertig war oder nicht, man mußte einsteigen. So erschienen denn die schönsten Frauen im Unterkleid und in Pantöffelchen, Männer halbrasiert mit Seifenschaum im Gesicht, Herren der Hocharistokratie ohne Schleife zum Frack, wenn nicht gar in Shorts. Die derart zur Ungezwungenheit genötigten Gäste speisten alsdann bei schummriger Beleuchtung, und alle amüsierten sich ganz außerordentlich.

Eines Vormittags lud Elsa mich durch einen Boten für den Abend zu einem intimen Diner für zwölf Personen zum Herzogspaar Gramont ein und bat mich, dem Boten ein Photo von mir mitzugeben, auf das ich folgende Widmung schreiben sollte: »Der liebsten Molly mit Liebe und Küssen von Arthur.« Ich ahnte, daß sie damit einen bestimmten Zweck verfolgte, und gab dem Boten das Porträt mit.

Aus dem Diner machte Elsa einen glanzvollen Kriminalfall. Sie eröffnete uns, in einem der vielen Zimmer liege die Leiche einer ermordeten Frau, und wir müßten den Mörder finden. Jeder einzelne Gast stand unter Verdacht. Nach dem Essen machten wir uns an unsere Aufgabe als Kriminalisten. Selbstverständlich war die Ermordete »meine Molly«. In ihrer Handtasche fand sich die Hälfte eines vom Mordtage datierten Kinobillets, die andere Hälfte wurde bei einem der Gäste gefunden. Es gab Verdachtsmomente in Fülle gegen alle Beteiligten, die im Ernstfall zu unser aller Verhaftung hätten führen können. Nach zwei höchst amüsant verlaufenden Stunden der Jagd auf den Mörder wurde der Herzog als Täter entlarvt. Die Ermordete lag, wunderschön anzusehen, wenn auch mit einer schrecklichen Wunde im lieblichen Busen, halb angekleidet auf dem Bett.

Elsa übertraf sich selbst mit ihrer Schatzsuche in London; das Ereignis erregte soviel Aufsehen, daß sogar die Presse es verärgert kommentierte. Mrs. Moore, eine sehr reiche Amerikanerin, hatte für den Sommer Norfolk House gemietet, den Sitz des ersten Herzogs von Norfolk, und Elsa veranstaltete in ihrem Auftrag ein nächtliches Souper, das zu einem nicht näher bestimmten Zeitpunkt beginnen sollte. Jeder Gast mußte zehn Pfund bezahlen, das Geld wurde in einen Umschlag getan und dieser Umschlag versteckt. Die Gäste hatten paarweise danach zu suchen, und zwar waren die Hinweise auf das Versteck an allen möglichen Orten innerhalb Londons verborgen worden. Ich machte mich mit Leslie Jowitt, die auch den Wagen steuerte, auf die Suche. Erster Halt war Hyde Park Corner, wo wir den Hinweis fanden: »Weiter zum War Memorial«, und von dort ging es auf den Trafalgar Square zu einem der Löwen, und noch zu mehreren anderen Plätzen, deren ich mich nicht mehr erinnere. Wohl aber erinnere ich mich, daß ich am Eingang zum Tower of London eine fast nackte Frau erblickte, die an die Mauer gekettet war. Der Prince of Wales nahm mit einer Begleiterin an der Schatzsuche teil. Bei dieser Hatz wurde einiger Schaden an den Kränzen und Blumen des War Memorial angerichtet, und leise ging es nun auch nicht gerade zu dabei. So mancher Londoner wurde aus dem wohlverdienten Schlaf gerissen, die Zeitungen regten sich darüber auf, insbesondere über die »Schändung« des Ehrenmales und darüber, daß ausgerechnet der Prince of Wales bei solchen Kindereien mitmachen müsse. Man sprach noch wochenlang davon. Leslie und ich fanden zwar nicht den Schatz, kamen aber rechtzeitig zum Souper, speisten ganz köstlich und tanzten bis in den frühen Morgen.

Elsa Maxwell erblickte darin so etwas wie den Höhepunkt ihrer Laufbahn. Als sie die Schatzsuche in Venedig veranstalten wollte, machten ihr die stolzen Venezianer allerdings einen Strich durch die Rechnung; man bekam irgendwie Wind von dem Vorhaben, und die Schatzsucher, die als erste auf der Piazza eintrafen, wurden dort windelweich geprügelt. Die übrigen Teilnehmer flüchteten von Panik ergriffen in ihre Hotels.

Im Laufe der Jahre entstand zwischen Elsa und mir eine herzliche Freundschaft, die später auch meine Frau Nela einschloß; wir wurden stets von ihr eingeladen, wenn sie wieder einmal eines ihrer Feste veranstaltete. Elsa liebte Musik und Musiker, insbesondere hatte sie eine Schwäche für die berühmten Sopranistinnen ihrer Zeit, für Mary Garden, Geraldine Farrar, später für Renata Tebaldi und ganz besonders für Maria Callas. Gelegentlich betätigte sie sich auch als Konzertagentin für mich. Sie rief dann ganz unvermittelt an und sagte etwa: »Consuelo Balsan, die ehemalige Herzogin von Marlborough, geborene Vanderbilt, plant eine musikalische Soiree und möchte, daß Sie spielen. Ich habe für Sie ein Honorar von 25 000 Francs herausgeschlagen.« (Das war für die damalige Zeit viel Geld.) Selbstverständlich sagte ich zu. Die Soiree wurde, unter Elsas Leitung, ein glänzendes Ereignis. Sie verstand sich darauf, die passenden Gäste einzuladen, und so hatte ich denn die Ehre, an jenem Abend mit Paul Valéry bekannt zu werden. Am folgenden Morgen erhielt ich von Elsa mit der Post einen Scheck über 15 000 Francs mit der Bemerkung: »Lieber Arthur, 10 000 Francs habe ich als Tantieme für mich behalten, Sie haben gewiß dagegen nichts einzuwenden?« Und das hatte ich wirklich nicht, denn ich wußte sehr wohl, sie unterstützte mit diesem Geld Menschen, die dringend Hilfe brauchten.

Dann wieder kündigte sie mir an: »Meine alte Freundin Belmont möchte zum Geburtstag ihres Sohnes William K. Vanderbilt ein kleines Fest geben. Sie träumt davon, daß Sie bei ihr spielen, und meint, das wäre das schönste Geschenk für ihn. Sie ist bereit, 40 000 Francs zu zahlen. Also bitte, bitte, sagen Sie nicht nein.« Das tat ich nicht, es handelte sich um ein wahrlich königliches Honorar. Ich war aber doch recht erstaunt über diesen Einfall von Mrs. Belmont, denn in New York hatte mir die von Mrs. Belmonts Sohn getrennt lebende Frau einmal gesagt, William K. Vanderbilt könne Musik nicht ausstehen. Indessen mochte es sich dabei auch um einen boshaften Scherz handeln. Ich erbot mich, meinen Konzertflügel zu Mrs. Belmont schicken zu lassen, doch Elsa meinte, dies sei überflüssig: »Es gibt dort ein ausgezeichnetes Instrument, das Ihnen sehr zusagen wird.« Ich muß sagen, es wurde eine recht sonderbare Geburtstagsfeier. Zum Essen waren nicht mehr als acht Personen anwesend, lauter langweilige Amerikaner. Man trug die mit brennenden Kerzen besteckte Geburtstagstorte herein, und wir sangen pflichtschuldigst »Happy Birthday«. Alsdann begaben sich alle in den riesigen Salon, und Elsa kündigte mit großer Geste an: »Und nun wird Arthur Rubinstein Werke von Chopin spielen.« Ich schritt feierlich zum Flügel, schlug probeweise einige Akkorde an und wurde fast vom Schlag getroffen. Das Instrument war ein uralter, total ruinierter Erard, der praktisch keinen Ton mehr von sich gab. Gerade als ich aufstehen und mit Bedauern ablehnen wollte, darauf zu spielen, flüsterte Elsa mir angstvoll ins Ohr: »Spielen Sie unbedingt, ich habe denen eben erst den Flügel verkauft!« Ich hatte nicht das Herz, sie im Stich zu lassen, erhielt meinen Scheck abzüglich Elsas Anteil – 20 000 Francs betrug er diesmal –, aber die brauchte sie wohl dringend.

Ich erzähle dies voll Verehrung für eine bemerkenswerte Frau, die die Reichen unbedenklich ausnutzte, um den Armen zu geben, von der niemand wußte, wie alt sie war noch woher sie stammte, einer Frau, die äußerlich so gänzlich unattraktiv war, keine besonderen Talente hatte, mit ihrer vitalen Ausstrahlung aber ein halbes Jahrhundert lang wohltuende Helligkeit im Dasein unzähliger Menschen verbreitete.

Kapitel 32

In Paris war die Saison so glanzvoll wie je. Eugenia Errazuriz hatte in der Avenue Montaigne eine Wohnung bezogen, in deren Salon einzig zwei Bilder von Picasso hingen, ein Porträt ihrer Tochter und eine herrliche Landschaft. Voller Stolz führte sie mir ihre Stühle vor: »Das sind wundervolle Dinger, man mietet sie im Bois de Boulogne, und ich hatte großes Glück, diese hier kaufen zu können. Meine Räume sollen *vacíos* (leer) sein, ich verabscheue den lästigen, unnützen Krimskrams, der überall rumsteht. Sie sollen meinen Freund, den Dichter kennenlernen, dem ich das Geld geschenkt habe, das Sie mir schickten. Er heißt Blaise Cendrars.« Ich lernte ihn wirklich kennen und gewann an ihm einen Freund ganz nach meinem Herzen.

Strawinsky war nun in besserer Stimmung und arbeitete an ›Mavra‹; wir trafen uns oft. Poulenc lud mich zum Tee ein. »Es kommt auch Germaine Tailleferre mit einer jungen Pianistin, die Ihnen Chopins Mazurken vorspielen möchte, ferner eine reizende junge Dame, die meine Lieder anbetungswürdig gut singt und glänzend Klavier spielt.«Youra Guller, die Pianistin, trug denn auch mit viel Geschmack einige Mazurken vor, meine Aufmerksamkeit galt jedoch ausschließlich der anderen jungen Dame, einem zierlichen, grazilen, unerhört elegant gekleideten Persönchen mit engelhaften Zügen, liebreizenden blauen Augen, vollen, kirschroten Lippen und einer zarten sehr geraden Nase, der Gattin von Dr. Jacquemer, Clémenceaus Enkel. Ihre Mutter war die berühmte Couturiere Jeanne Lanvin. Als sie mich mit ihrer unwiderstehlichen Stimme bat, etwas zu spielen, zögerte ich ausnahmsweise keinen Moment, sondern gehorchte prompt und spielte meine geliebte Barcarole besser denn je auf einem wunderbar klingenden Pleyel. Das rührte sie zu Tränen. Ich begleitete sie auf die Straße und drang in sie, sich mit mir zum Essen zu verabreden. Sie sträubte sich anfangs, suchte nach Vorwänden, war dann aber einverstanden, sich wenige Tage darauf mit mir in einem Restaurant im Bois zu treffen. In letzter Minute sagte sie telegrafisch ab. Monate später begegnete ich ihr in Begleitung ihres neuen Gatten, des sehr gut aussehenden Grafen Jean de Polignac, jüngeren Bruders meines alten Freundes Marquis Melchior.»Sie haben unsere Ehe gestiftet, Arthur«, eröffnete sie mir.»Jean und ich lieben uns seit langem – selbstverständlich war er eng mit meinem geschiedenen Mann befreundet. Den Abend, an welchem Sie mich mit der Barcarole zu Tränen gerührt hatten, speisten wir zu dritt, und als ich erzählte, ich sei mit Ihnen verabredet, nahm mein Mann das zwar gleichmütig auf, Jean hingegen geriet völlig außer sich und schrie mich an: ›Ich dulde nicht, daß Sie mit diesem Mann allein sind, der allen Frauen von Paris nachstellt!‹ Das führte zu einem schrecklichen Auftritt zwischen den beiden Männern, und es endete mit meiner Scheidung. Ihnen haben wir zu danken, daß wir endlich glücklich miteinander verheiratet sind.« Es wurde eine Freundschaft fürs Leben daraus. Jean starb nach dem Zweiten Weltkrieg, Marie Blanche veranstaltete jedoch weiterhin musikalische Abende im Salon ihres herrlichen Hauses; Poulenc zeigte uns dort sein neues Konzert oder spielte mit Jacques Février seine Sonate für zwei Klaviere. Henri Sauguet und Georges Auric führten die neuen, für Diaghilev komponierten Ballette vor, und dann und wann sang die Gastgeberin mit ihrer nicht umfangreichen, aber silberreinen Stimme Lieder. Die Zuhörer waren meist ausübende Musiker.

Jacques Février besuchte meine drei Konzerte im Théâtre des Champs Elysées und brachte zum zweiten die Witwe Debussys mit, die, wie er mir anvertraute, gesagt hatte: »*Il a joué ›Ondine‹ mieux que personne.*« Dieser kurze Satz machte mir so viel Mut, daß ich von da an niemals mehr Debussy spielte, ohne dieses schöne *prélude* in mein Programm aufzunehmen. Jacques Février ist ein guter Pianist und vortrefflicher Musiker, er liest perfekt vom Blatt, besser als jeder andere mir bekannte Musiker, und weil ich gerade auf dieses Thema zu sprechen komme, möchte ich einige Vergleiche anstellen zwischen dem Musikstudium in verschiedenen Ländern. Meiner Meinung nach bietet das Conservatoire de Paris unerachtet einiger veralteter Lehrmethoden immer noch die besten Grundlagen für die Ausbildung zum Musiker. Die alljährlichen öffentlich abgehaltenen Prüfungen werden von bekannten Instrumentalisten abgenommen, und zu den wichtigsten Prüfungsaufgaben gehört, eigens für die Prüfungen komponierte Stücke vom Blatt zu spielen. Alle mir bekannten französischen Instrumentalisten sind Meister in dieser schwierigen Fertigkeit, einer Fertigkeit, deren Bedeutung für den angehenden Musiker gar nicht zu überschätzen ist. Sie macht einem Appetit darauf, alle Noten zu überfliegen, die einem zur Hand kommen, festigt den eigenen Geschmack, befähigt einen dazu, unter den Stücken, die man öffentlich vortragen will, die richtige Wahl zu treffen, denn es sollen Werke sein, die zu einem »sprechen«, die einem ihre intimsten Geheimnisse offenbaren. Viele Pianisten spielen im Konzert Stücke, die sie nicht begreifen, auch wohl nicht besonders schätzen, nur weil das Publikum entweder danach verlangt oder weil sie ihnen von den Konzertagenturen aufgenötigt werden. Übrigens gibt es berühmte Konservatorien, wo der Brauch herrscht, die begabteren Schüler zu einem Wettlauf abzurichten, den der gewinnt, der ein schwieriges Stück am schnellsten herunterspielt.

Speziell für junge Pianisten sage ich hier: meine lange Erfahrung hat mich gelehrt, daß es für euch nur einen Weg zum Erfolg gibt: euer eigenes tiefes Empfinden in die Musik zu legen, die ihr wirklich liebt und versteht. Geschieht dies, so stellt sich ein Kontakt zu den Zuhörern her, die dann euer Empfinden teilen, auch wenn sie das Stück nie zuvor gehört haben, und sogar wenn sie es eigentlich nicht mögen. Musik ist eine heilige Kunst, wer mit dem Talent für sie geboren ist, sollte sich

immer als demütiger Diener der unsterblichen Schöpfer fühlen und stolz darauf sein, daß er auserwählt ist, ihre Werke der Menschheit zu vermitteln. Wer sich dieser Werke nur um des kommerziellen Erfolges willen bedient, begeht ein Sakrileg.
Ich besuchte in jener Pariser Saison viele Konzerte. Die vier bedeutenden Orchester, das des Conservatoire, das Lamoureux, das Colonne und das Pasdeloup, hatten anregende Programme, in denen berühmte Solisten auftraten, und spielten alle zur selben Zeit am Sonntagnachmittag. Man war also jedesmal vor eine schwierige Wahl gestellt, und das verdroß mich sehr. Klavierabende fanden selten statt, ich mußte mich also damit zufriedengeben, Alfred Cortot zu hören oder den Schotten Frederic Lamond, dessen Attraktion hauptsächlich in seiner angeblichen Ähnlichkeit mit Beethoven bestand, der aber gerade die Werke dieses Komponisten nie so spielte, wie ich sie gern gehört hätte. Selbstverständlich gab es noch Risler, Thibaud, Casals, über die man sich von ganzem Herzen freuen konnte. Die jungen »Sechs« waren ebenfalls recht aktiv. Man verlangte Honeggers neuartigen ›Pacific 231‹ und sein Oratorium ›König David‹ zu hören. Milhaud verwendete Polytonalität bis zum Exzeß, komponierte aber auch einige wunderschöne Sachen, die auf Volksweisen seiner Heimat, der Provence, basierten, etwa die ›Suite Provençale‹ und feine Kammermusik. Germaine Tailleferre brachte ein sehr hübsches kleines Werk für zwei Klaviere heraus. Alle diese jungen Musiker waren voller Hochachtung für den modernen amerikanischen Jazz. Tourneen berühmter amerikanischer Jazzbands durch die Hauptstädte Europas wurden überall zur Sensation, und neue Werke europäischer Komponisten waren stark von ihnen beeinflußt. Jean Wiéner, unser Freund aus der Bar Gaya, spielte in der ausverkauften Salle Gaveau die neuesten amerikanischen Melodien, nahm in sein Programm auch Strawinskys ›Piano Rag Music‹ auf; sie gefiel dem Publikum ebenso wie alle übrigen Stücke. Selbst der ultramoderne Schönberg erregte mit seinem Debüt in Paris größtes Aufsehen. Sein ›Pierrot Lunaire‹ wurde von einem Ensemble vorgetragen, dem Milhaud und Poulenc angehörten; ein Teil des Publikums buhte, der andere Teil applaudierte wie wild. Seit den Premieren von ›Pelléas‹ und ›Le Sacre du printemps‹ garantierte solch eine Aufnahme seiner Werke dem Komponisten bleibenden Ruhm.

Diaghilevs lange Abwesenheit von Rußland bewirkte eine Art Scheidung zwischen ihm und seiner Heimat. Unter dem Einfluß von Cocteau gab er nach dem Krieg Auric und Poulenc Ballettmusiken in Auftrag. Als ich Cocteau eines Tages in der rue Rivoli begegnete, fragte er: »*Tu vas chez Misia?*« Ich hatte das vergangene Wochenende in Reims bei Polignacs verbracht, wo wir in *écrevisses au champagne* geschwelgt hatten, und sagte: »Nein, ich bin nicht eingeladen.«

»Was für ein Unsinn! Komm mit, alle werden sich freuen, dich zu sehen. Diaghilev, Massine und Eric Satie sind da, um sich Ballettmusik von Milhaud anzuhören. Er will sie mit Auric vierhändig spielen und hofft, Diaghilev nimmt sie für seine nächste Spielzeit an.« Das klang so verlockend, daß ich mitging. In der Meurice, wo Misia eine prachtvolle Wohnung hatte, fanden wir die Gäste bereits vor, und alle begrüßten mich herzlich, ausgenommen Milhaud und Auric, die ihre Enttäuschung nicht verbargen. Nach dem Tee führte Cocteau mich in ein Nebenzimmer: »Bitte äußere dich nicht zu der Musik, die du jetzt hören wirst. Milhaud hat dieses Ballett, das er ›Boeuf sur le toit‹ nennt, einzig auf brasilianischen Melodien aufgebaut, die er selber komponiert hat, aber es kommen darin auch einige drüben sehr populäre Sachen vor; nun hat er Angst, du könntest das Diaghilev verraten, denn du bist der einzige, der sie erkennen wird.« Ich versprach zu schweigen, und wir versammelten uns um den Flügel. Milhaud und Auric spielten diese entzückende Ballettmusik mit viel Verve. Diaghilev wie auch Massine hörten, wie immer bei solchen Gelegenheiten, zu, ohne eine Miene zu verziehen.

Als erster machte Diaghilev den Mund auf: »*Est-ce que tout cela est original?*« fragte er. Milhaud antwortete so verzagt wie ein Schüler, der beim Abschreiben ertappt worden ist: »So gut wie alles . . .« Damit war er auch schon erledigt, denn Diaghilev wußte, daß er Tantiemen bezahlen mußte, wenn er die Melodien lebender Komponisten verwendete. Strawinsky hatte ihm das oft genug eingebrockt. Also war er in all solchen Fällen höchst wachsam.

Auf einem der Feste, die Elsa Maxwell arrangierte, wurde ich einer höchst bemerkenswerten Dame vorgestellt, der Fürstin Edmond de

Polignac, einer geborenen Winifred Singer, von allen Fürstin Winnie genannt, Tochter des millionenschweren Herstellers der Singer-Nähmaschinen. Sie hatte drei Brüder mit höchst ungewöhnlichen Vornamen: Paris Singer, der mit Isadora Duncan zusammenlebte und sie finanzierte; Washington Singer; den Vornamen des Dritten habe ich vergessen, er mag London, New York oder Rom geheißen haben. Alle drei waren höchst gewiefte Geschäftsleute und leiteten die zahlreichen Fabriken mit viel Erfolg. Ihre Schwester war vielseitig begabt. Sie kopierte die Werke alter Meister so vollendet, daß man sie für Originale halten konnte, und war eine gute Pianistin; zusammen mit mir spielte sie einmal die ›Valse romantique‹ für zwei Klaviere von Chabrier vor versammelten Freunden höchst brillant. Ihr Stadtpalais in der Avenue Henri Martin besaß einen richtigen Konzertsaal mit Fresken von José Maria Sert. Sie brachte dort erstmals Werke von Strawinsky, Prokofieff, de Falla, Poulenc und anderen zu Gehör, die sie in Auftrag gegeben hatte. Auch gehörte ihr einer der schönsten Paläste am Canale Grande in Venedig, und sie lud mich großzügig ein, Ende des Sommers dort einige Wochen zu verbringen. Ich war dann in mehreren aufeinanderfolgenden Spätsommern dort bei ihr zu Gast. Nebenbei aber hatte sie eine weitere Eigenschaft, die erwähnenswert ist: sie war die geizigste Person, der ich je im Leben begegnet bin.

Kapitel 33

Kochanskis waren nach Vichy abgereist, denn Paul bedurfte dringend einer Kur wegen seiner Magenbeschwerden. Ich versprach, meine Reise nach Biarritz für einige Tage bei ihnen zu unterbrechen; Strawinsky wollte dort wie versprochen die Sonate nach ›Petruschka‹ schreiben und brauchte dazu meine Anwesenheit. In Vichy führten mich Paul und Zosia vom Bahnhof unmittelbar zu ihrem Arzt. »Du sollst unbedingt ein paar Tage kuren, das tut dir gut, und der Arzt erwartet dich bereits.« Da ich mich einer Kur in keiner Weise bedürftig fühlte, kam ich nur widerstrebend mit. Der Arzt untersuchte mich sehr flüchtig und stellte sogleich einen Kurplan auf. »Um sieben Uhr früh nehmen Sie zusammen mit Ihren Freunden zwei Glas Wasser zu sich, anschließend bekommen Sie Wassermassage.« Gehorsam trank ich mit Kochanskis das scheußlich schmeckende Wasser und wurde von ihnen anschließend in das Massagegebäude geführt; sie selber hatten andere Verordnungen einzuhalten. Es begann damit, daß ein kräftig gebauter Mensch im Badeanzug mir befahl, mich auszuziehen und alsdann einen Wasserschlauch auf mich richtete. Er bespritzte mich mit einem starken Strahl wie ein Blumenbeet, wobei er die Temperatur des Wassers mehrfach veränderte. Diese Prozedur war mir im höchsten Grade peinlich, denn sie wirkte nicht beruhigend, sondern sexuell erregend. Damit reichte es mir, und ich habe nie wieder eine solche Kur gemacht. Im Hotel trank ich zwei Tassen Kaffee, aß Eier und Speck, drei Croissants mit Marmelade und rauchte anschließend eine dicke Zigarre. Die bedauernswerten Kochanskis waren den ganzen Tag lang die Gefangenen ihres grausamen Kurplans, also hatte ich bei diesem Besuch so gut wie nichts von ihnen. Während ich den Lunch nahm, ruhten sie, und wenn ich abends Pläne fürs Diner machte, gingen sie schlafen. Die Abende und die halben Nächte verbrachte ich also allein mit wechselndem Glück am Spieltisch im Kasino. Nach einigen Tagen dieser »Kur« reiste ich weiter nach Biarritz.

Strawinsky war bereits da und bewohnte eine ihm von einem Bewunderer zur Verfügung gestellte Villa unweit der Stadt in einem Ort, der sonderbarerweise Chambre d'Amour hieß, aber nichts dergleichen zu bieten hatte. Ich bekam zum Glück ein hübsches Appartement, bestehend aus Salon, Schlafzimmer und Bad im Parterre des Hotel du Palais, mit großen Fenstern fast unmittelbar am Wasser. Aus Bayonne ließ ich ein gutes Piano kommen und konnte so einige neue Sachen für mein Repertoire üben. Enrique erhielt in der Nähe ein kleines Zimmer. Nachmittags besuchte ich meist Strawinsky, der hauptsächlich mit ›Mavra‹ beschäftigt war, aber auch an dem ›Petruschka‹-Arrangement schrieb, das er mir Blatt um Blatt vorlegte, so wie er sie niedergeschrieben hatte. Ich wagte gelegentlich, ihn auf den einen oder anderen Effekt hinzuweisen, den ich durch meine Pedaltechnik besonders gut würde herausbringen können und riet ihm, einiges Nebensächliche aus der Orchesterpartitur wegzulassen, um die Textur durchsichtiger zu machen. Manchmal kam er auch zu mir, um zu zeigen, wie weit er mit den beiden Werken gediehen war. Abends allerdings machten sich meine frivolen, lebenslustigen Charakterzüge geltend. Ich speiste fast stets in Gesellschaft, meist im Café de Paris, damals berühmt wegen seiner vorzüglichen Küche. Anschließend begab ich mich ins Casino de Bellevue, das ungeheuer en vogue war. Dort traf ich Freunde aus Madrid, San Sebastian und Paris an. Die einzige Konkurrenz war das Casino von Deauville, doch die Saison lag dort zu einer anderen Jahreszeit, und die reiche Klientel brauchte auf keines von beiden zu verzichten. Ich spielte am liebsten Roulette oder Chemin de Fer mit Bekannten. Als eingefleischte Nachteule blieb ich, bis das Casino schloß. Die Spieler waren meist Freunde und Bekannte von mir, allesamt gute Verlierer, wenn es sich traf. Ich selber nahm stets eine bestimmte Summe Geldes, mit der ich das Glück herauszufordern bereit war; brachte ich die gleiche Summe heil zurück, war ich glücklich, und wenn ich was dazugewann, kam es mir vor wie ein Wunder.

Eines Nachts hatte ich großes Glück und schleppte 20 000 gewonnene Francs ins Hotel. Ich zählte sie vorm Schlafengehen noch einmal, um mich zu überzeugen, daß ich nicht träumte. Am nächsten Vormittag mit der Zigarre beim Kaffee erzählte ich Enrique, der eben mit den frisch gebügelten Kleidern hereinkam, von meinem Glück. Als ich gebadet und mit Enriques Hilfe angekleidet war, nahm ich die Dinge vom Tisch, die ich in die Tasche stecken wollte, darunter auch das Bündel Geldscheine aus dem Spielkasino, und aus purer Freude an meinem Gewinn zählte ich es noch einmal. Statt der gewonnenen zwanzig Tausendfrankenscheine waren nur neunzehn vorhanden. Ich zählte noch einmal, suchte im Zimmer, schaute unter dem Tisch nach, doch alles vergeblich. Schließlich fragte ich Enrique, ob er von dem Geld genommen habe, um etwas für mich zu bezahlen.»Nein, wahrscheinlich haben Sie sich gestern abend verzählt.« Nun war ich überzeugt, Enrique habe den Schein genommen, während ich im Bad war. Ich fragte ihn also rundheraus, und er bestritt, das Geld genommen zu haben, aber ich sah ihm an, daß er Angst hatte.»Enrique, du weißt, ich habe dir immer vertraut, aber diesmal mußt du mir beweisen, daß nicht du das Geld genommen hast. Kehr die Taschen um.« Nach kurzem Widerstreben brachte er den Geldschein ans Licht.

Das machte mich sehr unglücklich, denn in Enrique hatte ich nicht nur meinen Diener gesehen, sondern einen Freund. Nun fiel mir ein, daß auch in Mexiko gelegentlich Geld gefehlt hatte, meist kleinere Goldmünzen, und zwar nicht nur mir, sondern auch der Besanzoni. Damals erlaubte ich mir nicht, ihn zu verdächtigen, doch nun sagte ich betrübt: »Ich zeige dich nicht an, aber du mußt auf der Stelle gehen. Ich will dich nie wieder sehen.« Weil ich den Kleinen gern hatte, fiel es mir schwer, die Enttäuschung zu verwinden. Strawinsky, dem ich davon erzählte, lächelte sardonisch:

»Alle Dienstboten sind geborene Diebe.« Das machte mir nicht gerade Mut, mich nach einem anderen Diener umzusehen.

Kurz darauf erwachte ich nach einer langen Nacht im Kasino mit ertaubtem Kleinen- und Ringfinger der linken Hand. Nun war es schon öfter passiert, daß ich in der ganzen Hand kein Gefühl gehabt hatte, wenn ich sie im Schlaf ungeschickt gehalten hatte. Ich legte dann die andere Hand aufs Herz und fühlte gleich darauf, wie das Blut in die ertaubte Hand zurückströmte. Als ich das nun tat, blieb der Erfolg aus, beide Finger waren tot, fühlten sich an wie aus Holz und ohne Verbindung zu meinem Körper. Ich fühlte mich völlig gesund und fand keine Erklärung. Mir fiel nur ein, daß beim Roulettespiel der Aufregung wegen meine Hände dazu neigten, steif und blutleer zu werden, während ich der rollenden Kugel zusah. Dann half aber unfehlbar ein Cognac. Ich bedachte ferner, daß die stark salzhaltige Seeluft meine Hände beeinträchtigen könnte, denn ich schlief bei offenem Fenster. Einen Arzt aufzusuchen, fürchtete ich wie den Teufel, denn bestimmt würde er eine fatale Diagnose stellen. Anvertrauen durfte ich mich auch niemandem, denn die Presse sollte davon keinen Wind bekommen. Ich beschloß statt dessen, in San Sebastián ein Konzert zu geben in der wahnwitzigen Hoffnung, meine armen Finger würden mich im Ernstfall schon nicht im Stich lassen. Im Laufe der Jahre hatte ich die Erfahrung gemacht, daß Fieber, Zahnschmerzen, Kopfschmerzen, Katarrhe und Erkältungen sich für die zweistündige Dauer des Konzertes verflüchtigen und erst anschließend wiederkehren.

Mein Konzert in San Sebastián war ausverkauft, sogar die Königin, die sich gerade dort aufhielt, war anwesend, und ich begann das erste Stück mit den beiden Fingern so ertaubt wie vorher. Nach all diesen Jahren darf ich sagen, ich habe niemals so schlecht gespielt wie damals. Ich mußte das ganze Programm mit acht Fingern und zwei Stückchen Holz bewältigen, und wenn ich kraftvoll die Baßtasten anschlug, hätte ich, ohne es zu spüren, einen oder beide Finger brechen können. Die Zuhörer bemerkten, daß etwas nicht in Ordnung war, hatten mich unterdessen aber so liebgewonnen, daß sie applaudierten wie gewohnt. Zurück in Biarritz war ich fest überzeugt, meine Laufbahn sei zu Ende.

Etliche Tage später setzte sich eine reizende junge Amerikanerin, die ich im Casino kennengelernt hatte, zu mir an den Tisch im Café de Paris und machte ganz unbefangen den Vorschlag, wir sollten doch gemeinsam speisen. Und dieser mir fremden jungen Dame, die praktisch schon auf der Rückfahrt nach Amerika war, vertraute ich wie beiläufig meine schreckliche Tragödie an. »Ich muß übrigens die Solistenlaufbahn aufgeben und irgendwo in den Staaten Klavierlehrer werden, denn seit vierzehn Tagen kann ich zwei meiner Finger nicht mehr gebrauchen und infolgedessen nicht mehr konzertieren.« Darauf lachte sie ungläubig. »Was für ein Unsinn! Ihre Hände sehen ganz unverändert aus, ich merke ihnen nichts an.« Beim Kaffee erläuterte ich ihr meine Beschwerden, und darauf sagte sie: »Kommen Sie gleich mit zu meinem japanischen Masseur. Der kann Ihnen bestimmt helfen.« Erwartungsvoll machte ich mich klopfenden Herzens mit ihr auf den Weg. Nachdem ich all die Zeit her niemandem ein Wort über meinen Zustand gesagt hatte, war es ein wahrer Segen, so unverhofft auf ein Hilfsanerbieten zu stoßen.

Der Masseur war ein junger Japaner mit dicken Brillengläsern. Er schob meinen linken Ärmel hoch und betastete den Arm an allen erdenklichen Stellen. Auf einen bestimmten Punkt übte er sodann anhaltenden Druck aus, strich sanft die ertaubten Finger entlang, drückte dann wieder auf die Stelle am Arm, und nun fühlte ich das Blut in den Fingern pulsieren. Ich spürte sogar Schmerzen, weil ich sie in meiner Verzweiflung so erbarmungslos behandelt hatte. Ich weinte vor Dankbarkeit, umarmte meinen Retter und inniger noch meine Retterin.

Ich fühlte mich wie neugeboren und ging vormittags mit frischer Begeisterung an die Arbeit. Strawinsky hatte die ›Petruschka‹-Bearbeitung fertig. Zu meinem Glück war er ein pedantischer Kopist seiner eigenen Werke, ganz im Gegensatz zu Beethoven, dessen Kopist vermutlich im Irrenhaus endete. Das Manuskript war ein königliches

Geschenk, fehlerlos geschrieben und als Büchlein gebunden. Die Notenlinien führte Igor mit einem eigens erfundenen Gerät aus, einer Rolle mit fünf winzigen Rädern zwischen beweglichen Halterungen. Die tauchte er in Tinte, und schon drückten sich gerade so viele Linien aufs Papier, wie er brauchte. Wollte er etwas drüber schreiben, konnte er den Zwischenraum zwischen den Linien verringern. Auf diesen gescheiten Einfall war er sehr stolz. Auf der ersten Seite waren in kalligraphischen Buchstaben Titel und Datum zu sehen, darunter auf Russisch die Widmung: »Meinem Freund Arthur, dem großen Künstler, zugeeignet«, samt seiner Unterschrift. Die Sonate hat drei Sätze: ›Danse Russe‹, ›Chez Petruschka‹ und ›La Semaine grasse‹. Die Transkription war brillant, man hörte förmlich das gesamte Orchester. Doch war sie schwer zu spielen. Als ich bemerkte, diese oder jene Passage hindere den dynamischen Fortgang des Stückes, sagte er nur: »Spielen Sie es, wie Sie Lust haben, ich lasse Ihnen freie Hand.« Ich machte von seiner Erlaubnis reichlich Gebrauch, ließ aber niemals eine Platte davon aufnehmen, denn ich kannte Igor dafür zu gut. In schlechter Laune war er durchaus imstande zu sagen: »Rubinstein verpatzt mit seinem Spiel meine Komposition.« Mit seiner Arbeit an ›Mavra‹ war er weniger zufrieden. Er versuchte sich darin auf eine opernhafte, leicht eingängige Weise, und sagte darüber: »Nun klingt es nach Verdi.« Das stimmte jedoch nicht, es klang immer noch wie Strawinsky, aber nicht wie der echte. Das Werk hatte keinen Erfolg und wurde bald gar nicht mehr aufgeführt.

Igors Privatleben ging auch nicht nach Wunsch; sein feister bärtiger Schwager war ihm mit seiner bildschönen Tochter aus Paris gefolgt, denn er rechnete auf Unterstützung durch den berühmten Verwandten, der sich nicht anders zu helfen wußte, als seinerseits mich um Hilfe anzugehen. Das geschah übrigens nicht zum ersten Mal. Bieliankin, dies der Name des Schwagers, hatte für eine geringe Summe das Landgut eines polnischen Revolutionärs erworben, dessen Eigentum unter der Zarenherrschaft beschlagnahmt und der selber nach Sibirien verschickt worden war. Die Regierung des freien Polen gab ihm nun sein Eigentum zurück, ohne Bieliankin zu entschädigen. Der beklagte sich in Paris bitter über das »schreiende Unrecht«, das ihm widerfahren sei. »Man hat kein Recht, es mir wegzunehmen, ich habe legal gekauft und bin bereit, polnischer Bürger zu werden.« Ich mußte mich zwingen, nicht laut zu lachen, Igor aber nahm das ganz ernst. »Sie kennen doch den polnischen Gesandten in Paris, Arthur?«

»O ja. Er ist Oberhaupt einer der ältesten polnischen Adelsfamilien – Graf Zamoyski.«

»Nun, dann wird er einsehen, daß meinem Schwager Unrecht geschehen ist und das an der richtigen Stelle zur Sprache bringen.«

»Das bezweifle ich stark«, sagte ich und bekam von beiden Herren Blicke zugeworfen wie ein Hochverräter. Man ließ mir keine Ruhe, bis ich versprach, die beiden samt ihrem Fall in der Gesandtschaft zu präsentieren. Ich gab meine Visitenkarte ab, der Gesandte empfing mich gleich darauf unter vier Augen und wollte sich ausschütten vor Lachen, als ich ihm halb ernst, halb scherzhaft die Geschichte der beiden erzählte. »*Quel toupé!*« rief er und sagte sodann: »Unser Finanzminister soll dem Mann in neuen Zloty den Betrag geben, den er damals in Rubel bezahlt hat. Das reicht vielleicht für eine gute Mahlzeit.«

Als ich meinen beiden Bittstellern den Ausgang der Unterredung mitteilte, rannten sie wutentbrannt allein davon. Ich tröstete mich im nahe gelegenen Fouquet bei einem *café Liègeois* und einer guten Zigarre.

In Biarritz nun setzte Bieliankin dem armen Igor erneut mit Hilfersuchen zu, die Strawinsky nicht erfüllen konnte. Wieder wurde ich um Rat gefragt. Für einen Eintänzer war er nicht geeignet, dazu war er zu fett und sah mit dem grauen Bart und der ungefügen Figur überhaupt mehr aus wie ein russischer orthodoxer Pope. An Musik in irgendeiner Form nahm er keinerlei Interesse. Schließlich fragte ich ihn, ob ihm eine bestimmte Tätigkeit vorschwebe. »Ich habe fast immer auf dem Lande gelebt und keinen Beruf.«

»Aber irgendwas müssen Sie doch besonders gut können«, drang ich in ihn. Da lebte er plötzlich auf. »Kochen! Ja, kochen tue ich liebend gern!« Weil ich meinerseits gern esse, erwachte nun mein Interesse, und mir kam ein Gedanke. »Könnten Sie ein Restaurant führen?« Er klatschte in die Hände. »Das war schon immer mein Traum.« Mir fiel ein, welche Goldgruben die russischen Restaurants in der rue Pigalle waren. »Machen Sie doch eins in Biarritz auf. Da wimmelt es von reichen Nichtstuern und *noceurs*. Suchen Sie ein Lokal in guter Lage, eröffnen Sie ein russisches Restaurant, das bis spät in der Nacht geöffnet bleiben darf und engagieren Sie zu den Essenszeiten jemand, der Akkordeon oder Balalaika spielt. Das könnte was werden.«

Er schwitzte nun förmlich vor Erregung. »Ein phantastischer Einfall, aber woher das Geld nehmen?« Ich sagte, ich kenne etliche Russen, die hier reich geheiratet hätten, und er selber könne Kredite bei den Banken aufnehmen, er brauche sie nur davon zu überzeugen, daß solche Lokale in Paris glänzend gingen.

Tatsächlich dauerte es nur Tage und er hatte die notwendigen Kreditgeber gefunden. Ich war froh, daß er mich damit nicht behelligte. Auch fand er mühelos zu einer geringen Pacht ein bankrott gegangenes Restaurant.

»Sobald Sie mit allem fertig sind, lade ich meine Bekannten aus Biarritz und San Sebastian zur Eröffnung ein. Das ist eine gute Reklame für Sie. Setzen Sie ihnen gute russische Speisen vor, werden Sie sich über Mangel an Kundschaft nicht zu beklagen haben. Alle meine Bekannten kennen das von Paris her.«

Weil das nun genau die richtigen Leute für einen derartigen Auftrieb waren, machte es keine Schwierigkeiten, einige zwanzig zusammenzutrommeln, samt einigen Pärchen, die gern die Nächte durchbummelten, dazu noch adlige Freunde aus Spanien und eine Handvoll professioneller Feinschmecker aus Frankreich.

Bieliankin und ich planten einen ganzen Nachmittag lang die Speisenfolge. Ich schlug als Vorspeise Blini und gepreßten Kaviar vor, den der Kenner dem frischen vorzieht, weil dieser oft zu salzig schmeckt. Dazu natürlich Wodka. »Smirnowka, selbstverständlich!« brüllte er, »Smirnowka!« Auf echten Borscht sollte sodann als entrée kaukasischer Schaschlik am Spieß mit Reis à la Russe folgen. »Als Wein ein guter Bordeaux.« Das rief bei Bieliankin Mißfallen hervor. »Bei einem solchen Diner kommt als entrée einzig Spanferkel in Frage.« Das nun wiederum mißfiel mir. »Ich verabscheue Spanferkel. In Rußland und in Polen sieht man in allen Fleischerläden die armen Köpfchen auf Platten ausgestellt, und ich habe diesen barbarischen Anblick nie ertragen können.«

Mein Einwand wurde zurückgewiesen. »Unbedingt müssen Spanferkel her«, beharrte er. »Unbedingt.« Und er rang die Hände. »Ich verstehe mich meisterhaft auf ihre Zubereitung. Und Schaschlik«, fuhr er verächtlich fort, »Schaschlik ist ein kaukasisches Gericht ohne jeden Geschmack.«

Nun, er war schließlich der Koch, nicht ich, und er setzte seinen Kopf durch. Als ich Käse erwähnte, lachte er nur düster. »Dieses Stinkzeug gehört auf keinen russischen Eßtisch.« Immerhin brachte er eine Nachspeise in Vorschlag, Gefrorenes mit Rum, wovon er behauptete, es sei eine russische Spezialität – glatt gelogen, wie ich wußte, denn genau dieses Zeug bekommt man in den chauvinistischsten französischen Restaurants. Dazu sollte es guten Champagner geben.

Das Eröffnungsdiner wurde viel spektakulärer als erwartet. Ich hatte ganz vergessen, wie viele Leute es gibt, die bereit sind, ein Verbrechen zu begehen, nur um anwesend zu sein, wo sie nicht eingeladen sind. Und die fanden sich denn auch bei Bieliankin ein. Das Lokal war gerammelt voll, und Bieliankin konnte nicht so reichliche Portionen servieren, wie er vorgehabt hatte, es hätte sonst nicht gelangt. Ein Umstand verschaffte mir große Genugtuung: die Hälfte meiner Bekannten lehnte es ab, vom Spanferkel zu essen, unter dem Vorwand, Blinis, Borscht und Kaviar seien reichlich gewesen. Es gelang Bieliankin sogar, gegen einen Hundelohn einen mittellosen russischen Akkordeonspieler zu engagieren, einen kleinen Kerl mit geschorenem Kopf, der mit traurigem Gesicht russische Zigeunerweisen spielte, die den völlig unmusikalischen Gästen Bravorufe entlockten.

Strawinsky erschien nicht zum Fest, wohl weil der Schöpfer des ›Sacre du Printemps‹ sich nicht zu dem von seinem Schwager gebratenen Spanferkel gratulieren lassen wollte. Ich hingegen, nicht verwandt oder verschwägert mit dem Kneipenwirt, ließ mir gnädig von meinen Bekannten für einen so vergnüglichen Abend danken. Tags darauf ereignete sich leider eine unliebsame Überraschung. Bieliankin präsentierte mir eine Rechnung, die zu bezahlen mein vorhandenes Geld nicht reichte; also mußte ich einige meiner argentinischen Wertpapiere verkaufen, was nur über die Banken in Biarritz, Paris und Buenos Aires zu machen war. Ich hatte gehofft, Bieliankin werde mir anständigerweise nur die Kosten in Rechnung stellen, die ihm wirklich entstanden waren; statt dessen berechnete er mir genau jene scharf überhöhten Preise, die von seinen reichen Müßiggängern zu fordern ich ihm empfohlen hatte. Die halbe Rechnung betraf allein die verfluchten Spanferkel, und als ich dagegen Einwände erhob, brach er fast in Tränen aus. »Wenn Sie wüßten, wieviel Mühe es gemacht hat, die aufzutreiben. In Bordeaux mußte ich anrufen, in Toulouse! Fast hätte ich sie aus Paris kommen lassen müssen! Das hat ungeheure Mühe gemacht, riesige Telefonkosten! Und da behaupten Sie, ich fordere zuviel Geld!« Da gab ich auf, denn mir war klar, mit wem ich es hier zu tun hatte: einem zynischen, undankbaren leidenschaftlichen Spanferkelfresser.

Sein Lokal wurde zur Goldgrube. La Boite Russe nannte er es. Später ließ er eine Tanzfläche einbauen, und es wurde zur letzten Zuflucht unverbesserlicher *noceurs*. Fein, wie ich bin, verkniff ich es mir, mich bei Igor über ihn zu beklagen, denn er kannte die Geschichte nur von der anderen Seite und war stolz auf seinen Schwager, diesen begabten Küchenchef und Finanzier.

Strawinsky blieb in Chambre d'Amour, um ›Mavra‹ zu beenden, während ich nach Paris zurückfuhr und hier Paul und Zosia vorfand, die ihre Kur in Vichy hinter sich hatten.

Kapitel 34

Nach dem Sieg über Deutschland verschlechterten sich, wie jedermann weiß, die weltpolitischen Verhältnisse mehr und mehr. Zwei amerikanische Senatoren, die von der Welt außer den USA nichts kannten, brachten Kongreß und Senat mit bombastischer Rhetorik dazu, sich dem Beitritt zum Völkerbund, dieser großen Schöpfung ihres eigenen Präsidenten, zu widersetzen. Damit war diese Vereinigung der Völker, die nach einem unmenschlichen Krieg einen dauerhaften Frieden anstrebte, zum schließlichen Scheitern verurteilt. Denn das unausgesprochene Motto des Völkerbundes lautete doch wohl: »Dieser Krieg wurde geführt, um Kriege ein für allemal unmöglich zu machen.«

Wilson verwand nicht, daß sein eigenes Volk ihn so verleugnete, und starb bald darauf. Und der junge Völkerbund überlebte seine Unfähigkeit, die Satzung zu verwirklichen, auch nicht lange.

Der deutsche Kaiser war außer Landes gegangen, Deutschland wurde Republik, die Nationalversammlung gründete sie in Weimar – dem Weimar Goethes und Liszts –, doch Ruhe kehrte nicht ein. Die Habsburger

Vielvölkermonarchie war aufgelöst, Kaiser Karl, Franz Josephs Großneffe, hatte bald von seinem schwankenden Thron abdanken müssen, Österreich war ein kleiner Staat geworden. Die siegreichen Alliierten waren durch den Krieg so gut wie ruiniert, und die vielen, von Wilson neu ins Leben gerufenen unabhängigen Nationen bedurften dringend der Hilfe Amerikas. Man muß gerechterweise sagen: Amerika half, so gut es konnte.

Das riesige russische Reich wurde nicht etwa kommunistisch im rechten Sinn des Wortes, seine Bürger wurden nicht freie und gleichberechtigte Teilhaber an den Schätzen des Landes, es fiel statt dessen der scheußlichsten Diktatur anheim, die sich denken läßt. Die aus Adel und Bürgertum zusammengesetzte Duma hatte zwar den Zaren zur Abdankung zwingen können, war aber zu schwach, Lenins wachsendem Einfluß und dem aufgehetzten Pöbel zu widerstehen. Unter Kerensky wurde noch der Versuch gemacht, die Ordnung wiederherzustellen und eine Republik nach westlichem Muster im Norden und Süden zu errichten, doch Trotzki und seine Rotarmisten errangen die Macht. Einzig Pilsudski gelang es 1920 in einem kurzen Feldzug, die Rote Armee zu besiegen und den Russen ihren Einfall in Polen heimzuzahlen.

Kapitel 35

Während eines kurzen Aufenthalts in London spielten Paul und ich in der Wigmore Hall und gaben noch ein paar ebenso unbedeutende Konzerte. Wir waren häufig mit Gandarillas zusammen, und von Lesley begleitet, sah ich einige gute Theaterstücke mit Gladys Cooper, Gerald du Maurier und Sir Charles Hawtrey. Auch hörten wir Opern in Covent Garden. William Jowitt, damals schon King's Councillor, kam niemals mit; »ich muß an meinen Plädoyers arbeiten«, gab er zur Entschuldigung an. Als ich eines Abends überraschend bei ihm eintrat, um mich zu verabschieden, saß er ins Kreuzworträtsel der ›Times‹ vertieft am Tisch.
Eine Freude war das Wiedersehen mit Schaljapin. Obwohl er in Rußland geradezu angehimmelt wurde, verwand er nicht, was seinen Freun-

den angetan worden war, und verließ das Land bei erster Gelegenheit. Er kehrte nie zurück. Die Direktion von Covent Garden und alle Opernenthusiasten empfingen ihn in London mit offenen Armen, und er sollte schon vierzehn Tage nach seiner Ankunft in seiner Glanzrolle als Boris Godunow auftreten. Ich verbrachte mit ihm soviel Zeit wie möglich, lieh ihm auch Geld für dringend benötigte Garderobe. »Artuscha, angeblich braucht man hier noch einen Zylinder? Führe mich in einen Laden, wo ich einen kriegen kann.«

Ich war stolz, zur Kundschaft des berühmten Hutmachers Lock zu gehören, dessen Laden auf der St. James Street seit zweihundert Jahren unverändert bestand. Im Fenster sah man schäbige Hüte aus längst vergangener Zeit, es gab noch die alten Eisengitter und das alte hölzerne Firmenschild. Der Fußboden drinnen war leicht mit Sand bestreut. Die derzeitigen Eigentümer wählten ihre Kunden sorgfältig aus, darunter die königliche Familie und der Hochadel. Ich brachte Schaljapin also zu Lock mit dem Vorsatz, alle meine Überredungskünste aufzuwenden, daß einer der größten Sänger der Welt in Gnaden angenommen würde. Wir traten ein, und sogleich erschien auf seinem Gesicht ein wütender Ausdruck. Er verließ unverzüglich den Laden, rief mich mit lauter Stimme hinaus und machte mir eine Szene.

»Ich habe Geld von dir genommen, Arthur«, sagte er, »aber du kriegst es zurück von meiner ersten Gage. Daß du mich in einen dreckigen Laden für Bettler führst, hätte ich nie von dir erwartet. Aber so tief bin ich nun doch nicht gesunken.« Es war schwer, ihn vom wahren Sachverhalt zu überzeugen, und es gelang eigentlich nur mit Hilfe der vielen weißen Hutschachteln, die Aufdrucke trugen wie ›HRH The Prince of Wales‹; ›The Duke of Norfolk‹; ›The Duke of Westminster‹ und so fort. Das war eine Überraschung für ihn, die ihn nicht nur freute, sondern auch ängstigte.

Schaljapins Auftritt in ›Boris Godunow‹ war das Ereignis der Saison. Die hochnäsige Londoner Gesellschaft vergötterte ihn. Täglich erhielt er Blumen und Delikatessen von Lady Diana Cooper, Lady Howard de Walden und anderen Damen. Insbesondere die Leckereien von Fortnum & Mason ließen Fedja und ich uns schmecken.

Vor der Abreise aus England gab ich mit Lionel Tertis ein schönes Konzert in der Wigmore Hall. Er machte mich mit jungen englischen

Komponisten bekannt, die eigens für ihn entzückende Sachen für Bratsche schrieben, der talentierteste darunter Arthur Bliss, ferner John Ireland, Frederick Delius und Arnold Bax. Sie alle haben die Musik Englands bereichert. Ich habe später mit Sir Henry Wood als Dirigent ein Konzert von Ireland gespielt; es war gute, typisch englische Musik. Tertis wurde weltberühmt, und man war in England stolz auf ihn. Seine Bearbeitungen der Violinsonate von Delius, von Elgars Cellokonzert und der Chaconne von Bach, die er in g-moll spielte, waren meisterlich.

Es war nun Zeit, nach Amerika aufzubrechen. Kochanskis und ich schifften uns wieder in Liverpool ein. Nach angenehmer Überfahrt stieg ich in New York wie üblich im Hotel Biltmore ab, und Zosia fand auf Manhattans Ostseite in den Vierzigern eine nette Wohnung.

Kapitel 36

Paul wurde nun Professor an der Juilliard School of Music; mit Efrem Zimbalist hatte er eine Meisterklasse. Seine besondere pädagogische Begabung erwies sich bald als Gewinn für das Institut. Seine Konzertreise war auf den späteren Winter angesetzt.

R. E. hatte für mich Engagements in Connecticut, Baltimore und wieder eines seiner verflixten ›musicales‹ in Washington parat. Immerhin spielte ich in Boston unter Monteux das f-moll-Konzert von Chopin. Mein alter Londoner Freund, der berühmte Maler John Sargent, war im Konzertsaal, führte mich anschließend zum Essen aus und lud mich auf den folgenden Tag in die Public Library ein, eines der imposanten Gebäude Bostons; er malte die große Halle mit Fresken aus.

Ferner führte er mich in die Privatgalerie einer großen Kunstsammlerin, Mrs. Gardiner, die Neugierige nicht einließ, sondern ihre Bilder, die sie mit Hilfe des berühmten Kunstkenners Bernard Berenson zusammengekauft hatte, einzig guten Freunden und deren Bekannten zeigte.

R. E. ließ mich sogar in Colorado spielen, in zwei Universitätsstädten, wohin mich der tüchtige Konzertmanager Arthur Oppenheimer aus Denver engagierte. Es war allerdings mehr seine Frau, die einen Narren an mir gefressen hatte. Als Heifetz vor ausverkauftem Haus in Denver ein Konzert gab, war ich Gast der Oppenheimers, und wir gingen zusammen hin. »Sie müssen mich mit Heifetz bekannt machen, Arthur«, verlangte mein Namensvetter, »ich brauche ihn unbedingt für eine Tournee.« Ich tat das denn auch, und alle waren glücklich, auch Jascha, der für diese Tournee eine hohe Gage erhielt.

In New York gab ich mit Paul einen Sonatenabend, und der Schweizer Komponist Ernest Bloch tat uns die Ehre an, uns die Welturaufführung seiner Violinsonate anzuvertrauen. Wir spielten aus dem Manuskript. Bei den Proben gab uns der Komponist wertvolle Hinweise auf die Tempi und andere Einzelheiten. Er seinerseits hörte sich sehr aufmerksam die Ratschläge an, die Paul ihm für Verbesserungen des Geigenparts gab, änderte im Klavierpart auf meine Anregungen hin ein oder zwei Stellen. Beim Konzert wendete er mir selber die Noten um. Wir spielten das Werk mit viel Schwung, und es gefiel gut. Als wir Bloch dazu bewogen, sich vor dem Publikum zu verbeugen, bekam er eine Ovation, und dann folgte die übliche Komödie des Umarmens und Händeschüttelns zwischen Komponisten und Interpreten, wie man sie dem harmlosen Publikum zu bieten pflegt. Hinterher, im privaten Zusammensein, sprach uns Bloch erst richtig seinen herzlichen Dank aus.

Mein Freund Alfred Hertz engagierte mich wieder als seinen Solisten nach San Franzisko. Der dortige Manager hieß zwar nicht Oppenheimer, aber immerhin Irving Oppenheim, und er war ganz reizend. Und auch hier wieder war die Frau, Blanche, meine eigentliche Stütze. Ich gab einen Abend in San Franzisco, einen in Oakland und einen an der Universität in Berkeley. Oppenheim lud mich zum jährlichen Footballspiel zwischen der Universität von Kalifornien und der Stanford-Universität ein, das in einem riesigen Stadion stattfand. Die 80000 Zuschauer versetzten mich weniger ihrer Zahl als ihrer Aufführung wegen in Schrecken. Ich war übrigens zum ersten Mal Zuschauer bei einer solchen Veranstaltung. Hier hatte ich den Eindruck, in einen Krieg zwischen zwei Universitäten geraten zu sein, der mit einer mörderischen Schlacht enden würde. Die Parteigänger brüllten sich die Kehle aus dem Halse beim geringsten Vorteil oder Nachteil ihrer Mannschaften. Erzielte einer der Spieler einen merklichen Vorteil, wurde das von bildhübschen jungen Mädchen in kniehohen Stiefeln, deren Beine im übrigen aber unbekleidet waren, durch wilde Tänze gebührend gewürdigt. Ihr Schlachtruf klang anfangs in meinen Ohren wie eine Solfeggienübung, doch bekam ich dann heraus, daß er nicht »re« lautete, sondern »rah«. Oppenheim, sonst ein gesetzter Bürger, betrug sich wie ein Wilder aus dem Dschungel. Er beschimpfte die Stanforder mit den schweinischsten Ausdrücken, sprang wie ein Verrückter herum, wobei er mir auf die Füße trat, und war sehr bald stockheiser, denn er kreischte wie am Spieß, wenn seine alma mater einen Punkt gewann.

Gewinnen tat dann aber doch Stanford, und wir kehrten als zwei schwer geschlagene, müde Krieger zurück nach San Franzisko.

In Portland, Oregon, sollte ich mit dem Orchester spielen und hatte zu diesem Zwecke mit dem Dirigenten Beethovens G-Dur-Konzert verabredet, bekam aber vierzehn Tage vorher ein Telegramm: »Das Komitee wäre dankbar, wenn Sie nicht Beethoven spielen würden, sondern Rubinsteins d-moll-Konzert.« Das verdroß mich ungemein, denn mißtrauisch, wie ich bin, glaubte ich, man wolle mit den gleichen Namen auf dem Programm arglose Zuhörer anlocken, die entweder glauben sollten, der alte Anton werde persönlich erscheinen oder der Komponist heiße Arthur. Deshalb telegrafierte ich zurück: »Kündigen Sie mich doch gleich als Arthur van Beethoven an.« Man verstand mich denn auch.

Eben dieses Konzert hatte ein unseliges Nachspiel. Ich wurde von dem Besitzer eines Warenhauses und dessen sehr schönen Frau nach dem Konzert zum Essen gebeten, und da wir an einem kleinen Tisch saßen, kam mein nervöses Bein unversehens mit dem bildschönen Bein meiner Gastgeberin in Berührung. Ich war davon wie elektrisiert und wagte es, sie für den folgenden Tag zum Lunch einzuladen. Mein Zug sollte erst am Abend gehen. Sie nahm an und fügte hinzu: »Ich zeige Ihnen nachher unser Haus im Gebirge, wir haben von dort einen herrlichen Ausblick.«

Der Lunch verlief recht kurzweilig, sie amüsierte sich sehr über alles, was ich aus meinem Leben zu erzählen hatte, und wir stiegen vergnügt in ihren Oldsmobile, den sie selber steuerte. An den Rändern der Landstraße türmte sich weggepflügter Schnee, und es war gar nicht einfach, die steile Straße zu befahren. Als ihr auffiel, daß ich nervös wurde, beruhigte sie mich lachend: »Keine Angst, ich bin eine gute Fahrerin.« Die

Unterhaltung wurde nun immer pikanter, und unvermittelt packte ich ihr Köpfchen und küßte sie drängend auf den Mund. Offenbar war ihr das nie zuvor widerfahren, denn sie ließ das Steuer los und schloß die Augen. Der Wagen landete in einer Schneemauer und stürzte um. Wir kletterten etwas angeschlagen heraus und betrachteten die neue Lage. Ich dachte an meinen Zug und ihren Mann und fragte nervös: »Was machen wir jetzt?«

»Holen Sie Hilfe. Unten an der Straße ist eine Tankstelle.«

Meine Pianistenbeine waren an Pedale gewöhnt, nicht aber an schneeglatte Landstraßen. Stets in Gefahr auszugleiten, kam ich nach einer guten halben Stunde bei der Tankstelle an, und es vergingen weitere drei Stunden, bis wir sicher in der Stadt zurück waren, zum Glück noch rechtzeitig, um ihren Mann nicht zu alarmieren, und vor Abgang meines Zuges. Dieser fatale Kuß ist uns beiden unvergessen geblieben, doch mit der Zeit wurde daraus, wie es eben so geht, eine unterhaltsame Anekdote.

In New York fand ich Paul mit der Vorbereitung seiner Tournee beschäftigt. Er hatte einen guten Begleiter gefunden, Pierre Luboschutz.

Nach seinem Triumph in London war Schaljapin von der Metropolitan engagiert worden, und als ich ihn am Morgen seiner Ankunft anrief, bat er: »Artuscha, komm zu mir frühstücken.« Ich ließ mich also ins Hotel Astor fahren und fand ihn im Morgenrock in seinem Appartement vor. Er umarmte mich nach russischer Sitte, schlug mir auf die Schulter, küßte dreimal meine Wange. Dann bestellte er ein königliches Frühstück für zwei – Speck und Eier, Croissants, alle verfügbaren Marmeladen, Käse und ich weiß nicht was noch alles – und erzählte sehr anregend von London. Ich meinerseits erzählte von New York. Als ein kleiner feister Mensch hereinkam, stellte ihn Fjodor als seinen Agenten vor, »ein richtiges Schlitzohr, ein russischer Jude. Hüte dich vor ihm.« Der Mann nahm lächelnd auf einem Stuhl am Fenster Platz, obwohl ihm nicht einmal eine jämmerliche Tasse Kaffee angeboten worden war. Nach dem Essen fragte Schaljapin: »Ich möchte in dein Konzert kommen. Was spielst du jetzt?«

»Meine Tournee ist zu Ende«, sagte ich bedauernd. »Ich studiere derzeit eine Sache ein, die dir bestimmt Vergnügen macht, nämlich eine Sonate, die Strawinsky für mich nach ›Petruschka‹ geschrieben hat.«

»Ho, ho!« rief er entzückt. »Spiel mir gleich daraus vor.« Ich setzte mich an sein Klavier und trommelte munter die ›Danse Russe‹ herunter. Schaljapin, der ›Petruschka‹ gut kannte, wollte alles hören. Dann umarmte er mich begeistert. »Großartig bist du, großartig!« Und zu seinem Agenten gewandt, den er mit Du anredete: »Da hast du mal was Gutes zu hören bekommen, Sol, wie?« Und laut zu mir: »Der Bursche hat nämlich keine Ahnung von Musik.«

Wenige Tage später bestellte R. E. mich in sein Büro. »Ein gewisser Hurok, ein ganz gerissener Bursche, veranstaltet eine Reihe Konzerte im Hippodrome; das hat fünftausend Sitzplätze, er kann also berühmte Künstler zu billigen Eintrittspreisen auftreten lassen. Er möchte Sie zusammen mit Titta Ruffo präsentieren, der der Star ist. Sie sollen zwischendurch was auf dem Klavier spielen. Ich habe fünfhundert Dollar verlangt, aber das Schwein hat mich auf dreihundert gedrückt. Trotzdem – nehmen Sie's, denn es kann nicht schaden, wenn Sie vor einem großen Publikum spielen.« Selbstverständlich nahm ich an. Der kleine Mann, den Fjodor so nachlässig behandelte, war Sol Hurok, eben jener Hurok, dessen Name ein Synonym für Erfolg wurde.

Titta Ruffos Konzert, bei dem ich sozusagen Hilfsdienste zu leisten hatte, fand also im Hippodrome statt, wo den New Yorkern meist Zirkusvorstellungen geboten wurden, mit wilden Tieren, dressierten Pferden und ähnlichem, und es stank dementsprechend nach Pferdemist. Ich fand es beschämend für große Komponisten, daß ihre Werke in solcher Umgebung erklangen, doch Hurok konnte auf diese Weise die berühmtesten zeitgenössischen Künstler vor vollem Haus zu niedrigeren Eintrittspreisen auftreten lassen als die Direktion der Carnegie Hall.

Titta Ruffo war an jenem Abend nicht bei Stimme. Schon in Mexiko hatte er über Kehlkopfbeschwerden zu klagen gehabt, und bald darauf sah er sich gezwungen, seine Laufbahn aufzugeben. Ich hingegen war nie besser in Form gewesen. Zu Huroks Verblüffung wurden Ruffos Arien recht lauwarm aufgenommen, während das bewährte ›Navarra‹ und der ›Feuertanz‹ als Zugabe jene Ovationen auslösten, die ich von Buenos Aires und Madrid gewohnt war, in den USA bislang aber nie bekommen hatte. Das war nach so vielen Enttäuschungen ein rechter Trost für mich.

Zosia gab in ihrer Wohnung unentwegt Parties, und Paul wurde das zuviel. Wenn er nach einem arbeitsreichen Tag an der Juilliard School heimkam, wollte er den Abend still in Gesellschaft von Freunden verbringen, gelegentlich Karten spielen und zeitig zu Bett gehen. Sein Magen machte ihm zu schaffen, und er brauchte wieder dringend eine Kur im Sommer. So plante er denn, einen Teil des Sommers in Evian am Genfer See zu verbringen, wohin ich ihn begleiten wollte, denn man kann von dort aus schöne Ausflüge machen – beispielsweise ins Casino oder auch nach Genf.

Vor der Abreise aus New York erkundigte ich mich bei George Engels, ob er mir für die folgende Saison eine Tournee arrangieren könne – ohne Garantiesumme, nur mit prozentueller Beteiligung an den Einnahmen. Er ging ohne weiteres darauf ein. Von R. E. Johnson und Lulu trennte ich mich ohne Bedenken. Unser Vertrag war abgelaufen, und R. E. selber meinte, er könne nicht viel für mich tun. Diesmal machte ich mich allein auf die Reise nach Paris, denn Kochanskis hatten beschlossen, dauernd in New York zu wohnen.

Kapitel 37

Valmalète arrangierte für mich zwei Klavierabende in der Salle Gaveau und sechs oder sieben in der Provinz. Am ersten Abend in der Salle Gaveau gab ich vor einem recht gut besetzten Saal die Uraufführung der ›Petruschka‹-Stücke ganz auf meine eigene Weise, das heißt mehr als ein Werk für Orchester denn für Klavier allein, so wie ich es im Ohr hatte. Das Publikum war hingerissen. Weil das zweite Konzert innerhalb eines einzigen Tages ausverkauft wurde, setzten wir ein drittes an. Die ›Petruschka‹-Suite trug viel dazu bei, meinen Ruf in Europa zu verbreiten, denn man wollte sie überall hören, und wo ich sie spielte, mußte ich sie in das Programm des folgenden Konzertes aufnehmen. Die Gagen, die ich in Europa erhielt, waren mit den amerikanischen nicht zu vergleichen. Seit dem Krieg war das Geld überall weniger wert, doch konnte ich mir immer noch leisten, als der Verschwender zu leben, der ich nun einmal bin. Auf meinem Bankkonto war aber häufig kein Sou. Merkte ich, daß mir das Geld ausging, arrangierte ich sogleich eine Tournee durch Südamerika, von wo ich mit gefüllten Taschen zurückkehrte.

Ernesto de Quesada engagierte Paul für eine Konzertreise durch Argentinien und Uruguay; er garantierte ihm eine feste Summe und übernahm die Reisekosten. Ich schloß mich ihnen an, einesteils, weil ich Geld brauchte, andernteils, um Paul das Debüt auf diesem für ihn neuen Kontinent zu erleichtern. Durch Ruiz ließ ich für den September mehrere Klavierabende ansetzen und durch Pellas einige für Ende August in Rio de Janeiro.

In Paris erwartete mich bereits mein reizendes Appartement im Majestic. Tauber, dieser wahrlich generöseste aller Hoteliers, sagte: »Es steht Ihnen immer zur Verfügung, und während Ihrer Abwesenheit vermiete ich es jeweils nur für zwei oder drei Nächte.«

Bei Eugenia traf ich Blaise Cendrars und fand ihn noch viel liebenswürdiger als erwartet. Er hatte im Kriege den linken Arm verloren und wehrte mein aufrichtiges Bedauern lachend ab. Er besaß einen zum Spott, gelegentlich auch zur Grausamkeit neigenden Humor, war aber stets geistvoll und originell. Er konnte einen gleichzeitig lachen und weinen machen. Dies hatte er mit Jean Cocteau gemein, von dem er äußerlich so verschieden war. Ich war sehr stolz auf unsere Freundschaft.

Auch Picasso kam an jenem Tag auf einen Sprung herein. »Wieso weiß ich nicht, daß Sie wieder da sind, Arturo?« fragte er, als wäre ich fünf Tage fortgewesen und als wären nicht fünf Jahre vergangen, seit wir uns zuletzt gesehen hatten. Er war jetzt nach dem Kriege der gefeiertste, meistbewunderte Maler, und als schüchterner Mensch hatte ich nicht gewagt, ihn anzurufen oder zu besuchen. »Möchten Sie mich nicht mal in meiner scheußlichen Wohnung in der rue La Boétie besuchen? Ich zeige Ihnen Bilder, und Sie bekommen auch Kaffee.« Unnötig zu sagen, daß ich entzückt war.

Schon am nächsten Nachmittag erklomm ich die beiden Treppen. Er erwartete mich, machte selber auf und führte mich direkt ins Atelier. Die Wohnung war in der Tat scheußlich, und ich konnte mir gut vorstellen, daß er lieber noch in dem schäbigen, dreckigen Bateau Lavoir von Montmartre gehaust hätte als in diesem kleinbürgerlichen Quartier. Was er sein Atelier nannte, war der typische sogenannte Salon, eine Art Wartezimmer wie beim Zahnarzt, doch weil er Picasso war, war das eben auch ein Atelier von Picasso. Mit der bemalten Seite lehnten Dutzende von Leinwänden an der Wand; auf dem sonst leeren Tisch stand nur ein Tongefäß mit Pinseln aller Größen. Die Tischplatte war mit Farben beschmiert, die Wände waren leer, abgesehen von ausgerissenen Seiten aus Illustrierten und großen Photos von befremdlichen Skulpturen. Auf dem Fußboden standen afrikanische Holzplastiken mit überlangen Oberkörpern, kurzen Beinen und ungemein stark betonten Geschlechtsteilen. Doch nahe dem Fenster gab es auch eine Staffelei, und darauf sah man den einzig wirklich schönen Gegenstand in diesem Raum: ein Bild des Meisters, darstellend eine Gitarre auf einem Stuhl, auf einem Tischchen eine Weinflasche, eine Zeitung und Gläser. Den Hintergrund bildete sein Balkon mit dem kunstlosen Eisengitter. Picasso verlieh diesem banalen Tableau soviel Leben und Farbe, daß ich sprachlos staunte. Es dauerte eine Weile, bis ich begriff, welch ein Kunstwerk ich da vor mir hatte. Ich blieb also stumm, und das gefiel ihm. »Leere Worte sind mir zuwider«, sagte er. »Über Bilder läßt sich nichts sagen, man liebt sie oder verabscheut sie, aber mit Worten lassen sie sich nicht erklären.«

Als nach dem Zweiten Weltkrieg Bilder von Picasso astronomische Preise brachten, fragte eine reiche Amerikanerin, die sein Atelier besuchen durfte, indem sie auf eines der Bilder deutete: »Was stellt das dar?«

»Zweihunderttausend Dollars«, lautete Picassos Antwort.

Ich besuchte ihn fast täglich, und immer sah ich ihn an jenem Bild malen, das bei meinem ersten Besuch auf der Staffelei gestanden hatte. Ungeachtet meiner Schüchternheit konnte ich mich nicht enthalten zu fragen: »Ist das eine Auftragsarbeit? Herrscht große Nachfrage nach solch einem Sujet?« Er schaute mich voll Bedauern an. »Was für eine dumme Frage! Das Licht ist jeden Moment anders, kein Tag ist wie der andere, und was immer ich male, es ist stets ein anderes Sujet.« Das war eine gute Lehre für mich, denn mir wurde plötzlich klar, daß ich immer das Gefühl habe, im Konzert, wenn ich ein Stück wiederhole, das ich schon oft gespielt habe, ein ganz neues zu spielen.

Picasso war in seiner Ehe nicht glücklich. Olga Kochlowa, eine von Diaghilevs Tänzerinnen, die ich aus San Sebastián noch gut kannte, war eine stupide Russin, die gern mit einem Vater prahlte, der angeblich Oberst im Leibregiment des Zaren gewesen war. Von ihren Kollegen hörte man jedoch, er sei bloß Sergeant gewesen. Auch war sie sozusagen Berufsjungfrau. Picasso sah in ihr ein geeignetes Modell, und sie saß ihm, ohne zu wissen, daß dies bedeutete, sie würde auch mit ihm schlafen müssen. Der Maler stieß also auf erheblichen Widerstand, den sie in die Worte kleidete: »Ich bin Jungfrau und gebe mich niemandem hin außer meinem Gatten!« Picasso wurde eine Weile zwischen seinem Begehren und seiner Vernunft hin und her gerissen, doch unterlag der arme Kerl schließlich seinem Begehren und heiratete sie. Nachdem sie ihm auch noch einen Sohn geboren hatte, war es zu spät, den Fehler zu korrigieren. Die kleine Tänzerin hatte einen wahrhaft eisernen Willen, und ihr dankte er auch, daß er in dieser scheußlichen Wohnung in der rue La Boétie wohnte. Das alles berichtete er mit wachsender Wut. »Arturo, ich muß unbedingt hier raus. Lassen Sie uns heute abend ausgehen.« Ich führte ihn mit Vergnügen in das mir gründlich vertraute Nachtleben ein, und er fand sich darin rasch zurecht. Ich erinnere mich eines Abends, den wir gemeinsam in einem damals sehr frequentierten Nachtclub verbrachten. Eigentlich war ich zum Diner bei einer Gräfin de Castellane geladen, schützte aber Krankheit vor. Diese Dame erschien nun unseligerweise in eben diesem Club und sah mich – mit Mißbilligung, wie sich denken läßt. Sie lud mich nie wieder ein. Manchmal stießen auch Cocteau, Derain, Ansermet, Léon-Paul Fargue, einmal sogar Avila zu uns, dessen Zynismen hier allerdings auf taube Ohren stießen. Als er ging, war die einhellige Meinung: »Den Burschen sollte man aufhängen.«

Eines Morgens jammerte Strawinsky mir beim Frühstück in meinem Hotel wie üblich vor, daß es doch für einen Komponisten unerhört schwer sei, Geld zu verdienen. »Sie haben es leicht, Sie spielen Ihre Stückchen und bekommen Ihr Geld auf die Hand.« Seine ständig wiederholten Klagen verstimmten mich nachgerade.

»Igor«, sagte ich daher, »Sie spielen abscheulich Klavier. Ihr Ton ist so hart, daß ich mein Instrument hassen lernen könnte. Schreiben Sie sich doch ein leichtes Konzert und spielen es öffentlich vor. Ich wette, was Sie wollen, sämtliche Orchester werden sich darum reißen, Sie als Solisten zu haben. Die ganze Welt würde sich drängen, den größten lebenden Komponisten zu sehen und zu hören.« Dieser Vorschlag traf keineswegs auf taube Ohren, denn Strawinsky war nicht nur ein Genie, er hatte auch einen gut entwickelten Geschäftssinn. Auf meinen Rat hin schrieb er in wenigen Wochen sein Konzert für Klavier und Blasinstrumente, eine geschickte Komposition, zwar in seiner perkussiven Manier, aber mit einem cantablen Andante, das wie ein Pasticcio von Bach klingt. Kaum war bekannt geworden, daß es ein solches Werk nicht nur gab, sondern daß der Komponist bereit war, es selber zu spielen, machten ihm die meisten europäischen Orchester gute Angebote. Ich kann mit einigem Stolz behaupten, Strawinskys Laufbahn erst als Solist und später auch als Duospieler kreiert zu haben; er komponierte nämlich Duosonaten für einen wohlhabenden Geiger namens Samuel Dushkin und ging damit in Amerika auf Tournee. Sehr viel später trat er dann auch als Dirigent in Erscheinung und machte für seine eigenen Sachen seinen Vorrang vor anderen Dirigenten geltend.

Paul und Zosia kamen zu Beginn ihres Urlaubs nach Paris, und wir genossen hier den Frühling. Misia, unterdessen verheiratet mit dem katalanischen Maler José Maria Sert, gab häufig Einladungen, bei denen wir interessante Menschen kennenlernten. Coco Chanel, dieser Stern am Himmel der französischen *haute couture*, wurde Misias ständige Begleiterin. Die ungewöhnliche Coco, die es früher nicht leicht gehabt hatte, eignete sich in Gesellschaft ihrer neuen Freundin rasch das Gebaren der *»grande monde«* an und machte einen Salon in der rue St. Honoré, wo sie jedermann bei sich sah, der etwas war. Es hieß, sie habe einen großen Flirt mit Strawinsky, doch weiß keiner, wieviel daran war. Ich erinnere mich nur, daß er ihr einmal, als sie ihn bei einem Diner im Garten des Ritz um ein Glas Wasser bat, statt dessen ein großes Glas Wodka reichte – ob nun aus Übermut oder aus Eifersucht, bleibe dahingestellt. Coco leerte das Glas auf einen Zug, stand auf und fiel um. Ernste Folgen hatte das weiter nicht. Angenehmer ist die Erinnerung daran, daß sie Diaghilevs Produktion von Igors hübschem Ballett ›Pulcinella‹ finanzierte.

Misias Bruder Cipa Godebski, seine Frau Ida und ihre reizenden Kinder Mimi und Jean versammelten jeden Sonntag in ihrer kleinen Wohnung in der rue d'Athènes einen Kreis von glänzenden Musikern und Schriftstellern um sich. Ravel war der engste Freund der Familie, und ›Ma Mère l'Oye‹ schrieb er für Jean und Mimi, als beide noch klein waren. Später widmete er Misia sein großes Orchesterwerk ›La Valse‹.

Vor der südamerikanischen Tournee mußte Paul noch dringend eine Kur machen, daher fuhren wir zu dritt nach Evian und kamen sehr gut im Hotel Royale unter. Man erlaubte mir, einen kleinen Gaveau in einem der Gesellschaftsräume aufstellen zu lassen, wo ich hinter verschlossenen Türen üben konnte. Auch Paul übte dort mit Luboschutz, der sich zu uns gesellt hatte. Wie schon in Vichy beteiligte ich mich nicht am Kurbetrieb, sondern trank das heilende Wasser nur zum Essen. Statt dessen widmete ich mich ernsthaft der Arbeit an der Bach-Busoni-Toccata in C-Dur, der Sonate ›Les Adieux‹ von Beethoven und dem Vierten Scherzo von Chopin.

Im Restaurant speiste an einem benachbarten Tisch eine wunderschöne junge Brünette, stets allein und augenscheinlich hier zur Kur. Sie ließ sich eines Tages im Lesezimmer etwas von mir erklären, was sie in der Zeitung las, aber nicht verstand. Wir kamen ins Gespräch, und es ergab sich, daß sie in Paris einen *ami sérieux* hatte, der in vierzehn Tagen nachkommen wollte. Der Raum, in dem ich übte, diente von nun an gelegentlich anderen Übungen als solchen am Klavier, und diese charmante Einlage zwischen Bach und ›Les Adieux‹ gefiel mir ausnehmend.

Eine weitere angenehme Überraschung stellte die Ankunft von Sacha Guitry mit seiner neuen Frau dar, Yvonne Printemps. Sacha Guitry war, seit ich ihn in meinen frühen Jahren kennengelernt hatte, ein höchst erfolgreicher Bühnenautor und Darsteller geworden, und seine Frau war eine Schönheit. Sie hatte eine Stimme von einem Zauber ohnegleichen, war eine treffliche Komikerin und half ihm erheblich bei der Arbeit an seinen brillanten Stücken. Die Nachmittage und Abende verbrachten wir im Kreis um den Flügel, tranken Kaffee, lachten über Sachas beißende Witze und seine Schlagfertigkeit. Yvonne sang gelegentlich von mir begleitet ihre erfolgreichen Chansons, und Paul unterhielt uns mit Anekdoten und Imitationen. Es waren zwei herrliche Wochen.

Zur Überfahrt nach Südamerika bestiegen Kochanskis und ich in Cherbourg einen englischen Dampfer. An Bord traf ich zu meiner großen Freude Nena Salamanca. Sie nahm die Mahlzeiten an unserem Tisch, und als wir ankamen, waren sie und Kochanskis wie alte Freunde.

Auch ein spanischer Pianist und Komponist aus Barcelona namens Joaquín Nin reiste auf diesem Schiff. Er war mit angenehmen Kompositionen im beliebten spanischen Stil bekannt geworden und wollte in Buenos Aires Konzerte geben. Man durfte ihn gutaussehend nennen, er hatte regelmäßige Züge, war wohlgewachsen und besaß schönes, volles Haar. Auf dieses war er augenscheinlich stolz und trug es nach der Mode der 1830er Jahre – etwa wie Robert Schumann. Es bedeckte seine Ohren und schnitt mit dem Rockkragen ab. Offensichtlich legte er auf sein Äußeres großen Wert. Er speiste immer allein an einem Tisch, mit einem ernsten Werk über Musik neben sich, und wenn er den Kaffee mit uns nahm, war die Unterhaltung stets denkbar gehoben. Als ich ihn fragte, was er denn für Sachen in seinem Programm habe, sagte er:»Ich spiele Werke der Vor-Bach-Zeit, und spanische Musik von Padre Soler und Albéniz.« Als ich erfreut ausrief:»Iberia!« runzelte er mißbilligend die Stirne.»Mateo Albéniz meine ich.« Und ich mußte beschämt eingestehen, von diesem nie gehört zu haben.

Auf solchen Schiffen war die Äquatortaufe üblich. Zu diesem Zweck erschien man im Badeanzug an Deck, wo man schon von einem Halbdutzend Matrosen erwartet wurde. Zwei davon geleiteten einen zu einem Wasserbehälter und beschmierten einen mit einer riesigen Quaste, die in flüssige Seife getaucht war, Augen, Nase, Ohren und Mund nicht ausgenommen. Danach tauchten sie einen brutal in den Behälter und ließen einen erst los, wenn man fast ertrunken war. Nach diesem barbarischen Ritual bekam man ein Dokument ausgehändigt, auf dem alle sechs Matrosen bestätigten, daß man den Äquator passiert habe. Selbstverständlich gab das reichlich Anlaß zu Quietschen und Gelächter, vor allem wenn Passagiere sich zur Wehr setzten. Der Täufling Paul Kochanski und andere Opfer unterwarfen sich der Prozedur ungern, ertrugen die Foltern jedoch mit Anstand. Joaquín Nin, ebenfalls ein Ungetaufter, lehnte es rigoros ab, sich taufen zu lassen.»Ich bin mit ernsten Arbeiten befaßt«, erklärte er,»und kann mich auf solche Narrenpossen nicht einlassen.« Diese aufgeblasene Reaktion auf eine althergebrachte Sitte ärgerte uns so, daß wir beschlossen, ihm eine wohlverdiente Lektion zu erteilen. Nena Salamanca, eine Frau Supervielle, Nichte des berühmten uruguayschen Dichters Jules Supervielle, Zosia, Paul und ich gossen ihm einen Eimer mit Salzwasser über den Kopf, als er auf die Frage:»Quiere tomar una taza de té con nosotros?« (»Möchten Sie nicht eine Tasse Tee mit uns trinken?«) aus seiner Kajüte kam.»Ahora tiene su bautizo!« (»Da haben Sie Ihre Taufe!«) schrien wir im Chor. Nie habe ich jemand so wütend werden sehen. Sein Haar war ihm kostbarer als weiland Samson das seine. Er knallte wortlos die Tür zu, und als wir ihn tags darauf beim Lunch erblickten, drängte sich uns der Schluß auf, er habe die ganze Nacht über sein Haar gepflegt.

Kapitel 38

In Rio ging ich von Bord, die anderen fuhren weiter südwärts. Später wollte ich zu ihnen stoßen. Pellas erwies sich als guter Manager, und im Teatro Municipal war das Publikum wieder ganz nach meinem Herzen, und ich nach dem seinen. Ich hatte Brasilien für mich allein, diesmal trat kein anderer Pianist zugleich mit mir dort auf.

Carlos Guinle veranstaltete mir zu Ehren ein Essen. Er war Eigentümer der beiden neuen, modernen Hotels von Rio, des Copacabana und des Casino. Erwähnte ich, in Brasilien schon dies und das gesehen zu haben, stellte sich unfehlbar heraus, daß es ihm gehörte. Er bewohnte in Rio mit den Seinen einen wahren Palast inmitten prächtiger Gartenanlagen. Weder er noch seine Frau waren besonders musikalisch, aber sie hatten mich kürzlich erst, mitgenommen von Freunden, in Paris gehört.

Das Essen war eine spektakuläre Angelegenheit, zu Tisch saßen Bankiers und Besitzer von Kaffee-*fazendas*, Liegenschaften und Unternehmungen, die Guinle zufällig nicht gehörten. Carlos Guinle selber war ein Gentleman *comme il faut*, seine Frau Gilda nicht nur schön anzusehen, sondern die perfekte Gastgeberin. Noch oft war ich bei ihnen eingeladen.

›Petruschka‹ bildete die Hauptattraktion meines Programms, und in den späteren Konzerten spielte ich als Zugabe häufig die ›Danse Russe‹. Die ›Les Adieux‹-Sonate, die ich in Rio erprobte, gefiel gut, vor allem aber fand man mehr und mehr Geschmack an meiner Chopin-Interpretation und verstand sie auch. Villa-Lobos ließ ich diesmal aus, denn nur zu genau hatte ich die Buhrufe im Ohr, die seine Kompositionen letztes Mal ausgelöst hatten. Statt dessen betonte ich in Interviews ausdrücklich, daß seine Werke dem Pariser Publikum ausnehmend gefielen. Villa-Lobos erschien nun sogleich bei mir im Hotel, dem Gloria Palace, einem eleganten neuen Gebäude an der Bucht mit Blick auf den Zuckerhut. Er zeigte mir neue Kompositionen, viele für Cello, das Saiteninstrument, das er am meisten liebte. Auch ließ er mich einige sehr schöne neue Lieder hören, in welchen er die Stimme auf ganz ungewöhnliche Weise behandelte.

An freien Abenden führte er mich in Lokale, wo ich endlich brasilianische Sambas so gespielt hörte, wie sie laut Villa-Lobos gespielt werden sollten. Er wies mich auf Instrumente hin, die ich nie gesehen hatte: unterschiedliche Flöten und Piccolos, fremdartige Blechblasinstrumente und, das interessanteste, ganz neuartige Schlagzeuge. Es gab Schüttelbecher und andere Geräte, die Töne produzierten, die ich nicht beschreiben kann. Die Wirkung war außerordentlich erregend, doch immer, wenn ich in Begeisterung ausbrach, sagte Heitor abschätzig: »Wir haben bessere Bands und Spieler als diese. Warten Sie ab, bis Sie die kleine Flöte im nächsten Lokal hören.«

Eines Tages beklagte er sich beim Essen bitterlich darüber, daß sein Vaterland ihn nicht nur gleichgültig abtue, sondern sein Werk geradezu verteufele. »Da schreibe ich und schreibe, und es ist doch weiter nichts als Papier auf dem Fußboden, wird nie öffentlich aufgeführt, und doch weiß ich, es sind gute Sachen. Könnte ich hier nur weg und meine Kompositionen in einer Stadt wie Paris aufführen lassen, man würde mich endlich schätzen.« Daß seine kleinen Sachen in Paris Erfolg gehabt hatten, hörte er gern, bemerkte aber: »Das ist doch nichts, ich habe ganz anderes zu bieten.« Und schon übertrieb er ganz auf seine Art: »Dreißig Quartette habe ich, zweiundfünfzig Konzerte, Trios, ›Poemas‹, Dutzende von ›Choros‹, davon einige für großes Orchester mit Solisten und Orgel.« Man hatte den Eindruck, Schubert und Mozart seien, verglichen mit ihm, faul gewesen. Er und Milhaud waren die fruchtbarsten Komponisten meiner Zeit.

Nach einem guten Diner bei Guinles, vor einer Tasse köstlichen brasilianischen Kaffees und mit einer ebenso köstlichen Havanna-Zigarre (die brasilianischen Zigarrenfabrikanten überhäuften mich mit Kisten ihrer Produkte, von denen ich kein einziges rauchte), fragte ich meinen Gastgeber unvermittelt: »Möchten Sie sich unsterblichen Ruhm erwerben, Carlos? Erzherzog Rudolph, Fürst Lichnowsky und Graf Waldstein wären längst vergessen, hätten sie nicht das Glück und das Feingefühl gehabt, in Beethoven das Genie zu erkennen und ihn zu fördern. Ihre finanzielle Unterstützung machte es dem großen Meister möglich, seine Werke zu schreiben, ohne fürs tägliche Brot arbeiten zu müssen, und sie und einige andere hochgestellte Personen verdanken ihrem Großmut, daß sie in die Musikgeschichte eingegangen sind. Hier in Brasilien lebt derzeit ein genialer Musiker, meiner Meinung nach überhaupt der einzige bedeutende Komponist auf dem ganzen Kontinent. Man versteht in seinem Vaterlande noch nicht seine Musik, doch spätere Generationen werden stolz auf ihn sein. Wie alle großen Schöpfer kann er seine Werke der Welt aber nur schenken, wenn er einen Gönner findet. Und da dachte ich zunächst einmal an Sie, denn ich kenne Ihr Verständnis, Ihren Patriotismus und Ihre Großzügigkeit. Der Komponist heißt Heitor Villa-Lobos, ein Name, der in die Geschichte Brasiliens eingehen wird, und wenn Sie ihn protegieren, wird Ihr Name stets mit dem seinen verbunden sein.«

Guinle war beeindruckt. »Ihre hohe Meinung von diesem Mann ist für mich ausreichend. Ich werde mit Freuden für ihn tun, was ich kann.«

Danach war es ein Leichtes, ihm zu eröffnen, was mir vorschwebte. »Villa-Lobos muß nach Paris. Nur dort wird man seine Werke aufführen und gebührend würdigen. Das bedeutet, er muß die Mittel haben, mindestens ein Jahr dort zu leben, Konzerte mit seinen eigenen Werken zu geben und einen Verleger zu finden.«

»Wieviel Geld braucht er dafür?« fragte mich Guinle. Das kam mir überraschend. »Das müssen Sie selber mit ihm besprechen.«

»Nun, sagen Sie ihm, er möge morgen nachmittag um drei zu mir ins Büro kommen.« Ich ergriff seine Hände und dankte ihm wärmstens.

Heitor war zu stolz, um Tränen der Dankbarkeit zu vergießen, als ich ihm Bericht erstattete. »Diese Leute wissen nicht, wohin mit ihrem Geld«, sagte er bloß. Doch als er anderntags bei Guinle gewesen war, redete er schon anders. Er hatte von Guinle eine bedeutende Summe erhalten, mit der er mindestens ein Jahr lang alle seine Unkosten bestreiten konnte. Und als er diese gute Nachricht überbracht hatte, umarmte er mich zum ersten Mal.

Bei meinem vorigen Besuch in Rio hatte man den Hügel gleich hinter meinem Hotel Palme an der Avenida Rio Branco gesprengt, was so klang, als werde die Stadt bombardiert, und ich war denn auch drauf und dran gewesen, mich in den Keller zu flüchten; zum Glück klärte mich der Zimmerkellner noch rechtzeitig auf. Das gesprengte Erdreich wurde in die Bucht geschoben, um Platz zu gewinnen für Regierungsbauten und eine neue amerikanische Gesandtschaft. Später legte man auf die gleiche Weise den Flugplatz an.

Mr. Morgan (kein Verwandter von Pierpont Morgan), der neue amerikanische Gesandte, war ein Musikliebhaber von hohen Graden und gab nach meinen Konzerten nächtliche Soupers. Als ich morgens nach meinem dritten Konzert im Municipal erwachte, konnte ich mich überhaupt nicht bewegen. Fast blieb mir vor Schreck das Herz stehen, denn ich glaubte mich gelähmt; ich konnte keinen Finger rühren, die Hände kaum bewegen und brachte nur mühsam fertig zu klingeln. Zum Glück hatte ich nicht auch die Stimme verloren. Dem Kellner sagte ich, er solle sogleich einen Arzt und Pellas herbeischaffen. Beide kamen rasch. Dem Arzt sagte ich, ich könne mich nicht bewegen. Er und Pellas halfen mir aus dem Bett und stützten mich. So konnte ich mich zum Flügel schleppen, getrieben einzig von dem Wunsch zu sehen, ob ich die Finger würde bewegen können. Sie regten sich nur matt.

Das wurde ein qualvoller Tag. Nie zuvor hatte ich aus eigenem Verschulden ein Konzert absagen müssen. Ganz allmählich stellte sich die Beweglichkeit der Finger wieder ein, ich konnte gehen, wenn auch mühsam, konnte ohne Hilfe essen. Die Hände kräftigten sich ein wenig, ich konnte spielen, doch klang es, als klimpere ein todmatter Greis. Mich für das Konzert anzukleiden, war geradezu ein akrobatischer Akt, denn ich mußte die schlimmsten Verrenkungen machen, um in den Frack zu kommen. Gestützt von Pellas, langte ich endlich im Künstlerzimmer an, so ermattet, als hätte ich bereits zehn Konzerte hinter mir. Schumanns ›Etudes Symphoniques‹ eröffneten das Programm, und die ersten Akkorde waren praktisch nicht zu hören, nicht einmal für mich selber. Doch dann ereignete sich wie schon viele Male das Wunder: bei der ersten Variation kehrten alle meine Kräfte zurück, und ich war wieder der alte. Es wurde ein gutes Konzert, und man kann sich denken, daß ich nach der vorangegangenen Verzweiflung in eine wahre Euphorie geriet.

Mr. Morgan erwartete mich zum Souper, diesmal im Garten der

Gesandtschaft, an einem großen runden Tisch für viele Gäste. Zu seiner Rechten, gleich neben mich, plazierte er eine ungewöhnlich schöne Frau mit herrlicher Haut, einer feinen geraden Nase, sinnlichem Mund und blauen Augen, die lebhaft funkelten. Sie war Französin und mit einem Amerikaner verheiratet, der gegenüber am Tisch saß. Ich bemerkte bald, daß ihre geistreiche Konversation einen Cocteau hätte beeindrucken können, und verliebte mich auf der Stelle ganz rasend in sie. Ich flüsterte ihr meine Liebeserklärung ins Ohr, und nach dem Fisch flehte ich sie an, sich allein mit mir zu treffen. Sie nahm diese leidenschaftliche Erklärung lächelnd auf und sagte mit samtweicher Stimme: »*Attendez la fin du diner.*« Als der Gesandte die Tafel aufhob, gab meine Angebetete mir einen Kuß auf den Mund und winkte ihrem Mann, der sogleich mit einem Rollstuhl herzukam. Sie hatte durch Kinderlähmung den Gebrauch der Beine verloren. Sie hieß Louise de Vilmorin und schrieb später mehrere beachtliche Romane, von denen einige verfilmt wurden, außerdem Gedichte. Nach ihrer Scheidung kehrte sie nach Paris zurück und heiratete wenige Jahre vor ihrem Tod André Malraux.

Kapitel 39

In Buenos Aires hörte ich mit Freude, daß Paul sowohl in der argentinischen Hauptstadt als auch in Montevideo guten Erfolg gehabt und überdies hier Mora getroffen hatte, seinen alten Zimmergenossen aus Brüssel, sowie Eduardo Fabini, ebenfalls einen Kumpan aus der glücklichen Brüsseler Zeit. Szymanowskis Kompositionen für Violine, die er mit Pauls Hilfe geschrieben und ihm gewidmet hatte, wurden so gut aufgenommen, daß er sie wiederholen mußte, insbesondere ›Fontaine d'Aréthuse‹, sowie eine brillante Tarantella, die auch heute noch zum Repertoire der Geiger gehören. Diese Stücke sind dem Publikum zugänglicher als die Werke für Klavier, die viel komplizierter und schwerer zu begreifen sind.

Paul und Zosia hatten viel Gewinn von der Reisebekanntschaft mit Nena Salamanca, denn sie lud sie in das elterliche Haus ein und machte sie mit ihrem Kreis vertraut, in dem sich viele Menschen fanden, die den beiden nützlich sein konnten. Dank der Bekanntschaft mit Mitre und Gainza Paz, den Verlegern in ›La Nación‹ und ›La Prensa‹, blieb es Paul erspart, die ominösen »Besuche« auf den Redaktionen der Zeitungen zu machen.

Im Plaza fand ich weder den Blumentopf noch dessen Besitzerin mehr vor. Meine liebreizende Freundin bewohnte mit Mann und Kindern eine Wohnung in der Stadtmitte. Ich traf sie hier und dort, doch die Tage unserer abenteuerlichen Ausflüge waren vorüber. Indessen, das vorjährige Liebesidyll hatte nun ein scheußliches und gefährliches Nachspiel.

In meinem alten Appartement im Plazza angelangt, klingelte ich nach dem Zimmerkellner, und es erschien prompt kein anderer als Enrique. Ich verbot ihm, sich je wieder bei mir zu zeigen, und ging unverzüglich zum Direktor, dem ich sagte, ich wünschte nicht, von Enrique bedient zu werden, denn ich hätte ihn mit gutem Grund entlassen müssen.

»Halten Sie es für angebracht, daß auch ich ihn entlasse?« fragte er.

»Nein, aber versetzen Sie ihn in ein anderes Stockwerk.« Leider folgte er nicht meinem Rat, und Enrique verlor seine Stellung. Eine Woche später erhielt ich durch Boten folgende Mitteilung: »Etwas Schreckliches ist geschehen. Dein Diener hat mich auf der Straße angehalten und verlangt eine große Summe Schweigegeld, andernfalls will er meinem Mann alles enthüllen. Ich besitze nicht soviel, was soll ich tun?« Und darunter ihr voller Name. Das war niederschmetternd und stellte mich vor eine schwere Entscheidung. Das Geld hätte ich schon aufgebracht, aber ich wußte, daß ein Erpresser, wenn man ihn einmal bezahlt, immer mehr verlangt.

Aber ich kannte ja Elena de Martínez de Hoz, die von sich sagte, sie besitze genügend Einfluß, um alles durchzusetzen, was sie verlange, sei es beim Staatspräsidenten, sei es beim Chef der Polizei. Die nun rief ich an und stellte ihr meine Lage dar. Ich erzählte alles, nur nannte ich nicht den Namen der Dame, sagte allerdings, sie gehöre zur besten Gesellschaft. Keine halbe Stunde, und Señora Elena kam ins Hotel, setzte mich in ihr Auto und ließ uns schnurstracks zum Polizeipräsidenten fahren, der uns bereits erwartete. Ich erzählte ihm, was ich über Enrique wußte, unter anderem, daß er in Spanien mit der Militärbehörde in Schwierigkeiten war und Schulden hatte. »Das ist ja alles ganz einfach«, lächelte der Mann. »Ich lasse ihn festnehmen und kann Ihnen schon heute nachmittag mit Gewißheit eine erfreuliche Nachricht zukommen lassen.« Das war nicht geprahlt, er hatte eher noch untertrieben. Er bedrohte Enrique wegen Erpressung mit fünfundzwanzig Jahren Haft und stellte ihm anheim, für dieses Verbrechen in Spanien abgeurteilt zu werden, wo die Gesetze noch strenger sind. »Falls Sie aber eine Erklärung des Inhalts unterschreiben, daß alles, was Sie über eine bestimmte Person zu enthüllen gedroht haben, reine Erfindung ist, dann lasse ich Sie mit einem Monat Gefängnis davonkommen; das haben Sie Ihrem alten Gönner Herrn Rubinstein zu danken.« Der feige Enrique unterschrieb, was man von ihm verlangte, und damit war der Fall erledigt. Ich küßte Señora Elena beide Hände vor Dankbarkeit, und man kann sich leicht denken, mit welchem Stolz ich meine bedauernswerte Freundin davon unterrichtete, daß alles befriedigend geregelt sei. Ein Bote brachte ihr am nächsten Morgen diese Mitteilung. In ihrem Dankbrief nannte sie mich nicht nur den größten lebenden Pianisten, sondern einen wahren Helden. Ich errötete zwar, als ich dies las, fand es aber angenehm, daß sie diese Meinung von mir hatte. Es gab auch dazu noch ein kleines Nachspiel: Solche Sachen bleiben ja doch nie geheim, und nun flüsterte man, Doña Elena mühe sich, die Ehre ihrer Tochter zu schützen, nämlich die meiner tapferen bezaubernden Freundin Nena Salamanca, die zum Glück nie etwas davon erfuhr.

Kapitel 40

Ruiz, mein neuer Manager, organisierte eine Anzahl von Konzerten für mich, und zwar so geschickt, daß ich Paul damit nicht in die Quere kam, doch stieß ich diesmal auf einen ernstzunehmenden Rivalen.

Edouard Risler, ein großer Pianist, den ich schon in Berlin bewundert hatte, wohin Arthur Nikisch ihn gern als Solisten engagierte, war gerade von Quesada nach Buenos Aires geschickt worden. Quesadas Repräsentant in Buenos Aires, José Schraml, ein Deutscher, kündigte zehn Konzerte an, in denen Risler alle zweiunddreißig Sonaten von Beethoven spielen sollte. Ein derartiges Vorhaben mußte die Musikliebhaber der Stadt tief beeindrucken, und ich hatte außer ›Petruschka‹ nichts Neues zu bieten. Mein Programm enthielt immer noch nur Werke von Schumann, Chopin und Albéniz, etliche kleine Sachen von Skriabin und die ›Valses nobles et sentimentales‹ von Ravel. Wahrheitsgemäß kann ich aber versichern, daß meine Konzerte nach wie vor ausverkauft waren und die Zuhörer unvermindert begeistert.

Ich hörte mir drei von Rislers Klavierabenden an. Er spielte einige frühe Sonaten, ferner die ›Appassionata‹, ›Les Adieux‹ und die große ›Hammerklaviersonate‹. Bis zum heutigen Tage habe ich solch schönes, herzbewegendes Spiel nicht wieder gehört. Risler spielte die Sonaten sehr natürlich, so, wie sie zu ihm sprachen, und dabei förderte er den hochromantischen Gehalt dieser Meisterwerke zutage. Artur Schnabel, anerkannter Spezialist für diese Werke, hat mich mit seiner intellektuellen, ja fast pedantischen Konzeption nie überzeugt. Es schien mir, er wolle seine Hörer belehren, während mir die Tränen kamen, als ich Risler das Adagio der Hammerklaviersonate, die ›Absence‹ in ›Les Adieux‹ und die d-moll-Sonate op 31, No 2 spielen hörte. Es ist offenbar in Vergessenheit geraten, daß man Beethoven den ersten »Romantiker« nennen kann, was ja weiter nichts bedeutet, als daß er sein schöpferisches Genie dazu benutzte, in Musik seiner Verzweiflung, seiner Freude, seinem Naturgefühl, seinen Zornausbrüchen und vor allem seiner Liebe Ausdruck zu verleihen. Dank seiner einzigartigen Meisterschaft findet er für diese Gefühle die genau angemessene Form. Im Zusammenhang mit Beethoven berührt mich nichts befremdlicher als das Wort »klassisch«.

Nun bildeten sich, wie nicht anders zu erwarten, zwei Parteien, die Risleriten und die Rubensteinianer. Die Anhänger des Franzosen behaupteten, »Rubinstein hat von Beethoven keine Ahnung«, während meine Anhänger meinten, »Immer bloß Beethoven ist langweilig. Nach Rubinstein könnte Risler gar nicht wagen, Chopin oder Albéniz zu spielen.« Risler besuchte eines meiner Konzerte, und im Künstlerzimmer lachten wir über diesen Parteienstreit. Er machte damals eine gescheite Bemerkung: »Ihr Spiel hat mir außerordentlich gefallen. Ich besuche selten Klavierabende, denn wenn sie schlecht sind, langweile ich mich, und ist der Pianist gut, ärgere ich mich.« Wir beschlossen sogleich bei dieser

Gelegenheit einen großen Konzertabend zu zwei Klavieren, und Ruiz und Schraml mieteten dafür das große Opernhaus Teatro Colón. Unsere verblüfften Parteigänger strömten in Massen herbei, in der Erwartung, ein tödliches Duell zwischen ihren Götzen zu erleben. Sämtliche Musiker waren anwesend, darunter Ignaz Friedman und Felix Weingartner. Nach wenigen Proben spielten wir in völliger Übereinstimmung die herrliche Sonate von Mozart in D-Dur, Schumanns ›Variationen‹, die ›Variationen über ein Thema von Beethoven‹ von Saint-Saëns und endeten mit der glanzvollen Klavierbearbeitung der ›España‹ von Chabrier. Das war ein ungeheurer Erfolg, und es fehlte auch nicht das komische Element. Der Notenumblätterer riß in seiner Begeisterung die Noten vom Flügel, daß sie zu Boden fielen. Alle lachten, und wir fingen von vorne an. Nach dem Konzert, das uns einen schönen Haufen Geld einbrachte, luden wir Friedman und Weingartner zum Essen in mein Hotelappartement ein. Friedman brachte nach dem Kaffee eine kleine Pokerpartie in Vorschlag, die Risler und mich je die halbe Gage kostete. »Mir kommt vor«, bemerkte Friedman dazu, »als hätte ich heute abend das dritte Klavier gespielt.«

Nach dem Konzert im Colón wiederholten wir unsere erfolgreiche Unternehmung in Buenos Aires und in Montevideo, unser gemeinsames Musikmachen setzte dem Parteienkampf ein Ende.

Leider war der große Risler ein unverbesserlicher Spieler. Als er in Montevideo einen Klavierabend zu geben hatte, lud er außer mir auch Kolischer, Mora und noch zwei Freunde zum Essen ein, das sehr vergnügt verlief. Er lachte Tränen über die Geschichten, die wir erzählten. Dann aber wurde er ernst: »Sie müssen mich jetzt entschuldigen, denn vor einem Konzert muß ich lange ruhen.« Wir entschuldigten uns dafür, so lange geblieben zu sein, und gingen prompt. Kolischer und ich ließen uns ins Casino Municipal am anderen Ende der Stadt fahren und fanden zu dieser frühen Stunde dort einen einzigen Spieler: Risler. Am Ende seiner Tournee mußte er sich von mir das Geld für die Schiffskarte nach Frankreich borgen. Als ich ihm später wieder einmal in Buenos Aires begegnete, diesmal in Begleitung seiner reizenden Tochter, hütete er sein Geld allerdings gewissenhaft.

Kapitel 41

Paul war zu dieser Zeit unterwegs, verpaßte also die Konzerte Rislers. Kochanskis fuhren weiter nach New York, ich fuhr zurück nach Paris in »mein« Appartement im Majestic. Valmalète verschaffte mir ein Konzert in Brüssel und mehrere in Frankreich, darunter eines in der Salle Gaveau. Die französische Provinz war für Musik nicht aufgeschlossen. In Städten wie Lyon, Bordeaux und Marseille gab es kleine Musikvereine mit wenigen Mitgliedern, die sich stolz ›Les Amis de la Musique‹ nannten oder ›Sainte Cécile‹. Die Abonnementskonzerte fanden in Salons statt, die kaum zweihundert Hörern Platz boten – in meinen Augen waren das Nachahmungen der »soirées« der Aristokraten im Vorkriegs-Paris, zugeschnitten auf den kleinen Mann.

In Marseille spielte ich mit einem Orchester in der alten Salle Pratt, einem rechten Schuppen. Ich fürchtete, jeden Moment von der einstürzenden Decke begraben zu werden, und Orchester und Dirigent hätten bei Gott nichts Besseres verdient gehabt. Andererseits gab es in fast allen größeren Städten Opernhäuser, einige mit ausgezeichneten Ensembles. Für das Musikleben in Italien ließe sich das gleiche sagen.

Auf meinem Kalender stand bei dieser Tournee auch das Städtchen Epinal. Die gebotene Gage war so gering, daß ich abgelehnt hätte, wäre Epinal nicht nahe Nancy gelegen, wo der polnische König Stanislas Leszczynski, Schwiegervater Ludwigs XV., als Vizekönig residierte, nachdem er seinen Thron verloren hatte. Nancy verdankt ihm einen herrlichen Platz, immer noch Place Stanislas genannt, um den herum er einige der edelsten Bauwerke Frankreichs aufführen ließ. Ich nahm mir vor, in Nancy zu übernachten, von dort zum Konzert mit dem Taxi nach Epinal zu fahren und gleich anschließend zurück, denn ich hatte gehört, es gebe in Nancy ein hervorragendes Restaurant. In Epinal erwartete mich ein älterer Herr in dem Haus, wo ich spielen sollte, in einem schäbigen Mantel, einem zerknautschten Hut und, wenn ich mich recht erinnere, überdies unrasiert. »Ich bin Vorsitzender von ›Les Amis de la Musique‹ und stolz darauf, Sie hier begrüßen zu können.« Es war ein guter Pleyel vorhanden, Stühle für etwa hundert Personen, alle besetzt. Ich spielte ein wahllos zusammengestelltes Programm; den größten

Applaus bekam ich für das liebe alte ›Navarra‹. Man bedankte sich so herzlich bei mir, daß ich mich schämte, gleich wieder ins wartende Taxi zu steigen. »Wenn Sie mögen, können wir noch eine Tasse Kaffee nebenan trinken«, schlug ich dem Vorsitzenden vor. »Im übrigen werde ich in Nancy von Bekannten erwartet, die sich aber etwas gedulden müssen.«

»Mon cher maitre, ich wage es Ihnen kaum anzutragen, doch würden Sie meiner Frau und mir die Ehre antun, den Tee bei uns zu nehmen?« Ich hatte nicht das Herz abzulehnen, war sogar bereit, mehrere Treppen zu erklimmen. »Wohnen Sie weit von hier?« fragte ich.

»Nein, gleich in der ersten Straße links.« Als wir in diese Straße einbogen, erblickte ich ein wunderschönes, ganz modernes Haus. »Das hat doch bestimmt der gleiche Architekt gebaut, von dem das Haus des Vicomte des Noailles in Paris stammt, es ist ja geradezu eine Kopie davon.«

»Sie haben recht, es stammt vom selben Architekten. Und dort wohnen wir.«

Wir betraten eine mit Tapisserien ausgehängte Halle, von der aus man in einen der schönsten Salons gelangte, die ich je gesehen habe. Vor einem herrlichen silbernen Teeservice saß eine grauhaarige elegante Dame. An den Wänden hingen Cézannes, Renoirs, sehr schöne Degas' und drei oder vier frühe Picassos. Er stellte mich seiner Frau vor. Ich war wie vom Donner gerührt. Das geschieht dir recht, dachte ich, das hast du dir durch deinen verflixten Snobismus redlich verdient. In meiner Eile, nach Nancy zurückzukehren, hätte ich es versäumt, all die herrlichen Bilder, Bücher und sonstigen Kunstgegenstände zu sehen, die er mir zeigte. »Hoffentlich habe ich Sie nicht zu lange aufgehalten«, sagte er dann. »Ich habe den Chauffeur angewiesen, vor der Tür zu halten.« Schamrot verließ ich das Haus, und als ich meinen Bekannten in Paris davon erzählte, wurde ich überdies ausgelacht. »Das war der berühmte Chevalier, der reichste Mann Frankreichs!«

Paris kam mir, wenn ich von meinen Konzerten dorthin zurückkehrte, vor wie ein Paradies. Ich fühlte mich mehr hingehörig als andere, die zufällig dort geboren waren, denn es war die Stadt meiner Wahl. Die mir unliebsame Reise nach Amerika war nicht mehr fern, ich stürzte mich also wieder ins Nachtleben. Wenn meine Freunde mich begrüßten –

»*Arthur, comme c'est bon de te revoir!*« –, klang das wie Musik in meinen Ohren. Avila war wie üblich bei Maxim anzutreffen, diesmal in Begleitung eines jungen, gutaussehenden, doch etwas scheuen Chilenen. Juan erzählte, sie wollten nach Italien. »Er ist ungeheuer reich, aber er fürchtet sich noch vor dem Leben. Ich werde auf meine Art einen Mann von Welt aus ihm machen. Wir nehmen zwei ganz entzückende junge Frauen mit. Die eine ist meine Freundin, die meinetwegen ihren Mann verläßt, und die andere ist eine chilenische Schönheit, die aus eigenem Antrieb ihrem Mann weggelaufen ist. Die habe ich ihm zugedacht. Die wird ihn die Liebe und andere Lustbarkeiten lehren. Selbstverständlich zahlt er alles, das ist das geringste, was er tun kann.«

Ich gab einige Konzerte in England, unter anderem in Oxford. Jan Masaryk, Sohn des Präsidenten der Tschechoslowakischen Republik und ihr Gesandter in London, erbot sich, mich und meine Freundin Lesley Jowitt im Rolls-Royce der Gesandtschaft dort hinzufahren. Seit meinem ersten Aufenthalt in London nach dem Kriege waren wir gut befreundet miteinander. Er zeigte uns diese Stadt der Gelehrsamkeit, und ich war von der Architektur und den alten Colleges tief beeindruckt. Das Konzert fand um 20.15 Uhr im Rathaussaal statt. Ich begann mit der C-Dur-Toccata von Bach-Busoni, die ›Appassionata‹ folgte. Mitten im letzten Satz rannte ein junger Student aufs Podium und gebot mir Einhalt. Ich war verdutzt. Nun schlug die Rathausuhr neun, und zwar so dröhnend wie Big Ben am Londoner Parlamentsgebäude. Anschließend forderte der Student mich lächelnd auf, weiterzuspielen. Ich begann den Satz von vorn. Man sagte mir später, die Pause werde möglichst immer vor neun angesetzt, doch diesmal war mein Programm dafür zu lang. Ich fürchtete sehr, ins Zehnuhrschlagen zu geraten, wurde zum Glück aber zwei Minuten früher fertig. Vergnügt fuhren wir nach London zurück, wo uns in der Gesandtschaft ein spätes Souper erwartete.

Der nun schon jährlich wiederkehrende Klavierabend in der Wigmore Hall war von Musikliebhabern und meinen Freunden gut besucht. Ich schloß bei diesem Aufenthalt eine neue Freundschaft, nämlich mit der Gräfin Rocksavage, der späteren Marchioness Cholmondeley. Sie war eine orientalische Schönheit, Enkelin des Barons Gustave de Rothschild, eine geborene Sassoon, Tochter eines sehr vermögenden indischen Juden. Ich lernte sie bei Ilona Dernbourg kennen, die in ihrer

Jugend unter ihrem Mädchennamen Eibenschütz als Pianistin berühmt gewesen war. Sie besuchte alle meine Konzerte. Als ich vor etlichen Jahren die achtbändige Brahms-Biographie von Kalbeck zur Hand nahm, las ich, daß sie eine berühmte Schülerin des Meisters gewesen war, seine Werke zu seiner vollen Zufriedenheit gespielt und ihm auch als Frau gefallen hatte. Noch nachträglich empfand ich Genugtuung darüber, daß sie mein Spiel gelobt hatte.

Nachdem ich noch einige gute Theaterstücke gesehen und mit Lesley bei Juanita Kammermusik gespielt hatte, fuhr ich nach Paris zurück. Statt nun eifrig zu üben und meine Amerikatournee vorzubereiten, ließ ich mich in eine komplizierte Liebesaffäre ein, ausgerechnet mit jener Schönheit, die in der ›Fledermaus‹ die Polka tanzte und zusammen mit Vera Sudeikin, Igor und mir häufig beim Essen Gesellschaft leistete. Sie war es, wie sich herausstellte, die Strawinsky beinahe zum Selbstmord getrieben hatte. Im Majestic waren mir ihre Besuche, wie sich versteht, immer willkommen. Kleine Gesellschaften endeten oft genug damit, daß ich mich mit schönen jungen Frauen befaßte, die offenbar gern mal aus der Routine des Ehelebens ausbrachen. Man darf freilich nicht übersehen, daß der französische Ehemann sich in seiner Ehre gekränkt fühlt, wenn er seiner Frau treu bleibt, und die Gattinnen dürften das ebensogut gewußt haben wie ich.

Ein Glücksfall war, daß ich Gelegenheit hatte, in der Comédie des Champs Elysées Marcel Achards ›Jean de la Lune‹ mit Louis Jouvet, der auch Regie führte, zu sehen. Michel Simon und Valentine Tessier spielten ebenfalls mit. Es ist dies eine leichte kleine Komödie voll Poesie, bei der man zugleich lachen und weinen muß. Zwei oder drei Abende danach begegneten mir Marcel Achard und seine schöne Frau Juliette in einem Nachtclub und gratulierten mir herzlich zu meinem letzten Klavierabend. Ich gab meiner Begeisterung über sein Stück lebhaften Ausdruck, und es entwickelte sich eine dauernde Freundschaft zwischen uns. Ich durchtanzte mit Juliette die halbe Nacht, und Marcel machte mich mit Jouvet, Valentine Tessier, Henri Jeanson und Freunden des Theaters bekannt. Weil ich nach New York abreisen mußte, verpaßte ich Diaghilevs Spielzeit.

Kapitel 42

Mr. Engels war ein guter Manager für Paul, nicht aber für mich. Abgesehen von zwei oder drei Duokonzerten mit Paul, ließ er mich nicht in New York auftreten, sondern nur in obskuren Nachbarstädten in der Nähe. Zum Glück forderten mich befreundete Dirigenten auf, als Solist bei ihnen mitzuwirken. Meine Gagen waren diesmal noch geringer als die, die R. E. für mich auszuhandeln pflegte. Da ich viel freie Zeit hatte, besuchte ich in New York die Theater und immer öfter die Kinos; der Film hatte eine sensationelle Entwicklung durchgemacht und war nicht mehr stumm.

Während Paul auf Tournee war, nahm ich gelegentlich an Zosias Parties teil. Einmal traf ich dort die Herzogin von Ruthland mit ihrer bildschönen Tochter Diana Cooper, die unter der Regie von Max Reinhardt die Jungfrau in Vollmoellers ›Mirakel‹ spielte, ferner Fürst Jussopow und dessen Frau, eine Nichte des Zaren Nikolaus II. Er war es, der Rasputin getötet hatte. Es kamen noch die Ehepaare Vanderbilt und Kreisler, Walter Damrosch samt Familie und einige polnische und französische Schriftsteller, die derzeit zu Besuch in New York waren.

Misia Sert traf mit ihrem Mann zur Eröffnung der Ausstellung seiner Gemälde ein. Als besondere Aufmerksamkeit spielten Paul und ich für die geladenen Gäste bei der Vernissage zwei Sonaten. Sert verdankte der Ausstellung den Auftrag, das große Restaurant im neuen Waldorf-Astoria auszumalen, das dann als Sert Room berühmt wurde. Ein weiterer Auftrag, und zwar ein viel gewichtigerer, waren die Fresken für die riesige Eingangshalle des Rockefeller Center.

Paul Draper, der nicht mehr bei seinem Bruder wohnte, sondern in Greenwich Village einen reizenden Bungalow gemietet hatte, besuchte ich häufig. Er hatte einen guten Flügel, und wir musizierten gelegentlich. Eines Tages stellte er mich einer reizenden kleinen Blondine vor, die Schauspielerin werden wollte, wie er sagte. Beim Kaffee bat sie mich, etwas zu spielen. »Ich bin nicht in Stimmung«, lehnte ich ab.

»Spielen Sie, wenn ich für Sie kopfstehe?« fragte sie neckisch.

»Das könnte mich vielleicht dazu bewegen!«

Prompt stellte sie sich auf den Kopf, die Röcke fielen ihr herunter, und

man sah alles. Danach spielte ich selbstverständlich. Das war Tallulah Bankhead, die, wann immer wir uns künftig begegneten, ihr Angebot wiederholte.
Eines Morgens im Biltmore weckte mich das Telefon.
»Arturo?«
»Juan?«
»Ja. Ich bin im Ritz.«
»Können wir bei dir im Grill essen?«
»Ich wollte dich gerade bitten, mich einzuladen.« Um ein Uhr saßen wir bei Tisch.
Die Geschichte, die er mir beim Essen erzählte, sah ihm ähnlich.
»Sie wissen, daß ich nach Italien wollte? Nun, Cousiño, die beiden Damen und ich fuhren nach Venedig, und mein chilenischer Freund wurde dort sehr bald ins Leben eingeführt. Er wurde sogar rasch ein Experte. Ich selber war von der Stadt ganz bezaubert. Nach zwei wonnevollen Wochen reisten wir weiter nach Florenz, wiederum ein Paradies. Wir schwelgten in den Schönheiten der Stadt und selbstverständlich in Pasta, vermieden allerdings den abscheulichen Wein. Es gab damals in Florenz eine herrliche Kunstausstellung, nicht nur die schönsten Bilder wurden gezeigt, sondern auch einzigartige Tapisserien aus Arezzo, die verkäuflich waren. Ihr Anblick erweckte meinen genialen Geschäftssinn, den Sie ja kennen, Arturo, noch von Buenos Aires her. Ich verlor also keine Zeit, sondern überredete den arglosen Arturo Cousiño, sie samt und sonders zu kaufen. Sie kosteten ihn einige Millionen (Lire selbstverständlich!), er war also keineswegs ruiniert. Ich sagte ihm: ›Die verkaufe ich mit Profit und zahle Ihnen das Geld mit guten Zinsen zurück.‹ Der arme Junge ging denn auch prompt in die Falle, und ich stand da, als Besitzer eines phantastischen Vermögens. Leider ergab sich nun eine unangenehme Schwierigkeit: die Italiener verbieten nämlich gesetzlich die Ausfuhr wertvoller Kunstgegenstände. Ich will Sie nicht damit langweilen, wie ich die Dinger aus dem Lande gebracht habe, jedenfalls liegen sie derzeit sicher im New Yorker Zollschuppen. Cousiño ist mit den beiden Damen unterdessen wieder in Paris, und ich bin hier, aber leider fehlen mir die zweitausend Dollar, die ich brauche, um die Gobelins beim Zoll auszulösen. Können Sie mir die leihen, Arturo?«
Diese Bitte ängstigte mich etwas. Zum einen hatte ich nicht soviel Bar-

geld und wollte keinesfalls argentinische Wertpapiere verkaufen. Zum anderen war ich überzeugt, ich würde die zweitausend Dollar nie wiedersehen, also lehnte ich unter einem Vorwand ab. »Dann muß ich mir was anderes ausdenken«, sagte Juan enttäuscht. Einige Tage später lud er mich zum Essen ein. Ich nahm an, denn ich glaubte, er habe einen anderen Geldgeber gefunden. Tatsächlich war er vergnügt wie eine Lerche. »Sie werden nie darauf kommen, wer für mich die Gobelins ausgelöst hat . . .« Er genoß meine Verblüffung einen Moment, bevor er fortfuhr: »Der Zollinspektor selber! Ich habe ihm einen Anteil am Erlös versprochen.« Als ich ihn offenen Mundes anglotzte, sagte er dann gelassen: »Jetzt muß ich einen Käufer finden, und dabei können Sie mir behilflich sein, denn Sie kennen unterdessen sämtliche Millionäre hier.«

Auch diese Bitte erfreute mich nicht, und ich sagte sehr ernst: »Man kennt mich hier nur als Pianisten, nicht als Händler mit illegalen Waren.« Drei Tage darauf schickte er seinen spanischen Diener, einen echten Leporello, mit der Bitte, ihm dreihundert Dollar mitzugeben. »Ich habe Gelbsucht, liege zu Bett, und kann mir keinen Arzt leisten.« Ich ging hin, fand ihn beim Frühstück sitzend, etwas gelblich, sonst aber ganz gut beisammen. »Sie kriegen Ihr Geld sehr bald wieder, wenn der Plan klappt, den ich ausgeheckt habe.« Dieser Plan war, wie sich herausstellte, der teuflischste, den er je erdacht hatte, und ich muß den Leser bitten, mir aufs Wort zu glauben. Juan hatte erfahren, daß die Gattin des Staatspräsidenten von Cuba, Menocal, mit ihrer hübschen Zofe im Ritz abgestiegen war, und mit seinen eigenen Worten ausgedrückt, lautete sein Plan so: »Ich bat meinen Diener, ein intimes Verhältnis zu dieser Zofe anzuknüpfen und ihr im Vertrauen mitzuteilen, sein Herr, ein Abkomme des großen Avila, der beim Bau von Havanna mitgewirkt hat, dessen Hauptstraße nach ihm benannt ist, sei infolge des Zusammenbruches seiner Bank in Geldnöten, und befahl ihm, der Zofe ausdrücklich das Versprechen abzunehmen, kein Wort davon zu ihrer Herrin zu sagen.« Ich lachte über diesen albernen Plan. »Und was soll dabei herauskommen?«

»Warten Sie ab.« Schon am Abend rief er mich an: »Madame Menocal hat mir anonym zehntausend Dollar zukommen lassen.« Das konnte ich nicht glauben, rannte ins Ritz, um mit eigenen Augen zu sehen, ob es wahr sei, und bei Gott, er zeigte mir das Geld.

Als wir das nächste Mal im Grill des Ritz speisten, saß am Nachbar-

tisch Benjamin Guinness, der vermögende Brauereibesitzer, den ich von London her kannte, zusammen mit seiner Tochter, der er mich mit den Worten vorstellte: »Sie besucht unfehlbar alle Ihre Konzerte.« Ich stellte Avila vor, und Guinness forderte uns auf, den Kaffee an seinem Tisch zu nehmen. Avila beschrieb ihm in lebhaftesten Farben den Schatz, den er aus Italien herausgeschmuggelt hatte, und Guinness fragte: »Sind die Gobelins verkäuflich?« »Ja«, antwortete Avila gleichmütig, »ich habe schon zwei amerikanische Interessenten dafür.«
»Dürfte ich sie mal sehen?«
»Tja, wenn Sie unbedingt wollen, könnte ich sie Ihnen im Zollschuppen zeigen.« Sie verabredeten sich, und, um es kurz zu machen, Avila verkaufte Guinness nach einigem Feilschen die Gobelins für zweihunderttausend Dollar, und mit diesem Geld in der Tasche und von seinem Diener begleitet, brach er nach Venedig auf, wo er in einem der schönsten Palazzi eine Wohnung nahm. In kürzester Zeit war er in der Stadt als großzügiger Gastgeber bekannt, sah die vornehmsten Venezianer bei sich sowie distinguierte Ausländer, die sich hier aufhielten. Man darf mir glauben, daß diese Anekdote, wenn ich sie später erzählte, immer ihre Wirkung tat.

Damals war eine englische Show genannt ›The Charlot Review‹ in New York die Sensation des Tages. Alle Welt rühmte sie, und es dauerte eine Woche, bis ich endlich eine einzelne Karte ziemlich weit hinten bekommen konnte, wo ich weder gut hörte noch viel sah. Gleichwohl war ich wie behext. Ich ging dreimal hintereinander hin, begnügte mich mit einem Stehplatz und genoß jeden Moment. Es ist schwer zu beschreiben, was den Erfolg dieser durchaus nicht raffinierten Show ausmachte, es war vielleicht der Gegensatz zu dem, was damals Ziegfeld Follies und ähnliche unterhaltende Veranstalter auf die Beine stellten; diese typisch amerikanischen Monstershows beeindruckten mehr durch verschwenderische Dekoration und Kostüme als durch das eigentliche Spiel. ›The Charlot Review‹ hingegen war das genaue Gegenteil; sehr schlicht, keine teuren Kostüme, nichts als die nötigsten Requisiten für jeden einzelnen Sketch. Doch die Nummern waren geistreich und wurden von erstklassigen englischen Darstellern gespielt. Beatrice Lillie, Gertrude Lawrence, Jack Buchanan und ein paar andere traten hier erstmals auf,

Schauspieler, die später allesamt berühmt wurden, in England wie in Amerika. Noël Coward, jung und unbekannt, wie er damals war, schrieb die Musik dazu und auch einzelne Nummern. Ich war von den beiden Hauptdarstellerinnen so angetan, daß ich mich vorstellen ließ und sie ins Ritz einlud. Sie wohnten in dem bescheidenen Hotel Algonquin, teilten ein Zimmer und waren ein Herz und eine Seele. Auch außerhalb des Theaters sprühten beide vor Geist und Humor. Während des Essens kam ich also aus dem Lachen nicht heraus, auch als sie von der jämmerlichen Finanzlage der englischen Schauspieler berichteten. Der Erfolg in Amerika allerdings stimmte sie zuversichtlich. Mit Bea Lillie verbrachte ich jeden freien Abend. Sie war von den beiden die hübschere. Gertrude allerdings war nicht nur Komikerin, sie war auch eine große Schauspielerin. Trotz der engen Freundschaft, welche beide verband, vertraute Bea mir an: »Gertie ist eigentlich nur als Ersatz für mich mitgekommen, falls ich mal nicht auftreten kann. Ich habe ihr aber ein paar Nummern zugeschoben.« Eine recht kätzische Bemerkung, wie mir scheint. Als ich nach London zurückfuhr, hatte ich Briefe von Bea Lillie an ihren Mann und die Kinder in der Tasche. Sie bat mich, von ihren Erfolgen zu berichten, denn, so sagte sie: »Ich mag nicht prahlen, erstens klingt es albern, und zweitens glaubt einem niemand.«

Bei einem Konzert, das ich unter Frederick Stock in Chicago gab, geschah etwas wirklich Unangenehmes. Seit langer Zeit sollte ich wieder einmal in der Kimball Hall spielen, und am Nachmittag vor dem Konzert besah ich mir den Flügel. Es war ein mittelgroßer Steinway mit nur mäßigem Ton. Ich nahm an, er stehe dort irrtümlich, und bat darum, daß man den großen Konzertflügel aufs Podium stellte. Und da mußte ich hören:

»Das ist der Flügel, den die Filiale von Steinway eigens für Sie hergeschickt hat.«

Das versetzte mich in Zorn; ich fand, die Firma Steinway behandele mich mit Verachtung. »Was ist denn das da in der Ecke für ein Flügel?« fragte ich.

»Ein Mason & Hamlin, auf dem Ossip Gabrilowitsch gestern abend gespielt hat; es war ein großer Erfolg.«

»Dürfte ich den mal ausprobieren?«

»Selbstverständlich.«

Dieser Mason & Hamlin erwies sich als einer der bestklingenden Flügel, die ich je gespielt habe, und ich bat deshalb: »Könnte ich heute abend nicht auf dem spielen?«

»Aber gern. Die Firma wird entzückt sein, wenn Sie ihn benutzen.« Und dank diesem Flügel spielte ich denn auch hervorragend.

In New York fand ich dann einen groben Brief von Mr. Urchs vor, dem Mann, der bei Steinway die Konzertflügelabteilung leitete; er warf mir Illoyalität der Firma gegenüber vor und drohte, Steinway werde hinfort für mich niemals mehr einen Flügel bereitstellen. Das war nun ein schwerer Schlag. Einzig die Firma Knabe erbot sich, mir für meine übrigen Konzerte einen Flügel zur Verfügung zu stellen. Für Knabes war das wohl eine sentimentale Geste in Erinnerung an das Jahr 1906, für mich aber bedeutete es jedesmal einen harten Kampf gegen die schwergängige Mechanik.

Ich blieb einige Tage in Chicago, um der Premiere von ›Die Liebe zu den drei Orangen‹ beizuwohnen, einer Oper, die Prokofieff im Auftrag von Mary Garden komponiert hatte, welche damals die Oper von Chicago leitete. Ich war entzückt von den schlagenden Gegensätzen in dieser Musik – oft komisch oder lyrisch, ist sie in jeder Hinsicht meisterhaft und zutiefst musikalisch. Ich habe für das sarkastische Element in Prokofieffs Kompositionen eine Schwäche, doch die Zuhörer fanden sich beim ersten Hören schwer hinein, und das schöne Werk wurde nur wenige Male aufgeführt. Ich bearbeitete den Marsch aus dieser Oper für Klavier und spielte ihn mit viel Beifall in meinen Konzerten.

Vor meiner Abreise nach Paris beschwerte ich mich bei Engels darüber, wie nachlässig er meine Angelegenheiten betrieb. Statt nun eine Entschuldigung vorzubringen und zu versprechen, es nächstes Mal besser machen zu wollen, wurde er grob. »Was kann ich dafür, wenn das Publikum Sie nicht hören will!« Und zynisch lächelnd fügte er an: »Sie verstehen sich doch auf Frauen. Halten Sie sich an die Frauen der Manager. Dann kriegen Sie bestimmt Engagements.« Ich schlug ihm rechts und links ins Gesicht, knallte die Tür hinter mir zu und schwor, nie wieder die USA zu betreten.

Kapitel 43

Weder Engels noch ich erwähnten diesen Vorfall Paul gegenüber; ich für meinen Teil wollte ihm nicht in seiner Laufbahn hinderlich sein, in der er so gut vorankam. Kurz darauf reiste ich nach Paris und war froh, wieder die Luft dieser herrlichen Stadt atmen zu können. Valmalète war derweil tätig gewesen und hatte günstige Nachrichten.

»Graf San Martino möchte Sie für zwei Konzerte ans Augusteo in Rom verpflichten, und in Mailand sollen Sie in der Società del Quartetto einen Klavierabend geben.« Auch in Frankreich hatte ich mehrere Engagements, und die Gagen wurden merklich besser.

Mit Vergnügen hörte ich, daß Villa-Lobos derweil in Paris eingetroffen war und eine Aufführung einiger seiner Werke für Mai in der Salle Gaveau angekündigt war. Ich wußte nicht, wo er wohnte, hatte auch keine Zeit, lange Nachforschungen anzustellen, doch sein Konzert wollte ich nicht versäumen.

Mein Klavierabend in der Salle Gaveau war innerhalb von zwei Tagen ausverkauft. Anschließend überreichte Valmalète mir wie üblich den Fahrplan meiner Tournee samt allen Details, Honoraren, Hotelbuchungen, Abfahrtszeiten der Züge etc. Mit Verblüffung sah ich, daß Toulouse 12000 Franc zahlen wollte, das Doppelte des Üblichen. »Ist das ein Mißverständnis, oder faßt der Saal in Toulouse besonders viele Zuhörer?« »Nein, es handelt sich um das Théâtre Capitol, wo auch Opern aufgeführt werden, und es wird Ihnen bestimmt zusagen. Es ist das beste Theater der Stadt.« Ich war zwar noch etwas befremdet, aber doch sehr erfreut, vor allem hoffte ich, in Zukunft öfter so gut bezahlte Engagements dorthin zu bekommen.

In Lyon gab ich mein Konzert unter den mir schon bekannten Verhältnissen, in Marseille in einem Kinosaal, der eine ausgezeichnete Akustik hatte. Nun war Toulouse an der Reihe, wo ich nie zuvor gewesen war, ich wußte nur, daß von da die guten französischen Tenöre herkommen und daß es die Hälfte im Namen des Malers Toulouse-Lautrec bildet. Am Morgen des Tages, an dem ich spielen sollte, traf ich in Toulouse ein. Da mich niemand am Bahnhof erwartete, nahm ich ein Taxi zum Hotel, wo Valmalète ein Zimmer für mich reserviert hatte. »Hat jemand für mich angerufen oder eine Nachricht hinterlassen?« fragte ich. Nichts. Nach einem guten Frühstück ging ich ins Theater, um den Direktor zu sehen und den Flügel zu probieren. An den Flügel kam ich nicht heran, denn auf der Bühne wurde gerade umgebaut. Außer dem Portier und den Bühnenarbeitern war kein Mensch im Hause. Ich wartete ziemlich lange und ging dann zum Essen ins Hotel. Immer noch keine Nachricht. Allmählich wurde mir beklommen zumute. Das Datum stimmte, am Theater hing ein Plakat, das mich für diesen Tag ankündigte. Nach dem Essen ging ich aufs Zimmer, vorgeblich um zu ruhen, in Wahrheit, um zu warten, daß etwas geschehe. Nach einer Tasse Tee ging ich am späten Nachmittag nochmals ins Theater, fand hier den Flügel auf der Bühne am richtigen Platz, eine gute Klavierbank, sogar einen Stimmer, der eben bei der Arbeit war, doch niemand, mit dem ich hätte reden können außer dem Portier, der von nichts wußte. Was blieb mir übrig, als mich fürs Konzert umzukleiden und allein ins Künstlerzimmer zu gehen? Als es Zeit wurde aufzutreten, fand ich hinter der Bühne nur die Feuerwehrleute und den Beleuchter. Ein Bühnenarbeiter sagte: »*Quand vous voulez*«, mein Zeichen zum Auftritt.

Es waren eine Menge Zuhörer gekommen, aber das Theater war längst nicht ausverkauft. Die Logen waren fast alle leer, die Galerie dafür war brechend voll. Man hörte aufmerksam zu, und offenbar gefiel der erste seriöse Teil des Programms. Während der Pause wurde ich ungeduldig.

»Ich verlange augenblicklich den Direktor zu sprechen oder jedenfalls die Person, die hier verantwortlich ist, sonst spiele ich nicht weiter.« Man zuckte die Achseln. »Es ist niemand da.« Als ich den Mantel anzog, merkte man, es war mir ernst, und suchte mich zu beschwichtigen. »Wo steckt der Direktor?« fragte ich wütend. »Ist er krank oder verreist?«

»Nein«, sagte jemand schüchtern, »er sitzt oben im Büro.«

Nun kochte ich vor Zorn. Er war also die ganze Zeit anwesend gewesen! »Zeigen Sie mir gefälligst den Weg!« schrie ich. Man wies mir eine Tür am Ende des Korridors. Ich klopfte an. »Entrez!« rief jemand. Ich trat ein und sah hinter einem Schreibtisch einen Mann sitzen, der einen steifen Hut auf dem Kopf hatte und mich wütend anglotzte. Er hatte einen langen Schnurrbart und sah recht ordinär aus. »*Un joli coco, votre Valma-*

lète«, raunzte er. »Einen Haufen Geld habe ich an Ihnen verloren. Dabei hat er versprochen, Sie würden das Haus füllen und mir ein Vermögen einbringen.« Und er lachte bitter.

»Wie groß ist Ihr Verlust?« fragte ich kalt.

»Ho-ho, diesem *coco* verdanke ich, daß ich dreitausend Franc zusetze!«

»Nun denn, ziehen Sie mir die dreitausend von meiner Gage ab und nehmen Sie sich noch was dazu als Profit, aber unter einer Bedingung!«

»Ha! Euch Leute kenne ich. Sie wollen ein zweites Engagement, aber bei mir nicht, nicht bei mir!«

»Das ist nicht die Bedingung, die ich meine.«

»Welche denn?«

»Die Bedingung lautet: Stehen Sie auf, nehmen Sie den Hut ab und grüßen Sie mich wie ein höflicher Mensch.«

Nun wirkte er plötzlich einen ganzen Kopf kleiner, er sprang auf, der steife Hut flog weg, und er rannte zu mir her. »*Mon cher Maître,* ich wollte Sie doch nicht kränken!«

»Das ist nicht wahr. Eines Tages werde ich diesen Vorfall meinen Kollegen erzählen und sie vor Menschen warnen, wie Sie einer sind.«

Valmalète sagte dazu nur: »*C'est un sale type.*«

Wieder einmal in Paris, hörte ich, daß Toscanini ein Galakonzert im Théâtre des Champs Elysées dirigieren werde. Im Smoking begab ich mich zu diesem denkwürdigen musikalischen und gesellschaftlichen Ereignis. Der Maestro dirigierte herrlich. Während der Pause besuchte ich Bekannte in den Logen, die sämtlich im Frack erschienen waren. In einer Loge allerdings saß eine junge Dame im Straßenkleid und hinter ihr zwei ältliche Damen. Als ich vorüberging, flüsterte die junge Dame: »Das ist Rubinstein, das ist Rubinstein.« Ihr Interesse schmeichelte mir, und ich lächelte herablassend. Nach dem Konzert geriet ich auf der Treppe in ihre Nähe. »Sie haben mich nicht erkannt«, sagte sie mit starkem italienischen Akzent. »Das müssen Sie schon entschuldigen«, antwortete ich höflich, »denn mir begegnen auf meinen Konzertreisen so viele Menschen, daß ich sie meistens vergesse, ausgenommen nahe Freunde.«

»Sie haben aber bei meiner Mutter gespielt«, sagte sie etwas unwirsch. Das ärgerte mich, denn es näherten sich mir öfters Töchter, die behaupteten, ich hätte ganze Nächte hindurch für ihre Mütter gespielt. Ich erinnerte mich sehr wohl der seltenen Gelegenheiten, da ich in Privathäusern gespielt hatte. Folglich beabsichtigte ich, dieser vorwitzigen jungen Dame eine Lektion zu erteilen. »Ich habe Ihrer Mutter niemals vorgespielt, da irren Sie. Ich spiele überhaupt nie Müttern vor.« Nun wurde sie ganz rot. »Si, si, Sie haben in der Villa Savoia gespielt.« Villa Savoia? Mir fielen nur zwei Hotels dieses Namens ein, und in Hotels spiele ich nie vor. Plötzlich allerdings überlief es mich siedend heiß. Die Villa Savoia war der Sitz der italienischen Königsfamilie! Da stotterte ich ganz niedergeschmettert: »*Su Maestà la Regina Elena?*« »Ja«, lachte sie, »*la Principessa Maria*«, erläuterte eine der älteren Damen, und nun lachten wir alle.

Die erste Wiederkehr nach Rom wurde denkwürdig. Seit Mussolini Diktator geworden war und den Italienern angeblich den Schlendrian der Vorkriegszeit ausgetrieben hatte, fürchtete ich, dort auch auf ein verändertes Publikum zu treffen. Statt dessen empfing man mich im Augusteo mit rührender Hochachtung. Ich möchte in diesem Buche ausdrücklich meiner Liebe und Dankbarkeit für dieses unsagbar schöne und edle Land Erwähnung tun, das mich von meinen ersten bis zu den letzten Tagen als ausübender Künstler nie im Stich gelassen hat. Ich erinnere mich nicht eines einzigen Konzertes, nach dem man mich nicht stürmisch gefeiert hätte. Ich habe, ausgenommen während des Zweiten Weltkrieges, Jahr um Jahr in Italien gespielt, und alle diese Besuche zählen zu meinen kostbarsten Erinnerungen.

Villa-Lobos wurde bei seinem Debüt in der Salle Gaveau sehr gefeiert. Er brachte einige seiner großen Sachen für Orchester zu Gehör, einige mit Singstimme, doch der Titel erinnere ich mich nicht. Ohne Zweifel war das Konzert erfolgreich. Die Wildheit seiner Musik, die unorthodoxe Entwicklung seiner Themen, die neuartige Behandlung von Stimmen und Soloinstrumenten fanden die Pariser pikant und vergnüglich. Ich weiß noch, daß außer vielen anderen Musikern Ravel und Prokofieff anwesend waren, die beide respektvolles Interesse an der Musik des Brasilianers bekundeten; Florent Schmitt, nebenbei einflußreicher Kritiker, wurde sogar ein standhafter Parteigänger von Villa-Lobos.

Carlos Guinle und seine Frau hatten eine Loge genommen. Villa-Lobos wurde am Ende stürmisch gefeiert von einem Publikum, das aus

Parisern und vielen Südamerikanern bestand, darunter auch jenen Brasilianern, die ihn in der Hauptstadt seines Vaterlandes ausgebuht hatten, hier aber anderen Sinnes geworden waren. Als ich ihn umarmte, sah ich, daß er stolz und glücklich war und sich zu dem Einfall gratulierte, nach Paris gekommen zu sein. Er mietete am linken Seineufer eine Wohnung und ließ mir eine Karte mit seiner Adresse und einer etwas merkwürdigen Einladung zukommen ›Monsieur Heitor Villa-Lobos empfängt am zweiten Sonntag jeden Monats.‹ Das war in Stahl gestochen, handschriftlich hatte er aber daruntergesetzt: »Bringen Sie Ihr Essen selber mit.« Das erklärte er mir folgendermaßen: »Carlos Guinle hat angeordnet, daß ich eine anständige Wohnung miete und einen *jour* gebe. Was er damit meinte, verstand ich nicht, und er erklärte mir, wenn man in Paris Freunde gewinnen wolle, müsse man so was machen. Er hat, als er nach Paris kam, diese Karten für mich drucken lassen und mir adressierte Umschläge beigelegt, an Leute, denen ich sie schicken soll. Es sind so viele, daß ich Angst bekam, wenn ich die alle bewirte, reicht das Geld von Guinle nicht. Also fordere ich jetzt alle auf, selber mitzubringen, was sie verzehren wollen, und siehe da, es geht sehr gut.« Tatsächlich hatte er recht. Bei seinem ersten *jour*, bei dem ich anwesend war, bemerkte ich bekannte Persönlichkeiten, die Wurst und Käse auswickelten, manche brachten Wein und Cognac, und Heitor langte damit während der Wochen bis zum nächsten *jour* bequem aus. Als ich bald nach dem Konzert mit Guinle beim Essen saß, sagte ich: »Sie sehen, ich hatte recht. Villa-Lobos wird berühmt werden.« Und ich lächelte selbstzufrieden. Guinle hingegen blickte skeptisch. »Glauben Sie das etwa nicht?« fragte ich bestürzt.

»Ach was«, sagte er, »das ist es nicht, aber er hat mich ein bißchen geärgert. Ich habe es mir mit Mühe so eingerichtet, daß ich bei seinem Debüt anwesend sein konnte, und ihn gebeten, mir eine Loge zu reservieren. Und wissen Sie, was er gemacht hat? Er hat mir die Rechnung für die Eintrittskarten geschickt.« Da mußte ich denn doch erröten angesichts solch eines *faux pas* meines Freundes.

Strawinsky dankte mir sehr befriedigt für den Rat, den ich ihm erteilt hatte. »Ich habe mein Konzert schon in den skandinavischen Hauptstädten gespielt, und es stehen weitere Aufführungen bevor. Die Harvard-

Universität hat mich zu Vorlesungen eingeladen, und vielleicht trete ich noch ein paarmal in Amerika auf.« Ich fragte nach Diaghilevs Spielzeit. »Nennen Sie den Namen nicht! Der ist bloß darauf versessen ›d'épater son public‹. Seine Ballette stammen von Auric und Poulenc und weiß Gott wem. Fahren Sie nach London?«
»Im Juni gebe ich dort einige Konzerte, ja.«
»Koussevitzky hat mir für Juni einen interessanten Vorschlag gemacht. Auch in London. Wo, meinen Sie, soll ich wohnen?«
»Kochanskis und ich haben für die Dauer der Spielzeit eine hübsche Wohnung. Kommen Sie doch zu uns. Platz ist genug, und es wäre uns ein Vergnügen.«
Er nahm die Einladung gern an. Koussevitzky wollte die Spielzeit unbedingt mit der Premiere eines Werkes von Strawinsky eröffnen, und dieser überließ ihm für einen ansehnlichen Betrag ein Oktett für Bläser, das er bereits fertig hatte. Während seines Aufenthaltes in London half er bei den Proben und schien zufrieden mit dem Fortgang der Sache. Zur Premiere in der Queen's Hall lud er mich ein, neben ihm in der vorderen Reihe im ersten Rang zu sitzen. Koussevitzky begann mit einem sehr langen Werk, ich weiß nicht mehr, was es war, und darauf folgte das Oktett. Als die Herren mit ihren Instrumenten vor Koussevitzky Aufstellung nahmen, erwartete das Publikum wohl so etwas wie einen Choral oder einen leicht modernisierten Händel, und als es die ersten Takte vernahm, glaubte es, eine Parodie auf die Musik zu hören, die es gewohnt war, und nahm das Ganze für einen fröhlichen Scherz. Beim Fagotttriller wurde laut gelacht. Koussevitzky war nicht gerade der tapfersten einer; statt abzubrechen und dem Publikum zu erklären, daß es sich um ein seriöses modernes Werk handelte, schaute er maliziös lächelnd über die Schulter in den Saal, ja er zwinkerte sogar. Strawinsky preßte meinen Arm so stark, daß ich wochenlang blaue Flecke hatte, verfluchte den Dirigenten mit einem obszönen Ausdruck und zerrte mich aus dem Saal.
Das hatte noch ein böses Nachspiel. Strawinsky warf Koussevitzky in der Presse vor, inkompetent zu sein und nicht zu wissen, was er mit seinem Werk anfangen solle. Der beleidigte Dirigent parierte mit der bitteren Entgegnung, der Komponist habe sich bei den Proben höchst befriedigt über den Dirigenten und die Musiker geäußert und wolle nun für

den fürchterlichen Reinfall andere verantwortlich machen. Das alles war recht unerfreulich, um so mehr, als Kochanskis und ich länger als eine Woche französische und russische Schimpfworte anzuhören hatten, die der wütende Komponist unentwegt von sich gab.

Kapitel 44

Strawinsky kehrte nach Paris zurück, Paul und Zosia reisten nach Aix-les-Bains, wo ich bald darauf in dem reizenden Hotel Bernascon zu ihnen stieß. Dieser liebliche Badeort im Herzen Savoyens am See von Bourget bietet jedem etwas: man kann dort die Kur gebrauchen, Golf spielen, sein Geld ins Casino tragen und unvorstellbar gut essen. Das kleine, aber elegante Theaterchen im Casino bot gute Unterhaltung, und auch vorzügliche Solisten traten hier auf. Lesley Jowitt und Sylvia Sparrow kamen, erstere unter dem Vorwand, mein Konzert anzuhören, letztere, um bei Paul Unterricht zu nehmen. Beide blieben zwei Wochen. Nach dem Unterricht spielten Sylvia und Paul Golf, und Lesley saß mit mir am Spieltisch. Die idyllischen Tage von Aix-les-Bains gingen nur allzu rasch vorüber. Kochanskis mußten zurück nach Amerika, die beiden Damen nach London, und ich nahm die Gelegenheit wahr, die Fürstin de Polignac in ihrem Palazzo in Venedig zu besuchen.

Seit meinem ersten Aufenthalt habe ich die Ankunft in Venedig stets so empfunden wie die Heimkehr in ein Traumland, die völlige Entfernung von unserem Planeten. Schon in Mestre schlug mein Herz höher. Das *motoscafo* der Prinzessin harrte meiner, und schnell durchfuhren wir kleinere Kanäle, bis wir plötzlich in den majestätischen Canale Grande einbogen und vor einem der schönsten Paläste hielten. Fürstin Winnie empfing mich aufs liebenswürdigste und wies mir ein Zimmer mit hoher Decke und Blick auf den Kanal an. Es war noch Lord Berners als Hausgast da, ein Amateur, der in seinen Mußestunden mit professionellem Können komponierte. Belesen und geistreich, war er ein angenehmer Gesellschafter.

Am intimen Leben Venedigs teilzunehmen, war ein großes Erlebnis.

Über Nacht wurde ich zum Venezianer, war nicht mehr Tourist auf der Suche nach Gelegenheitskäufen, von den stolzen Bürgern mit versteckter Ironie und Verachtung betrachtet. Ich bekam einen Schlüssel zum Tor des Palastes, das auf eine schmale, zur Academia führende Gasse mündete, wo man die himmlischen Gemälde von Carpaccio sehen kann. Auf dem Wege zur Piazza San Marco trat ich regelmäßig hier ein, um diese Bilder wieder und wieder zu bewundern. Während meines Aufenthaltes wurde die Piazza für mich zu einer Art riesigen Salons; im Florian lernte ich täglich neue Menschen kennen, verkehrte mit den Abkommen von Dogen und einheimischen Aristokraten. Selbst distinguierte Besucher der Stadt wurden eingehend unter die Lupe genommen, bevor man sie in unserer Gruppe akzeptierte. Die Gespräche bestanden hauptsächlich aus Klatsch, oft hinter vorgehaltener Hand mit einem verstohlenen Blick zu den Nachbartischen. Welches Vergnügen, in Gesellschaft der tizianischen Schönheit einer Contessa Annina Morosini und der Fürstin Winnie seinen *Punt e Mes* zu schlürfen und amüsiert dem boshaften Geplauder ringsum zu lauschen! Mit dem Glockenschlag eins war die Seite der Piazza, wo das Florian steht, leergefegt, denn alle Welt begab sich zum Lunch, einer höchst wichtigen Veranstaltung. Wo man speiste und was, war die schwierigste Entscheidung, die man im Laufe eines Tages zu treffen hatte, denn nicht nur kam es darauf an, gut zu essen, sondern was man gegessen hatte, wurde anschließend ausführlich beredet: ob die *scampi alla grilla* hier frisch gewesen waren, ob die Spaghetti dort wirklich *al dente* serviert wurden.

Nach dem Essen überließ man die Piazza den Touristen. Die vornehmen Venezianer blieben in ihren Palästen, und man traf sie erst wieder auf Abendgesellschaften, die entweder von einem der ihren veranstaltet wurden oder von berühmten Besuchern, von denen ich ja schon sprach. Während der Opernspielzeit glänzten sie in den Logen des unübertrefflich schönen Teatro Fenice. Das Kino blieb den Touristen und den Händlern vorbehalten.

Im Hause der Fürstin Polignac konnte man kommen und gehen, wie man wollte, Lord Berners und ich verfügten also praktisch nach Belieben über unsere Zeit. Ich erwarb das eine oder andere schöne Stück, nicht solchen Schund, wie Avila ihn in Buenos Aires verkauft hatte, sondern feine, solide venezianische Lederarbeiten. Im wesentlichen beschränkte ich mich aber darauf, immer wieder den Dom von San Marco, den Palazzo Ducale und andere Sehenswürdigkeiten zu besichtigen. Nach langen Spaziergängen schlürfte ich dann im Florian genüßlich aus winzigen Täßchen den stärksten Kaffee der Welt und sah zu, wie die Touristen die ohnehin überfüllten Tauben mästeten, die nebenher ihren unartigen Tätigkeiten nachgingen.

Nun trafen neue Hausgäste ein. Jean de Polignac mit seiner bildschönen Frau Marie Blanche; sie strahlten ihr Glück und den Zauber ihrer Persönlichkeit auf uns aus. Es freute mich von Herzen, diese Ehe gestiftet zu haben. Unsere Gastgeberin, die nur ungern Gäste zum Essen bei sich sah (das verursachte zu große Kosten!), lud sie, um sie mit ihrer Verwandtschaft bekannt zu machen, statt dessen zum Tee. Bei solch einer Gelegenheit wurde ich der Fürstin Palladini aus Rom vorgestellt, einer Schönheit im wahren Sinne des Wortes, mit einem zarten runden Gesicht und herrlich blasser Haut. Das schwarze Haar trug sie seitlich gescheitelt und ließ es in Wellen über die Ohren fallen. Die dunklen Augen waren von langen Wimpern beschattet, und die starken Brauen bewirkten, daß man sich von oben herab angesehen glaubte, doch war ihr Blick voller Humor. Ich verstehe mich schlecht darauf, die Schönheit der Frauen zu beschreiben, aber Winnie sagte später zu mir: »Sie ist eine der Schönsten im ganzen Lande.« Die Principessa sprach perfekt Französisch mit einer eigentümlich modulierten Stimme, sie gebrauchte gelegentlich mit voller Absicht ordinäre Ausdrücke, und die klangen aus ihrem Munde sehr komisch. Als Lord Berners mich bat, im Salon aus ›Petruschka‹ vorzuspielen, rollte die Principessa in gespielter Ekstase die Augen. »J'adore la musique«, und wie um das zu bekräftigen fügte sie an: »In Rom habe ich täglich Gesangsstunden.« Doch kam das wie eine jener nichtssagenden, unverbindlichen Bemerkungen heraus, die in ihren Kreisen üblich sind, und offen gestanden, trotz ihrer Schönheit fing sie an, mir zu mißfallen. Als sie abgereist war, hörte man wenig schmeichelhafte Bemerkungen über sie, aber in der Bewunderung ihrer Schönheit waren alle sich einig.

Daß Venedig eine sehr musikliebende Stadt ist, gefiel mir besonders. Zwei von Verdis berühmtesten Opern wurden in La Fenice uraufgeführt, Monteverdi, Benedetto Marcello, Vivaldi und Frescobaldi waren der Stolz der Stadt. In jenem Jahr fand das Internationale Musikfest statt.

Richard Strauss, der auch selber ein Konzert dirigierte, war der Doyen der anwesenden Musiker, Adolf Busch konzertierte mit seinem Quartett. Viele bedeutende zeitgenössische Musiker kamen, um entweder teilzunehmen oder zuzuhören. Man sah Toscanini schnellen Schrittes seinen täglichen Spaziergang auf der Piazza absolvieren. Bei Florian saßen die italienischen Meister Malipiero, selber Venezianer, Pizzetti und Respighi vor ihren Kaffeetäßchen. Manuel de Falla hatte, ohne es zu wollen, eines Tages einen komischen Auftritt. Er lebte in ständiger Angst vor Infektionskrankheiten und wurde selbstverständlich auch von Mücken gestochen. Statt nun eine Mückensalbe auf die Stiche zu tun, klebte er sich Wattebäusche aufs Gesicht und die Glatze und wurde von den Kindern demzufolge für einen Clown gehalten. Sie rannten jauchzend hinter ihm her, und man kann sich die Verblüffung der Musiker denken, die ihn, derart verfolgt von seinen kleinen Peinigern, über die Piazza rennen sahen. Nach einer ausgedehnten Jagd um den Platz brach de Falla schließlich auf einem Stuhl zusammen, und wir wehrten die zudringlichen Kleinen ab, so gut es gehen wollte. Abends dirigierte er seine ›Liebeszauber‹-Suite mit großem Erfolg.

Rein musikalisch betrachtet, hinterließ dieses Festival keinen besonderen Eindruck. Die ausgewählten Werke zeigten ihre Komponisten nicht von ihrer besten Seite. Niemand schien viel Vertrauen in dieses erste internationale Musikertreffen nach Kriegsende zu setzen, doch wurden die Musikfeste alljährlich bis zum Ausbruch des Zweiten Weltkrieges in Venedig abgehalten.

Mit dem heranrückenden Herbst wurde es Zeit, dieses Paradies zu verlassen. Die Fürstin Winnie verabschiedete mich mit den Worten:»Sie müssen fortan jedes Jahr zu Besuch kommen.« Nie habe ich eine Einladung mit mehr Genugtuung akzeptiert, auch nie aufrichtiger für genossene Gastfreundschaft gedankt.

Kapitel 45

Nach Paris zurückzukehren, war immer eine Freude, doch sosehr ich *La Ville de Lumière* im Frühling bewunderte, der Frühherbst war doch noch verheißungsvoller. Strahlende Pariser drängten sich in die Oper und die Theater und zu den Sinfoniekonzerten. Nachdem sie den Sommer über ihre Leber auskuriert hatten, waren sie bereit, alles, was geboten wurde, mit Begeisterung aufzunehmen und die Leber neuerlich nach Herzenslust zu strapazieren.

Mich erwarteten einige angenehme Überraschungen. Ein Impresario aus Istanbul, Herr Arditi, schlug mir eine Konzertreise durch die Türkei, Griechenland und Ägypten vor, lauter Länder, die ich brennend gern kennenlernen wollte. Ich nahm telegrafisch an. Meine Tournee sollte in Spanien beginnen, und bis dahin hatte ich einen Monat frei. Die Theaterspielzeit war die fesselndste, an die ich mich erinnere. Außer ›Jean de la Lune‹, einem Stück, das lange auf dem Programm blieb, sah ich den wunderbaren Schauspieler Harry Baur und den meistversprechenden Nachwuchsschauspieler Pierre Fresnay in ›Schuld und Sühne‹ nach Dostojewski. Der bis dahin unbekannte Marcel Pagnol machte Sensation mit ›Topaze‹, woran sich Aufführungen der Stücke anschlossen, die im Marius spielten, unvergeßlich, weil mit Raimu und Fresnay besetzt. Soweit ich das beurteilen konnte, brachte er das farbenfrohe Leben in jenem beliebten Stadtviertel von Marseille nicht nur mit viel Geist und Humor, sondern auch mit einer zarten Einfühlungsgabe auf die Bühne, die in der Geschichte des französischen Theaters ohnegleichen ist. Mit Victor Boucher betrat ein neuer Schauspielertyp die Bühne. Er glich einem durchschnittlichen Bürger, wie man ihm auf der Straße begegnet, konnte auf der Bühne aber mit unbewegtem Gesicht und winzigen Gesten wahre Lachstürme entfesseln. Worin er auch auftrat, das Stück wurde ein rauschender Erfolg. Nie werde ich eine Szene aus einer Komödie von Flers und Caillavet vergessen. Im zweiten Akt verbringt er bei seinem Freund in dessen Haus das Wochenende auf dem Lande. Beide trinken erheblich und schwören einander tränenselig ewige Freundschaft. »Du und ich, wir sind Brüder...« sagt Boucher beinahe schon schluchzend. »Ich lasse mein Leben für dich, was ich besitze, gehört dir. Und wenn ich mit Emilienne schlafe (dies ist die Gattin des Freundes), muß ich immerzu an dich denken.« Und sie umarmen einander, bitterlich weinend. Eine unbezahlbare Szene.

Lucien Guitry, endlich versöhnt mit seinem Sohn Sacha, wirkte in den brillanten Stücken mit, welche dieser schrieb. Lucien, Sacha und Yvonne Printemps waren in aller Munde. Weil ich seit langem mit Sacha befreundet war, wurde ich zu allen Aufführungen eingeladen, unter anderem zu ›Le Grand Duc‹. Lucien gab die Karikatur eines jener exilierten Mitglieder des russischen Herrscherhauses, die er aus dem Leben nur allzu gut kannte. Lucien war nämlich jahrelang die große Attraktion der französischen Truppe gewesen, die im Théâtre Michel in St. Petersburg auftrat. Die Großfürstin Maria Pawlowna, Gattin des Großfürsten Wladimir (*un vrai parisien*) hatte sich angeblich in den französischen Schauspieler verliebt, jedenfalls ließ sie keine seiner neuen Rollen aus. Das großfürstliche Ehepaar speiste häufig nach der Vorstellung mit dem Künstler. Einmal brachte Guitry seine Mätresse mit, eine Tänzerin namens Balletta. Man speiste vergnügt, und nach einigen Gläsern Champagner fühlte der Großfürst den Drang, der hübschen Tänzerin in den Popo zu kneifen. Guitrys scharfen Augen entging dies nicht, und von einem unwiderstehlichen Impuls getrieben, ohrfeigte er Seine Kaiserliche Hoheit. Die Polizei des Zaren verwies ihn des Landes; er hatte nur vierundzwanzig Stunden Zeit.

Guitry selber kehrte nie an den Ort seiner frühen Triumphe zurück, und Sachas Stück war eine wehmütige Erinnerung an jene Tage und die damals handelnden Personen. Das berühmte Trio spielte glänzend, meine alte Freundin Jeanne Granier gab die Gesangslehrerin der Yvonne Printemps, die weiß Gott nichts dergleichen brauchte, denn ihre liebliche Stimme ergoß sich so natürlich wie der Gesang der Nachtigall. Ich hatte das Vergnügen und die Ehre, beim Essen in einem Separée des Café de Paris Marcel und Juliette Achard mit Sacha und Yvonne bekannt zu machen. Sacha und Marcel wurden Freunde, und Marcel hatte später den Mut, an Sachas Grab die Rede zu halten. Sacha Guitry starb nach dem Zweiten Weltkrieg, von den meisten seiner Freunde verlassen; sie wollten sein Verhalten unter der deutschen Besetzung nicht verzeihen.

Diaghilev erregte in dieser Spielzeit wieder ein Aufsehen, das sich mit seinen Anfangszeiten vergleichen ließ. Strawinsky komponierte nach Pergolesi die Musik zu ›Pulcinella‹, und das wurde ein großer Erfolg. Meisterlich verstand sich Strawinsky darauf, mit den entzückenden alten italienischen Melodien umzugehen, und teilte ihnen etwas von seiner eigenen wilden Rhythmik mit. ›Les Biches‹ von Poulenc war eine rechte Köstlichkeit, die Musik hatte etwas Verderbtes an sich, und die Ausstattung von Marie Laurencin fing diese Atmosphäre vollkommen ein. Auric brachte ebenfalls ein Ballett zur Aufführung, ›Les Fâcheux‹ nach Molière, hatte aber nur einen Achtungserfolg. Diaghilev, der alte Teufelskerl, traf wieder einmal ins Schwarze mit ›La Boutique fantasque‹, nach Rossinis ›Soirées musicales‹, die in dieser neuen Form ungemein witzig und reizvoll klangen. Allein die Tarantella konnte einem den Atem verschlagen, und André Derain übertraf sich selber mit der Ausstattung dieses köstlichen Balletts.

Eines Tages stieß ich beim Rond Point auf Picasso. »Gehen wir einen Kaffee trinken«, schlug ich vor.

»Nein, ich bin auf dem Weg in den Salon im Grand Palais. Kommen Sie doch mit.«

Es schmeichelte mir, bei der jährlichen Bilderausstellung mit Picasso gesehen zu werden, doch fürchtete ich zugleich, ihn durch meine Unwissenheit aufzubringen. Ich bin seit je ein leidenschaftlicher Besucher von Galerien gewesen, und Bilder wie Rembrandts ›Mann mit dem Goldhelm‹ in Berlin, der Velázquez-Saal im Prado, Tizians ›Danae‹ in Neapel, und Raphaels ›Sixtinische Madonna‹ in Dresden machten den tiefsten Eindruck auf mich. Ich sah auch die Impressionisten mit rechtem Verständnis an und bewunderte Picassos Bilder aus jener Periode sehr. Aber von der Technik der Malerei verstand ich nichts.

Wir gingen durchs Grand Palais, wo Hunderte von Gemälden eng nebeneinander hingen. Er erklärte mir nichts, er schritt durch die Säle, als sähe er nichts. Ich wagte nicht, den Mund aufzumachen. Plötzlich blieb er vor einem Bild stehen, das Früchte auf einem Tische darstellte. Ich glaubte, er werde mir nun eine Lektion in Maltechnik geben, statt dessen riß er die Augen weit auf, deutete mit dem Finger auf einen Apfel und rief: »Sehen Sie diesen Apfel. Den könnte man ja förmlich in die Hand nehmen.« Mehr hatte er zu dieser Ausstellung nicht zu sagen.

Es beruhigte mich sehr, den bedeutendsten Maler unseres Zeitalters so schlicht über Kunst reden zu hören. Sie enthielt doch für ihn keine Geheimnisse. Kunst ist entweder leicht oder unmöglich. Warum klingt alle Musik von Mozart so einfach? Nur harte Arbeit führt zu solcher Einfachheit, aber man darf die Arbeit nicht merken.

Kapitel 46

In Madrid spielte ich an einem meiner drei Klavierabende in Anwesenheit der Königin Victoria Eugenia die ›Valses nobles et sentimentales‹ von Ravel, ein Werk, das ich liebte, das aber unvorbereiteten Hörern Schwierigkeiten macht. Der letzte Walzer, von Ravel ›Epilogue‹ genannt, ist eine wehmütige Zusammenfassung des Ganzen und verhaucht, das Publikum merkt nicht, wenn das Stück zu Ende ist. Ich bat also Arbós und de Falla, im richtigen Moment zu klatschen. Meine Konzerte waren wie üblich ausverkauft, dank meiner getreuen Anhänger, die mir diesmal aber eine üble Überraschung bereiteten. Ich setzte die Walzer als vorletzte Nummer ins Programm, die Zwölfte Rhapsodie von Liszt, beim Publikum unweigerlich beliebt, sollte den Schluß machen. Nach einigen Takten des ersten Walzers hörte ich mißfälliges Gemurmel in den vorderen Reihen, und von Walzer zu Walzer wurde daraus mehr und mehr ein vernehmlicher Protest. Ich hörte Bemerkungen wie: »Scheußlich,« und »das nennt sich nun Musik!«, »er sollte sich schämen, sowas zu spielen!« und so fort. Weil ich jähzornig bin, verlor ich die Beherrschung. Als die letzten Noten in dem allgemeinen Gemurmel ungehört verhallten, brachen zwar meine Freunde wie verabredet in Beifall aus, doch der allgemeine Zorn übertönte ihn. Ich schaute haßerfüllt ins Publikum und begann donnernd die Rhapsodie von Liszt. Ich muß den Leser hier ein wenig mit dem Temperament der Spanier vertraut machen. Wie schon zuvor bemerkt, sind sie von Geburt leidenschaftliche Liebhaber des Stierkampfes, seit Jahrhunderten gewohnt, jeder Bewegung des Torero zu folgen. Sie buhten ihn aus und beschimpften ihn wegen der geringsten Fehler, doch gleich darauf überschütteten sie ihn mit Beifall, wenn er sich dem Stier mit einigen kühnen Manövern näherte. Das gleiche Temperament zeigen sie im Konzert, und so auch diesmal. Nach einigen Takten der Rhapsodie hörte ich ekstatische Seufzer voller Anerkennung, und am Ende tobte der Beifall, als hätte ich die Walzer nie gespielt. Ich war der einzige, der es nicht vergessen hatte. Ich stand auf, verbeugte mich kalt und verließ das Podium, entschlossen heimzugehen. Der Beifall wuchs, man verlangte die üblichen Wiederholungen, ich aber verlangte eisern Hut und Mantel. Der Manager flehte mich an, noch etwas zu spielen, doch meine einzige Konzession bestand darin, dem Publikum vom Bühneneingang kurz zuzunicken. Ich wußte wohl, daß dies gefährlich ist, denn die Spanier geraten schnell in Zorn. »Sie riskieren Ihr Leben, wenn Sie keine Zugaben spielen«, stellte der Manager mir vor, und ich versetzte: »Schön, wenn sie Zugaben haben wollen, sollen sie sie haben.« Wie üblich trat ich an den Flügel, verbeugte mich und sagte: »Ich wiederhole jetzt die *Valses nobles et sentimentales* von Ravel!« Das wurde mit verblüfftem Schweigen hingenommen, die Königin verließ eilends ihre Loge, und dann brach die Hölle los. Zu meiner Überraschung fand ich bei vielen meiner jugendlichen Anhänger Unterstützung. Sie brüllten: »Bravo Rubinstein, so muß man die senilen Trottel behandeln!« Die »senilen Trottel« ihrerseits drohten mit den Fäusten. Nun begann eine regelrechte Prügelei. »Wir werden es euch schon beibringen!« kreischten die Jungen und blockierten die Ausgänge. »Hier kommt keiner raus, bevor Rubinstein fertiggespielt hat.« Die Prügelei nahm ihren Gang, während ich gesammelt spielte. Sämtliche spanischen Zeitungen berichteten über den Skandal, und mindestens fünf Jahre lang wurde Ravel in Spanien nicht mehr gehört. Jahre später wurde mir in einer kleinen Stadt, wo ich eigentlich nicht konzertieren wollte, weil kein anständiger Konzertsaal vorhanden war, erlaubt, wenn ich unbedingt wolle, auch Ravel zu spielen.

Kapitel 47

In den Balkanländern vergaß ich das üble Erlebnis von Madrid, und Istanbul befriedigte die hochgespannten Erwartungen eines schaulustigen Narren, wie ich einer bin. Ich genoß nach Herzenslust die Sehenswürdigkeiten, die vielen Reste aus byzantinischer Zeit, die prachtvollen türkischen Moscheen, die Hunderte schlanker Minarette und den scharfen Gegensatz zwischen dem eigentlichen Istanbul und dem von Genuesen erbauten Pera. Dies insbesondere faszinierte mich und belebte das lange schon vorhandene Interesse für Byzanz und dessen Eroberung durch das ottomanische Reich. Bevor ich mich diesem Vergnügen hingeben konnte, mußte ich allerdings meinen Impresario in Pera aufsuchen. Arditi empfing mich in seinem Büro in Gegenwart zweier weiterer Besucher. Er sprach perfekt Französisch, doch mit seinen Besuchern sprach er etwas, was ich anfangs für Türkisch hielt, bis ich spanische Wörter aufschnappte, wenn auch recht sonderbar ausgesprochen. Arditi, der mein Erstaunen bemerkte, sagte lächelnd: »Wir sind sephardische Juden und sprechen das Spanische, wie es zur Zeit der Inquisition gesprochen wurde.« Als man erfuhr, daß ich enge Verbindungen zu Spanien unterhielt, wurde ich wie ein Bruder aufgenommen. »Ihre beiden Konzerte finden in unserem französischen Theater statt, wir haben dort auch einen schönen Flügel. Das Publikum besteht meist aus Griechen und Armeniern, die Türken schätzen Ihre Art Musik nicht.«

Ich hatte Bach und Beethoven im Programm, dazu Chopin und spanische Kompositionen, und für die hier lebenden russischen Emigranten ›Petruschka‹. Mein Hotel in Pera, das beste am Platze, hieß Tocatlian nach dem armenischen Besitzer, hatte behagliche Zimmer und gute französische Küche. Arditi geleitete mich ins Theater; sowohl der Flügel als auch die Akustik waren gut. Auf dem Weg zurück ins Hotel fiel mein Blick auf ein Schaufenster, dessen Auslage mich im Alter von zehn Jahren ohnmächtig niedergestreckt hätte: ein kleiner Berg aus türkischem Halvah, dem Traum meiner Kindheit.

Pera wirkte wie eine französische Provinzstadt. Von den Genuesern zeugte nur ein hoher prachtvoller Turm im reinsten Renaissancestil. Meine Konzerte wurden gut aufgenommen, das Publikum betrug sich genau wie ein europäisches, bewies Verständnis durch die Stärke des Beifalls – matt für Bach, achtungsvoll für Beethoven, vertraut mit Chopin, erregt wegen der Neuheit der spanischen Stücke, und für ›Petruschka‹ die bekannten Ovationen seitens der russischen Emigranten.

Arditi war sehr zufrieden, er hatte jetzt Propagandamaterial für Griechenland und Ägypten. »Sie sollen in Athen drei Abende geben, nicht nur zwei, wie vorgesehen. Ich habe für Sie nur zwei Abende in Alexandria vorbereitet, arrangiere aber jetzt noch ein Konzert in Kairo.« Das war ein Himmelsgeschenk, denn in Ägypten gewesen zu sein, ohne Kairo gesehen zu haben, wäre gar zu schlimm gewesen. Nach dem ersten Konzert erbot sich ein reizendes armenisches Ehepaar, mit dem ich mich anfreundete, mir Istanbul zu zeigen. Zu Fuß überschritten wir die lange, stets sehr belebte Brücke in die türkische Hauptstadt. Als leidenschaftlicher Leser der Romane von Pierre Loti, der die Mysterien und den Zauber der Stadt am Bosporus schildert, war ich einigermaßen enttäuscht darüber, daß Kemal Pascha den Fez abgeschafft hatte. Man sah die Türken statt dessen mit englischen Mützen einhergehen, den Schirm allerdings im Nacken. Als ich fragte, was denn das zu bedeuten habe, hieß es: »Man ist daran gewöhnt, daß der Rand des Fez glatt die Stirn berührt, und der Mützenschirm wird als hinderlich empfunden.«

Mr. Pekmezian, eben mein armenischer Freund, ein kleiner, adretter Mann von etwa sechzig Jahren mit schmalem Kopf und glatt rasiert, die verbliebenen Haare sorgfältig gepflegt, war ein kultivierter Mann, wohlhabend, aber nicht mehr geschäftlich tätig. Er führte das angenehme Dasein eines Menschen, der sich mit Musik, Büchern und gutem Essen befaßt. Seine Frau Sappho war jung und hübsch, sehr stolz auf ihre griechische Abstammung. Ich speiste bei ihnen zu Hause unweit meines Hotels, und da sie mir ihr Klavier zum Üben überließen, war ich täglicher Gast.

Außer all diesen angenehmen Dingen muß ich aber noch eine störende Eigenheit dieses Hauses erwähnen. Sappho war eine leidenschaftliche Katzenfreundin und hielt sich mehr als dreißig. Nun mag ich zwar Hunde, Katzen hingegen machen mich nervös, weil ihre Bewegungen ganz unberechenbar sind und sie einen aus kurzsichtigen Augen beängstigend ansehen. Kaum betrat ich das Haus, wurde ich zum Gegenstand der Neugier für diese Tiere. Zwei sprangen aufs Klavier, eine ließ sich unmittelbar neben dem dämpfenden Pedal nieder. Der Appetit verging mir, als ich sah, daß meine Gastgeberin ein gutes Dutzend ins Speisezimmer ließ, wo sie sich zwar anmutig, aber mit dem Ausdruck unmißverständlicher Verachtung bewegten. Kein Wunder, daß ich mit Pekmezians am liebsten durch die Straßen schlenderte.

Unterwegs zur Hagia Sophia, welche die Türken in eine Moschee verwandelt hatten, berichtete Pekmezian von der systematischen Ausrottung der Armenier auf Befehl des letzten türkischen Sultans Abdul-Hamid. »Das Blut rann in Strömen von Pera in den Bosporus. Mein Bruder und ich verdanken unser Leben einem befreundeten Türken. Kemal Pascha hat uns zum Glück gestattet, in unsere Häuser zurückzukehren.«

Der Besuch in der Hagia Sophia war eine große Enttäuschung. Die Türken hatten das Innere verdorben, indem sie die uralten bemalten Fenster durch moderne billige und bunte Imitationen ersetzen ließen. Rings an den Wänden sah man Inschriften in riesigen türkischen Lettern, und der kostbare Fußboden war bedeckt mit Gebetsteppichen zweifelhafter Herkunft. Nicht einmal die herrlichen Minarette paßten zum Hauptbau. Doch dieser Besuch war die einzige Enttäuschung, die ich erlebte. Der Palast des letzten Sultans, nun für das Publikum geöffnet, enthielt die schönsten Porzellansammlungen der Welt. Die reichen Prunkgewänder der Sultane hingen da zur Besichtigung. Das klingt wie aus dem Baedeker, ich weiß es wohl, doch was soll ich machen? Ich könnte den phantastischen Gegensatz erwähnen zwischen dem türkischen Teil Istanbuls, mit den endlosen Galerien, dem riesigen gedeckten Markt, den unzähligen Kaffeehäusern mit den wasserpfeiferauchenden Türken des alten Regimes, und dem uralten Konstantinopel, wo man an jeder Straßenecke an die lange ruhmreiche Geschichte von Byzanz erinnert wird.

Arditi gab mir den Plan für die folgenden Konzerte. Zunächst sollte ich in Ägypten spielen, anschließend in Griechenland. Und zwischen diesen beiden Ländern hatte ich eine Woche frei. »Ist es weit von Alexandria nach Palästina?« fragte ich.

»Mit dem Schiff nur ein paar Stunden von Alexandria nach Jaffa«, sagte Arditi und arrangierte die Reise so, daß ich zwei schöne Tage in Palästina hatte und doch noch rechtzeitig zum Konzert in Athen eintraf. Es machte mich glücklich, den uralten Boden zu betreten, auf dem meine jüdischen Brüder dank der Balfour-Deklaration nach zweitausend Jahren der Diaspora eine Heimstatt gefunden hatten.

In Alexandria traf ich am Tage des Konzertes ein. Arditis Agent führte mich ins Alhambra-Theater, normalerweise ein Kino. Die Stadt selber schien keinerlei Charakter zu besitzen. Der ehemals einzige Leuchtturm war jetzt einer unter vielen anderen. Man könnte sich vorstellen, daß Alexander der Große jede andere Stadt gegründet hätte, nur diese nicht. Es hing auch nicht mehr der Qualm von der verbrannten Bibliotheca Alexandrina in der Luft. So, wie die Stadt sich mir präsentierte, hatte sie nichts zu bieten. Sie war in Händen griechischer und italienischer Baumwoll- und Tabakhändler. Ich lernte reiche Juden kennen, die englische Titel besaßen; einer, der Baron Menasse, war ein Wohltäter der Stadt. Immerhin erwartete mich eine freudige Überraschung: die eingeborenen Ägypter trugen noch den Fez, und ich betrachtete mit Vergnügen diese rote Kopfbedeckung mit der schwarzen Quaste, die mich an die Freimaurer in Brooklyn erinnerte.

Meine Konzerte wurden von italienischen, griechischen, französischen und jüdischen Musikliebhabern besucht, aber ich sah keinen einzigen Fez. Mit einigen interessanten Persönlichkeiten, denen ich später nach König Faruks Sturz als Exilierte in manchen Städten wiederbegegnete, wurde ich näher bekannt.

Der Zug fährt bei Nacht durch die staubige Wüste von Alexandria nach Kairo. Der alexandrinische Agent, der mich begleitete, brachte mich im neuen, sehr luxuriösen Hotel Semiramis am Ufer des Nil unter, von wo man diesen einzigartigen Strom überblickt. Beim Betreten des Hotels wurde mir die Einladung des britischen Generalgouverneurs zum Lunch überreicht. Der Name, Sir Percy Lorraine, klang mir bekannt, und ich entsann mich seiner aus Buenos Aires, wo er mit mir und Avila im selben Hotel gewohnt und häufig mit uns die Amüsierlokale der *porteños* aufgesucht hatte. Der hat ja eine tolle Karriere gemacht, dachte ich, und warf mich in die vorgeschriebenen Kleider. Sir Percy war ein stattlicher, distinguierter Engländer mit einer Neigung zu guter Musik und einer guten Anekdote, immer noch Junggeselle. Zwei Herren waren bei ihm – ein Fürst Demidow, der letzte zaristische Botschafter in Athen, und Sir Ronald Storrs. Sir Ronald kannte ich aus London – Lesley und Cristabel hatten ihn oft zu Tisch. Er war Amateurpianist und -organist und sehr beschlagen in musikalischen Dingen. Die Mahlzeit zeichnete sich also durch ein lebhaftes kultiviertes Gespräch aus. Fürst Demidow, der immer noch in Athen wohnte, lud mich ein, ihn zu besuchen, sobald ich nach Griechenland käme, und Sir Ronald meinte sehr befriedigt, er sei endlich den Posten des ersten Gouverneurs von Jerusalem los, das die Engländer während des Krieges besetzt hatten. Schmunzelnd sagte er: »In meiner Abschiedsrede brachte ich zum Ausdruck, ich habe leider zur Wohlfahrt dieses Landes kaum mehr beitragen können als Pontius Pilatus.« Das wurde mit lautem Gelächter quittiert. Sir Percy unterhielt seine Gäste mit Histörchen von Avila, und nach einem nur mäßigen Konzert überreichte er mir etliche Briefe.

»Dieser ist an den Herausgeber der bedeutendsten hebräischen Zeitung gerichtet, der andere an den Präsidenten der Zionisten von Palästina. Drei weitere empfehlen Sie Freunden von mir, falls Sie Lust haben, sie kennenzulernen.« Diesmal nahm ich mir vor, von den Empfehlungen Gebrauch zu machen.

Vom Hotel aus beobachtete ich noch britische Truppen am anderen Nilufer; sie hielten das Land unter Kontrolle. Die schönen Moscheen, die unzähligen Minarette und vor allem das Museum für Ägyptische Kunst faszinierten mich so sehr, daß ich ganz das Konzert vergaß, das ich geben sollte. Es fand in einem sehr viel schäbigeren Gebäude als das in Alexandria statt und war längst nicht voll. Das machte mir aber nichts, ich hatte weiter nichts im Kopf, als die Pyramiden zu besichtigen und die Sphinx.

Um ein besseres Verständnis dieser Bauwerke zu gewinnen, mietete ich mir einen amtlichen Fremdenführer, der einen bildschönen Fez und ein langes Gewand trug, um den Hals eine Perlenkette und eine weitere in den Händen, die er dauernd durch die Finger gleiten ließ. Wir besichtigten alle üblichen Sehenswürdigkeiten. Mir zu Ehren mußte ein kleiner Junge für ein paar Münzen die Cheopspyramide erklettern. In jungen Jahren hatte ich in Berlin eine Schilderung der mühseligen Errichtung dieser Bauwerke gelesen, auch daß es dabei neunhundert Todesopfer gegeben habe, und weitere damit zusammenhängende Geschichten.

Nun aber, angesichts dieser Weltwunder, vergaß ich das Gelesene und fand bloß, daß der alte Cheops diese Mühe gewiß nicht wert gewesen war. Mein Führer suchte nicht, meine Begeisterung anzustacheln, beschränkte sich vielmehr darauf, mir allen möglichen billigen Krimskrams anzudrehen, den er aus seinen Taschen hervorzog, darunter eindeutig gefälschte Bernsteinperlen chinesischer Herkunft, die er als unverkäufliche Kostbarkeiten bezeichnete. Sodann führte er mich beiseite, um mir geheimnisvoll ebenso falsche ägyptische Kunstgegenstände zu zeigen, von denen er behauptete, sie unter Lebensgefahr persönlich aus den Königsgräbern geraubt zu haben. Ich brauche nicht zu sagen, daß dies alles bei mir auf taube Ohren stieß und daß mein Dragoman sichtlich enttäuscht war. Nur von seinem Angebot eines arabischen Pferdes machte ich Gebrauch, was ihm einiges Geld einbrachte; er behauptete, der Gaul gehöre ihm und überließ ihn mir ein Weilchen. Dies sei eine große Ehre für mich. Bei späteren Besuchen in guter Gesellschaft lernte ich dies schöne Land mehr schätzen.

Von Alexandria fuhr ich bei schwerem Seegang in einem kleinen Schiff, das ziemlich übel roch, nach Jaffa. Arditis Sekretär, der Hebräisch sprach, besorgte mir in der neuen Stadt Tel Aviv, damals noch eine Vorstadt von Jaffa, ein Hotelzimmer. Das Hotel, falls man es so nennen wollte, war eine einstöckige Villa mit ein paar Gästezimmern. Meines hatte zum Glück ein Bad. Vor dem Haus verschönten eine Blumenrabatte und etliche Bäume den Ausblick. In Tel Aviv gab es vielleicht ein halbes Dutzend gut gepflasterter Straßen, bebaut mit ähnlichen Villen, bepflanzt mit jungen Bäumen und echtem grünen Rasen. Drum herum war nichts als feiner Wüstensand.

Das kleinstädtische Jaffa besaß drei streng koschere Restaurants. Weil es im Hotel nichts zu essen gab, führte mein Begleiter mich in das beste der drei, wo bereits an einem Tisch mehrere Herren in europäischer Kleidung saßen und eine gedämpfte hebräische Konversation führten, was sich wohltuend von dem üblichen jiddischen, von heftigen Gesten begleiteten Geplapper unterschied. Arditis Sekretär deutete auf diese Gruppe und erklärte mir: »Sehen Sie die drei Herren in der Mitte? An die sind die drei Briefe von Sir Ronald gerichtet, und am Ende des Tisches sitzt der Herausgeber der in Tel Aviv erscheinenden hebräischen Zeitung.«

Hoch erfreut schickte ich ihn los, die Briefe aus dem Hotel zu holen, und als er sie brachte, trat ich damit an jenen Tisch und stellte mich vor.

»Ich habe Ihnen Briefe von einem Ihrer Freunde zu übergeben«, sagte ich dabei in der Erwartung, gut aufgenommen zu werden und mich ihnen durch die Empfehlungsschreiben angenehm zu machen. Sie lasen die Briefe, doch wurden ihre Gesichter dabei immer länger.

»Storrs?« bemerkte der Herausgeber, »dieser englische Antisemit? Wußten Sie nicht, daß er es darauf angelegt hatte, unser Israel in eine arabische Kolonie der Engländer zu verwandeln?«

Nun war ich beschämt. »Ich kenne ihn aus London als Musikfreund, nicht als Politiker, und ich habe diese Briefe guten Glaubens überreicht, weil ich ihn für Ihren Freund hielt.«

»Freund!« Er lachte bitter. »Gott schütze uns vor solchen Freunden!« Weil sie mich aber allesamt dem Namen nach kannten, war die Enttäuschung denn doch weniger schmerzlich. »Arthur Rubinstein – wir haben viel von Ihnen gehört. Sie sind ein glänzender Pianist und ein braver Jude.« Nun wurde die Atmosphäre freundlicher, trotz Storrs, und nachdem ich zweimal gefillte Fisch genommen hatte, erbot ich mich, zugunsten der jüdischen Sache ein Konzert zu geben. »Ein Konzert? Ja, das wäre schön, aber wir haben keinen Konzertsaal.«

»Aber einen Flügel werden Sie doch haben?«

»Selbstverständlich. Ein jüdischer Professor aus Moskau besitzt ein sehr gutes Instrument.«

»Tel Aviv hat doch bestimmt nicht viele Bewohner, und ein kleiner Raum wäre gewiß ausreichend.«

Nun lachten sie schallend. »Nicht viele Einwohner? Ha, ha! Falls Sie Ihr Konzert ankündigen, erleben Sie Ihr blaues Wunder.«

Nun ließ mein Begleiter sich vernehmen. »Gibt es in Lydda nicht einen leeren Flugzeugschuppen?«

»Ja, aber keine Stühle.«

»Ein jüdisches Publikum würde Mr. Rubinstein auch im Stehen zuhören.«

Nun waren alle Feuer und Flamme. Ehe ich mich's versah, war ein Konzert für den folgenden Abend beschlossen, und der Herausgeber eilte in die Redaktion, um die Ankündigung als Schlagzeile setzen zu lassen.

Tags darauf waren wir ganz damit beschäftigt, den Flügel nach Lydda zu transportieren. Als ich ihn ausprobierte, gab es ein schreckliches Echo. »Nur keine Angst«, sagte einer der Veranstalter, »wenn die Besucher reinströmen, verschwindet das Echo.« Mehr als tausend Menschen hörten stehend meinem Spiel zu. Ich spielte gut, denn ich fühlte, alle hörten ergriffen zu. Sowohl das Publikum als auch ich waren so in die Musik vertieft, daß wir anfangs gar nicht den Regen hörten, der dann aber so laut auf das Blechdach prasselte, daß ich abbrechen mußte, bis der Schauer vorüber war. Doch der Zauber blieb ungebrochen, und am Ende waren meine Zuhörer höchst befriedigt. Die Veranstalter zählten mit Genugtuung die Einnahmen, die zu Verbesserungen in der Stadt verwendet werden sollten. So bestiegen wir denn das Schiff nach Athen mit schönen Erinnerungen an den ersten Besuch auf Palästinas Erde.

Kapitel 48

Als wir uns Piräus näherten, setzte mein Herz einen Schlag lang aus beim Anblick der Akropolis, dieses majestätischen Überrestes der großen Geschichte Griechenlands, dem jeder kultivierte Mensch zu Dank verpflichtet ist für das Erbe, das es der zivilisierten Welt hinterlassen hat. Ich konnte es kaum erwarten, diese heiligen Stätten zu besichtigen, doch zunächst forderte die übliche Routine ihren Tribut, wir mußten ins Hotel Grande-Bretagne, mußten Koffer auspacken, mußten essen. Mein erster Klavierabend in Athen war schon für den nächsten Tag angesetzt; trotzdem lehnte ich es ab, das Theater und den Flügel zu besichtigen, Interviews zu geben und das Programm durchzusehen, zwang vielmehr meinen Begleiter, mich im Taxi zur Akropolis zu fahren. Nach einem steilen Aufstieg standen wir auf der Höhe so nahe dem Parthenon und dem Erechtheion, daß ich mit zitternden Händen die prachtvollen Säulen berühren konnte. Den ganzen Nachmittag verbrachte ich dort in ehrfürchtigem Staunen vor der vollkommenen Schönheit der alten Tempel und kehrte nur widerstrebend in den Alltag zurück.

Im Hotel fand ich eine Nachricht des Fürsten Demidow, der mich zum Lunch am Tage nach meinem Konzert einlud, und in der Halle wartete ein Herr auf mich. Er hieß Frieman, stammte aus Polen und hatte sich in Athen als Klavierlehrer etabliert. Ich lud ihn zum Abendessen ein und erfuhr viel Interessantes über das musikalische Leben in Griechenland. »Die Griechen sind musikliebend, nur ist alles bei ihnen völlig desorganisiert. Ihr Konzert ist in einem scheußlichen, schmutzigen Saal, der aber eine ausgezeichnete Akustik hat. Ich habe einige begabte Schüler, und Sie täten mir eine Ehre, wenn Sie bei mir zu Hause speisen und ein paar von ihnen anhören wollten. Ich habe mir einen jungen Pianisten aus Lodz als Assistenten kommen lassen, leider liegt er mit schwerer Tuberkulose im Krankenhaus. Seine Verlobte, eine junge griechische Pianistin, ehemalige Schülerin von mir, kümmert sich hingebungsvoll um ihn.«

Sogleich erbot ich mich, meinen jungen, vom Unglück verfolgten Landsmann im Krankenhaus zu besuchen. Am nächsten Morgen, nachdem ich zuvor mit Frieman Theater und Flügel besichtigt hatte, die besser waren, als Frieman gesagt hatte, war ich bei ihm. Der junge Mensch, Baratz mit Namen, war Ende zwanzig, seine Wangen waren hektisch rot, die Augen voller Tränen und verschleiert, was auf hohes Fieber deutete. Am Fuß seines Bettes saß die Braut, eine wunderschöne junge Person, die uns für unseren Besuch aufs herzlichste dankte. Sie trocknete ihm unablässig die Stirn, gab ihm zu trinken und hielt seine Hände, ein Bild inniger Liebe. Er sah im übrigen gut aus, war ganz reizend und hatte mich als Knabe spielen gehört. Er sprach mühsam, aber sehr gescheit über Komponisten und Pianisten. Nach einer Weile bat die junge Dame uns, zu gehen, begleitete uns auf den Korridor und sagte ganz verzweifelt: »Er wäre zu retten, hätten wir das Geld, ihn nach Davos zu schaffen. Das hiesige Klima tötet ihn langsam, aber sicher.« Und sie weinte. Ich war nach diesem Besuch sehr bekümmert und blieb es bis zum Abend. Die junge Dame, Marika Papaioannou, kam in der Pause hinter die Bühne, offenbar sehr beeindruckt von meinem Spiel. »Er spielt wie Sie«, sagte sie, »er fühlt wie Sie. Ach, könnten wir ihn doch retten!« Nun faßte ich einen Entschluß. »Ich gebe Ihnen das Geld für Davos, wenigstens genug für ein paar Monate. Brauchen Sie mehr, sorge ich dafür, daß Sie es bekommen.« Sie umarmte mich lange, ohne ein Wort zu sagen.

Stolz auf den Erfolg seines Landsmannes, brachte Frieman fast alle seine Schüler ins Konzert. Ich bemerkte ein reizendes junges Ding unter seinen Schülern, versprach also leichteren Herzens, ihnen zuzuhören. Fürst Demidow hatte auf ein Uhr zum Essen gebeten, aber vergessen, seine Adresse anzugeben. Ich fragte im Hotel, ob man wisse, wo er wohne, und der Portier gab die Adresse dem Taxifahrer auf Griechisch an, eine Sprache, von der ich kein einziges Wort verstand. Um Viertel vor eins fuhr das Taxi los, die lange Hauptstraße der Stadt hinunter, und immer weiter. Ich wurde unruhig, denn der Portier hatte mir versichert, wir wären in wenigen Minuten da. Nach einer guten Viertelstunde bog der Fahrer von der gepflasterten Straße ab und näherte sich einem schäbigen Außenviertel. Auch das brauchte seine Zeit. Endlich hielt er in einer Gasse vor einem Hause, in das keiner meiner Bekannten je auch nur den Fuß gesetzt hätte. Was für ein übler Scherz, dachte ich, mich zum Essen einzuladen, wenn er in so beschränkten Verhältnissen lebt. Ich zahlte den Fahrer aus und klingelte. Niemand antwortete, ich klopfte heftig an die Tür. Nun wurde sie von einer barfüßigen Person aufgerissen, die mehr einer Hexe ähnelte als einer Dienerin. Sie fragte laut etwas auf Griechisch, ich aber konnte nur immer stammeln: »Demidow, Fürst Demidow.« Ihre Antwort war, die Tür zuzuknallen. Da stand ich also eine halbe Stunde verspätet, an einem sonnigen heißen Tag am Rande der Welt. Es blieb nichts übrig, als zu Fuß die gepflasterte Straße zu suchen, was eine weitere Viertelstunde beanspruchte. Matt und schlurfenden Schrittes näherte ich mich der Stadtmitte, als mein alter deus ex machina wieder mal in Tätigkeit trat. Eine Limousine hielt neben mir, und eine liebenswürdige Stimme fragte auf Französisch: »Sind Sie nicht Monsieur Rubinstein, den wir gestern abend mit soviel Genuß haben spielen hören?« Und nach einem Blick auf meine derangierte Kleidung und die bestaubten Schuhe: »Fehlt Ihnen etwas? Können wir Ihnen behilflich sein?« Um es kurz zu machen: Meine bittern Beschwerden über den Fürsten Demidow wurden mit Gelächter quittiert. »Er wohnt in einem herrlichen Haus gleich neben Ihrem Hotel!« Ich brüllte den Portier des Hotels wutentbrannt an. Der Mann schwor, die richtige Adresse genannt zu haben, der Fahrer müsse sich geirrt haben. Ich bat den Hoteldirektor, den Fürsten anzurufen und mein Mißgeschick zu berichten; mir selber fehlte der Mut dazu.

Zu meinem zweiten Konzert erschienen viel mehr Zuhörer. ›Petruschka‹ und ›Navarra‹ brachten den Sieg, man überschwemmte mich im Künstlerzimmer mit Glückwünschen, Fürst Demidow nahm meine Entschuldigung gnädig auf, und Herr Stefanides, ein junger Bankier, bat mich mit solcher Dringlichkeit, bei ihm daheim zu speisen, daß ich ihm nicht widerstehen konnte. Ich fand in diesem Hause eine hochkultivierte Atmosphäre und, was mir noch mehr ans Herz griff, einen bewußten Stolz, zu den Abkommen von Homer, Sokrates und Plato, Sophokles und Aischylos und so vieler weiterer Geistesriesen zu gehören. Auf der Rückfahrt ins Hotel schlug mein neuer Freund mir einen zweitägigen Ausflug nach Epidauros und zum Kanal von Corinth vor: »Wenn Sie nur Zeit hätten, würde ich am liebsten nach Delphi mit Ihnen fahren.«

»Ich brenne darauf, das Orakel der Pythia zu sehen,« sagte ich bedauernd, »aber ein ganz unwichtiges Konzert zwingt mich, nach Paris zurückzukehren.« Den Ausflug nach Epidauros hingegen nahm ich mit Freuden an. Arditis Agent kehrte nach Istanbul zurück. Am nächsten Morgen ließ ich mir von Friemans Schülern vorspielen. Ein dickliches Mädchen mit deutschem Namen zeigte Talent. Das liebreizende Kind spielte ein Adagio von Mozart mit beseligtem Lächeln, aber sehr oberflächlich. Doch drückte ich ihr einige Küßchen auf die rosigen Wangen – gewiß nicht ihrer Leistung wegen. Nachmittags holte Stefanides mich mit seiner Limousine im Hotel ab. »Nehmen Sie einen Koffer für eine Nacht mit, alles andere habe ich dabei.« Ziel war Nauplia, wo wir übernachten wollten. Die Landschaft, die wir durchfuhren, erinnerte mich an Italien, aber da war der Himmel, der Himmel Griechenlands, von einem durchdringenden Blau, das sich nicht beschreiben läßt. Dieser einzigartige Glanz muß die Erbauer der Tempel und der Säulen mit ihren variierten Formen und ihrem strahlenden Weiß inspiriert haben.

Nach einer kurzen Besichtigung der interessanten Ruinen dieser antiken Stadt speisten wir im Restaurant unseres Hotels. Stefanides gab präzise Anweisungen und schritt sodann in die Küche. Der gekochte Fisch war frisch und köstlich. Vor dem nächsten Gang, Rindfleisch, wenn ich mich recht entsinne, verschwand mein Freund abermals in der Küche. Das Fleisch mundete noch köstlicher als der Fisch. Als ich meinem Erstaunen darüber Ausdruck gab, daß das Essen hier so viel besser schmecke als im Grande-Bretagne, lächelte Stefanides geschmeichelt: »Ich habe frische Butter in einem Eisbehälter mitgebracht und die Pfannen für den Fisch und das Fleisch damit eingefettet.« Meinen Beifall für diesen Beweis seiner Kennerschaft nahm er dankbar hin.

Am folgenden Morgen besuchten wir Epidauros, die gut erhaltene Arena in Form eines Amphitheaters mit den unzähligen aufsteigenden Bankreihen. Stefanides deutete auf etliche symmetrische Felsklötze und sagte: »Dort standen die Schauspieler, welche die unsterblichen Dramen des Sophokles und des Aischylos und die Satyrspiele des Aristophanes vor Tausenden von Zuhörern darstellten.«

»Und man konnte sie verstehen?« fragte ich ungläubig.

»Bleiben Sie, wo Sie sind,« sagte er. »Ich klettere ganz nach oben, und auf mein Zeichen flüstern Sie einige Worte.«

Ich gehorchte, und als er herabkletterte, wiederholte er, was ich geflüstert hatte. »Ich verstand Sie so deutlich, als hätte ich neben Ihnen gesessen.« So wurde mir der Beweis dafür geliefert, daß die alten Griechen perfekte Kenntnisse der Akustik besaßen; zu unserem Schaden sind sie der Musikwelt nicht erhalten geblieben, und ihr Geheimnis konnte nicht von neuem enthüllt werden.

Wir fuhren noch abends nach Athen zurück, denn ich mußte tags darauf den Orient-Expreß nach Paris nehmen, der nur zweimal wöchentlich verkehrte. Der Hotelportier brachte mich zum Bahnhof, war beim Kauf der Fahrkarte und der Unterbringung des Gepäcks behilflich. Da er dauernd Trinkgelder forderte, wurde ich ärgerlich. Ich wollte seine Rechnung am Ende auf einmal bezahlen, doch er hatte da andere Ansichten. Frieman kam begleitet von seiner talentierten Schülerin, deren Vater und Marika. Die jungen Frauen hatten schöne Blumensträuße mitgebracht, offenbar für mich, und bald schon plauderten wir angeregt auf Französisch, Deutsch und Polnisch, ständig unterbrochen von neuen Geldforderungen des Portiers. »Das Gepäck kostet mehr«, »der Gepäckträger verlangt seinen Lohn«, »ich habe den Schaffner bestochen, damit Sie einen guten Platz bekommen.« Und dann verlangte er sein eigenes Trinkgeld, und das alles, während wir über Musik, Konzerte, meinen nächsten Besuch redeten. Plötzlich setzte der Zug sich ohne vorherige Warnung in Bewegung und wurde rasch schneller. Ich sprang auf den letzten Wagen mit nichts als meinem Spazierstock. Überrascht blieben die Damen mit den Blumen in der Hand zurück, ich winkte und machte mich auf die Suche nach dem Abteil mit meinem Handgepäck. Ich wanderte durch den ganzen Zug und zurück, ohne es zu finden. In einem jener Koffer steckten Paß und Fahrkarte. Ich ahnte bereits voller Wut, was geschehen war. Der geldgierige Portier hatte unterlassen, mein Gepäck zu verstauen, und da stand ich nun ohne Hut und Mantel, einzig mit dem Spazierstock. Was blieb mir übrig, als beim nächsten Halt auszusteigen und nach Athen zurückzufahren! Der Schaffner erklärte mir mit Hilfe eines Französisch sprechenden Griechen, der Zug halte nach zweieinhalb Stunden in Theben, der Gegenzug nach Athen komme erst am späten Abend. Ich stieg aus und kam mir so jammervoll vor wie der geblendete Ödipus. Ein kleiner Junge, der meine Gesten verstand, führte mich einen Hügel hinaus zur Stadt, einem modernen, dreckigen Provinznest, und ich machte mich auf die Suche nach einem Auto, das mich nach Athen bringen könnte. Da hielt mit kreischenden Bremsen eine starke Limousine direkt vor mir, und Frieman, der Vater und die beiden Mädchen, immer noch mit den Blumen in der Hand, wiesen mir verzweifelt mein Gepäck vor. »Wir haben versucht, Ihren Zug einzuholen und sind um Minuten zu spät gekommen!« Ich dankte ihnen überschwenglich, nahm bequem zwischen den Damen Platz und fuhr zurück nach Athen. Im Grande-Bretagne hinderte Frieman mich daran, den Portier zu ohrfeigen. Statt dessen lud ich alle zu einem guten Essen ein, das uns, nachdem wir uns gründlich gewaschen und gereinigt hatten, vorzüglich schmeckte. Marika fuhr tags darauf mit ihrem Verlobten nach Paris weiter. Das andere Mädchen hieß Gina Bachauer, wie ich erst jetzt erfuhr, und wurde später als Pianistin berühmt. Ich verbrachte drei weitere herrliche Tage in Athen, ohne das versäumte Konzert in Paris zu bedauern. Bei Stefanides lernte ich nette Leute kennen, die mich zu sich einluden und sich als treue Anhänger erwiesen, wenn ich später in Griechenland konzertierte.

Kapitel 49

Die Fürstin Edmond de Polignac lud mich zu einem musikalischen Abend in ihr Palais Avenue Henri Martin ein, wo Prokofieff sein Drittes Konzert mit einem Orchester spielen sollte. »*Le tout Paris*« füllte den großen Musiksaal, wo für die Aufführenden ein Podium hergerichtet worden war. Ich fand mich neben der Fürstin Palladini, die ich von zwei Diners kannte und mit der ich schon näher vertraut war. Sie stellte mir Fragen über Prokofieff, die zu beantworten ich keine Zeit fand, denn das Konzert begann soeben. Ich lauschte hingerissen dem schönen Werk, das der Komponist glänzend spielte. Die elegant gekleidete Zuhörerschaft applaudierte höflich; ich erkannte Strawinsky, Nadia Boulanger, Poulenc und Auric.

Gerade als wir uns erheben wollten, sprach die italienische Fürstin mich mit ihrer melodischen Stimme ein bißchen ungeduldig an: »Ich glaube, Sie wollen nichts mehr mit mir zu tun haben, weil Sie häßliche Dinge über eine meiner Liebesaffären gehört haben.« Ich war sprachlos, begriff dann aber, was sie meinte. »Wollen Sie mich in meine Wohnung begleiten?« flüsterte ich klopfenden Herzens. Sie fragte rasch: »Wo wohnen Sie?« Und als ich ihr meine Adresse gab: »Gehen Sie schon hin und erwarten Sie mich.« Sie kam kurz darauf, und ich geleitete sie spät in der Nacht in ihr Hotel zurück.

Den Vormittag verbrachte ich in Gedanken an die Ereignisse der vergangenen Nacht, diese ganz und gar unerwartete Überraschung, und konnte sie mir nicht anders erklären als mit einer vorübergehenden Laune einer schönen Frau, die es nicht ertrug, gleichmütig behandelt zu werden. Ich machte keinen Versuch, sie im Lauf des Tages zu erreichen. Gegen Abend hörte ich die nun schon wohlbekannte Stimme am Telefon: »Ich bin zum Essen verabredet, aber anschließend komme ich. Warten Sie auf mich.« Und die Anruferin legte auf. Jede Nacht bis zu ihrer Abreise nach Rom verbrachten wir zusammen. Tagsüber war sie mit Anproben und gesellschaftlichen Verpflichtungen beschäftigt. Als ich ihr das Datum meines nächsten Konzertes in Rom nannte, sagte sie: »Ich gebe ein großes Diner für Sie, denn ich will, daß Sie meine Freunde kennenlernen. Werden Sie im Frühjahr wieder in Paris sein?«

»Ja, denn ich muß meine Südamerika-Tournee vorbereiten.« Plötzlich zeigte sie lebhaftes Interesse.

»Wo in Südamerika spielen Sie?«

Als ich ihr Brasilien nannte, wurde sie ganz aufgeregt. »Ich wollte immer schon Rio de Janeiro sehen und würde liebend gern mit Ihnen fahren.«

»Das wäre herrlich,« sagte ich, ohne sie ernst zu nehmen. »Rio ist bezaubernd, ich kenne es gut. Ich war schon dreimal dort und habe viele Konzerte gegeben.«

»Nun denn, rechnen Sie mit mir. Ich liebe es zu reisen.« Eine Woche später verließ sie Paris, und mein Leben verlief in seinen gewohnten Bahnen, Konzerte in Paris und London und anderswo, Lunch mit Cocteau, eine Nacht im Boeuf sur le Toit in Gesellschaft von Fargue und den Achards, Diner bei Coco Chanel und Misia Sert, ein Besuch bei Prokofieff, eine gute Theateraufführung. Von der Fürstin hörte ich nichts, ich schrieb ihr auch nicht. Doch als ich in Rom ankam, um unter Bernardino Molinari im Augusteo ein Chopin-Konzert und die Konzerte von Saint-Saëns zu spielen, fand ich, im förmlichen Stil gehalten, eine Einladung der Fürstin zum Diner, nur war angefügt: »Je t'embrasse tendrement.«

Das Diner fand in ihrem Palazzo statt, in Anwesenheit des ihr entfremdeten Gatten, mehrerer Paare aus der römischen Aristokratie, die mir schon bekannt waren, dazu einige Persönlichkeiten von Distinktion, darunter eine bezaubernde Dame, die Contessa Pecci-Blunt; schon nach wenigen Sätzen wurden wir so vertraut miteinander, daß eine lebenslange Freundschaft entstand.

Fürstin Carla war eine vorbildliche Gastgeberin. Sie lud ausschließlich musikverständige Gäste ein, die meine Konzerte besucht hatten, und so war ich denn gleich von Beginn an Mittelpunkt einer sehr angeregten Unterhaltung. Ich verabschiedete mich mit den anderen Gästen, bedankte mich für diesen angenehmen Abend und begab mich ins Hotel Excelsior. Am folgenden Tage, einem Dienstag, hatte ich Proben mit Molinari, die uns beide sehr befriedigten. Mittwoch folgte eine letzte Probe und am Nachmittag das Konzert. Seit ich zum ersten Mal im Augusteo aufgetreten war, empfand ich es als Auszeichnung, dort spielen zu dürfen. Leider hat Mussolini später in seinem Eifer, die vernachlässigten Kulturdenkmäler Roms auszugraben und restaurieren zu lassen und, damit sie sich im besten Lichte zeigten, ihre Umgebung zu bereinigen, auch das Augusteo abreißen lassen, denn es stand auf dem Grabmal des Kaisers Augustus. Er wünschte dieses Grabmal in seiner ursprünglichen Form wiederherzustellen, obschon es dem Betrachter wenig bietet. Damit beraubte er Rom eines einzigartigen Konzertsaales. Das Orchester Santa Cecilia ging erfolglos auf die Suche nach einem Theater mit annähernd gleich guter Akustik und hatte erst in jüngster Zeit vom Vatikan die Erlaubnis erhalten, die Sala Conciliazione zu benutzen, wo ich seither jährlich meine Konzerte gab, entweder als Solist oder vom Orchester begleitet. Mein Publikum blieb mir treu wie das alte aus dem Augusteo, und den Musikern kam es immer so vor, als läge in der Luft eine Spur von Weihrauch.

Im nicht sehr geräumigen Künstlerzimmer des Augusteo drängten sich nach dem Konzert Freunde und Bewunderer. Carla nahm mich beiseite und sagte: »Führe mich zum Abendessen. In einer Stunde hole ich dich im Hotel ab.«

»Ich erwarte dich in der Halle«, erwiderte ich. Es war nicht einfach, die Einladung beim Grafen San Martino abzusagen – ich gab vor, sehr ermüdet zu sein und keinerlei Appetit zu verspüren.

Nachdem ich mich umgekleidet hatte, wartete ich eine gute halbe Stunde in der Hotelhalle. Dann erschien ein Chauffeur, der mir ausrichtete, draußen im Wagen warte »la Signora Principessa«. Als ich ihr sagte, ich befürchte mit ihr zusammen in der Öffentlichkeit gesehen zu werden, nachdem ich soeben erst dem Grafen San Martino einen Korb gegeben hatte, sagte sie bloß in ihrem singenden Ton: »*Je m'en fiche.*« Immerhin führte sie mich in ein kleines Lokal an der Piazza Navona, wo Personen aus unseren Kreisen schwerlich zum Diner erscheinen würden. Wir aßen nur Suppe und Pasta, tranken weißen Wein aus Verona und fuhren alsdann zurück ins Excelsior. Sie entließ den Chauffeur und folgte mir auf mein Zimmer.

»Und wie kommst du nach Hause?« fragte ich.

»Nur keine Sorge. Der Portier ruft mir ein Taxi, und sobald das vorgefahren ist, gehe ich hinunter.«

Nie war mir eine Frau begegnet, die so unempfindlich war gegen Klatsch und die schwierige Lagen mit solcher Kühle meisterte.

Meine Freundin Mimi Pecci-Blunt gab ein Essen für mich, und Carla ließ mir im Hotel ausrichten, ich möge sie dorthin mitnehmen. Mimi behandelte uns wie ein Ehepaar, und die anderen schlossen sich diesem Beispiel ohne viel Aufhebens an. Die römische Gesellschaft nahm keinen Anstoß an amourösen Intrigen in ihren Kreisen.

In Florenz gab ich einen schönen Klavierabend in der Sala Bianca des Palazzo Pitti, einem herrlichen würdigen Rahmen für musikalische Darbietungen. Florenz war auf klassische Musik eingeschworen. Alessandro Longo, der mit großer Akribie sämtliche Werke für Tasteninstrumente von Scarlatti herausgegeben hatte, war Florentiner. Ernesto Consolo, ein sehr guter Pianist, und der begabte Komponist Castelnuovo-Tedesco gehörten dem Komitee an, das die Konzerte in der Sala Bianca veranstaltete. Ich spielte dort mehrmals zu meiner vollen Befriedigung in dem Bewußtsein, daß den aufmerksamen Ohren der Florentiner keine Phrase entging. Mein Auftritt in der Societá de Quartetto in Mailand war von ganz anderer Art. Das Publikum in der edel proportionierten Sala Verdi des Mailänder Konservatoriums bestand aus hochnäsigen Abonnenten, die mich mit anderen Künstlern verglichen. Auf der Bühne, mir gegenüber, hatten die Professoren des Konservatoriums samt dem Direktor Ildobrando Pizzetti Platz genommen, den D'Annunzio poetisch »Ildobrando di Parma« nannte, so wie er ja auch Debussy als »Claude de France« bezeichnete. Zum Glück wirkten zahlreiche junge Musikstudenten bei diesem Konzert als belebendes Element. Außer dem Dom hatte Mailand als Stadt wenig zu bieten, der Dom allerdings ist ein Wunderwerk von Menschenhand. Selbst die weltberühmte Scala kann sich an Schönheit nicht mit dem Fenice und an Großartigkeit nicht mit dem Teatro Massimo in Palermo vergleichen.

In Paris zeigten die Kastanien im Bois die ersten grünen Blätter, und die gesamte Stadt empfand die Verheißung des lieblichen Frühlings. Der Willkommen, den mir meine Freunde bereiteten, wärmte mein Herz. Ich bin mit einem kostbaren Talent geboren: Ich sehe die Welt, in der ich lebe, mit immer neuen Augen. Das Leben war und bleibt für mich ein Märchen, und ich danke der Vorsehung täglich dafür, daran teilnehmen zu dürfen.

Kapitel 50

In jenem Frühjahr konnte man viel Musik hören. Villa-Lobos hatte in Portugal große Erfolge eingeheimst und zeigte mir nach seiner Rückkehr in Paris interessante neue Kompositionen. Zum Glück druckte Max Eschig viele seiner frühen Sachen, was es mir leichter machte, einiges zu lernen.

Walter Gieseking erregte in Paris Aufsehen mit seinem sehr persönlichen Debussy-Spiel, und die Kritik pries ihn einhellig als den idealen Interpreten dieses Komponisten. Die bittere Pille, daß ausgerechnet einem Deutschen dieser Ruhm zuteil wurde, wurde versüßt durch die Tatsache, daß er eine französische Mutter hatte. Ich ging in eines seiner Konzerte und war bezaubert von dem unirdischen, delikaten Klima, das er mit seiner Behandlung dieser impressionistischen Stücke zu schaffen verstand. Meine eigene Auffassung verlangte nach mehr Fleisch, wenn ich es einmal so grob ausdrücken darf. Gieseking schuf unfehlbar einen verzauberten Hintergrund, doch die Aktion blieb aus.

Cortot, Thibaud und Casals bildeten ein Trio, und wer das Glück hatte, sein festliches Musizieren zu hören, wird es nie vergessen. Die Opéra und die Opéra Comique zehrten im wesentlichen von endlosen Wiederholungen von ›Faust‹, ›Carmen‹ und ›Manon‹, die nicht immer so glänzend aufgeführt wurden, wie sie es verdienten.

Im kleinen Saal der Agriculteurs erschienen Kreisler und der große Busoni, der seine Bach-Transkriptionen spielte, darunter die berühmte Chaconne für Solovioline, bei der er die simplen Noten mit Akkorden der Geige auf eine dem Original gerechte Art pianistisch anreicherte. Die Chaconne wurde ein Meisterwerk für Klavier. Ich glaube, Bach selber hätte sie gutgeheißen. Mit den Orgeltoccaten und den Stücken für Cembalo gelang es Busoni auf geradezu gespenstische Weise, den spezifischen Instrumentalklang dem Klavier zu erhalten, so daß man den Eindruck haben konnte, das Original zu hören.

In diesem Saal hörte ich ein Konzert, das zugleich ergreifend und komisch war. Die beiden Altmeister Saint-Saëns und Francis Planté gaben einen Abend für zwei Klaviere. Ergreifend war, diese beiden mit einer technischen Perfektion spielen zu hören, wie sie von Nachwuchspianisten fast nie erreicht wurde, und komisch war die Art, in der sie agierten – ganz als wären sie allein im Zimmer. Wenn der andere eine brillante Passage hingelegt hatte, bemerkte Saint-Saëns laut: »Bravo, mein Alter!« und Planté rief: »*Ah, quel élegance*«, wenn Saint-Saëns eine Phrase anmutig rundete.

Ich selber gab zwei Klavierabende im Gaveau mit dem Zuspruch meiner treuen Anhänger. Ich hatte den Eindruck, sie galten mehr als gesellschaftliche Ereignisse denn als Abende voll reinen musikalischen Empfindens, wie sie mir vorschwebten.

Avilas Gobelin-Vermögen schien dahingeschmolzen, denn er schickte seinen Diener immer wieder mit dringenden Bitten um Geld vorbei. Diese Bitten waren meist begleitet von einer Einladung zum Abendessen für denselben Tag. Außer seiner liebreizenden Freundin brachte Juan auch spanische Freunde von uns an den Tisch, die sich gerade in Paris aufhielten. Und mich machte es stolz wissen, daß ich an seiner Gastlichkeit teilhaben durfte.

Von Marcelino Narros vernahm ich eine recht interessante Geschichte. »Es gibt hier in der Stadt eine Modistin, die ein kleines Nebengeschäft betreibt. Sie vermittelt nämlich Damen, deren Männer nicht imstande sind, die teuren Modellkleider zu bezahlen, an wohlhabende Touristen, welche für amouröse Dienstleistungen die Schneiderrechnungen übernehmen. Es gibt zu diesem Zweck hinter dem Laden eine sehr behagliche Wohnung. Die Besitzerin, die natürlich den Skandal fürchtet, sucht ihre Kunden sehr sorgfältig unter Durchreisenden aus, und die betreffenden Damen müssen absoluter Diskretion sicher sein.« Es schien mir, daß der Marqués Narros die Gunst einer ganz besonders entzückenden Dame genossen hatte, und als ich sehr begierig fragte: »Können Sie mir die Adresse des Ladens geben?« sagte er: »Ich müßte Sie einführen, ohne Ihren Namen zu nennen. Die Frau ist nämlich sehr wißbegierig und mißtrauisch.«

Wir verabredeten uns für den folgenden Nachmittag kurz vor Ladenschluß. Es waren noch einige Damen im Geschäft, und als Marcelino und ich eintraten, winkte eine der Damen uns lächelnd nach hinten. Sie schloß die Tür und fragte gar nicht mehr lächelnd: »Wer ist dieser Herr?«

»Ein alter Freund von mir aus Madrid, für zwei Tage auf der Durchreise hier. Er möchte sich gern ein wenig mit Ihnen unterhalten,« sagte er mit bedeutsamem Unterton.

»Gut, nehmen Sie Platz und warten Sie auf mich.« Damit brachte sie meinen Freund zur Tür und kam zurück.

»Es ist schon etwas spät, und ich könnte Ihnen nur eine einzige Dame zur Gesellschaft schicken. Wenn sie aneinander Gefallen finden, bleibt sie, wenn nicht, brauchen Sie sich nur höflich zu verabschieden, wenn ich wieder hereinkomme.«

Nach einer Weile trat eine überladen angezogene Dame ein, übermäßig geschminkt, um die schwindenden Reize zu verdecken, und für die hatte ich nichts übrig. Nach einer kurzen Unterhaltung über das Wetter kam die Ladenbesitzerin herein, und ich erhob mich. Die Damen gingen hinaus, und ich wartete. Nun kam die Besitzerin strahlend zurück und sagte: »Sie haben großes Glück. Diesen Moment ist eine entzückende junge Frau gekommen, schön und gescheit, eine Pianistin, *premiere prix du Concervatoire*.« Ich verbarg meine Überraschung, und gleich darauf trat eine wirklich bezaubernde junge Dame ein. Sie hatte, was man in Paris eine *charmante frimousse* nennt – ein schmales Köpfchen mit strahlend blauen Augen, eine kleine Stupsnase und einen wohlgeformten Mund –, und sie war nicht geschminkt. Sie war ziemlich groß, schlank und graziös, redete gleich munter daher und erzählte, sie sei Pianistin, habe das Conservatoire absolviert und brauche dringend Konzertkleider, die ihr Gatte, wie sie lächelnd gestand, nicht bezahlen könne. Der Laden hatte mittlerweile geschlossen, die Madame kam herein, bot uns hinter dem Salon ein Schlafzimmer an, brachte Portwein und Biskuit. Meine charmante Partnerin war im Nu ausgekleidet, bedeutete mir, es ihr gleichzutun, und schon lagen wir im Bette. Nach einigen wonnigen Momenten schlürften wir vom Portwein, legten uns aufs Bett zurück, und schon setzte meine Partnerin ihr Geplauder fort. »Wie finden Sie Cortot? Ich meine, er wird müde, sein Gedächtnis läßt nach. Iturbi hingegen gefällt mir, er hat gute Finger. Brailowsky spielt manchen Chopin ausgezeichnet, andere Sachen weniger. Haben Sie Gieseking gehört? Ist sein Debussy nicht göttlich?« Sie nannte jeden lebenden Pianisten, bloß mich nicht. Ich gebe zu, das verdroß mich, denn ich nahm unterdessen an, ebenfalls bekannt zu sein. Nach kurzem Schweigen fuhr sie fort: »Rubinstein soll *épatant* sein, aber ich habe ihn nie gehört.« Nun vergaß ich in meinem Entzücken ganz, wo ich war, warf die Arme hoch und rief: »Aber ich bin Rubinstein!« Sie stieß einen Schrei aus, schaute mich mit einem Blick des Entsetzens an, und das Ganze wurde zur Tragödie. Sie warf sich zu Boden und schluchzte:»Ich hab's ja gewußt! Ich bin ruiniert! Aber es geschieht mir recht. Ich werde diese Frau umbringen, die mich verleitet hat, für diese gemeinen Kleider so etwas zu tun. Mein Mann ist ein guter Musiker, den Sie vermutlich kennen, bestimmt aber kennenlernen werden.« Und dabei schluchzte sie unentwegt und schlug sich mit den Fäusten ins Gesicht.

Es dauerte eine Stunde, sie zu beruhigen. Ich schwor bei allem, was mir heilig ist, das Geheimnis zu wahren, und brachte sie endlich dazu, ein benachbartes Café aufzusuchen, wo wir uns per Zufall hätten getroffen haben können, behandelte sie als junge Pianistin, die sich mir bekanntgemacht hatte und mit mir über Musik sprach. Ich habe sie nie wiedergesehen und weiß auch nicht, wer ihr Mann war.

Paul und Zosia kamen auf eine Woche zu mir. Paul war gerade von einer Tournee durch Spanien zurück, und auch ich ging einige Engagements in Spanien ein, zu denen Quesada mich überredete, der eigens nach Paris kam, um den alten Streit zu begraben, wobei er ausführlich die unseligen Ereignisse von Rio erläuterte.»Die Direktion der Opera Municipal wollte Sie nicht auftreten lassen, falls Sie sich nicht mit ihren beschämenden Forderungen einverstanden erklärten.« Er reiste ab, um unsere Konzerte vorzubereiten, selig, wieder für mich tätig sein zu dürfen.

Bei dieser Gelegenheit fällt mir ein kleiner musikalischer Ausflug ein, den ich auf eigene Faust unternahm. In La Coruña erhielt ich Noten und einen Brief von Enrique Fernández Arbós:»Bitte spielen Sie mit mir die ›Variations symphoniques‹ von César Franck, die hier sehr beliebt sind. Falls Sie sie nicht kennen, dürfen Sie gern vom Blatt spielen. Sie täten mir jedenfalls damit einen großen Gefallen.«

Das Konzert sollte in Madrid stattfinden, und für die Probe stand nur die Stunde gleich nach meiner Ankunft am Tage des Konzertes zur Verfügung. Ich konnte mir die Noten auf der langen Busfahrt ansehen, ausprobieren konnte ich das Stück nicht. Unterwegs las ich aufmerksam, zeichnete die günstigsten Fingersätze ein, probierte schwierige Passagen auf den Knien. Angekommen blieb mir nur Zeit, mich zu waschen, und schon ging's zur Probe. Ich beabsichtigte, vom Blatt zu spielen und das Stück gewissenhaft mit dem Orchester zu studieren. Als ich aber zwei Kritiker und einige Musikstudenten im Saal bemerkte, nahm ich mir vor, auswendig zu spielen; sollte mein Gedächtnis mich im Stich lassen, würde ich aufs Geratewohl weitermachen und mich schon wieder hineinfinden. Nun, wir spielten ohne abzusetzen, ließen aber viele Details unausgearbeitet. Immerhin blieb mir der Rest des Tages, weiter daran zu arbeiten, und endlich einmal verbrachte ich sechs geschlagene Stunden hintereinander am Flügel und aß nur zwischendurch ein belegtes Brot. Das Konzert fiel gut aus, wir spielten diese schöne Musik zur allgemeinen Zufriedenheit.

Ende Mai sollte die Tournee durch Südamerika beginnen, und Anfang August wollte ich zurück sein. Ende April telegrafierte Carla: »Ankomme übermorgen mit Zofe. Reserviere benachbartes Appartement.« Zum Glück gab es eines, das frei war. Sie traf mit einem Berg Gepäck in Paris ein, und ihre erste Frage lautete: »Wann geht die Reise los?« Ich wußte nicht so recht, was ich davon halten sollte, daß sie ihr Versprechen wahrmachte. Einerseits schmeichelte es mir, daß eine Dame ihres Standes ihren Ruf riskierte, indem sie in diesen noch jungen Ländern ganz offen meine Reisebegleiterin machte, denn das konnte zum Skandal führen. Andererseits war ich stolz darauf, daß diese Reise sehr derjenigen von Liszt mit Madame d'Agoult ähnelte.

Kapitel 51

Carlas Zofe war tüchtig und ihrer Herrin ergeben. Auch mich betrachtete sie mit Respekt, denn sie hatte einen Bruder, der Cellist im Augusteo-Orchester war. Von Marseille aus nahmen wir einen französischen Dampfer; die Kajüten waren bequem, das Essen vorzüglich. Carla liebte das Meer, das immer glatt ist wie ein Spiegel, wenn man südwärts fährt. Sie beteiligte sich an allen amüsanten Zerstreuungen des Bordlebens; wir tranken Tee zur Begleitung scheußlicher Musik, tanzten nach dem Diner, und sie ließ die Äquatortaufe mit Anmut über sich ergehen. Nach einer schlaflosen Nacht voller Erregung angesichts der bevorstehenden

Wunder der schönsten Bucht der Welt trafen wir bei Tagesanbruch in Rio ein. Erste zögernde Sonnenstrahlen vergoldeten die Berge und Anhöhen rings um die Stadt. Als alter Kenner zeigte ich ihr schon vom Schiff aus die Schönheiten des Zuckerhutes, den erstaunlichen Corcovado, mit der die Stadt segnenden Christusfigur, die mit ausgestreckten Armen ein Kreuz bildet, den endlosen Strand von Copacabana und viele herrliche Einzelheiten. Pellas, mein Manager, der uns am Kai erwartete, beglückwünschte mich gleich zu meiner Heirat, und als er seinen Irrtum einsehen mußte und der Fürstin vorgestellt wurde, schien er mich noch mehr beglückwünschen zu wollen. Er fuhr uns ins Gloria Palace, halbwegs zwischen Stadtkern und Copacabana.

Pellas hatte im Städtischen Theater drei Konzerte angekündigt, denn es war für den Rest der Spielzeit nicht frei. Alle drei Klavierabende waren ausverkauft, zum Glück, denn ich fürchtete, man erinnerte sich noch daran, daß ich statt der beliebten Komponisten Villa-Lobos gespielt hatte. Mein Chopin-Abend, der letzte, gefiel ganz besonders, was Pellas und mir Mut machte, zwei weitere Abende in einem alten Theater anzukündigen, das einst als Opernhaus gedient hatte.

Carlos Guinle lud mich nach dem ersten Konzert zum Diner ein, und ich nahm mit innerem Vorbehalt an, fest entschlossen, nicht hinzugehen, falls Carla Anstoß daran nahm, daß ich allein ging. Sie lachte aber bloß: »*Je suis ravis de pouvoir me reponser et de lire un peu.* Von Fremden mag ich nicht eingeladen werden.«

Ich nahm zwei oder drei Einladungen ohne sie an und sagte jedesmal nicht ganz aufrichtig: »Du sollst dich mal einen Abend von mir erholen können.« Im Konzert saß sie stets in der Loge des Direktors, dafür sorgte Pellas. Zum Ausgleich ging ich viel mit ihr aus, besuchte jene Lokale mit ihr, wo ich erstmals mit Villa-Lobos die wundervolle brasilianische Musik gehört hatte.

In Sao Paulo, wo ich zweimal auftrat, amüsierte sie sich besser. Beim ersten Konzert traf sie Bekannte aus Rom, und wir speisten unter angenehmem Geplauder miteinander. Professor Schiafarelli lud uns zum Essen im Familienkreis, und jedermann war von ihrem Charme und ihrer Schönheit hingerissen. In Rio hatte ich noch zwei Konzerte zu geben, und anschließend brachen wir nach Buenos Aires auf.

Als ich an die »exklusive« Gesellschaft dort dachte, an den Grill im Plaza und die unstillbare boshafte Neugier, bekam ich es mit der Angst und fürchtete das Schlimmste. Kurz vor der Ausschiffung trug ich also Ruiz noch auf, im Palace Hotel, in einem weniger eleganten Teil der Stadt, einen Salon und zwei Schlafzimmer zu bestellen. Die Gäste dort waren meist Geschäftsreisende, die bloß einmal übernachteten, während im Plaza fast lauter Dauergäste wohnten.

Die ersten Konzerte gab ich vor Abonnenten im Odeón. Neu im Programm war die ›Fantasia Bética‹ von de Falla, die das gleiche Schicksal erlitt wie schon zuvor in Paris. Das Publikum erwartete den dynamischen Schwung, den es vom ›Feuertanz‹ her kannte und der in diesem recht langen Werk fehlte. Dagegen freute es mich, daß meine Chopin-Interpretation mehr und mehr gefiel. Die Galerie verlangte jetzt öfters Zugaben von Chopin statt wie bisher ›Navarra‹. Carla saß hinten in der Loge des Direktors, sichtbar nur für mich, und las während meines Spiels ein Buch. Das konnte ich ihr nicht verübeln, denn das meiste hatte sie ja in Brasilien schon gehört.

In dieser großen Stadt war unser tägliches Leben unbehaglich und recht kompliziert. In Rio hatte ich ihr wenigstens noch die Sehenswürdigkeiten zeigen können, wir bewohnten ein elegantes, ziemlich leeres Hotel, und sie fiel dort weiter nicht auf. In Buenos Aires war das ganz anders. Ihre Anwesenheit wurde gleich bei unserer Ankunft bekannt, und Klatschbasen und Skandalreporter hefteten sich an ihre Fersen. Man nahm überall von ihr Notiz, ob im Kino, in einem Restaurant oder beim Einkaufen in der Straße Florida, und machte entsprechende Bemerkungen. Und ich brauche nicht eigens zu sagen, daß ich bei Doña Susana und bei den Martínez de Hoz allein zu erscheinen hatte, wo mich die ironischen Bemerkungen, meine »spektakuläre Eroberung« betreffend, nicht gerade freuten. »*Qué Don Juan Tenorio, nuestro Arturito!*« hieß es. Die Martínez de Hoz erwiesen sich gar als verkappte Snobs; die wußten genau, welche gesellschaftliche Stellung Carla in Europa einnahm. Eines Morgens zeigte Carla mir einen Brief, der unter ihrer Tür durchgeschoben worden war, in welchem ein unternehmender Caballero sich erbot, sie von dem langweiligen Pianisten zu befreien und ihr eine wirklich vergnügliche Zeit zu bieten. Jedenfalls waren wir alles andere als glücklich hier, und das führte zu Zank um Lappalien, den Wert eines Films, unseren unterschiedlichen Geschmack, was Speisen betraf. Ich konnte denn meine boshafte Zunge nicht im Zaume halten, und Carla ging hinaus und ließ sich bis zum nächsten Tag nicht blicken. Zum Glück mußte ich in einigen Provinzstädten spielen, in Rosario und Córdoba, auch in Montevideo. Ich fuhr dann allein, sie blieb im Hotel zurück, vermutlich gelangweilt und übler Laune.

Zum Ende der Tour spielte ich im Teatro San Martín mit dem Orchester, beidemal auf Drängen von Ernesto Drangosch, dem ehemaligen Schüler von Barth, der mit mir öffentlich auftreten wollte. Jetzt erst merkte ich, wie eifersüchtig er auf meine Konzerte mit Risler gewesen war. Ich war selig, als die Tournee zu Ende ging. Wir fanden einen italienischen Dampfer mit Bestimmungsort Genua; zu meiner Verblüffung eröffnete Carla mir, sie hätte einen französischen Dampfer vorgezogen. Auf der Reise wurde sie störrisch, sie blieb tagelang in der Kajüte oder saß lesend im Deckstuhl und ließ mich unter dem Vorwand, sich nicht wohl zu fühlen, bei Tisch oft allein. Wir kamen an einem sehr heißen Tag in Genua an und mußten dort auch übernachten, denn ihr Zug nach Rom und meiner nach Paris gingen erst am folgenden Tage. Im Hotel Colombo fragte Carla mich abends ganz überraschend: »Würdest du mich heiraten, wenn ich mich scheiden ließe?« Ich weiß noch, wie peinlich mir diese Frage war, erwiderte aber möglichst beiläufig: »Keinesfalls. Das kann dein Ernst nicht sein. Ich kann mir die berühmte Schönheit Carla Palladini nicht als eine Frau Rubinstein, Gattin des nicht allzu bekannten Pianisten, denken. Auch könnte ich dich nicht lieben, ohne dich in einem Palast wohnen zu lassen, wie du es zeitlebens gewöhnt bist. Ich könnte dir nicht einmal die Garderobe beschaffen, die du jährlich erneuerst.« Das alles in beiläufigem Ton. Carla nahm es aber übel auf, ich sah ihr an, daß meine Weigerung, sie zu heiraten, sie kränkte. Tags darauf trennten sich unsere Wege.

Ich war entschlossen, nicht zu heiraten. Meine lange Erfahrung mit Frauen hatte mich gelehrt, daß der Liebhaber immer im Vorteil ist, er zeigt sich der Angebeteten im besten Licht und nur, wenn er gut in Form ist. Er braucht nicht zu lange, aber auch nicht zu kurz bei ihr zu verweilen, das Verhältnis ist immer frisch, immer zur rechten Zeit schickt er ihr Blumen. Er bleibt diskret und wird nur im richtigen Moment leidenschaftlich, und damit hat er Erfolg. Hingegen der Gatte: Immer ist er anwesend, auch wenn sie ihn nicht sehen mag. Oder aber er ist abwesend, wenn sie seiner dringend bedarf. Mag sein, er schnarcht, sieht morgens müde und zerknautscht aus, hat schlechte Manieren im Bad. Er muß ihre Sorgen teilen, nötigt sie, an den seinen teilzunehmen. Man streitet über Geld, die Lebenshaltungskosten, über Kinder, Dienstboten usw. So unterschieden sehe ich Liebes- und Eheleben.

Kapitel 52

Während dieser Augusttage im Sommer 1924 wurde die Hitze in Paris unerträglich. So kam es mir gerade recht, daß die Fürstin Polignac mich wieder nach Venedig einlud. Sie empfing mich wie einen ständigen Bewohner des Palastes, hatte sogar daran gedacht, ein Klavier in meinem Zimmer aufstellen zu lassen, das diesmal am Ende eines langen Korridors lag. »Falls Sie wollen, können Sie dort zu jeder Tages- und Nachtzeit spielen, niemand wird Sie hören.«

In den ersten beiden Wochen machte ich von dieser Erlaubnis viel Gebrauch, denn mir standen nach elfjähriger Abwesenheit drei Konzerte in Warschau bevor. Als erstes wollte ich das e-moll-Konzert von Chopin spielen, anschließend die Konzerte von Tschaikowsky, alles unter Gregor Fitelberg. Danach sollten zwei Klavierabende folgen, mit meinen bewährten Zugstücken, und ich malte mir schon aus, wie überrascht das unberechenbare, boshafte, aber von mir so geliebte Publikum der Hauptstadt des neuen Polens sie aufnehmen würde. Ich frischte die Erinnerung an diese Stücke auf und stellte fest, daß wie immer Details von mir vernachlässigt worden waren, die viele Stunden Übung erforderten. Seit jener Zeit 1904 in Zakopane verfuhr ich beim Lernen neuer Stücke noch nach dem alten Rezept. Indem ich ein Werk, das ich in mein Repertoire aufnehmen wollte, mehrmals durchlas, war ich imstande, auf meine eigene Weise die Absichten des Komponisten zu erkennen. (Ich benutze oft den Ausdruck »Das Stück muß zu mir sprechen«.) Ich sehe es als ein Ganzes, achte nicht allzusehr auf Details, die den Schwung hemmen. Gleichzeitig nimmt mein Gedächtnis aber alle Einzelheiten unauslöschlich auf. Es gibt drei Arten des Gedächtnisses: das visuelle, das Gedächtnis des Gehörs und das Gedächtnis der Finger. Mein Gedächtnis arbeitet am besten, wenn ich beim Spielen das Notenblatt vor mir sehe und im Geiste die Seiten wende. Meine Kenntnis der Form des Werkes ist dabei stets eine große Hilfe. All das machte es mir möglich, einem durchschnittlichen Publikum eine neue Komposition zur Zufriedenheit zu präsentieren. Kritiker und Musiker hingegen, die jeden Takt dessen, was ich spiele, genau kennen, entdecken leicht Mängel bei bestimmten technisch schwierigen Passagen, die Note um Note zu üben ich mir einfach nicht die Zeit nahm. Diese abscheuliche Nachlässigkeit legte ich erst notgedrungen ab, als die Schallplattenindustrie forderte, daß alle Noten genau und textgetreu gespielt werden und im Konzertsaal dann das Publikum vom Pianisten die gleiche Exaktheit erwartete.

Im Palazzo war ich derzeit der einzige Gast. Der Butler, der mir am ersten Morgen das Frühstück brachte, sagte, die Principessa sei zum Lunch außer Hause und ob ich im Palazzo speisen wolle. Ich zog es vor, in einer netten Taverna venezianische Leckerbissen zu mir zu nehmen, bei La Fenice oder bei Martini. Kurz vor dem Lunch begegnete ich den Freunden vom Vorjahr auf der Piazza und sah dem Auftritt von sieben Giganten zu, sämtlich an 1,90 Meter groß, elegante und aristokratische Erscheinungen. Als die sich unseren Tischen näherten, verdeckten sie buchstäblich den Himmel. Die Fürstin machte mich bekannt; es waren Graf und Gräfin Robillant samt vier Söhnen und einer Tochter, Abkömmlinge der einflußreichen venezianischen Familie Mocenigo, die Venedig sieben Dogen geschenkt hatte. Diese Familie kennenzulernen, war sowohl eine Ehre als auch ein Vergnügen; die Tochter Olga, die den portugiesischen Marqués de Cadaval heiratete, ist mit mir bis zum heutigen Tage befreundet. Bei Martini aß ich köstliche *scampi alla grilla* und Spaghetti, meine Leibspeise. Nach einem längeren Spaziergang, einem Besuch bei Carpaccio und ein oder zwei Tassen starken Kaffees nahe der Rialtobrücke ging ich in den Palazzo zurück.

Fürstin Winnie erwartete mich auf dem Balkon, der zu einer Loggia umgewandelt worden war und sich an jener Seite des Palazzos befand, der den Blick in den Garten des benachbarten Palazzo bot. Wie üblich mit vorgeschobener Unterlippe und dem immer noch deutlichen amerikanischen Akzent, der sowohl ihr Französisch wie ihr Italienisch kennzeichnete, sagte sie: »Förmliche Diners verabscheue ich, und da wir beide allein sind, habe ich uns einen kleinen Imbiß, Kaffee und Gebäck bestellt.« Der kleine Imbiß bestand aus kaltem Schinken, Salat und Sahneeis. Daß ich auf Wein keinen Wert legte, gefiel ihr. »Ich trinke nie Alkohol«, meinte sie, »und meiner Ansicht nach sollten Maler und Pianisten sich davor hüten.«

Nach dem Essen benutzte ich meinen Schlüssel zur Hintertür, schlenderte zur Piazza, setzte mich ins Florian und hörte der Stadtkapelle zu, die mitten auf dem Platz (es war Sonntag) Ouvertüren und Potpourris aus beliebten Opern spielte. Tags darauf fragte der Butler wieder, ob ich allein im Palazzo lunchen wolle, denn die Fürstin sei ausgegangen. Ein Freund führte mich von der Piazza ins Colombo, eine neue Trattoria unweit Freccaria. Wir bekamen dort köstliche frische *argosta* mit genau der richtigen Mayonnaise. Als die Fürstin auch an den beiden folgenden Tagen beim Lunch abwesend war, wurde ich ein wenig ängstlich. Soweit mir bekannt, hatte sie mich allen ihren Freunden auf der Piazza und auch allen bekannten Durchreisenden vorgestellt, warum also lud mich niemand ein, da man doch wußte, daß ich ihr Hausgast war? Ohne daß sie es merkte, spionierte ich ihr nach und sah, daß sie ihre Mahlzeiten auf der Straße zum Rialto in einer jämmerlichen Trattoria nahm. Nun lud ich sie auf den nächsten Tag zum Lunch ins Colombo ein, und sie kam gern mit. Von da an machte ich beim Lunch ständig den Gastgeber, und sie delektierte sich wie ich an den zahllosen *crustacés*.

Eines Tages, als ich länger als üblich an dem schwierigen vierten Scherzo von Chopin gearbeitet hatte, kam ich kurz vor eins auf die Piazza und bemerkte Carla, die mit Freunden auf der Terrasse des Florian saß. Auf meine verblüffte Begrüßung sagte sie nur: »Ich wohne im Danieli.« Zum Lunch war sie von Verwandten eingeladen, erklärte sich aber einverstanden, mit uns Tee zu trinken. Unterwegs zur Trattoria bemerkte Fürstin Winnie: *»Elle est belle, mais un peu loufoque«*, (Sie ist schön, aber etwas wirr). Als ich Carla zum *motoscafo* geleitete, das sie erwartete, sagte sie: »Komm heute nacht um elf ins Danieli und geh direkt auf mein Zimmer.« Und sie nannte die Zimmernummer. Ich hörte diese Einladung mit einiger Beklommenheit, weil ich das Hotelpersonal im Danieli fürchtete, war dann aber doch kühn genug, es zu riskieren. Wie gewöhnlich lachte sie mich meiner Ängste wegen aus und meinte völlig gelassen:»Falls jemand kommt, schicke ich ihn einfach weg.« Tags darauf traf ich sie erst am späten Nachmittag. »J'adore le Lido«, sagte sie.»Venedig ist zu feucht, und es gibt zu viele Mücken«, und sie machte mich mit zwei netten Männern bekannt, die für diesen Tag ihre Begleiter waren, einer war der Conte Verdura, ein Sizilianer, bekannt unter dem Namen Fulco, der andere ein gewisser Conte Branca von der Firma Fernet Branca. Dieses Trio verbrachte jeden Tag am Strand, es sei denn, sie gingen zum Tee in den Palazzo. Ich kann nicht behaupten, eifersüchtig gewesen zu sein, muß aber zugeben, daß Carlas launenhafte Art, mich zu behandeln, mich ärgerte. Carla bemerkte davon nichts, sondern fragte nur, wie lange ich in Venedig zu bleiben gedächte.»Noch etwa zwei Wochen, dann fahre ich nach Paris und anschließend nach Warschau.«

»Nun, dann laß uns nächste Woche einen Ausflug nach Gardone machen, der Gardasee wird dir gefallen, und wir können von Mestre aus mit dem Auto fahren.«

Sie hielt es für ausgemacht, daß ich darauf eingehen würde, und begab sich mit den anderen zum Tee.

Vor meiner Abreise machte ich Fürstin Winnie den Vorschlag, sie möge alle ihre Freunde einladen, ich wolle für sie ein Konzert geben. »Das soll ein kleines Zeichen meiner Dankbarkeit dafür sein, daß Sie mir diese göttliche Stadt quasi zum Geschenk gemacht haben.« Ihre Unterlippe wölbte sich noch weiter vor.»Sie dürfen sich in meinem Palazzo stets wie zu Hause fühlen.« Sie lud dann gegen fünfzig Personen ein, mit denen ich unterdessen gut bekannt geworden war, und ich spielte nur Sachen, von denen ich wußte, daß man sie gern hören wollte.

Zwei oder drei Tage vor der Abreise nach Gardone traf ich Carla auf der Piazza, als sie gerade vom Lido zurückkam.»Laß mich heute nacht zu dir ins Hotel kommen«, bat ich sie.

»Nein, das ist zu ungemütlich, aber falls du mit mir zusammensein möchtest, kann das ja auch in deinem eigenen Zimmer geschehen«, bemerkte sie gelassen.

»Das wäre nicht nur ebenso ungemütlich, es könnte auch gefährlich sein. Ich zweifle keinen Moment daran, daß die Fürstin es nicht schätzen würde, wenn man von ihrer Gastfreundschaft einen solchen Gebrauch machte!«

»Wir können uns doch ganz still verhalten«, meinte Carla mit einer Überzeugung, die ich nicht recht teilen konnte. Indessen gab ich nach, weil ich in ihren Augen nicht als Feigling dastehen wollte. Gegen ein Uhr nachts trafen wir uns auf der Piazza und betraten den Palazzo leise durch die Hintertür, die ich mit meinem Schlüssel öffnete. Weil ich fürchtete, das Klappern ihrer hohen Absätze könnte vom Personal gehört werden, trug ich sie die Treppe hinauf. Oben zog sie die Schuhe aus, und wir schlichen uns wie Einbrecher in mein Zimmer. Auch im Bett mußte ich ihr mehrmals den Mund zuhalten, wenn ich merkte, daß sie mit ihrer singenden Stimme im Begriffe war, alle Vorsicht beiseite zu lassen. Ich kann das beim besten Willen nicht als ideale Liebesnacht bezeichnen, und ich atmete erleichtert auf, als ich sie unbemerkt in ihr Hotel zurückgeleitet hatte.

Nach Mestre machten wir uns getrennt auf den Weg, fuhren von dort aus aber gemeinsam in einem bequemen Wagen nach Gardone. Nachmittags langten wir bei dem recht komfortablen Hotel an, nahmen benachbarte Zimmer mit Ausblick auf den wunderschönen, aber auch etwas melancholisch anmutenden See. Gabriele D'Annunzio, der Held von Fiume, bewohnte eine prachtvolle Villa am See, ließ sich aber nicht blicken. Diese Nacht verbrachten wir geruhsam; wir brauchten beide Erholung.

Am nächsten Morgen, nach einem reichlichen Frühstück mit Kaffee, *prosciutto* und Orangenmarmelade, mieteten wir ein *motoscafo* und machten einen Ausflug auf dem See. Ich hatte dabei eine sonderbare Vision: Ganz plötzlich sah ich zum Greifen vor mir die Toteninsel, deren Bild man in praktisch jedem bürgerlichen Heim Warschaus und Berlins an den Wänden sah, Reproduktionen jenes Gemäldes, das der Schweizer Arnold Böcklin gemalt und eben ›Die Toteninsel‹ genannt hatte. Unmöglich, daß der Maler ein anderes Motiv gehabt haben kann. Ich muß gestehen, Böcklin nie besonders bewundert zu haben, doch dieses Bild machte mir starken Eindruck. Man spürt, daß es sich um eine unbelebte Insel handelt, die niemand anderes beherbergen konnte als den Tod. Von diesem Bild inspiriert, komponierte Rachmaninoff seine schöne symphonische Dichtung gleichen Titels.

Als ich beim Anblick des Gardasees Melancholie verspürte, muß ich wohl etwas Ähnliches empfunden haben. Carla war sehr beeindruckt, als ich ihr davon erzählte. Der Tod war in unseren Gedanken und auch in unseren Gesprächen oft gegenwärtig. Was als sorglose Eskapade begonnen hatte, verlor seinen Zauber und auch seinen Sinn; wir verbrachten diese Tage bei Tische in düsterem Schweigen, und die seltenen Gespräche handelten von allem Möglichen, nur nicht von der Liebe. Ohne es ausdrücklich auszusprechen, waren wir beide froh, hier wegzukommen, sie nach Rom und ich nach Paris.

Kapitel 53

Ich hatte zwar an meinen Programmen für Warschau eifrig gearbeitet, aber im Hotel Majestic erwarteten mich bereits Dutzende von Einladungen, die mich vom nötigen Weiterarbeiten abhielten. Germaine de Rothschild wollte mich unbedingt zum Essen sehen: »Edouard (ihr Mann) will hören, was Sie alles erlebt haben, und Sie wissen, daß er Sie als Feinschmecker besonders schätzt.« Unseligerweise aß Edouard bereits um halb eins, denn er wurde zeitig in der Bank zurückerwartet. Für mich aber war das viel zu früh, denn vor elf pflegte ich nicht zu frühstücken. Melchior de Polignacs luden mich häufig zum Diner ein. Eines davon fand statt zu Ehren von Josef Hofmann und dessen erster Gattin, die eng verwandt war mit Nina de Polignac. Zu dieser Gelegenheit lud Melchior einige der jungen »Sechs« ein – Honegger, Poulenc und Germaine Tailleferre –, ferner Angehörige des *grand monde*. Hofmann, der bislang so gut wie ausschließlich in den Vereinigten Staaten gespielt hatte, versuchte nun, allerdings verspätet, die Hauptstädte Europas zu erobern. Sein Name war zwar bekannt, doch hatte ihn noch niemand gehört. Kein Wunder also, daß er nach dem Diner von den jungen Musikern und den Damen bestürmt wurde, etwas vorzuspielen. Er hatte dazu nicht die geringste Lust, fügte sich aber dem etwas unfeinen Drängen. Er wählte aus den ›Fantasiestücken‹ von Schumann ›In der Nacht‹, und das war wohl die schlechteste Wahl, die er treffen konnte. Dieses an sich schon schwierige Stück, nun auch noch aus dem Zusammenhang gerissen, klang geradezu gespenstisch, und da er überdies reichlich getrunken hatte, kam mir sein Spiel höchst sonderbar vor. Es war geradezu schrecklich anzuhören, wie oft er sich vergriff, und überdies ließ ihn sein Gedächtnis im Stich. Die Zuhörer schauten einander betroffen an, denn diese Selbstdarstellung des »großen Hofmann« verblüffte sie ungemein. Ich fand das Ganze höchst betrüblich. Auf dem Heimweg sagte ich dann den jungen Musikern auch meine Meinung. »Ich versichere Ihnen, daß er in seiner besten Form immer noch der große Hofmann ist, und vorwerfen kann man ihm eigentlich nur, daß er Ihrem unpassenden Drängen nachgegeben hat.«

Es bleibt zu vermerken, daß der Eindruck, den Hofmann an diesem Abend hinterließ, ihm sehr geschadet hat und nicht ohne Folgen blieb, als er erstmals in Paris auftrat und Beethovens Es-Dur-Konzert im Théâtre des Champs Elysées vor Kriegsveteranen spielte. Das Publikum tat gelangweilt und ließ sich gerade noch zu einem einzigen Herausruf herab. Als ich ihn hinter der Bühne begrüßte, machte er mich mit Marschall Pétain bekannt, dem alten Kriegshelden, der gekommen war, um in seiner Eigenschaft als Präsident des Veteranenvereins Hofmann seinen Dank auszusprechen.

Nach einigen weiteren amüsanten Abenden mit Eugenia Errazuriz, Jean Cocteau, Blaise Cendrars und Achards mußte ich nach Warschau abreisen. Schon bevor der Zug in den Bahnhof der Hauptstadt meines stolzen neuen Vaterlandes einfuhr, klopfte mir das Herz im Halse. Die Erinnerungen an meine frühen Jahre überwältigten mich. Einerseits fürchtete ich mich, zu erfahren, wie der Krieg meinen Freunden mitgespielt haben mochte, andererseits war ich ungeheuer aufgeregt bei dem Gedanken, mein geliebtes Warschau endlich befreit von der russischen Geißel wiederzusehen.

Vom Bahnhof brachten mich die Brüder Moszkowski, Richard Ordynski und Alexander Szymanowski zum Hotel Europejski, das frisch angemalt und neu möbliert worden war. Das schöne Restaurant war unverändert, was mich sehr freute. Das Bewußtsein, meine Leibgerichte nach Belieben bestellen und zum erstenmal aus eigener Tasche dafür bezahlen zu können, tat mir wohl.

Ich war begierig, alles über Pola zu erfahren. Wie es schien, wohnten ihre Eltern derzeit im Stadtpalais von Poznanskis in der Aléja Ujazdowska. Zu Beginn des Krieges hatte Pola sich mit ihrer Familie versöhnt und lebte mit ihren Töchtern bei den Eltern. Wie üblich, bewohnte Frederick ein eigenes Appartement, wo er Klavierstunden gab und an einer Oper komponierte. Der Gedanke, daß Pola nach der herzzerbrechenden Trennung wieder mit ihren Töchtern zusammenlebte, beglückte mich um so mehr, als diese Trennung ja von mir verursacht worden war. Allerdings betrübte mich die Gewißheit, nie wieder mit ihr zusammensein zu können, denn nur unter dieser Bedingung war sie wieder in den Schoß der Familie aufgenommen worden.

Warschau kam mir prachtvoll vor. Im alten Königspalast residierte nun der Präsident der Republik; der Belvedere-Palast diente Pilsudski als Amtssitz, und Bekanntmachungen in russischer Sprache waren nirgends mehr zu sehen. Die Offiziere stolzierten in ihren feschen Uniformen durch die Straßen, und die Frauen sahen schöner aus denn je.

Am Nachmittag besuchte ich Karol, der besserer Stimmung war als bei unserem letzten Zusammensein. Er hatte den Ehrendoktortitel der Jagellon-Universität in Krakau erhalten, die höchste Auszeichnung, die das Land zu vergeben hatte. Auch für mich hatte er gute Nachrichten. Er arbeitete an einem sinfonischen Werk für Klavier und Orchester, keinem eigentlichen Klavierkonzert, sondern einer konzertanten Sinfonie. Er versprach, sie nach Paris mitzubringen, sobald er damit fertig sei.

Am Vormittag vor dem Konzert fand die einzige Probe statt. Der Tschaikowsky ging glatt; Fitelberg nahm die richtigen Tempi, folgte mir aufmerksam und lobte sogar mein Spiel der Kadenzen. Beim Chopin-Konzert jedoch wurde er nachlässig und dirigierte die Tutti unaufmerksam und gleichgültig. Als ich mich bei ihm darüber beklagte, antwortete er trocken: »Für das Orchester ist da nichts drin. Chopin konnte nur für das Klavier schreiben.« Daraufhin kam es zwischen uns wieder einmal zum Streit.

»Sie sind ein erbärmlicher Musiker! Sie verstehen sich nur auf den Krach von Richard Strauss, und hier vor allem auf die banalsten Stellen!« schrie ich.

Opfer unseres Streites wurde dann Chopin. Beim Konzert am Abend spielte das Orchester die Tutti allerdings sorgfältiger, denn die Orchestermusiker kannten das Werk schließlich genau. Die Halle der Filharmonja war ausverkauft, alle meine alten Freunde, die den Krieg überlebt hatten, waren anwesend und selbstverständlich auch die Kritiker. Der

Rest des Publikums war gekommen, den »großen Favoriten Spaniens und Südamerikas zu hören, den Mann, der in den Vereinigten Staaten Millionen verdient hat, den Mann, der das Tagesgespräch von Paris und London gewesen ist«. Ich kannte meine Warschauer gut; sie waren und blieben die Snobs, die sie schon unter der russischen Herrschaft gewesen waren. Sie bewunderten mich dafür, daß ich in meinem Vaterland so lange nicht gespielt hatte; so weit ich zurückdenken konnte, hatten sie befriedigt gelächelt, wenn ich nach Berlin oder London abgereist war – »er hat was Besseres zu tun, als in Warschau zu bleiben« –, und das hatte mich immer geärgert. Nun, bei aller Bescheidenheit muß ich zugeben, daß dieser Abend für mich ein großer Triumph wurde. Auch die Klavierabende waren sogleich ausverkauft. Mein Telefon im Hotel klingelte unentwegt, weil man mich um Eintrittskarten anging, die ich nicht beschaffen konnte. Bei den Klavierabenden hatte ich Gelegenheit, mein Publikum mit meinem spanischen Repertoire zu überraschen, das für hiesige Hörer völlig neu war. ›Navarra‹ und ›Feuertanz‹ gingen wieder einmal als Sieger durchs Ziel, und ich konnte nicht anders, als sie bei jedem Konzert wiederholen. Ich bekam übrigens für jeden Auftritt fünfhundert Dollar in amerikanischer Währung, für die damalige Zeit eine bedeutende Gage. Die Kritiker lobten mich einhellig, ausgenommen ein gewisser Piotr Rytel, Professor für Harmonielehre am Konservatorium, dem nicht nur mein Spiel mißfiel, sondern der mir auch jegliches Talent absprach.

Der neue Manager des Konzerthauses in Lodz, Karol Rubinstein (kein Verwandter), bot mir die gleiche Gage für einen Klavierabend in meiner Heimatstadt. Diesmal war das Konzert keine Angelegenheit der Familie, der Saal vielmehr besetzt von den eigentlichen Liebhabern und Kennern, die man nur bei bedeutenden Anlässen zu sehen bekam. Hunderte von distinguierten Damen und Herren waren erschienen, die ich nie zuvor gesehen hatte. Meine große eifersüchtige Familie hatte mir stets den Eindruck vermittelt, in dieser Stadt gebe es niemanden, dessen Bekanntschaft sich lohne. Tatsächlich war ich nie im Hause oder in der Wohnung eines Menschen gewesen, der nicht zur Familie gehörte.

Karol Rubinstein kündigte sogleich ein zweites Konzert an, und das war sogar noch erfolgreicher. Diesmal mußte man mehr als hundert Personen auf dem Podium unterbringen, dicht am Flügel. Meine beiden

Tanten und mein Bruder Stas, der jetzt die Wohnung meiner Eltern innehatte, veranstalteten nach beiden Konzerten eine Gesellschaft, wie man sie auch gegeben hatte, als meine Eltern noch lebten. Alles war wie in der guten alten Zeit, und doch konnte ich mich nicht daran erfreuen, denn es bedrückte mich schwer, daß meine Eltern nicht mehr Zeugen des Erfolges wurden, den der verlorene Sohn geerntet hatte.

Von Lodz aus fuhr ich noch einige Tage nach Warschau. Da ich nun endlich in meinem Vaterland einen ehrenvollen Platz gefunden hatte, verbrachte ich einen ganzen Tag so, wie ich es mir schon immer gewünscht hatte. Mit den Taschen voller wohlverdienter amerikanischer Dollars, die ich meinen Konzerten verdankte, machte ich mich daran, alle Schulden zu bezahlen, die noch aus der Vorkriegszeit herrührten. Geld, das mir Leute geliehen hatten, die in meine Zukunft Vertrauen setzten. Man kann sich vorstellen, mit welchem Vergnügen ich dem guten alten Styczynski vom Hotel Victoria die Rechnung endlich bezahlte. Er war über diesen unerwarteten Glücksfall so außer sich vor Freude, daß ich schon meinte, er wolle mir sein Hotel zum Geschenk machen. Das Schneidergeschäft, bei dem ich hatte arbeiten lassen, war in andere Hände übergegangen, doch die Rechnung lag bereit, und das Geld wurde angenommen mit dem Anerbieten, sogleich eine neue Garderobe zu herabgesetztem Preis anzufertigen. Ich bedankte mich, sagte aber, ich sei derweil Kunde eines Londoner Schneiders geworden.

Am dringlichsten war es mir, meine Schulden bei Dr. Goldflam zu bezahlen, der für einen Bankkredit über fünfhundert Rubel für mich gebürgt hatte. Der zweite Bürge, Leon Bernstein, Vater von Sophie Mayer, war während des Krieges verstorben. Der gute Doktor empfing mich, als wären nicht unterdessen Jahre vergangen, und fand nur lobende Worte für meine Konzerte. Er zeigte mir seine neu erworbenen Bronzen und kam mit keinem Wort auf den Zweck meines Besuches zu sprechen. Als ich ihn schließlich an meine Schulden erinnerte und um Verzeihung dafür bat, daß ich während des Krieges nichts zurückgezahlt hatte, nahm er die Summe in voller Höhe entgegen, denn Bernsteins Tod hatte ihn genötigt, die fünfhundert Rubel ganz an die Bank zurückzuzahlen, eine Information, die ich Antek Moszkowski verdankte. Er überreichte mir die Quittung der Bank und machte dabei ein Gesicht, als sei er der Schuldner und ich der Gläubiger.

In meinem Hotel begrüßte ich Joseph Jaroszynski zum Essen. Ich fürchtete mich etwas vor dieser Begegnung, weil ich glaubte, er werde mit seiner bekannten Stentorstimme in die bittersten Klagen darüber ausbrechen, daß man ihn seiner Liegenschaften und sonstigen Vermögenswerte beraubt hatte, doch irrte ich. Wir umarmten uns herzlich, setzten uns hin, und er benutzte seine Stentorstimme ausschließlich dazu, begeistert die spanischen Kompositionen zu diskutieren, die er in meinen Konzerten gehört hatte. Als ich ihn seines Unglücks wegen bedauerte, erwiderte er nur: »Viele von uns haben den gesamten Besitz an die Russen verloren, aber daß wir jetzt Bürger eines freien Landes sein dürfen, entschädigt uns dafür reichlich.« Das rührte mich fast zu Tränen.

Nach dem Essen gingen wir auf mein Zimmer, und ich gab ihm alle Dollar, die ich bei mir hatte, als kleinen Dank für alles, was ich ihm schuldete. Er nahm sie hin wie ein Geschenk und versicherte mir, er lebe sehr zufrieden und sei im übrigen verheiratet: »Meine Frau ist sehr schön, eine hervorragende Malerin, und wir sind sehr glücklich miteinander.« Vor der Abreise machte er mir noch ein Geschenk, einen ziemlich großen Gegenstand, in mehrere Lagen Zeitungspapier gewickelt. »Hier ist ein schönes Geschenk für dich!« rief er strahlend. »Ein Stein von der Landstraße nach Zelazowa-Wola.« (Der Geburtsort Chopins.) Ich nahm ihn dankbar entgegen, aber er war so schwer, daß ich schier zusammengebrochen wäre; insgeheim entschloß ich mich, ihn an einem sicheren Platz im Hotel zu deponieren.

Eines Morgens fragte mich eine reizende Frauenstimme am Telefon: »Erinnern Sie sich noch eines jungen Mädchens namens Mania Szer?« Selbstverständlich erinnerte ich mich, schließlich war sie meine erste Liebe – ich war damals neun Jahre alt.

»Ja, gewiß, was ist aus ihr geworden?«

Sie antwortete gedämpft: »Ich bin Mania Szer und seit vielen Jahren verheiratet. Ich wohne für zwei Tage in diesem Hotel, und wenn du eine Stunde Zeit hättest, würde ich dich nach diesen vielen Jahren gern wiedersehen.«

Nun fielen mir die alten Geschichten wieder ein, und ich wurde sehr aufgeregt. Sie ließ sich von mir zum Essen einladen und erwartete mich in der Halle.

Es war gar nicht einfach, sie zu erkennen. Sie war recht groß gewachsen, trug einen langen Wintermantel und einen Hut, dessen Schleier ihr Gesicht verdeckte. Als sie den Schleier hob, erkannte ich in ihr jedoch dieselbe Mania Szer, eben jene, die der persischen Miniatur glich, mit der lieblichen Nase, dem reizenden Mund und den wunderhübschen dunklen Augen.

Sie folgte mir schweigend in ein kleines Restaurant, wo wir praktisch allein miteinander waren, und erzählte bekümmert von ihrer verlorenen Jugend, einem lieblosen, ungeliebten Gatten. Zum Schluß sagte sie: »Ich habe nur für meine Tochter gelebt, und die starb vor zwei Jahren; sie geriet in der Tatra unter eine Lawine. Jetzt habe ich nichts mehr, wofür zu leben lohnt.«

Sie weinte nicht, sie blickte nur sehr verzweifelt drein. Ich schwieg lange und fragte dann: »Du weißt, daß du meine erste Liebe warst? Erinnerst du dich an Inowlodz?« Und nun erzählte ich ihr, daß ich eigens ein Pferd bestiegen hatte, um Eindruck auf sie zu machen; wie entsetzlich eifersüchtig ich auf einen rothaarigen Knaben gewesen sei, mit dem sie häufig tanzte, was mich wütend machte. »Erinnerst du dich, daß du versuchtest, mich zu küssen, als ich dir etwas vorspielte, und wie heftig ich mich sträubte, denn ich wollte mich von dir nicht als ein begabter kleiner Junge behandeln lassen, sondern geliebt werden.«

Sie errötete vor Erregung, und ihre Augen glänzten. »Glaubst du, daß ich dein Fenster stundenlang aus der Wohnung meiner Tante beobachtete, die eurem Haus gegenüberlag? Daß ich schon glücklich war, wenn ich auch nur deine Hand sah, die den Vorhang beiseite zog? Als ich nach Berlin mußte, brach mir fast das Herz bei dem Gedanken, daß ich dich nie wiedersehen sollte.«

Alles dies hörte sie mit geneigtem Kopf an und wischte sich die Tränen aus den Augen. Nach kurzem Schweigen sagte sie sehr leise: »Ich wußte das wohl, Mädchen wissen immer, wenn sie geliebt werden. Der rothaarige Knabe, auf den du so eifersüchtig warst, war ein dummer Junge, aber er konnte gut tanzen. Und in Warschau fühlte ich deine Liebe ständig.«

Wir waren beide hochgradig erregt. Ich küßte ihr mehrmals die Hand, zahlte die Rechnung, und wir gingen Hand in Hand auf die Straße, fuhren zum Hotel, ich nahm sie auf mein Zimmer, und wir fielen einander um den Hals, beide überzeugt, daß nun etwas geschah, was längst überfällig gewesen war.

Wir trennten uns mit einer herzlichen Umarmung. Am nächsten Morgen mußte sie zurück nach Lodz, und am Abend war ich mit Karol verabredet. Ich schickte ihr Rosen, dazu eine Karte mit tiefempfundenen Worten, und als ich von Karol spät in der Nacht zurück ins Hotel kam, fand ich Blumen von ihr vor, begleitet von dem einzigen Wort »Dziekuje« (»Dank«).

Karol führte mich in ein neues Café, zugleich eine Teestube, das Ziemanska hieß. Unterwegs bereitete er mich vor: »Du wirst dort einigen brillanten jungen Schriftstellern und Dichtern begegnen, derengleichen du so leicht in der Welt nicht noch einmal antreffen wirst.« Und damit hatte er recht. Seine Freunde saßen bereits an einem großen Ecktisch, und als wir hereinkamen, machte er mich mit ihnen bekannt. Ich will sie alle namentlich aufführen, denn ein jeder von ihnen gehört zur Elite der zeitgenössischen polnischen Literatur: Jan Lechon, Antoni Slonimski, Jaroslaw Iwaszkiewicz, Kazmierz Wierzynski und nicht zuletzt Jan Tuwim. Bald stieß noch ein weiterer bedeutender Autor zu uns, Boy-Zelenski, Sohn des Komponisten Ladislas. Er verfaßte Gedichte im Stil von Kinderreimen, in denen er die neue Bourgeoisie verspottete, die pedantischen Akademiemitglieder, die Snobs und die Frauen von lockeren Sitten und mit Spatzenhirnen. Er wurde viel gelesen; von seinen gescheiten Versen sind manche sprichwörtlich geworden und immer noch in Gebrauch. Dieser bemerkenswerte Mensch fand noch dazu Zeit, den gesamten Molière, Balzac und viele andere französische Meister aufs schönste zu übersetzen. Als letzter kam mein alter Freund Franc Fiszer. Kaum hatte er Platz genommen, übertönte seine Stimme die aller anderen, und seine geistvollen, originellen Sentenzen erzeugten geradezu vulkanische Ausbrüche von Gelächter. Hätte Fiszer auch nur die Hälfte seiner komischen, zugleich aber philosophischen Aperçus veröffentlicht, wäre er wohl einer der meistgelesenen Autoren geworden. Er lehnte es aber ab, auch nur ein einziges Wort niederzuschreiben, mit der Begründung: »Ich würde mich schämen, schönes weißes Papier mit Tinte zu besudeln.«

Szymanowskis Einführung war es zu verdanken, daß diese einzigartige Gesellschaft mich von Anfang an als einen der ihren behandelte. Tuwim sagte zu mir: »Wir sind übrigens in gewisser Weise miteinander verwandt. Meine Mutter und Ihre Schwester Jadwiga waren als junge Mädchen unzertrennlich, und als ich vier oder fünf Jahre alt war, nahm meine Mutter mich mit auf den Bahnhof, damit ich zusehen solle, wie Ihre Eltern Sie in den Zug nach Berlin setzten. Mama sagte zu mir: ›Siehst du diesen Arthur? Der ist schon ein berühmter Pianist, aber was soll je aus dir werden?‹ Da habe ich Sie gehaßt, bis ich Sie spielen hörte. Und jetzt sind Sie ein Pianist nach meinem Herzen.« Wir umarmten einander, schlossen Freundschaft und tranken sogleich Bruderschaft.

Juljan und Jaroslaw waren die einzigen, die etwas von Musik verstanden und Musik liebten, die anderen konnten damit nicht viel anfangen, das hinderte aber nicht, daß wir von nun an engen Kontakt zueinander hielten.

Graf Alexander Skrzynski war unterdessen Außenminister geworden; ich machte ihm meine Aufwartung im Ministerium und legte ihm meine Papiere vor. Dieser echte Edelmann empfing mich sehr herzlich. »Es freut mich zu sehen, daß wir alle beide seit unserem letzten Zusammensein in Rom große Fortschritte gemacht haben.« Ich empfing von ihm ein kostbares Geschenk – einen polnischen Diplomatenpaß. »Damit reist sich's angenehmer«, sagte er.

Karol informierte mich über die neuen Entwicklungen im Musikleben Warschaus. »Emil Mlynarski ist jetzt alleiniger Direktor der Oper, und es ist ihm gelungen, sie auf höchstes europäisches Niveau zu bringen. Er hat meine ›Hagith‹ aufgeführt, in sehr guter Besetzung, nur haben die Kritiker, wie du weißt, meine Erzfeinde, sie als deutsche Oper im Stil von Richard Strauss bezeichnet. Mlynarski nimmt das nicht weiter ernst, er will auch die Oper aufführen, an der ich gerade arbeite: ›König Roger‹ wird sie heißen. Daß man mir die Nachfolge Mlynarskis als Direktor des Konservatoriums angeboten hat, wird dich wahrscheinlich amüsieren. Aber ich fürchte mich davor. Du weißt ja, wie wenig mir alles Bürokratische liegt. Ich werde aber annehmen müssen, weil ich ein festes Einkommen brauche. Ich muß jetzt nämlich die gesamte Familie ernähren. Mein Bruder Felix sucht verzweifelt Beschäftigung als Begleiter – du weißt, er spielt gut Klavier –, aber er findet nichts. Meine arme Mutter ist krank und braucht Pflege. Meine Schwestern Nula und Zioka sind beide noch unverheiratet und leben zu Hause. Stasia, die Sängerin, ist geschieden. Zwar tritt sie noch häufig in der Oper auf, sie gibt auch Liederabende, verdient damit aber nicht genug für ihren Lebensunterhalt. So also sieht die Lage aus.«

Bis zu seinem vorzeitigen Tod mit vierundfünfzig Jahren blieb der bedauernswerte Karol ein Opfer seiner Familie; er liebte sie ebenso, wie Chopin die Seinen geliebt hatte.

Richard Ordynski war unterdessen Filmregisseur geworden. Er zeigte mir seine schöne Wohnung mit Blick auf die Johanniskathedrale in der Altstadt. »Wenn du nächstes Jahr wiederkommst, mußt du unbedingt bei mir wohnen.« Er drängte so sehr darauf, daß ich es ihm versprach.

Meine Schwester Hela traf ich selten. Ich ließ für sie und ihre Angehörigen für beide Konzerte eine Loge reservieren, und sie kam auch; im übrigen tranken wir einmal gemeinsam Tee bei Lourse.

Mit der Filharmonja verabredete ich für das kommende Jahr zwei Auftritte und sagte Karol Rubinstein einen Klavierabend in Lodz zu. Der Krakauer Konzertunternehmer Teofil Trzcinski schlug mir eine Tournee vor, die außer Krakau auch Lwow und sechs oder sieben andere Städte im ehemals österreichisch besetzten Teil Polens umfassen sollte.

Ich unterbrach die Reise nach Paris für einen halben Tag in Berlin und suchte auf Bitten der Fürstin Polignac bei Bechstein einen großen Konzertflügel für ihren venezianischen Palazzo aus. Bechstein ging nach dem Kriege bankrott und war derzeit in den Händen der Banken. Die Fabrik wurde von den neuen Eigentümern zwar weiterbetrieben, der Name war schließlich noch etwas wert, doch war die Qualität der Instrumente nicht mehr so gut wie vordem, als jedes einzelne vor dem Verkauf noch einmal gründlich geprüft wurde. Zum Glück fand ich ein sehr brauchbares Instrument mit leichtgängiger Mechanik und ließ es sogleich nach Venedig auf den Weg bringen.

Kapitel 54

Im Hotel Majestic erwartete mich stapelweise Post, darunter viele Angebote von Konzertunternehmern aus Ländern, in denen ich bislang nicht gespielt hatte, unter anderem eines aus Zagreb, das jetzt zu Jugoslawien gehörte, und das fünf weitere Konzerte in anderen Städten dieses interessanten Landes einschloß. In Rom hatte die energische Triestinerin Clara Camus eine neue Agentur aufgetan, und ihr verdankte ich Angebote, in jenen ehrwürdigen Städten zu spielen, die mir bislang unbekannt waren, die ich aber schon immer hatte sehen wollen. Das Augusteo in Rom und die Santa-Cecilia-Konzerte wurden nach wie vor von Conte San Martino geleitet. Auch aus Belgien kamen Angebote: Brüssel, Lüttich, Antwerpen und Gent wollten mich hören. Die Türkei, Griechenland und Ägypten wurden mir von wiederholten Konzertreisen vertraut wie alte Bekannte.

Eines Morgens hörte ich zu meiner freudigen Überraschung von Pola; sie sei gerade mit ihren beiden Töchtern in Paris eingetroffen – ob wir uns nach all diesen Jahren wiedersehen wollten? Ich lud sie sogleich zum Mittagessen ein, wir waren glücklich, einander zu sehen, und ich küßte ihr mehrmals die Hände. Beim Essen tauschten wir unsere Erlebnisse in den vergangenen Jahren aus. Sie erzählte:

»Letzten Winter ist mein Mann gestorben. Bei Kriegsausbruch hatte ich mich mit der Familie ausgesöhnt, und ich durfte Gott sei Dank wieder mit meinen Kindern zusammen sein.« Sie lächelte. »Sie sind unterdessen allerdings bereits junge Damen, und ich fürchte mich fast, dich mit ihnen bekanntzumachen. Seit ihrer frühen Kindheit haben sie von meiner Mutter immer zu hören bekommen, daß du der leibhaftige Teufel bist, und sie mußten schwören, sich niemals mit dir zu treffen.« Darüber lachten wir beide. »Sie werden mich übrigens gleich hier abholen.«

Pola war wenig verändert, etwas fülliger, doch das Gesicht mit den gütigen lieben Augen und den reizvollen Zügen war das alte. Wir gingen auf die Straße und bemerkten zwei junge Mädchen auf der gegenüberliegenden Seite, die bei unserem Anblick Anstalten machten wegzulaufen, doch überlegten sie es sich dann doch anders, kamen herüber und ließen sich mit mir bekanntmachen. Das war, wie ich wohl wußte, unvermeidlich, denn kein junges Mädchen widersteht der Versuchung, Beelzebub, Luzifer oder Satan aus der Nähe zu betrachten. Sie musterten den Mann, der ihnen die Mutter während der für sie so wichtigen Jugendjahre geraubt hatte, mit nachsichtiger Toleranz. Bevor Pola nach Warschau zurückfuhr, trafen wir uns noch einige Male.

Mein erster Aufenthalt im neu gegründeten Jugoslawien war in jeder Hinsicht faszinierend. Zwar waren Serbien und Kroatien nun unter diesem neuen wohllautenden Namen vereinigt, in Wahrheit aber doch zwei deutlich verschiedene Länder. Zagreb, Hauptstadt von Kroatien, erinnerte in seiner Atmosphäre sehr an Warschau. Das lag zum Teil selbstverständlich daran, daß die Bewohner beider Städte Katholiken waren, doch hätte Zagreb eine polnische Provinzhauptstadt sein können.

Mein Manager war ein kroatischer Jude, ein schon älterer Mann, dessen flammender Patriotismus sowohl Kroatien als auch Ungarn galt, unter dessen Herrschaft es gestanden hatte. Seine Frau war noch jung, sehr groß, sehr stattlich und sehr schön. Er wich auf der Tournee kaum je von meiner Seite, brachte seine Frau aber nur selten mit, was ich sehr bedauerte, denn er hatte leider die Gewohnheit, mich in vier oder fünf Sprachen zu Tode zu schwätzen. Ich hörte seinen Berichten über den Krieg zu, dessen politische Hintergründe er sehr gut durchschaute, und war in fast allem einer Meinung mit ihm, ausgenommen darin, daß ich behauptete, die kroatischen Zuhörer seien noch zurückhaltender als die polnischen, während er meine Klavierabende als »den Triumph des Jahrhunderts« pries und mir ein neues Angebot zu höherer Gage machte.

In der serbischen Hauptstadt Belgrad stieß ich auf einen wärmeren Empfang, der schon etwas russisch anmutete; das Publikum war leicht begeistert, aber ebenso unberechenbar. Ich spielte in Provinzstädten beider Länder, wo so etwas bis dahin noch ganz unbekannt gewesen war. Und dabei hielt ich Augen und Ohren weit offen. Lesen und verstehen konnte ich Kroatisch wie Serbisch, denn Kroatisch ähnelt dem Polnischen, und das Serbische in Laut und Schrift dem Russischen.

Die nächsten Konzerte gab ich in Mailand in der Societá del Quartetto und in Venedig im kleinen Saal des Konservatoriums Benedetto Marcello. Es war mein erstes öffentliches Auftreten in Venedig, und die Zuhörer waren praktisch eben dieselben, welche die Fürstin Edmond zu sich in den Palast gebeten hatte, um mich anzuhören. Den Rest bildeten Professoren und ein Häuflein Musikstudenten, es war so recht ein Familientreffen. Mein Spiel wurde denn auch in dieser Weise aufgenommen, und ich meinte, das eigentliche Debüt in Venedig stehe noch bevor.

Weil Arditi mich bereits wieder für Istanbul und Athen angesetzt hatte, bestieg ich den Orientexpreß nach Athen. Ich nahm die Mahlzeiten bei Pekmezians und ihren Katzen und hatte auch Gelegenheit zu üben, denn diesmal wollte ich neue Stücke spielen: etwas von Szymanowski und Villa-Lobos, Tänze aus ›Der Dreispitz‹ von de Falla in einer eigenen Klavierbearbeitung. Sappho Pekmezian versäumte übrigens nicht, mir auf einer Bootsfahrt die Wunder des Goldenen Horns und der beiden Küsten zu zeigen.

Arditi schlug ein weiteres Konzert in Tel Aviv vor. »Es gibt jetzt dort einen Konzertsaal, zwar nur für tausend Personen, aber man möchte Sie dort gern wiedersehen und hören.« Ich erklärte mich einverstanden, obschon ich fürchtete, zu den Weihnachts- und Neujahrsfeiern in Paris, worauf ich mich sehr freute und wo viele Einladungen mich erwarteten, zu spät zu kommen.

Seit meinem letzten Aufenthalt hier war Tel Aviv merklich gewachsen. Es sah nun schon aus wie eine kleine Stadt, überall wurde gebaut, Jaffa dagegen sah mehr aus wie ein arabisches Viertel von Tel Aviv. Der Saal war unschön, aber seine Akustik gut, und das Konzert schon vor meiner Ankunft ausverkauft. Die Liebe zu meinem Volk bewirkte, daß ich mein ganzes Herz in mein Spiel legte. Während der Pause kam es zwischen der Polizei und jungen Leuten, die sich gewaltsam Eintritt zu verschaffen suchten, zu Zusammenstößen. Die ortsansässigen Musiker und zwei oder drei im Exil lebende russische Professoren gaben ein Essen für mich und tranken mit Wodka auf mein Wohl. Ich bin sehr scheu, was Reden in der Öffentlichkeit angeht, und hasse es deshalb, auf Trinksprüche antworten zu müssen. Diese Scheu stand in einem sonderbaren Kontrast zu meinem unbezähmbaren Drang, in Gesellschaft Histörchen und Anekdoten zu erzählen. Wurde aber von mir erwartet, daß ich eine, wenn auch noch so kurze Ansprache hielt, war meine Zunge förmlich gelähmt.

Tags darauf fuhr ich nach Griechenland. In Athen hörte ich von Marika, daß ihr Verlobter gestorben sei. »In der reinen Luft von Davos hat er sich wohl gefühlt, und die Ärzte und Schwestern verstehen sich darauf, den Patienten bis zuletzt Hoffnung auf Genesung zu machen. Er starb nach einem überraschenden Blutsturz«, setzte sie mit brechender Stimme hinzu. »Wie ungerecht ist es doch, wenn ein so begabter, wunderbarer Mensch vorzeitig sterben muß.« Ich blieb in Athen nur für das Konzert, das ich ganz unter dem Eindruck dieser Todesnachricht spielte.

Clara Camus forderte mich nun zu meiner grenzenlosen Verblüffung telegrafisch auf, am 30. Dezember in Palermo zu spielen. »Sie kommen dabei auf Ihre Kosten, weil Sie schon am 28. in Messina einen Klavierabend geben können, die Gage ist gut, bitte, bitte sagen Sie zu.«

Die Entscheidung wurde mir schwer. Eine *réveillon* in Paris ist von unvorstellbarem Reiz, mehr ein Mardi Gras als ein religiöses Fest, und man muß bei Maxim feiern, wo es das köstlichste Souper gibt: *fois gras*, Puter, frische Trüffel und Unmengen Champagner, mit anschließendem Tanz bei schummriger Beleuchtung bis in die frühen Morgenstunden. Noch war der Tango der Tanz à la mode, und man durfte die Partnerin mit leidenschaftlicher Inbrunst an sich pressen. O ja, es fiel schwer, darauf zu verzichten, doch bei aller Lebensgier habe ich meinen Beruf stets sehr ernst genommen und niemals ein Konzert ausfallen lassen, es sei denn, es wäre höhere Gewalt im Spiel. Ich bestieg also schweren Herzens den Zug nach Messina.

Die Reise war weniger einfach, als es klingt. Irgendwo in Kalabrien muß der Zug auf einer Fähre nach Sizilien übersetzen, und ich kam am 28. Dezember um sieben Uhr früh in Messina an. Zum Glück erwartete mich ein reizender junger Mann: »Ich bin der Vertreter der Agentur in Palermo und stehe ganz zu Ihrer Verfügung.«

Zunächst einmal frühstückten wir ausgiebig im Hotel. Bei der Zigarre sagte ich: »Nun möchte ich den Saal sehen und den Flügel.« Sein Gesicht umdüsterte sich. »Das ist nicht ganz einfach, es gibt nämlich keinen Konzertflügel weit und breit, den einzigen, einen Erard, besitzt eine außerhalb von Messina lebende Französin, die große Stücke auf ihn hält und ihn nicht gern herleiht. Immerhin läßt sie sich wohl erweichen, wenn Sie sie persönlich darum bitten.«

Dieser Vorschlag gefiel mir nicht besonders, doch wie ich schon sagte, die Berufspflichten kommen bei mir immer an erster Stelle, und was blieb mir übrig? Also fuhren wir im Taxi hin, eine knappe Viertelstunde.

Die Dame erwartete uns bereits, und nach einer sehr förmlichen Begrüßung führte sie uns in den Raum, wo der Flügel stand, zugedeckt mit einem schweren samtenen Überwurf. Die Dame war eine gute Sechzigerin, sehr groß, sehr mager, ganz in Schwarz mit einem enggeschlossenen, hohen Kragen, der ihr eine arrogante Kopfhaltung verlieh.

»Ich weiß, worum Sie mich bitten wollen«, sagte sie mit tiefer, heiserer Stimme, »doch der Flügel kommt mir nur aus dem Haus, wenn drei gelernte Klaviertransporteure ihn befördern und aufstellen. Ich habe schon böse Erfahrungen in dieser Beziehung gemacht, und daß ich einwillige, liegt einzig daran, daß Freunde aus Paris Sie mir empfohlen haben, Herr Rubinstein.« Wir versprachen das Blaue vom Himmel herunter, bedankten uns und gingen, nicht ohne daß sie mich zuvor nötigte, mich in ihr Gästebuch einzutragen und das Programm zu signieren.

Unterwegs zum Hotel klagte ich darüber, daß ich keine Gelegenheit hätte, Taormina und den Ätna zu sehen, von dem Szymanowski so geschwärmt hatte. »Aber das ist ganz und gar nicht ausgeschlossen!« rief mein Begleiter strahlend. »Ich miete einen kleinen Ford, wir fahren um neun Uhr los, sind mittags in Taormina, besichtigen, was Sie sehen wollen, essen in dem berühmten Hotel San Domenico und sind spätestens um halb sechs zurück. Das Konzert beginnt um halb sieben.« Sein Eifer war ansteckend, und ich klatschte begeistert in die Hände. »Besorgen Sie schon immer den Wagen, ich packe meinen Frack derweil aus und erwarte Sie unten im Hotel.«

Er kam in einem alten Fordkabriolett mit heruntergeklapptem Verdeck. Als ich das Gefährt skeptisch musterte, schmunzelte unser kleiner Chauffeur: »Der Wagen hat mehr als 60 000 Kilometer ohne eine einzige Panne hinter sich.« Das beruhigte mich etwas, und ich stieg ein.

Seit dem schlimmen Erdbeben war die Straße nach Taormina wohl nicht repariert worden, und es war mir, als führen wir über einen Kartoffelacker. Die etwas eintönige Fahrt wurde gelegentlich von komischen Episoden unterbrochen: Vergnügte Knaben bewarfen uns mit Steinen. Einer traf mich voll am Hals. Trotz allem waren wir kurz nach zwölf in Taormina. Es fing nun an zu regnen, der Himmel wurde förmlich schwarz, doch mein Begleiter deutete auf eine besonders tiefschwarze Wolke und bemerkte hingerissen: »Das da ist der Ätna, und dahinter kommt die Sonne heraus.« Weil die Sonne dies aber nicht tat, liefen wir zum nahe gelegenen Hotel San Domenico und fanden es geschlossen. Ein Portier gab auf längeres Klingeln barsch die Auskunft: »Geschlossen bis April.« In einer kleinen Trattoria nahmen wir Spaghetti zu uns, die zu lange gekocht hatten. Immerhin tätigte ich einen Gelegenheitskauf: eine echte Bernsteinkette für tausend Lire. Alsdann traten wir die Rückfahrt an, der Chauffeur klappte das Verdeck zu, aber auf der ganzen Strecke störten uns die wackelnden Zellulose-Fensterscheiben. In Messina stieg der junge Mann aus, bevor wir beim Hotel ankamen; er wolle schon in den Konzertsaal gehen und werde jemand schicken, mich abzuholen. Es war nun weit über fünf, ich mußte mich waschen, rasieren und umziehen, die Zeit wurde also knapp. In der Hotelhalle erwarteten mich zwei junge Damen, die bei meinem Erscheinen auf mich losstürzten. Ich wehrte sie ab: »Ich habe jetzt keine Zeit, ich muß mich umziehen«, sagte ich in meinem besten Italienisch.

»Wir müssen Sie aber unbedingt sprechen! Nur einen Moment!« Ich winkte ab und ging zum Fahrstuhl, die beiden hinter mir her.

»Es ist sehr wichtig, daß ich mit Ihnen rede«, beharrte die eine.

»Begreifen Sie denn nicht, daß ich in einer halben Stunde mein Konzert habe«, schrie ich sie an.

Nun weinte sie. »Darum geht es ja gerade! Das Konzert findet nicht statt! Mein Mann, der mit Ihnen nach Taormina gefahren ist, hat vergessen, den Flügel herschaffen zu lassen, jetzt ist der Saal voller Leute, und es ist kein Klavier da.«

Ich stand wie vom Donner gerührt. »Können Sie die Transporteure nicht jetzt noch auftreiben?«

»Wir versuchen es schon den ganzen Nachmittag, aber wir kriegen keine.« Ich begriff nun, warum der junge Mensch schon vor dem Hotel ausgestiegen war: ihm war wohl plötzlich seine Unterlassung eingefallen. Er zeigte sich denn auch nicht mehr. Um diese etwas lange Geschichte abzukürzen: Ich bestieg den Abendzug nach Palermo und kam am nächsten Tage bei schönstem Sonnenschein dort an.

Am Bahnhof erwartete mich ein ältlicher Herr mit kohlschwarzen Augen, und statt mich zu begrüßen, rang er die Hände wegen des Reinfalls von Messina. »*Che vergogna! Che disgrazia!*« Ich wußte schon, wie ich ihn trösten konnte. »Machen Sie dem jungen Mann keine Vorwürfe, er hat mir diese schöne Insel mit solcher Begeisterung gezeigt, und das hat mir so gefallen, daß ich gern auf die Gage für Messina verzichte.« Nun strahlte er, bedankte sich für meine *collaborazione* und sagte stolz: »Auch ich liebe Sizilien und will Ihnen gern die Schönheiten von Palermo zeigen, wenn Sie gestatten.«

Diesmal lächelte nun ich: »Lieber wäre es mir, Sie sorgten dafür, daß wirklich ein Flügel auf dem Podium steht und das Konzert tatsächlich morgen stattfinden kann.«

Er brachte mich ins Teatro Massimo, das größte Opernhaus Italiens. Hier fand ich einen guten Flügel vor, tadellos gestimmt, von kraftvollem Ton, doch der riesige Bau machte mir Angst. »Meinen Sie, es gibt in Palermo genug Musikliebhaber, das Haus zu füllen?«

»Bedenken Sie, Bellini, das größte musikalische Genie, stammt aus Sizilien!« erwiderte er. Dazu nickte ich beifällig; Widerspruch hätte sein sizilianisches Temperament sicher nicht ertragen.

Anschließend zeigte er mir die Stadt; ich bewunderte das Kloster Monreale, Kirchen und Paläste, aber eigentlich eher halbherzig, denn in Italien hatte ich Schöneres gesehen. Mein Hotel allerdings, die Villa Igiea, war bezaubernd, ein romantisches Bauwerk in einem herrlichen Garten, der direkt ans Meer grenzte und an den sich so manche Legende knüpft. Hier soll Wagner nach dem unglücklichen Ende seiner Liebe zu Mathilde Wesendonk an ›Tristan und Isolde‹ gearbeitet haben, und vor dem Schlafengehen ging ich noch in diesen Anlagen einher, gedankenvoll und träumend, und die schwermütige Passage für Englisch Horn summend, die den dritten Akt des ›Tristan‹ einleitet.

Das Konzert ging gut, der Manager hatte recht, das riesige Opernhaus war fast voll besetzt, doch das Publikum war eher mondän als musikalisch. Zum Glück bekümmerte mich das nicht, denn die Nacht in jenem Garten hatte mich inspiriert, ich machte Musik noch ganz in ihrem Bann. Von Palermo nahm ich das Schiff nach Neapel und bestieg den Zug zur langen Reise nach Paris.

Kapitel 55

Seit ich die USA mied, wurde Europa mein eigentlicher Wirkungskreis, und wo ich spielte, bat man mich, wiederzukommen, doch muß ich zu meiner Betrübnis gestehen, daß ich selber mit mir nicht zufrieden war. Das ausschweifende Leben, das ich führte, die endlosen Frauengeschichten, die im Freundeskreis, im Theater oder im Kabarett verbrachten Nachtstunden, die üppigen Speisen, und, das Schlimmste von allem, der Umstand, daß ich so sehr an alledem hing, hinderten mich daran, mich auf meine Arbeit zu konzentrieren. Für meine Konzerte besaß ich unterdessen ein umfangreiches Repertoire, aber ich fühlte nicht den Drang, mein Spiel zu verbessern, mich wirklich in die Noten zu vertiefen, vielmehr verließ ich mich ganz auf mein gutes Gedächtnis, auf die Gewißheit, mittels bestimmter *encores* im Publikum Begeisterung auslösen zu können. Kurz gesagt, ich hatte nicht ein einziges Stück aufzuweisen, von dem ich hätte behaupten können, ich spielte es absolut werkgetreu und ohne technische Mängel. Vor dem Leser, den dieses Geständnis enttäuschen mag, möchte ich denn doch etwas zu meinen Gunsten anführen: Meine echte, große musikalische Begabung und die besondere Befähigung, mit meinem Instrument umzugehen, blieben immer unversehrt. Bei all den erbärmlichen Mängeln, die ich eben aufgezählt habe, spielte ich doch nie ein Stück ohne tiefes Gefühl und echte Liebe zu ihm, und wenn ich inspiriert war (dies ist ein wahres Gottesgeschenk!), teilten sich dieses Gefühl und diese Liebe den Zuhörern mit. Öfter als man glaubt, läßt die Perfektion in jedem Detail – das Ergebnis vieler Stunden harter Arbeit – das Publikum kalt, weil das Wesen und die Bedeutung der Musik vom Pianisten nicht erfaßt werden.

Ich freute mich, die Freunde in Paris wiederzusehen, es schmeichelte mir, daß man mich über Weihnachten vermißt hatte, ich mußte aber gleich weiter nach England, wo Mitchell nach dem Verzehr einiger Dutzend Austern mehrere Konzerte für mich ausgemacht hatte. Es ist sinnlos, näher darauf einzugehen, ich spielte wieder einmal in Bournemouth mit einem zweitklassigen Orchester und in anderen benachbarten Seebädern. Es versteht sich von selbst, daß ich bei erster Gelegenheit nach London zurückfuhr.

Eines Morgens fragte mich eine bezaubernde Frauenstimme am Telefon: »Ich möchte Sie zu einem Diner einladen. Ich weiß nicht, ob Sie sich meiner erinnern – ich bin Audrey Coats.« Wie sollte ich mich nicht an eine der schönsten Frauen Londons erinnern? »Wir sind nur zu viert – der Prince of Wales und meine Freundin Mrs. Dudley Ward.« Und dann machte sie mir die nötigen Angaben.

»Ich bin selbstverständlich sehr geschmeichelt von dieser Einladung, um so mehr, als ich Sie seit langer Zeit bewundere«, sagte ich, »aber ich bezweifle, ob der Prince of Wales ein ausgesprochener Musikliebhaber ist.«

Ich hörte sie lachen: »Der unmusikalischste Mensch, den man sich denken kann. Trotzdem möchte er Sie kennenlernen, denn ich habe ihm dies und das von Ihnen erzählt.«

Dieses Diner wurde für mich eine große Überraschung. Ich hatte erwartet, einen besonders typischen Engländer kennenzulernen, den Thronerben, selbstverständlich Ausländern abgeneigt und noch dazu stockunmusikalisch. Statt dessen begegnete ich einem jungen Kosmopoliten voller Lebensfreude.

»Fragen Sie mich nicht, was ich von Wagner halte«, sagte er, setzte dann aber, die Damen anlächelnd, hinzu: »Und mir ist bekannt, daß Sie auch andere Interessen haben.«

Damit war das Eis gebrochen, und nach dem ersten Schluck Sherry verfiel ich in meine alte Gewohnheit, Geschichten und Anekdoten zu erzählen, an denen er mehr Geschmack fand als je ein anderer Engländer meiner Bekanntschaft. Die Damen amüsierten sich ebenfalls glänzend, und nach dem Essen führte der Prinz uns in ein Varieté, wo er eine große Loge hielt. Sein Adjutant erwartete uns schon und öffnete die Logentür. Die Vorstellung war gut, und der Prinz lachte gelegentlich so schallend, daß der Adjutant ihm zuflüsterte, man beklage sich in den Nachbarlogen schon über ihn, worüber er noch mehr lachen mußte. Der Abend endete im Embassy Club, wo wir abwechselnd mit den Damen tanzten. Ich bin zwar kein Snob, gebe aber zu, daß ich tiefe Genugtuung über den Verlauf des Abends verspürte. Immerhin war ich nicht darauf gefaßt, daß mir in Brighton am Morgen nach einem Konzert ein Telegramm hereingereicht wurde, das lautete: »Seine Königliche Hoheit der Prince of Wales bittet Sie für heute abend um acht zum Diner in den St.-James-Palast.« Unterzeichnet vom Adjutanten. Sieh mal einer an, dachte ich, nahm den frühesten Zug, um zeitig in London zu sein, mich umzuziehen und pünktlich einzutreffen.

Dieses Diner, wieder nur für uns vier, war eine Fortsetzung des vorigen, nur konnte man nicht vergessen, daß man in jenem Raum saß, wo so mancher König von England die Hühnerknochen über die Schulter gegen die Wand geworfen hatte. Der Prinz war ein höchst aufmerksamer Gastgeber, achtete darauf, daß die Gläser stets gefüllt waren, flüsterte den beiden Butlern Weisungen zu. Wieder war ich in dieser kleinen Gesellschaft wie verzaubert, und ich möchte jetzt eilig anfügen, daß die Damen nicht nur ungemein schön, sondern auch witzig und geistvoll waren. Diesmal allerdings zogen sie sich nach dem Essen zurück und ließen uns bei Drinks und einer Zigarre allein. Während unseres *tête à tête* bewies der Prinz seine Sprachkenntnisse; wir konversierten außer auf Englisch auch auf Deutsch, Französisch, ja auch Spanisch, das er sich kürzlich in Südamerika angeeignet hatte. Er gestand offen, daß ihn das Leben bei Hofe maßlos langweile. »Ich reise gern, denn nur so weht mir mal frischer Wind um die Ohren und vertreibt die stickige Luft, die im Palast herrscht!« Diese Bemerkung fiel mir ein, als er als König abdankte.

Dann gingen wir zu den Damen hinüber, und er klatschte in die Hände. »Fahren wir doch gleich in den Embassy Club und amüsieren uns.« Wieder tanzten, aßen und tranken wir bis in die späte Nacht. Es war schon zwei vorüber, als wir den Club verließen. Nun sagte der Prinz: »Mein guter Freund, angeblich sind Sie ein wahrer Hexenmeister am Klavier, fahren wir doch in den Palast, und Sie spielen uns ein oder zwei Stücke.«

Solche Aufforderungen war ich nicht gewohnt, konnte aber nicht gut ablehnen, kam diese doch vom englischen Thronfolger. Wir fuhren also zurück in den St.-James-Palast und wurden, als wir das Tor passierten, von den Wachen mit ihren Hellebarden militärisch gegrüßt. Personal trafen wir nirgendwo an, und wie jeder andere sterbliche Gastgeber zeigte mir der Prinz die Toilette und den Damen die Garderobe. Anschließend ging er in einen großen Salon voran, wo ich zu meiner Verblüffung ein Schlagzeug aufgebaut sah, wie eine Jazzband es benutzt. In einer Ecke stand der Flügel, wenn man den so nennen kann, eher war es ein antikes Möbel im Stil Louis XV. mit spindeldürren Beinen, die Vergoldung schon grünlich, der Deckel mit einer jämmerlichen Watteau-Imitation bemalt. Als der Prinz meine verblüffte Miene gewahrte, lachte er. »Meine Mutter die Königin hat diesen Salon selber eingerichtet, und sie dachte, der Flügel paßt zum übrigen Mobiliar.« Ich sah nach, wer der Hersteller war, und fand einen unbekannten Namen in Reliefbuchstaben aus Messing, deren Ränder so scharf waren, daß ich mir den kleinen Finger ritzte.

»Ich kenne die Geschichte dieses Flügels«, fuhr der Prinz fort. »Er wurde angefertigt für die Hochzeit von Königin Victoria, und das erklärt auch die üppigen Verzierungen.«

Ich war nun schon ganz eingeschüchtert angesichts dieses echten Museumsstückes, hob den Deckel, der von einem wackeligen Stab gehalten wurde, und überlegte dabei, welche Komposition wohl Lärm genug machen könnte, um das unmusikalische Ohr des Prinzen zu kitzeln. Ah, dachte ich, die gute alte Polonaise in As von Chopin wird es schon schaffen, ließ mich auf der seltsamen antiken Klavierbank nieder, suchte mit den Füßen nach den Pedalen und begann. Anfangs klang es wie Klimpern, aber als ich den ersten Fortissimo-Akkord anschlug, geschah etwas Schreckliches: das rechte Bein des Flügels knickte ein, der Deckel knallte mit furchtbarem Krach zu, und die angeschlagenen Tasten klemmten. Diese Darbietung erregte mehr Gelächter als je eine meiner Anekdoten, und es vergingen Minuten, bevor der Prinz sich beruhigte. »Diese fabelhafte Aufführung muß begossen werden!« Er brachte eigenhändig Whiskey, Soda, Eis und Gläser und schenkte uns ein. Nun erst fand er entschuldigende Worte. »Tut mir leid, mein Lieber, daß Ihnen das passieren muß, ich hätte ein anständiges Instrument für Sie bereithalten sollen.«

Ich brachte die Damen heim und fand, daß beide von diesem Vorfall doch einigermaßen erschüttert waren und sich etwas schuldig fühlten. »Ich hätte Sie warnen müssen«, sagte Audrey, »ich habe den Flügel nämlich früher schon gesehen.« Diesmal allerdings behauptete sich mein Sinn für Humor.

Audrey rief mich zwei Wochen später an und sagte: »Der Prinz of Wales hat jetzt einen richtigen Konzertflügel und bittet Sie heute abend zu einem Drink. Sie möchten dann etwas spielen, wozu Sie Lust haben.«

Ich muß sagen, das Verhalten dieses unmusikalischen künftigen Monarchen schmeichelte mir, ja rührte mich geradezu – da hatte er nun einen teuren Flügel angeschafft, einzig um mich spielen zu hören! Es waren an jenem Abend übrigens noch ein Halbdutzend weitere Persönlichkeiten anwesend, deren Namen ich vergessen habe, die aber eindeutig eingeladen worden waren, weil man sie als Musikliebhaber kannte. Ich spielte die ›Appassionata‹, ein Nocturno und einen Walzer von Chopin. Die Gäste waren sehr angetan, aber ob der Prinz selber es genoß, wage ich zu bezweifeln – immerhin gähnte er nicht.

Vor dem Palast traf ich auf vier Männer, die ich gut kannte, denn sie transportierten gewöhnlich meinen Konzertflügel, und als ich fragte, was sie hier trieben, sagte einer: »Wir sollen den Flügel gleich wieder mitnehmen, er wird morgen für ein Konzert gebraucht und ist nur ausgeliehen worden, weil der Sekretär des Prinzen gesagt hat, Sie würden darauf spielen.« So hatte ich den Prince of Wales doch nicht in allzu große Unkosten gestürzt.

Wenn ich dem Herzog von Windsor später begegnete, lautete seine erste Frage unweigerlich: »Nun, haben Sie unterdessen mal wieder einen Flügel zertrümmert? Ha ha!!«

Das Londoner Leben war damals noch aufregender als das Pariser. Die Engländer sind von Natur aus gastfreundlich, und es verging kaum ein Tag, daß ich nicht mittags und abends zum Essen geladen worden wäre, auch zu interessanten Gesellschaften, wo man außer den Angehörigen der besten Gesellschaft auch Persönlichkeiten begegnete wie H. G. Wells, Augustus John, Noël Coward und Somerset Maugham. Nach dem Abendessen brach man gruppenweise ins Theater auf, wo der Gastgeber eine Reihe im Parkett hatte reservieren lassen, und der Abend endete im Grill des Savoy, wo die meisten Schauspieler nach der Vorstellung speisten. Nach Mitternacht, wenn kein Alkohol mehr ausgeschenkt werden darf, gab es immer noch als Refugium den Eiffel Tower in Bloomsberry. Auf ein bestimmtes Klopfzeichen wurde geöffnet, und meist traf man dort Augustus John im letzten Stadium der Trunkenheit, ferner Iris Tree, Cirry Maugham und meine guten Freundinnen Lesley Jowitt und Cristabel McClaren. Auch die Brüder Sitwell, Osbert und Sacheverell kamen manchmal dazu. Ich revanchierte mich für die Gastfreundschaft, indem ich in Sylvia Sparrows Atelier herrliche Kammermusik machte, zusammen mit den alten Freunden Sammons, Tertis, Warwick, Evans und Salmond. Vorauf ging meist ein gutes Essen. Diese Stunden mit Tertis und den anderen Musikern sind eigentlich die einzigen, die zu erinnern lohnt. Konzerte in Seebädern und Klavierabende in der Wigmore Hall sagten mir wenig. Immer noch wartete ich auf die Gelegenheit, vor dem großen Londoner Publikum mit der rechten Begeisterung zu spielen.

Kapitel 56

Valmalète eröffnete mir eines Tages in Paris: »Man möchte Sie als Solisten für ein Klavierkonzert ins Casino nach Cannes engagieren. Der Dirigent ist Reynaldo Hahn, haben Sie gegen den was einzuwenden?«
»Ich weiß nur, daß er ein ausgezeichneter Mozartdirigent ist, würde also gern mit ihm spielen, nur müßte ich wissen, was es sein soll.«
Nun rief Hahn mich selber an und fragte: »Was würden Sie denn gern spielen?«
»Das B-Dur-Konzert von Brahms. Aber kann man das mit einem Casino-Orchester machen?«
»Ich kenne das Werk nicht, aber ich bewundere Brahms, würde mich also gern mit diesem Konzert vertraut machen.«
Ich fragte mich, was das Casino-Orchester dem schönen Brahms wohl antun würde. Ich mußte dann anschließend in Florenz, Perugia und Rom spielen und telegrafierte Carla den Tag meiner Ankunft. Sie erwiderte umgehend, sie freue sich sehr.
Es mag unglaubhaft scheinen, doch Reynaldo Hahn erwies sich als ganz vortrefflicher Dirigent. Unter seiner Leitung klang das Konzert, als sei er seit langem innig damit vertraut, und er ließ mir für meinen Teil völlige Freiheit. Am folgenden Abend gab es im Casino eine Galavorstellung, die ich mit meiner Freundin Lady Cholmondeley besuchte, und wir unterhielten uns ausführlich über Hahn, den sie gut kannte. Leider war er bereits abgereist, wir konnten also nur unsere jeweiligen Eindrücke vergleichen, kamen aber zum gleichen Ergebnis: Niemand konnte im

Salon glänzender konversieren und mit zwar kleiner, aber weicher Stimme seine eigenen und andere französische Lieder vortragen. In der Garderobe stieß ich auf einen Bekannten aus Madrid, der ebenfalls nach Rom wollte; ich sagte, ich werde dort in einigen Tagen ein Konzert geben und hoffe, ihn zu sehen.

Mein Klavierabend im Palazzo Pitti in Florenz verlief aufregender als erwartet, denn neben den ständig erscheinenden distinguierten Zuhörern befand sich eine Tochter Wagners im Saal, die zwar den Mädchennamen von Bülow hatte. Von ihr hörte ich interessante Einzelheiten über ihren Pseudovater, sein Spiel und seinen Humor. Sie zeigte mir auch ihr Album und was Bülow hineingeschrieben hatte: »Bach, Beethoven, Brahms, tous les autres sont des crétins.« Sie blätterte weiter, und ich las, was Moritz Moszkowski geschrieben hatte: »Meyerbeer, Mendelssohn, Moszkowski, tous les autres sont des chrétiens.« Wir lachten beide darüber, und ich schrieb meinen Namen in ihr Album, aber weder als crétin noch als chrétien.

Von Florenz nach Perugia fuhr ich mit dem Auto, und die Landschaft wurde schöner, je länger wir unterwegs waren. Das alte Perugia liegt auf einem steilen Berg, nichts auf der Anfahrt bereitet einen auf den geheimnisvollen Zauber dieser Stadt vor. Der Wagen hält vor einem rot bemalten eleganten Hotel, gelegen auf einem Platz, von wo der Blick meilenweit über die Ebenen und Wälder Umbriens schweift. Man geht die nichtssagende Hauptstraße hinauf, vorbei an Ladengeschäften und Cafés, und befindet sich plötzlich mitten im Cinquecento. Der alte Palazzo ist zum Museum umgewandelt, wo man die Bilder der großen Söhne der Stadt findet, Perugino und Raffael, zwischen anderen Meistern. Zwei antike Springbrunnen beleben den Platz.

Veranstalter der Konzerte in Perugia war die Frau von Buitoni, dem Besitzer der berühmten örtlichen Schokoladenfabrik, Kunstliebhaberin und eine Dame von edelster Denkart. Sie sorgte dafür, daß die besten Musiker in der Stadt auftraten, und ihrer Großzügigkeit war es zu danken, daß die Bewohner berühmte deutsche Orchester, erstklassige Chöre und Solisten zu hören bekamen. Ich wußte das alles schon von Clara Camus, die nur unterlassen hatte, mir zu sagen, wo ich spielen würde, und das war das beste daran. Ich spielte nämlich in dem Saal mit den schönsten Gemälden, wahrlich eine seltene Inspiration für einen

Künstler! An jenem Nachmittag gab ich mein Bestes, denn es wäre mir gräßlich gewesen, von dieser bezaubernden Dame nicht aufgefordert zu werden, wiederzukommen. Ich sage hier nicht ohne Stolz, daß Perugia mich immer, wenn ich in Italien war, zu hören verlangte.

Signora Alba Buitoni lud mich nach dem Konzert zu sich nach Hause ein, es waren nur noch ihr Vater und ihr Mann anwesend. Wir plauderten stundenlang angeregt, waren uns einig oder stritten heftig über den Wert einer Komposition, eines Pianisten oder Geigers. Dies war eines meiner ergiebigsten Konzerte in Italien. Am folgenden Morgen ließ sie mich im Wagen nach Rom bringen.

Daß ich im Exelsior von Carla keine Nachricht vorfand, erstaunte mich. Als ich im Palazzo anrief, hieß es, La Signora Principessa sei zum Essen im Golfclub. Dies verblüffte mich, denn ihrem Telegramm hatte ich entnommen, daß sie mich am Vormittag erwartete. Ich speiste also allein und rief nachmittags noch einmal an, nur um die gleiche Auskunft zu vernehmen. Das war mir ganz unverständlich. Ich vermutete nun, ihr Mann bedürfe ihrer aus irgendeinem Grunde sehr dringend. Gegen Abend fuhr ich zu ihr, sie bei sich daheim zu erwarten und derweil auf ihrem Flügel für mein Konzert zu üben, um wenigstens nicht den ganzen Tag verloren zu haben. Denn am nächsten Vormittag sollte bereits die Probe sein.

Als der Butler öffnete, kam mir Carlas Zofe schreckensbleich entgegen und beteuerte, die Herrin sei nicht zu Hause, was mich mißtrauisch machte. Also erklärte ich kühl, ich gedächte auf ihrem Flügel zu üben, bis die Herrin heimkomme.

Ich hatte das ganze Konzert bereits einmal durchgespielt, als ich aus Carlas Schlafzimmer Stimmen vernahm. In der Annahme, Carla spreche mit der Zofe, ging ich durch den großen Salon ins Schlafzimmer und sah mich dem spanischen Grafen gegenüber, den ich in Cannes getroffen hatte und der nun vollständig angekleidet auf dem Bettrand saß. Ich barst schier vor Wut, packte Carla, warf sie aufs Bett und brüllte: »Wozu diese widerwärtige Komödie?« Mein spanischer Freund erhob sich und ballte die Hände zu Fäusten, offenbar bereit, sich zu prügeln, ich stieß ihn aber beiseite: »Ich brauche meine Hände fürs Klavier, nicht, um Ihnen die Knochen zu brechen!«

Nun kamen Zofe und Butler hereingerannt in der Befürchtung, es gäbe Mord und Totschlag, ich jedoch verließ rasch das Zimmer, nahm Hut und Mantel und, wie immer nach einer großen Aufregung, wünschte ich, kaum auf der Straße, weiter nichts, als üppig zu speisen. Der Grill im Exelsior eignete sich gut dazu, und ich labte mich an *spaghetti al sugo di carne* und frischer *aragosta* mit Mayonnaise, trank drei Tassen köstlichen Kaffees (etwa soviel wie eine halbe Tasse in Paris) und rauchte eine gute Havanna. Sodann ging ich auf mein Zimmer. Am Empfang erhielt ich einen Brief, der mich seit dem Vormittag dort erwartete, selbstverständlich war er von Carla und enthielt alle notwendigen Erklärungen. Das war einer jener unvorhergesehenen Zufälle, und ich schämte mich meines Betragens.

Sie rief mich am folgenden Morgen an, doch hatte der Brief mir ja alles erklärt. Ich entschuldigte mich also gebührend, und sie sagte, es tue ihr leid, mich gekränkt zu haben.

Das Konzert im Augusteo war für mich ein besonderes Ereignis. Zum ersten Mal spielte ich öffentlich das c-moll-Konzert von Beethoven, Molinari dirigierte. Ich erinnere mich genau daran, weil ich dies Konzert besonders liebe und erstmals Gelegenheit hatte, es mit einem guten Orchester zu spielen. Ich erinnere mich der Kadenz von Clara Schumann, die Barth mir ans Herz gelegt hatte und die ich nie gemocht habe. Beethovens eigene Kadenzen wurden damals von allen Pianisten mißachtet und erst viel später gespielt; es sind wunderbare Stücke. Ich war aber selber so beglückt über mein Spiel, daß sich dies dem Publikum mitgeteilt haben muß, denn das Konzert gehört zu den besten, die ich je in Rom gegeben habe. Ottorino Respighi und seine reizende Frau, eine vortreffliche Sängerin, umarmten mich nach dem Konzert.

Auch Mimi Pecci-Blunt kam ins Künstlerzimmer und lud mich für den folgenden Abend zum Diner. Es war ein großes Essen für mindestens zwanzig Gäste, lauter Angehörige der ersten Gesellschaft, von denen ich so manche schon aus Venedig, Mailand und Florenz kannte; sie befanden sich jetzt, auf dem Höhepunkt der Saison, sämtlich in Rom. Ich kam ziemlich früh und erlitt einen kleinen Schock, als ich Carla mit meinem teuren spanischen Freund gemeinsam erscheinen sah. Sie wurden begrüßt, als habe nichts sich verändert. Ich selber gewann zum Glück meinen Humor zurück und behandelte die beiden wie ein altes Ehepaar.

Kapitel 57

Wenig später, nach einem Konzert in Madrid, hörte ich zu meiner Freude, Prokofieff sei da; er lud mich zur Welturaufführung seines Zweiten Violinkonzertes ein, das von einem jungen Geiger gespielt werden sollte. Sie fand Sonntagvormittags in einem großen Kinosaal statt, der mit Recht Teatro Monumental genannt wurde. Ich kam verfrüht, fand Prokofieff aber schon in der Loge vor. »Schön, daß Sie da sind. Wir beiden sind hier ganz allein, ich habe die Partitur dabei, und Sie können mitlesen, wenn Sie mögen.«

Es war erregend, ein neues bedeutendes Werk von ihm erstmals zu hören; seit seinem Dritten Klavierkonzert hatte er etwas so Umfangreiches nicht mehr komponiert. Paul Kochanski spielte oft das Erste Violinkonzert, ein Jugendwerk und, nach meiner Meinung, nicht eines seiner besten.

Der Saal war praktisch leer, was mich mit Wut auf Arbós erfüllte. Es erbitterte mich, daß er das große Werk eines der bedeutendsten zeitgenössischen Komponisten auf so schäbige Weise präsentierte, obwohl er es sich hätte zur Ehre anrechnen müssen. Er hätte es ebensogut im Teatro Real oder als abendliches Konzert ankündigen können. Ich brütete also still vor mich hin, während Prokofieff gespannt zuhörte und von seiner Umgebung nichts wahrnahm, denn er las die Partitur mit. Ich übrigens auch. Fernández Arbós dirigierte zunächst ein Stück, dessen Titel ich vergessen habe, dann Sergeis Konzert. Sergei sagte mir, der Geiger sei ein ziemlich unbedeutender Musiker, aber reich, und er habe das Konzert in Auftrag gegeben mit der Auflage, es als erster spielen zu dürfen. »Gut ist er nicht«, lächelte er traurig, »es ist also ein Glück, daß nicht viele Leute hier sind. Auf Ihre Meinung allerdings lege ich großen Wert, deshalb habe ich Sie auch hergebeten.«

Nun erschien der Geiger, ein schwer zu beschreibender Mensch. Er wäre einem nicht aufgefallen, hätte er wartend an einem Bankschalter gestanden. Immerhin hatte er das Konzert einstudiert. Als ich den soliden Anfang hörte, gut gespielt und durchgeführt, und das Orchester ihn klar und nobel zum Erklingen brachte, wußte ich, ich hörte einen großen Prokofieff. Die Musik strömte ruhevoll und melodisch dahin, in der

Durchführung fehlte jeder sarkastische Akzent, und dann kam das zweite Thema hinzu wie vom Himmel gesandt. Auch der schlechteste Geiger konnte die edle Linie dieser Melodie nicht verderben. Ich wurde ganz aufgeregt und gerührt und flüsterte Prokofieff zu: »Das hätte Brahms machen können. Es klingt fast wie er!« Sergei schmunzelte breit und zeigte alle seine Zähne. »Da, da! In diesem Fall habe ich von ihm eine Menge gelernt.«

Alle drei Sätze fielen in keinem Takt ab, und das trotz des angestrengten, uninspirierten Spiels des Solisten. Am Ende applaudierten die etwa dreihundert Zuhörer achtungsvoll, weniger dem armen Geiger als Arbós, und unterließen es, den Komponisten zu ehren, der sie durch seine Anwesenheit auszeichnete. Prokofieff schien mit Arbós und dem Orchester recht zufrieden, machte dem Solisten keinen Vorwurf und freute sich aufrichtig meiner Begeisterung. Er kam mit mir in ein typisches altes Restaurant auf der Plaza Mayor, dem herrlichen Platz in der Altstadt. Arbós, seine Frau und zwei Musiker waren unsere Gäste, und die Mahlzeit verlief ausgesprochen vergnügt. Arbós, ein meisterlicher Anekdotenerzähler, gab einige seiner Perlen zum besten. Prokofieff lachte Tränen und schien ausgezeichneter Stimmung. Er sagte sogar ernsthaft: »*Mir* gefällt mein Konzert!«

Er mußte noch in der Nacht zurück nach Paris, während ich eine weitere Woche in Spanien blieb.

Kapitel 58

In der Villa Majestic zu üben und zu studieren, war keine einfache Sache, denn dauernd kamen Anrufe und Briefe, gelegentlich auch Avilas Leporello mit der Bitte um Geld. Außerdem verging kein Tag ohne Einladung zum Essen, ins Theater oder Konzert. War wirklich mal ein Tag frei, drängte es mich unwiderstehlich, eine Schöne zu Tisch zu laden.

Daraus wurde dann oft eine Enttäuschung. Als unverbesserlicher Feinschmecker wählte ich Restaurants, die für Ente *rouenaise* oder *homard à l'Armoricaine* oder eine andere Spezialität bekannt waren, um zu zeigen, wie trefflich ich mich auf diese Dinge verstand. So schlug ich etwa Larue auf der Rue Royale vor, und die Schöne nahm das gern an. Ich bestellte sodann beim Oberkellner *homard à l'Armoricaine* für zwei. »Es dauert etwa vierzig bis fünfzig Minuten, bis das fertig ist, und ich schlage daher vor, daß wir entweder mit Austern oder mit Kaviar beginnen.« Daran wurde ich entsetzt gehindert. »Bestell dir ruhig Hummer, Arthur, ich begnüge mich mit einem Salat mit Zitrone, aber ohne Öl, mehr esse ich mittags nie. Du weißt, ich bin gern mit dir zusammen, und es macht mir nichts aus, zu warten, bis dein berühmtes Feinschmeckeressen kommt.«

Da saß ich denn in der Klemme, doch sah ich nicht ein, daß ich auf meinen *homard* verzichten sollte, bloß weil die Dame auf ihre Linie achten mußte, also bestellte ich ihn mir. Während sie an ihrem Salat knabberte, suchte ich sie amüsant zu unterhalten, und dann verging noch lange Zeit, bevor der Oberkellner, unterstützt von zwei Hilfskellnern, vor unseren Augen am Hummer zu arbeiten begann, der unterdessen aus der Küche gekommen war. Für mich war es ein herrlicher Anblick, den dreien zuzusehen, wie sie einander die Zutaten, Salz und Pfeffer reichten, etwas Cognac an die Sauce taten, ein Stückchen Butter und frische Sahne als Beilage auf die Platte, die über dem offenen Feuer stand. War alles bereit, betteten die drei Ärzte, will sagen Kellner, das Gericht mit liebevoller Sorgfalt auf meinen Teller, der Oberkellner träufelte einen Löffel voll der köstlichen Sauce auf den Reis und die purpurn-goldenen *crustacées*. Wir sahen dieser Operation mit Ehrfurcht und Bewunderung zu, und kaum nahm ich den ersten Bissen und schaute verzückt auf, ergriff sie eine Gabel und sagte herablassend: »Ich muß doch mal ein Stückchen probieren und sehen, weshalb dieses Gericht dich so in Entzücken versetzt.« Dies getan, rief sie: »Das ist ja himmlisch!« verzehrte die ganze Portion und ließ mir nur eine Schere und die leere Schale übrig. Ich beschreibe das so ausführlich, weil mehrere andere reizende Damen es ebenso machten, und da endlich lernte ich es, dem Oberkellner zuzuflüstern: »Bitte für zwei Personen...«

1925 veranstaltete Polen in Paris ein Festival polnischer Musik in der Opéra und der Salle Gaveau, in der Tat ein freudiges Ereignis. Entsinne ich mich recht, geschah dies in der letzten Juniwoche. Ich sollte bei beiden Aufführungen mitwirken; in der Opéra, wo Emil Mlynarski den

Rest des Programms bestritt, sollte ich drei Stücke von Chopin spielen, mit der As-Dur-Polonaise zum Schluß, und unter Fitelberg in der Salle Gaveau das f-moll-Konzert von Chopin. Im November desselben Jahres war ich Gast der Filharmonja in Warschau und glücklich darüber, daß man mich im eigenen Vaterland endlich hören wollte. Valmalète hatte bereits einen Chopin-Abend in der Salle Gaveau angekündigt, doch änderten wir in Anbetracht des polnischen Festspiels das Programm, und ich fand, dies sei die rechte Gelegenheit für die Welturaufführung von de Fallas ›Fantasía Bética‹. Im übrigen spielte ich Sachen, die ich lange schon im Repertoire hatte. Neugier auf das neue Werk füllte die Salle Gaveau. Mein Beethoven und ein langes Stück von Schumann fanden großen Beifall, doch de Fallas ›Fantasia‹, die ich nach der Pause spielte, fiel flach. Ich hatte recht mit der Meinung, es handele sich um einen unmäßig verlängerten ›Feuertanz‹, doch ohne die Wirkung des Vorbildes, unnötig unterbrochen durch ein kurzes Intermezzo, das so klang, als habe es sich da hinein verirrt. Um alles noch schlimmer zu machen, eignet sich die Koda, die ebenso brillant klingen sollte wie das Ende von ›Feuertanz‹, nicht fürs Klavier, ein Orchester könnte sie viel effektvoller bringen. Es tat mir leid, daß mein Freund so schlecht abschnitt, schließlich hatte er mir das Werk gewidmet, und noch dazu schrieb er dessen lieblose Aufnahme durch das Publikum meiner Wiedergabe zu.

Das polnische Festival war eine eigenartige Angelegenheit. Polen, von der Herrschaft der drei Länder befreit, die anderthalb Jahrhunderte gewährt hatte, brannte darauf, endlich die eigenen künstlerischen Leistungen zu zeigen, ohne daß sich jemand einmischte. Die Fremdherrschaft hatte für das kulturelle Erbe Polens übrigens nicht nur tragische, sondern auch komische Konsequenzen gehabt. So streitet man häufig darüber, ob bedeutende Polinnen und Polen wirklich Polen gewesen seien. Die Deutschen zum Beispiel reklamierten Nikolaus Kopernikus für sich, solange sie Thorn besetzt hielten. Joseph Conrad Korzeniowski, der in seiner Jugend den heimatlichen russisch regierten Teil Polens verließ, zur See ging, Englisch lernte und neunundzwanzigjährig britischer Bürger und britischer Kapitän wurde, ließ seinen schwer auszusprechenden Vaternamen weg und wurde als Joseph Conrad ein berühmter englischer Schriftsteller, obschon er immer noch mit starkem polnischem Akzent sprach, als ich ihn kennenlernte. Marja Sklodowska studierte nach dem Schulabschluß in Polen Physik und Chemie in Paris, lebte eine Weile dort als Erzieherin, entdeckte zusammen mit ihrem Mann, Pierre Curie, das Radium und bekam zweimal den Nobelpreis – einmal gemeinsam mit ihm und später als die eigentliche Entdeckerin des Radiums. Die Franzosen geben sie für eine der ihren aus, obschon auch sie mit polnischem Akzent sprach.

Was nun Chopin angeht, so wurde sein Vater unleugbar in Frankreich geboren, kam als junger Mensch nach Polen, kämpfte in den polnischen Freiheitskriegen, gründete eine Familie in Polen und kehrte nie mehr nach Frankreich zurück. Manche Franzosen bezeichnen Chopin als Halbfranzosen, übersehen dabei aber geflissentlich, daß Chopin in Worten und Musik stets seine tiefe Liebe zum Mutterland ausgedrückt hat.

Das Programm des polnischen Festspiels an der Opéra war recht gemischt. Es begann mit einem kurzen Stück von Mieczyslas Karlowicz, gefolgt von dem Ersten Violinkonzert von Szymanowski. Paul Kochanski spielte es. Ich beschloß den ersten Teil des Programms mit vier Mazurken von Szymanowski, die er mir gewidmet hatte, sowie der F-Dur-Ballade und der As-Dur-Polonaise von Chopin. Das war der erste Teil. Im zweiten Teil zeigte Emil Mlynarski stolz das Ballett der Warschauer Oper in ›Pan Twardowski‹, ›Halka‹ und einem Tanz von ihm selbst, und es folgten bekannte polnische Chöre. Das Festival wurde ein rauschender Erfolg. Die Franzosen nahmen an solch einem Programm keinen Anstoß, sie waren Schlimmeres gewöhnt – man denke an die sechsstündigen Vorstellungen zu Wohltätigkeitszwecken. Mlynarski erntete Lorbeeren. Bei dieser Gelegenheit lernte ich seinen Sohn Felix kennen, der mit sechzehn Jahren gegen Trotzkis Rotarmisten im Felde gestanden hatte. Er erkrankte an Tuberkulose und starb wenige Jahre später in Zakopane. Emil Mlynarski fand Gefallen an meinem Spiel und fragte: »Wollen Sie nächstes Jahr in Warschau und Lodz mein Solist sein?« Das nahm ich gern an.

Das zweite Konzert fand wie gesagt in der Salle Gaveau statt, eine Woche später. Fitelberg dirigierte die Dritte Sinfonie von Szymanowski, und ich spielte das f-moll-Konzert von Chopin. Ravel tat uns die Ehre seines Besuches an, und George Gershwin war ebenfalls da. In Amerika, wo Paul und ich mit ihm bekanntgeworden waren, besuchte er uns häufig und spielte seine neuesten Songs vor. Als ich fragte, ob er in Paris bleiben wolle, sagte er: »Nein. Eigentlich wollte ich bei Ravel Unterricht nehmen, aber das ist mißglückt.« Man erzählte später, daß Ravel auf Gershwins Bitte gefragt habe: »Was bringen Ihnen Ihre Sachen jährlich ein?« und als Gershwin bescheiden antwortete: »So gegen hunderttausend bis zweihunderttausend Dollar«, habe Ravel erwidert: »Dann müssen Sie mir das Komponieren beibringen.«

Die polnische Gesandtschaft gab einen großen Empfang, und ich lernte dabei Eve Curie kennen, die jüngere Tochter von Madame Marie Sklodowska Curie, ein schönes Mädchen mit dunklen Augen in einem kleinen runden Gesicht, schlank, elegant und auffallend gescheit. Sie erzählte, sie habe bei Alexander Brailowsky Klavier studiert und kürzlich ein Konzert gegeben. Nun begann ich mich naturgemäß für sie zu interessieren, und sie war einverstanden, mit mir zu essen.

Es wurde eine lange Mahlzeit, und sie zögerte keinen Moment, zu essen, was ich bestellte. Nicht ohne Verbitterung sagte sie, sie wolle nie mehr öffentlich auftreten. »Ich wollte ein ganz bescheidenes Debüt geben, um zu sehen, ob ich wirklich für die Pianistenlaufbahn geeignet bin, aber das Publikum war grauenhaft. Man überschüttete mich mit Blumen, noch bevor ich eine Taste angeschlagen hatte. Jedes Stück wurde mit Ovationen begrüßt, die in keinem Verhältnis zu meiner Leistung standen. Am Ende noch mehr Blumen, noch größerer Applaus. Alles meiner Mutter wegen. Jetzt habe ich eine Stelle als Musikkritikerin an der Wochenzeitschrift ›Candide‹ und kann schreiben, wie mir ums Herz ist. Damit erweise ich der Musik, glaube ich, einen besseren Dienst, als wenn ich unter diesen Umständen konzertiere.«

Dann beschrieb sie, wie schwierig ihre Lebensumstände waren: »Meine ältere Schwester Irène ist eine bedeutende Wissenschaftlerin wie meine Mutter und hat ebenfalls einen Professor der Physik und Chemie geheiratet. Seit mein Vater bei einem Unfall ums Leben gekommen ist, wohne ich mit meiner Mutter allein. Sie geht jeden Morgen ins Labor, kommt völlig erschöpft von der Arbeit mit dem Radium nach Hause – die Strahlen sind gesundheitsschädlich.«

Ich will keine Einzelheiten vom Leben der Madame Curie mitteilen; Eve hat das ausführlich in ihrer schönen Biographie der Mutter getan. Wir wurden gute Freunde, aßen oft miteinander, und ich versuchte sie

aufzuheitern. »Daheim empfängt meine Mutter nur ihre Freunde, lauter ältliche Professoren, und ich möchte auch mal richtig leben, denn ich lebe gern, liebe die Kunst und möchte unter Leute, aber so fühle ich mich sehr einsam.«
Eve lud mich eines Tages zum Mittagessen in die mütterliche Wohnung auf der Isle St. Louis ein. Madame Curie, zierlich, von sehr aufrechter Haltung, mit kleinem Kopf, war unverkennbar Polin. Das braune Haar trug sie als Chignon, an den Schläfen war sie schon ergraut. Ich beugte mich verehrungsvoll über ihre Hand, doch sie wollte das nicht zulassen, entzog sie mir vielmehr flink. Solche Gesten mochte sie offenbar nicht. Wir sprachen Polnisch, das auch Eve fließend beherrschte. Zu dritt gingen wir ins Eßzimmer. Daß ich ihre Schwester gut kannte, die Frau von Dr. Josef Dluski, hörte Madame Curie gern. Ich hatte in Zakopane ein Konzert gegeben, dessen Ertrag seinem Sanatorium zukommen sollte. Bevor aufgetragen wurde, hielt sie mir einen kleinen Vortrag über die Vorzüge des Kommunismus. »Frankreich und Polen sollten daraus lernen.« Ich wagte keinen Widerspruch, denn von Eve wußte ich, welche politischen Überzeugungen die Mutter hatte. In diesem Moment servierte das Dienstmädchen eine Platte mit kaltem Hummer in Mayonnaise. Madame Curie fragte stirnrunzelnd: »Wozu der Luxus?« und blickte ihre Tochter streng an. Eve wurde zornrot. »M. Rubinstein hat mich oft genug zu solchen *crustacées* eingeladen, er ißt sie gern.« Es brauchte fast die Dauer der Mahlzeit, um Madame Curie einen etwas günstigeren Eindruck von mir zu geben; meine Garderobe mißfiel ihr ebensosehr wie meine Vorliebe für Hummer. Erst als ich von meinen entbehrungsreichen Jugendjahren und der Armut der Eltern erzählte, wurde sie milder.

Eve und ich gingen miteinander fort; ihr war etwas unbehaglich wegen des Empfanges, der mir durch die Mutter zuteil geworden war, sie erzählte mir dann aber etwas, was mich sehr rührte.

»Sehen Sie, Arthur, Mutter war sehr enttäuscht, als ich sagte, ich wolle Pianistin werden und nicht Physikerin wie meine Schwester Irène. Als sie gestern bleich und müde am frühen Morgen zum Labor aufbrach, die Hände schrecklich verbrannt von den Strahlen, bat ich sie, daheim zu bleiben, aber sie wollte nicht hören. Da schlug ich ihr vor, sie mittags zum Essen abzuholen und in ein gutes Restaurant unweit des Institutes mit ihr zu gehen, und was hat sie gesagt? ›Ich mag mich in meiner armseligen Garderobe nicht öffentlich neben meiner schönen, eleganten Tochter sehen lassen.‹ « Mir kamen die Tränen.

Kapitel 59

Im Frühsommer fuhr Zosia zu ihren Verwandten nach Warschau, und ich blieb ein paar vergnügliche Wochen allein mit Paul in Paris. Wir machten die Runde durch die Nachtclubs, weniger auf dem Montmartre als am Montparnasse. Alle beide hatten wir dabei Freude an der Gesellschaft von Moïse Kisling, einem genialen polnischen Maler, der in den Cafés und den Cabarets von Montparnasse für Betrieb sorgte. Hatte er etwas getrunken, wurde er allerdings gewalttätig, und wer eine Bemerkung machte, die in seinen Ohren abfällig klang, bekam eins auf die Nase. Einmal streckte er zwei Flics mit gut plazierten Uppercuts nieder, doch ließen sie ihn laufen, denn er war zugleich ungemein liebenswert und hatte ein Herz von Gold.

Kochanskis und ich bezogen in den ersten Sommerwochen vorsichtshalber Quartier in St. Jean de Luz, denn Biarritz mit seinem Kasino und sonstigen Attraktionen wäre eine zu große Versuchung für uns beide gewesen. Wir nahmen eine Wohnung in einer Villa, ließen aus Bayonne ein kleines Klavier kommen und arbeiteten morgens entweder gemeinsam oder nacheinander. Die Nachmittage waren ebenfalls der Musik gewidmet, bei Freunden aus Bordeaux, dem Ehepaar Blanchard, wo auch Ravel und Jaques Thibaud freundschaftlich verkehrten. Wir musizierten auf vielerlei Art: Ravel probierte vierhändig mit mir ein paar Seiten seines neuen Stückes, Paul spielte sein Arrangement von Strawinskys ›Pulcinella‹, was Ravel entzückte, auch Lieder von de Falla, die auf der Geige, wie wir übereinstimmend fanden, besser klangen als gesungen. Ich begleitete Paul und Thibaud, soweit unser Gedächtnis reichte, im Konzert für zwei Violinen von Bach, kurz, es war ein Monat angefüllt mit guter Musik für uns alle, und er ging nur allzu rasch vorbei. Kochanskis machten einen Abschiedsbesuch in Warschau, bevor sie zurück nach

Amerika gingen; Ravel wollte seine neue Arbeit in Ciboure beenden, seinem Geburtsort; Thibaud vereinte sich mit seiner Familie in Biarritz, wo ihm eine Villa gehörte, und ich reiste über Paris nach Venedig, wohin die Fürstin Polignac mich wieder eingeladen hatte.

Unterdessen war der neue Flügel dort eingetroffen, und Fürstin Winnie war von seinem schönen Ton und der leicht gängigen Mechanik hingerissen; mir selber kam der Ton eher dumpf vor. Das lag selbstverständlich an der Feuchtigkeit Venedigs; trotzdem arbeitete ich sehr gern an diesem Flügel.

Diesmal war Violet Trefusis der andere Hausgast. Sie hatte das schönste Zimmer neben der großen Halle inne, und ich erinnere mich gut daran, wie ich sie zum ersten Mal sah. Im vergangenen Frühjahr hatte Fürstin Winnie mich im Auftrag von Violet Trefusis zum Lunch eingeladen und dabei bemerkt: »Sie ist eine reizende Person, sehr gescheit und meine gute Freundin.« Unseligerweise vergaß ich die Verabredung, und sie fiel mir erst ein, als die Essenszeit vorüber war. Beschämt darüber, die Fürstin so enttäuscht zu haben, eilte ich zu Mrs. Trefusis, um mich für mein Ausbleiben zu entschuldigen. Vom Butler hörte ich, die Gäste seien bereits gegangen, doch wolle er mich melden. Ich wartete im Vorgarten, bis Mrs. Trefusis erschien, augenscheinlich in der Mittagsruhe gestört, denn sie trug einen Morgenrock, und ihre Strümpfe waren heruntergerutscht. Sie wehrte meine Entschuldigungen ab, und wir gerieten ins Plaudern. Seither waren wir gute Freunde.

Als ich eines Morgens das Vierte Scherzo von Chopin übte, kam Violet herein, mit lang herabwallendem Haar und bekleidet nur mit Büstenhalter und Unterrock, und rief entzückt: »Mein Lieblingsscherzo!« In eben diesem Moment erschien durch eine andere Tür Fürstin Winnie und schrie Violet an: »Wie kannst du in diesem Aufzug in meinem Salon erscheinen! Sofort gehst du auf dein Zimmer!« Und sie drohte mit dem Finger. Violet flüchtete in panischem Schrecken.

Psychologisch betrachtet, gehörte sie zu den kompliziertesten Menschen, die ich je kennengelernt habe. In Gesellschaft von typischen Hausfrauen konnte sie das banalste Zeug von sich geben, doch wenn um ihren Tisch gescheite Leute versammelt waren – etwa Strawinsky, Léon-Paul Fargue, Poulenc –, plauderte sie so geistreich, daß alle ihr hingerissen zuhörten. Ähnliche Kontraste bot auch ihre Erscheinung. Manchmal sah sie wie eine Schlampe aus – so an jenem Vormittag –, in großer Gesellschaft jedoch wirkte sie ungemein distinguiert. Dabei war ihr Gesicht keinesfalls schön zu nennen, ihre Nase erinnerte an einen Schweinerüssel und verdarb die sonst angenehmen Züge. Sie war vollschlank, wenn nicht üppig, hatte viel Sex Appeal und bewegte sich mit lässiger Anmut. Kurzum, ich mochte sie sehr.

Der Bechstein-Flügel brachte es zuwege, daß ich erheblich konzentrierter arbeitete als an dem kleinen im Vorjahr, obschon das gesellschaftliche Leben diesmal turbulenter war. Ich war Gast in mehreren Palazzi, so dem Mocenigo, der Robillants gehörte, wo die junge Olga bezaubernd über Musik zu plaudern verstand. Ihre Mutter Clémentine war noch immer eine berühmte Schönheit. Giuseppe Volpi, Finanzminister Mussolinis, lud mich mehrmals zum Cocktail ein und machte mich mit Frau und Tochter bekannt. Eines Tages legte er mir eine polnische Zeitung vor und sagte: »Da steht was über mich drin, und ich würde gern wissen, was?« Ich überflog den Artikel, der nichts als Beleidigungen meines Gastgebers enthielt. Die ersten drei Wörter »Volpi vel fuchs« dürften ihn verstört haben (Fuchs bedeutet ja nicht nur Fuchs, sondern ist ein häufig von Juden geführter Name). Er sah, daß ich mich vor Verlegenheit wand, beharrte aber darauf, alles zu hören. Nun, es hieß dort, Volpi sei ein Niemand, und stamme aus einem afrikanischen Ghetto. Ich suchte das bei der Übersetzung zu mildern, indem ich darüber lachte. »Bestimmt hat das jemand geschrieben, der Sie vergeblich um Geld angegangen ist«, sagte ich.

Er klopfte mir auf die Schulter. »Sie sagen es.«

Der Cocktail schmeckte mir an diesem Tage nicht besonders.

Kapitel 60

Anfang Oktober war ich wieder in der Villa Majestic, wo mich eines Tages Madame Jeanne de Marjerie mit der Mitteilung überraschte: »Arthur, ich habe etwas ganz Entzückendes für Sie entdeckt, wenn Sie Lust haben, lassen Sie es uns gleich ansehen.« Wir fuhren nach Montmartre, und sie berichtete unterwegs, Pierre Fresnay sei ausgezogen und wohne bei den Eltern.

Wir fuhren die steile Rue Lepic zur Butte Montmartre hinauf und ließen das Taxi an der Place Ravignan gegenüber dem berühmten Bateau Lavoir halten, wo Picasso, Max Jakob, Juan Gris und viele andere Maler in ihren Anfängen, stets von Geldsorgen bedrängt, ihre Ateliers gehabt hatten. Jeanne öffnete ein Haustor und bat die Concierge, uns die Wohnung von M. Fresnay zu zeigen. Wenige Schritte weiter führte linkerhand eine Tür hinaus in einen bezaubernden kleinen Garten, mittendrin ein kleines Bassin mit Fischen, umstanden von fünf hohen Akazien, von Kastanien und Fliederbüschen. Ein hinreißender Anblick. Entlang der Mauer zog sich eine Blumenrabatte hin, und seitlich führten zwei weiße Stufen zu einer Art Bungalow im denkbar modernsten Stil, ein unglaublicher Kontrast zu den bescheidenen Häusern von Montmartre ringsum. Der ausgeräumte Bungalow besaß ein schmales, langes Wohnzimmer mit Fenstern an beiden Enden, eines zum Garten, eines zum Bateau Lavoir. Der Wohnraum hatte einen Alkoven, der als Schlafzimmer diente und von dem eine Tür ins Bad führte. Außerdem gehörten zu dieser Wohnung drei kleine Zimmer im Parterre des großen Hauses hinter dem Bungalow, und die Miete war so niedrig, daß ich im Vergleich dazu der Villa Majestic ein Vermögen zahlte. Ich war so begeistert beim Anblick dieser Wohnung, daß ich Jeanne umarmte und wir gemeinsam im Garten eine Gigue tanzten. Die schlampige Concierge vereinbarte für den folgenden Tag eine Zusammenkunft mit dem Eigentümer, der uns, als wir pünktlich eintrafen, schon im Garten erwartete. Wir gaben einander die Hand, und er reichte mir seine Visitenkarte mit der Aufschrift: André Bloch, Ingénieur de l'École Polytechnique. Das beeindruckte mich sehr. Er war mittleren Alters, hatte ausgeprägte semitische Züge und wirkte wie ein bescheidener Geschäftsmann. Wir machten den Mietvertrag und tranken darauf ein Glas scheußlichen Rotwein, kredenzt von Judith, der Concierge. Bloch sagte, er sei mit Fresnay eng befreundet. »Ein Jammer, daß dies kleine Luder ihn hat sitzen lassen, denn er ist jetzt sehr unglücklich. Er hat dieses Haus geliebt, und ich hoffe, es geht Ihnen nicht anders.«

Bevor ich mich der Einrichtung zuwandte, bat ich Eugenia Errazuriz, es anzusehen (selbstverständlich ohne Jeanne!) und mich zu beraten. Sie schaute sich sehr befriedigt alles an, deutete auf die Stelle, wo das Bett stehen sollte und rief: »Ah, rot, rot, der Überwurf muß rot sein. Und die Vorhänge grau. Grau wie die Wand.« Jeanne ihrerseits war ganz erstaunt, daß ich auf diesen Farben beharrte. Mit nicht geringer Bewunderung sagte sie: »Ich wußte gar nicht, daß Sie sich für solche Dinge interessieren!«, ging sogleich daran, die Dekoration festzulegen, wählte Möbel, machte kleine Zeichnungen möglicher Arrangements und gab alles bei ihren Lieferanten in Auftrag.

»Ich bekomme alles billiger, denn die Händler machen gern Geschäfte mit mir, und ich kaufe günstig bei den Auktionen im Hotel Drouot.« Jeanne war tatsächlich eine Frau von glänzendem Geschmack, und ich bezahlte sie für ihre Mühe, obschon sie sagte, es mache ihr Spaß und sie wolle dafür nichts nehmen. »Nichts tue ich so gern wie Wohnungen einrichten, das ist meine Leidenschaft. Mein Mann ist ein Snob, ihm paßt das nicht, halten Sie also den Mund.« Bevor alles fertig war, rief sie immer wieder an und drängte: »Kommen Sie schnell, hier stehen sechs phantastische antike Eßzimmerstühle zum Verkauf, die müssen Sie unbedingt haben!«

Es vergingen keine vierzehn Tage, und ich zog ein. Im Bungalow standen ein Doppelbett, ein Flügel und ein antiker Nachttisch. Die drei Zimmer im Nebenhaus waren noch unmöbliert, und wir erklärten das linke zum Speisezimmer, das schmale in der Mitte mit der Tür zum Flur zur Küche, und im rechten Zimmer sollte vorderhand nichts passieren – da mochte später mein Diener schlafen. Zunächst brachte mir die Concierge das Frühstück ans Bett, und ich nahm die Mahlzeiten wie gewohnt im Restaurant. Für das Eßzimmer fand sich mit der Zeit ein schwerer spanischer Eichentisch, fürs Wohnzimmer ein zierlicher Tisch, der zu den sechs Stühlen paßte, und nun sah es schon geradezu üppig aus bei mir. Als ich gegen Jahresende nach Polen abreiste, bat ich Jeanne, das Haus fertig einzurichten und einen Dienstboten für mich einzustellen, einerlei, ob Frau oder Mann.

Kapitel 61

Meine beiden Klavierabende in Warschau waren ausverkauft; alle meine treuen Anhänger kamen. Ich spielte viel Beethoven, Schumann und Brahms, ferner die vier Mazurken von Szymanowski, auch etwas Liszt. Nur am zweiten Abend spielte ich Chopin, aber nicht viel. Allerdings zwang mich das Publikum beide Male, ›Navarra‹ zuzugeben, auch de Fallas ›Feuertanz‹ und mein eigenes Arrangement des ›Walkürenrittes‹. Von nun an ging ich jedes Jahr nach Warschau. Auf die Klavierabende hier folgten dann Konzerte in Lodz, Krakau, Lwow und drei oder vier anderen kleineren Städten im ehemals österreichischen Galizien.

In Warschau wohnte ich nun bei meinem Freund Richard Ordynski, dessen »Gastzimmer« leider wenig bequem war. Ich mußte auf einem absonderlichen Sofa schlafen mit steilen, für mich viel zu kurzen Seitenlehnen. Ich schlief praktisch im Sitzen und ließ die Beine über die Lehne baumeln. Ordynski schien das durchaus recht zu sein; das einzige vorhandene Bad befand sich neben seinem behaglichen Schlafzimmer, wo er in einem breiten Bette schlummerte. Das Frühstück war alles andere als üppig; am Vormittag erschien eine Magd, blieb zwei Stunden und setzte uns Tee in Gläsern, Butter und Brötchen vor. Das war alles. Ordynski fragte sodann munter: »Und wo essen wir heute zu Mittag?« Pünktlich stellte er sich alsdann zu den Hauptmahlzeiten im ausgezeichneten Restaurant des Hotels Europejski ein – und ich zahlte die Zeche.

Sophie Bernstein, deren Vater mir zusammen mit Dr. Goldflam vor dem Krieg den Bankkredit verschafft hatte, war unterdessen mit Stanislaw Meyer verheiratet, dem Sohn eines wohlhabenden Kaufmanns. Sie hatte eine Weile in Berlin bei Barth studiert, weil sie Pianistin werden wollte, doch nach der Heirat ließ sie den Plan fallen. In ihrer Wohnung gab sie gern für durchreisende Künstler Gesellschaften und verstand es, die richtigen Gäste dazuzuladen. Sie führte einen echten Salon, der in Warschau recht bekannt war.

In Krakau und Lwow fand ich die alten Freunde wohlbehalten vor, und man freute sich, daß ich so gut zurechtkam im Leben. In Lwow hörte man immer noch lieber mich Chopin spielen als irgendeinen anderen Pianisten.

Nach dieser kurzen, anstrengenden Tournee eilte ich zurück nach Paris, ganz darauf versessen, wieder in die erste Wohnung zu kommen, die ich je mein eigen genannt habe. Jeanne de Marjerie wußte, daß ich gern meine Bücher um mich habe, und hatte im Alkoven und an allen freien Wänden des Wohnzimmers Regale einbauen lassen. Als ich meine so sehr geliebten Bücher endlich in der ihnen zukommenden Ordnung aufstellen konnte, kamen mir die Tränen. Seit Berlin hatten sie nicht mehr im Regal gestanden. Jeanne hatte alles so gemacht, wie ich angeordnet hatte, der Bettüberwurf war aus herrlich dunkelrotem Samt, die grauen Draperien waren nicht zu schwer, und wenn sie geschlossen wurden, fühlte ich mich wie in einem kleinen gemütlichen Raum und nicht mehr wie in einem Alkoven. Im Bette liegend, gewöhnte ich mir ein Kunststückchen an: ich zog die Bücher mit den Zehen aus dem Regal. Aus Brasilien hatte ich Schmetterlinge auf weißer Watte unter Glas in schmalen Rahmen mitgebracht, von einem phantastischen Blau, das sich aufs schönste von der gegenüberliegenden Wand und den Fensterbrettern abhob. Als Anfang Januar die Teppiche ausgelegt waren, ging ich auf Anraten von Jeanne zum Ausverkauf von Maison de Blanc und besorgte Handtücher und Haushaltswäsche. Porzellan, Silber und Gläser füllten nach und nach die Küchenschränke. Welch himmlisches Gefühl, eine eigene Wohnung zu besitzen und endlich daheim zu sein!

Jeanne fragte mich bei einem Mittagessen: »Möchten Sie einen richtigen Diener haben, Arthur, einen, der sich um alles kümmert und Ihnen Ihr Frühstück bereitet?«

»Schon, aber der kostet bestimmt ein Vermögen.« Indessen, seit ich nicht mehr soviel Miete zahlen mußte, konnte ich mir, wie sich zeigte, den Diener leisten, den die Concierge denn auch am nächsten Vormittag ankündigte: »Ein Herr möchte Sie sprechen.«

Herein kam ein ausnehmend gut aussehender Mann von etwa dreißig Jahren, elegant gekleidet, mit ausgezeichneten Manieren. Es dauerte eine Weile, bis mir klar wurde, daß dies der angekündigte Diener sei. Er sprach ausgezeichnetes Französisch, dabei leise und achtungsvoll, und war, was die Engländer einen *gentleman's gentleman* nennen. François Delalande ist jahrelang bei mir geblieben; bis auf den heutigen Tag bin ich nie besser bedient worden. Das Leben lächelte mir zu, packen, verreisen, ein Taxi bestellen, Gäste bewirten – das alles ging kinderleicht. François verlangte keinen freien Tag, er erbat nur Urlaub, wenn er wußte, ich bedurfte seiner nicht. Brauchte eine Dame seine Hilfe, geriet er nie in Verlegenheit; es gab keinen Fleck, den er nicht entfernen, keinen Riß, den er nicht nähen konnte, und bei unvorhersehbaren Zwischenfällen tat er unfehlbar das Richtige.

Als einmal ein eifersüchtiger Gatte seine Frau bis zu mir verfolgte und François ihn zufällig die Concierge nach mir fragen hörte, zog er mich und die Dame durch die Küchentür und den Flur in den Hof, von wo eine mir gänzlich unbekannte Passage in eine benachbarte Straße führte.

Ich frühstückte im Bett und las dabei entweder die Zeitung oder ein gutes Buch. Das Ankleiden war ein reines Vergnügen, denn alles lag bereit; der Anzug gebügelt, Socken und Schuhe so angeordnet, daß ich mühelos hineinschlüpfen konnte, die Zahnpasta war bereits auf der Zahnbürste, und diese ihrerseits lag auf dem Glas mit Mundwasser. Hemd und Krawatte lagen bereit, und was ich in die Tasche stecken wollte, lag geordnet auf dem Nachttisch. War ich zum Ausgehen angekleidet, wartete bereits ein Taxi.

Gelegentlich setzte ich mich allerdings auch in die Nesseln, so im Falle des polnischen Gesandten in Brüssel, Tadeusz Jackowski, dessen Frau, eine blendend aussehende ehemalige Schauspielerin, die ganz reizende Gesellschaften für mich gab, wenn ich in Brüssel spielte, mir sogar einen Orden von König Albert verschaffte, dem legendären Kriegshelden. Die nun rief mich eines Tages an. »Wir sind zu einem kurzen Besuch in Paris und möchten Sie gern sehen.« Das war endlich eine Gelegenheit, mich für ihre Gastfreundschaft zu revanchieren, und ich ergriff sie denn auch mit Freuden. »Würden Sie und der Gesandte mir die Ehre antun, übermorgen mit mir bei Larue zu speisen? Man ißt dort vorzüglich.«

»Mit größtem Vergnügen, nur – würde es Ihnen etwas ausmachen, wenn wir statt dessen im Ritz äßen? Bestimmt speist man bei Larue besser, aber wir brennen darauf, den berühmten Olivier leibhaftig zu sehen, denn gestern waren wir in ›Le Sexe faible‹ von Edouard Bourdet, und ich muß den Mann unbedingt mit eigenen Augen sehen.«

Selbstverständlich stimmte ich zu; jenes Stück war der Kassenschlager der Spielzeit, handelte vom *maître d'hôtel* im Ritz, einem einzigartigen Vertreter dieser Gattung, der Geld verlieh, einen Paß besorgen konnte, Ehen stiftete oder trennte, Homosexuelle beider Geschlechter mit passenden Partnern versorgte, Eintrittskarten für ausverkaufte Vorstellungen beschaffte, kurz, jemand, der das Unmögliche möglich machte. Bourdet hatte in seinem Stück Olivier porträtiert, und der wurde von Victor Boucher gegeben, unvergeßlich in dieser Rolle.

Nun lud ich noch den Botschaftsrat und seine Gattin von der polnischen Botschaft in Paris ein, aber dann passierte mir das Gräßliche: Ich vergaß die ganze Sache völlig, und als François mir nach elf Uhr das Frühstück ans Bett brachte, mußte er mich an die Verabredung erst erinnern. Es blieb gerade noch Zeit, mich zu rasieren und anzukleiden und in ein Taxi zu springen, aber keine Rede davon, einen guten Tisch zu reservieren oder mich um das eigentliche Essen zu kümmern. Diesmal saß ich wirklich in der Klemme, denn man weiß ja, wer sich übereilt, kommt nicht vom Fleck. Schlimm war, daß François nicht gleich ein Taxi auftreiben konnte, und ich kam erst um zehn vor eins von zu Hause weg. Je mehr ich den Taxifahrer zur Eile drängte, desto dichter wurde der Verkehr. Es war der reinste Alptraum, doch wie schon früher kam mir auch jetzt der rettende Einfall: Ich ließ mich in die Rue Cambon fahren, von wo es auch einen Eingang ins Ritz gibt. Es war nun zehn nach eins. Ich warf der Garderobiere Hut und Mantel hin und eilte durch den langen Korridor zur Halle des Ritz, die man von der Place Vendôme aus betritt, blieb einen Moment stehen, rang nach Luft und betrat sodann diese elegante Halle, wo meine vier Gäste etwas umdüstert warteten. »Ach, hier sind Sie!« klatschte ich überrascht in die Hände. »Ich sagte doch, wir wollten uns in der Bar am anderen Ende treffen? Ich dachte schon, Sie hätten die Einladung vergessen. Welch ein Glück, daß ich doch noch hier nachgesehen habe. Aber –« fügte ich mit gespielter Verzweiflung hinzu, »da sitzen Sie nun auf dem Trockenen, und Ihre Drinks warten in der Bar auf Sie.« Ich rief einen Kellner herbei: »Vier trockene Sherry – meinen habe ich schon getrunken!– und ich sehe gleich mal nach, ob unser Tisch frei ist.«

Im Restaurant erwischte ich Olivier persönlich, drückte ihm eine Fünfzigfrancnote in die Hand und flüsterte: »Ich habe zwei polnische Diplomaten hier, beide mit ihren Damen. Wir brauchen einen Tisch für fünf, hübsch dekoriert und ein ganz vorzügliches Menü, und das innerhalb kürzester Frist.«

»Kein Problem.«

Ich ging lächelnd zu meinen Gästen. »Gleich wird das Essen serviert«, setzte mich und unterhielt sie mit drolligen Geschichten. Sie hatten kaum ihren Sherry getrunken, als Olivier auch schon erschien und sagte: »*Monsieur est servi.*« Er wies uns einen wunderhübsch dekorierten Tisch an, Weißwein im Eiskübel, Bordeaux im Körbchen und vor dem Gedeck der Gattin des Gesandten eine handgeschriebene Speisekarte. Es gab vortreffliche *hors d'oeuvres*, dazu polnischen Wodka in winzigen Gläsern, *quenelles de brochet à la Lyonaise, canard à l'orange, salade d'endives, plateau de fromages* und *parfait de café*. Meine Gäste machten mir die schönsten Komplimente für die Sorgfalt, mit der ich alles bedacht hatte.

Die Frau des Gesandten konnte Olivier nicht aus den Augen lassen, ihr entging keine einzige seiner Gesten. Als der Kaffee in feinen Täßchen gereicht wurde, sagte sie sehr enttäuscht zu mir: »Dieser Olivier ist ein ebenso gewöhnlicher *maître d'hôtel* wie alle anderen in Brüssel und Paris. Bourdet hat seine Figur von Anfang bis Ende erfunden.« Nun mußte ich mir auf die Zunge beißen, um sie nicht anzufahren: »Sie haben ja keine Ahnung, er hat gerade eben mir zuliebe einen seiner Tricks angewendet, die Bourdet ihm zuschreibt.« Meine Gäste erfuhren zum Glück nie die wahren Umstände. Als ich zahlte und Olivier dankte, schmunzelte er nur leicht. »*Ce n'est rien.*« Der Tisch, den er uns gegeben hatte, war erst für später reserviert.

Kapitel 62

Valmalète erhielt für mich aus Wien die Einladung zu einem Klavierabend im großen Musikvereinssaal. Der Gedanke, wieder in der Stadt Mozarts, Schuberts, Beethovens und Brahms' spielen zu können, stimmte mich glücklich. Ich entsann mich mit Vergnügen meiner Wiener Konzerte vor dem Krieg. Es gab jetzt dort einen neuen Konzertunternehmer, Hugo Knepler, der mein Konzert sehr umsichtig angekündigt hatte, denn das Haus war gut besucht. Daß Emil von Sauer mit seiner jungen Frau (ob es die vierte oder fünfte war, weiß ich nicht) gekommen war, schmeichelte mir. Ich weiß noch, daß ich das von Prokofieff mir gewidmete Rondo aus ›Der verlorene Sohn‹ spielte. Als ich ihm einmal gesagt hatte, ein Stück aus dieser Ballettmusik liebe ich besonders, transkribierte und arrangierte er es für mich. Das Publikum nahm es gleichgültig auf, doch Emil von Sauer zeigte großes Interesse.

Knepler und ich waren miteinander sehr zufrieden, und ich versprach, wiederzukommen. Eine ärgerliche Angewohnheit hatte er allerdings. Immer bevor ich aufs Podium trat, fragte er: »Als erstes spielen Sie doch die ›Appassionata‹, nicht wahr?« und sang sodann das Thema so rasch vor sich hin, als wäre es ein Gassenhauer. Dafür hätte ich ihn umbringen mögen.

Dann forderte mich das Orchester der Dänischen Königlichen Oper auf, als Solist in einem Sinfoniekonzert mitzuwirken. Auch das hörte ich mit Vergnügen, denn ich wünschte mir sehr, in Skandinavien und Holland zu spielen, Ländern von hoher Musikkultur.

Ich sagte also zu Valmalète: »Bitte organisieren Sie auf mein Risiko zwei Klavierabende in Kopenhagen; der Konzertsaal soll ausgezeichnet sein, und wenn man in Kopenhagen Erfolg hat, stehen einem Schweden, Norwegen und Finnland offen, wie Sie wissen.«

Auf diese drei Konzerte freute ich mich sehr. Ein paar Wochen vor dem Kopenhagener Konzert schrieb mir Valmalète, man wünsche von mir de Fallas ›Nächte in Spanischen Gärten‹. Ich rief ihn an: »Ich bin damit einverstanden, aber nur unter der Bedingung, daß ich im selben Programm ein bedeutendes Klavierkonzert spielen darf.«

Ich hätte am liebsten das B-Dur-Konzert von Brahms gespielt oder das in G-Dur von Beethoven, denn die hätten zu de Falla einen schönen Kontrast gegeben. Die ›Nächte in Spanischen Gärten‹, ein Stück für Orchester mit obligatem Klavier, haben keinen eigentlichen Solopart und konnten unmöglich Interesse für die beiden von mir angesetzten Klavierabende wecken. Auf Valmalètes Ersuchen kam die Antwort: »Soweit uns bekannt, ist Rubinstein nur gut in spanischer Musik, wir brauchen weiter nichts von ihm als den de Falla.« Das war nun wie eine Ohrfeige, und ich wurde wütend. »Sagen Sie die Klavierabende ab.«

»Ausgeschlossen. Absagen können Sie der Oper, aber die Miete für den Konzertsaal müssen Sie ersetzen.«

»Egal. Lieber verliere ich all mein Geld, als mich diesen Leuten zu fügen.« Fritz Busch engagierte mich etwa zehn Jahre später als Solisten mit dem Kopenhagener Statsradiofonien-Orchester. Ich spielte das Konzert von Saint-Saëns, es folgten ein ausverkaufter Klavierabend, gutbezahlte Engagements in Stockholm, Oslo, Göteborg, wo ich für alle Zeit mein Publikum fand; aber mit dem Kopenhagener Opernorchester zu spielen, habe ich mich stets geweigert.

Aus Genf erreichte mich die Einladung, nach meinem dortigen Konzert und einem weiteren in Lausanne als Preisrichter bei einem Klavierwettbewerb mitzuwirken, was mich insofern reizte, als außer mir noch Ernest Schelling, Professor Josef Pembaur aus München und Alfred Cortot die Jury bilden sollten.

Etwa eine Woche vor dem Wettbewerb erlitt ich einen Unfall. Ich saß auf dem Heimweg von einer Gesellschaft im Frack, den Mantel überm Arm in einem Taxi, das auf dem Boulevard Clichy von einem schweren Wagen gerammt wurde, der auf der falschen Straßenseite fuhr. Ich verlor das Bewußtsein und wurde von der Polizei mit Hilfe von Passanten ins nahe Hospital Lariboisière gebracht. Nach einer Injektion kam ich zu mir, mit einer Platzwunde am Kopf, die genäht werden mußte. Mein Frackhemd war von Blut getränkt. Der Arzt riet mir, eine Weile sitzen zu bleiben, bevor ich heimging, und das tat ich auch, denn ich fürchtete eine neuerliche Blutung. Als er weg war, fragte ich allerdings, ob ich nun auch gehen dürfe, worauf eine Krankenschwester streng sagte: »Sie dürfen sich nicht ohne Erlaubnis von der Stelle rühren.«

Da saß ich nun, mir war recht schwach, aber ich wagte nicht zu widersprechen. Gegen sechs Uhr früh kam eine ältliche Person in Pantoffeln hereingeschlurft, setzte sich bequem an einen Tisch, winkte mich heran und fragte kalt: »Können Sie bezahlen? Es kostet fünfundzwanzig Francs.« Deshalb also hatte man mich solange warten lassen! Zum Glück kam gerade ein Polizist herein, der mich mitleidig mit dem Wagen nach Hause fuhr und mir ins Bett half.

Der Arzt hatte meinen Kopf dick bandagiert und angeordnet, die Bandage solle vierzehn Tage nicht entfernt werden. Da wolle er mich wieder untersuchen. Am folgenden Tag fühlte ich mich noch etwas matt, erholte mich dann aber rasch. Der dicke weiße Verband war zwar recht auffallend, doch trug ich ihn nicht ohne Eitelkeit zur Schau und spielte den standhaft Leidenden.

Übrigens war einer der Passanten, die mich ins Krankenhaus gebracht hatten, noch eine Weile geblieben, um zu sehen, wie es mir erging, und der sagte mir: »Es ist mir aufgefallen, daß Sie im Moment des Zusammenstoßes beide Hände unter den Mantel steckten.« Ich habe wohl einen Instinkt entwickelt, in gefährlichen Lagen hauptsächlich meine Hände zu schützen; statt die Gefahr damit abzuwehren, verstecke ich sie lieber.

In Lausanne und Genf mußte ich mit bandagiertem Kopf spielen, und beide Male konnte ich das Publikum davon überzeugen, daß unter der Bandage die Musik ihren rechten Platz behalten hatte.

Dieser spektakuläre Kopfschmuck kam mir übrigens zustatten, als ich zu meinen Kollegen von der Jury stieß. Pembaur war in steter Sorge um meine Bequemlichkeit, suchte den besten Stuhl für mich oder brachte ein Kissen. Weil sich viele Teilnehmer gemeldet hatten, dauerte der Wettbewerb drei Tage. Es war recht langweilig. Man bekam unreifes Spiel und oft genug sogar gänzlich unmusikalisches zu hören. Am dritten Tag trat dann jemand auf, der bereits einen Namen als Pianist hatte – Claudio Arrau. Er hatte noch keine zwei Minuten gespielt, als wir einander beifällig zunickten. »*Cela c'est un pianiste*«, bemerkte Cortot. Arrau erhielt den Preis, einen Bechstein-Konzertflügel. Ich kannte seinen Namen schon aus Chile, wo er als Wunderkind galt, und fragte mich, weshalb er an diesem Wettbewerb überhaupt teilgenommen haben mochte, denn es war in Wahrheit wie ein Wettrennen zwischen Droschkenpferden und einem Vollblut. Anschließend gab uns Schelling in seiner prächtigen Villa am See ein Essen.

Wenige Wochen später wurde ich von Henri Rabaud, dem Direktor des Pariser Konservatoriums, aufgefordert, in der Jury mitzuwirken, die über den Ausgang des jährlichen »Concours du Conservatoire« zu entscheiden hatte, eine bedeutende öffentliche Veranstaltung. Ich erfuhr, daß Cortot mich vorgeschlagen hatte, der mit mir als einziger Außenseiter der Jury angehörte. Rabaud hatte den Vorsitz, und es amtierten noch drei oder vier Lehrer vom Konservatorium. Dieser *concours* ist weder für die Preisrichter noch für die Kandidaten eine leichte Sache. Diesmal mußten alle acht Pianisten Chopins f-moll-Ballade spielen und eine eigens für den *concours* geschriebene Komposition vom Blatt – ein langwieriges, ermüdendes Unterfangen. Ein Fünfzehnjähriger namens

Dreyfus bewies echtes Talent, die anderen Kandidaten waren uninteressant. Am späten Nachmittag bat Rabaud die Preisrichter in ein Zimmer, wo lange debattiert und endlich abgestimmt wurde. Daß der junge Dreyfus den Preis bekommen solle, war unser aller Meinung, obschon er erst ein einziges Jahr am Konservatorium studierte. Den zweiten Preis erkannten wir widerstrebend einem jungen Menschen zu, der die Ballade ordentlich gespielt hatte, wenn auch ohne Inspiration. Ein Kandidat, der einiges zu versprechen schien, bekam ein *accessit*, und das war auch schon alles. Wir wollten gerade gehen, als Rabaud einen Appell an uns richtete: »Einer der Kandidaten hat nach seinem ersten Jahr hier den zweiten Preis bekommen.« (Ich habe seinen Namen vergessen.) »Er studiert jetzt im vierten Jahr, es war also sein letzter concours. Die Statuten des Instituts schreiben vor, daß jemand, der sich, nachdem er einen zweiten Preis erhalten hat, noch einmal bewirbt, nur den ersten erhalten darf oder keinen. Dieser junge Mann kommt aus ärmlichen Verhältnissen, und seine Eltern erwarten, daß er fortan auf eigenen Füßen stehen, ja sie unterstützen kann, und das kann er nur, wenn er den ersten Preis bekommt, denn dann kann er Stunden geben und auch anderswie Geld verdienen. So wie die Dinge jetzt liegen, muß er abgehen, ohne etwas vorweisen zu können, daher bitte ich Sie, meine Herren, bedenken Sie die Folgen und verleihen Sie ihm auch gegen Ihre Überzeugung den ersten Preis.«

Am Tische trat verblüfftes Schweigen ein. Dann erwiderte Cortot: »Nach meinen Begriffen ist Kunst ein Tempel, der nur Auserwählten offen steht. Privatangelegenheiten haben dabei nichts zu suchen, und Mitleid darf nicht den Ausschlag geben.« Ich fand das richtig. Dem bedauernswerten jungen Mann mit Geld oder einer Empfehlung zu einer Arbeit zu verhelfen, hätte ich nicht gezögert, doch einem Künstler, der das nicht verdient hatte, den ersten Preis zuzuerkennen, schien mir unmöglich. Cortots Protest wurde denn auch angenommen.

Auf der Straße wurden wir von einem kleinen Menschenauflauf erwartet, meist Verwandten der nicht preiswürdigen Kandidaten. Bei unserem Anblick brüllten sie: »Mörder! Blutsäufer!« »Umbringen müßte man euch, ihr herzlosen Bestien!« Man bespuckte uns, und ich schwor mir, niemals wieder in der Jury des Konservatoriums mitzuwirken.

Kapitel 63

Nach einem geruhsamen Sommer, den ich teils in Deauville, teils in Venedig verbrachte, kehrte ich in mein Heim am Montmartre zurück, wo François mir half, den etwas primitiven Waschraum in ein elegantes, modernes Bad zu verwandeln. Ich bereitete mich auf die Herbstsaison vor. Ordynski kam nach Paris und erzählte, Paramount Pictures hätten ihn und eine Reihe bekannter polnischer Schauspieler verpflichtet, einen sehr erfolgreichen Film für den Verleih in Polen zu synchronisieren. »Nächste Woche haben wir einen freien Tag, und wenn du uns dann alle zum Mittagessen einladen würdest, Arthur, fände ich das herrlich. Du bewunderst doch diese Schauspieler.« Das stimmte, es waren einige dabei, die zu meinen Lieblingsdarstellern gehörten. Ich beriet mich mit François. »Halten Sie es für denkbar, daß wir hier zwölf Gäste bewirten?«

»Ganz gewiß. Es ist noch warm, und ich könnte im Garten eine große Tafel aufstellen.«

»Gut denn, Richard, lade sie in meinem Namen an ihrem freien Tag ein, aber nicht vor zwei, denn ich muß mir die Speisen aus allen möglichen Geschäften kommen lassen, es braucht seine Zeit, bis alles hergerichtet ist.«

Zwei Tage lang war ich damit beschäftigt, ein üppiges Mahl vorzubereiten, Hummer von Prunier, Enten von Larue und die damals berühmte Stachelbeertorte von Edouard aus der Rue Daunou, ferner Wein, Wodka und Cognac. François kümmerte sich um Tische und Stühle und den Kaffee.

Ich freute mich auf dieses erste große Essen, das ich in meinem eigenen Hause geben wollte, noch dazu Gästen, die ich bewunderte. Am festgesetzten Tage rief mich die Baronin Germaine de Rothschild schon um neun Uhr früh an. »Ich hoffe, Sie haben die Einladung für heute zum Lunch nicht vergessen, Arthur. Bitte kommen Sie pünktlich um halb eins, denn Edouard muß zeitig zurück in die Staatsbank.«

Ich fiel fast in Ohnmacht, denn diese Einladung, etwa vierzehn Tage zuvor ausgesprochen, hatte ich ganz vergessen. Ich sah keine Möglichkeit, mich darum zu drücken, sagte also mit gespielter Heiterkeit: »Aber gewiß, teuerste Germaine, ich werde pünktlich sein.«

Ich kleidete mich rasch an, sah, daß im Garten Tische und Stühle aufgestellt wurden, sagte François, er möge noch für Blumen sorgen und die Lieferanten ermahnen, alles rechtzeitig zu schicken. Als ich um zwölf in die Rue St. Florentin aufbrach, sagte ich ihm: »Um zwei Uhr soll alles fertig sein, und falls ich noch nicht zurück bin, sagen Sie Ordynski, ich hätte angerufen, ich sei auf der Bank aufgehalten worden, käme aber gleich.«
Es wurde ein denkwürdiger Tag. Rabelais' Gargantua dürfte niemals größere Mengen verschlungen haben als ich an diesem Tage. Edouard de Rothschild war nicht nur ein gourmet, sondern auch ein gourmand. Bei ihm kam immer nur das Beste vom Besten auf den Tisch, und das in reichster Auswahl. Er sah mich gern als Gast bei sich, denn ich wußte so etwas zu schätzen, und meine Unterhaltung amüsierte ihn. Der Lunch begann mit »*saumon fumé.*« Kein bißchen salzig«, bemerkte der Baron. »Er wird Ihnen vortrefflich schmecken.« Es folgte *perdreaux rôti sur canapé* mit einem originellen Salat aus Sellerie, Äpfeln und blättrig geschnittenen Trüffeln in einer köstlichen Sauce, deren Zusammensetzung ich nicht beschreiben kann. Nach diesem himmlischen Gang kam der *plateau de fromages.* Der Baron legte mir ein großes Stück einer ausgesuchten Käsesorte auf den Teller und lobte sie so über alle Maßen, daß ich es essen mußte. Letzter Gang war ein *parfait de glaces,* gefüllt mit geriebener Schokolade, eine Spezialität des Hauses, die ich unmöglich ablehnen durfte, und wäre es mein Tod gewesen. Weil es nun für den Baron (für mich übrigens auch) Zeit wurde aufzubrechen, konnte ich auf den Kaffee verzichten. Ich fuhr mit dem Taxi heim und fand meine Gäste samt dem nervösen Ordynski wartend im Garten. Man hieß mich hungrig willkommen. François flüsterte: »Es ist alles bereit.« Ich plazierte mich zwischen die beiden liebreizenden Damen, und das Lukullusmahl – ihr erstes, aber mein zweites – konnte seinen Anfang nehmen, und zwar mit herrlich frischen Hummern in einer exquisiten Mayonnaise, gerade richtig gepfeffert und von meinen Gästen entsprechend gewürdigt. Einige Schlucke Wodka lösten den Schauspielern die Zunge, und jeder neue Gang wurde jubelnd begrüßt. Der Wein war im Nu ausgetrunken, und der Cognac setzte das Tüpfelchen aufs i. Ich darf versichern, daß ich nicht hungrig vom Tische aufstand, ja, ich verliere auch jetzt noch jeden Appetit, wenn ich mich an diesen Tag erinnere.

Ordynski nahm strahlend den Dank der Schauspieler dafür entgegen, daß er dieses Festmahl organisiert hatte, und sagte für alle vernehmlich: »Wenn du wieder nach Warschau kommst, lieber Arthur, mußt du auch wieder bei mir wohnen.« Und alle fanden sein Anerbieten generös.

Das gesellschaftliche Leben war in diesem Winter von besonderem Glanz, und ich erinnere mich besonders einiger Kostümbälle. Ich wurde überallhin eingeladen und vergnügte mich nach Kräften. Zum alljährlichen Opernball erschien man wie gewohnt im schwarzen Domino mit schwarzer Halbmaske, und der Reiz bestand darin zu erraten, wer sich dahinter verbergen mochte. Germaine de Rothschild war entzückt, als ich ihr ins Ohr flüsterte: »Diese reizende Silhouette im eleganten Domino kann nur Germaine sein.« Wir tanzten unermüdlich und nahmen das Souper draußen auf dem Balkon an einem Tisch für zwei Personen. Die beiden Orchester spielten pausenlos One-Step, Walzer und meine Lieblingstangos.

Mimi Pecci-Blunt, die ein prachtvolles Haus samt Garten auf dem anderen Seineufer besaß, gab ebenfalls ein glänzendes Fest, das sie »Ball in Weiß« nannte. Die Gäste durften sich verkleiden, wie sie wollten, nur mußten die Kostüme weiß sein. Ich warf mich in die prachtvollen Gewänder eines Maharadscha, die ich bei einem Kostümverleiher fand, der mir zudem einen schönen schwarzen Bart anklebte und mich bräunlich einfärbte. Den Kopf bedeckte ein strahlend weißer Turban, zum Überfluß mit der schönsten Brillantnadel aus meiner Sammlung verziert. In der Bond Street in London gab es einen Juwelier, der einen Spezialisten für solche Schmuckstücke hielt, und ich ließ sie teils für mich anfertigen, teils bekam ich sie von Freunden geschenkt. So besaß ich eine in Form eines Pferdes, einen kleinen Scotchterrier mit Augen aus Rubinen, einen Esel, ein Kamel, eine Maus, einen Löwen, einen Hahn, einen Stier, ein Schwein und viele andere. Später, als unsere Kinder noch klein waren, trug ich jeweils eine bestimmte Anstecknadel, die ihnen anzeigte, in welcher Stimmung ich mich befand, und ich gab mir Mühe, meine Gemütsverfassung immer aufrichtig zu bekunden.

Mimis Ball war wie gesagt himmlisch. Es gab weiße Clowns, weiße Harlekins, weiße Colombinen, sogar einen Schotten in weißem Kilt samt Zubehör, alles in Weiß. Die tanzenden Paare bildeten einen weiß schäumenden Wirbel. Personal in weißer Küchenkleidung servierte fast ausschließlich weiße Speisen. Der Ball war eine Zeitlang Stadtgespräch. Valmalète kündigte in der Salle Gaveau drei Klavierabende an, für die ich die mir von Poulenc gewidmete ›Promenade‹ einstudierte, ferner Milhauds ›Saudades do Brazil‹, und ich wiederholte die vier Mazurken von Szymanowski, die ich schon beim polnischen Musikfest gespielt hatte. Zu meiner Überraschung fand die ›Promenade‹ eine gute Aufnahme, Milhaud und Szymanowski aber nicht. Das entmutigte mich nicht weiter, es dauerte lange, bis das Publikum mit diesen beiden vertraut wurde.

Nach dem ersten Konzert gab Jeanne de Marjerie im Hause ihrer Freundin, der ganz reizenden Dominique André, ein Essen für mich. Weitere Gäste waren die bekannten Autoren Henri de Régnier, Abel Hermant und Jacques de la Cretelle, ferner der junge Jacques Février und Jeanne. Es wurde der denkbar entzückendste Abend, die Mahlzeit belebt vom geistvollsten Geplauder; später spielte ich mit Jacques vierhändig und anschließend allein meine schönsten Tangos und Walzer. Zu später Stunde aßen wir alle in der Küche Rührei und tranken dazu Kaffee.

Nach dem zweiten Konzert hatten wir noch einmal das Vergnügen bei Madame André, und es war fast noch reizender.

Nach dem dritten Konzert gab Misia Sert ein Souper. Ich hatte Poulencs ›Promenade‹ in Anwesenheit des Komponisten gespielt. Es kamen Coco Chanel und der Tänzer Serge Lifar, und alle redeten von einem jungen Pianisten, der in Paris ein sensationelles Debüt gemacht hatte. »Er ist mit zwei Freunden aus Rußland geflüchtet«, sagte mir Misia, »einem Geiger und einem Cellisten. Wladimir Horowitz heißt er. In Deutschland hatte er ungeheuren Erfolg, und hier hat er während Ihrer Abwesenheit gespielt. Wenn er wiederkommt, müssen Sie ihn unbedingt hören.«

Lifar fügte an: »Er hat als Zugabe die Habanera aus ›Carmen‹ so phantastisch gespielt, daß ich sie am liebsten auf der Stelle mitgetanzt hätte.« Da mußte ich lachen, denn ich konnte mir nicht vorstellen, daß ein bedeutender Pianist bei seinem Klavierabend etwas aus ›Carmen‹ spielte, doch die allgemeine Begeisterung machte Eindruck auf mich, und ich nahm mir vor, ihn bei erster Gelegenheit zu hören. Zum Glück waren meine Konzerte ausverkauft, sogar die Stehplätze.

Dann wurde es Zeit für die Reise zunächst nach Warschau zum Konzert unter Emil Mlynarskis Leitung, dann nach Krakau, Lwow und Lodz.

Kapitel 64

Ich kam an einem kalten Morgen in Warschau an, fuhr direkt in die Altstadt und erklomm die Stiegen zu Ordynskis Wohnung. Der Chauffeur brachte das Gepäck, und Richard empfing mich mit Umarmungen und Küssen, nur hatte er unterlassen, das grausige Sofa gegen ein Bett auszutauschen. Noch am Vormittag fand eine Probe unter Mlynarski statt. In Warschau und in Lodz sollte ich das G-Dur-Konzert von Beethoven spielen, und es machte mir besondere Freude, das unter seiner Leitung zu tun. Er blieb stets gelassen, und wenn er etwas zu bemerken hatte, tat er es immer höflich. Den Stab bewegte er mit perfekter rhythmischer Präzision und erzielte ohne übertriebene Gesten die besten Wirkungen. Er billigte meine Auffassung dieses Konzerts, das ich liebte, seit ich es von Eugen d'Albert gehört hatte.

Wie gewöhnlich war Ordynski im Europejski zu allen Mahlzeiten mein Gast, und die Nächte verbrachte ich, so gut es gehen wollte, mit baumelnden Beinen. Ich brannte darauf, dem mir ergebenen Publikum zu beweisen, daß ich kein bloßer Virtuose war, der es mit ›Navarra‹ betörte, sondern ein Musiker, imstande, dem schönsten Beethoven-Konzert Gerechtigkeit widerfahren zu lassen.

Auf der Probe lud Sophie Meyer Mlynarski und mich zum Souper nach dem Konzert ein, doch der Dirigent lehnte ab. »Nächste Woche ist Premiere von ›Parsifal‹, und ich muß die Partitur studieren. Das Konzert mit Arthur ist eine höchst willkommene Unterbrechung der Opernproben.« Ich hingegen sagte zu, denn ich wußte, ich würde dort viele meiner Freunde antreffen.

Das Konzert begann mit der Dritten ›Leonoren-Ouvertüre‹, es folgte mein Klavierkonzert und nach der Pause die Fünfte Sinfonie. Das G-Dur-Konzert wurde über Erwarten gut aufgenommen, und das machte mich sehr glücklich.

In der Pause betraten drei Grazien das Künstlerzimmer, drei polnische Schönheiten. Die mit den dunkleren Haaren hatte die schönsten Augen und einen melancholischen Gesichtsausdruck. Die größte war blond, voller Lebhaftigkeit und Charme, und die dritte schaute mich kühn und kokett an, denn sie war sich ihres Zaubers bewußt.

Die Größte sagte: »Ich bin Nela Mlynarski, und das«, sie deutete auf die mit den schönen Augen, »ist meine Schwester Alina und dies meine Cousine Hela.« Ich wußte gar nicht, daß Mlynarski zwei so bildhübsche Töchter hatte, kannte nur die älteste Tochter Wanda, nun die Frau des Pianisten Wiktor Labunski; seinen beiden Söhnen war ich in Paris begegnet.

Diese drei jungen Mädchen hatten den Zauber und das gewisse Etwas, das mich seit je zu den Polinnen zieht, und doch, wie von einem Instinkt getrieben, galt meine Aufmerksamkeit fast ungeteilt jener großen Blondine, Nela mit Namen, und es war, als wären wir allein im Zimmer. Sie war offenbar die Sprecherin der Gruppe, denn sie gratulierte mir in aller Namen zu meinem Spiel; sie hatte mich vorher noch nicht gehört. Als die jungen Damen gehen wollten, bat ich sie, doch nach dem Konzert mit zu Meyers zu kommen. »Ich werde Stas und Zosia bitten, Sie mitbringen zu dürfen.« Darauf lächelten sie nur wortlos.

Als Mlynarski nach der Sinfonie seine Verbeugung gemacht hatte, wurde das Künstlerzimmer von Freunden und Bewunderern überschwemmt, allen voran Zosia Meyer, die hier ihren Pelz abgelegt hatte und rasch heim wollte. Als ich sie bat, die drei Mlynarski-Mädchen einzuladen, sagte sie erstaunt: »Die haben dich wohl darum gebeten? Aber du müßtest wissen, daß ich keine jungen Mädchen zu mir einlade.«

Am liebsten hätte ich geantwortet: »Wenn das so ist, führe ich sie selber aus«, aber ich sagte bloß zu Nela, als die drei Grazien sich einstellten: »Madame Meyer bedauert, Sie nicht zum Souper bitten zu können«, worauf Nela nur stolz erwiderte: »Das habe ich mir gedacht.«

Mir war der Abend verdorben, und ich ging früh fort. Am folgenden Abend nahm ich den Zug nach Krakau und wurde in der schönen ehemaligen Hauptstadt Polens diesmal ebenso herzlich empfangen wie in Warschau. Nun fühlte ich mich erst richtig daheim im Lande meiner Geburt. Mein Chopin-Spiel allerdings wurde vorerst nur in Lwow geschätzt. Ich spielte diesmal dort einzig Werke der polnischen Meister und darf sagen, der Erfolg war überwältigend.

Wieder in Warschau, bat ich Karol, uns eine Einladung zum Tee bei Mlynarskis zu verschaffen, und die drei Schönen bewirteten uns noch am selben Nachmittag mit Tee und Kuchen in dem Boudoir der großen Wohnung, die sich über den gesamten linken Flügel des Opernhauses erstreckte. Nela machte die Gastgeberin. Uns beide traf der *coup de foudre*; es war wie damals zwischen Pola und mir. Wir verliebten uns auf der Stelle und wurden sogleich scheu im Umgang miteinander. Zwar nahm sie eine Einladung zum Essen im Europejski an, brachte aber die Cousine mit, und Ordynski war selbstverständlich ebenfalls dabei. Der Abend endete in einer Loge der Oper, und weder sie noch ich wußten, welches Stück gegeben wurde.

Ihr Vater lud mich zum Mittagessen ein, und weil seine Frau sich auf dem Gut in Litauen befand, übernahm Nela das Amt der Gastgeberin. Alina hielt sich stolz zurück. Nach dem Essen spielte ich eine Mazurka von Chopin, und Nela tanzte sie graziös. Sie wäre gern Tänzerin geworden und erzählte, sie nehme häufig an den Übungen des Opernballetts teil.

Nun mußte ich nach Lodz, wo Mlynarski das kürzlich dort gegründete Orchester dirigieren und ich Beethovens G-Dur-Konzert spielen sollte. Der Zug ging morgens um acht und kam gerade rechtzeitig zur Probe in Lodz an. Der Vortag war für uns beide anstrengend gewesen; Mlynarski hatte die Premiere von ›Parsifal‹ an der Oper gehabt, die erst gegen ein Uhr früh endete, und daran schloß sich noch ein Souper, das er den Sängern gab. Ich meinerseits war ebenfalls auf einer Gesellschaft gewesen, die den Erfolg eines Cabaretprogramms feierte, das Tuwim, Lechon und Marian Hemar geschrieben hatten. Sogar ich wurde darin verspottet. Anschließend gaben sie dann eine kleine Privatvorstellung, es wurde reichlich gegessen und getrunken, und es war fünf Uhr früh, bevor Ordynski in sein Bett fiel und ich mich auf dem Sofa kurz machte. Man kann sich also ausmalen, in welchem Zustand Mlynarski und ich um Viertel vor acht auf dem Bahnhof erschienen; wir gaben dem Schaffner ein Trinkgeld, damit er uns in unserem Ersterklasseabteil unbehelligt ließ, denn wir wollten bis Lodz Schlaf nachholen. In eben diesem Moment erkannte uns ein namhafter Klavierprofessor vom Konservatorium, Josef Turczynski, und begrüßte uns erfreut: »Na, da können wir ja zusammen fahren. Ich gebe jede Woche in Lodz Unterricht. Eigentlich soll er um neun anfangen, aber heute habe ich den Beginn verlegt, um die Reise mit Ihnen machen zu können. Meist fahre ich schon am Abend vorher.«

Er war im Begriff, zu uns einzusteigen, als Mlynarski ihm, ganz grau im Gesicht, leise und liebenswürdig sagte: »Zozio«, (dies der Spitzname des Professors) »wir beide müssen unbedingt schlafen. Scher dich zum Teufel.«

Tatsächlich fanden wir etwas Schlaf, doch längst nicht genug, und schliefen während der Probe praktisch weiter. Zum Glück war das Orchester durch den ständigen Dirigenten gut vorbereitet, und weil wir am Nachmittag noch etwas ruhen konnten, zogen wir uns einigermaßen elegant aus der Affäre. Nela war ebenfalls anwesend, und ich wußte, sie war meinetwegen gekommen, was mich unbeschreiblich beglückte. Nach dem Konzert wurde die Lage dramatisch. Emil (wir duzten einander jetzt) wollte, daß ich mit ihm und seiner Tochter zu Abend aß, ich aber hatte Rücksicht auf die Verwandtschaft zu nehmen. Man würde es nicht begreifen, wenn ich nicht wie üblich daheim aß. Ich versprach den Verwandten, so bald wie möglich nachzukommen, und redete ihnen ein, es sei für meine Laufbahn unbedingt notwendig, mich mit dem einflußreichen Mlynarski gut zu stellen. Dann ging ich mit Nela und dem Vater essen. Nela verstand nicht, weshalb ich nicht den ganzen Abend blieb, und ich konnte ihr erst auf der Rückfahrt im Zug klarmachen, daß es außerordentlich schwierig gewesen war, überhaupt mit ihr zusammenzusein. Wir standen auf dem Gang, redeten endlos und tauschten die ersten Liebesworte. Ich hatte ihr viel zu erzählen und bat sie, mich anderntags um elf Uhr vormittags im Lazienkipark auf einer Bank am Denkmal Chopins zu treffen. Am Tage darauf mußte ich nämlich schon weiter nach Budapest.

Den Rest des Tages und eine schlaflose Nacht verbrachte ich in Ordynskis Wohnung. Ich wünschte sehnlich, Nela zu heiraten – ja! Ich wollte heiraten! Sie war der Inbegriff all dessen, was ich an den Polinnen seit je geliebt und bewundert hatte. Sie war schön gewachsen, schlank, hatte feine Züge, strahlend blaue Augen wie Türkise, eine nicht ganz regelmäßige Nase, kleine wohlgeformte Ohren, eine edle Stirn und darüber schweres Blondhaar. Am auffallendsten war der lange schlanke Hals, der ihr eine stolze Kopfhaltung verlieh. Indessen – sie war gerade erst achtzehn, ich hingegen wurde in drei Monaten vierzig. Gewiß spürte ich, daß sie mich liebte, ich war dessen sicher. Durfte ich sie aber aus dem Kreise liebender Verwandter entführen, sie um die Möglichkeit bringen, eine berühmte Tänzerin zu werden, und sie in eine Welt einführen, die ich nur allzu gut kannte, in der die Ehe, selbst eine aus Liebe gegründete Ehe, zerbrechlich war wie Glas? Würde sie meinen gut aussehenden spanischen Freunden widerstehen können und den zahllosen Männern, die als meine Rivalen um die Gunst einer jungen Ehefrau buhlen würden?

Vor jungen Mädchen scheuen die Männer zurück, die bedeuten möglicherweise unerwünschte Komplikationen. Auch mag der Leser sich ins Gedächtnis rufen, was ich über den Unterschied zwischen einem Liebhaber und einem Ehemann gesagt habe.

Am nächsten Morgen war ich ausgesprochen nervös. Im Park würde eine Entscheidung fallen müssen. Da kein Taxi aufzutreiben war, mußte ich eine Pferdedroschke nehmen, kam also zu spät, was mich nur noch nervöser machte. Mein Entschluß stand aber fest. Ich wollte Nela aufrichtig und genau sagen, was ich im Sinne hatte.

Ich fand sie am Eingang zum Park, gekränkt, weil ich mich verspätet hatte, und auch durch meine Erklärung der Umstände nicht zu versöhnen. Wir gingen einige Schritte und nahmen sodann schweigend auf einer Bank Platz. Ich sagte, ich liebe sie und wolle sie heiraten, eröffnete ihr anschließend aber, was ich für Bedenken hatte, insbesondere betonte ich den Altersunterschied und führte ihr vor Augen, wie jung sie noch war. »Falls du mich genug liebst, um zu warten, bis ich ganz davon überzeugt bin, daß wir heiraten sollten, wäre ich der glücklichste Mensch von der Welt, und eines kann ich dir jetzt schon sagen: es gibt nirgendwo auf Erden eine Frau, von der ich so gern eine Tochter hätte als von dir.«

Sie hörte mich schweigend an und antwortete dann leise und liebevoll: »Ich werde warten.«

Ich reiste nach Budapest ab, das Herz voller Liebe, den Kopf voll froher Gedanken.

Das Konzert in Budapest war in jeder Hinsicht befriedigend. Ich spielte das B-Dur-Konzert von Brahms mit Ernö Dohnányi als Dirigenten. Das Publikum zeigte sich sehr empfänglich; mehr noch freute mich, daß Dohnányi mit mir sehr zufrieden war. Am nächsten Tag lernte ich beim Essen seine Frau kennen, die berühmte Wiener Schauspielerin Elsa Galafres, die um Dohnányis willen den großen Geiger Bronislaw Hubermann verlassen hatte. Auch Zoltán Kodály und Béla Bartók lernte ich bei dieser Gelegenheit kennen und war stolz darauf, mit den drei bedeutendsten ungarischen Musiker zu sein. Budapest fand ich zauberhaft, die Donau kam mir hier stolzer und blauer vor als in Wien, und Buda, die alte Stadt, die von der Höhe auf den Strom herunterblickt, bot ein majestätisches Bild. Pest, der neue Stadtteil, besaß etwas vom Reiz Wiens und Paris'. Den Nachmittag verbrachte ich in einem bekannten französischen Tea-Room, von wo man ab vier Uhr nachmittags die ungarischen Schönen beobachten konnte – doch hatte ich für sie keine Augen. Ich schickte Nela eine Postkarte, um sie wissen zu lassen, daß ich unentwegt an sie dachte. Die Rückfahrt nach Paris unterbrach ich für zwei Tage in Wien, um mit Knepler weitere Konzerte zu vereinbaren und eine reizende Operette von Leo Fall mit Max Pallenberg zu sehen, einem der größten Komiker seiner Zeit. Daß mich meine Wohnung in der Rue Ravignan 15 erwartete und nicht ein Hotelzimmer, war ein beglückender Gedanke. Ich kehrte zu meinen Büchern heim, meinen Schmetterlingen, den hübschen Stühlen, dem Bett mit dem roten Überwurf, und François hatte überall schöne Blumen aufgestellt.

Kapitel 65

Nun meldeten sich die Freunde, Misia darunter. »Wie schön, daß Sie wieder da sind, Arthur. Kommen Sie zum Tee, ich habe eine hübsche Überraschung für Sie.« Misia hatte Gäste. Darunter ihren Bruder Cipa, ferner Alexander Steinert mit seiner jungen Frau, und alle waren sehr aufgeregt. Misia verkündete: »Ihr werdet jetzt eine tolle Schallplatte hören: Wladimir Horowitz spielt Rachmaninoffs drittes Klavierkonzert.« Sie legte drei oder vier Platten auf, und wir hörten die ungemein brillante Wiedergabe, ich jedenfalls hatte noch nie so gute Platten gehört. Misia vermerkte mit Genugtuung meine Verblüffung. »Im Konzertsaal ist er noch besser. Er gibt demnächst einen Klavierabend in der Opéra. Kommen Sie mit?« Ich war aber gerade um jene Zeit in London, verpaßte Horowitz daher wiederum. Ich gebe offen zu, daß das Getue, das man um ihn machte, mich eifersüchtig stimmte. Meine standhaftesten Freunde und Bewunderer redeten von nichts als Horowitz!

Ein kleiner deus ex machina in der Person von Villa-Lobos trug dazu bei, meine Stimmung erheblich zu verbessern. Er kam eines Morgens mit einem Manuskript und rief schon an der Tür: »Rubsten, Rubsten, ich habe ein langes Stück für dich komponiert, das dir so ähnelt, daß du es selbst geschrieben haben könntest.« Seine Übertreibung brachte mich zum Lachen, ich war aber gerührt, als ich die Widmung auf der ersten Seite las: »*Rudepoêma pour piano solo à Arthur Rubinstein. Mon sincère Ami, je ne suis pas si j'ai pu tout à fait assimiler ton âme avec ce Rudepoêma, mais je jure de tout mon cœur que j'ai l'impression dans mon esprit d'avoir gravé ton temperament, et que machinalement je l'ai écrit sur le papier comme un Kodak intime. Par consequent si je réussis ce sera toujours toi le véritable auteur de cette œuvre.*« (»Mein ehrlicher Freund. Ich weiß nicht, ob ich wirklich Deine Seele in diesem Rudepoêma eingefangen habe, beteure aber von ganzem Herzen, Dein Temperament auf dies Papier gebannt zu haben wie eine intime Kodak-Kamera. Wenn mir das gelungen ist, bist Du der wahre Komponist dieses Werkes.«)

Heitor riß mir die Noten aus der Hand, als ich ihn umarmt hatte, und eilte zum Flügel, um mir vorzuspielen. Es war sehr lang und kompliziert. Das »Rude« im Titel bedeutet auf portugiesisch etwa »wild«, und als ich fragte, ob er mich denn für einen wilden Pianisten halte, erwiderte er erregt: »Wir sind beide Wilde! Auf pedantisches Detail geben wir nichts. Ich komponiere, und du spielst direkt aus dem Herzen, wir machen lebendige Musik, und das will ich in dem Werk ausdrücken.« Wir lasen es immer wieder, spielten abwechselnd mit einiger Mühe, und ich erkannte es als ein höchst originelles und stellenweise besonders schönes Werk. Auf alle Fälle bekam ich Lust, es zu studieren. Ich verbrachte den ganzen Tag mit Villa-Lobos, wir gingen zusammen essen und trennten uns erst spät in der Nacht.

Wieder zu Hause, stellte ich das ›Rudepoêma‹ auf den Notenständer und las es noch einmal durch, diesmal ungestört von der Anwesenheit des Komponisten. Mir schien es ein gewaltiger Versuch, die Wurzeln der brasilianischen *caboclos* zu zeigen, ihre Trauer und ihre Freude auszudrücken, ihre Kämpfe und ihren Frieden, und es endete mit einem wilden Tanz. Diesem Werk liegt ein Gedanke zugrunde, nicht unähnlich dem, auf dem ›*Le Sacre de Printemps*‹ basiert, nur ist Strawinskys Werk klar, und jedes Stück hat seine perfekte Form, während das Werk von Villa-Lobos eine gigantische Improvisation ist, wie alle seine großen Orchesterdichtungen. Seine enorme musikalische Empfindungsgabe entschädigte aber häufig für den Mangel an Form und seine Weigerung, sich zu disziplinieren. In seinen kleinen Kompositionen blieb er ein Meister, dies gilt insbesondere für seine Klavierstücke und seine Lieder. Ich könnte ihn nicht zutreffender beschreiben denn als ein ungehobeltes Genie, einen ungeschliffenen Edelstein. Seine großmütige Widmung des ›Rudepoêma‹, die mir so schmeichelhaft die Miturheberschaft zuschreibt, ist in Wahrheit irrig; meine Begabung als Interpret basiert hauptsächlich darauf, daß es mir immer um das Verständnis der Struktur einer Komposition geht.

Der unwiderstehliche Zauber des Pariser Lebens packte mich von neuem mit Macht, und ich war zu schwach, den Versuchungen zu widerstehen. Daisy Fellows, die schöne Nichte von Fürstin Winnie, veranstaltete einen Ball unter dem Motto »*Le Bal de Tête*«, zu dem die Gäste als Inkarnation von jemand anderem erscheinen mußten – ein höchst origineller Einfall, ich erinnere mich denn auch noch jetzt mit Vergnügen daran. So etwa kam die Gräfin Salverte (die bekannte Maitresse des Herzogs von Vendôme, des französischen Thronprätendenten) als der berühmte *couturier* Jean Patou, dem sie ähnelte wie eine Zwillingsschwester, und es geschah das Unvermeidliche: Jean Patou kam als Gräfin Salverte, und niemand konnte die beiden auseinanderhalten. Fürstin Winnie de Polignac erschien als feister, bärtiger Tristan Bernard, dem angesichts dieser grausigen Karikatur seiner selbst womöglich einmal die Sprache weggeblieben wäre. Sie selber fand sich unwiderstehlich und sagte jedem Ankömmling sogleich: »Je suis Tristan Bernard.« Henri Bernstein zeigte sich mit einem Kopf aus Papiermaché, einem Abguß des eigenen, der aber darunter verhüllt blieb. Ich selber erschien bescheiden als König Alfonso XIII. von Spanien. Der Kostümverleiher, der mich schon einmal bedient hatte, fand die richtige Perücke und den typischen Bart, so daß ich dem Herrscher so ähnlich sah wie nur denkbar. Ich brauchte nur die Unterlippe vorzuschieben. Wir spielten unsere Rollen möglichst lange, waren dann aber froh, endlich wieder wir selber sein zu dürfen.

Weihnachten und Neujahr wurden in herkömmlicher Weise begangen, man blieb lange auf bei *foie gras*, Trüffeln, Champagner und allem, was sonst dazugehörte. Dieses Leben trug nicht dazu bei, die Präzision meines Spiels zu erhöhen; das Telefon klingelte fortwährend und machte jeden Versuch einer kontinuierlichen Arbeit zunichte.

Als eines Nachmittags Freunde bei mir waren, die mich die Sonate von Liszt spielen hören wollten, an der ich arbeitete, klingelte es wieder. Einer der Zuhörer nahm den Hörer ab und legte ihn auf den Tisch, und als ich fertig war, hängte er auf. Gleich darauf klingelte der Apparat von neuem, und ich sagte ungeduldig zu François: »Sagen Sie, ich bin nicht zu Hause.« François richtete das aus, und wir beobachteten ihn dabei. Er hielt den Hörer noch ans Ohr und erwiderte dann ernst: »Nein, Sie müssen sich irren, nicht Monsieur hat gespielt, sondern ich habe die Tasten abgestaubt.« Wir lachten herzlich, denn der Anrufer mußte einen guten Teil der Sonate mitgehört haben.

In Gedanken war ich ständig in Warschau bei Nela und dem Problem der Heirat. Im tiefsten Herzen hatte ich gehofft, von ihr zu hören, hatte erwartet, sie werde mir noch einmal versichern, sie wolle, wie sie versprochen hatte, auf mich warten, bis ich mich von meinen Ängsten und Zweifeln befreite. Daß ich gar nichts von ihr hörte, verstörte mich schrecklich, und so ungern ich Briefe schreibe, ich hätte ihr geschrieben, doch was hätte ich in einem Brief anderes sagen können, als was ich ihr bereits im Park gesagt hatte? Hätte ich ihr doch nur zu sagen vermocht: »Ja, ich bin bereit, ich will dich heiraten, gleich jetzt!«, ich hätte es mit Jubel getan. Statt dessen wurde ich immer unsicherer, und das hatte seine Ursache darin, daß man mich von mehreren Seiten ansprach: »Wann werden Sie Nela heiraten?« fragte man mich ganz unerwartet, »man hört ja aus Warschau, daß es nicht mehr lange dauern wird«, und ähnliches. Ich war der Überzeugung gewesen, die Frage meiner etwaigen Heirat mit Nela bleibe unser Geheimnis.

Zwei oder drei Monate hatte ich in Spanien und Italien, in Brüssel und erstmals auch in Antwerpen, Gent und Brügge zu spielen, und diese Städte gewährten mir ein tiefes Kunsterlebnis. In Antwerpen etwa das

Atelier von Rubens, das noch im ursprünglichen Zustand erhalten war, in Gent das Altar-Triptychon von van Eyck, das mir nächst Raffaels Madonna in Dresden den stärksten Eindruck machte. Die Burg des Herzogs von Flandern, unversehrt inmitten der Stadt, kann sich mit dem Tower von London und der Engelsburg in Rom durchaus vergleichen. Brügge, »La Morte«, wie die Dichter sagen, ist keinesfalls tot. Hier findet man das Lebenswerk von Memling, und die zahllosen Grachten, entlang denen jahrhundertealte Häuser stehen, geben der Stadt eine lieblich melancholische Atmosphäre. Von einem Kahn, mit dem ich die Grachten befuhr, erblickte ich die Spitzenklöpplerinnen in ihren langen schwarzen Kleidern und den weißen Häubchen, die man von alten flämischen Gemälden her kennt. Ich bedaure nur, daß nicht Vermeer diese Szene unsterblich gemacht hatte.

Wieder in Paris, fand ich eine Einladung von Misia vor und traf bei ihr Gäste an: Coco Chanel mit ihrer bildschönen Nichte Mimi Blac-Belair und Pierre Brisson, den brillanten Theaterkritiker von ›Le Temps‹.

»Ich habe eine angenehme Überraschung für Sie«, eröffnete mir Misia. »Nachdem der Klavierabend von Horowitz in der Opéra so erfolgreich war, bat ich Rouché, den Direktor, ihm einen von Ihnen folgen zu lassen. Eben hat er mir Bescheid gegeben, daß er einverstanden ist. Im Mai ist ein Termin für Sie frei.« Mein Stolz verbot mir, vor den Gästen zu zeigen, wie sehr mich das freute, doch als ich nach dem Essen mit Misia allein war, umarmte ich sie dankbar.

Kapitel 66

Für dieses bedeutungsvolle Ereignis stellte ich mein Programm sehr sorgsam zusammen. Wenn ich mich recht entsinne, begann ich mit der ›Appassionata‹, es folgten drei oder vier gewichtige Sachen von Chopin, und nach der Pause zwei oder drei Stücke von Debussy, zwei spanische und als Abschluß ›Petruschka‹.

Über das Konzert in der Opéra konnte ich glücklich sein. Seit meinem »zweiten Debüt« am Théâtre des Champs-Elysées trat ich erstmals vor einem großen Pariser Publikum auf, noch dazu in Frankreichs schönstem Theater. Der Erfolg übertraf meine Erwartungen. Unter denen, die mir hinterher gratulierten, befand sich ein schlanker junger Mann, ein wenig größer als ich und recht gut aussehend, der mich auf Russisch ansprach: »Ich bin Wladimir Horowitz und habe Sie in Kiew gehört, als ich sieben war. Da war ich zum ersten Mal in einem Konzert.« Ich drückte mein Bedauern darüber aus, ihn noch nicht gehört zu haben, und erfuhr zu meiner Freude, er werde in einigen Tagen im Théâtre des Champs-Elysées spielen. Beim gemeinsamen Essen erzählte er mir von seinem Leben. »Ich habe bei Felix Blumenfeld studiert, dem Onkel von Karol Szymanowski, und in Rußland schon viele Konzerte gegeben.« Dann schilderte er, wie ihm und seinen Freunden Milstein und Piatigorsky die Flucht aus der Sowjetunion gelungen war. Wir hatten in Paris übrigens einen gemeinsamen Freund, den jungen Komponisten und Dirigenten Alexander Steinert.

Zum Konzert von Horowitz gab es nur schwer Karten, und ich bekam im letzten Moment einen *strapontin*. An das gesamte Programm erinnere ich mich nicht mehr, doch die beiden Paganini-Liszt-Etüden in Es- und E-Dur werde ich nie vergessen. Horowitz besaß nicht nur Brillanz und Technik, er spielte mit einer lässigen Eleganz, einem Zauber, der unbeschreiblich ist. Auch Chopins ›Polonaise Fantaisie‹ und die ›Barcarolle‹ spielte er meisterlich, wenn auch meiner Chopin-Auffassung konträr. Den größten Erfolg hatte eine Zugabe, sein Arrangement des Tanzes aus dem ersten ›Carmen‹-Akt brachte die dreifache Wiederholung zu einer gewaltigen Steigerung, die uns von den Sitzen riß. Nach seiner letzten Zugabe eilte ich mit vielen anderen Bewunderern ins Künstlerzimmer, ungeheuer erregt. Während er sich umkleidete, überboten sich die Anwesenden in Lobsprüchen, und ich pries ihn am lautesten. Horowitz kam noch schwitzend und bleich aus der Garderobe und ließ diese Schmeicheleien mit wahrhaft königlichem Gleichmut auf sich herabregnen. Zu mir sagte er: »Ach, in der ›Polonaise Fantaisie‹ habe ich eine falsche Note gespielt.« Zehn Jahre meines Lebens hätte ich darum gegeben, hätte ich behaupten können, in einem Konzert nur eine falsche Note gespielt zu haben! Als wir hinausgingen, sagte eine schöne, sehr musikalische Dame zu mir, eine gute Freundin: »*Arthur, pour la Barcarolle il n'y a que vous.*« Das blieb lange in meinem Gedächtnis haften.

Steinert lud mich zum Diner ein und fügte an: »Horowitz kommt, und vergessen Sie nicht: in meinem Salon stehen zwei vorzügliche Flügel.« Das wurde die erste von vielen musikalischen Nächten bei Steinert. Horowitz und ich spielten alles, was uns in die Hände fiel, Sachen für zwei Klaviere, alle möglichen Arrangements, darunter ›Caprice Espagnol‹ von Rimsky-Korsakow, viel Wagner, den Horowitz erst jetzt kennenlernte, ›España‹ von Chabrier. Stücke wie ›En Blanc et Noir‹ von Debussy, die weder Horowitz noch ich ohne weiteres vom Blatt spielen konnten, spielte Jacques Février, der unübertrefflich war in dieser Kunst, an meiner Stelle mit ihm. Wir nahmen dann Revanche mit den ›Fêtes‹ aus Debussys ›Nocturnes‹. Horowitz und ich freundeten uns miteinander an, duzten uns, und er fragte mich gelegentlich um Rat, welche wirkungsvollen Zugaben er wohl in sein Repertoire aufnehmen solle, aber ich fand bald einen subtilen Unterschied: Er behandelte mich eher wie ein König seinen Lehnsmann, das heißt, er ließ sich zur Freundschaft mit mir herab, und in gewisser Weise nutzte er mich auch aus. Kurzum, er sah in mir nicht den Ebenbürtigen, und das deprimierte mich mehr und mehr. Ich fühlte im Innersten, daß ich der bessere Musiker, meine Auffassung von Sinn und Gehalt der Musik reifer war, und doch war ich mir zugleich schrecklicher Mängel bewußt – meiner Nachlässigkeit im Detail und daß ich in so manchem Konzert nur einen vergnüglichen Zeitvertreib sah, all das verursacht durch die teuflische Leichtigkeit, mit der ich Stücke aufnahm und lernte und sie alsdann keck vor dem Publikum spielte. Obschon von meiner Überlegenheit als Musiker überzeugt, mußte ich zugeben, daß Wolodja der bessere Pianist war.

Kapitel 67

Carla kam nach Paris. »Ich möchte dich gern wiedersehen und habe dir viel zu erzählen.« Da ich ihr weiter nicht böse war, führte ich sie zum Essen aus. Sie war schön wie eh und je, machte von ihrem Charme und ihrer einschmeichelnden Stimme den besten Gebrauch und erzählte leichthin von ihrer Affäre mit dem spanischen Grafen.

»Er ist so stockdumm, daß ich es nicht mehr aushielt mit ihm. Nun möchte ich dich spielen hören.« Sie schmeichelte mir, und unsere Freundschaft, brüchig, wie sie war, wurde fortgesetzt. Carla ließ gern Kleider und Hüte von mir begutachten, wir gingen gemeinsam ins Theater, wurden gemeinsam zu Bekannten eingeladen. Von Nela kein Wort. Auf dem Heimweg zu dem kleinen hübschen Haus, das Carla gemietet hatte, sagte ich ihr eines Abends ganz nebenbei: »Ich habe mich in ein junges Mädchen verliebt, eine Polin. Sie ist erst achtzehn, aber ich will sie heiraten.«

»Ahhh! Du bist immer noch ganz versessen darauf, eine Polin zu heiraten und eine Tochter zu zeugen, wie?« Und sie tat das mit einem ironischen Lachen ab.

Paul und Zosia trafen ein, und ich gab ihnen zu Ehren einen Empfang in meinem kleinen Garten. Als die meisten Gäste fort waren, spielten Paul und ich Sonaten miteinander, ein wahrer Balsam für mein Gemüt. Wir machten Pläne für gemeinsame Sommerferien, und Paul berichtete, daß Horowitz und der spanische Pianist José Iturbi in New York ungeheures Aufsehen erregt hatten, was mich nicht wunderte, denn nirgendwo in den USA dürfte man bisher ähnliches Klavierspiel zu hören bekommen haben. Ich selber plante eine lange Tournee für den Herbst, beginnend in Warschau – und bei dem Gedanken bekam ich Herzklopfen. Ich zweifelte kaum noch daran, daß ich Nela diesmal einen Antrag machen würde. Ich konnte an nichts anderes denken.

»Ich muß dir eine unangenehme Eröffnung machen, Arthur«, sagte mir eines Vormittags Sophie Kochanski am Telefon. »Bronislaw Mlynarski hat mich gefragt, welche Absichten du im Hinblick auf seine Schwester Nela hast, ob du sie heiraten willst. Sie sei sehr beunruhigt darüber, daß sie nichts von dir höre. Was soll ich ihm sagen?«

Dieses klassische Eintreten des Bruders für die Ehre seiner Schwester verstörte mich außerordentlich. Nie zuvor war ich an ein Heiratsversprechen gemahnt worden. Zweimal hätte ich heiraten können, beidemal Engländerinnen; wir sprachen davon unter vier Augen, und nichts davon drang in die Öffentlichkeit. Diesmal fühlte ich mich urplötzlich vom ganzen polnischen Volk bedrängt. Ein Glück, daß ich ohnedies nach Warschau mußte, dort würde sich ja herausstellen, was das alles zu bedeuten hatte, ob Nela die Urheberin dieser Drängelei war, was ich einfach nicht glauben konnte, oder ob es sich um eine jener albernen Intrigen handelte, die praktisch aus der Luft gegriffen sind. Ich selber war fest entschlossen, Nela zu heiraten, ich wollte keine andere Frau heiraten, doch heiraten wollte ich sie nur, wenn ich überzeugt sein konnte, sie liebte mich, wie ich geliebt zu werden nötig hatte, vorbehaltlos und treu. Ihr Schweigen und die Indiskretionen aus ihrer nächsten Umgebung beunruhigten mich. Also sagte ich Zosia, sie möge Nelas Bruder ausrichten, wann seine Schwester und ich heirateten, bestimmten einzig und allein wir beide, und wir duldeten keine Einmischung.

Carla wollte wissen, was für Pläne ich hatte.»Kommst du nach Rom?«
»Nein. Meine Tournee beginnt in Warschau, dann folgen Bukarest, Griechenland, Tel Aviv und Ägypten.«
»Das ist ja traumhaft! Immer wollte ich nach Griechenland und Ägypten. Prinzessin Marthe Bibesco hat mich zu sich eingeladen, ihr Mann ist mit mir verwandt, und sie leben nicht weit von Bukarest. Wenn du dort spielst, könnte ich hinkommen.«

Sehr reizvoll fand ich den Vorschlag nicht. Ich erinnerte mich ohne Freude unserer gemeinsamen Reise durch Südamerika und versprach mir nichts davon, diese romantischen Orte mit Carla zu bereisen, denn eine Liebesaffäre verband uns eigentlich nicht mehr. So sagte ich nur: »Gut, wenn du Griechenland und Ägypten sehen willst, die kann ich dir zeigen.«

Kochanskis waren bereits zur Kur gefahren, und ich ruhte mich vor der Tournee gründlich in Venedig aus. Lord Berners war wiederum der zweite Hausgast. Wir sprachen viel über Musik, und auf der Piazza gesellte sich uns ein hochgescheiter Russe zu; nichts genoß ich so sehr wie kluge Gespräche und den Austausch von Meinungen über die brennende Frage: Was ist der Sinn des Lebens? Selbstverständlich kamen wir zu keinem Ergebnis, doch war es anregend, die Frage von allen Seiten anzugehen. War ich allein, konnte ich an nichts denken als an Nela und die Heirat. Meine Selbstachtung sank auf den Tiefpunkt. Der pianistische Überschwang und die technische Fertigkeit von Wladimir Horowitz bewirkten, daß ich mich der fortdauernden Nachlässigkeit wegen schämte, die eine volle Entfaltung meiner angeborenen musikalischen Gaben verhinderte. Ich wußte genau, daß es mir möglich gewesen wäre, die Werke, die ich in meinen Konzerten zwar mit Liebe, aber eben doch auch mit Nachsicht für meine eigene Flüchtigkeit spielte, sehr viel besser zur Darstellung bringen konnte. Ich kam dahin, ernstlich zu erwägen, ob ich nicht die Solistenlaufbahn aufgeben, mich als Klavierlehrer etablieren, gelegentlich ein Konzert geben sollte, hauptsächlich in Südamerika oder in Spanien, wo mich das Publikum als den akzeptierte, der ich war, und keine Vorbehalte machte. Ich wußte, ich war zum Musiker geboren, doch anstatt mein Talent zu entwickeln, zehrte ich vom Kapital.

In Paris bereitete ich mich auf die bevorstehende Tournee vor und beschloß, meinen Fall Nela ohne alle Vorbehalte darzulegen. Ich wollte ihr mein Vorhaben erklären, im nächsten Jahr in Südamerika zu konzertieren und so viel Geld zu verdienen, daß ich meiner künftigen Frau ein anständiges Leben bieten könnte. Denn nicht nur verschleuderte ich das Kapital meiner musikalischen Begabung, ich war auch noch der alte Verschwender und lebte üppig von den Einnahmen des jeweiligen letzten Konzertes, während mein Bankkonto meist so gut wie nichts aufwies.

»Wann fährst du nach Warschau ab?« fragte Carla eines Morgens, und als ich beiläufig den Tag nannte, sagte sie: »Das paßt mir gut, ich kann dich bis Warschau begleiten, wenn ich nach Rumänien fahre, das Konzert hören und rechtzeitig in Bukarest sein. Dort erwarte ich dich dann, und wir fahren gemeinsam weiter.«

Das war ein Schock. Nichts lag mir ferner, als ausgerechnet mit Carla in Warschau aufzutauchen!

»Ich zeige dir gerne Athen und Kairo«, sagte ich darum, »aber nach Warschau will ich dich nicht mitnehmen.«

»Weshalb nicht?« fragte sie mit gespielter Arglosigkeit.

»Du kennst den Grund sehr gut.«

»Aber wir brauchen ja nicht zusammen zu wohnen. Ich gehe ins Hotel, du schläfst anderswo, bei deinen Freunden oder so.«

Unmöglich, mit ihr vernünftig zu reden. So sagte ich denn nur: »Falls du nach Warschau fährst, kann ich mich dort nicht um dich kümmern. Ich möchte nicht mit dir gesehen werden.«

Nun, wir fuhren im selben Zug. Ich hatte mich bei Ordynski angesagt und ihn gebeten, niemand meine Ankunft mitzuteilen. Carla nahm am Bahnhof den Omnibus ins Hotel Europejski, ich bestieg ein Taxi. Richard sagte mir, er habe eine Einladung für mich zum Empfang in der britischen Botschaft erhalten. »Mrs. Muller rief selbst hier an, und ich habe für dich zugesagt. Angeblich kennt sie dich aus Rom und erinnert sich noch ganz begeistert an dein Konzert.«

Mit Nela zu telefonieren wagte ich nicht, auch nicht, ihr ungebeten einen Besuch zu machen, denn ich wußte nicht, ob sie mich empfangen würde. Ich wollte nach dem Konzert am nächsten Abend eine Verabredung mit ihr treffen, denn gewiß würde sie kommen. Statt dessen rief ich im Hotel Europejski an, um mich zu versichern, daß Carla gut untergekommen war. Man verband mich sogleich mit ihrem Zimmer, und sie sagte munter: »Wir sind beide für heute abend zum Empfang der britischen Botschaft eingeladen. Ich kenne den Botschafter von Rom her. Hol mich bitte um neun hier ab. Es gibt kaltes Büfett.« Genau eine solche Komplikation hatte ich befürchtet, aber was tun? Ich mußte mit ihr gehen und hoffte nur innig, Nela werde nichts davon erfahren.

Als Carla und ich den großen Empfangssaal betraten, waren die ersten Personen, auf die mein Blick fiel, Emil Mlynarski und seine Tochter. Mir blieb fast das Herz stehen. Der Botschafter und seine Gattin begrüßten uns, wie in Rom üblich, als alte Freunde und stellten uns den übrigen Gästen vor. Emil schüttelte mir warm die Hand, Nela kehrte mir ostentativ den Rücken. Es war dies einer der seltenen Momente in meinem Leben, da ich mich wirklich jämmerlich gefühlt habe. Ich gab mich mit Carla weiter nicht ab, drängte Nela vielmehr fast gewaltsam in eine Ecke, um mit ihr zu reden. Sie blickte mich eisig an und preßte zwischen zusammengebissenen Zähnen hervor: »Ich habe Ihnen nichts zu sagen.«

»Aber zuhören wirst du mir«, zischte ich, im Begriff, alle Geduld zu verlieren. »Morgen nachmittag mache ich einen Besuch bei euch und werde alles erklären. Du hast mir nichts vorzuwerfen.«

Sie lächelte darauf nur bitter, erklärte sich aber einverstanden mit meinem Besuch. Sie ging kurz darauf mit ihrem Vater weg, Carla und ich mußten noch bleiben, denn sie war der Ehrengast. Auf dem Weg ins Hotel fragte sie: »War das die kleine Blonde, die du heiraten willst? Ich dachte immer, du bist versessen auf Polinnen, aber das ist ja eine Boche.«

Ich erwiderte knapp: »Sie verkörpert alles, was ich an den Polinnen liebe«.

»*Mais c'est une boche!*« beharrte sie, und ich hätte sie umbringen mögen.

Nach einer gräßlichen schlaflosen Nacht – diesmal war nicht Richards Sofa schuld – frühstückte ich zeitig, ging widerwillig in den Konzertsaal des Konservatoriums, wo ich spielen sollte, und probierte wie üblich Flügel und Klavierbank. An mein Konzert verschwendete ich keine Gedanken. Nach einem kärglichen Mittagessen in einem Café klingelte ich an der Wohnungstür von Mlynarskis.

Mir klopfte das Herz im Halse, als man mich in ein großes Zimmer führte, wo Nela allein in einer Ecke saß. Ich erzählte offen, was zwischen Carla und mir vorgegangen war, vom ersten Tage bis zum gestrigen Abend. »Du mußt einsehen, daß man das eine kleine Liebesaffäre nennen kann. Als ich sie nach langer Trennung in Paris wiedersah, habe ich ihr gesagt, ich liebe dich und wolle dich heiraten.« Und ich unterließ auch nicht, ihr zu sagen, welch bösartige Bemerkung Carla gestern über sie gemacht hatte. Da endlich lächelte Nela, und nun rechneten wir uns gegenseitig unsere Erwartungen und Enttäuschungen vor, unsere Zweifel und unsere Empörung über die Einmischung Dritter und was wir deshalb alles hatten ausstehen müssen.

»Wie soll ich dir noch vertrauen«, sagte Nela, »wie an deine aufrichtige Liebe glauben, wenn ich von allen Seiten immer nur höre, daß du eine Weibergeschichte nach der anderen hast, daß du die Frauen nicht ernst nimmst, und aller Welt erzählst, du seiest ein eingefleischter Junggeselle? Und doch, ich hätte mich darüber hinweggesetzt, hättest du nur ein einziges Mal geschrieben. Du hast mich gebeten, auf dich zu warten, aber ahnst du denn, was es für ein junges Mädchen bedeutet, auf einen Mann deines Rufes zu warten, der nicht einmal für nötig hält, ihr ein einziges Mal im Laufe vieler Monate zu versichern, er meine es aufrichtig und er sei wirklich der Mann, den sie liebt?«

Ich schwieg eine Weile beschämt. »Du hast recht, Liebste, absolut recht. Es war dumm von mir, das nicht zu begreifen. Ich kann mir jetzt vorstellen, was du durchgemacht hast, allein gelassen, umgeben von Menschen, die mich nicht ernst nehmen, und ohne ein Wort von mir, das dir gesagt hätte, wie sehr ich dich all diese Zeit über geliebt habe. Ich kann mich nicht rechtfertigen, denn es stimmt: bevor ich dir begegnete, war ich ein überzeugter Junggeselle.«

Nun erzählte ich von meiner Vergangenheit, der dunkelsten Stunde meines Lebens in Berlin und davon, wie ich meine bedingungslose

Liebe zum Leben entdeckt hatte. »Von jenem Moment an war ich fest entschlossen, jeden Augenblick meines Lebens zu genießen, aber statt wenigstens meine musikalische Begabung fortzuentwickeln, habe ich nur gelebt wie ein Epikuräer, ein Sybarit.« Ich wiederholte meine Zweifel an der Treue verheirateter Frauen. »Im tiefsten Herzen weiß ich, du bist die einzige Frau, die ich heiraten, von der ich eine Tochter haben will. Aber wenn das geschehen soll, muß ich imstande sein, dir alles zu bieten, worauf du Anspruch hast, also bitte, bitte warte auf mich, gib mich nicht auf.«

Nela saß reglos, doch sah ich Liebe in ihren Augen. Als ich von dem Klatsch und der Einmischung ihres Bruders sprach, bestritt sie aufs heftigste, etwas damit zu tun zu haben. »Zosia hat dich angelogen. Mein Bruder würde nie so etwas sagen, und falls er überhaupt mit ihr darüber gesprochen haben sollte, hat sie seine Äußerungen entstellt. Aber ich muß dir doch etwas sagen. Der junge Pianist Mieczyslaw Munz will mich heiraten, er ist sehr verliebt in mich, schickt mir Blumen und Briefe. Er hat sogar eine Tournee nach Japan abgesagt, weil er in meiner Nähe bleiben will. Ich sagte ihm, ich sei in dich verliebt, gab aber zu, ich glaube nicht mehr, daß du mich heiraten wirst.«

Nun wurde ich ganz unruhig. »Den kannst du nicht heiraten, Nela. Du liebst doch mich! Vergiß das nicht. Ich muß jetzt gehen, heute abend gebe ich ein Konzert. In dieser Verfassung zu spielen, ist entsetzlich für mich. Morgen nachmittag komme ich wieder. Ich kann einfach nicht zulassen, daß du einen Mann heiratest, den du nicht liebst.«

Das Konzert wurde grauenhaft. Ich spielte das gesamte Programm bis zum bitteren Ende, ohne jedes Gefühl für Musik. Carla saß selbstzufrieden neben Mullers, und ich sah Nela umringt von ihren Freundinnen, mit denen sie flüsterte, ohne recht acht zu haben auf mein Spiel.

Der Besuch am folgenden Tage verlief recht betrüblich. Ich bat sie wieder und wieder, auf mich zu warten, eröffnete ihr meinen Plan, in Südamerika zu spielen. »Und wenn ich zurückkomme, bin ich ganz gewiß bereit zu heiraten.« Ich benutzte alle mir zur Verfügung stehenden Liebesworte, und sie willigte endlich ein, auf mich zu warten.

Kapitel 68

Carla fuhr allein nach Rumänien weiter, ich direkt nach Bukarest. Die nun folgende Tournee, die, wäre ich allein gewesen, eine sehr angenehme und interessante Unternehmung hätte sein können, wurde mir durch eine Reihe ärgerlicher Vorfälle verdorben. Allerdings lag es wohl hauptsächlich an mir selber, denn ich konnte den Gedanken nicht ertragen, Nela an einen jungen Rivalen zu verlieren. Das Konzert in Bukarest fand im Atheneul statt, einem würdigen, sehr schönen Konzertsaal. Carla, Prinz und Prinzessin Bibesco, die bekannte Schriftstellerin, saßen in einer Loge gegenüber dem Flügel. Ihre Anwesenheit behagte mir nicht, denn Carla hatte mir ausdrücklich gesagt, das Paar schätze Musik nicht. Ich weiß, daß ich zwei Konzerte spielte, aber nicht mehr welche, und mit Francks ›Variations symphoniques‹ endete, die sehr beklatscht wurden. Nach dem Konzert kamen Bibescos und Carla in meine Garderobe und luden mich für den folgenden Abend nach Mongoshvoia ein. »Der Hotelportier sagt dem Chauffeur, wohin er Sie fahren soll, übrigens kennt es jeder«, versicherte der Prinz. Um acht sollte das Diner beginnen. Carla hatte mir Wundergeschichten von diesem Palast und den Anlagen erzählt, die ihn umgaben.

Neben vielen anderen Autogrammjägern erschienen ein junger Musikstudent und seine Braut, nur um mir zu danken. »Wir studieren beide bei Madame Musicesco.« Sie nannten ihre Namen nicht, doch erfuhr ich Jahre später von seiner Witwe, daß der junge Mann Dinu Lipatti gewesen war, den ich zu meinem Bedauern nie persönlich gehört habe; seine Platten aber sind mir ein lebendiger Besitz; sie rühren mich unfehlbar an, wann immer ich sie höre.

Der Portier vom Hotel Atheneul bestellte einen hübschen Mietwagen, der mich zu Bibescos bringen sollte. Er öffnete mir die Wagentür und sagte dabei: »Die Fahrt dauert eine halbe Stunde, aber sie lohnt sich. Jeder Rumäne kennt Mongoshvoia.«

Nach etwa einer Viertelstunde kamen wir an den Stadtrand und gerieten auf eine mir endlos scheinende Straße, und nach einer Dreiviertelstunde klopfte ich dem Chauffeur auf die Schulter und deutete durch Gebärden die Frage an, ob es noch weit sei. Der Mann hielt den Wagen an und ging in ein erleuchtetes Haus, offenbar um Auskünfte einzuholen. Er kam zurück und zuckte ratlos die Achseln. Wir fuhren kreuz und quer, fragten hier und dort, doch ohne Erfolg. Es wurde dunkler und später, und ich war bereits außer mir vor Wut über meine Hilflosigkeit, denn ich verstand kein Wort Rumänisch. Mir fiel ein Wort ein, das in vielen Sprachen ähnlich lautet, und ich brüllte: »Canaglia! Canaglia!« Um halb zehn trafen wir in Mongoshvoia ein. Hätte ich Rumänisch gesprochen, ich hätte den Fahrer heimgeschickt, doch so war ich es meinem Gastgeber schuldig, meine ungeheuerliche Unpünktlichkeit zu erklären. Im großen Salon fand ich den Prinzen alleine vor. Noch kochend vor Zorn, untermischte ich meine Entschuldigungen mit erbitterten Klagen über den Chauffeur und was ich alles hatte erdulden müssen. Der Prinz, anstatt Mitgefühl zu zeigen, amüsierte sich köstlich und lachte schallend. Das kränkte mich. »Freut mich, daß Sie so viel Spaß daran finden«, sagte ich also nur, nahm Hut und Mantel, lief vors Haus und schrie den Chauffeur an: »Hotel Atheneul, Bukarest.« Der Mann zog eingeschüchtert die Mütze, und wir fuhren schweigend in die Stadt zurück.

Mein ganzes Diner an diesem Abend bestand aus einem Glas Milch und einigen Salzkeksen mit schlechtem Käse.

Als wir uns zwei Tage später auf dem Bahnhof trafen, lachte auch Carla über diesen Vorfall. »Als du so wütend weggelaufen bist, hat meine Tante furchtbar mit ihrem Mann geschimpft, und ich soll dich für ihn um Verzeihung bitten.« Nun lachten wir alle beide, und damit war die Sache abgetan.

Athen hieß uns mit einem strahlend blauen Himmel willkommen. Weil im Hotel Grande Bretagne alles belegt war, brachte man uns in der Dependance unter, einer geräumigen Villa, die der Ministerpräsident Venizelos an das Hotel verkauft hatte. Die erste Probe sollte um elf stattfinden, der Dirigent wollte sich aber vorher noch mit mir absprechen, folglich sollte ich um zehn abgeholt werden. Es war dies der junge Dimitri Mitropoulos, und wir wollten Beethovens G-Dur-Konzert spielen. Nach einem kurzen Imbiß machte ich mich mit Carla auf den Weg zur Akropolis.

Wir erklommen die steilen Stufen mit erstaunlicher Leichtigkeit und blieben oben ehrfürchtig stehen. Carlas stumme Ergriffenheit beglückte mich; sie besaß einen ausgeprägten Sinn für Kunst und Schönheit. Wir hielten uns stundenlang im Parthenon und im Erechtheion auf. Ich zeigte ihr die weiblichen Statuen, die ich besonders bewundere; vorn sind sie züchtig bekleidet, aber sie zeigen ihren entblößten *kallipygos*. Ins Hotel kehrten wir noch ganz euphorisch zurück. Sir Percy Lorraine, jetzt britischer Botschafter in Griechenland, hatte angerufen, und ich meldete mich sogleich bei ihm. »Wir freuen uns schon auf Ihr Konzert, Arthur. Ich bin übrigens jetzt mit der Tochter meines Kollegen in Italien verheiratet, die Sie vermutlich aus Rom kennen. Kommen Sie morgen zu uns zum Essen?«

»Das täte ich sehr gern, nur bin ich in Begleitung. Hätten Sie etwas dagegen, wenn ich die Fürstin Palladini mitbringe?«

»Warten Sie bitte einen Moment, ich frage mal eben meine Frau.« Nach einer Weile hörte ich ihn verlegen sagen: »Sie möchte lieber, daß Sie allein kommen.«

Das war mir nun ebenfalls peinlich. »Dann werde ich zu meinem Bedauern verzichten müssen.« Carla sagte ich von diesem Vorfall nichts, aber ich war sehr verärgert.

Am nächsten Vormittag erwartete Dimitri Mitropoulos mich zur Probe, ein schlanker junger Mann, der mich sehr reizend empfing. »Ich bin Schüler von Busoni«, sagte er stolz, »aber zum Pianisten habe ich nicht das Zeug, also wurde ich Dirigent. Ich freue mich sehr, Sie als Solisten zu haben.« Die Probe verlief nicht ganz glatt. Mitropoulos hatte hektische Bewegungen, und das recht mäßige Orchester folgte ihm nicht präzise genug. Wir mußten das Klavierkonzert dreimal wiederholen, dann erst ließ sich absehen, daß die Aufführung befriedigend verlaufen könnte.

Marika Papaoannou war bei der Probe anwesend; sie hatte bei Schnabel studiert und bereitete ihre Konzertprogramme vor. Ich hörte sie mit Genuß spielen, sie war zweifellos eine echte Musikerin, nicht bloß eine Pianistin.

Carla ging am Nachmittag ins Museum, und ich wollte mich gerade etwas ausruhen, da kam mein Freund Stefanides. Er umarmte mich herzlich wie immer. »Wie lange bleiben Sie in Athen?«

»Noch drei Tage. Übrigens bin ich diesmal nicht allein, sondern mit der Fürstin Palladini gekommen.« Stefanides war wie elektrisiert. »Für-

stin Carla? Die kenne ich doch aus Rom! Ich habe nie eine schönere Frau gesehen. Wo wohnt sie?«
»Hier bei mir.«
»Sie sind wirklich glücklich zu preisen!«
Darauf konnte ich nur blöde lächeln.
»Nur keine falsche Bescheidenheit, sie ist ebenfalls glücklich zu preisen«, meinte er, und das gefiel mir schon besser. Er wollte unbedingt bleiben, bis Carla zurückkam, und begrüßte sie mit überströmendem Gefühl, küßte ihr die Hände und rief: »Sie sind schöner denn je!« Carla erkannte ihn sogleich und freute sich, ihn zu sehen.
»Teuerste Fürstin«, sagte er dann, »wollen Sie uns die Ehre antun, mit M. Rubinstein gemeinsam nach dem Konzert bei uns zu dinieren?« Carla schaute mich an, und als ich nickte, sagte sie: »Mit Vergnügen, ich freue mich darauf, Ihre Frau kennenzulernen.«

Die Probe am nächsten Vormittag ging schon viel besser, und in meiner Freude darüber lud ich Mitropoulos zum Essen ein. Er sprach besser Italienisch als Französisch, Carla, er und ich führten die Konversation also auf Italienisch.

Der Saal war abends gut gefüllt, doch war ich weder mit dem Orchester noch mit dem Dirigenten sehr glücklich. Gott sei Dank kamen wir wenigstens gleichzeitig zum Schluß. Das Publikum reagierte lauwarm, ich rettete den Abend aber für mich durch zwei Zugaben.

Bei Stefanides' waren mindestens zwanzig Gäste, Diplomaten, Herren aus Regierungskreisen mit ihren Damen und weitere Freunde des Hauses. Carla und ich waren unter den ersten Ankömmlingen, und bald darauf erschienen Sir Percy und seine junge Frau. Man kann sich vorstellen, wie ich die Situation genoß, zumal Carla Ehrengast war. Stefanides stellte ihr seine Gäste vor, darunter das Ehepaar Lorraine. Sir Percy schüttelte Carla sehr höflich die Hand, seine Gattin begnügte sich mit einem kühlen Kopfnicken. Carla redete sie an: »Sie werden sich meiner kaum erinnern, aber ich erkenne Sie wieder: Sie tanzten in Rom auf einem dieser langweiligen Bälle für junge Mädchen.« Mehr wurde zwischen den Damen an diesem Abend nicht gesprochen. Carla wußte selbstverständlich nichts davon, daß sie in Acht und Bann war bei Lorraines. Wir blieben, nachdem die letzten Gäste gegangen waren, und der Gastgeber brachte noch einen feurigen Trinkspruch auf Carla aus.

Tags darauf fuhren wir nach Alexandria, wo Arditis Agent alles vorbereitet hatte. Das Konzert fand noch am selben Abend statt, und im Saal waren wie üblich nur Griechen, Italiener und Juden, dazu etliche Franzosen. In der Stadt sprach man überwiegend Französisch. Weil Carla nach Kairo drängte, fuhren wir mit dem frühesten Zug am nächsten Morgen. Diesmal hatte ich Glück und bekam im berühmten Shepheards Hotel mitten in der Stadt Zimmer für Carla und mich. Ich spielte zu meiner Genugtuung in einem richtigen Konzertsaal, in der großen Aula des amerikanischen College, und man sah im Publikum hier und da einen roten Fez zwischen den europäisch gekleideten Zuhörern.

Am folgenden Morgen begab ich mich in die Obhut eines elegant gekleideten Fremdenführers in einem farbenprächtigen, langen Gewand, der Perlen um den Hals trug und eine Perlenschnur durch die Hände gleiten ließ. Er sah sehr gut aus, und sein Benehmen war eine Mischung aus Servilität und Hoffärtigkeit. Er zeigte uns die Pyramiden, so als wären diese eigens für ihn erbaut worden und er selber habe Tausende hingeopfert, ohne mit der Wimper zu zucken. Ganz offensichtlich wollte er auf die schöne Italienerin Eindruck machen, und alles, was er sagte, wurde von bedeutsamen Blicken seiner dunklen Augen begleitet. Diesen Anblick genoß ich noch mehr als den der Pyramiden, die kannte ich ja schon. Wieder rannte ein Knabe gegen Trinkgeld die hundert Stufen hinauf, und wir wandten uns der Sphinx zu, die ihr Geheimnis undurchdringlicher wahrte denn je. Zum Essen waren wir wieder im Hotel, und dieser Anblick sagte mir mehr zu als der von der Cheops-Pyramide. Shepheards war berühmt für seine *haute cuisine;* der Chefkoch erschien persönlich am Tisch, und man konnte bestellen, was man wollte – zu saftigen Preisen, versteht sich.

Der Fremdenführer wartete derweil ungeduldig draußen, und als wir beim Kaffee saßen, verkündete er: »Ich werde Ihnen noch drei Moscheen zeigen, die schönsten der Welt. Und wenn Sie dann nicht zu müde sind, führe ich Sie hinaus aus der Stadt auf das Gestüt meines Vaters, der reinblütige Araber züchtet.« Wir fanden es unhöflich, dieses Angebot abzulehnen, fuhren also mit dem Taxi hinaus. Unterwegs erklärte der Fremdenführer, sein Vater könne das Gestüt nur halten, wenn die Touristen ihn entsprechend entlohnten. Ich gab ihm ein gutes Trinkgeld, in meiner Achtung sank der Vater dadurch aber beträchtlich.

Das »Gestüt« sah nach nichts aus, es gab da zwei oder drei leere Holzschuppen und drei schöne Araber hinter einem baufälligen Gatter. Nun erschien ein ältlicher, ärmlich gekleideter Mann. Der Fremdenführer klopfte ihm herablassend auf die Schulter und befahl ihm, uns die Pferde eines nach dem anderen vorzuführen. Man sattelte einen hübschen schwarzen Hengst, und wir bewunderten ihn gebührend. Der Fremdenführer sagte hochfahrend: »Die wahre Schönheit dieses Pferdes zeigt sich erst, wenn man es reitet.«
»Nun, dann lassen Sie mich aufsitzen«, sagte ich. »Ich reite gern, und solch ein Pferd wäre eine Abwechslung.« Ich hatte tatsächlich nie ein Vollblut geritten.
Carla schaute mich verblüfft an und flüsterte: »Denk an deine Hände!«
»Nur keine Sorge.« So wie ich ging und stand, im Straßenanzug, ließ ich mir in den Sattel helfen, setzte mich bequem zurecht und ergriff die Zügel mit weicher Hand, um dem Pferd Vertrauen einzuflößen. Dann drückte ich sanft die Absätze ein, und ab ging's. Der Unterricht beim Grafen Potocki kam mir jetzt zustatten. Ich ließ den Gaul eine Weile traben, dann folgte ein kurzer Galopp, und nach einigen Runden hielt ich direkt vor Carla und dem Fremdenführer an, sprang ab und sagte lässig: »Wirklich, ein angenehmer Ritt.« Beide starrten mich offenen Mundes an, und ich mußte Carla umständlich erklären, woher meine Reitkünste stammten. Diese machten ihr ganz augenscheinlich mehr Eindruck als mein Konzert am Vorabend.

Beim Abendessen im Hotel begrüßten uns einige Bekannte, man gratulierte mir zu meinem Konzert, darunter auch zwei Franzosen, die ich von Paris her kannte, und die bat ich zu uns an den Tisch. Sie hatten geschäftlich in Kairo zu tun und kannten die Stadt gut. Als Carla für kurze Zeit vom Tische fortging, luden sie mich zu einer Tour durch die berühmten Bordelle von Kairo ein. »Da kriegen Sie was Einzigartiges zu sehen.«
»Ich könnte doch aber keine Dame mitnehmen?«
»Ausgeschlossen! Um Himmels willen!«
Meine unverbesserliche Neugier gewann jedoch die Oberhand, und ich beschloß mitzugehen. Ich sagte zu Carla, ich wollte mit meinen Freunden ausgehen, sie müsse leider zu Hause bleiben. Da wurde sie wütend und knallte die Tür zu.

Wir besuchten also zu dritt alle möglichen Spelunken, wo gräßlich unattraktive Weiber, meist Araberinnen, höchst widerwärtige Sachen trieben, die aufreizend wirken sollten, aber gerade das Gegenteil bewirkten. Ich kam erst spät zurück, von Ekel gepackt, und legte mich nach diesem anstrengenden Tag gleich schlafen.

Als ich morgens ziemlich spät zum Frühstück kam, war Carla nicht da. Sie ließ mich ein, als ich bei ihr anklopfte, war aber so wütend, wie ich sie nie zuvor gesehen hatte. Nun erst fiel mir etwas Merkwürdiges an ihr auf: ich hatte sie nie weinen gesehen, sie war die einzige Frau in meinem Leben, die ich nie in Tränen gesehen hatte. Sie hatte den heftigen Auftritt in Rom, die zahllosen kleinen Zänkereien stets trockenen Auges und ohne jedes Zeichen von Selbstmitleid ertragen, auch als ich in Südamerika oft eingeladen wurde und sie nicht mitnehmen durfte. Diesmal aber raste sie vor Wut, und ich kam mir erniedrigt und entwürdigt vor, weil sie es sich so sehr zu Herzen nahm, daß ich ihr das widerwärtige Schauspiel von gestern nacht erspart hatte. Auf dem Schiff nach Brindisi redeten wir kaum noch miteinander, und nach einem kühlen Händedruck bestieg sie den nächsten Zug nach Rom. Ich nahm den nächsten Zug nach Paris.

Kapitel 69

In der Rue Ravignan fand ich alles aufs beste vor, und François brachte einen Stapel Post. Valmalète unterbreitete Vorschläge für Konzerte in Frankreich; Mitchell wollte mich wieder für unbedeutende Konzerte nach England holen – selbstverständlich in Seebädern; Quesada drängte auf eine Tournee durch Spanien, und aus Italien kam nicht nur das Angebot für die Santa Cecilia-Konzerte, sondern auch für Städte, in denen ich bislang nicht gespielt hatte. Ich schob alles bis zum folgenden Tag auf und labte mich an einem köstlichen Mahl bei Larue. Später traf ich Auric, Fargue und Cocteau im Bœuf sur le Toit und amüsierte sie mit der Erzählung meiner Reiseabenteuer.

Gegen Ostern zu gab es Gesellschaften und Essen in Fülle, und in all diesem Trubel überkam mich eine tiefe Depression. Ich spielte unzählige Konzerte in kleinen Städten, immer dieselben Programme, und meine angeborene Liebe zur Musik drohte dabei kaputtzugehen. Es war die reine Routine, und ich dachte dabei nur daran, soviel Geld wie möglich einzunehmen, und das bei bescheidenen Gagen. Ich muß bekümmert gestehen, daß ich das solchermaßen verdiente Geld zu weiter nichts benutzte als zu einer extravaganten Lebensführung, dazu, meinen Gastgeberinnen teure Blumen zu schicken, elegante Anzüge zu kaufen, Tag und Nacht mit dem Taxi herumzufahren. Ein drolliges Paradox lag darin, daß die Damen, mit denen ich speiste, seien es nun Rothschilds oder andere, jedesmal sagten: »Arthur, könnten Sie mich nach dem Essen heimfahren? Dann brauche ich den Chauffeur mit dem Rolls-Royce nicht warten zu lassen.«

»Aber gern, schließlich warten Tausende von Taxis auf mich«, sagte ich dann.

Ich hielt es jetzt allein nicht mehr aus; die Begegnung mit Nela in der britischen Botschaft hatte einen bitteren Nachgeschmack hinterlassen. Ich war bereit, ihr einen Antrag zu machen, trotz der Einmischung von Zosia, die mich verständlicherweise ungemein geärgert hatte. Es bedeutete, sie zu bitten, ihr Leben mit einem zweiundzwanzig Jahre älteren, keineswegs reichen Mann zu teilen, dessen künstlerischer Erfolg noch sehr begrenzt war und der einen kleinen Bungalow auf dem Montmartre bewohnte. Ich begriff ihre Empörung angesichts der Tatsache, daß der Mann, der sie heiraten wollte, in Begleitung einer schönen Frau in Warschau eintraf, mit der er eine Affäre hatte, wie alle Welt wußte, insbesondere ganz Warschau, denn dort wird bösartig geklatscht. Meine Hoffnungen richteten sich ganz darauf, daß Nela mich liebte, doch wurden sie fast zunichte, als sie mir eröffnete, Munz wolle sie heiraten. Dieser polnische Pianist debütierte im selben Jahr in New York, als ich die USA, wie ich meinte, auf immer verließ, und hatte auf der Stelle großen Erfolg mit seiner perfekten Technik, auf die ich eifersüchtig war! Weil er zudem gewissenhaft und fleißig war, verdiente er eine Menge Geld und konnte sorglos leben. Der konnte ihr bieten, was sie beanspruchen durfte und war überdies nur zwei Jahre älter als sie. Ich fühlte mich zum Briefeschreiben unfähiger denn je; sie an meine Liebe zu erinnern, kam mir lächerlich vor. Und ich meinerseits hungerte nach einem Brief von ihr, in dem sie mich ihrer Liebe versicherte, denn einzig darauf kam es mir an. Sie aber war zu stolz, um mir das zu schreiben, und dafür bewunderte ich sie. Leider war auch ich stolz. Seit meinen frühen Jahren hatte ich mir den philosophischen Standpunkt zu eigen gemacht, daß man von niemandem einen Gefallen erwarten kann, der ihn einem nicht von selber tun will, ohne daß man darum bittet.

Solche Gedanken bewirkten eine Trotzreaktion. Der Beifall, der mir wie stets in Spanien, in Italien und überall in Südamerika zuteil wurde, ließ mich erkennen, daß meine Begabung und meine Persönlichkeit eine geheime Macht besaßen, die es mir ermöglichte, jahrelang die Begeisterung am Leben zu halten, die ich erweckte. Ich war mehr und mehr entschlossen, Nela zu beweisen, daß ich dort genügend Geld verdienen könne und sie nicht einen Habenichts heiraten müsse. Der Verschwender Rubinstein begann nun also zu sparen. Auch in Europa nahm ich alle Angebote wahr, nur diesmal behielt ich soviel Geld wie möglich zurück, ich eröffnete gar ein Konto bei der Banque Transatlantique auf dem Boulevard Haussmann, einer Filiale der mächtigen Staatsbank von Argentinien. Ich schrieb an Francisco Ruiz, er möge in Argentinien und Uruguay möglichst viele Termine für mich abmachen, und an Pellas in Rio schrieb ich, er solle das gleiche in Brasilien tun. Diesmal nahm ich mir für die Tourneen drüben drei volle Monate, die Überfahrten nicht gerechnet.

Ich schiffte mich auf dem britischen Dampfer ›Andes‹ ein, den ich schon kannte, ausgerüstet mit einem Dutzend Bücher, die ich unterwegs lesen wollte. Vor der Abreise hatte es in Paris noch eine sehr schöne Überraschung gegeben: Karol Szymanowski widmete mir seine soeben vollendete ›Symphonie Concertante‹ für Klavier und Orchester, ein herrliches Werk, sein erstes großes in spezifisch polnischer Tonsprache, Musik ganz nach meinem Herzen. Und er versprach, mir das erste gedruckte Exemplar zu schicken.

Ich verbrachte ganze Tage lesend an Deck; neben mir saß ein fülliger Mensch, der sich der gleichen Tätigkeit widmete, Emil Vandervelde, Führer der belgischen Sozialisten. Wir unterbrachen häufig die Lektüre, um über Politik zu reden, und es freute mich, daß er meine bescheidenen Anmerkungen mit großem Interesse aufnahm. Halbwegs drüben, hatten wir beide unseren Buchvorrat durchgelesen, tauschten unsere

Bücher und begannen von vorn. Das war für uns beide gewinnbringend. Ich lernte viel über die politischen Weltläufte, und er vertiefte sich in die Eheprobleme französischer Romane, von denen er nie etwas gelesen hatte.

Der Anblick Rios ergriff mich ebenso stark wie beim ersten Mal; es ist von einzigartiger Schönheit. Ich stieg im Copacabana ab, einem herrlichen Hotel direkt an dem weltberühmten Strand. Mein Freund Carlos Guinle hatte es erbaut und auch ein Casino vorgesehen. Pellas hatte eine reichhaltige Tournee arrangiert, allein in Rio sechs Klavierabende, davon zwei im Städtischen Opernhaus und vier in der alten Oper.

Das Ehepaar Guinle hieß mich herzlich willkommen, und all seine Freunde erschienen zum Festmahl, um mich zu begrüßen. Offenbar freute es sie, mich diesmal allein kommen zu sehen. Von ihnen hörte ich erstaunliche Neuigkeiten: Gabriella Besanzoni hatte Enrique Lage geheiratet, den größten Reedereibesitzer von Brasilien. »Wann ist denn das passiert?« fragte ich verblüfft.

»Vor zwei Jahren.«

»Und ist sie jetzt hier?« fragte ich nervös.

»Nein, sie ist derzeit bei ihren Verwandten in Rom.« Ich atmete erleichtert auf.

Das Eröffnungskonzert ging sehr gut. Die *cariocas* erinnerten sich meiner trotz vierjähriger Abwesenheit mit unveränderter Liebe. Diesmal kam ich meinem Publikum sogar noch näher, denn das vorige Mal hatte ich weniger hingebungsvoll gespielt, beeinträchtigt durch den Gedanken an die Anwesenheit Carlas. Nun aber hatte ich nichts weiter im Kopf als Musik. Ich bin in der Pause gern allein, doch kam Pellas diesmal herein und sagte ganz ehrfürchtig: »Die Schwester von Frau Lage möchte Sie sprechen.« Ich wußte erst nicht, wen er meinte, doch dann erinnerte ich mich Gabriellas Schwester Adriana und jener Nacht in den Folies Bergères. Pellas brachte sie herein, und wir umarmten einander geschwisterlich, doch kaum war er draußen, wurde sie sehr aggressiv kokett, und ich merkte, sie wollte gern wissen, was wohl ihre Schwester und Carla Palladini an mir so reizvoll fanden. Früher, als ich mich noch ungebunden fühlte, hätte ich nichts dagegen einzuwenden gehabt, diesmal aber blieb ich kalt wie ein Fisch. Sie kam denn auch nicht wieder.

– Villa-Lobos kehrte erst viel später in seine Heimat zurück, im

Triumph, als der weltberühmte brasilianische Meister. Im Auftrag der Regierung gründete er sodann die brasilianische Musikakademie und machte mich zum Ehrenmitglied. Bei der aus diesem Anlaß stattfindenden Feier erwiderte ich auf Heitors Rede in portugiesischer Sprache. Am Abend ergingen wir uns in Erinnerungen an unsere erste Begegnung in jenem Kino, an sein grobes Betragen, an die Verachtung, die ihm die musikalische Welt Rios entgegenbrachte. –

Nach dem letzten Konzert in Rio fuhr ich wie üblich weiter nach São Paulo, spielte diesmal aber nicht nur in der Hauptstadt, sondern auch in kleineren Orten der Provinz dieses Namens. Ich verbrachte ein Wochenende auf einer Kaffee-*fazenda* und war weniger von dem beeindruckt, was ich zu sehen bekam, als von dem Geschmack des frisch gemahlenen Kaffees, dessen Aroma durch drei oder vier Zimmer drang. Nur in Bogotá bekommt man ähnlichen Kaffee. Auch in Italien gibt es recht guten, doch dauert es eine halbe Stunde, bis er fertig ist, und dann sind es nur ein paar Tropfen.

Ich fuhr weiter hinauf nach Norden, bis Salvador in der Provinz Bahia, ja, bis nach Recife und Pernambuco, und ausgerechnet dort las ich in der Zeitung vom tragischen Tode Frederic Harmans, den ich in Berlin und Warschau gekannt hatte, und der beim Dirigieren des ›Meistersinger‹-Vorspiels einem Herzschlag erlegen war. Bei seiner Lieblingsstelle fiel er tot um.

Gut erinnere ich mich des Staates Minas Gerais, was soviel wie »Allgemeine Bergwerke« bedeutet, wegen des Vorkommens von Diamanten und anderen Edelsteinen. Dessen Hauptstadt trägt den schönen Namen Belo Horizonte, und vor Jahren wurde in Minas Gerais auch die Hauptstadt Brasilia erbaut. Am Ende der brasilianischen Tournee konnte ich befriedigt einen schönen Haufen Geld bei der Bank deponieren.

Kapitel 70

In Buenos Aires erfuhr ich zu meinem Kummer, daß meine liebe mütterliche Freundin Doña Susana Quintana dahingeschieden war; ihr Tod hinterließ im Leben der Stadt eine fühlbare Lücke. In gewisser Weise hatte ich ihr meinen Erfolg in Argentinien zu verdanken. Die Töchter luden mich weiterhin zu sich ein, doch die Wärme und Gutherzigkeit, die ich von dieser lieben alten Dame empfangen und die ich während meiner turbulenten Aktivitäten oft als so wohltuend empfunden hatte, fehlten jetzt. Martínez de Hoz, der mir seine Gastfreundschaft und Hilfe hatte angedeihen lassen, war bankrott, und auch das war eine traurige Neuigkeit. Die ganze Stadt sprach von nichts anderem, denn die Martínez de Hoz gehörten zu den ersten Familien und waren ungeheuer reich. Ihre Estancia im Süden, Chapadmalal, war der Stolz des Landes. Martínez de Hoz kaufte alljährlich in England Zuchtvieh ein, und ich sah eines Tages mit an, wie er einen preisgekrönten Bullen für 100 000 Pesos erwarb. Und anschließend gab es ein Essen, bei dessen Vorbereitung der Koch aus Versehen einen Zuchthahn schlachtete statt eines Suppenhuhns. Als ich diesmal Besuch machte, herrschte im Hause wildes Durcheinander, es war bereits verkauft, und die Bewohner bezogen ein Appartement unweit vom Hotel Plaza. Zum Glück waren zwei seiner Söhne mit Millionenerbinnen verheiratet, und auf wunderbare Weise blieb denn auch Chapadmalal in den Händen der Familie.

Luis und Nena Salamanca (eine geborene Martínez de Hoz) waren beide anwesend. Der Bankrott ihres Vaters hatte für Nena ungeahnte Folgen und verschaffte mir eine große moralische Genugtuung: Luis Salamanca, Sproß einer uralten spanischen Adelsfamilie, hatte Nena ihres Geldes wegen geheiratet, wie es der Brauch war bei den mittellosen Adeligen, die sich entehrt gefühlt hätten, wenn sie hätten arbeiten müssen. In den ersten Jahren ihrer Ehe behandelte er Nena sehr nachlässig und egoistisch, ja, in Gesellschaft schockierte er die *beau monde* von Buenos Aires häufig durch sein Betragen. Betrat er einen Salon, musterte er die Gäste, sagte laut zu seiner Frau: »*Esto es un aburrimiento*« (»Wie langweilig«), zog sich bei erster Gelegenheit zurück, ließ seine Frau bei den übrigen Gästen, suchte sich irgendwo im Hause der Gastgeber ein bequemes Sofa, streifte die Schuhe ab und legte sich schlafen, bis es Zeit war aufzubrechen. Diese schlechten Manieren waren so bekannt und wurden so belacht, daß man enttäuscht war, betrug er sich einmal manierlich. Kaum aber war seine Frau nicht mehr Erbin eines großen Vermögens, zeigte er sein wahres Aristokratentum: er wurde über Nacht ein aufmerksamer Gatte, sorgte aufs beste für seine Frau, ließ sich mit ihr in Madrid nieder und verschaffte ihr den vielbegehrten Titel einer Hofdame der Königin.

Auf der Plaza sah ich eines Tages, als ich beim Kaffee saß, meine Freundin mit dem Blumentopf. Sie verblüffte mich, indem sie gleichgültig vorbeiging, obschon sie meine Gegenwart bemerkt hatte. Nach so viel Jahren fand ich so große Diskretion überflüssig, also sprach ich sie an: »Erkennen Sie alte Freunde nicht mehr?«, denn ich fühlte mich gekränkt. Sie war so schön wie je, erwiderte aber entrüstet: »Ich möchte kein Wort mehr mit Ihnen reden, nachdem Sie mich während Ihres letzten Aufenthaltes hier auf so empörende Weise behandelt haben.« Nun war ich sprachlos. »Als ich bei Ihnen im Hotel anrief, meldete sich eine Frau am Telefon, beschimpfte mich und drohte, sie wolle mich hinauswerfen lassen, sollte ich wagen, Sie zu besuchen.«

Die liebe alte Carla! Es kostete mich viel Zeit, sie zu beschwichtigen, doch endlich brachte ich sie dazu, einen Kaffee mit mir zu trinken und unsere Freundschaft zu erneuern.

Am Tage meiner Ankunft hatte ich bereits mit Francisco Ruiz meine Tournee durch Argentinien und Uruguay ausgearbeitet. Ich war bereit, in fast allen Provinzstädten zu spielen und verlangte hohe Gagen, die fast immer bewilligt wurden. Buenos Aires und Montevideo leisteten die höchsten Beiträge zu der Summe, die ich mir als Ziel gesteckt hatte: genau eine Million französischer Franken. Ich glaubte, eine solche Summe werde meiner künftigen Frau ein angenehmes Leben ermöglichen. Das war das mindeste, was ich ihr bieten mußte. Absichtlich habe ich nichts von der Qualität meines Spiels auf dieser Tournee erwähnt; soweit ich mich erinnere, spielte ich sorgfältiger, übte vor jedem Konzert und schlug mich ehrenvoll. Meine Gedanken allerdings galten dem Geld, das ich machte, nicht der Musik. Und ich möchte hier eindeutig klarstellen: einzig und allein damals hörte die Musik vorübergehend auf, der Pulsschlag meines Daseins zu sein. Nach jedem Konzert zählte ich gierig die Einnahmen und rechnete aus, wieviel noch fehlte. Ich lebte auch bescheidener als früher, speiste in kleinen Restaurants in der Stadt und erlaubte mir nur gelegentlich einen schönen frischen *pejerrey* im Grill des Plaza.

Ich ging so weit, nicht mehr an den üblichen Soupers nach dem Konzert teilzunehmen, sondern zog einen bescheidenen Imbiß auf dem Zimmer vor. Wohl fühlen tat ich mich nur in Gesellschaft von gleichgesinnten Freunden, Rafael González, ausgezeichneter Pianist und Klavierlehrer, samt seiner entzückenden Gattin Victoria wurden in Buenos Aires mein engster Umgang. Auch Germán Elizalde, einen kultivierten Mann und leidenschaftlichen Musikliebhaber, sah ich fast täglich. Durch ihn lernte ich zwei Schwestern meiner unvergeßlichen Amelia Luro kennen, die in jenem denkwürdigen Sommer, den ich mit Harmans in Caux verbrachte, mit so lieblicher Stimme Tangos sang, daß ich es heute noch höre. Wir gingen gemeinsam ins Kino und zu den Konzerten eines neugegründeten Orchesters, dessen ständiger Dirigent Juan José Castro war. Dem Programm entnahm ich, daß Fitelberg als Gastdirigent verpflichtet worden war, und als ich aus Rosario wiederkam, stellte ich fest, daß er bereits mit Erfolg ein Konzert gegeben hatte, und hörte mir mit den González das zweite an. Ich versprach ihnen, sie würden guten Strauss zu hören bekommen.

Fitelberg begann mit einer Beethoven-Sinfonie, die nicht sehr gut herauskam; danach stand ›Ein Heldenleben‹ von Strauss auf dem Programm. In der Pause gingen wir ins Künstlerzimmer, wo wir ihn, des Beethovens wegen, etwas gedrückt trafen. »Das Orchester muß noch viel lernen«, meinte er. Dann strahlte er mich an und sagte: »Für Sie habe ich Neuigkeiten, Arthur. Nela Mlynarska hat sich in Warschau mit Mieczyslaw Munz verheiratet. Ich meine, das wird Sie interessieren . . .?«

Ein furchtbarer Schock. Ich erstarrte, war aber nicht eigentlich überrascht. Seit Monaten rechnete ich mit dieser Möglichkeit. Und doch: etwas in mir erstarb. Zynischer denn je reagierte ich nur mit dem Gefühl, *après moi le déluge*. Nun war mir alles einerlei. Ich dankte Fitelberg lächelnd für die Neuigkeit, sagte meinen Freunden nicht, was mir da gerade widerfahren war, und beschloß, das nächste Schiff nach Frankreich zu nehmen.

Kapitel 71

In schlaflosen Stunden grübelte ich, ob ich Nela durch eigene Schuld verloren hatte. Ich habe einen harten egoistischen Charakterzug: ich kann nicht lieben, wenn ich nicht wiedergeliebt werde. Es ging mir also ganz gegen den Strich, einer Frau zu beteuern, ich liebte sie, sie zu bitten, auf mich zu warten, bis ich zur Ehe bereit sei, während ich sehr wohl wußte, daß sie mit dem Gedanken umging, einen anderen zu heiraten.

Ein englischer Dampfer brachte mich nach Cherbourg. Während der langen Reise verbrachte ich die Zeit mit Lesen, in der Kajüte oder an Deck. Nur bei den Mahlzeiten wechselte ich gelegentlich ein paar Worte mit den Mitreisenden. Ich war ganz vertieft in ›Don Quijote‹. Ich hatte das Buch auf Französisch gelesen und dann versucht, aus ihm Spanisch zu lernen, doch das *castellano* aus der Zeit von Cervantes bereitete mir große Schwierigkeiten. Nun aber war es eine reine Freude, wieder einmal in diesem großartigen Buch zu lesen, das mit seinem göttlichen Humor, der einen zu Tränen rührt, so manche Lektion in menschlichen Wertvorstellungen erteilt. Ich bin Cervantes großen Dank schuldig: kein lebender Freund wäre für mich in jenen Tagen ein so hilfreicher Gefährte gewesen.

Wir schrieben Anfang September, und noch war Paris verödet. Mir fiel nichts Besseres ein, als in Deauville Baccarat zu spielen statt Klavier in Paris, denn ich glaubte fest daran, daß ich gewinnen müsse: »Unglück in der Liebe – Glück im Spiel.« Deauville, Cannes und Biarritz waren die einzigen Orte, wo ich gern ins Casino ging. Es kam mir weniger darauf an, zu gewinnen oder zu verlieren, sondern ich genoß die ganz besondere Atmosphäre im kleinen Kreis miteinander bekannter Spieler. Wir alle waren *habitués*, wir lächelten einander zu, alles ganz unverbindlich. Man saß um den Baccarattisch, verstand es, auf elegante Weise sein Geld zu verlieren, dem Gewinner mit heiterer Miene zu gratulieren. Die eigentliche Saison in Deauville war vorüber, und nur die eingefleischten Spieler waren noch anwesend. Strandpromenade, Bars und Restaurants waren im übrigen verlassen, und auf den Straßen begegnete man kaum einem Menschen. Die Juwelierläden hatten geschlossen, doch an den Spieltischen drängte man sich.

Nach einem spärlichen Abendessen betrat ich im Smoking das anmutig gebaute Casino und sah mich drei strengen Herren gegenüber, die meinen Paß prüften und mich ein Formular ausfüllen ließen; dann mußte ich an dem diskreten Schnellzeichner vorbei, der jeden nach der scharfen Kontrolle Eingelassenen porträtierte. Spieler sind nie hungrig, Mahlzeiten betrachten sie als verlorene Zeit. Wenn der Croupier die Karten für ein neues Spiel mischt, eilen sie ans Büfett und essen zwei hartgekochte Eier und ein Sandwich mit Käse oder Kaviar (das hängt vom Gewinn ab), den sie mit Bier oder Champagner herunterspülen. Ist der Schuh wieder gefüllt, eilen sie auf ihre Plätze. Dem allgemeinen Brauch folgend, verzehrte ich die Eier und, da mein Geld noch vorhanden war, zwei Sandwiches – der Leser kann sich denken, welcher Art.

Ich hatte 100 000 Francs bei mir und verließ das Casino um sieben Uhr früh ohne einen Centime. Gegen einen kalten Wind ankämpfend, ging ich ins Hotel, zahlte die Rechnung, trank am Bahnhof, während ich auf den Zug wartete, bitteren Kaffee und kam völlig erledigt in Paris an.

Am folgenden Wochenende fuhr ich wieder nach Deauville, diesmal mit 300 000 Francs (ich hatte einige argentinische Staatspapiere verkaufen lassen), entschlossen, auf einen Platz am großen Tisch zu warten, denn nur hier konnte ich meine Verluste wettmachen.

Jene Saison in Deauville kostete mich über eine halbe Million Francs. Diesen hohen Verlust betrachtete ich als mein Hochzeitsgeschenk für Nela.

Kapitel 72

Unterwegs von Zakopane nach den USA, unterbrachen Kochanskis ihre Reise für ein paar Wochen in Paris. Zosia klagte darüber, daß Paul sich geweigert habe, eine Kur wie sonst jedes Jahr zu gebrauchen, und tatsächlich wirkte er blaß und müde, aber vital wie immer.

»Ich bin wirklich erschöpft«, gestand er ein. »Karol komponiert an seinem zweiten Violinkonzert und braucht meinen Rat für den Solopart.

Wir haben stundenlang daran gearbeitet, und ich freue mich, ihm nützen zu können.«

Während seines Aufenthaltes steckten wir dauernd beisammen, gingen oft auch gemeinsam zu Misia, wo wir gern Sonaten spielten. Bei mir daheim gab ich eine kleine Gesellschaft, und Paul und ich spielten für die guten alten Freunde. Eigentlich war es eine Cocktail-Party, ich behielt die musikalischen Freunde aber zu einem kalten Büfett da, und sie blieben bis zu später Stunde, hörten sich Geschichten an und amüsierten sich über Pauls treffliche Imitationen berühmter Künstler.

Pauls Anwesenheit wirkte Wunder; ich beruhigte mich, die Bitterkeit, die ich wochenlang verspürt hatte, wich. Kurz vor der Abreise besuchte er mich, um »eine ernste Sache« mit mir zu besprechen, wie er sagte.

»Ich werde viel Geld verdienen, Arthur, und ich möchte, daß auch du viel Geld verdienst. Man kauft heute in Amerika Aktien an der Börse gegen Kredit, den man auf eine kleine Anzahlung hin bekommt. Ich habe für 10 000 Dollar Aktien gekauft, die heute 150 000 wert sind und täglich im Wert steigen. Und ich denke nicht daran, jetzt schon zu verkaufen, denn mein Makler schwört, sie werden bald eine halbe Million wert sein. Warum machst du es nicht ebenso? Die Anzahlung kannst du doch bestimmt leisten, und den Rest erledige ich.«

Das klang wie ein Märchen, es beeindruckte mich stark, überzeugte mich aber nicht. »Du weißt, Paul, daß ich die ganze Nacht am Spieltisch sitzen kann, daß Roulette mich aufregt, und wir spielen beide gern Poker. Du erinnerst dich auch gewiß des berühmten Piquetspiels in Warschau, wo jeder von uns 100 000 Rubel gewonnen hat, die wir umgekehrt natürlich nie hätten bezahlen können.« Wir lachten beide herzlich. »Aber dabei bin ich anwesend, ich halte die Karten, setze mein Geld auf die Zahl, entscheide selber, ob ich den Partner überbiete, sei es beim Poker oder beim Bridge. Es widerstrebt mir aber, auch nur einen einzigen Dollar in etwas zu stecken, worüber ich keinerlei Kontrolle habe. Daß du so rasch so reich geworden bist, erschreckt mich eher. Bei jedem Spiel gibt es Gewinner und Verlierer, aber so wie du es schilderst, gewinnen alle.« Nicht nur weigerte ich mich, Aktien zu kaufen, ich riet ihm auch dringend, seinem Makler nicht zu trauen. »Solche Leute sind gefährlich.« Paul lachte nur darüber. »Arthur, dir fehlt die Phantasie. Du wirst nie reich werden.« Nun ja, Geld als solches hat mich nie interessiert, nur was man damit anfangen kann. Als er sich verabschiedete, hatte keiner den anderen überzeugen können.

Ernesto de Quesada trug mir brieflich eine kurze Tournee durch Mexiko an. »Mein Agent kann Ihnen drei Konzerte im neueröffneten Teatro de Bellas Artes bieten, auch in Puebla und Monterrey kann er Klavierabende arrangieren, und zwar alles gegen eine prozentuale Beteiligung an den Einnahmen, was für Sie günstig sein dürfte, denn man erinnert sich Ihrer immer noch, seit Sie 1919 hier Ihre berühmten sechsundzwanzig Konzerte gegeben haben. Anfang Januar fahren mehrere sehr komfortable Schiffe nach New York, und die Zugverbindungen nach Mexiko City sind jetzt bequem und absolut sicher. Die Revolution ist vorüber, und das Land kommt zu Wohlstand.«

Ich nahm an, denn der Gedanke, wieder in Mexiko zu erscheinen, noch dazu ohne daß auf mich geschossen wurde, gefiel mir. Ich füllte die Zeit bis zur Abreise mit den üblichen Konzertreisen durch Spanien und Italien, blieb auch über Weihnachten und Neujahr in London. Beim Lunch im Hause Cholmondeley erwähnte ich meine Mexiko-Tournee, und Lady Cholmondeley erkundigte sich: »Wann soll denn die Reise losgehen?« Ich nannte das Datum. »Ach, wir fahren im Januar ebenfalls nach New York. Rock spielt in der englischen Polomannschaft gegen die Amerikaner. Wir nehmen die ›Majestic‹. Kommen Sie doch mit.« Das sagte mir zu, es paßte zeitlich, und ich fand eine bequeme Kajüte.

Es wurde eine abwechslungsreiche Überfahrt. Cholmondeleys baten mich zu den Mahlzeiten an ihren Tisch, und ich erfuhr dabei alles über das Polospiel. »Ich habe meine Polo-Ponies an Bord und zum Glück geeignete Spieler gefunden. Einer hat das höchste Handikap, nämlich 10, die anderen haben 8 oder 7.« Wie hoch sein eigenes war, verriet er nicht. Das war alles recht interessant, nur fiel mir auf, daß der Lord während der Überfahrt seine Mannschaftskameraden sehr von oben herab behandelte. Nie lud er sie zu sich an den Tisch, höchstens einmal nahm er den Kaffee mit ihnen, und dann redeten sie über Pferde, Stallburschen und ähnliches.

Es war auch der berühmte russische Pianist Wladimir de Pachmann an Bord, jetzt bereits ein alter Mann, der noch eine letzte Tournee durch die USA machen wollte. Ich kannte ihn aus Berlin, wo ich ihn ganz wunderbar kurze Stücke von Chopin und Schumann hatte spielen hören, größere Sachen hatte er kaum im Repertoire. Er war als komischer Charakter bekannt, war klein und hatte einen großen runden Kopf. Während eines Trillers pflegte er die Hand zu heben, in der Luft weiter zu trillern und zum Publikum gewandt zu sagen: »Sehr schwierig das, sehr schwierig.« Wurde er beklatscht, gebot er dem Publikum Einhalt und verkündete: »Es gibt nur zwei Pianisten – der andere ist Godowsky.« Solche Geschichten gab es zu Dutzenden, gewiß nicht alle wahr, aber unweigerlich komisch. Man hatte mich ihm in Berlin vorgestellt, und seither behandelte er mich freundlich, schenkte mir Karten für seine Konzerte, und es war nicht verwunderlich, daß er mich in seine Kajüte einlud, als er hörte, ich sei an Bord. Er bewohnte einen Salon und zwei Kajüten, die andere für seine Sekretärin und seine Frau. Er empfing mich im Bett, war aber durchaus munter und guter Stimmung. Er lächelte mich auf seine charakteristisch clowneske Weise an, ließ mich am Fuß des Bettes hinsitzen und jammerte sodann: »Ich bin ein alter Mann und muß zu Bett liegen – ach dieser schreckliche Ozean!« Und gleich darauf lachend: »Aber Pachmann spielt besser denn je.«

Ich besuchte ihn täglich, lachte über seine Geschichten und gab dann später bei Tisch eine Imitation seiner Grimassen und Histörchen. Cholmondeleys kamen aus dem Lachen nicht heraus, und Sybil sagte eines Tages: »Arthur, ich muß den Mann unbedingt kennenlernen, machen Sie das möglich.« Ich hatte da Zweifel, aber ich versuchte es.

Als ich den alten Pianisten wieder besuchte, sagte ich: »Sie haben eine Verehrerin an Bord, eine Dame, die Sie unbedingt persönlich kennenlernen möchte.« Darauf machte er eine angewiderte Grimasse.

»Ich bin ein alter Mann, liege zu Bett, was soll mir da eine Dame?«

»Es ist die Marchioness von Cholmondeley, ihr Mann ist Kammerherr des Königs.«

Darauf sagte er säuerlich: »Was können die schon von mir wollen, ein Kammerherr, eine March . . .«

Ich mußte ihm wohl nähere Einzelheiten sagen. »Sie ist eine Enkelin des Bankiers Rothschild.« Das wirkte Wunder.

»Rothschild?« Er rieb Daumen und Zeigefinger aneinander. »Wohl sehr reich, wie?« Ich nickte.

»Na schön, soll sie morgen mittag kommen. Ich stehe auf.«

Sybil bedankte sich überschwenglich. Als ich am nächsten Mittag bei Pachmann anklopfte, öffnete die Sekretärin. »Bitte nehmen Sie Platz, der Maestro wird gleich kommen.« Wir warteten eine gute Viertelstunde, dann kam Pachmann herein, im Cut mit seidenen Aufschlägen, steifem weißen Kragen, Krawatte, Lackschuhen und an allen Fingern Brillantringe. (Er war berühmt als Sammler von Brillanten jeder Tönung.) Mir schüttelte er die Hand, dann zeigte er auf Lady Cholmondeley und fragte etwas zu laut: »Rothschild?« Sybil errötete, denn sie wußte nicht, daß dieser Name das Wunder bewirkt hatte. Er verbeugte sich knapp vor ihr und betrachtete mißbilligend eine Smaragdbrosche, die sie trug. »Ein schlechter Stein, dieser Smaragd«, brummte er, »sehen Sie sich mal meine schönen Brillanten an«, und spreizte alle zehn Finger. Sybil machte sein Auftreten solche Angst, daß sie kein Wort herausbrachte, vielmehr stand sie auf, flüsterte höflich ein paar unhörbare Worte und ging, gefolgt von mir, hinaus.

Beim Essen wollte sie Rock die Geschichte erzählen, mußte aber so lachen, daß er kein Wort verstand. Jahrelang brauchte man in ihrer Gegenwart nur »Pachmann« zu sagen, und sie zerbarst vor Lachen.

Tags nach der Ankunft in New York nahm ich den Zug nach Mexiko City, denn ich wollte in New York niemand sehen, auch Paul nicht, denn der würde mir nur wieder vorhalten, welch glänzende Geschäfte man an der Börse machen konnte. Einzig Paul Draper wollte ich besuchen, den ich viele Jahre nicht gesehen hatte, und fuhr mit dem Taxi an die mir bekannte Adresse. Da hörte ich denn, daß er vor wenigen Monaten im delirium tremens gestorben war.

Die Reise nach Mexiko City war lang, aber bequem. Ich saß meist im Salonwagen bei Kaffee und einer Zigarre und las. Die Hauptstadt Mexikos wirkte sehr verändert, man sah emsige, lächelnde Menschen auf der Straße, große moderne Gebäude entlang den breiten Avenuen und einen großen Platz mit dem Denkmal eines Aztekenhelden.

Quesadas Agent war sehr tüchtig. Er hatte mir ein behagliches Zimmer im besten Hotel genommen, das alle modernen Bequemlichkeiten aufwies. Zu Mittag aßen wir in einem spanischen Restaurant namens Prendes, wo ich fortan Stammgast wurde, wenn ich in der Stadt war. Mein Freund Manuel Ponce hieß mich brüderlich willkommen, war aber im Begriff, nach Paris abzureisen, wo er seine Kompositionsstudien fortsetzen wollte. Meine Konzerte waren diesmal von sehr anderer Art als damals während der Revolution, das Publikum bestand aus der neuen Bourgeoisie und vielen Ausländern, hauptsächlich Amerikanern, die in diesem Land waren, um zu helfen, die reichen Rohstoffvorkommen auszubeuten, Öl und Mineralien in erster Linie. Diese Veränderung war in weniger als zehn Jahren vor sich gegangen. Das Teatro de Bellas Artes war aus Marmor erbaut; eine herrlich geschwungene Treppe führte zum Saal empor. Im Erdgeschoß waren ständig Ausstellungen von Gemälden und Skulpturen, und es fanden auch andere kulturelle Veranstaltungen statt. Mir kam es vor, als spiele ich erstmals in einer mir unbekannten Stadt, was etwas absurd klingt, bedenkt man, daß ich hier erst zehn Jahre zuvor sechsundzwanzig Konzerte gegeben hatte. Ich darf aber befriedigt feststellen, daß das neue mexikanische Publikum sich als ebenso anhänglich erwies wie das Madrider und das römische. Nach dem dritten Konzert rief man: »Wiederkommen, wiederkommen«, und das ging mir recht zu Herzen.

Monterrey und Puebla waren jetzt Industriestädte, doch in beiden hatte das Interesse an Musik spürbar zugenommen. Nach vielen Aufenthalten in Nord-, Mittel- und Südamerika bin ich zu der privaten Ansicht gelangt, daß die Mexikaner und Brasilianer die musikliebendsten Völker jenes Erdteils sind. Selbstverständlich haben sie nicht das verfeinerte Musikverständnis, auf das man in den USA und Westeuropa trifft, aber sie sind von Natur aus musikalisch. Die Deutschen etwa *lernen* Musik gründlicher als andere, haben aber kein *angeborenes* Verständnis für Musik, die sie nicht lernten. Russische Bauern singen auf dem Heimweg von der Arbeit a cappella, ganz instinktiv treffen sie die richtigen Harmonien und Intervalle.

Ich fand in Mexiko City den Brief eines unbekannten Konzertunternehmers aus Kuba – er bezeichnete sich jedenfalls als solchen –, der mich drängte, die Rückfahrt für zwei oder drei Konzerte in Havanna zu unterbrechen. Ich nahm an, denn für Kuba habe ich seit je eine Schwäche. Unterwegs nach Veracruz kam ich durch den Staat Yucatán, das Land der Majas, welche die höchste Kultur von allen Völkern Mexikos besaßen. Auf Yucatán sind die Mexikaner immer noch sehr stolz.

In Havanna empfing mich der Briefschreiber mit allen Zeichen herzlicher Freundschaft.»Sie werden sich nicht an mich erinnern, aber ich kenne Sie aus meiner Zeit bei Braccale. Ich habe Musik studiert, mußte aber aufgeben, denn ich bin einfach nicht begabt genug. Jetzt möchte ich gute Künstler hier auftreten lassen, und Sie sind der erste, den ich präsentieren will.«

Wir redeten im Hotel weiter, und ich merkte dabei, er verstand nicht viel vom Geschäft. Ich mußte also nicht nur Konzerte geben, sondern auch meinen eigenen Impresario machen. Statt mich mit Bach, Beethoven und Chopin zu beschäftigen, kümmerte ich mich um Plakate, Reklame in den Zeitungen, suchte einen brauchbaren Flügel nebst Klavierbank und schließlich einen Stimmer, der wie viele seiner Kollegen meist betrunken war. Mein junger Manager verstand sich immerhin ausgezeichnet auf Zigarren und wußte, wo es den besten Kaffee gab. Als ich ihn einmal zum Mittagessen einlud, machte er mich auf die frischen kleinen Krebse aufmerksam, eine kubanische Spezialität.

Das erste Konzert fand eine Woche nach meiner Ankunft statt. Weil wir uns mit den Vorbereitungen Mühe gegeben hatten, war es gut besucht. Ich spielte mit Lust, die Zuhörer schätzten das sehr, und das zweite Konzert war ausverkauft. In Mexiko und Kuba machte ich ein schönes Stück Geld und kam gerade rechtzeitig in New York an, um noch ein Schiff nach Europa zu erwischen.

Kapitel 73

Der Klima- und Atmosphärewechsel hatte mich sehr aufgemuntert, ich kam in guter Stimmung in Paris an und nahm mein gewohntes Leben wieder auf. Es war allerhand los um diese Zeit, ich sah die neuen Theaterstücke mit dem einzigartigen Victor Boucher, mit Max Dearly, Jules Berri und Harry Baur. Entsinne ich mich recht, brachte Sacha Guitry seinen ›Mozart‹ auf die Bühne, und der Titelheld wurde entzückend von Yvonne Printemps gespielt und gesungen. Reynaldo Hahn hatte eine trefflich zu dieser kleinen Komödie passende Musik komponiert. Auch ins Kino ging ich viel. In den zwanziger und dreißiger Jahren waren die

Stars von Hollywood auf der Höhe ihres Ruhmes, und die üppigen Ausstattungen, die Millionen kosteten, beeindruckten die gesamte Welt. Weibliche und männliche Stars wurden Idole und waren augenblicks in aller Munde: Aus der Garbo wurde Greta, aus der Dietrich Marlene. Es gab Clark und Gary, und allen voran selbstverständlich den kleinen Charlie. Chaplin kam nach Europa und war übers Wochenende Gast des Herzogs von Westminster. Erschienen diese Stars in Paris, wurden sie auf der Straße von der Menge förmlich belagert und hatten darunter recht zu leiden. Es war wie eine Seuche, von der sogar Akademiemitglieder, Intellektuelle und arme Pianisten wie ich selber befallen wurden. Wir verliebten uns in Greta oder Ginger wie alle anderen. Sechsmal allein sah ich ›The Gay Divorcee‹, sah Ginger Rogers und Fred Astaire zu der Musik von Cole Porter tanzen. Fred Astaires dünne, trockene, tonlose Stimme ging einem schnurstracks zu Herzen, und seine kleinen Songs konnten mich tiefer rühren als ein berühmter Opernsänger.

Im Bœuf sur le Toit und anderen Treffpunkten der Intellektuellen redete man nicht mehr vom Prix Goncourt, dem neu entdeckten Kierkegaard oder dem letzten Ballett von Diaghilev, sondern man stritt erregt darüber, welcher Star am hellsten glänzte, welcher Film der bessere sei.

Das alles klingt, als hätte ich keine Taste mehr angerührt, doch ganz im Gegenteil! Bei meinem letzten Aufenthalt in England hatte Sir Henry Wood mir die Partitur eines Klavierkonzertes von John Ireland mitgegeben und gesagt: »Wollen wir es nicht uraufführen, lieber Rubinstein?« Ich versprach, mir die Sache zu überlegen, studierte die Partitur und fand Gefallen an ihr. Die Musik war frisch und hatte ein feines englisches Aroma, und sie war gut fürs Klavier geschrieben. So saß ich denn, trotz all des Trubels nebenher, jeden Vormittag am Flügel und lernte dieses reizende Konzert. Sir Henry reservierte zwei volle Proben für das neue Werk, so daß ich ganz vertraut damit wurde, und die Aufführung wurde ein schöner Erfolg. Ich war nachträglich stolz darauf, meine Trägheit überwunden und dem englischen Publikum gezeigt zu haben, daß ich sein musikalisches Idiom gut verstand.

Bei diesem Konzert trat ein Mann namens Fred Gaisberg auf mich zu. Er berief sich darauf, daß wir einander in den Staaten begegnet seien. »Ich arbeite jetzt bei His Master's Voice und möchte, daß Sie Platten für uns einspielen.«

Ich lachte bloß. »Geben Sie sich keine Mühe, auf der Platte klingt das Klavier wie ein Banjo, und schon in Amerika wollte ich nichts mit Platten zu tun haben.«
»Nun, dann darf ich Sie doch wenigstens zu einem anständigen Essen einladen?«
»Aber gern. Schallplattenaufnahmen mag ich nicht, aber über gutes Essen kann man immer mit mir reden.«
Er holte mich ab, und wir fuhren ziemlich lange, so daß ich fragte: »Ist das Restaurant draußen in einem Vorort?«
»Ja. Wir fahren nach Hayes, wo wir die Platten machen.«
»Dann ist das also eine Entführung? Sie wollen mir nichts zu essen geben, sondern mir die Pistole auf die Brust setzen und mich zu einer Aufnahme zwingen!«
»Keine Angst, Sie bekommen ein erstklassiges Essen, und was anschließend passiert, steht bei Gott und Ihnen.«
Wir kamen nach einer guten halben Stunde vor dem imposanten Fabrikgebäude an und gingen gleich in die Kantine. Das Essen dort war erstaunlich gut. Gaisberg machte mich mit einigen interessanten Musikern bekannt, die gerade mit Aufnahmen beschäftigt waren, und ging dann zum Angriff über. »Mr. Rubinstein, bitte spielen Sie ein einziges Stück Ihrer Wahl. Ich schwöre, es wird nicht veröffentlicht, und Sie können es sofort anschließend abhören und selber urteilen, wie es klingt.«
Lange konnte ich nicht widerstehen. Nach Kaffee und Zigarren gingen wir in einen Aufnahmeraum, wo ein Blüthner stand: kein Konzertflügel. Als ich darauf nicht spielen wollte, sagte Gaisberg nur: »Probieren Sie ihn doch mal . . .«
Nun, dieser Blüthner hatte den schönsten singenden Ton, den ich je gefunden habe. Ich war ganz begeistert und beschloß, die geliebte *Barcarolle* von Chopin zu spielen. Dieses Klavier inspirierte mich. Ich glaube, ich habe nie im Leben besser gespielt. Und als die Aufnahme abgespielt wurde, geschah das Wunder: es schien, als werde der goldene Ton des Flügels ganz getreu wiedergegeben; von solch einem Musizieren hatte ich geträumt. Ich gestehe, mir standen die Tränen in den Augen. (Dies waren die ersten elektronischen Aufnahmen.) Gaisberg hatte gewonnen.
Es war dies ein höchst bedeutungsvoller Tag; ein neues Leben begann

für mich. Von da an haben bis heute öffentliche Konzerte mit gewissenhafter Arbeit im Studio abgewechselt, in einem eigens gebauten Raum, in dem ich ganz allein saß, mit großer Sorgfalt, manchmal auch Inspiration, spielte, während anderswo und für mich unsichtbar drei oder vier Herren die Aufnahme machten. Anfangs waren wir so auf den Platten zu hören, wie wir spielten, ohne Veränderung, mit allen falschen Noten, mit Phrasen, die wir besser hätten spielen können. Man erlaubte nicht, daß wir sofort die Aufnahme abhörten, erst mußte die Matrize hergestellt werden. Selbstverständlich durften wir ein Stück wiederholen, bis wir meinten, es nicht besser machen zu können, und ich für mein Teil wählte lieber etwas, das ich mit Inspiration gespielt hatte, auch wenn es merkliche Mängel aufwies, als eine zu sorgsame, wenn auch in jeder Note perfekte Version.

Gaisberg legte mir sogleich dort in Hayes einen Vertrag auf fünf Jahre vor, und ich unterschrieb.

Wenige Tage später spielte ich in Glasgow mit dem Scottish Orchestra das B-Dur-Konzert von Brahms unter John Barbirolli, einem jungen Engländer italienischer Abstammung. Er war eigentlich Cellist, doch wie so viele Cellisten entmutigt durch das beschränkte Repertoire seines Instruments, begann er seine erfolgreiche Laufbahn als Dirigent.

Zwischen uns war es Liebe auf den ersten Blick. Wir empfanden die Musik in gleicher Weise und inspirierten einander mit unserer Phrasierung. Endlich einmal konnte ich das Konzert mit geschlossenen Augen spielen – ich brauchte ihn kein einziges Mal anzusehen. Das war ein großes Erlebnis für mich. Das Publikum in Glasgow wie in Edinburgh dürfte dies bemerkt haben, denn es bereitete uns Ovationen. John und ich wurden nahe Freunde.

Kapitel 74

François weckte mich eines Morgens – die Fürstin Edmond de Polignac sei am Apparat.

Mit ihrer etwas nasalen Stimme eröffnete sie mir:»Cher Arthur, bitte geben Sie doch bei mir ein Konzert, alle meine Freunde wären entzückt.« Und nach einer kleinen Pause: »Professionell, versteht sich. Wie hoch ist Ihre Gage für solche Auftritte?«

Ich verabscheute es, solche Dinge mit Freunden zu erörtern. »Teuerste Fürstin, es wird mir eine Ehre und ein Vergnügen sein, vor Ihren Gästen, insbesondere aber vor Ihnen zu spielen, doch machen Sie die Einzelheiten bitte mit Valmalète aus.«

Ich hatte schon Lust, auf einer ihrer berühmten musikalischen Soireen zu spielen, denn ihre Gäste waren immer ernsthafte Musikliebhaber. Valmalète kam schon am selben Nachmittag. »Ich weiß nicht, was ich machen soll, die Fürstin Polignac hat sich erkundigt, welche Gage Sie für Konzerte in Privathäusern nehmen, und als ich sagte: die gleiche wie für öffentliche Konzerte, wurde sie sehr zornig. Sie schrie beinahe, dies sei unmöglich, sie verkaufe schließlich nicht Eintrittskarten an ihre Gäste, und das Ganze finde im kleinsten Kreise statt.«

Ich hörte ihm mit wachsender Empörung zu. »Ungeheuerlich!« rief ich endlich. »Eine der reichsten Frauen von Paris gönnt mir nicht mal die jämmerliche Gage, die Sie mir für meine Konzerte verschaffen!«

Valmalète lief vor Wut rot an. »Sie haben ganz recht, die französischen Konzertmanager sind geizig genug, aber diese amerikanische Millionärin stellt uns noch alle in den Schatten!« Und wir beschlossen, auf meiner Gage zu bestehen.

Der Leser wird es nicht glauben, aber sie weigerte sich zu zahlen, und damit war die Sache geplatzt, und wie nicht anders zu erwarten, kühlte sich unsere Freundschaft erheblich ab. Immerhin bekam ich eines Tages einen Brief von ihr, in dem sie schrieb: »Cher ami, ein griechischer Bekannter von mir hat Ihnen einen Vorschlag zu machen und möchte Sie aufsuchen.« Ich ließ ihrer Sekretärin durch François bestellen, ich sei bereit, den Herrn zu empfangen. Es handelte sich um einen in Paris ansässigen Diplomaten, der mir sagte: »Fürstin Polignac meinte, ich möge Sie bitten, bei mir zu Hause ein Konzert zu geben, anläßlich einer Gesellschaft, die ich zu Ehren des Geburtstages unseres im Exil lebenden Königs Georg veranstalte.«

Ich erwiderte, ja, ich sei gern bereit dazu; wegen der Gage möge er mit Valmalète verhandeln. Er war erfreut über meine Zusage und versicherte, er wolle Valmalète sogleich aufsuchen. Ich rief bei Valmalète an, informierte ihn über die Lage und sagte, er möge nicht nur das übliche Honorar fordern, sondern zweitausend Francs mehr. Das hörte er gern und rief schon nach kurzer Zeit zurück: »Der Herr ist persönlich dagewesen, hat meine Forderungen anstandslos akzeptiert und sich darüber hinaus bereit erklärt, auch den Transport des Flügels zu bezahlen, den wir uns aussuchen dürfen.«

Die Gesellschaft dieses Herrn war in jeder Hinsicht gelungen. Mein Spiel wurde mit Beifall aufgenommen, insbesondere von König Georg von Griechenland, einem Musikliebhaber, der mich auch schon in England gehört hatte. Fürstin Winnie war übrigens ebenfalls unter den Gästen, und nachdem ich gespielt hatte und man sich am kalten Büfett versammelte, sagte sie: »Nun sind Sie durch mich doch noch zu Ihrem Honorar gekommen, Arthur, sogar zu einem höheren als ursprünglich gefordert«, setzte sie maliziös lächelnd hinzu.

Strawinsky verlor ich mehr und mehr aus den Augen; er hatte meinen Rat zu wörtlich genommen und verbrachte mehr Zeit auf Konzertreisen als mit dem Komponieren neuer Werke. Aber eines Tages begegnete ich ihm im Speisewagen des Expreßzuges von Brüssel nach Paris. Nach der üblichen Umarmung auf russische Art erzählte Igor: »Gestern habe ich in Amsterdam ein Konzert gegeben. Die Leute waren hingerissen.« Wir nahmen an einem Tisch für zwei Personen Platz, Igor trank zum Essen eine halbe Flasche Rotwein und redete ununterbrochen. Ich machte kaum den Mund auf, trank zum Essen nur Mineralwasser und fühlte mich noch recht matt, denn ich hatte eine lange Nacht hinter mir.

»Meine Technik ist übrigens wesentlich besser geworden, Arthur«, sagte Igor. »Und wissen Sie, wem ich das verdanke? Czerny, dem größten Komponisten für Klavier.« Ich war zu müde, um für Chopin oder Schumann einzutreten, und das hätte angesichts seiner unerschütterlichen Überzeugung auch wenig Sinn gehabt.

»Ich komponiere derzeit Stücke für Klavier und Geige«, erzählte er weiter, »die ich mit Samuel Dushkin auf einer Tournee durch die USA spielen will. Das ist ein junger amerikanischer Geiger. Außerdem arbeite ich an einem Capriccio für Klavier und Orchester. Das wird Ihnen sehr gefallen. Das Klavier behandele ich auf meine ganz spezielle Weise, und dank Czerny kann ich das nun auch.«

Zum Kaffee nahm er zwei Glas Cognac und fuhr fort, seine derzeitige und künftige Tätigkeit in den schönsten Farben zu malen. Kurz vor der Ankunft in Paris verstummte er indessen, wurde plötzlich traurig und sagte auf Russisch: »Ah, hol's der Teufel, ich glaube manchmal, alles, was ich mache, ist Mist . . .« Wir stiegen aus, ohne daß ich eine einzige Bemerkung zu alledem gemacht hätte; ich war einfach zu müde.

In Toulon und in St. Raphael hatte ich noch zwei Konzerte zu geben, auf die ich mich freute, nicht der Einnahmen wegen, die kaum die Unkosten deckten, sondern wegen der Aussicht, einige Tage in angenehmer Gesellschaft am Mittelmeer zu verbringen. Denise und Edouard Bourdet besaßen unweit von Toulon ein Haus und versprachen, dort eine Woche zu verbringen, einzig um den Marquis Melchior de Polignac und mich als Hausgäste zu haben und meine Konzerte zu hören. Denises hübsche Schwester Giselle wollte von Bordeaux zu uns stoßen, und allesamt wollten mich anschließend an das Konzert in Toulon nach St. Raphael begleiten. Marie-Laure de Noailles hatte uns eingeladen, unterwegs bei ihr in Hyères einzukehren und zu übernachten. Das alles erfüllte mich mit Vorfreude, und die Konzerte schienen eher Nebensache.

Bei Bourdets wurde fünf Tage lang praktisch nur gefeiert, das Essen war vorzüglich, es gab Champagner in Menge, man tanzte, spielte Poker und kam kaum zum Schlafen. Am Tage meines Konzertes in Toulon zeigten mir Bourdets diese schöne Stadt mit den Kriegsschiffen in ihrem Hafen. In den Straßen wimmelte es von Matrosen mit den roten Pompons auf dem Käppchen. Melchior de Polignac lud uns zu einem üppigen Mittagessen ein. Der Flügel, den ich vorfand, war nicht einer der besten, und an das Konzert erinnere ich mich folglich nicht besonders gern. Meinen sonst so musikverständigen Kumpanen fiel nichts auf; daß ich da einen Klavierabend gab, gehörte einfach ins Programm unserer Amüsements. Wir fuhren in zwei Autos nach Hyères, wo die Vicomtesse de Noailles, in Paris ihrer Gesellschaften wegen berühmt, uns großzügig bewirtete. Man tanzte bis in den frühen Morgen und brach reichlich erschöpft nach dem nahe gelegenen St. Raphael auf.

Am selben Nachmittag um drei hatte ich dort mein Konzert. Vorher nahmen wir im Hotel einen kleinen Imbiß. Dabei bemerkte ich zu meinem Entsetzen, daß ich nicht mehr wußte, welches Programm ich spielen sollte. Beruflicher Stolz verbot mir, dies meinen Freunden anzuvertrauen, und ich versuchte es auf andere Weise: »Haben Sie zufällig irgendwo eine Ankündigung meines Konzertes auf der Straße oder in der Zeitung gesehen, Edouard?« fragte ich wie beiläufig. »Ich überzeuge mich gern noch einmal davon, daß mein Programm mit der Ankündigung genau übereinstimmt.« Er wollte eine Morgenzeitung kommen lassen, es gab aber keine.

Nun ging ich zum Empfang und fragte besorgt: »Gibt es zufällig noch eine Zeitung von gestern?« »Nein, die schmeißen wir immer gleich weg«, hieß es. Nun war ich doch einigermaßen nervös, denn es wurde Zeit für meinen Auftritt.

Meine Freunde begaben sich auf ihre Plätze, und ich rannte die Treppe hinauf in den Seitenflügel des Kinos, wo das Konzert stattfand, und bat einen Bühnenarbeiter: »Verschaffen Sie mir sofort ein Programm, offenbar enthält es eine falsche Ankündigung!«

»Ich glaube kaum, daß sich noch eins finden wird.«

»Ich gehe nicht aufs Podium, bevor ich dieses verflixte Programm in der Hand habe!« drohte ich. Es wurde höchste Zeit anzufangen. Ich wußte mir nicht mehr zu helfen, wäre am liebsten weggelaufen und hätte später irgendeine Entschuldigung vorgeschützt. Doch da kamen gleich drei Männer mit Programmen gelaufen, und ich war so erleichtert, daß ich das erste in meiner Aufregung in Fetzen riß; das zweite las ich dann dafür um so genauer.

Im Rückblick scheint mir das eine gerechte Strafe gewesen zu sein, die mir vor Augen führte, wie leichtfertig und oberflächlich ich an meine Konzerte heranging. Von da an wurden Konzerttage für mich geheiligte Tage, die ich mit großer Konzentration und Hingabe durchlebte.

Kapitel 75

Im Frühjahr 1929 kamen Paul und Zosia für ein paar Wochen nach Paris. Paul hatte es endlich geschafft, seine ganze Familie von Leipzig nach Paris zu bringen. Sein Vater war vor einiger Zeit gestorben; für Mutter und Schwester mietete Paul eine kleine, aber hübsche Wohnung auf dem linken Seineufer. Die älteste Schwester war mit einem Maler verheiratet, der sich vortrefflich auf Porträt-Miniaturen nach Art des 18. Jahrhunderts verstand. Paul und ich führten ihm aus unserem Freundeskreis Kunden zu. Mich selber malte er auch, und mir gefiel mein kleines Porträt. Leider ging es im Krieg verloren.

Paul war in großartiger Verfassung, ganz berauscht von seinen märchenhaften Wall-Street-Gewinnen und immer noch bemüht, mich zu überzeugen, doch blieb ich starrköpfig und lehnte seine Vorschläge ab. An der Börse wurde für meine Begriffe einfach nur gespielt, und meine Verluste in Deauville schmerzten mich noch zu sehr. »Ich hoffe nur, du hast einen Teil deiner Gewinne zu Geld gemacht und auf die Bank getragen, Paul«, sagte ich.

»Du hältst mich wohl für blöde! Mein Makler und alle meine Bekannten sind überzeugt, daß die Aktien noch lange steigen. Nie zuvor war Amerika so reich wie jetzt. Jeder hat Gelegenheit, zu Geld zu kommen.« Ich hörte ihn voller Zweifel an; Wall Street war für mich ein unbekannter Begriff.

Ich veranstaltete eine große Cocktail-Party für Paul und Zosia und bemerkte mit Freude, wie beliebt er geworden war, wie gern man ihn spielen hörte und wie sein Charme wirkte. Zosia bemühte sich sehr um die Freundschaft von Coco Chanel und Misia Sert, doch ohne Erfolg. Allerdings waren das Ausnahmen, denn ich kenne niemand, der es so gut wie Zosia verstand, sich bei Leuten einzuschmeicheln, um von ihnen Gebrauch zu machen. Auch war sie eine glänzende Heiratsvermittlerin, machte charmante junge Müßiggänger mit berühmten Erbinnen bekannt und überwachte das Aufsetzen der Heiratsverträge. Bevor sie ging, nahm Denise Bourdet mich beiseite und sagte eindringlich: »Warum geben Sie nicht mal eine richtige große Gesellschaft in Ihrem reizenden Haus, Arthur? Niemand könnte das besser als Sie.« Diese schmeichelhaften Worte kitzelten mein Selbstgefühl, und ich beschloß auf der Stelle, ihrem Vorschlag zu folgen. Der Juni war warm, das Wetter beständig, also konnte ich riskieren, die Gesellschaft im Freien zu geben.

Nun warf ich mich mit ungewöhnlicher Energie auf dieses Projekt. Denise half mir, die Einladungen zu verschicken. Auf meiner Liste standen etwa hundert Personen, von denen achtzig bestimmt kommen würden. Ich plante ein großartiges Diner und anschließend ein Unterhaltungsprogramm. Mit Hilfe von François übernahm ich die Beschaffung der Speisen und Getränke, und was die Unterhaltung anging, hatte ich auch meine eigenen Vorstellungen. In einer kleinen Bar in Montmartre, wo ich gelegentlich noch einen Kaffee oder einen schwachen Scotch mit Soda nahm, war ein kleiner, gutaussehender und sehr manierlicher Mann anzutreffen, der alle möglichen Kunststückchen konnte; so etwa nahm er einem unbemerkt die Uhr aus der Tasche und überreichte sie einem anschließend mit freundlichem Lächeln. Er machte einem fünf Knoten ins Taschentuch, die er dann mit einem einzigen Ruck löste, zog einem ein Päckchen Spielkarten aus dem Haar, und das alles sehr elegant und mit größter Fingerfertigkeit. Den engagierte ich für meine Gesellschaft und sagte, er müsse seine Kunststückchen in einiger Entfernung von den Gästen vorführen, und zwar ausschließlich mit Karten, Knoten und dergleichen, nicht mit ihrem Tascheninhalt. Ferner engagierte ich zwei junge Chinesen, die im Zirkus Medrano auftraten. Einer bestieg einen Tisch, den der andere festhielt, beugte sich nach hinten und trank ein am Boden stehendes Glas Wasser leer. Beide sollten nach ihrem Auftritt bei mir erscheinen und dieses kleine Kunststück vorführen. Soweit, so gut, aber ich wollte meinen Gästen auch eine Tanzfläche bieten und eine Band engagieren.

Wie das zu bewerkstelligen sei, ahnte ich nicht, doch da kam mir die Freundschaft mit Elsa Maxwell sehr zustatten. Munter erklärte sie: »Ich kann Ihnen das alles arrangieren. Heute nachmittag komme ich mit jemand vorbei, der den Garten ausmißt, und ich sage Ihnen dann auch schon wegen der Band Bescheid.«

Wirklich maß sie mit ihrem Begleiter alles aus, ohne weiter auf mich zu achten, und bemerkte abschließend ganz beiläufig: »Im Le Touquet gastiert derzeit die beste Band. Ich kann sie Ihnen für drei Stunden verschaffen, aber es kostet eine Stange Geld.« Tatsächlich war das geforderte Honorar beträchtlich, doch dachte ich, um ein Haar hättest du am Baccarattisch noch zweimal große Einsätze gemacht und alles verloren, während du hier für dein Geld wenigstens was bekommst! Ich fragte mich, wie hoch wohl Elsas Anteil an der Gage der Band sein mochte, aber das war am Ende ganz gleichgültig.

Mit François ging ich zu Potel et Chabot, den berühmten Traiteuren, und wir bestellten, was wir brauchten: das Büfett, Tische und Stühle, sonstige Gerätschaften und Personal.

Ich freute mich auf diese Gesellschaft, wie ein junges Mädchen sich auf seinen ersten großen Ball freut, und habe mich nie vor einem Konzert so nervös gefühlt wie vor jenem Abend. Denise und Elsa Maxwell kamen bereits am Nachmittag und halfen mir die Tischkarten schreiben. Entsinne ich mich recht, sollten fünfundsiebzig bis achtzig Gäste zum Essen kommen. Die Band war vortrefflich ausgewählt, wie alles, was Elsa in die Hand nahm. Ein Elektriker befestigte in den Ästen meiner Bäume farbige Birnen, und die Nacht war warm und windstill.

Es kamen alle meine Freunde, als erste Paul und Zosia, für welche das Fest eine Überraschung war. Getrieben von Eitelkeit und im Gedanken an die von ihnen in New York veranstalteten Parties, wollte ich ihnen einmal zeigen, wozu ich imstande war. Der liebe Paul brachte sogar ganz arglos seine Geige mit, denn er meinte, wir würden wohl gemeinsam die eine oder andere Sonate spielen. Meine Gäste gehörten allen Schichten der Pariser Gesellschaft an; Aristokraten, Plutokraten, Künstler, Intellektuelle und Bohemiens. Es kamen alle mir bekannten Polignacs, Faissigny-Lusinges, zwei Fürsten Poniatowski mit Gattinnen, Dolly Radziwill und La Rochefoucauld und andere als Vertreter der Faubourg St. Germain, Rothschilds, Lazare und Weil. Die Académie Française war vertreten durch mindestens ein Halbdutzend Mitglieder. Es kamen aber auch Serts und Godebskis, Bourdets und Henri Bernstein, Eve Curie, Anatole Mühlstein, der polnische Gesandte, Moïse Kisling, Jean Cocteau und Achards. Strawinsky war nicht in Paris, und Picasso hatte keinen Abendanzug. Es kamen Pierre Brisson, Kritiker von ›Le Temps‹, Serge Lifar, Jean Berard und viele andere, deren Namen mir im Moment nicht einfallen. Es war eine perfekte Party, und die unterschiedlichen Gruppen schlossen entzückt Bekanntschaft miteinander.

Man lobte die von mir zusammengestellte Speisefolge. Mir zur Rechten saß Fürstin Winnie, zu meiner Linken Germaine de Rothschild. Mein kleiner Zauberkünstler amüsierte alle Anwesenden mit seinen wohlbekannten Kunststückchen, und wir waren kaum mit dem Essen fertig, als die beiden Chinesen erschienen. Man versammelte sich um sie und bestaunte ihre Kunstfertigkeit; sie zeigten ihre Geschicklichkeit auch noch auf andere Weise. Und dann begann der Ball. Die Band von Le Touquet bestand aus fünf Musikern, die ihr gesamtes Repertoire von One-Steps, Walzern, Tangos und sogar den beliebten französischen Javá spielten. Die gesamte Nachbarschaft nahm von Anfang an an diesem Fest teil, die Fenster waren geöffnet und voller Zuschauer, auf der Place Ravignac fanden sich alle möglichen Leute ein, und ich möchte ausdrücklich zum Lobe dieser Menschen sagen, daß sie sich höchst manierlich aufführten. Niemand protestierte, alle amüsierten sich und beklatschten die Darsteller. Die Menschen auf der Place Ravignac tanzten zu unserem Javá, und ich schickte François und zwei Kellner mit Champagner zu den Zuschauern an den Fenstern. Gegen Morgen kam die Polizei, wie stets aufgestört von unvorhergesehenem Menschenauflauf. Als ich aber erklärte, es handele sich nur um eine harmlose Lustbarkeit, nahmen die Herren ein Glas Champagner und zogen vergnügt ab. Gegen sieben in der Frühe waren nur noch wenige Gäste da – Eve Curie, Mühlstein, Henri Bernstein und Kochanskis. Nun kehrte ringsum Ruhe ein, es wurde aufgeräumt, und dann spielten Paul und ich die d-moll-Sonate von Brahms, der die halbbetrunkenen Überlebenden der Geselligkeit in feierlichem Schweigen zuhörten. François kümmerte sich um die restlichen Aufräumungsarbeiten, während ich mit den letzten Gästen zum Frühstück ins Bois de Boulogne fuhr. Viel Kaffee und Spiegeleier stellten uns völlig wieder her, und wir genossen den schönen Morgen und die Erinnerung an all die vielen reizenden, komischen Vorfälle der vergangenen Nacht.

Diese Nacht war der Höhepunkt im Leben des Verschwenders Arthur Rubinstein.

Kapitel 76

Von Nela sprach ich nie, aber eines Tages brachte Zosia mir Neuigkeiten. Was sie über Nelas Ehe zu sagen hatte, war voller boshafter Andeutungen. »Munz ist Lehrer am Konservatorium in Cincinnati, aber seit ihr Vater die Dirigentenklasse am Curtis Institute in Philadelphia leitet, ist Nela mehr dort als zu Hause bei ihrem Mann. Wenn sie nach New York kommt, besucht sie uns, hauptsächlich, um sich von mir in Modefragen beraten zu lassen. Arthur, sie hat weiter nichts im Kopf als Kleider.« Es hielt nicht schwer, in solchen Berichten die Entstellungen zu erkennen. Eine echte Freundin von Nela hätte mir das gleiche, aber auf wohlwollendere Weise erzählt. Also hörte ich mir Zosias Klatsch schweigend an und stellte mich ganz uninteressiert.

Als ich Paul von meinem Abschluß mit His Master's Voice erzählte und ihn drängte, mit mir nach London zu kommen und Fred Gaisberg kennenzulernen, sagte er: »Ich habe da Besseres in Aussicht, nämlich bei Brunswick. Die sind eigentlich Fabrikanten von Billardtischen, aber jetzt machen sie auch Schallplatten. Sie haben Josef Hofmann unter Vertrag und große Pläne mit mir. Das bedeutet für mich gute Reklame überall in den USA. Englische Schallplatten sind dort fast unbekannt.« Ich bestand nicht weiter darauf.

Horowitz kam nach Paris und rief mich an: »Haben Sie heute etwas vor?« Ich verstand den Wink. »Kommen Sie zu mir, wir gehen dann zusammen essen.« Ich war noch im Morgenrock, als er ankam. Er umarmte mich, ging sogleich an den Flügel und spielte mehrere kleine Sachen. »Finden Sie nicht, daß der letzte Satz dieser Haydn-Sonate eine gute Zugabe ist?« Als er sah, daß ich davon nicht recht überzeugt war, wollte er wissen, was sonst ich noch als Zugaben für geeignet hielt, und war erstaunt, als ich ihm zu erkennen gab, für vorbereitete Zugaben nichts übrig zu haben. Ich selber wähle die Zugaben spontan, je nach der Atmosphäre im Saal und meiner Stimmung. Jedenfalls wußte ich nie im voraus, was ich für Zugaben spielen würde. Er aß mit mir als mein Gast sehr gut bei Fouquet; dann hatte er anderes zu tun, kehrte aber zum Abendessen und auch noch zu einem Bummel durch mehrere Nachtlokale zurück. So etwa sahen die Tage aus, die wir miteinander verbrachten.

Auch Jascha Heifetz kam nach Paris, wollte mich unbedingt sehen, lud mich auf einen Drink in sein Hotelzimmer ein, wo ich einige seiner amerikanischen Freunde traf. Wir verabredeten uns auf den nächsten Vormittag, ich sollte ihm Ladengeschäfte zeigen, in denen ich Gegenstände erworben hatte, die auch er haben wollte. Seit wir uns in New York kennengelernt hatten, schaute er mit Verlangen auf die goldene Kette, an der ich meinen Schlüsselring, einen Zigarrenabschneider und anderes trug; die Kette war auf Bestellung bei Mappin & Webb angefertigt worden. Auch meine Krawatten und die dazu passenden Taschentücher schienen ihm den Schlaf zu rauben, und ich befürchtete schon, er werde versuchen, mir François zu stehlen. Einzig um meine Karriere beneidete er mich damals nicht. Er wie Wolodja Horowitz nannten sich meine Freunde; Horowitz bewies das, indem er ungeniert meine Gastfreundschaft akzeptierte, Heifetz, indem er ernsthaft meine Rezepte für die feinere Lebensart befolgte, doch beide behandelten mich von der Höhe ihrer amerikanischen Dollarüberlegenheit als einen eher minderwertigen Kollegen. Ich habe keinen von beiden je um seinen Erfolg beneidet. Auch für mich war Heifetz selbstverständlich der größte Geiger seiner Zeit, nur rührte sein Spiel nie mein Herz. Und Horowitz war der größte Pianist, wenn auch keineswegs ein großer Musiker. Unter solchen Vorbehalten kamen wir drei recht gut miteinander aus.

Eines Morgens rief mich ein Attaché der Polnischen Botschaft an; es erfülle ihn mit Stolz, mir mitteilen zu können, daß die französische Regierung mir den Orden eines Ritters der Ehrenlegion verliehen habe. Dieser Orden liege für mich in der Botschaft bereit. Das war wirklich eine hohe Ehre, denn alle Ritter dieses Ordens müssen der Verleihung zustimmen, eine einzige Gegenstimme führt zur Ablehnung des Kandidaten.

Nachmittags begab ich mich in die Botschaft, um zu erfahren, wann die Zeremonie der Ordensverleihung stattfinden solle, denn es war Brauch, daß ein hoher französischer Beamter die Urkunde verlas, dem zu Dekorierenden die Auszeichnung an den Rockaufschlag heftete und ihn auf die Wangen küßte. Als ich den Portier fragte, ob der Botschafter zu sprechen sei, entnahm er einer Schublade ein kleines, in braunes Packpapier gewickeltes Päckchen und überreichte es mir. »Seine Exzellenz hat dies für Sie hinterlassen.« In dem Päckchen befand sich ein Kästchen mit dem Orden samt dem Verleihungsdokument, unterzeichnet vom Kultusminister.

Daß Chlapowski, der Botschafter, diese Angelegenheit auf so rüde Weise behandelte, kränkte mich tief, und vorübergehend war mir, als habe er aus einer Ehrung eine Entehrung gemacht. Ich nahm das Päckchen, fuhr nach Hause und befahl François: »Lesen Sie mir laut die

Urkunde vor und heften Sie die Medaille an meinen Rockaufschlag.« Die Wangenküsse ließ ich aus.

Die Studenten der Académie de Beaux Arts veranstalteten wie alljährlich ihren Ball, und der war einzigartig. Für diese eine Nacht gewährten die Behörden den angehenden Künstlern absolute Narrenfreiheit. Der Ball fand in der riesigen Salle Wagram statt, wo für gewöhnlich Boxkämpfe und andere Sportveranstaltungen abgehalten wurden. Der Ball hieß traditionsgemäß »Le bal des Quat-z'arts«, und das Komitee gab ihm alljährlich ein Thema – »Im alten Rom«, »Im antiken Griechenland« oder »Karthago« –, doch die Studenten scherten sich nicht weiter darum, sondern strichen sich mit einer fürchterlichen roten oder braunen Farbe an und hängten sich Bärte um. All die hübschen Modelle der Maler und Bildhauer waren eingeladen. Nicht Dazugehörige, die mitmachen wollten, mußten eine Einladung vorweisen, die streng geprüft wurde. Suchte sich jemand unberechtigt einzuschleichen, konnte er sehr wohl in der Gosse landen.

Zweimal hatte ich bereits über einen befreundeten polnischen Bildhauer Karten bekommen – ich habe den Ball bislang nicht erwähnt, weil er nur einer von vielen war, wenn auch vielleicht ein besonders stürmischer –, und ich erwähne diesen auch nur, weil Jascha Heifetz in mich drang, ihn mitzunehmen. Mein Bildhauer wollte mit einer zweiten Karte nicht herausrücken. »Du gehörst zu uns«, sagte er. »Du bist ein Künstler,« aber wer ist der andere?« Ich fand es komisch, daß Heifetz weniger bekannt war, als er glaubte; ich mußte Einzelheiten angeben, und dann wurde er ebenfalls als »einer der unseren« akzeptiert.

Wir nahmen das Abendessen zu dritt, gingen ins Atelier des Bildhauers, wo er uns mit dieser scheußlichen Farbe bemalte. Anschließend drückte er uns Sandalen in die Hand, befahl uns heimzufahren und uns ein paar Fetzen umzubinden und mit Sicherheitsnadeln festzustecken. Das war das Kostüm. Heifetz kam mit mir, und François half uns bei der Kostümierung. Ein Taxi brachte uns zur Salle Wagram. Schon draußen auf der Straße sahen wir brüllende Römer, die offenbar schon eine Menge getrunken hatten, aus allen Himmelsrichtungen herbeiströmen, manche auf offenen Karren, und harmlosen Passanten einen tüchtigen Schrecken einjagen. Wir wurden eingelassen, nachdem zwei athletisch gebaute Studenten unsere Karten gründlich geprüft hatten. Maurice de

Rothschild allerdings, der sich eindrängen wollte, landete zu unserer Verblüffung in der Gosse.

Der riesige Saal war gedrängt voll. In der Mitte befand sich eine erhöhte Plattform. Die Mädchen, meist Modelle, trugen durchsichtige Gewänder, die ihre Formen schmeichelhaft zur Geltung brachten. Eine Band schmetterte One-Steps, Walzer und Javás, doch ohne sichtbare Wirkung, denn die tanzenden Paare klammerten sich einfach aneinander und wiegten sich schamlos auf der Stelle, einerlei, was da gespielt wurde. Es kam zu höchst unzüchtigen Auftritten, man legte die improvisierte Toga auf der Galerie ab. Das Tanzen ging in andere Übungen über, die in schöner Vollendung ausgeführt wurden. Es war in der Tat eine römische Orgie, aber die Phantasie der Pariser Studenten übertraf die ihrer Vorbilder gewiß. Heifetz schaute zwar entsetzt, doch fasziniert zu. Als er sah, wie zwei unternehmungslustige Studenten auf der Plattform ein bildschönes Modell vergewaltigten (selbstverständlich taten sie nur, als ob), wollte er heimgehen, weil er fürchtete, die Polizei könne jeden Moment eintreffen und »die Verbrecher« festnehmen. Ich beruhigte ihn und führte ihn in die Garderobe, wo auch Kaffee ausgeschenkt wurde. Dort sahen wir einen recht bemerkenswerten Auftritt. Die etwa vierzigjährige Garderobiere ließ sich augenscheinlich mit Vergnügen von einem Halbdutzend *amateurs* die Tugend rauben. Ich war höchst amüsiert. Heifetz indessen fiel fast in Ohnmacht, bat mich wegzugehen, und gegen sechs Uhr früh standen wir auf der Straße. Jetzt froren wir in unseren Fetzen, außerdem hatte ich Hunger.

Heifetz war ebenfalls hungrig, aber um diese Zeit bekam man nirgendwo etwas Anständiges vorgesetzt, außer in der Abbaye de Thélème auf der Place Pigalle. Wir nahmen ein Taxi und sahen, als wir ankamen, nur einen einzigen Tisch besetzt – von einem ältlichen Herrn und zwei Straßenmädchen. Vor ihnen stand in einem Eiskübel eine Zweiliterflasche Champagner und in einem anderen ein Blumenstrauß.

Der Herr rief mich an: »Was ist denn mit Ihnen los, Rubinstein?« Ich erklärte unseren Aufzug, stellte ihm Jascha vor, dessen Name ihm vertraut war, und wir nahmen am Nachbartisch Platz.

Die Farbe war unterdessen eine einzige schmutzige Masse, auch unsere Fetzen hatten ihre Farbe eingebüßt, und wir sahen aus wie entsprungene Sträflinge. Albert, der Wirt, kannte mich gut und bereitete uns einen ausgezeichneten Imbiß. Erst jetzt erkannte ich den Herrn am Nebentisch, und ich nenne hier auch seinen Namen, denn er war eine höchst pittoreske Persönlichkeit, das schwarze Schaf unter seinen Geschwistern, von denen ein Bruder, Kardinal Merry de Val, der höchste vatikanische Würdenträger nach dem Papst war, der andere chilenischer Botschafter am Hofe von St. James. Unser Nachbar, Domingo Merry de Val, war zweifellos der amüsanteste dieser Brüder. Er hatte eine Menge Champagner intus, was erklärt, wie er in diese Gesellschaft kam. Immerhin hatte er den Damen als Mann von Welt Blumen überreicht. Als er uns beim Kaffee ankommen sah, rief er ganz unerwartet: »Warum spielt ihr großen Künstler den Damen nicht etwas vor?« Wir waren baß erstaunt, hatten aber noch so viel Humor, seine Aufforderung zu befolgen. Es gab ein Klavier, und Albert beschaffte, ich weiß nicht wie, eine Geige für Jascha – vielleicht hatte einer seiner Musiker sie dagelassen. Wir spielten ein paar leichte Sachen, die wir beide gut kannten, und anschließend befahl Domingo Merry de Val einem der Mädchen: »Gib die Blumen diesen beiden Meistern, solch Spiel wirst du im Leben nicht mehr zu hören bekommen.« Die Frau gehorchte, ja wollte uns die Hände küssen, doch in diesem Moment trat Albert auf Jascha zu: »*Vous savez, jeune homme, qui a joué ici? Le grand Kubelik.*«

Jascha brachte mit Mühe ein Grinsen zustande, und damit endete unsere Nacht des »Quat-z'arts«.

Kapitel 77

Kochanskis fuhren zur Kur nach Evian, bevor sie in die USA zurückkehrten, und ich gesellte mich zu ihnen. Pauls Begleiter Pierre Luboschutz und eine hübsche, reizende chilenische Freundin von mir waren mit von der Partie. Wir trafen hier den jungen Raimund von Hofmannsthal. Wir fünf nahmen die Mahlzeiten miteinander, und Paul sorgte durch seine Anekdoten und Imitationen dafür, daß wir aus dem Lachen nicht herauskamen. Er war komischer denn je, sein Aussehen wollte mir aber nicht gefallen; offenbar bekam ihm die Kur nicht. Als ich ihn danach fragte, wich er einer offenen Antwort aus und erklärte sich mit der Behandlung ganz einverstanden. Ich war traurig beim Abschied. Paul fehlte mir oft, und wäre er immer anwesend gewesen, ich hätte manches unterlassen, was mir zwar Spaß machte, aber doch unzuträglich war.

Wieder in Paris, im August dieses Jahres 1929, las ich in der Zeitung, daß Diaghilev in Venedig verstorben war. Das ganze mit der Kunst verbundene Paris trauerte um ihn. Der Verlust dieses großen Schönheitsmagiers griff uns ans Herz, wir erkannten plötzlich, wie tief wir in seiner Schuld standen und wie reich dieser Mann uns viele Jahre mit Entzückungen und Erregungen beschenkt hatte. Junge Komponisten fühlten sich verwaist, Tänzer und Tänzerinnen weinten bei dieser Nachricht.

Fürstin Winnie hatte mich für den Ende des Sommers wieder in ihren Palazzo eingeladen, und sogleich nach der Ankunft fuhr ich mit der Gondel zum Friedhof und legte an Diaghilevs Grabe Blumen nieder.

Strawinsky und Vera, jetzt seine ständige Gefährtin, waren in Venedig, und ich fand Igor vom Tode des Mannes, der in seinem Leben eine so bedeutende Rolle gespielt hatte, tief erschüttert. Viele Bewunderer erwiesen Diaghilev an seinem Grabe die Ehre.

Vor meiner Abreise gab ich das jährliche Dank-Konzert im Palazzo. Die Fürstin lud dazu Freunde ein, die ständig in Venedig lebten: Robillants, Annina Morosini, den reizenden Musiker Giorgio Levi und seine Frau, etliche einheimische Musiker und den Direktor des Fenice, dazu zwei junge Engländerinnen, Sheila Ponsonby, spätere Gattin des Herzogs von Westminster, und Hilary Wilson, deren Vater die Schiffahrtslinie Wilson gehörte. Hilary und ich freundeten uns miteinander an; sie heiratete später Lord Munster, blieb kinderlos und lebte großenteils der Musik. Sie studierte Klavier bei Cutner Solomon, einem glänzenden Lehrer, und hat später generös junge Musiker unterstützt.

In Paris kam es zu einer längeren Auseinandersetzung mit Valmalète, die fast in einen Streit ausartete. Ich ersuchte ihn dringend, mehr auf Konzerte in besserem Rahmen zu achten. »Ich habe es satt, vor kleinem Publikum zu spielen, das überdies kein Musikverständnis hat. Ich mag nur spielen, wo man mich wirklich schätzt. Konzerte in Rom, Madrid, Florenz, Barcelona oder in den südamerikanischen Großstädten inspirieren mich.«

Valmalète lächelte leicht herablassend. »Verachten Sie nicht Kleinstädte und kleine Gagen. Ein anständiges Essen kommt immer noch dabei für Sie heraus.« Das machte aber keinen Eindruck mehr auf mich, und ich nahm mir vor, nicht mehr an Orten zu spielen, die mir nicht genehm waren.

Die wenigen Ferienwochen, die ich mir so verschaffte, waren höchst willkommen. Ich konnte mich endlich meiner geliebten Buchlektüre widmen, schlenderte über die Rue Jacob und die anliegenden Straßen, wo man wahre Schätze fand: vergriffene Bücher, Biographien, Briefwechsel zwischen Dichtern und Musikern. Klopfenden Herzens nach solchen Schätzen suchend, konnte ich sogar eine Mahlzeit auslassen. Ich werde nie vergessen, wie ich in einem russischen Buchladen die Erstausgabe der Werke Dostojewskis fand, eine sehr schöne Ausgabe von Tschechow, ›Krieg und Frieden‹ und ›Anna Karenina‹ mit herrlichen Illustrationen.

Ich wußte, daß die Musikkritiken von Bernard Shaw als Buch erschienen, aber vergriffen waren, und alle befreundeten Buchhändler hatten meine Wünsche nach Neuauflagen vorgemerkt. Mein kleines Haus konnte den hereinströmenden Lesestoff kaum noch fassen. Manches Theater, so das Champs-Elysées, Antoine, de l'Œuvre und de l'Atelier, verkauften die Bücher der Autoren, deren Stücke sie aufführten, nahmen auch Subskriptionen auf Prachtausgaben an. Auf diese Weise erwarb ich die vollständigen illustrierten Werke von Musset, Daudet, Baudelaire, Verlaine und sogar Courteline. Meine Freunde in Polen sahen sich nach seltenen polnischen Büchern für mich um, und ihnen danke ich den Besitz der Erstausgabe des ›Pan Tadeusz‹ von Mickiewicz, dem großen polnischen Barden. In Krakau fanden sie sogar eine alte Chronik in ihrem ursprünglichen Einband aus rohem Leder samt Schloß und Schlüssel. Ich erhielt viele Neuerscheinungen mit Widmung der Autoren, die wußten, daß ich die Literatur liebe, und mich deshalb schätzten. Ich berührte während dieser kurzen Ferien beinahe keine Taste, las vielmehr Tag und Nacht. Hatte ich bis in den frühen Morgen gelesen, servierte François mir das Frühstück im Bett, und ich fuhr zu lesen fort, ohne aufzustehen. Ich kann ohne Übertreibung sagen, daß ich allen Ärger vergaß und diese Wochen in einem Zustand der Euphorie verbrachte. Damals wurde mir klar, daß die bedeutenden Bücher jene idealen Freunde sind, mit denen man sich über abstrakte Themen auseinandersetzen kann. Mit Freude entdeckte ich in manchen Ideen, welche den meinen ähnelten, oder ich verteidigte in Gedanken aufs heftigste meine Thesen gegen scharfe Angriffe auf meine Überzeugungen. Manche Bücher sind mir ebenso wie manche Musik zu lebenslangen Gefährten geworden und werden es auch bleiben, solange ich klaren Geistes bin.

Eines Tages las ich mit Entsetzen vom Börsenkrach an der Wall Street. Anfangs begriff ich nicht die ganze Tragweite des Ereignisses, denn »schwarze« Tage, von denen bestimmte Aktien betroffen waren, hatte die Börse immer einmal, doch es brauchte Tage, bis ich verstand, daß das gesamte amerikanische Wirtschaftssystem wie ein Kartenhaus zusammengestürzt war. Ich begriff auch, daß Paul betroffen sein mußte, ahnte aber nicht, in welchem Ausmaß. Gegen alle Vernunft hoffte ich, er habe seine Anlagen gerettet. Weil ich keine Nachrichten von ihm hatte, schrieb ich ihm auch nicht. Es hätte ihn, nach all meinen Warnungen, vermutlich nur gekränkt, also hieß es abwarten, bis er selber mich ins Bild setzte. Man redete in der ganzen Stadt vom Börsenkrach, doch schien niemand betroffen zu sein. Immerhin stellte mir dies Ereignis den Wert des Geldes eindringlicher vor Augen. Ich schrieb Ruiz und Pellas, sie möchten für die nächste Spielzeit Tourneen in Brasilien und Argentinien arrangieren; bei dieser Gelegenheit würde ich dann auch feststellen können, wie es sich mit meinen Wertpapieren in Rio und Buenos Aires verhielt.

Konzerte in Spanien und Italien waren einträglich wie immer, diesmal aber sah ich mir genau die Abrechnungen an, denn ich war an den Einnahmen prozentual beteiligt. Immer noch las man in den Zeitungen von zahllosen Konkursen, Selbstmorden, von Millionen Arbeitslosen. Der Wohlstand Amerikas schien geschwunden, um den die übrige Welt es beneidet hatte, und man warf den USA vor, in verantwortungsloser Weise zahllose Menschen dazu verleitet zu haben, sich im Besitz von Vermögen zu wähnen, die indessen aus nichts bestanden als aus leeren Spekulationen.

Meine chilenische Freundin, eine Verwandte von Juanita, wollte unbedingt nach Andalusien, denn meine Erzählungen von der *feria* in

Sevilla und von Granada erregten ihre Phantasie. »Aber nur, wenn du mir alles zeigst«, verlangte sie. Ich habe seit je den Launen einer schönen Frau nachgegeben, und es hat mir immer Spaß gemacht, jemandem etwas zu zeigen, seien es nun die besten Gemälde in einem Museum oder die besten Restaurants in irgendwelchen Städten, und ich war immer sehr stolz, wenn ich auf Sehenswürdigkeiten hinweisen konnte, die nicht im Baedeker verzeichnet stehen. Also arrangierte Quesada eilends einige Konzerte in Andalusien, wobei genügend Zeit für Sevilla und Granada abfiel. Ich erinnere mich fast nur noch an die Nacht in Sevilla, als es mir mit Hilfe meines Freundes Juan Lafita gelang, die besten Flamencosänger und Gitarristen dazu zu veranlassen, für uns zu spielen. Meine schöne Chilenin fand diese Art Unterhaltung überhaupt nicht vergnüglich, wir brachen verfrüht auf, und auf der Straße zog sie heftig über diese Musiker her. »Wie hältst du nur dieses gräßliche Geschrei aus, Arthur, du, ein so feiner Musiker! Barbaren sind das, weiter nichts!« In jener Nacht kühlte sich meine Freundschaft zu der Dame erheblich ab, und ich war froh, sie wohlbehalten zu Hause in Paris abliefern zu können.

Die Stimmung war diesmal über Weihnachten und Neujahr in Paris etwas gedämpft. Das amerikanische Finanzdebakel machte sich nun auch in Europa fühlbar. Die chauvinistischen Franzosen beklagten plötzlich das Ausbleiben der amerikanischen Touristen, die mit leichter Hand ihr Geld auszugeben pflegten. In den Wintersportorten, den Hotels und Restaurants machte sich diese Einbuße stark fühlbar, und viele mußten schließen. Das alles legte sich wie eine düstere Wolke über Europa. Aus Deutschland verlautete nichts Gutes; seit dem Mord an Rathenau kam das Land nicht mehr zur Ruhe, und auch in Polen wollte sich kein Friede einstellen, denn der künstliche polnische »Korridor« wurde von beiden Seiten als störend empfunden.

Im Frühjahr trafen Kochanskis ein, und Paul berichtete, wie seine Hoffnungen, zu einem Vermögen zu kommen, zuschanden geworden waren. Er war sehr bitter, doch seine Moral war ungebrochen. Zum Glück war er klug genug gewesen, seine Verluste auf die ursprünglichen zehntausend Dollar zu beschränken, hatte also keine Schulden, bezog sein Gehalt von Juilliard und hatte Konzertreisen in Aussicht. Ich schlug ihm gemeinsame Sonatenabende in England und auch in Spanien vor.

Das gefiel ihm sehr, und wir nahmen es für das kommende Frühjahr in Aussicht. Sie fuhren dann weiter nach Zakopane.

Als ich zu einem neuerlichen Konzert in Madrid war, spürte ich sehr deutlich die politische Unruhe. Es hieß, der König und Primo de Rivera seien zerstritten. Das Land war in gegnerische Lager aufgeteilt. Kurz vor meinem Konzert suchte mich der Herzog von Santo Mauro im Hotel auf. »Ich habe Ihnen im Auftrag Ihrer Majestät der Königin auszurichten, sie bedaure sehr, morgen nicht Ihr Konzert besuchen zu können. Sie verläßt zur Zeit den Königspalast nicht mehr. Die Sozialisten verüben Gewaltakte, und wir wissen beide, wie gefährlich diese gräßlichen Menschen werden können.« Erst da wurde mir klar, wie verfahren die Lage bereits war.

Nach dem Besuch des Herzogs brachte mir ein junger Musiker, der sehr an mir hing, eine Komposition. »Dies ist ein Geschenk der Sozialistischen Partei für Sie, der Entwurf einer Revolutionshymne.«

Nie zuvor war mir deutlicher geworden, wie sehr das ganze spanische Volk mich ins Herz geschlossen hatte. Der Adel hielt mich für einen Royalisten, die Sozialisten hielten mich für einen der ihren.

Fred Gaisberg schlug mir vor, mit einem guten Orchester unter Albert Coates das B-Dur-Konzert von Brahms für Schallplatten zu spielen, und ich war nicht nur willig, ich war geradezu begierig darauf. Als Datum wurde ein Tag kurz vor meiner Abreise nach Südamerika festgesetzt.

Nach meiner Ankunft in London führte Gaisberg mich in den Saal, wo die Aufnahme gemacht werden sollte, einen häßlichen, völlig kahlen Raum, der sonst als Tanzpalast diente. »Ich habe einen schönen Bechstein für Sie.« Das klang nicht sehr vielversprechend, überhaupt fand ich es nicht leicht, brauchbare Instrumente aufzutreiben. Auch war Coates vor der Aufnahme nicht zu erreichen, und damit hatte ich nicht gerechnet. Man setzte nur zwei Tage für die Einspielung dieses mit seinen vier Sätzen längsten aller Klavierkonzerte an, und das Ergebnis war denn auch absolut unbefriedigend. Alles hatte sich gegen uns verschworen. Der Flügel hatte einen guten Klang, war aber etwas verstimmt, und der Stimmer bekam ihn nicht richtig hin. Coates dirigierte am anderen Ende des Saales, weit entfernt von mir, meine Nachbarn waren also Schlagzeug und Blech hinten im Orchester. Unter solchen Umständen kam ein enger Kontakt zwischen Solist und Dirigent nicht zustande, und weder er noch ich fanden Geschmack an dem, was wir da machten. Ich meinte, diese beiden Tage voller Schwerarbeit seien reine Verschwendung gewesen, und bat Gaisberg, die Aufnahmen zu vernichten. Wenn ich mich entsinne, sagte ich: »In unserem Vertrag heißt es, daß ich die Veröffentlichung einer Schallplatte untersagen kann, wenn ich mit der Aufnahme unzufrieden bin.« Gaisberg versprach, sich daran zu halten, und ich fuhr ab nach Südamerika.

Diesmal brachte ich von der Tournee nichts als unangenehme Eindrücke mit. Sowohl in Argentinien als auch in Brasilien gab ich weniger Konzerte als sonst, und nicht alle waren ausverkauft. Es war eine Freude, die alten Freunde wiederzusehen, die herzlich waren wie immer, doch auch hier spürte ich den Schatten des amerikanischen »Debakels«. Die Bank in Rio und der Crédito Argentino waren jedoch solide geblieben, und ich stieß einen Seufzer der Erleichterung aus.

Zurück aus Südamerika, vernahm ich, daß Karol lange Zeit in Davos verbracht hatte. Daß seine Gesundheit so angegriffen war, hatte ich nicht gewußt. Er war schon wieder in Warschau, als ich in Paris ankam.

Kapitel 78

Gaisberg hatte mich betrogen; meine Aufnahme des Brahms-Konzerts lag in den Geschäften, und ich war drauf und dran, den Vertrag zu annullieren. Darauf sagte er: »Sie haben keinen Grund, sich zu ärgern; bei Musikern wird die Aufnahme geschätzt, und vom Publikum wird sie gut gekauft. Coates hat keine Einwände erhoben.« Ich nahm mir vor, künftig vorsichtiger zu sein.

Für weitere Aufnahmen hatte Gaisberg bereits große Pläne. »Spielen Sie für uns die spanischen Sachen, mit denen Sie im Konzert so viel Erfolg haben. Wie wäre es mit ›Navarra‹, ›Triana‹ und ›Feuertanz‹?«

Ich antwortete ausweichend: »Sie müssen sich klarmachen, daß ich diese Stücke auf meine sehr persönliche Weise interpretiere. Sie bekommen keineswegs alle Noten zu hören, sondern mehr eine Synthese des musikalischen Gehaltes.«

Er wollte aber nicht nachgeben, also versprach ich, mir die Sache noch mal daraufhin anzusehen, ob ich eine Aufnahme verantworten konnte. His Master's Voice hatte jetzt vorzügliche Studios mit der modernsten Technik in der Abbey Road. Man konnte dort angenehm und befriedigend arbeiten, es gab ein kleines, aber gutes Restaurant im Gebäude, man verlor also keine Zeit mit den Mahlzeiten. Als ich bereit war, ›Navarra‹ einzuspielen, bat mich meine Freundin Hoyty Wiborg, die gerade dieses Stück sehr liebte, dabei zugegen sein zu dürfen. Gaisberg und ich ermahnten sie, sich ganz lautlos zu verhalten, und sie schwor, sie wolle nicht einmal Luft holen. Diesmal hatte ich einen guten Flügel, einen Steinway, und ich legte los mit allem, was ich hatte. Die mittlere Partie war mir noch nie so prachtvoll gelungen, noch dazu hatte ich keine Note ausgelassen (selbstverständlich keine der Noten, die ich spielen wollte). Doch bevor ich noch zum letzten Forte-Akkord kam, rief Miß Wiborg schon laut »Bravo!« und verdarb damit die Aufnahme. Umbringen hätte ich sie mögen! Viermal mußte ich wiederholen, bis die Einspielung zu meiner Zufriedenheit ausfiel.

In Spanien ereignete sich der politische Umsturz. 1930 waren Katalonien und Mittelspanien von der Revolution bedroht. Das Heer unterstand einem fanatischen General, der für die Monarchie kämpfen wollte, doch der König, ein echter Liberaler, lehnte es ab, sein Land in ein Blutbad zu stürzen. Er verkündete in edlen Worten seine Abdankung und verließ das Land in allen Ehren an Bord eines spanischen Kriegsschiffes mit Kurs auf Italien. Die Königin reiste mit den Kindern nach Paris. Die alte Infanta Isabel, im ganzen Volk sehr beliebt, wurde vom Revolutionskomitee aufgefordert, in ihrem Palast zu bleiben; man versprach, ihr unverändert die ihr zukommenden Ehren zu erweisen. Die großartige alte Dame lehnte das aber ab. »Ich gehöre zu den Meinen«, sagte sie und reiste einen Tag später ab, begleitet von der Infanta Béatrice von Orleans, ebenfalls nach Paris. Hier starb sie zwei Tage später.

Nach einigen weiteren Konzerten in Europa fuhr ich nach London zu neuen Aufnahmen. Ich nahm mir in der Bury Street eine hübsche Wohnung, spielte probeweise einige meiner spanischen Stücke ein, konnte mich aber nicht entschließen, sie freizugeben. Nebenher begann ich ernstlich an den ›Nocturnes‹ von Chopin zu arbeiten. Mitchell, der mir zwei oder drei Konzerte verschafft hatte, bereitete, von mir dazu aufgefordert, einen Sonatenabend für Paul und mich in der Wigmore Hall vor. Das wurde eines der besten Konzerte, die wir je gegeben haben. Wir spielten die ›Kreutzersonate‹, die Sonaten in c-moll von Beethoven und in d-moll von Brahms. Gaisberg war hingerissen. »Warum machen Sie keine Aufnahmen davon für uns?« fragte er.

»Warum eigentlich nicht?« fragte ich Paul, denn der Gedanke gefiel mir sehr. Er antwortete ausweichend: »Ich habe eine mündliche Abrede mit Brunswick, weiß daher nicht, ob ich das darf.« Ich lud ihn und Gaisberg für den nächsten Tag ins Grill vom Savoy ein. Gaisberg erklärte Paul, daß er Brunswick nicht verpflichtet sei, zumal die Gesellschaft ihn nicht auf bestimmte Stücke und Aufnahmedaten festgelegt hatte. Während wir beim Kaffee saßen, schlug Gaisberg plötzlich mit der Faust auf den Tisch: »Kommt doch jetzt gleich mit in die Abbey Road und macht die Brahms-Sonate für uns, die ihr neulich so herrlich gespielt habt.« Paul und ich wechselten einen Blick. »Jetzt gleich? Ohne alle Vorbereitung?« Ich lachte. »Paul«, sagte ich »wir haben diese Sonate tausendmal gespielt und könnten sie auch spielen, wären wir chloroformiert.«

Also gingen wir alle drei schnurstracks ins Studio, und alles war schon für die Aufnahme vorbereitet. Dieser Satan Gaisberg hatte an alles gedacht. Ich muß zugeben, daß wir sehr schön und spontan spielten, insbesondere hatte Paul den langsamen Satz nie schöner gespielt, und selbst der schwierige letzte Satz gelang uns fehlerlos.

Nach diesen ersten Aufnahmen fühlte ich mich recht beschwingt, was zu amourösen Abenteuern führte, die ich hier nicht näher wiedergeben will. Einmal verkuppelte mich Avila, das andere Mal handelte es sich um eine sehr schöne Polin, die bereit war, mich auf einer kurzen Tournee durch Spanien zu begleiten. Den Rest des Sommers verbrachte ich in Biarritz, machte Ausflüge nach St. Jean de Luz und San Sebastián, traf mich mit Ravel und meinen Freunden Blanchard. Wir besuchten auch einen ungeheuer aufregenden Stierkampf mit Gallito und Belmonte, bei welcher Gelegenheit ich einen großen moralischen Sieg über den widerstrebenden und misanthropischen Marchess of Cholmondeley errang. Der war zu einem harmlosen Golfspiel nach Biarritz gekommen; ich überredete ihn, als wir uns zufällig auf der Straße trafen, mich zu dem berühmten Stierkampf in San Sebastián zu begleiten. Er hatte wohl eine große Schwäche für mich, anders läßt sich seine Einwilligung nicht erklären, denn in London wurde ihm immer ganz übel, wenn ich das Wort Stierkampf auch nur aussprach. Und nicht nur kam er mit, er begleitete mich abends auch ins Casino Bellevue und sah mir beim *chemin de fer* zu, was er seiner Frau stets abschlug, wenn sie in Cannes waren. Und er fand Geschmack daran! Sybil traute ihren Ohren nicht, als sie davon erfuhr, und wann immer ich später bei Cholmondeleys zum Essen war, kam er mit viel Vergnügen auf diesen Vorfall zu sprechen.

Vierter Teil

Ehe und Familie

Kapitel 79

Für den Beginn der Konzertsaison 1931–1932 waren wieder Warschau und Lodz eingeplant. Und wieder mußte ich bei Ordynski wohnen. Es kam mir vor, als sollte ich alle meine Sünden auf seinem grausamen Sofa abbüßen. Überdies funktionierte die Heizung nicht, und ich fror erbärmlich. »Heute abend spielt Gregor Piatigorsky, den möchtest du vielleicht hören«, sagte er. Ich nahm diese Gelegenheit gern wahr. Piatigorsky war, wie schon berichtet, zugleich mit Horowitz und Milstein aus der Sowjetunion geflohen.

Der Saal der Filharmonja war ziemlich leer. Als ich den Mantel in der Garderobe abgab, sah ich ein vertrautes Gesicht. Nela stand vor mir; sie war allein. Ich begrüßte sie herzlich und küßte ihr die Hand. In Polen küßt man nur verheirateten Frauen die Hand. Sie ihrerseits behandelte mich wie einen guten Freund. Nach ein paar banalen Fragen – »Wie ist es dir ergangen?« und »Wie geht es deiner Familie?« – betraten wir miteinander den Saal. Da viele Sitze leer waren, kümmerten wir uns nicht um unsere Platznummern und setzten uns nebeneinander. Piatigorsky spielte außerordentlich schön, gewiß war er nach Casals der beste Cellist, den ich je gehört hatte, doch das Zusammentreffen mit Nela nahm meine Aufmerksamkeit zu sehr in Anspruch. Nela führte mich anschließend ins Künstlerzimmer und machte mich mit dem großen Cellisten bekannt. Er sah nicht nur sehr gut aus, er war auch besonders reizend, und wir schlossen auf der Stelle Freundschaft.

In der Garderobe fragte ich Nela: »Möchtest du mit mir zu Abend essen?«

»Um diese Zeit ist alles schon geschlossen, wir könnten höchstens ins Adria gehen, ein hübsches Tanzlokal.«

Wir fanden in diesem großen eleganten Saal einen kleinen Tisch, und bald gesellten sich Nelas Freundin Halina Lilpop und Richard zu uns, der eine besondere Begabung dafür hatte, mich aufzuspüren. Ich tanzte erst mit Halina, dann mit Nela, einer wunderbaren Tänzerin. Während wir uns selig im Walzer wiegten, fragte sie halb im Scherz und halb im Ernst: »Nun, würdest du mich jetzt heiraten?« Worauf ich im gleichen Ton erwiderte: »Gewiß doch, das müßtest du eigentlich wissen.« Von nun an wandelte sich unser Verhalten zueinander. Es wurde ein ernsthafter Flirt. Ich brachte sie nach Hause in die Walewska-Straße, wo ihre Eltern seit ihrer Rückkehr aus Philadelphia eine schöne Wohnung hatten. Emil Mlynarski leide an böser Arthritis und werde wohl den Rest seines Lebens im Rollstuhl verbringen müssen, erzählte Nela, doch er habe seine prächtige Vitalität noch nicht verloren. »Er gibt sogar jungen Dirigenten Unterricht, die von ihm lernen wollen«, erzählte Nela. Beim Abschied küßten wir uns zum ersten Mal.

Die freien Tage nach meinem Konzert verbrachte ich mit Nela meist in der Wohnung ihrer Eltern, die mit der sprichwörtlichen polnischen Gastlichkeit täglich Freunde bei Tische hatten – etwa Roman Jasinski, einen brillanten jungen Pianisten, nicht nur höchst kultivierten Menschen; wir lachten Tränen über seine komischen Improvisationen. Am Tage vor meiner Abreise verabredete ich mich allein mit Nela zum Essen in einem Restaurant auf dem herrlichen Platz in der Warschauer Altstadt. Es war erst kürzlich im ersten Stock eines Hauses eröffnet worden, das den Nachkommen von Foukier gehörte, den stolzen Eignern einer seit 1765 betriebenen, besonders für ihren jahrhundertealten ungarischen Tokaier berühmten Weinkellerei. Mit Mühe bekam ich einen Tisch für zwei Personen. Ordynski war in sein Filmatelier gefahren, und ich holte Nela pünktlich mit dem Taxi ab. Ich wollte wissen, was sie beabsichtigte: würde sie nach Amerika zurückkehren, oder wollte sie sich scheiden lassen und mich wirklich heiraten?

Gerade hatten wir das Essen bestellt, da erschien Ordynski. »Ich wußte doch, daß du heute hier essen würdest«, strahlte er, »und habe mich sehr beeilt, um noch rechtzeitig zu kommen. Was gibt es denn?« Nela und ich verabscheuten ihn unisono, und daß wir ihn willkommen hießen, war die größte Heuchelei unseres Lebens. Er beraubte uns der einzigen Gelegenheit, Pläne für die Zukunft zu erörtern. Ich mußte noch am selben Nachmittag nach Lodz und anschließend zurück nach Paris, wo ich wieder das Leben des unverbesserlichen Junggesellen aufnahm, als den meine Freunde mich kannten.

Photographiert von Paul Claudel,
1918 in Rio de Janeiro

Gabriella Besanzoni, 1931

Mit Pastora Imperio und Manuel de Falla, 1917

Pastora Imperio

Mit Karol Szymanowski (rechts) und Paul Kochanski zwischen Amerika und Europa, 1922

Mit Paul Kochanski in Venedig, 1932

Strawinsky und Fürstin Winnie de Polignac
auf dem Balkon des Palazzo Polignac in Venedig

Nela, 1928

Nach der Trauung, 1932

Mit Frau Aniela (Nela) in Zakopane, 1932

Mit Eva und Paul, 1940

Eva, Alina, Arthur, Johnny, Nela und Paul, 1948

Vor dem Haus in Beverly Hills, 1947:
Eva, Nela, Alina, Johnny und Arthur Rubinstein

Eva tanzt zu Vaters Begleitung

Trio mit Jascha Heifetz (Violine) und Gregor Piatigorsky (Cello), 1949

Mit Albert Einstein

In Hollywood mit Basil Rathbone (links) und Charles Chaplin

Arturo Toscanini:
»Für Arthur Rubinstein in Erinnerung an das unvergeßliche Datum (29. Oktober 1944) unserer ersten künstlerischen Begegnung«

Mit dem Guitarristen Andrés Segovia

Paris, Square Avenue Foch, Rubinsteins
gemalt von Felicja

Familie Rubinstein ist ausgegangen: Stehend Johnny, Eva, Aline und Paul

Die 1958er Porträtsskizzen
von Pablo Picasso

Mit Heitor Villa-Lobos, um 1960

Mit Nadia Boulanger

Mit Sol Hurok

Mit Emil Gilels, 1961

»Oscar«: Gregory Peck bringt Rubinstein Hollywooder Filmpreis, 1970

Mit Johnny und Alina in Cannes, 1960

Igor Strawinsky

Pablo Casals

Letztes Zusammensein mit Pablo Picasso

In Frankfurt am Main: Arthur Rubinstein und Frau Gäste des S. Fischer Verlags zur Vorstellung des Buches ›Erinnerungen. Die frühen Jahre‹, Oktober 1973

Mit Indira Gandhi

Mit Zubin Mehta, 1971

Mit Golda Meir

Boston 1959

Probe in Jerusalem
unter der Leitung von Alexander Schneider,
Israels Unabhängigkeitstag, Mai 1975

Schallplattenaufnahme im Studio der RCA.
Eugene Ormandy dirigiert

Mit Leonard Bernstein und Isaac Stern bei der Unterzeichnung eines Manifests gegen den Ausschluß Israels aus der UNESCO

Mit Daniel Barenboim, 1975

Der Neunzigjährige

Kurz vor dem 90. Geburtstag:
Im Januar 1976 spielt Rubinstein in Straßburg
das d-moll-Konzert von Brahms. Auf der Probe

Präsident Ford verleiht Rubinstein die Freiheitsmedaille

Mitglied der Académie Française

Ehrung im Weißen Haus, 1978: Der Musical-Komponist Richard Rodgers, der Choreograph Georges Balanchine, die Sängerin Marian Anderson. Präsident Jimmy Carter, Rosalyn Carter und der Tänzer Fred Astaire

Der Zweiundneunzigjährige besucht Polen:
Mit einem alten Freund, dem Kunstkritiker Roman Jasinski,
und Miss Annabelle Whitestone in der Altstadt von Warschau

Anfang 1980

Kapitel 80

Weihnachten und Neujahr rückten heran, und ich plante das *réveillon* mit Archards und Silvester mit Bourdets zu feiern, die in jener Nacht zu mehreren Gesellschaften eingeladen waren. Am Weihnachtstag bekam ich aus Zakopane eine Postkarte: »Warum kommst Du nicht über Silvester her? Wir haben Schnee und Eis und einen guten Tropfen. Und wir tanzen nach Herzenslust – Nela.« Diese Karte, die eigentlich nicht allzu verführerisch klang, bewog mich, meine Pläne zu ändern. Ich sagte unter einem Vorwand bei Bourdets ab und ließ mir von François einen Schlafwagenplatz nach Krakau besorgen, wo ich nach Zakopane umsteigen mußte. Ich kam am 30. Dezember nachmittags an, und Nela erwartete mich am Bahnhof.

Sie führte mich in eine sehr hübsche Villa. »Ich habe dir hier ein Zimmer genommen, es ist eine *pension de famille* und gehört meiner Cousine Irka. Auch meine Schwester Alina wohnt hier. Das Essen ist schlicht, aber gut, und ich hoffe, es gefällt dir hier.« Selbstverständlich gefiel es mir, mit Nela am selben Ort zu sein.

Beim Abendbrot wurde ich mit den übrigen Gästen bekannt gemacht, es waren drei oder vier, und sie sagten mir ebenso zu wie das Essen. Nelas schöne Schwester behandelte mich gleichgültig, die Cousine Irka hingegen zeigte sich charmant und gastfreundlich. Nach dem Essen führte ich Nela ins Morskie Oko, denn ihrer Karte hatte ich entnommen, daß sie gern ein oder zwei Glas Wein trinken wollte, und ließ Champagner kalt stellen. Als der Kellner unsere Gläser füllte, verkündete Nela unerwartet: »Champagner trinke ich nicht.« Das ärgerte mich etwas, sie hätte das schließlich auch früher sagen können. Ich trank die Flasche also allein leer, während wir plauderten, doch brauchte ich dazu drei Stunden. Das lange Gespräch brachte uns den Beginn unserer Liebe ins Bewußtsein, und wir spürten beide beglückt, daß wir einen neuen Anfang machten. An jenem gesegneten Abend vergaßen wir alles, was seit dem ersten schönen Moment geschehen war.

Am Silvestermorgen erschien Nela zum Frühstück im Skidress und verkündete munter, nachdem sie mir einen Guten-Morgen-Kuß gegeben hatte: »Ich gehe mit einer Freundin Skifahren und bin zum Abendessen zurück«, und damit verschwand sie auch schon. Ich platzte schier vor Wut. Da ließ sie mich aus Paris kommen, veranlaßte mich, meine Freunde aufsitzen zu lassen, und nun durfte ich den ganzen Tag auf sie warten, während sie sich mit ihren Freunden auf Skiern tummelte! Zum Glück langweilte ich mich allein nie und verbrachte den Tag folglich in der angenehmen Gesellschaft eines Buches, das ich aus Paris mitgenommen hatte. Beim Mittagessen gab es eine angenehme Abwechslung: ein neuer Gast traf ein, eine blendend aussehende Dame mit schwarzem Haar, die, wie sich herausstellte, das Zimmer neben dem meinen zugewiesen bekommen hatte. Sie konnte während der Mahlzeit den Blick nicht von mir wenden, und sie sagte mir, als ich ihr vorgestellt wurde, sehr schmeichelhafte Dinge über meine Konzerte in Krakau.

Im Morskie Oko bestellte ich wieder einen Tisch für uns, ließ für den Silvesterball Champagner kalt stellen, ob es Nela nun gefiel oder nicht, und bestellte auch Blumen. Nela war zum Abendessen zurück und unterhielt mich mit einer sehr lebendigen Beschreibung von den Schönheiten der verschneiten Berge, dem phantastischen Sonnenuntergang und den Freuden des Skifahrens. Nach dem Essen kleidete sie sich für den Ball um, und eine Stunde vor Mitternacht betraten wir das Morskie Oko. Es war gerammelt voll, und die dunkelhaarige Schönheit saß mit Bekannten am Nachbartisch.

Wir nahmen polnische *hors d'œuvres* und einen Wodka und tanzten; danach folgte das Souper. Ich ließ den Champagner öffnen und sagte streng zu Nela: »Das neue Jahr begrüße ich immer mit einem Glas Champagner, darin bin ich geradezu abergläubisch.« Kurz vor Mitternacht merkte Nela, daß die Dunkelhaarige uns nicht aus den Augen ließ, insbesondere nicht mich. »Kennst du sie?« fragte sie gereizt.

»Ja, vom Mittagessen her.« Das hörte Nela nicht gern. Um Mitternacht unterbrach die Tanzkapelle ihr Spiel, das neue Jahr wurde mit einem Megaphon angekündigt, und der übliche Tumult brach aus – Lärm, Gelächter, Umarmungen, Küsse, Trinksprüche. Trotz der nur schummerigen Beleuchtung bemerkte Nela die Blicke der Dunkelhaarigen und wurde immer gereizter. Sie ließ ihren Zorn an mir aus und behauptete, ich habe die Dame ermutigt, worauf ich nur sagte: »Selbstverständlich widme ich einer schönen Frau meine Aufmerksamkeit, wenn man mich den ganzen Tag allein läßt.«

Darauf erwiderte sie kühl:»Morgen mache ich wieder eine Skitour«, was zu einem heftigen Wortwechsel führte. Nela stand auf, holte ihren Mantel und ging. Das neue Jahr fing ja schön an! Ich blieb sitzen, trank meinen Champagner und erkundigte mich beim Oberkellner, wo ich einen Skilehrer auftreiben könne.

Es war einer im Saal, der sich denn auch nach ein paar Worten bereit erklärte, mich am folgenden Morgen zu unterrichten, und schon vor dem Frühstück ging ich in meinen wärmsten Stiefeln zu ihm. Er lieh mir Bretter und Stöcke, ich gab sorgsam auf seine Anweisungen acht, fiel mehrmals hin, verlor die Skier, lernte aber genug, um mit einigem Selbstvertrauen herumzurutschen. Meine Beine waren seit je sehr kräftig. Das Frühstück verzehrte ich allein; offenbar hatten die anderen Gäste allesamt einen Kater. Nela erschien zum Mittagessen und erklärte knapp, der Skiausflug finde erst am übernächsten Tag statt. Es dauerte eine ganze Weile, bis wir uns versöhnten, da aber die schwarzhaarige Dame nicht erschien, verlebten wir den Neujahrstag angenehm miteinander und schöpften wieder Hoffnung für die Zukunft.

Tags darauf kaufte ich im besten Geschäft am Platze eine komplette Skiausrüstung; mit der wollenen Pudelmütze über den Ohren und dem dicken Pullover, in dem ich aussah wie ein Preisboxer, den weitgeschnittenen Skihosen und den dicken Strümpfen kam ich mir ziemlich lächerlich vor. Aus einem mir unerfindlichen Grunde vergaß man, mir Stiefel zu verkaufen. Offenbar schienen meine durchaus geeignet, das waren sie aber nicht, und sie machten mir viel Ärger. Wieder in der Pension, verkündete ich stolz:»Nela, morgen komme ich mit auf euren Skiausflug.« Nela nahm das anfangs für einen Witz und war dann sehr erstaunt, mich in meinem albernen neuen Kostüm vorzufinden.

Im Schlitten fuhren wir bis zu einem ziemlich steilen Berg, und ich bemühte mich, es beim Aufstieg den anderen gleichzutun, verlor aber die Bretter mehrmals unterwegs. Oben angelangt, deuteten meine Gefährten jubelnd auf eine kleine Hütte im Tal und riefen:»Da fahren wir jetzt hin, da gibt's Wurst und Grog!« Und schon ging es in weiten Schwüngen talwärts. Nela mitten unter ihnen. Ich wollte keinesfalls zurückbleiben, und als ich von oben sah, wie einer nach dem anderen sicher die Hütte erreichte, fuhr auch ich ab, allerdings in Schußfahrt. Ich war sehr stolz darauf, mich auf den Beinen halten zu können, doch das böse Ende nahte schon. Unten angelangt, wußte ich nicht, wie ich bremsen sollte, wurde in die Luft geschleudert und landete kopfüber im Schnee. Nela und zwei andere, die noch draußen standen, eilten mir zu Hilfe. Meine Beine ragten in die Luft, und man hielt mich für tot, was ich sehr wohl hätte sein können, wäre ich nicht im Tiefschnee gelandet. Mein Gesicht war blutverschmiert, als es endlich zum Vorschein kam, was aber nichts auf sich hatte; beim Aufprall hatte ich etliche Platzwunden erlitten. Man machte in der Hütte viel her von mir, und nach drei Gläsern Grog war ich wieder munter, lachte über meine Heldentat und wurde sogar etwas beschwipst.

In den folgenden Tagen ging ich mit Nela und Alina auf kleinere Berge, wo ich meine Fertigkeiten besser zur Schau stellen konnte.

Mein Krakauer Konzertunternehmer erfuhr unterdessen, daß ich in Zakopane war, und schlug mir vor, ich solle innerhalb der kommenden drei Tage in der alten Hauptstadt spielen, was ich nur zu gern akzeptierte, denn ich brauchte dringend Geld. Nela blieb in Zakopane, dafür erschien meine Schwester Frania im Konzert. Teofil Trzcinski zahlte mir die Gage voll in Dollar aus, und unter den Freunden, die mich nach dem Konzert begrüßten, fand sich auch Frania ein. Als wir miteinander allein waren, flehte sie mich an: »Leo hat wieder gespielt und alles verloren, bitte, hilf mir, ich bin verzweifelt.« Also überließ ich ihr die eben verdienten Dollars und fuhr mit leeren Taschen zurück nach Zakopane.

Nela plante, nach Dresden zu übersiedeln und bei der berühmten Mary Wigman Tanzunterricht zu nehmen. Sie war bereits als Tänzerin in Warschau bekannt geworden, hatte mit selbsterfundenen Tänzen zu eigens ausgewählter Musik Tanzabende gegeben und damit recht viel Erfolg gehabt. Daran wurde ich noch jahrelang von der Gräfin Joseph Potocka erinnert, die einem Wohltätigkeitsverein vorstand, zu dessen Benefiz Nela aufgetreten war. Aus Zakopane reiste ich nur ungern ab; ich wußte es damals nicht, aber es sollte für mich der Anfang eines neuen Lebens sein.

Kapitel 81

Als ich meinen engsten Freunden in Paris gestand, ich sei willens, eine junge Polin zu heiraten, sagte Denis Bourdet: »*Tu n'y penses pas!* Was willst denn du eingefleischter Pariser mit einem Mädchen aus der wilden östlichen Steppe anfangen?«
Ich machte den Versuch, Nela zu beschreiben: »Sie ist eine sehr gescheite Person.« Allgemeines Gelächter. »Und überdies finde ich sie schön«, setzte ich mit Nachdruck hinzu.
»*Tu ne vas pas nous épater avec la beauté de cette étrangère.*«
Nun wurde ich gereizt. »Eine sehr begabte Tänzerin ist sie auch. Und sie ist natürlich.« Darüber wurde nicht einmal mehr gelacht, man tat alles mit einer Handbewegung ab. Dann fügte ich nachlässig hinzu: »Sie ist auch nicht so verwöhnt wie die Pariserinnen und kocht ausgezeichnet.« Da gratulierten mir Bourdet und Achard ganz unerwartet: »Was bist du doch für ein Glückspilz!« Nun waren sie durchaus bereit, Nela zu akzeptieren, denn sie versprachen sich davon Einladungen zu guten Mahlzeiten.

Zwei Wochen später begann meine Tournee, die über Istanbul nach Griechenland und Ägypten führte. Bei allen Unterschieden fand ich von Mal zu Mal mehr Gefallen an diesen Ländern, wo es immer Neues zu entdecken gab. Pekmezians samt ihren Katzen in Istanbul, der liebe Stefanides, Frieman und Marika in Athen vermittelten mir jedesmal ein Gefühl, als sei dort meine Heimat, und das Publikum, stets dasselbe, bestand nicht mehr aus kritischen Eintrittskartenkäufern, sondern aus Freunden.

Nach einer stürmischen Überfahrt kam ich in Alexandria an, wo Arditis Vertreter mich schon erwartete, und wieder spielte ich vor einer aus Griechen, Italienern und Juden zusammengesetzten Zuhörerschaft – weit und breit kein roter Fez. Diesmal hatte ich für Kairo ein ehrgeizigeres Programm: zu Beginn die schwierige h-moll-Sonate von Chopin, gefolgt von sechs Etüden, nach der Pause ›Petruschka‹ und zum Schluß Liszt. Zehn Minuten vor Konzertbeginn erhielt ich ein Telegramm: »Liege im Krankenhaus (folgte die Adresse) erbitte dringend Geld, Nela.«

Ich sank wie vom Blitz getroffen auf einen Stuhl. Sogleich erschienen die fürchterlichsten Möglichkeiten vor meinem inneren Auge, und die Ungewißheit darüber, woran Nela denn nun eigentlich erkrankt sei, war unerträglich. Und gleich sollte ich die h-moll-Sonate spielen! Wieder siegte mein Pflichtgefühl, und ich spielte die Sonate mit stärkerer Empfindung denn je. Aufrüttelnde Emotionen, seien sie nun verursacht durch Krankheit oder Tod einer geliebten Person, durch unerträgliche Eifersucht oder bedrückendste Einsamkeit, bewirken, daß ich in der Öffentlichkeit besonders gut spiele. Spielen ist ein moralischer Rettungsring. Ich machte Musik aus vollem Herzen, ich spielte sogar zwei Zugaben. Hinterher aber, allein im Künstlerzimmer, beschloß ich, auf der Stelle nach Dresden zu fahren. Arditis Beauftragter hatte wohl gesehen, wie meine Miene sich beim Lesen des Telegramms umdüsterte und wie verzweifelt ich nach dem Konzert war; er fürchtete augenscheinlich, ich sei selbstmordgefährdet, denn er ging mir nicht von der Seite, bevor ich in meinem Hotelzimmer angelangt war. Er bereitete die Reise nach Dresden vor und führte mich am folgenden Vormittag zur Bank, von wo ich telegraphisch Geld überwies.

Nach einer schier endlosen Reise kam ich in Dresden an und eilte samt Gepäck direkt vom Bahnhof ins Krankenhaus. Hier hörte ich, Nela sei entlassen und wieder unter der mir aus Zakopane bekannten Adresse zu erreichen. Minuten später klingelte ich in ihrer Pension, man wies mich in ihr Zimmer, und Nela begrüßte mich freudestrahlend und überrascht.

»Wie schön, daß du da bist. Ich hatte schlimme Symptome und fürchtete eine scheußliche Krankheit, aber es war nichts.«

Diese gute Neuigkeit feierten wir mit einer herzlichen Umarmung und machten gleich Pläne für den Abend. Ich ließ mein Gepäck in einem nahe gelegenen Hotel und führte sie in ein gutes Lokal. Hier sah ich beim Überfliegen der Theateranzeigen, daß in der Staatsoper ›Parsifal‹ gegeben wurde; der Zeitung zufolge war die Vorstellung ausverkauft, doch wollten wir es auf gut Glück versuchen. An der Kasse benutzte ich einen alten Trick, den ich oft in Paris angewendet hatte – ich behauptete, für polnische Zeitungen eine Kritik schreiben zu wollen, aber vergessen zu haben, Plätze reservieren zu lassen. Der Kassierer glaubte mir nicht, verkaufte mir aber doch zwei Plätze im vierten Rang, die jemand nicht abgeholt hatte. Wir erstiegen die vier Treppen und setzten uns etwas außer Atem auf unsere Plätze, um dieses große Werk in eben jenem berühmten Opernhaus zu hören, wo die Opern von Richard Strauss uraufgeführt worden sind. Wir verfolgten den ersten Akt mit großer Ergriffenheit. Der zweite mißfiel uns jedoch. Die beleibten deutschen Blumenmädchen, die den armen Parsifal verführen wollten, kamen uns lachhaft vor, und beim endlosen Gesang des Gurnemanz verging uns jede Lust, weiter zuzuhören. Impulsiv standen wir auf, rannten die Treppen hinunter und flüchteten uns in ein nahe gelegenes Café, wo wir ausgiebig über unsere gemeinsame Zukunft sprachen.

In Prag sollte mein nächstes Konzert stattfinden, und ich bat Nela, mich zu begleiten. »Das möchte ich schon, ich muß aber noch nach Berlin und den armen Papa sehen, der auf der Reise nach Dax durchkommt. Dort soll er eine Kur machen, wegen seiner Arthritis. Der Zug aus Warschau hält eine halbe Stunde auf dem Schlesischen Bahnhof, und ich will ihm einen Kuß geben und gute Erholung wünschen.«

»Dann begleite ich dich nach Berlin. Es wird auch allmählich Zeit, daß ich mich deinen Eltern als dein Verlobter präsentiere.«

Da wurde sie nun doch etwas unsicher. »Meinen Vater würde das sehr freuen, der hat dich immer gern gehabt und an deine Begabung geglaubt, aber wenn meine Mutter das hört, wird sie nur sagen: ›Das hat uns gerade noch gefehlt!‹«

Immerhin war sie einverstanden, und wir kamen gerade noch rechtzeitig zum Warschauer Zug in Berlin an. Nela umarmte die Mutter, die im Eingang zum Schlafwagenabteil stand. Ich folgte langsam und mußte mich mit einem kühlen Händedruck von Madame Mlynarska zufriedengeben. Ihr Mann war lieb und zärtlich zu Nela, und für mich fand er freundliche Worte. Trotz seiner furchtbaren Schmerzen lächelte er tapfer.

Als der Zug fort war, fuhren wir zu einem anderen Bahnhof, bestiegen den Nachtzug nach Prag und machten es uns im Schlafwagen bequem. Als ich erwachte, kleidete ich mich leise an. Der Zug hielt in Pilsen, wo es das berühmte Bier und die ebenso berühmten Waffenfabriken gab. Nela schlief noch fest. Ich stieg aus, um eine Zeitung zu kaufen, und gewahrte auf dem Bahnsteig einen Würstchenverkäufer. Nun sind die tschechischen Würstchen die besten, einerlei, ob sie sich Wiener oder Frankfurter nennen, und ich kaufte ein Paar, das ich, der ich nie im Leben Bier getrunken hatte, mutig mit einem Krug Pilsener herunterspülte. Noch mit vollem Munde kauend, hatte ich bereits das zweite Paar in der Hand und wollte anschließend noch ein drittes zu mir nehmen, als ich, zufällig zum Abteil blickend, Nela mißbilligend aus dem Fenster schauen sah. Ich ließ das dritte Paar Würstchen liegen wie ein ertappter Schuljunge – welch bedrohliche Vorzeichen für die Ehe!

Eine Stunde später, um acht Uhr früh, waren wir in Prag. Weil mein Konzert schon am selben Abend stattfinden sollte, legten wir uns im Hotel nochmals zu Bett, denn nach dem Aufenthalt in Berlin und der Nachtfahrt brauchten wir Ruhe. Ich schlief fest ein und wurde vom Klingeln des Telefons auf dem Nachttisch wach, konnte es aber nicht erreichen. Also sprang ich aus dem Bett und sagte unfreundlich »Hallo!« in den Hörer. Eine muntere deutsche Männerstimme sagte: »Mein Name ist Sonnenschein, Sie erinnern sich meiner gewiß, denn wir waren zusammen mit Emmy Destinn im Londoner Zoo und haben uns fast totgelacht, als Sie die Affen nachahmten.« An Emmy Destinn und die Affen erinnerte ich mich zwar, nicht aber an Sonnenschein. Also antwortete ich ausweichend. »Na und? Was möchten Sie von mir?«

»Ravel hat gestern hier ein Konzert dirigiert. Die Solistin war Marguerite Long. Er weiß, daß Sie heute in Prag spielen und hat außerordentlich bedauert, daß er nicht bleiben kann. Beide reisen heute vormittag nach Paris ab, und er hat immer wieder beteuert, wie leid es ihm tut, daß Sie nicht in seinem Konzert waren und daß er Ihres nicht mehr hören kann.«

Das war ja kaum zu glauben, denn meines Wissens hatte Ravel niemals sein Bedauern über irgendwas ausgedrückt und jedermann gegenüber die denkbar größte Gleichgültigkeit bewiesen. Man versteht also, weshalb mich diese Freundschaftsbeteuerungen rührten.

»Wann fahren die beiden denn?«

»Um halb elf. Wenn Sie sich beeilen, treffen Sie ihn noch am Bahnhof, am Pariser Schlafwagen.«

Es war nun zehn Minuten vor zehn, und ungeachtet aller Proteste Nelas fuhr ich in die Kleider, nahm den Fahrstuhl nach unten und das erstbeste Taxi. »Schnell zum Bahnhof!« rief ich, und um zwanzig nach zehn kamen wir an. Ich rannte die Treppe hinunter, leider die falsche, »Bahnsteig zwei« hieß es. Wieder runter, wieder rauf, und da sah ich

Ravel vor seinem Schlafwagen stehen. Ich rannte atemlos hin, in der Erwartung, freudig begrüßt, vielleicht gar umarmt zu werden, aber nichts von alledem. Ravel schien meine Anwesenheit gar nicht zur Kenntnis zu nehmen, sondern verwünschte unentwegt aufs gräßlichste Marguerite Long, die berühmte französische Pianistin. »*Idiote! Cette idiote*, immer vergißt sie was. Die Fahrkarten hat sie verloren, die Idiotin.« Und er stapfte in wachsender Wut auf und ab. Der Zug war im Begriff, abzufahren, als Mlle. Long triumphierend rief: »Ich habe sie, ich habe sie!« Ravel schwang sich behende die Stufen hinauf und verschwand in seinem Abteil, ohne mir auch nur einen Blick zu gönnen. Der Zug fuhr ab, und ich verfluchte Sonnenschein, schlimmer als Ravel Mlle. Long verflucht hatte. Im Hotel fand ich Nela behaglich ruhend vor und erzählte nicht gerade stolz von meinem Abenteuer. Ich muß es ihr lassen: gelacht hat sie nicht.

Audrey Parr, die französische Gattin eines englischen Diplomaten, die ich von meinem ersten Aufenthalt in Rio her kannte, schrieb mir auf Briefpapier der französischen Botschaft ins Hotel. Sie war sehr schön und hatte das reinste klassische Profil. Claudel war, wie mir einfiel, damals in sie verliebt gewesen. Die also schrieb: »Cher Arthur, ich bin beim Botschafter und seiner Frau auf Besuch, und wir wollen alle in Ihr Konzert kommen. Könnten Sie nicht um fünf bei uns den Tee nehmen?«

Ich rief sie an: »Ich bin mit meiner Braut hier und möchte, daß Sie sie kennenlernen, ist das recht?«

Nun antwortete sie im Namen des Botschafters: »Selbstverständlich gern.«

Weil ich mit der schwierigen C-Dur-Toccata von Bach in der Bearbeitung von Busoni beginnen wollte, übte ich nach dem Mittagessen, nachdem die Gäste gegangen waren, in dem Restaurant, wo ein Klavier stand. Einige kamen zurück und lauschten, als wären sie im Konzertsaal.

Pünktlich zum Tee erschienen wir in der Botschaft, und Audrey machte uns mit den Gastgebern bekannt. Es waren auch noch andere Gäste anwesend. Kaum hatte ich mich gesetzt, begann ich auch schon in den schönsten Farben den Auftritt mit Ravel auf dem Bahnhof zu schildern und schloß: »*Ce crétin* Sonnenschein soll mir dafür noch bezahlen!«

Nun erhob sich Mrs. Parr ganz unerwartet und machte mich recht laut mit einem der Anwesenden bekannt: »Das ist Herr Sonnenschein.« Ein eisiger Wind ging durchs Zimmer, Sonnenschein murmelte etwas Unverständliches, und ich bemühte mich auf grausig gekünstelte Weise, alles ins Lächerliche zu ziehen. Gleich darauf gingen wir.

Ich erinnere mich nicht gerade mit Stolz an dieses Konzert. Der große, nur halb besetzte Saal hatte ein Echo, das bei der Toccata besonders störte, und ich spielte das übrige Programm recht uninspiriert. Nela saß allein in einer leeren Loge. Mrs. Parr und das Botschafterpaar gratulierten mir anschließend, was mir nur Gewissensbisse wegen meines Spiels bereitete, und Sonnenschein stand derweil schweigend an der Tür. Er wagte nicht, hereinzukommen.

Wir hatten dann in Prag einen freien Tag und bekamen Karten zur Premiere einer Oper von Pfitzner, eines schwerfälligen, nachwagnerischen Werkes mit Sängern, die uns nicht zu fesseln vermochten, aber es gab in dieser Aufführung etwas Großartiges, die rhythmische Kraft und den herrlichen Klang des Orchesters, machtvoll und überwältigend. Ich suchte den Namen des Dirigenten im Programmheft: Georg Szell. Weder Nela noch ich hatten je von ihm gehört, doch sagte ich tief überzeugt: »Das ist ein großer Dirigent.« Und wie recht hatte ich damit!

Am folgenden Morgen fragte ich Nela: »Ich habe demnächst eine sehr schöne Italien-Tournee vor mir; warum kommst du nicht mit? Lade Alina in meinem Namen ein, die gibt eine prächtige Anstandsdame ab. Mein erstes Konzert ist in Verona, wir könnten uns am besten in Padua treffen und auf zwei Tage nach Venedig fahren.« Das gefiel Nela sehr.

Kapitel 82

Nela fuhr nach Dresden zurück, ich nach Paris. Diesmal bereitete ich das Programm für die italienischen Konzerte mit größter Sorgfalt vor, insbesondere das Vierte Beethoven- und das Tschaikowsky-Konzert fürs Augusteo. Die zwei Wochen, die ich dafür zur Verfügung hatte, verbrachte ich fast incognito, die Mahlzeiten nahm ich allein zu Hause. Mit François fuhr ich dann nach Padua, wo wir eine Stunde früher eintrafen als der Zug mit Nela und ihrer Schwester. Ich sah sie aussteigen. Nela frisch wie ein Frühlingstag, die Schwester drollig aussehend mit einer Schirmmütze, wie sie die Studenten trugen. Über Venedig und Verona erreichten wir Rom zu dem großen Ereignis im Augusteo.

Hier konnte ich Staat machen mit meiner ungeheuren Beliebtheit in der Ewigen Stadt. Das überfüllte Augusteo, donnernder Applaus, das Drängen des Publikums zum Podium bei den Zugaben – Nela und ihre Schwester waren sprachlos. Einen solchen Erfolg hatten sie noch nie mit angesehen. Graf San Martino lud uns, stolz auf mich, alle drei zum Souper in den vornehmsten Club der Stadt ein.

Tags darauf rief ein guter Bekannter an, der nun unter Mussolini Minister war. »Der Duce möchte Sie kennenlernen und wird Sie heute nachmittag im Palazzo Venezia empfangen. Er läßt Sie abholen.«

Diese Einladung fand ich höchst schmeichelhaft, denn ich wußte, Mussolini spielte Geige und galt als musikverständig. Ich erwartete, mein Freund werde mich dem Duce vorstellen, aber bloß ein Chauffeur holte mich ab, und ich machte die Fahrt zum Palazzo allein. Am wohlbewachten Eingang wurde ich prüfend gemustert. Zwei Männer verglichen mich mit Photos, die sie aus der Tasche zogen, und geleiteten mich in den berühmten Empfangsraum. Jedermann wußte, daß der Duce Besucher am Schreibtisch sitzend empfing, was ihm erlaubte, sie genau zu beobachten, während sie den langen Weg von der Tür bis dorthin zurücklegten. Daran gewöhnt, in der Öffentlichkeit aufzutreten, näherte ich mich wie üblich mit raschem Schritt, ohne mich besonders von dieser formidablen Persönlichkeit beeindruckt zu zeigen. Mussolini erhob sich zur Begrüßung halb aus dem Sessel, und ich sagte etwas auf Französisch, da ich wußte, er sprach diese Sprache gut, wenn auch nicht so fließend, wie ich sie beherrschte, was mir, wie ich hoffte, die Gelegenheit verschaffen würde, in dem Gespräch den Ton anzugeben. Er allerdings erwiderte auf Italienisch: »Ich weiß, Sie sprechen gut Italienisch, unterhalten wir uns also darin.« Da fühlte ich mich denn gleich erheblich unterlegen. Mein Italienisch reichte damals gerade aus, mich in Lokalen und Hotels verständlich zu machen, nicht aber für eine angeregte Konversation.

»Wie ich höre, spielen Sie mit viel Beifall in allen möglichen Ländern«, begann Il Duce, und ich lächelte bescheiden. »Wie bekommen Sie es fertig, Ihre Gagen jeweils außer Landes zu bringen, denn seit dem Börsenkrach in New York herrschen doch in vielen Ländern Devisenbeschränkungen?«

Einigermaßen erstaunt über die Richtung, die unser Gespräch nahm, suchte ich ihm in meinem mühsamen Italienisch zu erklären, daß Konzertveranstalter sich auf solche Dinge gut verstehen. Er fuhr fort: »Nach allem, was ich höre, stellen die Spanier sich besonders umständlich an, doch im Prinzip gilt das für alle Länder Europas.«

Ich wurde allmählich ungeduldig und leicht gereizt, denn ich hatte geglaubt, wir wollten über Musik sprechen und nicht über Devisentransaktionen. Daher sagte ich in meinem besten Italienisch: »*Noi alri guadagnamo sopra tutto dei cuori più tosto che i soldi.*« (»Wir haben es hauptsächlich auf den Beifall des Publikums abgesehen und weniger auf dessen Geld.«) Da klatschte er in die Hände und rief: »Bravo, bravissimo!« Mein Satz kam mir wie eine Verdi-Arie vor, aber er erfüllte seinen Zweck.

Am Ende der Unterredung begleitete Mussolini mich persönlich zur Tür, was er nur selten tat, und am folgenden Tag erhielt ich ein Photo von ihm mit der Widmung: »*Con admirazione al grande artista Arthur Rubinstein, Benito Mussolini.*« Und das war nicht alles: von meinen Bekannten erfuhr ich, daß er bei nächster Gelegenheit diesen von mir geprägten opernhaften Satz in einer seiner Reden vom Balkon des Palazzo Venezia mit großer Emphase seinen Zuhörern zurief.

Bald nach diesem Sieg in Rom brachen wir nach Neapel auf, und von dort ging es nach Palermo, wo wir in der Villa Igiea eine prächtige Unterkunft fanden. Sogar François bekam ein Zimmer mit Meeresblick. Wir kamen am frühen Morgen an, und nach längerer Ruhe schlenderten Nela und ich durch den Garten. Es beglückte mich, daß sie meine Vorliebe für dieses Fleckchen Erde teilte. Alina nahm alles als ihr zukommend hin, es lag in ihrem Charakter, sich ausschließlich mit ihrem eigenen Wohlbehagen zu beschäftigen, einerlei, wo sie war. Nach den Mahlzeiten an der table d'hôte steckte sie das übriggebliebene Obst in ihren Beutel und schleppte es auf ihr Zimmer – eine aufreizende Gewohnheit. Ich bat sie, das zu unterlassen, sie achtete aber nicht darauf. Wollte ich den beiden in meiner Begeisterung eine besonders schöne Stelle oder einen sehenswürdigen Palazzo zeigen, drang sie in Nela, sie zum Schuhkauf zu begleiten, und blieb im Laden, bis es zu spät war, noch etwas anderes zu unternehmen, und meine arme Nela wagte nicht, sich zu widersetzen.

Ich spielte wieder im Teatro Massimo vor den Abonnenten der Società Musicale von Palermo. Nela saß in der Loge dem Flügel gegenüber mit dem Präsidenten der Società, dem Baron del Monaco, einem ausgesprochenen Musikliebhaber. Als patriotischer Sizilianer zeigte er uns viel Sehenswertes in der Stadt, das nicht jedermann vor Augen kommt. Leider schielte er, und man wußte nie, sieht er einen an oder schaut er anderswo hin? Er versprach mir, ich könnte jederzeit nach Belieben im Teatro Massimo ein Konzert geben.

Nela begleitete mich nach Tunis, wo ebenfalls ein Konzert eingeplant war. Beide erwarteten wir aufgeregt den Anblick von Hannibals Karthago oder besser dessen Resten. Alina fuhr schon nach Rom voraus und wollte uns dort erwarten. Ich gab ihr genügend Geld mit und war froh, sie um diesen Preis loszuwerden. Die letzte Nacht in Palermo war mondhell wie eine Märchennacht, ich ging mit Nela im Garten auf und ab, wir sogen den Duft des Jasmins ein, schlenderten zum Strand hinunter, und dort auf einer Bank kam uns die Gewißheit, wir gehörten zueinander.

Tunis, eine Stadt, die aussah wie eine französische Kleinstadt, bewohnt allerdings von mehr Italienern als Franzosen, wenn letztere auch den Ton angaben, erreichten wir in bester Stimmung. Ringsum war reinstes Afrika. Wo einstmals Karthago gestanden und das mächtige Rom bedroht hatte, war überwiegend Leere, mit nur einigen spärlichen Überbleibseln von Hannibals Reich. Die Umgebung aber war herrlich, und die Bucht von Hamamet ein Touristenparadies.

Das bunt gemischte Publikum nahm mein Konzert ungemein höflich auf; eine spontane Reaktion bewirkten nur die spanischen Stücke.

Eigentlich hatten wir von Palermo aus mit dem Schiff nach Neapel fahren wollen, doch erwartete uns ein Telegramm von Alina, die um Geld bat. Nela schlug also vor, ein kleines Wasserflugzeug zu benutzen, das seit kurzem zwischen Rom und Palermo verkehrte. Ich bewunderte ihre Unerschrockenheit, hätte ihr diese Absicht aber gern ausgeredet. Da sie nicht auf mich hörte, ließ ich sie allein fliegen, weniger aus Furchtsamkeit, als weil ich keine Lust hatte, ihrer Schwester nochmals zu begegnen.

Nela beschloß, aus Dresden wegzugehen, denn dort begannen schon nationalsozialistische Umtriebe. »Ich werde bei meinen Eltern in Warschau wohnen.«

Weil ich im Frühjahr noch eine Spanien-Tournee absolvieren wollte, sagte ich zu ihr: »Ich würde dir gar zu gerne Spanien zeigen, gewiß gefällt es dir ebenso gut wie mir. Nach Polen ist Spanien meine zweite Heimat.« Sie zögerte nur einen Augenblick. In Barcelona trafen wir uns. Es wurde eine wunderbare Woche. Mein Freund Eusebio Bertrand hörte mit Wohlgefallen, daß ich heiraten wollte, und tat meiner Braut die denkbar größte Ehre an. Er lud uns zum Essen im Familienkreis und machte mit uns einen interessanten Ausflug zum Kloster Montserrat, wohin Wagner im ›Parsifal‹ den Gral verlegt. Es begleitete uns außerdem Bertrands Tochter Mercedes, eine reizende und sehr musikalische junge Dame in Nelas Alter, die keines meiner Konzerte versäumte. Die beiden und Isabel Marfá freundeten sich sogleich miteinander an.

Das Konzert in Barcelona fiel nicht gerade rühmenswert aus, doch das Publikum hätte mich dort auch nicht im Stich gelassen, hätte ich noch schlechter gespielt. In Palma de Mallorca wollte man ein Denkmal für Chopin errichten, und ich hatte ein Benefizkonzert versprochen. Die Initiative zu alledem ging von einem Priester aus, Padre José, der die Künstler, welche die Insel besuchten, um Spenden bat. Das Konzert fand im Valldemosa statt, der Flügel stand im offenen Eingang zu jener Zelle, die angeblich von Chopin bewohnt worden ist. Einerlei, ob es nun die richtige war oder nicht, man spürte Chopins Seele hier noch weilen. Das Publikum saß im Gang und war ebenso ergriffen wie ich selber. Was ich spielte, war fast alles hier entstanden. Alexander Tansman, ein Komponist aus Lodz, in Paris bereits zu Ruhm gelangt, war beim Konzert anwesend und speiste anschließend mit uns. Er erzählte die traurige Geschichte seiner Ehe und wirkte recht unglücklich. – Später zeigte ich Nela die Schönheiten der Insel.

Der Padre brachte uns tags darauf ans Schiff nach Barcelona und versicherte, er wolle nun unverzüglich die Errichtung des Denkmals betreiben. Weil ich merkte, daß Nela verstimmt war, führte ich sie an Deck, wo wir ungestört sprechen konnten. Hier sagte sie: »Ich habe Munz gegenüber Schuldgefühle. Ich mußte an ihn denken, als Tansman mit uns aß. Sollte ich nicht in dieser traurigen Zeit doch zu ihm zurückkehren?«

Das verstörte mich, und es dauerte erhebliche Zeit, bis es mir gelang, ihre Gewissensbisse zu beschwichtigen. Als wir in Madrid ankamen, wo ich sie unverzüglich ins Prado-Museum führte, war sie wieder die alte. Wir besuchten den Prado an drei aufeinanderfolgenden Tagen, und der Escorial, dieses düstere, erdrückende Kloster, in dem Philipp II. seine letzten Tage verbracht hatte, beeindruckte sie tief. Ich konnte ihr hier endlich meine Vorliebe für die Spanier klar verständlich machen, und sie begriff, warum ich dieses Land und seine Bevölkerung so liebe und ihnen so dankbar bin. Ich mochte nicht abreisen, ohne Nela Sevilla gezeigt zu haben, diese Stadt der Gesänge und Gitarren, von den Andalusiern »*miel y claveles*«, »Honig und Nelken«, von den strengen Kastiliern jedoch »*España de la pandereta*«, »Spanien des Tamburins«, genannt, doch hatte ich fünf Tage später einen wichtigen Termin in Paris wahrzunehmen. Als ich beim Portier des Palace Hotels nach Zugverbindungen fragte, schlug er vor: »Warum nehmen Sie nicht das Flugzeug von Madrid nach Sevilla? Der Flug dauert keine zwei Stunden.« Ohne Nela vorher zu fragen, besorgte ich Flugkarten für die Nachmittagsmaschine. Insgeheim neidisch darauf, daß Nela als erste von uns beiden geflogen war, sagte ich recht beiläufig: »Ich hoffe, du bist damit einverstanden, daß wir nach Sevilla fliegen? Ich reise ausgesprochen gern per Flugzeug.« Sie hielt das für selbstverständlich.

Auf dem nahe gelegenen Flugplatz betraten wir einen Holzschuppen, wo schon vier andere Passagiere warteten. Ich folgte Nela tapfer in die kleine Maschine, allerdings klopfte mein Herz erheblich, und zwar nicht nur vor Erwartung, sondern auch vor Angst. Wir saßen zu je drei Personen einander gegenüber und schauten uns furchtsam an. Als die Maschine sich schwankend in die Luft erhob, glaubte ich unser letztes Stündlein gekommen, doch bald schon flogen wir flott dahin, und mir schwoll das Herz vor Stolz, wie ich einem Adler gleich auf unsere Erde hinabblickte. Als wir im Triumph die Sierra de Córdoba überflogen, bedauerte ich die Bergsteiger, die mit jedem Schritt gipfelwärts ihr Leben riskierten, doch als wir zur Landung ansetzten, gefährlich kreisten und die Erde verkehrt herum erblickten, umklammerte ich Nelas Hand, weiß vor Entsetzen. Als wir Minuten später sicher gelandet waren, brachte ich immerhin ein Lächeln zustande und sagte zu Nela: »Ein ganz bezaubernder Flug, fandest du nicht?« Sie ließ sich nicht täuschen.

Seither bin ich Millionen von Kilometern geflogen, über die Gipfel und zwischen ihnen hindurch, und habe die Reise mehr als in jedem anderen Transportmittel als behaglich, ja luxuriös genossen.

Vom Hotel aus rief ich sogleich meinen alten Freund Juan Lafita an, jenen idealen Prototyp des Andalusiers. Wir verloren jetzt keine Minute der kostbaren Zeit, besichtigten ausgiebig die Kathedrale, Spaniens größte, erklommen den herrlichen Giralda-Turm, schlenderten über die bunte Calle de Sierpes, und Lafita drang darauf, daß wir drei oder vier Caféhäuser besuchten, wo er jedesmal einen trockenen *jerez* nahm, wir aber heiße dicke Schokolade tranken. Nach dem Abendbrot führte er uns in den von ihm so heiß geliebten Barrio de Santa Cruz, der Fußgängern vorbehalten ist, und auch in den folgenden beiden Tagen genossen wir dank Juan alles, was Sevilla zu bieten hat, in vollen Zügen: einen Stierkampf und zwei Abende mit den besten Flamencosängern. Weil Nela so viel Verständnis und Begeisterung für die andalusische Lebensart bekundete, hätte ich ihr gern auch noch Granada gezeigt, aber es blieben uns ja nur noch zwei Tage. »Oder wärest du einverstanden, die ganze Nacht durchzufahren? Wir wären dann morgen früh dort, könnten einen Tag lang besichtigen und den Nachtzug nach Madrid nehmen.« Der Vorschlag gefiel ihr.

Ich mietete also einen anständigen Wagen, und gegen Mitternacht fuhren wir los. Nela verschlief die Nacht, und früh um fünf kamen wir in Granada an. Die Sonne ging gerade tiefrot über der Sierra Nevada auf, die Straßenbeleuchtung brannte noch. Wir frühstückten auf der Terrasse, von wo man Ausblick auf jene Seite der Stadt hatte, die bereits im Sonnenlicht lag, und ich zeigte ihr alsdann, was es zu sehen gab, die Alhambra und alles übrige, und dann fuhren wir mit dem Nachtzug nach Madrid. Dort nahmen wir Abschied. Nela trat die lange Reise nach Warschau an, wo sie ihre Scheidung betreiben wollte, und ich fuhr nach Paris, um sie dort zu erwarten.

Das zweite polnische Musikfest war noch glanzvoller als das erste. Diesmal gaben zwei Künstler von Weltruf Soloabende, Paderewski und Wanda Landowska, beide im Théâtre des Champs-Elysées. Fitelberg dirigierte das Violinkonzert von Szymanowski mit Paul Kochanski als Solisten, und ich spielte vier Mazurken von einem jungen, sehr begabten polnischen Komponisten, Alfred Gradstein. Diese Mazurken waren modern, doch von rein polnischem Charakter, sie gefielen mir außerordentlich, und ich konnte'ihnen einen großen Erfolg erspielen. Paderewski und Cortot waren anwesend und von Gradsteins Musik sehr angetan. Nach dem Konzert gelang es mir, Germaine de Rothschild so weit für Gradstein zu interessieren, daß sie ihm für die Dauer seiner Arbeit an einem Klavierkonzert eine monatliche Zuwendung versprach.

Paderewskis Konzert war typisch für sein öffentliches Auftreten. Er ließ wie üblich auf sich warten, machte, als er endlich erschien, das gewohnte Dutzend tiefer Verbeugungen und begann mit seinem Chopin-Programm. Ich erinnere mich hauptsächlich daran, daß er bei der Polonaise in As, mit der er das Konzert beendete, die Baßtasten wahllos mit der Faust bearbeitete. Dann geschah etwas Sonderbares. Man applaudierte ziemlich flau, wartete aber höflich auf eine Zugabe. Paderewski erschien also von neuem, verbeugte sich unentwegt fast bis auf den Boden, bis der Applaus stärker und stärker wurde, und spielte alsdann hintereinander weg vier Zugaben, ohne jemand Gelegenheit zu bieten, den Saal zu verlassen. Dieses Konzert hat bei mir einen traurigen Eindruck hinterlassen.

Wanda Landowskas Erfolge waren da anderer Art. Sie war ohnedies seit langem ein Liebling des Pariser Publikums und bewies einmal mehr ihre unübertreffliche Meisterschaft auf dem Cembalo.

Das Musikfest hatte ein seltsames Nachspiel. Paderewski lud Szymanowski, Fitelberg, Kochanski und mich zum Essen in seinen Salon im Hotel d'Orsay ein und plazierte zu meiner Verblüffung Karol zu seiner Rechten und mich zu seiner Linken, was ganz gegen alle Regeln verstieß, denn Fitelberg als dem Dirigenten des Konzertes und dem Ältesten von uns hätte der Ehrenplatz gebührt. Ich war sehr gerührt davon, daß Paderewski mir so sehr entgegenkam, denn ich hatte geglaubt, er sei seit meinem unseligen Besuch bei ihm in Morges verärgert über mich, insbesondere auch wegen meiner Bemerkung über ihn, die damals in einer Petersburger Zeitung abgedruckt worden war. Ich hatte nämlich auf die Frage, was ich von Paderewski halte, damals ganz überzeugt geäußert:»Paderewski ist eine so geniale Persönlichkeit, daß er auch berühmt wäre, könnte er nicht Klavier spielen.« Doch in der Zeitung stand dann zu lesen:»Nach Rubinsteins Meinung ist Paderewski ein bedeutender Mann, aber kein guter Pianist.« Ich wußte, daß dem Meister diese kleine Meldung vor Augen gekommen war. Paderewski seinerseits, als man ihn jetzt fragte, wen er für den begabtesten der jungen Pianisten halte, nannte ohne zu zögern meinen Namen, und das erfüllte mich mit tiefer Freude.

Nela wurde in Wilna mit dem Beistand eines alten Schulfreundes geschieden. Mieczyslaw Munz benahm sich denkbar großmütig; obschon tieftraurig darüber, daß Nela ihn verließ, tat er alles, was in seinen Kräften stand, ihr ihre Freiheit zurückzugeben, und es verging nur eine Woche, da war sie in Paris, rechtlich frei, mich zu heiraten. Ich brachte sie im Hotel Scribe unter; sie galt nun offiziell als meine Braut, und ich stellte sie meinen Freunden als solche vor.

Bei meinem Konzert im Agriculteurs, wohin wir mehr aus Pflichtgefühl gegenüber Freunden als zum Vergnügen gingen, ergab sich die Gelegenheit, Nela mit Misia Sert bekannt zu machen. Misia musterte Nela ganz unverhohlen, fand Gefallen an ihr und befahl ihr unverblümt und auf der Stelle, sich eine andere Frisur machen zu lassen. Nela gehorchte, nahm überhaupt von Misia jeden Ratschlag an, und Misia ihrerseits bemerkte: »Ich wollte, ich hätte Sie zur Nichte und nicht Mimi, die mir häufig auf die Nerven geht.« Es freute mich, daß ich für Nela gleich eine so mütterliche Freundin gefunden hatte.

Robert de Rothschild gab uns zu Ehren ein großes Essen, und die Familie wie die Gäste fanden an Nela auf den ersten Blick Gefallen. Man erklärte sie auf der Stelle für »*très parisienne*«, und sie fühlte sich denn auch im Handumdrehen zu Hause in Paris.

Mittags aßen wir gewöhnlich bei mir in der Rue Ravignac. François war mit der Frau des benachbarten Bäckers gut bekannt, die es meisterhaft verstand, Hühnchen zu braten. Edouard aus der rue Donnou belieferte uns mit seiner berühmten Himbeertorte. Auf Nela machten solche Mahlzeiten großen Eindruck, und sie glaubte wohl endlich, daß mir die Kochkunst wirklich etwas bedeutet. Anschließend unternahmen wir lange Spaziergänge, auf denen ich Nela eröffnete, was ich über die Ehe dachte. »Wir müssen uns jeden Tag von neuem prüfen, ob wir wirklich heiraten wollen, wir dürfen einer den anderen niemals für selbstverständlich nehmen.«

Marcel und Juliette Achard waren von Nela auf der Stelle eingenommen. Nun wollten wir möglichst rasch die Heiratsgenehmigung einholen, mußten zu unserer Enttäuschung aber feststellen, daß die Franzosen dafür mehr als einen Monat Frist gesetzt hatten, während man in England schon nach zweiwöchigem Aufenthalt im Lande heiraten kann. Da blieb denn also keine Wahl, wir mußten nach London fahren.

Kochanskis kamen aus Zakopane mit der Absicht, den Rest ihrer Ferien in Le Touquet zu verbringen. Paul freute sich offenbar darüber, daß ich Nela heiraten wollte, und sagte zu ihr: »Falls Sie ihn nicht glücklich machen, bringe ich Sie um.« Zosia verhielt sich kühl, wenn nicht gar ablehnend und wollte sich nicht festlegen, als ich sagte, sie sollten beide zur Hochzeit kommen.

Kapitel 83

So nahmen wir denn an einem regnerischen Tag den Zug nach Calais und rollten dort auf eine Fähre. Es folgte die übliche unbequeme Überfahrt mit ihren gräßlichen Gerüchen und dem unvermeidlichen Geschaukel. Nela in einem warmen Mantel, auf dem Kopf einen wunderhübschen braunen Hut, zerrte mich an Deck in die frische Luft. Damit ihr Hut noch eleganter wirkte, tauschte ich die Hutnadel gegen eine meiner Brillant-Schlipsnadeln aus, und Hut samt Brillantnadel wurden denn auch prompt von der nächsten schweren Böe über Bord gefegt, als wir Hand in Hand auf Deck dahinschlenderten. Nela schaute mich verzweifelt an, und ich war froh darüber, nicht schwimmen zu können, andernfalls wäre ich womöglich in Versuchung gekommen, hinterherzuspringen und galant den Hut zu apportieren. Meine hübsche Braut kam also mit zerzauster Frisur in Dover an. In London brachte ich Nela ins Hotel Mayfair, und ich mietete meine alte Wohnung in der Bury Street.

Als ich tags darauf die Heiratsgenehmigung beantragte, hieß es: »Vor dem 29. Juli geht es nicht, früher können Sie nicht getraut werden.«

Gaisberg schlug mir vor, unterdessen unter Barbirolli mit dem London Symphony Orchestra das Tschaikowsky-Konzert einzuspielen. Er hatte bereits das Datum festgelegt, im Studio war alles bereit. Der Vorschlag traf mich ganz unerwartet, denn die Hochzeit und alles, was damit zusammenhing, beanspruchten meine Aufmerksamkeit ganz und gar, doch nach einem Moment des Zögerns sagte ich zu, beschämt darüber, die Musik letzthin ganz vergessen zu haben.

Ich machte mich gleich daran, das Konzert einzustudieren, insbesondere nahm ich mir die gefährlichen Oktaven im ersten Satz vor. Am Tag der Aufnahme fühlte ich mich wohlvorbereitet und glücklich; John, das Orchester und ich musizierten gemeinsam in bester Form. Wir brauchten nur zwei Tage für die Aufnahme. Gaisberg versprach, mir bald eine Probeplatte vorzuspielen.

Meine Freunde schlossen Nela warm und großmütig in ihr Herz, ganz auf jene echt englische Manier, die mich immer so angenehm berührt hat. Lesley stand Nela in jeder Weise wie eine Mutter zur Seite. Als wir bei Lady Cholmondeley zum Essen waren, erklärte diese überraschend ganz spontan: »Ich möchte gern den Hochzeitsempfang für Sie beide geben. Daß Rock nicht dabei ist, werden Sie entschuldigen. Es wird meine erste große Gesellschaft in diesem Haus sein, denn bisher hatten wir nie mehr als zehn oder zwölf Gäste zum Essen.« Dieses Anerbieten nahm ich dankbar an, zumal Nela daraus ersehen konnte, wie groß meine Beliebtheit in der englischen Hauptstadt war. Trotz der erheblichen Ausgaben, die mir bevorstanden, wollte ich Nelas Bruder Bronislaw als meinen Trauzeugen kommen lassen. Er war dazu mit dem größten Vergnügen bereit, um so mehr, als die Hochzeit in London sein sollte, das er sehr liebte und wo er gute Freunde besaß. Mich freute es sehr für Nela, daß ein so naher Verwandter an der Hochzeit teilnehmen würde, und reservierte ein Zimmer im Savoy.

Die beiden Abende vor unserer Trauung gestaltete Sylvia Sparrow zu einem königlichen Hochzeitsgeschenk aus. Ich werde es nicht vergessen. Sie war jetzt mit einem Rechtsanwalt aus Plymouth verheiratet, Mr. Caunter, dessen schwere Kriegsverletzung es ihm unmöglich machte, anders als in gebückter Haltung zu gehen. Jacques Thibaud, Tertis und Salmond, gelegentlich auch Sylvia selber als Zweite Geige und ich spielten zwei lange Abende die Kammermusik, die wir am meisten liebten: die Brahms-Quartette, ein Schubert-Trio, ein Quartett von Dvořák, eins von Fauré, eins von Mozart und Beethovens großes ›Erzherzog-Trio‹.

Jacques und Lionel spielten, von mir begleitet, einige ihrer Stücke, und wir schwammen förmlich in einer musikalischen Euphorie. Ganz nach dem Vorbild von Muriel Draper labte Sylvia uns in den Pausen mit wohlschmeckenden kalten Speisen. Ich fürchte, Nela, obwohl Musikliebhaberin, fühlte sich etwas als Opfer; sie war nicht bei bester Gesundheit und brauchte ihren Schlaf dringend. Sie hielt aber tapfer durch.

Dann kam eine unangenehme Neuigkeit von Lady Cholmondeley: »Der Empfang muß leider schon am 27. stattfinden, denn am 28. brechen wir alle in die Sommerferien nach Norfolk auf.« Das war ein Schlag, aber ich wollte mich nicht beirren lassen. »Gut, dann heiraten wir eben schon am 27.« Und tatsächlich, es gelang mir mit List und Tücke, den Standesbeamten dazu zu bewegen, dieses Datum zu akzeptieren. Trauzeugen waren der polnische Botschafter Constanty Skirmunt, Lesley Jowitt, Ruth Draper (die damals auf der Londoner Bühne auftrat) und Bronislaw Mlynarski; die Trauung fand um drei Uhr nachmittags in Caxton Hall statt. Lesley kümmerte sich bereits vom frühen Vormittag an um Nela, die bei ihr in guten Händen war. Früh um neun eilte ich zur Firma Asprey, um die Ringe abzuholen, und traf um diese zeitige Stunde nur eine Kundin an: Königin Victoria Eugenia von Spanien, die mir, sonderbar genug, somit als erste zur Hochzeit gratulierte.

Ich legte den eleganten Cut an, den ich bei Konzertmatineen trug, dazu den Zylinder und weiße Handschuhe, und ging mit Bronislaw zum Lunch ins Quaglino in der Bury Street, nur wenige Häuser von meiner Wohnung entfernt. Wir waren beide schrecklich nervös – ich, plötzlich von Schrecken erfüllt beim Gedanken daran, daß ich im Begriffe stand, meine Freiheit aufzugeben, er im Gedanken an die Scheidung der ersten Ehe seiner Schwester. Bevor das Essen kam, tranken wir jeder, um unsere Nerven zu beruhigen, zwei große Whiskeys, die uns die Zunge lösten; auf dem Wege nach Caxton Hall sang Bronek das Lob seiner Schwester in höchsten Tönen. Der Botschafter und Ruth Draper waren schon da, und bald darauf kam Nela im langen Kleid, mit neuer Frisur und großem Hut. Sie hielt das von mir geschickte Bukett Tuberosen in der Hand. Der recht kahle Raum war auf meine Anweisung mit roten Nelken geschmückt worden. Die ominöse Frage des Standesbeamten wurde von uns beiden laut mit »Ja« beantwortet, die Zeugen trugen sich ins Register ein, und Lesley lud uns zu sich nach Hause auf ein Glas

Champagner vor dem Empfang bei Cholmondeleys ein. Ich trank davon am meisten, setzte mich an den Flügel und spielte alle bekannten Hochzeitsmärsche samt weiteren, die ich improvisierte. Alsdann verfügten wir uns in der von mir gemieteten offenen Limousine nach Kensington Palace Gardens. Hier fanden wir den großen Salon bereits voller Gäste, überdies waren auch viele im Garten, der an den Kensington Park grenzte. Es war einer der größten Empfänge, auf denen ich je gewesen bin. Das diplomatische Corps, soweit in London, war samt Damen gekommen, ferner Mitglieder der englischen Regierung; die Künste waren stark vertreten durch bekannte Musiker, Schriftsteller, Schauspieler und Maler. Es fehlte einzig der Hausherr, der ja bereits morgens aufs Land vorausgefahren war. Auf zwei enormen Büfetts standen Champagnerflaschen in Eiskübeln und erlesene kalte Speisen. Alle wollten auf unsere Gesundheit trinken, und jedesmal mußte ich wenigstens mit einem kleinen Schluck aus meinem Champagnerglas erwidern. Nela trank zum Glück nichts. Als der Empfang seinem Ende zuging, konnte ich mich kaum noch auf den Beinen halten, denn nie im Leben, nicht vorher und nicht nachher, habe ich so viel getrunken. Wir verabschiedeten uns mit Umarmungen und Dankesbezeugungen von der Gastgeberin und ließen uns, nun Mann und Frau, im offenen Wagen in meine Wohnung in der Bury Street fahren. Die Abendzeitungen brachten bereits unser Bild – in Caxton Hall und beim Empfang waren wir von den Reportern und Pressephotographen förmlich belagert worden. Der Hochzeitstag endete mit einem Abendessen bei Quaglino, und ich war zum ersten und letzten Mal in meinem Leben richtig betrunken. Mir drehte sich alles vor Augen, ich konnte nur noch lallen. Ich erinnere mich nur noch daran, daß Gertrude Lawrence an unseren Tisch trat und sich dafür entschuldigte, nicht zu unserem Empfang gekommen zu sein. Das schien mehr als eine Stunde zu dauern; ich stand mit äußerster Anstrengung auf und träumte nur noch davon, mich wieder setzen zu dürfen.

Am folgenden Morgen hatte ich schauderhafte Kopfschmerzen und war deprimiert, weil Paul nicht zur Hochzeit gekommen war. Das war Sophies Schuld, vermutlich ihre späte Rache dafür, daß ich bei ihrer eigenen Hochzeit gefehlt hatte, doch nicht sie fehlte mir ja, sondern einzig er.

Nach Paris reisten wir mit einem Berg von Geschenken. Von Sybil bekam Nela eine herrliche Brosche mit Brillanten und Saphiren. Margot Asquith und Elisabeth Bibesco schenkten uns eine ungemein schöne altägyptische Katze. Von Christabel bekam ich einen handgeschriebenen Brief Chopins, von Lesley eine antike goldene Uhrkette, und es gab noch haufenweise weitere Geschenke, an die ich mich nicht mehr erinnere. Und in Paris warteten weitere. Germaine de Rothschild schickte Nela einen Brillantclip, es gab viele seltene Bücher, auch solche mit Widmungen, und von den Freunden alle nur erdenklichen Geschenke. Einzig Winnie de Polignac schenkte nichts, dafür lud sie uns ein, ein paar Wochen in ihrem venezianischen Palazzo zu verbringen.

Mein eigenes Geschenk für Nela sollte ein schöner Brillantring sein. Robert de Rothschild, den ich um Rat anging, schickte mir einen ihm gut bekannten Juwelier mit geschnittenen Diamanten ins Haus, aus denen ich einen smaragdförmigen Stein wählte, der dann von Cartier in Platin gefaßt werden sollte. Ich einigte mich mit dem Juwelier auf einen Preis und ging tags darauf zur Bank, um mir wie gewöhnlich aus Buenos Aires Geld anweisen zu lassen. Zu meiner Bestürzung erfuhr ich vom Bankdirektor, daß ich aus Argentinien kein Geld mehr ausführen dürfe, es vielmehr nur dort im Lande ausgeben könne. Eine schlimme Nachricht! Meine in Europa eingenommenen Konzertgagen hatte ich in Italien und Spanien so gut wie aufgebraucht, hatte auch in Paris und London für Nela eine Menge Ausgaben gehabt, ganz zu schweigen von den Kosten der Hochzeit und der Einladung ihres Bruders. Also bat ich Valmalète, er möge mir so rasch wie möglich einige Konzerte verschaffen, damit ich für den Rest des Sommers genügend Geld hatte. »Fahren Sie erst mal nach Evian, dort kann gleich was geschehen, und danach tue ich mein Bestes«, versprach er. Meine unerwartete Verarmung erschreckte Nela wenig; sie war solche Veränderungen gewöhnt und durchaus bereit, mich nach Evian zu begleiten. Hier ließen wir uns in dem wohlbekannten Hotel Royale nieder und frühstückten am folgenden Morgen auf dem eigenen Balkon. Da kam ein Telegramm von Valmalète – ich solle tags darauf in Deauville spielen, zwei Tage danach in Le Touquet, und am selben Tage noch ein drittes Konzert in Evian selbst geben. Mit der Post kam dann eine Einladung von Germaine de Rothschild auf einige Wochen in ihre Villa nach Cannes. Sogleich sagten wir ihr telegrafisch zu. Wieder war der alte deus ex machina am Werk, und ich konnte ohne einen Pfennig Geld in der Tasche meiner Frau die köstlichste Hochzeitsreise nach Cannes und Venedig bieten, diesem Paradies der Jungvermählten.

Valmalète war so freundlich, uns mit dem Wagen zu allen drei Konzerten zu chauffieren, die ja eigentlich unerwünschte Störungen der Hochzeitsreise bedeuteten und, schlimmer noch, meine Taschen nicht etwa mit Goldstücken füllten, sondern nur mit dem Nötigsten für die kommenden Monate.

Germaine de Rothschild hieß uns bezaubernd gastfreundlich wie stets in ihrer entzückenden Villa willkommen, wo unser Aufenthalt uns allerdings durch ungeheure Mückenschwärme etwas verleidet wurde. Man konnte weder spazierengehen, essen oder schlafen, ohne sich ihrer erwehren zu müssen. Besonders ein unseliges Picknick auf einer der Küste vorgelagerten Insel ist mir im Gedächtnis. Germaine bestand darauf, es gehöre zur Tradition. Sie, ihre Tochter Jacqueline und deren Mann, Nela und ich langten nach einer elend stürmischen Überfahrt auf dieser lausigen Insel an und ließen uns unter einem einladenden Baum nieder, der allerdings, wie wir zu spät bemerkten, auch einem Ameisenhaufen Schutz bot. Überflüssig zu sagen, wie sehr wir das Picknick genossen, jedenfalls waren wir heilfroh, wieder in Cannes zu sein.

Nach zwei Wochen dieser liebenswerten Gastlichkeit und einer unerträglichen Hitzewelle brachte uns der Orientexpreß schnurstracks nach Venedig, gerade zu Beginn des Septembers, für die Stadt der Dogen die ideale Jahreszeit. Die Fürstin war diesmal so generös, ihr *motoscafo* zu schicken und wies uns das beste Zimmer zu, mit Ausblick auf den Canale Grande. Das sehr große Himmelbett war uns nach der langen Reise recht willkommen, und nachdem wir genügend geruht hatten, fühlten wir uns imstande, alles in vollen Zügen zu genießen, was die göttliche Stadt zu bieten hat. Es freute die Fürstin, daß ich mit meiner jungen Frau so glücklich war. »Das ist die Richtige für Sie«, meinte sie, und fortan schloß ihre Freundschaft für mich auch Nela ein. Diese ihrerseits war fasziniert von der anziehenden, wenn auch recht komplizierten Persönlichkeit der Fürstin Winnie.

Um mein Glück vollzumachen, trafen nun auch Paul und Zosia ein. Er brachte sogar seinen Hund namens Lucky mit. Der arme Paul überschüttete dieses Tier mit seiner Liebe, die es erwiderte, und das brauchte er dringend. Wir verbrachten natürlich viel Zeit gemeinsam, und ich war jedesmal ganz verblüfft, wenn er in einen Palast oder etwa in die Academia nicht hineingehen wollte, weil sein Hund nicht mitdurfte. »Ich kann ihn nicht allein lassen, er würde sich einsam fühlen.« Paul machte sowohl mir als Nela Kummer, seine sonst unfehlbar gute Laune war ihm abhanden gekommen, ebenso sein Appetit. Oft endete der Tag dann recht traurig damit, daß wir beide auf seinem Hotelzimmer wie in alten Tagen Piquet spielten, und das war denn Pauls eigentliches Vergnügen in Venedig. Bei seiner Abreise nach Amerika war ich sehr betrübt, denn ich wußte, er würde mir sehr fehlen; unsere Freundschaft war für mein Leben von wesentlicher Bedeutung.

Kapitel 84

In der Rue Ravignac suchte mich ein Vertreter des sowjetischen Kulturdepartements auf und schlug mir vor, ich solle in Rußland einige Konzerte geben. Als ich nach der Gage fragte, meinte er wohlwollend: »Eintausend Rubel pro Konzert, dazu sämtliche Reisespesen erster Klasse, inklusive Schlafwagen. Hotelzimmer und etwaige sonstige Reisen etc., regeln wir. Mit den Rubeln können Sie nützliche Dinge bei uns einkaufen, und Sie bekommen dafür die Ausfuhrerlaubnis.« Als ich meine Frau erwähnte, sagte er: »Das gilt selbstverständlich für Sie beide.«

Mir gefiel der Gedanke, einen Monat leben zu können, ohne an mein eigenes Geld rühren zu müssen, Nela indessen zögerte. Sie hatte vom Ersten Weltkrieg her schlimme Erinnerungen an Moskau, wohin die Ihren vor den nach Litauen eindringenden Deutschen flohen. Sie war knapp sechs Jahre alt, als sie die fürchterlichen Erfahrungen des Krieges und der kommunistischen Revolution machen mußte.

»Es wäre aber sehr interessant, einmal zu sehen, was aus diesem Lande seither geworden ist, das wir beide so gut kennen, und dabei riskieren wir nichts, denn die Sowjetunion und Polen unterhalten derzeit gute Beziehungen«, sagte ich. Das überzeugte sie, und ich unterschrieb den Vertrag.

Wir nahmen den Nordexpreß nach Warschau, wo wir umsteigen mußten. An der deutschen Grenze stieg ein Mann zu, der uns vom Gang her zudringlich musterte. Im Speisewagen, wo wir frühstückten, wandten sich uns alle Blicke zu, so daß mir unbehaglich wurde. Wir wußten es noch nicht, aber wir waren schon am Beginn der Hitler-Zeit. Den Tag verbrachten wir nun still in unserem Abteil und waren froh, endlich die polnische Grenze zu erreichen. In Warschau herrschte Aufregung wegen der jüngsten Entwicklung in Deutschland. Man kannte bereits Hitlers Buch ›Mein Kampf‹ mit seinen wüsten Angriffen auf Sozialisten, Kommunisten und Juden; leider wurden sie anfangs nicht ernst genommen. Hitler hatte ja bereits früher, zusammen mit Ludendorff, erfolglos versucht, durch Gewalt an die Macht zu kommen. Die Polen sahen in Hitler eine Gefahr für den Frieden, insbesondere wegen des Danziger Korridors.

So bestiegen wir denn in düsterer Stimmung den Zug nach Moskau und sahen schon recht bald, wie kraß sich der Westen vom kommunistischen Rußland unterschied. Auf der polnischen Seite der Grenze wurden Paß und Gepäck von adrett gekleideten Beamten gründlich, aber rasch geprüft, und das Büfett am Grenzbahnhof bot eine große Auswahl vortrefflicher polnischer Speisen an. Die Tische waren besetzt von lebhaft plaudernden Reisenden, es wurde viel gelacht, und nichts unterschied dieses Restaurant von anderen in Polen. Als der Zug langsam nach Rußland hinein rollte, wirkte sogar die Landschaft trübe und trostlos. Am russischen Grenzbahnhof stiegen schwer bewaffnete Polizisten in schmuddeligen Khakiuniformen zu und nahmen uns grob die Pässe weg; alles erinnerte mich an meine erste Reise ins zaristische Rußland. Zollbeamte prüften mehr als eine Stunde lang unser Gepäck. Als man uns schließlich erlaubte, im Bahnhofsbüfett ein Glas Tee zu nehmen, waren auf dem Schanktisch zwar zwei Töpfe mit verwelkten Blumen zu sehen, aber keinerlei Speisen. Der Kellner in schmutziger Schürze stellte uns zwei Gläser blassen Tee hin. Wir baten ihn um eine Zitrone und bekamen die barsche Antwort: »Keine Zitrone!« Mitreisende an anderen Tischen blickten stumm und furchtsam um sich. Dieser entmutigende Anfang war die passende Vorbereitung auf das, was uns erwartete.

Nach sehr langer Fahrt kamen wir morgens in Moskau an. Hier empfing uns ein bärtiger Mann in Lederjacke und Schirmmütze und hieß uns im Namen der sowjetischen Musikbehörde willkommen. Nach einigen höflichen Begrüßungsfloskeln sagte er mit sarkastischem Lächeln auf russisch, das Nela und ich fließend sprechen:»Ich bin zu Ihrer Begleitung abkommandiert und werde Sie nicht aus den Augen lassen.« Das klang mehr nach einer Drohung als nach Hilfsbereitschaft. Er brachte uns zum Hotel National, das mir von früheren Besuchen noch in Erinnerung war; das ehemals elegante Hotel sah jetzt schäbig und heruntergekommen aus. Der alte Aufzug funktionierte nur gelegentlich. Nela durchstöberte die Betten sogleich nach »unerwünschten Gästen« und hatte eine Weile damit zu tun. Das Badezimmer war nicht ohne weiteres benutzbar, in der Wanne fehlte der Stöpsel, und der Wasserhahn über dem Waschbecken entließ das Wasser durch mehrere Rostlöcher im oberen Teil, so daß man ein Duschbad abbekam, wenn man ihn aufdrehte. Nela gelang es irgendwie, diesen Mangel behelfsmäßig zu beheben.

Was das Essen angeht, so kann man nur von einer Tragikomödie sprechen. Am einen Tag gab es Brot, aber keine Butter, am Tag darauf Butter, aber kein Brot. Immer fehlte irgend etwas, was man dringend brauchte, und am meisten ärgerte mich, daß das Personal in den Restaurants sich davon nicht im mindesten beeindruckt zeigte. Unser Zwangsbegleiter äußerte immer wieder mit Überzeugung die Meinung, das Leben in der Sowjetunion sei ideal und lachte nur über unsere Beschwerden: »In den kapitalistischen Ländern verrichten die Menschen Sklavenarbeit«, behauptete er. Überhaupt kamen in jedem seiner Sätze »Kapitalisten« und »Imperialisten« vor. Nur allzu gern hätte ich seine Meinung auf einer Pariser Boulevard-Caféhausterrasse gehört.

Im Künstlerzimmer des großen Tschaikowsky-Saales des Konservatoriums, wo ich mein erster Konzert zu geben hatte, fand ich einen Brief vor, adressiert mit russischen Buchstaben. Als erstes suchte ich nach der Unterschrift und, ob man es nun glaubt oder nicht, der Brief stammte von Muriel Draper, die mir mitteilte, sie befinde sich als Beauftragte der kommunistischen Partei der USA in Moskau, habe Russisch gelernt und wolle mich nach dem Konzert gern sehen. Ich hatte Nela bereits von Muriel erzählt, konnte also dem Zusammentreffen der Damen mit amüsierter Neugier entgegensehen. Muriel beharrte darauf, Russisch mit uns zu sprechen. Das fand ich lächerlich, was wiederum sie ärgerte. Ich habe sie danach nicht mehr gesehen und auch nicht den Wunsch danach verspürt.

Der Flügel, auf dem ich spielen sollte, war ein alter, nicht allzu gut restaurierter Steinway; an das gesamte Programm erinnere ich mich nicht, bestimmt aber spielte ich ›Petruschka‹, wovon ich mir eine Menge versprach, auch meine besten Chopin-Nummern. Der Saal war voll, nur wußte ich nicht, ob man die Karten verkauft oder verschenkt hatte. Die Russen sind zutiefst musikalisch und in einem Konzert mit Leib und Seele dabei. Man kann diese Menschen leicht beeindrucken, sie rühren und erregen, doch ebenso leicht schlägt die Stimmung um in Niedergeschlagenheit und Enttäuschung. Mein Spiel wurde außerordentlich gut aufgenommen, insbesondere Chopin und Albéniz, den man nicht kannte. ›Petruschka‹ hingegen bekam nicht mehr als kühlen Höflichkeitsapplaus, während meine Zugaben – ›Navarra‹ und de Fallas ›Feuertanz‹ – wahre Begeisterungsstürme entfesselten. Der alte Garderobenwärter, der schon unterm Zaren das Künstlerzimmer betreut hatte, sagte mir seufzend: »Es gibt keinen Tee, kein Gebäck, keine Zitronen. Es gibt überhaupt nichts mehr, wofür zu leben lohnt.« Dies war der einzige aufrichtige Satz, den ich während des gesamten Aufenthaltes in Rußland zu hören bekam.

Harry Neuhaus war der erste Besucher nach dem Konzert, und da wir uns ewig nicht gesehen hatten, fielen wir einander gleich um den Hals. Er war jetzt Direktor des Konservatoriums, in der Tat ein bedeutender Posten. Ich freute mich, dies zu hören; Karol und ich hatten uns oft gefragt, was wohl aus ihm geworden sein mochte. Er ließ sich ins Metropol einladen, ein Restaurant, wo vornehmlich Diplomaten und ausländische Touristen verkehrten. Unser russischer Begleiter – in Wahrheit ein Agent – brachte uns mit seinem Wagen hin und sagte, er wolle auf uns warten. Ich erinnere mich gut ans Metropol aus der Vorkriegszeit, und auch hier fiel mir auf, wie vernachlässigt alles war. Harry erwartete uns bereits, und wir setzten uns zu einer wohlverdienten Mahlzeit. Nela und ich waren halb verhungert. Als wir unsere Bestellung aufgaben, erschien Henryk Sokolnicki, Attaché an der polnischen Botschaft, an unserem Tisch. Nela kannte ihn aus Warschau; da sie sich freute, ihn zu sehen, bat ich ihn, an unserem Abendessen teilzunehmen. Er erzählte, das gesamte Botschaftspersonal habe mein Konzert gehört, und Stanislaw Patek, der Botschafter, beabsichtige, einen Empfang für uns zu geben, zu dem auch Litwinow eingeladen werden solle, der Volkskommissar des Äußeren. Wir vier führten eine angeregte Unterhaltung auf Polnisch, und Harry erklärte mir, weshalb ›Petruschka‹ so schlecht vom Publikum aufgenommen worden war.

»Die Leute hier kennen alle Melodien aus ›Petruschka‹ von Kind auf, und weil sie das Ballett niemals gesehen haben, meinten sie, es handelt sich um ein schlichtes Potpourri russischer Folklore, und obschon du es brillant gespielt hast, haben sie sich dabei gelangweilt, einfach weil sie es zu lang fanden.«

Ich bat Harry, tags darauf mit uns zu Mittag zu essen, was er annahm, dann fuhr uns unser Russe, der derweil in der Lobby gedöst hatte, zurück ins Hotel.

Harry rief am folgenden Morgen mit bebender Stimme an: »Nachdem der polnische Attaché mich heimgefahren hat, ist die GPU gekommen und hat mich verhört. Ich möchte also lieber nicht mit euch essen.« Während meines restlichen Aufenthaltes in Moskau kam ich kaum noch mit ihm zusammen, er wagte nicht einmal, die offizielle Einladung zum Empfang in der polnischen Botschaft anzunehmen.

Hier nun lernte ich endlich die neue Generation russischer Musiker kennen, die alles über das Musikleben im Ausland wissen wollten, denn sie waren von allen Nachrichten abgeschnitten. Was das Leben außerhalb der Sowjetunion betraf, hörten sie nur von Streiks und Revolutionen und davon, daß die Arbeiter in den kapitalistischen Ländern von der Polizei niedergeknüppelt wurden und ähnlichen Unsinn. Litwinow richtete sehr freundliche Worte an uns, was unseren Agenten augenscheinlich beeindruckte, denn von nun an behandelte er uns ehrerbietiger und gab sich größere Mühe.

Meine nächste Station sollte St. Petersburg sein, jetzt Leningrad genannt. Ich war gespannt darauf, die alte Hauptstadt wiederzusehen, hatte ich doch sehr lebendige Erinnerungen an den Anton-Rubinstein-Wettbewerb, an André Diederichs, an den herrschenden Luxus, die prächtigen Plätze und Kirchen. Wir kamen früh an einem bitterkalten Morgen an und wurden zum Hotel D'Europe gefahren, ehemals eines der schönsten von Europa, jetzt heruntergekommen und schäbig. Der

Konzertsaal war unverändert, nur hieß er jetzt nicht mehr Adelssaal, sondern Philharmonie. Der Flügel war ausgezeichnet.

Ich hörte mit Vergnügen, daß Prokofieff in Leningrad war, und nahm an, er werde zum Konzert kommen, was er auch tat. Ich gab schon am Abend des Ankunftstages das erste Konzert, und es wurde ein echter Erfolg. Das Leningrader Publikum war viel aufgeschlossener als das Moskauer, es ähnelte dem, das ich aus der Zarenzeit kannte. Die Leute waren besser angezogen, manierlicher, und man servierte mir in der Pause wie ehedem Tee und Gebäck. Prokofieff freute sich, uns zu sehen, und verbrachte tags darauf mehrere Stunden bei uns im Hotel, wo wir uns über das Musikleben in der Sowjetunion unterhielten.

»Im Moment kann man nur von einem absoluten Tiefstand sprechen«, erzählte er. »Eine Weile war es sogar verboten, öffentlich Chopin zu spielen – angeblich wirkt seine ›extreme Gefühligkeit‹ zersetzend auf die russische Seele. Ich selber gelte unverändert als Exponent der dekadenten westlichen Musik. Zum Glück bin ich in Kollegenkreisen noch sehr angesehen.«

Nächste Stationen waren Odessa und Kiew. Die Fahrt mit dem Zug nach Odessa sollte achtzehn Stunden dauern. Der Agent brachte uns zum Bahnhof, wo sich uns ein bejammernswertes Bild bot: Männer, Frauen und Kinder lagen zu Dutzenden auf dem Boden des dreckigen Wartesaals, und der üble Gestank ließ darauf schließen, daß sie hier schon lange lagen. Augenscheinlich warteten sie auf die Abreiseerlaubnis. Der polnische Konsul und seine Gattin standen an unserem Wagen und überreichten Nela Blumen. Während wir noch mit den beiden plauderten, verstaute ein Dienstmann unser Gepäck in einem Abteil. Als ich nachschaute, ob alles da sei, sah ich zu meinem Entsetzen, daß wir kein Schlafwagenabteil hatten. Ich beschwere mich darüber unverzüglich bei unserem Begleiter, der aber nur ganz kühl erwiderte, der Schlafwagen sei von Funktionären belegt worden, und wir müßten uns behelfen, so gut es gehe. Nun geriet ich in Wut. Mein Vertrag sah ausdrücklich vor, daß wir Schlafwagenabteile beanspruchen durften. Ich rief also dem Dienstmann zu, der auf seine Entlohnung wartete: »Holen Sie alles wieder raus, wir fahren nicht.« Er gehorchte, und unser Begleiter wurde nervös. »Sie bekommen sicher ab der nächsten Station ein Schlafwagenabteil, die Funktionäre steigen dort aus.«

Das war nun zuviel, und ich brüllte: »Lügen tun Sie, wie alle hierzulande!« Der polnische Konsul und seine Gattin wurden aschfahl vor Angst, sie fürchteten bereits das Schlimmste, doch mein Begleiter ließ sich einschüchtern: »Bitte, bitte, glauben Sie mir, von der nächsten Station an haben Sie Ihr Abteil.«

»Vorausgesetzt, Sie reisen mit und sorgen dafür.« Darauf mußte der arme Teufel nun eingehen, er reiste mit und verschaffte uns beim nächsten Aufenthalt, der ziemlich lange dauerte, wirklich ein Schlafwagenabteil. Allerdings mußte er nun dort die ganze Nacht auf den Zug zurück nach Moskau warten. Ich hatte ihm eine wohlverdiente Lektion erteilt.

Am Tage des Konzerts trafen wir frühmorgens in Odessa ein, wo wir von zwei sehr liebenswürdigen Professoren des dortigen Konservatoriums empfangen und ins Hotel geleitet wurden. Leider hatten sie für mich keine gute Nachricht. »Der Flügel stammt aus der Vorkriegszeit, aber Sie werden gewiß mit ihm fertig werden.« Obwohl dergestalt vorgewarnt, war ich doch verzweifelt, als ich ihn probierte. Trotz alledem fand das Konzert dann unerwartet großen Anklang, sogar ›Petruschka‹, in Moskau abgelehnt, wurde geradezu enthusiastisch aufgenommen.

Der Direktor des Konservatoriums ließ sich von uns ins Angleterre zum Essen einladen, ehemals ein solides Haus, jetzt heruntergekommen wie alle Hotels hierzulande.

»Es ist jammerschade, daß unsere Klavierschüler Sie nicht haben hören können«, sagte er. »Wir haben nur wenige Karten zugeteilt bekommen. Es ist darunter ein ganz besonders begabter Dreizehnjähriger«, sagte er. »Er wünscht sich sehnlichst, Ihnen vorzuspielen. Es wäre für uns eine große Ehre, wenn Sie morgen vormittag ins Konservatorium kämen und mit unseren Schülern sprächen.«

Das war gar nicht so leicht, denn schon am frühen Nachmittag ging der Zug nach Kiew. Nela redete mir zu. »Ich packe unsere Sachen, und alles ist fertig, wenn du aus dem Konservatorium kommst.«

Weil ich immer gern mit jungen Menschen zusammen war, die Klavier studierten, willigte ich ein. Ich hatte ihnen eine Menge zu sagen, wir tauschten Gedanken aus, ich hatte einfach Freude an ihrer Gesellschaft. Der Direktor stellte mir gleich zu Anfang seinen Vorzugsschüler vor, einen kleinen rothaarigen Knaben, der mir scheu die Hand gab und stracks ans Klavier ging. Schon nach den ersten Takten der ›Appassionata‹ spürte ich, dies war ein begnadetes Talent. Ich forderte den Jungen auf, mehr zu spielen, und er spielte die damals noch wenig bekannten ›Jeux d'eau‹ von Ravel wie ein vollendeter Meister. Ich küßte ihn auf beide Wangen und fragte nach seinem Namen: Emil Gilels. Ich notierte ihn mir, weil ich unbedingt Harry Neuhaus von Gilels erzählen wollte, kam in bester Laune ins Hotel und schwärmte Nela von diesem Jungen vor.

Am Bahnsteig gab es eine bewegende Szene. Der kleine Gilels erschien; in der bitteren Kälte trug er nur einen dünnen Mantel. Er überreichte Nela drei Rosen, die er starr umklammert hielt. Er opferte damit vermutlich ein Mittagessen. Durch die Löcher in seinen Handschuhen lugten zwei Finger hervor.

Harry war von meinem Bericht so beeindruckt, daß er Gilels nach Moskau kommen ließ und ihn als Stipendiaten ins Moskauer Konservatorium aufnahm. Ich war dann 1938 in der Jury des Königin Elisabeth-Wettbewerbs, und wir entschieden einstimmig, den ersten Preis dem Meisterpianisten Emil Gilels zuzuerkennen.

Viel später erst habe ich eine andere kuriose Geschichte im Zusammenhang mit diesem Konzert in Odessa erfahren: Auf einem Empfang in New York erzählte mir Swjatoslaw Richter beiläufig: »Ich habe Sie in Odessa ›Petruschka‹ spielen gehört. Damals war ich Kunststudent. Aber Ihr Spiel überzeugte mich, ich müsse Pianist werden. Eigentlich verdanke ich also meine Karriere Ihnen.«

In Kiew kamen wir nach ein paar Stunden Fahrt in einem stinkenden Zuge an. Der örtliche Musikfunktionär brachte uns ins Continental, ehemals das beste Haus am Platze. Der Anblick konnte einem wirklich das Herz brechen, insbesondere wenn man an vergangene Zeiten dachte, als ich hier mit Dawydows und Jaroszynski gewesen war. Die ganze Stadt machte einen düsteren Eindruck, und Nela, die zum ersten Mal hier war, wollte mir einfach nicht glauben, als ich ihr schilderte, welch eine bezaubernde Provinzhauptstadt Kiew früher gewesen war. Hier hatte so mancher berühmte Pole gelebt, Balzac hatte hier seine Madame Hanska kennengelernt, Liszt seine Fürstin Sayn-Wittgenstein, geborene Iwanowska. Wie auch immer, ich wollte mich nicht unterkriegen lassen, und wir bemühten uns, es so gut zu machen, wie es eben ging. Ich spielte im selben Saal, in dem ich zwanzig Jahre zuvor mich vor der Creme der hiesigen Gesellschaft präsentiert hatte, und das schäbige, übelriechende Publikum zeigte zum Glück seine angeborene Liebe zur Musik und hörte aufmerksam und beifällig zu. Auch hier wurde ›Petruschka‹ stürmisch applaudiert.

Tags darauf nahm ich Nela auf einen Spaziergang mit; ich wollte ihr die schöne St.-Michaels-Kirche zeigen, mit ihren grünen Kupferdächern und der vergoldeten zwiebelförmigen Kuppel. Äußerlich war sie unverändert, doch das Innere war auf unvorstellbare Weise geschändet: es beherbergte eine Ausstellung der »kämpferischen Gottlosen«. Die berühmten Ikonen von Rubljow waren verschwunden. Wir gingen angewidert hinaus und empfanden die bittere Kälte plötzlich ganz besonders. Ich schlug Nela vor, irgendwo Wodka zu kaufen.

Nun konnte man damals in der Sowjetunion nirgendwo Lebensmittel im freien Verkauf bekommen, sondern nur in Genossenschaftsläden. Ich selbst als ausländischer Künstler galt als *spets* (Spezialarbeiter) und durfte nur in dieser Kategorie vorbehaltenen Läden einkaufen. Ich legte dann einen Ausweis vor, und man fragte mich, ob ich ein Kilo Fleisch oder ein Kilo Kaviar haben wollte. Man rate, was ich wählte! Zwei ganze Tage aßen wir nur Kaviar – bis Nela seiner überdrüssig wurde. »Hier riecht alles nach Kaviar, das ganze Hotelzimmer stinkt danach, ich halte es nicht mehr aus.« Daraufhin schenkte ich die Dose dem Zimmermädchen, das sich vor Begeisterung nicht fassen konnte. Es herrschte solcher Mangel, daß uns der Zimmerkellner, der uns den Tee brachte, schüchtern um die ausgedrückte Zitronenscheibe bat. Zitronen wohlgemerkt hatten wir aus Polen mitgebracht, neben anderen Dingen, die es, wie man uns gesagt hatte, in der Sowjetunion einfach nicht gab.

Nun also suchten wir einen Schnapsladen, und Nela entdeckte denn auch einen, in dessen Auslage eine Menge Flaschen standen. Hier also konnte ich einmal meine Rubel ausgeben. Hinterm Ladentisch saß ein gleichgültig blickender Verkäufer, der auf meine Frage nach Wodka erwiderte: »Wodka ist aus. Wenn Sie wollen, können Sie kaukasischen Wein haben.« Als er unsere enttäuschten Gesichter sah, bot er uns an: »Wir haben auch so eine Art Cognac bekommen, Hunderte von Flaschen, von denen verkaufe ich Ihnen gerne was.«

Er wies eine dieser »Cognac«-Flaschen vor, und Nela und mir verschlug es die Sprache. Dies war Starka, der kostbarste, teuerste Schnaps, den es in Polen gibt. Die alteingesessenen reichen Familien hatten Fässer davon im Keller, manchmal hundert Jahre alt oder älter, und am polnischen Etikett dieser Flaschen war abzulesen, daß sie aus den Kellereien des Fürsten Sanguszko stammten und achtzig Jahre alt waren. In Polen kostete ein Gläschen davon drei Dollar. Es gelang uns gerade noch, die Fassung zu bewahren und uns eher uninteressiert zu erkundigen, ob wir mehr als eine Flasche kaufen dürften, wir gedächten sie zu verschenken. »So viele Sie wollen. Ein guter Schluck hält Leib und Seele zusammen.« Tatsächlich kauften wir so viele Flaschen, wie wir tragen konnten, mehr als ein ganzes Dutzend schleppten wir ins Hotel. Sie waren jedenfalls mehr wert als sämtliche Rubel, die ich in Rußland verdiente.

Charkow war die letzte Station in der Ukraine, ich erinnerte mich meines Besuches bei Koussewitzky, 1910, nach dem Rubinstein-Wettbewerb. Wie im übrigen Rußland waren die Konzertbesucher auch hier im wesentlichen gehobene Parteifunktionäre, die sich Eintrittskarten leisten konnten. Musikstudenten und Musikliebhaber konnten von ihren jämmerlichen Einkünften natürlich keine bezahlen.

Der polnische Generalkonsul war mit Nela von Warschau her bekannt. Er lud uns in seine Wohnung ein. Hier konnte ich üben, und seine Frau bewirtete uns auf gut polnische Art. Wir unsererseits beschenkten die Gastgeber mit einem wahrhaft königlichen Präsent: einer Flasche Starka, die sie unter Jubelrufen entgegennahmen. Er schmeckte sogar noch besser als erwartet, und den Abend nach dem Konzert, an das ich mich nicht erinnere, verbrachten wir fröhlich im Konsulat.

Tags darauf geschah etwas ganz und gar Außergewöhnliches und wahrhaft Einmaliges: Nela und ich tranken zu einer fast ungenießbaren Mahlzeit im Hotel eine ganze Flasche Starka aus, mit dem wir dem versalzenen, kaum herunterzuwürgenden Hering nachhalfen. Nun könnte man meinen, wir wären daraufhin ins Krankenhaus eingeliefert worden. Weit gefehlt: Wir erhoben uns munter und frisch vom Tische, tranken im Konsulat Kaffee, ich übte am Flügel, und Nela spielte mit den anderen Bridge, gewann sogar, wenn ich nicht sehr irre.

Moskau war die letzte Station, und da mein Konzert erst eine Woche nach der Rückkehr stattfinden sollte, hatten wir diese Tage zur freien Verfügung und benutzten sie, um die Theater zu besuchen. Das waren nun wirklich unvergeßliche Eindrücke. Das sogenannte Künstlertheater von Stanislawski und Nemirowitsch Dantschenko, an das ich mich von früher her mit höchstem Entzücken erinnerte, war unverändert, wenn nicht gar besser denn je – Stanislawski war tot, aber sein Partner hatte das Repertoire erweitert; es umfaßte jetzt auch Opern, und man verlangte von den Sängern ausgebildete schauspielerische Fähigkeiten. So etwa sahen wir einen ganz ausgezeichneten ›Eugen Onegin‹, in dem eben nicht nur glänzend gesungen, sondern auch hervorragend agiert wurde. Tschechows ›Kirschgarten‹ sahen wir, wie der Autor selber ihn inszeniert hatte.

Auch andere Erinnerungen kommen mir zurück: so die an einen Besuch des Vaters von Wladimir Horowitz, der mir viel Schmeichelhaftes über mein Spiel sagte, in Wahrheit aber wissen wollte, wie es seinem Sohn erging. Er war hochbeglückt, als ich ihm günstige Kunde geben konnte. Ein weiterer Besuch stimmte mich allerdings traurig, nämlich der des ehemaligen zaristischen Kulturbeauftragten in Warschau, Alexander Zatajewitsch. Früher hatten wir uns häufig im Hotel Victoria getroffen und unsere Meinung über die neuesten Konzerte ausgetauscht. Als großer Bewunderer von Rachmaninoff schenkte er mir die Erstausgaben von dessen Erstem und Zweitem Klavierkonzert, das ich in seiner Anwesenheit sogleich vom Blatt spielen mußte. Zatajewitsch also besuchte mich nun in Moskau, ein im Elend lebender alter Mann. Seine Kleidung war abgetragen, und an den Füßen hatte er nichts als Galoschen. Er erzählte herzzerbrechend aus seinem Leben und von der bejammernswerten Lage der »Ehemaligen«. »Dabei geht es mir besser als den meisten anderen.« Nela schenkte ihm anständige Seife, Nadeln und zwei Zitronen, Tee und Kaffee, auch Zucker – lauter Dinge, an denen es mangelte. Ich konnte den Anblick kaum ertragen, als er die Geschenke weinend entgegennahm.

Noch eine sehr ans Herz gehende Szene zeigte mir mit aller Deutlichkeit das tragische Schicksal der einst Reichen und Mächtigen. In einem Theater bekamen wir Plätze in der letzten Reihe unmittelbar am Mittelgang, wo unter anderen Leuten, die offenbar nur Stehplätze bezahlen konnten, zwei alte, sehr aristokratisch aussehende Damen standen. Diesen boten Nela und ich spontan unsere Sitzplätze an. Zunächst sträubten sie sich, dann setzten sie sich aber doch, und in der Pause bot eine der

Damen uns mit zittrigen Händen zwei Kekse dar, die sie ihrem schäbigen Täschchen entnahm und die gewiß ihre Abendmahlzeit darstellten. Gleichwohl akzeptierten Nela und ich, weil wir sie andernfalls gewiß gekränkt hätten.

Vor der Heimfahrt bemühten wir uns, meine schwer verdienten Rubel in irgend etwas Brauchbarem anzulegen. Leider gab es zwei Sorten Ladengeschäfte – im einen konnte man mit Rubel zahlen, im anderen, *torgsin* genannt, zahlte man mit amerikanischen Dollars für Waren, von denen manche die Kommunisten in den alten Adelspalästen gestohlen hatten. Man sah sogar Geschirr, Bestecke und Servietten aus dem Winterpalast des Zaren. Diese Herrlichkeiten betrachteten wir mit hungrigen Augen, hatten aber keine Dollars. In den anderen Geschäften gab es nichts als unbrauchbaren Krimskrams. Ich erinnere mich, drei Rückenkratzer aus Elfenbein erworben zu haben, ferner ein stummes Klavier, das angeblich Anton Rubinstein gehört hat, und Nela kaufte alle möglichen abgetragenen Brokatstoffe und ähnliches, obschon ohne rechte Lust.

Es gab auch eine Buchhandlung, und da leerte ich denn die Regale mit großem Vergnügen. Die meisten Bücher waren schlecht gedruckt und schlecht gebunden, doch der Inhalt war unverändert und komplett, und für die brauchte ich einen neuen Koffer. Den fand ich in einem Winkel bei Mir und Mirilis, ehemals dem größten Moskauer Warenhaus, wo man jetzt weiter nichts zu kaufen bekam als das klassische russische Kinderspielzeug. Der Koffer war selbstverständlich nicht aus Leder, sondern aus einem mir unbekannten Material. Ich war froh, die Bücherlast verstauen zu können, mußte aber auf der Straße erleben, daß der neue Koffer platzte und alle Bücher in den Schnee fielen. Zum Glück geschah dies unweit vom Hotel, und der Ärger hielt sich in Grenzen.

Dann wollte ich in letzter Minute auf meinen *spets*-Ausweis noch Kaviar kaufen, doch Nelas angewiderte Miene hielt mich davon ab. »Dann stinken unsere Koffer nach dem Zeug, und das ertrage ich nicht!« Da gab ich denn nach. Als wir Monate später bei Maxim dinierten, fragte ich Nela, worauf sie Appetit habe, und sie sagte nach kurzem Zögern: »Auf Kaviar.« Ich mußte laut lachen, als ich sah, wie der Oberkellner ihr zeremoniell ein Löffelchen voll zuteilte. Sie sagte aber hochfahrend: »Ich esse eben Kaviar nur, wenn ich darauf Lust habe.«

Die Theaterbesuche also und das Wiedersehen mit Harry und Prokofieff stellten die Höhepunkte unseres Aufenthaltes in der Sowjetunion dar. Genugtuung empfand ich auch darüber, daß die amtliche Konzertagentur mich aufforderte, bald wiederzukommen.

Kapitel 85

Wir unterbrachen die Fahrt nach Paris in Warschau, wo meine Schwiegereltern uns die benachbarte Wohnung anboten, die Nelas Bruder Bronislaw bis zu seiner Heirat innegehabt hatte. In einem Zimmer stand ein Klavier, das mir hoch willkommen war, denn Valmalète hatte mich wissen lassen, das Berner Orchester wolle mich als Solisten engagieren, falls ich willens sei, das Es-Dur-Konzert von Liszt zu spielen. Ich hatte es nie zuvor gespielt, brannte aber darauf, mich in der Schweizer Hauptstadt vorstellen zu können. Also kaufte ich die Partitur, las sie sorgsam durch und sagte zu. Dieses schöne und meisterhaft gebaute Konzert begeisterte mich mehr und mehr, und innerhalb dreier Tage konnte ich es auswendig. Wie gewöhnlich begnügte ich mich damit, täglich drei Stunden zu üben.

Beim Stöbern nach Büchern und anderen Dingen entdeckte ich bei einem Antiquar ein Porträt von Paul Kochanski; es war in Brüssel gemalt worden, während seiner Studienzeit. Es schmückte mein jeweiliges Heim bis zum Zweiten Weltkrieg: da ging es verloren mit all meiner anderen Habe.

In Bern traf ich am Vorabend des Konzertes ein. Am folgenden Morgen um zehn sollte die einzige Probe stattfinden; sie hatte ein amüsantes Vorspiel. In meiner Nervosität – ich spielte das Liszt-Konzert wie gesagt zum ersten Mal – kleidete ich mich schon früh um sieben an, frühstückte rasch, eilte in die Halle: da stand ein altes Klavier, das wohl lediglich als Dekoration diente. Auf ihm übte ich mit wildem Eifer die vielen kniffligen Passagen des Konzerts. Als ich aufblickte, stellte ich fest, daß der Raum voller Menschen war, älteren Herrschaften zumeist. Die Damen strickten, die Herren lasen die Zeitung, und alle hatten mir die ganze Zeit zugehört. Ich möchte den Leser nicht weiter in Spannung halten: Der Abend verlief überaus glücklich. Man engagierte mich sogleich für die nächste Spielzeit und vereinbarte mit mir zudem ein Konzert im musikverständigen Zürich.

In Paris wurde ich mit der freudigen Nachricht begrüßt: Nela erwartete ein Kind. Ich umarmte sie mit Tränen in den Augen und rief: »Es wird eine Tochter, bestimmt wird es eine Tochter!«

Schon als Heranwachsender hatte ich mir inständig eine Tochter gewünscht, denn immer sehnte sich meine Natur nach dem Weiblichen. Eine Tochter bleibt die eigene Tochter, auch wenn sie den Vater nicht ausstehen kann, und diese Zugehörigkeit besänftigt von selbst die Besitzgier.

Für den künftigen Vater nahmen die Weihnachts- und Neujahrsfeiern nun eine andere Bedeutung an. Diesmal war ich es, der auf Schonung drang; Nela, die eine ungewöhnliche Vitalität an den Tag legte, durfte sich nicht übernehmen. Mein Haus in der Rue Ravignan verwandelte sich über Nacht von einer Junggesellenklause in ein respektables Heim. Plötzlich hatten wir eine richtige Küche mit Herd und allem Gerät, ein Dienstmädchen fand sich wie von ungefähr, und mein elegantes kleines Speisezimmer wurde zum Kinderzimmer.

Horowitz, der in Mailand gewesen war, war baß erstaunt, nicht ins Restaurant, sondern zu einem guten Essen bei uns daheim geladen zu sein. Halb spöttisch sagte er: »Ihr geht mit gutem Beispiel voran. Ich möchte Wanda Toscanini heiraten.«

Ich hielt das für einen hübschen Scherz. Horowitz nahm ja sein gewohntes Leben in Paris wieder auf, spielte mir seine neuesten Zugaben vor und verbrachte viel Zeit bei uns. Nicht lange darauf erfuhr ich zu meiner Verblüffung, daß er wirklich Wanda Toscanini geheiratet hatte; wir telegrafierten ihm unsere Glückwünsche.

In der nächsten Spielzeit tauchte er dann wieder allein in Paris auf und verbrachte oft den ganzen Tag bei uns. Als wir ihn eines Abends in sein Hotel begleitet hatten, sagte er beim Abschied: »Möchtet ihr nicht nächsten Sonntag zu mir zum Essen kommen?« Ich war völlig überrascht, denn noch nie hatte ich gehört, daß er jemanden einlud. Ich sagte: »Nun, das ist wirklich eine große Ehre, Wolodja, nur muß ich Samstag abend in Amsterdam mit Mengelberg das Tschaikowsky-Konzert spielen, und weil es anschließend immer noch ein Souper gibt, könnte ich vor Sonntag nachmittag nicht zurück sein.«

»Wenn du das Souper aber ausnahmsweise mal schießen läßt, könntest du den Nachtzug nehmen.«

Mir gefiel der Gedanke nicht, die Direktoren des Concertgebouw zu enttäuschen, und der Nachtzug lockte mich schon gar nicht, doch Nela ergriff die Partei von Horowitz. »Wir können Wolodjas erste Einladung unmöglich ausschlagen. Das Souper ist nicht so wichtig, und wir wären mit dem Nachtzug am Sonntagmorgen zurück.«

Ich erinnere mich gerade an dieses Konzert in Amsterdam recht gut. Mengelberg machte es mir auf der Probe alles andere als leicht. Er probierte den ganzen Vormittag über ein langes Stück von Reger, und nach der Pause blieb für das Tschaikowsky-Konzert kaum noch Zeit. »Keine Sorge deshalb«, sagte er mir mit seinem schweren holländischen Akzent, »das Orchester kennt das Konzert, und ich kenne es ebenfalls.«

»Auch ich kenne es«, erwiderte ich unwirsch, »es fragt sich nur, bleibt Zeit genug dafür, daß wir es alle gemeinsam gleich gut kennen?«

»Wir brauchen es nicht ganz zu probieren, es reicht, wenn wir die schwierigen Stellen durchgehen«, meinte er. Nun, ich gab nach, doch nur ungern, und die Probe begann. Anfangs ging alles recht schön, und er brach ab, um eine andere Stelle zu proben. Als wir zur Kadenz kamen, brach er wieder ab und verzehrte ein Stück Kuchen, das er, Höhepunkt der Unverschämtheit, auf meinem Flügel auspackte. »Spielen Sie die letzten Takte der Kadenz«, sagte er und verfehlte denn auch prompt mit dem Orchester den Einsatz. Ich spielte höflich die letzten Takte der Kadenz noch einmal, und wieder kam der Einsatz nicht. Er klopfte verärgert ab. »Spielen Sie die erste oder die zweite Fassung des Konzertes?« fragte er. »Selbstverständlich die zweite«, sagte ich, und ans Orchester gewandt: »Es gab schon einmal einen Rubinstein, der die erste Fassung nicht leiden konnte, wie jedermann weiß.«* Die Orchestermusiker lachten schallend, und Mengelberg sagte kurz: »Spielen Sie es bitte noch mal.« Und diesmal steckte er die Nase in die Partitur, und wir spielten von Anfang bis Ende.

* Tschaikowsky hatte die erste Fassung des Konzerts seinem Freund Nikolaus Rubinstein gewidmet, der aber das Werk nicht mochte; so eignete der Komponist es denn Hans von Bülow zu.

Das Konzert wurde ein großer Erfolg. Mengelberg blieb auf der Bühne, hörte sich meine Zugaben an und küßte mich anschließend vor allen Zuhörern. Es war nun spät geworden, und Nela und ich beeilten uns, den Zug noch zu erreichen. Um sieben Uhr früh waren wir wieder zu Hause, frühstückten leicht und gingen zu Bett, in der Erwartung, Horowitz werde sich irgendwann telefonisch melden. Dies geschah aber nicht. Nela rief um elf ungeduldig im Hotel Prince of Wales an. Horowitz hatte die Einladung ganz vergessen, er wollte zum Pferderennen gehen und bot uns an, statt dessen auf seinem Hotelzimmer einen kleinen Imbiß zu nehmen. Dieses Betragen verdroß und belustigte uns zugleich. Wir fuhren also ins Hotel, und ich kritzelte in der Halle ein Briefchen an ihn, an dessen Inhalt ich mich genau erinnere: »Lieber Wolodja – ich möchte Dir Deine Expedition zum Pferderennen nicht verderben, gehe also statt dessen mit Nela zum Essen in ein anständiges Lokal.« Wir verließen das Hotel, und auf der Straße sagte ich zu Nela: »Der arme Kerl wird ganz zerknirscht sein und dir mindestens Blumen schicken.« Wir speisten im Bois, gingen anschließend ins Kino und waren am späten Nachmittag wieder in Montmartre. Hier erreichte uns ein Anruf von Valmalète: »Der Impresario von Horowitz läßt bestellen, Horowitz habe sich über Ihren Brief geärgert. Ich weiß nichts Näheres und richte nur diese Bestellung aus.« Nun wurde ich allerdings wütend. »Sagen Sie Ihrem Kollegen, er möchte seinem Klienten mitteilen, ich wünsche nichts mehr von ihm zu hören – ich habe jetzt die Nase voll.« Und so sprachen wir denn jahrelang nicht mehr miteinander. Ich begegnete hin und wieder seiner Frau, dann wechselten wir einige höfliche Worte, ohne Horowitz je zu erwähnen.

Zwei bedeutende jüdische Konzertunternehmer, die vor Hitlers Judenverfolgung geflüchtet waren, traten in Valmalètes Agentur ein, da sie sich in Frankreich nicht selbständig machen durften. Der eine, Friedrich Horowitz, war in Deutschland Wladimirs Impresario gewesen (verwandt waren sie nicht), der andere, Dr. Paul Schiff, der eine bekannte Agentur in Köln gehabt hatte, hörte mich in der Salle Gaveau und bei anderer Gelegenheit und befremdet, wie Valmalète meine Interessen wahrnahm. In der Absicht, nun selber eine Veränderung herbeizuführen, wandte ich mich an Valmalète, der zu meiner Erleichterung von sich aus vorschlug, Schiff solle mich hinfort vertreten. Als nomineller Leiter der Agentur bekam Valmalète von allen Kontrakten, die Schiff abschloß, Prozente.

Wie durch Zauberei veränderte sich nun über Nacht meine ganze Karriere. Engagements nach Stockholm, Göteborg, Oslo und Kopenhagen und in vielen Städten Hollands gingen ein. Von weiteren Konzerten in der Salle Gaveau riet mir Dr. Schiff ab. Trotz dieser Verbesserung meiner Lage in Europa brauchte ich dringend mein Geld aus Südamerika. Mein künftiger Status als Familienvater mahnte mich an die Pflicht, diese meine Familie zu versorgen. Nela sollte, meinem Wunsche entsprechend, das Kind in Warschau zur Welt bringen, betreut von ihren Eltern. »Meinst du, du könntest mich auf eine kurze Tournee durch Brasilien und Argentinien begleiten?« fragte ich sie. »Wir würden rechtzeitig vor deiner Niederkunft zurück sein.« Damit war sie sehr einverstanden. »Wenn wir schon im Mai losfahren, reicht es allemal, das Kind kommt nicht vor Ende August.«

Ich bereitete die Tournee auf die übliche Weise vor, und sowohl Pellas in Brasilien als auch Ruiz in Buenos Aires versprachen, diese Konzertreise so kurz wie möglich zu halten. Cooks Reisebüro empfahl uns den neuesten deutschen Luxusdampfer, auf dem noch Kabinen mit Bad zu haben waren. Mir widerstrebte das, Nela überredete mich jedoch dazu. »Ich bin immer mit deutschen Schiffen von New York nach Bremerhaven gefahren, es sind die bequemsten, und man hat die beste Bedienung.«

Das war zu Beginn des Jahres 1933, als uns schon Nachrichten vom bedrohlichen Anwachsen des Nationalsozialismus beunruhigten. Und nun wurde die Drohung wahrgemacht. Der senile Hindenburg berief Hitler zum Reichskanzler. Auszüge aus ›Mein Kampf‹ wurden abgedruckt, und ich erkannte mit Entsetzen, daß Hitler es nicht nur auf die Kommunisten abgesehen hatte, sondern auch die Juden mit fanatischem Haß verfolgte. Diese wurden jetzt bereits durch seine politischen Kampfformationen schikaniert.

Ich bestellte also die Passage auf dem deutschen Dampfer ab mit der Begründung, ich als Jude wolle nichts mehr mit Deutschen zu tun haben und Cook möge das der Reederei wörtlich übermitteln. Eine Woche später erhielt ich einen privaten Brief des Generaldirektors jener Reederei, in dem er mir versicherte, er hege den Juden gegenüber die höchste Achtung und Dankbarkeit, denn seine Gesellschaft verdanke ihnen ihr Entstehen und ihren wirtschaftlichen Erfolg. Am Schluß bat er mich, meine Entscheidung zu revidieren: Für sich selbst und seine Besatzung könne er sich persönlich verbürgen, und er bezweifle keinen Moment, daß seine Passagiere sich durch unsere Anwesenheit an Bord nur geehrt fühlen würden. Das war überzeugend; wenn ein Mann in so exponierter Stellung wagen konnte, einen solchen Brief zu schreiben, dann, so dachte ich, dürfte es doch noch anständige Deutsche geben. Der Generaldirektor hatte nicht übertrieben, wir wurden ebenso vorzüglich bedient wie alle Mitreisenden und hatten keinen Grund, uns zu beklagen. Unsere Kabinenstewardess, die jahrelang in einem Haushalt in Bremen gewesen war, hatte nichts als Verachtung für Hitlers Antisemitismus. »Wenn er nicht sieht, wie patriotisch und großzügig die deutschen Juden sind, muß er verrückt sein«, bemerkte sie.

Trotzdem hielten wir uns von den Mitreisenden fern und verbrachten die Überfahrt damit, Wörterspiele zu spielen, worin wir uns so perfektionierten, daß wir dazu übergingen, sie in vier oder fünf Sprachen zu üben. Unser Eifer dabei erregte die Aufmerksamkeit der Mitreisenden.

Die Ankunft in Rio bot uns dasselbe Bild, das mich beim ersten Mal so ergriffen hatte. Diesmal durfte ich den Anblick des Zuckerhutes, der herrlichen Christusstatue auf dem Corcovado, des unglaublich blauen Himmels und des Meeres mit Nela teilen. Pellas hatte uns ein reizendes Appartement im Palace Hotel reserviert mit Blick auf die Bucht und das Städtische Opernhaus gegenüber, wo ich meine Konzerte geben sollte. Vom Fenster aus konnten wir die Theaterkasse sehen, und wir wetteten darauf, welche Passanten wohl davor stehenbleiben und welche vorbeigehen würden. Dieses Spiel spielten wir geradezu mit Feuereifer und verfluchten aufs fürchterlichste jene, die uns enttäuschten.

Carlos Guinle schickte Nela Blumen und lud uns für den ersten Abend zum Diner ein. Die ganze Familie feierte unsere Hochzeit und die Aussicht auf Nachwuchs. Die Damen nahmen Nela als Freundin auf und machten ihr den Aufenthalt so angenehm wie möglich.

Meine Konzerte gingen sehr gut, denn ich besaß nun bereits eine überzeugte Anhängerschaft hier, die in mir so etwas wie einen persönlichen Freund sah.

In São Paulo war der Empfang ebenso. Während der Dauer unseres Aufenthaltes genossen wir die Gastfreundschaft der Familie Schiafarelli. Die Konzerte in Brasilien brachten weniger ein als das vorige Mal, es war nicht zu übersehen, daß die amerikanische Wirtschaftsmisere ihre Auswirkungen in ganz Südamerika hatte.

Gleichwohl brachen wir bester Stimmung nach Buenos Aires auf, und ich freute mich schon auf die Gesichter meiner Freunde, die den eingefleischten Junggesellen als Ehemann und künftigen Vater zurückkehren sahen. Wie nicht anders erwartet, nahm man Nela überall vorbehaltlos und herzlich auf. Nena Salamanca und Victoria González bemühten sich unablässig um sie und brachten sie zum ersten Gynäkologen am Platze. Dieser versicherte mir nach ihrem ersten Besuch, alles stehe ausgezeichnet, es gebe keinen Grund zur Besorgnis. Man lachte mich oft genug aus, wenn ich den künftigen Vater spielte. Meine totale Unwissenheit in diesen Dingen verleitete mich dazu, den Manager des Odeon, einen mehrfachen Vater und Großvater, zu fragen, wann die Geburt beginnt. Darauf antwortete er verwirrt: »Ich habe das nie gewußt, aber die Frauen verstehen sich auf sowas. Haben Sie nur Geduld, alles kommt schon im richtigen Moment.«

In meiner Unwissenheit tat ich Nela etwas Schreckliches an. Nach einer ganz besonders erfolgreichen Matinee lud ich Rafael und Victoria González und noch einige Musikenthusiasten in die prächtige Confitería de Paris zu heißer Schokolade ein. Nela war im neunten Monat. Die redefreudigen Lateinamerikaner schwärmten von meinem Spiel, was mich bewog, Champagner kommen zu lassen, und nun ging es immer lauter und angeregter zu. Plötzlich sah ich, daß Nela weinte, und erkundigte mich zu Tode erschrocken, was ihr denn geschehen sei. »Ich bin so müde«, klagte sie mit einer Kinderstimme, »so müde!« Da sprangen wir denn alle auf, ich zahlte und brachte sie heim. Sicher im Bette aufgehoben, sagte sie ruhig: »Dir ist natürlich nicht klar, wie anstrengend es für mich war, das ganze Konzert hindurch in dem heißen Saal zu sitzen, und dann mußtest du mir ja unbedingt noch zumuten, das laute Geschwätz deiner Freunde anzuhören.«

Da errötete ich beschämt und konnte nur stammeln: »Ich schwöre, es soll nicht wieder vorkommen.«

Meine andere, freilich geringere Sorge galt meinen Geldangelegenheiten. Der Direktor meiner Bank empfing mich äußerst höflich und setzte mich ins Bild. »Ihre Anlagen sind völlig intakt, und wir reinvestieren wie üblich das Einkommen daraus. Nur verbietet die Regierung eben die Ausfuhr unseres Geldes. Solange Sie im Lande anwesend sind, können Sie damit machen, was Sie wollen.« Dieser letzte Satz beruhigte mich, ich hatte also Geld genug für etwaige Notfälle.

Francisco Ruiz hatte mir eine ganz besonders gute Tournee zusammengestellt, und anders als in Brasilien hatte ich in Buenos Aires und weiteren argentinischen Städten stets volle Häuser.

Nela war entzückt, als ich sie zu Mastrogianni und seiner Frau mitnahm, mit denen ich befreundet war. Brigidita sang für uns, begleitet von López Buchardo, mit dem sie unterdessen verheiratet war.

Nach einem meiner Konzerte im Colón fand sich im Künstlerzimmer ein Männlein ein, das mir mitteilte: »Ich stamme aus Lodz, lebe seit meiner Kindheit hier und betreibe als Pelzhändler ein gutgehendes Geschäft. Ich möchte Ihnen einen Vorschlag machen. In Argentinien kauft, infolge des amerikanischen Börsenkrachs, kein Mensch mehr teure Pelze. Sie Ihrerseits dürfen Ihr Geld nicht ausführen, könnten aber von mir zu einem stark herabgesetzten Preis einen Chinchillamantel kaufen, den ich vor zehn Jahren nicht unter fünfundzwanzigtausend Dollar weggegeben hätte. Den können Sie für sechstausend haben. In Paris bekommen Sie leicht das Dreifache dafür, denn dort sind Pelze sehr stark gefragt.«

Dieser Vorschlag leuchtete mir sehr ein; das Männlein, nicht nur in Lodz geboren, sondern überdies Musikliebhaber, überzeugte mich, und ich kaufte das kostbare Ding auf der Stelle, bevor er es sich anders überlegte. Als ich Nela den Mantel zeigte, nörgelte sie: »Die Felle sind zwar sehr schön, aber der Schnitt des Mantels ist altmodisch.« Als ich erwiderte, der Mantel sei bloß als Investition gedacht und Coco Chanel oder Madame Lanvin würden viel Geld dafür geben, schien sie damit zufrieden, um so mehr als ich hinzufügte, ich brauche unbedingt Geld in Europa. Sie trug den Mantel einmal zu einer Opernaufführung im Colón und wurde sehr darin bewundert.

Weil Julio Roca, der argentinische Vizepräsident, mir sehr geneigt war, veranlaßte er überdies, daß mir monatlich von meinem argentinischen Guthaben eine bestimmte Summe ins Ausland überwiesen wurde.

Die Zeit schritt voran, und Nela bekam es langsam mit der Angst, wenn sie daran dachte, daß sie zur Niederkunft, wie wir uns vorgenommen hatten, den weiten Weg nach Warschau zurücklegen müsse. Als ich sorgenvoll mit meinen Freunden darüber sprach, hieß es: »Arturo, hier haben alle Eltern ein halbes Dutzend Kinder, und allen geht es prächtig. Bleib doch hier, du brauchst wirklich nichts zu befürchten.« Nela und ich faßten noch am selben Abend den großen Entschluß: Sie würde sich genau an die Weisungen ihres Arztes halten, und ich würde alle Möglichkeiten wahrnehmen, Konzerte zu geben, damit das Kleine nicht hungern müsse.

Nela übernahm sogleich die klassische Rolle der werdenden Mutter. Im Bett umgab sie sich mit Unmassen Strickzeug und verkündete: »Ich stricke alles sowohl in Blau als auch in Rosa, für alle Fälle.« Überdies tauchten nun auch Bücher an ihrem Bett auf. »Was liest du denn da?« fragte ich neugierig. »Ich lerne Spanisch«, antwortete sie lässig, »ich möchte nämlich unbedingt wissen, was die Ärzte und Krankenschwestern über mich sagen.« Beiden Tätigkeiten, dem Stricken wie dem Lesen, oblag sie so hingebungsvoll, daß ich oft schon einschlief, wenn sie noch an der Arbeit war. Und wieder bewährte sich ihre außergewöhnliche Sprachbegabung, denn nach zwei Wochen konnte sie ausreichend Spanisch, um sich in Restaurants mühelos verständlich zu machen. Ich sah mit Vergnügen, wie überrascht meine Freunde waren.

Meine Leser wundern sich vielleicht, daß ich jetzt kein Wort mehr über Musik verliere, und da möchte ich sie gleich beruhigen. Zwar übte ich, weil ich Vaterfreuden entgegensah, weniger, spielte aber in meinen Konzerten dafür besser denn je. Die göttliche Kunst der Musik ist die einzige, die uns Interpreten gestattet, unsere tiefsten Gefühle einem aufmerksamen Publikum verständlich zu machen. Die argentinischen Zuhörer nun spürten diese meine subtile Inspiration, die meine Erfolge in Argentinien wie auch in Uruguay noch mehrte. Ruiz, der daran ja ein sehr persönliches Interesse hatte, bemerkte denn auch: »Don Arturo, Sie könnten hier jedes Jahr mindestens fünfzig Konzerte geben.« Meine arme Nela begleitete mich ein- oder zweimal nach Montevideo, um meine Freunde kennenzulernen, litt aber schrecklich unter der nächtlichen Überfahrt auf dem gräßlichen Liniendampfer.

Eines Spätnachmittags sagte Nela ruhig: »Du mußt mich jetzt gleich in die Klinik bringen.« Nena Salamanca hatte ihr in einer vorzüglichen Klinik in der Calle Santa Fé ein Zimmer bestellt, wir brauchten uns also nur noch anzumelden. Nelas Hebamme nahm sich ihrer sofort an und geleitete sie in ihr Zimmer. Ich erhielt auf meine Bitte das Nebenzimmer und harrte nervös der Dinge, die nun kommen sollten. Nach einer Weile erschien Nela in der Tür und machte, wohl um mich zu beruhigen, ein bißchen unvorsichtig ein paar Mazurkaschritte.

Eine Weile später sagte mir die Hebamme, die Geburt werde nun bald einsetzen. Ich wollte dabeisein, wie sehr sie sich auch dagegen sträubte. Zusammen gingen wir in den Kreißsaal, wo die Hebamme mit einigen Schwestern die nötigen Vorkehrungen traf. Nach einer kleinen Zeit hörte ich Ächzen und Stöhnen, bald lautes Klagen. Ich rannte ans Bett, nahm Nelas Hand und streichelte sie beschwichtigend. Dann, plötzlich, stieß die arme Nela geradezu unmenschliche Schreie aus, ohne Unterlaß und immer lauter. Ich preßte ihre schwitzende Hand und schloß, einer Ohnmacht nahe, die Augen. Ich kam mir schuldig vor wie ein Mörder und schwöre auch jetzt noch, daß dies die schrecklichsten Momente meines Lebens waren.

Dann vernahmen wir den einzigartigen Schrei des Neugeborenen. Ich verfiel in ein krampfhaftes Schluchzen und wäre zu Boden gesunken, hätten die Schwestern mich nicht zu einem Stuhl geführt. »Ein kleines Mädchen«, verkündete die Hebamme. Ich lachte und weinte zugleich. Die Hebamme badete das Kleine, und die Schwestern kümmerten sich derweil um mich. Ich schluckte eine Tablette, man kühlte mir den Kopf in kaltem Wasser. Als ich wieder zu mir gekommen war, fragte ich entrüstet: »Warum nehmt ihr euch nicht meiner armen Frau an?« Und da geschah etwas Unglaubliches. Nela redete mir ganz normal in ihrem gewohnten Ton zu: »Wir müssen möglichst bald noch ein Kind haben, denn es ist nicht gut, daß die Kleine ohne Geschwister aufwächst.« Ich war sprachlos.

Ich küßte meine Frau zärtlich und dankbar und warf dabei verstohlene Blicke auf das winzige rote Wesen, das meine Tochter war. Die Hebamme lobte meine tapfere Frau: »Sie hat die Narkose abgelehnt, wollte auch keine Beruhigungstabletten nehmen, sondern unbedingt den ersten Schrei des Kindes hören.« Das erfüllte mich mit Stolz und Bewunderung. Als ich meine Nela so ruhig in ihrem Bett liegen sah, neben ihr in seinem Bettchen das Baby, wurde mein Herz von einer bis dahin unbekannten Glückseligkeit erfüllt. »Ich habe meine Tochter, ich habe meine Tochter«, jubelte ich innerlich. Der langjährige Traum war endlich Wirklichkeit geworden.

Nena und Victoria kamen mit Blumen und gratulierten. Leider begingen sie eine unverzeihliche Unterlassungssünde: Sie sagten mir nicht, daß Nela tags und nachts eine Pflegerin für sich und das Kleine brauchte. In meiner Arglosigkeit nahm ich an, das Klinikpersonal sei dafür da, doch mußte die arme Nela an dem Abend dieses für sie so anstrengenden Tages sich selber der Kleinen annehmen, denn niemand erschien auf ihr Klingeln. Ich hatte eigentlich bei ihr bleiben wollen, aber sie bestand darauf, daß ich zu Bett ging, und ich gehorchte. In Gedanken an die Schrecken und Freuden dieses Tages tat ich freilich stundenlang kein Auge zu.

Ich erwachte erst zur Mittagszeit und öffnete behutsam die Tür zu Nelas Zimmer. Sie schlief noch. So kaufte ich Blumen und ein Geschenk, das an diesen 18. August 1933 erinnern sollte. Auch brachte ich die Morgenzeitungen, denn Nela übte sich darin im Spanischlesen. Sie war nun wieder frisch und liebreizend, und ich durfte meine Tochter lange, lange betrachten. »Mach bitte eine Aufnahme von ihr«, sagte Nela und gab mir ihre Kamera. Nach ihren Anweisungen knipste ich einige Bilder. Plötzlich rief sie: »Hier steht, daß es heute nacht deine geliebten ›Meistersinger‹ im Colón gibt. Da mußt du unbedingt hingehen.« Ich lehnte es ab, sie allein zu lassen, gab dann aber nach – nicht ohne tiefe Befriedigung.

Es war eine glänzende Aufführung. Die Eva sang Editha Fleischer, die mich im dritten Akt mit ihrem »O Sachs! O Freund!« zu Tränen rührte. In jener Nacht war ich dafür besonders anfällig. Als ich Nela in der Klinik schwärmend von der Aufführung und von Editha Fleischers Eva erzählte, kam uns beiden gleichzeitig der Gedanke: »Eva soll sie heißen! Eva ist ein so schöner Name.«

Nach wenigen Tagen bereits waren wir wieder im Hotel Plaza, und Victoria besorgte für Nela eine Kinderpflegerin. Noch zwei Konzerte, und wir konnten uns zur Rückreise nach Paris rüsten. Meine gut informierten Freunde rieten uns, Goldschmuck zu kaufen, auch englische Goldmünzen. Bald schon hatte ich zweihundert Goldsovereigns beisammen und für Nela eine goldene Kette und weiteren Goldschmuck erstanden.

Auch Nena Salamanca machte einen brauchbaren Vorschlag: »Ich kenne ein englisches Kindermädchen, das seit Jahren bei Freunden von mir in Dienst ist und gar zu gern die Ferien einmal in England verbringen möchte, es sich aber nicht leisten kann. Wenn ihr für sie die Passage bezahlt, kümmert sie sich unterwegs an Bord um das Kind.« Das war genau, was wir brauchten.

Miss Billington, die englische Nurse, wie sie im Buch steht, stellte sich uns bereits am folgenden Vormittag vor und schaute die kleine Eva so hingerissen an, als habe sie nie zuvor ein Baby gesehen. Mit etwas Glück fand ich passende Kabinen auf einem französischen Dampfer nach Marseille, und zwei Tage später gingen wir glückstrahlend an Bord. Die meisten unserer Freunde kamen ans Schiff, mit Blumen und Geschenken.

Im Salon des Schiffes hörten wir zur Teezeit eine lautstarke Auseinandersetzung zwischen Miss Billington und einem Steward. Als ich an ihren Tisch trat, sagte sie empört: »Mr. Rubinstein, hier gibt es bloß chinesischen Tee. Unmöglich kann ich auf einem Schiff bleiben, auf dem es keinen Ceylontee gibt, lieber steige ich im nächsten Hafen aus und fahre nach Buenos Aires zurück.«

Sie war wirklich entschlossen dazu, und das machte mir Angst. »Ich verspreche Ihnen, Miss Billington, in Montevideo, wo wir drei Stunden Aufenthalt haben, bekommen Sie Ihren Ceylontee.« Leicht fiel es mir nicht, mein Versprechen wahrzumachen. Mindestens zehn Geschäfte wußten nicht genau, welche Sorte Tee sie führten, doch im letzten Moment hatte ich Glück. Jeden Nachmittag verlangte fortan Miss Billington herablassend: »Nur heißes Wasser. Ich habe meinen eigenen Tee.« Die Mitreisenden genossen diese Szene.

Mit uns reiste die berühmte spanische Flamencotänzerin Antonia Marcé, genannt »la Argentina«; sie war in Argentinien geboren. Ich bewunderte sie sehr. Eines Tages betrachtete sie an Deck lange prüfend unser Kind und sagte prophetisch: »Die wird mal Tänzerin.« Für den »jungen« Vater war das eine glückliche Reise.

Bevor Miss Billington nach London weiterfuhr, zeigte ich ihr Paris, und das blieb ihr unvergeßlich. Sie lebt jetzt als Rentnerin in England, und wir stehen mit ihr noch in freundlichem Briefwechsel.

Kapitel 86

Kochanskis kamen aus Warschau. Paul hatte dort Szymanowskis Zweites Violinkonzert uraufgeführt, das mit seinem Rat in Zakopane entstanden war und zu dem er die Kadenzen geschrieben hatte. Mein armer Paul war am Abend des Konzertes so schwach, daß er im Sitzen spielen mußte. Wir fürchteten schon seit einer Weile das Schlimmste für ihn, und trotzdem bekam ich einen furchtbaren Schrecken, als ich ihn jetzt sah. Er hatte stark abgenommen, das Gesicht war von einer unheimlich grauen Farbe, und die schönen, mandelförmigen Augen hatten ihren Glanz, ihren geistvollen Blick verloren. Seine angestrengten Bemühungen, heiter zu wirken, brachten mich zum Weinen. Es war grauenhaft, meinen einzigen und besten Freund in solch hoffnungslosem Zustand zu sehen.

Misia Sert lud Kochanskis und uns zum Lunch ein, und Nela nahm die Kleine in einem Körbchen mit. Paul schaute Eva lange und bekümmert an, nahm meine Hand, und uns beiden traten Tränen in die Augen. Tags darauf fuhren sie weiter nach New York, und ich habe Paul nicht wiedergesehen. Er starb siebenundvierzig Jahre alt im Januar 1934 in New York an Krebs. Ich mußte alle diese langen Jahre weiterleben und den unersetzlichen Freund entbehren.

Es galt, rasche Entscheidungen zu treffen, denn Nela erhielt einen Brief ihrer Mutter, in dem es hieß, Karola, die Wandas Knaben betreut hatte, sei frei. »Am besten fahre ich mit Eva nach Warschau und engagiere sie. Eine bessere finden wir nicht. Du kannst unterdessen hier alles in Ordnung bringen.« Wirklich war viel zu tun.

Wir brauchten mehr Platz, und als rettender Engel erschien Jeanne de Marjerie, begleitet von einem jungen Mann. Die veranlaßten mich, einem Schuster seine Werkstatt abzukaufen, die unterhalb meines Bungalows lag und von der Rue D'Orchamps zugänglich war, genau gegenüber dem Bateau Lavoir. Beide betrachteten die Werkstatt und wußten sogleich, was zu tun sei. Ich ließ ihnen freie Hand. Bald war die große Werkstatt ausgeräumt. Decke und Wände erhielten einen Anstrich in mattem Beige, doch nun zeigte sich an der Wand eine feuchte Stelle. Der junge Mann sagte:

»Wir müssen alles mit Holz verkleiden«, und fügte, als er meine Bestürzung sah, hinzu: »Keine Sorge, das kostet nicht viel. Wir nehmen billiges Holz, das hat auch die richtige Farbe. Nicht das übliche dunkle Paneel. Der Raum wirkt dadurch noch wärmer.«

Es schien nicht zu teuer, ich willigte also ein. In dem schmalen Durchgang zwischen meinem Alkoven und dem Bad wurde eine enge Wendeltreppe eingeführt, und es blieb auch noch Platz für Schränke. Das Bad, mein ganzer Stolz, wurde nicht angetastet. Ich hatte es mit schwarzer Lackfarbe streichen lassen, Wanne und Waschbecken weiß abgesetzt. Dies hatte ich Juanita Gandarillas abgeguckt, deren schönes Bad in London ich immer schon bewunderte. Auch ihre Vorliebe für duftende Essenzen im Bad übernahm ich. So war ich denn bald schon auf die Heimkehr Nelas und Evas vorbereitet und auch auf die Ankunft des Kindermädchens, das sie unbedingt engagieren wollte.

Karola war eine kleine fette polnische Bäuerin von einigen vierzig Jahren, Analphabetin und ohne die geringste Intelligenz. Sie diente uns bald hingebungsvoll, kümmerte sich Tag und Nacht um das Baby, wusch und fütterte es ohne Unterlaß. An den Umgang mit französischen Dienstboten gewöhnt, schlugen wir ihr vor, sich den Sonntag freizunehmen, doch lehnte sie das beinahe schroff ab: »Bitte, bitte, lassen Sie mich zu Hause bleiben. Ich muß immerzu Windeln waschen.« Eine ihrer Gewohnheiten ärgerte und belustigte mich zugleich: Bei jeder passenden oder unpassenden Gelegenheit zog sie die Schuhe aus und ging barfuß, auch wenn Gäste da waren!

Als ich das nächste Mal zu Schallplatteneinspielungen nach London fuhr, nahm Nela das Baby und Karola mit in die Wohnung in der Bury Street, die ich wieder mieten konnte. Ich zeigte Karola, die den Kinderwagen schob, den nahe gelegenen St. James Park, fand einen Standort im Schatten eines großen Baumes und sagte: »Schau, Karola, das da ist der Buckingham-Palast, da wohnen der König und die Königin. Und sieh doch nur, wie grün der Park ist.«

»Ja«, antwortete sie selig, »das ist gerade der richtige Platz für mich, das Baby abzuhalten.«

Eines Abends, nach der Aufnahme von Chopins ›Nocturnes‹, führte ich Nela in den Grill des Savoy. Wir trafen dort die reizende Yvonne Printemps mit Pierre Fresnay, dem berühmten französischen Schauspie-

ler, den sie gerade geheiratet hatte. »Sacha Guitry war nicht mehr zu ertragen«, erklärte sie. »Er war maßlos eifersüchtig und hat mich zur Arbeit angetrieben wie eine Sklavin. Mitten in der Nacht holte er mich aus dem Bett, um mit mir einen Dialog für sein kommendes Stück zu proben. Das tat er auch beim Essen oder während ich mich ankleidete. Nach all dem lebe ich mit Pierre wie im Paradies.«
Als sie hörten, wir hätten das Baby mitgebracht, wollten sie es unbedingt sofort sehen. Wir betraten zu viert auf Zehenspitzen das Kinderzimmer. Nela machte Licht, und sie betrachteten das Kind, Yvonne mit Tränen der Bewunderung und des Neides. Als die kleine Eva erwachte und vor Schreck bitterlich weinte, flohen unsere späten Gäste, und Karola brauchte lange, die Kleine zu beruhigen.

Ich hatte noch mit den Platten zu tun. Damals wurde noch auf Wachs aufgenommen, und man konnte sein eigenes Spiel nicht sogleich hören; erst wenn die Matrize hergestellt war, bekam man Probeplatten. Es war hinderlich, spielen zu müssen, ohne beurteilen zu können, wie es einem gelungen war.

Mein nächstes Konzert war in Brüssel; Ysaÿe hatte mich aufgefordert, mit ihm zu einem wohltätigen Zweck zu spielen. Auf dem Programm standen u. a. die Sonate von César Franck und für jeden von uns ein paar Solostücke. Königin Elisabeth und die bezaubernde Prinzessin Marie-José, die so gut Klavier spielte, daß sie dem Schumann-Konzert gewachsen war, befanden sich unter den Zuhörern. Das Publikum im Saal des Konservatoriums begrüßte den Altmeister und mich sehr herzlich. Ich setzte mich, Ysaÿe nickte mir zu – wir spielten ohne Noten. Ich hatte die einleitenden vier Takte zart und im vorgeschriebenen Tempo gespielt, sah nun aber zu meinem Schrecken, daß Ysaÿe seine Geige noch nicht ans Kinn gehoben hatte. Ich wiederholte die ersten Takte, diesmal eindringlicher, aber von Ysaÿe wieder nichts. Ich wollte gerade noch einmal beginnen, da winkte der Meister gebieterisch ab. Nun wandte er sich ans Publikum und sagte dem Sinne nach: »Ich kann dieses Meisterwerk erst spielen, wenn ich zuvor öffentlich aus tiefstem Herzen meinem lieben alten Freund, dem unsterblichen Meister César Franck, meine Ehrerbietung bezeugt habe.« Er erging sich ausführlich über den lieben alten Franck, und erst dann bescherte er uns abermals eine grandiose Interpretation der Sonate.

Seine unerwartete Improvisation hatte einen traurigen Grund. In dem Augenblick, da er hätte einsetzen sollen, verspürte der arme Ysaÿe ein Zittern in der rechten Hand und konnte kaum den Bogen halten. Seine Ansprache verschaffte ihm die benötigte Erholungspause. Nur Tage später mußte der bedauernswerte Meister sich der Amputation des rechten Beines unterziehen, das unrettbar infiziert war. Als ich ihn nach der Operation besuchte, sagte er ganz heiter: *»Quand va t'on donner notre prochain concert?«* Doch wenige Monate darauf starb er. Keinen anderen Geiger habe ich so geliebt wie ihn; und er war ein wahrhaft großherziger und bezaubernder Mann.

Kapitel 87

Als ich eines Morgens in Paris die Zeitung las, wäre ich fast vom Stuhl gefallen. Da stand ein kurioser Bericht. Avila hatte wieder einmal eines seiner haarsträubenden Abenteuer absolviert, diesmal aber zu keinem guten Ende. Ich hatte ihn lange nicht mehr gesehen, aber gehört, er sei heroinsüchtig geworden. Seit kurzem trug er einen anderen Namen. In Spanien war es Sitte, daß der Ehemann sich den ererbten Titel seiner Frau zulegte, und nach dem Tode ihres Vaters war Juans ihm entfremdete Frau eine Marquesa geworden. Dies machte Juan sich prompt zunutze und trat fortan als Marqués auf. In seiner neuen Würde, allerdings ganz mittellos, geriet er an der Côte d'Azur in die Gesellschaft einer anderen notorischen Persönlichkeit, eines allerdings echten spanischen mit dem Königshaus verwandten Granden. Gemeinsam war beiden, daß sie kein Geld hatten und in Geschäften völlig skrupellos waren.

Juan sah eine Gelegenheit, seiner Phantasie freien Lauf zu lassen, und tüftelte einen meisterhaften Plan aus: Die Droge, die sein Verderben war, sollte ihn nun wohlhabend machen. Er schloß Bekanntschaft mit einem sehr reichen Mann in Nizza, der nebenher zu hohen Preisen teure Autos vermietete, und Avila verstand es bald, sich den ungeheuerlichen Snobismus dieses Menschen nutzbar zu machen. Er schwindelte ihm vor: »Ich bin der Kammerherr eines Herzogs, der in geheimer Mission nach Paris reisen will. Man darf uns in Eisenbahnzügen und anderen öffentlichen Verkehrsmitteln nicht sehen. In Paris wird uns eine beträchtliche Geldsumme eingehändigt werden. Wir brauchen einen Rolls-Royce, mit dem wir gemächlich, mit vielen Aufenthalten, nach Paris fahren können. Sie müssen den Fahrer anweisen, unterwegs alle anfallenden Rechnungen zu bezahlen. Seine Hoheit wird den Chauffeur in Paris fürstlich entlohnen, und Ihnen winkt ein spanischer Orden.« Der unselige Mensch konnte gar nicht bereitwillig genug auf alles eingehen, er fühlte sich unendlich geschmeichelt und akzeptierte alles, bedingungslos. Unsere beiden Helden traten also eine höchst angenehme Reise an, waren vierzehn Tage unterwegs und hielten sich besonders lange auf, wo die Küche dies rechtfertigte. Ich konnte mir das alles lebhaft vorstellen.

In Mantes, unweit Paris, ihrem letzten Aufenthaltsort, ereilte sie allerdings das Verhängnis. Aus irgendeinem Grund interessierte sich plötzlich die Polizei für diese »königlichen Herrschaften«, die da so luxuriös und unbeschwert über Land fuhren, aber niemals selber zum Portemonnaie griffen. Man fing die beiden also ab, bevor sie nach Paris gelangten, wo sie leicht hätten untertauchen können, und fand in ihrem Gepäck große Mengen Heroin. Es erwies sich nun, daß sie den gutgläubigen Snob hinters Licht geführt hatten und gänzlich mittellos waren. Ihre echten Titel retteten sie vor dem Gefängnis; sie kamen mit einer Landesverweisung davon. Die Pariser Zeitungsleser fanden das höchst belustigend, und wir, Juans Freunde, sahen darin ein neues Beispiel seiner Unverschämtheit. »Ganz der liebe alte Juan«, sagten wir dazu.

Als ich ungefähr ein Jahr später in Monte Carlo ein Konzert gab, fiel mir eine einsame Gestalt auf, die um das runde Blumenbeet vor dem Casino wanderte. Es war Juan. »Dies ist der einzige Ort, an dem ich es aushalte, wenigstens riecht es hier wie in Frankreich«, sagte er traurig lächelnd. Wie er seinen Lebensunterhalt verdiente, verriet er mir nicht.

Meine letzte Begegnung mit ihm verlief wiederum spektakulär. Ich war auf Konzertreise durch Marokko und machte bei meinem Konzert in Casablanca nach dem ersten Satz eine Pause, damit die Nachzügler ihre Plätze einnehmen konnten. Unter ihnen bemerkte ich eine elegante Erscheinung im Smoking mit einer weißen Nelke im Knopfloch. Juan! Ich erkannte ihn mit Freuden, denn sein Erscheinen hier bedeutete, daß er wieder Erlaubnis hatte, auf französischem Boden zu leben, das war Marokko ja damals noch. Er besuchte mich in der Pause, und Nela war ganz aufgeregt, ihn endlich kennenzulernen. »Wie schön, daß Sie wieder in Frankreich leben dürfen, Juan«, sagte ich. Da lachte er. »Ach wo, alles ist unverändert. Ich wohne jetzt mit meiner Schwester in Tanger, das ist exterritorial. Aber als ich las, Sie würden heute hier spielen, wollte ich Sie hören und sprechen.« Selbstverständlich speisten wir hinterher mit ihm, und er brachte uns mit seiner Beschreibung der berühmten Autoreise schier um vor Lachen. »Endlich«, sagte er mit gierigem Blick, »eine Gelegenheit, die französische Küche von der besten Seite kennenzulernen.«

Nach dem Essen erschienen zwei Polizisten. »Meine Herren, ich habe auf Sie gewartet«, sagte er nur, und dann mußte er seine jüngste Verwegenheit mit drei Tagen Haft büßen.

Bei Ausbruch des spanischen Bürgerkrieges trat Juan Francos Marokkanern bei und fiel im Kampf. Das war das schöne Ende eines Lebens, das ohne Moral, aber mit Kühnheit voll ausgelebt worden war.

Kapitel 88

Die nächste Tournee in den Balkanländern und Ägypten war ergiebiger für mich insofern, als ich Nela mit den historischen Denkwürdigkeiten jener Länder vertraut machen konnte. Auch ich selber sah in ihrer Gesellschaft diese Wunder mit neuen Augen. So besichtigte ich endlich das Grab von Tutanchamun in Luxor und die Schönheiten des Tempels von Karnak. Meine Freunde feierten selbstverständlich unsere Ehe gebührend.

In Istanbul sahen wir einen deutschen Film mit der Sängerin Gitta Alpar, deren Stimme uns ihres Umfangs und ihrer Schönheit wegen stark beeindruckte. Zufällig entdeckte ich beim Lesen einer Berliner Zeitung in der Hotelhalle die Ankündigung einer Operettenpremiere mit Gitta Alpar in der Hauptrolle. Da faßten wir im Moment den Beschluß, die Reise nach Warschau über Berlin zu machen und uns die Aufführung anzusehen. Ich traf die Vorbereitungen und bestellte in einem mir bekannten Hotel Zimmer und Eintrittskarten.

Wir freuten uns ungemein auf den bevorstehenden Theaterbesuch und wurden entsetzlich enttäuscht. Gitta Alpars Stimme war wie ein Ballon, dem die Luft ausgegangen ist, von Schönheit und Glanz keine Spur. Auch die Operette als solche war elend langweilig, und so führte ich Nela in mein Lieblingscafé Unter den Linden, wo wir uns von dieser Enttäuschung erholen wollten. Immer war es dort fröhlich und angeregt zugegangen.

An jenem Abend waren aber nur wenige Tische besetzt. Als wir Platz nahmen, verstummten alle Gespräche, und wir fühlten die Augen der Gäste auf uns. Ich zahlte eilig für den Kaffee, den wir noch gar nicht angerührt hatten, und wir gingen ins Hotel. Hitler war an der Macht und eine Gefahr, man spürte es deutlich. Erleichtert atmeten wir hinter der polnischen Grenze auf.

Der polnische Botschafter in Moskau, Patek, ließ mich wissen, ich sei wiederum zu zwei Konzerten in Moskau und einem in Leningrad eingeladen. Ich nahm an, froh, vor dem empfänglichen russischen Publikum spielen zu können. Nela blieb mit Eva und Karola bei ihren Eltern in Warschau. Ich fand Moskau diesmal interessanter. Alle Welt redete von dem großen Erfolg der Oper ›Lady Macbeth von Minsk‹ des jungen Schostakowitsch, der schon mit seiner Ersten Sinfonie erstaunliches Talent bewiesen hatte. Mein diesmaliger Bärenführer und Agent beschaffte mir eine Karte für die Vorstellung am Abend meines Ankunftstages. Dieses krasse, grausame Drama, nach dem Stoff eines russischen Romans gleichen Namens mit großer Kraft und Schönheit in Musik gesetzt, erregte mich mächtig.

Ich gab am folgenden Abend das erste Konzert im Tschaikowsky-Saal des Konservatoriums. Morgens rief mich Arthur Rodzinski an, ein Kapellmeister, der als Assistent von Mlynarski angefangen hatte, nun das Los Angeles Symphony Orchestra leitete und als Gastdirigent nach Moskau eingeladen worden war. Er kam in mein Konzert und hörte hier erstmals ›Petruschka‹, das ich mit größerem Beifall als voriges Mal spielte. Beim anschließenden Essen zeigte er sich von diesem Werk ganz stark beeindruckt. Dann war viel von Nela die Rede, die er ja seit langem kannte, auch von ihrer Schulfreundin Halina Lilpop, die er heiraten wollte. Als ich beiläufig sagte, ich sei von Schostakowitschs Oper so begeistert, rief er: »Deshalb bin ich ja in Wahrheit hier! In New York hat man schon davon gehört, und ich möchte sie fürs Leben gern als erster drüben herausbringen. Sie müßten mir eigentlich helfen können. Kommen Sie mit in die Vorstellung und machen Sie mich anschließend mit den richtigen Leuten bekannt, damit ich die Partitur in die Finger kriege. Sie sprechen doch Russisch.«

Ich versprach, mein möglichstes zu tun, hauptsächlich, weil mir daran lag, die Oper noch einmal zu hören, diesmal in Gegenwart eines Kollegen, was uns Gelegenheit bieten würde, ausführlich über alle Details zu reden. Beim zweiten Mal fand ich die Oper noch schöner, wohl weil Rodzinskis Begeisterung ansteckend war. Er gab keine Ruhe, bis ich die Partitur für ihn beschaffte. Die Russen wußten natürlich sehr wohl, daß es nur zu ihrem Vorteil war, wenn ein Mann von Rodzinskis Ruf diese Oper aufführte.

Die Taschen voller unkonvertierbarer Rubel, beschloß ich, diesmal besseren Gebrauch von ihnen zu machen. Ich kaufte für Nela Zobelfelle zu einer Pelzkappe, auch persische Seidenstickereien und erfuhr erst hinterher zu meiner Enttäuschung, daß ich sie nicht ausführen durfte. In der Buchhandlung fand ich schöne illustrierte Ausgaben und durfte sie auch mitnehmen, nicht aber einen alten Elzevier-Band. Doch kaufte ich auch den, denn ich gedachte mit seiner Hilfe den russischen Zoll hinters Licht zu führen.

Die Zobelfelle stopfte ich in die Tasche und darüber mein Taschentuch, den persischen Brokat verbarg ich unter dem schweren Mantel, den ich lässig überm linken Arm trug, und die Bücher tat ich ganz einfach in den Koffer, den Elzevier obenauf. Ich wußte, der Zug würde eine gute Stunde halten, bevor er weiterfahren durfte zur polnischen Grenze.

Der Zoll verlangte, ich solle die Koffer öffnen. Im einen war nichts außer Anzügen und Schuhen, im anderen aber die Bücher. Zunächst wurde der Kleiderkoffer durchsucht, einschließlich der Taschen. Das dauerte eine Weile. Nun kam der nächste Koffer an die Reihe, und sogleich entdeckte man den Elzevier – das war kein Kunststück, denn das Buch hatte den Originaleinband. Das nahm der Zöllner nun zur Hand und schaute mich streng an.

»Dieses Buch dürfen Sie nicht ausführen!« Ich zeigte mich aufs höchste erstaunt. »Man hat es mir aber verkauft, ich habe es bezahlt.«
»Man hätte Ihnen sagen müssen, daß Sie dieses Buch nicht ausführen dürfen.«
»Dann geben Sie mir wenigstens das Geld zurück, das ich dafür bezahlt habe«, sagte ich empört.
»Ausgeschlossen, dazu sind wir nicht befugt.«
Nun spielte ich den beleidigten Wüterich. »Sie meinen also, ich muß Ihnen das Buch schenken?«
»Reden Sie nicht von Geschenken, uns ist egal, was mit dem Buch passiert. Nur Sie dürfen es nicht mitnehmen, das steht fest.«
»Falls ich es nicht mitnehmen darf, verlange ich, daß Sie es an die Polnische Botschaft in Moskau schicken, die es für mich aufbewahrt.«
Er zuckte bloß die Achseln, und das machte mich wirklich wütend.
»Ich habe in Ihrem Land konzertiert und bin dafür mit Rubeln bezahlt worden, die nicht umgetauscht und nicht ausgeführt werden dürfen. Und wenn ich damit ein paar anständige Bücher kaufe, wollen Sie mir die auch noch wegnehmen!« Es wurde ein richtiger kleiner Auflauf daraus, denn nun kamen zwei weitere Zöllner, um zu hören, was es denn da gebe. Auch denen klagte ich erbittert: »Dieser Beamte erlaubt mir nicht, ein Buch mitzunehmen, das ich gern behalten will, das ich mit legaler Währung gekauft habe, mit Geld, das man mir für meine Arbeit bezahlt hat.« Ich zog meinen Paß. »Man hat mich als *spets* engagiert, und ich habe darauf vertraut, daß man mich als solchen behandelt, aber nun sehe ich, dies ist nicht der Fall. Sie verlangen von mir, daß ich in Ihrem Arbeiterstaat meine Arbeit umsonst verrichte.« Alle drei suchten mich zu beschwichtigen und versprachen endlich, das Buch an die Polnische Botschaft zu schicken. In diesem Moment pfiff die Lokomotive. »Geben Sie mir eine Quittung darüber!« verlangte ich. Jetzt hatten sie es ungeheuer eilig, der erste kritzelte etwas auf einen Zettel, klappte meine Koffer zu, rannte damit zum Zuge. Die anderen trieben mich zur Eile. »Los, laufen Sie ihm nach, der Zug fährt ab!« Ich gehorchte, aber dem Anschein nach nur widerstrebend.

Als wir über die Grenze waren, kam ein Mitreisender in mein sonst leeres Abteil, Dimitri Mitropoulos, der nach einer erfolgreichen Tournee durch Rußland heim nach Griechenland fuhr.

»Sie haben mir einen schönen Schrecken eingejagt«, sagte er, »ich habe alles mit angesehen und schon gefürchtet, man werde Sie verhaften.«
Nun warf ich den Mantel auf den Sitz, zeigte ihm meine kostbaren Brokate, zerrte die herrlichen Zobelfelle aus der Tasche und sagte schmunzelnd: »Diese Komödie habe ich absichtlich gespielt. Das Buch habe ich so in den Koffer gelegt, daß man es sehen mußte, und darüber hat man vergessen, mich gründlich zu durchsuchen.« Wir feierten meinen Sieg bei Hering und Wodka in dem eleganten polnischen Bahnhofsrestaurant, das die besten Speisen darbot, die in Polen zu haben waren. Nela war entzückt über den Brokat, und die Felle reichten gerade für eine Kappe.

Bei Mlynarskis lernte ich Michel Kondracki kennen, einen begabten Komponisten, wie sie mir erklärten. Mein armer Schwiegervater saß schmerzverzerrt bei Tische, und als die kleine Eva ihm nach Kinderart den Kopf tätschelte, bereitete ihm das furchtbare Qualen. Es war schrecklich mitanzusehen.

Wir unterhielten uns bei Tische über Ferienpläne für den kommenden Sommer, und der junge Kondracki machte einen Vorschlag: »Meine Schwiegermutter besitzt ein Chalet in den Savoyer Bergen, auf einer Anhöhe über St. Gervais. Sie vermietet Zimmer und könnte Ihnen zwei große Räume überlassen.« Er nannte auch den Preis, und der klang in meinen Ohren recht angenehm. Von früh auf liebe ich lange müßige Ferienwochen. Kondracki war uns behilflich, sogleich alles abzumachen, und dann fuhren wir mit Eva und Karola zurück nach Paris.

Nela eröffnete mir eines Morgens, sie sei wieder schwanger, und diesmal mischte sich in meinen Vaterstolz einige Besorgnis. Nela beruhigte mich: »Sei doch nicht so nervös, ich bin doch nicht krank. Um die Wahrheit zu sagen, ich fühle mich in diesem Zustand besonders wohl.«

Mitchell hatte für mich zwei Konzerte in England, und ich nahm die Gelegenheit wahr, etliche Schallplattenaufnahmen zu machen. Schon bei den vorigen Aufnahmen in London war mir klar geworden, daß die Arbeit für Platten eine Veränderung in meinem Musikerleben mit sich bringen werde. Ich mußte nun teuer dafür bezahlen, daß ich nach Barth niemals einen Lehrer gehabt hatte wie Leschetitzky oder besser noch Busoni. Ich war viel zu jung gewesen, um meine musikalische Weiterbildung allein zu betreiben. Das ist selbstverständlich keine Entschuldigung für meine Faulheit, die ja ein angeborenes Laster ist. Ich spürte aber sehr das Bedürfnis nach Anleitung durch einen Musiker, der in dieser Hinsicht für mich das hätte sein können, was in Berlin Dr. Altmann auf anderem Gebiet für mich gewesen war. Der hatte mir fünf Jahre lang täglich drei Stunden Unterricht erteilt und mir damit genügend Zeit für meine musikalischen Studien gelassen. Statt mich der üblichen Paukerei zu unterwerfen, brachte er mich auf wunderbar leichte Art an die Weltliteratur heran; später las ich vieles davon in der Originalsprache. Er spürte genau mein Verlangen nach einer intelligenten Einführung in Philosophie, Religion und Politik, was alles für mich später von unschätzbarem Nutzen wurde.

In der Musik hingegen wurde mir zwar die notwendige trockene Disziplinierung zuteil, doch ohne Verständnis für die eigentlichen Bedürfnisse meiner Begabung.

Als ich mich auf meinen ersten Platten selber hörte, war ich schlicht entsetzt. Mir wurde plötzlich klar, daß ich im Konzert meinen Inspirationen und den Empfindungen des Moments freien Lauf ließ, was mich daran hinderte, mir selber kritisch zuzuhören; zu sehr nahm mich mein augenblickliches Spiel in Anspruch. Als ich nun die Probeplatten abhörte, begriff ich, daß ich einzig von mir selber lernen konnte. Seither wurde das erste Anhören einer Aufnahme für mich eine ungeheuer wichtige Lektion.

Kapitel 89

Nela, eine stolze Kraftfahrerin, wünschte sich ein Automobil. »Wir geben zuviel Geld für Taxis aus; ein kleiner eigener Wagen würde uns weniger kosten. Man kann ihn auf Abzahlung kaufen.«

Sie überzeugte mich, nur beharrte ich auf einem Citroën. »Ich kenne M. Citroën persönlich. Er ist mit einer geborenen Goldfeder aus Lodz verheiratet, und wenn ich mich an ihn wende, läßt er vielleicht im Preis etwas ab.« Tatsächlich verkaufte er uns einen Wagen, ein hübsches kleines Ding, mit dem auch Nelas erfahrenes Auge zufrieden war. Tage später chauffierte sie mich in unserem neuen Citroën, der frisch aus der Fabrik kam. Am Steuer sitzend, fühlte sie sich in Paris endgültig beheimatet. Das Leben in Montmartre wurde nun recht bequem, denn mit Wonne ließ Nela den Wagen die steile Rue Lepic erklimmen und unmittelbar vorm Haus halten.

Nelas Liebe zu Autos und ihre einschlägigen Kenntnisse wirkten ansteckend. Ich wurde eifersüchtig auf sie, denn sie verstand sich aufs Fahren besser als jeder Taxichauffeur. Ich nahm mir also vor, selber den Führerschein zu machen. Zwei Wochen lang fuhr ich täglich per Taxi in die Fahrschule an der Porte Maillot. Mein Fahrlehrer setzte mich hinters Steuer und fragte, ob ich je radgefahren sei? »Ja, aber nur einmal, denn ich bin gleich hingefallen und habe dieses gefährliche Vehikel nie wieder bestiegen. Ich darf meine Hände nicht gefährden. Lenken konnte ich aber.«

Mein Fahrlehrer hatte es hauptsächlich darauf abgesehen, mir das Parken beizubringen. Grauenhaft war es, wenn er mich halten und rückwärts zwischen zwei Wagen einparken ließ. Bei jedem derartigen Versuch blieb mir das Herz stehen, denn ich war überzeugt, ich würde beide Wagen kaputtfahren. Das geschah aber nicht, denn wie sich herausstellte, hatte dieser Fahrschulwagen alle Pedale doppelt, und mein Fahrlehrer konnte mich vor einem Mißgeschick bewahren. Er zeigte mir, wie man beschleunigt, und dies tat ich mit Begeisterung, doch als ich fragte, wie man anhält, sagte er bloß: »Nehmen Sie den Fuß vom Gashebel, und der Wagen bleibt von alleine stehen.« Bald schon rollten wir munter die Avenue Foch entlang und wieder zurück. Die Fahrstunden machten mir Spaß, ausgenommen das verflixte Parken. Eines Tages erklärte mein Fahrlehrer feierlich, meine Prüfung sei für den und den Tag in Aussicht genommen, und ich hätte gute Chancen, sie zu bestehen. Als ich diesmal wegging, gab er mir ein Büchlein mit den Verkehrsregeln mit. Der Prüfer, ein ältlicher Mann mit grauem Bart, legte merkliche Ungeduld an den Tag, was mich nervös und unsicher machte. Ich parkte fehlerlos, dann mußte ich auf der Place Blanche um das Denkmal fahren, und da rief er plötzlich: »Halt!« Ich nahm also den Fuß vom Gas, doch der Wagen rollte weiter. »Halt!« schrie er wieder, und das ärgerte mich. Zum Glück hielt der Wagen in diesem Augenblick von allein. Am Ende der

Prüfung schrieb der Mann etwas auf eine Karte, die er mir überreichte, ohne zu lächeln. Auf der Karte stand: »Sie sind berechtigt, es in drei Monaten nochmals zu versuchen.« Ich beklagte mich bitterlich bei Nela: »Der Kerl hat es auf mich abgesehen gehabt, das ist ein Antisemit. Ich habe hervorragend geparkt, ganz wie du es immer machst, aber den Führerschein hat er mir trotzdem nicht gegeben.«
»Nächstes Mal machst du es besser«, tröstete Nela mich.
Weil ich kurz darauf in Brüssel ein Konzert hatte und das Wetter schön war, schlug Nela vor: »Wie wäre es, wenn ich dich hinführe?« Das war eine glänzende Idee. Mit Nela fühlte ich mich absolut sicher, und gern sah ich etwas von der französischen und belgischen Landschaft, was man vom Zuge aus nicht sieht. Wir aßen vorzüglich in Restaurants, die einen Stern im Michelin hatten, bevor wir an die belgische Grenze gelangten. Danach war die Straße mit Kopfsteinen gepflastert, und es ging nur langsam voran. Als wir eine lange Gerade vor uns hatten, drängte es mich, Nela zu beweisen, daß ich sehr wohl fahren konnte. Sie sträubte sich. »Du kannst doch jederzeit wieder ans Steuer, wenn du willst«, überredete ich sie. Wir tauschten also die Plätze, und ich saß selig hinterm Steuer und sang im Takt zu dem übers Pflaster hüpfenden Auto. Plötzlich kam wie aus dem Nichts ein von zwei hintereinandergespannten Gäulen gezogener Karren aus einem Seitenweg. Ich nahm den Fuß vom Gas, doch das war zu spät. Es wäre zur Katastrophe gekommen, hätte nicht Nela unverzüglich eingegriffen. Sie setzte sich wieder ans Steuer, und ich kauerte kleinlaut neben ihr bis nach Brüssel.

Nach dem Konzert kamen wir wohlbehalten in Paris an und begannen mit den Ferienvorbereitungen. Nela wollte unbedingt mich, Karola und Eva an unseren Ferienort fahren, St. Nicolas de Véroce. So geschah es denn auch, und wir fuhren munter dahin, bis vor uns ein Wagen unvermittelt eines Hundes wegen bremste. Nela vollführte ein vorbildliches Bremsmanöver und brachte den Wagen Zentimeter vor dem anderen zum Stehen, doch der uns folgende Wagen fuhr auf uns auf. Wir schauten uns schreckerfüllt um, ob der hinten sitzenden Karola mit dem Kinde etwas passiert sei, doch das Kind schlief friedlich. Nur unser armer Wagen war ganz zerbeult. In Dijon mußten wir ihn reparieren lassen, was etliche Stunden dauerte, dann ging es weiter nach Nantua, wo der Michelin einer der berühmtesten Küchen Frankreichs drei Sterne verliehen hatte. Und das zu Recht. Es gab die unbeschreiblich wohlschmeckenden *écrevisses à la sauce Nantua*. Fröhlich singend näherten wir uns alsdann unserem Bestimmungsort. Hinter dem Dorf St. Gervais führte die Straße in engen Kurven steil bergan, und auf tausend Meter über Meereshöhe stand das Häuslein.

Eine freundliche, ältere Dame und ihre auffallend hübsche Tochter hießen uns willkommen und zeigten uns die Zimmer, eines ein Wohnschlafzimmer mit herausziehbarem Sofa, daneben ein kleineres für Karola und das Kind. Es waren noch zwei weitere Ehepaare anwesend. Zum Abendessen kam Kondracki von der Jagd zurück und machte uns in aller Form mit seiner Frau und seiner Mutter bekannt.

Nach einer fast schlaflosen Nacht – das Sofa drohte mich sekündlich abzuwerfen – fing ich an, mir Sorgen zu machen, wie und wo und womit ich üben könnte. Kondracki besaß ein Piano und erbot sich, es unweit vom Hause in einen Stall zu stellen. Da ich hauptsächlich nachts üben wollte, steckte Nela Kerzen in die Leuchterarme am Klavier. Es fand sich auch ein bequemer Stuhl, ich schleppte einen Sackvoll Noten in den Stall und stellte Programme zusammen.

Das Leben in St. Nicolas war von Anfang an recht originell, oft vergnüglich, immer interessant. Gern wanderte ich nach dem Mittagessen hinunter ins Dorf St. Gervais und entdeckte hier gleich einen Tea-Room, der unvorstellbar köstliches Gebäck führte. Später holte Nela mich hier mit dem Wagen ab, sie nahm wohl eine Tasse Schokolade, überließ den Kuchen aber mir. Nach dem Frühstück kletterten wir gern auf ungefährlichen Felsformationen in der Nähe des Hauses herum, wo wir zu unserer Verblüffung die heimatlichen *rydze* fanden, rötliche Pilze, die flach im Grase stecken. Die Franzosen halten sie für giftig, in Polen aber gelten sie als große Delikatesse. Unsere Eva beging ihren ersten Geburtstag am 18. August 1934 dort in St. Nicolas.

Die Nächte hatte ich nun für mich. War alles schlafen gegangen, schloß ich mich im Stall ein und begann ein seltsames Musikerdasein, eines, das mir selber ganz neu war. Es wurde in gewisser Weise eine Offenbarung: Ich entdeckte, daß es Spaß macht zu üben.

Die Leser meines Buches ›Die frühen Jahre‹ werden noch wissen, daß das, was ich in meiner Jugend als »üben« bezeichnet habe, im Grunde nur Faulheit und Trug gewesen ist. Ich machte mit der rechten, der linken Hand törichten Lärm, naschte dabei Schokolade oder, je nach Jahreszeit, auch Kirschen und las mit Behagen einen guten Roman. Später erlaubte mir meine Fingerfertigkeit und meine leichte Auffassungsgabe in kürzester Zeit eine Sonate, ein Konzert oder ein kleineres Stück auswendig zu lernen, die ich dann öffentlich mit dem denkbar größten Aplomb vortrug, wobei ich technische Schwierigkeiten mit Hilfe des Pedals oder auch mit starker Dynamik überwand, was beim Hörer den Eindruck eines perfekten Spiels entstehen ließ. Weil ich so viele Male dieselben Sachen spielte, spielte ich sie auch jedesmal besser, ohne mich darum besonders anstrengen zu müssen. Ironischerweise beschränkte sich die Kritik von Anfang an darauf, meinem Beethoven fehlende Tiefe vorzuwerfen, meinem Schumann Mangel an Poesie, meinem Chopin eine gewisse Trockenheit, aber nie, buchstäblich niemals, wurde meine technische Perfektion in Zweifel gezogen. Es kam schließlich dahin, daß außer mir niemand wußte, wie jämmerlich es um meine pianistische Technik wirklich bestellt war.

Die Nächte in St. Nicolas stellten den Wendepunkt in meinem Verhältnis zu meiner Kunst dar. Plötzlich verschaffte es mir ein körperliches Glücksgefühl, wenn es mir gelang, die Terzenetüde von Chopin ohne Pedal mit Anstand und ohne Ermüdung zu spielen. Ich übte intensiv den Gebrauch der Finger der linken Hand, die ich seit je aufs schlimmste vernachlässigt hatte, insbesondere den vierten. Ich war nun darauf versessen, alle Noten klar artikuliert zu hören. Unablässig wiederholte ich ganz unwichtige Passagen, nur um Vertrauen in meine arme linke Hand zu gewinnen und der freien Beweglichkeit und Unabhängigkeit dieses vierten Fingers sicher zu sein.

Ich nahm mir die meistgespielten Stücke meines Repertoires eins nach dem anderen vor und konzentrierte mich auf jene Passagen, die ich bislang so sträflich vernachlässigt hatte. Als ich auf diese Weise mehrere Nächte geübt hatte, fanden sich Zuhörer ein, die draußen vor dem Stall meinem Spiel still lauschten. So war wohl mein trockenes Üben noch immer richtiges Musikmachen, und das gab mir neue Zuversicht.

Die kleine Eva anzuschauen, war eine rechte Freude. An ihrem ersten Geburtstag setzte Nela ihr ein Blumenkränzchen auf und photographierte sie bei dem Versuch, ohne fremde Hilfe einen kleinen Felsen zu erklettern.

Unterbrochen wurde dieses Idyll durch Konzerte in Aix-les-Bains und Chamonix, wohin wir in äußerst munterer Stimmung mit dem Wagen fuhren. Meine täglichen Besuche im Tea Room von St. Gervais hatten zur Folge, daß wir ein ausgezeichnetes Dienstmädchen fanden, eine hübsche Brünette, die in jenem Lokal mit solcher Umsicht und Geschicklichkeit bediente, daß Nela ihr vorschlug, mit uns nach Paris zu kommen. Sie nahm dieses Angebot ohne Zögern an.

Vor der Abreise aus St. Nicolas machte ich, ich gestehe es beschämt, in St. Gervais einen weiteren Versuch, den Führerschein zu bekommen, in der Hoffnung, man werde hier etwas mehr Nachsicht walten lassen. Ich fuhr sicher und stolz den Serpentinenweg nach St. Gervais hinab, ließ den Prüfer einsteigen und fuhr mit ihm ganz vorschriftsmäßig weiter. Plötzlich geriet der Wagen in eine Schafsherde, ich saß wie gelähmt, wußte nicht, sollte ich vorwärts oder rückwärts fahren oder ein paar Schafe totfahren? Damit wurde denn wieder nichts aus dem Führerschein. Ich tröstete mich im Tea Room mit unbekömmlich viel Kuchen und ließ mir zu meiner Niederlage durch die Schafherde kondolieren.

François trat nun sein Zimmer dem neuen Mädchen ab, und wir fanden für ihn anderswo im Hause ein Obdach. Um diese Zeit meldete sich bei mir ein gewisser Strok, der Konzerte im Fernen Osten arrangierte, und zwar als einziger auch in Japan, China und auf den Philippinen. Aus Holland kam ein Angebot von zwanzig Konzerten in Java, denn dort gab es wie im Mutterland den sogenannten Kunstrink. Strok offerierte zwölf Konzerte in Japan, beginnend im April 1935, daran anschließend Konzerte in Shanghai, Peking und Tientsin, auch noch etliche interessante und guthonorierte Engagements auf den Philippinen, falls mir nach der Java-Tournee noch Zeit blieb.

Diese Vorschläge waren für mich ungemein reizvoll. Von Paris nach Tokio gab es eine Schlafwagenverbindung. Auf dem Hin- wie auf dem Rückweg war in Moskau ein Konzert vorgesehen. Die Rubeleinnahmen, bislang so wertlos, würden uns nun endlich einmal zustatten kommen, damit konnte ich die Hin- und Rückreise erster Klasse auf der transsibirischen Eisenbahn bezahlen. Das Schiff zu nehmen, wäre sehr teuer gekommen, hätte mich auch mindestens einen Monat gekostet, während die Bahnfahrt nur zehn Tage dauerte.

Das ganze Unternehmen kam meiner Abenteuerlust, meiner Neigung zur Veränderung, meiner Neugier, die Welt zu sehen, sehr entgegen, es war wirklich wie gemacht für mich. In Java sollte ich den ganzen Juni und noch einen Teil des Juli verbringen. Die Holländer zahlten dreihundert Dollar pro Abend, und Strok bot mir anständige Gagen. Alles versetzte mich in immer größere Vorfreude – sechs Monate lang feste Gagen, und das in Ländern, von denen ich seit je geträumt hatte!

Nela erwartete das Kind für die zweite Hälfte Januar und versicherte, sie könne mich auf dieser Reise ohne weiteres begleiten. Die Kinder würden unter der Aufsicht ihrer Mutter in Warschau bleiben, das war die ideale Lösung, allerdings würde die Mutter sich nicht selber um die Kinder kümmern können, denn Emils Gesundheit verschlechterte sich mehr und mehr, die grausame unheilbare Arthritis brachte allmählich seinen Widerstand zum Erliegen. Trotz alledem verlor dieser noble Mann nie seinen Sinn für Humor. Er scherzte über seinen nahen Tod und schärfte der Familie ein, ja die Türen abzuschließen, wenn sie zum Begräbnis gingen. »Solche Gelegenheiten machen sich Diebe gern zunutze, paßt also auf.« Dr. Schiff hatte ebenfalls eine ungewöhnlich große Zahl von Konzerten für mich abgemacht, zwei in Stockholm, eines in Göteborg, eines in Oslo. Rom stand selbstverständlich auch auf dem Plan. Zudem versprach ich, alle Polonaisen von Chopin für His Master's Voice einzuspielen; hinzu kamen während meines Englandaufenthaltes noch drei oder vier Konzerte.

Weihnachten und Neujahr verbrachte Nela noch in Paris; wir feierten gebührend mit Marcel und Juliette Achard und anderen Freunden. Um diese Zeit tauchte in unserem Kreis eine seltsame Person auf, eine Polin von bescheidener Herkunft, die unter merkwürdigen Umständen Krankenpflegerin bei einem amerikanischen Millionär geworden war. Der heiratete sie auf dem Sterbebett und hinterließ ihr sein ganzes Vermögen. Dies geschah kurz vor dem Börsenkrach von 1929. Damals nannte sie sich Mrs. Irene Warden. Von dem Vermögen, das ihr dergestalt zugefallen war, wurde sie wohl etwas aus dem Gleichgewicht gebracht, denn sie hatte die kindische Angewohnheit, auf die Bank zu gehen und den Direktor aufzufordern, ihr Vermögen vor ihr auf dem Schalter aufzuhäufen. Ihr bäuerlicher Instinkt bewahrte sie davor, ihr Geld anzulegen, was sie nicht nur vor Verlusten beim Zusammenbruch der Börse schützte, sondern es ihr auch möglich machte, später wertvollste Aktien zu Spottpreisen aufzukaufen. Damit war sie denn die reichste Polin der Welt. Ich kannte sie noch aus meiner Junggesellenzeit von Cannes her, wo sie Paul und Zosia in das teure Hotel Carlton eingeladen und sie mit Geschenken überschüttet hatte. Mich wollte sie ebenfalls vereinnahmen, doch sträubte ich mich, denn sie hatte keinerlei Manieren und protzte unentwegt mit ihrem Reichtum. Dabei war sie in Wirklichkeit recht generös, sie hat vielen Menschen geholfen, aber sie pflegte die von ihr Beschenkten, meist in der Öffentlichkeit, auf unerträgliche Weise an diese Wohltaten zu erinnern. Selbstverständlich wurde sie von Angehörigen des polnischen Adels umworben, die sich mit ihrem Geld für das entschädigen wollten, was sie durch Pilsudskis strenge Gesetzgebung verloren hatten. Zu ihren Bewerbern gehörten Prinz Radziwill von Nieswirz – Liszt nannte sein Palais das märchenhafteste, das er je gesehen – und Graf Potocki von Lancut. Sie nahm dann aber einen Italiener, Conte Cittadini, damals Botschaftsrat in Warschau, mietete die luxuriöseste Wohnung auf der Aleja Ujazdowska, ließ sich aber bald scheiden, weil ihr Mann ein Sadist war.

Nela also lernte diese Person bei Misia Sert kennen. Frau Irene trug sowohl Nela als auch mir sogleich ihre Freundschaft an und drang in Nela, vor ihrer Niederkunft in ihre Warschauer Wohnung zu ziehen, denn sie sei um jene Zeit in Amerika. Ich war nicht sehr begeistert von diesem Anerbieten, doch Nela zeigte sich hocherfreut, und ich hatte nicht das Herz, ihr das auszureden.

Anfang Januar also reiste Nela mit Karola und Eva nach Warschau ab, ergriff Besitz von der üppigen Wohnung samt Personal und einer vortrefflichen Köchin. Sie erzählte mir später, sie habe unentwegt Freunde zu Gast gehabt und sie bewirtet, insbesondere mit einem dickmachenden litauischen Gericht namens *kolduny*.

Ich gab unterdessen die Konzerte, die Schiff und Mitchell für mich festgemacht hatten, und Ende Januar begann ich mit den Aufnahmen der Polonaisen von Chopin. Am 28. Januar 1935, meinem Geburtstag, wurde ich von dem Zionistenführer Dr. Nahum Sokolow, einer in London hochgeachteten Persönlichkeit, zu einem Diplomatenessen geladen, an dem Sir John Simon, britischer Außenminister, Graf Raczynski, polnischer Botschafter, und Jan Masaryk, tschechoslowakischer Botschafter und Sohn des Schöpfers der Tschechoslowakischen Republik, teilnahmen. Man redete hauptsächlich über Hitler und seine gefährliche Macht, seine seltsame Außenpolitik, etwa den Freundschaftsvertrag mit Polen, die für ihn erfolgreich verlaufene Saarabstimmung, die Nürnberger Gesetze, welche den Juden praktisch die Menschenrechte aberkannten. Alle Herren äußerten sich sehr klug, doch nicht ein einziger machte Vorschläge, wie diesem gefährlichen Treiben Hitlers Einhalt zu gebieten sei. Jemand erwähnte meinen Geburtstag, und die Herren gratulierten mir höflich. Jan Masaryk erbot sich, mich in seinem Wagen heimzubringen, und sagte unterwegs: »Trinken wir doch ein Glas Champagner in der Botschaft und feiern Ihren Geburtstag mit einem anständigen Kuchen. Das Personal ist noch wach und wird gern dazukommen.«

Ich nahm mit Freuden an, denn Masaryk war ein Mann ganz nach meinem Herzen, er hatte nichts vom Berufsdiplomaten an sich, kannte keine Heuchelei und keine falsche Zurückhaltung, und noch dazu mochte er mich persönlich gut leiden. Im Handumdrehen improvisierte er eine Geburtstagsfeier, Champagner wurde ausgeschenkt, und man wünschte mir von ganzem Herzen alles Gute. Masaryk verließ für ein Weilchen das Zimmer, und als er wiederkam, sagte er: »Ich habe ein Geschenk für Sie, Arthur.« Ich wehrte in der üblichen falschen Bescheidenheit ab, war aber sehr neugierig auf dieses Geschenk. Er führte mich ans Telefon auf dem Flur und sagte: »Das ist es.« Der liebe Mensch hatte eine Verbindung mit Nela hergestellt, die bereits im Krankenhaus lag und mit ermatteter Stimme sagte: »Ich glaube, es ist soweit, vielleicht wird es ein Geburtstagsgeschenk für dich.«

Ich antwortete: »Morgen werde ich mit den Aufnahmen fertig, bitte sag mir gleich Bescheid.« Und dann wünschte ich ihr alles Gute, versicherte sie meiner Liebe etc. und küßte Masaryk auf beide Wangen zum Dank für dieses wunderschöne Geschenk.

Am folgenden Vormittag nahm ich mir die beiden letzten Polonaisen vor. Die in As-Dur ging glänzend, und nach der zweiten Aufnahme war ich ganz zufrieden. Nach dem Mittagessen machte ich mich an die letzte und schwerste, die in fis-moll Op. 44. Ich war voller Inspiration, spielte sie besser denn je, schlug aber in meinem Überschwang leider zwei falsche Baßnoten an. Es stimmte mich wütend und traurig zugleich, daß eine so treffliche Wiedergabe verloren sein sollte, denn selbstverständlich mußte ich alles wiederholen. In meiner Nervosität sagte ich also:

»Ich mache das morgen, jetzt kann ich dieses schöne Stück auf keinen Fall mehr so gut spielen wie eben.« Man bat mich, ein Weilchen auszuruhen und es dann noch einmal zu versuchen, ich gab aber nicht nach, fuhr vielmehr im Taxi nach Hause, bestellte den köstlichen englischen Tee und dazu Gebäck. Nun klingelte das Telefon, und ich hörte Nela mit viel kräftigerer Stimme sagen: »Arthur, wir haben einen Sohn. Er ist wunderhübsch und wiegt über acht Pfund.« Ich geriet vor Freude außer mir, stammelte all das dumme Zeug, was man bei solchen Gelegenheiten von sich gibt, und beschloß überdies, die Einspielung der fis-moll-Polonaise freizugeben samt ihren Fehlern, denn es würde meinen Sohn einmal freuen, zu wissen, was sein Vater tat, als er geboren wurde.

Leider mußten noch vier Tage vergehen, bevor ich den Neugeborenen zu Gesicht bekam, denn ich hatte Klavierabende in Göteborg und Stockholm und anschließend ein Konzert mit Orchester in Rom. Ich nahm von Stockholm nach Warschau das Flugzeug und wollte dann von dort nach Rom fahren.

Nela und die Kinder befanden sich bereits in der Wohnung von Madame Cittadini, Nela munter und schon wieder auf den Beinen. Das Baby war blond und stämmig. Ich erinnere mich, daß, als ich im Salon für Rom übte, aus dem Kinderzimmer ein ohrenbetäubender Schrei kam, der mein Spiel übertönte; auf gleiche Weise gab mein Sohn in den kommenden zwei Jahren bekannt, daß ihn hungerte; später brüllte er das polnisch »Njam!!!« Ich war stolz, einen so kräftigen Rubinstein zum Sohn zu haben. Wir beschlossen, ihn nach unserem Freund Paul zu nennen.

Zwei Tage später nahm ich eine polnische Maschine nach Berlin und von dort eine italienische nach Rom. Damals fanden nicht mehr als etwa ein Dutzend Passagiere in den kleinen Flugzeugen Platz, die auch recht niedrig flogen, eigentlich über Berge und Hügel hüpften; so wurde denn der Flug durch die österreichischen Alpen recht abenteuerlich für uns, und wir waren erleichtert, weil die Maschine in Venedig zwischenlandete. Allerdings war die Landung lebensgefährlich, denn der kleine Flugplatz stand wegen eines Wolkenbruches unter Wasser, und wir gratulierten uns, als die Maschine endlich ausrollte. Nach zwei Stunden Wartezeit erklärte der Pilot: »Wir empfehlen Ihnen, den Nachtzug nach Rom zu nehmen, es ist zweifelhaft, ob wir von der überfluteten Landebahn starten können.«

Ich fragte den Piloten: »Nehmen Sie auch den Zug?«
»Nein, ich muß die Post nach Rom fliegen.«
Ich bin von Natur aus wagehalsig, gehe gern ein Risiko ein. Zwar wäre ich mit dem Nachtzug durchaus noch rechtzeitig zur Probe gekommen, doch sagte ich, ohne mich zu besinnen: »Würden Sie mich trotzdem mitnehmen?«
»Selbstverständlich, Sie haben immerhin einen Flugschein«, sagte er lächelnd.
Eine halbe Stunde später saßen wir zu dritt in der Maschine, Pilot, Kopilot und ich. Beim Start klopfte mir das Herz im Halse, doch er gelang. Nun begann einer der schlimmsten Flüge meines Lebens. Zwischen den Gipfeln des Apennin trafen uns Böen wie Hammerschläge, und alles, was beweglich war in der Maschine, knallte zu Boden. Jenseits des Apennin verkündete der Pilot sehr nüchtern: »Ich hoffe, wir können den Tiber sehen, denn anders finden wir Rom nie.« Da ich noch am Leben bin, kann der Leser sich denken, daß wir den Tiber sahen und daß die Maschine unversehrt nahe der Ewigen Stadt landete. Mein gewagtes kleines Abenteuer wurde sogar von der Presse kommentiert und trug mir mehr Beifall ein als mein mittelmäßiges Spiel des Tschaikowsky-Konzertes.

Wieder in Paris, geriet ich mitten in eine Tragödie – unsere Perle Jeanne hatte sich über beide Ohren in François verliebt; dessen amouröse Reaktion blieb mir unbekannt, ich hörte nur Jeannes Bericht, den sie tränenüberströmt erstattete und damit schloß, sie wolle auf der Stelle heim nach St. Gervais. Man konnte sie nicht davon abbringen, sie gebärdete sich vor Liebe und Eifersucht wie rasend. François heiratete übrigens wenige Monate später eine Putzmacherin, die im Hause wohnte. Er versprach, vorerst noch bei uns zu bleiben, packte wie gewohnt umsichtig meine Sachen, und ich reiste zu Nela nach Warschau, dem Ausgangspunkt unseres großen Abenteuers.

Nela hatte unterdessen eine kleine Villa in Otwock gemietet, außerhalb Warschaus, wo die Luft zuträglicher sein sollte. Die Zufahrt war ungepflastert, ein Sandweg. Im Wohnzimmer stand ein Flügel, und es war Raum genug vorhanden für die Kinder, Karola und Nelas Cousine (die Schwester jener Irka aus Zakopane), die sich als Haushälterin betätigte. Es gab ein großes Schlafzimmer mit Doppelbett für uns, und der

Preis war erschwinglich, selbst wenn man bedenkt, daß wir beide ja lange abwesend sein würden. Obschon meine Schwiegermutter kaum je vom Krankenlager des Gatten wich, versprach sie doch, während unserer Abwesenheit ein Auge auf unsere kleine Familie zu halten.

Fünfter Teil

Eine große Konzerttournee im Orient

Kapitel 90

Ende Februar nahmen wir den Zug zur russischen Grenze, bestens ausgerüstet für die lange Expedition, versehen mit Kleidung für alle Klimazonen. Nach der langwierigen Paß-, Gepäck- und Fahrkartenkontrolle durften wir im Schlafwagen erster Klasse Platz nehmen – gewiß einem jener Veteranen, mit denen ich schon fünfundzwanzig Jahre zuvor gereist war. Kaum hatte der Zug sich in Bewegung gesetzt, säuberte Nela mit unglaublicher Energie das Abteil von Läusen, Flöhen und Schaben. Als sie meinte, die Schlacht gewonnen zu haben, mußte sie bemerken, daß sie erst einen kleinen Anfangserfolg erzielt hatte. Bis Moskau machten wir praktisch kein Auge zu und zogen uns auch nicht aus, ausgenommen die Schuhe.

Wie gewöhnlich erwartete uns in Moskau ein »Führer«, diesmal aber begleitet von zwei Angehörigen der Polnischen Botschaft, einer davon Henryk Sokolnicki, ein alter Verehrer von Nela. Meine beiden Klavierabende fanden in einem kleineren Saal statt, und meine Gage bestand in zwei Rückfahrkarten erster Klasse Tokio–Paris.

Bei meinem Konzert in Leningrad war zu meinem maßlosen Erstaunen der, wie es hieß, ausverkaufte Saal beinahe leer. Ich weiß noch, daß ich mit einem unguten Gefühl und mit der Vorahnung spielte, es habe sich etwas Unheimliches ereignet. Zugaben wurden nicht verlangt, nicht aus Mißfallen, sondern aus anderen, mir unerfindlichen Gründen. Wieder im Hotel, erzählte Nela mir schreckliche Dinge: Vor drei Monaten war Kirow ermordet worden, Stalins bester Freund und Leningrader Parteivorsitzender. Auf Geheiß Stalins hatte eine ausgedehnte Säuberungsaktion gegen mutmaßliche Dissidenten eingesetzt. Nela erzählte: »Eine völlig in Tränen aufgelöste Frau hat mir zugeflüstert, es seien schon viele Tausende verhaftet worden. Sie sollen nach Sibirien deportiert werden. Praktisch sei keine einzige Familie verschont geblieben.« Eine schaurige Nachricht. Wir konnten es gar nicht erwarten, wieder nach Moskau zu kommen. Offiziell wurden alle diese Vorgänge vertuscht. Selbst die Polnische Botschaft wollte uns keine näheren Auskünfte geben.

Am Bahnhof, wohin unser Führer uns geleitete, sah man den ganzen Jammer des Volkes unter der bolschewistischen Herrschaft so recht deutlich. Gegen fünfzig Personen – Männer, Frauen und Kinder – saßen am Erdboden und warteten seit Tagen auf die Erlaubnis abzureisen. Von Zeit zu Zeit holten sie sich heißes Wasser für Tee: ein tragischer Anblick. Der Schlafwagen, ein Exemplar der uralten belgischen Wagons Lit, wirkte noch antiker als der, mit dem wir nach Moskau gereist waren. Dieser sollte uns in acht Tagen nach Wladiwostok bringen, dem ehemaligen Port Arthur. Die Waschgelegenheit war so schauderhaft, daß man gar nicht daran denken mochte, die täglichen drei Mahlzeiten stellten eine schwere Beleidigung unserer Geschmacksnerven dar. Der Mann, der uns bediente, hatte seine Kleider nie gewechselt noch gewaschen. Das Tischtuch wies verdächtige Flecke auf, und wir benutzten einzig mitgebrachte Papierservietten, denn die, die man uns anbot, waren wir nicht imstande zu gebrauchen. Das nach nichts schmeckende Essen sollte wohl Fisch oder Fleisch sein, man merkte keinen Unterschied.

Ich erinnere mich, daß an manchen Stationen viel zu dürftig gekleidete Bäuerinnen gebratene Hühnchen oder Landkäse feilboten und gnadenlos von der Polizei geprügelt wurden, wenn man sie erwischte.

Eines Tages, es war wohl am vierten Reisetag, riß uns endlich die Geduld. Ich fragte den Kellner mittags: »Erlauben Sie meiner Frau, Eier zu kochen, die wir mithaben und die sie so zu bereiten versteht, wie ich sie mag?« Nie habe ich ein verblüffteres Gesicht gesehen, und eben weil der Mann so verblüfft war, erhob er keine Einwände. Nela erteilte nach sorgfältiger Reinigung der Geräte dem Küchenpersonal offenbar zunächst einmal eine Lektion in Kochkunst, erlangte von dem staunenden Kellner ein sauberes Tischtuch und servierte unsere von ihr selber hergestellte Mahlzeit. Über Nacht änderte sich die Stimmung im Speisewagen, was uns recht belustigte. Alle Tische bekamen saubere Tischtücher, die Kellner sahen seit Jahren zum ersten Mal gewaschen aus und trugen fleckenlose Schürzen.

Das war nicht Nelas einziger Sieg: Ein Ingenieur, mit dem wir gelegentlich plauderten und der uns in seiner kommunistischen Arglosigkeit veranlassen wollte, die »wunderbaren nagelneuen Schlaf- und Speisewagen« zu bewundern, fragte:»Gibt es auch bei Ihnen im Westen solche Wagen?« Wir wollten ihn nicht allzusehr enttäuschen und schwiegen daher. Eines Tages hörte man, daß der Mann erkrankt sei. Nela erkundigte sich, was ihm fehle. Mit ihren außerordentlichen diagnostischen Fähigkeiten brachte sie ihm Hilfe und hatte ihn nach kurzem wieder auf den Beinen. Von Stund an verwandelten sich die schlimmen Bourgeois mit Seidenstrümpfen und seidener Krawatte in bedeutende, hochgeehrte Mitreisende, und alle drückten uns ihre Anerkennung aus.

Ich möchte noch erwähnen, daß wir auf der langen Fahrt durch Sibirien außer hartgefrorenem Schnee, gelegentlich lang sich hinstreckenden Wäldern und dem vereisten Baikalsee nichts sahen. Unsere Mitreisenden wiesen auf jämmerliche Hütten und sagten: »So schöne Bauwerke haben Sie in Ihrem Lande gewiß nicht.«

Am achten Tage langten wir auf einem Bahnhof namens Mandschuria an, der Grenzstation nach Korea, wie es hieß. Wir warteten auf die Zöllner, doch geschah gar nichts. Es herrschte eine geradezu auffallende Stille, und nach einer Weile ruckte der Zug an. Nun verließen wir unser Abteil, um im Zug Erkundigungen einzuholen, und stellten fest, daß er bis auf uns beide leer war. Nach einer halben Stunde fuhren wir in einen weiteren Bahnhof ein, und nun schwärmten unzählige Personen in die Waggons, hauptsächlich japanische Polizei. Man forderte uns höflich auf, auszusteigen, ließ unser Gepäck in einen kleinen Schuppen bringen, und eskortierte uns in eine Amtsstube, wo wir an einem Tisch gegenüber mindestens einem Dutzend japanischer Offiziere Platz zu nehmen hatten. Durch einen englischen Dolmetscher fragten sie länger als eine Stunde, ob wir etwas von der russischen Armee gesehen hätten. Als wir sie endlich davon überzeugen konnten, daß wir nichts dergleichen gesehen hatten, durften wir eine Mahlzeit zu uns nehmen.

Unsere Fahrt von Mandschuria bis zu diesem kleinen Bahnhof geschah in einem historisch bedeutsamen Augenblick: Gerade an diesem Tage trat Rußland den bislang unter seiner Herrschaft stehenden Streifen zwischen Mandschuria und Charbin ab. So kam es, daß wir uns schon jetzt in den Händen der Japaner befanden. In Charbin gab es einen kurzen Aufenthalt, die Nacht verbrachten wir in Seoul, der Hauptstadt Koreas, das damals von Japan besetzt war, und am folgenden Morgen ging es weiter nach dem Hafen Fusan, von wo ein Dampfer uns nach Shimonoseki brachte. Sechsunddreißig Stunden später langten wir mit der Bahn in Tokio an. Der Zug fuhr langsam, hielt immer wieder an, doch der Schlafwagen und alles andere war blitzsauber und der Service erstklassig.

Wir hatten Strok aus Charbin Tag und Stunde unserer Ankunft telegrafiert. Aber niemand erwartete uns am Bahnhof. Man stelle sich unsere Verstörtheit vor! Da standen wir nun, ratlos wie zwei verlorene Kinder im Wald. Mir fiel ein, daß beim letzten großen Erdbeben in Tokio einzig das Hotel Imperial unbeschädigt geblieben war, und wir nahmen daher samt all unserem Gepäck ein blitzsauberes Taxi dorthin. Den deutlich ausgesprochenen Namen verstand der Chauffeur zum Glück. Strok hatte uns in Paris blühende Kirschbäume angekündigt, statt dessen sahen wir Schnee auf den Straßen, und es herrschte Frost. Der Wagen hielt vor einem zweistöckigen Gebäude, an dem auf einem Schild der englische Name zu lesen war: »Hotel Imperial.« Ich näherte mich etwas scheu dem Empfang, ganz darauf gefaßt, das Hotel ausgebucht zu finden, vernahm aber zu meiner Verblüffung in gebrochenem Englisch die Auskunft: »Ein Zimmer ist reserviert für Sie, Sir, auch ein Klavier vorhanden.« Man führte uns in ein recht ansprechendes Doppelzimmer mit Bad, und tatsächlich stand in der Ecke ein blank poliertes japanisches Klavier. Sogar das englische Wort für Frühstück war hier bekannt, und wir bekamen ein sehr genießbares, mit gutem Kaffee, Toast und englischer Marmelade.

Anschließend genossen wir das Bad, von dem wir tagelang in der von Flöhen verseuchten transsibirischen Bahn nur hatten träumen können. Ich suhlte mich im brühheißen Wasser und kam blitzblank und sorgfältig rasiert wie nie zum Vorschein.

Danach legten wir uns zu Bette, um etwas zu ruhen, doch sah ich plötzlich, wie Klavier, Schrank und Tisch in Bewegung gerieten. »Siehst du das auch?« fragte ich Nela, und ihr angstvoller Blick bestätigte es mir. Zum Glück ging das schon nach einer Minute vorüber und war eigentlich nichts weiter als einer von zahlreichen Hinweisen darauf, daß wir uns schließlich in Japan befanden, wo heftige Erdbeben an der Tagesordnung sind.

Aus unserem friedlichen Schlummer weckte uns ein Klopfen an der

Tür. Ich machte, immer noch im Schlafanzug, einen Spaltbreit auf und erblickte Strok, der sich nicht etwa dafür entschuldigte, uns nicht abgeholt zu haben, sondern empört rief: »Sie haben den falschen Zug genommen! Sie hätten um drei Uhr nachmittags mit dem Luxusexpreß aus Okinawa eintreffen sollen!« Ich ließ ihn hereinkommen, und wir klärten die Situation. Offenbar enthielt das Telegramm aus Charbin nur den Ankunftstag von Shimonoseki, nicht aber auch die Zeit. Der Zug, den Strok im Sinn hatte, wäre sehr viel schneller gefahren, und nicht nur wollte er uns am Bahnhof erwarten, sondern er hatte auch einen großen Empfang durch alle möglichen Leute organisiert. »Die gesamte Polnische Botschaft einschließlich des Botschafters und seiner Frau erwarten Sie, ferner gegen zweihundert Personen mit Blumen und Geschenken im Auftrag der hiesigen Vertreter von His Master's Voice, dazu die übliche Menge Gaffer, die sich bei der Ankunft und der Abreise bedeutender Persönlichkeiten einfindet.« Das war ja nun recht betrüblich.

»Sie können weiter nichts tun als durch ein Megaphon bekanntmachen, daß wir bereits angekommen sind und im Hotel ausruhen«, schlug ich ihm vor.

Darauf machte er ein saures Gesicht. »Erstens kann ich bloß ein halbes Dutzend Wörter Japanisch, und zweitens wäre das schlecht fürs Geschäft.« Dann hellte seine Miene sich auf. »Wir haben noch Zeit genug, ziehen Sie sich an, nehmen Sie ein paar Koffer, und in einer halben Stunde sind Sie mit der Bahn in Yokohama. Dort besteigen wir den Expreß nach Tokio, und ich sage einfach, ich bin Ihnen nach Yokohama entgegengefahren.«

Das war eine rechte Komödie, aber gerade darum gefiel uns der Vorschlag. Wir willigten beide spontan ein, warfen uns in unsere besten Kleider, ergriffen Mäntel und Hüte, dazu einige leicht gefüllte Koffer, stahlen uns aus dem Hotel, fuhren zum Bahnhof und saßen eine Viertelstunde später im Zug nach Yokohama. Die Fahrt verging mit der Planung unseres Auftretens. Der Expreß lief ein, und man wollte von uns nachträglich die Schlafwagenbillets von Osaka her kassieren, doch Stroks halbdutzend japanische Wörter reichten offenbar aus, den Schaffner mit ins Komplott einzubeziehen, und so hielten wir denn triumphalen Einzug in die japanische Hauptstadt.

Strok hatte keineswegs übertrieben; es waren gewiß gegen tausend

Menschen zugegen, man hörte japanisches Willkommensgeschrei, auch polnische Rufe darunter. Der eigentliche Triumph bestand darin, daß wir wie aus dem Ei gepellt und ausgeruht wirkten. Das Botschafterehepaar brachte uns geradezu in Verlegenheit mit immer wiederholten Äußerungen des Staunens darüber, daß wir uns nach dieser entsetzlich langen und anstrengenden Reise in einem so perfekten Zustand präsentierten. Wir hätten es eigentlich aufklären sollen, doch hatten wir viel zu großen Spaß an unserer Komödie. Strok trieb die Dinge gar auf die Spitze, indem er mehrere der Anwesenden laut fragte: »Sind Ihnen jemals Reisende vorgekommen, die sich nach der Fahrt von Paris hierher in so glänzender Verfassung befanden?« Und da wurden denn tausend Köpfe geschüttelt.

Es war gar nicht einfach, uns die neugierigen Reporter vom Hals zu halten, die gewiß nur allzugern berichtet hätten, unsere Nachthemden in den schon aufgedeckten Betten gesehen zu haben. Die einzige Strafe, die wir für unser Komödienspiel erlitten, bestand darin, daß wir uns das Essen verkneifen, vielmehr vorgeben mußten, wir hätten alle Hände voll mit Auspacken zu tun. Erst dann durften wir uns zu Tische setzen.

Der nächste Tag verging mit sorgsamen Vorbereitungen der Tournee durch Japan. Als erstes stand Tschaikowskys b-moll-Konzert auf dem Programm, unter der Stabführung von Graf Konoye, dem jüngeren Bruder des Ministerpräsidenten Fürst Konoye, und die erste Probe war für den folgenden Vormittag angesetzt. Abgesehen von einem deutschen Konzertmeister waren die Musiker sämtlich Japaner. Es war nicht gerade ein erstklassiges Orchester, konnte den Vergleich mit so manchem europäischen Provinzorchester, mit dem ich gespielt hatte, aber leicht aushalten. Der Graf entpuppte sich als fähiger Dirigent, hatte in Leipzig und New York studiert und sprach perfekt Englisch. Was mich ängstigte, war nur, daß alle japanischen Orchestermusiker den Kopf senkten und fest einschliefen, sobald ich die langen Solopassagen spielte. Es kränkte meinen Stolz, daß Musiker bei meinen brillanten Kadenzen einfach schliefen, während doch gerade diese Stellen in Europa die Zuhörer begeisterten. Meine Verblüffung verwandelte sich allerdings in Belustigung, als ich dahinterkam, daß alle Japaner auf der Stelle einschlafen, wenn sie nicht beschäftigt sind.

Während ich eines Morgens in der Hotelhalle auf das Taxi wartete, erschien ein aufgeregter Japaner, der sich augenscheinlich erkundigte, ob ein Gast des Hotels anwesend sei oder nicht. Offenbar war dies nicht der Fall, denn er setzte sich in die andere Ecke des Sofas, auf dem ich saß, lehnte den Kopf zurück und begann nach einer halben Minute zu schnarchen. Als die Person, nach der er sich erkundigt hatte, hereinkam, sprang er frisch und munter auf die Füße. Die Fähigkeit der Japaner, bei jeder Gelegenheit und an jedem beliebigen Ort einzuschlafen, ging so weit, daß auch Fahrgäste in Omnibussen zwischen den Haltestellen schliefen, sogar im Stehen.

Mit ihrem weiblichen Einfühlungsvermögen entdeckte Nela sehr bald das japanische Imitationsgenie. »Arthur«, sagte sie, »gib einem hiesigen Hemdenmacher eines deiner Londoner Hemden, und er macht dir ein Dutzend für den gleichen Preis, für den du in London nur ein einziges bekämst, und niemand merkt den Unterschied. Ich werde mir auch meine schönsten Kleider nacharbeiten lassen, und zwar in der kostbarsten japanischen Seide. Die Preise sind lachhaft niedrig.« Was soll ich sagen – keine zwei Tage später waren achtzehn Hemden und vier Paar Schuhe fertig, die sich durch nichts von ihren englischen Prototypen unterschieden – ausgenommen im Preis.

Nach der zweiten Probe, die vielversprechend ausfiel, gingen Nela und ich auf der Ginza einkaufen. Zunächst allerdings standen wir beim Anblick dieser berühmten Straße wie festgenagelt. Sämtliche Kirschbäume beiderseits der Straße trugen die schönsten rosa-weißen Blüten, obschon noch Schnee lag. Wir glaubten nachgerade an ein Wunder der Natur, bis wir in einem Papiergeschäft die Erklärung vernahmen: »Die Blüten sind aus Papier«, verkündete der englischsprechende Verkäufer stolz. Es ist wohl ein besonderer Charakterzug der Japaner, der sie dazu anhält, es nicht hinzunehmen, wenn die Natur sie im Stiche läßt. Sie waren entschlossen, zur festgesetzten Zeit Kirschblüten zu sehen, und wenn die Natur sich sträubte, mußte man ihr eben eine Lektion erteilen. Das war bewundernswert.

Strok hatte eine Abendunterhaltung mit Geishas für uns vorgesehen. »Es ist dies eine der bekanntesten Attraktionen des Landes«, erklärte er lächelnd, und Nela, die es im allgemeinen nicht gerne sah, wenn ich mich für andere Frauen interessierte, war ebenfalls auf das gespannt, was uns da erwartete. Als Europäern war uns Gilberts und Sullivans ›Mikado‹

vertraut. ›Madame Butterfly‹ erst recht, und das Wort Geisha hatte für uns einen angenehmen, aber ganz undefinierbaren Beigeschmack. Strok führte uns in einen behaglichen Raum, mit einem sehr niedrigen runden Tisch, an dem wir uns im Schneidersitz auf Polstern niederlassen mußten, nachdem wir zuvor die Schuhe draußen abgelegt hatten. Es erschienen drei Geishas in farbenprächtigen Kimonos, mit höchst komplizierten Frisuren, an den Füßen goldene, nur von einem Riemen zwischen den ersten beiden Zehen gehaltenen Sandalen. So weit, so gut, doch Nela und ich schauten einander plötzlich angewidert an, denn alle drei Damen hatten verfaulte, fast schwarze Zähne. Diese Entdeckung verhinderte jegliches Vergnügen. Das Programm bestand darin, daß sie sangen, tanzten und uns eine Mahlzeit servierten. Der Tanz wurde mit unglaublich langsamen Bewegungen von Hüften, Armen und Händen ausgeführt, und sie sangen dazu mit farblosen hohen Stimmen einen japanischen Refrain, den wir überall im Lande bei jeder Gelegenheit zu hören bekamen:

Ein Wunder, daß wir nicht einschliefen in dieser, wie mir vorkam, längsten halben Stunde unseres Lebens. Nun verschwanden sie mit trippelnden Schritten und brachten Schüsselchen und Eßstäbchen. Nela konnte bald sehr geschickt mit den verflixten Dingern umgehen, ich brachte es nie so weit. Je eine Geisha kniete nahe neben uns, um uns behilflich zu sein, und ließ dabei die scheußlichen Zähne sehen. Ich wurde allmählich recht gereizt, und meine eigene Geisha, die wohl merkte, daß das Essen mich nicht lockte und die Stäbchen mir Mühe machten, wurde nun zudringlich. Sie packte irgendwelche undefinierbaren Speiseteile aus dem Schüsselchen und suchte mich damit doch tatsächlich zu füttern! Das durfte ich nicht dulden, ich warf ihr einen wütenden Blick zu und versetzte ihr einen Klaps auf die Finger. Strok begriff, er zahlte, wir machten, daß wir wegkamen, glücklich, wieder an der frischen Luft und den Anblick der verrotteten Zähne los zu sein.

Das Konzert verlief glänzend, mein Erfolg war echt, die Aussichten für die Tournee waren also gut. Leider traf jetzt telegrafisch die Nachricht vom Tode Emil Mlynarskis ein. Wohl hatten wir gewußt, daß er unheilbar krank war, doch versetzte uns die jähe Gewißheit seines Endes einen schweren Schock. Indessen, die Tournee mußte weitergehen.

Wir sahen ein Kabuki-Drama, das fünf oder sechs Stunden dauerte. Das Theater war voll besetzt. Es schockierte uns, daß die Frauenrollen von Männern gegeben wurden. Brüllte der Liebhaber seine Partnerin an, als bedrohe er sie mit dem Tode, und antwortete diese dann mit einem Stimmchen, eine ganze Oktave höher, als ich je eine Schauspielerin habe sprechen hören, und das so zittrig, daß man meinen konnte, sie sinke jeden Moment tot um, konnten wir uns des Lachens nicht enthalten. Das Publikum hingegen wischte die Tränen aus den Augen, und man sagte uns später, es sei dieses die berühmteste Liebesszene auf der japanischen Bühne. In der langen Pause kaufte man Andenken, die in großer Menge feilgeboten wurden; es ist Sitte, niemand zu besuchen oder nach einer Abwesenheit, wie kurz auch immer zurückzukehren, ohne Geschenke zu machen, die ganz besonders hübsch verpackt sein müssen.

Insgesamt könnte man sagen, schon 1935 machte Tokio auf uns den Eindruck, es werde sehr bald eine der Hauptstädte der Welt sein.

In dem mit Tokio rivalisierenden Osaka besuchte ich die bedeutendste Klavierfabrik am Ort. Man zeigte mir eine Menge Klaviere, ein paar Stutzflügel und einen Konzertflügel, der keinen guten Klang hatte. Wie üblich, legte man mir das Besucherbuch vor, und ich schrieb nicht nur meinen Namen ein, sondern wünschte auch alles Gute zur Fortentwicklung dieses bedeutenden Industriezweiges. Am Tage des Konzertes probierte ich einen aus Hamburg stammenden Steinway. Der Stimmer war dabei anwesend, und ich überließ ihm den Flügel. Vor dem Konzert fand ich im Künstlerzimmer Blumen und kleine Präsente. Als ich herausgerufen wurde, mich vor den herzlich applaudierenden Zuschauern verbeugt hatte und zum Flügel schritt, erblickte ich nicht den Steinway, sondern das Produkt der ortsansässigen Firma. Da packte mich wilde Wut, ich verließ die Bühne und brüllte, so daß alle es hören konnten: »Entweder sofort den Steinway her oder ich spiele nicht!« Der japanische Flügel wurde vom zu Tode erschrockenen Personal unverzüglich entfernt, und keine drei Minuten später saß ich am Steinway und begann mein Konzert mit mehr Elan denn je.

Auch in Nagoya, Kobe und der wundervollen alten Hauptstadt Kyoto, der einzigen Stadt, welche die stolze Tradition des alten Japan hütete, gab ich Klavierabende. Hier trugen die Frauen meist den altmodischen Kimono, niemand ahmte, wie in Tokio, die Europäer nach. Wir sahen dort eine traditionelle Aufführung, mehr eine Varietévorstellung, mit Gesang und Tanz. Die Musiker saßen im Kreise um die Zuschauer herum, spielten ohne Dirigenten, ein jeder starr vor sich hinsehend. Unfehlbar endeten und beschlossen sie ihre Darbietung aber trotzdem gleichzeitig. Das gefiel uns recht gut.

Die Tempel waren alle uralt und verliehen der Stadt ein sehr würdiges Aussehen. Später besuchten wir, vom polnischen Botschafterpaar begleitet, Nikko, den größten Schrein, wo auch einige Äbte von Nikko bestattet sind. Für die drei Katholiken und mich als Juden war es höchst erregend, die Bedeutungen einer Religion zu erfahren, die uns völlig fremd war und doch Millionen höchst intelligente und zivilisierte Menschen beseelte.

Der Marquis Tokugawa, Nachkomme der berühmten Shogun-Dynastie, ein echter Samurai, interessierte sich sehr für meine Konzerte und legte eine Vorliebe für europäische Musik an den Tag. Auf eine erste freundliche Zusammenkunft erfolgte die Einladung, das Wochenende auf seinem Gut unweit Tokio zu verbringen, die wir dankbar annahmen. Hier bot sich die einzigartige Gelegenheit, das Privatleben einer vornehmen japanischen Familie kennenzulernen. Er holte uns nachmittags mit dem Wagen ab, und nach knapp einstündiger Fahrt waren wir in dem herrlichen Park angelangt, in welchem sein Haus gelegen war, ganz im herkömmlichen japanischen Stil erbaut. Er wies uns ein sehr behagliches Appartement an, bestehend aus Schlaf- und Wohnzimmer, und stellte uns dann seiner Frau vor, die ebenso wie er selber europäisch gekleidet war. Nach einer vortrefflichen Abendmahlzeit blieben wir Herren beieinander, während die Damen sich nach englischer Sitte zurückzogen. Wir rauchten eine gute Zigarre, ich erfuhr eine Menge über die früheren und die modernen Lebensgewohnheiten der Japaner, und dann gesellten wir uns zu den Damen. Vor dem Zubettgehen kündigte er noch an: »Nach dem Frühstück wird meine Frau unsere alte Teezeremonie für Sie zelebrieren, wie sie schon seit tausend Jahren üblich ist.«

Nachdem wir das Frühstück auf dem Zimmer genommen hatten, machten wir uns für diese Zeremonie fein. Im großen Empfangsraum waren die Vorbereitungen dazu schon im Gange, und nach kurzer Zeit erschien die Dame des Hauses in majestätischer Haltung, gekleidet in den klassischen Kimono. Das Haar war aufs kunstvollste frisiert, ganz wie man es auf alten japanischen Holzschnitten sieht. Sie gab uns eine höchst eindrucksvolle Vorstellung. Die elegante Dame, die uns abends zuvor nicht anders empfangen hatte als eine Gastgeberin in Mayfair, hatte sich in die Gattin eines Samurai verwandelt, wie es der Tradition entsprach. Sie verneigte sich viermal zeremoniös und kniete dann langsam und sehr graziös auf ein großes Polster hin. Eine Bedienstete brachte das Teegeschirr auf einem Tablett herein und stellte es mit übertriebener Langsamkeit auf einem sehr niedrigen Tischchen vor ihrer Herrin ab, und dann begann ein ganz unglaublicher Vorgang. Ich möchte den Leser nicht mit einer Beschreibung sämtlicher Einzelheiten ermüden, es genüge also eine kurze Zusammenfassung.

Die Zeremonie diente jahrhundertelang dazu, die Nerven der Samurais zu prüfen, bevor diese in den Kampf zogen. Die Abschiedstasse Tee mußte mit äußerster Langsamkeit serviert werden, und eben diese Langsamkeit hatte im Laufe der Zeit einen Grad erreicht, der das Ganze hätte lächerlich erscheinen lassen können. So etwa dauerte es zehn Minuten, eine kleine Serviette aufzunehmen und, wie ich schätzte, weitere zehn Minuten, bis die liebliche Hand mit der Serviette und dem Teetopf einer Tasse nahekam. Das Einschenken nahm drei Minuten in Anspruch, und dies für jede Tasse. Ich wurde nun schon ganz gierig und wollte unbedingt von diesem köstlichen Getränk probieren, doch als ich nach der Tasse langte, traf mich ein streng mißbilligender Blick. Ich ließ die Hand beschämt sinken und wartete geduldig – und wie geduldig! – auf die Erlaubnis, meine Tasse zu berühren. Diese unglaubliche Gemessenheit hatte auf mich eine sonderbare Wirkung, denn ich erinnere mich, daß ich nicht wagte, weniger als drei Minuten vergehen zu lassen, bis die Tasse endlich meine Lippen berührte. Als die Zeremonie zu Ende war, atmeten Nela und ich erleichtert auf wie wohl nie zuvor im Leben. Unsere angeborene europäische Heuchelei ließ uns selbstverständlich diesen ganzen Vorgang beifällig aufnehmen. Unsere Gastgeber zeigten sich befriedigt, aber in ihrer Befriedigung steckte wohl auch eine Spur Heuchelei.

Über meine Konzerte will ich im einzelnen nichts schreiben, nur berichten, daß die Zuhörer aufmerksam lauschten und keine Anzeichen von Müdigkeit erkennen ließen. Was ich da spielte, kann ihnen nichts bedeutet haben, außer daß es bald laut, bald leise klang, und dann veränderte sich jedesmal ihre Miene. Dieses kleine Drama, das da zwischen mir und dem Publikum stattfand, endete jeweils mit einem komischen Effekt; es trat völlige Stille ein, und niemand wußte: war ich nun am Ende angelangt, oder würde ich weiterspielen? Gab ich zu erkennen, daß das Stück zu Ende war, setzte herzlicher Applaus ein. Strok fand jedenfalls die Tournee sehr erfolgreich.

Nun sollte es nach China gehen, wo Strok samt Frau und zwei Töchtern lebte, die ihm bei seiner Tätigkeit behilflich waren. Nach einer angenehmen Überfahrt mit einem japanischen Dampfer erreichten wir Shanghai, wo Stroks alles aufs beste für uns vorbereitet hatten und überhaupt dafür sorgten, daß unser Aufenthalt im Lande bequem und interessant wurde. Damals galt Shanghai im Yangtse-Becken als Chinas Industriezentrum. Allerdings konnte auch ein Fremder spüren, daß die politische Lage recht ungesund war. Die Stadt befand sich in Händen von Franzosen, Engländern und Amerikanern. Unser Hotel lag im französischen Viertel, wo die Alleen nach Clémenceau, Briand und Poincaré benannt waren. Auf den Straßen wurde Französisch gesprochen, französische Polizisten regelten den Verkehr. Ein kurzer Spaziergang führte einen ins englische Shanghai, wo die Polizei in Gestalt von hinduistischen Sikhs vertreten war, die mit ihren Turbanen und den martialischen schwarzen Bärten einen pittoresken Anblick boten. Das amerikanische Viertel war leicht an den Wolkenkratzern kenntlich.

Tagelang sah ich niemanden, der einem Chinesen auch nur ähnelte. Auf meine Frage, wo die Chinesen denn eigentlich seien, antworteten Stroks mit abschätzigem Schulterzucken; es hieß, man könne im Süden der Stadt Chinesen zu Millionen antreffen, wo sie in Slums mit ungepflasterten Straßen hausten. Ich gebe zu, diese Schilderung machte uns nicht neugierig darauf, die rechtmäßigen Eigentümer der Stadt in solch bejammernswerten Verhältnissen zu besuchen.

Meine Klavierabende fanden vor Europäern und Amerikanern in einem Theater statt. Es machte mir keinen rechten Spaß, vor solchem Publikum zu spielen. Damals herrschte eine gewisse Nervosität in der

Stadt, weil die Japaner Truppen zusammenzogen und China bedrohten. Nächste Station war die Hauptstadt Peking. Wir trafen am Morgen des für das Konzert bestimmten Tages ein und stiegen in dem sehr komfortablen Hotel de Peking ab, das von Franzosen geführt wurde. Der Direktor kündigte mir stolz an, ich werde in »notre salle des Fêtes« spielen. Während des Frühstücks, das wir auf dem Zimmer nahmen, erreichten uns Briefe und Telefongespräche, als wären wir in Paris oder in Amerika. Der wohlhabende John Alden Carpenter aus Chicago berichtete uns, er lebe nun schon seit einem Jahr mit seiner Frau in einem einsamen Hause, wo er ungestört arbeiten könne. Seine erste Frau war ungemein künstlerisch interessiert und hatte einen Kunstverein für Damen gegründet, der bereits bedeutende Ausstellungen veranstaltete. Nach ihrem Tode heiratete Carpenter Ellen Borden, Besitzerin der größten amerikanischen Molkerei; sie war seit langem schon mit seiner Familie befreundet. Man stieß damals überall in Amerika auf Plakate mit Elsie der Kuh.

Solch gute Freunde so unerwartet in einer so entlegenen Weltgegend zu treffen, war höchst angenehm, zumal sie sich erboten, uns alles Sehenswerte in der alten Hauptstadt zu zeigen. Am Tage meines Konzertes allerdings wollte ich ungestört sein und ging nach einem leichten Lunch in den Saal, um mir den Flügel anzusehen. Als ich einen Stimmer verlangte, verstand niemand, was ich meinte, schließlich sagte mir der Hoteldirektor, einen Klavierstimmer gebe es nicht in der Stadt. Der Saal, eigentlich ein Ballsaal, war sehr ansprechend und lag im Erdgeschoß des Hotels. Der Flügel stand auf einem sauberen Podest, doch als ich ihn aufklappte, sah ich mit Entsetzen, daß es ein uralter Schiedmayer war. Ich ließ die Finger über die Tasten gleiten und stellte zum ersten Mal im Leben fest, daß es wirklich Instrumente gibt, auf denen man auch beim besten Willen nicht spielen kann. Veranstalter und Hoteldirektor waren niedergeschmettert, als ich ihnen eröffnete, das Konzert müsse leider ausfallen. Sie rauften sich die Haare. »Das können Sie uns nicht antun, wir sind schließlich die Veranstalter und erwarten Diplomaten aus Nanking, dem Regierungssitz!« Der Veranstalter drohte mir sogar mit Konsequenzen, aber ich blieb unerbittlich. Das ging so den ganzen Nachmittag, und beide Herren überlegten verzweifelt, wie sie dem Publikum bekanntmachen könnten, daß das Konzert ausfalle. Und dabei waren die bedeutenden Diplomaten aus Nanking wahrscheinlich derweil schon unterwegs!

Plötzlich mischte sich ein Hotelgast, ein junger Amerikaner, ein. »Sie haben da offenbar Schwierigkeiten? Bitten Sie doch Mrs. Lyon, Ihnen ihren neuen Konzertflügel zu leihen, es ist ein Steinway.«

»Und wer ist Mrs. Lyon?«

»Die Frau des hiesigen amerikanischen Konsuls, Tochter des amerikanischen Botschafters Grew in Tokio, den kennen Sie doch gewiß.«

Ich kannte ihn tatsächlich, er hatte uns in Tokio freundlich begrüßt und war zu allen meinen Konzerten erschienen.

Der junge Mann bekam die Dame ans Telefon, und ich sagte, es tue mir schrecklich leid, mein Konzert hier absagen zu müssen, doch der Flügel sei unbrauchbar. Ich erwähnte auch ihren Vater und fügte hinzu: »Falls Sie so freundlich wären, Ihren Flügel herzuleihen, könnte ich das Konzert ja noch verschieben.«

Darauf sagte sie ohne Zögern: »Selbstverständlich leihe ich Ihnen meinen Flügel, und verschieben müssen Sie das Konzert nicht, denn der steht innerhalb der nächsten Viertelstunde im Saal.«

Ich widersprach erregt: »Bitte nicht! Wenn Sie den Flügel von ungelernten Leuten transportieren lassen, wird er womöglich beschädigt.«

»Das lassen Sie nur meine Sorge sein«, sagte sie und legte auf. Der junge Amerikaner und die beiden Unglücksraben waren unsäglich erleichtert, einzig ich machte mir Sorgen, der Träger wegen. Wir setzten uns erwartungsvoll in die Halle und hörten nach einer Weile so etwas wie einen Chor, der auf der Straße eine Art Singsang anstimmte. Vor dem Hotel wurde der Chor immer lauter, und man vernahm ein rhythmisches »Kling klang tium klung kling klung klung«, und etwa zwanzig Kulis kamen herein, die auf dicken Bambusstangen den Konzertflügel trugen, komplett mit Pedal und Beinen; der Gesang diente ihnen dazu, nicht aufeinanderzuprallen, denn sehen konnten sie den Vordermann nicht. Vierzig Füße näherten sich rasch dem Podium, der Gesang wurde langsamer, als sie die Stufen erklommen, sie setzten das Instrument geräuschlos ab, Köpfe und Schultern kamen unter den Bambusstangen zum Vorschein, die sie lautlos wegzogen. Ein so großes Trinkgeld wie an jenem Abend hatten sie wohl nie zuvor bekommen. Sie rannten strahlend aus dem Hotel, ohne Singsang und keineswegs im Gleichschritt.

Das Konzert wurde prachtvoll, und die ganz aus Europäern und Amerikanern bestehende Zuhörerschaft überschüttete mich mit Beifall. Außer unseren Freunden Carpenters trafen wir auch Hoppenot, jetzt französischer Botschafter, und wir ergingen uns in Erinnerungen an die Kriegstage in Rio, als er noch Claudels Botschaftsrat gewesen war. Er und seine Frau blieben über Nacht in Peking, um noch den folgenden Tag mit uns zu verbringen. Mrs. Lyon erwies sich als eine höchst bezaubernde Frau und als Musikliebhaberin. Ich dankte ihr von ganzem Herzen dafür, daß sie das Konzert ermöglicht hatte. Mit Lyons freundeten wir uns später an, und er war auch einmal eine Weile beruflich in Paris stationiert.

Die beiden folgenden Tage vergingen mit der Besichtigung einer der schönsten und interessantesten Städte der Welt. Auf der Straße sah ich die junge Generation chinesischer Frauen, nicht mehr der Tortur der Fußbandagen ausgesetzt wie ehedem, und von überraschendem Liebreiz. Anders als die Japanerinnen waren die Chinesinnen groß und schlank und von stolzer Haltung. Auch fand ich es aufregend, daß ihre langen Röcke seitlich geschlitzt waren und bei jedem Schritt hübsch geformte Schenkel sehen ließen.

Carpenters führten uns in die Verbotene Stadt, die, jetzt für Touristen geöffnet, unter der Herrschaft der chinesischen Kaiser stets unzugänglich gewesen war. Die ganz im chinesischen Stil errichteten Gebäude waren wohlerhalten, und drinnen sah man kostbarste Kunstgegenstände. Ich wurde rot vor Scham, als der Fremdenführer auf eine leere Wand deutete und sagte:»Hier hing der bedeutendste Kunstgegenstand des Landes, ein Stück Jade, so kunstvoll geschnitten, daß es seinesgleichen nirgendwo auf der Welt gab. Deutsche, Engländer und Franzosen, die den Boxeraufstand niederschlugen, haben es zerschlagen und gestohlen.« Wie demütigend, hören zu müssen, daß Deutsche, Engländer und Franzosen sich wie Vandalen aufgeführt hatten!

Madame Hoppenot führte Nela und mich in das berühmte chinesische Einkaufszentrum. Es war bereits später Nachmittag, und die Straßen waren dunkel, doch gerade in dem Augenblick, als wir einfuhren, gingen beiderseits in den Geschäften die Lichter an, und man konnte die Auslagen der berühmten Juweliere bewundern: herrliche Jade in sattem Tiefgrün, alle Arten von Perlen, unzählige begehrenswerte Kunstobjekte. Wir kauften in Peking ziemlich viel ein und brachen dann in bester Laune nach Tientsin auf, ebenfalls einer großen Stadt, wo ich ein Konzert zu geben hatte. Hier war nichts von der Schönheit Pekings zu finden, und über ein Objekt ärgerte ich mich besonders, nämlich ein riesiges Denkmal der lieben alten Königin Victoria von Großbritannien in einem Sessel sitzend, und das mitten auf dem größten Platz der Stadt. Ich traute meinen Augen kaum. Was, zum Teufel, hatte denn die hier in Tientsin zu suchen?

Auch hier kamen die Zuhörer wie schon bislang aus London, Paris oder New York.

Nächster Halt war Singapur, wohin Strok mich vermittelt hatte. Von Tientsin nach Shanghai ging es mit der Bahn, von dort per Schiff nach Singapur. Ein angenehmer Gedanke, daß Java so nahe war, wo die große Tournee für den holländischen Kunstrink mich erwartete. Wir wohnten in dem berühmten Hotel Raffles, das sich mit dem Ritz in Paris, mit Shepheards in Kairo oder dem Savoy in London vergleichen kann. Es herrschte drückende Hitze, und wir erholten uns erst ein wenig unter der Dusche, danach legten wir unsere leichteste Kleidung an und gesellten uns den Gästen, die von morgens bis abends die berühmte Terrasse füllten und sich angeblich vor der Hitze schützten, indem sie unentwegt die verschiedenartigsten Drinks konsumierten. Hier wurde ich mit lautem Hallo von Noël Coward begrüßt, der am Vorabend eingetroffen war und uns an seinen Tisch bat, wo er uns mit Gin Tonic bewirtete und zu erklären versuchte, weshalb er sich ausgerechnet in Singapur befand, was ganz aussichtslos war, denn wie ich ihn kannte, wußte er es selber nicht genau. Daß dieser bezaubernde Mann und echte Musikfreund anwesend war, machte mir Mut für mein Konzert, das in der Victoria Hall stattfand, einem überladenen, dabei aber streng wirkenden englischen Bauwerk. Das Podium war von englischen Fahnen eingerahmt, im Hintergrund stand eine gewaltige Orgel, deren Pfeifen bedrohlich aussahen wie Kanonenrohre. Der Steinwayflügel war geradezu auffallend gut.

Leider erkrankte Nela ausgerechnet eine Stunde vor Konzertbeginn an einer Lebensmittelvergiftung, und ich eilte mit den schlimmsten Befürchtungen in den Saal. Es war mir schrecklich, sie allein lassen zu müssen, und ich glaubte, nicht spielen zu können. Doch wie schon früher auch und später wieder kam mir meine strenge Berufsauffassung zu Hilfe, und ich spielte besser denn je. Daß Noël seine Begeisterung durch laute Zurufe und heftiges Händeklatschen demonstrierte, trug das seine zu meiner Leistung bei.

Zum Schluß gab das Publikum, von Noël dazu angestachelt, durch anhaltenden Beifall zu erkennen, daß es Zugaben erwartete. Der Konzertveranstalter, gleichzeitig Verwalter des Gebäudes, stand hinter der Bühne und fragte ganz ängstlich: »Spielen Sie noch eine Zugabe?«
»Sicher, falls das Publikum danach verlangt.« Und ich spielte einen hübschen kurzen Chopin. Der Beifall wuchs noch an, und wieder fragte dieser Mensch, nun noch ängstlicher: »Spielen Sie wirklich noch weiter?« Nun bekam ich es ebenfalls mit der Angst und fragte: »Soll ich lieber nicht mehr spielen? Wollen wir gleich gehen?«

»Nein, nein«, sagte er mit bebender Stimme, »spielen Sie nur!«

Ich bekam es nun wirklich mit der Angst, denn in diesen entlegenen englischen Kolonien mußte man schließlich mit allem rechnen, und ich meinte zu spüren, daß Gefahr in der Luft lag. Als ich nach der zweiten Zugabe hinter die Bühne ging, und der Beifall immer noch nicht abschwoll, schlug jener Mensch verzweifelt die Hände zusammen und fragte: »War das das letzte?« Nun wurde es mir zuviel. »Was ist nur los mit Ihnen?« verlangte ich zu wissen, »weshalb machen Sie mir solche Angst? Rücken Sie jetzt gefälligst heraus mit der Sprache, was ist passiert?«

Nun erklärte er mir zitternd: »Wenn das Konzert zu Ende ist, muß ich auf der Orgel jedesmal die Nationalhymne spielen, und ich habe so furchtbares Lampenfieber!«

Da war ich sprachlos, brach dann aber in helles Gelächter aus. Wir lachten dann später auch auf der Terrasse von Raffles Hotel darüber, als ich Noël die Geschichte erzählte. Der Abend endete recht zufriedenstellend. Nela schlief fest, ein Arzt hatte ihr ein wirksames Medikament und Schlaftabletten gegeben.

Tags darauf schifften wir uns nach Batavia ein, wo wir im schönen und mit Recht so genannten Hotel des Indes wohnten. Mittags und abends gab es die berühmte *rijsttafel*, zwanzig verschiedene Speisen in kleinen Portionen – Fisch und Fleisch in kleinen Stücken, uns unbekannte Gemüse und andere Leckerbissen. Allerdings war nicht der Geschmack das Verlockende daran, sondern die Art, wie alles dargeboten wurde. Die zwanzig Gänge wurden von zwanzig Kellnern am Tisch präsentiert, und das mehrmals. Die Kellner trugen Batikgewänder.

Wäre es nicht so fürchterlich heiß gewesen, ich hätte mich nach Holland versetzt gefühlt. Nela klagte über Beschwerden, was uns beide beunruhigte. In Bandung, der holländischen Hauptstadt der Insel, wo ich ein Konzert zu geben hatte, erbot sich ein österreichischer Arzt, sie in eine Klinik aufzunehmen. Nur ungern ließ ich sie dort und setzte die Konzertreise fort, doch war das nicht zu ändern. Immerhin fand sich ein kleines Flugzeug, das mich jeden Morgen nach Bandung flog, wo ich Nela besuchen konnte. Zum Glück war sie schon nach einigen Tagen geheilt und konnte die Tournee mit mir gemeinsam fortsetzen.

An einem kleineren Ort erhielt ich nach der Eintragung ins Hotelregister auf meine Frage, wo denn der Konzertsaal sei, die Auskunft: »Sie geben Ihr Konzert hier im Hotel.«

»Haben Sie einen Ballsaal oder etwas Ähnliches?«

»Nein, gleich hier in der Halle.«

Ich glaubte, der Mann wisse nicht recht, wovon er rede, lächelte also herablassend: »Mehr als fünfzig Leute können Sie da aber kaum unterbringen.«

»Und mehr als zwanzig kommen auf keinen Fall«, erwiderte er, ohne eine Miene zu verziehen. Als er merkte, daß ich das nicht ernst nahm, klärte er mich auf: Hier lebten vier Teepflanzer, die so musikliebend waren, daß sie allein die gesamten Unkosten für jedes vom Kunstrink veranstaltete Konzert aufbrachten. Das zu hören, erfüllte mich mit größter Freude, und jene sechzehn Musikliebhaber bekamen denn auch mein bestes Konzert der javanischen Tournee zu hören. Ein großes Publikum nötigt mich meist dazu, mir anfangs seine Aufmerksamkeit zu erkämpfen, und das gelingt denn auch, wenn die Inspiration mich packt, doch diese wenigen Zuhörer brachten es fertig, daß ich von der ersten Note an schon mein Bestes geben konnte. Nach dem Konzert saßen wir noch beisammen, und eines der Pflanzerehepaare lud uns für den nächsten Tag auf die Plantage ein. Nela hatte große Lust dazu, denn, auf dem Lande groß geworden, verlor sie niemals ihr Interesse an allem, was mit Landwirtschaft zusammenhängt.

Der nächste Tag war frei, wir ließen uns also eine steile Anhöhe hinanfahren bis zu dem reizenden Heim der holländischen Pflanzer, das uns sehr an ihre heimatlichen Häuser erinnerte: die Fenster waren spiegelblank geputzt, alles wirkte sehr adrett, doch die eigentliche Sensation des Tages war der Tee.

Ich bin seit je ein Liebhaber von Tee, und zwar von eher blassem Tee, den man in Polen mit Zitrone aus Gläsern trinkt, von denen ich gut und gerne ein halbes bis ganzes Dutzend hintereinander trinken kann. Auch den englischen Nachmittagstee nahm ich gern, schere mich allerdings nicht im geringsten um sein Ursprungsland. Der erste Schluck des hier in Java gewachsenen und mir vorgesetzten Tees allerdings war ein überwältigendes Erlebnis.

Ich bat meine Gastgeber ein ums andere Mal, mir einzuschenken, und nach dem Abendessen trank ich beim Bridge gewiß ein Dutzend Tassen. Nektar wäre ein viel zu schwaches Wort dafür. Ich erkläre hier feierlich: Kein Getränk – sei es alkoholischer Art, sei es Kaffee, Schokolade oder auch Milch, hat mir je so köstlich gemundet. Auch Nela war sehr angetan davon, nur brachte ihr Bedürfnis, genau zu erklären, weshalb die auf dieser Plantage gezogenen Teeblätter allen Tees überlegen waren, die man anderwärts bekam, sie um den eigentlichen Genuß. Jedenfalls hat dieser Tag in den Bergen uns bezaubert.

Die Tournee ging mit Blitzgeschwindigkeit vonstatten, wurde aber nie eintönig. Jeder Ort hatte einen ganz eigenen Charakter. Störend waren die Moskitos, und ich wundere mich heute noch, daß wir von ihnen nicht aufgefressen wurden. Sie ließen sich auf den Sachen nieder, die Nela auspackte, und wenn ich mich abends zum Konzert ankleidete, erhoben sie sich in riesigen Schwärmen von meinem Frack und füllten den Raum mit ihrem lieblichen Sirren.

Surabaya, die zweitgrößte Stadt der Insel, war auch die heißeste. Immerhin waren die Betten durch Moskitonetze geschützt. Wir legten uns ausgekleidet hin und nahmen uns vor, die meiste Zeit in diesem Zustand zu verbringen. Indessen, eine bestimmte Insektenart von enormer Größe vermochte augenscheinlich die Netze zu zerreißen, stürzte sich jedenfalls mit großer Wucht und bedrohlichen unerträglichen Geräuschen immer wieder darauf. Es brauchte tatsächlich Mut, sich morgens unter dem Netz hervorzuwagen und den Tag zu bestehen.

Es gab noch eine sehr erfreuliche Abwechslung künstlerischer Art.

Unweit von Surabaya befand sich der Sitz des Kaisers von Jogjakarta, den die Holländer, wie ich auf meine erstaunten Fragen erfuhr, in seinem Palast residieren ließen, gegenüber dem Amtssitz des holländischen Generalgouverneurs. Beide Herren standen auf freundschaftlichem Fuße miteinander, und der Kaiser nannte den Generalgouverneur »Onkel«.

Vor dem Kaiserpalast also fand gerade während unserer Anwesenheit das jährliche Konzert des Kaiserlichen Gamelan-Orchesters statt. Ich war sehr gespannt darauf, und viele Tausende kamen von weither, um zuzuhören. Ich wußte bloß, ein Bali-Gamelan war bei der Pariser Weltausstellung aufgetreten und hatte auf Debussy, Ravel und andere Musiker großen Eindruck gemacht. Auch ich war ganz bezaubert von dem ungewohnten Klang, den ich insofern als Musik anerkennen mußte, als es sich um eine geordnete, vorbereitete Abfolge von Klängen handelte, und ich begriff ohne weiteres, daß die Phantasie der Komponisten davon angeregt wurde.

Malang, unsere letzte Station auf Java, liegt zum Glück in den Bergen im äußersten Westen, und die Hitze war dort nicht mehr so drückend. Die Tournee endete in Batavia, und ich bekam meine Gage in gutem holländischen Geld ausbezahlt. Das nächste Konzert sollte in Manila auf den Philippinen stattfinden, wieder mit Strok als Impresario. Wir schrieben erst Anfang Juli und hatten noch ein paar freie Tage zur Verfügung, bevor unser japanischer Dampfer nach Hongkong abging, von wo wir ein amerikanisches Schiff nach Manila nehmen wollten. Nela und ich brannten darauf, Bali zu besuchen, denn wir hatten die wunderbarsten Geschichten über diese Insel vernommen. Schon in Singapur hatte ich erwähnt, daß wir womöglich nach Bali wollten, und Noël Coward erbot sich, seinen Freund Smith auf unseren Besuch vorzubereiten. »Der zeigt Ihnen alles ganz wunderbar!«

Zwischen Java und Bali gab es eine Flugverbindung, und wir bekamen noch Plätze. Reisegefährten waren Doris Duke, die Erbin eines amerikanischen Tabakimperiums, und ihr frisch angetrauter Ehemann, der aus Europa stammte; sie waren auf der Hochzeitsreise. Wir wurden rasch miteinander vertraut, denn sie hatten in Singapur mein Konzert besucht. Es kam auf diesem Flug zu einem recht schreckenerregenden Vorfall: der Pilot, in der Absicht, uns die Schönheiten der Insel schon aus der

Luft zu zeigen, flog sehr niedrig, auch über einen feuerspeienden Krater, dessen Glut fast die Maschine erreichte. Wir waren außer uns vor Entsetzen, und Doris' Mann stellte den Piloten wütend zur Rede, obschon die Sache noch einmal gut gegangen war. Der Pilot meinte aber nur, er habe uns einmal einen tätigen Vulkan aus der Nähe zeigen wollen. Kurz darauf landeten wir auf dem kleinen Flughafen der zauberhaften Insel, und ihr Zauber machte sich denn auch auf der Stelle bemerkbar. Wir verließen unangefochten, von niemandem aufgehalten, die Maschine und schlenderten eine von Bäumen eingefaßte Straße entlang. Ganz unerwartet stießen wir auf hochgewachsene Frauen, die hintereinander gingen, langsam, auf dem Kopf Körbe mit Früchten, in farbenprächtige Röcke gekleidet, den Busen entblößt. Plötzlich verschwanden sie um eine Ecke; es war wie ein Traumbild gewesen. Es stellte sich dann heraus, daß es sich um eine täglich stattfindende Prozession handelte, ein buddhistisches Ritual lokaler Spielart. Dann tauchte ein stattlicher blonder junger Mann auf, jener Mr. Smith, der mit größtem Vergnügen bereit war, uns die Insel zu zeigen. »Mein Freund Noël hat Sie telegrafisch angekündigt.« Das überraschte mich, denn im Ernst hatte ich nicht damit gerechnet, daß der liebe alte Noël es wirklich täte. Smith brachte uns in ein kleines sauberes und freundliches Hotel, eigentlich ein Rasthaus der holländischen Regierung.

Der folgende Tag war ganz Musik und Tanz gewidmet. Ich machte unsere Mitreisenden mit Smith bekannt, sie durften mitkommen, und er erwies sich als perfekter Fremdenführer. Besonders erinnere ich mich eines ungewöhnlichen Tanzes, der von einem höchstens zehnjährigen Jungen dargeboten wurde. Die Bewegungen seiner Hände und Füße und des Kopfes harmonierten aufs schönste mit denen des Rumpfes, und der Tanz brachte die erstaunlichsten Kontraste zum Ausdruck, so etwa folgten auf einige Sprünge sehr gemessene Bewegungen. Dazu spielte eine balinesische Gamelan, nicht unähnlich der javanischen, aber mit mehr Schlaginstrumenten. Im Laufe des Tages begegneten uns noch mehrere Prozessionen, wie wir sie schon morgens getroffen hatten, doch waren die Frauen in andere Farben gekleidet und trugen auch Opfergaben anderer Art auf den Köpfen. Diese Kopflasten verliehen ihnen die denkbar anmutigste Haltung. Und das Klima war zwar heiß, aber angenehm trocken.

Gegen Abend ließ Smith einen Männerchor auftreten, und das wurde wohl der eigentliche Höhepunkt unseres Besuches. Etwa zwei Dutzend Männer standen einander nahe gegenüber; die eine Reihe begann mit einem Ton unisono. Darauf setzten die Gegenüberstehenden ebenfalls unisono einen halben Ton höher ein. Das wiederholte sich mehrmals, das Tempo steigerte sich, und es endete damit, daß diese um ein so kleines Intervall auseinanderliegenden Töne rasend schnell einem Triller ähnlich ausgestoßen wurden. Daß die Sänger, ohne im Rhythmus zu straucheln, diese Synkopen zu singen vermochten, versetzte mich in größtes Erstaunen.

Tags darauf chauffierte uns der unermüdliche Smith über die Insel mit ihren sanften Bergen, dem drohenden Vulkan, den Reisfeldern und wundervollen Wäldern. Die Landschaft war von einem einzigartigen Liebreiz, ich hatte dergleichen auf keiner meiner vielen Reisen je zu Gesicht bekommen.

Am dritten Tage verabschiedeten wir uns zeitig von den Hochzeitsreisenden und bedankten uns sehr herzlich bei Smith dafür, daß er uns so unvergeßliche Schönheiten gezeigt hatte. Ein offener Wagen brachte uns an eine Lände, von wo wir mit einem Ruderboot in weniger als einer Stunde nach Java übergesetzt wurden. Die Luft war frisch und die kurze morgendliche Fahrt entlang einer schmalen Straße mitten durch Wälder ganz köstlich. Hin und wieder wurden wir von Affen bestaunt, die sich mit verängstigtem Kreischen auf hohe Äste flüchteten. Andere allerdings blieben unbeeindruckt am Boden hocken und ließen uns gnädig passieren.

An der Lände mieteten wir ein geräumiges Boot mit zwei Ruderern. Zu meiner Überraschung wurde ich, der doch so oft auf hoher See ungerührt bei starkem Seegang seine Zigarre geraucht hatte, in diesem wackligen Kahn seekrank, während Nela, die sonst beim geringsten Stampfen der großen Dampfer furchtsam in ihrer Kajüte Schutz suchte, das ständige Schaukeln des Bootes als Annehmlichkeit empfand. Am anderen Ufer sprang sie leichtfüßig an Land, während ich von den beiden Ruderern gestützt werden mußte, sonst wäre ich gewiß ins Wasser gefallen. Mit dem Zug erreichten wir Batavia, von wo wir nach einer letzten *rijsttafel* das Schiff nach Hongkong nahmen.

Wir trafen in der Hauptstadt Victoria an einem ungewöhnlich feuchtheißen Tage ein, was uns nach dem angenehmen Klima von Bali besonders zusetzte. Das beste Hotel der Stadt, in dem wir abstiegen, hatte zum Glück ein Restaurant mit Klimaanlage. Zwei Tage mußten wir warten, bis der amerikanische Dampfer nach Manila abfuhr.

Hongkong, eine schöne Insel und englische Kronkolonie, war für mich äußerst reizvoll, viel interessanter jedenfalls als Großstädte wie Shanghai und Tientsin, wo die europäischen und amerikanischen Eindringlinge so unangenehm in Erscheinung traten. Die Engländer schienen in Hongkong beheimatet, wie damals in allen ihren Kolonien, und die Einheimischen bildeten den pittoresken Hintergrund, so daß man manchmal glaubte, im Theater zu sein.

Der Oberkellner oder vielmehr Geschäftsführer des Hotelrestaurants war Russe. Er kam sogleich an unseren Tisch und wollte mir einreden, wir seien bekannt miteinander. Ich ging, um ihm die Freude nicht zu verderben, auf diese irrtümliche Annahme ein, und nun wich er uns nicht mehr von der Seite. Nach dem Mittagessen machten wir einen Spaziergang, und Nela war ebenso vom Wohlstand und der Bedeutung der Stadt beeindruckt wie ich.

»Warum hat Strok eigentlich nicht auch hier ein Konzert arrangiert?« fragte ich sie. »Das ist doch sonderbar.« In diesem Moment kamen wir an einer Musikalienhandlung vorüber, und wir gingen hinein, um uns ein Bild vom Musikleben in dieser Stadt zu machen. Im Laden sahen wir ein paar Klaviere und andere Instrumente, ganz wie in einer europäischen Provinzstadt. Ich stellte mich dem Inhaber vor, einem sehr höflichen Engländer, der gleich sagte, ihm seien meine Schallplatten bekannt. Als ich ihn fragte, ob es in der Stadt eine Konzertagentur gebe, seufzte er: »Diese große und reiche Stadt interessiert sich überhaupt nicht für Musik. Vor einigen Monaten habe ich versucht, eine junge englische Pianistin in einem Konzert zu präsentieren, aber der Saal blieb ganz einfach leer, und nach dieser Erfahrung würde ich Ihnen davon abraten, hier öffentlich zu spielen. Sie würden eine furchtbare Enttäuschung erleben.«

Müde und verschwitzt kehrten wir zum Tee ins Hotel zurück. Unser Russe stellte sich sogleich ein, und ich berichtete ihm, was ich über die bejammernswerten Verhältnisse erfahren hatte, die hinsichtlich der musikalischen Betätigung hierzulande herrschten. Darüber geriet er ganz außer sich. »Was für ein Narr!« rief er. »Er wollte dem Publikum eine drittklassige Pianistin präsentieren, einen wirklich großen Künstler zu engagieren, hat er einfach keinen Mut. Wenn Sie wollen, arrangiere ich schon morgen hier auf der Dachterrasse des Hotels ein Konzert für Sie.« Als wir ungläubig lachten, setzte er ganz ernsthaft hinzu: »Wir haben da einen richtigen Ballsaal für zweihundert Personen, und wenn wir genügend hohe Preise nehmen, ist der Saal bis auf den letzten Platz besetzt.«

Einer solchen Herausforderung habe ich nie widerstehen können.

»Nun, es wäre ja interessant zu sehen, was dabei herauskommt.«

»Ich schicke Ihnen drei oder vier Journalisten, und morgen früh lasse ich in den beiden großen Zeitungen Anzeigen erscheinen.«

Ich stellte rasch ein bombensicheres Programm zusammen, dessen Hauptattraktion Chopins Sonate mit dem Trauermarsch war. Und man möchte es kaum glauben, dieser Russe brachte zuwege, was er versprochen hatte. Es erschienen ausführliche Interviews, die Anzeigen wirkten gefällig, und noch vor der Mittagsstunde war der Saal ausverkauft. Der Gouverneur kündigte sein Erscheinen an, und mein Russe triumphierte: »Wer in Hongkong etwas darstellt, kommt heute abend!« Und als ich der Hitze wegen Bedenken erhob, wies er die zurück: »Auch dort haben wir eine vorzügliche Klimaanlage.« Es gab einen ausgezeichneten Steinway, wenn auch keinen ausgewachsenen Konzertflügel, so doch ausreichend für den Saal. Die Feuchtigkeit erschwerte es mir allerdings erheblich, meinen Frack anzulegen.

Als das Publikum eingelassen worden war, fuhr ich mit dem Fahrstuhl hinauf, betrat auf ein Zeichen des Russen das Podium und fand alles dem Anschein nach in Ordnung vor. Die sehr eleganten Zuhörer betrugen sich vorbildlich und verstummten, als ich zu spielen begann. Das erste Stück war ein Scherzo von Chopin, doch nach den Anfangstakten setzten die elektrischen Ventilatoren mit einem Lärm ein, der mein Spiel total unhörbar machte. Die Anlage war offenbar recht primitiv, und dagegen konnte ich mit meinem Scherzo einfach nicht an. Trotzdem spielte ich zu Ende, ging dann aber vom Podium weg, was ich vor der Pause sonst nie tue, und ließ die Ventilatoren abstellen. Als dies geschehen war, ging ich zurück aufs Podium, lächelte meinen Zuhörern zu und spielte weiter. Nun übten die abgestellten Ventilatoren ihre Rache an mir: Ich, der ich jahrelang auch die längsten Konzerte in jeder Art Klima mit einwandfrei gestärktem, blitzend weißem Kragen hinter mich gebracht hatte, war schon bald in Schweiß gebadet, und der Kopf schwamm mir fast davon. In der Pause behandelten der Russe und Nela mich mit in Eiswasser getauchten Kompressen.

Einigermaßen, aber nur sehr vorübergehend erfrischt, setzte ich mein Konzert fort, doch die Anstrengung wurde immer größer. Mit dem letzten Stück, einer Rhapsodie von Liszt, entfesselte ich Beifallsstürme, aber als ich mich verbeugte, wurde ich schier ohnmächtig. Wie ich die folgenden beiden Zugaben bewältigte, ist mir unklar, ich weiß aber, daß ich die Besinnung verlor, als ich aus dem Saal abging. Man half mir, als ich wieder das Bewußtsein erlangte, auf mein Zimmer, und die arme Nela mußte mir die Kleider buchstäblich vom Leibe reißen, denn sie klebten an mir. Sie stellte einen elektrischen Ventilator vor mich und brachte mich anschließend zu Bett.

Am folgenden Morgen erwachte ich erfrischt und reisefähig, um eine ansehnliche Menge englischer Pfundnoten bereichert. Mein russischer Impresario war sehr zufrieden mit seinem Teil der Beute und stand uns bis zur Abreise mit Rat und Tat zur Verfügung. Beim Abschied sagte er: »Auf dem Rückweg kommen Sie hier wieder durch, und das Schiff hat einen langen Aufenthalt. Geben Sie doch noch ein Konzert.« Unermüdlicher Sportsmann, der ich bin, erwiderte ich: »Ja, warum eigentlich nicht?«, ohne mir weiter etwas dabei zu denken.

Drei Tage einer ereignislosen Reise brachten uns nach Manila, der Hauptstadt der Insel Luzon. Stroks Beauftragter hier war ein nett aussehender Spanier, der schon von meinen Erfolgen in seiner Heimat gehört hatte. Das war mir lieb, und ich fühlte mich gleich zu Hause. Wir wohnten im ersten Haus am Platze, zu Recht Hotel Manila benannt.

Nach dem sehr guten Essen im Hotelrestaurant empfing ich zwei Abgesandte des Spanischen Clubs, der viele Mitglieder zählte und dessen Vorsitzender mir zu Ehren ein Bankett veranstalten wollte. Auch wurde ich für die Dauer von zwei Wochen zum Ehrenmitglied ernannt. Das alles war mir sehr lieb, denn es erinnerte mich an einen ähnlichen Club, dem ich in Spanien angehört hatte.

Das erste Konzert fand am folgenden Abend statt, nachdem der örtliche Veranstalter mich schon morgens in ein großes Theater oder Kino geführt hatte, ein elegantes modernes Gebäude. Er sagte sehr befriedigt: »Die gesamte spanische Einwohnerschaft wird kommen.« Alles entsprach meinen Erwartungen, ein gutes Instrument mit leichtgängiger Mechanik stand im richtigen Winkel zur Bühne, die Klavierbank hatte die gewünschte Höhe, und so ermutigt, meinte ich, meinem Publikum eine besonders gute Leistung schuldig zu sein. Ich vereinbarte mit dem Mann, daß mir die Bühne nachmittags zum Üben überlassen werde. »Und bitte, sorgen Sie dafür, daß mich dabei niemand stört.« Er sagte mir das zu, und wir gingen ins Hotel zurück.

Nachdem ich mich ausgeruht hatte, fuhr ich mit dem Taxi zurück, wurde eingelassen, und der Pförtner versicherte, zwar werde er jetzt selber gehen, doch könne niemand hereinkommen und mich stören. »Wenn Sie fertig sind, nehmen Sie einfach ein Taxi ins Hotel.« Ich machte mich konzentriert an die Arbeit, bemerkte nicht, wie die Zeit verging, und sah plötzlich mit Schrecken, daß bis zum Konzert nur noch anderthalb Stunden blieben.

Ich eilte zum Ausgang, in der Hoffnung, gleich ein Taxi zu bekommen, und geriet in einen fürchterlichen tropischen Platzregen. Die Straßen waren selbstverständlich menschenleer. Zu allem Überfluß war auch noch die Tür zum Saal hinter mir zugefallen, und da stand ich nun ratlos. Indessen, es gibt wohl eine besondere Gottheit, die sich der Pianisten erbarmt, denn plötzlich hielt ein Privatwagen vor mir, und jemand fragte auf Spanisch: »Kann ich Ihnen behilflich sein?«

Keine zehn Minuten, und ich war im Hotel, unbeschreiblich erleichtert, denn ich hatte schon befürchtet, in meiner durchnäßten Straßenkleidung vor dem Publikum erscheinen zu müssen. Nela, die schon Schlimmes ahnte, hatte derweil alles vorbereitet, ich brauchte nur in den Abendanzug zu schlüpfen, knabberte dabei an einem Hühnerbein und goß eine Tasse Kaffee hinunter.

Dieses Konzertes entsinne ich mich gut. Ich spielte die oft vorgetragenen Stücke, als wäre es zum ersten Mal, und mein Publikum reagierte nicht anders als das in Valencia oder Oviedo.

Über Nacht wurde ich eine berühmte Persönlichkeit auf der Insel. Die elegantesten Damen nahmen sich Nelas an und gaben einen Tee für sie, zu dem sie in königlichen, wenn auch höchst exotischen Gewändern erschienen. Wir hatten dergleichen nie gesehen. Man erklärte Nela, solche Kleider würden immer zu formellen Anlässen getragen – sie bestanden aus den Fasern von Ananasblättern. Nela ließ sich sogleich auch ein solches Gewand machen, das sie ganz wie die anderen Damen gelegentlich eines Festes trug.

Manila erwies sich überhaupt als ungemein gastfreundlich. Bei einem Essen, das der amerikanische Generalgouverneur Frank Murphy, Senator von Michigan, für uns im Regierungsgebäude gab, lernten wir Manuel Quezón kennen, den Senatspräsidenten und künftigen ersten Staatspräsidenten der Philippinen.

Doris Duke kam mit ihrem jungen Ehemann in einer herrlichen von ihr gecharterten Yacht und lud Quezón und uns zu einem üppigen Diner an Bord ein. Ein reizendes Ehepaar aus Barcelona, verwandt mit Freunden von mir aus der Hauptstadt Kataloniens, erbot sich, uns als Fremdenführer zu dienen. Da die beiden auf Anhieb sympathisch waren, nahmen wir das Anerbieten gern an. Der Mann hieß Juancito López.

Vor dem dritten und letzten Konzert in Manila fand das Bankett im Spanischen Club mir zu Ehren statt. In Spanien sind wie in England Frauen in solchen Clubs nicht zugelassen, zum Ausgleich lud die Gattin des Präsidenten Nela und zwei andere Damen zum Diner ein, das ihnen in einem Salon neben dem Bankettsaal serviert wurde.

Der Vorsitzende stellte mich den über achtzig Mitgliedern in einer ausführlichen Rede vor, in welcher er meine Verdienste mächtig übertrieb, viel von meinen Erfolgen in Spanien hermachte und es sich und anderen zur Ehre anrechnete, daß ich anwesend sei. Für mich war sein oratorisches Meisterstück eine wahre Qual, denn ich wußte: du mußt erwidern und deiner Dankbarkeit in ebenso blumigen Wendungen Ausdruck geben.

Ich gestehe, ich gehöre zu den größten Schwätzern des Jahrhunderts, unter Freunden kommt niemand zu Worte, wenn ich dabei bin, doch wenn jemand aus offiziellem Anlaß eine Rede auf mich hält, zu der ich weiter nichts sagen müßte als: »Ich danke für die mir erwiesene Ehre«, bringe ich vor Angst den Mund nicht auf. Und diesmal erging es mir besonders schlimm, mir zitterten die Knie unterm Tischtuch, ich brachte es zwar fertig aufzustehen, bekam aber kein Wort heraus. Ich gab Laute von mir wie ein abgewürgtes Huhn. Vermutlich nahm man an, ich fühlte mich nicht wohl, immerhin stammelte ich schließlich ein paar dürftige Dankesworte in denkbar miserablem Spanisch. Als es dann kurz darauf weniger formell zuging und ich mit dem Vorsitzenden und etlichen anderen Herren gemütlich beisammensaß, löste sich meine Zunge, und ich brachte alle mit meinen Witzen und Anekdötchen mühelos zum Lachen. Nela hat mich noch oft geneckt, indem sie mein würgendes Gestammel nachahmte, das sie nebenan sehr wohl mitgehört hatte.

López war nicht Mitglied des Clubs, doch verbrachten wir mit ihm und seiner Frau viel Zeit. Sie waren, was man ein munteres Paar nennt. López vertrug wenig Alkohol: wenn er uns im Wagen ins Hotel brachte, fuhr er gern im Zickzack, was ihm von seiner Frau den Vorwurf eintrug: »No hagas dibujitos!« (»Mach keine Zeichnungen!«). Seither bedienen wir uns dieser Redewendung, wenn wir von jemand chauffiert werden, dem wir nicht trauen.

Mein letztes Konzert gab ich in der Hauptstadt der Nachbarinsel Iloilo. Vom Konzertagenten hörte ich: »Das örtliche Hotel dort taugt nicht viel, Sie sind Hausgäste bei einem Arzt und dessen Frau.« Daß so einfach über meinen Kopf weg entschieden wurde, behagte mir wenig, aber was sollte ich machen?

Iloilo erreichten wir mit dem Flugzeug. Das Klima dort erinnerte uns sogleich an Surabaya – heiß und feucht. Der Arzt, ein gütig lächelnder braunhäutiger Fünfziger, nahm uns mit in sein Haus, wo wir zu unserer Verblüffung zunächst einmal von einer Unmenge Kindern neugierig bestaunt wurden. Sie waren auf der schön geschwungenen Treppe postiert, die aus der Halle nach oben führte, und starrten uns durch die Geländerstäbe an. Der Arzt bemerkte dazu nur bescheiden: »Wir haben neunzehn Kinder, ich hoffe, die stören Sie nicht.« Im selben Moment erschien eine hochgewachsene Dame, augenscheinlich seine Frau. Sie war mindestens im siebten Monat schwanger, und das jagte uns nun wirklich einen Schrecken ein. Nela und ich schauten einander verängstigt an und verfluchten leise auf Polnisch den Konzertagenten in Manila.

Dann aber ging alles viel besser als befürchtet. Wir nahmen das Mittagessen nur zu viert, und anschließend sah ich mir den Saal und den Flügel an. Alles schien zufriedenstellend. Die Stadt selber war reizlos, und mein Publikum trug Mienen zur Schau, die darauf schließen ließen, daß es von der Polizei gezwungen worden war, das Konzert anzuhören. Man reagierte auf mein Spiel, als halte ich eine ausgedehnte Rede in polnischer Sprache, und applaudierte nur, wenn jemand dazu das Zeichen gab. Der Leser wird verstehen, daß ich mir weitere Kommentare hierzu spare.

Anschließend war ich völlig durchgeschwitzt, und mein Gastgeber gestattete mir, einen Imbiß in meinem leichtesten Schlafrock zu nehmen. Ich wagte kein lautes Wort zu äußern, weil ich fürchtete, die Gastgeberin würde dann auf der Stelle niederkommen. Es stellte sich heraus, daß sie zweimal Drillinge und dreimal Zwillinge geboren hatte, worauf der Doktor sehr stolz war.

Er zeigte uns dann unser Zimmer. Nela und ich hatten angenommen, für die Nacht würden darin zwei Betten aufgestellt werden, doch statt dessen wies der Arzt auf zwei harte Ledersofas: »So schläft man in Iloilo.« Dann brachte er zwei kleine Kissen und sagte: »Legen Sie die nicht unter den Kopf, sondern zwischen die Beine, es wird Ihnen in diesem Klima sonst zu heiß und feucht. Übrigens nennt man solche Kissen hier ›Holländische Witwen‹«, setzte er lächelnd hinzu. Zunächst waren wir sprachlos, dann versuchten wir seine Anweisungen zu befolgen. Ich sagte erbittert auf Polnisch: »Na, da haben wir ja eine schlaflose Nacht vor uns.« Wir bezogen alsdann die harten Sofas, und siehe da, wir schliefen sofort ein, und unser Schlaf war tief und erholsam.

Wir erwachten frisch und munter mit herzhaftem Appetit, nahmen uns aber vor, die nächste Nacht in Iloilo nicht in dieser Kinderfabrik zu schlafen, sondern im Hotel, und sei es noch so schlecht. Daß unsere Maschine schon am folgenden Morgen um sieben startete, diente als willkommener Vorwand für die Übersiedlung. Der Arzt, von Berufs wegen Menschenkenner, half uns bei der Suche nach einem bescheidenen Zimmer in einem Hotel, das den Namen nicht verdiente. Da es keine Sehenswürdigkeiten zu besichtigen gab, verbrachten wir den Tag praktisch nackt auf dem Bett liegend mit Lektüre und erwarteten ungeduldig den Zeitpunkt der Abreise.

In der Nacht geschah dann etwas Erschreckendes: das aus Holz gebaute Hotel wackelte in den Grundfesten und schien im Begriffe, über uns zusammenzustürzen. Zugleich fegte ein fürchterlicher tropischer Regensturm alles beiseite, was ihm im Wege stand. Wir sprangen entsetzt aus dem Bett, um zu sehen, was da eigentlich vorging, und gerieten unter andere Hotelgäste, die angstvoll treppauf und treppab rannten. Endlich entdeckten wir den Geschäftsführer und fragten, ob Lebensgefahr bestehe? »Noch nicht«, war die Antwort, »bislang haben wir einen Taifun der Stärke sieben und hoffen, daß er nicht schlimmer wird.« Also gingen wir wieder aufs Zimmer und warteten schreckensbleich auf das, was da kommen sollte. Der Taifun ließ nach, der Regen aber nicht. Ich sagte verzweifelt: »Das Flugzeug wird bestimmt nicht starten können, und wir sind dazu verdammt, auf dieser verfluchten Insel zu bleiben.« In der Frühe kam der Geschäftsführer und kündigte völlig gelassen an: »Machen Sie sich fertig, der Bus zum Flughafen wartet schon.« Unsere Erleichterung ist kaum zu beschreiben.

Am Flughafen betrachteten wir die Maschine mit liebevollen Blicken, und als der Regen nachließ, etwa eine Stunde später, starteten wir nach Manila. Unterwegs sagte ich zu Nela: »Jetzt ist Schluß mit der Bummelei, zu Evas Geburtstag wollen wir unbedingt zu Hause sein.« Die Maschine kam pünktlich in Manila an, setzte aber in knietiefem Wasser auf. Man trug das halbe Dutzend Passagiere zu einem Bus, der uns dann auch heil ins Hotel brachte. Noch war früher Morgen, und der amerikanische Dampfer sollte erst am späten Nachmittag ablegen, wir hatten also reichlich Zeit, die Schiffskarten abzuholen und unsere zurückgelassenen Sachen zu packen. Wir telegrafierten auch noch an die Agentur in Moskau unser voraussichtliches Ankunftsdatum – den 15. August.

Nela meinte, es wäre doch eine nette Geste, vor der Abreise das Ehepaar López zum Essen einzuladen, und erhielt eine Zusage. Wir wuschen uns, kleideten uns um, und weil die amerikanische Schiffahrtslinie ihr Büro in unserem Hotel unterhielt, schien alles recht einfach.

Als ich die Karten abholen wollte, sagte der Agent der Reederei gleichmütig: »Ihre Reiseerlaubnis bitte.« Und als er mein verständnisloses Gesicht sah, fügte er hinzu: »Haben Sie Ihre Steuern bezahlt?«

»Ich glaube, hier besteht ein Mißverständnis, was meinen Sie mit Steuern?«

Darauf er, wieder ohne eine Miene zu verziehen: »Sie befinden sich auf amerikanischem Boden und dürfen nur ausreisen, wenn das Finanzamt Ihnen bescheinigt, daß Sie die hier eingenommenen Gagen voll versteuert haben.«

Das ärgerte mich sehr. »Mein hiesiger Konzertagent hätte mich doch wohl vorher darauf aufmerksam machen müssen, das hat er aber nicht getan.« Der Mensch kehrte mir einfach den Rücken, und ich stand ohne Schiffskarten da. Ich erkundigte mich beim Hoteldirektor, ob er wirklich befugt sei, mir die Schiffskarten vorzuenthalten. »Ja«, hieß es, »Sie müssen aufs Finanzamt und angeben, wieviel Sie hier verdient haben.« Am liebsten hätte ich den Konzertagenten umgebracht; der hatte bereits mit mir abgerechnet und ließ sich selbstverständlich nicht mehr blicken. Es war gar nicht leicht herauszubekommen, wo das Finanzamt war und wann es geöffnet hatte. Ungeduldig erwartete ich die Ankunft des Ehepaars López, und kaum waren die beiden da, klagte ich ihnen mein Leid. Nun erwiesen sie sich als echte Freunde. »Überlassen Sie das mal mir,« sagte er. Es gelang ihm, einen Steuerbeamten ins Hotel zu bestellen, indem er den Fall sehr dringlich machte, und dem setzte er nun auseinander, es sei mir unmöglich, jetzt die notwendigen Formulare korrekt auszufüllen, denn ich könnte meinen Agenten nicht erreichen, auf den ich dazu angewiesen sei. Im übrigen schäme er sich als Bürger dieser Stadt dafür, daß man mich wie einen überführten Steuerhinterzieher behandele. Das alles ließ den Steuermenschen völlig kalt, und nun legte Juancito richtig los: »Ich bin ein angesehener Bürger und bereit, für etwaige Steuerschulden von Herrn Rubinstein gutzusagen. Setzen Sie gefälligst ein entsprechendes Schriftstück auf!« Dies geschah denn auch, und Juancito unterzeichnete die Bürgschaft.

Gleich darauf hatte ich die Schiffskarten in der Tasche, und wir nahmen zu viert ein fröhliches Abschiedsmahl ein. Nachmittags brachten beide uns ans Schiff, und wir sagten einander Lebewohl mit Küssen, Umarmungen und vielen guten Wünschen. Endlich legten wir ab.

Nach der unruhigen Nacht und dem Schrecken mit den Schiffskarten ruhten wir uns eine Weile an Deck aus. Plötzlich fiel mir siedendheiß ein: »Wir werden doch wohl rechtzeitig zu Evas Geburtstag zu Hause sein? Ich könnte es nicht ertragen, den zu verpassen!« Die arme Nela! Seit Wochen lebte sie in ständiger Sehnsucht nach den Kindern, einem Brief oder einem Telegramm, das ihr Wohlbefinden anzeige, und geriet außer sich, wenn sie nichts hörte. Sie lächelte also nur matt: »Meinst du, es geht mir anders?«

Während wir abends im Speisesaal saßen, frischte der Wind auf, und das Schiff rollte erheblich. Im Nu war der Saal leer. Nela rannte in unsere Kajüte, warf sich aufs Bett und war bereit, zu sterben. Ich erkundigte mich beim Zahlmeister, was denn das nun wieder zu bedeuten habe und erfuhr: »Es ist ein Taifun, und wir versuchen ihm auszuweichen. Haben Sie keine Angst. Die Reise wird unbehaglich, aber auf See sind Taifune weniger gefährlich als an Land.« Dieser letzte Satz beruhigte mich sehr, und ich teilte die gute Nachricht Nela mit, die aber nichts davon hören wollte.

Nach vier fürchterlichen Tagen voller Angst, nur mangelhaft ernährt und unausgeschlafen, langten wir endlich in Hongkong an. Der Taifun war schon tags zuvor eingeschlafen. In Hongkong mußten wir einen ganzen Tag auf die Weiterreise nach Shanghai warten, und von dort sollte der Zug uns dann nach Warschau bringen. Das Anlegemanöver dauerte endlos, und alle Passagiere standen an Deck, hielten Ausschau nach Freunden und Bekannten oder schauten sich auch nur neugierig um.

Ganz vorn in der Menge stand jemand in weißem Anzug und schwenkte ein weißes Taschentuch. Nela meinte: »Der hat es auf dich abgesehen.« Ich winkte zögernd zurück, und der Mann machte vor Aufregung einen Luftsprung. »Der russische Oberkellner!« riefen Nela und ich wie aus einem Munde, als das Schiff nahe genug herangekommen war.

Als wir an Land gingen, begrüßte er uns atemlos: »Gott sei Dank, Sie kommen gerade noch rechtzeitig.« Diese Begrüßung ängstigte mich, und er fuhr auch schon fort: »Haben Sie Ihr Programm fertig?«

»Was für ein Programm?« keuchte ich.

»Für Ihr Konzert heute abend – es ist alles ausverkauft.«

»Waaaas?« stammelte ich.

»Aber das hatten wir doch vereinbart! Ich habe mir die Ankunftszeit Ihres Schiffes sagen lassen und das Konzert angekündigt. Fehlt bloß noch das Programm.«

Wieder kam mir meine strenge Berufsauffassung zu Hilfe. Ich dachte nicht mehr an Iloilo, Steuern und Taifune, sondern einzig an das Programm, das ich ihm im Hotel denn auch in wenigen Minuten diktierte. Darauf sagte er schüchtern: »Ich habe auch noch ein weiteres Konzert für Sie arrangiert, in Kanton, das ist gar nicht weit von hier. Es gibt dort eine Universität, und die Gage ist gut. Wenn Sie morgen nachmittag dort spielen, können Sie abends zurück sein, der Zug braucht nur zwei Stunden.«

Das machte mich wütend. »Morgen fahren wir nach Shanghai. Ich muß an einem ganz bestimmten Tag zu Hause sein, das läßt sich nicht verschieben.«

»Das schaffen Sie allemal, dafür habe ich gesorgt. Übermorgen fährt der große italienische Dampfer ›Il Conte Verde‹ nach Shanghai und trifft dort früher ein als das Schiff, das Sie nehmen wollen. Und die Karten habe ich schon besorgt.« Dieser russische Hansdampf hatte etwas, dem ich nicht widerstehen konnte. Ich befolgte alle seine Anweisungen.

Nela indessen weigerte sich, nach Kanton mitzukommen. Der Russe sagte mir, diesmal werde ich vor lauter Chinesen spielen, was die Zusammenstellung des Programms problematisch machte. So entwarf ich denn ein bunt zusammengewürfeltes Programm, die Toccata in F-Dur von Bach, die Es-Dur-Sonate von Beethoven, danach ein sorgfältig abgewogenes Gemisch bestehend aus ›Petruschka‹, Chopin und selbstverständlich der Zwölften Rhapsodie von Liszt.

Das Konzert in Hongkong glich aufs Haar dem ersten – nicht dem Programm, wohl aber der Atmosphäre nach. Der schlaue Russe brachte es irgendwie fertig, wenigstens einen Teil der Klimaanlage in Gang zu halten, ich litt also nicht wieder so sehr unter der Hitze, und wir waren beide mit den Einnahmen recht zufrieden.

Am folgenden Morgen nahmen wir zwei den Zug nach Kanton, einer großen nun wirklich einmal chinesischen Stadt. Das Hotel war ein echt chinesisches Hotel. Ich fand dort einen Brief der Rotarier vor: Die amerikanischen Geschäftsleute luden mich zum Essen auf ein Hausboot ein und erwarteten eine kleine Ansprache. Immer auf Zerstreuungen begierig, sagte ich zu, obschon ich die Zeit vor dem auf vier Uhr angesetzten Konzert weiß Gott nutzbringender hätte anwenden können.

Das hübsche Hausboot wirkte sehr englisch, und an der dort aufgestellten langen Tafel saßen lauter gewitzt aussehende Chinesen, präsidiert von einem ebenso typischen Amerikaner. Man servierte ein gräßliches amerikanisch-chinesisches Gemisch aus Huhn und Reis, zum Nachtisch Sahneeis, hart und kalt wie Stein. Schon beim ersten Bissen begannen die Reden, und ein Hammerschlag des Präsidenten kündigte an, daß nun ich an der Reihe sei. Statt in totale Lähmung zu versinken, sprudelte ich einen Strom von Komplimenten hervor betreffend das kommerzielle Genie der Amerikaner wie der Chinesen, und das brachte mir den ersten Beifall des Tages ein.

Das Konzert wurde ein unvergeßliches Erlebnis. Die riesige Aula war bis zum letzten Platz von Studenten besetzt. Der Rektor, der mich mit fast unterwürfiger Höflichkeit willkommen hieß, war Absolvent der Universität Oxford, der Flügel ausgezeichnet, und alles zusammen inspirierte mich dazu, wesentlich besser zu spielen als in allen vorangegangenen Konzerten. Die Toccata rief bereits Ovationen hervor. Aha, dachte ich, dieses Publikum klatscht dir Beifall, einerlei, was du spielst! Und da irrte ich sehr. Auch die Beethoven-Sonate wurde mit Applaus begrüßt, doch nach meiner feurigen Wiedergabe von ›Petruschka‹ blieb das Publikum stumm. Man wußte nicht, war das Ende schon erreicht, und klatschte endlich nur gleichmütig. Nun setzte ich alles auf das alte bewährte Schlachtroß, die Liszt-Rhapsodie, und die fiel einfach durch. Man stand auf, bereit hinauszugehen, offenbar war man nicht auf Zugaben gefaßt. Ich war recht gekränkt, denn endlich einmal hatte ich zu meiner Zufriedenheit gespielt.

Der Rektor verneigte sich anschließend mehrmals und bat mich in seine Privaträume zum Tee. Ich sagte diesem hochgebildeten Gelehrten ganz offen: »Mir scheint, die Zuhörer hatten mich nach dem ersten Stück satt, oder haben sie in irgendwelchen Büchern gelesen, daß Bach bei uns als der bedeutendste Komponist gilt und ihn deshalb so geehrt?«

Meine etwas ironisch gefärbte Frage machte ihn betroffen. »O nein, Sie irren, Sie irren gewaltig. Wir Chinesen sind mit unseren Händen in der Regel sehr geschickt, und daher machten Ihre technische Bravour und Brillanz in jenen Stücken wenig Eindruck. Bei Bach aber empfanden sie die überwältigende Macht der Musik, und der Beifall war das Zeichen größter Ehrerbietung für ein Werk, das ihnen völlig unbekannt war, deren noblen Gehalt sie aber begriffen haben.«

Nun stieg mir ein Kloß in die Kehle. »Was könnte doch unser eigenes Publikum daraus lernen, das sich so leichtfertig an billiger technischer Brillanz und Fingerfertigkeit berauscht!«

Ich kehrte also wohlgemut nach Hongkong zurück, während mein Russe die »chinesischen Ignoranten«, wie er sie nannte, verfluchte. Als ich in Kowloon ausstieg, sah ich schon die hell erleuchtete, majestätisch wirkende ›Conte Verde‹ im Hafen liegen. Dieser Anblick vermittelte mir das Gefühl, Eva und ihrem Geburtstag nähergerückt zu sein. Nela erwartete mich zum Abendessen, das unser Russe uns mit besonderer Aufmerksamkeit servierte. Ich berichtete strahlend von meinen Erlebnissen, und Nela sagte: »Ich habe dem polnischen Konsulat in Shanghai telegraphiert, daß man uns jemand ans Schiff schickt, der das Gepäck zum Bahnhof schafft. Wir kommen nämlich an einem Samstag an, und da sind viele Büros geschlossen.« Unser Russe half uns mit dem nunmehr stark angewachsenen Gepäck an Bord und verabschiedete sich, nicht ohne die Hoffnung auszudrücken, uns recht bald wiederzusehen.

Ah, welch herrliches Schiff, die ›Conte Verde‹! Endlich wieder Europa. Ich entsinne mich, nie zuvor eine solche Unmenge Spaghetti auf einen Satz verzehrt zu haben, sie waren ebenso gut wie bei Savini in Mailand. Und wir konnten uns himmlisch ausruhen.

Am frühen Samstagmorgen fuhren wir ins Yangtse-Becken ein, und es hieß, wir würden noch vor dem Mittag in Shanghai sein. Das Schiff verminderte indessen seine Fahrt mehr und mehr, und das auf höchst beunruhigende Weise. Es schien, daß wir nicht mehr von der Stelle kamen; kleinere Schiffe überholten uns mühelos. Es wurde Mittag, und in den folgenden zwei Stunden blieb die Lage unverändert. Wir gaben allmählich jede Hoffnung auf, den Zug zu erreichen; versäumten wir ihn, würde das zwei weitere Tage Wartezeit in Shanghai bedeuten. Daß wir nicht vom Fleck kamen, lag am niedrigen Wasserstand.

Endlich, weit nach drei Uhr, gingen wir an Land, wo uns zu unserer Erleichterung der polnische Vizekonsul erwartete. »Rasch zum Fahrkartenschalter, der schließt in einer halben Stunde«, sagte er, schob uns in einen Wagen und blieb selber beim Gepäck zurück. »Sobald Sie die Fahrkarten haben, bringt der Wagen Sie zum Bahnhof. Ich erwarte Sie dort. Der Zug geht in einer Stunde ab.«

Seinen Anweisungen folgend, rannten wir zum Fahrkartenschalter, der noch offen war, verlangten die reservierten Karten und bekamen zu hören, daß der zuständige Beamte das Wochenende in Urlaub sei. »Wir wollen nicht den Chef, sondern die Fahrkarten!« sagte ich verärgert. »Schließlich ist der Schalter geöffnet!«

Der Mann führte uns an einen Schreibtisch und meinte gleichmütig: »Da sind sie irgendwo drin, aber er hat den Schlüssel.«

Ich brüllte: »Dann breche ich die Schublade auf! Ich verklage die Bahngesellschaft! Wir müssen den Zug bekommen!«

Mehrere Angestellte glotzten mich angstvoll an, und einer sagte: »Der Beamte wohnt in der Nähe, vielleicht kann ich ihn holen.« Nun schickte ich Nela mit dem Wagen voraus zum Bahnhof, damit sie das Einladen des Gepäcks überwache, und sagte: »Ich warte hier auf diesen verfluchten Kerl und komme nach, so schnell es geht.«

Vor dem Gebäude unruhig auf und ab gehend, wartete ich, bis der Beamte wirklich im letzten Moment erschien. Zum Glück hatte ich ein Taxi bestellt und warten lassen. Nun sprang ich hinein und rief dem Chauffeur zu, sich zu beeilen – jetzt zählte jede Minute. Am Bahnhof hüpfte ich aus dem Taxi, fiel um ein Haar der Länge nach hin, und raste auf den Bahnsteig. Der Zug war abfahrbereit, nur Nela und der Vizekonsul standen noch auf dem Bahnsteig. Der Vizekonsul ließ vorsichtshalber erst jetzt das gesamte Gepäck von zwei Kulis verladen. Nela stand sprachlos da. »Steigen Sie ein, steigen Sie ein!« rief der Vizekonsul, und richtig, als wir den Fuß auf die erste Treppenstufe setzten, ruckte der Zug an. Ich konnte unserem Landsmann nur dankbar zuwinken und darf ohne Übertreibung sagen, wir brachen auf unseren Plätzen zusammen, aber eben doch siegreich. Falls alles nach meinen Berechnungen ging, würden wir Dienstag, den 18. August, zum zweiten Geburtstag unseres Lieblings in Otwock sein.

Wir wanderten munter summend durch den halben Zug zum Speisewagen; es waren Reisende aller Nationalitäten im Zuge. Der chinesische Oberkellner plazierte uns an einen Tisch für vier Personen, wo bereits zwei redselige Franzosen saßen, die uns sogleich ins Gespräch zogen. Der eine fühlte sich offenbar plötzlich als Überbringer einer wichtigen Nachricht, als er uns eröffnete: »Wahrscheinlich werden wir auf dieser kleinen Reise nach Tientsin drei Tage Verspätung haben, denn der Yangtse führt Hochwasser, und das bedeutet, daß der Zug immer wieder halten muß.« Da verging uns denn gleich der Appetit, und die zweitägige Reise nach Tientsin wurde zur Qual, weil wir jeden Moment des Hochwassers wegen mit einer Verzögerung rechneten. Ich danke dem alten Yangtse heute noch dafür, daß er uns unbehelligt durchfahren ließ.

Es war ein milder Sommertag, als wir in Tientsin eintrafen. Nach dem Frühstück im Hotel ging ich zum russischen Konsulat, die Visen und die Fahrkarten nach Moskau abzuholen, was aber seine Schwierigkeiten hatte. Zunächst einmal mußte ich den Paß vorweisen, ehe man mich überhaupt einließ, dann wartete ich endlos auf den Konsul. Gebeten, mir die notwendigen Dokumente auszuhändigen, wühlte er gleichmütig in einem Haufen Papier und sagte: »Hier ist nichts für Sie.« Als er meine entsetzte Miene sah, bemerkte er: »Im allgemeinen wird so etwas an das Konsulat in Charbin geschickt.« Ich war niedergeschmettert, denn ich hatte den Fahrplan genau im Kopf und wußte daher, daß unser Zug früh um sieben in Charbin ankam und um acht weiterfuhr. »Könnten Sie wohl so freundlich sein, Ihren Kollegen in Charbin anzurufen und ihn zu bitten, uns behilflich zu sein?« fragte ich verzweifelt.

»Tut mir leid«, sagte er achselzuckend. »Hier können wir nichts für Sie tun, und ob Ihre Dokumente wirklich in Charbin sind, ist ja auch keineswegs erwiesen.«

Ich kehrte ins Hotel zurück; Nela und ich waren verzweifelt. Als wir uns einigermaßen beruhigt hatten, telegraphierte ich mit Hilfe des Empfangschefs ans Konsulat in Charbin, und zwar benutzte ich zum ersten und einzigen Mal die flehendsten Wendungen, die mir einfielen, fügte im übrigen an, ich müsse in Moskau zu einem festgesetzten und nicht aufzuschiebenden Termin konzertieren, und wenn ich nicht anwesend wäre, entstünde unermeßlicher Schaden. Es war ein etwas entwürdigendes Telegramm, doch Not kennt kein Gebot. Am Nachmittag bestiegen wir in düsterer Stimmung den Zug, der uns zur koreanischen Grenze bringen sollte, an einen Ort am Fuße der Großen Mauer. Das war immerhin etwas, auf das zu freuen sich lohnte.

Die Mauer bot denn auch am Spätnachmittag einen wunderbaren Anblick. »Fünfzehnhundert Meilen ist sie lang«, belehrte ich Nela, »und begonnen wurde sie Hunderte von Jahren vor Christi Geburt, und zwar nicht, um fremde Kulturen abzuwehren, wie man uns beigebracht hat, sondern um dieses hochzivilisierte Land vor den Barbaren aus dem Norden zu schützen.«

Daß wir drei Stunden Aufenthalt haben sollten, hörten wir mit Vergnügen, denn so konnten wir die Mauer doch ausgiebig besichtigen. Ein englischsprechender Mann empfahl uns, wir sollten uns mit dem Kellner eines italienischen Restaurants in Verbindung setzen, der eine ausführliche Besichtigung gegen ein gutes Trinkgeld arrangieren werde. Tatsächlich fanden wir den Mann, er war auch sehr willig, uns zu helfen, als er sein Trinkgeld hatte, rief eine Rikscha heran und gab Weisung, uns zur Mauer zu ziehen.

»Der Kuli wartet auf Sie, solange Sie wollen, und bringt Sie wieder her«, sagte er. Wir ließen uns bequem in diesem sonderbaren, von einem galoppierenden Kuli gezogenen Gefährt nieder – unserer war entschieden ein guter Läufer.

Vor einem schweren eisernen Tor hielt er an. In die Mauer eingelassene Stufen führten nach oben: Nela erblickte dort Blumen und klatschte in die Hände. »Die möchte ich gern pflücken«, rief sie. Der Kuli indessen, als er uns die Stufen erklimmen sah, schrie irgend etwas Chinesisches und gestikulierte heftig. Ich meinte, er wolle nicht warten, und gab ihm mit Gesten zu verstehen, wir kämen gleich zurück. Der Mensch schrie aber immerfort, und das ärgerte mich. »Keine Sorge«, versicherte Nela, »der bleibt bestimmt, bis er sein Geld hat.« Und munter kletterten wir weiter. Oben angelangt, staunten wir, wie unerhört breit die Mauer war, ich glaube, es hätten dort zwanzig Menschen nebeneinander Platz gehabt. Nela pflückte selig ihre Blumen und meinte: »Die presse ich zu Hause in meinem Album.« Die Aussicht bot nichts Sehenswertes, die Landschaft war eintönig, nichts als vereinzeltes Gebüsch, und nach einer Weile stiegen wir hinunter, wo der Kuli uns kopfschüttelnd erwartete.

Er zog in die Stadt zurück, und kaum beim Italiener angelangt, beklagte er sich laut bei diesem und deutete immer wieder mit dem Finger auf uns. Auch der Italiener rang nun die Hände und schrie: »Dio mio, dio mio, umbringen hätte man Sie können!«

Die Erklärung für all dies war, daß jenseits der Mauer japanische Scharfschützen in den Büschen hockten und auf jeden schossen, der sich auf der Mauerkrone blicken ließ; wir waren dem Tode also wie durch ein Wunder entkommen. Es rann uns noch nachträglich kalt den Rücken herunter, als wir bedachten, man hätte uns wegen einiger jämmerlicher Blumen totschießen können!

Nun bestiegen wir den Zug nach Mandschuria und hörten schon beim Einsteigen, wie andere Passagiere davon sprachen, daß Räuber, die sich im Sommer entlang der Strecke in den Gebüschen versteckt halten konnten, den Zug fast täglich überfielen. Ich gebe zu, daß wir es fürchterlich mit der Angst bekamen, denn nach dieser ausgedehnten Tournee hatte ich eine große Summe Geldes bei mir. Auch Nela führte Geld mit sich, dazu ihren Schmuck und die unterwegs gekauften Juwelen. Erschöpft, wie wir ohnehin waren, verbrachten wir die halbe Nacht damit, unsere Wertgegenstände zu verstecken, bedachten dann aber, daß wir sie nicht wiederfinden würden, und taten sie dahin, wohin sie gehörten.

Nach einer schlaflosen Nacht trafen wir früh um sieben in Charbin ein; nicht nur die Angst vor Räubern hatte uns wachgehalten, sondern auch die Vorstellung, drei Tage in Charbin auf den nächsten Zug warten zu müssen, was unsere Hoffnung zunichte gemacht hätte, pünktlich in Warschau einzutreffen. Auch wußte ich nicht, ob mein Konzert in Moskau am Tag unserer Ankunft oder am nächsten stattfinden sollte. Deshalb gedachte ich, die Moskauer Konzertagentur anzurufen, sie um Hilfe bei der Erteilung der Visa zu bitten und mein Konzert eben für solch passendes Datum anzukündigen.

Brennend vor Tatendurst stiegen wir also aus dem Zug und wurden sogleich von einem gutgekleideten Herrn angesprochen: »Ich vermute, Sie sind Arthur Rubinstein?« Ich erwiderte lächelnd: »Stimmt, aber bitten Sie mich nicht um ein Autogramm, ich habe es schrecklich eilig.«

Da lachte er. »Das können Sie später noch tun. Ich bin der Konsul der UdSSR und bringe Ihnen Ihre Visen und die Dokumente, die Sie telegraphisch erbeten haben. Sie sehen recht müde aus. Gehen Sie schon ins Restaurant und frühstücken Sie ordentlich. Unterdessen lassen Sie mir Ihre Pässe da, und ich bringe Ihnen alles gestempelt dorthin.« Mir kamen die Tränen, und am liebsten hätte ich ihm die Hand geküßt. Aber ich hatte es mit einem echten Kavalier zu tun. Er las meine Gefühle in meiner Miene und drängte mich einfach ins Restaurant. Meine Leser können sich leicht meinen Zustand vorstellen. Nie, so schien es uns, hatte uns das Frühstück so gut geschmeckt. Der Konsul setzte sich dann zu uns, reichte uns die Pässe, trank noch eine Tasse Kaffee mit und brachte uns an den Zug.

So fuhren wir denn ab nach der Mandschurei, bereit, es mit der ganzen Welt aufzunehmen.

Dort verlief nun die so gefürchtete russische Grenze. Die Männer in den langen grauen Mänteln mit umgeschnallten Revolvern und der finsteren Miene, die nichts im Sinne hatten, als einen zu schikanieren, waren mir nur allzuwohl bekannt. Nach einer abenteuerlichen Reise von fast sechs Monaten waren wir nun wieder hier, diesmal mit einem unglaublichen Haufen Gepäck. Wie viele Stücke es genau waren, weiß ich nicht mehr, aber mindestens zwanzig Koffer. Als dies alles vor den wachsamen Augen der Zöllner auf einer langen Bank aufgereiht wurde, deuteten sie mißtrauisch mit dem Finger darauf und befahlen uns, jedes Gepäckstück zu öffnen.

In kritischen Situationen fiel mir eigentlich immer ein Ausweg ein, und so auch jetzt. Ich legte meine Fahrkarten vor und sagte: »Sie sehen, daß wir von Paris nach Tokio gereist und jetzt auf der Rückfahrt sind, also können Sie das gesamte Gepäck nach Warschau abfertigen. Es enthält nichts von Interesse für Sie. Wir nehmen weiter nichts mit ins Abteil als einen kleinen Koffer mit Nachtzeug. In Moskau muß ich nämlich Zwischenstation machen, weil ich dort ein Konzert habe.«

Das wirkte. Man war jetzt wahrscheinlich entgegenkommender angesichts der Tatsache, daß wir darauf verzichteten, innerhalb Rußlands unser großes Gepäck zur Hand haben zu wollen. Also ließ man uns mit den paar Sachen passieren, für die der Zoll sich nun nicht mehr interessierte. Wir empfanden aufrichtiges Mitleid mit den anderen Passagieren, die eine umständliche Kontrolle über sich ergehen lassen mußten und noch dazu ein ausführliches Verhör. Am Bahnhofsbüfett tranken wir jeder ein Glas schwachen Tee – es gab nichts anderes – und durften alsdann den uralten belgischen Schlafwagen besteigen, der inzwischen vermutlich eine neue Ladung Wanzen, Flöhe und Schaben an Bord genommen hatte. Einzelheiten der langen Reise nach Moskau lasse ich unerwähnt, nur möchte ich sagen, daß die Landschaft jetzt im Sommer sehr viel ansprechender wirkte.

Auf manchen Haltestellen verkauften Bauersfrauen in pittoresker Kleidung frische Eier, Butter und auch Obst, ohne von der Polizei behindert zu werden. Ein Umstand allerdings bereitete uns Sorge: wir trafen auf den großen Bahnhöfen jedesmal mit erheblicher Verspätung ein, und von Mal zu Mal nahmen unsere Befürchtungen zu. Als wir uns Moskau näherten, hatten wir vierundzwanzig Stunden Verspätung.

Am Zielbahnhof erhielt das Zugpersonal von einer eigens zu diesem Zwecke aufmarschierten Delegation eine Medaille für besondere Verdienste. Nela und ich mußten darüber bitter lachen.

Der Beauftragte der Konzertagentur, der uns abholte, hatte eine erfreuliche Nachricht, und mein Zorn legte sich.

»Leider haben wir für Sie keinen Termin mehr frei. Sie müssen Ihr Konzert auf einen späteren Zeitpunkt verschieben. Sie kommen sicher bald einmal wieder.«

Wir schrieben jetzt den 16. August, und ich bat diesen Herrn, uns Platzkarten für den Zug nach Warschau am 17. zu besorgen. Er brachte uns in einem ziemlich jämmerlichen Zimmer im National unter, was uns aber einerlei war, denn wir hatten weiter nichts im Kopf, als rechtzeitig zum Geburtstag unserer Tochter zu Hause zu sein. Zum Abendbrot setzte man uns die berühmte russische *Schtschee* vor, eine Suppe, der allerdings die wesentlichen Zutaten fehlten. »Brot und Butter gibt es heute nicht«, hieß es dazu, und als wir um Kaffee baten: »Heute nur Tee.«

Nach dem Abendessen erschien dann zu unserer Überraschung doch noch einmal der Konzertagent auf unserem Zimmer und verkündete aufgeregt: »Der Genosse Stalin wünscht, daß Sie morgen abend im Kreml spielen. In Moskau findet derzeit ein internationaler Ärztekongreß statt, und dem zu Ehren soll das Konzert veranstaltet werden.«

Ich wurde totenblaß. »Das ist ausgeschlossen, völlig ausgeschlossen«, protestierte ich, »es wird hier doch wohl auch noch andere Pianisten oder sonstige Künstler geben, die ihre Sache ebensogut verstehen wie ich, wenn nicht besser!«

Der Mann war völlig perplex. Er hatte erwartet, ich würde mich vor Dank für diese Ehren nicht zu lassen wissen. Als er fragte, weshalb ich ablehnte, antwortete ich: »Wenn ich am 18. nicht in Warschau bin, muß ich mir das Leben nehmen.« Nela nickte dazu völlig ernsthaft. Nun bekam er es mit der Angst. »Fürchten Sie nichts, ich bringe das in Ordnung«, versprach er und zog ab. Nela und ich atmeten auf.

Als wir am 17. wirklich im Zuge nach Warschau saßen, hatten wir vor freudiger Erwartung richtiges Herzklopfen. Nela hatte Mutter und Bruder telegraphisch unsere Ankunftszeit mitgeteilt, und wirklich kamen wir am Abend des 18. pünktlich in Warschau an.

Nela hielt Ausschau nach der Mutter und dem Bruder, während ich mich um unser Gepäck kümmerte. Als ich, von einem Gepäckträger begleitet, auf den Bahnsteig trat, war von Nela nichts zu sehen. Gleich darauf kam sie mit enttäuschter Miene zu mir. »Es ist niemand da. Ich bin den ganzen Zug abgelaufen, aber vergeblich. Vielleicht haben sie unser Telegramm nicht bekommen, oder sie sind nicht in der Stadt.« Das war nun ein schwerer Schlag. Nela wußte aber Rat: »Falls unser großes Gepäck schon da ist, lassen wir es in der Aufbewahrung, nehmen nur das nötigste mit und fahren mit dem Taxi nach Otwock.« Tatsächlich war alles Gepäck mit unserem Zuge eingetroffen. Der Gepäckträger besorgte ein Taxi, lud hinein, was hineingehen wollte, und brachte das übrige zur Aufbewahrung. Wir selber fanden kaum Platz zum Sitzen, dirigierten den Chauffeur aber nach Otwock. Es war nun schon ziemlich spät – auf dem Bahnhof hatten wir eine ganze Stunde verloren –, und wir suchten den Chauffeur zur Eile anzutreiben, doch sagte der bloß mit einem kritischen Blick auf den Kofferberg: »Mit so viel Gepäck kann ich nicht schneller fahren.« Eine halbe Stunde später kamen wir in dem kleinen Kurort Otwock an, der Chauffeur bog in den zur Villa führenden Sandweg ein und blieb sogleich stecken. Auch dies noch! Wir stiegen aus und schoben, aber der Wagen rührte sich nicht vom Fleck, die Räder drehten leer im Sand. Der Chauffeur zeigte nun nicht etwa Mitleid mit uns, er verfluchte uns vielmehr und sagte schließlich: »Am Bahnhof können Sie einen Pferdewagen mieten, der schafft das.« Ich rannte zum Bahnhof, fand eine alte Droschke mit einem müden Gaul davor, und ein tüchtiges Trinkgeld spornte den Kutscher zur Eile an. Beim Taxi angelangt, sagte ich zu dem Kutscher: »Das Gepäck müssen Sie zum Haus schaffen, wir können zu Fuß gehen.« Nun machten wir uns auf den Weg, der Kutscher führte das Pferd am Zaum. Wir müssen ausgesehen haben wie ein exotischer Pilgerzug.

Um zehn Minuten vor zwölf drückten wir endlich die Klingel. Nelas Kousine öffnete im Nachthemd, wir rannten an ihr vorüber ins Kinderzimmer, Nela machte Licht, und wir weckten die Kleine. Sie schrak aus tiefem Schlaf auf, starrte uns mißtrauisch an, verglich uns mit einem Photo von uns, das neben ihrem Bett an der Wand hing, und glaubte endlich, daß wir ihre Eltern waren. Als Nela sie in die Arme schloß, sagte sie vorwurfsvoll: »Fahrt ihr gleich wieder weg?« Der kleine Paul schlief unterdessen fest in seinem Kinderbettchen, und wir küßten ihn, ohne ihn zu wecken. Nela weinte bitterlich, und ich kam mir vor wie ein Verbrecher, zugleich aber war ich sehr stolz, denn noch war es nicht Mitternacht. Schlaf fanden wir in jener Nacht allerdings keinen.

Früh am nächsten Morgen rannten wir nach unten und trafen Eva mit Karola und Nelas Kousine beim Frühstück an. Erst jetzt konnte man von einem wirklichen Familientreffen reden. Nun telefonierte auch Bronek, und es stellte sich heraus, daß er und die Mutter am Tage, da unser Telegramm eintraf, außerhalb bei Freunden eingeladen gewesen waren.

Ich gab mir alle Mühe, meinen kleinen Liebling mit den blonden Locken durch die Erzählung unserer Abenteuer zu amüsieren, doch hörte sie zwar zu, lachte aber nicht. Als sie mit dem Frühstücken fertig war, stand sie auf, gab mir die Hand und sagte mit ihrer süßen Stimme: »Spiel mir was vor, Papa.« Das war nun ein ganz unbeschreibliches Gefühl – meine leibliche Tochter bat mich, ihr vorzuspielen! Im Wohnzimmer stand ein alter Stutzflügel, den ich aufklappte. Dann setzte ich Eva bequem in einen Sessel und überlegte: Was spielst du ihr vor? Ein Kinderliedchen oder etwas Ernstes, was diesen Moment in ihrer Erinnerung festhalten wird? Während ich noch überlegte, rief sie ungeduldig: »Das Gram-mo-phon!« Nun verwandelte sich meine Rührung in Belustigung. Ich lachte laut, ließ mir den kleinen Apparat zeigen und von Karola sagen, welche Platten ihr die liebsten waren. Sie hörte zu und klatschte dabei in die Hände.

Der kleine Paul war erst sechs Monate alt, er wechselte friedevoll zwischen Schlaf und Essen. Für einige wenige Tage waren wir eine glückliche Familie.

Kapitel 91

Nach Paris fuhr ich allein zurück, denn Nela mußte die Miete abrechnen und Schulden bezahlen, die aufgelaufen waren, und schließlich wollte sie ein Weilchen bei der Mutter bleiben, die ja seit kurzem Witwe war.

Paris war wie immer um diese Jahreszeit verlassen. Viele Lokale hatten geschlossen, und selbst Dr. Schiff, mein Agent, war auf einer vermutlich wohlverdienten Ferienreise.

Immerhin bekam ich Besuch von Bronislaw Hubermann. Wir hatten einander viel zu erzählen. Hubermann war ein bemerkenswerter, ungewöhnlich nobler Mensch. Vor Hitler galt er in Deutschland und Österreich als der bedeutendste zeitgenössische Geiger. Brahms hatte ihn mit einem Kuß belohnt, als der damals Dreizehnjährige sein Violinkonzert spielte. Über Hitlers wüste Angriffe auf die Juden und den blinden Gehorsam der Deutschen zutiefst empört, richtete er einen Brief voller Anschuldigungen an Goebbels, der viel Aufsehen erregte.

Für seinen Besuch bei mir nannte er folgendes Motiv: »Ich habe einen Plan, den Sie, wie ich hoffe, billigen werden. Ich möchte in Tel Aviv ein Orchester gründen, bestehend aus hervorragenden Musikern, die vertrieben worden sind, nicht nur aus Deutschland, sondern auch aus Ländern, die Hitlers Judenpolitik nachahmen, wie Österreich, Polen, Ungarn und Rumänien. Die Vorbereitungen lassen sich vielversprechend an, aber ich brauche Ihre Hilfe dabei. Wir benötigen dringend Spenden von Juden im freien Teil der Welt, und bei Ihren Konzertreisen hätten Sie Gelegenheit, solche Spenden zu sammeln.« Ich ging mit Eifer darauf ein und versprach, mein möglichstes zu tun.

Nachdem ich unseren bohemehaften Haushalt zum Empfang der Familie vorbereitet hatte, war die Zeit gekommen, da die elegante Welt nach Paris zurückkehrte, und nun begann mein Junggesellenblut zu wallen. Niemals ging ich zu Bette, ohne zuvor die alten Treffpunkte aufgesucht zu haben, und ich genoß über alle Maßen die Gespräche mit Fargue und manchmal auch mit Ravel, der allerdings niemals meine Antworten auf seine Fragen abwartete, vielmehr beantwortete er sie gleich selber und fuhr endlos fort zu reden. Die Köstlichkeiten der französischen Küche ließen mich die halbjährige Reis- und Curry-Diät vergessen.

Auch Schiff kehrte heim und lag mir mit Angeboten für Konzerte in den Ohren. Die Zukunft nahm sich glänzend aus. Als Nela und Carola endlich eintrafen, begegneten sie einem Mann, der körperlich, seelisch und musikalisch völlig erholt war. Die unglaublich tatkräftige und tüchtige Nela machte aus unserer putzigen Behausung ein wahres Paradies. Die winzige Küche konnte sich mit der von Larue vergleichen, Nela trieb sogar eine polnische Köchin und ein polnisches Dienstmädchen auf. Es war noch warm genug, im Garten ein Kinderställchen aufzustellen, und Eva konnte sich hier nach Herzenslust mit ihrem Spielzeug amüsieren.

Ich mußte bei besonders schlechtem Wetter nach England reisen, blieb während der Überfahrt an Deck und bemerkte plötzlich, daß neben mir Rachmaninoff saß. Ich zitiere hier aus einem Brief Szymanowskis an seine Schwester, dem ich von dieser Begegnung erzählt hatte: »Ich kenne auch eine andere Version des Gesprächs, das Rachmaninoff und Arthur Rubinstein an Bord des Kanalschiffes geführt haben. Sie haben sich lange unterhalten. Rachmaninoff zeigte sich dabei der modernen Musik aufs äußerste abgeneigt; Ravel, Strawinsky und andere machte er einfach herunter. Als Rubinstein meinen Namen erwähnte, hellte sich seine Miene jedoch auf, er fragte sehr eingehend nach mir und nannte mich einen höchst sympathischen Menschen. Darauf Arthur: ›Dann gefällt Ihnen also seine Musik?‹ Und Rachmaninoff: ›Ach was, seine Musik ist Scheiße, aber als Mensch ist er ganz reizend.‹« Für diese Version kann ich mich verbürgen; eine Illustrierte brachte seinerzeit eine unzutreffende.

Den Herbst hindurch, bis in die Weihnachtszeit hinein, hatte ich eine Menge Konzerte. Dank meiner langen Tournee, auf der ich dieselben Stücke immer wieder gespielt hatte, beherrschte ich diese nun wirklich, und das gab mir Zeit, sogar unterwegs mein Repertoire zu erweitern. Dabei entdeckte ich an mir einen Zug, der bei Pianisten einzigartig ist: Ich habe in meinem langen Leben niemals den Geschmack daran verloren, öffentlich zu spielen, mit allem Drum und Dran – den zahllosen, gelegentlich auch unbequemen Reisen, dem ständigen Wechsel des Ortes, des Klimas, der Ernährungsweise, der Hotels; ich fand das alles einfach wunderbar. Ja, nicht genug damit: war ich genötigt, länger als zwei oder drei Monate am selben Ort zu verweilen, und sei es Paris oder London, Rom oder Venedig, immer auf denselben Straßen herumzuschlendern, dieselben Gebäude und Ladengeschäfte zu sehen, dann wurde ich unruhig. Ich habe den größten Teil der Welt gesehen, und weil ich mich überall daheim fühle, sage ich: »Ich reise nie ab, sondern ich kehre zurück.«

Dr. Schiff schickte mich zunächst nach Schweden und Norwegen, Ländern, die ich besonders gern im Frühherbst besuche, wenn die endlosen Wälder sich in der goldenen Färbung ihres Laubes zeigen. Die Sonne scheint in diesen nördlichen Ländern sehr intensiv und trägt dazu bei, daß man die Kälte gut aushält. Auch fand ich die Schweden faszinierend.

Sie sind zu groß, zu schweigsam, oft übermäßig förmlich, lauter Eigenschaften, die mich ärgern, aber sie können ganz überraschend von denkbar größter Herzlichkeit sein. Sie bestehen sozusagen aus Gegensätzen. Die schlanken, großen Blondinen gönnen einem auf der Straße keinen Blick, und doch wußte man, sie waren leidenschaftlich genug, sich der freien Liebe zu ergeben, noch dazu mit Billigung der Eltern.

Im Konzertsaal ist ähnliches zu beobachten. Das Publikum sitzt da, ohne sich zu rühren, hört gespannt zu, und am Ende gerät es ganz unerwartet außer sich, klatscht und ruft Bravo, rast geradezu im Beifall, wie es etwa in Neapel undenkbar wäre. O ja, die Schweden sind warmherzige Menschen.

Mein dortiger Agent Helmer Enwall lud mich in die Erstaufführung der ›Arabella‹ von Richard Strauss ein. Er hatte eine Loge und stellte mich den beiden vor uns sitzenden Damen vor. Die eine war seine Frau, die andere eine auffallend schöne Negerin. Damals begegnete man so gut wie nirgendwo in Schweden Farbigen, und der ungemein intelligente Gesichtsausdruck dieser Frau faszinierte mich. Auch ihr musikalischer Geschmack war verblüffend. ›Arabella‹ ist keine von Straussens besten Opern, und das Urteil, das die Dame in den Pausen äußerte, schien mir absolut richtig. Enwall erklärte mir dann unter vier Augen: »Die Dame ist Marian Anderson, die größte Liedersängerin unserer Zeit. In Schweden und Finnland wird sie angehimmelt, und wenn sie will, hat sie jeden Tag ein volles Haus.«

Ich war ganz erregt: »Kann ich sie irgendwo hören? Morgen abend muß ich abreisen, aber vielleicht wäre sie einverstanden, mir etwas vorzusingen, wann und wo auch immer es ihr paßt?«

Er ließ Miss Anderson meinen Wunsch wissen, und sie ging auf ihn ein wie nur eine echte große Künstlerin: Am folgenden Nachmittag kam sie mit ihrem ausgezeichneten Begleiter ins leere Restaurant meines Hotels und sang alles, worum ich sie bat, die herrlichsten Lieder, herzergreifend und unbeschreiblich; mir treten immer noch Tränen in die Augen, wenn ich mich daran erinnere. Ich küßte ihr tief dankbar die Hände und habe seither nie eine Gelegenheit versäumt, sie zu hören.

Norwegen ist ganz anders als Schweden. Nach hundertjähriger schwedischer Vorherrschaft gewann es seinen unverwechselbaren Charakter zurück und zeigte sich dem Nachbarn sogar überlegen. Die Norweger fühlten sich an die große Zeit der Wikinger gemahnt und konnten mit Stolz auf Ibsen, Björnson und Munch verweisen, nicht zu reden von Grieg, dessen Musik die der nordischen Seele ist. Sie haben vieles mit den Dänen gemein, doch finde ich Dänemark von den drei skandinavischen Ländern das anziehendste, und mit Kopenhagen hat es die Hauptstadt, in der es sich am vergnüglichsten leben läßt. In allen drei Ländern habe ich liebend gern gespielt, und häufig habe ich sie besucht.

Sechster Teil

1937: Meine längste Tournee
und die triumphale Rückkehr in die USA

Kapitel 92

In der Konzertsaison 1935/36 habe ich überall in Europa gespielt und mit Freude empfunden, daß meine Beliebtheit ständig wuchs. Anfang 1936 kam die gute Nachricht, daß Karols Ballett ›Harnasie‹ von M. Rouché, dem Direktor der Opéra, endlich angenommen worden war. Serge Lifar, damals Direktor der Ballettschule der Opéra, sollte die Hauptrolle tanzen. Das war für uns wirklich eine frohe Kunde: Karol würde zu längerem Aufenthalt nach Paris kommen, um die Proben zu überwachen, zugleich freilich ein Opfer der Reporter von Presse und Rundfunk werden. Karol nach so langer Zeit wiederzusehen, freute mich ungemein, und ich war stolz darauf, daß sein Ballett in Paris und unter den günstigsten Bedingungen herausgebracht werden sollte. Als er dann aber endlich eintraf, erschraken wir bei seinem Anblick. Er wirkte noch zarter als sonst, und sein Blick war seltsam traurig. Der Gedanke, wie die Pariser sein Ballett wohl aufnehmen würden, machte Karol nervös und ängstlich. Zu alledem wurde er in seiner Scheu vor aller Betriebsamkeit von zudringlichen Bewunderern angeödet. Bei uns erschien er dann und wann zum Essen, und besonderen Gefallen fand er an der kleinen Eva, die ihn mit ihrer Altklugheit zum Lachen brachte.

Eines Tages brachte er ein Geschenk. »Hier, das erste gedruckte Exemplar der ›Symphonie Concertante‹. Auf deinen Rat hin habe ich sie in mehreren Städten gespielt. Du ahnst aber nicht, wie schwer mir das gefallen ist, doch ich brauchte dringend Geld. Die polnische Regierung unterstützt Künstler nur sehr mangelhaft, und schließlich habe ich eine Familie zu ernähren.« Ich selber konnte ihm damals nur mit kleineren Summen helfen, schließlich hatte auch ich eine Familie zu ernähren!

Ich konnte es einrichten, zur Premiere von ›Harnasie‹ in Paris zu sein. Man hatte große Hoffnungen darauf gesetzt, und der Erfolg blieb denn auch nicht aus. Lifar bot sein Bestes in der schwierigen Partie des polnischen Bergsteigers, und das Orchester klang vortrefflich. Die Presse war in ihrer Zustimmung einmütig, und Henry Prunières, der die damals bedeutendste Musikzeitschrift herausgab, widmete Szymanowski eine ganze Nummer; er bewunderte ihn aufrichtig. Der polnische Botschafter veranstaltete Karol zu Ehren ein Essen.

Überhaupt war um die Zeit ein reges gesellschaftliches Leben im Gange. Edouard und Robert de Rothschild gaben große Gesellschaften; Misia Sert und Coco Chanel hatten Berühmtheiten zu Gast; die Kinos waren überfüllt mit einem sich für Fred Astaire und Ginger Rogers begeisternden Publikum, und die diplomatischen Vertretungen veranstalteten Bälle.

Der Sommer 1937 war für Südamerika reserviert, Brasilien, Uruguay, Argentinien und Chile erwarteten mich.

Schiff wollte mich unbedingt in die USA vermitteln, mußte aber vom Leiter der Columbia Association of Managers, Arthur Judson, hören: »Rubinstein ist Gift für die Kasse.« Ein anderer Konzertunternehmer, ein gewisser Coppicus, antwortete sehr offen: »Ich könnte ihn als Solisten mit einem Orchester unterbringen, falls er zuvor auf eigene Kosten zwei Konzerte in der Carnegie Hall gibt und auch die Werbung selber bezahlt.« Schiff und ich lachten recht herzlich über dieses Ansinnen. Nun aber kam ganz unerwartet ein Angebot der Australian Broadcasting Commission: Fünfzehn gut bezahlte Konzerte plus Reisespesen. Das nahm ich sofort an; ich brannte darauf, einen unbekannten Erdteil kennenzulernen.

Damit war ich für 1937 stark beansprucht; zunächst sollte ich in Europa mehr als fünfzig Konzerte geben, anschließend in Lateinamerika einige vierzig und dann per Schiff zurück nach Europa und auf dem Luftweg von Amsterdam nach Australien.

Zunächst einmal spielte ich in der französischen Provinz, in Spanien, Italien, Belgien und Holland, auch in England, und nun hoffte ich, im Kreise meiner Familie den herrlichen Frühling in Paris genießen zu können. Verdient hatte ich die Ruhepause jedenfalls. Ich bin das Gegenteil eines Gewohnheitsmenschen, für mich ist alles immer wieder neu und aufregend, sei es der Frühling in Paris, sei es die As-Dur-Polonaise von Chopin. Alle miteinander waren wir glücklich in unserer seltsamen, doch recht romantischen Behausung. Der kleinen Eva zuzusehen, die in ihrem Ställchen am Goldfischteich herumtollte, umringt von Geranien und Begonien, verschaffte mir das denkbar größte Entzücken.

Meine kleine Eva war ein kapriziöses Kind, liebreizend, graziös und augenscheinlich schon tänzerisch begabt. War sie einmal schlechter Laune, reichte es, daß Nela oder ich ein paar Tanzschritte machten, schon sprang sie strahlend auf und ahmte unsere Schritte im genau gleichen Takt nach. Mit vier Jahren bekam sie Tanzunterricht bei der berühmten polnischen Tänzerin Mathilde Krzesinska, einer ehemaligen Mätresse des Zaren Nikolaus II. Von ihrem Balkon in St. Petersburg hatte Lenin täglich die Massen aufgehetzt. Nach der Revolution ging sie mit dem Vetter des Zaren, dem Großfürsten Andrè eine morganatische Ehe ein, lebte in Paris und gab Tanzunterricht. Von meinem kleinen Mädchen war sie hingerissen, und nach der Stunde brachte Madames Gatte unfehlbar ein kleines Geschenk für Eva.

Als Nela und ich eines Abends ins benachbarte Kino wollten, gab es keine Karten mehr, doch ein Mann, augenscheinlich der Besitzer des Kinos, bot uns zwei Karten an, ohne Geld dafür zu nehmen. »Für besondere Gäste habe ich immer Freikarten«, sagte er. Als ich ihn fragte, ob er Musikliebhaber sei, machte er ein erstauntes Gesicht. »Musik sagt mir nichts, aber ich kenne Ihre kleine Tochter und daher auch Sie. Ich sehe ihr oft von meinem Balkon aus beim Spielen zu und finde sie entzückend.« Ich dankte ihm gerührt, und wir kamen uns ganz stolz vor, diese Freikarten dem Charme unserer kleinen Eva zu verdanken.

Meine Verträge für die kommende Saison waren nun alle unterschrieben, und da kam es nun zu einer ganz erstaunlichen Überraschung. Schiff sagte mir am Telefon: »Bei mir im Büro ist ein Konzertagent aus Amerika, der Ihnen ein ungewöhnliches Angebot machen will. Ich habe ihm gesagt, Sie dächten nicht daran, wieder in die Vereinigten Staaten zu gehen, aber er läßt sich nicht abweisen. Angeblich kennt er Sie, und er besteht darauf, persönlich mit Ihnen zu reden.«

Eigentlich nur Schiff zuliebe ging ich hin und erkannte in dem gewichtigen kleinen Herrn von mittleren Jahren sofort jenen Hurok, der mir in New York eines Morgens, als ich Schaljapin aus ›Petruschka‹ vorspielte, zugehört und mich daraufhin zu erfolgreicher Mitwirkung in Titta Ruffos Konzert im Hippodrom engagiert hatte. Dieser ehemals so scheue kleine Mann sprach nun mit einer geradezu unanfechtbaren Autorität über die Musikverhältnisse in den USA.

Kaum, daß wir unsere Erinnerungen aufgefrischt hatten, kam er zur

Sache. »Ich will Sie in Amerika bekanntmachen und biete Ihnen für die Saison 1937/38 zwanzig Konzerte.«

»Da begehen Sie aber einen schweren Fehler«, lachte ich. »Seit vierzehn Jahren bin ich nicht mehr in den USA gewesen, aber ich wette, man erinnert sich da noch gut an mich. Sie wollen den Leuten dort einen fünfzigjährigen Pianisten andrehen, den sie schon kennen und der es dort zu nichts gebracht hat. Ich habe es nicht nötig, mich einer Wiederholung meiner damaligen Erfahrungen auszusetzen. In Europa und in Südamerika bin ich jemand, und das reicht mir völlig. Außerdem habe ich 1937 in Europa, Lateinamerika und erstmals auch in Australien insgesamt mehr als hundert Konzerte.«

Gänzlich unbeeindruckt von meiner Rede, fragte er bloß: »Wann sind Sie in Australien fertig?«

»Mitte November.«

»Na, das paßt ja. Wir können also Anfang Dezember beginnen und bis Ende März durchmachen.«

Nun fragte ich scharf: »Und können Sie mir Einnahmen garantieren, die eine solche Tournee für mich noch lohnt, auch wenn es nur ein halber Erfolg wird wie früher?«

»Das lassen Sie nur meine Sorge sein. Ich garantiere Ihnen für jedes Konzert ein angemessenes Honorar und übernehme die Reisespesen erster Klasse für die geplante Tournee, einschließlich Hin- und Rückfahrt nach Paris. Dazu sämtlichen Werbeaufwand und den Transport des Flügels. Über Ihre Gage bin ich mit Dr. Schiff bereits einig.«

Damit gab ich mich geschlagen. Judson und Coppicus hatten mir kränkende Absagen erteilt; daß ein bedeutender amerikanischer Impresario mich trotzdem engagieren wollte, stellte eine große Genugtuung dar. Nela hatte immer schon von meiner Rückkehr in die USA geträumt; ich gab ihr also gleich telefonisch die gute Nachricht durch.

Ich sagte Hurok dann nach amerikanischer Weise: »O. K.« und gab ihm die Hand. Bevor er ging, warnte er mich aber: »Ich vertraue darauf, daß Sie nicht von sich aus Konzerte absagen, wie damals mit dem Bostoner Orchester.«

Das machte mich wütend, denn der Vorwurf war absolut ungerechtfertigt. »Diese Worte werden Sie noch zurücknehmen«, sagte ich deshalb schroff, und das tat er später auch. Siebenunddreißig Jahre haben wir miteinander gearbeitet, und durch eigenes Verschulden habe ich kein einziges Konzert ausfallen lassen. Das war für amerikanische Verhältnisse einzigartig und unerhört.

Als Schiff mir sagte, der Vertrag sei in Ordnung, unterschrieb ich. Nela war entzückt. Plötzlich fiel mir Marian Anderson ein, der meine Begeisterung sehr nützlich gewesen war: wo immer ich sie empfohlen hatte, war ihr ein überwältigender Erfolg zuteil geworden, und das erzählte ich nun Hurok. »Die sollten Sie in Amerika präsentieren, ich verbürge mich dafür, daß sie alle Säle füllt. Sie ist die bedeutendste Liedersängerin, die ich je gehört habe.« Hurok zog eine Grimasse und sagte mit professioneller Kaltschnäuzigkeit: »Farbige bringen nichts ein.« Immerhin nahm er zur Kenntnis, mit welchem Nachdruck ich ihm Marian Anderson ans Herz legte. Er fuhr nach Amsterdam, um sie zu hören, und machte noch am selben Abend mit ihr Vertrag.

Ich für meinen Teil war bei dem Gedanken, innerhalb eines einzigen Jahres in der halben Welt Konzerte geben zu können, ganz aufgeregt. Schließlich bin ich der geborene Abenteurer.

Kapitel 93

In Mondorf-les-Bains, einem Kurort in Luxemburg, verlebten wir geruhsame Sommerwochen. Bevor wir eine geeignete Wohnung fanden, verbrachten wir eine Nacht in jenem Hotel, in welchem später die Hauptkriegsverbrecher vor dem Nürnberger Prozeß interniert wurden. Wir konnten uns an dieses Hotel später nie ohne Schaudern erinnern.

Der Ausbruch des Bürgerkrieges in Spanien war für mich ein furchtbarer Schlag. Wir saßen wie angeschmiedet vor dem Radio und hörten ständig Nachrichten. Bald schon wurde es klar, daß hier in Wahrheit Hitler-Deutschland und die UdSSR gegeneinander angetreten waren, und ich war der Meinung, daß die bedauernswerten Spanier nichts weiter darstellten als Bauern auf dem Brett dieser beiden Spieler.

Nela und die Kinder fühlten sich in diesem Ort am Moselufer sehr wohl. Ich trank morgens das scheußlich schmeckende Brunnenwasser und gab nachmittags einem jungen amerikanischen Pianisten Unterricht, den mir mein Schwager Wiktor Labunski aus dem fernen Memphis in Tennessee geschickt hatte. Zu meiner Verblüffung lernte ich mehr, wenn ich unterrichtete, als wenn ich selber übte. Stücke, die ich für ein Konzert einstudieren wollte, wurden mir dank meiner angeborenen musikalischen Auffassungsgabe im Handumdrehen verständlich, denn die Musik »sprach« zu mir. Hörte ich aber dieselbe Komposition von einem Schüler, ohne daß mich die Wiedergabe überzeugte, mußte ich meine Gedanken zusammennehmen und die Struktur des Werkes erklären, auf Höhepunkte hinweisen, die Absichten des Komponisten verdeutlichen. Nach solchen Erläuterungen spielte auch ich selber diese Stücke wesentlich besser, denn dann trat zu meinem musikalischen Instinkt das reflektierte Wissen um ihren Aufbau. Mit einem wahren Gebirge von Konzerten vor mir arbeitete ich in bester Stimmung.

Ich war nun im Besitz eines umfangreichen Repertoires für Australien und auch für Amerika, wo ich vierzehn Jahre zuvor nur einen Bruchteil davon gespielt hatte. Für Australien war ja alles neu. Dagegen fiel es mir schwer, Programme für Südamerika vorzubereiten. In Rio und Buenos Aires, in Montevideo und Santiago de Chile standen mir jeweils sechs Klavierabende bevor – immerhin durfte ich mich auf Albéniz und de Falla und einige gute Sachen stützen, die ich in den vergangenen vier Jahren einstudiert hatte.

Paris kam uns nach unserer Rückkehr ganz besonders schön vor, wohl auch, weil wir uns selber schöner vorkamen, denn während der Kur hatten wir beträchtlich abgenommen. Nela gewann den Ruf einer der glänzendsten Gastgeberinnen am Platz. Wer etwas darstellte, fand sich gern in unserm Nest in Montmartre ein, etwa so berühmte Dramatiker wie Edouard Bourdet, Henri Bernstein und Marcel Achard; der Maler Kisling, der polnische Botschafter samt seinem Kulturattaché Jan Lechon, einem bedeutenden Lyriker. Sie alle saßen an unserer Tafel im Kreise schöner und gescheiter Frauen.

Einmal gaben wir für alle unsere Freunde eine Cocktailparty, es waren da mehr als hundert Personen. Anschließend blieben ein gutes Dutzend zum Essen da, das Nela selber bereitete. Leider überschnitt sich unsere Einladung mit der des amerikanischen Botschafters, wo viele unserer Freunde ebenfalls geladen waren, und es war zu spät, das Datum zu ändern. Wer die Leidenschaft der Pariser für solche Einladungen kennt, den wird es nicht wundern, daß fast alle unsere Gäste auch zur amerikanischen Botschaft gingen. Am Ende wurde doch noch ein Sieg für Nela daraus, denn nach der Cocktailparty kamen sowohl der polnische als auch der amerikanische Botschafter zu uns zum Essen und waren nur zu dankbar dafür, daß Nela ihnen noch einen Platz anweisen konnte. Solche Diners dauerten bei uns bis in die späte Nacht, es wurde Musik gemacht, und man amüsierte sich großartig.

Ich fuhr mit Nela nach London, um bei His Master's Voice Platten einzuspielen. In der Stadt betrauerte man den Tod Georges V., und alle Welt zerriß sich das Maul über die unerlaubte Passion des Thronerben für eine mehrfach geschiedene amerikanische Bürgerliche. Lady Sibyl Colefax, nunmehr verwitwet, widmete sich mehr denn je dem Gesellschaftsleben und lud Nela und mich zu einem Diner ein.»Der König kommt ebenfalls, bewahren Sie also bitte strengstes Stillschweigen.« Dies bedeutete in Wahrheit, daß sie wünschte, es möchten soviele Leute wie möglich Kenntnis von diesem Ereignis haben. Selbstverständlich sagten wir zu, und es war schon eindrucksvoll, dem charmanten Prinzen von Wales nunmehr als Seiner Majestät dem König des britischen Weltreiches zu begegnen. Das von dieser perfekten Gastgeberin veranstaltete Dinner erwies sich als so etwas wie ein historisches Ereignis, denn es war die letzte Gesellschaft, der der junge König vor seiner Abdankung beiwohnte. Man bat die Gäste, schon eine halbe Stunde früher einzutreffen als der König, der ja als letzter erscheinen mußte, und so saßen wir denn in Gesellschaft von Winston Churchill, Harold Nicolson, dem Ehepaar Jowitt, Duff Cooper und Lady Diana ziemlich lange bei Cocktails. Plötzlich wurden die Türen weit geöffnet, und der König erschien, begleitet von Mrs. Simpson. Die anwesenden Damen begrüßten ihn mit einem Hofknicks, verhielten sich Mrs. Simpson gegenüber aber betont kühl. Bevor wir zum Essen ins Speisezimmer gingen, fragte mich der König kichernd:»Haben Sie mal wieder einen Flügel zertrümmert?«

Nela saß am Tische des Königs, ich an einem anderen mit Mrs. Simpson, Winston Churchill, Nicolson und Leslie Jowitt. Dabei kam es zu einem kleinen Wortwechsel mit Churchill, als ich mich bei Harold Nicolson etwas ironisch darüber beklagte, daß die englische und amerikanische Presse ihre angebliche Beherrschung der Fremdsprachen dokumentierte, indem sie zwar deutschen Persönlichkeiten ein »Herr« voranstellte, französischen ein »Monsieur«, italienischen den »Signor« und einen Spanier »Señor« nannten. Menschen aller übrigen Nationalitäten aber schlicht und herablassend »Mr.«. Churchill schnappte meine Beanstandung auf und bemerkte großspurig: »Sie müssen verstehen, daß unsere Presse sich hauptsächlich für die Politik dieser Länder interessiert.« Das verdroß mich und ich erwiderte: »Angeblich nimmt England doch seit dem letzten Krieg soviel Anteil auch an den anderen Ländern, und ich finde es an der Zeit, mit solchen Privilegien Schluß zu machen und endlich auch Angehörigen anderer Nationen die ihnen zukommenden Anreden zukommen zu lassen. Ich zum Beispiel müßte Pan Rubinstein genannt werden und Strawinsky Gospodin. Ein Holländer hat Anspruch auf sein ›Mynheer‹.« Beide, Nicolson wie Churchill, widmeten sich daraufhin mit besonderem Eifer ihrem Essen, und das Thema wurde nicht weiter erörtert.

Als man nach dem Dinner im Salon den Kaffee genommen hatte, nutzte Lady Colefax die Lage aus, indem sie mich bat: »Arthur, spielen Sie doch etwas; der König würde Sie gern hören.« Darauf mußte der bedauernswerte Monarch aufmunternd nicken, und ich setzte mich wohl oder übel an den Flügel. Bei solchen Gelegenheiten spielte ich gern Chopins Barcarole. Während meines Spiels bemerkte der König zu Nela: »Ich habe eine Schwäche für ›Hoffmanns Erzählungen‹; die gibt es derzeit in Covent Garden, und die Barcarole ist mein Lieblingsstück.« Als Nela mir das hinterher erzählte, mußten wir beide sehr lachen. Der König dankte wenig später um der von ihm geliebten Frau willen ab. Später, als sie Herzog und Herzogin von Windsor waren, bin ich ihnen noch oft begegnet.

Von London fuhr ich nach Amsterdam, wo ich unter Monteux mit dem Concertgebouw-Orchester das B-Dur-Konzert von Brahms zu spielen hatte.

Damals erhitzten sich die Gemüter mehr und mehr wegen des spanischen Bürgerkrieges. Berühmte Schriftsteller wie André Malraux und Ernest Hemingway kämpften auf seiten der Linken. Ein guter Bekannter, der Marqués de Mérito aus Côrdoba, ersuchte mich, in Burgos zugunsten Francos ein Konzert zu geben. Es war nicht leicht, dies abzulehnen, ich sagte aber traurig:»Sie müssen einsehen, daß ich mich der vorbehaltlosen Freundschaft aller Spanier erfreue, und deshalb darf ich hier nicht Partei ergreifen.« Der vornehme Mann verstand mich und drang nicht weiter in mich.

In der Salle Pleyel gab ich einen erfolgreichen Chopin-Abend. In Amsterdam sollte ich im wundervollen Concertgebouw statt unter dem ständigen Dirigenten Mengelberg unter George Szell das Vierte Beethoven-Konzert spielen. Ich freute mich sehr, ihn zu treffen und mit ihm zu musizieren; ich erinnerte mich des starken Eindrucks, den er in der Prager Oper auf mich gemacht hatte. Vor der Probe, bei unserer ersten Begegnung, wirkte er diesmal auf mich eher wie ein Musiker vom deutschen Typ als ein Ungar. Als ich das Solo, mit dem das Konzert beginnt, beendete, winkte er mir ab und sagte laut:»Das hat Artur Schnabel langsamer genommen.« Diese gänzlich unangebrachte Bemerkung verblüffte mich nicht wenig. Nach dem ersten Satz machten wir eine Pause, im Künstlerzimmer nahm Szell die Partitur und suchte mich zu belehren, wie Schnabel das Konzert zu seiner, Szells, Zufriedenheit gespielt habe. Darauf sagte ich verärgert zu ihm:»Richten Sie Ihrem Artur aus, daß dieser Arthur hier eine andere Auffassung hat.« Und danach redete ich nicht mehr mit ihm. Er dirigierte das Konzert dann sehr gut, doch versöhnten wir uns nicht, und ich verließ den Konzertsaal, bevor er die Eroica begann. Nela kam tags darauf mit Misia Sert; die Damen wollten einkaufen und am Nachmittag die Wiederholung des Konzertes in Leyden anhören. Ich war drauf und dran, wieder nach meinem Auftritt wegzugehen, aber Misia Sert bestand darauf, daß wir zur Eroica blieben. Das wurde denn eine wahre Offenbarung. Nie zuvor und nie wieder habe ich eine so wunderbare Aufführung dieser Sinfonie gehört; beim Trauermarsch mußte ich weinen.

An die Spielzeit 1936/37 erinnere ich mich nur als an eine wahre Lawine von Konzerten, unterbrochen hin und wieder von wenigen Ruhetagen in Paris, gelegentlicher Teilnahme an gesellschaftlichen Ereignissen und der Vorbereitung meiner Programme. Und in Rom kam es zu einem belustigenden Vorfall.

Zu meinen römischen Konzerten erschienen für gewöhnlich Königin Eleana und Kronprinzessin Marie-José, meine alte Freundin aus Belgien. Bei einer solchen Gelegenheit lud mich die Königin in die Villa

Savoia ein, das königliche Palais unweit von Rom. Dort waren auch ihre Töchter, und im trauten Familienkreis bat sie mich, auf einem Bösendorfer zu spielen, der eine ziemlich schwergängige Mechanik hatte. Nach ein paar donnernden Akkorden riß eine Saite, und die Königin, die meine Betroffenheit bemerkte, sagte ruhig: »Gehen wir nach nebenan, da steht ein hübscher Bechstein.« Alle Anwesenden begaben sich wie eine Prozession durch mehrere große Räume, eine Prinzessin schleppte die schwere Klavierbank. Der Bechstein eignete sich durchaus für ein Konzert im kleinen Kreise, und so ging denn alles noch gut ab. Nach einem Klavierabend im Augusteo gaben die Königin und Prinzessin Marie-José für mich ein Champagnersouper, das sie eigenhändig servierten.

Mein armer Freund Karol lag derzeit in einer Klinik in Grasse, und weil ich in Cannes ein Konzert im Kasino hatte, konnte ich ihn besuchen. Es war herzergreifend zu sehen, wie abgezehrt er war. Er konnte nur noch flüstern. »Noch eine Zigarette, und es ist aus mit mir«, sagte er. Ich gab mir die größte Mühe, ihn aufzuheitern, und war dessen selber nur allzu bedürftig. Als er hörte, daß ich in Cannes spielen sollte, flüsterte er: »Besorg mir einen Platz, wo mich niemand sieht.«

»Kannst du vorher mit mir essen?« fragte ich.

»Ich werde dir mit Vergnügen Gesellschaft leisten, kann aber nur essen, was mir erlaubt ist.«

Zwei Tage später um vier Uhr nachmittags fand das Konzert statt. Um die Mittagszeit wurde mir ausgerichtet, ein Herr erwarte mich in der Halle. Ich hatte es so eilig, Karol zu sehen, daß ich nicht den Lift nahm, sondern die Treppe hinunterlief. Zu meinem Entsetzen überraschte ich ihn dabei, wie er gerade eine Zigarette ausdrückte. Matt lächelnd entschuldigte er sich: »Eigentlich wollte ich nicht rauchen, aber ich bin so daran gewöhnt, die Zigarette zwischen den Fingern zu halten.« Wir aßen beide nicht viel zu Mittag, gingen auf die Terrasse, wo ich Kaffee trank und er ein Glas Milch. Weil ich nicht wollte, daß er sich beim Reden anstrengte, unterhielt ich ihn mit Anekdoten und Klatsch, berichtete vom Erfolg seines ›Harnasie‹, bis es für mich Zeit wurde, mich umzukleiden. Ich bestellte eine Limousine, die ihn nach Grasse zurückbringen sollte, und dann schlenderten wir gemächlich ins Kasino. Der Direktor stellte ihm seine eigene Loge zur Verfügung, direkt hinter dem Flügel und unsichtbar fürs Publikum. Nie war ich vor einem Konzert annähernd so nervös wie damals, denn ich fürchtete, Karol entweder durch die Art, wie ich spielte, oder die Stücke, die ich spielte, zu mißfallen. Zum Glück stand keine seiner Kompositionen auf dem Programm – ich hätte wahre Todesängste durchlitten bei dem Gedanken, dem Publikum damit keinen Beifall entlocken zu können. Er hörte alles mit stoischer Ruhe an, offenbar genügte ihm meine Nähe, mehr wollte er nicht.

Nach dem Konzert setzten wir uns in die Limousine, die mich zum Hotel, ihn dann nach Grasse bringen sollte. Ich ließ den Chauffeur bei einem Blumengeschäft halten und kaufte einen großen Strauß für Karol, den ich ihm mit einem Kuß und einer Umarmung reichte. »Zum Dank dafür, daß du mir die Ehre erwiesen hast, in mein Konzert zu kommen«, sagte ich dabei. Er dankte mir traurig lächelnd, und ich ging rasch davon. Ich spürte, es war das letzte Mal, daß ich ihn gesehen hatte und weinte auf der Straße bitterlich.

Sein Arzt ließ ihn bald darauf nach Lausanne verlegen, und von dort erreichte uns die traurige Nachricht, daß dieser große Komponist und teuerste meiner Freunde am 29. März 1937 gestorben war. Wir alle waren darauf gefaßt gewesen und berieten nun, wie die Kosten der Beisetzung zu tragen seien. Ich selber mußte schon am folgenden Morgen zu einem Konzert und zu Schallplattenaufnahmen nach London, doch Nela reiste sogleich, von Kazimir Kranz begleitet, nach Lausanne ab, ausgestattet mit genügend Geldmitteln. Sie fand dort bereits Karols Schwester Stanislawa vor, eine Sängerin, und etliche Beauftragte der polnischen Regierung, die sich um die Formalitäten kümmerten. Auch Lechon, der polnische Kulturattaché, war gekommen. Dies war in der Tat erstaunlich, denn man muß wissen, daß die polnischen Behörden nur sehr ungern Geldmittel für die Förderung der Musik herausrückten. Der Finanzminister beklagte sich sogar öffentlich darüber, daß Szymanowski immer wieder um Geld bettele. Dabei war Karol seit Chopin der einzige polnische Komponist von Weltgeltung, und er verdiente wahrlich alle Unterstützung seitens dieser geizigen polnischen Regierung. Als er nun gestorben war, konnten die Behörden sich nicht genug tun, in alle Welt hinauszuposaunen, welch unwiederbringlichen Verlust der Tod dieses großen Sohnes des Vaterlandes bedeute. In Warschau wurde ein Staatsakt mit unerhörtem Massenaufgebot vorbereitet. Hunderttausende versammelten sich zur Trauerfeier, ein Sonderzug brachte den Sarg samt der Familie und Regierungsmitgliedern nach Krakau zur Beisetzung in der Kirche von Skalla, wo nur die Größten der Nation einen Ehrenplatz fanden. Auf den Katafalk legte man das Großkreuz des Ordens Polonia Restituta, die höchste Auszeichnung. Welch bittere Ironie! Mit ihrem Geiz hatten sie Karol jahrelang gequält, aber für diese pompöse Veranstaltung war nichts zu teuer. Und was mich am meisten empörte: Polen ersuchte die Hitler-Regierung, den Zug lange genug in Berlin halten zu lassen, um dem Toten dort von den Deutschen militärische Ehren erweisen lassen zu können.

Als Nela aus Lausanne zurück war, mußten wir die Südamerika-Tournee vorbereiten. Meine eigenen Dinge erledigte ich selber, nun schon beinahe mechanisch; der Tod meiner besten, genau betrachtet meiner einzigen Freunde, hinterließ eine schreckliche Leere.

Am Tage der Abreise sortierte ich unten im Hause die Noten, die ich mitnehmen wollte, Nela war oben mit ihrer Freundin Basia Sienkiewicz-Lafont, die sich um die Kinder kümmern wollte, während Nela packte. Plötzlich ein schriller Schrei von Basia: »Komm schnell, Paul ist etwas passiert!«

Ich rannte die Wendeltreppe hinauf und fand den kleinen Paul blau im Gesicht und schwer atmend vor. Nela hielt ihn auf dem Arm, und Basia telefonierte nach ihrem Arzt. Vor der Tür wartete zum Glück der Rolls-Royce von Germaine de Rothschild, der uns zum Bahnhof bringen sollte. Wir riefen unseren eigenen Hausarzt an und bestellten ihn zum Bahnhof. Nun traf aber bereits Basias Arzt ein, sagte, das Kind leide an Krämpfen, und gab ihm ein Beruhigungsmittel. Pauls Gesichtchen nahm wieder die normale Farbe an, doch hatte er noch hohes Fieber.

Nela, Karola und beide Kinder fuhren zum Bahnhof, ich mit einem Taxi samt dem Gepäck hinterdrein. Der arme Paul erbrach sich fortwährend und beschmutzte den Rolls-Royce.

Auf der Gare de Lyon erwartete unser Arzt uns am Schlafwagen und diagnostizierte auf der Stelle Mandelvereiterung bei Paul, der von Geburt an auch bei geringen Beschwerden immer gleich hohes Fieber gehabt hatte. Der Arzt gab Nela für unterwegs Verhaltensmaßnahmen und Tabletten, und versprach, ein Kollege werde uns nach der Ankunft in Marseille im Hotel erwarten.

Die arme Nela widmete sich die ganze Nacht über der Pflege des erkrankten Kindes ohne alle Hilfe – abgesehen von meinen wenig nützlichen Bemühungen –, denn Karola fuhr in einem billigeren Zug und traf erst zwei Stunden nach uns ein. Im Hotel de Noailles stellte sich wirklich sogleich ein Arzt ein. Pauls Fieber war abgeklungen, und nach ausgiebiger Untersuchung meinte der Arzt: »Sie können ihn unbesorgt mit auf die Reise nehmen, schließlich ist ja ein Schiffsarzt an Bord.« Das beruhigte uns. Ich ging sogar mit der kleinen Eva Spielzeug einkaufen. Das Schiff sollte am Spätnachmittag auslaufen, und wir hatten zwei recht hübsche Kabinen. Karola brachte Paul sogleich zu Bett, der herbeigeholte Schiffsarzt fand ihn schlafend vor und versprach, später nach ihm zu sehen.

Nun wurden die Besucher von Bord gebeten, also würden wir demnächst ablegen. Ganz plötzlich packten mich grauenhafte Gewissensbisse: Wie konnte ich nur meinen kleinen Jungen der mangelhaften Pflege an Bord eines Schiffes aussetzen! Ich mußte mich unbedingt von einer Kapazität beruhigen lassen, stürzte also zum Kapitän, einem freundlich aussehenden Menschen, und flehte: »Bitte, bitte verschieben Sie die Abfahrt um eine Stunde.« Er machte eine ablehnende Miene, doch ich flehte nur desto inständiger, und als er vernahm, worum es sich handelte, ließ er sich erweichen. »Lassen Sie die Kapazität so rasch wie möglich kommen, denn länger als um eine Stunde darf ich die Abfahrt nicht verschieben.« Er bemerkte wohl den Ausdruck innigster Dankbarkeit in meinen Augen, denn er lächelte.

Mit meinem Adreßbüchlein in der Hand betrat ich eine Telefonzelle auf der Landungsbrücke inmitten des Abschiedstrubels. Obwohl dem Telefonieren äußerst abgeneigt, handhabte ich den Apparat mit solchem Geschick, daß ich die Baronin Germaine de Rothschild schon nach zwei Minuten am Telefon hatte. Zufällig hatte sie einmal erwähnt, daß in Marseille ein berühmter Kinderarzt praktiziere, aber natürlich wußte ich weder seinen Namen noch seine Adresse. Ich bat sie dringend darum, und zum Glück hatte sie die Daten bei der Hand. Als sie nach Paul fragte, hängte ich rasch ein und versuchte, den Professor zu erreichen. Seine Sprechstundenhilfe wies mich ab; das Wartezimmer sei voller Patienten. Ich rief: »Es handelt sich aber um einen Notfall, ich muß ihn unbedingt sprechen!« Tatsächlich meldete er sich nach einigen Minuten. Ich schilderte ihm den Fall so eindringlich ich konnte und flehte ihn an, sofort zu kommen.

»Das ist ausgeschlossen, ich habe Patienten zu behandeln.« Nun antwortete ich mit gebrochener Stimme: »Ich bin ein armer Pianist, der seinen Lebensunterhalt mit Konzerten verdient, und auf dem Wege nach Südamerika, kann aber nur fahren, wenn Sie mir versichern, daß es zu verantworten ist.«

»*Mais qui est vous-donc?*« fragte er unwirsch.

»*Mon nom est Arthur Rubinstein.*«

»Was denn, Arthur Rubinstein, der große Pianist? *J'accours tout de suite.*«

Da weinte ich! Keine Viertelstunde später stand er in unserer Kabine. Als ich ihm die Hand küssen wollte, stieß er mich fort. »*Je fais mon devoir*«, sagte er nur. Nela berichtete ausführlich, und er untersuchte Paul mit überlegener ärztlicher Kunst. Nela und ich erwarteten mit angehaltenem Atem sein Urteil.

»*Vous pouvez partir.* Machen Sie sich keine Sorgen, ich gebe dem Schiffsarzt die nötigen Anweisungen. Ihr Sohn wird gesunden.« Und dann unterredete er sich mit dem Schiffsarzt.

»Was bin ich Ihnen schuldig?« fragte ich den Professor.

»Die Freude, die ich als Zuhörer Ihrer Konzerte empfunden habe, ist mir ausreichende Bezahlung.« Ich bewunderte nicht nur seine Großzügigkeit, meine Bewunderung reichte weiter, sie galt nämlich auch mir selber: hatte er doch prompt reagiert, als ich meinen Namen nannte!

Nun rannte ich auf die Brücke und rief dem Kapitän zu: »Fahren wir, fahren wir, und tausend, tausend Dank.« Noch war die gewährte Frist nicht abgelaufen, und schon schrillte die Sirene.

Der kleine Paul war schon nach zwei Tagen wieder auf den Beinen, und seine Eltern waren selig. Nach dem turbulenten Treiben in Europa war die lange Überfahrt nach Argentinien eine willkommene Zwangspause. Die gute Luft und die Stille des südlichen Meeres stärkten unsere Kräfte.

Freunde in Buenos Aires hatten für uns die Wohnung eines Arztes gemietet, in der wir uns recht wohl fühlten. Das Sprechzimmer verwandelte sich in ein Kinderzimmer, und es war für uns und Carola gar nicht so einfach, die Kinder daran zu hindern, mit menschlichen

Embryonen zu spielen, die da in Glasgefäßen herumstanden und die sie höchst attraktiv fanden.

Ruiz hatte eine Tournee mit einer kleinen Zahl von Konzerten in Buenos Aires und einer größeren in der Provinz ausgearbeitet. Nela blieb unterdessen mit den Kindern in Buenos Aires. Immer noch durfte ich mein verdientes Geld nicht ausführen, das war mir aber ganz recht, und ich legte auch das neu verdiente im Lande an, denn ich hatte so ein Gefühl, daß höhere Geldbeträge in Paris nicht mehr sicher wären. Mir kam es vor, als verfalle Frankreich dem suggestiven Einfluß Hitlers; man merkte das am wachsenden Antisemitismus.

In Córdoba in Argentinien traf ich zu meiner großen Überraschung Manuel de Falla und seine Schwester. Es war ihm gelungen, bei Ausbruch des Bürgerkrieges aus Spanien zu entkommen. Wir freuten uns dieser Wiederbegegnung sehr. Er war immer noch der alte Gesundheitsfanatiker: kaum hatte er jemand die Hand gegeben, wusch er die Finger in einer desinfizierenden Lösung, die seine Schwester ihm darreichte. Über den tragischen Krieg in Spanien war er sehr unglücklich. Er sah blaß und müde aus, arbeitete aber weiter an seinem großen Oratorium ›Atlántida‹. In mein Konzert kam er nicht, dazu fühlte er sich zu matt, aber er schrieb mir einen sehr herzlichen Brief, den ich noch besitze.

So bereiste ich denn unentwegt Argentinien und Uruguay, und war ich zurück in Buenos Aires, gingen wir ins Grill vom Plaza oder in die Oper im Colón.

Noch standen sechs Konzerte in Valparaíso und Santiago de Chile aus. Es gab nun eine Flugverbindung, doch die Maschinen flogen nicht über die Gipfel, sondern zwischen ihnen hindurch, und das war nicht ungefährlich. Nela blieb in Buenos Aires.

Juanita Gandarillas, die damals in Santiago lebte, lud mich zu sich ein. Der Flug war ziemlich riskant; schon nach dem Start in Mendoza, wo wir zwecks Auftankens und Einholung der Wetterberichte zwischenlandeten, gerieten wir in Nebel, der die Sicht zwischen den Gipfeln völlig versperrte, und der Pilot mußte eine gefährliche Kehre zurück nach Mendoza fliegen. Der Nebel hob sich eine Stunde später, und wir landeten heil in Santiago.

Juanita und ich verbrachten hier eine glückliche Zeit. Sie bewohnte allein ein wunderschönes Haus, denn zwei ihrer Töchter waren verheiratet, und Carmen, die dritte, lebte in London bei ihrem Vater. Im Speisezimmer hatte sie in einem Käfig einen bunten Papagei, der unentwegt plapperte, und als ich die liebe Juanita fragte, wie sie das denn ertrage, sagte sie traurig: »Er leistet mir Gesellschaft. Ach, wäre doch nur Nela hier und könnte mit ansehen, wie das Publikum hier Sie liebt!« Und sie drängte Nela am Telefon, doch die Reise zu machen. Als ich mich ihren Bitten anschloß, war Nela auch gleich dazu bereit. Die Kinder konnten Karola überlassen werden, die von Victoria González beaufsichtigt wurde. Wir erwarteten Nela zu meinem dritten Konzert, doch wurde auch sie in Mendoza aufgehalten; mußte dort übernachten. Tags darauf wurde das Wetter immer schlechter, und es bestand keine Aussicht auf Besserung. Nela verlor die Geduld und flog zurück nach Buenos Aires, während wir uns auf der anderen Seite der Anden in Chile mit unserer Enttäuschung abfinden mußten.

Ich gab die sechs Konzerte in zwei Städten zur vollen eigenen und meiner Zuhörer Zufriedenheit, und nun war es Zeit, den Rückflug anzutreten. Ich hatte die Flugkarte bereits, Pan American ließ aber wissen, daß in den kommenden vierundzwanzig Stunden keine Maschine starten könne. Da überredete mich denn Salvati, der Operndirektor, noch ein Konzert zu geben. Es schmeichelte mir sehr, daß selbst auf eine so kurzfristige Ankündigung hin das Haus ausverkauft war, doch mehr beunruhigte mich der Gedanke: wie kommst du zurück nach Buenos Aires? In fünf Tagen lief unser Schiff dort aus, und am Abend vor der Abreise sollte ich im Rundfunk spielen. Zwei Tage vergingen, ohne daß sich das Wetter besserte.

Eines Samstags, das erinnere ich genau, drang Salvati in mich, nun auch noch ein achtes Konzert in Santiago zu geben. »Bestimmt fliegen Sie am Sonntag!« versicherte er.

Sonntag, das hieß zwei Tage vor der Abreise und einen Tag vor dem letzten Konzert in Buenos Aires. Das wurde nun eine sonderbare Veranstaltung. Das Programm, in aller Eile zusammengestellt, bestand fast ausschließlich aus beliebten Stücken von Albéniz und de Falla und den eingängigsten Sachen von Chopin. Während der Pause dieses erfolgreichsten aller meiner Konzerte kam Salvati ins Künstlerzimmer und kündigte triumphierend an: »Morgen geht wieder kein Flugzeug! Um elf können wir noch eine Matinée veranstalten.«

Ich lachte erbittert: »Am Ende spiele ich noch vor ein paar Hunden und Katzen. Wie wollen Sie über Nacht das Publikum zusammentrommeln?«

»Wenn wir jetzt sogleich im Foyer ein Plakat anschlagen und dasselbe Programm ankündigen wie heute abend, ist der Saal morgen vormittag wieder voll, mit demselben Publikum. Außerdem werde ich natürlich auch eine Ankündigung über das Radio durchgeben lassen und den Sonntagsblättern schicken.«

Juanita gab mir ein Abschiedsessen im Familienkreis mit einigen Gästen, ich genoß es aber nicht recht. So, hinter den Anden eingesperrt, fühlte ich mich nicht wohl. Schließlich sollte ich am Montag in Buenos Aires spielen und Dienstag das Schiff nach Europa nehmen. Es wurde mir allmählich sehr ungemütlich. Einer der Gäste hatte etwas mit Tourismus zu tun und fragte mich: »Würden Sie auch mit einer deutschen Maschine nach Buenos Aires fliegen?«

»Selbstverständlich, wenn sie nur flöge.«

»Am Montag früh startet eine Maschine, die mit allen Mitteln versuchen wird, anzukommen. Falls Sie keine Angst haben, könnten Sie mitfliegen.«

»Probieren tue ich es auf alle Fälle.«

Salvati hatte recht, das Publikum in der Matinée war großenteils dasselbe vom Vorabend, und er konnte sogar Stehplätze verkaufen.

Juanitas Bekannter brachte mir den Flugschein am Sonntagnachmittag. Ich telefonierte mit Nela, sagte, ich nähme eine deutsche Maschine, und sie möge sich dort in Abständen nach der Ankunftszeit erkundigen. Nela war einerseits beruhigt, weil ich nun endlich fliegen würde, andererseits fürchtete sie die Gefahr.

Wir waren nur sechs Passagiere in dem kleinen, aber sehr solide aussehenden zweimotorigen Flugzeug. Um acht Uhr kletterten Pilot und Kopilot auf ihre Sitze, und wir starteten. Noch war ich in Gedanken ganz bei dem herzlichen Abschied von Juanita und mehr sentimental gestimmt als ängstlich. Nach einer halben Stunde änderte sich das allerdings. Das Flugzeug suchte verzweifelt einen Durchschlupf durchs Gebirge, doch vergeblich. Wir drehten um.

Nach weiteren vergeblichen Versuchen mußten wir zwischenlanden, um zu tanken. Wieder in der Luft, wurde die Maschine erbarmungslos umhergeschleudert, und wir glaubten, unser letztes Stündlein sei gekommen. Doch plötzlich gab der Pilot bekannt: »Wir sind drüben.« Hurra, wir waren in Sicherheit! In Córdoba mußten wir nochmals auftanken, aber wir hofften, am Spätnachmittag Buenos Aires zu erreichen. Córdoba lag in einer dichten Nebelschicht, und wir mußten mehrmals mit immer knapper werdendem Treibstoff über dem Flugplatz kreisen. Um sechs endlich landete die Maschine bei schwerem Regen in Buenos Aires. Nela erwartete mich weinend am Fuße der Treppe, umarmte mich krampfhaft und preßte mich lange an sich. Die beiden Flughafenangestellten, die ihr gestattet hatten, auf die Rollbahn zu gehen, sahen dabei zu und bemerkten: »Die Dame war so aufgeregt, daß wir sie durchlassen mußten.«

Es war gerade noch Zeit, in die Wohnung zu fahren, eine Tasse Kaffee zu trinken, mich umzukleiden und um neun Uhr im Konzert zu sein. Nela erzählte mir unterwegs: »Im Radio kamen dauernd Meldungen über den Standort deiner Maschine durch. Ich hatte wahnsinnige Angst, denn es hörte sich so an, als könnte sie jeden Moment abstürzen. Es hieß dann auch, das Konzert finde womöglich nicht statt, aber das ist wohl unterdessen widerrufen worden.« Und sie lächelte unter Tränen. Ich mußte selber lächeln, als ich eine Stunde später im vollen Theater die friedevolle Es-Dur-Sonate von Beethoven zu spielen begann, die der Rundfunk übertrug.

Anschließend fand ein ausgedehntes Abschiedsmahl bei den González und Germán Elizalde statt. Der Rest der Nacht verging mit Packen. Die Kinder, die durchgeschlafen hatten, wollten, kaum an Bord, gleich mit uns spielen, doch wir sanken auf unsere Betten und schliefen wie die Steine zwölf Stunden hintereinander.

Während der langen Überfahrt beschäftigte ich mich im wesentlichen mit meinen Programmen. Programme waren für mich immer sehr wichtig, und ich darf hinzufügen, daß ich bekannt dafür wurde, sie besonders sorgfältig zusammenzustellen. Das südamerikanische Publikum konnte sich an meinen spanischen Stücken niemals satthören, und als Kontrast spielte ich dann etwas aus ›Petruschka‹. Mein Chopinspiel überzeugte diese Hörer ebensosehr, was ich von den polnischen leider nicht behaupten konnte.

Nun aber hatte ich es mit zwei weit auseinanderliegenden Erdteilen zu tun: Australien, wo ich nie zuvor gewesen war, und Nordamerika, wo ich nach vierzehnjähriger Abwesenheit als Neuling erscheinen würde.

An Bord gab es einen brauchbaren Flügel, und ich konnte hier nach Herzenslust ausprobieren, was sich als Repertoire für beide Länder wohl eignen mochte.

Ich hatte in jenem Jahr so wenig Zeit, daß ich mir nicht einmal die Weltausstellung in Paris ansehen konnte. Schiff gab mir gleich bei der Ankunft die Rückfahrkarten nach Sydney, und ich mußte noch am selben Abend weiter nach Amsterdam, von wo die KLM-Maschine nach Australien startete.

Man kann sich heute nur schwer vorstellen, wie eine solche Reise damals vonstatten ging. Neun Tage sollte der Flug dauern, jeden Abend bei Sonnenuntergang wurde Zwischenaufenthalt genommen, und bei Sonnenaufgang ging es dann weiter. Wir waren insgesamt zehn Passagiere. Die Maschine besaß zwei verläßlich aussehende Motoren, Pilot und Kopilot waren gestandene Holländer und gefielen uns auf den ersten Blick.

Es war sehr lustig, auf der Karte all die Orte zu sehen, wo wir zwischenlanden sollten – manche waren besonders pittoresk, andere bemerkenswert schön. So etwa verbrachten wir eine Nacht in Athen, und ich durfte wieder die herrliche Akropolis bewundern. Es folgten Kairo, dann Basra, über das wir so niedrig flogen, daß wir den heißen Sand und das Öl darunter spürten. Auch in Allahabad verbrachten wir eine Nacht, und ich hatte Gelegenheit, den herrlichen roten Palast des Maharadschas zu bestaunen.

Dann tankten wir in Kalkutta auf, und zwar nach einer gefährlichen Landung auf der überfluteten Piste. Zur Abfertigung mußten wir waten. Der Pilot teilte uns mit: »Bei diesen Wetterverhältnissen können wir unmöglich starten, die Gesellschaft verschafft Ihnen Hotelzimmer. Ich hoffe, daß wir morgen weiterfliegen können.« Ich freute mich darüber, begierig auf Sehenswürdigkeiten hätte ich gern an jede Übernachtung noch einen freien Tag angehängt.

Wir verbrachten die Nacht ungestört, es war an Weiterfliegen nicht zu denken. Ich genoß besonders das englische Frühstück zu einer zivilisierten Stunde, und nicht in aller Herrgottsfrühe.

Einer der Mitreisenden kannte sich in Kalkutta aus und erbot sich, mir die Stadt zu zeigen. Die Straßen wimmelten von Menschen, Handwerker fertigten vielfarbige Saris an. Auch europäische und amerikanische Waren standen zum Verkauf, und zwar im Freien, während die Handwerker unter Dach saßen. Das alles war weiter nicht bemerkenswert, doch plötzlich näherte sich uns in behaglicher Gangart eine große weiße Kuh, und der machte die Menge Platz, als handele es sich um die Maharani persönlich. Die Kuh interessierte sich für die Auslagen offenbar ebenso wie wir, sie knabberte mal hier, mal dort, und niemand hinderte sie daran. Mein Begleiter flüsterte mir zu: »In Indien sind weiße Kühe heilig, niemand würde wagen, sich einer in den Weg zu stellen.«

Dann führte mich mein Begleiter in die nähere Umgebung der Stadt zu einem einstöckigen Haus, dessen Fenster unverglast waren. Schon am Tor stank es fürchterlich, und auf meinen entsetzt fragenden Blick erklärte mein Reisegefährte: »Hier werden die Toten verbrannt. Wenn Sie wollen, können Sie dabei zusehen.« Ich gestehe, meine Neugier war stärker als mein Widerwille, und wir traten ein. Sechs Tische standen innen nebeneinander, und auf jedem brannte ein Leichnam. Ein Wärter legte von Zeit zu Zeit Holz nach. Dies war wirklich die scheußlichste Weise der Leichenbestattung, die mir je vor Augen gekommen ist, die langsame Prozedur abstoßend.

Abends beim Essen kündigte der Pilot an, die Piste trockne ab, und wir könnten vermutlich am folgenden Morgen starten. So flogen wir denn die kurze Strecke nach Burma, wo wir wieder über Nacht bleiben sollten. Die nächsten Haltepunkte boten nichts Interessantes, einer war Kuala Lumpur in Malaya, der andere eine Insel östlich von Bali namens Timor. Auf dem Weg zum holländischen Konsulat, wo wir untergebracht waren, sahen wir die Eingeborenen am Wege kauern und Betel kauen; der Saft troff ihnen übers Kinn, rot wie Blut. Timor war die letzte Zwischenstation vor Port Darwin. Dazwischen war nichts als offenes Meer, und wir fürchteten uns etwas vor diesem Flug über den Indischen Ozean. Als wir endlich festen australischen Boden unter den Füßen hatten, war ich recht erleichtert.

Als ich nach der Zollabfertigung in die Halle hinaustrat, bemerkte ich als erstes total verblüfft ein Plakat, das für Wintersport auf dem Mount Kosciuszko warb, dem höchsten Berg des Landes. Ich kenne die Geschichte Polens gut, kenne auch das Leben des berühmten polnischen Bergsteigers Kosziuszko, hatte aber nicht gewußt, daß er auch in Australien umhergeklettert war, und schämte mich meiner Unwissenheit.

Früh am nächsten Morgen ging es weiter nach Sydney mit einer Zwischenlandung zum Auftanken inmitten einer wüsten Gegend. Gleich nach unserer Maschine landete ein Flugzeug, das nach Europa bestimmt war, und ich sah zu meiner Verblüffung eine recht stämmige Dame diese Maschine verlassen, unterm Arm einen gewichtigen Geigenkasten, der zwei Instrumente faßte, wie er nur von Solisten benutzt wird, die sich so etwas leisten können. Daß ich sie nicht identifizieren konnte, begann mich schon zu ärgern, da erkannte ich hinter ihr einen kleinen Mann – Bronislaw Hubermann, den großen Geiger, mir von Kindheit an befreundet. Wir fielen uns um den Hals, entzückt von diesem Zufallstreffen. Seine Assistentin machte Photos von uns, und dann trennten wir uns notgedrungen wieder.

Ich erfuhr nun, daß es in Australien keine Wasserstraßen gibt, woraus sich erklärte, daß die bedeutenden Städte alle an der Küste liegen. Wir flogen ziemlich niedrig über buschbestandenes Land und erblickten große Känguruhrudel, die vom Lärm unserer Motoren aufgeschreckt davonhüpften.

In Sydney kamen wir mittags an, und ich stieß einen Seufzer der Erleichterung aus, als die Maschine auf das Abfertigungsgebäude hinrollte. Welch ein Segen, bald wieder ein richtiges Bad zur Verfügung zu haben, die Koffer auspacken und sich endlich wieder als Pianist fühlen zu können! Als die Maschine ausrollte, nahm ich meine beiden Mäntel über den Arm, ergriff meinen Koffer und entstieg als erster dem Flugzeug. Ein halbes Dutzend gut gekleideter Männer und zwei Photoreporter warteten schon auf mich. Der Leiter der australischen Rundfunkgesellschaft (ABC), dem ich die Hand zur Begrüßung hinstreckte, ergriff diese nicht, richtete sich vielmehr stocksteif auf, nahm etliche Blätter aus der Tasche und hielt eine Ansprache, eine recht umständliche Prozedur, die mehrere Minuten in Anspruch nahm. Als er geendet hatte, trat der nächste vor und verlas aus einer Zeitung, was darin über meine Ankunft berichtet wurde. Als der zu Ende war, schauten mich alle erwartungsvoll an, und ich hätte sie am liebsten umgebracht. Wie gewöhnlich war ich unfähig, die erwartete kleine Ansprache zu halten, und stammelte irgend etwas, was mir selber höchst befremdlich in den Ohren klang. Das machte offenbar nicht den gewünschten Eindruck. Nun erst schleusten sie mich durch den Zoll und die Paßkontrolle, zwei der Herren setzten sich zu mir in eine Limousine und begleiteten mich ins Hotel. Ich wäre diese Herren gern losgeworden, bedankte mich also überschwenglich, doch ließen sie sich nicht abschütteln, sondern beteuerten ein über das andere Mal: »Sie haben reichlich Zeit.«

»Das ist auch gut so«, antwortete ich, »denn ich habe eine weite Reise hinter mir. Ich möchte jetzt auf dem Zimmer eine leichte Mahlzeit nehmen und bis zum Abendessen ruhen.«

Das war ihnen gar nicht recht: »Ihnen zu Ehren findet in einer Dreiviertelstunde ein großes Essen statt, und die Gäste kommen schon.« Eine böse Überraschung, doch ließ ich mir wie gewöhnlich nichts anmerken, sondern nahm mich zusammen. Mindestens aber mußte ich mich noch rasieren, die verdrückten Anzüge auspacken und rasch aufbügeln lassen, und dann begab ich mich in ein reserviertes Speisezimmer.

Man hieß mich in der Mitte einer langen Tafel Platz nehmen zwischen zwei Damen, denen ich nach heimatlicher Tradition die Hand küßte. Die waren an so etwas nicht gewöhnt und schüttelten meine Hand so kräftig, daß sie mir fast die Vorderzähne ausschlugen. Es waren etwa zwanzig Gäste versammelt, und dank den handgeschriebenen Speisekarten und einigen Weingläsern vor jedem Gedeck wirkte das Ganze recht förmlich. Man servierte heiße Kraftbrühe, und ich wollte schon darüber herfallen, müde und ausgehungert, wie ich war, doch da schlug jemand an sein Glas, und der Vorsitzende der Australischen Rundfunkgesellschaft hielt eine Rede. Er richtete warme Worte des Willkommens an mich, die ich allerdings nur schwer verstand, denn er sprach mit dem landesüblichen Akzent. Ich dankte ihm mit einem Lächeln, griff neuerlich zum Löffel, doch schon erhob sich der nächste Redner, der sich als musikalischer Berater der Rundfunkgesellschaft zu erkennen gab und mich auf genau jene Weise pries, die mir am meisten verhaßt ist. Und damit war noch keineswegs das Ende der Tortur erreicht! Die Dame zu meiner Rechten sprang nun auf und berichtete, wie sehr ihr ein Konzert gefallen habe, bei dem sie mich in Bournemouth das Klavierkonzert von Tschaikowsky habe spielen hören, und als sie sich endlich setzte, richteten sich alle

Blicke erwartungsvoll auf mich. Ich war sehr gereizt und empfand, wie ich gestehe, schon so etwas wie Selbstmitleid. Das gab mir den notwendigen Mut. Ich stand auf und sagte laut und deutlich: »Meine Damen und Herren, Ihre warmherzigen Worte haben mich zutiefst gerührt, doch richten sie sich bedauerlicherweise an einen todmüden und ausgehungerten Reisenden. Nach einem geruhsamen Bad und einem ausgiebigen Schlaf hätte ich sie gewiß besser zu schätzen gewußt. Ich bitte Sie also, für jetzt mit einem aufrichtig gemeinten ›Dankeschön‹ zufrieden zu sein.« Diese ironisch gefärbte Aufrichtigkeit fand großen Beifall.

In meinem Hotelzimmer hob sich meine Stimmung dann merklich. Zum ersten Mal im Leben hatte ich nicht nur laut und deutlich, sondern auch ganz so gesprochen, wie mir ums Herz war. Noch war ich nicht allein, die Eskorte vom Flugplatz hatte mich auch aufs Zimmer begleitet, und der Sprecher sagte nun etwas verschüchtert: »Mr. Rubinstein, ich fürchte, Sie werden das nicht gern hören, doch man erwartet Sie bereits seit einer halben Stunde im Konservatorium von Sydney.«

Als er sah, wie meine Augen vor Wut funkelten, fügte er schnell hinzu: »Der Direktor ist Russe und bewundert Sie sehr.« Der arme Mensch ahnte nicht, wie egal mir das war, aber ich wußte, meinem Schicksal konnte ich nicht entgehen.

Man begrüßte mich bereits auf der Treppe, die in den Saal des Konservatoriums führte, Studentinnen und Studenten riefen Bravo und klatschten, und ich konnte mich kaum durch das Gewühl drängen. Oben erwartete mich ein dicker Mensch mit spärlichem Blondhaar und küßte mich nach russischer Manier dreimal auf die Wangen. Anschließend machte er drei Schritte rückwärts, brachte beschriebenes Papier zum Vorschein und hielt eine Rede in australischem Englisch mit russischem Akzent. Er erwähnte, daß er und ich uns häufig begegnet seien, was schlicht gelogen war, pries meine künstlerischen Fähigkeiten und stellte mich den Studenten als einen vertrauten Freund vor. Wieder trat bedrohliche Stille ein, und ich mußte antworten.

Von seinen Lügen und unsinnigen Lobreden verärgert, sprach ich auch jetzt mit meiner neugefundenen Autorität und fand leicht die passenden Worte. Ich legte meine Auffassung von Musik und insbesondere vom Klavierspiel dar und – man lache nicht! – wurde von meinem eigenen Redeschwung fortgerissen. Der Beifall blieb denn auch nicht aus.

Nach einem Höflichkeitsaustausch mit einigen Professoren und vielem Händeschütteln mit Studenten wurde ich ins Hotel gefahren, wo ich endlich auf dem Zimmer einen leichten Imbiß nehmen durfte, meine Sachen auspackte, ausgiebig badete und die wohlverdiente Nachtruhe genoß. Mein erstes Konzert in Sydney gab ich mit dem ABC-Orchester unter einem Dirigenten mit deutschem Namen, dem allerdings ein »Sir« vorangestellt war. Als Debüt spielte ich das Tschaikowsky-Konzert. Das Orchester war alles andere als zureichend, und der Dirigent, ein guter Musiker, gestand mir, daß er mit seinen Musikern große Schwierigkeiten habe. Zum Glück waren die Zuhörer mit mir sehr zufrieden und die Radiohörer ebenfalls. Damit war der Erfolg der Tournee so gut wie gesichert.

In Sydney gab ich noch einen Klavierabend, dann fuhr ich per Bahn nach Melbourne, begleitet von dem Sprecher der Delegation, die mich willkommen geheißen hatte. Melbourne, die Hauptstadt der Provinz Victoria, empfand ich als starken Gegensatz zu Sydney. Der amerikanische Einfluß war in Sydney vorherrschend. Hotels, Ladengeschäfte, die schreiende Werbung, das Warenangebot, alles erinnerte an Städte wie Baltimore oder Pittsburgh, während Melbourne auf den ersten Blick einer netten altmodischen englischen Stadt glich.

Das reizende Hotel hatte nur Erdgeschoß und ein Stockwerk, keinen Lift, die Fenster standen offen und ließen eine frische Brise ein. Leider war das Essen ebensowenig schmackhaft wie dasjenige in abgelegenen englischen Provinznestern, während man in London, Manchester, Liverpool und Bristol immerhin unweit der typisch englischen Restaurants immer auch noch einen gut geführten französischen Grillroom findet. In Melbourne war das wichtigste Thema Pferderennen, ganz wie in England. Immerhin gab es eine Gedenkstätte für die große Melba, die sich nach dieser ihrer Geburtsstadt nannte, und auch für den armen Fritz Müller, meinen alten Rivalen aus Berliner Studienzeiten. Die Zuhörer waren hier reservierter und zeigten größeres Musikverständnis.

Der Präsident des Australischen Rundfunks (ABC) war mit dem Orchester von Sydney recht unzufrieden. »Wir brauchen einen wirklich guten Dirigenten. Ihr letztes Konzert werden Sie dort unter Georg Schneevoigt geben, der aber kann nicht bleiben. Kennen Sie jemand, der das Orchester von Sydney in gute Zucht nehmen könnte? Die Musiker sind nämlich ausgezeichnet. Einen Toscanini oder Stokowski können wir uns selbstverständlich nicht leisten.« Mir fiel auf der Stelle der richtige Mann ein:»George Szell. Keiner könnte Ihr Orchester besser heranziehen, und er ist derzeit frei.« Nun klatschte er in die Hände.»Hubermann ist ebenso begeistert von ihm«, bestätigte er, und uns beiden ist es zu danken, daß Australiens großes Orchester unter der Leitung dieses Meisterdirigenten eine Wandlung zum Besseren durchmachte.

Nach drei sehr erfreulichen Konzerten in Melbourne fuhr ich weiter nach Adelaide, der Hauptstadt des Südens, einer sehr distinguierten Stadt, wo man meine Konzerte mit viel herzlichem Beifall aufnahm. Perth, im Westen des Landes, war die letzte Station vor der Rückkehr nach Melbourne, wo ich noch einmal zu spielen hatte. Auf der Rückreise nach Sydney spielte ich noch in Canberra, dem Regierungssitz von Australien, einer kleinen, neu gegründeten Stadt, wo ich am Tage meines Konzertes vom englischen Generalgouverneur Lord Gore liebenswürdigerweise zum Lunch eingeladen wurde. Seine Frau und er waren reizende Gastgeber, ich saß zwischen den beiden bei Tische, und außer uns waren nur zwei Attachés zugegen.»Wir kommen selbstverständlich in Ihr Konzert«, sagte er im Tonfall des gebildeten Engländers.»Von Musik verstehe ich nichts, aber man kann ja immer noch etwas lernen, ha, ha!«

Plötzlich fiel mir eine Frage ein:»Als ich hier ankam, sah ich eine Wintersportwerbung für den Mount Kosziuszko, den höchsten Berg des Landes, der doch wohl nach einem berühmten polnischen Bergsteiger benannt ist. Ich kenne dessen Leben genau und meine, daß er niemals hiergewesen ist.«

Lord Gore lachte herzlich.»Lieber Freund, das ist einer dieser gräßlichen einheimischen Namen, die sich niemand merken kann.«

Ich beharrte schüchtern:»Er schreibt sich aber ganz genauso!«

»Ha, ha, sowas kommt vor, und Sie würden staunen, wenn ich Ihnen da Beispiele anführte.«

Ich ließ das Thema fallen.

Das Konzert war gut besucht, das Publikum bestand meist aus Diplomaten, und einige, die ich von anderswoher kannte, besuchten mich in der Pause. Plötzlich erschien Lord Gore an der Tür und rief:»Ich glaube, ich habe einen kapitalen Irrtum begangen, ja, bestimmt sogar, denn der

Bergsteiger, den Sie erwähnten und dessen Namen ich nicht erinnern konnte, ist wirklich Ihr Held, ha, ha! Ein polnischer Ingenieur hat als erster den Berg bestiegen, und nach dem wurde er dann benannt.« Nun, alle Anwesenden schüttelten sich vor Lachen.

Das letzte Konzert in Sydney gab ich unter Georg Schneevoigt, mit dem ich schon in Holland musiziert hatte. Er war Finne, ein ausgezeichneter Musiker, und trotz seines hohen Alters ungemein vital. Wir spielten sehr schön eines der beiden Brahms-Konzerte (welches, weiß ich nicht mehr), und Schneevoigt fragte mich anschließend im Künstlerzimmer: »Waren Sie schon im Zoo?«

»Nein.«

»Das ist hier aber das Sehenswerteste. Haben Sie morgen nachmittag Zeit?«

»Ja.«

»Lieber würde ich morgens mit Ihnen hingehen, doch da habe ich Probe. Es gibt viel zu sehen, und der Zoo macht schon früh am Nachmittag zu. Sie müssen unbedingt die Lachvögel sehen.«

»Lachvögel?«

»Ja. Unbedingt. Sehr faszinierende Tiere, sie lachen einen richtig aus, verspotten einen. Die müssen Sie sehen.« Und er schlug sich auf den Schenkel.

Tags darauf fuhren wir gleich nach dem Mittagessen in den Zoo, ich konnte es kaum erwarten. Er hatte recht, der Zoo ist wirklich sehenswert, er hat einen sehr reichhaltigen Tierbestand, vor allem gibt es hier Tiere, die man nirgendwoanders zu sehen bekommt.

Daß ich lange bei den Känguruhs stehen blieb, machte den armen Schneevoigt ganz nervös. Auch die Schnabeltiere faszinierten mich, und ganz besonders die Koalabären, die friedlich auf ihren Ästen hockten und sich ohne weiteres in die Arme nehmen und knudeln ließen. Als ich dann aber vor dem großen Affenzwinger auch noch stehen blieb, zerrte er mich buchstäblich am Kragen weiter und rief: »Wir kommen zu spät zu den Vögeln!« Wir waren nun schon ziemlich weit gelaufen, ich war also recht müde, doch der alte Mann gab nicht nach.

Wir mußten noch an so manchen interessanten Tiergattungen vorbei, bevor wir eine Voliere erreichten, in der etwa ein Dutzend großer bräunlicher Vögel lebte, die uns streng ansahen, die breiten Schnäbel auf der

Brust. Schneevoigt stieß mich mit dem Ellenbogen an, er wartete auf das Gelächter. Die Vögel blieben aber stumm. Schneevoigt schlug nun selber eine groteske Lache an, um die Tiere zu provozieren, doch reagierten die nicht. Der alte Mann geriet nunmehr in Wut und stieß gräßliche Geräusche aus, er mußte husten, seine Augen tränten, doch die bösen Vögel zuckten mit keiner Wimper und starrten uns nur mißbilligend an. Da geriet Schneevoigt außer sich und schrie: »Sie sollen lachen, ich werde sie schon zum Lachen bringen!«

In diesem Moment kündigte die Sirene an, daß der Zoo geschlossen wurde, und die Besucher mußten zum Ausgang gehen. Mein Begleiter beugte das Haupt total frustriert und flüsterte: »Wir müssen gehen.« Es war weit bis zum Ausgang, und als wir in den Hauptweg einbogen, passierte etwas Gräßliches. Ein schrilles, boshaftes Gelächter drang in unsere Ohren, und ich fühlte mich so beleidigt, daß ich am liebsten umgekehrt wäre und diesen Biestern den Hals umgedreht hätte. Schneevoigt hustete den ganzen Weg zurück ins Hotel.

Mein letzter Auftritt in Australien fand in Brisbane statt, der Hauptstadt von Queensland, und tags darauf trat ich den Rückflug mit KLM nach Amsterdam an.

Der Rückflug dauerte ebenso lange wie der Hinflug, brachte allerdings auch kleine Überraschungen – so war mein Sitznachbar ein Nazifunktionär. Wir warfen einander anfangs mörderische Blicke zu, doch unvorhersehbare Umstände führten dazu, daß wir so manches auf brüderliche Weise betrachteten: So etwa besuchten wir gemeinsam in Rangun einen der berühmtesten buddhistischen Tempel, den man allerdings nicht mit Schuhen betreten durfte. Der Nazi und ich mußten also in Socken durch den Matsch laufen und empfanden das beide als gleichermaßen widerlich, worüber wir uns mit einem einverständlichen Blick trösteten.

Kapitel 94

Ich kam also als ein erfolgreicher Reisender daheim an, die Taschen mit Geld gefüllt, und fühlte mich glücklich. Nela genoß die Erzählung meiner Abenteuer und meiner musikalischen Erlebnisse, brannte aber bereits darauf, die Tournee durch Amerika in Angriff zu nehmen, meine erste nach vierzehn Jahren.

Ich verbrachte viel Zeit damit, meine Programme für Konzerte mit Orchester und für Klavierabende vorzubereiten, und das führte zu brieflichen Auseinandersetzungen mit Hurok. Als echter Impresario wollte er die Galerie mit den beliebtesten Nummern beeindrucken, die mir zur Verfügung standen, doch ich sträubte mich und hielt an meiner eigenen Auswahl fest.

Es freute mich zu erfahren, daß ich von mehreren Dirigenten als Solist verlangt worden war – darunter meinen guten Freunden John Barbirolli mit dem New York Philharmonic Orchestra, Pierre Monteux mit dem San Francisco Symphony Orchestra und Eugene Goossens in Cincinnati. Eugene Ormandy wollte in Philadelphia drei Konzerte mit mir geben, und Arthur Rodzinski (nun verheiratet mit Nelas Freundin Halina Lilpop), wollte nicht nur in Cleveland mit mir konzertieren, sondern lud mich auch ein, bei ihm zu wohnen, was ich widerstrebend annahm. Ich wohne auf Konzertreisen nicht gern bei Bekannten, denn ich halte eine strikte Diät ein und belästige meine Gastgeber auch ungern mit Sonderwünschen, etwa dem Aufbügeln meiner Kleidung, was man im Hotel ja ohne weiteres verlangen kann.

Vor der Abreise aus Paris mußten wir die Kinder mit Carola nach Warschau schicken, wo sie während unserer Abwesenheit in der Obhut meiner Schwiegermutter bleiben sollten; das war ein schmerzlicher Abschied. Als der Zug aus der Gare du Nord rollte, die Kinder aus dem geöffneten Fenster winkten, brach Nela in Tränen aus, und die kleine Eva, nunmehr vier Jahre alt, tröstete sie: »Weine nicht, Mama, wir kommen ja wieder«, was Nela nur noch lauter weinen machte.

Nach der lästigen Packerei, die einen ganzen Tag dauerte und deshalb so ärgerlich war, weil man nicht wußte, was man mitnehmen sollte und was nicht, fuhren wir mit der Bahn nach Cherbourg und bestiegen die

›Queen Mary‹, in der Tasche die Pässe mit dem amerikanischen Visum. Ich selber fühlte mich in äußerst guter Stimmung und geradezu kampflustig: diesmal wollte ich es den Amerikanern zeigen. Abends nach dem Kaffee in der Lounge machte sich eine sehr zierliche kleine Dame mit uns bekannt, Blanche Knopf, die Gattin des bekannten amerikanischen Verlegers Alfred Knopf. Sie leistete uns während der Überfahrt häufig Gesellschaft und suchte ihre Begeisterung für Benno Moiseiwitsch auf mich zu übertragen; nebenher faszinierte sie mich durch ihre Liebe zur Literatur und ihre Belesenheit.

Auch William Steinway war an Bord, Leiter der Hamburger Filiale der berühmten Klavierfabrik. Ich kannte ihn flüchtig aus den zwanziger Jahren, und er begegnete mir jetzt mit betonter Freundlichkeit. Er sagte, er habe im Laufe der Jahre nur Lobenswertes über mich gehört, und schlug mir vor, künftig wieder in meinen Konzerten Steinway-Flügel zu spielen. Insgeheim freute mich das sehr, aber ich machte ein bedenkliches Gesicht, denn ich erinnerte mich ebensowohl wie er an unseren vierzehn Jahre zurückliegenden Streit. »Ich werde mir Ihr Angebot durch den Kopf gehen lassen«, sagte ich also. »Sie müßten mir erlauben, Ihre neuesten Instrumente gründlich zu prüfen.« Das sagte er zu, und ich war darüber recht glücklich.

Wir kamen bei gutem Wetter in New York an. Hurok erwartete uns im Hafen, half bei den Formalitäten und brachte uns ins Hotel Ambassador, wo wir ein sehr schönes Appartement bezogen. Im Salon bei einer Tasse Tee besprachen wir erstmals ausführlich unsere Pläne. Er lächelte etwas selbstzufrieden: »Ich habe Ihnen sogar schon vor Ihrem offiziellen Debüt ein Engagement verschafft.«

»Wo?«

»Hier in New York. Eine sehr reiche Dame hat sich bei mir erkundigt, wann Sie eintreffen. Sie möchte Ihnen zu Ehren einen kleinen Empfang veranstalten, und als ich sagte: ›Falls Sie wünschen, daß Rubinstein bei dieser Gelegenheit spielt, kostet Sie das aber eine hübsche Gage.‹ Sie ist einverstanden.«

»Hoffentlich ist es nicht Mrs. Vanderbilt«, sagte ich, denn an die hatte ich keine gute Erinnerung.

»Nein, es ist eine Mrs. Chadwick, angeblich eine gute Bekannte von Ihnen.«

»Lieber Himmel, Dorothy Chadwick! Die ist wirklich eine gute Freundin, und von der würde ich niemals Geld nehmen.«

Hurok schnitt eine Grimasse. »Falls Sie mit mir zusammenarbeiten wollen, spielen Sie niemals irgendwo umsonst.«

Am folgenden Donnerstag sollte ich erstmals auftreten, und zwar als Solist, mit den New Yorker Philharmonikern unter John Barbirolli, des B-Dur-Konzerts von Brahms. Für Freitagnachmittag war eine Wiederholung angesetzt und am Sonntagnachmittag dann statt Brahms das Konzert von Tschaikowsky.

Als Hurok gegangen war, rief ich Dorothy an. »Ich habe alle möglichen Leute eingeladen«, sagte sie, »Ihre alten Freunde Damrosch, John Barbirolli, Helen Hull, Hoyty Wiborg und selbstverständlich auch Sophie Kochanski. Ich hoffe, Sie freuen sich auf das Wiedersehen, und bin ganz glücklich darüber, daß Sie uns vorspielen wollen.« Ich entschuldigte mich für Huroks geldgieriges Ansinnen, doch lachte sie nur darüber. »Ein Glück, daß Sie endlich einen tüchtigen Impresario haben.«

Die Gesellschaft wurde entzückend. Ich spielte auf einem ausgezeichneten Steinway meine liebsten Chopin-Stücke, auch einiges Spanische, was bei den Gästen besonderen Beifall auslöste. Die liebe Dorothy hatte meinen Freunden Kochanskis und Szymanowski stets selbstlos geholfen und blieb bis zu ihrem Tode eine echte Freundin. Dieses Vor-Debüt erfüllte mich mit viel Selbstvertrauen.

William Steinway ließ mich wissen, er habe eine ganze Reihe von Flügeln bereit, die ich probieren könne, und ich traf denn auch zur festgesetzten Zeit in den schönen Geschäftsräumen der Firma auf der 57. Straße ein. Man betrat erst eine Rotunde, wo mehrere Sekretärinnen an eleganten Schreibtischen saßen. An den Wänden hingen Porträts von Paderewski und Josef Hofmann. Ein Lift beförderte mich ins Untergeschoß, und ich ging durch eine große Halle an vielen Instrumenten vorüber, bis vor eine geschlossene Tür. Dahinter erblickte ich einen riesigen Raum, der an eine Leichenhalle erinnerte. Hier standen wenigstens ein Dutzend Konzertflügel aufgereiht wie Särge. Theodore Steinway, der Generaldirektor, hieß mich herzlich willkommen und machte mich mit Alexander Greiner bekannt. »Dem unterstehen alle Flügel, die wir für unsere Pianisten über das ganze Land transportieren lassen.«

Greiner redete russisch mit mir. »Ich stamme aus Lettland, und Sie werden es kaum glauben, aber ich studierte am Konservatorium in St. Petersburg, als Sie damals beim Anton-Rubinstein-Wettbewerb solchen Erfolg hatten.« Die Herren öffneten die Deckel dreier Flügel, unter denen ich einen wählen sollte. »Der, der Ihnen am besten gefällt, soll Ihnen zur Verfügung stehen.« Ich wählte einen mit einer etwas schwergängigen Mechanik, aber einem besonders schönen Ton.

Seit Beginn meiner Karriere hat mir der Ton des Instrumentes niemals ausgereicht; der Ton, den ich in mir singen hörte, den produzierte ich mit meinen Fingern. Ja, ich habe immer danach gestrebt, diesem Schlaginstrument einen singenden Ton zu entlocken.

Die Orchesterprobe ging ausgezeichnet. Johns durchgeistigte Auffassung des Werkes übertrug sich auf uns alle, und das Orchester war davon ebenso bezaubert wie ich. Das Konzert war ein glatter Sieg, das ausverkaufte Haus brachte uns eine Ovation dar, und Olin Downes, Musikkritiker der ›New York Times‹, gab seinem Bericht die Form einer Grußadresse: »Mr. Rubinstein hat uns schon viel zu lange gefehlt, ein wahres Glück, daß wir ihn wiederhaben.«

Selbst das Freitagnachmittagkonzert, dessen Publikum meist aus Abonnenten bestand, vornehmlich aus alten Damen, brachte einen echten Erfolg, und am Sonntag spielte ich zum großen Vergnügen der Galerie das Tschaikowsky-Konzert; einzig ein verknöcherter Rezensent der ›Herald Tribune‹ hatte daran herumzumäkeln und bevorzugte einen seiner alten Favoriten.

Ausschlaggebend wurde nun mein erster Klavierabend: Sieg oder Niederlage waren von entscheidender Bedeutung, denn das gesamte Land richtete sich nach dem in New York ergehenden Urteil.

Hurok wollte unbedingt, daß ich lauter todsichere Zugstücke spielte, doch stellte ich mein Programm unbeirrt selber zusammen. Den Anfang sollten Präludium, Choral und Fuge von César Franck bilden, danach plante ich zwei der von mir am meisten geschätzten Debussy-Stücke zu spielen, sodann ›Petruschka‹, in New York noch nie aufgeführt. Nach der Pause dann meine geliebten Chopin-Sachen mit der Polonaise in As als Schluß.

Huroks Reklame vollbrachte Wunder. Zwar war ich damit nicht einverstanden, doch kündigte er mich auf einem Plakat vor der Carnegie Hall als »Artur Rubinstein, ein Fürst unter den Pianisten« an. Ich war wütend: »Was soll diese Bezeichnung ›Fürst unter den Pianisten‹, und warum lassen Sie das H in Arthur weg?« Er lächelte bloß nachsichtig: »Sie spielen Klavier und überlassen mir die Reklame.«

Darauf versetzte ich sarkastisch: »Wenn ich für Sie Reklame machen müßte, würde ich schreiben: ›Hurok, der göttliche Impresario‹ und mich nicht mit einem bloßen ›Fürsten‹ begnügen. Wann endlich werde ich die Ehre haben, nichts weiter als meinen Namen gedruckt zu sehen, ohne alberne Zusätze?« Schon mein nächstes Konzert kündigte er ohne alle Zutaten an.

Das Konzert fand am Sonntagnachmittag statt, zur günstigsten Stunde, und tatsächlich war die Carnegie Hall völlig ausverkauft. Als ich aufs Podium gehen wollte, kam Hurok herein und sagte sehr befriedigt: »Alle berühmten Pianisten sind im Saal – Rachmaninoff persönlich, Godowsky, Joseph und Rosina Lhévinne und alle anderen, die derzeit gerade in New York sind.« Diese Worte bewirkten in mir eine bedeutende Veränderung. Früher war ich vor Angst fast gestorben, wenn ich hörte, im Publikum sitze ein Pianist, diesmal aber freute ich mich ganz einfach darauf, ihnen allen etwas vorzuspielen.

Schon beim Erscheinen auf dem Podium schlug mir eine warme Welle des Willkommens entgegen, die in mir all die leidenschaftliche Liebe zu der Musik entfachte, die ich nun spielen wollte, und ich wünschte, meine Zuhörer sollten sie mit mir teilen. Ich spürte jene ungreifbare Himmelsgabe, die man Inspiration nennt.

Der Franck wurde mit wachsender Anerkennung aufgenommen, und ›Petruschka‹ stellte einen ersten Höhepunkt dar. Er wurde wie gesagt zum ersten Mal in Amerika zu Gehör gebracht, und daß im Programm stand, der Komponist habe ihn für mich geschrieben und mir gewidmet, steigerte naturgemäß die Erwartung. Ich spielte ihn wie gewöhnlich ganz frei, hörte ihn als Orchestermusik und nicht als Klavierkomposition. Das Publikum brachte mir Ovationen dar, man brüllte und raste. Ich verbeugte mich ganz beseligt und stieß im Abgehen auf Rachmaninoff, der ganz allein in der Kulisse stand und in seinem gutturalen Russisch sagte: »Komme schon jetzt, nachher zu viele Leute.« Dabei berührte er zugleich Herz und Stirn, um anzudeuten, daß ich mit Seele und Geist gespielt habe. Im Saal raste das Publikum immer noch, er schob mich hinaus und sagte nur: »Ich warte.« Als ich nach einer neuerlichen Verbeugung zurückkam, sagte er barsch: »Spielen Sie in Amerika nicht solchen Mist wie ›Petruschka‹, das hört man hier nicht gern, es ist zu modern.«

Nun kam Hurok und rief mir zu: »Los, gehen Sie raus, verbeugen Sie sich, die Leute toben!« Tatsächlich war der Tumult unbeschreiblich. Rachmaninoff belehrte mich indessen neuerlich: »Hin und wieder ein kleines modernes Stück, das geht, aber nicht lange scheußliche Sachen wie das.« Hurok stieß mich erneut hinaus, und der Beifall wollte nicht enden. Rachmaninoff rief mir etwas ungeduldig zu: »Spielen Sie eine Zugabe« und verschwand.

Der zweite Teil mit Chopin wurde auf ganz eigenartige Weise aufgenommen, jede Nummer einzeln beklatscht, was niemals vorkam, wenn ich eine Serie von Stücken anderer Komponisten spielte. Ich gab mir besondere Mühe; nicht nur spielte ich mit viel Liebe, ich ließ auch keine einzige Note aus, für die die amerikanischen Konzertbesucher ja bezahlt hatten. Bei der Polonaise, die ich mit außergewöhnlichem Feuer spielte, war es, als stürze das Dach ein. Es folgten vier Zugaben, und ich trat ab in dem stolzen Bewußtsein, nun doch endlich in Amerika Fuß gefaßt zu haben.

Hurok war in Verzückung. »Nun, hat es Ihnen gefallen, wie mein Publikum Sie aufgenommen hat?« Fürwahr, »sein« Publikum war wunderbar.

Die Reaktion von Lhévinne und Godowsky bedeutete mir da schon mehr; beide erinnerten mich daran, daß sie immer schon überzeugt gewesen seien, aus mir werde noch einmal etwas werden.

Mrs. Helen Hull, mir ehedem bekannt als Mrs. Vincent Astor, bat uns zu einem Bankett zugunsten des Musikerversorgungsfonds, dessen Vorsitzende sie war. Ihre Schatzmeisterin, Yolanda Mero, kannte ich noch aus Berlin; sie hatte unterdessen einen Mr. Irion geheiratet, der mit der Firma Steinway assoziert war. Das Bankett fand im Ballsaal des Hotels St. Regis statt, es waren mindestens dreihundert Gäste geladen, und wir wurden aufgefordert, am Vorstandstisch zu sitzen. Während die Gäste sich ihrem Essen widmeten, blätterten John Barbirolli und Walter Damrosch in den Notizen, die sie sich für ihre Reden angefertigt hatten. John las eine geschlagene halbe Stunde vom Blatt, und Damrosch schwelgte in seiner wohllautenden Stimme. Beide versicherten den

Gästen, ein Leben ohne Musik sei nicht lebenswert, und alle Anwesenden, die sich hier an den guten Speisen labten, möchten tief in die Tasche langen und dafür sorgen, daß die Musik nicht aussterbe. Trotz dieser bedrohlichen Bitte und der Länge der Reden erhielten beide Applaus. Nun flüsterte Helen Hull mir zu: »Möchten Sie nicht auch etwas sagen, Arthur?«

»Gewiß doch!« Schon sprang ich auf, voller Selbstvertrauen dank den in Australien gemachten Erfahrungen. Ich sah, wie Nela erblaßte und nach Luft rang, doch schilderte ich nun in den lebhaftesten Farben das Dasein von Schubert und Mozart und sagte, ich fühlte mich im Gedanken an sie jedesmal voller Schuld, denn ihnen verdankte ich Huldigungen, die nicht ich, sondern sie verdienten. Wien sollte auf ewig verdammt sein der Schande wegen, die es auf sich geladen, indem es beide in elenden Verhältnissen habe zugrunde gehen lassen. Jetzt hingegen sonne es sich im Ruhm dieser Namen und schlage auch noch Kapital daraus. »Solch ein Verbrechen darf sich nicht wiederholen«, sagte ich pathetisch. »Auch wir haben in unserer Mitte bedürftige, aber geniale Musiker, und wir müssen es ihnen möglich machen, auskömmlich zu leben und ihre Werke zu schaffen.« Diese improvisierte Rede fand großen Anklang, besonders bei Nela, die sich von ihrer Verblüffung nur langsam erholte. »Das verdanke ich Australien«, erklärte ich ihr, »und künftig wirst du mich bei Tage und bei Nacht Reden halten hören.«

Tatsächlich konnten aus dem Versorgungsfonds jährlich den bedeutendsten amerikanischen Komponisten insgeheim die benötigten Gelder zufließen und, zur Ehre des Fonds sei es gesagt, auch dem großen Béla Bartók bis zu seinem Tod.

Etliche Tage später bat Dorothy Chadwick mich, ihr einen Gefallen zu erweisen. »Mein Buchhändler an der Ecke erzählt mir jedesmal, wie begabt sein dreizehnjähriger Junge ist, nur kann er ihm kein Klavier kaufen, ich möchte gern Ihre Meinung darüber hören, ob es richtig wäre, dem Jungen ein Instrument zu schenken, ich würde das nämlich gegebenenfalls tun.« Ich war einverstanden, und sie brachte den Kleinen am folgenden Nachmittag ins Hotel, wo Steinway mir einen Flügel in den Salon gestellt hatte.

Der Junge sah wenig ansprechend aus, das Gesicht war voller Pickel, das Haar verstrubbelt und wirr, die Augen schauten mich ohne den geringsten Schimmer von Freundlichkeit an. Nachdem er die Klavierbank verstellt und die Tastatur ausprobiert hatte, spielte er ein Präludium und eine Fuge von Bach, und zwar sehr gut. Drei Stücke von Chopin und Debussy zeigten mir, daß ich einen Pianisten vor mir hatte. »Dem dürfen Sie auch zwei Klaviere kaufen, Dorothy«, sagte ich deshalb.

Willy Kappell, so hieß der Knabe, schmiß sich nun an mich ran, er glaubte mir einen Gefallen zu tun, indem er abfällig über seinen Lehrer redete, ausgerechnet meinen Freund Joseph Lhévinne, und als ich ihn dafür tadelte, brach es aus ihm hervor: »Er versteht mich nicht, es gibt zwischen uns beiden keinerlei Verständigung. Wenn Sie mich unterrichten würden, könnte ich es bestimmt weiterbringen.«

Das nun lehnte ich rundheraus ab. »Sie brauchen Disziplin, junger Mann, und Sie müssen häufig vorspielen können. Ich selber bin viel zu oft auf Konzertreisen abwesend, aber falls die Gelegenheit sich ergibt, höre ich Sie gern an.« Er zog dann doch sehr befriedigt ab, und es freute mich, ihm zu einem Klavier verholfen zu haben.

Walter Gieseking, den ich aus Paris als den besten Interpreten Debussys kannte, kündigte einen Debussy-Abend an. Ich ging hin und war ganz bezaubert davon, wie delikat und echt impressionistisch er diese oft so ungreifbaren Stücke spielte. Zufällig hörte ich im Vorbeigehen in der Hotelhalle, daß Gieseking an einer sogenannten Matinale um elf Uhr vormittags teilnehmen sollte, für meine Begriffe eine denkbar ungeeignete Zeit für ein Konzert. Er dürfte das auch gespürt haben, denn sein Beethoven, Chopin und Liszt blieben weit hinter dem zurück, was ich mir erwartet hatte.

Das nächste Konzert verdankte ich Nela, die von Mary Bok, der Gründerin des berühmten Curtis Institute of Music in Philadelphia, sehr ins Herz geschlossen worden war, als sie dort mit ihren Eltern lebte. Mrs. Bok also lud mich ein, vor den Studierenden ihres Institutes zu spielen, nachdem Nela ihr geschrieben hatte, sie sei mit mir verheiratet und wir befänden uns in New York. Damals war Josef Hofmann zum Glück gerade auf Tournee; Mrs. Bok verehrte ihn wie einen Gott, und er hatte die Stelle des Institutsdirektors inne. Ich spielte im Kazimirsaal (so hieß Hofmanns Vater mit Vornamen, und ihm zu Ehren wurde der Saal benannt).

Vor diesen jungen Musikstudenten zu spielen, die den Saal ganz füllten und mich anstarrten, als wollten sie mich fressen, sollte ich sie enttäuschen, war gar nicht so einfach. Dank ›Petruschka‹ allerdings gelang es mir, sie für mich zu gewinnen. Hofmann telegrafierte sein Bedauern, nicht selber anwesend sein zu können – ein Höflichkeitsbeweis, der bei ihm selten war.

Mrs. Bok speiste mit uns, und bei aller Verehrung für Hofmann schien sie an meinem Spiel doch Gefallen gefunden zu haben und war auch mit Nelas Wahl offenbar einverstanden. Das erfüllte Nela mit großer Genugtuung.

Kapitel 95

Artur und Halina Rodzinski nahmen uns in denkbar freundlichster Weise auf. Er hatte von meinem Erfolg in New York in den Clevelander Zeitungen gelesen und war recht erfreut darüber. »Du hast es dann hier gleich sehr viel einfacher«, meinte er. Ich sollte das Brahms-Konzert Nr. 2 in B-Dur spielen.

Die Probe am Morgen des Konzertes lief sehr gut, das Orchester war einwandfrei, und Rodzinski, ein echter Drillmeister, ging die Partitur sorgsam im Detail durch. Nach dem Mittagessen ruhte er lange, und Nela und ich benutzten die Gelegenheit, einen Film anzusehen, den wir schon längst hatten sehen wollen, nämlich eine Darstellung der Affäre Dreyfus und der Lebensumstände von Zola, den Paul Muni hervorragend verkörperte. Wir fanden den Film so aufregend, daß nach unserer Rückkehr mehr davon die Rede war als von dem bevorstehenden Konzert. Artur nahm das etwas krumm; doch waren unsere Temperamente eben recht unterschiedlich. Die vom Film noch nachwirkende Erregung hatte zur Folge, daß ich das Konzert besser spielte als in New York, und der Erfolg war denn auch beachtlich. Rodzinski drückte beim anschließenden Essen seine Genugtuung über die Reaktion des Publikums aus.

»Wir engagieren niemals dieselben Solisten für aufeinanderfolgende Spielzeiten, aber in zwei Jahren holen wir dich bestimmt wieder.« Zu meinem stillen Vergnügen kam es aber anders; der Aufsichtsrat der Musikvereinigung wies Rodzinski an, mich schon gleich für die kommende Spielzeit zu verpflichten. Rodzinskis kamen kurze Zeit später nach New York, wo Artur Musiker für das Orchester prüfen sollte, das die NBC eigens für Toscanini zusammenstellte. Die New Yorker beglückwünschten sich zu Toscaninis Rückkehr; er war vor Jahren sowohl vom Philharmonic Orchestra als von der Metropolitan Opera im Zorn geschieden und hatte geschworen, nie wiederkommen zu wollen. Meine Tournee ging nun über alles Erwarten gut. Zwar kam es in Chicago zu einem unangenehmen Zwischenfall, doch wie es so geht, mit der Zeit wurde auch daraus eine unterhaltsame Anekdote. Zum Debüt sollte ich unter dem berühmten Otto Klemperer das Tschaikowsky-Konzert spielen, und wieder akzeptierte ich mit innerlichem Sträuben die Einladung, in einem Privathaus zu wohnen, statt im Hotel. Die Gastgeber waren Carpenters, die wir aus China kannten, und wir konnten schlecht ablehnen. Die Hausfrau entfesselte eine ungeheure gesellschaftliche Aktivität, und es wimmelte bei ihr zu allen Tageszeiten von Gästen.

So auch am Tage vor dem Konzert. Es begann schon mit Einladungen am Vormittag, dann folgte ein ausgiebiges Mittagessen, zum Tee erschienen distinguierte Damen, einer großen Abendeinladung ging eine Cocktail Party voran, und auch nach dem Essen waren wieder Gäste da. Die Gastgeberin machte mich unermüdlich mit unzähligen Personen bekannt. Es wurde schier unerträglich. Zum Glück gelang es mir, mich davonzustehlen und mit Klemperer ein Weilchen an zwei Klavieren zu spielen, was er gern tat, er war ein guter Pianist.

Ich sah den Automobilen nach, die zum Konzertsaal fuhren, und zwar wie üblich sehr nervös. Plötzlich kam ein Dienstmädchen herein und rief:»Es wird angerufen, wo Sie bleiben! Das Orchester erwartet Sie seit einer Viertelstunde!«

Man kann sich mein Entsetzen vorstellen. Zum Glück fand ich gleich ein Taxi auf der Straße und wurde schon vor dem Saal von dem aufgeregten Manager abgefangen.»Wo stecken Sie bloß? Wir mußten dem Publikum sagen, Sie hätten einen leichten Unfall gehabt, und Klemperer dirigiert die Sinfonie jetzt statt nach der Pause. Er ist wütend, das kann ich Ihnen versichern!«

Klemperer redete während der Pause kein Wort mit mir, doch als wir anschließend aufs Podium traten, brachte das Publikum uns beiden eine kleine Ovation – Klemperer der gehörten Sinfonie wegen, mir, weil ich noch am Leben war. Um zum Ende zu kommen: Wir erhielten schließlich noch größere Ovationen, und seit jenem Tage sehe ich mir besonders sorgfältig an, wann ich auf dem Programm stehe.

Pierre Monteux, unverändert in seiner Freundschaft, empfing mich in San Francisco mit einer Umarmung. »Ihr Konzert ist ein ganz besonderes Ereignis und findet im Civic Auditorium statt, das zehntausend Hörern Platz bietet, und nicht wie üblich in der Oper.« Auf meinem Programm standen das G-Dur-Konzert von Beethoven und das c-moll-Konzert von Rachmaninoff.

Weil uns der riesige Saal doch etwas ängstlich machte, kam Nela am folgenden Morgen mit zur Probe. Monteux probte gerade eine Ouvertüre und begrüßte uns anschließend. »Sonderbar«, bemerkte er gleich anfangs, »der Flügel ist noch nicht gekommen, und ich mußte das Orchester überreden, jetzt schon die Pause zu machen. Der Flügel müßte eigentlich jeden Moment kommen.« Die Pause ging vorüber, und der Flügel blieb aus. Die örtliche Steinway-Vertretung antwortete auf wiederholte dringende Anrufe immer nur: »Der Flügel ist unterwegs.«

Nun wurde es Zeit, das Orchester saß bereit, Monteux stand am Pult und sagte grimmig: »Üben wir derweil die Tuttis.« Das gefiel mir nicht, ich sprang also aufs Podium und rief: »Ich singe meinen Klavierpart!« Und ob man es nun glaubt oder nicht, wir probten das ganze Beethoven-Konzert auf diese Weise, ich sang mit krächzender Stimme den Klavierpart, und das ging sogar sehr gut. Als wir fertig waren, stand auch der Flügel auf dem Podium, und den Rachmaninoff probierten wir auf die übliche Weise.

Noch bevor meine Tournee für Hurok endete, schlug Quesada drei Konzerte in Mexico City vor. Er war rechtzeitig vor dem Bürgerkrieg aus Spanien weggegangen. Ich akzeptierte, denn Nela wollte Mexiko gern kennenlernen. Hurok, entzückt darüber, mich so gut in den USA eingeführt zu haben, meinte, ich solle nach der Rückkehr aus Mexiko noch einmal in der Carnegie Hall spielen. »Für das nächste Jahr sind Sie ausgebucht, und überall, wo Sie dieses Jahr waren, will man Sie wieder haben.«

Mexiko war eine willkommene Abwechslung. Mein Erfolg in den Staaten war meinen dortigen Freunden nicht unbekannt geblieben, sie freuten sich, mich verheiratet zu sehen, beglückwünschten mich zu meiner Wahl und überschütteten uns mit Einladungen. Es war ein kurzer und in jeder Hinsicht lohnender Aufenthalt. Ernesto de Quesada war wieder ganz in seinem Element. Vor meiner Abreise sagte er: »Ich habe eine Idee, Arturo. Wenn Sie mit Hurok fertig sind, könnten wir Kolumbien und Venezuela machen. Das sind derzeit die reichsten Länder des Kontinents, und wir könnten dort einen Haufen Geld verdienen, denn Sie sind ja nicht nur in Spanien eine Berühmtheit, sondern jetzt auch in Nordamerika.«

Nun regte sich mein Abenteuerblut. »Hättest du nicht Lust?« fragte ich Nela, doch sie antwortete streng: »Ich bin nun lange genug von den Kindern weggewesen. Die ›Ile de France‹ fährt zwei Tage nach deinem letzten Konzert in New York ab, und wir sollten lieber Hurok beauftragen, uns Karten zu reservieren.« Ich gab aber noch nicht auf. »Wir brauchen dringend Geld, Nela, diese Tournee hat uns keineswegs reich gemacht.«

»Es sind doch nur zwei Wochen«, sagte Quesada, »und glauben Sie mir, es lohnt sich.«

Nun wurde Nela schwach. »Dann fahre ich allein nach Hause, und du gehst mit Ernesto auf Tournee.«

Ich sagte im Scherz: »Dann bringe ich dir aus Kolumbien einen Beutel voller Smaragde mit und lege ihn dir zu Füßen.« (Kolumbien war ja seiner Smaragdgruben wegen berühmt.) Sie allerdings war nicht zu Scherzen aufgelegt, der Abschied in New York war also eher traurig. Polignacs, die ebenfalls die ›Ile de France‹ benutzten, versprachen, sich Nelas anzunehmen.

Ich flog nach Bogotá, wo Quesada mich bereits erwartete. Schon am Flugplatz warnte er mich: »Die Stadt liegt gegen dreitausend Meter hoch, gehen Sie langsam, und wenn Sie Herzklopfen verspüren, ruhen wir uns aus.« Diese Vorsichtsmaßnahmen erwiesen sich als überflüssig, die Höhe schadete mir kein bißchen. Man wußte hier über meine engen Beziehungen zu Spanien ebenso gut Bescheid wie im übrigen Südamerika, und das trug dazu bei, daß ich zweimal ein volles Haus hatte.

Mit der wohlverdienten Gage ging ich auf den Smaragdkauf, erfuhr jedoch gleich beim ersten Juwelier, daß sämtliche Smaragde in die USA ausgeführt würden und kein einheimischer Händler welche in die Hand bekomme. Nun gebe ich nicht leicht auf, und der örtliche polnische Konsul wußte denn auch Rat: »Ich kenne zwei polnische Händler, die hierher ausgewandert sind; die können Ihnen bestimmt aushelfen. Ich schicke sie Ihnen ins Hotel.«

So erschienen denn zwei kleingewachsene polnisch sprechende Männer bei mir, die ich fragte: »Haben Sie echte Smaragde?« Sie lächelten verschmitzt: »Wer wirklich was will, kann sich's auch beschaffen.« Einer zog aus der Tasche ein Bündel, offenbar ein verknotetes Taschentuch, knüpfte es sorgsam auf und streute eine ganze Menge Smaragde auf den Tisch, in allen Größen und Schattierungen. Ich wählte rasch, der Preis schien annehmbar, und schon war der Handel gemacht. Bevor ich zahlte, ließ ich mir von ihnen noch einen eleganten Beutel für die Steine geben.

In Bogotá waren die Bewohner mit Recht stolz auf ihr ausgezeichnetes reines Spanisch und das wirklich bemerkenswert hohe kulturelle Niveau. Die Leute, die ich kennenlernte, waren durchaus gebildet.

Weiter ging's nach Caracas, Ernesto unermüdlich *chirimoyas* kauend, deren Kerne er während des ganzen Fluges unaufhörlich in eine Tüte spuckte. Daß wir die hohen Gipfel im Vorbeifliegen förmlich streiften, verursachte mir rechtes Unbehagen.

Venezuelas Hauptstadt glich dazumal einer kleinen spanischen Provinzstadt, enge Gassen, niedrige Häuser, ein stolzer Platz samt Theater und gegenüber das Hotel. In der Stadtmitte noch eine typische *plaza* mit Bänken und ein von Blumenbeeten umgebener Springbrunnen. Venezuela ist ein stolzes, reiches Land; stolz, weil hier Bolívar geboren ist, der den Spaniern Südamerika entrissen hat, und reich durch sein Erdöl. Die Bevölkerung war damals nicht zahlreich, aus Europa waren viele Juden eingewandert, hauptsächlich aus Deutschland. Auch hier konzertierte ich mit Erfolg; Chopin, Albéniz und de Falla waren die beliebtesten Komponisten.

Nach dem letzten Konzert speiste ich mit zwei Musikkennern, während Quesada wie stets seine eigene Diät zu sich nahm. Anschließend schlenderten wir gemeinsam die Hauptstraße hinunter, an deren Ende auffallend viel Lichtreklame zu sehen war; es war wie eine Lichtoase in

der Dunkelheit. Ich fragte:»Was ist denn da noch so spät los? Bereitet man womöglich ein größeres Fest vor?« Darauf erhielt ich verbittert zur Antwort:»Fest! Das sind die verflixten Juden, die vor Hitler weggelaufen sind. Denen gehört bald die ganze Stadt. Was da hinten so hell ist, das sind Kinos, ein Café und zwei riesige Warenhäuser, alles von Juden gebaut und in ihrem Besitz.«
Nun fragte ich erbost zurück:»Und haben sie etwa jemand betrogen? Haben sie mit ausländischen Arbeitern gebaut? Haben sie ihre Schulden nicht bezahlt?«
»Aber nein«, wehrte einer der Einheimischen ab,»nichts dergleichen, aber unsere Leute mögen nicht, daß Ausländer sich so breitmachen.«
»Ja, warum haben Sie dann dies alles nicht selber gebaut? Dank dem Öl gibt es doch Geld genug im Lande. Sie sollten den Juden dankbar sein, daß sie in Ihre provinzielle Finsternis mal etwas Glanz gebracht haben.« Quesada wollte mich beschwichtigen, ich ließ mich aber von ihm ins Hotel bringen und redete kein Wort mehr. Am folgenden Tag verließen wir das Land mit gutem venezolanischem Geld in den Taschen.

Auf der Rückreise nach New York mußten wir in Jamaica vierundzwanzig Stunden Aufenthalt nehmen. In Kingston kamen wir zur Teezeit an, und von der Terrasse eines kleinen Hotels am Stadtrand beobachtete ich einen der schönsten Sonnenuntergänge, die mir je beschieden waren. Die Sonne versank sehr langsam und wie in Blut gebadet. Quesada verschwand überraschend und erschien erst zum Abendessen wieder.»Sie geben morgen früh um elf ein Konzert«, kündigte er an,»aus Anlaß der Neueröffnung eines Kinos. In dieser Stadt riecht es nach Geld, und ich halte es nicht aus, vierundzwanzig Stunden hier zu verbringen, ohne was davon in die Finger zu kriegen.« Es amüsierte mich zu denken, daß er beim Anblick des zauberhaften Sonnenuntergangs geschäftliche Pläne schmiedete – immerhin mußte er die Zeitungsredaktionen aufsuchen, den Kinobesitzer, und alles Erforderliche für das Konzert vorbereiten. Ohne mich zu fragen, hatte er einfach mein letztes Programm aus Caracas genannt, und ich spielte es hier übrigens besser.

Wir trennten uns am Flughafen. Ernesto flog nach Mexiko, ich über Havanna nach New York. Huroks Agentur besorgte mir eine Passage auf der ›Normandie‹, einem französischen Luxusdampfer. Sophie Kochanski war, wie sich herausstellte, ebenfalls an Bord.

Es wurde die hübscheste Überfahrt, deren ich mich erinnere. Die französische Küche zeigte sich von ihrer allerbesten Seite, nicht nur im Speisesaal, sondern auch in einem Grillroom auf dem Promenadendeck, der einem großen Zelt glich. Was hier serviert wurde, war im Preis der Überfahrt nicht inbegriffen. Zum Essen und zum anschließenden Tanz spielte eine gute Band auf, und hier versammelten sich, versteht sich, die eigentlichen Luxusgeschöpfe. Danielle Darrieux zum Beispiel, damals auf der Höhe ihres Ruhmes; der ausgezeichnete, noch junge David Niven und der reizende Brian Aherne, beide noch unverheiratet und höchst angenehme Gesellschafter.

Nach dem Tee gab es im Bordkino immer gute Filme zu sehen, einem Filmtheater, das den Vergleich mit eleganten Kinos in London oder Paris nicht zu scheuen brauchte. Das übliche Konzert zugunsten der Pensionskasse für Seeleute wurde förmlich zu einer Galaveranstaltung, das Programm, das wir boten, war ausgezeichnet, Danielle Darrieux und zwei andere bezaubernde Damen verkauften Programme an die Passagiere und sammelten beachtliche Spenden.

Diese so besonders angenehme Überfahrt nach der ersten wirklich erfolgreichen Konzertreise durch die USA gab mir Gelegenheit, in Ruhe darüber nachzudenken, was sich eigentlich in den vergangenen vierzehn Jahren, als ich keinen Fuß nach Nordamerika gesetzt hatte, dort verändert hatte und welche Wandlung in mir vorgegangen sein mochte.

Selbstverständlich war Hurok, wenn man so will, das Vehikel, das mich nach den USA transportiert hatte, indessen, es stellte sich nach meiner Rückkehr heraus, daß nicht er allein dies bewirkt hatte. Nach dem folgenschweren Börsenkrach war das Geschäft der Schallplattenfirmen mit klassischer Musik praktisch zum Erliegen gekommen. Die erste bedeutende Victor-Aufnahme war zufällig mein Tschaikowsky-Konzert, das ich für His Master's Voice in England eingespielt hatte, die damals noch mit Victor verschwistert war. In Amerika, wo man nach solchen Aufnahmen förmlich gierte, fanden diese Platten reißenden Absatz, und mein Name war damit bekannt geworden. Hurok, der eine ausgesprochen gute Nase für die Wünsche der Konsumenten hatte, roch denn auch, daß es jetzt Zeit war, mich in Person vorzuführen. 1937 war er längst noch nicht der weltberühmte Impresario, seine kleine Agentur war ein Ableger der mächtigen NCAC, der Rivalin der Columbia Association. Hurok verstand es, die richtigen Mitarbeiter zu gewinnen. Weil er selber unentwegt auf Talentsuche war, also seine Agentur am Ort nicht persönlich leiten konnte, brauchte er eine absolut zuverlässige Vertreterin. Das war die junge Mrs. Frohmann, und die wiederum beschäftigte eine ideale Sekretärin, Miss Anne Oppermann. Die Werbung wurde von Huroks Schwiegersohn gemacht.

Huroks eigentliche Passion galt dem Ballett, und Serge Diaghilev war sein Abgott. Dessen Vorbild wollte er folgen, und mit der Zeit übertraf er ihn gar. Er erbte Diaghilevs Ballett, das in Monte Carlo gleichsam im Winterschlaf lag und sich auch nach dieser Stadt benannte. Seine bedeutendsten Konzertsolisten waren Marian Anderson und ich, und man darf ohne Übertreibung sagen, daß wir alle drei gemeinsam in Amerika Karriere gemacht haben.

Marian Anderson wurde vom amerikanischen Publikum vergöttert, mußte als Farbige allerdings die Erniedrigungen der Rassendiskriminierung erdulden. In Städten, deren Konzertsäle sie füllte, fand sie nirgendwo ein Dach überm Kopf außer im Ghetto der Schwarzen. Ein Hotel, das auf sich hielt, hätte sie niemals beherbergt. Selbstverständlich erregte ihr Fall Aufsehen, und es kam zum offenen Konflikt, als man sie ihrer Hautfarbe wegen nicht in der berühmten Constitution Hall in Washington auftreten lassen wollte, Eigentum der »Töchter der amerikanischen Revolution«, einer erzreaktionären Frauenvereinigung. Da war nun Hurok in seinem Element. Er verschaffte sich die Erlaubnis, das Konzert auf dem großen Rasen vor dem Denkmal von Lincoln abzuhalten, und Marian Anderson führte die Einnahmen wohltätigen Zwecken zu. Man kann sagen, es wurde ein historisches Ereignis. Mrs. Roosevelt, selber Mitglied der genannten Frauenvereinigung, erklärte ihren Austritt, machte ihrer Empörung unmißverständlich Luft und saß demonstrativ bei den Veranstaltern des Konzertes auf der Ehrentribüne. Angeblich fanden sich damals hunderttausend Menschen ein, und dieser Triumph Marian Andersons stellte den Ausgangspunkt jener Bewegung dar, die nachmals zur Bürgerrechtsgesetzgebung führte. Hurok seinerseits machte sich umgehend selbständig, und seine phantastische Laufbahn als Impresario nahm ihren eigentlichen Anfang. Alle diese Entwicklungen kamen nun auch mir zugute.

Ich möchte einiges über das Musik- und Kulturleben sagen, das ich bei diesem meinem dritten Aufenthalt in den USA vorfand. In meinem ersten Buch habe ich mich recht herablassend über das dortige Musikleben geäußert – das war im Jahre 1906.

Bei meinem zweiten Besuch konnte ich mir nur schwer ein Urteil bilden, denn der fiel in den Beginn der sogenannten Roaring Twenties; der verständliche Siegestaumel deckte alles zu, dann trat dank der Prohibition die Bedeutung des Alkoholismus unübersehbar in den Vordergrund. Ich hörte damals schlechte Orchester unter guten Dirigenten und schlechte Dirigenten mit guten Orchestern. Es schien ein starkes Bedürfnis nach Musik zu geben, doch das Unterscheidungsvermögen war wenig ausgebildet.

Jetzt hingegen, im Jahre 38, stellte ich Fortschritte fest, wie man sie in Europa nicht in hundert Jahren hätte vollziehen können. Überall im Lande schossen Orchester aus dem Boden wie Pilze, und die wurden nicht etwa aus Steuermitteln finanziert, sondern die beträchtlichen Defizite, die Orchester einmal unvermeidlich verursachen, wurden von musikliebenden Bürgern getragen.

Hinzu kam, daß ich mich einem unstillbaren Wissensdurst in breiten Schichten gegenübersah. Außer den staatlichen Universitäten gab es schon privat getragene Hochschulen wie Harvard, Yale und Princeton, und deren Vorbild wurde nun auch anderwärts nachgeeifert, es entstanden bedeutende Privathochschulen, die zu Recht berühmt wurden,und einer jeden war auch ein Musikdepartement angegliedert. Mit einem Worte: Stätten der Bildung und der Gelehrsamkeit von großer kultureller Bedeutung entstanden gleichsam über Nacht.

Koussevitzky gründete in Tanglewood eine Sommerakademie für Musik inmitten der herrlichen Wälder von Massachusetts. Das bedeutende Bostoner Sinfonieorchester hatte auf diese Weise eine zweite Spielzeit, was der Kasse zugute kam. Und Koussevitzkys Organisationstalent und seine fruchtbare Phantasie machten Tanglewood zu einem Ort lebhaften musikalischen Austausches. Von morgens bis abends versammelte man sich dort in kleinen Studios, hauptsächlich zur Kammermusik in unterschiedlichster Besetzung, und eignete sich diese edelste Form des Musizierens an, die ja eigentlich nicht für den Konzertsaal gedacht ist.

Rudolf Serkin hat später in Marlboro, seinem herrlichen Landgut in Vermont, ähnliches gemacht, und führt es fort. Auch in Südkalifornien ahmte man das Vorbild von Tanglewood nach, und des dortigen Klimas wegen konnte man sogar mehrmals im Jahre Festivals veranstalten. Zum berühmten jährlichen Bachfest in Bethlehem in Pennsylvania strömten die Kenner aus dem ganzen Lande, und es stand mit seinen Leistungen keiner vergleichbaren Veranstaltung nach.

Mein Publikum folgte diesmal meinem Spiel mit sehr viel besserem Verständnis. Ich freute mich bereits auf die kommende Konzertsaison.

Kapitel 96

Nela holte mich in Le Havre vom Schiff ab, nach einer leichten Operation noch etwas blaß, die Arme. In der Rue Ravignan fühlte ich mich im Handumdrehn wieder ganz als Pariser. Beim Betreten unseres Bungalows zog ich den Beutel voller Smaragde aus der Tasche und warf ihn Nela mit theatralischer Geste hin: »So halte ich mein Versprechen!« Nela hob den Beutel auf und war nicht wenig überrascht vom Anblick der vielen kleinen Edelsteine. Cartier, so beschlossen wir sogleich, sollte daraus eine Brosche machen.

Wenige Tage später fuhr Nela nach Warschau, um die Kinder und Karola abzuholen. Nunmehr allein, schlenderte ich in die Innenstadt und sah mit Entsetzen überall Maueranschläge mit Drohungen gegen Juden. Davon hatte ich bereits in der amerikanischen Presse gelesen, nur geglaubt hatte ich es nicht.

In Paris erfuhr ich nun, daß in Deutschland gräßliche Dinge vorgingen. Der von seiner Macht berauschte Hitler hatte nicht nur seine Gegner im Lande vernichtet, er hypnotisierte die Bevölkerung so, daß sie ihm blind gehorchte. Seine antisemitischen Tiraden hatten sich in entwürdigende, grausame Rassengesetze verwandelt, die geltendes Recht wurden. Aus Opernhäusern und Theatern wurden jüdische Ensemblemitglieder fortgejagt, und was mich noch viel mehr in Zorn versetzte: die sogenannten zivilisierten Länder betrachteten das mit völliger

Gelassenheit. Man wußte in Paris sehr wohl, daß Heinrich Abetz in Hitlers Auftrag in Frankreich die antisemitische Propaganda steuerte, und zwar mit desaströsen Ergebnissen.

Selbst in Polen blieb Hitlers giftige Judenpolitik nicht ohne Echo, unter anderm wohl, weil man wegen seines Anspruchs auf den Korridor in beständiger Angst lebte. An polnischen Universitäten wurde der Numerus clausus für Juden eingeführt, und sie mußten auf nur ihnen vorbehaltenen Bänken im Hörsaal sitzen, das verlangten die christlichen Kommilitonen.

So durch die stumme Billigung seiner Ideen von seiten seiner Nachbarn ermutigt, schritt Hitler dazu, seine eigentlichen Rache- und Eroberungsgelüste zu befriedigen. In Mißachtung des Verbotes der Alliierten besetzte er das Rheinland, und weil niemand ihm Einhalt tat, wurde er kühner, ließ Schuschnigg stürzen, den österreichischen Diktator, und marschierte an der Spitze seiner Truppen in Wien ein, mit Begeisterung willkommen geheißen von den Nazimassen in Österreich. Mussolini, der sich mir gegenüber abfällig über die deutschen Rassengesetze geäußert hatte, änderte zu meinem großen Verdruß seine Politik.

Was sich nicht änderte, war der Pariser Alltag. Nela, immer die praktische Hausfrau und Mutter, hielt nach einer geeigneteren Bleibe für uns Ausschau. Es vergingen einige Wochen mit der Wohnungssuche, doch wollte ich von Anfang an keine der üblichen Wohnungen mit den unvermeidlichen Nachbarn und allem, was das mit sich bringt, beziehen, und so wurde denn nichts daraus. Was sonst geboten wurde, waren mehr oder weniger Einfamilienhäuser mit Arztpraxen, die aufgegeben wurden, deshalb aber nicht weniger nach Desinfektionsmitteln rochen.

Um diese Zeit etwa wurde ich von Königin Elisabeth von Belgien aufgefordert, in die Jury des Ysaÿe-Klavierwettbewerbs in Brüssel einzutreten, und ich sagte zu. Dieser internationale Wettbewerb war ein wirklich gewichtiges Ereignis für Pianisten aus aller Welt, die Jury setzte sich aus Kapazitäten zusammen, ihr gehörten etwa Emil Sauer, Olga Samaroff, Walter Gieseking, Ignaz Friedman und Nicholas Orloff an. Hitler entsandte einen Musiker als Beobachter, der Parteimitglied war, und Polen schickte Raoul Koczalski, ein ehemaliges Wunderkind, das bereits mit sechs Jahren unter den Medaillen verschwand, die es gewann – etliche waren sogar an seinem Hosenboden befestigt. Er lebte seither in

Deutschland und entwickelte sich zu einem recht schlechten Pianisten. Die belgische Königin, Schirmherrin des Wettbewerbs und eine Person von wahrem Herzensadel, hielt sich fast ununterbrochen in ihrer Loge auf, diesmal in Gesellschaft ihrer Tochter Marie-José, der jungen italienischen Königin.

Am Wettbewerb nahmen nur wirklich erstklassige Pianisten teil. Mein Schützling aus Odessa, Emil Gilels, spielte beide Teile der ›Paganini-Variationen‹ von Brahms in einer Art, die keinen Zweifel daran ließ, daß er alle Wettbewerber bei weitem übertraf und den ersten Preis bekommen würde. Unter den elf, die ins Halbfinale kamen, befand sich auch der jetzt sehr bekannte italienische Pianist Arturo Benedetti Michelangeli, der damals eine unbefriedigende Leistung, aber schon seine makellose Technik zeigte.

Nach einer Arbeitssitzung lud ich Friedman und Orloff auf eine kleine Zwischenmahlzeit ein. Zu Gieseking, der allein und verlassen dastand, sagte ich freundlich: »Kommen Sie doch auch mit, aber halten Sie uns den Nazi vom Halse.«

»Wen meinen Sie damit?« erwiderte er hochfahrend. »Ich bin überzeugter Nationalsozialist, der Führer ist der Retter unseres Vaterlandes.«

Da kochte es aber über bei mir. »Sie, Gieseking«, sagte ich, »kommen Sie mir ja nicht noch mal in die Nähe!« Und seither habe ich ihn weder angeredet noch angeschaut.

Nach dem Abschiedsbankett, das die Königin veranstaltete, fuhren wir nach Paris zurück, und ich erzählte Misia Sert von Gilels. Nun wollte sie ihn selbstverständlich selber hören, und wir hätten sehr gern ihn und seinen Freund Jacob Flier zu uns eingeladen (der den dritten Preis erhalten hatte), doch lebten wir zu beengt. Beide wohnten in der sowjetischen Botschaft, wohl nicht, weil man ihnen Gastfreundschaft erweisen, sondern weil man sie so besser im Auge behalten konnte. Ich wußte, sie wären liebend gern gekommen.

Wir riefen immerhin in der Botschaft an und verlangten Gilels zu sprechen. Es meldete sich aber eine fremde Stimme, offenbar die seines Wachhundes. »Was wollen Sie vom Genossen Gilels?« Nela sagte, wir wollten ihn zum Abendessen einladen, und das stieß keineswegs auf Ablehnung. »Ich bin sein engster Freund, und wir trennen uns nie«, behauptete der Agent zynisch.

553

Misia konnte es kaum erwarten, doch zum Essen erschienen die russischen Herren nicht. Auf telefonische Anrufe in der Botschaft gab es keine Antwort, wir aßen also allein, nachdem wir zwei Stunden gewartet hatten. Dann, gegen halb zwölf in der Nacht, erschienen sie selbdritt, erschöpft und ausgehungert. »Wir haben uns leider verspätet. Die Botschaft hat keinen Wagen für uns, und Taxis waren keine aufzutreiben. Und als wir schließlich eines fanden, wurden wir zur falschen Adresse gefahren und rausgesetzt.« Weil keiner der drei ein einziges Wort Französisch sprach, nahmen sie in ihrer Ratlosigkeit ein Taxi zurück zur Botschaft, wo aber niemand mehr anwesend war, der ihnen hätte helfen können. Dann fiel Flier aber offenbar doch noch unsere Adresse ein, denn sie kamen nach vieler Mühe mit dem Taxi vorgefahren.

Selbstverständlich mußten sie erst mal abgefüttert werden, und Gilels setzte sich erst gegen zwei an den Flügel. Er spielte hinreißend nochmals die ›Paganini-Variationen‹ von Brahms, die ihm den Preis eingebracht hatten. Anständigerweise forderte er nun seinen Kollegen auf, die ganze Chopin-Sonate zu spielen, was Misia in rasenden Zorn versetzte, weil sie einzig Gilels hören wollte.

Kapitel 97

Der zauberhafte Pariser Frühling wurde von gesellschaftlichen Ereignissen belebt; wir besuchten Bälle, Bankette, Diners und sahen oft Gäste bei uns.

Als wir eines Tages bei Germaine zum Essen waren, kam die Rede auf Häuser; eine junge Verwandte der Gastgeberin, eine Mrs. Strauss, war auf der Haussuche, und wir spitzten natürlich die Ohren. »Gleich hier in der Avenue Foch steht ein ganz reizendes Haus zum Verkauf«, sagte Mrs. Strauss. »Fred Singer, ein Neffe der Prinzessin Polignac, hatte es eine Weile gemietet, übersiedelt aber jetzt nach London, und das Haus wird frei. Für uns ist es leider zu klein, es hat zu wenige Zimmer.«

Nela und ich wechselten einen Blick des Einverständnisses und erkundigten uns wie nebenbei nach Einzelheiten. Nach dem letzten

Schluck Kaffee rannten wir in die Avenue Foch und stießen auf der gegenüberliegenden Straßenseite auf ein Tor, das Zugang zu einem kleinen Platz bot. Der Concierge gab uns wertvolle Hinweise: Das Haus war noch nicht zum Verkauf ausgeschrieben, und Frank Arthur, ein bekannter Hausverwalter, kümmerte sich derzeit darum. »Ich darf Ihnen das Haus jederzeit zeigen, auch wenn die derzeitigen Bewohner abwesend sind.«

Wir gingen hinter ihm her durch einen kreisrunden Garten zu einem entzückenden Haus, das in allen drei Stockwerken je ein Fenster aufwies. Eine Pforte führte in einen weiteren kleinen Garten, durch den man an einen Wintergarten gelangte. Im Erdgeschoß befanden sich sehr hübsche Gesellschaftsräume, im ersten Stock das große Schlafzimmer, zwei kleinere Räume und ein großes Bad, oben ein Mädchenzimmer, ein Schrankzimmer und ein Gästezimmer. Mit dem geübten Auge der Mutter erkannte Nela sogleich, welche Veränderungen nötig waren und auch vorgenommen werden konnten.

Nun wurden wir mit Herrn Singer bekannt gemacht, der sehr einverstanden war, einen Teil der Möbel und sonstigen Einrichtungen dem Käufer zu überlassen, und wir zogen völlig benommen ab – es war das Haus, von dem wir träumten. Gleich am folgenden Morgen eilten wir auf den Boulevard Haussmann und wurden von Frank Arthur in seinem Büro sehr freundlich empfangen. Natürlich hatte das Haus eine romantische Vergangenheit: »Meines Wissens wurde es von einem reichen Engländer für seine französische Mätresse gebaut, und soll nun nach seinem Tode so rasch wie möglich von den Erben abgestoßen werden.« Was aus der Mätresse geworden war, wußte M. Arthur allerdings nicht. »Steht das Haus zum Verkauf?« war alles, was wir gern hören wollten. »Noch nicht, denn der Preis liegt noch nicht fest«, sagte er. Diese Auskunft machte mich besorgt; ich fürchtete bereits, es könnte unerschwinglich für mich sein. Arthur zeigte aber großes Verständnis. »Ich gebe Ihnen mal die Telefonnummer der Erben, und Sie können selber mit ihnen reden.« Er stellte auch gleich die Verbindung her, und eine wohlklingende englische Stimme antwortete, der ich mich schüchtern als Interessent für das Haus vorstellte. »Verkauft werden soll es unbedingt«, lautete die Auskunft, »es fällt uns aber schwer, den derzeit für Frankreich angemessenen Preis festzusetzen.«

»Madame«, sagte ich, »ich bin kein vermögender Mann, sondern Konzertpianist, und darum kann ich keine normale Wohnung beziehen, wo ich ständig die Nachbarn stören würde. Für mich und meine Familie wäre das Haus darum ideal.«

»Dürfte ich Ihren Namen erfahren?« fragte sie, und als sie ihn vernahm, rief sie entzückt: »Arthur Rubinstein! Wirklich? Wir haben Sie kürzlich gehört und Ihr Konzert so sehr genossen! Wir würden uns wirklich freuen, wenn Sie das Haus kauften.« Sie gab Frank Arthur die notwendigen Anweisungen, und der Kauf wurde vor einem französischen Notar perfekt gemacht. Nela und ich wurden gemeinsam Eigentümer und konnten uns vor Freude nicht fassen.

Da die amerikanischen Aussichten sozusagen pures Gold waren, mieteten wir in Aix-les-Bains eine Villa, luden Sophie Kochanski ein und bekamen sogar Besuch von Nelas Schwester Alina, die in Holland eine Versammlung von Yogis besucht hatte. Mit etwas Glück trieb ich einen Flügel für die Villa auf und arbeitete endlich einmal fleißig und mit Vergnügen an einem neuen Repertoire. Größten Wert legte ich dabei auf Bachs ›Italienisches Konzert‹, das für mich ganz neu war, und auf die herrliche c-moll-Partita, die ich Barth recht mangelhaft vorgespielt hatte. Zu meinem Chopin-Repertoire fügte ich das letzte Scherzo, die letzte Ballade und einige Etüden hinzu. Von neuen Sachen erinnere ich mich an die ›Bourrée fantasque‹ von Chabrier, vier Mazurken von Szymanowski und kleinere Stücke von Debussy und Ravel. Auch einige meiner älteren Stücke polierte ich technisch auf, immer im Gedanken an die pedantische Einstellung der amerikanischen Kritiker.

Zu Evas fünftem Geburtstag veranstalteten wir eine reizende Party, bei der als Ehrengäste Jacques Thibaud und Marguerite Long erschienen. Konzerte in Aix-les-Bains und Evian waren eine willkommene Abwechslung in diesen ruhigen Tagen, denn wenn ich lange nicht öffentlich spiele, macht mich das depressiv.

Weil unser neues Haus angemalt und Reparaturen vorgenommen wurden, blieben wir bis Ende September in Aix-les-Bains. Thibaud überredete mich dazu, in Biarritz zu konzertieren, wo er wohnte. »Im September ist es dort am schönsten, und wir werden uns großartig amüsieren.«

Dann kam die angsterregende Nachricht, daß Hitler den englischen und den französischen Premier nach München geladen habe – mit Mussolini als Ehrengast –, nachdem er das Sudetenland besetzt hatte mit der Begründung, es sei einzig von Deutschen bewohnt. Chamberlain war bereits früher in Bad Godesberg mit Hitler zusammengetroffen, um herauszubringen, welche Absichten dieser verfolge, und hatte ihn gewarnt, seine Brandreden könnten gefährliche Folgen haben. Bei seiner Rückkehr schwenkte er, als er dem Flugzeug entstieg, ein Stück Papier und verkündete: »Dies Papier bedeutet Frieden!« Alle Welt atmete erleichtert auf, aber nicht für lange.

Das Münchner Abkommen wurde von den Teilnehmern zwar als Schritt zum Frieden bezeichnet, doch glaubte das niemand mehr, vielmehr sah man darin eine Demütigung Frankreichs und Englands, die sich Hitler beugten, und das nach seinen schamlosen Lügen in Bad Godesberg!

In München ging es nämlich schlimmer zu als befürchtet; die Westmächte gaben Hitler schmählich nach, Mussolini trat nun ganz offen an Hitlers Seite und war bald nur noch ein Satellit des Führers.

Als der Presse zu entnehmen war, daß auch Mussolini Hitlers Rassengesetzgebung in Italien einführte, geriet ich in blinden Zorn und schickte ihm auf der Stelle die mir von ihm verliehenen Auszeichnungen zurück, erklärte in einem Telegramm auch meine Gründe dafür. Ich erinnere mich noch sehr wohl des Wortlautes: »Zutiefst beleidigt von Ihren die Juden diskriminierenden Gesetzen, würde ich mich schämen, künftig die von Ihnen verliehenen Auszeichnungen zu tragen, die ich hiermit zurückgebe. Arthur Rubinstein, jüdischer Pianist.« Auf der Post wollte man das Telegramm nicht befördern, doch ließ ich nicht locker und erreichte endlich den mir persönlich bekannten Postminister. Dieser zeigte Verständnis für mein Vorgehen, riet mir aber: »Bevor Sie das Telegramm absenden, was ich selbstverständlich genehmige, denn es enthält keinerlei Beleidigungen, sollten Sie den Wortlaut der Agentur Havas mitteilen, denn Sie müssen damit rechnen, daß die italienische Regierung behaupten wird, Mussolini habe aus eigener Initiative Ihnen diese Auszeichnungen aberkannt.« Und dann erledigte er alles so prompt, daß die italienische Presse den Wortlaut meines Telegramms schon publizierte, bevor es Mussolini zugestellt wurde.

Das hatte nun in Italien üble Folgen. Der Sekretär von Santa Cecilia in Rom schrieb mir, ich dürfe dort nie mehr auftreten. Von Kritikern in

Mailand, Turin, Florenz und Venedig allerdings bekam ich Briefe, in denen es hieß, man bedaure, dieses Jahr auf mich verzichten zu müssen, hoffe aber, mich in Bälde wiederzuhören.

Der kleine Ausflug nach Biarritz beruhigte mich etwas. Thibaud war ein ungemein angenehmer Gesellschafter, lud mich nach dem Konzert zu einer köstlichen Mahlzeit ein und brachte mich an den Schlafwagen nach Paris, wo ich mich vom Stand der Arbeiten an unserem neuen Haus überzeugen wollte.

Nachdem ich alles stolz in Augenschein genommen hatte, fuhr ich wieder nach Aix-les-Bains und arbeitete dort besser denn je, mit noch größerer Sorgfalt, was die Details angeht. Daß man mich nach so vielen Jahren endlich in Amerika anerkannte, änderte mein Leben tiefgreifend. Vor der Überfahrt nach New York organisierte Dr. Schiff für mich noch einen Klavierabend in der Salle Pleyel, und zu meiner Freude wurde ich mit großem Beifall angehört.

Nela und ich hatten das unbeschreibliche Vergnügen, alles gemeinsam auszuwählen, womit wir uns in unserem neuen Heim umgeben wollten. Welches Glück, den gesuchten Tisch, einen Stuhl oder eine Lampe zu finden, die wie geschaffen schienen für den Platz, an dem sie stehen sollten. Wir gaben nichts auf einen bestimmten Stil, jedes Stück sollte zu den anderen passen, die Harmonie der Räume unser Herz erwärmen. Besonders schön wurde unser Schlafzimmer.

Kapitel 98

Überraschend wurde ich vom litauischen Staatspräsidenten Antanas Smetona aufgefordert, in Kowno (Kaunas) zu konzertieren, was eine große Ehre für mich als Polen darstellte, denn nach dem Ersten Weltkrieg wurden Litauen und Polen getrennt, die Grenzen waren geschlossen, und es bestanden keine diplomatischen Beziehungen zwischen beiden Ländern. Ich hatte endlich Gelegenheit, Nelas Geburtsort kennenzulernen, wohin ich so häufig eingeladen worden war, doch Nela selber konnte mich nach Kowno nicht begleiten, sie hatte mit dem neuen Haus alle Hände voll zu tun.

Ich kam nach Kowno über Warschau. Hier gab ich ein Konzert und erhielt hier auch das litauische Visum. Dies Warschauer Konzert war wie üblich ein Erfolg, doch las ich folgenden Tages angewidert die Rezensionen dreier Kritiker, die nicht mein Spiel tadelten, sondern den Umstand, daß ich Jude bin. Nelas Mutter begleitete mich nach Kowno und wohnte bei ihrem reizenden Neffen Jan Gromadzski. Mein Konzert wurde ein richtiges Fest, ich spürte beim Betreten des Podiums, wie mir von allen Seiten Wohlwollen entgegenschlug, und wie man sehr zufrieden zur Kenntnis nahm, daß der Staatspräsident mich durch seine Anwesenheit ehrte. Ich hatte das Programm mit Bedacht zusammengestellt, spielte nur wenig Chopin, um jede Provokation zu vermeiden. Wie immer war das Publikum von meiner letzten Zugabe hingerissen, dem ›Feuertanz‹ von de Falla. Smetona beglückwünschte mich wärmstens, und ich äußerte mich lobend über das musikverständige Publikum.

Nach dem Konzert stießen die Schwiegermutter und ihr Neffe in bester Stimmung zum gemeinsamen Essen zu mir. Am nächsten Morgen führte Nelas Mutter mich nach Ilgovo, dem Landgut der Familie Mlynarski, über das ich durch Paul Kochanski schon Wunderdinge gehört hatte, denn er war dort aufgewachsen und sogar bei Nelas Geburt anwesend. Nela selber hing mit allen Fasern ihres Herzens an diesem Besitz und erzählte mir oft davon.

Das Haus lag auf einer Anhöhe mit Blick auf den gewaltigen Njemen, den wir mit dem Ruderboot überqueren mußten. Es war ein bescheidenes, altmodisches Gebäude, aber erfüllt von warmer Atmosphäre. Besonders das große Musikzimmer tat es mir an. Ich verweilte lange darin, und mir schien, die Wände gaben alle Musik wieder, die je dort erklungen war. Das Speisezimmer erinnerte mich an das in Tymoszowska, dem Gut von Szymanowskis, denn in beiden hingen nachgedunkelte Ahnenbilder. Am meisten beeindruckte mich die riesige Küche – in der die berühmte Barbara das Regiment führte –, die lange Reihe von kupfernen Pfannen an der Wand, beginnend mit der größten und absteigend wie ein Decrescendo zur winzigsten. Entsinne ich mich recht, zählte ich gegen zwanzig. In dieser schönen Küche und auch im Keller, wo Obst gelagert wurde, spürte ich Nelas Anwesenheit sehr deutlich.

Henryk Hryncewicz, Nelas Vetter, der mit Frau und Kindern dort lebte, verwaltete das Gut. Man zeigte mir das Vieh, die Kornspeicher, die Scheunen, und besonders faßte ich eine Liebe zu den alten Kastanien. Zwei Tage lang wurde ich hier verwöhnt wie ein König, zumal was die Küche angeht, in der Barbara und Nelas Mutter miteinander wetteiferten. Dann fuhr ich zurück nach Warschau und von dort nach Paris.

Nela hatte unterdessen im Haus Wunder vollbracht. Es sah aus, als wohnten wir schon seit Wochen darin, und wir planten nun die erste Einladung. Dafür bot sich der Abend nach meinem letzten Konzert vor der Abreise nach Amerika an. Unsere Gästeliste zeugte von gesellschaftlichem Ehrgeiz, und alle, alle nahmen an, sogar Nelas Mutter kam zu unserer Freude, für einige Zeit auf Besuch. Nur eines war mir nicht ganz recht: Schiff hatte für mich am Abend vor der Abfahrt von Marseille dort ein Konzert vorgesehen, und ich mußte deshalb die Frühmaschine von Paris nehmen.

Unsere Hausweihe war, ich sage es in aller Bescheidenheit, eine Sensation. *Le tout Paris* schien sich das Vergnügen machen zu wollen, unser kleines Haus einzuweihen. Nela organisierte alles hervorragend und erntete dafür von jedermann Komplimente. Mehr als fünfzig Gäste saßen an einzelnen Tischen, und auf jedem Tisch stand Champagner in Eiskübeln. Daß sogar Germaine de Rothschild Nelas *savoir faire* bewunderte, tat dieser besonders wohl, schließlich galt Germaine als eine der exklusivsten Gastgeberinnen von Paris. Niemand zeigte Lust aufzubrechen, und wenn ich mich recht erinnere, gingen die letzten Gäste um sechs Uhr früh. Das ließ uns gerade noch Zeit, uns umzukleiden, zwei Koffer zu packen und zum Flugplatz zu fahren. Kaum in der Maschine, schliefen wir ein.

Ich allerdings wurde durch ein leichtes Stupsen an der Schulter geweckt, und zwar von niemand anderem als H. G. Wells, dem berühmten englischen Schriftsteller. Ich war ihm zweimal begegnet und erinnerte mich an ein ausgedehntes Gespräch über Politik und die Einstellung zur Musik im allgemeinen, auch über die Wirkung, welche Musik auf das Individuum hervorbringt. Als er sah, wie verschlafen ich wirkte, sagte er: »Tut mir leid, daß ich Sie wecke, aber ich wüßte gern, ob Sie Freunde in London haben?« Worauf ich hochnäsig erwiderte: »Ich habe überall in England viele Freunde.«

Da sagte er ganz ernst: »Nun, sollten Sie je bei mir anklopfen, wird ein guter Freund Ihnen öffnen.« Darauf fiel mir keine Antwort ein, er sah aber, wie gerührt ich war. Da wir im selben Hotel wohnten, trafen wir uns später noch einmal und führten ein sehr interessantes und ausführliches Gespräch, bevor wir uns trennten, um zum Essen zu gehen.

Das Konzert an jenem Abend gehörte nicht eben zu meinen besten, und ich schwor mir, mich nie wieder zuvor solchen Strapazen auszusetzen.

Kapitel 99

Im Januar 1939 waren wir wieder in New York, diesmal in bester Stimmung. Die Kinder blieben in unserem neuen Pariser Haus zurück, behütet von der Großmutter. Hurok half uns wie schon letztes Mal mit den Einreiseformalitäten, und wir bezogen ein etwas bescheideneres Hotel, das Gladstone. Dazu hatte Sophie Kochanski uns geraten.

Ich kam diesmal also, wie gesagt, voller Selbstvertrauen in die USA, denn ich glaubte, beim Publikum wie bei der Kritik mit einem herzlichen Willkommen rechnen zu dürfen, und hatte überdies mein Programm sehr gewissenhaft vorbereitet. Zwar war so mancher Pianist wegen der politischen Wirren in Europa an einer Amerika-Tournee verhindert, doch erwarteten mich ein paar mächtige Rivalen, die bereits seit einem guten Jahrzehnt ihre eingeschworene Anhängerschaft besaßen, so etwa der brillante Horowitz, dem die Ehe mit einer Tochter Toscaninis noch besonderes Ansehen verschaffte. Freunde der deutschen Klassiker schworen auf deren Interpreten Rudolf Serkin. Robert Casadesus, ein vortrefflicher französischer Pianist, hatte das Erbe von Alfred Cortot angetreten und galt als der Exponent der gallischen Schule. Auch Hofmann und Rachmaninoff waren noch aktiv, wenn auch selten.

Ich selber hatte noch einen langen Weg vor mir, doch war ich immerhin überall dort, wo man mich im Vorjahr gehört hatte, wieder engagiert worden. Ich habe eine sehr genaue Vorstellung davon, was die Leute so allgemein unter einer großen Karriere verstehen. Es klingt vielleicht befremdlich, doch ich bin der Meinung, daß man am Ziel ist, wenn man von Konzertagenturen, Dirigenten oder Musikvereinen engagiert wird, die einen eigentlich nicht leiden können, sich aber nicht leisten dürfen, einen zu übergehen, weil das Publikum einen zu hören wünscht und mithin auch dafür sorgt, daß die Kasse stimmt. Kann man einen vollen Konzertsaal garantieren, ist man Herr der Lage. Erstes Anzeichen dafür, daß ich mich diesem Ziel näherte, war, daß Hurok aufhörte, mich als »Fürsten unter den Pianisten« anzukündigen – mein bloßer Name genügte jetzt.

Die Schallplattenhersteller Victor trugen mir an, Präludium, Choral und Fuge von Franck und die große Toccata in C-Dur von Bach-Busoni einzuspielen. Victor war ja mit His Master's Voice in London assoziiert, bei denen ich unter Vertrag stand, ich brauchte also mit Victor nicht eigens abzuschließen, denn die Gesellschaften tauschten ihre Aufnahmen untereinander aus mit der Maßgabe, daß die Engländer den Markt in Europa, Afrika und Australien belieferten, Victor hingegen Nord- und Südamerika und Japan. Daraus erklärt sich auch, daß meine Tschaikowsky-Aufnahme so zeitig in Amerika vertrieben werden konnte.

Ich sagte also zu. Der Aufnahmeleiter war ein gewisser Charles O'Connor, ein recht netter Ire, mit dem sich gut schwatzen, aber nur schlecht arbeiten ließ. Er hatte es bei den Aufnahmen immer sehr eilig, ich hingegen wollte niemals aufgeben, bis ich nicht mit allen Einzelheiten zufrieden und überzeugt war, meine Sache nicht besser machen zu können. Die Zusammenarbeit mit Victor war also sehr unbefriedigend, ich fühlte mich vernachlässigt, fand, daß für meine Platten keine Werbung gemacht wurde, und es dauerte jedesmal endlos, bis ich die erste Aufnahme zum Abhören erhielt. His Master's Voice hingegen verhätschelte mich förmlich, man las mir da jeden Wunsch von den Augen ab.

Die Konzertreise selbst war sehr anstrengend. Noch reiste man nicht wie selbstverständlich mit dem Flugzeug, dafür waren die Züge ungemein bequem. Ich legte weite Entfernungen zurück, denn die Tournee schloß auch Kanada ein. Hurok wurde auch von kleineren Orten so bestürmt, mich dort konzertieren zu lassen, daß er hochnäsig erklären konnte: »Sollen sie nur warten, das bekommt ihnen gut.«

Zwei Konzerte sind mir noch besonders deutlich in Erinnerung, eines in Washington, das andere in Boston. Jan Ciechanowski, den ich aus London und Paris gut kannte, war jetzt polnischer Botschafter in Washington, und bei ihm wohnten wir. Seine bezaubernde belgische Gattin gab nach dem Konzert eine glänzende Gesellschaft, auf der ich mit Leuten bekannt wurde, die für mein späteres Leben Bedeutung erlangten, etwa Virginia Bacon, eine ungemein lebhafte gastfreie Dame, die uns auch heute noch so nahesteht, daß sie uns ihrer Familie zurechnet; Alice Longworth, die hochgescheite Tochter von Theodore Roosevelt, die sich meiner noch aus dem Jahre 1906 erinnerte; dazu viele Diplomaten. Mein Konzert in der berühmten Constitution Hall war das erste einer Serie jährlich wiederkehrender Konzerte, deren letztes im Jahre 1976 stattfand.

In Boston lagen die Dinge recht anders. Dort spielte ich unter Koussevitzky das B-Dur-Konzert von Brahms, das dann aufgenommen wurde. Beim anschließenden Souper im Hause Koussevitzky wurde ich einem jungen Menschen vorgestellt, dem Musikkritiker des ›Boston Herald‹, von dem Koussevitzky ungemein viel hermachte, was aber nicht hinderte, daß in jenem Blatt anderntags ein fürchterlicher Verriß erschien, der eigens auf mich abzielte. Man sagte mir, er sei bekannt dafür, Musiker herunterzumachen, die beim Publikum beliebt waren. Zum Glück wurde er im folgenden Jahr entlassen. Koussevitzky allerdings riskierte erst nach zwei Jahren, mich wieder zu engagieren.

An unseren ersten Aufenthalt in Los Angeles erinnere ich mich auch noch sehr genau. Ich war vom Los Angeles Orchestra verpflichtet worden, das derzeit von Alfred Wallenstein als Nachfolger Rodzinskis geleitet wurde. Damals war Hollywood in gewisser Weise der Nabel der Welt, die amerikanische Filmindustrie beherrschte den internationalen Markt und investierte phantastische Summen. MGM, Warner Brothers, Sam Goldwyn, Universal Studios und Columbia Pictures setzten ungezählte Millionen um, und so weltberühmte Stars wie Clark Gable, Gary Cooper, Cary Grant, Ronald Colman und Charles Boyer verdienten phantastische Gagen. Charlie Chaplin war der Abgott der Massen.

Nela und ich, eingefleischte Kinobesucher, die wir waren, fanden es selbstverständlich ungeheuer aufregend in diesem Mekka des Films. Im Café unseres Hotels sitzend, hatten wir mehr als einmal Gelegenheit, Schauspieler leibhaftig vorübergehen zu sehen, die wir kurz zuvor auf der Leinwand betrachtet hatten, und wir machten einander jeweils ganz erregt darauf aufmerksam.

Wir wurden denn auch zusammen mit zwei Stars zu einem Essen eingeladen, das Alfred Knopfs Halbbruder Edwin gab, der damals als Produzent sehr gesucht und mit der liebenswerten Mildred Knopf verheiratet war.

Die beiden Gäste, die wir bei Mildred Knopf kennenlernten, waren die schon berühmte Olivia de Havilland und ihre Schwester, die soeben ihre Karriere beim Film begann, und zwar unter dem Künstlernamen Joan Fontaine; sie wurde ein berühmter Star und blieb mit uns befreundet. Nela und ich kannten sie übrigens schon vom Sehen.

Nach der gut verlaufenen Probe von Beethovens Klavierkonzert Nr. 4 im Saal der Philharmonie nahmen wir auf dem Rückweg ins Hotel – wir wohnten im Beverly Wilshire – den Lunch in einem eleganten Restaurant, wo am Nebentisch eine bezaubernd schöne junge Dame in ein ernstes Gespräch mit einem älteren Herrn vertieft saß. Nela mißbilligte es, daß ich sie so intensiv anschaute, ich erklärte ihr aber: »Ich tue das, weil es sich endlich mal nicht um eine Schauspielerin handelt, sondern um eine junge Dame aus guter Gesellschaft, die sich mit ihrem Vater unterhält.« Das war, wie sich nun herausstellte, Joan Fontaine.

Das Konzert verlief sehr zufriedenstellend, der Saal war ausverkauft, und Wallenstein erwies sich als perfekter Dirigent. Anschließend wurde ich von vielen Leuten begrüßt, unter anderem auch von meinem alten Freund Bronislaw Kaper und seiner Frau. Wir speisten zu viert, und Bronek, wie ich ihn nannte, der damals mit viel Erfolg Filmmusik für MGM komponierte, versprach, uns die Ateliers zu zeigen.

Kaper erwirkte für uns die Erlaubnis, bei Aufnahmen zu ›Marie Antoinette‹ auf dem Gelände von MGM zuzusehen. Die schöne Norma Shearer hatte die Titelrolle, und gefilmt wurde die Szene, in welcher John Barrymore als Ludwig XV. auf dem Totenbett liegt; er wagte nicht Luft zu holen. Die reichen Kostüme der Schauspieler und die phantastischen Bauten, die Versailles darstellten, setzten uns in äußerste Verblüffung. Als der Film dann in die Kinos kam, warteten wir gespannt auf eben jene Szene, sie kam aber nicht – sie war herausgeschnitten worden.

Wallenstein verpflichtete mich auf der Stelle für die nächste Saison, und wir verließen Kalifornien bereits in der Vorfreude auf unsere Wiederkehr.

Die Tournee spulte sich weiterhin glatt ab, abgesehen davon, daß ich im Zuge von St. Louis, wo ich mit Wladimir Golschmann als Dirigenten gespielt hatte, nach Schenectady eine üble Fleischvergiftung erlitt. Ursache war eine verdorbene Wurst, die ich aß, obschon sie mir gleich widerstand, und für diese Dummheit mußte ich teuer bezahlen. Nela war in New York geblieben, ich war also allein, als ich den Speisewagen verließ, um mein Abteil aufzusuchen, und schon unterwegs begann ein gräßlicher Juckreiz, der mich die ganze Nacht über quälte.

In Schenectady empfahl das Hotel mir einen Arzt, der denn nach gründlicher Untersuchung auch die Diagnose stellte: »Urticaria gigantica«, was mir grauslig in den Ohren klang, besonders das »gigantica«, und worunter ich mir nichts vorstellen konnte. »Sie bekommen jetzt eine starke Injektion, denn die Sache ist lebensgefährlich.« Die Injektion schien mir ebenfalls lebensgefährlich, mir war, als entleere er in meinen Körper den lebensrettenden Inhalt einer ganzen Champagnerflasche!

Ich war also am Tage vor dem Konzert nicht in besonders heiterer Stimmung, doch kaum saß ich am Flügel und spürte die teilnehmende Erwartung der Zuhörer, vergaß ich wie üblich meine Beschwerden und zog mich mit Anstand aus der Affäre. Nur die Zugaben wurden mir lästig, denn der Juckreiz war schier unerträglich. Beim Hinausgehen setzte ich meinen Hut auf, glaubte aber mich vergriffen zu haben, denn dieser Hut war mir viel zu klein.

Was dann in jener Nacht im Zuge nach New York geschah, werde ich wohl nie vergessen. Zwar ließ der Juckreiz nach, als ich im Bette lag, doch dafür schwoll mein Schädel bedenklich an. Ich hatte ja schon so etwas bemerkt, als ich den Hut aufsetzte, aber als ich nun aufstand und in den Spiegel schaute, erschrak ich sehr. Von Schlaf keine Rede mehr, immer wieder stellte ich mich vor den Spiegel und mußte bemerken, daß mein Schädel größer und größer wurde.

Um sechs Uhr früh traf der Zug in New York ein, man durfte noch bis acht im Schlafwagen bleiben, ich zog mich aber eilends an und war im Handumdrehen im Hotel. Ich rief Nela aus der Halle an und warnte sie: »Erschrick nicht, wenn du mich siehst, du wirst mich kaum wiedererkennen. Ich habe einen Kopf wie ein Kürbis, und werde dir gleich alles erklären.«

Nela kam mir auf dem Korridor entgegen und stieß bei meinem Anblick einen Schreckensschrei aus. Sie rief sofort Dr. Garbat an, der auch gleich kam und schon unter der Tür die Diagnose bestätigte: »Urticaria gigantica.« Und wieder war es das »gigantica«, das mich am meisten bekümmerte, zumal jetzt, bei angeschwollenem Kopf. Der Arzt wußte aber auch gleich Trost: Wäre statt des Kopfes mein Hals so angeschwollen, wäre ich schon tot. »Bleiben Sie ein paar Tage im Bett. Ich schicke Ihnen eine ganz reizende Person, die Sie kurieren wird, vorausgesetzt, Sie befolgen gewissenhaft ihre Anweisungen.«

»Das würde ich ja gern tun, aber morgen vormittag habe ich Probe, und Donnerstag, Freitag und Sonntag Konzerte. Also Bettruhe kommt nicht in Frage.«

»Wollen Sie sich wirklich in diesem Zustand in der Carnegie Hall zeigen?« fragte Dr. Garbat lachend.

»Ganz gewiß. Mit einem geschwollenen Kopf spiele ich besonders gut.« Ich ließ mich nicht umstimmen, setzte mich auch durch, mußte mich allerdings einer Behandlung unterziehen, die mich auch jetzt noch geniert, wenn ich daran denke. Noch am selben Nachmittag erschien eine gesetzte ältere Dame bei uns, angetan mit einem strengen schwarzen Kleid samt hochgeschlossenem Kragen und adrettem schwarzen Hut – eine schwedische Baronesse. Sie befahl kurz und knapp: »Hose und Unterhose ausziehen, auf die Seite legen.« Sodann legte sie ihre Arbeitsgeräte zurecht und machte mir einen Einlauf. Dieser entwürdigenden Prozedur mußte ich Ärmster mich ein halbdutzendmal unterziehen.

Barbirolli erschrak zu Tode, als er mich zur Probe erscheinen sah. Nur mit Mühe konnte ich ihn beruhigen, und er seinerseits eröffnete dem Orchester: »Sie werden jetzt ein grauenhaftes Ungeheuer erblicken, das mit uns Mozart spielen soll, ich aber verbürge mich dafür, daß es sich in Wahrheit um Rubinstein handelt.« Man nahm meinen Anblick mit entsetztem Gemurmel zur Kenntnis, doch kaum begannen wir mit der Probe, war alles vergessen.

Wie ich mich allerdings fürs Konzert ankleiden sollte, war schon eine andere Frage, denn meine Hemden und Kragen waren viel zu eng. Nela verfiel auf den genialen Ausweg, mir einen weißseidenen Schal umzulegen und an der weißen Weste zu befestigen. Um dem Ganzen einen eleganteren Anstrich zu geben, steckte ich noch eine meiner perlenbesetzten Krawattennadeln in den Schal.

Auf mein Betreiben wurde die Beleuchtung so angebracht, daß ich nur von den vorderen Plätzen her deutlich zu sehen war, und dort erfolgten denn auch unterdrückte Ausrufe des Schreckens, doch die Musik machte bald alles vergessen. Am Freitagnachmittag war es dann schon einfacher, denn alle Beteiligten waren an meinen Anblick gewöhnt und achteten kaum noch darauf, dafür fand dann am Sonntag eine lustige Veränderung statt: Dank der Behandlung durch die Baronesse ging die Schwellung des Schädels zurück, aber die Massen, die sich dort befunden hatten, ließen sich nunmehr im unteren Teil meines Gesichtes nieder, und ich wirkte ungemein schweinsmäßig, hatte kleine Schlitzäuglein, die Nase verschwand fast in Wülsten, die Ohren standen dank den geschwollenen Wangen und dem wammenartigen Hals stark ab, und zu allem Überfluß war das Tschaikowsky-Konzert auf dem Programm. Selbstverständlich erforderte der Überschwang, mit dem es gespielt werden muß, viel heftigere Kopfbewegungen als das Mozart-Konzert, und ich hatte das Gefühl, die Schwellungen seien unentwegt in Bewegung.

Übrigens erwartete mich noch eine besonders pikante Überraschung. Gegenüber der Programmfolge prangte im Programmheft eine ganzseitige Anzeige, die »die sensationellste jemals eingespielte Aufnahme« pries, »Wladimir Horowitz und Arturo Toscanini mit dem Klavierkonzert von Tschaikowsky«. Wie sich dann herausstellte, als ich später diese Platte abhörte, war sie sowohl künstlerisch als auch herstellungstechnisch mangelhaft.

Zum Glück war ich nach einer Woche die Schwellungen und die Baronesse los, und das Leben normalisierte sich.

Mein Chopin-Abend in New York befestigte noch meine Position in dieser Stadt, deren Einfluß nicht zu überschätzen ist. Meine Konzertreise hielt mich die gesamte Saison über in Atem, noch dazu drängte Wilfried Van Wyck mich, nach der Rückkehr sogleich eine Konzertreise durch Südafrika zu unternehmen. Nicht nur die Gage war verlockend, mich reizte auch, dieses entlegene, mir ganz unbekannte Land zu sehen.

Das musikalisch interessierte Amerika war glücklich über die Rückkehr von Arturo Toscanini, und insbesondere die Juden dankten ihm eine noble Geste: er dirigierte das in Tel Aviv neugegründete Orchester einen ganzen Monat lang ohne Honorar.

Der Leser mag sich wundern, weshalb ich hier so wenig von Musik, insbesondere meinen Konzerten spreche, aber man kann unmöglich eine Konzertreise in allen Einzelheiten schildern. Ich beschränke mich darauf zu sagen, daß mein Spiel sich erheblich besserte. Dies lag im wesentlichen daran, daß das amerikanische Publikum anspruchsvoller war als jedes andere, und auch an den Schallplattenaufnahmen, die ganz einfach jede Note getreu wiedergeben und noch dazu inspiriert klingen sollten. Das alles hatte zur Folge, daß ich am Üben Spaß gewann und in den von mir gespielten Werken immer neue Bedeutungen entdeckte.

Kapitel 100

In Paris empfingen uns Nelas Mutter und die Kinder liebevoll. Das Haus wurde jetzt ein richtiges Heim und überdies Stück um Stück eleganter. Meine geliebten Bücher fanden ihren Platz auf Regalen, und ich fühlte mich wie ein kleiner König dank zwei erfolgreichen Konzertreisen durch die USA; sie nötigten auch den versnobtesten Europäern Respekt ab.

Das gesellschaftliche Leben war glanzvoller denn je, wir besuchten unzählige Gesellschaften, von denen ich besonders eine in der amerikanischen Botschaft erinnere, die Léon Blum zu Ehren gegeben wurde, dem Sozialistenführer und Gründer der Volksfront. Das Diner endete auf besonders ansprechende Weise. Léon Blum war nicht nur mit Paul Dukas verschwägert, sondern auch selber ungemein musikliebend. Er bat mich, noch zu bleiben, wenn die Gäste gegangen wären. Dies tat ich und spielte für Blum und den Botschafter. Es wurde ein langer schöner Musizierabend, und wir trennten uns in beseligter Stimmung.

Der letzte große Ball der Saison fand in der polnischen Botschaft statt, eine üppige Angelegenheit. *Le tout Paris* stellte sich ein, und Botschafter Lukasiewicz bat Nela, eine Mazur zu tanzen, woraufsie sich besser verstand als jede mir je vor Augen gekommene Tänzerin. Nela tanzte leidenschaftlich gern, und daß unsere Ehe das Ende ihrer Karriere bedeutete, machte mir oft Gewissenspein. Sie brachte ihre polnische Nationaltracht mit, aus diesem festlichen Anlaß besonders geschmückt, dazu den Kopfputz mit den bunten Bändern. Der Ball begann spät abends im Garten der Botschaft, wo eine Tanzfläche aufgebaut worden war. Eine ausgezeichnete polnische Band spielte auf. Als die Stimmung mehr und mehr stieg, legte Nela ihr Kostüm an, auf ein Zeichen des Botschafters brach das allgemeine Tanzen ab, und die Kapelle begann eine bekannte Mazur zu spielen, diesen stolzesten aller polnischen Tänze, den Nela und der Graf August Zamoyski nun hervorragend tanzten. Man beklatschte Nela so, daß sie den Tanz noch einmal allein vorführen mußte. Nach einem köstlichen Souper, das im Hause serviert wurde, tanzten wir dann bis in die frühen Morgenstunden. Auf dem Heimweg empfand ich mit Gewißheit, daß alle Beteiligten den gleichen wehmütigen Gedanken gehabt hatten: mit diesem Ball endet eine glückliche Zeit – Gott allein weiß, was uns jetzt bevorsteht.

Mich bekümmerte insbesondere die Haltung, die Frankreich gegenüber der Bedrohung durch Hitler an den Tag legte. Nichts wurde unternommen, die von deutschen Agenten verbreitete antisemitische Propaganda zu unterbinden. In der französischen Presse las man antisemitische Hetzartikel, und wo sonst Konzertplakate an den Mauern klebten, sah man antisemitische Parolen. Wir hörten, daß auch in Polen den Juden das Dasein schwer gemacht wurde, indessen – das Leben mußte weitergehen.

Bei mir meldete sich eine Dame aus San Francisco mit ihrer fünfzehnjährigen Tochter, einer angehenden Pianistin, die bei mir Stunden nehmen wollte. Für die Kosten kam eine reiche Dame auf, die auch Mutter und Tochter nach Paris geschickt hatte. Das Mädchen hieß Laura Dubman und war sehr begabt, ich versprach, sie zu unterrichten, vorausgesetzt, Mutter und Tochter warteten meine Rückkehr aus Südafrika ab und waren willens, mit nach Deauville zu kommen, wo uns Germaine für den Sommer ihre Villa zur Verfügung gestellt hatte. Die wenigen Stunden, die ich ihr vor meiner Abreise noch geben konnte, waren für uns beide recht ergiebig, denn Laura Dubman war gescheit und hochmusikalisch.

Die Familie rüstete sich für die Übersiedlung nach Deauville, und ich meinerseits reiste nach Southampton, um einen behaglichen englischen Dampfer nach Kapstadt zu besteigen. Zehn Tage sollte die Reise dauern.

Als ich den Speisesaal zur ersten Mahlzeit betrat, rief eine Dame mir zu: »Arthur, welche Überraschung!« Ich kannte sie aus London, entsann mich aber nicht ihres Namens. Sie machte mich mit ihrem Mann bekannt, und siehe da, es waren der Herzog und die Herzogin von Devonshire. »Mein Mann ist Unterstaatssekretär im Kolonialministerium«, erläuterte sie, »und wir sind dienstlich unterwegs.«

Sie baten mich an ihren Tisch, und das war für mich ein ganz besonderes Vergnügen, denn so herzlich wie der Herzog lachte kein Mensch über meine Histörchen. Er brach schon in schallendes Gelächter aus, wenn ich nur ankündigte, es folge nun eine lustige Geschichte.

Das Herzogpaar war mit einer alten Dame bekannt, die sich ebenfalls an Bord befand und der man mich vorstellte, wobei sich erwies, daß sie stocktaub war, denn ich nannte meinen Namen mehrmals, ohne daß sie ihn verstand. Der Herzog brachte regelmäßig nach dem Abendessen eine Runde Bridge in Vorschlag: »Wir sind doch gerade vier, und um Geld spielen wir nicht.« Was blieb mir übrig, als jeden geschlagenen Abend mit Kartenspiel zu verbringen! Um wenigstens einen kleinen Spaß zu haben, kündigte ich bei jeder zweiten Runde einen grand slam an, um einmal zu sehen, wieviel Geld man mit schlechten Karten verlieren kann, und wenn es gar zu langweilig wurde, erzählte ich eine meiner Geschichten, die ihre Wirkung auf den Herzog denn auch nie verfehlten.

Kapstadt erwies sich als eine reizende, echt englische Stadt. Mein dortiger Konzertagent war Engländer. Er setzte mich beim Essen im Hotel über alles ins Bild: meine Tournee, das Land, die Innenpolitik und die Buren.

Weil ich mir vorgenommen hatte, Nela Diamanten mitzubringen, fragte ich ihn danach.

»Oh«, sagte er, »wenn Sie mit Sir Albert Oppenheimer bekannt werden, dem Aufsichtsratsvorsitzenden der De Beers Company, die das Monopol auf die Diamantenförderung hat, können Sie womöglich an ein paar hübsche Steinchen herankommen, für die Sie dann nur einen Bruchteil dessen zu bezahlen hätten, was die Dinger in der Bond Street, auf der Fifth Avenue oder in der Rue de la Paix kosten.« Ein unbezahlbarer Tip. Schon war ich entschlossen, die Bekanntschaft des mächtigen Albert zu machen.

In Kapstadt gab ich drei schöne Konzerte, und zwar in einem Saal, zu dem es eine Anekdote gibt, die Paderewski betrifft. Mein Agent erzählte sie mir. »Als Paderewski hier spielte, standen viele Fenster offen, und ein Vogel kam hereingeflogen, der in seiner Verwirrung unentwegt um Paderewskis Kopf schwirrte, während er spielte. Er wurde so wütend, daß er die Tournee abbrach und stracks nach Europa zurückfuhr.« Benno Moiseiwitsch, den ich sehr bewunderte, mußte ebenfalls üble Erfahrungen machen. Als passionierter Poker- und Bridgespieler oblag er auch hier seiner Leidenschaft, und die Presse walzte das genüßlich aus.

Ich selber wurde nicht von hereinfliegenden Vögeln irritiert, und Karten gespielt hatte ich gerade genug. Mein Agent bestätigte mir, ich habe als erster Pianist Gnade vor den Augen der Einheimischen gefunden. Drei weitere Konzerte waren für Johannesburg geplant, die größte und bedeutendste Stadt Südafrikas. Ich freute mich nicht nur auf diese Konzerte, sondern hoffte vor allem, Sir Albert Oppenheimer kennenzulernen, der da wohnte, mußte aber vernehmen, daß er sich in Kimberley aufhielt, wo die Diamanten geschürft werden. »Nur keine Sorge«, tröstete mich mein Agent, »Sie spielen auch in Kimberley, und dort lernen Sie ihn ganz gewiß kennen.«

Schon mein erstes Konzert in Johannesburg war ein glänzender Erfolg, und mein Agent setzte sogleich noch drei weitere an, zwei davon mit Orchester. Das stärkte meine Moral ganz ungeheuer, und entsprechend gut war denn auch der Kontakt zum Publikum. Ich spielte meine beliebtesten Programme mit wahrem Feuereifer und gewann viele Herzen und Freunde.

In der Pause eines Konzertes mit Orchester trat eine von zwei Herren begleitete Dame bei mir ein, die sich als Lady Oppenheimer zu erkennen gab. Nun klopfte mein Herz schneller, und ich ließ einen bequemen Sessel für diese elegante Dame kommen, die denn auch gleich sagte: »Ich habe eine große Bitte an Sie.«

Ich nahm an, sie wünschte eine bestimmte Zugabe. Ich hätte ihr zuliebe das gesamte Tschaikowsky-Konzert gespielt und sagte denn auch servil lächelnd: »Alles was Sie wollen, Gnädigste.«

»Gestern habe ich mit dem Herzog von Devonshire gespeist, und der erzählte mir, niemand könne so großartige Grimassen schneiden wie Sie. Hätten Sie die Güte, mir ein paar Fratzen zu schneiden?«

Zunächst sprachlos, wurde ich alsbald ärgerlich. »Ah, also meine Grimassen haben ihm so gut gefallen? Nun, ich will mein Bestes tun.« Und ich schnitt zwei oder drei meiner scheußlichsten Grimassen, steckte die Zunge raus und schielte mächtig. Jedes Kind wäre davon zu Tode erschreckt worden. »Ich hoffe, es sind die richtigen?« fragte ich dann streng. Nun bemerkte sie ihren *faux pas*, entschuldigte sich wortreich und beging dabei sogleich einen schlimmeren: »Wissen Sie, ich bin völlig unmusikalisch und nur hergekommen, um Sie mir anzusehen.« Damit zog sie ab, ohne Zweifel keine neugewonnene Freundin, und ich nahm mir vor, nicht mehr an Diamanten zu denken.

Johannesburg gehörte zu den reichsten Städten, die ich kenne. Direkt unter der Stadt befinden sich unerschöpfliche Goldadern, und ich war entsetzt bei dem Gedanken an die bedauernswerten schwarzen Bergleute, die da eine Meile unter der Erde Gold förderten. Wer mit einem Diamanten an seinem Körper ertappt wurde, wanderte auf zehn Jahre ins Gefängnis, und bevor die Arbeiter das Grubengelände verlassen durften, wurden sie einer entwürdigenden Leibesvisitation ausgesetzt.

Oberst Aaron Kisch, der als englischer Offizier im Kriege ein Bein verloren hatte, kam aus Palästina herüber, eigens um mich daran zu erinnern, daß ich Hubermann versprochen hatte, auf meinen Konzertreisen für das neue Orchester in Tel Aviv zu werben. Er selber bereiste die ganze Welt, um Spenden für dieses Orchester in den jüdischen Gemeinden zu sammeln. Ich berichtete über meine diesbezügliche Tätigkeit in Australien und machte ihn mit einflußreichen Leuten bekannt, denen ich auf meinen Tourneen begegnet war.

Daß er dauernd am Telefon hing und sich nach möglichen Spendern erkundigte, wurde mir etwas lästig, doch dann kündigte er an, er wolle nach meinem letzten Konzert einen großen Empfang veranstalten und mir zu Ehren die feinsten Bürger der Stadt einladen.

Ich kam also nach dem Konzert in bester Stimmung in das Hotel, wo der Empfang stattfinden sollte, und weil ich vor einem Konzert nie esse, war ich sehr hungrig. Kisch erwartete mich schon, sagte aber gleich: »Mit dem Essen müssen wir warten, bis alle Gäste da sind.«

Es waren schon eine Menge Leute da, doch kamen immer noch mehr, bis endlich gegen zweihundert die Halle füllten. Ich überlegte im stillen, was ein kaltes Büfett für so viele Menschen kosten mochte, und wer das wohl bezahlte – Kisch selber oder der eigentlich dem Orchester zugedachte Fonds? Als ich glaubte, nun werde man zum Essen gehen, gab Kisch durch Zeichen zu verstehen, daß er etwas sagen wollte. Ah, dachte ich, jetzt wird er uns auffordern, ans Büfett zu gehen. Wer beschreibt mein Erstaunen, als er statt dessen langatmig beschrieb, wie mühsam es ist, ein vollzähliges Orchester und einen guten Dirigenten zu bezahlen? Er hatte alle Details zur Hand und zitierte sogar Statistiken. Das dauerte eine gute halbe Stunde, und ich war halbtot vor Hunger, doch das Schlimmste stand noch bevor. Statt uns endlich zu essen und zu trinken zu geben, kündigte er mit großer Gebärde an: »Und nun wird Ihnen Mr. Rubinstein erklären, welche Bedeutung einem solchen Orchester zukommt; er ist ein guter Freund von Mr. Hubermann und hat ihm von Anfang an bei diesem Plan geholfen.«

Er winkte mich zu sich heran, und ich hätte ihn am liebsten umgebracht. Statt dessen lächelte ich höflich und stimmte ein ausführliches Loblied auf die Musik, auf Komponisten, Instrumentalisten und Dirigenten an, wie wohl vor mir kein vom Hunger gepeinigter Mensch. Einem Zusammenbruch nahe, erwartete ich endlich die Belohnung in Form eines leckeren Soupers, doch befiel mich neues Ungemach: Die Gäste bedankten sich höflich bei Kisch und mir für die reizenden Ansprachen und gingen heim. Nun waren wir allein, und ich seufzte: »Gut, gut, da können wir zwei in Ruhe soupieren.« Darauf versetzte Kisch barsch: »Glauben Sie nur das nicht, seit zwei Stunden sind sämtliche Restaurants in der Stadt geschlossen. Ich habe übrigens nicht den geringsten Hunger, denn vor dem Konzert war ich zu einem köstlichen Diner eingeladen.«

Morgens um sieben ließ ich mir bereits das Frühstück aufs Zimmer kommen, ich hatte die ganze Nacht, vom Hunger geplagt, keinen Schlaf gefunden.

Der nun folgende Teil der Tournee war sehr anstrengend. Ich mußte in jeder Stadt von einiger Bedeutung auftreten, sogar in Pretoria, dem Sitz der Regierung, wo normalerweise solche Konzerte nicht stattfanden.

In Kimberley angekommen, erhielt ich sogleich einen Anruf von Sir Albert Oppenheimer, der sich unterdessen offenbar mit seiner Frau unterhalten hatte. Er erbot sich, mir die Diamantenfelder zu zeigen, und ich nahm seinen Vorschlag, milde gesagt, mit Eifer an. Weil mir bekannt war, daß er für Musik nichts übrig hatte, war ich nicht enttäuscht gewesen, ihn im Konzert nicht zu sehen. Sein Wagen holte mich am folgenden Morgen ab und brachte mich zu den Verwaltungsgebäuden der De Beers Company. Sir Albert, ein reizender Mann in mittleren Jahren, führte mich zuerst in den Ausstellungsraum, wo ich Gelegenheit hatte, einige ganz herrliche Diamanten zu sehen. Das war der gegebene Moment, ihm anzuvertrauen, daß ich den Wunsch hatte, meiner Frau ein paar schöne Steine zu schenken, wobei ich anfügte, die von den europäischen Juwelieren verlangten Preise könne ich leider nicht erschwingen. Mit gespielter Arglosigkeit setzte ich hinzu: »Vielleicht gibt es hier Geschäfte, wo man sie billiger bekommt?«

Da lachte er bloß. »Geschäfte gibt es hier nicht. Die Einkäufer aus aller Welt kommen in unsere Büros, aber ich werde Ihnen eine kleine Kollektion ins Hotel schicken lassen, und Sie können sich ein paar Stücke zum Großhandelspreis auswählen.« Meinen Dank wehrte er kurz ab: »Es ist mir ein Vergnügen«, beauftragte einen Sekretär, mir die Diamantenfelder zu zeigen und ging. Was ich zu sehen bekam, war ohne jegliches Interesse: Männer wuschen schmutzig aussehendes Gestein in Holzbehältern mit Maschendraht.

Der Bote mit der Diamantenkollektion traf nach dem Mittagessen richtig im Hotel ein und kam auf mein Zimmer, dessen Tür er sorgsam verschloß. Alsdann näherte er sich dem Tisch und löste dabei den Hosenbund, was mich peinlich berührte. Er brachte einen unter dem Hemd getragenen Gürtel zum Vorschein und knöpfte die Hose wieder zu. Der Gürtel enthielt denn auch Diamanten im Werte von Millionen. Er gruppierte Tütchen mit Steinen auf der Tischplatte und bemerkte dazu: »Das sind Einkaräter.« Es folgten Zweikaräter, dann Drei-, Vier-, Fünfkaräter, und der letzte Beutel enthielt nur Zehnkaräter – teure, große Stücke. Allesamt waren schön geschnitten und von bester Qualität. Der so vor mir ausgebreitete Schatz gab mir kriminelle Gedanken ein. Der Bote war zierlich, er wirkte geradezu schwächlich, und mein Blick fiel zufällig auf den schweren Feuerhaken am Kamin. Den kannst du mit einem einzigen Schlag töten, ging es mir durch den Kopf, nur, was machst du mit der Leiche? Nun, das reichte hin, den herrlichen Plan aufzugeben, wenngleich ich mit einigem Neid an professionelle Killer denken mußte, die sich in solchen Sachen auskennen.

Nun verwandelte ich mich wieder in den Kaufinteressenten, prüfte aufmerksam die Steine und überschlug, was ich mir leisten konnte. Endlich wählte ich einen smaragdförmigen Stein von sieben Karat und bester Qualität. Der Preis war durchaus erschwinglich, und ich erfuhr denn auch, daß er zwanzig Prozent dessen war, was man dafür in der Bond Street hätte zahlen müssen. Ich konnte mir also noch weitere sechs Einkaräter leisten, die hübsche Ohrringe für Nela abgeben würden. Ich bezahlte dem Mann die Steine, und als er gegangen war, betrachtete ich zufrieden meine Schätze: »Endlich hast du das Hochzeitsgeschenk für Nela«, sagte ich mir.

Meine Konzertreise endete in Durban, der südlichst gelegenen Stadt des Landes, die auf mich sehr anders wirkte als die übrigen Städte in Südafrika. Hier lebten viele Hindus, die großen Einfluß besaßen und von den übrigen Bewohnern offenbar gefürchtet wurden. Mahatma Gandhi war von hier aus zur Befreiung Indiens aufgebrochen, ein Umstand, der mich tief beeindruckte. Mein Konzertpublikum war schwer zu klassifizieren, schien mir aber dem Temperament nach aufnahmebereiter als anderswo hierzulande.

Der Konzertagent war mit dem Ergebnis der Tournee sehr zufrieden und bot mir an, in zwei Jahren wiederzukommen. Er besorgte für die Rückreise ein Flugticket bei Imperial Airways, welche für die Strecke Wasserflugzeuge einsetzte. Die Reise war recht interessant. Wir starteten in Kapstadt, überflogen den berühmten Krüger-Nationalpark, das größte Tierreservat Afrikas. Die Maschine flog niedrig, um den Passagieren Gelegenheit zu geben, alles aus möglichst großer Nähe zu sehen, und tatsächlich boten die Hunderte durchgehender Zebras und die Herden mit den Ohren flappender Elefanten einen faszinierenden Anblick. Giraffen reckten den Hals, um das Flugzeug besser zu sehen, und Strauße spreizten die Federn.

Nahe Angola machten wir eine Zwischenlandung und eine weitere in Dar es Salaam – beides langweilige Orte. Wenn ich mich recht erinnere, war der nächste Zwischenhalt Victoria Nyanza am Nil, von wo man einen herrlichen Blick auf die höchsten Berge Afrikas hatte. Die Nacht verbrachten wir in Khartum, der Hauptstadt des Sudan, wo es so heiß war, daß ich mir an der Badewanne Gesäß und Hände verbrannte. Vom Kellner im Restaurant erfuhr ich, daß es hier immer so heiß ist, und ich beschloß auf der Stelle, nie wieder herzukommen. Kairo empfand ich bereits als heimatlich, und die Zwischenlandung in Piräus bot mir Gelegenheit, einen Blick auf die so geliebte Akropolis zu werfen.

In Brindisi ereignete sich ein recht unangenehmer Zwischenfall. Italienische Polizei kam ins Flugzeug und sammelte die Pässe ein. Ich fühlte mich infolge des Telegramms an Mussolini ohnehin in italienischen Gewässern nicht sehr behaglich, doch als alle Passagiere außer mir ihre Pässe zurückbekamen, kriegte ich es mit der Angst. Plötzlich war ich überzeugt davon, man werde mich verhaften. Es verging noch eine angsterfüllte halbe Stunde, bevor man mir meinen Paß zurückgab. Vermutlich hatte man in Rom nachgefragt und den Bescheid bekommen, mich passieren zu lassen. Ich war also recht erleichtert, als wir nach Marseille starteten, meinem Bestimmungsort.

Am Hafen entdeckte ich die Gestalt einer entzückenden Frau, die ein weißes Taschentuch schwenkte, und siehe, es war meine Nela, die eigens aus Deauville gekommen war, mich abzuholen. Meine Konzertreisen endeten selten auf so angenehme Weise, und wir waren überschwenglich glücklich miteinander. Nela hatte Karten für den Schlafwagenzug nach Paris, der erst um Mitternacht abfuhr, also blieben uns, da ich spätnachmittags eintraf, noch etliche Stunden für diese muntere Stadt. Wir brachten das Gepäck ins Hotel und beschlossen, in ein Restaurant zu gehen, das für seine Bouillabaisse berühmt war. Bevor serviert wurde, ließ ich eine Flasche sehr guten Champagners entkorken.

Meine Diamanten hatte ich im Brillenetui verwahrt, denn ich glaubte sie in meiner Tasche weniger gefährdet als anderswo, und als wir zwei Gläser kalten Champagner getrunken hatten, hielt ich ihr das Etui hin und fragte scherzhaft: »Was bezahlst du mir für dies Etui?«

»Trink nicht so viel, Arthur«, sagte Nela beunruhigt. »Nach der langen Reise steigt dir der Wein zu Kopfe.«

Ich nahm noch einen Schluck und wiederholte die Frage. Das machte sie ängstlich, und sie sagte: »Komm, laß uns gehen, du bist betrunken.«

Ich steckte das Etui wieder ein und bemerkte: »Wenn du mir kein Angebot machst, bekommst du es nicht.« Und aß seelenruhig weiter, trank auch unbeeindruckt von meinem Champagner, denn betrunken war ich nicht die Spur, nur eben glücklich.

Im Schlafwagen hielt ich ihr wiederum das Etui vor die Nase. »Also nimm es meinethalben, auch wenn du nichts dafür geben willst.« Sie wurde nun neugierig, zog meine Brille heraus und fühlte das Päckchen mit den harten Steinen. »Gib acht, laß sie nicht hinfallen«, warnte ich, und damit hatte das Spiel seinen Höhepunkt erreicht. Sie freute sich recht sehr über das kleine Mitbringsel und belohnte mich mit einer Umarmung und einem Kuß.

In Paris gingen wir gleich zu Cartier, wählten eine passende Fassung aus Platin und ließen einen Entwurf für die Ohrgehänge machen.

Nela wollte baldmöglichst wieder nach Deauville zu den Kindern, und auch ich sehnte mich nach ihrem Anblick. Laura Dubman und ihre Mutter waren schon dort, Laura, um ihre Stunden fortzusetzen.

Die uns von Germaine de Rothschild zur Verfügung gestellte Villa lag zwischen dem reizenden Weiler Pont l'Evêque und Deauville und war Teil des Rothschildschen Gestüts. Die Kinder wurden von einer französischen Gouvernante beaufsichtigt, Mlle. Yvonne. Meine Schwiegermutter wollte eigentlich schon nach Litauen aufbrechen, doch stand noch der Besuch von Nina Mlynarski in Aussicht, der uns sehr willkommen war. Sie hatte eine flinke, scharfe Zunge, war alles in allem aber höchst charmant und sehr beliebt bei uns allen.

Ich ließ einen Steinway-Stutzflügel aus Paris kommen, und Laura Dubman nahm jeden Nachmittag eine Unterrichtsstunde bei mir. Vormittags arbeitete ich an meinem neuen Repertoire für Amerika, und anschließend schlenderte ich ins Kasino zu einer Partie chemin de fer, wobei es mir mehr auf den Spaziergang als aufs Spiel ankam, denn dieses machte mir keinen rechten Spaß. Andererseits mag ich ohne ein bestimmtes Ziel vor Augen nicht spazierengehen.

Im übrigen herrschte eine recht gedrückte Atmosphäre, weil Hitlers kreischende Stimme immer wieder übers Radio Polen bedrohte und Frankreich und England wegen des Bündnisses mit Polen beschimpfte.

Graf August Zamoyski traf eines Tages in seinem kleinen Wagen in Deauville ein, begleitet einzig von einem großen Hund, der in diesem Wägelchen nicht aufrecht sitzen konnte. Der Graf traf niemand an als Mlle. Yvonne, eine recht hübsche, sehr sinnliche Person, die nach kurzem Wortwechsel zu ihm ins Auto stieg und in ziemlich derangiertem Zustand zurückkam, um den Kindern ihren Tee zu servieren. Nela tadelte den Grafen gebührend, den das aber wenig rührte.

Aus London kam Jan Raue zu Besuch, der Mann von Nelas Schwester Alina, der geschäftlich in England zu tun gehabt hatte und bestürzende Nachrichten mitbrachte: »Man glaubt dort allgemein, daß der Krieg unvermeidlich ist.« Nelas Radio beherrschte jetzt unser häusliches Dasein, wir lauschten hilflos Hitlers Tiraden und verschlangen den politischen Teil aller erreichbaren Zeitungen.

Auch unsere lieben Freunde Anatole Mühlstein und seine Frau Diana (Tochter von Nelly und Robert de Rothschild), die den Sommer in Deauville verbrachten, machten sich schwere Sorgen. Sie hatten ihre drei kleinen Töchter bei sich. Anatole, während des Ersten Weltkrieges polnischer Gesandtschaftsattaché in Brüssel, hatte dort die deutsche Besetzung überlebt und insgeheim eine Zeitschrift für den Widerstand herausgegeben. Er war unterdessen aus dem diplomatischen Dienst ausgeschieden und hatte den Rang eines Gesandten a. D. Wir blieben in ständigem Kontakt, und Anatole hielt Verbindung zu Warschau, von wo er stündlich neue Berichte empfing. Während die Deutschen, wie ich von Mühlstein erfuhr, entlang den polnischen Grenzen Artillerie und Panzer bereitstellten, drängten England und Frankreich darauf, daß Polen nicht mobilmache. Hätten England und Frankreich ihrerseits mobilgemacht, hätte das noch eingeleuchtet, doch davon war nichts zu bemerken. Für zwei Tage verreiste ich nach Scheveningen, wo ich ein Konzert zu geben hatte, und als wir im Freundeskreis anschließend beim Souper saßen, kam die Nachricht vom Nichtangriffspakt zwischen Deutschland und Rußland. Das war für die Westalliierten der Todesstoß, und vor unseren Augen tat sich eine grauenhafte Perspektive auf. Ich reiste tags darauf zurück und überbrachte unserem Kreis diese schreckliche Nachricht.

Nun senkte sich eine düstere Stimmung auf diesen fröhlichen Badeort. Um die Mitte August herum wurde es plötzlich leer, alle Welt fuhr heim. Fast schien es, als wären nur noch wir und Mühlsteins zurückgeblieben. Die Seeluft tat den Kindern gut. Nina Mlynarski wollte nun schleunigst nach Warschau, »bevor das Unglück losgeht«, und Jan Raue erbot sich, sie zu begleiten. Doch da hörte man auch schon aus dem Radio: »Polen wurde an drei Fronten von Deutschland angegriffen. Die deutsche Luftwaffe hat strategische Ziele in Warschau bombardiert.«

Es folgte Chopins A-Dur-Polonaise, von Fitelberg dirigiert, und anschließend verschwor sich der Bürgermeister von Warschau, die Stadt zu verteidigen.

Nun verfolgten wir klopfenden Herzens und in größter Angst und Wut jede Phase des Überfalls. Wo irgend möglich, wehrten sich die Polen tapfer, so verteidigten sie unweit Danzigs eine Festung drei Wochen lang bis zum letzten Mann. Keiner kapitulierte. Das ganze Land kämpfte mit nicht erlahmendem Mut, immer in der Hoffnung auf einen Entlastungsangriff seitens Englands und Frankreichs, der indessen nie kam. In den Parlamenten beider Länder wurde hitzig das Für und Wider des Eingreifens erwogen, und nach vier Tagen, in welchen Hitler seine Eroberungen konsolidieren konnte, erklärten sie endlich den Krieg. Aber von Entlastungsangriff keine Spur.

Das Schicksal der Meinen in Polen bedrückte mich unsäglich. Jetzt, nach der deutschen Besetzung, wurden sie Hitlers Rassengesetzen unterworfen. Polen traf ein noch fürchterlicherer Schlag: Stalin überfiel heimtückisch das Land trotz eines mit Pilsudski auf zehn Jahre geschlossenen Nichtangriffspaktes, er drang über Polens Ostgrenze nach Westen vor, und die zurückweichenden polnischen Truppen, die sich den Russen verbündet glaubten, gerieten in eine tödliche Umklammerung. Die »tapfere« Rote Armee nahm im Handstreich einen breiten Streifen Ostpolens in Besitz, ohne einen einzigen Gefallenen beklagen zu müssen, und das war denn das Ende. Die polnische Regierung flüchtete unter Mitnahme des Staatsschatzes nach Rumänien, von wo die meisten Regierungsmitglieder später nach England gelangten.

Ende September hatte Hitler Polen gänzlich überwältigt und übte hier bis Kriegsende eine grausige Schreckensherrschaft; gegen die Russen allerdings unternahm er vorderhand nichts. Das alles verfolgten wir täglich am Radio in dem nun verlassenen, von Wind und Regen heimgesuchten Deauville.

Ich weiß noch, daß ich eines Nachmittags ganz verzweifelt aufs Meer starrte und den unwiderstehlichen Drang empfand, mich hineinzustürzen. Nela und Anatole Mühlstein haben das wohl gespürt, denn sie zogen mich gewaltsam vom Strand weg ins Haus.

Siebenter Teil
Zweiter Weltkrieg. Flucht nach Hollywood und Erwerb der amerikanischen Staatsbürgerschaft

Kapitel 101

Wir kehrten nach Paris zurück. Es galt Pläne zu machen. Ich hatte angenommen, eine kriegsbereite Stadt vorzufinden, vergleichbar dem Paris im Jahre 1914, doch diesmal war alles anders. Von einem Exodus keine Rede, im Gegenteil, die Leute kamen aus den Ferien zurück. Einzig die Verdunkelung erinnerte an den vorigen Krieg, nur ging das Nachtleben unbekümmert seinen Gang. Morgens und mittags gab es Frontberichte, die von Feuergefechten an der Maginotlinie handelten, bei denen niemand zu Schaden kam; es hieß nur immer, kriegswichtige Ziele seien getroffen worden. In den ersten Kriegstagen interessierten die Leute sich noch dafür, man stritt in den Caféhäusern über die Wirkung der täglichen Beschießungen, doch weil in den Berichten nie etwas anderes erwähnt wurde, von wirklichen Erfolgen keine Rede war, erlahmte das allgemeine Interesse rasch. Eine Zeitung prägte den Ausdruck »*une drôle de guerre*«, und der wurde umgehend im ganzen Lande und später überall benutzt.

Meine französischen Freunde und vermutlich auch alle übrigen Franzosen waren der Meinung, man müsse eben »*la pauvre Pologne*« opfern, und die Kriegserklärung Frankreichs werde Hitler schon an weiteren Unternehmungen die Lust verlieren lassen. »*Nous ne pouvons pas risquer une guerre mondiale pour sauver Danzig.*«

Nach und nach trafen Flüchtlinge in Paris ein, die über Rumänien gekommen waren. Mühlstein und ich taten für sie, was wir konnten. Die polnische Botschaft, ehemals ein Zufluchtsort, zeigte sich plötzlich judenfeindlich, und ich bemerkte spöttisch zu dieser Verwandlung: »Alle Länder, die einen politischen Rückschlag erleiden, machen die Juden stracks zu Sündenböcken.«

Meine ersten Konzerte sollte ich Mitte November in den USA geben. Des Krieges wegen wurden in Europa viele derartige Veranstaltungen abgesagt. Meine einzigen Engagements für Anfang Oktober waren zwei Konzerte in Amsterdam. Ich nahm sie bereitwillig wahr, in der Absicht, gleich von Holland nach den USA abzureisen. Ich besorgte auch schon Karten für den schönen holländischen Dampfer ›Nieuw Amsterdam‹, in der Gewißheit, dieses Schiff werde nicht von U-Booten angegriffen werden. Nela allerdings wurde mit dem Heranrücken des Abreisetermins immer nervöser.

»Auch wenn die Deutschen das Schiff nicht versenken, können sie doch an Bord kommen und alle polnischen Staatsbürger festnehmen. Die USA haben ein Schiff geschickt, das alle amerikanischen Staatsbürger aus Frankreich an Bord nehmen soll, und Botschafter Bullitt besorgt uns sicher einen Platz darauf.«

Ich war anfangs ganz dagegen, denn es liegt mir nicht, einfach wegzulaufen. Erst in Amsterdam zu konzertieren und alsdann eine ganz gewöhnliche Reise nach Amerika anzutreten – das war doch etwas anderes. Ich wurde fünf Wochen später in Amerika erwartet, das stimmte schon, und ich war es den Meinen schuldig, sie aus einem Lande wegzuschaffen, das sich im Kriege befand, nicht zu reden von der Verdunkelung, und Nela beharrte nun darauf, so rasch wie möglich zu fahren. Schon ankerte der amerikanische Dampfer ›Washington‹ in Bordeaux. Also mußte ich nachgeben.

Unser Freund, der amerikanische Botschafter Bullitt, empfing uns recht herzlich in der Botschaft, und nachdem er sich Nelas Erklärungen angehört hatte, war er bereit, in unsere nun etwas jammervollen polnischen Pässe amerikanische Visen stempeln zu lassen, und ordnete an, unsere Überfahrt zu ermöglichen.

Man erlegte uns auf, möglichst wenig Gepäck mitzuführen, was recht frustrierend war, da ich geplant hatte, auf der ›Nieuw Amsterdam‹ in Schrankkoffern alles mitzuführen, was ich nicht zurücklassen wollte. Wir packten also nur das Nötigste in einige Koffer, und beim Anblick meiner geliebten Bücher, der Noten und meines herrlichen Picasso, die alle zurückbleiben mußten, wurde mir das Herz schwer.

Am Abend vor der Abreise verabschiedete sich Germaine, bot uns für die Fahrt zum Bahnhof ihren großen Wagen an und nahm sich dafür unseres kleinen an.

So fuhren wir denn an einem regnerischen Tage nach Bordeaux ab, samt Kindern und Mlle. Yvonne. Sophie Kochanski, die ebenfalls reiste, sollte im Zuge zu uns stoßen. Bordeaux, das ich seiner prächtigen Oper

und seiner üppigen Restaurants wegen so schön fand, wirkte wie ein Flüchtlingslager, überall hörte man Ausrufe wie »Wo kommen Sie denn her?« oder »Ich wußte gar nicht, daß Sie Amerikaner sind!«
Auch wir selber erlebten solche Überraschungen; zum einen stießen wir auf unsere alte Freundin Jeanne Blanchard, in deren Haus Ravel, Thibaud und ich so oft zu Gast gewesen waren und Kammermusik gemacht hatten, und zum andern trafen wir Estrella Boissevain, die ihre Mutter ans Schiff brachte. Die Freundschaft mit Estrella hatte auf eine recht eigentümliche Weise begonnen: Gemeinsam mit ihr und Germaine Tailleferre hatte ich mehrere Cabarets besucht, und wir kamen gegen vier Uhr früh aus unerfindlichen Gründen auf die Idee, uns einer bestimmten Arie aus ›Fürst Igor‹ erinnern zu wollen, die keinem von uns einfiel. Ich fand daheim in Montmartre tatsächlich keine Ruhe, bis ich plötzlich schrie: »Ich hab sie!« Und da war es acht Uhr früh. Ich schrieb die ersten Takte auf eine Karte, zog mich an, kaufte Blumen und schickte sie samt Karte an Estrella, wobei ich den Noten den wenig kavaliersmäßigen Satz beifügte: »Hier haben Sie Ihre Arie, zum Teufel!«

Die Abfahrt verlief also, wie sich denken läßt, in einem fürchterlichen Trubel, zumal das Schiff überfüllt war. Es hatte dreimal soviel Passagiere als sonst an Bord, so daß manche Leute sich schon Sorgen machten, es sei überladen. »Wir werden im Meer versinken« konnte man hören. Die arme Nela mußte ihre große Kajüte mit Yvonne und den Kindern teilen, ferner mit Sophie Kochanski und einer fremden Frau samt Kind.

Ich selber wurde eher fürstlich behandelt, bekam ein Luxusappartement, bestehend aus zwei Kajüten samt Bad, deren eine ich für mich allein hatte, während drei katholische Priester sich die andere teilten. Wir waren eine sonderbare Gesellschaft – ob sie nun fürchteten, sich durch die Nähe eines Juden zu verunreinigen, oder ob ich ihnen aus anderen Gründen zuwider war, wir bekamen einander während der Überfahrt jedenfalls nicht ein einziges Mal zu Gesicht. Wenn ich morgens aufstand, waren sie schon unterwegs, und kam ich abends in die Kajüte, hatten sie sich bereits eingeschlossen. Weil sie das Bad überhaupt nicht benutzten, hatte ich es zur alleinigen Verfügung.

Das schlimmste waren selbstverständlich die Mahlzeiten, die jeweils in drei Schichten eingenommen werden mußten. Ich und die Meinen sowie Sophie Kochanski gehörten der ersten Schicht an, wahrscheinlich hatten wir dies Mr. Bullitt zu verdanken, doch wurden wir dank diesem Privileg bei den anderen Passagieren geradezu verhaßt, und das wiederum verdankten wir der kleinen Eva. Seit sie drei Jahre alt war, weigerte sie sich zu schlucken, stopfte sich die Backentaschen voll und bewahrte das Essen da auf. Nichts brachte sie dazu, herunterzuschlucken. Für die arme Yvonne wurde das eine rechte Tortur, denn sie mußte mit Eva am Tische sitzen bleiben, während die zweite Schicht abgefüttert wurde und manchmal auch noch die dritte. Man beklagte sich ganz allgemein über diese Belästigung, und Eva überlebte eigentlich nur dank Tomaten, die sie wirklich gerne aß, nur gab es nicht immer welche.

Übrigens behielt sie diese Unart noch jahrelang bei, und ich weiß noch, wie ich sie einmal in Mexiko völlig verzweifelt anbrüllte: »Erzähl mir nicht, du kannst nicht schlucken! Man kann alles schlucken, wenn man nur will!« Dabei riß ich ein Blatt aus der Zeitung, zerknüllte es und schlang es vor den Augen des verblüfften, sehr erschreckten Kindes nicht ohne Mühe hinunter.

Kapitel 102

Hurok erwartete uns am Hafen und zeigte sich wie immer sehr hilfsbereit. Er hatte ein behagliches Appartement im Hotel Buckingham gemietet, einem Hotel, das wenig hermachte, aber sehr günstig gelegen war. Nebenan war das Steinway Building und praktisch gegenüber die Carnegie Hall. Huroks Büro lag fünf Minuten Fußweg entfernt.

Im Hotel kamen wir gerade zum Tee zurecht, ich schrieb uns ein, und wir bezogen das hübsche, aus drei Zimmern bestehende Appartement. Yvonne und die Kinder richteten sich ein, und erst da fiel mir auf, daß Nela gar nicht mit uns heraufgekommen war. Sie blieb so lange aus, daß ich endlich nachzusehen ging, doch war sie weder vom Portier noch am Empfang gesehen worden. Höchst sonderbar – schließlich hatte sie zugleich mit uns das Hotel betreten!

Eine ganze Stunde verging mit besorgtem Warten, und ich wollte schon die Polizei alarmieren, als es plötzlich klopfte. Ich öffnete, und herein trat Nela, begleitet von zwei dunkelfarbigen Riesen, jeder mit einer schweren Last bepackt. Ohne weitere Erklärungen forderte sie mich auf: »Stell den Männern hier einen Scheck aus.«

Ich tat wie geheißen, und die beiden Männer packten unterdessen aus – lauter Küchenutensilien, wie ich sah, sogar einen Backofen, dazu Bestecke, Geschirr, Tischdecken und so fort. Sodann ging einer der Männer in die kleine Kochnische des Appartements und füllte Kühlschrank und Hängeschränke mit Lebensmitteln. Ich reichte ihm den Scheck, und beide verschwanden.

Und nun kam der Höhepunkt: »In einer halben Stunde ist das Abendessen fertig«, kündigte Nela an. Die Kinder und ich waren sprachlos, doch unglaubhaft, wie es klingt, wir saßen eine halbe Stunde später alle fünf am gedeckten Tisch, und die Kinder hatten ihre Leib- und Magengerichte vor sich stehen. Es gab Tomatensalat und Sahneeis, und ich konnte einen guten Kaffee zur Zigarre trinken. So hielten wir es denn auch künftig während des langen Aufenthaltes in diesem Hotel.

Da ich meine Tournee erst in einem Monat beginnen sollte, blieb mir viel Zeit, Konzerte, Theater und Kinos zu besuchen.

Der berühmte polnische Tenor Jan Kiepura wollte gern zugunsten polnischer Flüchtlinge ein Konzert veranstalten, und ich drängte mich danach, auch teilzunehmen. Hurok beschaffte dafür die Metropolitan Opera, und Kiepura und ich bestritten jeder zwei Teile des Programms; er arrangierte die Nummern so, daß er vor der Pause als letzter auftrat samt seinem Begleiter, während mir der letzte Auftritt im zweiten Teil des Programms zufiel. Selbstverständlich spielte ich nichts als Chopin, die Oper war gut besetzt, die Eintrittsgelder waren hoch. Man begeisterte sich für Kiepura und mich, mehr aber noch für unsere gemeinsame Sache.

Eines Tages rief mich ein gewisser Fred Mann aus Philadelphia an und erklärte lang und breit, er beabsichtige zugunsten des neugegründeten Palästina-Orchesters ein Galadiner zu geben. »Es kommen dreihundert geladene Gäste, die jeder fünfzig Dollar spenden. Einstein ist Ehrengast. Weil ich weiß, daß Sie mit Hubermann befreundet sind, bitte ich Sie, nach dem Diner ein oder zwei Stücke zu spielen.« Dieser Mann, so dachte ich bei mir, ist ja ganz gerissen! Indem er Einstein, Hubermann und das Palästina-Orchester erwähnt, macht er es dir unmöglich, abzulehnen. Auf etwas Ähnliches hatte ich mich früher nicht eingelassen und habe es auch später nie mehr getan. Ich vergewisserte mich bei Freunden in Philadelphia, daß das Diner tatsächlich in der geschilderten Weise stattfinden sollte, und sagte dann zu.

Wir trafen eine Stunde vor Beginn des Diners in Philadelphia ein und wurden von einem etwa Dreißigjährigen in einem Luxusappartement des Hotel Warwick empfangen, das er eigens für die wenigen Stunden unseres Aufenthaltes gemietet hatte. »Ich freue mich sehr, Sie kennenzulernen«, sagte er und überreichte mir ein Präsent, das sich als eine hübsche kleine Taschenuhr von modernem Schweizer Typ erwies. »Die Gesellschaft wird Ihnen sehr zusagen, ich habe alle reichen Leute von Philadelphia versammelt. Sie sitzen mit meiner Frau und mir und Professor Einstein an der Ehrentafel. Leonard Liebling, der Herausgeber der Zeitschrift ›Musical America‹, ist von mir beauftragt, über das Palästina-Orchester einen Vortrag zu halten.« Da erblaßte ich, denn mein Elefantengedächtnis bewahrte sehr wohl die Erinnerung an jenen Liebling, der beim Kartenspiel gemogelt und mich um meine Schuldscheine betrogen hatte. Ich sagte Fred Mann also, ich könne keinen Moment mit Liebling im selben Raum verbringen.

Er hörte sich meine Gründe an, stieß etliche böse Verwünschungen aus und machte sich sporenstreichs daran, Liebling hinauszuwerfen. Das gefiel mir, und Nela und ich folgten, als wir umgekleidet waren, Fred Mann in den Ballsaal, wo die vielen Einzeltische bereits besetzt waren. An dem für uns bestimmten Tisch fanden wir Mrs. Mann im Gespräch mit Professor Einstein, und als wir miteinander bekannt gemacht wurden, fragte ein Photograph, ob Einstein sich zusammen mit mir aufnehmen lassen wolle. »Selbstverständlich«, lächelte der. Ich besitze dieses Bild noch: sein eigentlicher Witz liegt darin, daß ich das ernste, gedankenverlorene Gesicht eines Gelehrten mache, während er mit seinem langen Haar und dem vergnügten Lächeln einem deutschen Caféhausgeiger ähnelt.

Der Professor saß nun neben Nela, ich saß rechts von der bezaubernd schönen Mrs. Mann. Mann selber war unentwegt beschäftigt, vor allem weil er nun selber die einleitenden Worte sprechen sollte und improvisieren mußte.

Das Ehepaar Mann war ungemein umgänglich, und als das Diner vorüber war, hatten sie in uns den Eindruck erweckt, wir wären alte Busenfreunde. Einstein sagte, er selber wolle nicht reden, er sei zu schüchtern, wolle mich aber gerne spielen hören. Weil ich ihn als einen leidenschaftlichen Amateurgeiger kannte, spielte ich ihm zuliebe die von Busoni transkribierte Chaconne von Bach, was ihn augenscheinlich ungemein freute, und anschließend mußte ich wohl oder übel den reichen Gästen zu Gefallen die Polonaise spielen. Fred Mann war mit dem Ergebnis seiner Veranstaltung mehr als zufrieden, und wir fuhren noch in der Nacht zurück nach New York.

Hofmann und Rachmaninoff gaben Klavierabende, und es war für mich von großem Nutzen, ihnen zuzuhören.

Diese beiden berühmten Pianisten näherten sich dem Ende ihrer Laufbahn und ihres Lebens, und ich habe beide noch auf dem Höhepunkt ihres Ruhmes gehört. Hofmann verblüffte mich durch seine konzentrierte Kraft, die gleichsam gepanzerte Dynamik, und erweckte mühelos den Eindruck, man werde Zeuge einer großartigen Leistung. Ein verblüffender Kontrast war es immer wieder, ihn so gleichgültig über Musik sprechen zu hören, zu sehen, wie wenig er sich für musikalische Entwicklungen interessierte. Als er nun gegen Ende seiner Laufbahn auftrat, schon dem Alkohol verfallen, hatte er seine Kraft verloren, und sein Spiel enthielt nichts wirklich Musikalisches mehr.

Von Rachmaninoff hatte ich den entgegengesetzten Eindruck. Hatte ich ihn früher gehört, war ich ganz behext gewesen von seinem prachtvollen, unnachahmlichen Ton, der mich die allzugroße Flinkheit der Finger und die übertriebenen Rubati vergessen ließ. Immer strahlte er einen unwiderstehlichen sinnlichen Zauber aus, vergleichbar dem Kreislers. Beide spielten am besten ihre eigenen Kompositionen, die oft zu sehr auf jener diesen Künstlern eigentümlichen Sinnlichkeit basierten. In Rachmaninoffs Konzert hörte ich aus seinem Spiel eine geläuterte Beziehung zur Musik heraus, unverkennbar wehte hier eine frische musikalische Luft. Die Tempi waren korrekt, und die Intentionen des Komponisten wurden gewissenhaft beachtet. Ich erinnere mich besonders an ein Nocturne und zwei Etüden von Chopin – hier zeigte sich auf faszinierende Weise, wie die eigentliche Persönlichkeit des Künstlers in Erscheinung treten konnte, hörte er einmal auf, Rivalen zu fürchten und seine Laufbahn zu bedenken.

Die Platten des Tschaikowky-Konzertes mit Horowitz und Toscanini kamen nun auf den Markt, und ich hörte verblüfft, daß nicht nur Dirigent und Solist keineswegs im Einvernehmen musizierten, sondern daß die Aufnahme viele technische Mängel aufwies. Diese Meinung wurde von allen meinen Freunden geteilt, die mir auch darin zustimmten, daß meine Einspielung des Konzertes unter Barbirolli unvergleichlich viel besser sei. Und doch entstand im Zusammenhang mit dieser Sache noch viel Ungemach für mich. Ich hörte nämlich von vielen Seiten, man könne meine Platten nicht mehr kaufen, in den Geschäften werde einzig die Aufnahme von Horowitz vertrieben. Ich protestierte entsprechend wütend bei RCA und hörte von dem Chef der Abteilung für klassische Musik: »Die Matrize ist zerbrochen«, wozu er verlogen lächelte.

»Das haben Sie selber gemacht!« brüllte ich, »Sie hören noch von mir!«

David Sarnoff, der Gründer des RCA-Konzerns, stand mit uns auf recht freundschaftlichem Fuße; er und seine Frau hatten mit uns im Pavillon gespeist. Ihn wollte ich nun bitten, den Vertrag zu lösen, den ich mit Victor hatte, einer Firma, die zum RCA-Konzern gehörte. Dieser Entschluß fiel mir leicht, weil Goddard Lieberson, der Generaldirektor von Columbia Records, mir ein glänzendes Angebot gemacht hatte.

Um eine Verabredung mit Sarnoff zu treffen, wandte ich mich an Samuel Chotzinoff, Sarnoffs rechte Hand und Schwager von Heifetz. Als Chotzinoff hörte, worum es ging, warnte er mich: »Mr. Sarnoff schätzt gar nicht, Klagen über sein Personal zu hören.«

»Nun, melden Sie mich trotzdem bei ihm an.« Und kurz darauf wurde mir denn auch ein Termin bei Sarnoff mitgeteilt.

Der Expreßlift im Rockefeller Center 30 beförderte mich ins 52. Stockwerk, und ich wurde ins Arbeitszimmer dieser mächtigen Persönlichkeit geführt. Ich hatte die Miene eines guten Bekannten aufgesetzt, der eben auf Besuch kommt, er hingegen zeigte einen starren Ausdruck.

»Nehmen Sie Platz«, sagte er, und ich dachte belustigt: Bestimmt meint er, du willst ihn um eine größere Summe anpumpen! »Und womit kann ich Ihnen behilflich sein?« fragte er nun.

Ich machte eine demütigeMiene und sagte schüchtern: »Ich möchte Sie um einen großen Gefallen bitten.« Da verdüsterte er sich noch mehr, er glaubte wohl, die Summe sei doppelt so hoch, wie er angenommen hatte.

»Reden Sie. Versprechen kann ich nichts.«
»Es handelt sich wirklich um einen großen Gefallen, Mr. Sarnoff, und außer Ihnen kann niemand mir den erweisen.« Ich sah, er wurde nun wirklich ungeduldig und hätte mir wohl auch eine kleinere Anleihe verweigert.
»Würden Sie mich aus meinem Vertrag mit Victor entlassen?«
Er schien mich nicht zu verstehen und wurde ganz aufgeregt. »Warum? Weshalb?«
»Das ist ganz unwichtig, meine Bitte lautete lediglich: Entlassen Sie mich aus diesem Vertrag.«
»Heißt das, Sie wollen mit Columbia abschließen?«
»Ja, selbstverständlich.«
Nun wurde er nervös. »Wenn ich meine Künstler aus ihren Verträgen entließe, müßte ich bald betteln gehen.«
Ich sagte beschwichtigend: »Wissen Sie, Mr. Sarnoff, für Sie ist das doch eine Bagatelle, aber für mich ist es wirklich wichtig.«
Nun überzog das gleiche freundliche Lächeln sein Gesicht, das ich von jenem Diner her kannte. »Meine Firma ist besser als Columbia, und wenn Sie wechseln wollen, müssen Sie dafür gute Gründe haben. Die möchte ich gern hören.«
Ich blieb aber hartnäckig. »Ich mag mich nicht beklagen, ich bitte Sie nur, mich aus dem Vertrag zu entlassen.«
Jetzt bedrängte er mich förmlich: »Bitte, schreiben Sie mir einen Brief, der alles enthält, was Sie meiner Firma vorzuwerfen haben, das ist für mich sehr wichtig. Und dann sehen wir weiter.«
»Das werde ich gern tun«, sagte ich und verabschiedete mich.
Ich schrieb dann im Hotel innerhalb von zehn Minuten alles auf, worüber ich mich zu beklagen hatte: die Art und Weise, wie O'Connor meine Aufnahmen machte, die Tatsache, daß meine meistverkauften Platten, das Tschaikowsky-Konzert, systematisch zurückgehalten wurden, und schickte den Brief sogleich ab.
Nach dem Diner, das Fred Mann in Philadelphia zugunsten des Palästina-Orchesters veranstaltet hatte, kam er häufig zu uns ins Hotel. Er brachte den Kindern Spielzeug mit und erzählte uns seine Lebensgeschichte. »Ich bin Geschäftsmann«, so sagte er, »meine Liebe gehört aber der Musik. Eigentlich wollte ich Konzertpianist werden, ich habe aber

eine schwere Verletzung an der Hand erlitten, die meine Aussichten zunichte machte. Trotzdem spiele ich bei jeder sich ergebenden Gelegenheit noch Klavier.«

Die schöne Mrs. Mann war schon seine zweite Frau. »Ursprünglich war ich Angestellter meines früheren Schwiegervaters. Der hatte eine Kartonagenfabrik. Dort war aber für mich kein Vorwärtskommen, und ich suchte mir einen Partner, mit dem ich mich selbständig machte. Jetzt geht mein Geschäft sehr gut.«

Ich hörte ihm aufmerksam zu und hatte den Eindruck, es mit einem tüchtigen Geschäftsmann zu tun zu haben. Was mir besonders an ihm gefiel, war, daß er sich nicht schämte, Jude zu sein. Seine Eltern waren aus Rußland eingewandert, er hatte drei jüngere Schwestern und einen Bruder, war selber Vater dreier Mädchen, und man hatte den Eindruck, daß er für alle diese Angehörigen aufkam. Nebenher war er aufrichtig und leidenschaftlich an Musik interessiert, insbesondere an den Problemen der Konzertpianisten in ihren Beziehungen zu Agenturen und Veranstaltern.

So nahm er ungewöhnlich starken Anteil an den Reibereien, die ich mit RCA Victor hatte; er stand nicht an, O'Connor schroff zur Rede zu stellen und sich überhaupt in diese Angelegenheit einzumischen. Als sehr impulsiver Mensch verhandelte er gar mit Lieberson von Columbia über die Bedingungen meines eventuellen Vertrages und suchte die Gage hinaufzutreiben. Dann wieder drohte er RCA offen damit, daß ich zu Columbia gehen würde, falls man mich bei RCA nicht besser behandele. Währenddessen ereigneten sich bei RCA aber auch ohne sein Eingreifen bedeutende Veränderungen. Sarnoff entließ die leitenden Angestellten der Abteilung für klassische Musik, darunter auch O'Connor, und es lag die Drohung weiterer Entlassungen in der Luft.

In diesem Zusammenhang kam es zu einem tragikomischen Vorfall: Während ich eines Nachmittags am Flügel im Salon saß und Nela im Schlafzimmer nebenan, wurde mir einer der Prokuristen von RCA Victor gemeldet. Ich ließ ihn vor, und herein kam ein Männchen, das mir mit ausgestreckten Armen entgegenging und mich strahlend begrüßte: »Ach, endlich sehen wir uns wieder, Arthur!« (Ich war ihm nie zuvor begegnet.) »Zum Glück bin ich endlich diesen gräßlichen O'Connor losgeworden, und statt seiner haben wir eine ganz hervorragende Mitarbeiterin gewonnen, die künftig Aufnahmen mit Ihnen machen wird. Darf ich sie heraufbitten?«

»Wenn Sie wollen«, sagte ich knapp.

Gleich darauf kam eine üppige junge Dame herein mit einem Dekolleeté, das für diese Tageszeit reichlich unpassend war. Der kleine Mann machte mich augenzwinkernd mit ihr bekannt: »Sie ist eine sehr kenntnisreiche Musikerin.« Gerade wollten wir Platz nehmen, da kam Nela von nebenan, bedachte die »Mitarbeiterin« mit einem tödlichen Blick und erklärte: »Mein Gatte ist daran gewöhnt, seine Aufnahmen mit Männern zu machen.«

»Da hat meine Frau ganz recht«, sagte ich. »Aufnahmen sind anstrengend und nichts für zarte Frauen.« Diesen Wink verstanden die Herrschaften und räumten das Feld.

Auch dieser kleine Mann flog bei RCA hinaus, und Sarnoff wählte persönlich ein ganz neues Aufnahmeteam. Und meine Tschaikowsky-Aufnahme mit Barbirolli war plötzlich wieder überall im Handel.

Das war Fred Mann noch nicht genug. Er verlangte noch einmal dringlich, RCA müßte mir die gebührende Behandlung zuteil werden lassen, andernfalls wolle er mich überreden, zu Columbia überzuwechseln. Doch seit ich mit dem neuen Aufnahmeteam arbeitete, hätte ich an einen solchen Wechsel im Traum nicht mehr gedacht. Nebenbei ergab sich, daß RCA seine Kartonagen fortan bei Fred Mann bezog.

Mein neuer Plattenproduzent John Pfeiffer eröffnete mir eines Tages: »Die Firma möchte Ihnen für den finanziellen Verlust und den immateriellen Schaden, der Ihnen durch den Ausfall Ihrer Tschaikowsky-Aufnahme entstanden ist, Ersatz leisten und bietet Ihnen an, das Klavierkonzert von Grieg mit Ormandy und dem Philadelphia Orchestra einzuspielen. Der Verkaufserfolg einer solchen Aufnahme würde alles andere weit übertreffen.« Ich hörte das ziemlich ungerührt an, denn in meinen Berliner Jahren galt das Grieg-Konzert für unbedeutend, und das war mir noch gut in Erinnerung. Ich lehnte daher ab. Die Firma gab aber nicht auf, man steckte sich hinter Nela, die die Noten des Klavierparts kaufte und mir auf den Flügel stellte. Ich sah das Konzert zum ersten Mal gedruckt vor mir und ging es aus purer Neugier durch. Zu meiner Überraschung stellte ich fest, daß es leicht zu spielen und außerordentlich reizvoll war.

Nun triumphierte RCA und setzte den Aufnahmetermin für drei Tage später fest. »Einen anderen Termin haben wir im Moment nicht«, hieß es, »und Sie können ruhig vom Blatt spielen.« Ich lernte es indessen im Handumdrehen und spielte auswendig. RCA hatte insofern recht, als die Aufnahme sich glänzend verkaufte. Jahre später machte ich eine weitere Aufnahme des Konzertes in Stereo mit Alfred Wallenstein, die lange Zeit von Sammlern in Amerika sehr gesucht war. Überhaupt erfreute sich das Grieg-Konzert in den USA dauernder Beliebtheit.

Die Amerikatournee während der Konzertsaison 1939/40 dehnte sich wesentlich weiter aus als die im Vorjahr, und ich war dauernd unterwegs. Mit Absicht gehe ich nicht in Einzelheiten. Ich werde wie versprochen über Musik und Musiker schreiben, über meine Eindrücke und meine Ansichten, doch es wäre unangebracht, hier jedes einzelne Konzert zu schildern. Jedes Konzert bedeutet einen intimen Austausch zwischen dem Interpreten und seinen Zuhörern.

Zur Weihnachtszeit beehrte mich Theodore Steinway, ein warmherziger Mann, mit einer Einladung zu der jährlichen Feier, die er seinen leitenden Angestellten und Handwerkern gab; ich sollte der Ehrengast sein. »Vor Ihnen war es Paderewski«, sagte er.

Tatsächlich wurde es eine große Veranstaltung. An einem Tisch saßen etwa ein Dutzend älterer Herren mit Goldmedaillen – Männer, die seit über fünfzig Jahren der Firma angehörten. Steinway stellte mir seine führenden Mitarbeiter vor: »Dieser Herr beaufsichtigt die Arbeit an den Pedalen, und der hier hat die Tastaturen unter sich.« Ein anderer war für die Besaitung verantwortlich, drei Männer prüften die Qualität der Hölzer, es gab einen Spezialisten für den metallenen Resonanzboden, und dann folgten die Verwaltungsangestellten, die mit der Werbung, der Buchhaltung, dem Schriftverkehr und ähnlichem zu tun hatten. Am Ende des Diners brachte Mr. Steinway mit Champagner einen Toast auf mich aus. Er pries in den höchsten Tönen meine Meriten als Pianist, schrieb mir auch andere lobenswerte Eigenschaften zu, und dann wurde es Zeit für mich, ihm zu erwidern. Ich sagte anfangs, am liebsten hätte ich mich während Mr. Steinways Ansprache unter dem Tisch verkrochen, weil ich mich so genierte. Dann trank ich den Herren zu, die ich zuvor kennengelernt hatte, dem Meister der Tastaturen, den Holzexperten, dem Spezialisten für Resonanzböden. Nachdem ich allen, die die herrlichen Steinwayflügel bauten, den gebührenden Dank abgestattet hatte, schloß ich: »Und was tue ich? Ich ruiniere sie!«

Kapitel 103

Im April, ich war immer noch auf Konzertreise, las ich von Hitlers Überfall auf Dänemark, das ihm als Sprungbrett für die Invasion Norwegens dienen sollte. Dort stieß er allerdings auf entschlossenen Widerstand der Engländer und etlicher französischer Kontingente. In Amerika verfolgte man gespannt diesen Kampf um die Vorherrschaft. Die Norweger verteidigten ihr Land mit großer Tapferkeit, wurden aber von Quisling verraten, der fortan, wie Judas, ein Symbol des Verrats bleiben wird.

Bei Hurok erfuhr ich, daß das Ballett de Monte Carlo im Sommer 1940 eine Tournee durch Südamerika plante. »Meine Frau und ich begleiten das Ballett auf dieser Reise, und wenn Sie wollen, kann ich auch eine Tournee für Sie arrangieren.«

»Hm«, sagte ich, »Südamerika ist meine ganz eigene Domäne, und ich brauche den Agenten dort nur wenige Prozente der Einnahmen zu zahlen.« Gleichwohl war ich bereit, mitzumachen. Ruth Draper fand die Gelegenheit ebenfalls verlockend und arrangierte auch für sich eine Tournee.

In die Vorfreude auf diese Reise platzten weitere Unglücksnachrichten aus Europa. Hitler überfiel Holland, den friedlichen, neutralen Nachbarn Deutschlands, mit nie dagewesener Brutalität. Zugleich besetzte er zur Hälfte Belgien, einschließlich Brüssel. Wir lebten in einer wahren Todesangst vor diesem Menschen, dem die Deutschen blind ergeben gehorchten und dessen mächtige, gut ausgebildete Heere und Flugzeuge nirgendwo auf nennenswerten Widerstand gestoßen waren. Immerhin hofften wir noch auf einen Gegenschlag der englischen, französischen und der restlichen belgischen Truppen.

Man kann sich unsere Niedergeschlagenheit wohl vorstellen, als wir erfuhren, daß die belgische Armee kapitulierte und Franzosen und Engländer in dieser tragischen Lage sich selber überließ; sie schlugen sich heldenhaft in dem einzigen Hafen, der ihnen noch blieb. Ich will nicht versuchen zu beschreiben, welchen Eindruck der heroische Rückzug aus Dünkirchen auf uns machte, und nur meiner Überzeugung Ausdruck geben, daß er auf Generationen hinaus unvergessen bleiben wird. Wir, die wir in allem Komfort samt Kindern und französischer Bonne auf einem amerikanischen Luxusdampfer entkommen waren, lebten gleichwohl in größter nervlicher Anspannung, denn die aus dem Radio dringenden Nachrichten ließen uns nicht zur Ruhe kommen.

Die Überfahrt nach Südamerika wurde nicht nur von dem Ballett de Monte Carlo mit seinem Dirigenten Efrem Kurtz, mit Huroks und Ruth Draper unternommen, es begleitete uns auch Henri Focillon, der bekannte französische Kunstgelehrte, ein kleiner Mann mit einem Bukkel, der ihn nötigte, den Kopf mit dem schütteren weißen Haar seitlich geneigt zu halten. Man wird diese Beschreibung nicht sehr ansprechend finden, ich möchte dem Leser aber versichern, daß es einen bezaubernderen Menschen als ihn schwerlich geben konnte. Schon beim ersten Kontakt mit ihm geriet ich ganz in seinen Bann. Im übrigen fand auch er wie wir übrigen die politischen Nachrichten höchst erschreckend.

Kaum waren wir einige Tage auf See, da wurden die Kriegsberichte alarmierend. Das Heer der Deutschen fiel en masse in Frankreich ein und näherte sich in Eilmärschen Sedan, ganz wie 1914 unter General von Kluck. Diesmal wurde die Festung nur schwach verteidigt, denn die Franzosen hatten mit einem Angriff von Osten gerechnet und sich ganz auf die Maginotlinie verlassen. Tag für Tag hörten wir mit wachsender Verzweiflung vom unaufhaltsamen Vordringen der Deutschen. Der bedauernswerte Professor Focillon, der sich ganz besonders betroffen fühlte, schöpfte immer wieder Hoffnung, wenn es hieß, die Franzosen leisteten hier und dort noch Widerstand.

Trotz all dieser tragischen Ereignisse war das Bordleben fröhlich und munter wie immer, vor allem weil das Ballett de Monte Carlo, Nachfolger von Diaghilevs Ballett, sich aus Mitgliedern aller Nationalitäten zusammensetzte, die sich mehr um ihre eigenen Angelegenheiten kümmerten als um die Ereignisse auf dem europäischen Kriegsschauplatz. Sogar Huroks zeigten sich wenig interessiert daran, und abends tanzten die Mitglieder des Balletts nach Herzenslust und genossen ihre freie Zeit in vollen Zügen.

Am denkwürdigen 10. Juni kamen wir in Rio an. Paris war gerade gefallen. Der arme Focillon brütete und schluchzte abwechselnd. Diese blitzschnelle Niederlage der 1918 siegreichen französischen Armee traf ihn tief. Für mich bedeutete sie geradezu den Weltuntergang. Ich stellte mir vor, wie die Nazis in meinem Hause kampierten, wie die Juden Europas nun ebenso verfolgt wurden wie die deutschen Juden schon vordem, und sah ganz Europa in Hitlers Händen. Hinzu kam, daß der tückische Mussolini nun auch noch den Franzosen den Krieg erklärte.

Unsere Reisegenossen fuhren weiter nach Buenos Aires, ich aber mußte noch in Brasilien Konzerte geben, bevor ich mich ihnen anschließen konnte.

Mit Rührung begegneten wir in Rio einigen unserer engsten Warschauer Freunde und luden sie allesamt zum Essen ein – Tuwim und seine Frau; Lechnon; Casimir Wierzynski, einen romantischen Dichter, und Fürst Czartoryski. Daß wir hier an einem Tisch versammelt saßen wie ehedem in glücklicheren Tagen in Warschau, entlockte uns ein bitteres Lachen. Unsere Freunde berichteten Entsetzliches von der Besetzung Polens durch die Deutschen und von den Gefahren, die sie zu überstehen hatten, bevor sie Brasilien erreichten. Das hiesige Klima tat ihnen nicht gut, und trotz der abschreckenden Einwanderungsbestimmungen der Amerikaner waren sie allesamt entschlossen, nach New York weiterzureisen. Wir versprachen, ihnen nach besten Kräften behilflich zu sein.

Die Konzerte waren gut, denn einzig durch ständiges Üben konnte ich meine trüben Gedanken vertreiben. Ich spielte in vielen Orten des Landes, im Norden und Westen und Süden von Rio, auch in São Paulo, und war froh, in meiner Verzweiflung ungestört zu bleiben.

Als ich zwischendurch wieder einmal in Rio war, nahm mich ein junger Mann, den ich schon von früher her gut kannte, zu einem Maler mit, von dem er behauptete, er sei der größte brasilianische Künstler, ja einer der bedeutendsten Maler überhaupt; dessen Bilder müsse ich unbedingt sehen. Da ich ihn weder für sehr klug hielt noch ihm guten Geschmack zutraute, sträubte ich mich ein Weilchen, doch eines Tages zwang er Nela und mich förmlich dazu, jenen Maler zu besuchen, dessen Name Candido Portinari war.

In der Halle der kleinen Villa, die wir jetzt betraten, stand ein lahmer kleiner Mann am Telefon und ließ sich in seinem Gespräch durch uns nicht stören. Unser Führer winkte uns eine Treppe hinauf. Im ersten Raum, den wir betraten, sahen wir auf einem Tisch mehrere Holzschnitte liegen, die sogleich unsere Aufmerksamkeit erregten, denn sie waren in der Tat die Arbeiten eines Meisters.

»Die Gemälde sind nebenan«, sagte unser junger Freund, und dort erblickten wir höchst originelle Ölbilder in großen Formaten, die Szenen aus dem Leben der brasilianischen Neger darstellten. Alle Gemälde zeugten von einer sehr eigenwilligen Auffassung des Gegenstandes und schienen von der Glut der Sonne dieses Landes getränkt. Blautöne von großer Schönheit waren vorherrschend.

Sowohl Nela als auch ich waren wie behext von den Bildern dieses Portinari, des kleinen hinkenden Mannes, der jetzt eintrat. Als er unsere Gesichter sah, strahlte er. »Ich habe Sie schon längst kennenlernen wollen«, sagte er zu mir, »denn ich finde Ihr Klavierspiel bemerkenswert, außerdem stamme ich aus einem kleinen Ort, benannt nach seinem Entdecker Brodowski.« Und so plauderte er eine Weile munter fort.

»Ich würde Sie für mein Leben gern malen. Könnten Sie mir nicht sitzen?« fragte er dann. Darauf ging ich ein, nachdem er uns zwei Porträts bekannter Lyriker gezeigt hatte, und wir freundeten uns miteinander an. Er besuchte meine nächsten Konzerte, und wir verbrachten mehrere Abende mit ihm.

Als er meine Kinder sah, bestand er darauf, sie auf der Stelle zu zeichnen; diese Skizzen wurden recht bekannt und brachten ihm eine Menge Aufträge von Leuten ein, die ähnliche Porträts ihrer Kinder haben wollten. Vor unserer Abreise malte er sowohl Nela als auch mich.

In Argentinien nahm uns der Alltag wieder ganz in Anspruch. Ruiz mietete für uns eine sehr hübsche Parterrewohnung in Buenos Aires, die einem wohlhabenden Junggesellen gehörte. Huroks, Ruth Draper und Focillon samt Gattin kamen oft zum Essen zu uns, und einmal gaben wir auch eine richtige Party für das Ballett.

Nelson Rockefeller, damals Staatssekretär für lateinamerikanische Angelegenheiten, fragte telegrafisch bei mir an, ob ich bereit sei, im Museum of Modern Art in New York ein Konzert Portinari zu Ehren zu geben, der dort eine Ausstellung hatte, und bestellte auch gleich ein Programm mit Kompositionen von Villa-Lobos. Es freute mich von Herzen, zwei von mir so geschätzten Künstlern dienlich sein zu können, allerdings bedeutete es auch harte Arbeit an Villa-Lobos' ›Rudepoêma‹, das ich lange nicht gespielt hatte.

Wir besuchten mehrere Vorstellungen des Ballett de Monte Carlo, sahen die berühmte Flamencotänzerin Carmen Amaya und waren beim Debüt eines jungen Paares anwesend, das sich ›Los Chavalillos‹ nannte, Antonio und seine Cousine Rosario waren, obschon noch halbwüchsig, bei weitem die besten spanischen Tänzer, die ich je gesehen hatte. Antonio wurde später weltberühmt. Carmen Amaya hatte ein wildes Temperament und raufte die Haare, bis alle Kämme herausfielen. Hurok beging damals einen der größten Fehler seines Lebens, indem er sie engagierte in der Annahme, sie werde in den USA Sensation machen. Er steckte viel Geld in die Werbung und in die Ausstattung, doch hatte sie nur wenig Erfolg. Am Ende vermittelte er sie in Nachtclubs. Während ich dies schreibe, ist Antonio immer noch ein Star.

Mein erstes Konzert im Colón, eine Matinee, war ergreifend. In der Pause suchten mich Dutzende Bekannte aus Warschau und Lodz auf, die vor Hitler geflüchtet waren, und es fügte sich so, daß keinesfalls alle voneinander wußten, daß sie in Buenos Aires waren, vielmehr trafen sich viele erstmals und überraschend bei mir im Künstlerzimmer. Verwandte, die einander verloren glaubten, trafen sich wieder. Freunde begegneten sich erstmals nach der Flucht. Es war herzzerreißend. Nach der Pause sind sie gewiß nicht mehr in den Konzertsaal gegangen, mir genügte aber das Bewußtsein, sie durch mein Konzert zusammengeführt zu haben. Als ich zu meiner nächsten Konzertreise ins Land kam, war so mancher unterdessen ein angesehener wohlhabender Neubürger.

Die Musikverständigen in Brasilien und Argentinien erwarteten mit Spannung das Gastspiel Toscaninis mit dem NBC Orchestra und das von Stokowski mit dem Jugendorchester. Beide machten mehr Eindruck dank ihrer Persönlichkeit als dank den Meriten ihrer Orchester.

Ich hatte während dieser Wochen übrigens den Eindruck, daß Argentinien trotz der von den Deutschen ausgebildeten Armee auf seiten Frankreichs stand, während Brasilien zu meinem Mißvergnügen an dem Debakel in Europa kaum Anteil nahm.

Eine Woche vor dem Aufbruch nach New York bekam Eva die Windpocken. Es war ein leichter Fall, doch hatte sie noch etliche Pocken, als wir abreisten, und mußte sich hinter dem breiten Rücken von Nena Salamanca verstecken. Alles ging gut, bis Paul am zweiten Reisetag ebenfalls die Pocken bekam, und infolge unseres Fehlverhaltens behielt er etliche Narben im Gesicht. Das kam so: Unsere Mlle. Yvonne, die fürchtete, daß eine Quarantäne über sie verhängt werden könnte, überredete eine Krankenschwester, den Fall zu behandeln, ohne den Schiffsarzt zu verständigen. Wir ließen fünfe gerade sein, und Paul blieb während der Überfahrt in der Kajüte. Er erholte sich rascher als Eva und war schon wieder auf den Beinen, als wir in New York anlegten, doch wie gesagt, die Pockennarben behielt er.

Außerdem hatte die Sache denn doch noch ein böses Nachspiel. Alle Passagiere wurden ärztlich untersucht, bevor man sie von Bord ließ, und man forderte Nela auf, beiseite zu treten. Dann wurde sie dem Schiffsarzt und dem Gesundheitsinspektor vorgeführt, was mir recht unbehaglich war. Offenbar hatte ein Passagier uns denunziert. Daß unser kleiner Paul, den man an Bord hatte kommen sehen, sich nie blicken ließ, hatte wohl jemand auf den Gedanken gebracht, wir vertuschten einen Fall von Pocken.

Nela entschuldigte sich damit, es habe sich um einen ganz leichten Fall von Windpocken gehandelt, das half aber nichts, vielmehr wurde über beide Kinder eine Quarantäne auf Ellis Island verhängt, und Nela wurde böse heruntergeputzt.

Nachdem man unsere Pässe geprüft hatte, durften wir unser Gepäck nicht abholen, sondern wurden unter dem Vorwand, man wolle uns zeigen, wo die Kinder in Ellis Island untergebracht würden, auf jene Insel gebracht. Der kleine Paul war außer sich vor Angst und klammerte sich an seine Mama. Eva aber übernahm bereits die Rolle der Mutter und versicherte uns: »Ich kümmere mich schon um ihn, habt nur keine Sorgen.« Statt uns nun gehen zu lassen, führte man uns in eine Baracke, wo Einwanderer, deren Papiere nicht in Ordnung waren, festgehalten wurden. Die schwere Tür fiel hinter uns zu, und wir waren tatsächlich eingesperrt.

Die Baracke war scheußlich, es wimmelte von schmutzigen, elenden, kranken Gestalten, die rastlos umhergingen. Die einzige Telefonzelle war ständig belagert, und es gelang uns nur mit Mühe, Hurok an den

Apparat zu bekommen, der sich sehr besorgt zeigte und versprach, über Washington unsere Befreiung ins Werk zu setzen.

Ganz niedergedrückt sah ich mich plötzlich in einer Ecke des Raumes einem Klavier gegenüber. Ich stürzte mich daran, klappte den Deckel auf und übte Villa-Lobos' ›Rudepoêma‹. Niemand hatte darauf acht, man schwätzte und lief unentwegt weiter umher. Ich selber nahm von meiner Umgebung nichts mehr wahr, sondern vertiefte mich ganz in eine besonders schwierige Passage dieses langen Stückes.

Gegen Abend führte man uns in einen Speiseraum für Gefangene und servierte uns an den bekannten langen Tischen und Bänken eine beschämend schlechte Mahlzeit, die wir uns weigerten anzurühren. In der Baracke wurden nun Männer und Frauen brutal getrennt. Nicht einmal gute Nacht durfte ich Nela und Yvonne wünschen und fand mich in einer Kammer mit vier Kojen und drei recht abstoßenden Schlafgenossen. Ich versuchte zu schlafen, konnte aber erst gegen Morgen ein Auge zutun.

Zum Frühstück wurden uns stinkende Eier angeboten, die ich nicht herunterwürgen konnte, anschließend führten Polizisten uns in einen Hof, wo Männer und Frauen getrennt paarweise spazierengehen mußten. Gegen Mittag erblickte ich ausgerechnet Richard Ordynski! »Bist du auch eingesperrt, du armer Hund!« rief ich ihn an.

»Ach was«, lautete die kühle Antwort, »ich bringe dir in Huroks Auftrag deine Entlassung, aber ich gebe sie dir nur, wenn du mir versprichst, mich als deinen Sekretär einzustellen.« Selbstverständlich versprach ich das, was hätte ich nicht alles versprochen, nur um da herauszukommen! Er verschaffte uns noch die Erlaubnis, die Kinder zu besuchen; wir fürchteten schon, sie in einem bejammernswerten Zustand anzutreffen, aber fanden sie ganz munter vor, hörten sie schon auf dem Korridor jauchzen und lachen. Offenbar hatten sie die Herzen des Personals im Sturm gewonnen und amüsierten sich dort großartig.

Diese Episode auf Ellis Island erfüllte mich mit anhaltender Bitterkeit gegenüber der amerikanischen Einwanderungsbehörde. Daß unglückliche Menschen, die schuldlos Haft oder Tod in ihrer Heimat zu gewärtigen hatten, von eben dem Land, das mit seiner Freiheitsliebe so protzte, einer entwürdigenden Prozedur unterworfen wurden, bloß weil sie nicht die richtigen Papiere hatten, fand ich abscheulich. Daß es uns getroffen hatte, war nichts als ein alberner Mißgriff. Die Ärzte glaubten, unser Sohn habe die Pocken, dabei hatte er bloß Windpocken, und die waren abgeheilt, bevor wir den Hafen erreichten.

Kapitel 104

Statt im Hotel Buckingham zu bleiben, beschlossen wir, ein kleines Haus in der East Forthyeighth Street zu mieten, Teil einer Turtle Bay genannten Siedlung. Für die Kinder war es hier sehr hübsch, denn sie hatten einen großen Garten zum Spielen.

Aus Europa, nun fast gänzlich in Händen der Deutschen, kamen immer neue Flüchtlinge. Betrübt vernahmen wir, daß Edouard und Germaine de Rothschild überstürzt aus Paris hatten fliehen und alles zurücklassen müssen. Zum ersten Mal mußten sie fliegen, und das ausgerechnet auf der gefürchteten Strecke Lissabon–New York. Weil sie nur wenig Geld bei sich hatten, wohnten sie im Hotel Gladstone. Dort, in dieser trostlosen Herberge speisten wir gemeinsam, und dabei zeigte der Baron Edouard sich als echter Grandseigneur. Er betrug sich, als sitze er am eigenen Tisch in seinem fürstlichen Palais in der Rue St. Florentin, seine Frau vertraute uns aber an, wie schwer es ihm fiel, sich ohne die Hilfe seines Kammerdieners zu rasieren und anzukleiden.

Nela lud sie in ihre Loge zu meinem nächsten Konzert in der Carnegie Hall ein, aber Germaine lehnte ab: »Ich käme für mein Leben gern, *chérie*, habe aber nichts Passendes anzuziehen.« Da fiel Nela ein, daß die Baronin ihr vormals in Paris ein Kleid geschenkt hatte, das Nela sehr bewunderte und von dem Germaine meinte, es sei zu jugendlich für sie. Nun konnte Nela sagen: »Germaine, ich habe ein hübsches Kleid für dich – dein eigenes!« So bestätigte sich einmal mehr, daß eine gute Tat ihren Lohn findet.

Noch einen anderen pittoresken Vorfall will ich erwähnen, der mit Rothschilds zusammenhängt: Mein Freund, der Cellist Gregor Piatigorsky, der mit Jacqueline de Rothschild verheiratet war, Germaines und Edouards Tochter, war schon früher nach New York gekommen als wir und bewohnte im Hotel Pierre ein luxuriöses Appartement. Wir besuchten ihn dort und staunten sehr, als Jacqueline mit einem Fagott in der Hand den Salon betrat, auf dem sie auch gleich zu spielen begann. Ihre Erklärung lautete: »Falls die Rothschilds all ihr Geld verlieren, verdiene ich meinen Unterhalt mit dem Fagott, denn das ist in Amerika das gesuchte Instrument.« Wir lachten zwar darüber, mußten aber zugeben, daß sie schon recht schön darauf blies.

Hurok machte für die kommende Saison ungewöhnlich viele Konzerte für mich aus. Maliziös lächelnd sagte er: »Europa kann uns nun keine Pianisten mehr schicken, endlich einmal haben wir das ganze Land für uns.« Diese Bemerkung gefiel mir nicht, ich empfand sie als Verspottung einer Tragödie, die mir immer deutlicher vor Augen trat. Aus Europa trafen praktisch keine Flüchtlinge mehr ein, alle Ausgänge waren blockiert, und ich lebte in ständiger Angst um die Meinen.

Man wußte, wie grausam Hitler die Juden in allen von ihm besetzten Ländern in Ghettos sperrte, und ich war daher überrascht, in New York meine Nichte Marila Landau und ihren Bruder Jan anzutreffen. Marila, zweimal verheiratet und zweimal geschieden, lebte bei Kriegsausbruch in Brüssel. Sie floh nach Lissabon, nahm das erstbeste Visum für ein Land jenseits des Ozeans und gelangte so nach Bogotá, wo sie ein Hutgeschäft eröffnete. Ihr Bruder wurde vom Krieg in Lodz überrascht, wo er eine Textilfabrik besaß. Er floh in seinem starken Wagen nach Schweden, nahm hier Frau und Kind auf, fuhr nach Lissabon und schloß sich der Schwester auf der Flucht nach Kolumbien an. Auch er prosperierte in Bogotá wieder mit einer Textilfabrik.

Bruder und Schwester fühlten sich aber nicht recht wohl so weit entfernt von den großen Weltstädten und wollten unbedingt nach New York. Dies gelang ihnen auch mit List und Tücke, und sie fanden mich hier in guten finanziellen Verhältnissen vor. Ich konnte ihnen fortan von großem Nutzen sein. Marila arbeitete einige Jahre als Hutverkäuferin bei Saks auf der Fifth Avenue.

Daß wir über Fred Mann, der Verbindungen zum jüdischen Einwanderungskomitee hatte, Visen für Juljan Tuwim (den bedeutenden polnischen Dichter), seine Frau und seine Cousine bekamen, freute uns von ganzem Herzen. Gleich am Abend ihrer Ankunft feierten wir sie gebührend. Auch der Lyriker Jan Lechon, dem wir in Brasilien begegnet waren, fand dank der Hilfe etlicher Polen seinen Weg nach New York. Die Anwesenheit aller dieser Menschen, Anatole Mühlstein inbegriffen, bereicherte mein Leben fühlbar; ich hatte wieder Männer um mich, mit denen ich meine Gedanken austauschen konnte.

Das Konzert im Museum of Modern Arts wurde ein glänzender Erfolg. Portinari und Villa-Lobos waren hinfort bekannte Namen in den USA. ›Rudepoêma‹ beeindruckte die Zuhörer durch seine brutale Dynamik, seinen Gehalt, seine Länge. Bei dieser Gelegenheit wurde ein weiteres Werk des Komponisten aufgeführt, das die Zuhörer in Erstaunen versetzte, ein *choros* (eine Art Serenade) für zwanzig Celli.

Meine Konzertreise wurde die bislang ergiebigste, sowohl was die Aufnahme beim Publikum angeht als die Zahl der Besucher. Damit begann meine große Laufbahn, die bruchlos fortgesetzt wurde bis zu dem Konzert, das ich im März 1976 mit neunundachtzig Jahren in der Carnegie Hall gab. Die Konzertreise erstreckte sich praktisch über die gesamten USA und Canada, via Vancouver bis Montreal. Anfangs begleitete mich Nela, aber sie mußte umkehren, weil Yvonne erklärte, sie wolle unbedingt zurück nach Frankreich. Der Süden des Landes wurde von der Regierung Pétain verwaltet, dort war sie also noch sicher.

England führte den Krieg gegen Hitler nun ganz allein. Zwar wagte dieser nicht, die Insel anzugreifen, doch seine Luftwaffe bombardierte England Tag und Nacht und richtete schwere Schäden an, zerstörte einen großen Teil Londons und anderer Großstädte. Die Royal Air Force stellte sich diesen Angriffen tollkühn entgegen, und die ganze Nation war sich einig in der grimmigen Entschlossenheit, die Insel zu verteidigen.

Wir in Amerika lebenden Exilierten beobachteten die englischen Kriegsanstrengungen mit Ehrfurcht und Bewunderung und waren der Meinung, die USA müßten rettend eingreifen. Präsident Roosevelt erklärte wiederholt und ganz unumwunden seine Sympathie für England und seinen Abscheu vor Hitler. Er gestattete amerikanischen Bürgern, in das Heer und die Luftwaffe Kanadas einzutreten, doch mußte er mit starken innerpolitischen Widerständen rechnen, sollte er versuchen, die Amerikaner zur Kriegserklärung zu bewegen. Es bildete sich eine starke Gruppierung im Lande, die sich »America First« nannte und gegen jede Einmischung in den europäischen Krieg protestierte. Zu ihr zählten namhafte Bürger, und es wurden täglich mehr, auch Charles A. Lindbergh gehörte dazu, der als erster den Atlantik überflogen hatte und für einen Nationalhelden galt. Diese Leute sympathisierten unverhohlen mit den Deutschen und scheuten sich auch nicht vor eindeutig antisemitischen Äußerungen. Viele Amerikaner deutscher Abstammung waren von Hitler beeindruckt und freuten sich ganz offen seiner militärischen Triumphe. Als Hitler dann Rußland überfiel, leistete Roosevelt diesem Lande Hilfe, indem er ihm Waffen aller Art zukommen ließ. Täglich löschten amerikanische Schiffe diese kostbare Fracht im Hafen von Archangelsk.

Hurok schlug mir vor, anschließend an meine Konzerte in San Francisco und Los Angeles nach Hawaii weiterzureisen. Mir gefiel sein Vorschlag, und sei es nur, weil Namen wie Hawaii und Honolulu mir verlokkend in den Ohren klangen. Unser Aufenthalt in Honolulu war entzükkend, doch wurde ich das Gefühl nicht los, hier eine Rolle in einem Film zu spielen. Das begann schon mit dem übertriebenen Empfang im Hafen, wo junge Frauen in Röckchen aus Gras einem die herrlichen *leis* (Blumengirlanden, die jedem Ankömmling aufgedrängt wurden) um den Hals hängten, und das »Aloha«, der einheimische Willkommensgruß, klang einem unaufhörlich und recht schrill in den Ohren. Doch war es trotz alledem recht eindrucksvoll. Wir wohnten direkt am Strand in einem Hotel, das im Stil des Landes gehalten war, aßen zum ersten Mal frisch gepflückte Ananas, ein Produkt, auf das die Insel stolz ist. Auch präsentierten sich uns einheimische Tänzerinnen, die vor den Augen amerikanischer Produzenten gewiß keine Gnade gefunden hätten. Zum Glück hielten die hübschen amerikanischen Mädchen noch das Monopol.

Anläßlich unserer Abreise wurde noch mehr von uns hergemacht als bei der Ankunft. Wir warfen, wie es üblich ist, unsere Girlanden mit großer Gebärde ins Meer, womit wir baldige Rückkehr gelobten. An einem frühen Morgen traf unser Dampfer in San Francisco ein, von wo wir nach Los Angeles reisen und dort für den Sommer ein Haus mieten wollten, bevor wir nach New York zurückkehrten. Weil unser Zug, ›The Lark‹, erst um Mitternacht abfuhr, verbrachten wir einen ganzen Tag in San Francisco.

Es wurde ein sonderbarer Tag. Nach einem guten Frühstück im Hotel

St. Francis gingen wir in ein Kino, wo zwei Filme hintereinander gezeigt wurden; wir hatten ja weiter nichts vor. Drei Stunden im Kino schafften erst richtig den Appetit auf Filme, wir nahmen also nur einen kleinen Imbiß in einer Cafeteria und eilten ins nächste Filmtheater. Hier dauerten die gezeigten Filme fast vier Stunden, aber wir waren keineswegs gesättigt und gingen in ein drittes Kino, in dem ein neuer Film lief. Anschließend nahmen wir wieder ein paar Happen zu uns und sahen uns einen Film an, der in der Zeitung angekündigt wurde, einen phantastischen Thriller, den längsten von allen. Es war geradezu tragisch, daß wir das Ende nicht mehr sehen konnten, sonst hätten wir den Zug verpaßt, und wir gingen allen Ernstes mit dem Gedanken um, des Films zuliebe den Zug zu versäumen und noch einen ganzen Tag in San Francisco zu verbringen. Wir entschieden uns dann doch widerstrebend für den Zug und spekulierten die ganze Nacht darüber, wer denn nun der Täter gewesen sein mochte. Mir möchte scheinen, daß wir damit einen Rekord im Kinobesuch im Laufe eines einzigen Tages aufgestellt haben.

In Brentwood, einem vornehmen Wohnviertel von Los Angeles, fand sich ein hübsches Haus mit Schwimmbecken und einer Terrasse, von der aus man in einen Garten blickte. Im Keller gab es ein geräumiges Spielzimmer mit einem Billardtisch. Dies Haus also mieteten wir für den Sommer und fuhren anschließend nach New York, um die Kinder zu holen.

Bei einer Abendeinladung im Hause Knopf eröffnete sich mir eine neue Perspektive. Ich war in bester Erzählerlaune und konnte gar nicht aufhören mit Anekdoten und Schwänken aus meinem Leben. Schließlich sagte Alfred Knopf: »Wissen Sie, Arthur, daraus könnte ein faszinierendes Buch entstehen. Schreiben Sie doch das mal alles auf.« Zunächst lachte ich: »Ich bin sogar zum Briefeschreiben zu faul, wie soll ich da ein ganzes Buch schreiben!« Doch Knopfs wurden nun beide ganz geschäftsmäßig, und Blanche sagte: »Überlegen Sie es sich gründlich. Wir sind beide der Meinung, Sie wären ein guter Autor. Könnten Sie alles so schreiben, wie Sie es hier erzählt haben, fände das Buch gewiß großes Interesse.«

»Kommen Sie doch morgen mal in mein Büro«, überredete mich Alfred, »wir können immer schon mal einen Vertrag machen.«

Dieses Angebot traf einen schwachen Punkt bei mir; meine Leidenschaft für Bücher hatte mir schon öfters den Gedanken eingegeben, selber zu schreiben. Um es kurz zu machen – ich akzeptierte den Vertragsentwurf, und Alfred überreichte mir nach der Unterschrift zweihundertfünfzig Dollar. »Das ist Ihr Vorschuß, und damit ist der Vertrag rechtswirksam.« Mit diesem Dokument und dem Geld in der Tasche konnte ich es gar nicht abwarten, mit meinem Buch zu beginnen.

Ernesto de Quesada bot mir Konzerte in Mexiko City an, ein Angebot, das ich normalerweise ausgeschlagen hätte. Nun aber kam mir die Idee, ich könnte in der Ferne ungestört mit der Arbeit an meinem Buch beginnen, und tatsächlich verbrachte ich die erste Nacht dort damit, in großer Hast die ersten Seiten zu Papier zu bringen. Daß ich auch Konzerte zu geben hatte, spielte jetzt die zweite Rolle, jeder freie Moment wurde der Niederschrift meiner Memoiren gewidmet.

Von einem polnischen Flüchtling erhielt ich eines Abends einen höchst wichtigen Hinweis: »Polen haben jetzt gute Aussichten, legal in die USA einzuwandern. Auf die Quote kommen jetzt keine Polen mehr herüber, und die Einwanderungsbehörde nimmt Anträge von allen entgegen, die sich bewerben. Das ist eine ganz große Chance, denn im allgemeinen muß man fünf Jahre warten.«

Das war in der Tat sehr wichtig, und ich beschloß, keinen Moment zu zögern. Schon am folgenden Tag erfuhr ich auf dem amerikanischen Konsulat, daß mein polnischer Informant recht hatte. Nur mußte ich zugleich mit meiner gesamten Familie in die USA einreisen. Also telegrafierte ich Nela, sie möge sogleich mit den Kindern herkommen. Sie erschien denn auch in Begleitung von Mrs. Mann, die trotz ihrer Schwangerschaft darauf bestand, sie zu begleiten. Zwar hatten sie kein Visum für Mexiko und deshalb Schwierigkeiten an der Grenze, doch brachte ich es irgendwie fertig, sie nach Mexiko City kommen zu lassen. Ich hatte nun alle Hände voll zu tun: Nicht nur mußte ich konzertieren, ich schrieb auch an meinem Buch, füllte endlose Formulare für die amerikanische Einwanderungsbehörde aus, und weil auch Fred Mann sich zwei Tage später einfand, mußte ich auch noch den Fremdenführer und Dolmetscher machen.

Schließlich überquerten wir die Grenze nach den USA im Besitze von

Dokumenten, aus denen hervorging, daß wir beabsichtigten, Bürger dieses Landes zu werden, was denn auch nach fünf Jahren geschah.

Bald darauf bezogen wir das Carmelina genannte Haus in Brentwood. Es behagte uns sehr. Uns zu Ehren veranstalteten Basil und Ouida Rathbone eine glänzende Party, wobei Ouida sich als die extravaganteste Gastgeberin erwies, mit der ich je zu tun hatte. Schon an der Tür ihres stattlichen Hauses in Bel Air wurde man von einem Butler mit Kaviar und den passenden Getränken empfangen, berühmte Stars und Produzenten waren unter den Gästen, und zwei Photographen machten unermüdlich Aufnahmen. Der große Mitteltisch im Speisezimmer, der wohl vierzig Personen Platz bot, war mit erlesenen Blumen dekoriert, und die übrigen Gäste saßen an kleineren Tischchen. Zwei riesige silberne Leuchter, jeder mit zwanzig Kerzen, erhellten den Raum. Wir wurden bei dieser Gelegenheit bekannt mit Charlie Chaplin, Charles Laughton, Bette Davis, Leslie Howard, Rex Harrison, Ethel Barrymore, Nigel Bruce, Merle Oberon, Alfred Hitchcock, Errol Flynn und Marlene Dietrich. Zu meiner Freude traf ich auch Charles Boyer, meinen alten Freund aus Paris, der unterdessen eine schottische Schauspielerin geheiratet hatte.

Bei einem Essen im kleinen Kreis im Hause von Charles Boyer lernte ich Ronald Colman kennen, dessen herrliche, wie ein Cello klingende Stimme und dessen hervorragende Darstellergabe Paul Kochanski und mich seit je fasziniert hatten. Ich sagte ihm das auch. »Wir haben uns jeden Film angesehen, in dem Sie erschienen sind.« Das hörte er natürlich gern.

»Ich meinerseits wollte Sie auch schon immer kennenlernen, und meine Frau, die Sie aus London kennt und oft gehört hat, wollte das irgendwie möglich machen.« Nela und ich schlossen uns diesen prachtvollen Engländern mit Freuden an.

Charles Boyer führte uns dann auch noch in die französische Kolonie von Hollywood ein, wo wir Jean Renoir kennenlernten, den ältesten Sohn des berühmten Malers und ausgezeichneten Filmregisseur, ferner René Clair, einen der Großen des Films, sowie die Darsteller Jean-Pierre Aumont und Marcel Dallio und den glänzenden Schriftsteller Jacques Deval.

Solchermaßen mit offenen Armen von Rathbones und Boyers empfangen, revanchierten wir uns mit einer Einladung in unserem Hause, das sich dazu durchaus eignete. Lola Kaper, bei der wir uns erkundigten, wie die notwendigen Vorbereitungen zu treffen und welche Lieferanten zu empfehlen seien, sagte bloß: »Ich schicke Ihnen jemand, der alles für Sie organisiert.«

Es war eine dunkelhaarige, dickliche, bebrillte deutschstämmige Person, die etwas furchterregend wirkte, ihre Tüchtigkeit aber binnen zehn Minuten bewies. Im Handumdrehen war alles Nötige bestellt oder beschafft, und wir konnten dank ihrer Unterstützung eine richtige Dinner Party geben. Kathryn Cardwell hieß sie und wurde uns unentbehrlich. Sie besorgte uns einen trefflichen japanischen Koch namens Kamiko und erleichterte uns das Leben in jeder erdenklichen Weise. Dieses erste Diner war übrigens eine Prachtleistung Nelas, die mit Kamikos Hilfe das Essen selber zubereitete. Ich wählte die Weine aus, und im Gedanken an die Festbeleuchtung bei unserer großen Party in Montmartre beschloß ich, es hier auch so zu machen. Ein Elektriker, der auf den schönen Namen Nightingale hörte, erwies sich dabei als wahres Genie, und so wurden denn Nelas Kochkünste und Nightingales Beleuchtungseffekte der Clou des Abends.

Unsere Gäste waren eine bunt gemischte Gesellschaft. Es kamen Charlie Chaplin, die Ersten Tänzer und Primaballerinen des Balletts de Monte Carlo, Erich Maria Remarque, Autor von ›Im Westen nichts Neues‹, als Begleiter von Greer Garson; Boyers, Colmans; Ernst Lubitsch und Anatole Litvak; Gottfried Reinhardt, Sohn des berühmten Max, Rathbones; Salka Viertel, Verfasserin der Drehbücher für Greta Garbo; der Dirigent Alfred Wallenstein mit Gattin; der Pianist und Begleiter Harry Kaufmann, und nicht zu vergessen Bronek und Lola Kaper. Charlie Chaplin sagte mir: »Mein Sohn besitzt alle Ihre Schallplatten, er ist ein großer Bewunderer von Ihnen, und als ich ihm sagte, ich wäre bei Ihnen eingeladen, antwortete er bloß ungläubig: ›Was denn – du?‹« Da mußten wir denn beide laut lachen.

. Nach dem Essen gab es ein besonderes Divertissement. Chaplin führte die ulkigen Tricks aus dem neuesten seiner Filme vor, Nela tanzte eine Mazur mit Frederic Franklin, dem Star des Ballett de Monte Carlo, und später tanzten Danilova und andere Stars, von mir begleitet, zu Stücken aus ›Petruschka‹. Bis drei Uhr früh dauerte diese Party.

Tags darauf hörte ich erleichtert, daß Remarque, der eine Flasche Cognac ausgetrunken hatte, Greer Garson immerhin unbeschädigt hatte nach Hause fahren können.

Daß Hitler nun alle seine Truppen gegen Rußland werfen mußte, tat uns zunächst wohl. Überzeugt, er steuere einer schnellen und vernichtenden Niederlage zu, mußten wir bald mit Bekümmernis vernehmen, daß er, ganz im Gegenteil, auf der gesamten Front siegreich vorrückte und gegen schwachen Widerstand die Ukraine besetzte. Stalin und seine Helfer verließen übereilt Moskau und suchten im Landesinneren Schutz. Einzig Leningrad widerstand der deutschen Belagerung.

Carmelina wurde immer mehr zu unserem Heim, die Kinder waren glücklich im Spielzimmer, man konnte sie dort gar nicht wegbekommen. Eines Tages wurde es uns ganz klar: wir sollten in Kalifornien bleiben und ein eigenes Haus kaufen. Von Bekannten erfuhren wir, daß der Filmstar Pat O'Brien in Brentwood ein neues Haus baute und das nebenanliegende, bislang von ihm bewohnte, verkaufen wollte. Es gefiel uns auf den ersten Blick, insbesondere der Garten mit seinen Silberbirken, die so an Polen erinnern und in Kalifornien selten sind. Zum Schwimmbecken gehörten auch draußen gelegene Umkleidekabinen samt Duschen.

Pat O'Brien war liebenswert und großzügig. Nur fünfzehntausend Dollar verlangte er für sein herrliches Haus, das er uns in perfektem Zustand überließ, einschließlich des Mobiliars. Später vertraute er mir an: »Hätten Sie sich bereit gefunden, meiner Tochter Mavourneen Stunden zu geben, ich hätte Ihnen das Haus geschenkt.«

Das Haus war zwar ein glänzender Gelegenheitskauf, aber Ärger bekam ich deswegen doch. Ein paar Wochen, nachdem ich Eigentümer geworden war, erhielt ich einen scharfen Brief vom Finanzamt in Sacramento. Ich sei nicht befugt gewesen, einen Scheck auszustellen. Alle Guthaben der in Amerika lebenden Polen seien blockiert, und die Bank sei nicht berechtigt zu zahlen. Das traf mich hart, denn ich glaubte, die Bank werde Scherereien haben. »Bestimmt haben die nicht gewußt, daß ich Pole bin«, sagte ich zu Nela.

Schon vor Beginn der Konzertsaison reiste ich deshalb nach New York und ging gleich zu meinem Bankdirektor. Der lachte aber nur.

»Selbstverständlich wissen wir, daß Sie Pole sind, aber warum sollten wir Ihnen diesen wirklich einmaligen Gelegenheitskauf verpatzen? Machen Sie sich der Bank wegen keine Sorgen, das halten wir schon aus.«

Das reichte mir nicht, ich fuhr also nach Washington zum Schatzminister Henry Morgenthau Jr., der mich aufs liebenswürdigste empfing. »In Ihrem Fall hätten wir ohnedies eine Ausnahme gemacht«, sagte er, »ich werde aber der Bank eigens Erlaubnis geben, Ihnen monatlich bis zu zwanzigtausend Dollar auszuzahlen, das dürfte wohl reichen?« Und damit fand diese Affäre denn auch noch ein gutes Ende.

In jenem Haus verlebten wir viele glückliche Jahre. Moïse Kisling war wochenlang unser Gast, und wir holten nach endlosen Mühen auch meine Schwiegermutter aus Litauen heraus, und zwar über Schweden, wo mein Konzertagent Enwall sie ins Flugzeug nach New York setzte. Ihr Sohn Bronislaw kam ebenfalls, allerdings erst nach großen Leiden in einem russischen Konzentrationslager, über Persien, Kairo und London. In Hollywood wurde er mein Sekretär. Die Familie war jedenfalls glücklich, ihn endlich wiederzusehen.

Höhepunkte unseres Aufenthaltes in Brentwood waren selbstverständlich die Geburt unserer Tochter Alina – zehn Jahre nach Paul – und unseres Sohnes Johnny, der zwei Jahre später kam.

Kapitel 105

Meine Konzertreisen nötigten mich, das vergnügliche und sorgenfreie Dasein in Kalifornien immer wieder für längere Zeit zu unterbrechen. Da ich hauptsächlich im Osten der USA zu tun hatte, bildete New York sozusagen meine Basis, wo ich ständigen Kontakt zu Hurok und RCA Victor halten konnte. Damals konzertierte ich drei- bis viermal in der Woche. Ich nahm mir also ein hübsches kleines Appartement im Hotel Madison, Ecke Madison Avenue und Fifty-eighth Street, bestehend aus Salon und Schlafzimmer. Wenn möglich, kehrte ich nach einem Konzert in der näheren Umgebung New Yorks hierher zurück, und so wurde mir denn das Hotel Madison eine zweite Heimat.

Die Tournee Ende 1941 war besonders interessant für mich, denn ich spielte als Solist mit allen Orchestern und hatte so Gelegenheit, ein Urteil über die Dirigenten zu gewinnen. In Minneapolis spielte ich unter dem Griechen Dimitri Mitropoulos, einer eigentümlich asketischen Persönlichkeit, einem wundervollen Dirigenten, der ein geradezu unheimliches Gedächtnis besaß. Der charmante, allseits beliebte Koussewitzky mit dem Boston Symphony Orchestra verstand sich besonders gut auf russische Musik, war aber recht eingebildet – eine exaltierte Dame sagte ihm nach einem Konzert: »Sie sind ein Gott.« »Ja«, erwiderte Koussewitzky, »aber denken Sie – welche Verantwortung!«

Ormandy mit seinen Philadelphiern war stets zuverlässig. In Pittsburgh dirigierte der ausgezeichnete, aber jähzornige Fritz Reiner. In Cleveland stand George Szell am Pult, den ich bewunderte, und in New York war jetzt Arthur Rodzinski Nachfolger von John Barbirolli. Mit Rodzinski spielte ich das B-Dur-Konzert von Brahms am Sonntag, dem 7. Dezember. Die vorangehende Sinfonie war zu Ende, und ich stand im Begriffe, das Podium zu betreten, als ich unter den Bühnenarbeitern große Aufregung bemerkte und Rodzinski gleich darauf mit dramatischer Gebärde verkündete: »Japan hat die USA in Honolulu überfallen. Pearl Harbour ist bombardiert und die vor Anker liegende amerikanische Flotte versenkt worden. Es hat viele Tote gegeben und große Zerstörungen.«

Wir waren wie vom Donner gerührt, doch das Konzert sollte fortgesetzt werden. Rodzinski fiel die Aufgabe zu, das Publikum zu informieren, und zu mir sagte er, als ich mich an den Flügel setzte: »Spielen Sie zuvor die Nationalhymne.« Die Zuhörer waren erregt, wie sich denken läßt, doch beim Ertönen der Nationalhymne kehrte Ruhe ein. Alle standen stramm, setzten sich dann aber und hörten still das Brahms-Konzert an, das wir mit besonderem Feuer spielten. Nach dem letzten Ton rannten alle den Ausgängen zu, Rodzinski und ich stürzten ans Radio in der Hoffnung, Neues zu hören, vernahmen aber nur die immer wiederholten Meldungen über die Katastrophe.

Im Hotel erhielt ich einen Anruf von Nela; an der Westküste herrschte offenbar Panikstimmung, man erwartete das Schlimmste. Was nun folgte, gehört der Geschichte an. Roosevelt erklärte Japan, und drei Tage später erklärten Deutschland und Italien den USA den Krieg. Über

Nacht waren wir Teilnehmer am Weltkonflikt. Im Alltag ergaben sich fühlbare Veränderungen, alles wurde der Kriegsanstrengung untergeordnet. Die jungen Amerikaner wurden eingezogen, auch die Frauen zu Hilfsdiensten verpflichtet, die Nation vergaß ihre Parteiquerelen und stellte sich wie ein Mann hinter den Präsidenten. Man kaufte Kriegsanleihen, und bald schon gingen die ersten Truppen nach Irland und England ab. Reisen im Flugzeug blieben Militärpersonen vorbehalten, und nur selten durfte ein Zivilist fliegen. Ich machte meine Tourneen also wieder mit der Bahn und brauchte nun für die Heimreise nach Los Angeles vier Tage.

Um jene Zeit erschienen in der Presse erste Berichte über Hitlers Plan, die Juden zu vernichten. Es hieß, auf Weisung Himmlers würden alle Juden – Männer, Frauen und Kinder – aus den besetzten Ländern zwangsweise an unbekannte Bestimmungsorte verbracht. Weil niemand Genaues wußte, gingen die schlimmsten Gerüchte um. Daß die Nazis ihre sogenannte Endlösung planten, den unvorstellbar grauenvollen Völkermord an den Juden, konnte man sich allerdings nicht vorstellen.

Weil es mit Europa und den zurückgebliebenen Angehörigen keine Verbindung mehr gab, lebten wir alle in ständiger Angst um sie.

Auch daheim in Brentwood brachte der Krieg Veränderungen mit sich. Nela arbeitete dreimal in der Woche mit Pat Boyer, Verree Mango und Heather Angel in der Kantine einer nahe gelegenen Kaserne, auch verrichtete sie täglich eine Stunde Dienst als Luftbeobachterin und machte einen Kurs in Erster Hilfe.

Ich selber kam mir recht nutzlos vor, denn ich war zu alt, um Soldat zu werden, und mein Sohn war noch zu jung. Ich mußte mich darauf beschränken, Kriegsanleihe zu zeichnen und wie meine Kollegen zu allen möglichen mit dem Kriege zusammenhängenden Zwecken Konzerte zu geben. Ich erinnere mich besonders an eines, das am Schwimmbecken des Hotels Beverly Wilshire stattfand. Kreisförmig angelegte Umkleidekabinen für die Benutzer des Schwimmbeckens wurden in Logen verwandelt und die Plätze zu Höchstpreisen verkauft. An einem Ende des Beckens errichtete man ein Konzertpodium. Das Programm bestand aus der Kreutzersonate, die Jascha Heifetz und ich spielten; Lotte Lehmann sang, von Bruno Walter begleitet, zwei Liederzyklen, und zwischendurch spielten Jascha mit seinem eigenen Begleiter und ich Solostücke. Eine solche Ansammlung berühmter Namen hätte das Herz eines jeden Impresario höher schlagen lassen, und die Einnahmen waren denn auch beträchtlich. Das gefüllte Schwimmbecken ließ die Musik unerwartet voll klingen, was uns Musiker entzückte.

Dann forderte Samuel Goldwyn mich auf, ein Konzert zu organisieren, dessen Einnahmen er selber einem guten Zweck zuführen wollte. »Heifetz wird bestimmt gern Sonaten mit Ihnen spielen. Ich habe einen Film mit ihm gedreht, der mich einen Haufen Geld gekostet hat.« Heifetz lehnte ab, dafür sprang Joseph Szigeti ein, ein ausgezeichneter Geiger. Wir spielten Solostücke und zwei Sonaten miteinander in dem vollbesetzten Saal der Philharmonie.

Meine eigentliche Arbeit begann bald darauf von neuem, doch unter erschwerten Bedingungen. Von Los Angeles nach Seattle brauchte der Zug sechsunddreißig Stunden. Von Vancouver und dem benachbarten Victoria waren es nur wenige Stunden, doch dann ging es wieder nach Osten, nach Calgary und Edmonton in der Provinz Alberta, beides Städte, die ihrer Bergwerke wegen über Nacht zu Reichtum gelangt waren. Die Einwohnerzahl stieg mit unvorstellbarer Schnelligkeit, und die öffentlichen Einrichtungen hielten damit nicht Schritt. In Calgary mußte ich auf einer mit Bohlen ausgelegten Eisbahn spielen, über mir ein Zelt, und das bei Temperaturen weit unter dem Gefrierpunkt.

Am nächsten Morgen holte mich der Konzertagent in Edmonton vom Bahnhof ab, und als ich mich bei ihm darüber beklagte, daß ich in Calgary auf der Eisbahn hatte spielen müssen, machte er ein betrübtes Gesicht und versetzte: »Sie werden es nicht glauben, aber das müssen Sie hier auch.« Welcher Schrecken! Doch mein angeborener Humor ließ mich nicht im Stich, und ich lachte herzlich. »Dann will ich fortan überhaupt nur noch im Eisstadion Konzerte geben.« Diese beiden wohlhabenden Städte verfügen unterdessen über die denkbar schönsten Konzerthäuser.

Dank dem Kriege kam man sich in New York vor wie in Europa. Robert de Rothschild gab in seiner schönen Wohnung auf der Fifth Avenue ein Essen im Pariser Stil; man ging zum Empfang zu Hulda Laschanska, der bekannten Liedersängerin, und begegnete Bekannten aus Wien, Prag oder Budapest. Hatte ich abends frei, setzte ich mich nach dem

Essen zu Tuwim, Lechon und anderen polnischen Freunden, und wir redeten die Nacht hindurch, als wären wir in Warschau. Bei all diesen Zusammenkünften stellte der Krieg sich jeweils anders dar. Rothschilds und ihre Freunde erörterten die möglichen politischen und wirtschaftlichen Folgen, die sich bei jeder Änderung der Kriegslage ergaben. Beim Tee saß man unter laut gestikulierenden Schwätzern und fühlte sich wie in einer Wiener Operette. Mit Tuwim und Lechon gedachte ich vieler anregender Gespräche, die wir in Warschau geführt hatten.

Meine Moral erfuhr eine erhebliche Stärkung durch die Ankunft zweier weiterer Europäer: Jan Masaryks, der sich in London so freundlich zu mir verhalten hatte, und Moïse Kislings, des polnischen Malers, den ich bewunderte und liebte. Wie schon im Ersten Weltkrieg meldete er sich freiwillig zum französischen Heer, wurde aber altershalber abgelehnt. Diesem gewandten Mann gelang nicht nur die Flucht aus Südfrankreich, er brachte auch fast alle seine Gemälde mit. Weil er dringend Hilfe brauchte, verbrachten wir einen ganzen Tag mit Pläneschmieden. Ich schlug vor: »Kommen Sie nach Brentwood als unser Gast. Sie würden uns damit eine Freude machen. Das Klima ist sehr ähnlich dem der Riviera, und Sie können dort bestimmt gut malen.« Diese Einladung war für ihn verlockend, er kam im Frühjahr an und blieb einige Wochen. Gleich nach seiner Ankunft durften wir mit Champagner auf den englischen Sieg bei El Alamein anstoßen. Endlich war dem gefährlichen Rommel der Garaus gemacht worden, eine Erleichterung! Die Engländer in Hollywood strahlten.

Kisling malte ein kostbares Porträt der neunjährigen Eva und machte uns dann zu unserem zehnten Hochzeitstag ein Gruppenporträt von uns vieren zum Geschenk. Wir feierten das Jubiläum, wie es sich gehörte, mit fünfzig geladenen Gästen. Regelmäßig verkehrten bei uns Boyers, Colmans, Rathbones, Menjous, Kapers und Knopfs (Edwin und seine Frau). Neu hinzu kamen Barbara Hutton mit ihrem dritten Mann, Cary Grant; Goldwyns, Selznicks und viele andere. Ganz in Hollywood-Manier ließen wir, wenn unser Rasen vom Tau bedeckt war, künstliche Grasteppiche darüber breiten. Meine kleine Eva, das blonde Haar herabfallend bis zur Hüfte, tanzte nach dem Abendessen auf Spitzen in Ballettröckchen und Ballettschuhen den sterbenden Schwan à la Anna Pawlowa, zu der lieblichen Melodie von Saint-Saëns und starb so rührend, daß viele Gäste weinen mußten. Sie nahm ihren Ballettunterricht, der ihr täglich von Madame Maria Bekeffi, einer der besten Tänzerinnen Diaghilevs, erteilt wurde, sehr ernst. Den Schulunterricht bekam sie ebenfalls zu Hause.

Das Jubiläum also war ein gelungenes Fest. Kisling allerdings fühlte sich hier nicht wohl, er war erst kürzlich aus Europa gekommen und konnte so schnell nicht vergessen. Nicht einmal eine so herzerwärmende Feier vertrieb ihm die Gedanken an die Tragödie in Europa, die er eben noch miterlebt hatte. Wir beide sprachen ausführlich über abwesende Freunde und Verwandte, für die wir das Schrecklichste gewärtigten.

Rachmaninoff rief eines Vormittags ganz überraschend an – er hatte in Beverly Hills ein Haus gemietet und lud uns in für ihn gar nicht typischen höflichen Wendungen zum Tee ein. Wir waren die einzigen Gäste, und er plauderte überaus urban mit mir. Ich bemerkte: »Gewiß sind Sie froh, Hofmann zum Nachbarn zu haben?«, denn dieser war seit undenklichen Zeiten mit Rachmaninoff befreundet, wenn jetzt auch dem Alkohol verfallen. Rachmaninoff sagte darauf nur achselzuckend: »Er hat seine Technik verloren.«

Wenige Tage später gaben wir ihm zu Ehren eine kleine Gesellschaft, zu der auch Colmans und Boyers kamen. Bei Tische erklärte der russische Meister mit Emphase: »Für mich ist das größte Klavierkonzert das von Grieg.« Das war nun führwahr ein sonderbares Urteil. Als ich sagte, ich habe es mit Ormandy eingespielt, wollte er sofort die Platte hören. Also versammelten wir uns zum Kaffee um den Plattenspieler, und ich legte die erste Pressung auf, die ich kürzlich erhalten hatte. Er lauschte konzentriert mit geschlossenen Augen, während die anderen ihn beobachteten. Ich selber kam mir vor wie ein Musikstudent bei der Prüfung. Kein Wort fiel bis zum Ende des Konzertes. Dann hob er träge die Lider: »Flügel ist verstimmt.« Mehr sagte er nicht. Als ich das Konzert aber in der Carnegie Hall mit dem Philadelphia Orchestra spielte, kam Rachmaninoff auf das Podium, während das Publikum noch klatschte, und klatschte ebenfalls für jedermann sichtbar mit hoch erhobenen Händen.

Eine Weile später ließ er wieder von sich hören: »Kommen Sie doch morgen mit Ihrer Frau zum Abendbrot, außer Ihnen sind nur noch Strawinskys da.«

»Was? Strawinskys?« Ich konnte es nicht fassen.

»Nun, meine Frau und Frau Strawinsky haben sich auf dem Markt angefreundet.« Hm, das war etwas anderes. Die Männer hatten einer die Werke des anderen so abfällig beurteilt, daß man sie sich unmöglich am selben Tische sitzend vorstellen konnte.

Wir kamen etwas verspätet, und es bot sich uns dieses Bild: Rachmaninoff saß zusammengekrümmt auf einem niedrigen Sessel und klagte über Leibschmerzen. Strawinsky ging im Zimmer umher, augenscheinlich ganz vertieft in die Titel der dort aufgestellten Bücher.

»Sie lesen also Hemingway?« fragte er seinen Gastgeber.

»Wir haben das Haus gemietet, mitsamt den Büchern«, grunzte Rachmaninoff. Unterdessen plauderten die beiden Damen angeregt in einer Ecke.

Nach einer Weile wurden wir ins Eßzimmer gebeten. Rachmaninoff goß uns nach guter russischer Sitte Wodka aus einer Karaffe ein. Er hob sein kleines Glas und trank uns zu. Wir entgegneten mit »zakouskis«, er wiederholte seine Geste, und alle tranken. Nach einem Weilchen leerten wir ein drittes Glas, und erst danach kam es zu einem angeregten Gespräch. Rachmaninoff schluckte etwas Kaviar und wandte sich an Strawinsky mit der sarkastischen Bemerkung: »Ihr ›Petruschka‹ und Ihr ›Feuervogel‹ haben Ihnen doch bestimmt nie einen Pfennig Tantiemen eingebracht, was?« Strawinsky lief rot an und entgegnete wütend: »Und was ist mit Ihrem Prélude in Cis und all den Konzerten, die Sie in Rußland publiziert haben, was? Sie mußten selber Konzerte geben, um sich Ihren Lebensunterhalt zu verdienen.«

Die Damen und ich fürchteten schon, es könnte zwischen den beiden Komponisten zu einer bösartigen Auseinandersetzung kommen, doch geschah wunderbarerweise das Gegenteil. Beide Meister rechneten zusammen, welche Vermögen sie hätten verdienen können, und nach dem Essen blieben sie beieinander und fuhren fort, sich diesen Tagträumen von immensen Summen hinzugeben, die sie hätten einnehmen sollen. Beim Abschied gaben sie einander kräftig die Hand und versprachen, diese Begegnung fortzusetzen.

Das Haus in Brentwood war so behaglich und hübsch, wie man es sich nur wünschen konnte, doch ich litt mehr und mehr darunter, daß ich keinen Führerschein besaß, denn es war ziemlich abgelegen, und Ladengeschäfte und Kinos waren recht weit entfernt. Manchmal fühlte ich mich recht verbittert als Gefangener meiner Frau. Wenn ich sie bat: »Könntest du mich zum Friseur fahren?«, hieß es, »Warte doch bis morgen damit, ich habe gerade keine Zeit.«

Nachdem sich das mehrmals wiederholt hatte, beschloß ich, auf eigene Faust zu handeln. Bronek Kaper empfahl mir einen Fahrlehrer, einen Deutschamerikaner, der seine Sache sehr ernst nahm; jedes Manöver mußte ich zehn- bis zwanzigmal wiederholen. Nach zwei Wochen war ich soweit, mich der Fahrprüfung und der theoretischen Prüfung zu unterziehen. Beide bestand ich glänzend und nahm bewegt jenes kostbare Dokument entgegen, das mich endlich unabhängig machte. Doch das war noch nicht genug, ich wollte auch die Familie überraschen, und das auf stupende Weise.

Damals hatten sich am Stadtrand massenhaft Gebrauchtwagenhändler niedergelassen, und Wagen, die nur zwei oder drei Jahre alt waren, wurden mit verblüffend hohem Nachlaß angeboten. Mein Fahrlehrer brachte mich zu einem Händler, bei dem ein strahlend weißes Cadillac-Kabriolett zum Verkauf stand, so blitzend, als käme es gerade erst aus der Fabrik.

Ich kaufte dieses Wunderding auf der Stelle, setzte mich ans Steuer und fuhr stolz nach Hause. Gemächlich in die Einfahrt einbiegend, drückte ich mehrmals auf die Hupe, und der gesamte Haushalt sah offenen Mundes mit an, wie ich elegant auf den zweiten Platz in der Garage fuhr. Der Führerschein verschaffte mir ein neues Lebensgefühl, das Café im Beverly Wilshire, weitgelegene Filmtheater, Einkaufszentren und entfernt lebende Freunde waren mir jetzt mühelos erreichbar.

Ich spielte in jenem Sommer erstmals in der berühmten Hollywood Bowl, einem von der Natur gebildeten Amphitheater, das etliche unternehmungslustige Bürger auf den Gedanken gebracht hatte, ein Freilufttheater daraus zu machen. Am Grunde des Theaters wurde ein Konzertpodium errichtet, überdacht von einem muschelförmigen Gebilde; und auch für die notwendigen Nebenräumlichkeiten war gesorgt. Logen und Bankreihen ragen steil übereinander auf und boten achtundzwanzigtausend Personen Platz.

Ich spielte das Tschaikowsky-Konzert mit Leopold Stokowski am

Pult. Zu meiner Verblüffung bedurfte es keiner elektrischen Verstärkeranlage, man hörte mich auch auf den entferntesten Plätzen ausgezeichnet.

Weil das subtropische Klima von Los Angeles einen regenarmen Sommer und milde Abende garantierte, war die Hollywood Bowl sehr beliebt. Im allgemeinen verabscheute ich es, im Freien zu spielen, da der vibrierende Ton des Klaviers von festen Wänden zurückgeworfen werden muß und sich im Freien verliert. In der Hollywood Bowl reichte allein die Muschel hin, den Flügel herrlich klingen zu lassen.

In New York wurden ebenfalls Sommerkonzerte gegeben, und zwar im Lewisohn Stadium, und Hurok überredete mich, dort mit Pierre Monteux das Tschaikowsky-Konzert zu spielen. Der Abend war windig, und wenn ich keinen Hut aufhabe, fürchte ich den geringsten Windzug. So saß ich denn barhaupt dem zunehmenden Sturm ausgesetzt und schlug die ersten donnernden Akkorde an, wobei ich versuchte, den Kopf vor meinem Todfeind zu schützen. Der Wind ließ aber nicht nach, er zauste mir die Haare, und wenn ich mich recht erinnere, spielte ich, was schier unmöglich klingt, mit dem Kopf unter der Tastatur.

Auch in Philadelphia, im Robin Hood Dell, kam es bei einem Freiluftkonzert zu Unzuträglichkeiten. Gerade hatte ich in schönem gemeinschaftlichen Musizieren mit George Szell das Zweite Brahms-Konzert begonnen, da prasselte ein Wolkenbruch nieder, der uns allesamt in Deckung trieb. Das Konzert fiel selbstverständlich aus, und am folgenden Morgen litten viele Philadelphier an Schnupfen.

Zwar lebte man in Hollywood recht vergnügt, und ich brachte eine lange, erfolgreiche Tournee hinter mich, doch bei alledem waren die Nachrichten von den Kriegsschauplätzen recht düster. Nach dem Überfall auf Pearl Harbour erlitten die USA noch eine schmerzliche Niederlage auf den Philippinen, die General MacArthur nötigte, mit dem Rest seiner Truppe nach Australien zu flüchten. Allerdings schwor er zurückzukommen, und er machte den Schwur wahr.

Der sowjetische Botschafter in den USA, Litwinow, drängte in Washington auf mehr Hilfe für sein hart geprüftes Land, und die Engländer schlugen sich unermüdlich stellvertretend für alle übrigen Länder. Winston Churchill, der Mann der Stunde, verhieß seinen Landsleuten nichts als Blut, Schweiß und Tränen.

Es wurde nun bekannt, daß Hitler die grausigsten und unverzeihlichsten Verbrechen in der Weltgeschichte beging – er richtete Lager ein, in denen Menschen systematisch ermordet wurden. Ich will mich darüber nicht näher auslassen, es bricht mir das Herz, daran zu denken. Ich sehe meine Angehörigen zusammen mit sechs Millionen anderen Juden als Teil dieses unmenschlichen Holocausts.

Zum ersten Mal äußerte sich der durch nichts einzuschüchternde Kampfgeist der Juden im Aufstand des Warschauer Ghettos. Sie kämpften hier bis zum letzten Mann, und ihr Heroismus hat ihnen denn auch später die neue Heimat gesichert – Israel.

Das Leben in Kalifornien wurde unterdessen immer aufregender. Dank dem Kriege lockten Reichtum und Aussichten Hollywoods die Creme der Künstler und Intellektuellen in einer noch freien Welt an. Die Musik war repräsentiert durch weltberühmte Komponisten wie Schönberg, Strawinsky, Rachmaninoff und andere. Hier lebten Dirigenten wie Stokowski, Bruno Walter und Alfred Wallenstein, es stießen andere aus allen Teilen der USA hinzu, und in der Hollywood Bowl fanden die attraktivsten aller Freiluftfestivals statt. Es gab unzählige Pianisten, Geiger, Cellisten und Sänger hier. Die Literatur war glanzvoll vertreten durch große Schriftsteller wie Thomas Mann, Aldous Huxley, Franz Werfel und Lion Feuchtwanger, und in den Ateliers waren die besten Schauspieler und Regisseure am Werk. Filmstars wurden über Nacht zu Millionären, hielten die damit verbundene Spannung aber oft genug nicht aus, und die Klatschspalten barsten von Berichten über Scheidungen, alkoholische Orgien, Glücksspiel und andere sensationelle Ereignisse.

Jedermann wußte, daß Thomas Mann einen großen Roman in Arbeit hatte und daß Aldous Huxley an einem weit entfernten, ruhigen Ort seinem Schaffen oblag. Max Reinhardt verfilmte seinen berühmten ›Sommernachtstraum‹, Strawinsky und Schönberg komponierten rastlos.

Schönberg bereitete uns Musikern rechte Sorgen. Die Universität von Kalifornien hatte ihn altershalber entlassen, und er stand mittellos da. Ich beteiligte mich an den Hilfsunternehmen anderer Musiker für ihn. Am aussichtsreichsten schien es noch, ihm Aufträge für Filmmusik zu verschaffen, und es gelang uns, ihn mit einem Giganten der Filmindustrie zusammenzubringen, der ihm einen Vertrag anbot. Nicht nur war

Schönberg bereit, die Arbeit zu übernehmen, er fand auch Interesse daran. Die Unterhaltung zwischen den beiden wurde bekannt und dürfte etwa so verlaufen sein:

Der Gigant: »Professor, ich habe da ein Filmprojekt, das genau für Sie paßt, und Sie werden die beste Komposition Ihres Lebens dafür machen.«

Schönberg: »Ich möchte lieber erst mal über den finanziellen Aspekt reden. Ich brauche fünfzigtausend Dollar für diese Arbeit.«

Der Filmgigant ringt die Hände: »Aber Professor, mehr als zehntausend haben wir noch keinem Komponisten gezahlt.«

Schönberg protestierend: »Ich brauche ein Jahr für diese Komposition, und fünfzigtausend ist das geringste, was ich verlangen muß.«

Der Filmmogul: »Wozu ein Jahr, Professor? Sie schreiben ein paar flotte Melodien, meine Jungens arrangieren das für Orchester und richten sich dabei nach Ihren Wünschen.«

»Ihre Söhne?«

»Ach wo, wir haben im Atelier junge Leute, die über Nacht die nötigen Arrangements schreiben, die kennen sich aus damit.«

Man trennte sich, ohne einander verstanden zu haben. Schönbergs besorgte Freunde meinten, er hätte die zehntausend Dollar nehmen sollen, doch erwiderte ihnen der Meister stolz: »Ich kann nicht Selbstmord begehen. Zehntausend Dollar!«

Strawinsky war da schon von anderem Kaliber. Auf mein Anraten entdeckte er, wie leicht es ist, Geld zu verdienen, indem man selber auftritt, sei es als Solist oder Dirigent, auch wenn einem zu beidem das rechte Talent fehlt, Hauptsache, man hat als Komponist einen großen Namen. Dann braucht man sich nicht um Tourneen zu sorgen und kommt zu einem erheblichen Vermögen.

Zu meiner Genugtuung gelang es mir, meinem Freund Alexander Tansman den Auftrag für die Musik zu einem Film mit Charles Boyer zu verschaffen, der freundlicherweise selber dabei half.

Daß Jascha Heifetz, Emanuel Feuermann und ich am selben Ort wohnten, entging der Aufmerksamkeit von RCA Victor keineswegs. Wir ließen uns leicht dazu bestimmen, Aufnahmen des ›Erzherzog-Trios‹ von Beethoven, des herrlichen Es-Dur-Trios von Schubert und des Brahms-Trios in H-Dur zu machen. Mit Heifetz zu spielen, war immer ein Gewinn, er war unerreicht, der Ton von gleichbleibender Schönheit, die Technik makellos, die Intonation rein, doch in der Auffassung waren wir uns oft nicht einig.

Emanuel Feuermann hingegen war ein Künstler ganz nach meinem Herzen. Nicht nur beherrschte er sein Instrument meisterhaft, er wirkte während der Aufnahmen immer inspirierend. Bei Schubert und Beethoven kam es zwischen Heifetz und mir ständig zu Meinungsverschiedenheiten, doch brachten wir von beiden Trios Aufnahmen zustande, die auch jetzt noch Sammlerobjekte sind. Das Brahms-Trio befriedigte uns weniger, zum Glück habe ich 1972 noch mit Henryk Szeryng und Pierre Fournier eine anständige Aufnahme von ihm gemacht.

Nach den Aufnahmen verbrachten Heifetz, Feuermann und ich mit anderen Musikern noch wunderbare Tage und Nächte mit Kammermusik. Heifetz' Haus stand an einem benachbarten Strand, und hier bat ich meine Kollegen eines Abends, mir das so heißgeliebte Schubertquintett in C-Dur mit zwei Celli vorzuspielen. Ich flehte Heifetz und Feuermann an, sich im zweiten Satz bei den lang anhaltenden Akkorden der drei anderen zurückzuhalten. Es ist dies Schuberts letztes Werk, und ich hörte darin immer das heitere und resignierende Hinübergleiten in den Tod. Ich wünsche seit je, den zweiten Satz, und sei es auf einer Platte, in meiner letzten Stunde zu hören.

An jenem Abend im Haus von Heifetz scheint meine Auffassung die Künstler inspiriert zu haben. Heifetz, Primrose mit der Bratsche, Feuermann und zwei andere hervorragende Musiker spielten jedenfalls denkwürdig, und ich mußte an die Zeit bei Drapers denken, mit Thibaud, Tertis und Casals.

Thomas Mann, großer Musikliebhaber und ständiger Besucher meiner Konzerte, hörte mir auch oft daheim zu. Als ich sagte, ich hätte in meiner Berliner Zeit seine ›Buddenbrooks‹ mit Begeisterung gelesen, beehrte er mich mit einem langen Gespräch über den Roman, an dem er gerade arbeitete, dem ›Doktor Faustus‹, in dem Musik ein Hauptthema ist. Es kam auch zu einem Abendessen bei ihm zu Hause mit Strawinsky und Vera Sudeikin (die Igor nach dem Tode seiner Frau heiratete), Nela und mir als einzigen Gästen. Es war ein höchst anregender Abend.

Kisling zog aus, nachdem er in Beverly Hills ein herrliches Atelier gefunden hatte. Ich bedauerte das sehr, doch erklärte er: »In Ihrem

Hause habe ich nicht genug Licht. Besuchen Sie mich jederzeit, und ich verspreche Ihnen, Sie sind mir stets willkommen.« Wir halfen ihm, eine Ausstellung zu arrangieren, die sehr bewundert wurde. Die Neureichen der Filmwelt entdeckten ihre Vorliebe für Kunst und erwarben so manches Bild zu einem guten Preis. Seinen Erfolg begingen wir mit einer kleinen Feier.

In diesem Herbst fügte es sich endlich, daß ich die ›Symphonie Concertante‹ aufführen konnte, die Karol Szymanowski komponiert und mir gewidmet hatte. Eugene Ormandy erklärte sich bereit, sie in das Programm seiner üblichen Tourneekonzerte mit dem Philadelphia Orchestra aufzunehmen. Drei gründliche Proben gingen voran, und die Konzerte sind für mich eine ganz eigenartige Erinnerung geblieben. Von Mal zu Mal wuchs mir das Werk mehr ans Herz, und bei der letzten Aufführung, es war in New York, war mir, als improvisiere ich eine eigene Komposition.

Übrigens kam es damals zwischen Steinways und mir wieder einmal zu einem kleinen Zank. Ich war der Werbeabteilung böse, weil sie in unbeschreiblich monotoner Weise auf immer gleiche Weise für das Produkt Reklame machte: »Der Flügel der Unsterblichen. Der Flügel, auf dem Paderewski, Hofmann, Rachmaninoff und andere spielen.« Nun mochten diese drei Herren in der Tat bedeutender sein als die übrigen, doch oblag es nicht Steinway, darüber zu urteilen. Ich beklagte mich also ziemlich scharf darüber bei Alexander Greiner. Man begreift wohl meine Verblüffung, als ich von ihm eine Anzeige aus ›Time Magazine‹ erhielt, die auf vier oder fünf Zeilen die Namen von Pianisten, Begleitern und Kammermusikern enthielt, darunter auch meinen, und das in alphabetischer Reihenfolge und von Greiner rot unterstrichen! Das war denn doch zu viel! Ich schrieb ihm:

»Lieber Alexander Greiner, von Herzen Dank für die herrliche Werbung. Es mag Sie vielleicht interessieren, daß, wenn wir Pianisten über die Erzeugnisse von Bechstein, Blüthner, Bösendorfer, Erard, Pleyel, Mason & Hamlin, Knabe und Baldwin sprechen, ich niemals vergesse, auch die Firma Steinway zu erwähnen.«

Tags darauf rief Greiner an: »Wann können wir uns sprechen?« Ah, dachte ich, jetzt kommt wieder mal ein Bruch mit Steinway, und bestellte ihn auf den Nachmittag.

»Ich habe Theodore Steinway Ihren Brief gezeigt«, begann er. »Daran haben Sie gut getan, er sollte nicht geheim bleiben.« »Und wissen Sie, was er sagte: ›Rubinstein hat völlig recht. Unsere Werbeleute sind Schwachköpfe.‹« Wir lachten beide sehr. Und fortan hatten wir über nichts mehr zu klagen.

Das B-Dur-Konzert von Brahms schien in irgendeinem geheimnisvollen Zusammenhang mit dem Verlauf zu stehen, den der Krieg nahm. »Letztes Jahr hat der Angriff auf Pearl Harbour uns gestört«, sagte Rodzinski zu mir, »versuchen wir es noch einmal in aller Ruhe.« Und dann kam doch wieder was dazwischen: Knapp vor dem Konzert wurde der Sieg bei Stalingrad bekannt. Es schien, Europa atme auf und Hitlers Verderben stehe bevor. Meine lange, anstrengende Konzertreise in jenem Winter wurde von dieser Hoffnung belebt, die auch meine Zuhörer merklich an den Tag legten.

Im Hotel Madison kam es zu einem wirklich witzigen Vorfall: Ein Journalist, der nicht arbeitete und tagsüber dringend seinen Schlaf brauchte, hatte das Nachbarzimmer inne und wurde natürlich geweckt, als ich nebenan mit dem Üben des Tschaikowsky-Konzertes begann. Er beschwerte sich bei der Hotelleitung und verlangte, der Lärm solle abgestellt werden. Man fragte höflich nach seiner Zimmernummer und antwortete ihm sodann: »Ah, Sie wohnen neben Arthur Rubinstein! Nun, dann kostet das Zimmer ab sofort fünf Dollar mehr.«

Das Ehepaar Knopf erkundigte sich unterdessen nach dem Fortgang meines Buches. In Mexiko City hatte ich so an die achtzig Seiten vollgeschrieben und ihnen geschickt, seither aber keine Zeile mehr. Über den Vierjährigen zu schreiben, der das Klavier bearbeitete, die Freude der Familie war und schon damals so etwas wie der Stolz der Stadt, war leicht gewesen. Jetzt war ich bei meinem zehnten Jahr angelangt und konnte nicht weiter. Ich erinnerte mich meiner als eines Knaben voller aufsässiger Ideen, in Berlin unter lauter Fremde ausgesetzt, und der Gedanke, gerade dies zu beschreiben, lähmte mich. Also bat ich Knopfs, mich aus dem Vertrag zu entlassen und den Vorschuß zurückzunehmen. Sie wollten davon nichts hören. »Eines Tages werden Sie das Buch beenden«, behaupteten sie, doch verging mehr als ein Vierteljahrhundert, bevor die Meinen mich an einem verregneten Tag in Deauville dazu brachten, weiterzuschreiben. »Was die Presse über dich schreibt und was die Interviewer zu Papier bringen, ist alles so verkehrt, daß du uns die ganze Wahrheit schuldig bist.«

Kapitel 106

Nun ergriff uns eine mächtige Hoffnungswelle, der bevorstehende Sieg lag förmlich in der Luft. Italien wurde von amerikanischen Truppen besetzt. Es war ein schwerer Feldzug, doch gelangten sie endlich nach Rom, und König Vittorio Emanuele mußte Mussolini entlassen. Jedermann weiß, welch schmähliches Ende diese schillernde Persönlichkeit nahm, welch hohen Preis sie dafür zahlte, die falsche Karte ausgespielt zu haben.

Der Rest der polnischen Truppen unter General Anders stieß in Italien zu den Amerikanern, nach einem Marsch durch halb Rußland, Asien und Afrika, und stürmte endlich den blutgetränkten Monte Cassino.

In Hollywood führten wir derweil ein glückliches, luxuriöses Leben, nun aber stolz erhobenen Hauptes. Wir redeten uns ein, unsere Festveranstaltungen jeglicher Art, die Geld einbrachten, das der Kriegsanstrengung zugute kam, brächten den Sieg näher, doch die Filme blieben üppig und verschwenderisch, und die Stars verdienten weiterhin Millionen.

Ich selber gab mehr und immer mehr Konzerte. Hurok erhöhte ihre Zahl Jahr um Jahr, und ich freute mich, vor immer anderm Publikum spielen zu können. Ich wurde zunehmend beliebter, nicht nur als Pianist schlechthin, sondern als einer, der nie ein Konzert absagt. Ich teilte meine Zeit zwischen Westen und Osten, wobei mein Hauptquartier im Osten blieb, im Hotel Madison. Die Winter verbrachte ich meist im Osten und im Mittleren Westen, die Sommer und die Ferien zu Hause.

Meine unwandelbare Liebe zum Leben half mir, die anstrengenden Konzertreisen mit den langen Fahrten, dem Klimawechsel, der ständig anders gearteten Ernährung nicht nur zu ertragen, sondern mich daran zu erfreuen. Anders als Kollegen, die all dies verabscheuten, konnte ich nie genug davon bekommen. Bis zu meinem letzten Konzert im Jahre 1976 stellte jedes Flugzeug, jeder Zug, jedes Hotel ein neues Abenteuer dar, und ich sah jedem Wechsel mit erwartungsvoller Spannung entgegen. Und immer noch wurde ich nervös, wenn ich länger als einen Monat am selben Ort verharren sollte.

Während des Krieges war das Musikleben in den USA nicht gerade aufregend. Zwar hatte jetzt jede Großstadt ihr Orchester, doch die musikalische Speisekarte blieb überall gleich. Man setzte den Leuten Beethoven und Tschaikowsky vor, damit die Häuser ausverkauft wurden. Ein paar Jahre gab es eine, man könnte sagen Zwangsernährung mit Sibelius, die zu Verdauungsstörungen führte. Opernhäuser von Bedeutung waren in New York die Metropolitan und die einzige an der Westküste die von San Francisco. In Chicago versuchte man es immer einmal wieder mit der Oper, doch bürgerte sie sich im Mittleren Westen nie recht ein.

Auf dem Felde der Musik konnte man nur beim Ballett von einem unaufhaltsamen Aufstieg sprechen. Sol Hurok, der ja das Glück gehabt hatte, Anna Pawlowas Ballett nach Amerika zu importieren, entwickelte eine zunehmende Neigung für diese Kunst, eine Neigung, die allmählich wahnwitzige Formen annahm, und dem Ballett widmete er seine besten Kräfte als Impresario. Man könnte sagen, das Ballett entwickelte sich in den USA zur beliebtesten Kunstform, und Hurok beschäftigte sich nach dem Kriege im wesentlichen damit, alle bedeutenden europäischen Ballettruppen in Amerika vorzustellen.

An Solisten herrschte Mangel. Wer wie ich schon ins Land gekommen war, bevor Amerika in den Krieg eintrat, blieb gewöhnlich da und ließ sich einbürgern; wer in Europa geblieben war, war damit für die Dauer des Krieges isoliert, und die Amerikaner mußten sich einige Jahre lang mit uns begnügen. Der große Kreisler zog sich altershalber vom Podium zurück, Emanuel Feuermann erlitt vorzeitig einen tragischen Tod auf dem Operationstisch.

Am meisten begehrt blieben Heifetz und Horowitz, doch wegen ihres schwierigen Charakters erlangten sie keine wirkliche Beliebtheit. Die Gagen, die beide forderten, mochten die Konzertagenturen nicht garantieren, und Horowitz trieb sie zum Wahnsinn, weil er oft im letzten Moment absagte. Hurok machte sich das zunutze; er verlangte für seine Künstler nicht mehr, als der Markt hergab. Es gab indessen glänzende Solisten, die das Konzertleben belebten wie Milstein, Szigeti, Serkin,

Casadesus und Marian Anderson. Das Repertoire war im wesentlichen bei allen das gleiche, angefangen von Bach bis zu den Romantikern, mit einer Prise Debussy, Ravel und Prokofieff.

Die Geiger traten meist als Solisten auf und trugen die bekannten Stücke vor. In meiner Jugend spielten Berühmtheiten wie Sarasate, Ysaÿe, Kreisler, Thibaud, auch Kochanski und Mischa Elman mit einem Klavierbegleiter, oder Sonaten für Klavier und Geige, wobei der Pianist ebenso berühmt war wie der Geiger. Die Programme der Geiger bestanden jetzt zwar aus denselben Sonaten, doch wurden die als Kompositionen für Violine mit Klavierbegleitung dargeboten, ohne Rücksicht darauf, daß der Klavierpart der schwierigere ist. Um ihre Bedeutung noch mehr herauszukehren, spielten sie außer Sonaten auch noch lange Partiten von Bach für Solovioline. Die Zuhörer waren von der asketischen Strenge dieser Werke sehr beeindruckt. Mir selber gefiel dieser Wandel nicht, denn ich finde, die Geige ist am ehesten in ihrem Element in Konzerten mit Orchester. Spielten Ysaÿe oder Kreisler leichtere Solostücke für Violine, wie sie der Eigenart des Instrumentes entsprechen, rührte mich das bis zu Tränen, und ebenso ergeht es mir, wenn ich Kammermusik höre, einschließlich der Violinsonaten, und wenn die Geige sich über den Klangkörper des Orchesters erhebt. Meiner Meinung nach hat Bach seine bedeutenden Werke für Violine solo und auch für Cello solo in Form von Tänzen als höhere Studienstücke geschrieben und es sich nie träumen lassen, daß sie im Konzertsaal vor viel Publikum gespielt würden.

Kammerkonzerte gab es während des Krieges selten. Manche Ensembles spielten, wie es sich schickt, in kleineren Räumen, denn nicht umsonst wird diese Musik in allen Sprachen ›Musik für die Kammer (den intimen Raum)‹ genannt. Das Budapester Streichquartett hatte seinen festen Zuhörerstamm und konzertierte in der Library of Congress.

Dies alles vorausgeschickt, möchte ich sagen, daß ich das amerikanische Publikum als ein musikliebendes und musikverständiges bewunderte. Die beiden schon genannten Opernhäuser und die Orchester wurden ausschließlich aus Mitteln unterhalten, welche die Bürger aufbrachten, die während des Krieges so manche Einschränkung hinzunehmen hatten und doch niemals ihr Musikbedürfnis hintanstellten. Ich zum Beispiel verdanke diesen Jahren viel. Endlich frei von all den Ablenkungen, denen ich in früheren Jahren unterlegen war, angeregt durch den engeren Kontakt mit meinen Zuhörern, vergrößerte ich aus innerem Bedürfnis mein Repertoire und spielte meine Aufnahmen mit wachsender Sorgfalt ein. Zugleich wurde mir die Bedeutung, die uns als Interpreten zukommt, mehr und mehr bewußt. Denn wir sind es, die zum Leben erwecken, was die großen Komponisten niedergeschrieben haben.

Was ich hier sage, gilt selbstverständlich nur für die professionelle Seite meines Musikmachens. Musik war aber zudem ein unablösbarer Teil meines Lebens, und dazu möchte ich noch einiges sagen: Von Kindheit auf habe ich Musik in mir so selbstverständlich gespürt wie das Schlagen meines Herzens und das Atmen. Was ich auch hörte, ich sog es auf. Ich war und bin imstande, jede beliebige Komposition im Geiste genau so zu spielen, wie ich sie hören möchte, seien es Opern, lange Sinfonien, Lieder, Kammermusik und Gott sei dank alle Klaviermusik. Nicht nur bin ich mit Musik geboren wie mit einem sechsten Sinn, ich bin auch mit einem Erinnerungsvermögen beschenkt, das mich befähigt, jedes Klavierstück auswendig zu spielen, wenn ich die Noten zwei- oder dreimal gelesen habe.

Auch wenn ich mir nicht die Zeit nahm, schwierige Passagen im Detail auszuarbeiten, erkannte ich unfehlbar die Absicht der Komponisten aller Stilarten und aller Länder, auch in der populären Musik.

Mein Spiel im Konzert und meine Einstellung zum Publikum sind anders als die aller mir bekannten Pianisten. Liebte ich ein Stück – und nie habe ich etwas öffentlich gespielt, was ich nicht liebte –, brannte ich darauf, meinen Hörern den ersten starken Eindruck zu vermitteln, den ich selber eben erst empfangen hatte, ich gab die große Linie des Werkes zu Gehör, und man hat dies meist begriffen und geschätzt. Ich sage mit voller Überzeugung, daß ein jedes Konzert mir als Vorübung für das folgende gedient hat. Im Augenblick, vor dem Publikum, entdeckte ich Einzelheiten eines Werkes, die ich denn auch sogleich ausführte.

Auf diese mir eigentümliche Weise lernte ich während des Krieges viele neue Werke, die ich im Konzert ausprobierte. Was davon in mir selber lebendig blieb, behielt ich bei, woran ich das Interesse verlor, sortierte ich aus. Um ein Beispiel zu nennen: Das Klavierkonzert des armenischen Komponisten Aram Khatschaturian mit seinem orientalischen Aroma sagte mir anfangs sehr zu, ich lernte es trotz seiner bedeutenden technischen Anforderungen, ich spielte es tadellos in einigen Konzerten, doch dann, ganz plötzlich, verlor ich jedes Gefühl für dieses Werk, der ihm innewohnenden Banalität halber, und ich spielte es nicht mehr.

Das Konzert von Grieg andererseits, das ich als vorwitziger junger Mensch »billiges Zeug« genannt hatte, wurde mir jedesmal lieber, wenn ich es spielte, seiner schlicht ausgedrückten nordischen Zartheit wegen. Rachmaninoffs teuflisch schwere Rhapsodie über das, man könnte fast sagen, abgenutzte Thema von Paganini spielte ich mit höchstem Vergnügen; wie Rachmaninoffs anderen Kompositionen mangelt es auch diesem Stück an einem gewissen Adel, der das Kennzeichen aller großen Musik ist, dafür hat es aber einen sinnlichen Schwung, der das musikalische Empfinden anspricht.

Die ›Symphonie Concertante‹ von Szymanowski spielte ich, wie schon erwähnt, zum ersten Mal, sie ist meinem Herzen teuer, doch den Zuhörern schwer nahezubringen. Der emotionale Kern verbirgt sich unter Massen von Modulationen und wechselnden Harmonien und wird von dem üppigen Orchester förmlich zugedeckt; man kann ihn nur erkennen, wenn man die Schönheit dieses Werkes oft und aufmerksam studiert. Die Konzerte von Saint-Saëns und Tschaikowsky waren verläßliche alte Freunde, und ich habe von jedem mehrere Aufnahmen gemacht, wobei ich die nächste immer besser zu spielen versuchte als die vorangegangene, und doch blieb die erste Aufnahme die beste.

Ich war und bin ein Bewunderer von Prokofieff und stolz darauf, seine Freundschaft besessen zu haben, doch öffentlich spielte ich nur sehr wenige seiner Werke. Am Beginn meiner Laufbahn brachte ich mit viel Erfolg seine ›Suggestion diabolique‹ und andere kurze Stücke zu Gehör. Viel später nahm ich die reizenden ›Visions fugitives‹ in mein Repertoire auf, aber seine herrlichen Sonaten und Konzerte ließ ich beiseite, denn sie erfordern lange, ausdauernde Vorarbeit. Ich war einfach zu faul, sie so gut zu lernen, daß ich sie öffentlich hätte spielen können, doch las ich daheim die Noten, spielte sie im Kopf absolut perfekt und gab mich damit zufrieden. Oft hörte ich sie von Kollegen gespielt und werde nie vergessen, wie Swjatoslaw Richter die Sonate Nr. 6 spielte, und auch nicht die Welturaufführung des großartigen Dritten Klavierkonzertes in der Carnegie Hall in New York mit dem Komponisten selbst.

Die kleine Gruppe der Komponisten, deren Werke ich zeitlebens immer wieder gespielt habe, besteht aus Beethoven, Mozart, Schubert, Schumann, Brahms, Chopin und Liszt. Im Laufe der Zeit vergrößerte ich mein Repertoire um weitere Werke dieser Komponisten, spielte viele Aufnahmen ein, und hatte am Ende praktisch den gesamten Chopin aufgenommen, abgesehen von den Etüden. Viele davon habe ich im Konzert gespielt, aber einige ließ ich aus, weil ich nicht glaube, ihnen gerecht werden zu können.

Kapitel 107

Eisenhowers siegreicher Angriff auf die Normandie und sein stetiges Vorrücken gegen Paris erhoben unsere Herzen. Allmählich verflog der gräßliche Alptraum der vergangenen Jahre. Hollywood platzte schier vor Betriebsamkeit, man feierte jeden neuen Sieg und traf bereits Vorbereitungen, Kriegsfilme zu drehen, die mit dem Siege enden sollten.

Ormandy kam mit seinem Philadelphia Symphony Orchestra zu Gast, und ich spielte unter ihm das B-Dur-Konzert von Brahms. Thomas Mann und Aldous Huxley waren unter den Zuhörern, dessen entsinne ich mich genau. Beide liebten Musik, Huxley konnte gar als Musikgelehrter gelten.

Die Konzerte in der Hollywood Bowl wurden immer beliebter, alle verfügbaren Dirigenten gaben hier ihre diversen Interpretationen zum besten, und weil ich in jedem der dreizehn Jahre dort konzertierte, während derer ich in Kalifornien wohnte, spielte ich als Solist mit folgenden Dirigenten: Stokowski, Ormandy, Szell, Steinberg, Rodzinski, Beecham, Klemperer, Wallenstein, Barbirolli und Bruno Walter, mit manchen davon wohl auch zweimal. Der letzte war Koussevitzky, doch das ist eine Geschichte für sich, die ich zu gegebener Zeit erzählen will.

Obwohl ich, wie gesagt, ungern im Freien spiele, machten diese Sommerkonzerte mir viel Vergnügen. Es war reizvoll, sich mit so unterschiedlichen musikalischen Temperamenten auseinandersetzen zu müssen, und ich lernte viel dabei. Manchmal allerdings mußte ich auf meiner eigenen Auffassung bestehen.

Es kam selbstverständlich auch zu Vorfällen, die sich später gut als Anekdote erzählen ließen. So etwa die Probe zu Beethovens G-Dur-Konzert mit Sir Thomas Beecham an einem sehr warmen Vormittag. Er war schlecht gelaunt, ich ebenfalls. Der Flügel stand gerade noch im Schatten der großen Muschel, und nachdem ich die Eingangstakte gespielt hatte, lehnte ich mich zu dem langen Tutti zurück. Sir Thomas war an diesem Vormittag überaus ungeduldig mit dem Orchester, klopfte nach jedem zweiten Takt ab, richtete einen schroffen Tadel an diesen oder jenen Musiker und wiederholte endlos dieselbe Passage, ohne auch nur im geringsten zu bedenken, daß ich da am Flügel im kurzärmeligen Hemd in der prallen Sonne saß. Als ich endlich die Hände auf die Tasten legen durfte, kochte ich in mehr als einem Sinne. Beecham und ich wechselten während der restlichen Probe nur kurze Bemerkungen zu den Tempi und beendeten die Probe in unverhohlener Feindseligkeit.

Als ich auf dem Parkplatz gerade meinen funkelnagelneuen Fleetwood Cadillac bestieg, erschien Sir Thomas und redete mich an: »Hören Sie, mein Lieber, können Sie mich nicht mitnehmen? Ich wohne bei meinem Freund Brownlee von der Metropolitan ganz in Ihrer Nähe.«

Meine Arme taten immer noch weh von der glühenden Sonne, und ich erwiderte deshalb recht distanziert: »Aber gewiß, Sir Thomas, steigen Sie nur ein.« Unterwegs kam dann aber doch meine üble Laune zum Durchbruch, und ich sagte: »Welch eine Ehre für mich, Sir Thomas, Sie gerade heute als Beifahrer in meinem Wagen zu haben.«

Er lächelte selbstzufrieden: »Aber ich bitte Sie, mein Lieber.«

»Doch, doch«, beharrte ich und verspritzte nun gezielt mein Gift, »es ist ein ganz besonderes Ereignis, denn ich fahre zum ersten Mal ohne Fahrlehrer. Heute früh habe ich den Führerschein erworben, und Sie können sich denken . . .«

Sir Thomas sank tiefer auf seinem Sitz in sich zusammen und wurde bleich vor Schrecken. »Wenn ich das geahnt hätte, wenn ich das geahnt hätte . . .« murmelte er, und nun besserte sich meine Laune erheblich. Ich war nach zwei Jahren Praxis ein sicherer Fahrer und tat nun so, als sei ich ungeheuer nervös am Steuer. Der arme Sir Thomas schwitzte vor Angst. »Vorsicht, Vorsicht, da ist eine rote Ampel!«

»Ah, danke Ihnen sehr, Sir Thomas, die hätte ich doch glatt übersehen!« Und so ging es immer fort, drei Viertelstunden lang, bis wir am Bestimmungsort ankamen. Als ich hielt, wankte er aus dem Wagen, warf mir einen mordlüsternen Blick zu und flüsterte: »Vielen Dank.«

Als ich mit George Szell das Schumann-Konzert spielen sollte, flüsterte mir jemand im Moment, als ich aufs Podium ging zu: »Strawinsky sitzt in der Loge.« Das bestürzte mich, da ja Igor das Klavier nicht schätzte, die romantische Klaviermusik verabscheute und möglichst keine Konzerte besuchte, in denen Solisten mitwirkten. Ich spielte nun also besonders sorgsam und verpaßte keine einzige Note. Beim Frühstück am nächsten Morgen klingelte das Telefon, und Eva sagte: »Strawinsky für dich.« Ich nahm den Hörer und bereitete mich auf einen kräftigen Zank vor. »Ar*tur*«, begann er auf russisch, »ich war gestern in deinem Konzert.«

»Weiß ich. Weshalb?« fragte ich trocken.

»Weil ich das Konzert von Schumann hören wollte, das ich nie zuvor gehört hatte. Es ist sehr gut komponiert, klingt schön und ist überhaupt wunderbar.«

Ha-ha, dachte ich, welch ein Sieg über den Ungläubigen, der von Gefühl in der Musik nichts hält!

Und nun die Geschichte mit Koussevitzky, mein letztes Konzert mit ihm. Nach fünfundzwanzig Jahren mit dem Bostoner Orchester und den Festspielen von Tanglewood war er eben zurückgetreten und stand zum ersten Mal als Gastdirigent am Pult. Zwei Konzerte waren ihm angeboten worden, eines ohne Solisten, das andere mit einem seiner Wahl. Er bestand auf mir – zu meinem Bedauern muß ich sagen, denn ich wußte aus Erfahrung, so gut wie alle Kollegen, daß er der denkbar schlechteste Begleiter war. Indessen, er hatte mir vor Ewigkeiten in Rußland einen großen Dienst erwiesen, und ich wollte ihn nicht kränken.

Gespielt werden sollte das Zweite Konzert von Rachmaninoff. Koussevitzky traf am Vorabend der ersten Probe ein, wir schickten ihm Blumen ins Hotel, luden ihn für den Abend vor unserem Konzert ein, und ich erbot mich, ihn selber im Wagen abzuholen. Wie nicht anders zu erwarten, kamen zu dem Konzert ohne Solisten nur gegen viertausend Besucher, und das schmerzte ihn sehr, denn in Boston dirigierte er stets vor vollem Hause, war entsprechend verwöhnt und eingebildet.

Ich holte ihn also in seinem Hotel ab, doch ließ er mich eine lange

Weile in seinem Salon warten, dann erschien er hochelegant gekleidet, küßte mich dreimal nach russischer Manier, nahm meinen Arm, und wir gingen zum Fahrstuhl. Unterwegs blieb er plötzlich stehen und sagte: »Artur, versprechen Sie mir etwas?«
»Aber gern. Was denn?«
»Versprechen Sie blind, ohne mich vorher zu fragen.«
Ich lachte: »Warum können Sie es denn nicht sagen?«
»Wir sind doch alte Freunde, Artur, und ich glaube, ich darf von Ihnen verlangen, daß Sie mir blind etwas versprechen.«
Ich war etwas verblüfft. »Na gut, wenn ich nicht gerade einen Mord begehen soll . . .«
Nun packte er meine beiden Arme: »Versprechen Sie, morgen nach dem Konzert keine Zugaben zu spielen.«
»Aber das ist unmöglich, Serge, Zugaben werden vom Publikum erwartet.«
»Sie haben versprochen, Artur!« sagte er sehr ernst.
»Ja, das stimmt.«
»Und müssen Ihr Wort halten.«
Wohl war mir dabei nicht, aber ich dachte, gut, dein Wort mußt du halten.

Zu Hause beklagte ich mich bei Nela über Serges sonderbares Ansinnen, doch nahm sie das leicht. »Ich sage ihm beim Essen, daß das unmöglich ist, daß du deine Zuhörer kränken würdest, die dich so verehren, und daß es deshalb nicht in Frage kommt.«

Als die das Thema anschnitt, sagte er aber nur streng: »Kein Wort, bitte, Artur hat versprochen.«

Tags darauf informierte sie noch vor der Probe den Veranstalter, und der war außer sich. »Wenn das einreißt, können wir den Laden zumachen!« behauptete er, doch bekam er eine eiskalte Abfuhr von Koussevitzky, als er diesen darauf ansprach.

Die Probe war die schlimmste, an die ich mich erinnere. Daß wir den ersten Satz gleichzeitig beendeten, war purer Zufall, und ich konnte nur hoffen, es werde abends klappen. Im zweiten Satz aber geriet ich in Wut, denn er nahm die Tempi so schleppend, daß es mir bei dieser besonderen Akustik unmöglich war, die lange Melodie gleichsam auszusingen. Als ich ein schnelleres Tempo verlangte, blieb er unerbittlich. »Ar*tur*, das ist so schön, so schön, es schneller zu spielen, wäre eine Schande.«

Ich hatte nun genug, alles war mir einerlei, ich spielte bis zum bitteren Ende total gleichgültig und ging wortlos weg. Die Zeit bis zum Konzert verbrachte ich in wütender und von unguten Ahnungen beherrschter Stimmung.

Noch brütend betrat ich abends das Künstlerzimmer. Das Konzert hatte Koussevitzky selbstverständlich vor der Pause angesetzt, denn er wollte mit der Vierten von Tschaikowsky schließen, seiner *pièce de resistance*. Ein Bediensteter kam herein. »Der Maestro bittet Sie in sein Zimmer, er möchte mit Ihnen sprechen.«

Da lag er behaglich auf der Couch. »Mein Freund«, begann er, »grollen Sie mir nicht mehr, ich weiß, Sie waren unzufrieden mit mir. Ich verspreche Ihnen aber, ich halte im zweiten Satz Ihr Tempo, und es wird eine herrliche Aufführung werden. Und denken Sie daran – keine Zugaben!«

»Selbstverständlich nicht. Doch mir kommt da ein Gedanke: Falls das Publikum auf Zugaben besteht, werde ich über das Mikrofon ankündigen: ›Mr. Koussevitzky duldet nicht, daß ich Zugaben spiele, es tut mir leid, daß ich Sie enttäuschen muß.‹«

Da sagte er ärgerlich: »Warum müssen Sie meinen Namen nennen? Reicht es nicht, wenn Sie sagen, Sie wollen keine Zugaben spielen?«

»Nein, das geht nicht, denn man kennt mich hier zu gut.«

Nun stand er auf und blieb ein Weilchen stehen. Schweiß trat ihm auf die Stirne.

»Nun . . . nun . . . also eine kleine Zugabe können Sie ja spielen.«

Die Geschichte ist schon lang genug, und ich will sie abkürzen. Als Zugabe spielte ich die As-Dur-Polonaise, die einen wahren Beifallssturm entfesselte und mich zwang, noch zwei weitere Zugaben zu spielen. Viele gingen anschließend weg und verzichteten auf die Sinfonie.

Kapitel 108

Als die Alliierten Paris zurückeroberten, war die französische Kolonie von Hollywood zutiefst ergriffen. Wir kamen zusammen, stießen auf den Sieg an, viele mit Tränen in den Augen. Amerika jubelte: Paris, das war das Symbol des Sieges.

Von nun an hörte man aber auch immer mehr Furchtbarkeiten von deutschen Lagern, deren Insassen den grausamsten Experimenten und Mißhandlungen unterworfen und endlich lebendig verbrannt worden waren. Als das nach einer Weile amtlich bestätigt wurde, als weitere Einzelheiten bekannt wurden, mußte ich erkennen, daß alle meine Verwandten aus Warschau und Lodz auf diese unmenschliche Weise ermordet worden waren. Ich gebe zu, daß ich auch jetzt nicht begreife, wie ein zivilisiertes Volk, das doch seinen Beitrag zu den Künsten, besonders der Musik, geleistet hat, solche unbeschreiblichen, unverzeihlichen Verbrechen an Menschen begehen konnte.

Eine unmittelbare Verbindung gab es noch nicht, erst ein Jahr später erfuhr ich von einer Nichte, die sich nach Rumänien geflüchtet hatte, daß von meiner zahlreichen Verwandtschaft niemand mehr am Leben war als sie und ihr Mann, ihre beiden Brüder und deren Frauen. Ich wäre gewiß in eine abgründige Depression verfallen, hätte meine Frau nicht gerade jetzt wieder ein Kind erwartet. Der Gedanke, daß neues Leben entstehen würde, nachdem meine Familie fast völlig vernichtet worden war, tröstete mich.

Ich mußte nun nach New York und erhielt hier ganz unerwartet die sehr erfreuliche Aufforderung, mit Toscanini und dem NBC-Orchester im Rahmen eines Beethoven-Zyklus das Dritte Konzert zu spielen. Es waren alle fünf Klavierkonzerte mit jeweils einem anderen Solisten angekündigt. Toscaninis Einladung war mir aus mehreren Gründen außerordentlich willkommen: endlich erhielt ich die Gelegenheit, mit diesem großen Dirigenten zu musizieren und ihn überdies persönlich kennenzulernen. Immerhin war mir die Sache doch etwas rätselhaft, denn schließlich war Toscanini der Schwiegervater von Horowitz, mit dem ich seit acht Jahren nicht mehr verkehrte. Ob er wohl beabsichtigte, uns zu versöhnen? Mir hätte es schon gereicht, wenn Horowitz sich für die Unhöflichkeit entschuldigt hätte, die er meiner Frau und mir gegenüber begangen hatte. Doch was nun auch dahinterstecken mochte, ich sagte mit Freuden zu.

Hurok, dem ich die Neuigkeit sogleich mitteilte, nahm sie recht phlegmatisch auf. »Ja, ja, ich habe das auch schon gehört, bloß, die haben das Datum nicht beachtet. Sie haben an diesem Tag nämlich abends in der Carnegie Hall einen Chopin-Abend.«

Das war ja wie verhext! »Kann man den Termin nicht verlegen? Unseren oder den des NBC-Orchesters?«

»Ach was, das geht nicht. Sie wissen doch selber, daß man Termine nicht verschieben kann.« Und dann lachte er. »Toscaninis Konzert beginnt um halb sechs, Ihr Konzert aber erst um halb neun. Ich habe also nichts dagegen, wenn Sie beide Termine wahrnehmen, das bringt mir bloß mehr Geld ein.«

»Selbstverständlich mache ich das.«

Nun verlor sich alle Ironie aus Huroks Ton, und er sagte ganz enthusiasmiert: »Das wäre eine Sensation! Kein Pianist würde sich trauen, nachmittags mit Toscanini zu spielen und zwei Stunden später in der Carnegie Hall einen Klavierabend zu geben!«

Chotzinoff richtete es so ein, daß ich mit Toscanini in einem der Studios der NBC vorher probieren konnte. Ich brachte die Noten mit, ganz darauf vorbereitet, das gesamte Konzert mit dem Maestro durchzugehen, wobei ich in meiner Partitur mitlesen konnte. Während wir noch auf ihn warteten, sagte Chotzinoff: »Der Maestro hat dieses Konzert noch nie dirigiert und ist deshalb ziemlich nervös.« Mir war bekannt, daß Toscanini nur ungern mit Solisten konzertierte, und ich wunderte mich, daß er gerade mit mir erstmals dieses Konzert aufführen wollte.

Nun kam er herein, eine elegante Erscheinung, klein, aber sehr wohlproportioniert. Er besaß einen guten Kopf, und weil er sehr kurzsichtig war, hatten die Augen eine erstaunliche Ausdruckskraft, die von weicher Traurigkeit bis zu wilder Wut reichte. Seine Zornausbrüche bei den Proben waren bekannt, und ich war deshalb etwas beklommen, aber er schüttelte mir herzlich die Hand und redete mich liebenswürdig auf Italienisch an. »Man hält mich für unerträglich, aber das stimmt nicht. Ich habe als junger Mensch unendlich viel leiden müssen!« Und nun berichtete er mir gestenreich, mit vielen Ausrufen und grimassierend, was er als junger Assistent eines alten Dirigenten an der Mailänder Scala hatte ausstehen müssen. »Wie habe ich gelitten, ach, wie habe ich gelitten! Als ich eines Vormittags ein neues Werk einstudieren sollte, flehte ich ihn an: ›*Commendatore, non venire a la prova!*‹ aber er kam doch, dieser schreckliche Mensch, und schon nach ein paar Minuten hörte ich ihn brüllen: ›*Toscanini, corni! Corni!*‹ Ich dachte schon, mich trifft der Schlag, doch ich machte weiter, und vier Takte später schrie er: ›*Toscanini, tromboni! Tromboni!*‹ Das war einfach zuviel, ich dachte, ich verliere den Verstand, und ich drehte mich um, schüttelte die Fäuste und brüllte zurück ›Commendatore, Sie Lump! Ich bringe Sie um!‹ Ah, Rubinstein, Sie ahnen nicht, was ich gelitten habe.«

Ich ging an den Flügel, doch hielt er mich zurück. »In welchem Tempo spielen Sie den ersten Satz?« fragte er.

»Nun, ich würde es ›tempo giusto‹ nennen«, lächelte ich.

Er überhörte das und fuhr gereizt fort: »Neulich hörte ich im Radio einen Pianisten, der den ersten Satz so nahm . . .«, und er sang die ersten Takte des Konzertes viel zu schnell.

»Unmöglich, so kann man es nicht machen«, sagte ich unwirsch.

»Ah, ha, Sie spielen es also langsamer«, sagte er befriedigt. Und auf diese höchst schlaue Weise erfuhr der Maestro, welches Tempo für den ersten Satz eines ihm nicht so recht bekannten Konzerts zu nehmen war. Als ich mich erbot, ihm das gesamte Konzert vorzuspielen, wie ich es mit anderen Dirigenten zu tun gewöhnt war, wehrte er stolz ab: »Ganz überflüssig. Spielen Sie einfach nur das Ende der Kadenz.« Und er ließ sich die letzten Takte mehrmals vorspielen. Dann schüttelte er mir sehr zufrieden die Hand, sagte »*Molte grazie*« und ging ab.

Am Vormittag des berühmten »Zwei-Konzerte-Tages« nahm ich ein Taxi. Ecke 5. Avenue bremste der Chauffeur so brutal, daß ich mit dem Kopf auf die Lehne des Vordersitzes geschleudert wurde. Ich hatte es eilig, war auch nervös, achtete also weiter nicht auf die Folgen. Doch kaum betrat ich das Künstlerzimmer, schrie Mrs. Toscanini entsetzt: »*Dio mio, lei e pieno di sangue.*« Auch der Maestro stierte mich offenen Mundes an, aber bevor ich noch eine Erklärung geben konnte, nahm seine Frau sich meiner an, und im Handumdrehen zierte meine stolze Stirne ein reizendes rosafarbenes Pflaster.

Durch diesen Vorfall wurde der Maestro ungemein versöhnlich

gestimmt, führte mich eigenhändig zum Flügel, stellte mich in einem charmanten Gemisch aus italienischen und englischen Wörtern seinen Musikern vor und gab das Zeichen zum Beginn der Probe. Er schlug ein etwas zu rasches Tempo an, dirigierte die Tutti aber mit ungewöhnlicher Kraft und Rhythmik. Anders als andere Dirigenten klopfte er nicht ein einziges Mal ab. Ich begann meinen Solopart in meinem eigenen Tempo, spürte aber sogleich, daß er nicht mitging, und an vielen Stellen waren wir einfach nicht zusammen. Der Maestro schenkte dem keine Beachtung, dirigierte weiter, als liefe alles einwandfrei. Als wir die Kadenz erreichten, war ich, das muß ich gestehen, einigermaßen verzweifelt. Ich spielte also die Kadenz, und dann kam, was auch schon am Vortag geschehen war: Er ließ mich die letzten Takte wiederholen, um den Einsatz des Orchesters zu proben. Das tat er zwei- oder dreimal, und anschließend sagte er lächelnd: »Und nun den ganzen Satz bitte noch einmal.«

Ich dachte verzweifelt: Wozu das? Er macht sich ja nicht die Mühe, die Sache mit dem Orchester oder mit dir im Detail durchzugehen! Doch selbstverständlich lächelte ich zurück und nickte, und er begann den Satz ein zweites Mal. Und da geschah das Wunder: Das Tempo war haargenau richtig, die Tutti kamen mit allen Nuancen, die man sich nur wünschen kann, ich setzte mit neu belebter Hoffnung ein, und siehe da, Toscanini entging auch nicht das winzigste Detail. Er war in voller Übereinstimmung mit mir, und wir gerieten nicht um Haaresbreite auseinander. Er beachtete meine wechselnde Dynamik, hielt das Orchester bei meinen kleinsten *rubati* zurück, fiel nach der Kadenz auf den Punkt genau ein, und wir beendeten den Satz ungemein schwungvoll. Dabei blinzelte er mir in riskanten Momenten zu. Der zweite Satz klang schön und geschmeidig, denn er ist ein herrliches Zwiegespräch zwischen Klavier und Orchester, und den dritten Satz dirigierte der Maestro bravourös. »Ich freue mich auf das Konzert«, sagte er mir anschließend. Seinen Schwiegersohn erwähnte er mit keinem Wort.

RCA Victor, die alle Konzerte Toscaninis aufnahmen, waren von der Probe so hingerissen, daß man beschloß, eine live-Aufnahme im Konzert zu machen, und ich darf sagen, sowohl Toscanini als auch ich waren bei dieser Gelegenheit wahrhaft inspiriert. Das Konzert wurde zu meiner großen Genugtuung von allen amerikanischen Rundfunkstationen übertragen, und die Platte hatte großen Erfolg.

Als ich wieder im Hotel war, schwand die dionysische Euphorie allerdings rasch, und ich fragte mich ängstlich: Wie wirst du heute abend Chopin spielen? Mir blieb gerade Zeit genug, mich umzuziehen, eine Tasse Kaffee zu trinken und in die Carnegie Hall zu gehen. Als erstes stand die ›Polonaise Fantaisie‹ auf dem Programm, schwierig zu spielen und zu gestalten wegen ihrer diffizilen Form, doch schien es, als reiche die Inspiration, mit der ich zuvor Beethoven gespielt hatte, auch hierfür noch aus. Jedenfalls habe ich Chopin niemals mit mehr Begeisterung gespielt, und dieser Tag war denn auch einer der denkwürdigsten meiner Karriere.

Toscanini übersandte mir ein Photo mit der Widmung: »Für Arthur Rubinstein zum Andenken an den unvergeßlichen Tag (29. Oktober 1944) unserer ersten künstlerischen Begegnung. Arturo Toscanini.«

In jenem Herbst mußte ich im Osten mehr Konzerte geben denn je, aber die letzten Dezemberwochen und die ersten Januartage wollte ich daheim verbringen, denn Nela sollte um diese Zeit niederkommen. Hurok versprach, mein letztes Konzert auf den 15. Dezember zu legen.

Man kann sich also mein Erstaunen vorstellen, als mich während der Pause in der Carnegie Hall ein fremder Mensch ansprach: »Wir brauchen Ihr Programm für den 19. Dezember, Mr. Rubinstein.«

»Das ist wohl ein Irrtum«, sagte ich.

»Nein, nein, Sie spielen mit dem RCA-Orchester.«

»Unsinn.«

Tags darauf fragte ich bei Hurok nach. »Angeblich soll ich am 19. mit dem RCA-Orchester spielen, man will mein Programm haben. Ist Ihnen was davon bekannt?«

Hurok lächelte verschlagen: »Nun, abends geben Sie in der Carnegie Hall einen Klavierabend, und da dachte ich mir, Sie spielen am Nachmittag vielleicht gerne noch mit dem RCA-Orchester.«

Da war ich denn doch sprachlos, und als ich endlich Worte fand, rief ich: »Sie wortbrüchiger Kerl, ich weiß weder von dem einen noch von dem anderen Termin!«

Selbstverständlich bekam er seinen Willen, beide Konzerte waren angekündigt, und ich konnte mich nicht aus der Schlinge ziehen.

Hurok sagte väterlich: »Ärgern Sie sich nicht. So schlimm, wie Sie glauben, ist es nämlich nicht. Ich habe für Sie eine Flugkarte besorgt, Sie

verlieren also nur einen Tag.« Das beschwichtigte mich auf der Stelle.
»Wie haben Sie das denn angestellt?«

»Ganz einfach. Ich habe angeboten, daß Sie unterwegs in El Paso aussteigen, das Tschaikowsky-Konzert spielen und für die Einnahme Kriegsanleihe kaufen. Ich weiß doch, daß Sie das gerne tun.«

So ein Fuchs. Umgebracht hätte ich ihn am liebsten!

Tatsächlich wurde die Veranstaltung in El Paso dann sehr lästig. Weil Nebel herrschte, wurde das Konzert um einen Tag verschoben, und ich kam total erledigt gerade am Weihnachtstag in Los Angeles an. Als erstes telegrafierte ich bitterböse an Hurok und wies ihn an, alle Soloveranstaltungen vor dem 16. Januar, dem Beginn meiner Tournee mit dem Philadelphia Orchestra, zu verschieben.

Und wirklich, dieser listige Bursche verstand sich im richtigen Moment aufs Nachgeben. »Keine Sorge«, telegrafierte er zurück, »alles wunschgemäß arrangiert.«

Ich ruhte mich also endlich aus und erwartete die Ankunft unseres Kindes, doch das ließ auf sich warten. Es verging Tag um Tag, und endlich mußte ich schwer enttäuscht nach Philadelphia aufbrechen.

Als ich am 17. Januar mit Ormandy probte, kam dann das Telegramm: »Heute früh ist Ihre Tochter geboren.« Ich stieß einen Freudenschrei aus und rief: »Ich habe eine Tochter bekommen!«

Statt nun von allen Seiten, wie erwartet, beglückwünscht zu werden, fragte ein Geiger bloß trocken: »Und wo sind die Zigarren?« Ormandy, der meine Verblüffung sah, erklärte mir: »In Amerika ist es üblich, daß der frisch gebackene Vater allen seinen Freunden und Bekannten eine Zigarre schenkt.« Ich rannte also während einer Pause in den nächsten Zigarrenladen, sah mich aber hier einem Dilemma gegenüber. Alle Welt weiß, daß du nur die allerbesten Zigarren rauchst, überlegte ich, darfst du dem Orchester billigere anbieten? Nein. Ich kaufte also zwei Kisten meiner eigenen Marke, und als die Musiker sich versammelten, hielt ich dem Konzertmeister eine geöffnete Kiste hin. »Meine kleine Tochter schenkt Ihnen eine Zigarre!« Er nahm gleich drei, und die anderen Geiger folgten seinem Beispiel mit Eifer. Die Kiste war leer, bevor sie an die dritte Reihe weitergereicht werden konnte, und der zweiten Kiste erging es noch schlechter, so daß die Mehrzahl der Musiker immer noch zigarrenlos war. Nun versprach ich, neue Vorräte zum Konzert mitzubringen, und, um zum Ende zu kommen, fünfzehn Kisten Zigarren gingen dabei drauf, diese Zigarrensüchtigen zufriedenzustellen. Geizig bin ich nicht, und ich fand durchaus, daß die Geburt meiner Tochter diese Ausgabe rechtfertigte, doch als nach unserem sechsten Konzert ein Kontrabassist mit saurer Miene zu mir kam und vorwurfsvoll klagte: »Ich habe keine Zigarre bekommen«, da reichte es mir, und er mußte sich mit dem Mißgeschick abfinden.

Ich spürte während dieser Konzerte im Osten wachsende Ungeduld, ich wollte das Kind sehen, und als ich endlich nach Kalifornien durfte, erblickte ich nicht mehr ein greinendes Neugeborenes, sondern ein wunderhübsches Baby. Ein strahlender Vater schaute in eine Welt, die eben einen Sieg mit Millionen hingemordeter unschuldiger Opfer bezahlt hatte und mit weiteren Millionen, die tapfer im Kampfe fielen. Das englische Volk hielt bis zum ruhmreichen Ende durch, während Roosevelt und Churchill auf der Konferenz von Jalta Stalins Forderungen auf übertriebene Weise entgegenkamen. Das stimmte uns zornig, insbesondere uns Polen, die sehen mußten, wie die beiden Führer der Westmächte unser Vaterland verschacherten.

Kapitel 109

Meine Spielzeit endete mit ein paar Konzerten an der pazifischen Küste, unter anderen in der Hollywood Bowl und in San Francisco. Das zuletzt genannte verschaffte mir erheblichen Ärger. Nach meinem Erscheinen dort im Vorjahr hatten zwei prominente Musikkritiker mir vorgeworfen, nur Klassiker und Romantiker gespielt zu haben, aber nichts Modernes, noch Unbekanntes.

Diese Besprechung bekam ich von meiner dortigen Agentin zugeschickt, die mir riet, dieses Jahr etwas Neues ins Programm zu nehmen. Ich weiß auch noch, was ich ihr antwortete: »Meine Programme sind wie eine Gemäldeausstellung, und ich würde nur Bilder von unbekannten Malern ausstellen, wenn ich von Ihrem Wert ganz durchdrungen bin. Ich ziehe es vor, meinem Publikum die Werke großer Meister zu präsentieren, die immerdar in Museen bewundert werden.«

Ich nahm an, die Dame habe mich verstanden, doch schrieb sie zu meinem Ärger zurück: »Die Kritiker Frankenstein und Fried haben auf meine Bitte einige Programmentwürfe zusammengestellt, und ich hoffe, Sie machen Gebrauch davon.« Darauf telegrafierte ich zurück: »Sagen Sie mein Konzert ab, Ihre Unverschämtheit erfordert es.«

Das hatte die Dame nun nicht erwartet, sie hängte sich verzweifelt ans Telefon. »Das Konzert soll zwar erst in zwei Monaten stattfinden, aber das Opernhaus ist schon ausverkauft«, jammerte sie. Ich blieb hart.

Nun traf es sich, daß die Vereinten Nationen ihren feierlichen Gründungsakt Ende April ausgerechnet im Opernhaus von San Francisco vornehmen wollten, und ich wiegte mich in der Euphorie nach dem endlich in Europa erkämpften Sieg und Hitlers Selbstmord in der Hoffnung, mein Konzert müsse ausfallen. An einem Sonntag allerdings war das Opernhaus denn doch frei, und ich stieß meinen Entschluß notgedrungen um, allerdings unter dem Vorbehalt, daß kein Programm verteilt würde, sondern in dem üblichen Programmheft nichts weiter enthalten sei als eine Erklärung von mir, die folgendermaßen lautete:

»Daß zu einem Konzert kein gedrucktes Programm verteilt wird, verlangt eine Erklärung.

Es geschieht nicht zum ersten Mal, daß ich mein Programm improvisiere; ich habe das in Paris, Madrid, Barcelona, Buenos Aires und Sydney getan, lauter Städten, in denen ich darauf vertrauen konnte, daß man dies nicht als neuerungssüchtige Sensationshascherei auffassen würde, und ich vertraue auch beim hiesigen musikverständigen und kultivierten Publikum darauf. Mein gelegentliches Abweichen von der hergebrachten Regel hat seinen Grund darin, daß durch die Festlegung auf ein Programm der freie und gereifte Künstler in seiner vollen Ausdruckskraft eingeschränkt wird.

Wer als Interpret auf dem Podium seinen Zuhörern gegenübertritt, entwickelt einen bestimmten Sinn für das im Saal herrschende ›Klima‹, für dessen besondere Akustik, für die Qualität des Instrumentes, das ihm zur Verfügung steht, und nicht zuletzt kann er erst jetzt den Grad seiner eigenen Inspiration richtig einschätzen. Dies alles würde ihm aber nichts nützen, wäre er gezwungen, Kompositionen zu spielen, die er unter diesen Umständen für nicht passend hält, die aber Wochen zuvor im Programmheft ausgedruckt sind.

Daß wir unsere Programme solange im voraus festlegen müssen, stellt uns vor noch andere Schwierigkeiten; unsere Konzertveranstalter verlangen mit Recht, daß wir Stücke spielen, die das Publikum anlocken und die Kasse füllen. Kritiker wünschen sich Werke, die kein Mensch kennt, die kaum je aufgeführt werden, oder geradezu abschreckend sind, wobei sie außer acht lassen, daß sie eine verschwindende Minderheit der Hörer ausmachen, und wir Künstler jeder ein ganz eigenes Temperament haben und nicht wie Notensammlungen beliebig aufzuschlagen sind.

Die felsenfeste Überzeugung, daß die Hörer in aller Welt am meisten jene Werke lieben und schätzen, welche die Inspiration des Vortragenden am stärksten beflügeln, veranlaßt mich, dieses Konzert ohne gedrucktes Programm zu geben; ich werde vielmehr jedes Stück selber vom Podium herab ankündigen.«

Ich fragte mich schadenfroh, wie die Kritiker darauf wohl reagieren würden. Nela begleitete mich diesmal, denn sie war etwas besorgt. An dem Sonntagvormittag, als ich die Bühne des Opernhauses betrat, bot sich mir ein eindrucksvoller Anblick, denn die Fahnen der Nationen, die sich zum historischen Akt der Unterzeichnung der Charta versammelt hatten, standen im Saal. Ich suchte nach der Flagge Polens, konnte sie aber nicht entdecken. In der Mitte der Bühne, wo eigentlich der Flügel stehen sollte, befand sich ein riesiger grünbespannter Tisch mit Mikrophonen darauf. Der Flügel stand im versenkten Orchesterraum, und einige Logen enthielten Fernsehkameras und anderes technisches Gerät.

Der Anblick des Hauses machte es mir schwer, mir ein passendes Programm auszudenken. Anfangs wollten mir nichts als Märsche und Nationalhymnen einfallen. Neben dem Flügel war ein Mikrophon aufgestellt, mit dessen Hilfe ich die Kompositionen ankündigen sollte, die ich spielen wollte. Dorothy Granville, die Veranstalterin, sagte triumphierend: »Die ausländischen Delegierten haben mich um Eintrittskarten gebeten; sie verstehen kein Englisch, aber ein Konzert können sie sich wenigstens anhören. Wir mußten noch etliche Stühle aufstellen.« Wie man sich denken kann, überkam mich eine Mischung aus Angst und Erwartung – was stand mir bei diesem feierlichen Anlaß wohl von seiten der Kritik bevor?

Erst eine Stunde vor dem Konzert entschied ich mich für die Stücke, die ich spielen wollte. Ich erinnere mich, daß darunter Chopins Sonate mit dem Trauermarsch, ferner Stücke von Brahms und Schumann und am Ende ›Petruschka‹ waren. Nela wollte hinter der Bühne bleiben, sie war zu nervös, sich in eine Loge zu setzen. Einer unserer polnischen Freunde, der Maler Juliusz Kanarek, der keine Eintrittskarten besaß, wollte ihr Gesellschaft leisten. Der sagte so nebenbei: »Komisch, daß man keine polnische Fahne sieht, aber das liegt daran, daß niemand weiß, wer Polen eigentlich regieren soll.« Diese Nachricht erregte mich sehr.

Ich betrat die Bühne, gefaßt, aber doch klopfenden Herzens, und spielte als erstes die amerikanische Nationalhymne, wie das in den USA während des Krieges vor allen Konzerten üblich war. Die Zuhörer hörten sie stehend feierlich an, ich spielte ebenso feierlich, wir alle standen unter dem Eindruck der Vorgänge hier im Opernhaus.

Als ich anschließend mein erstes Stück ankündigen wollte, geschah etwas Sonderbares: ich wurde von blinder Wut ergriffen und sprach laut und zornig ins Publikum: »In diesem großen Hause, wo die Staaten sich versammeln, um eine bessere Welt zu schaffen, vermisse ich die Fahne Polens, um dessentwillen der Krieg ja schließlich ausgefochten wurde!« Und ich rief: »Ich spiele jetzt die polnische Nationalhymne!«

Und ich setzte mich an den Flügel und spielte die Hymne der polnischen Soldaten, die unter Napoleon kämpften, und die mit den Worten beginnt: »Noch ist Polen nicht verloren!« Ich spielte mit wuchtigem Ausdruck, sehr langsam, und wiederholte den Refrain in dröhnendem Forte. Das Publikum erhob sich am Schluß und brachte mir eine Ovation dar.

Es dauerte eine Weile, bis ich mich beruhigt hatte und die Sonate mit dem Trauermarsch von Chopin ankündigen konnte. Das Konzert war denkwürdig sowohl meines eigenen als auch des Betragens des Publikums wegen. Nela und Kanarek waren beide tief ergriffen. »Warum hast du mir nicht gesagt, was du vorhast?« fragte sie.

»Es ist einfach so über mich gekommen«, murmelte ich. Damals ahnte ich nicht, daß die polnische Armee mir diese spontane Geste nie vergessen würde. Man dankte mir dafür, daß ich in jenem historischen Moment der Fahne Polens den ihr gebührenden Platz verschafft hatte.

Ich erwartete in den Morgenzeitungen giftige Angriffe meiner beiden Kritiker zu finden, weil ich ihnen für ihre arrogante Belehrung einen scharfen Verweis erteilt hatte, las aber zu meinem Erstaunen nur ein Loblied auf meinen patriotischen Ausbruch.

Hollywood verfolgte atemlos den Siegeszug Douglas MacArthurs auf dem pazifischen Kriegsschauplatz. »Er hat sein Wort gehalten, er ist zurückgekehrt«, hieß es, und der Sieg war in Sicht. General Doolittle rächte die Bombardierung Pearl Harbours, indem er Tokio bombardierte.

Quesada arrangierte für mich eine Südamerika-Tournee, die in Mexiko und Kuba begann. Nela, Eva und Paul begleiteten mich. Bei den Konzerten in Mexiko fühlte ich mich ganz zu Hause, das musikliebende Publikum dort enttäuschte mich nie. Ich gab zwei Konzerte im Teatro de Bellas Artes, der berühmten, ganz aus Marmor erbauten Oper.

Beim ersten Konzert kam es zu einem unangenehmen Zwischenfall, der sich dann aber wie üblich im Laufe der Zeit in eine amüsante Anekdote verwandelte. Damals wurde gerade ein Nationalfeiertag begangen, und die Stadt war prächtig illuminiert. Mein Konzert sollte um 21 Uhr stattfinden im Anschluß an ein patriotisches Schauspiel. Es war ein regnerischer Abend, und vor der Oper stand eine große Menschenmenge. Als ich jemand fragte, sagte man mir: »Wir wollen zum Konzert von Rubinstein, aber das Schauspiel ist noch nicht zu Ende.« Wir blieben im Wagen, bis die Zuschauer des Stückes das Haus verließen, und ich ging sodann durch den Schauspielereingang direkt in meine Garderobe. Es war schon über die Zeit, und ich wartete ungeduldig. Plötzlich erlosch das Licht, ging aber nach einigen Minuten wieder an. Das wiederholte sich dreimal. Das machte mich nervös, und ich ging hinaus, mich zu erkundigen. Dort erfuhr ich von einem Bühnenarbeiter: »Der Fahrstuhl, mit dem wir Ihren Flügel auf die Bühne bringen wollen, versagt jedesmal, wenn wir den Knopf drücken, und alle Lichter gehen aus. Die Straßenbeleuchtung verbraucht den gesamten Strom.« Und er lachte.

Es war bereits eine halbe Stunde über die Zeit, und immer noch wurde an diesem Fahrstuhl hantiert, mit dem immer gleichen Resultat: Setzte er sich in Bewegung, erlosch das Licht. Das Publikum nahm dies teils belustigt, teils verärgert auf, die Galerie protestierte lärmend. Man versuchte alles Erdenkliche, erwog auch schon, den Stutzflügel aus dem Direktionsbüro auf die Bühne zu stellen.

Um 23.30 Uhr hatte schließlich jemand den Mut, dem Publikum zu eröffnen, das Konzert müsse ausfallen, die Karten blieben aber gültig, denn das Konzert finde am übernächsten Tage statt. Nie habe ich ein solches Protestgeheul gehört. Schon früh am folgenden Morgen stand mein Flügel auf der Bühne und blieb dort auch stehen, einerlei, was sonst noch auf der Bühne gegeben wurde.

Eigentlich sollte die Tournee über Kuba nach Venezuela, Brasilien und Argentinien gehen, doch schon in Havanna fand sie ein vorzeitiges Ende. Die Streitkräfte der USA hatten sämtliche Flugzeuge und allen Schiffsraum ihrer Kontrolle unterstellt.

Zwei Wochen waren wir einer fast unerträglichen Hitze und Luftfeuchtigkeit ausgesetzt. Ich versuchte, im Salon an einem Klavier zu üben, doch die Tasten klebten förmlich an den Saiten, und ich mußte sie anheben, um sie neuerlich anschlagen zu können. Manchmal klebte sogar der Klavierschemel an meinem Gesäß. Nela und die Kinder konnten es kaum aushalten, aber zum Glück fand ich eine Bar mit Klimaanlage, wo man allerdings erst nach zwei Gin Tonic merkte, wie man sich etwas abkühlte.

Nach zwei Wochen dieses Alptraumes fand sich eine kleine Maschine, die uns nach Mexiko brachte. In Mexiko City hatten wir Schwierigkeiten wegen der Wiedereinreise, doch war es hier zum Glück kühl, dank der Höhenlage der Stadt, und Tage später waren wir endlich wieder daheim.

Am 8. Dezember 1946 wurde unser Sohn John geboren, und Nelas Mutter kam etwa eine Woche später zu Besuch. Nach allem, was sie durchgemacht hatte, war dies ein glückliches Wiedersehen.

Und um diese Zeit erhielt ich einen Brief, der mich zu Tränen rührte: Mein Bruder Ignacy, zu dem ich vor der Abreise schon allen Kontakt verloren hatte und für den ich im besetzten Frankreich kaum hatte hoffen dürfen, schrieb, er habe sich den Krieg über versteckt halten können und sei nach der Befreiung von Paris ins Rothschild-Krankenhaus aufgenommen worden, völlig erschöpft, nach drei Herzanfällen. Man habe ihn dort behandelt in der Hoffnung, ich werde später einmal die Rechnung bezahlen. Daß er so gegen alle Wahrscheinlichkeit überlebt hatte, rührte mich wie gesagt tief, und ich beauftragte Hurok, der auf Talentsuche nach Europa fuhr, ihn zu besuchen und ihm soviel Geld zu geben, daß er die Rechnungen für das Krankenhaus und die Ärzte bezahlen könne. Zurückgekehrt, berichtete Hurok, mein Bruder habe einen beklagenswerten Anblick geboten, nichts als Haut und Knochen, aber sein Charme und sein Geist seien unverändert. »Fünfzehnhundert Dollar habe ich ihm in amerikanischem Geld dagelassen, davon kann er alle Schulden bezahlen. ›Mein Bruder hat mir das Geld keinen Moment zu früh geschickt‹, hat er gesagt.«

Kapitel 110

Mein Leben trat in ein ganz neues Stadium. Der vollständige Sieg der Alliierten, der Selbstmord Hitlers in seinem Bunker, diese von ihm über sich selber verhängte Strafe für die von ihm begangenen Verbrechen, bewirkte eine Verwandlung meiner Gemütslage. Während des erbittert geführten Krieges war mir meine Liebe zum Leben dank der Musik und meiner Familie erhalten geblieben, doch meine Moral war jahrelang beeinträchtigt durch das Bewußtsein, daß mein Volk schwer zu leiden hatte und daß auf den Schlachtfeldern junge Menschen ihr Leben verloren. Dies hinderte mich daran, mich meiner Erfolge und der Glücksumstände unbeschwert zu erfreuen, die mir zuteil wurden. Nun aber, da die Zukunft wieder heller war, fühlte ich meine Kräfte sich erneuern.

Quesada bot mir eine Tournee durch Argentinien, Uruguay und Chile an. Er schrieb: »In Argentinien ist unter General Perón eine neue Regierung im Amt, die Ihnen das Colón für sechs Klavierabende zur Verfügung stellt, und falls Sie damit einverstanden sind, daß ich dafür ein Abonnement auflege, sind die Konzerte im Handumdrehen ausverkauft. Man hat Sie sieben Jahre lang nicht mehr gehört, und der Krieg hat Gastspiele namhafter Künstler verhindert. Man sehnt sich förmlich danach, Sie wiederzusehen und wiederzuhören.«

Der Gedanke, wieder in Argentinien zu spielen, dem Lande, dem ich soviel zu verdanken hatte, lockte mich sehr, zumal ich meinen Hörern jetzt ein viel reicheres Repertoire anzubieten hatte. Auch Nela war von dem Plan sehr angetan, um so mehr, als sie die Kinder der Obhut ihrer Mutter und Kathryn Cardwells anvertrauen konnte.

Die winterliche Konzertsaison begann für mich sehr befriedigend in New York, und es folgten eine Reihe Konzerte in den Südstaaten der USA. Als ich nach meinem Konzert in Columbia, Georgia, mit dem Vorsitzenden der örtlichen Musikvereinigung bei einer besinnlichen Mahlzeit saß, wurde ich aus Brentwood angerufen. Meine Schwiegermutter informierte mich sehr gefaßt davon, daß Nela sich soeben einer Gallenblasenoperation unterzogen habe. »Es ist alles glatt verlaufen, du kannst gleich mit dem Chirurgen sprechen.« Dieser bestätigte mir, daß die Operation in jeder Weise gut verlaufen sei, ich solle mir keine Sorgen machen.

Trotzdem war ich verärgert, denn ich fand, man hätte mich zuvor ins Bild setzen müssen. Zwar hatte Nela erwähnt, sie wolle den Eingriff noch vor unserer Reise nach Argentinien machen lassen, damit sie die Sache hinter sich habe, doch meiner Meinung nach hätte sie das weder in meiner Abwesenheit noch ohne meine Zustimmung tun dürfen.

Als ich zwei Tage später wieder in New York war, rief ich Nela selber an. Ihre Stimme klang schwach, sie klagte über Schmerzen und sagte vorwurfsvoll, einige Schecks, die sie ausgestellt habe, seien nicht gedeckt gewesen. »Du hast unser Konto nicht aufgefüllt«, beschwerte sie sich. Das versetzte mich in Zorn, denn vor meiner Abreise hatte ich noch eine erhebliche Summe auf unser gemeinsames Konto bei der Bank of America eingezahlt. Als ich nun fürchterlich auf die Bank schimpfte und damit drohte, diese zu verklagen, begann Nela zu weinen und legte auf. Natürlich entschuldigte sich die Bank bald für einen von ihr begangenen Irrtum.

Am folgenden Morgen rief Hurok schon um sieben bei mir an. Offenbar hatte mein Schwager vergeblich versucht, mich zu erreichen und mir mitzuteilen, daß die arme Nela noch einmal hatte operiert werden müssen; es hatte sich ein Blutgerinnsel gebildet, und sie schwebte in Lebensgefahr. Hurok riet mir dringend, sofort nach Hause zu fliegen.

Ich flehte ihn in meiner Angst an, mir behilflich zu sein, eine Flugkarte nach Kalifornien zu besorgen, und er zeigte sich nun von seiner besten Seite, holte mich im Hotel ab, fuhr mich zum Flughafen und brachte einen Passagier dazu zu, mir seinen Platz in der Maschine abzutreten. Niemals werde ich den endlosen Flug vergessen mit den zahllosen Zwischenlandungen, den ich wie gelähmt überstand, niedergedrückt von dem Bewußtsein, daß meine Frau in Lebensgefahr schwebte. Ich aß nichts, rührte mich nicht von meinem Platz, bis wir in Los Angeles landeten. Mein Schwager holte mich ab und fuhr mich zum Krankenhaus. Ich sah seinem Gesicht an, daß Nela noch lebte, daß es aber schlecht um sie stand. Nach der zweiten Operation wirkte sie matt und völlig kraftlos, und sie murmelte nur: »Ich möchte sterben, ich kann nun nicht mehr.« Eine ganze lange Nacht hindurch mühte ich mich, ihr den Lebenswillen zurückzugeben, und gegen Morgen endlich schlief sie ein. Damit war das Schlimmste überstanden. Es dauerte lange, bis sie sich von diesem Eingriff erholte, sie bedurfte wochenlang einer Pflegerin. Zum Glück gewann sie nach und nach ihre Kraft zurück.

Ich fuhr also allein nach Argentinien, gab unterwegs in Puerto Rico ein Konzert und wurde hier von Quesada erwartet. Zwei Monate zuvor hatte ich bereits mit Schiffsfracht einen guten Steinwayflügel auf den Weg nach Buenos Aires bringen lassen, und bei der Ankunft hörten wir erfreut, daß alle Konzerte im Colón ausverkauft waren.

Tags darauf allerdings hatte Ernesto schlimme Neuigkeiten zu überbringen. »Der neue Staatspräsident Juan Perón ist ein richtiger Diktator. Er ist im Begriff, das Land zu ruinieren – Sie werden es nicht wiedererkennen! –, und er hat seit neuestem verfügt, daß sämtliche im Colón stattfindenden Konzerte über Rundfunk im ganzen Land verbreitet werden müssen – angeblich, um das Volk an den kulturellen Errungenschaften teilhaben zu lassen.«

Mir gefiel das überhaupt nicht. »Sie wissen, ich verabscheue das Radio, und ich verweigere meine Zustimmung. Schließlich trage ich persönlich das finanzielle Risiko der Konzerte.«

»Es werden aber keine Ausnahmen geduldet.«

»Und bezahlt wird für die Übertragung wohl auch nicht?«

»Nein.«

Das ging denn doch zu weit. »Dann spiele ich nicht im Colón. Die Abonnenten kriegen ihr Geld zurück, und Sie mieten einen großen Saal, ein Kino, oder was sich sonst anbietet, und wir legen ein neues Abonnement auf.«

Quesada nahm die Angelegenheit sehr geschickt in die Hand, vereinbarte noch am selben Tage, daß ich mit prozentueller Beteiligung an den Einnahmen in einem Kino spielen sollte, das mehr Sitzplätze als das Colón hatte und wo ich nicht genötigt war, Regierungsfunktionären gratis ganze Logen zu überlassen.

Kaum waren meine Konzerte in diesem Saal angekündigt, drängte das mir ergebene Publikum zur Kasse, und es bestand kein Zweifel daran, daß ich vor ausverkauftem Haus spielen würde.

Nun schickte ich Quesada zum Hafen, damit er den Transport des Flügels in die Wege leite, der vermutlich schon geraume Zeit dort wartete. Leider kam er mit einem niederschmetternden Ergebnis zurück: »Das Schiff mit Ihrem Flügel an Bord liegt schon im Hafen, kann aber frühestens in drei Wochen entladen werden, weil der Hafen angeblich überfüllt ist und vor unserem Schiff noch eine ganze Reihe andere löschen sollen.«

Wortlos nahm ich Ernesto am Arm, bestieg ein Taxi und fuhr zum Hafen. Als ich dort einem Beamten erklärte, er müsse dafür sorgen, daß der Flügel von Bord des Schiffes gebracht werde, weil ich ihn dringend brauche, erwiderte der nur höflich: »Frühestens in drei Wochen. Alles andere ist ganz ausgeschlossen.«

Ich fragte mit verhaltener Wut: »Wäre es auch ausgeschlossen, wenn ich meine Konzerte im Colón gäbe?«

»Man müßte dann vielleicht außergewöhnliche Maßnahmen ergreifen«, lautete der wiederum höflich erteilte Bescheid. Und ich begriff: Perón hatte eine entsprechende Weisung gegeben.

Ich reagierte blitzschnell, fuhr zurück ins Hotel und hatte Minuten später Theodore Steinway in New York am Apparat. Ich schilderte ihm die Lage und bat um seinen Rat. Er sagte ganz munter:

»Aber Arthur, falls es Ihnen nicht auf die Kosten ankommt, schicke ich Ihnen sofort einen schönen Konzertflügel per Luftfracht.« Das klang ja wie ein Märchen! »Wir haben dafür jetzt besondere Transportmaschinen«, klärte er mich seelenruhig auf.

»Ah, nun, dann nur her damit, schicken Sie das Ding sofort los.«

Und keine vierundzwanzig Stunden später landete die Maschine mit dem herrlichen Instrument auf dem Flugplatz von Buenos Aires, der nicht verstopft war wie der Hafen – ha, ha. Schon Stunden später prangte der Flügel auf dem Podium des Kinosaales, und ich konnte ihn ausprobieren – er klang wunderbar.

Selbstverständlich machte die Presse viel davon her, und so gelangte die Meldung denn auch in die New Yorker Zeitungen. Böse Zungen redeten von einem Werbegag, doch ich glaube, Perón wußte es besser.

Man griff auch sogleich zu Schikanen, prüfte eingehend meinen Paß, fragte, wie lange ich im Lande zu bleiben gedächte, lauter Maßnahmen, von denen ich bisher verschont geblieben war. Ich nahm alles gelassen lächelnd hin, rächte mich aber auf meine eigene Weise, indem ich eine Anekdote herumerzählte, die Peróns Frau Eva betraf. Vor ihrer Ehe mit dem Diktator hatte sie das älteste Gewerbe der Welt ausgeübt, was den nordamerikanischen Blättern selbstverständlich bekannt war, die denn auch freimütig darüber berichteten. Dies veranlaßte Eva Perón, sich bei einem offiziellen Empfang beim amerikanischen Botschafter, einem Admiral im Ruhestand, zu beschweren. »In nordamerikanischen Magazinen nennt man mich eine Prostituierte«, klagte sie, »und wenn ich das auch als schlechten Scherz betrachte, gefallen lassen kann ich mir das nicht.«

Darauf erwiderte der Botschafter: »Madame, ich übe seit zwanzig Jahren meinen Beruf als Marineoffizier nicht mehr aus, und doch redet man mich noch mit Admiral an.«

Diese Anekdote gefiel meinen Freunden sehr, und sie machten weidlich Gebrauch davon.

Tatsächlich war dann jener Konzert-Zyklus in Buenos Aires der beste von allen, soweit ich mich erinnere. Ich hatte – dank dem anspruchsvollen nordamerikanischen Publikum! – viele neue Werke im Programm, war besser vorbereitet als früher, und die sieben Jahre, die seit meinen letzten Konzerten hier vergangen waren, taten das ihre.

Ferner hatte ich das Vergnügen, einer eleganten ergrauten Dame zu begegnen, keiner anderen als meiner alten Freundin mit dem Blumentopf aus dem Hotel Plaza, und wir tauschten eingehend unsere Erinnerungen aus.

Nach drei ursprünglich nicht vorgesehenen weiteren Konzerten in Buenos Aires und vier Konzerten in Montevideo, wo meine alten Freunde mich strahlend aufnahmen und zu meinen Fortschritten beglückwünschten, reiste ich weiter nach Chile, wo meine liebe alte

Freundin Juanita alle meine Freunde und Bekannten nach dem ersten Konzert zu einem großartigen Empfang bat. Renato Salvati, der Direktor der Oper, war entzückt davon, daß alle vier Konzerte ausverkauft waren.

Nach einem kurzen, höchst angenehmen Aufenthalt in Santiago, der Hauptstadt Chiles, brachte mich ein langsames Flugzeug nach Lima in Perú, wo ich am Abend nach dem Ankunftstag gleich drei Konzerte mit Orchester unter einem unbekannten Dirigenten zu absolvieren hatte, das von Beethoven in G-Dur, das von Chopin in f-moll und das in b-moll von Tschaikowsky.

Nach siebenstündigem, ermüdendem Flug kam ich halbtot in Lima an. »Ich möchte nur etwas essen und gleich zu Bett«, sagte ich zu dem Konzertveranstalter, der mich abholte.

»Sie werden aber schon seit einer halben Stunde vom Orchester zur einzigen Probe erwartet«, wandte der Mann schüchtern ein, »dafür sind Sie morgen bis zum Konzert frei.«

»Wahrscheinlich falle ich mitten in der Probe um«, sagte ich resigniert und folgte ihm.

Auf dem Podium des Opernhauses traf ich Orchester und Dirigent bereits auf ihren Plätzen, im Saal saßen aber mehrere hundert Zuhörer, die sich die Probe anhören wollten. Das ging denn doch zu weit, und ich sagte energisch: »Die Zuhörer müssen weg, sonst spiele ich nicht.«

Es war nicht ganz einfach, die Leute fortzuscheuchen, doch dann begannen wir das Beethoven-Konzert zu probieren und kamen wunderbarerweise gleichzeitig ans Ende. »Wollen wir eine Pause machen?« fragte der Dirigent. »Nein, wenn wir jetzt eine Pause machen, schlafe ich ein, und niemand kriegt mich wach. Spielen wir also gleich den Chopin.«

Das Orchester setzte ein, und schon schnellte ich von der Klavierbank, denn es spielte nicht, wie angekündigt, das f-moll-Konzert, sondern das in e-moll.

»Sie spielen das falsche Konzert!« kreischte ich den Dirigenten an, doch dieser sonderbare Mensch schwenkte seelenruhig weiter sein Stöckchen und bemerkte nur wie nebenbei: »Uns fehlen die Noten für das f-moll-Konzert, also spielen wir dies.«

Ich sank erschöpft auf mein Bänkchen und lauschte offenen Mundes dem Tutti, brachte aber wie ein Automat meinen Einsatz an der richtigen Stelle und spielte das verdammte Konzert bis zum Ende.

Das tosende Tschaikowsky-Konzert war dann nach dieser ungewöhnlichen Leistung reines Kinderspiel, doch mußte man mich nach der Probe in einen Wagen geleiten und fast auf mein Zimmer tragen. Ich verzichtete auf jede Nahrungsaufnahme und schlief glatte zwölf Stunden durch. Beim Konzert fühlte ich mich frisch wie ein Veilchen und spielte ohne Mühe.

Nach dieser recht befriedigenden Südamerika-Tournee flog ich über Panama und Mexiko nach Hause und fand hier zu meiner Freude meine Frau gut erholt vor.

Der Rest dieses Sommers ist mir in Erinnerung geblieben als eine der köstlichsten Ferienzeiten, die ich je daheim mit den Meinen verbracht habe. Meine Frau wurde von Tag zu Tag kräftiger, nach fünf Jahren voller Grauen und Schrecken war der Sieg endlich erkämpft, mein eigener Erfolg nahm stetig zu, und ich war mehr denn je ins Leben verliebt. Hatte ich morgens gefrühstückt, kannte ich kein größeres Vergnügen, als mit meiner kleinen Alina in ihrem durchsonnten Spielzimmer zu spielen. Wir nannten sie Lali, und ein gewitzteres Baby kann man sich nicht vorstellen. Schon mit zwei Jahren übertraf sie mich im Bauen von Kartenhäusern. Eva machte beim Tanzunterricht sichtlich Fortschritte und versprach, eine gute Ballerina zu werden. Unweit vom Hause befand sich ein Golfplatz, Nela und ich nahmen Unterricht und widmeten uns wacker diesem gesunden Sport.

Nun ließ sich auch Hurok in Los Angeles nieder, in einer Villa mit Garten ganz in der Nachbarschaft. Eines Tages unterbreitete er mir einen recht ausgefallenen Vorschlag:

»Die Filmgesellschaft Republic plant einen Film über einen Pianisten und einen Dirigenten. Sie sollen die Musik dazu spielen, die im Film von der Darstellerin gemimt wird.«

»Und wie soll das gehen?«

»Das nennt man ›dubbing‹, die Musik wird unterlegt. Man wird Ihnen das alles erklären.« Und lachend fügte er hinzu: »Sie ahnen nicht, was für eine Gage ich herausgeschlagen habe – sechstausend Dollar.«

»Waaaas? Soviel? Und Schönberg sollte für die Arbeit eines ganzen Jahres bloß zehntausend kriegen!«

»Stimmt alles«, sagte der clevere Hurok, »aber Sie wären dann für zwei Monate unter Vertrag.« Wir lachten beide herzlich, doch ganz wohl war mir bei der Sache nicht. »Wissen Sie, das Geld ist ja schön und gut, aber ich möchte doch wissen, mit welcher Art Film ich da zu tun habe und vorher das Drehbuch sehen.«

Hurok beschaffte mir noch am selben Tag das Drehbuch, und die Story war denn auch mehr als albern. Das Leben einer professionellen Pianistin wurde auf absurde Weise entstellt dargeboten, und alles, was mit ernster Beschäftigung mit Musik zu tun hatte, war absolut lächerlich. Also sagte ich Hurok umgehend: »Mit einem solchen Schmarren will ich nichts zu tun haben.« Er brachte starke Gegenargumente, hauptsächlich finanzieller Art, doch umstimmen tat mich dann etwas anderes. Es kam nämlich der Direktor der Filmgesellschaft persönlich samt seinem Regisseur zu Besuch, beide einigermaßen erregt. Sowohl der Direktor als auch der Regisseur Frank Borzage verstanden von musikalischen Dingen nichts, das wurde sogleich klar. Ich bedankte mich für das großzügige Angebot, erklärte aber, ich könne meine Musik nicht auf diese unwürdige Weise prostituieren. Solche Worte hatte der Direktor wohl noch nie vernommen, denn er sagte betreten: »Mr. Rubinstein, meine Gesellschaft hat einen guten Ruf, und ich kann Ihre schroffe Kritik an diesem Drehbuch nicht ohne weiteres hinnehmen.« Borzage nickte dazu beifällig. »Borzage und seine Gehilfen sollen aber morgen zu einer Beratung zu Ihnen kommen, wenn es Ihnen recht ist, und dann wird alles aus dem Drehbuch gestrichen, wogegen Sie Einwände erheben.« Das war nun in der Tat äußerst großzügig, und ich antwortete: »Unter diesen Umständen bin ich Ihnen dabei gerne behilflich.«

Borzage kam denn auch tags darauf begleitet von sechs oder sieben Herren in mein Musikzimmer, wir machten es uns bequem, und ich bot Kaffee oder einen Drink an. Alle wollten puren Whiskey, ich schenkte meine Lieblingsmarke aus, alle tranken genüßlich und lobten den Whiskey. Sodann wurde das Drehbuch aufgeschlagen, und es begann eine laute Diskussion. Alle klammerten sich an das, was sie da zu Papier gebracht hatten, und keiner schlug eine bessere Fassung vor. Ich brachte meine Bedenken Punkt für Punkt vor, die sie widerstrebend, aber Weisungen des Chefs gehorchend, aufschrieben, und während dieser stundenlangen Beratungen tranken sie drei Flaschen von meinem besten Whiskey leer. Als sie weg waren, verkündete ich strahlend den Meinen: »Sie haben alle meine Einwände berücksichtigen müssen.«

Tage später begann die Arbeit im Atelier. Ein gewisser Scharf, Chef der Musikabteilung, gab mir alle nötigen Hinweise für meine Arbeit. Das alles war neu für mich, wurde mir aber für spätere Mitarbeit an Filmen sehr nützlich. Meine Hauptaufgabe bestand darin, das Zweite Klavierkonzert von Rachmaninoff zu spielen, anfangs im ganzen, später partienweise, je nachdem, wie die einzelnen Teile in die Spielhandlung eingebaut wurden. Hin und wieder mußte ich so tun, als übe ich einzelne Passagen. Ich schäme mich fast, das zuzugeben, doch mehr wurde nicht von mir verlangt. Ich fragte Scharf nach der Bedeutung des Wortes »dubbing«, und er erklärte: »Sie machen eine Aufnahme, und die Schauspielerin hört die Aufnahme an, während sie so tut, als spiele sie selber. Sie fangen einige Takte vorher an, damit sie den Einsatz richtig bringt.«

Drei Tage hatte ich zu tun, dann war Scharf zufrieden.

»Habe ich während der zwei Monate meiner Vertragsdauer sonst noch was zu tun?« erkundigte ich mich.

»Nur, falls ein mechanischer Fehler vorliegt, doch scheint mir das so gut wie ausgeschlossen. Die Sache klingt ausgezeichnet.«

Ich lernte dann die reizende junge Dame kennen, welche die Pianistin darzustellen hatte und auch den holländischen Schauspieler, der den Dirigenten mimte. Ich zeigte ihnen, wie man sich richtig an den Flügel setzt, sich vor den Zuhörern verbeugt, wie man das Podium betritt und abgeht.

Wieder auf der Straße, schlug ich mir vor die Stirne: eine solche Masse Geld für so wenig Arbeit?!

Kapitel 111

Hurok unterbreitete mir aus New York ein Angebot, das recht verlokkend klang: »Mr. Harold Holt, ein bekannter Konzertunternehmer in London, möchte Sie für drei Konzerte in der Albert Hall verpflichten. Sie wissen, die Queen's Hall ist ausgebombt. Ihre Garantiesumme ist minimal, aber Ihre prozentuale Beteiligung erheblich. Sie sind in England Ihrer Erfolge in Amerika wegen jetzt sehr bekannt, vor allem auch weil Ihre Platten sich da gut verkaufen.«

Das lockte mich sehr, denn drei Konzerte in der riesigen Albert Hall waren doch etwas sehr anderes als Klavierabende in der kleinen Wigmore Hall. Und Nela war ganz wild darauf: »Ich möchte schon längst mal wieder nach Europa, und Eva und Paul können mitkommen.« Also flog ich nach New York und bereitete alles vor. Die Vorstellung, wieder in Europa zu sein, zauberte mir alle möglichen Bilder vor Augen. Selbstverständlich würden wir von London aus nach Paris fahren und nach unserm Haus sehen – es war zwar durch unseren Notar vermietet worden, ich wollte es aber schnellstens zurückhaben. Ich hatte plötzlich große Lust, zugunsten der tapferen französischen Widerstandskämpfer ein Konzert zu geben, und fragte den Dirigenten Charles Munch aus, wie denn die Verhältnisse in Paris derzeit seien. Er redete mir sehr zu: »Falls Sie wollen, können Sie drei Konzerte geben. Ich stelle Ihnen mein Orchester zur Verfügung und dirigiere selber. Wir könnten es eine Galavorstellung nennen.« Das gefiel mir sehr, wir legten einen Termin fest und schlossen mit dem Théâtre des Champs-Elysées ab.

Ich durchlebte einige Tage in freudiger Erwartung, doch dann traf mich ein Blitz aus heiterem Himmel, will sagen aus Palästina. Ich wußte aus der Zeitung vom beklagenswerten Schicksal der Juden, die dem Holocaust entronnen und jetzt heimatlos waren. Kein Wunder, daß sie den Nationen nicht mehr vertrauten, die diese Katastrophe nicht verhindert hatten, und eine Zukunft für sich und ihre Kinder einzig in ihrer alten geliebten Heimat sahen, dem Lande ihrer Vorväter, wo sie unbehindert leben und auch sterben wollten.

Die überlebenden Juden aus Deutschland, Polen, Rußland und Rumänien strebten auf alle erdenkliche Weise nach Tel Aviv und Jerusalem und waren dort neuerlicher Verfolgung ausgesetzt.

Die Engländer, denen nach dem Ersten Weltkrieg vom Völkerbund das Mandat über Palästina und Transjordanien übertragen worden war, kontrollierten auch nach der Friedenskonferenz einen Teil des alten Palästina. Es entstand das neue Königreich Jordanien mit König Abdullah an der Spitze und einem starken, von dem Engländer Glubb Pasha ausgebildeten Heer. Im restlichen Palästina befanden sich die neuen Stadtteile von Jerusalem und die schnell wachsenden Städte Tel Aviv und Haifa. Diesen strebten die Neueinwanderer zu, und wo immer möglich, kauften sie den Arabern Land ab, und sei es auch nichts als Wüste.

Der neue Staat Jordanien und die verbliebenen Araber, die den Zuwachs der jüdischen Bevölkerung fürchteten, veranlaßten die Engländer, der Einwanderung weiterer Juden einen Riegel vorzuschieben. Ich will nicht näher auf diese Dinge eingehen, denn jedermann weiß, was die Folgen dieser brutalen Maßnahme waren, wie tapfer sich die jüdischen Untergrundkämpfer gegen die britische Mandatsherrschaft schlugen, die immer neue Beschränkungen über die Juden verhängte. Ganze Schiffsladungen einwanderungswilliger Juden wurden vor der Küste abgefangen, die Passagiere in Lager auf Zypern, ja gar nach Hamburg verschleppt. Das von Hitler veranstaltete Gemetzel und der Aufstand im Warschauer Ghetto verliehen den Juden neuerlich die Kraft ihrer biblischen Ahnen. Aus der illegalen Irgun entstand rasch die Haganah, die jüdische Armee. Es bildete sich sogar noch eine dritte Gruppe, deren Terroranschläge auf die Briten von den beiden anderen Gruppierungen aber mißbilligt wurden.

Die Mißhelligkeiten traten nun ausgerechnet ein, als ich die Programme für meine drei Konzerte in der Albert Hall zusammenstellte. Extreme Gewaltakte beider Seiten, der Irgun wie der Engländer, wobei es auch zur Ermordung von Geiseln kam, resultierten endlich in der Erhängung eines englischen Sergeanten wegen nachweislich begangener Grausamkeiten, was wiederum dazu führte, daß in Manchester und Liverpool jüdische Ladengeschäfte geplündert und in Brand gesteckt wurden. Wie alle übrigen Juden in Amerika war ich entsetzt darüber, daß nach Hitler dergleichen in England geschehen konnte, und beschloß, nicht in London zu konzertieren.

Hurok war damit nicht einverstanden, sondern sagte finster: »Ich habe Ihnen immer besondere Hochachtung entgegengebracht, weil Sie nie eine Konzertverpflichtung abgesagt haben, aber jetzt wollen Sie sich ebenso benehmen wie Horowitz und die übrigen unsicheren Kantonisten. Holt kriegt einen Herzanfall, wenn er davon hört.« Er regte sich mächtig auf, doch ich blieb völlig ruhig.

»Nichts wird mich dazu bringen, in einem Lande aufzutreten, das sich zwar im Kriege hervorragend geschlagen, aber für mein Volk kein Herz hat.«

Hurok hatte insofern recht, als Holt tatsächlich empört war über meinen Entschluß und meine englischen Freunde gegen mich einzunehmen suchte. Lady Reading, Witwe des Vizekönigs von Indien, Sir Rufus Isaacs, telegrafierte mir ausführlich ihre Mißbilligung. »Statt die wütenden Engländer zur Einsicht zu bringen, machen Sie sie damit nur noch gereizter.« Sie lud mich dann ein, die ganze Angelegenheit mit Vertretern der jüdischen Gemeinde zu besprechen. Hurok telegrafierte aus London: »Kommen Sie unbedingt her, ich verspreche Ihnen, alles zu bereinigen.«

Mit Eva und Paul bestiegen wir das Schiff nach Southampton und nahmen von dort den Zug nach London, wo wir spät abends auf dem Bahnhof Waterloo ankamen, erwartet von Hurok. »Das Savoy ist besetzt«, sagte er, »ich habe für Sie nur einige kleine Zimmer bekommen können, die Ihnen bestimmt nicht gefallen, aber in zwei bis drei Tagen können Sie ins Savoy übersiedeln.«

Die Rückkehr nach Europa stand unter keinem guten Stern. Ich hatte eine Kiste gute Havannazigarren mitgebracht, von denen ich im Zuge schon geraucht hatte; die trug Paul unterm Arm, ließ sie aber aus Unachtsamkeit fallen, und die köstlichen Zigarren rollten über den schmutzigen Bahnsteig. Ich konnte nur wenige retten und war, offen gesagt, recht verärgert. In England gab es damals keine Havanna-Zigarren.

Das Hotel war noch schlimmer als befürchtet. Es gab keine Zimmer mit Bad, kein Restaurant, doch wenigstens ging am nächsten Morgen die Sonne strahlend über der englischen Hauptstadt auf.

Die stolze alte Stadt bot einen traurigen Anblick, sie war schwer getroffen. Holborn beispielsweise war ganz zerstört und ermöglichte einen gespenstischen Ausblick auf die sonst verdeckte schöne St. Paul's-Kathedrale. Auch die liebe alte Queen's Hall stand nicht mehr, und ich bedauerte das sehr, obschon ich früher nie in der Lage gewesen war, sie mit Besuchern zu füllen. Lebensmittel und alle möglichen Waren wurden immer noch streng bewirtschaftet, und überdies waren die Steuern erdrückend. Doch die tapferen Briten klagten nicht, sie liebten ihr Land ebenso innig im Krieg wie im Frieden. Mein Freund William Jowitt wurde in Churchills Koalitionsregierung Schatzkanzler.

Tags darauf zogen wir ins Savoy um, und am Nachmittag wohnte ich der angekündigten Besprechung im Hause von Lady Reading bei. Sie empfing mich kühl und herablassend, und die etwa zwanzig Mitglieder

der jüdischen Gemeinde stimmte allen ihren Vorschlägen prompt zu. »Ich verstehe Ihren Zorn angesichts der jüngsten Ereignisse, Mr. Rubinstein«, sagte sie, »und deshalb mache ich Ihnen einen akzeptablen Vorschlag. Ich bin Vorsitzende einer Hilfsorganisation für jüdische Kinder in unseren Kolonien und halte es für eine noble Geste, wenn Sie die Einnahmen aus einem Ihrer Konzerte unserem Fonds stiften.«

»Falls ich die Konzerte gebe«, erwiderte ich hitzig, »sollen die Einnahmen aus allen dreien den bedauernswerten Opfern der Maßnahmen der englischen Mandatsregierung zugute kommen, die man nach Hamburg verfrachtet hat, wo sie hinter Stacheldraht auf eine weitere Vertreibung ins Exil warten dürfen.«

Darauf folgte ein heftiger Wortwechsel zwischen Lady Reading und mir, und ich ging nach einem kühlen Händedruck. Holt und Hurok erwarteten mich bereits verstohlen strahlend, weil sie sich erhofft hatten, der Streit sei beigelegt, doch irrten sie gründlich. Ich beharrte trotzig auf meiner Entscheidung, die ich impulsiv gefaßt hatte. Sie ihrerseits wollten sich damit nicht abfinden. »Eine Menge Leute werden sich grün und blau ärgern, wenn sie erfahren, was Sie mit dem Geld zu tun gedenken, das sie für ihre Eintrittskarten gezahlt haben.«

Ich weigerte mich, die beiden weiter anzuhören. »Ich gebe meine drei Konzerte nur unter der folgenden Bedingung, meine Herren: Die Plakate, mit denen meine Konzerte angekündigt werden, müssen den Zusatz tragen: Zugunsten der jüdischen Opfer in Hamburg.«

Das erschreckte die beiden Herren zutiefst, doch verkauften die Eintrittskarten sich so gut, daß ihr Geschäftssinn die Oberhand gewann, zumal sich herausstellte, daß der Direktor der Filiale von Rothschilds Bank in London einem Komitee vorstand, das Geld für denselben Zweck sammelte und die Sache in die Hand nehmen würde.

Die Konzerte in der Albert Hall wurden mir denkwürdig. Sie waren ausverkauft, und die bildschöne Marina, Herzogin von Kent, die sich als junges Mädchen freundlich für meine Musik interessiert hatte, saß bei allen dreien in der königlichen Loge. In der Pause bat mich Ihre Königliche Hoheit auf eine Tasse Tee in die Loge und lobte mich für meine Standhaftigkeit. Die ganze Sache verlief ohne jeden Zwischenfall, zur unbeschreiblichen Erleichterung meiner beiden Impresarii. Die Rothschild-Bank gab uns zu Ehren ein Essen, und Lesley Jowitt lud uns unerschrocken zu einem Dinner in die Amtsräume des Schatzkanzlers im Parlamentsgebäude ein.

Einige meiner Londoner Freunde allerdings übten an meiner Haltung Kritik. »Begreifen Sie doch, daß Palästina den Arabern gehört, Arthur«, sagten sie.

»Da haben Sie ganz recht«, versetzte ich. »Irgendwo ist davon die Rede, daß es das den Juden verheißene Land sei und daß die Juden Jerusalem erbauten, aber da mag ich einem Irrtum aufgesessen sein. Andererseits weiß zum Glück jedermann, daß Indien, Gibraltar, Malta und Singapur rein englisch sind.«

Das hörten sie nicht gern, und ich fand es auch nicht im mindesten komisch, doch darf ich sagen, daß sie unterdessen ihre Ansicht geändert haben. In heiterer Stimmung reisten wir nach Paris ab.

Kapitel 112

Die französische Hauptstadt bot einen starken Kontrast zu London. Obschon sie den Krieg unbeschädigt überstanden hatte, wurden die Verdunkelungsmaßnahmen noch drei Jahre nach dem Abzug der Nazis beibehalten. Meine Freunde, Misia Sert darunter, waren voll des Lobes für »die guten Manieren« der Nazis während der Besetzung, hingegen konnten sie sich über die »Invasion«, wie sie sich ausdrückten, der »vulgären zudringlichen« Amerikaner nicht genug ereifern. Anders als die Engländer beklagten die Franzosen sich erbittert über den herrschenden Mangel, besonders an Weißbrot, der gewohnten *»baguette«*. Das alles verstörte mich begreiflicherweise sehr, doch erkannte ich bald, daß Misia Sert und ihresgleichen nichts waren als ausgepichte Egoisten, die von der wahren Tragödie des Krieges nichts begriffen hatten. Meine Bewunderung für die Tausende auszudrücken, die im Widerstand aktiv waren, fehlen mir die Worte. Diese tapferen Franzosen, die während der Besetzung täglich Folter, Konzentrationslager oder den Tod riskierten, bewiesen höchsten Heldenmut, und ich darf mit Stolz sagen, daß so mancher von diesen später zu meinen engsten Freunden zählte.

Das Konzert zugunsten dieser Helden sollte drei Tage nach unserer Ankunft stattfinden; wir probierten nur ein einzigesmal das Vierte Beethoven-Konzert, das e-moll-Konzert von Chopin und Rachmaninoffs ›Rhapsodie über ein Thema von Paganini‹.

Am Tage nach unserer Ankunft erlebte ich zwei unangenehme Überraschungen, die erste im Rothschild-Hospital, wohin wir alle vier gingen, um meinen Bruder Ignacy zu besuchen. Er erwartete uns im Schlafrock auf dem Korridor, sah aus wie ein Skelett, allerdings war sein Geist so klar wie je. Seine Berichte aus der Zeit der Besetzung machten auf uns alle, besonders auf Paul und Eva, tiefsten Eindruck.

Ich wurde gelegentlich dieses Besuches zum Krankenhausdirektor gebeten und war darüber sehr erfreut, weil ich glaubte, ihm für alles danken zu können, was er für meinen Bruder getan hatte, aber bevor ich auch nur den Mund aufmachen konnte, fragte er drängend, ob ich willens sei, die Rechnung zu bezahlen, die der dreijährige Krankenhausaufenthalt meines Bruders hatte auflaufen lassen. Weil ich ja nun Hurok schon eine beträchtliche Summe für die Begleichung dieser Kosten übergeben hatte, glaubte ich, es handele sich um einen etwas geschmacklosen Scherz, doch als der Direktor darauf beharrte, es sei bislang nichts bezahlt worden, wandte ich mich etwas betroffen an meinen Bruder, um herauszubekommen, was da eigentlich vorgegangen war. Ignacy reagierte auf meine Frage in der ihm seit je eigenen großspurigen Weise: »Du müßtest doch wissen, daß ich Ärzten und Krankenschwestern Geschenke gemacht, daß ich junge hungernde Maler unterstützt habe, die sich an mich um Rat und Hilfe wandten.« Ich begriff, ging wieder ins Büro und zahlte dem Direktor die gesamte Rechnung.

Die zweite unerfreuliche Überraschung bereitete uns der Besuch am Square du Bois de Bologne. Der Notar, der ursprünglich den Kaufvertrag für unser Haus aufgesetzt hatte, schrieb uns nach Kriegsende, das französische Gesetz sehe vor, leerstehende Häuser zu beschlagnahmen, und er habe unseres deshalb vermietet.

Zu unserer Verblüffung fanden wir unseren alten Hausmeister immer noch am selben Platz und im Besitze der Schlüssel zu den Häusern. Er empfing uns mit allen Zeichen freudiger Überraschung, sagte aber gleich, die Gestapo habe während der Besetzung sämtliche Häuser, auch das unsere, beschlagnahmt. »In Ihrem Haus haben Ärzte und

Zahnärzte gewohnt.« Als wir schüchtern fragten, ob sie denn irgendwas von der Einrichtung zurückgelassen hätten, grinste der Mann ganz offen: »Man hat aus Ihrem Haus alles weggetragen, genau wie aus allen anderen Häusern.« Nun schleppte seine Frau das verschmutzte, zusammengerollte Porträt herbei, das Roman Kramsztyk während des Ersten Weltkrieges von mir in Paris gemalt hatte, und sagte sehr selbstzufrieden: »Das haben wir in der Gosse gefunden und für Sie aufbewahrt.« Mir kam in diesem Moment der Verdacht, dieses überfreundliche Paar habe schon beim Anrücken der Deutschen mein Haus von allen Wertgegenständen geplündert, und es schien mir auch ein bezeichnendes Licht auf diese Leutchen zu werfen, daß man sie auf ihrem Hausmeisterposten belassen hatte – vermutlich als willige Kollaborateure.

Einigermaßen besorgt klingelten wir an unserer eigenen Haustür, die denn auch gleich von einer jungen Frau geöffnet wurde. Hinten im Gärtchen spielten zwei Kinder.

»Der Notar hat Sie schon angekündigt, und es freut uns sehr, Ihre Bekanntschaft zu machen. Wir bewohnen Ihr Haus übrigens sehr gern«, fügte sie mit gewinnendem Lächeln hinzu.

Doch beim Betreten des Hauses blieb mir beinahe das Herz stehen. Es sah grauenhaft aus da drinnen. In allen Räumen hatte sich das Parkett geworfen, weil es feucht war. Neben der Treppe stand ein primitiver Ofen, ein schäbiges verrußtes Rohr führte geradezu durchs Dach, und der Ofen beheizte das ganze Haus. Der Schmutz war unbeschreiblich.

Immerhin gab es in diesem scheußlichen Interieur doch ein belustigendes Moment: Im Badezimmer war das Waschbecken der Dame peinlich sauber, und auf der Ablage darüber standen ordentlich aufgereiht massenhaft Kosmetika. Die Badewanne sah aus, als würde sie nie benutzt. Wir kehrten diesem Augiasstall tief bekümmert den Rücken, geleitet von den lächelnden Bewohnern, die sich hier augenscheinlich endgültig beheimatet glaubten.

Der Notar, eine Gestalt wie aus einem Roman von Balzac, ließ noch einen weiteren Tropfen Wermut in unseren Becher fallen.

»Sie haben noch Glück gehabt, daß ich ein so reizendes Paar als Mieter für Ihr Haus gefunden habe, aber sie haben leider nicht die Mittel, Miete zu zahlen. Fürs erste Jahr haben sie eine kleine Abschlagszahlung geleistet, mehr aber auch nicht.«

»Und wann bekommen wir das Haus wieder frei?«
»Das Gesetz sieht vor, daß man niemandem kündigen darf, es sei denn, man stellt ihm eine angemessene Ersatzwohnung«, verkündete er schadenfroh. Später erfuhr ich aus verläßlicher Quelle, daß er dem Paar unser Haus angeboten hatte als Ersatz für dessen Wohnung, die er gern für seinen Sohn haben wollte.

Wir kehrten also schwer deprimiert ins Hotel Raphael zurück, das dem lieben alten Hotel Majestic gegenüberliegt, mit dem mich viele Erinnerungen verbanden. Die Probe im Théâtre des Champs-Elysées am nächsten Vormittag ging glatt. Munch dirigierte Beethoven und Chopin sorgfältig und mit Hingabe, der Rachmaninoff allerdings machte ihm viel Mühe. Er sagte angewidert zu mir: »Das ist ein gräßliches Stück. Ihnen zuliebe will ich es gern dirigieren, aber dem Pariser Publikum dürfte es wenig gefallen.« Weil am selben Morgen ein Streik der Transportarbeiter begann, schien das gesamte Konzert in Frage gestellt, und wir sahen uns schon vor einem leeren Saal spielen, obschon alle Karten ausverkauft waren.

Nela schickte Paul gegen Abend in einem Mietwagen zu meinem Bruder ins Krankenhaus, um ihm warme Sachen und Lebensmittel zu bringen, und als er zurückkam, wurde es Zeit fürs Konzert.

Draußen warteten ziemlich viele Leute in der Hoffnung, des Streiks wegen seien Karten zurückgegeben worden, doch irgendwie gelang es allen Besuchern, das Theater zu erreichen. Munch und ich wurden warm applaudiert, und als ich mich am Flügel niederließ und im Theater umblickte, erkannte ich manches vertraute Gesicht. Es wurde einer meiner besten Abende in Paris. Man hörte den Beethoven liebevoll an, begeisterte sich für den Chopin, doch die größten Ovationen waren Rachmaninoff vorbehalten, wie ich es insgeheim erwartet hatte. Munch, der sich mit mir immer wieder verbeugen mußte, meinte denn auch: »Das Stück ist gar nicht so übel.«

Seit jenem Abend habe ich bis zu meinem letzten Konzert im Jahre 1976 in Paris nur volle Häuser gehabt. Mein Publikum blieb mir standhaft ergeben. Im Künstlerzimmer fanden sich anschließend zahlreiche Freunde ein, und es kam zu rührenden Wiedersehensszenen, Umarmungen, Tränen und Küssen. Hier traf ich nach langer Zeit Achards, Benouvilles, Marie Blanche de Polignac, unterdessen verwitwet, und selbstverständlich waren auch Misia Sert gekommen, ungeachtet ihrer albernen Ansichten, Poulenc, Auric, Jacques Février und viele andere. Schiff war unterdessen in Amerika verstorben, und zu seinem Erbe, das nun sein Partner Friedrich Horowitz antrat, gehörte auch ich. Der arme Mensch war in Frankreich geblieben und hatte sich vor der Gestapo versteckt halten müssen, nun aber hatte er sich davon offenbar erholt und arbeitete wieder wie früher mit Valmalète zusammen. Als er von meiner Rückkehr nach Europa erfuhr, stellte er sogleich eine Konzertreise zusammen, und jetzt, als in Amerika Arrivierter, konnte ich darauf bauen, vor stets ausverkauften Häusern zu spielen.

Zu viert reisten wir nach Brüssel, Gent und Ostende, es folgten nochmals zwei Konzerte in Paris im Champs-Elysées, dann ging es in die Schweiz, und anschließend wurde mir die ungeheure Genugtuung zuteil, in Rom vor eben jener Academia Santa Cecilia zu spielen, die mir gedroht hatte, mich nie wieder in Rom konzertieren zu lassen, nachdem ich Mussolini meine Auszeichnungen samt dem erklärenden Telegramm zugeschickt hatte. Meine italienische Konzertagentin Clara Camus, eine alte und treue Freundin, zeigte mir voller Stolz den Brief, in dem eben jener Sekretär, der mir 1938 diese Grobheiten geschrieben hatte, sie anflehte, mich zu einem Wiedererscheinen in Rom zu überreden.

Es folgten Bologna und Mailand, wo ich wie ein lange verloren geglaubter Freund empfangen wurde. In Venedig endete die Tournee glanzvoll, und ich konnte mich an den Schönheiten dieser innig geliebten Stadt erfreuen. Von dort aus kehrten wir nach Kalifornien und zu den daheimgebliebenen Kindern zurück.

Nela überkam wieder einmal der Drang, ein geeigneteres Heim für die Familie zu suchen, und wie gewöhnlich fügte ich mich. Und wieder hatten wir Glück. Eine italienische Schauspielerin machte uns auf unser Haus ein sehr gutes Angebot, und nach kurzer Suche fand sich denn auch unser Traumhaus in der Tower Road in Beverly Hills, eher schon ein kleiner Landsitz. Der Preis war vernünftig, und wir zogen sogleich ein, stolz auf unseren neuen Besitz. Der gepflegte englische Rasen maß etwa zwanzigtausend Quadratmeter, es gab einen von Zypressen eingefaßten Ziergarten mit einem Goldfischteich in der Mitte, einen Tennisplatz in Turniermaßen, einen Obstgarten und einen großen Spielplatz für die Kinder. Solch eine Anlage konnte nur von mindestens vier Gärtnern instand gehalten werden, doch auch da war uns das Glück insofern günstig, als wir vom Vorbesitzer einen japanischen Gärtner übernahmen, der nicht nur für vier arbeitete, sondern überdies jede Woche noch ein neues, höchst geschmackvolles Blumenbeet anlegte. In unserem subtropischen Klima gediehen die seltensten Pflanzen, Amaryllis und Gardenien und viele andere, die ich meiner mangelhaften botanischen Kenntnisse wegen nicht benennen kann.

Das Haus, aus Stein erbaut und von dem Architekten für die eigene Familie gedacht, enthielt viele Räume und jeden erdenklichen Komfort. Zwei unerwartete Zugaben waren ein riesiger Lagerkeller und unterm Dachboden ein richtiges Theater mit Bühne und Kulissen, das die Kinder sogleich in Besitz nahmen.

Mit diesem Haus gehörten wir ganz automatisch in die Klasse der »Wohlhabenden«. In Hollywood gab es eine Art Kastensystem: wer ganz oben war, hätte nie jemand zu sich eingeladen, der im Jahr weniger als hunderttausend Dollar verdiente. Die nächste Schicht verkehrte mit Fünfzigtausend-Dollar-Verdienern, und was darunter lag, genoß keinerlei Ansehen. Dies gilt natürlich nicht für die Kategorie, die ich als richtige Menschen bezeichne, und zum Glück waren die in der Überzahl.

Sieben wunderschöne Jahre lang führten wir ein gutes Leben in jenem Haus, und in diese sieben Jahre fallen weltgeschichtliche Ereignisse, so die Gründung des Staats Israel durch Ben Gurion, die mir das Herz in der Brust schwellen ließ. Nicht lange, und die unerschrockene israelische Armee erkämpfte ihren ersten Sieg gegen zahlenmäßig weit überlegene arabische Kräfte, die von allen Seiten angriffen. Trotz des ausgehandelten Waffenstillstandes wurden die Israeli ständig von Guerilleros belästigt, doch hinderte sie das nicht daran, aus der vorgefundenen Wüste ein üppiges Land zu machen, in dem Agrikultur und Industrie zur Blüte kamen. Dem berühmten Weizmann-Institut waren bedeutende Durchbrüche auf technischem Gebiet zu danken, so die Entsalzung von Meerwasser zur Deckung des großen Bedarfs an Süßwasser. Der bedeutende Bürgermeister von Tel Aviv, Meier Dizengoff, machte die Stadt zu dem, was sie heute ist, und neben Italien und Spanien wurde Israel zum bevorzugten Ziel für Touristen. Trotz der ständig von seinen Nachbarn drohenden Gefahren verfolgt das Land unbeirrbar seinen Kurs. Der in der ganzen Welt nicht auszurottende Antisemitismus kann die Bewunderung nicht übertönen, welche dieses kleine tapfere Land allüberall genießt.

Daheim in der Tower Road wurde Hausmusik gemacht. Insbesondere ist mir ein Konzert auf dem Rasen vor dem Haus im Gedächtnis. Das Los Angeles Chamber Orchestra, das gute Musiker und einen guten Dirigenten hatte, war in finanzielle Schwierigkeiten geraten. Die Universität von Kalifornien lieh uns eine riesige Orchestermuschel, die wir am Ende des Rasens plazierten, den wir im übrigen mit dem schon bekannten synthetischen Grasteppich schützten und auf den wir mehrere hundert Stühle stellten. Wir gaben einen Mozart-Abend. Das Orchester spielte eine Sinfonie und ›Eine kleine Nachtmusik‹, und ich spielte ein Konzert. Die Gäste zahlten zehn Dollar für die Eintrittskarte, und darunter waren Strawinsky, Thomas Mann und einige musikliebende Filmstars. Für eine Spielzeit jedenfalls war das Orchester gerettet.

Auch bedeutendere musikalische Ereignisse fanden hier statt, so die Proben zu meinen Aufnahmen der Trios von Tschaikowsky, Ravel und Mendelssohn, die ich mit Heifetz und Piatigorsky einspielte. Ich besaß jetzt zwei herrliche Steinway-Flügel, einer ein Geschenk meines Freundes Theodore Steinway, die ich benutzte, wenn ich ein Konzert spielte und die Begleitung anstelle des Orchesters dem zweiten Klavier zufiel, oder wenn bei mir Originalwerke für zwei Klaviere aufgeführt wurden.

Damals riß sich die Filmindustrie um mich, obwohl sie doch meinte, daß das Publikum nur populäre Musik verlange. Klassische Musik war in Ungnade gefallen, in den meisten Filmen wurde nur noch Jazz gespielt. Gegen dieses Vorurteil setzte ich mich nach Kräften zur Wehr und weigerte mich, in Filmen mitzuwirken, in denen die hohe Kunst der Musik unwürdig behandelt wurde.

Ein Beispiel für die Art meines Umganges mit den Filmleuten möge das verdeutlichen: Jack Warner von Warner Brothers bat mich eines Tages: »Kommen Sie doch bitte mal vorbei, Arthur, ich habe da einen Film, der ist wie gemacht für Sie.« Als ich ihm behaglich an seinem Schreibtisch gegenübersaß, entwarf er mir sein Projekt in den lockendsten Farben. »Sehr herzergreifend ist es, Arthur, und nur die beste

Musik kommt dafür in Frage. Sie dürfen spielen, was Sie mögen, ich meine jede Art Klaviermusik, sogar Beethoven.«
Das beeindruckte mich. »Der Film handelt dann also wohl von Musikern?«
»Nein, ganz soweit wollen wir nun auch wieder nicht gehen, aber traurig ist er schon.«
»Hm – heißt das, ich soll etwas spielen, um jemand damit zu trösten, oder wie?«
»Nun, stellen Sie sich das so vor, Arthur: Sie sitzen am Flügel und spielen so ein richtig trauriges Stück, und plötzlich geht hinter Ihnen die Tür auf, Jack Benny kommt rein mit seiner Fiedel, und kaum sehen Sie ihn, gehen Sie auch schon zu einem seiner bekannten Schlager über, und ihr lacht euch alle beide schief. Das ist doch großartig, was?«
»Großartig«, sagte ich. »Auf Wiedersehen bis zum nächsten Mal.« Und ging.
Auf einer Dinnerparty sagte Jack Warner später einmal ironisch zu mir: »Ihr Musiker habt eben keinerlei Sinn für Humor.«
»Wie können Sie so etwas sagen, Jack? Bedenken Sie doch, die Komiker verdienen ein Vermögen damit, daß sie Witze reißen, die andere Leute für sie ausdenken. Wir Musiker hingegen sind bekannt für unsere Schlagfertigkeit, für gute Anekdoten, unsere Geistesblitze, und das alles, ohne daß uns jemand dafür bezahlt.«
Einmal allerdings ging ich in die Falle. Boris Morros, in Rußland geborener Musiker und Chef der Musikabteilung von Columbia Pictures, drehte einen Film mit dem Titel ›Carnegie Hall‹, einen historischen Rückblick auf dieses berühmte Konzerthaus. Er engagierte alle irgendwie mit Carnegie Hall verbundenen Berühmtheiten, z. B. Bruno Walter, Stokowski, Rodzinski, Heifetz, Piatigorsky, Lily Pons, und ich sagte selbstverständlich ebenfalls zu. Eine Unannehmlichkeit war bei der Sache: wir alle mußten aus dem Mekka des Films in die teuflische sommerliche Hitze von New York fliegen, um auf der Bühne von Carnegie Hall zu erscheinen.
Morros holte mich in New York ab und fuhr mich in seinem Rolls-Royce zum Hotel, wobei er unterwegs unentwegt Berühmtheiten aufzählte, die er für seinen Film gewonnen habe, was in vielen Fällen schlicht gelogen war. »Ich hole mir Toscanini und Kreisler und die ganze

Bande.« Das reichte mir, und ich sagte schroff: »Ich wette, was Sie wollen: Wenn der Film abgedreht ist, sehen wir Harry James Trompete blasen und den Sieg davontragen.«

»Der ist nur drei Minuten zu sehen!« empörte sich Morros. Da hatte ich nun einen Schuß ins Blaue abgegeben und gleich ins Schwarze getroffen! Der Film handelte von dem musikalisch begabten Sohn einer Putzfrau in der Carnegie Hall, die ihm zu einer Karriere verhelfen wollte, indem sie sich umschichtig an einen jeden von uns Künstlern um Hilfe wandte. Der Junge war insgeheim aber einzig auf Jazz versessen, auf Jazz und nichts als Jazz! Schreckliches Drama zwischen Mutter und Sohn, der heiratet, ein Jazzstück verfertigt (vide Gershwin), und die Trompete trompetet denn auch das triumphale Ende voraus.

Columbia forderte mich auf, an einem etwas interessanteren Projekt mitzuwirken, der Geschichte von einem blinden Pianisten, zugleich Komponisten, dessen Klavierkonzert ich mit Ormandy am Pult spielen sollte. Tatsächlich klang das Konzert nicht übel, und wir machten eine Aufnahme mit Orchester. Es war dann aber doch ungemein komisch, mit anzusehen, wie Ormandy bei der Aufnahme sich gebärdete, als dirigiere er das volle Orchester mit Leidenschaft und großen Gesten, während in Wahrheit nur zehn Musiker vor ihm saßen und taten, als spielten sie eifrig – denn mehr konnte die Kamera nicht erfassen. Noch ulkiger war es, als wir uns vor dem leeren Hause immer wieder verbeugten, während der Beifall unterlegt wurde und nur eine Handvoll Leute vor der Kamera klatschten.

Eine Produktion, bei der ich wirklich gern mitwirkte, war die Verfilmung von Robert Schumanns Leben durch MGM. Diesmal hatte ich alles zu spielen, was dann im Film von Schauspielern gemimt wurde, die Robert und Clara Schumann, Brahms und Franz Liszt darstellten.

Für mich war es geradezu ein Erlebnis, mir auszumalen, wie diese großen Künstler wohl diese oder jene Komposition aufgefaßt haben mochten, und einmal mußte ich dasselbe Werk auf dreierlei Weise interpretieren, nämlich die ›Widmung‹, die Robert seiner jungen Frau Clara schenkt und die er keineswegs perfekt, aber mit der richtigen Empfindung vorträgt. Später gibt dann Liszt auf einer großen Gesellschaft, bei der auch Schumanns und Brahms anwesend sind, nachdem er seinen ›Mephistowalzer‹ gespielt hat, seine brillierende, auf Wirkung bedachte

Konzertfassung des schönen und rührenden Liedes wieder. Clara Schumann, der diese oberflächliche Darbietung des großen Pianisten mißfällt, spielt es ihm dann in seiner originalen Form vor, schlicht und schön. Das alles mußte authentisch klingen und war, wie sich denken läßt, schwer zu bewerkstelligen. Katharine Hepburn gab die Clara ganz hervorragend und spielte Liszts und Schumanns Klavierkonzerte wie eine geborene Pianistin. Der Film wurde insgesamt sehr liebevoll und mit großer Achtung vor dem Gegenstand gedreht.

Rudolf Polk, ein Freund von uns und vorzüglicher Musiker, regte an, daß Marian Anderson, Heifetz, Piatigorsky, Jan Peerce und ich unsere eigene Produktionsgesellschaft für kurze Fernsehfilme gründen und uns finanziell und künstlerisch beteiligen sollten. Sowohl Heifetz als auch ich machten einen je halbstündigen Film von unserem häuslichen Leben, in dem Musik eine große Rolle spielte, und einen dritten, in dem wir mit Piatigorsky ein Trio bildeten. Die Gesellschaft gab nach zwei Jahren auf, denn es wurde zu teuer, Filme zu machen, aber die, die wir gedreht haben, werden auch heute noch in Colleges und Universitäten gezeigt.

Alina und Johnny zeigten schon sehr früh ihre musikalische Begabung. Alina wurde eine sehr gute Pianistin, wollte aber nie öffentlich auftreten, und Johnny bewies kompositorisches Talent. Als ich einmal von einer Tournee zurückkam, spielte mir die damals sechsjährige Alina ein kleines Stück mit zwei oder drei kühnen Abweichungen vor. Der kleine Johnny, auf seine Schwester eifersüchtig, paukte derweil auf der Tastatur des zweiten Klaviers und wurde aus dem Zimmer verwiesen. Ich holte den weinenden Kleinen nach einer Weile herein und setzte mich mit ihm auf dem Schoß vors Klavier. »Jetzt kannst du spielen, was du magst«, sagte ich ihm und erwartete, er werde wieder wahllos drauflos hauen, doch spielte er statt dessen fehlerlos, aber in anderer Tonart das zuvor von seiner Schwester gespielte Stück. Ich traute meinen Ohren nicht. »Wer hat dir das beigebracht?« fragte ich mißtrauisch.

»Na hör mal, Daddy«, sagte er bloß, »das kann ich in jeder Tonart anfangen.«

Nun, er bewies es auf der Stelle und noch viel mehr. Er komponiert brillant im modernen amerikanischen Stil und wurde überdies ein bekannter Schauspieler.

Kapitel 113

Ich stellte fest, daß das europäische Publikum sich um Künstler riß, die in Amerika bedeutende Erfolge aufzuweisen hatten, zumal wenn die Eintrittskarten teuer waren. In Hauptstädten wie London, Paris, Amsterdam und Stockholm, wo ich vor dem Krieg die großen Häuser nicht hatte füllen können, reichte es hin, das Datum meines Erscheinens anzuzeigen, und schon waren sämtliche Karten ausverkauft, noch bevor auch nur mein Programm und andere Details bekannt waren. Selbst Provinzstädte griffen tief in den Beutel, um mich dem dortigen eher trägen Publikum zu präsentieren. In solchen Städten zu spielen, hatte für mich den erfreulichen Vorteil, die Länder besser kennenzulernen. Wenn ich in Montpellier, Narbonne und Toulouse Konzerte gab, bot sich Gelegenheit, nach Carcassonne zu fahren und diese alte, befestigte Stadt zu besichtigen, die seit dem Mittelalter unverändert steht.

Auch machte es mir Spaß, an dem neugeschaffenen Festival in Edinburgh teilzunehmen (wenn auch nur einmal). Die Veranstalter mästeten das Publikum hier buchstäblich mit so zahlreichen Aufführungen, daß man unentwegt vor die schwierigsten Alternativen gestellt wurde. So konnte man morgens schottische Soldaten im Kilt ihre berühmten Tänze vorführen sehen, doch verpaßte man dann die Messe von Bach unter einem berühmten Gastdirigenten. Am folgenden Nachmittag ließ sich ein bekannter Pianist oder Geiger vernehmen – wobei aber zu sagen ist, daß Künstler vom gleichen Kaliber schon auf dem Sprunge waren –, man konnte dann aber nicht die Matinee der Comédie Française sehen oder verpaßte die schönste Kammermusik. Und nicht nur das, niemand in Edinburgh dachte im Traum daran, die berühmte Teezeit auszulassen, die war geheiligt. Abends stand man dann wieder vor der Wahl. Es gab eine bedeutende Operninszenierung, die Premiere eines Schauspiels, einen besonders sehenswerten Film, und das alles um dieselbe Zeit. Gar nicht zu reden von den Darbietungen der besten englischen und ausländischen Orchester und weiteren Veranstaltungen. Unnötig zu sagen, daß ich einmal teilnahm und nie wieder.

In Italien ging eine verblüffende Veränderung vor. Seit länger als einem Jahrhundert hatte hier die Oper dominiert. Zwar in Mailand, am Conservatorio Verdi und dank dem Conte San Martino auch in Rom, gab es Konzerte und ständig das Orchester der Santa Cecilia, aber in den Provinzen war nichts dergleichen anzutreffen. Man stelle sich also meine Verblüffung vor, als ich erstmals mit Nela, Eva und Paul nach Mailand kam und auf die Frage, welche Oper denn gerade in der Scala gegeben werde, die Auskunft erhielt: »Jetzt hat bereits die Konzertsaison begonnen und dauert noch weitere sechs Wochen.« Das war nicht zu glauben. In Rom und anderen großen Städten das gleiche – keine Oper, dafür aber Sinfonien und Konzerte. Die Italiener hatten das Wesen der Musik wiederentdeckt, zu meiner Freude muß ich sagen. Donizetti, Rossini, Bellini und Verdi mit ihren herrlichen Arien, Cavatinen, dem hohen C der Tenöre und den Koloraturen der Sopranistinnen – das alles geriet mehr in den Hintergrund, und man erinnerte sich plötzlich daran, daß die hohe Kunst der Musik hierzulande entstanden war. Über Nacht schossen die herrlichsten Ensembles wie Pilze aus dem Boden, die Vivaldi, Monteverdi, Pergolesi zu höchsten Ehren brachten. I Musici, I Virtuosi di Roma, das Quartetto Italiano, das Trio di Trieste, das Kammerorchester Scarlatti aus Neapel zeigten der Welt größte italienische Kunst. Selbstverständlich gab es überall auch Opern zu hören, doch wurden die wie in Deutschland, Frankreich und England nur ein Teil des Musiklebens neben anderen. Es freute mich, als Solist mit Orchester oder auch mit Klavierabenden die Scala in Mailand, die San Carlo-Oper in Neapel, die Oper in Genua, das Fenice in Venedig, die Opern von Florenz und Bologna füllen zu können, und auch das große Auditorium des Vatikans. Im herrlichen, bergigen Perugia bot Signora Alba Buitoni ihren Mitbürgern großherzig wieder eine Saison mit den schönsten Konzerten. Conte Guido Chigi erbaute gleich den musikliebenden Herzögen des Cinquecento in Siena einen modernen Konzertsaal in seinem berühmten alten Palazzo, zahlte den Künstlern ihre üblichen Gagen und benutzte die Überschüsse zur Verschönerung der Stadt. Zweimal hatte ich vor dem Krieg bei ihm gespielt, war auch zu Gast bei ihm gewesen.

Nun erbot ich mich, ein Konzert umsonst zu geben, doch der Grandseigneur überreichte mir nach dem Konzert auf dem Podium als Geschenk ein Gemälde eines alten Meisters. Bei meinem nächsten Konzert in Siena machte er es wieder so, und die Gemälde waren weiß Gott mehr wert, als meine Gage betragen hätte.

Die beiden von mir so geliebten Brahms-Konzerte wurden auch beim Publikum beliebt, überhaupt hörte man alles interessiert und verständnisvoll an, was ich spielte.

Auch in Frankreich begeisterte man sich ganz plötzlich für Brahms, eine Folge vielleicht der langen Besetzung durch die Deutschen. Der wundervolle Fischer-Dieskau und die Liedersängerin Elisabeth Schwarzkopf sangen Schubert vor ausverkauften Häusern, und man verlangte sogar den schwierigen Mahler zu hören.

England, vordem als Domäne des Sports und als wenig musikliebend geltend, wurde nach dem Krieg das Land, das sich am innigsten für Kammermusik aller Art interessierte, und hatte viele erstklassige Kammerorchester und Kammermusikensembles. Allein in London gibt es fünf erstklassige Sinfonieorchester mit den besten Dirigenten, deren man habhaft werden kann.

Am anderen Themseufer, gegenüber dem berühmten Hotel Savoy, entstand die Royal Festival Hall, welche die im Kriege zerstörte Queen's Hall ersetzen sollte, und sogleich nach Fertigstellung fanden dort alle bedeutenden musikalischen Aufführungen statt. London trat nach dem Krieg die Nachfolge Berlins als Zentrum der Musik an. John Christie, ein Mann von großem Weitblick, hatte 1934 eine neue Oper auf seinem Landsitz Glyndebourne, siebzig Kilometer außerhalb Londons gegründet. Das Opernhaus war klein, es wurden meist Mozart-Opern gegeben. Der Dirigent Fritz Busch und der Regisseur Carl Ebert halfen ihm mit Rudolf Bing, dem späteren Direktor der Metropolitan Opera die ideale Atmosphäre für den Genuß höchster Opernkunst zu schaffen.

Als ich gerade in Zürich gastierte, telegrafierte mein Agent Horowitz, mein Bruder Ignacy sei in Paris im Rothschild-Krankenhaus gestorben. Er telefonierte dann Einzelheiten durch, erbot sich auch, für die Beisetzung zu sorgen, denn ich konnte meine Konzertreise nicht abbrechen. Es kamen viele seiner Freunde zum Begräbnis, und ich hörte gerührt, daß auch Germaine anwesend gewesen war.

Wieder in Paris, sahen wir uns genötigt, auch weiterhin in Hotels zu logieren, denn unsere ungebetenen Mieter waren nicht loszuwerden. Das Leben in Frankreich nahm sich nach diesem Kriege erheblich anders aus. Der Krieg, in dem England soviele Tote zu beklagen und so große Zerstörungen erlitten, der Krieg, den es praktisch drei Jahre allein geführt hatte und den Amerikas Eingreifen mit seinem gesamten Militärpotential endlich entschieden hatte, war an den Franzosen praktisch vorbeigegangen. Zwar hatten etliche Städte in der Normandie bei der alliierten Invasion schwere Schäden erlitten, doch das übrige Land war unzerstört. Die Juden Frankreichs waren freilich wie die Juden aller von den Deutschen besetzten Ländern ermordet worden, und die tapfere Résistance, die sich heldenhaft schlug, hatte Verluste zu beklagen. In Afrika kämpften Franzosen Seite an Seite mit den Engländern gegen Rommel, und sie durften denn auch mit Erlaubnis von Eisenhower und Montgomery unter de Gaulle als erste in Paris einmarschieren; de Gaulle hatte den Widerstand von London aus gelenkt.

Frankreich bot also äußerlich einen wenig veränderten Anblick, doch die Franzosen selber waren sehr verändert. Wie zu Zolas und Dreyfus' Zeiten war das Land in zwei Parteien gespalten; auf der einen Seite standen die Anhänger des Vichy-Regimes, die Kollaborateure, auf der anderen die Résistance und die, welche nicht kollaboriert hatten.

Ich selber stellte mit Erbitterung fest, daß nur allzu viele meiner Freunde aus der Vorkriegszeit auf viel zu freundlichem Fuße mit den nazistischen Besatzern verkehrt hatten, darunter Melchior de Polignac, Sacha Guitry und etliche andere, mit denen ich fortan keinen Umgang mehr hatte. Zu meinen neuen Freunden gehörten Pierre Brisson, der Theaterkritiker von ›Le Temps‹ aus der Vorkriegszeit, der sich energisch daranmachte, die berühmte Tageszeitung ›Le Figaro‹ mit einem Stab ausgezeichneter Mitarbeiter neu herauszugeben. Er widerstand dem Druck der Aktionäre, die ein kommerzielles Blatt wünschten, und leistete bis zu seinem Tode glänzende Arbeit als Zeitungsmacher. Seiner treuen Freundschaft danke ich es, daß ich in Paris für meinen neuen Anfang den nötigen Rückhalt fand. Auf einer von ihm gegebenen Gesellschaft, zu der viele bedeutende Personen geladen waren, lernte ich Professor Louis Pasteur Vallery Radot kennen, den einzigen Enkel des großen Pasteur, selber ein bedeutender Mediziner. Mit ihm verband mich vom ersten Moment an eine enge Freundschaft, ebenso mit Pierre Benouville. Er war ein hochgebildeter Mann, ein vortrefflicher Arzt, kunstbegeistert und, Gott sei gedankt, mit einem ausgeprägten Sinn für Humor begabt. Seine Freundschaft bereicherte mein Leben sehr, und sein Tod hinterließ eine fühlbare Lücke. Als tapferer Widerstandskämpfer bewunderte er de Gaulle, der seinerseits dem Professor alle erdenklichen Ehren zukommen ließ. Er war Mitglied der Académie Française, Vorsitzender des Staatsrates und Träger des Großkreuzes der Ehrenlegion. Auch gehörte er dem Gremium von zehn Richtern an, das General de Gaulle einsetzte, um General Salan und andere Generäle abzuurteilen, die gegen ihn in Algerien putschten. Vallery Radot war der einzige, der nicht für die vom Generalstaatsanwalt beantragte Todesstrafe für Salan stimmte. Das verzieh de Gaulle ihm nie. Als ich den Freund fragte, warum er sich dem Wunsch des Generals nicht gefügt habe, erwiderte er: »Ich bin nicht da, um Menschenleben zu vernichten, sondern um sie zu retten.«

Tatsächlich erholte er sich von dem Schlag nicht mehr, den de Gaulle, sein Idol, ihm versetzte, und starb einige Jahre später. Das war für uns, seine Freunde, ein nicht zu verschmerzender Verlust, denn er war der gütigste, verständnisvollste und großmütigste Mann, der mir je begegnet ist.

Der Leser fragt sich vielleicht, was aus all den Personen geworden ist, die er in meinen Memoiren kennengelernt hat. Die arme Pola starb nach einem langen schweren Krebsleiden in Warschau. Als sie hörte, daß ich geheiratet hatte, bemerkte sie dazu: »Er beginnt sein Leben jetzt, da meines zu Ende geht.«

Gabriella Besanzoni, die von der Opernbühne abtrat, als sie den millionenschweren brasilianischen Reeder heiratete, führte nun das Leben einer müßigen reichen Witwe. Ich habe sie später in Rom gelegentlich gesehen, wo sie wohnte und meine Konzerte besuchte; sie starb früh, tief enttäuscht vom Leben.

Armand de Gontaut-Brion, dessen ich mich mit großer Dankbarkeit erinnere, nahm am Ersten Weltkrieg teil und heiratete später eine reiche Brasilianerin. Leider hatte ich allen Kontakt mit ihm verloren, und in Paris erfuhr ich nun, daß er verstorben war.

Joseph Jaroszynski und Antek Moszkowski, meine uralten Freunde, überlebten wunderbarerweise nicht nur die deutsche Besetzung, sondern auch den tragischen polnischen Aufstand. Ich fiel buchstäblich aus allen Wolken, als ich kurz nach Kriegsende einen Brief von ihnen erhielt, in dem sie nicht etwa klagten oder um Hilfe baten, sondern mir den jungen Pianisten Wladislaw Kedra ans Herz legten, der tatsächlich eine glänzende Laufbahn begann, aber schon sehr früh starb. Jaroszynski selbst starb in Krakau, der Ärmste, und zwar in einem Altersheim für Männer, und Antek war ebenfalls verstorben, bevor ich wieder nach Warschau kam.

Nachdem Paderewski Witwer geworden war, übersiedelte er von Morges in die USA, um für Polen tätig sein zu können, und er gab auch hin und wieder noch Konzerte, hauptsächlich, um seine Steuern aufzubringen. Sein letztes Konzert im Madison Square Garden in New York zog Unmassen Zuhörer an, doch der bedauernswerte alte Meister, damals schon achtzig, glaubte in seiner Verwirrung, das Konzert bereits beendet zu haben, als er nicht einmal angefangen hatte. Das war einer der traurigsten Abende meines Lebens. Die letzten Schallplattenaufnahmen, die man ihm vermutlich gegen sein besseres Wissen abnötigte, werden dem großen Künstler, der er in Wahrheit gewesen ist, nicht annähernd gerecht. Einsam und gebrochen starb er in den finstersten Kriegstagen im New Yorker Hotel Buckingham. Die amerikanische Regierung ehrte ihn durch ein Staatsbegräbnis auf dem Arlington-Friedhof in Washington.

Rachmaninoff, vollblütiger Künstler bis zum Ende, starb zwei Jahre nach Paderewski, und nachdem auch Richard Strauss gestorben war, blickte die musikinteressierte Welt nunmehr auf Schönberg, Strawinsky und Ravel.

Prokofieff feierte weltweite Triumphe mit seinen Sinfonien, Klavier- und Violinkonzerten, seinen Klaviersonaten, seinen herrlichen Ballettmusiken und der Musik zu den Filmen von Eisenstein. Bartók, der in Musikerkreisen schon mit seinen frühesten Werken Anerkennung gefunden hatte, wurde über Nacht der meistgespielte Komponist nach seinem traurigen, einsamen Tod in New York.

Kapitel 114

Solange unsere Familie gemeinsam das Haus in der Tower Road bewohnte, vergingen uns die Jahre wie im Paradies. Nelas Mutter hatte ein sonniges Erkerzimmer und hielt einen Singvogel im Käfig. Eva absolvierte glänzend die Schule in Westlake, nahm weiterhin Tanzunterricht bei Madame Bekeffi, schrieb sich dann aber an der University of California in Los Angeles ein und nahm Schauspielunterricht; sie hat eine ausgesprochene schauspielerische Begabung. Paul bestand die Abschlußprüfung an der Cate School unweit Santa Barbara *cum laude* und wurde von der Universität Yale angenommen.

Alina und Johnny waren entzückend, und wir beteten sie an. Sie führten ein glückliches Leben. Ihre Spielkameraden waren die Kinder von Schauspielern, die uns benachbart wohnten. Die Kindermädchen sahen darauf, daß alle Geburtstage in voller Besetzung gefeiert wurden, und so versammelten sich denn bei solchen Gelegenheiten in unserem Haus Juliette Colman, Geraldine Chaplin, Liza Minnelli, Candice Bergen, Rebecca Wells. Im reifen Alter von drei Jahren verliebte sich mein Johnny heftig in die süße kleine Candy, und nach jeder Geburtstagsfeier verlangte er stürmisch: »Ich will Candy, ich will Candy.«

Die offene Veranda, auf der Holz für den Kamin geschichtet wurde, ließ ich zu einem geschlossenen Wintergarten umbauen, der den Blick auf den großen Rasen freigab, und dort saßen wir fröhlich um die gemeinsame Familientafel. Unser Freund Kanarek malte ein großes Triptychon, das in der Veranda aufgehängt wurde.

In diesem Hause faßte ich wieder Mut, mir eine Bibliothek anzulegen und Bilder zu sammeln. Nach dem Kriege kamen viele Europäer nach Amerika und brachten alle Besitztümer mit, die sie vor den Nazis hatten retten können. Man konnte diese Sachen am besten in New York und in Los Angeles kaufen, und ich hatte das Glück, ungemein wertvolle Bücher und etliche Impressionisten zu erwerben, die ich in Paris nie hätte auftreiben können. Die Witwe eines französischen Antiquars brachte aus Paris die einzigartige Erstausgabe der von Fermiers Généraux in Amsterdam verlegten Fabeln La Fontaines mit, und anderswo erstand ich das Renoir-Tafelwerk auf Japanpapier in einer limitierten

Auflage des berühmten Kunsthändlers Vollard, ferner eine von Matisse illustrierte Ausgabe des ›Ulysses‹ von Joyce, die Erstausgabe von Heines ›Buch der Lieder‹ mit handschriftlicher Widmung an einen Freund, alle Nummern des ›Yellow Book‹ mit Beiträgen der berühmtesten zeitgenössischen englischen Autoren und Illustrationen von Aubrey Beardsley, prachtvoll gebunden.

Ich kann hier nicht all die Hunderte von kostbaren Büchern aufzählen, die ich erwarb, nur will ich doch eine ganz besondere Sammlung noch erwähnen, die ich zufällig in der Buchhandlung meines Hotels in Kansas City entdeckte, wo ich eigentlich Zeitschriften und ein paar Taschenbücher kaufen wollte. Da also, an diesem ungewöhnlichen Platz, fiel mein Blick auf eine Reihe herrlich gebundener Bücher, und auf meine Frage sagte der Verkäufer lebhaft:»Dies ist die vollständige Erstausgabe aller Bände von Charles Dickens, mit allen seinen Vorträgen und Zeitungsaufsätzen. Hier am Ort hat ein Büchersammler gelebt, der in Dickens ganz vernarrt war und in der ganzen Welt diese Bücher zusammengekauft hat. Er ist kürzlich gestorben, und ich habe sie aus dem Nachlaß erworben.«

Zwar packte mich die denkbar größte Erregung, doch machte ich ein gelassenes Gesicht und sagte beiläufig,»Ich wäre daran interessiert, vorausgesetzt, sie sind nicht zu teuer.«

»Da kommen Sie zu spät. Die Universität von Kansas will die Bücher kaufen, nur muß erst noch über die Bewilligung der Ankaufsmittel entschieden werden.«

»Ah ja. Das kennt man. Diese Universitäten lassen sich immer recht lange Zeit mit solchen Überlegungen. Ich hingegen gebe Ihnen auf der Stelle einen Scheck dafür, falls der Preis nicht zu hoch ist.«

Der Preis war nicht zu hoch, die Universität immer noch unentschlossen, der gute Mann riß mir also den Scheck aus der Hand, und diese phantastische Sammlung wurde der Stolz meiner Pariser Bibliothek und Gegenstand des Neides aller meiner englischen Freunde.

In Los Angeles lernte ich den israelischen Maler Reuven Rubin kennen. Ich besuchte seine Ausstellung auf Anraten des Filmstars Edward G. Robinson, der eine der schönsten Kunstsammlungen der Welt besaß. Auf der Stelle verliebte ich mich in die Gemälde und kaufte gleich vier. Meine Begeisterung für seine Malerei und seine Bewunderung meines

Klavierspiels führten mit der Zeit zu einer engen Freundschaft. Ich habe ihn später oft in Caesarea in Israel besucht, wo er sich ein selbstentworfenes schönes Haus gebaut hatte. Er, seine liebreizende Frau Esther, sein Sohn und seine Tochter bildeten eine der glücklichsten Familien, die ich kenne. Als ich ihn das letzte Mal kurz vor seinem Tode besuchte, machte er von mir eine Porträtzeichnung am Flügel, auf die er mir mit zittrigen Fingern eine Widmung schrieb. Ich spielte ihm zum Dank das Nocturne von Chopin, das er am meisten liebte. Meiner Meinung nach war er der bedeutendste Blumenmaler seiner Zeit.

Die Veranstalter der Ravinia Park-Konzerte unweit Chicago forderten Heifetz, Piatigorsky und mich eines Sommers auf, innerhalb einer Woche vier Konzerte mit Trios und Sonaten zu geben. Diese neue Art des öffentlichen Konzertierens sagte uns sehr zu. Wir stellten also vier gehaltvolle Programme zusammen, darunter die Trios von Mendelssohn, Tschaikowsky und Ravel und bekannte Sonaten, die wir oft miteinander gespielt hatten. Unser Ensemble löste eine kleine Sensation aus, es kamen massenhaft Zuhörer, und ein Kritiker war doch wirklich geschmacklos genug, uns das Millionärs-Trio zu nennen. Diese Bezeichnung verbreitete sich über das ganze Land, und ich nahm fortan an solchen Veranstaltungen nicht mehr teil.

Dabei erinnere ich mich eines komischen Streites mit Heifetz, der es einfach nicht ertragen wollte, daß in den Ankündigungen unsere Namen in der Reihenfolge Rubinstein, Heifetz, Piatigorsky erschienen. »Das muß unbedingt anders werden, unsere Namen müssen abwechselnd an erster Stelle stehen«, sagte Heifetz.

»Mir ist das egal«, sagte ich, »aber meines Wissens sind sämtliche Trios für Klavier, Violine und Violoncello komponiert, und die Tradition bestimmt, daß auch die Instrumentalisten in dieser Reihenfolge angekündigt werden.«

Damit wollte Jascha sich aber nicht zufriedengeben. »Ich habe schon Trios für Violine und Violoncello mit Klavierbegleitung angekündigt gesehen«, behauptete er.

»Die haben Sie dann wohl selber so angekündigt.«

»Na, hören Sie mal, ich habe es tatsächlich gesehen!« empörte er sich.

Nun sah ich rot und schrie: »Und wenn Gott selber die Geige spielte, würde die Ankündigung immer noch lauten Rubinstein, Gott und

Piatigorsky!« Immerhin spielten wir die drei Trios mit viel Sorgfalt ein. Übrigens machte ich auch in den Studios von RCA in Hollywood Aufnahmen, und da war die Arbeit ein Vergnügen. Ich gab jetzt mehr und immer erfolgreicher Konzerte in den USA. Alfred Wallenstein, der das Los Angeles Philharmonic Orchestra dirigierte, forderte mich auf, Beethovens fünf Klavierkonzerte mit ihm zu spielen; die ersten beiden mußte ich erst lernen, und das fünfte hatte ich bislang nie öffentlich gespielt. Ich machte mich mit viel Freude an die Arbeit und spielte die Konzerte mit großer Hingabe. Da sie vom Publikum sehr gut aufgenommen wurden, faßte ich den Mut, fünf Konzerte von Mozart einzustudieren, die ich schon immer gern öffentlich gespielt hätte, nur wollten die amerikanischen Orchester da nicht mitmachen, die bestanden unerbittlich auf brillanten Sachen wie Tschaikowsky, Saint-Saëns und Liszt.

In der Tower Road fügte ich meinem Plattenrepertoire auch die ›Variations Symphoniques‹ von Franck und Rachmaninoffs schwierig zu spielende Paganini-Rhapsodie hinzu, an die ich mich zu Lebzeiten des Komponisten nie herangetraut hatte. Ich gedenke sehnsüchtig unseres großen Salons mit den beiden herrlichen Konzertflügeln, die mich dazu inspirierten, mein Repertoire mit vielen von mir sehr geliebten Solostücken von Chopin, Schumann, Schubert und Brahms aufzufüllen, lauter Sachen, die bis zur Konzertreife eine Menge Arbeit verlangten, und bisher war ich zu faul gewesen, sie auf mich zu nehmen. Auch bereicherte so mancher Abend mit befreundeten Kammermusikern unser Leben in Kalifornien. Dazu luden wir das Ehepaar Mann ein und noch etliche echte Musikliebhaber. Mehrmals kamen Strawinskys zum Essen, wir gingen auch zum Cocktail zu ihnen, doch wohnten wir so entfernt voneinander, daß solche Zusammenkünfte selten waren.

Auch muß ich, wenn schon etwas geniert mitteilen, daß ich in zwei aufeinanderfolgenden Jahren einen Silberpokal errang als derjenige Künstler, der die meisten Zuhörer anzog – in Konkurrenz mit Menuhin, Heifetz, Horowitz und Serkin. Das Komitee der Hollywood Bowl beglückwünschte mich brieflich dazu, und es hieß darin, man habe Horowitz und Heifetz eine Gage von sechstausend Dollar zahlen müssen, während ich wie üblich mit dreitausend zufrieden gewesen sei; also fühle man sich moralisch verpflichtet, mir einen Scheck über weitere dreitausend Dollar beizulegen.

Unseren zwanzigsten Hochzeitstag begingen wir nach bester Hollywood-Manier. Mehr als hundert Gäste kamen, und mehr als zwei Stunden wurden an langen Bars Drinks ausgeschenkt. Eine Tanzfläche fand ausreichend Platz zwischen den Eukalyptusbäumen, und es blieb Raum genug für Einzeltische für sechs bis acht Personen, die darum gruppiert wurden. Überdies hatten wir Glück: es gelang uns, für den Abend eine berühmte, gerade hier gastierende Band zu engagieren.

Am Nachmittag wurde auf dem kleinen Dachbodentheater uns zu Ehren ein Einakter aufgeführt, den eine von Evas Kommilitoninnen verfaßt hatte. Eva und einige ihrer Kolleginnen übernahmen alle Rollen. Es war ein kurzes Stück und wurde während der Cocktailstunde aufgeführt. Nela unterrichtete die Gäste entsprechend: »Wer sich das ansehen möchte, ist herzlich eingeladen, doch niemand soll sich genötigt fühlen.« Zu unserer Freude erklommen die bedeutendsten Persönlichkeiten unter den Gästen, also Goldwyns, Selznicks, Charles Laughton, Deborah Kerr, Greer Garson, Cary Grant und zwanzig oder dreißig andere die Treppe zum Dachboden, ließen sich auf den behaglichen Sesseln nieder und hörten sich das kleine anspruchslose Stück an. Man klatschte herzlich Beifall, und Goldwyns waren von Eva geradezu begeistert.

Wieder an der Bar, nahm Charles Laughton sich einen unverdünnten Whiskey und sagte zu mir: »Lieber Freund, wenn Sie nächstes Mal zu mir zum Essen eingeladen werden, müssen Sie sich erst sechs Beethoven-Sonaten anhören, bevor Sie den ersten Bissen bekommen.«

Das Dinner, von Nela prachtvoll zubereitet und von zahllosen Bedienten serviert, fand große Anerkennung. Zu trinken gab es echten Champagner, und getanzt wurde bis in die späte Nacht.

Das Haus war für solch große Empfänge sehr geeignet. Ich erinnere mich insbesondere einer Party zu Ehren von Germaine de Rothschild, die bei Piatigorskys zu Besuch war; die Gäste saßen diesmal auf der anderen Seite des Hauses und genossen den Blick in den Garten, der von meinem alten Freund Nightingale aufs schönste illuminiert worden war. Zu Gast waren bei dieser Gelegenheit hauptsächlich Musiker, Freunde aus Europa, französische und englische Schauspieler.

Nelas Bruder, Bronislaw Mlynarsky, heiratete Doris Kenyon, die schöne

Stummfilmdarstellerin, und machte eine antiquarische Versandbuchhandlung auf. Dank seiner Geschäftsverbindungen war er über alle bedeutenden Buchauktionen informiert, und durch ihn erwarb ich Chopins Paß, seinen einzigen; er wurde in London angeboten. Auch erhielten wir in Paris von ihm einen Katalog von Autographen, die in Genf zum Verkauf standen. Man denke sich meine Verblüffung, als ich im Katalog auch Briefe von mir angezeigt fand, von mir, der doch so gut wie nie Briefe schrieb! Weil ich nicht selber auf der Auktion erscheinen wollte, fuhr Nela nach Genf und kaufte sie. Echte Sammler kennen natürlich den Wert rarer Stücke, sie waren also stark gefragt, und Nela mußte viel Geld ausgeben für die Briefe eines noch lebenden Briefeschreibers. Bei dieser Gelegenheit kaufte sie eine Menge Briefe von Saint-Saëns und Jacques Thibaud zu einem viel geringeren Preis, denn davon gab es viel. Sie waren sämtlich an Gabriel Astruc gerichtet, der ja unser aller Impresario gewesen war. Unter meinen eigenen Briefen befanden sich welche, in denen ich 1906 aus Amerika dringend um Geld bat, die anderen betrafen Annahme oder Ablehnung von Programmvorschlägen und stammten aus verschiedenen Jahren. Die habe ich nun also glücklicherweise alle wieder in meinem Besitz.

Bei meinen nun wieder häufigeren Besuchen in Paris fand ich einen Markt von Büchern und Gemälden zu annehmbaren Preisen. Ich kaufte mit Eifer und erfreue mich auch heute noch dieser Erwerbungen.

Damals pflegte ich in Europa im Herbst zu konzertieren, von Beginn des neuen Jahres an in den USA, und den Sommer verbrachte ich in Beverly Hills. Nela begleitete mich stets nach Paris, und wir wohnten im Royale Monceau, Avenue Hoche. Meine Konzertreisen begannen jeweils mit zwei oder drei Abenden in der Salle du Trocadero oder im Théâtre des Champs-Elysées, dann folgten London, die skandinavischen Länder und Italien.

In dem Jahr, als ich mich für zwanzig Konzerte in Israel verpflichtet hatte, begleitete uns Eva. Es wurde eine anstrengende Reise. Der Konzertsaal in Tel Aviv war so klein, daß ich das B-Dur-Konzert von Brahms dort achtmal an acht aufeinanderfolgenden Tagen spielen mußte, vor jeweils ausverkauftem Haus.

Nach ein paar Ruhetagen mußte ich das Konzert mehrmals in Jerusalem und Haifa wiederholen; dann folgten Klavierabende mit etlichen

Ruhetagen dazwischen. Leider streikte die Fluggesellschaft, und wir mußten in Rom acht Tage auf einen Flug nach Tel Aviv warten. Ich schlug vor, die Tournee abzukürzen, doch die Israelischen Philharmoniker flehten mich an, das nicht zu tun, also mußte ich alle zwanzig Konzerte in zwanzig Tagen geben. Wir wohnten in einem kleinen Haus, das gastierende Künstler beherbergte und von einem liebenswürdigen bulgarischen Ehepaar geführt wurde. Nach meinem letzten Konzert wollten die Zuhörer immer mehr Zugaben, und dann drängten auch noch Leute, die draußen gewartet hatten, in den Saal.

Der erste Aufenthalt im neugegründeten Staat Israel wurde mir zu einem unvergeßlichen Erlebnis. Yigael Yadin, Oberkommandierender der israelischen Streitkräfte im achtundvierziger Krieg und echter Musikliebhaber, wurde mein Freund. Bei einem kleinen Essen in jener Künstlerherberge erzählte er, auf welch verblüffende Weise der Krieg damals gewonnen wurde. Als Archäologe von Beruf entdeckte er die aus biblischen Zeiten stammende Straße nach Ägypten, von der her er einen Überraschungsangriff gegen die Ägypter führte, viele Gefangene machte, darunter einen jungen Leutnant namens Nasser, und den Rest in die Flucht schlug.

»Der Kampf mit den Syrern hatte geradezu komische Aspekte. Uns fehlte es an Artillerie, und ich dachte mir eine kleine Überraschung aus.« Dabei schmunzelte er breit. »Sie wissen, welch unerhörter Lärm in amerikanischen Kriegsfilmen gemacht wird? Nun, ich ließ den Ton durch mächtige Megaphone übertragen, die wir an strategisch günstigen Plätzen aufstellten, und das Resultat war einfach phantastisch. Die Syrer flüchteten in einer wahren Panik.«

Eva betrug sich musterhaft und war mir eine große Hilfe. Tagsüber ging sie in Lazarette, unterhielt sich mit Verwundeten und munterte sie durch ihre bezaubernde lebhafte Art auf. Abends kam sie unfehlbar in meine Konzerte, saß entweder im Saal oder in ein Buch vertieft in meiner Garderobe. Nach Kalifornien zurückgekehrt, hielt sie im privaten Kreis Vorträge über Israel.

Als Eva achtzehn wurde, veranstalteten wir für sie eine *coming out party*. Weil Beverly Hills dafür nicht der geeignete Ort war und wir in New York nicht genügend Bekannte in Evas Alter hatten, wandten wir uns an unsere zuverlässige Freundin Mrs. Robert Low Bacon in Washington um Rat. Virginia Bacon zählte zu den drei bekanntesten Gastgeberinnen der Hauptstadt, die beiden anderen waren Mrs. Robert Bliss of Dumbarton Oaks und Alice Longworth, Tochter von Theodore Roosevelt und Witwe von Nicholas Longworth, dem Sprecher des Senats. Ich kannte die Damen von wichtigen Veranstaltungen in Washington. Auf Vorschlag von Virginia veranlaßte Alice Longworth, daß ich den Ball für Eva im Sulgrave Club geben durfte, dem elegantesten, am besten geeigneten Ort für unsere Party. Eva wohnte zwei Wochen bei Mrs. Bacon und wurde zu allen *coming out parties* eingeladen, auf denen sie mit anderen jungen Leuten Bekanntschaft schloß. Wir luden hundert von ihnen ein, dazu die Elite der Washingtoner Gesellschaft, insgesamt über dreihundert Gäste. Auf dem Podium stand ein Konzertflügel von Steinway, und Jules Stein, der Direktor des amerikanischen Musikerverbandes, stellte eine ganz hervorragende Tanzkapelle. Nela sorgte für den Blumenschmuck, das Büfett und den Champagner, denn sie verstand es, die besten Blumenlieferanten und Traiteurs ausfindig zu machen. Nela, Eva und ich boten einen recht eindrucksvollen Anblick, als wir die Gäste empfingen; die *grandes toilettes* der Damen und die Fräcke und weißen Frackschleifen der Herren ließen mich voller Wehmut an das London der Zeit Edwards denken. Nachdem die Band die Nationalhymne gespielt hatte, setzte ich mich an den Flügel und kündigte an: »Aus Anlaß des Eintritts meiner Tochter in die Gesellschaft werde ich nun die Grande Polonaise von Chopin spielen.« Unnötig zu sagen, daß ich sie nie besser gespielt habe. Danach wurde mir die Ehre des ersten Walzers mit meiner Tochter zuteil. Die Party dauerte bis in den frühen Morgen und blieb den Beteiligten unvergessen.

Wieder in der Tower Road, befaßte ich mich fleißig mit Aufnahmen für RCA, zu deren Studios ich stolzgeschwellt in meinem Cadillac fuhr. Es entstanden damals eine Menge Aufnahmen. Ich erinnere mich an eine gar nicht üble des ›Carnaval‹ und der ›Fantasiestücke‹ von Schumann. Eine ganze Platte war Grieg gewidmet, ich spielte die mir liebsten seiner ›Lyrischen Stücke‹. Es hat mich übrigens immer verdrossen, daß man Kindern, die doch nichts damit anzufangen wissen, Sonaten von Mozart und Stücke von Grieg als »leichte« Übungen vorsetzt.

In den fünfziger Jahren spielte ich mit Henryk Szeryng die Violinsonaten von Brahms und drei meiner Lieblingssonaten von Beethoven ein.

Szeryng war ein junger Pole, den wir nach dem Kriege in Mexiko kennengelernt hatten, wo er, wie so viele andere, im Exil lebte. Den luden wir als Hausgast nach Beverly Hills ein und machten ihn mit unseren Musikfreunden bekannt. Hurok interessierte sich nicht für ihn, weil niemand in Amerika von ihm gehört hatte, doch RCA ließ sich schließlich bewegen, diese Aufnahmen zu machen. Man hatte mich immer gedrängt, sie mit Heifetz zu spielen, aber ich weigerte mich, weil Jascha diese Sonaten als Sonaten für Violine mit Klavierbegleitung auffaßte. Die Platten mit Szeryng gelangen hervorragend. Als er dann nach dem Kriege wieder in Europa erschien, hatte er überall Erfolg, und heute gehört er zu den bedeutendsten Geigern.

Um das Jahr 1953 herum wurde das Leben in der Tower Road weniger angenehm. Nela hatte eine schwere Operation zu überstehen, von der sie sich zum Glück voll erholte. Unser japanischer Gärtner, der alles so prachtvoll instand gehalten hatte, wurde krank, kündigte und erwies sich als unersetzlich. Wir mußten erst zwei, dann drei Gärtner einstellen, die das Anwesen aber nicht ausreichend pflegten.

Nun überlegten wir, ob wir den Besitz nicht verkaufen sollten, doch riet man uns ab: »Er ist zu groß«, hieß es, »sein Unterhalt zu teuer, die reichen Filmstars haben alle schon etwas Passendes, ihr würdet viel Geld verlieren.« Wir schoben also den Entschluß auf, zumal ich auch noch eine unangenehme Erfahrung mit drei unbebauten Grundstücken hinter mir hatte, die in einer sehr gesuchten Gegend lagen und die ich deshalb gekauft hatte. Ich fühlte mich als geschickter Bodenspekulant, erhielt dann aber als solcher von der Gemeindeverwaltung aus heiterem Himmel ein Schreiben, das mich aufforderte, die drei Grundstücke ständig bewachen zu lassen, weil auf ihnen wahllos Müll abgeladen wurde. Ich verkaufte also prompt alle drei und machte dabei nur einen winzigen Profit.

Eine neue Konzertreise führte mich vom östlichen Kanada über Boston, New York und Washington ins tropische Florida, und wie gewöhnlich nach Havanna. In diesem Zigarrenparadies spielte ich immer mit größtem Vergnügen in einem reizvollen Konzertsaal, den ein Komitee vermögender Damen hatte bauen lassen. Die Abonnementskonzerte waren immer ausverkauft, und doch spielte der gastierende

Künstler vor fast leerem Hause, weil die Abonnenten, die Elite der Gesellschaft von Havanna, den Winter in New York oder Europa verbrachten und ihre Karten nicht veräußern, sondern nur innerhalb ihres Hauses weitergeben durften. Das führte zu dem sonderbaren Resulat, daß das spärliche Publikum meist aus Dienstpersonal der Reichen bestand. Ich selber hatte darunter nicht zu leiden, denn auf Verlangen der Abonnenten kam ich vor dem allgemeinen Exodus nach Havanna. Von Kuba aus reiste ich weiter in den Mittleren Westen. In Detroit fand ich nach dem Konzert kein Taxi, mußte also den Flughafenbus nehmen. Kurz vor dem Einsteigen rief mir ein Page nach: »Mr. Rubinstein, Ferngespräch aus Los Angeles!« Ferngespräche von zu Hause machten mir immer Angst, es mochte was weiß ich passiert sein! Ich bat den Busfahrer, einen Moment zu warten, und rannte zum Telefon. Nela sagte am anderen Ende: »Ich habe einen Käufer für unser Haus, der fünfzig Prozent mehr zahlen will, als es uns gekostet hat. Soll ich verkaufen?«

Ohne mich auch nur zu besinnen, rief ich: »Verkaufen!«, und so verließen wir denn Kalifornien.

Kapitel 115

In New York begann ein neues Kapitel in unserem Leben. Nela fand eine hübsche Wohnung für uns an der Park Avenue Ecke 66. Straße, die wir mit Nelas Mutter, den beiden Kleinen und Kathryn bezogen. Eva teilte sich eine nahe gelegene Atelierwohnung mit einer Freundin, und Paul besuchte im letzten Semester die Wharton School of Finance der Universität von Pennsylvania. Die Wohnung war eher klein, doch spielten sich große Ereignisse darin ab. Alina besuchte die Nightingale School, auf der sie sich sehr wohl fühlte, eine ausgezeichnete Schülerin, allseits beliebt. Johnny seinerseits tat sich von Anfang an in seiner neuen Schule hervor. Bei Schulaufführungen spielte er unweigerlich die Hauptrollen, und ich erinnere mich mit Stolz an ihn als Peter Pan. Ich selber beteiligte mich jetzt wesentlich stärker am Konzertleben im Osten der USA.

Ich möchte jetzt von einem kleinen Mädchen erzählen, das mir nach einem Konzert in der Carnegie Hall mit einigen leisen Dankesworten ein Sträußchen überreichte, ein Vorgang, der sich Jahr um Jahr in immer gleicher Weise wiederholte. Das änderte sich auch nicht, als wir nach New York übersiedelten, und da war das ehedem kleine Mädchen mittlerweile etwa fünfzehn Jahre alt. Meine Frau sprach sie bei einer solchen Gelegenheit an und erkundigte sich nach ihren Lebensumständen.

»Ich studiere an der Julliard School Klavier«, war die Antwort.

»Warum erfahren wir denn das erst jetzt?« fragte Nela, und ich sagte gleich: »Kommen Sie doch morgen auf eine Tasse Tee zu uns und spielen Sie mir vor.«

Das Mädchen hieß Dubravka Tomsic und stammte aus Jugoslawien. Sie spielte nicht nur gut, sie war wirklich begabt. Es ergab sich dann, daß sie mir immer vorspielte, wenn sie etwas Neues einstudiert hatte.

Eines Tages eröffnete sie mir weinend: »Ich muß nach Jugoslawien zurück, denn mein Stipendium wird nicht mehr bezahlt. Der Staat hat keine Devisen, und ich koste hier zuviel Dollars. Aber wenn ich jetzt aufhöre, bevor ich mit meiner Ausbildung fertig bin, kann ich alle meine Hoffnungen begraben.«

Das tat mir aufrichtig leid, und ich überlegte, was ich dabei tun könnte. Zunächst rief ich den jugoslawischen Botschafter an und fragte, ob er mich wohl empfangen würde. Er gab mir einen Termin, und ich flog nach Washington. Zum Glück erwies er sich als äußerst kultiviert und zeigte Verständnis für die Lage der jungen Dame. »Ich werde mich mit unserer Regierung in Verbindung setzen, Ihre Beurteilung übermitteln und Ihnen Bescheid geben, sobald ich von dort etwas erfahren habe.« Und als Mann von guten Manieren erbot er sich sogar, selber nach New York zu kommen und mir das Resultat seiner Bemühungen mitzuteilen. Das lautete nun folgendermaßen:

»Präsident Tito ist bereit, das Stipendium für Fräulein Tomsic aus eigener Tasche weiterzuzahlen, falls Sie sich bereit erklären, sie selber zu unterrichten«.

Das war in der Tat ein verblüffender Vorschlag! Doch mit Rücksicht auf die Begabung Dubravkas willigte ich ein und gab ihr in den folgenden zwei Jahren immer wieder einmal Stunden, bis sie sowohl ihre Schulausbildung als auch ihre Musikstudien mit glänzendem Ergebnis abschloß.

Eines Tages entdeckte ich vor der Carnegie Hall ein Plakat, auf dem Dubravka Tomsic als Solistin angekündigt wurde, und zwar zu einer ganz ungewöhnlichen Zeit, nämlich zwischen einem Nachmittags- und einem Abendkonzert. Sie schickte mir ohne weitere Erläuterung Eintrittskarten, und wir gingen allesamt in ihr Konzert, höchst begierig auf die Lösung des Rätsels. Der Saal war recht gut besetzt, hauptsächlich mit jüngerem Publikum, und die dunkelhaarige Dubravka, jetzt eine ansehnliche junge Dame, trat zu unserer Verblüffung in einem langen Kleid aufs Podium. Ich erinnere mich noch genau an einzelne ihrer Stücke, so spielte sie eine hervorragende ›Appassionata‹ und mit unwahrscheinlichem Tempo den ›Mephistowalzer‹ von Liszt, der donnernden Beifall auslöste. Man brachte ihr viele Blumengebinde aufs Podium, sie mußte zwei oder drei Zugaben spielen, und man gab erst Ruhe, als der Manager das Publikum bat, den Saal für das folgende Konzert zu räumen.

Wir eilten natürlich sogleich ins Künstlerzimmer, umarmten sie herzlich und erkundigten uns, wie dieses Konzert denn zustande gekommen sei.

»Ich habe den Saal selber gemietet«, erklärte sie, »denn meine Freunde und Kollegen von der Julliard School haben mir versprochen, allesamt zu kommen, und so habe ich mir ein bißchen Geld verdient. Ich hatte natürlich Glück, aber ich war entschlossen, das Konzert zu geben, und hätte ich die Saalmiete nicht bezahlen können, wäre ich eben dafür ins Gefängnis gegangen.«

Dieses entschlossene Mädchen ist dann bald darauf nach Jugoslawien heimgekehrt und wurde von Tito in seiner Sommerresidenz empfangen. Sie ist derzeit die bekannteste jugoslawische Pianistin und tritt auch mit viel Erfolg in Deutschland, Italien, Spanien und anderen Ländern auf. Wir stehen immer noch in Verbindung miteinander.

Um diese Zeit hörte Horowitz, der ja früher schon seine Konzerte häufig abgesagt hatte, ganz auf zu konzertieren, weil er, wie er sagte, an Darmkatarrh litt. Ich vermerkte mit Bedauern, daß dieser großartige Pianist seine Laufbahn sozusagen auf dem Höhepunkt abbrach. Rudolf Serkin und Robert Casadesus blieben also meine einzigen Rivalen.

Mein junger Schützling William Kapell, der eine steile Karriere machte und der meistversprechende einheimische Pianist war, kam ums Leben, als das Flugzeug, das ihn von seiner Tournee durch Australien heimbrachte, vor der Landung in San Francisco abstürzte. Walter Gieseking, eingestandenermaßen ein Gefolgsmann der Nazis, hatte doch wahrhaftig die Stirn, den Versuch zu machen, in Amerika einige blanke Dollars zu verdienen, doch ließ man ihn nicht einreisen. Hurok brachte Emil Gilels nach Amerika, diesen großen russischen Pianisten, einen lieben Freund von mir, der zuvor in England und Frankreich großen Anklang gefunden hatte. Überall, wo er erschien, wurde er stürmisch bejubelt, und das hat sich bis zu diesem Augenblick nicht geändert.

Was die Geiger angeht, so konnte nach Kreislers Tod einzig Heifetz mit stets ausverkauften Häusern rechnen.

Thibaud gab ein einziges Konzert in der Carnegie Hall, er spielte herrlich die ›Havanaise‹ von Saint-Saëns und auch alle anderen Stücke ganz hervorragend, doch bemängelte man, daß sein Ton nicht groß genug sei. Zwei Jahre später kam er bei einem Flugzeugabsturz ums Leben, als er auf der Reise nach Japan war. Nun spielte Isaac Stern sich in den Vordergrund, ein junger Geiger aus San Francisco, und setzt seinen Aufstieg fort.

Die New Yorker Philharmoniker hatten einen neuen Dirigenten, Dimitri Mitropoulos, einen ausgezeichneten Musiker voller Ideale und begabt mit einem geradezu unheimlichen Gedächtnis. Von vielen phantastisch anmutenden Leistungen ist mir vor allem in Erinnerung geblieben, daß er Alban Bergs ›Wozzek‹ auswendig dirigierte. Auch wenn er Solisten begleitete, benutzte er nie eine Partitur. Er war ja Schüler von Busoni und ein ausgezeichneter Pianist, und hin und wieder spielte er selber das schwierige Klavierkonzert Nr. 3 von Prokofieff, wohl auch einen Bartók oder Křenek; er dirigierte dann vom Flügel her, und endlich einmal waren die New Yorker Philharmoniker ihrem Dirigenten mit Leib und Seele ergeben.

Ebenfalls um diese Zeit ging ein neuer Stern am Musikhimmel auf, Leonard Bernstein, der im letzten Moment für Rodzinski einsprang und gleich als Assistent von Charles Munch nach Boston ging; man holte ihn häufig als Gastdirigenten in andere Orte.

Ich lernte ihn in Montreal kennen, wo ich das Konzert von Grieg spielen wollte, sowie ›Nächte in Spanischen Gärten‹ von de Falla. Eigentlich sollte mein alter Freund Désiré Defauw dirigieren, doch erkrankte er, und Bernstein stand statt seiner am Pult. Am Vormittag, nach dem üblichen Austausch von Komplimenten (Ich: »Ich habe schon viel von Ihnen gehört.« Er: »Ich genieße Ihre Konzerte außerordentlich.«) begannen wir mit der Probe des Grieg-Konzerts. Nach der Oktavenintroduktion des Klaviers nahm er das recht melancholische Thema in raschem, munterem Tempo. Ich brach ab, ging zu ihm und flüsterte ihm zu: »Ich spiele dieses Thema getragener, es ist nämlich recht traurig.«

Darauf entgegnete er schroff: »Diese Musik ist überhaupt nicht der Rede wert, und was den de Falla angeht, so ist der nicht viel besser.«

Nun, das reichte mir, und ich sagte: »Warum dirigieren Sie diese Stücke dann? Sie hätten Konzerte wählen können, vor denen Sie mehr Achtung haben, und wenn Ihnen mein Programm so mißfällt, werde ich überhaupt nicht mit Ihnen spielen. Eröffnen Sie das Konzert mit Sachen, die Ihnen liegen, und überlassen Sie mir den zweiten Teil nach der Pause.« Und damit ging ich weg.

In Musik, Kunst, Kultur schlechthin, und in der Lebensweise bestehen zwischen den einheimischen Franzosen und den Engländern in Montreal bekanntlich deutliche Gegensätze. Bislang hatte ich stets nur vor den Franco-Kanadiern gespielt. Mein Entschluß, nicht mit Bernstein zu spielen, löste bei den französischen Veranstaltern einen Empörungsschrei aus, und schon bereute Bernstein seine jugendliche Impulsivität. Er lief in ein Geschäft, kaufte einen schönen Kaschmirschal und brachte ihn mir mit lautstarken Entschuldigungen ins Hotel.

»Schließen wir Frieden«, sagte ich, »aber können wir heute abend ein Konzert geben, ohne probiert zu haben?«

Da antwortete aus ihm der echte Musiker: »Ach was, ich kann beides auswendig dirigieren, das ist überhaupt keine Schwierigkeit.« Und tatsächlich dirigierte er beide Werke wunderbar. Wir bekamen viel Beifall, und nachdem wir uns fünf- oder sechsmal verbeugt hatten, gestand er ein: »Ich finde allmählich sogar Geschmack an diesen beiden Werken.«

So wurden wir denn gute Freunde, spielten häufig zusammen, und auch heute noch beherrscht er das New Yorker Musikleben, sowohl als Dirigent wie als Komponist. Die Philharmoniker, deren Dirigent er jahrelang war, vergötterten ihn, weil er auf immer neue Ideen verfiel, Geld für sie zu beschaffen – im Fernsehen, durch Schallplattenaufnahmen, Kinderkonzerte etc.

George Szell, den ich bewunderte, seit ich ihn in Prag eine neue Oper hatte dirigieren hören, wurde musikalischer Leiter und Dirigent des Cleveland Orchestra und brachte dieses in einigen Jahren auf ein Niveau, das jenes der Orchester von Boston und von Philadelphia noch übertraf, die jahrzehntelang unangefochten den Spitzenplatz behauptet hatten. Leider starb er viel zu früh, doch seine herrlichen Aufnahmen der Sinfonien von Beethoven, Brahms, Schumann und viele andere gewähren meinen letzten Jahren unbeschreibliche Freuden.

Noch standen in den USA die sogenannten Klassiker und die alten Romantiker im Vordergrund, doch erkannte man allmählich das Geniale in den Werken von Strawinsky, Bartók und vor allem Mahler. Hier und dort wurde auch einmal ein wenig Schönberg gespielt oder auch Berg und Webern, aber das Publikum sperrt sich gegen diese Musik, man geht nur hin, weil die Komponisten immerhin einen Namen haben.

Bei den Pianisten wurde es Mode, ein ganzes Programm einem einzigen Komponisten zu widmen, und ein Klavierabend nur mit Beethoven-Sonaten oder nur mit Werken von Chopin wurde üblich, denn diese Komponisten, musikalisch so grundverschieden, locken das größte Publikum an.

Meine eigenen Programme hatten sich seit den Tagen in Europa und Südamerika erheblich geändert. Es erwies sich, daß Albéniz nicht nur in Spanien und Südamerika ungeheuren Beifall fand, sondern auch in Frankreich, Italien und Polen. In London mußte ich unweigerlich ›Navarra‹ als Zugabe spielen, und ›Feuertanz‹ war ein todsicherer Gewinner.

1955 überkam mich ganz plötzlich der Drang, vom Gewohnten abzuweichen. Ich nahm mir vor, alle Klavierkonzerte, die ich im Laufe meines Lebens öffentlich gespielt hatte, wieder zu spielen und in fünf Konzerte aufzuteilen, die in Paris, London und New York stattfinden sollten. Zum Glück waren das beste Pariser Orchester, das des Conservatoire, und auch eines der guten Londoner Orchester mit diesem Plan einverstanden. In New York gab es Schwierigkeiten. Ich beschloß, selber ein Orchester zu mieten und Wallenstein dirigieren zu lassen, was Hurok sehr enttäuschte, denn dadurch sanken nicht nur meine Einnahmen erheblich, sondern auch seine Prozente.

Insgesamt waren es siebzehn Klavierkonzerte, doch aus formalen Gründen begann jeder meiner Auftritte mit einem Beethoven-Konzert. Die anderen waren von Brahms, Chopin, Schumann, Liszt, Mozart, Saint-Saëns, dazu die Paganini-Rhapsodie von Rachmaninoff, die ›Symphonischen Variationen‹ von Franck und de Fallas ›Nächte in Spanischen Gärten‹. In London spielte ich statt des Saint-Saëns lieber Grieg. In Paris dirigierte Jean Fournet und in London Sir Adrian Boult.

Es war ein gewaltiges Vorhaben, und ich hatte ungeheure Freude daran. Ich spielte einen Tag in London, den nächsten in Paris, mit jeweils einer Probe zuvor, und benutzte zur Reise das Flugzeug. Einmal allerdings streikten die Fluggesellschaften, und ich sah mich gezwungen, wieder den alten Zug und die mir so verhaßte Kanalfähre zu nehmen.

In London sprang einmal für den erkrankten Sir Adrian ein junger, mir unbekannter Mann ein, und die Probe dauerte fünf Stunden, weil er sich nicht genügend auskannte. Das tat meiner Begeistung aber keinen Abbruch. Das Publikum beklatschte mich in London wie in Paris begeistert, einzig der Musikkritiker der ›Times‹, der mein Spiel nie geschätzt hatte, erlaubte sich, nach meinem ersten Konzert zu schreiben: »Seiner Beethoven-Wiedergabe mangelt die Tiefe, und das läßt für die kommenden Konzerte nichts Gutes erwarten.« Nach dem zweiten Konzert bewunderte er mein Beethovenspiel, schränkte allerdings seine Bewunderung ein, indem er sagte, englische Pianisten hätten eine andere Auffassung – ihm war nach seiner ersten Besprechung wohl klargeworden, daß ich ihn auf Schadenersatz hätte verklagen können mit der Begründung, er wolle das Publikum vom Besuch meiner Konzerte abhalten.

In New York wurden diese Konzerte nicht nur äußerst beifällig aufgenommen, man sah darin auch eine besondere Leistung – ich selber allerdings sah es nicht so, denn alle diese Klavierkonzerte waren feste Bestandteile meines Programms, und für mich war es ein reines Vergnügen, sie allesamt an fünf Abenden hintereinander zu spielen.

Einmal, als ich soeben zwei dieser Konzerte hinter mir hatte, verbrachte ich die ganze Nacht damit zusammen mit Wallenstein noch einige Platten einzuspielen.

Achter Teil

Wieder daheim in Paris,
noch mehr Konzertreisen und
Schallplattenaufnahmen

Kapitel 116

Um diese Zeit gelangte ich endlich wieder in den Besitz meines Pariser Hauses. Dabei kamen mir verschiedene Umstände teils angenehmer, teils unangenehmer Art zu Hilfe. Angenehm war, daß das in meinem Hause lebende Paar sich scheiden ließ und kein Geld besaß. Unangenehm war, daß mein Anwalt mir riet, ihm dafür, daß es mein Besitztum räumte, eine Million Francs zu zahlen (etwa dreitausend Dollar), anstatt es wegen Mietschulden einsperren zu lassen.

Wir nahmen uns nun sogleich einen Architekten, der das Haus praktisch von Grund auf neu baute. Zehn Monate dauerte es, und nachdem die Arbeiten beendet waren, sahen Alina und Johnny erstmals das Haus und die Stadt Paris. Diese beiden ungemein begabten Kinder verstanden es in kürzester Zeit, sich an den Schönheiten von Paris zu erfreuen.

Endlich konnten wir ein bildschönes Haus beziehen; das Erdgeschoß war wesentlich vergrößert worden und hatte jetzt eine große Terrasse. Der Zugang war zu einer Art Wintergarten umgestaltet, zu dem drei Stufen führten, und den kleinen Vorgarten flankierten zwei Blumenrabatten. Im ersten Stock gewannen wir auf diese Weise fünf Räume, und Nela hatte dafür gesorgt, daß statt der alten Kellerküche jetzt direkt neben dem Eßzimmer eine moderne Küche eingerichtet worden war. Im Speisezimmer wie im Salon wurde je eine ganze Wand von eichenen Regalen eingenommen. Wir ließen etliche Möbel kommen, die in New York gelagert waren, und zusammen mit einigen unserer kostbarsten Gemälde und ein paar Neuerwerbungen machte das Innere des Hauses einen wohnlichen und eleganten Eindruck.

Von nun an teilte ich mein Leben zwischen Europa und den USA; eigentlich müßte ich auch noch sagen: Israel, denn dort gab ich alljährlich Konzerte zugunsten des Orchesters und des Lehrstuhls für Musik an der Hebräischen Universität von Jerusalem.

Hurok eröffnete mir, als ich wieder in New York war, höchst befriedigt, es sei ihm endlich gelungen, Swjatoslaw Richter nach Amerika zu engagieren, den berühmten russischen Pianisten deutscher Abstammung, der bislang nie die Erlaubnis für Konzertreisen im westlichen Ausland erhalten hatte. Allein schon dieser Umstand reichte hin, das europäische wie das amerikanische Publikum begierig zu machen, diese legendäre Persönlichkeit zu hören. Hurok kündigte drei Konzerte in der Carnegie Hall an, und weil die im Handumdrehen ausverkauft waren, gleich drei weitere mit unverändertem Programm.

Wir hörten die ersten drei Konzerte, und ich gebe zu, daß ich ziemlich aufgeregt war, zumal ich dem Programm entnehmen konnte, daß er bei meinem alten Freund Harry Neuhaus studiert hatte. Insbesondere auf die Liszt-Sonate war ich sehr gespannt und war dann entsprechend enttäuscht, als es hieß, Richter werde statt ihrer die C-Dur-Fantasie von Schumann spielen.

Richter näherte sich schnellen Schrittes dem Flügel, setzte sich mit etwas fahrigen Bewegungen und fing sogleich an. Darüber, wie die Schumann-Fantasie zu interpretieren ist, läßt sich trefflich streiten, da hat jeder Pianist seine eigene Auffassung. Die von Richter war mindestens befremdlich. Sein Ton war herrlich, doch neigte er dazu, die Tempi zu übertreiben, seine Allegri waren zu schnell, die Andante zu gedehnt, kurz, sein Schumann gab mir ein Rätsel auf.

Nach der Fantasie verließ er wieder rasch das Podium, kam gleich darauf zurück und spielte drei Stücke von Ravel. Nie hatte ich sie so schön spielen gehört, seine ›Oiseaux tristes‹ habe ich immer noch im Ohr. Und darauf folgte eine Offenbarung, nämlich die Klaviersonate Nr. 5 von Skriabin, die ich selber vor Jahren in London uraufgeführt hatte, aber was ich da hörte, war ein funkelnagelneues Stück, auf geradezu wunderbare Weise gespielt. Damit wies Richter sich als eben jener großartige Pianist aus, als der er bislang nur vom Hörensagen gegolten hatte.

Ich konnte ihn bei dieser Gelegenheit weder sprechen noch seine zweite Konzertserie hören, denn ich mußte unmittelbar anschließend auf Tournee gehen, doch in der folgenden Spielzeit hörte ich ihn an einem Abend vier frühe Beethoven-Sonaten spielen mit der ›Appassionata‹ als Schluß. Diesmal verstörten seine extrem genommenen Tempi mich erheblich.

Hurok gab wenige Tage später Richter zu Ehren ein kleines Diner, zu dem auch wir geladen wurden. Schon an der Tür, noch im Mantel, wurde ich von Hurok empfangen, der, eine Flasche Wodka und drei Gläser in der Hand, zusammen mit Richter uns entgegenkam. Er schenkte uns dreien ein, und das war gleichsam die gegenseitige Vorstellung. Wir tranken ein jeder auf das Wohl der anderen beiden und betraten das Haus schon mit nicht mehr ganz klarem Kopf.

Um ein reichlich mit russischen Leckerbissen bestelltes Büfett standen ein Dutzend Gäste, doch Hurok hatte mit Richter und mir Besseres vor. Er führte uns in sein Arbeitszimmer, rückte zwei Stühle an einen Tisch, brachte eine Magnumflasche Champagner und legte uns eigenhändig die ausgesuchtesten Delikatessen vor. Da saßen wir denn also, Richter und ich, bis in den frühen Morgen und wurden mit jedem Glas Champagner redseliger. Bei dieser Gelegenheit erfuhr ich, daß er mich zusammen mit Gilels in Odessa hatte spielen hören. »Ich studierte damals Architektur und hatte nicht die Absicht, Pianist zu werden, doch nachdem ich Sie damals gehört hatte, ging ich nach Moskau und studierte bei Neuhaus.«

Ich nahm einen weiteren Schluck Champagner und überlegte dabei, ob ich mir dazu gratulieren sollte, ihn auf diesen Weg gedrängt zu haben? Fand aber nach einem weiteren Schluck: ja, es war recht so.

Später, als wir über Tempi stritten, sang ich ein Beethoven-Menuett, das er gespielt hatte, sagte: »Das Allegretto war zu langsam!« und machte ihm ein paar Tanzschritte vor.

»Aber allegretto *ist* langsam!« behauptete er zutiefst überzeugt und leerte sein Glas.

Daraufhin sprang ich nochmals auf und tanzte ihm vor, was ich unter Adagio verstand, Andante, Allegretto, Allegro, und als ich zum Presto kam, fiel ich um, glücklicherweise in einen Sessel und nicht auf den Boden. Ich erinnere mich dieser Nacht jedenfalls als des gelungenen Treffens zweier Pianisten, die einander viel mitzuteilen hatten.

Tags darauf hatte ich einen der schlimmsten Kater, die mich je gequält haben, so schlimm, daß ich einen Arzt kommen ließ. Als der mir etwas gegeben hatte, begleitete ich ihn hinaus, und er sagte schmunzelnd im Abgehen: »Komischer Zufall – Sie sind schon der zweite Pianist, den ich heute behandeln mußte – der andere heißt Richter.«

Als Hurok mich 1960 fragte, was ich denn in der kommenden Spielzeit für New York plane, erklärte ich ihm kurz und bündig: »Nichts mit Orchester. Nur zehn Soloabende.«

»Das soll wohl ein Witz sein? Aber drei könnten Sie immerhin geben, das ist kein schlechter Einfall.«

»Nicht drei, sondern zehn«, versetzte ich starrköpfig.

Er begriff nun, daß es mir ernst war. »Hören Sie, Arthur, sechs wäre noch angängig, wenn auch reichlich.«

»Entweder zehn oder keins«, entschied ich.

Nun versuchte er mich davon abzubringen, und sein letzter Einwand lautete: »Das macht einen ganz schlechten Eindruck. Die Leute werden sagen, Sie ziehen dem New Yorker Publikum die Dollars aus der Tasche.«

»Und genau das will ich auch. Ich will soviel Geld zusammenbringen wie möglich, und der gesamte Ertrag wird unter zehn Wohlfahrtsorganisationen aufgeteilt. Das soll dann mein Dank sein für die Anhänglichkeit, die das Publikum dort mir jahrelang bewiesen hat.«

Da war er platt. »Das hat's ja noch nie gegeben!«

»Eben drum. Mir liegt daran zu zeigen, daß ein Künstler nicht immer nur mehr Geld verlangt, sondern daß er auch seinen Dank abtragen kann.«

Da mußte er sich denn fügen. Die Organisationen, denen das Geld zukommen sollte, wählte ich sorgfältig aus; soweit ich mich erinnere, waren darunter der Fonds für notleidende Musiker, die Dachorganisation aller jüdischen Hilfsfonds, ferner eine, die sich um Farbige kümmerte, eine weitere, die sich »Großer Bruder kleiner Kinder« nannte, und die Privatschulen, in die Johnny und Alina gingen, bekamen auch was ab.

Die Konzerte waren kaum angekündigt, da waren die Karten auch schon von meinem Publikum gekauft. Ich bestand darauf, jedesmal ein anderes Programm zu spielen, und in diesem Zusammenhang muß ich leider auf einen mir eigenen Charaktermangel hinweisen: Bei aller Bewunderung für Richter ärgerte mich doch, daß Hurok von dessen Programmen so hingerissen war, obschon sie Überschneidungen enthielten, und daß die New Yorker ihn gleich beim ersten Mal vorbehaltlos akzeptierten.

Diese zehn Klavierabende waren ein recht erhebliches Unterfangen, sie bedeuteten praktisch zwanzig Stunden gefüllt mit Musik, und zwar nie der gleichen. Ich mußte mein gesamtes Repertoire aufbieten, das ich im Laufe der Jahre gesammelt hatte, Beethoven-Sonaten, die ich seit dreißig Jahren nicht gespielt hatte, Schumanns ›Etudes Symphoniques‹ und seine Fantasie, dazu die ›Kreisleriana‹ und den ›Carnaval‹, die ich noch kürzlich gespielt hatte. Dann die großen Sonaten von Brahms und Liszt, die himmlische B-Dur-Sonate von Schubert, sämtliche kleineren Sachen, die ich von Mozart, Schumann, Brahms, Schubert und Liszt kannte, obendrauf eine Lawine Chopin samt den beiden Sonaten, den Scherzi, Balladen, Impromptus, Mazurken, Valses, Polonaisen, Preludes und den wenigen Etüden, die ich wirklich konnte. Neben Strawinsky, Szymanowski, etwas Prokofieff, Villa-Lobos, Ravel und Debussy noch eine Auswahl aus der ›Iberia‹ von Albéniz; de Fallas ›Feuertanz‹ und ›Navarra‹ mußten als Zugaben herhalten. Das alles innerhalb von vierundzwanzig Tagen. Die ausverkauften Häuser, mit Zuhörern sogar noch auf dem Podium, brachten erhebliche Summen für die Wohltätigkeitsorganisationen ein, die ihrerseits ganze Stapel von Eintrittskarten an ihre sonstigen Förderer zu hohen Preisen verkauft hatten.

Während der ersten drei oder vier Konzerte saß ein Junge von vielleicht elf Jahren in einem knallroten Pullover ganz nahe beim Flügel, und wenn die sachverständigen Zuhörer am Ende eines Sonatensatzes still den Beginn des nächsten abwarteten, sprang dieser Bengel auf, applaudierte wie wild und schrie dazu: »Bravo! Bravo!«, was mich ungemein verdroß. Schließlich fand er mehr Beachtung als ich selber! Denn nach dem Konzert hörte ich wie die Leute sich zuriefen: »Habt ihr den Knirps mit seinem roten Pullover gesehen?« Ich glaube, während der Pause im vierten Konzert packte Hurok ihn am Kragen und schrie ihn an: »Wenn du nicht sofort den verdammten roten Pullover ausziehst, schmeiße ich dich raus!« Der zu Tode erschreckte Knabe gehorchte auf der Stelle, und fortan konnte ich meine Sonaten ungestört spielen. Übrigens wurde später aus dem Knirps der vorzügliche Pianist Joe Alfidi.

RCA machte Aufnahmen von allen diesen Konzerten, ich gab aber nur die vier Mazurken von Szymanowski, die ›Visions fugitives‹ von Prokofieff und ›A Prole do Bebe‹ von Villa-Lobos frei, denn ich fürchtete, in allen übrigen Stücken waren zu viele falsche Noten. Ich hatte nämlich gespielt wie in alten Tagen, aus Herzenslust und ohne Rücksicht auf Finessen. Doch diesmal bemängelten das nicht einmal die sonst so überaus pedantischen amerikanischen Musikkritiker.

Es ereigneten sich in diesen Jahren viele Änderungen in meinem Leben. So bezogen wir auf der Park Avenue eine größere Wohnung, ein Duplex-Appartement. Von hier aus hatten Alina und Johnny kürzere Schulwege, und ich konnte meine Bilder aufhängen und meine Bücher aufstellen.

Die bekannte Tänzerin und Choreographin Agnes de Mille riet der Kulturabteilung des Außenministeriums, neben drei anderen Tänzern auch Eva mit dem Musical ›Oklahoma‹ von Rodgers und Hammerstein auf Tournee nach Europa zu schicken. Eva gab nach dieser sehr erfolgreichen Reise den Tanz aber auf und wurde statt dessen Schauspielerin. Sie trat in mehreren Dramen auf, darunter in ›Dybbuk‹, Off-Broadway. Der bekannte Bühnenautor Garson Kanin bot ihr eine wichtige Rolle in seiner ersten Fassung von ›Das Tagebuch der Anne Frank‹ an; es hatte einen überwältigenden Erfolg. Garson und seine Frau Ruth Gordon, eine bekannte Schauspielerin, wurden eng mit uns befreundet, und wenn ich später nach Los Angeles kam, gaben sie reizende Gesellschaften für uns.

Eva spielte ein ganzes Jahr in diesem Stück, dann beschloß sie überraschend zu heiraten, und zwar den presbyterianischen Pastor William Sloane Coffin. Die Ehe wurde im folgenden Jahr in einer Kirche in New York geschlossen. Mir fiel die Trennung von Eva ungemein schwer. Ich verlor an jenem Tage die Tochter, die ganz meinen Träumen entsprochen hatte, die während ihrer Jungmädchenzeit eine ideale Gefährtin gewesen war. Ihr Mann gab anfangs Religionsunterricht auf der Unterstufe, später am Williams College, wo meine erste Enkelin zur Welt kam. Dieser folgten kurz nacheinander zwei Enkelsöhne, und Evas Mann wurde dann Pastor an der Yale University.

Paul hatte anfangs in New York gearbeitet, später in Kalifornien und mußte nun seiner Dienstpflicht bei der Armee genügen.

Und ich selber gab in dieser Zeit jährlich mindestens hundert Konzerte.

Darunter waren die in Washington ganz eigener Art. Dort nämlich, und nur dort, ziehe ich es, wie schon erwähnt, vor, nicht im Hotel zu wohnen, sondern bei Virginia Bacon, einer großartigen Gastgeberin, welche die Fähigkeit besitzt, einem das Gefühl zu vermitteln, man sei bei ihr wirklich daheim. Ihr Heim kann ein historisches Palais samt herrlichem Park genannt werden. Es ist unweit der Constitution Hall gelegen, wo ich zu spielen pflegte. Virginia Bacon lebte allein, doch in allem Luxus, den nur die gute alte Zeit gekannt hat. Im Laufe der Jahre betrachtete sie uns mehr und mehr als Angehörige. Sie reiste gern und begleitete mich samt Nela, Eva und Paul auf einer Tournee durch Brasilien, Argentinien, Chile und Perú, sie kam mit uns nach Griechenland und Polen und nach Paris. In Washington gab sie nach jedem meiner Konzerte eine Gesellschaft. Ihre Lebenslust war unstillbar, sie verpaßte kein gesellschaftliches Ereignis, sei es ein Lunch, ein Dinner, ein Souper, ein Ball – man durfte darauf rechnen, ihr zu begegnen, und während ich dies hier schreibe, hat sich daran nichts geändert.

Kapitel 117

1958 lud mich das Philharmonische Orchester Warschau ein, als Solist mit Orchester und für Klavierabende. Ich brannte darauf, die Stadt wiederzusehen, obschon ich mich davor fürchtete, Menschen so wie in Moskau leben und lauter Trümmer zu sehen. Trotzdem konnte ich nicht widerstehen, mich trieb die Hoffnung, vielleicht doch noch einem überlebenden Verwandten zu begegnen oder totgeglaubten Freunden. Nela ihrerseits hatte jetzt viele Verwandte in Warschau, die nach Ende des Krieges dorthin übersiedelt waren – ihre Verwandtschaft war zahlreich.

Mit uns kamen Alina und Johnny, damals elf und neun Jahre alt. Ich bereitete sie auf das vor, was sie da zu sehen bekommen würden, wobei ich von dem ausging, was ich selber in Rußland gesehen hatte, doch in dieser Hinsicht erwartete uns eine unglaubliche Überraschung. Auf dem Warschauer Flugplatz harrte unserer schon eine große Menge, als die Maschine aus Paris landete. Nelas zahlreiche Verwandte, meine beiden Neffen und eine Nichte und viele musikverständige Freunde umringten uns. Der Weg in die Stadt zum Hotel Bristol führte entlang einer tadellos gehaltenen Straße. Es war ein Sonntag, und kaum waren wir im Hotel auf unseren Zimmern, hörte man höchst befremdliche Geräusche von der Straße, und wir erblickten völlig verblüfft eine katholische Prozession, gefolgt von unübersehbaren Menschenmassen. Nun lachten meine Kinder mich aus: »Also so ist das – in Polen gibt es keine Religion!« Und ich gebe zu, ich war perplex.

Ich gab drei Konzerte in der glanzvoll wiederaufgebauten Filharmonja, ferner eines vor der alten Chopin-Gesellschaft, die ihren Saal jetzt in einem der berühmten alten Staatspalais hatte, das eben erst nach den getreuen Gemälden Canalettos wiederhergestellt worden war, dieses venezianischen Künstlers, der Jahre in der polnischen Hauptstadt verbracht hatte. Man empfing mich enthusiastischer denn je, und mir fiel ein, daß ich meinem Publikum im Anschluß an mein letztes Konzert hier zugerufen hatte: »Ich habe immer Angst vor euch gehabt und euch doch geliebt.«

Die Polen sind ein stolzes, starrsinniges Volk. Hitler hatte befohlen, Warschau dem Erdboden gleichzumachen, es sollte nie wieder ein Warschau erstehen, doch die Polen bauten nicht nur die ganze Innenstadt nach dem Kriege wieder auf, sie bauten sie auch schöner, als sie gewesen war.

Nach einem herrlichen Konzert in Krakau, der unversehrt gebliebenen alten Stadt, die meine Kinder ausgiebig bewundern konnten, gab ich in Warschau noch eine Matinee im sogenannten Kulturpalast, einem Hochhaus, das die gesamte Stadt überragt, einem Geschenk Stalins an die polnischen Kommunisten. Die Bürger Warschaus würden es am liebsten einreißen, so wie sie ja die orthodoxe Kathedrale geschleift haben, die der Zar ihnen geschenkt hatte. Fragt man jemand auf der Straße, von wo man die schönste Aussicht auf Warschau genießt, heißt die Antwort unweigerlich: »Von der Aussichtsplattform des russischen Kulturpalastes, denn einzig von da aus ist er nicht zu sehen.«

Meine Heimatstadt Lodz forderte mich auf, dort ein Konzert zu geben, doch lehnte ich ab. Ich konnte den Gedanken an den geschändeten jüdischen Friedhof nicht ertragen, wo meine Eltern begraben worden waren, und nicht die Vorstellung, durch Straßen zu gehen, in denen jedes Haus mich an jemand erinnerte, der mir lieb gewesen und kaltblütig hingemordet worden war.

Als ich im Jahr darauf wieder in Polen konzertierte, kam es dann aber doch anders: Bürgermeister und Parteisekretär von Lodz sprachen bei mir in Warschau vor und baten mich inständig, meine Vaterstadt zu besuchen und die Ehrenbürgerschaft anzunehmen. Unmöglich, diese Ehrung abzulehnen, zumal sie einem antikommunistischen Juden erwiesen wurde, der noch dazu die Staatsbürgerschaft gewechselt hatte. Ich fuhr also mit ihnen gemeinsam im Wagen nach Lodz, begleitet von meiner Familie und meinen Freunden, direkt vor den alten Konzertsaal, wo ich so oft gespielt hatte. Zusammen mit den städtischen Funktionären auf dem Podium sitzend, hörte ich die Rede an, mit der der Bürgermeister mir die Ehrenbürgerschaft antrug, und dann folgten Abordnungen des Orchesters, des Konservatoriums, der Universität, ja einzelner Fabriken mit Blumen, Büchern, mit Widmungen so voller Bewunderung und Liebe, daß mir Tränen in die Augen traten. Wie glücklich doch meine Eltern gewesen wären, hätten sie das mit ansehen können, dachte ich. Da blieb denn nichts übrig, als mich an den Flügel zu setzen und einige der Stücke zu spielen, die hier bei meinem Publikum immer beliebt gewesen waren.

Als der herrliche neue Saal, der einzig Konzerten vorbehalten bleiben sollte, in Tel Aviv eröffnet wurde, war das ein denkwürdiger Tag für das Musikleben der Stadt. Die Initiative zu diesem Bau war von Fred Mann in Philadelphia ausgegangen, der selber einen erheblichen Geldbetrag gestiftet und weitere Gelder bei amerikanischen Musikfreunden gesammelt hatte. Diese Gelder bewogen dann die Stadtverwaltung von Tel Aviv und die israelische Regierung dazu, den Rest zu finanzieren, so daß das Israelische Philharmonische Orchester endlich eine seiner würdige Heimstatt fand. Zur Einweihung gab es eine Galavorstellung. Leonard Bernstein dirigierte, Isaac Stern spielte ein Violinkonzert, statt des eingeladenen, aber verhinderten Piatigorsky kam der ausgezeichnete französische Cellist Paul Tortelier, und ich spielte Beethovens Es-Dur-Konzert. Der Saal wurde nach Frederick Mann benannt, der als erster dafür Geld aufgebracht hatte. Bernstein eröffnete den Festakt mit der ergreifenden israelischen Nationalhymne, Ben Gurion hielt auf Hebräisch – das weder Bernstein noch Stern verstehen – eine lange Einweihungsansprache. Zu unserer Beschämung und Überraschung wurde sie uns ausgerechnet von Tortelier, dem Christen, übersetzt. Der war in Israel ganz verliebt und hatte mit all seinen Angehörigen ein ganzes Jahr in einem Kibbuz gelebt.

Fred Mann erwartete, daß Ben Gurion ihn nach Ende seiner Rede den Anwesenden vorstelle, doch geschah dies nicht. Das Programm wurde durch eine lange Pause unterbrochen, und als ich mit meinem Konzert fertig war, sah ich Fred Mann immer noch in der Kulisse stehen. Ich fand, dies gehe nicht an, es müsse etwas geschehen. Statt also eine Zugabe zu spielen, nahm ich ihn mit mir aufs Podium und stellte ihn den Anwesenden auf Englisch als denjenigen vor, der den Bau dieses Hauses veranlaßt hatte. Es gab Beifall, und damit war das Konzert vorbei.

Ben Gurion gab anschließend einen Empfang, und ich nutzte die Gelegenheit, ihm Fred Mann vorzustellen. Das trug ihm aber von Ben Gurion nur die böse Frage ein: »Warum haben Sie ausgerechnet Tel Aviv ein Konzerthaus gestiftet und nicht Jerusalem?« Darauf wußte der arme Fred nun wirklich keine Antwort.

Sowohl in Europa als in Amerika nahm das Musikleben ganz allgemein einen enormen Aufschwung, und selbst im Fernen Osten zeigte man nicht nur Interesse, sondern förmlich eine Begabung für Musik. Der monotone populäre Singsang wich hervorragenden Konservatorien und Orchestern, die europäische Musik mit wachsendem Verständnis aufführten.

Überall wurden neue Wettbewerbe für ausübende Künstler eingeführt, zunächst in Moskau der sogenannte Tschaikowsky-Wettbewerb, bei dem Van Cliburn, ein junger amerikanischer Pianist, den ersten Preis davontrug; bei seiner Rückkehr in New York wurde er empfangen wie ein Held, nämlich mit der berühmten Ticker-tape-Parade. In Frankreich veranstalteten Marguerite Long und Jacques Thibaud den *concours* in Konkurrenz zu dem von Königin Elisabeth in Brüssel abgehaltenen Wettbewerb. Es folgten Wettbewerbe in Genf, Rio, Lissabon und Leeds. Der Chopin-Wettbewerb in Warschau eröffnete den Preisträgern immerhin gute Zukunftsaussichten, und im fernen Forth Worth in Texas stiftete ein reicher Bürger den sogenannten Van Cliburn-Preis, der mit zehntausend Dollar dotiert war. Geiger, Cellisten und Sänger veranstalteten ihre eigenen Wettkämpfe. Die Pianisten, die massenhaft zu solchen Wettbewerben erschienen, arbeiteten jahrelang an ihren Programmen, täglich acht Stunden. Meiner bescheidenen Meinung nach sank das alles auf das Niveau der Massenproduktion und hatte keine Ähnlichkeit mehr mit der ursprünglichen, edlen Absicht, die Königin Elisabeth von Belgien mit ihrem Wettbewerb verbunden hatte.

Es kam dahin, daß ein erster Preisträger eines obskuren Wettbewerbs heimgekehrt von seinem Lehrer gefragt wurde: »Waren die anderen denn wirklich alle so schlecht?« Hurok engagierte selbstverständlich die Sieger der großen Wettbewerbe, aber Wiederholungsengagements konnte er für sie nicht aushandeln.

Die Auswahl der Preisträger wurde übrigens meiner Meinung nach insofern auf ungerechtfertigte Weise vorgenommen, als man nicht berücksichtigte, daß die Sowjets ihre Kandidaten ebenso trainierten wie ihre Sportler. Es sollten Medaillen errungen werden, koste es, was es wolle. Der sowjetische Kandidat wurde ausgewählt unter mehreren, die ein ganzes Jahr lang überall im Lande konzertiert hatten und genau wußten: gewinne ich nicht, bin ich ruiniert. Und das hatte denn auch Erfolg, zumal im freien Westen niemand einen Künstler zwingen kann, an einem Wettbewerb teilzunehmen, und weil die russischen Kandidaten sich Konkurrenten gegenübersahen, von denen die meisten nie zuvor öffentlich aufgetreten waren, während sie selber, wie gesagt, ein ganzes Jahr konzertiert hatten. Das alles erinnert an Pferderennen, bei denen es ein Handicap gibt. Das Siegerpferd muß beim nächsten Rennen mehr Gewicht tragen. Ich kann nur sagen: diejenigen, die da leer ausgehen, tun mir von Herzen leid.

In Warschau wurde ich zum Ehrenvorsitzenden der Jury für den Chopin-Wettbewerb gewählt, einer sehr zahlreichen Jury übrigens, mit Nadia Boulanger, Marguerite Long, Magda Tagliaferro auf seiten der Franzosen, und meinem alten Freund Neuhaus samt fünf oder sechs prominenten Musikern auf der russischen Seite neben Vertretern vieler anderer Länder. Auch die Zahl der Kandidaten war groß, doch stellte sich gleich anfangs heraus, daß Maurizio Pollini alle anderen weit hinter sich ließ. Michel Block erwies sich als starke Persönlichkeit und ausgezeichneter Techniker, während die übrigen, die in die Endausscheidung kamen, zwar ihre Programme abspulten, doch ohne besonderes Talent.

Die Stimmen wurden gezählt, und Pollini hatte bei weitem die meisten. Zu meiner Verblüffung ging der zweite Preis aber an eine junge

Russin, die ihr Programm heruntergehauen hatte, der dritte an eine niedliche Perserin, die wohl allzu vielen Preisrichtern gefallen haben dürfte, der vierte wieder an eine hübsche Russin ohne alles Talent, der fünfte und sechste an polnische Pianisten, die man überhaupt nicht hätte zulassen dürfen, der achte Preis ging an einen Japaner, der Chopin auf Japanisch spielte, und der zehnte an einen Chinesen, der das gleiche auf Chinesisch tat, der elfte schließlich an Michel Block.

Ich bin ein Mensch, dem offensichtliche Ungerechtigkeit zuwider ist. Schon bei der Beratung der Preisrichter war mir aufgefallen, daß man Block nicht freundlich gesonnen war, der außerdem nicht, wie die anderen, Parteigänger hinter sich hatte. Als der amtierende Vorsitzende Zbigniew Drzewiecki das Ergebnis bekanntmachte, oblag es mir, der Jury für ihre Arbeit und dafür zu danken, daß man mir das Ehrenpräsidium angetragen hatte. Dies getan, setzte ich mich aber keineswegs hin, sondern fuhr mit erhobener Stimme fort: »Ich als der Älteste unter Ihnen möchte den übrigen Preisen einen weiteren hinzufügen, den Sie meinethalben den Arthur Rubinstein-Preis nennen mögen. Die damit verbundene Geldsumme entspricht der, die auf den zweiten Preis entfällt. Diesen Preis verleihe ich hiermit Michel Block.« Man kann sich wohl die Mienen der Preisrichter denken, aber was machte ich mir schon aus ihrer Entrüstung! Immerhin gratulierten mir eine ganze Menge heuchlerisch zu meiner Geste, und in Polen billigte man meine Haltung ganz allgemein.

Kapitel 118

Nach dem Zweiten Weltkrieg galt Strawinsky allgemein als der bedeutendste zeitgenössische Komponist. Richard Strauss, vor dem Krieg sein Rivale, fiel zurück, einesteils weil sich mit der Zeit doch herausstellte, daß seine Musik ein vulgäres Element enthielt, anderenteils wegen seines Verhaltens dem Naziregime gegenüber. Als er nach London kam, empfingen Publikum und Presse ihn mit der einem großen Komponisten gebührenden Achtung, in einem Interview aber soll er gesagt haben, er sei nach London gekommen, um seine überfälligen Tantiemen zu kassieren.

Bartók, der sein Leben in Armut verbracht hatte, wurde gleich nach seinem Tode berühmt. Schönberg und seine beiden Schüler Anton von Webern und Alban Berg rückten mehr und mehr in den Vordergrund, man hörte ihre Musik mit immer größerer Anteilnahme und immer größerem Verständnis.

Was Strawinsky betrifft, so muß ich ein betrübliches Geständnis ablegen; der Überschwang und die Begeisterung, die ich beim ersten Hören seiner frühen Ballette, ›Feuervogel‹ und ›Petruschka‹, empfunden hatte, und die Überzeugung, ›Le Sacre du printemps‹ eröffne der Musik ganz neue Wege, sind im Laufe der Jahre geschwunden. Mir kam es vor, als mangele es seiner Musik an einem ganz wesentlichen Ingrediens, ich meine damit, ihm fehlte die ursprüngliche melodische Erfindungsgabe. Bei meinem ersten Aufenthalt in Rußland erkennen zu müssen, daß praktisch alle Melodien aus ›Feuervogel‹ und ›Petruschka‹ weitverbreitete Folklore war und daß er, wie bekannt, einen Walzer von Josef Lanner und einen populären französischen Schlager zu seiner Ausmalung der ›Fête populaire de la semaine grasse‹ verarbeitet hatte, war doch ein rechter Schlag für mich. Später zeigte er sich bereit, für Ida Rubinsteins Ballett eine Musik zu schreiben, die alles Tschaikowsky verdankte, und für Diaghilev machte er Anleihen bei Pergolese. Es ist vielleicht nicht abwegig anzunehmen, daß seine abschätzige Beurteilung des Klaviers als eines Schlaginstrumentes mit seiner Unfähigkeit zusammenhing, das Klavier zum Singen zu bringen und auf diese Weise einen wertvollen Beitrag zu der ohnehin reichen Klavierliteratur zu leisten.

Auffallend war, wie er von Werk zu Werk den Stil wechselte, gar nicht unähnlich Picasso. Nach dem kolossalen Orchesterdrama von ›Le Sacre du printemps‹ komponierte er die sehr reizvolle lyrische ›Geschichte vom Soldaten‹, später ›Les Noces‹, immer noch sehr russisch, doch auf ganz originelle Weise gesetzt: vier Klaviere anstelle des üblichen Orchesters. Von da ab bekam seine im Grunde sehr russische Musik etwas Kosmopolitisches. Er befaßte sich mit altüberkommenen klassischen Legenden und Dramen. Sein Ballett ›Apollon Musagète‹ war sehr erfolgreich. Für sein Oratorium ›Oedipus Rex‹ benutzte er merkwürdigerweise einen von Jean Cocteau verfaßten lateinischen Text. Ich für mein Teil habe diesem Werk nie viel abgewinnen können, es kam mir erkünstelt und zerebral vor. Unter seinen größeren Werken für den Konzertsaal findet sich die schöne ›Psalmensinfonie‹. Seine ausgewachsene Oper, ›The Rake's Progress‹ mit einem Libretto nach den berühmten Bildern von Hogarth, hat er selbst als mozartisch bezeichnet. Tatsächlich sind die Arien und Ensemblesätze in mozartischer Manier gemacht, doch die Musik selber, obschon brillant, hätte Mozart gewiß zum Wahnsinn getrieben.

Gegen Ende seines Lebens widmete er sich ganz sakraler Musik, und das im Stil der Ultra-Modernen. Die Kantate, die ihm der Patriarch von Venedig in Auftrag gab und die Strawinsky in umständlichem Latein dem Ruhme von St. Markus widmete, habe ich gehört. Dem Patriarchen, später Papst Johannes XXIII., schwebte eine Messe vor, welche die gängigen ersetzen sollte, doch die Kantate war so kurz, daß man bei der Uraufführung zuvor von Robert Craft ein Werk Monteverdis dirigieren lassen und sie nach der Pause wiederholen mußte. Ich muß zu meinem Bedauern berichten, daß die Kantate, auch nach der Wiederholung, weder beim Publikum im allgemeinen noch bei mir selber fromme Gefühle hervorrief.

Nach diesem sehr persönlichen Urteil über den großen Musiker, der, wofür alle seine Werke Zeugnis ablegen, sein Handwerk meisterlich beherrschte, möchte ich anfügen, daß er eine der fesselndsten Persönlichkeiten war, beträchtlichen Charme und Geist besaß, und ich sage mit Stolz, daß unsere erheblichen Meinungsverschiedenheiten in musikalischen Dingen unsere herzliche Freundschaft nie beeinträchtigt haben.

Ich fand in seinen letzten Lebensjahren kaum mehr Gelegenheit, ihn zu sehen. Er war dauernd auf Reisen und dirigierte seine Werke, besser gesagt, einen kleinen Teil davon, denn die meisten übernahm Robert Craft, der mit ihm lebte und die Welt bereiste. Craft hat auch seine Gespräche mit Strawinsky in einigen Bänden herausgegeben, er zitiert seine Meinungen, Aussprüche und paradoxen Formulierungen in einem sehr feinen, aber Strawinsky nicht eigenen Englisch. Igor sprach ausgezeichnet Französisch, doch sein Englisch war nicht annähernd das, das Craft ihm in den Mund legt. Strawinskys Bedarf an Geld und seine Liebe zum Geld bewirkten, daß er auch noch Konzertreisen machte, als er körperlich nicht mehr in der Verfassung dazu war. Er war sich ja auch früher nicht zu schade dafür gewesen, zur Eröffnung des Zirkus Barnum

& Bailey ein Stück für einen jungen Elefanten zu komponieren und auch etwas für Woody Hermans Jazz Band beizusteuern.

Er starb in New York, bestimmte aber, daß man ihn in Venedig neben Diaghilev beisetze. Das war noch nach dem Tode ein rührender Beweis seiner Freundschaft und Dankbarkeit für den Mann, der sein musikalisches Genie entdeckt hatte.

Arnold Schönbergs Musik wurde meinen Ohren mit der Zeit immer angenehmer. Seine Zwölftontechnik, die völlige Atonalität, sind mir unbegreiflich geblieben, doch entdeckte ich ungewohnte und reizvolle, manchmal sogar schöne Stellen in seiner Musik. Seine Oper ›Moses und Aron‹ hat mich dann sehr beeindruckt, denn einige musikalisch hochdramatische Passagen wie die Orgie und Moses' Zorn fand ich bewundernswert, und weil ich das Libretto zur Hand hatte und die Sänger die verschiedenen Gemütszustände klar zum Ausdruck brachten, konnte ich mühelos der Handlung folgen.

In Bergs Oper ›Wozzek‹ fühlte ich mich schon mehr daheim. Trotz des starken Schönbergschen Einflusses klingt mir seine Musik vertrauter, und mit jeder neuen Aufführung, die ich hörte, ergriff mich die Handlung stärker. Anton von Webern, der Hauptjünger Schönbergs, fand allgemeine Anerkennung, und ich selber muß sagen, daß ich immer, wenn ich eines seiner Werke höre, den Wunsch habe, es noch einmal zu hören.

Tief unglücklich hat mich die neueste Entwicklung der Musik gemacht, nachdem ich Kompositionen von deren hervorragenden Vertretern gehört habe: Boulez, Stockhausen, Cage, Nono und ihren Nachahmern. Ich kann hier nicht umhin, dafür Strawinskys paradoxe Forderung verantwortlich zu machen, die da lautete, Musik bedürfe keines Gefühls, sie könne hergestellt werden wie jede andere Ware, etwa wie Schuhe vom Schuster. Da ich Igor gut kannte, habe ich das damals für eines der von ihm beliebten Scherzworte gehalten. Als ich einmal eine von einem gemeinsamen Bekannten komponierte Ballettmusik plump nannte, klatschte Strawinsky in die Hände und rief: »Ja, genau das ist es, und das gefällt mir daran.« Wenn man nach der vorliegenden Literatur urteilt, ist die gefühllose Musik in der Tat zum Credo der ultramodernen Bewegung in der Musik geworden, und ich bedaure das tief.

Ich habe mir nie erlaubt, Kunstwerke zu beurteilen, die ich nicht verstehe, und ich habe etwas gegen Leute, die sie aus reiner Hochnäsigkeit ablehnen. Indessen mißfällt mir die Art und Weise, wie die ultramodernen Komponisten unsere edlen, vielgeliebten Instrumente benutzen, denen die Welt schließlich verdankt, daß sie mit der himmlischen Musik Mozarts und Beethovens, Schuberts und Schumanns und dem Genie des Klaviers beschenkt wurde, mit Chopin. Die verächtliche Behandlung des Klaviers, auf dem man mit den Fäusten herumpaukt, dessen Pedale rhythmisch getrampelt werden, nenne ich ein Vergehen.

Diese neue Tendenz, die das Gefühl nicht nur in der Musik verneint, sondern auch in allen anderen Künsten, ist, wie ich meine, ein Produkt jener Welt, in der wir seit Ende des Zweiten Weltkrieges leben. Das tiefe Mißtrauen zwischen den Nationen, gekoppelt mit Machtgier und der niemals weichenden Furcht vor dem nächsten Tage, hat sich zu einem solchen Grade der Heuchelei fortentwickelt, daß Gefühl, Sitte und Moral keinen Platz mehr darin haben. Ich werde mich diesen Dingen noch eingehender zuwenden, wenn ich mich mit dem von Israel gewonnenen Sechstagekrieg befasse.

Kapitel 119

Seit mehr als zwei Jahrzehnten scheint es, als locke das Leben des Konzertpianisten Tausende von jungen Menschen an. In Hunderten von Briefen haben Menschen, die andere Berufe erlernten, mich um Rat gefragt, und ich habe stets geantwortet, nur wer mit Talent geboren wird, darf auf Erfolg hoffen. Das hat aber viele nicht abgeschreckt, sie haben sich vielmehr einem arbeitsreichen Leben am Klavier zugewendet. Dies hat zur Folge, daß fast alle jungen Pianisten das Instrument technisch einwandfrei beherrschen. Ich weiß, daß auf so manchem Konservatorium Wettbewerbe veranstaltet werden, die derjenige gewinnt, der ein schweres Stück am schnellsten spielen kann, besonders Stakkatooktaven oder Terzenetüden. So ausgerüstet, können sie dann beim Publikum starken Beifall ernten, doch das Wesentliche der Musik, das, was sie aussagt und bedeutet, das fehlt.

Meiner Meinung nach begann Musik mit der menschlichen Stimme, in der Gefühlsgehalte zum Ausdruck kamen, Freude und Liebe, Furcht und Wut. Die Tierwelt besitzt, wie ich glaube, seit je Mittel, ihre Gefühle auszudrücken. Die Geschichte der Frühzeit erwähnt Musik bei Ereignissen, welche die Gefühle aufrühren – Schlachten, Eheschließungen, Begräbnisse. Unser Planet wird von unterschiedlichen Menschen bewohnt, die ihre ihnen eigentümliche Folklore entwickelten, und schließlich haben italienische Mönche Ordnung in den Gebrauch dieser traditionellen Töne gebracht und damit das begründet, was ich gern die Kunst der Musik nenne. Das ist alles wohlbekannt, und doch sollte man es sich ins Gedächtnis rufen und gegen die heute grassierende Ansicht ins Feld führen, Kunst solle frei sein von Gefühlen.

Fragt mich gelegentlich ein argloser Interviewer: »Herr Rubinstein, was ziehen Sie vor, die Musik des Westens oder die orientalische?« muß ich immer lachen. Der Orient hat selber darauf geantwortet, indem er unsere herrliche Kunst der Musik sich so enthusiastisch aneignet.

Nach dieser ausführlichen pessimistisch getönten Abschweifung möchte ich behaupten, daß ich trotz alledem das Leben ungebrochen liebe. Ich hoffe sehr, daß noch vor meinem Tode eine neue Renaissance einsetze und daß kommende Künstler das große Erbe mehren, das uns die Meister hinterlassen haben, denen wir die edelsten Gefühle danken. Unterdessen höre und lerne ich immer noch mehr von der himmlischen Musik Bachs, Mozarts, Haydns und Schuberts, von Werken, für die mir meine lange Laufbahn als Konzertpianist keine Zeit gelassen hat. Auch lerne ich durch stetigen Vergleich Gemälde und Skulpturen der Großen beurteilen.

Kapitel 120

Meine Liebe zu Venedig, die Erinnerung an die im Palazzo Polignac verbrachten Spätsommer erweckten Mitte der fünfziger Jahre in mir das starke Verlangen, auch jetzt dort wieder den Sommer zu verbringen. Ich hielt also nach einer Wohnung in einem der Palazzi Umschau, doch da bot mir die Contessa Volpi sehr großzügig ihre Villa auf der Giudecca an. Diese Villa lag zwischen zwei Gärten, der eine ganz mit Blumen bepflanzt, zwischen denen sich Turteltauben vergnügten; im anderen gediehen Obstbäume und Gemüse. Ein Klavier wurde aufgestellt, an dem ich die Vormittage verbrachte; die übrige Zeit überließ ich es Johnny und Alina, die sich als begabt für Vierhändigspiel erwiesen und auch schon ein hübsches Repertoire auswendig konnten. Als wir eines Tages Gäste hatten, darunter Strawinsky, Nadia Boulanger, Marguerite Long, Nikita Magaloff und etliche bekannte Musikkritiker, spielten die Kinder, die nichts von der Anwesenheit der Gäste ahnten, ganz munter die gesamte ›Dolly‹-Suite von Fauré und ›Ma Mère l'Oye‹ von Ravel, und ich darf mit gerechtfertigtem Vaterstolz behaupten, daß meine sachverständigen Gäste, die, teils im Garten, teils im Nebenzimmer sitzend, den beiden zuhörten, recht beeindruckt waren. Sogar Strawinsky verstieg sich zu einem: »*Ils ne jouent pas mal du tout.*«

So verbrachten wir denn zwei unvergeßliche Sommer in Venedig. Gelegentlich des Filmfestivals wurden wir von René Clair, damals Vorsitzendem der Jury, ins Hotel Excelsior am Lido eingeladen, und dort hausten wir inmitten berühmter Filmstars und Regisseure, was, wie sich denken läßt, recht aufregend war. Die Mahlzeiten etwa nahmen wir mit Vittorio de Sica, den wir sehr bewunderten, und so manch anderer Berühmtheit. Im Palazzo und anderen Palästen wurden nach den Filmvorführungen große Empfänge gegeben. Hitze und Luftfeuchtigkeit indessen machten Venedig doch nicht zu einem idealen Erholungsort nach einer anstrengenden Konzertsaison, und 1957 mietete Nela für uns den reizenden Bauernhof unweit Deauville, der Jean-Louis Barrault und Madeleine Renaud gehörte. Die Kinder lebten zum ersten Mal auf einem richtigen Bauernhof, was sie sehr genossen, und setzten hier übrigens ihren Klavierunterricht bei Mlle. Herard fort, die wir eingeladen hatten, den Sommer mit uns zu verbringen.

Ich selber fühlte mich nicht als geborener Landwirt und kam deshalb nur über die Wochenenden auf jenen Hof. Da in diese Zeit unser fünfundzwanzigster Hochzeitstag fiel, gaben Nela und ich im Kasino von Deauville eine denkwürdige Party, ein Diner für fünfundzwanzig enge Freunde, die eigens aus Paris und London anreisten. Es wurde, wie gesagt, ein Ereignis, und wir tanzten bis spät in die Nacht.

Das alles war recht vergnüglich, doch gegen Ende eines jeden Sommers war mir zumute, als hänge der Beginn der nächsten Konzertsaison über meinem Kopf wie ein Damoklesschwert. Lange Ferien erweckten in mir unweigerlich Zweifel daran, ob es mir wieder gelingen könnte, mein Konzertpublikum ein weiteres Mal zu fesseln. Erst wenn ich das Eröffnungskonzert der Saison erfolgreich absolviert, wenn ich Zustimmung und Beifall in dem mir so notwendigen Maße gewonnen hatte, stellte sich die Freude an der weiteren Arbeit ein.

Als ich in Europa unterwegs war, lud Marcel Achard, der dort Vorsitzender der Jury war, uns zum Filmfestival nach Cannes ein. So saßen wir denn allabendlich fein herausgeputzt hinter den Juroren und sahen uns die Vorführungen an. Als wir eines Abends nach einem spanischen Film auf die Straße traten, gewahrte ich einen Herrn im Smoking und sagte zu Nela: »Wenn der Smoking nicht wäre, ich würde schwören, das ist Picasso.«

Der Mann drehte sich um, ging auf mich zu und sagte fragend: »Arturo?« Es war wie bei unserem ersten Wiedersehen in Madrid. Wir umarmten einander, und er sagte lachend: »Der Smoking, den ich hier trage, ist immer noch der, den ich mir auf deinen Rat vor fünfundzwanzig Jahren in London habe machen lassen.« Er lud uns für den folgenden Nachmittag in sein Atelier in Cannes ein, wo er uns nicht nur seine neuesten Bilder zeigte, sondern auch zahlreiche Skulpturen, von denen einige im Garten standen. Schlichter Kunstliebhaber, der ich bin, fand ich an diesen Skulpturen noch größeren Gefallen als an seinen jüngsten Bildern, denn die Skulpturen waren zwar ganz und gar originell, ohne jedoch jene Verzerrungen aufzuweisen, die sich in so manchen seiner Gemälde finden. Er sah, daß ich von den Plastiken sehr beeindruckt war, und sagte scheu lächelnd: »Von Musik verstehe ich aber immer noch nichts, wie? . . .« Ganz plötzlich fühlte ich mich sehr glücklich, ich empfand deutlich das starke Freundschaftsband zwischen uns beiden und auch, daß diese Zuneigung von ihm ebenso ausging wie von mir. Am Vorabend hatte ich ihn ganz förmlich mit »Sie« angeredet, worauf er nur gesagt hatte: »Was ist denn los mit dir? Wir haben uns doch immer geduzt.«

Als ich erzählte, daß ich mit allen meinen anderen Besitztümern während des Krieges auch eines seiner »blauen« Gemälde eingebüßt hatte samt seiner Zeichnung von mir, sagte er: »Solche Sachen mache ich jetzt nicht mehr, aber porträtieren will ich dich gern noch einmal, komm nach Cannes, wenn du ein paar Tage Zeit hast.«

Freie Zeit für Picasso, dachte ich, für den hast du immer freie Zeit! Ich meldete mich noch gegen Ende des gleichen Monats bei ihm und sagte, ich sei gerade frei. »Das paßt gut, ich habe ebenfalls Zeit. Komm nur her«, sagte er.

So nahm ich denn das nächste Flugzeug nach Nizza, und auf dem Wege ins Hotel Carlton in Cannes ließ ich in Golfe-Juan bei einem jener Lokale halten, die für ihre Bouillabaisse berühmt sind, und bestellte für ein Uhr mittags zwei Portionen. In Cannes angekommen, rief ich Picasso sogleich an und sagte: »Pablo, ich habe für uns beide eine hervorragende Bouillabaisse bestellt, ab ein Uhr können wir essen, ganz wie es dir paßt.«

»Leider kann ich nicht mit dir zu Mittag essen, aber ab vier bin ich frei. Dann erwarte ich dich, und wir besprechen alles Weitere.«

Ich gestehe, daß ich nicht nur meine Portion dieser köstlichen Bouillabaisse zu mir nahm, sondern auch die zweite. Ich konnte einfach nicht widerstehen. Doppelt glücklich und gesättigt, kam ich daher in bester Stimmung bei Picasso an, bereit, für mein Porträt zu sitzen, und wurde von Jacqueline und ihm herzlich willkommen geheißen. Von meinem Porträt allerdings war mit keinem Wort die Rede, vielmehr sagten beide ganz aufgeregt: »Du mußt heute abend unbedingt mit uns nach St. Tropez kommen und ein paar Freunde kennenlernen. Da essen wir dann auch zusammen.«

So fuhren wir denn gegen acht Uhr abends los. Von Cannes nach St. Tropez ist es ziemlich weit, doch waren wir alle bester Stimmung, und die Fahrt kam uns kurz vor. Der Wagen hielt mitten im Ort, auf dem Platz, um den herum viele Caféhäuser und Restaurants stehen und dessen Mittelpunkt das Denkmal irgendeines französischen Helden bildet. Picasso ging schnurstracks in eine Gemäldegalerie, die noch geöffnet war, und musterte alle ausgestellten Bilder. »Haben Sie nichts von Juan Gris?« fragte er dann den Galeristen abrupt und war enttäuscht, als dieser verneinte. »Gehen wir in die nächste«, sagte er nur, und nachdem er dort ebenfalls sorgfältig alle Bilder betrachtet und die gleiche Frage gestellt hatte, bekam er wieder eine verneinende Antwort. Es war bereits

Mitternacht, als er uns mit gespielter Arglosigkeit fragte: »Ihr seid doch nicht etwa hungrig?« Er wartete aber nicht auf unsere Antwort, sondern ging uns voran zu einem recht weit entfernten Restaurant. »Da ißt man gut. Ich habe schon für uns bestellt.«

Nun stießen einige seiner Freunde zu uns, wir wurden in einen reizenden privaten Speiseraum geführt und mußten ziemlich lange auf das von Pablo bestellte Essen warten. Als es kam, war es eine riesige Bouillabaisse! Das war ein denkwürdiger Tag: dreimal hintereinander Bouillabaisse innerhalb von zwölf Stunden! Und wieder kein Wort davon, daß ich ihm sitzen sollte. Er bat mich, am nächsten Nachmittag wieder zu ihm zu kommen: »Ich zeige dir dann meine Stiche von Stierkämpfern, die werden dir gefallen.« Und weiter nichts. Tatsächlich zeigte er mir mindestens hundert, eine prachtvolle Sammlung. Er war damals ganz damit beschäftigt, Bilder für unterschiedliche Ausstellungen auszuwählen, jede Stadt, die Werke von ihm zeigen wollte, bat um eine kleine Handzeichnung für Werbezwecke, und das war Schwerarbeit. Als ich das eine Weile mitangesehen hatte, kam es mir vor, als seien meine Vorbereitungen für Konzerte geradezu ein Kinderspiel.

Wieder wurde ich auf den nächsten Tag zu Picasso in seine Villa gebeten – ich sage Villa, doch war es ein sehr geräumiges Bauwerk von palastähnlichen Ausmaßen; der große Salon diente als Atelier und sah auch so aus: Gemälde und Photos, Skulpturen und Packkisten standen herum, und auf zwei Tischen häuften sich Pinsel und Kreiden und alle erdenklichen Arbeitsgeräte. In der schmalen Diele stand zwischen allem möglichen Gerümpel auch ein altes Klavier, und er bemerkte stolz: »Du siehst, auch ich besitze ein Klavier.«

Allmählich überkam mich Enttäuschung. Morgen war mein letzter in Cannes, Pablo hatte bislang mit keinem Wort die versprochenen Porträtskizzen erwähnt, und ich wagte nicht, ihn an sein Versprechen zu erinnern. Am nächsten Tag gab es eine prächtige Mahlzeit – Hummer *à l'americaine*, ein besonderes Gericht *à la Provençale*, eine köstliche Nachspeise, zu der ein Dom Perignon des besten Jahrganges ausgeschenkt wurde. Das alles wunderhübsch im Speisezimmer angerichtet.

Zum Kaffee, den wir im Salon-Atelier nahmen, kamen Besucher. Es wird Zeit zum Abschied, dachte ich. Die Maschine fliegt in einigen Stunden von Nizza, und packen mußt du auch noch. Ich verabschiedete mich also mit Handkuß von Jacqueline und wollte auch Picasso adieu sagen, da sah er mich streng an. »Du hast wohl ganz vergessen, daß wir noch arbeiten müssen?«

Und ohne eine Antwort abzuwarten, führte er mich wieder ins Speisezimmer, schloß die Tür hinter uns ab und plazierte mich, das Gesicht zum Fenster, in einen Sessel. Was vom Essen noch auf dem Tisch stand, schob er mit einer einzigen Armbewegung auf die Seite, er ergriff einen großen Skizzenblock, stellte einen kleinen Tisch neben seinen Stuhl, auf den er sein Arbeitsgerät legte, und musterte mich alsdann mit seinen berühmten Picassoaugen. »Selbstverständlich möchtest du dir auf dem Bild möglichst ähnlich sehen«, bemerkte er ironisch.

Ich entgegnete prompt: »Nicht im mindesten. Mein Gesicht ist mir nicht interessant: nur das, was du in ihm siehst.«

Diese Antwort gefiel ihm, und er begann rasch zu skizzieren, wendete schon bald das Blatt um, schaute mich an und begann die nächste Skizze. Als er drei oder vier Blätter umgeschlagen hatte, wurde ich etwas unruhig. »Falls du nicht in Stimmung bist, können wir es doch verschieben, Pablo«, sagte ich schüchtern.

»Bist du müde?«

»Keine Spur.«

»Dann halt gefälligst still. Ich gebe dir eine Zigarre.«

Ich setzte eine Montecristo in Brand und rauchte genüßlich. Nach drei oder vier Stunden war auf dem Block kein Blatt mehr übrig.

»Leider sind immer nur vierundzwanzig Blätter auf so einem Skizzenblock«, bemerkte er bedauernd. Und dann zeigte er mir die Porträts. Es waren vierundzwanzig fertige Skizzen, jede ganz anders als die vorangehende, und doch eine jede ganz ich. Eine phantastische Leistung. »Such dir die aus, die dir am besten gefällt.« Das war nun eine grauenhafte Aufforderung, und ich schaute gierig eine nach der anderen an. Er suchte schließlich selber vier heraus, signierte sie und schrieb Datum und eine Widmung auf jedes Blatt. In der Tat, ein generöses Geschenk!

Bei anderer Gelegenheit zeigte er mir die Ausstellung seiner Keramiken in Vallauris – noch eine Spielart seines Genies. Ich verliebte mich in eine hohe schlanke Vase, die er im edlen klassischen Stil mit Akten dekoriert hatte; die Kurven der Vase betonten die unterschiedlichen Positionen der Gesäße. Ich wollte die Vase kaufen, mußte aber hören, daß es davon nur zwanzig Stück gab und daß die alle vergeben waren. Meine bekümmerte Miene tat ihre Wirkung wie ehedem schon in Bayreuth; Picasso versprach, noch eine für mich herstellen und nach Paris schicken zu lassen. Ich nahm das für eine flüchtige Geste des Trostes, doch tatsächlich bekam ich wenige Wochen später in Paris diese Vase zugestellt, richtig von ihm signiert.

In diesem Sommer starb meine Schwiegermutter in Kansas City, wo sie bei ihrer ältesten Tochter gelebt hatte. Nela flog sogleich nach den USA, um die Überführung nach Warschau in die Wege zu leiten; die Mutter sollte neben ihren Mann gebettet werden, der dort auf dem Ehrenfriedhof ruht. Weil ich Alina und Johnny nicht in Paris allein lassen wollte, nahm ich sie mit zu meinen Konzerten nach Monte Carlo und Aix-en-Provence.

Kapitel 121

Anfang der sechziger Jahre erhielt ich zu meiner totalen Verblüffung von mehreren Universitäten die Ehrendoktorwürde.

Alfred Griswold, Rektor der Universität Yale, beherbergte uns im Gästehaus der Universität, und am Vorabend der Abschlußfeiern gab es das übliche Diner für die Ehrengäste. Unser Gastgeber sagte uns vertraulich, dem Präsidenten der USA solle die gleiche Ehre zuteil werden wie uns, und er werde selber kommen, selbstverständlich als letzter. »Erschrecken Sie also nicht, wenn Sie plötzlich eine Menge Polizisten und Photographen sehen.«

Am Morgen vor der Feier probierten wir unsere Ehrengewänder an, die Talare und die von den Akademikern getragene, ihrer Form wegen »Mörtelbrett« genannte schwarze Kappe, und nach einer feierlichen Prozession je zwei und zwei gruppierten wir uns auf der Tribüne um Griswold und sahen auf die im Hofe versammelte riesige Menge der Studenten herab.

John Kennedy traf genau zu Beginn der Verleihungszeremonie ein, er wurde von Griswold aufgerufen, um die Doktorwürde entgegenzunehmen, und hielt nach langem Beifall eine halbstündige Ansprache über irgendeine kontroverse politische Frage, was von den Studenten ziemlich kühl aufgenommen wurde, wohl weil Kennedy in Harvard studiert hatte.

Als ich an die Reihe kam und mein Name aufgerufen wurde, schien mir die Menge aus meinem gewohnten Konzertpublikum zu bestehen, jedenfalls kam es mir vor, als hörte ich rufen »Encore! Encore!« Zum Glück war ich weder Absolvent von Harvard noch von Yale. Es war eine denkwürdige Feier, und wegen der Anwesenheit des Präsidenten wurden Hunderte von Photos gemacht. Es war dies die interessanteste von allen acht Feiern, auf welchen ich solcherart geehrt wurde.

Und welch ein Schock für die ganze Welt, als dieser junge, so mutige Präsident, von dem man sich so viel erwartete für die Verbesserung der Zustände auf unserer Erde, auf so hinterlistige Weise ermordet wurde. John Kennedy wird unvergessen bleiben.

Und dann folgte das tragische Nachspiel: sein beliebter und sehr fähiger Bruder Robert wurde in Los Angeles ermordet, weil er als Bewerber für die Nominierung zum Präsidentschaftskandidaten ankündigte, daß er bereit sei, Israel zu unterstützen.

Etwa um diese Zeit spielte ich mehrere Aufnahmen ein, die ich auch jetzt noch gern höre. Mit dem Österreicher Josef Krips, keinem großen Dirigenten, aber einem fanatischen Musikliebhaber, was sich daran hören ließ, wie er diese herrlichen Werke begleitete, spielte ich das B-Dur-Konzert von Brahms und mein geliebtes c-moll-Konzert von Mozart. Als wir die Aufnahme abhörten, rief Krips hingerissen: »Das ist metaphysisch!«

Nicht lange danach machte Alfred Wallenstein, was Rhythmus und Ensemblespiel angeht, nach Barbirolli der perfekteste Begleiter, eine ganze Serie hervorragender Aufnahmen mit mir, nämlich das Grieg-Konzert, das Es-Dur-Konzert von Liszt, ferner die ›Variations symphoniques‹ von Franck, das g-moll-Konzert von Saint-Saëns, die Konzertante Symphonie von Szymanowski und als wichtigstes vier meiner meistgeliebten Mozart-Konzerte. Diese Aufnahmen unterbrachen jeweils eine sehr lange Konzertreise durch die USA.

Meine Tochter Alina bestand mit Glanz ihre Schulabschlußprüfung und war nun ein liebreizendes junges Mädchen von achtzehn Jahren. Also machte ich mich bei meinem nächsten Aufenthalt in Washington daran, auch ihre »Coming-out party« zu organisieren. Die sollte ebenso glanzvoll werden wie jene, die wir zwölf Jahre zuvor für Eva veranstaltet hatten, und wieder ermöglichte es Alice Longworth, daß wir den Sulgrave Club benutzen durften, und Virginia Bacon, großmütig wie eh und je, nahm Alina als Hausgast auf, damit sie die vorangehenden Bälle besuchen konnte. Nela und ich waren diesmal schon ganz in unserem Element, wir erinnerten uns aller Lieferanten vom letzten Mal, waren auch im Besitz der Namen jener, die zur Washingtoner Gesellschaft zählen. Wir engagierten die beste verfügbare Tanzkapelle, und wieder stand mein Flügel auf dem Podium. Alina trug ein entzückendes Kleid und sah hinreißend aus, die Party war rundherum ein Erfolg, und ich gedenke beider Bälle, die ich für meine Töchter gab, auch heute noch mit Stolz.

Ich machte nicht nur Tourneen durch Europa und die USA, sondern auch wieder einmal einen Abstecher nach Australien, diesmal begleitet von Nela, Alina und Johnny. Mein recht unternehmungslustiger Impresario schloß einen für mich sehr vorteilhaften Vertrag, der auch Konzerte in Neuseeland vorsah und womöglich auf der Rückfahrt welche in Hongkong und Indien. An diese Tournee erinnere ich mich mit besonderer Freude. Für einen, der nie als Tourist gereist war, war es diesmal geradezu ein touristisches Abenteuer, denn ich hatte reichlich Zeit, die Sehenswürdigkeiten zu besichtigen, und wo ich Konzerte gab, wurde ich als guter alter Freund empfangen.

Von New York ging es über San Francisco nach Honolulu, wo wir eine herrliche Woche verbrachten. Weil wir uns hier schon auskannten, konnten wir den Kindern alles zeigen, und die genossen denn in vollen Zügen, was die schöne Insel zu bieten hat: Schwimmen und Surfing und die wunderbar frischen Ananas.

Nach einem langen Flug mit Zwischenlandung und Übernachtung auf den Fidschi-Inseln trafen wir in Sydney ein, und ich fand hier zu meiner Freude alles »wie gestern«.

Mein Impresario Harry Miller erwies sich nicht nur als tüchtig, sondern auch als ausnehmend liebenswürdig, und ihm ist es zu danken, daß wir jeden Moment der Tournee genossen.

Nela und ich fanden hier zu unserer Überraschung zahlreiche bedeutende polnische Persönlichkeiten vor. Der australischen Regierung war die Gefahr, welche von Japan drohte, doch mächtig in die Knochen gefahren, sie verzichtete nach dem Kriege darauf, den ungemein hohen Lebensstandard mit Gewalt aufrechtzuerhalten (was Mr. Menzies mir schon bei meinem damaligen Aufenthalt angekündigt hatte). Weiße Einwanderer waren jetzt willkommen, darunter hunderttausend Polen aus England, die hier ausgezeichnete Arbeitsbedingungen vorfanden. In Melbourne gab es einen polnischen Adelsclub, in Sydney einen, dem Dichter, Maler und Musiker angehörten und der für uns einen Empfang gab, wie er in Krakau oder Warschau nicht anders ausgefallen wäre.

Diesmal spielte sich der Besuch des berühmten Zoos sehr anders ab als mein erster mit dem bedauernswerten Schneevoigt. Der Zoodirektor persönlich führte uns in einem motorisierten Gefährt herum, hielt vor allen interessanten Gehegen an und gestattete den Kindern, die kleinen Koalabären zu streicheln. Nicht einmal die unartigen Lachvögel wagten ihrem Direktor den Gehorsam zu verweigern und erschreckten uns mit ihrem zynischen, boshaften Gelächter.

Als wir anschließend ins Hotel zurückfuhren, gerieten wir in einen rechten Trubel. Die berühmten englischen Beatles, auf der Höhe ihres Ruhmes, waren soeben eingetroffen und wohnten unserem Hotel gegenüber im Sheraton. Auf dem Bürgersteig vor unserem Hotel hatten sich viele Hippies versammelt, um ihre Idole zu bejubeln, und es fiel uns schon am Vormittag nicht leicht, uns durch die Menge einen Weg zu bahnen. Aus dem Zoo heimkommend, fanden wir den Zugang zur Straße gänzlich versperrt; auf unserer Straßenseite drängte sich eine Menge, die Plakate hochhielt, auf denen zu lesen stand: »Wir lieben Arthur.« Ich wußte damit zunächst nichts anzufangen, glaubte, das beziehe sich auf einen jener Beatles, doch mein Sohn Johnny, der sich in solchen Dingen auskannte, klärte mich auf: »Das gilt dir, Daddy.« Und er hatte recht. Als man mich erblickte, wurde ich am Arm gepackt, man präsentierte mich meinen Verehrern, und nun erhob sich ein Gebrüll: »Lang lebe Arthur, wir lieben Arthur!« und so fort. Ich mußte vielen die Hand geben. Den Hippies gegenüber war das nicht recht, sie kreischten aus Leibeskräften die Namen der Beatles, und es schien eine Schlacht zwischen den Anhängern Arthurs und denen der Beatles zu drohen. Es gelang uns irgendwie, den Speisesaal des Hotels zu erreichen, müde und hungrig.

Die eigentliche Tournee begann in Brisbane mit zwei Konzerten, dann ging es wieder zurück nach Sydney, wo ich nur einmal spielte. Harry Miller begleitete uns im Flugzeug nach Melbourne und anschließend nach Adelaide, wo ich jeweils mehrere Konzerte gab. Miller verstand sich glänzend mit uns allen, zumal er sehr glücklich darüber war, daß die Konzerte überall ausverkauft waren. Alina und Johnny freundeten sich richtig mit ihm an und ließen sich von ihm in Kinos und Restaurants begleiten. Überall, wo wir uns blicken ließen, überschütteten die anwesenden Polen uns mit Einladungen, und auf den Flughäfen erwarteten uns polnische Kinder in ihrer Nationaltracht, ein rührender Anblick.

Von Adelaide machten wir dann den Abstecher nach Neuseeland. Der Flug nach Wellington war lang und gefährlich, fast wären wir ins Meer gefallen. Wellington und Auckland wirkten auf uns so englisch wie Manchester oder Birmingham; es war der Genius Großbritanniens, allen Dominions und Kolonien seinen Stempel aufzudrücken.

In Wellington allerdings gab es auch exotische Einrichtungen – ein echt französisches Restaurant, und es versteht sich, daß wir dort alle Mahlzeiten nahmen. Mein Debüt war vielversprechend, meine Klavierabende fanden großen Anklang und verständnisvolle Aufnahme.

Die beiden nächsten Konzerte waren an aufeinanderfolgenden Tagen in Auckland angesetzt, ich sah mich allerdings einer unerwarteten Kalamität gegenüber: Als ich den Steinway ausprobierte, der, wie man mir sagte, frisch für meine Konzerte aufgearbeitet aus London gekommen sei, stellte ich entsetzt fest, daß zwei Tasten klemmten. Ein alter Klavierstimmer versicherte mir mit einer starken Bierfahne: »Keine Angst, die bringe ich in Ordnung.« Was sollte ich tun als ihm die Sache überlassen? Bei der ›Mondscheinsonate‹, mit der ich mein Konzert eröffnete, klemmten beide Tasten nach wie vor, und die Tastatur kam mir vor wie verhext. Ich spielte mein ganzes Programm, ständig damit beschäftigt, die verklemmten Tasten anzuheben. Ich begreife auch heute noch nicht, warum ich damals nicht einfach aufgegeben habe, aber wiederholen wollte ich das nicht, am nächsten Tag klemmten die Tasten nämlich immer noch, und ein anderes Instrument war nicht aufzutreiben. Harry

Miller bat mich, ihn einen Versuch machen zu lassen. »Ich kenne hier einen ausgezeichneten Klavierstimmer von der Rundfunkanstalt, und der bringt die Sache ins Lot.« Ich ließ ihn gewähren.

Am folgenden Morgen erschien denn auch der Experte, diesmal ein junger Mensch ohne Bierfahne. Er trat an den Flügel, klappte ihn auf und sagte sogleich: »Die Tastatur ist verrutscht.« Er stieß sie in die richtige Lage, klappte den Deckel zu und sagte: »Spielen Sie.« Die rebellischen Tasten vom vergangenen Abend zeigten sich nun durchaus willig und produzierten einen schönen Ton.

Ich spielte an jenem Abend besonders gut. Als die begeisterten Zuhörer Zugaben verlangten, brachte ich sie mit erhobener Hand zum Schweigen. »Falls es Ihnen nicht zuviel wird, wiederhole ich jetzt noch einmal mein gestriges Programm«, kündigte ich an, und ohne auf Antwort zu warten, begann ich die ›Mondscheinsonate‹.

Neuseeland sahen wir uns gründlich an, die Maori, ihre Tänze, die heißen Quellen, in denen die Eingeborenen Eier kochten. Nach einem Konzert in der schönen Stadt Christchurch flogen wir nach Sydney zurück, wo ich noch zweimal spielte, dann nach Perth zu meinem letzten Konzert in Australien, und anschließend begleitete Harry Miller uns nach Hongkong.

Diesmal spielte ich nicht wie 1935 auf dem heißen Dachgarten, sondern in einem sehr schönen, modernen Konzerthaus. Es machte mir besondere Freude, ausgerechnet auf dieser chinesischen Insel zu musizieren, welche von den Engländern mit ihrer Musikliebe angesteckt worden war. Der allmächtige Produzent chinesischer Filme bat uns zum Diner, ein höchst gescheiter und reizender Mensch.

Ein weiterer Höhepunkt unseres Aufenthaltes war eine chinesische Mahlzeit, zu welcher die Konzertveranstalter uns baten; sie bestand aus dreizehn Gängen, die in jeweils winzigen Mengen serviert wurden. Das Wunder daran war, daß man sich anschließend weniger beschwert fühlte als nach einem französischen Diner aus drei Gängen.

Hongkong bot noch eine weitere Attraktion: Bekleidung, Kameras, Radios und Schmuck bekommt man zu niedrigsten Preisen. Schweizer und japanische Präzisionsgeräte sind hier billiger als in den Erzeugerländern. Ich weiß noch, daß ich vierundzwanzig Hemden aus der feinsten Baumwolle für mich anfertigen ließ, dazu einen Morgenrock aus

Seide, seidene Schlafanzüge, zwölf Hemden für Johnny, sechs Blusen für Alina. Das alles war in achtundvierzig Stunden fertig und kostete ein Fünftel dessen, was es in Europa gekostet hätte.

Wir verließen diese Märcheninsel mit dem innigen Wunsch, bald wiederzukommen. Was sich nun anschloß, war schlicht eine Reise zu sehenswerten Orten, ganz als wären wir Touristen. Wir machten halt in Singapur, verbrachten schöne Tage in Bangkok mit seinen herrlichen Tempeln und dem von Leben wimmelnden Strom Menam, dieser eigentlichen Pulsader der Stadt.

Nächster Halt war Neu-Delhi, die Hauptstadt Indiens. Durch Harry Miller wurden wir mit vornehmen Sikhs bekannt, die uns alles Sehenswerte dieser faszinierenden Stadt zeigten, und selbstverständlich wollten wir den Tadsch Mahal besichtigen.

Es gab nur ein Flugzeug nach Agra, morgens um sieben, das spät nachmittags nach Neu-Delhi zurückflog, aber es lohnte sich, einmal früh aufzustehen, um diesen einzigartigen Tempel zu besichtigen. Einen ganzen schönen Tag verbrachten wir in dieser alten Hauptstadt der Mogulen, deren einer den Tadsch Mahal, dieses weiße Wunderwerk, zum Andenken an seine innig geliebte Gemahlin errichten ließ.

In Neu-Delhi empfing Miller uns mit der Nachricht, daß er für mich im größten Saal von Bombay ein Konzert arrangiert habe. Dahin mußten wir bereits am folgenden Tage aufbrechen, und am Abend erwarteten mich zwei Überraschungen: die eine war, daß meine Tochter Eva, die mit ihrem Gatten William Coffin in offiziellem Auftrag in Indien war, sich uns in Bombay anschließen werde, die andere bestand darin, daß Johnny, der vom Tadsch Mahal ganz entzückt war, diesen herrlichen Tempel filmte, wozu er mit dem Taxi nach Agra und zurück fuhr, was jeweils drei Stunden dauerte. Er kam völlig erschöpft knapp vor dem Abflug unserer Maschine zurück, doch gehört der Film, den er an jenem Tag gedreht hat, zu den schönsten, die ich je sah, und wäre eines Oscar würdig. Das Konzert in Bombay, das einzige, was ich in Indien gab, war dann die Krönung der gesamten Reise. Nirgendwo war ich auf ein enthusiastischeres Publikum gestoßen, nirgendwo hatten die örtlichen Veranstalter mich liebenswürdiger und gastfreundlicher aufgenommen. Zu unserem Bedauern verabschiedete sich Harry Miller hier von uns.

Noch zwei Tage in Teheran, wo wir die märchenhaften Kronjuwelen bewunderten, die in einem besonderen Tresor der Nationalbank verwahrt sind, dann weiter nach Istanbul, Stadt vieler Erinnerungen. Als guter Fremdenführer zeigte ich Alina und Johnny alles Sehenswerte, und sie blieben hier ohne uns noch eine Weile länger, um mehr von der byzantinischen Vergangenheit und den Palästen der Sultane zu sehen.

Kapitel 122

Hurok drängte mich zu einer kurzen Tournee durch Rußland, doch fand er bei mir wenig Gegenliebe.

»Ich bin ganz dagegen«, sagte ich. »Den russischen Künstlern, die ihr nach Amerika engagiert, bezahlt ihr hohe Gagen in Dollars, die Russen aber stopfen uns mit wertlosem Papiergeld voll, das sich Rubel nennt und für das man nirgendwo auf der Welt etwas kaufen kann – ausgenommen in Rußland, wo es nichts zu kaufen gibt.«

»Nur keine Angst«, versicherte mir Hurok, »Sie kriegen pro Konzert zweitausend Dollar genau wie in allen anderen kommunistischen Ländern.«

Da lachte ich bloß. »Die reiche, mächtige Sowjetunion bietet mir eine Gage, die ich nicht mal in einem der ärmsten Länder des Westens akzeptieren würde, aber ich weiß, lieber Sol, Sie haben das Geld dringend nötig. Also – meinethalben, Ihnen zuliebe.«

Im innersten Herzen war ich selbstverständlich beglückt bei dem Gedanken, vor dem wunderbaren russischen Publikum spielen zu dürfen. Wir flogen nach Moskau, Hurok begleitete uns. Am Flughafen begrüßten uns viele Musiker, darunter mein lieber Emil Gilels. Er mußte noch am selben Tag weiterreisen, hatte aber einen Willkommensartikel publiziert.

Ich debütierte mit dem B-Dur-Konzert von Brahms, dem f-moll-Konzert von Chopin und dem von Tschaikowsky unter Kyrill Kondraschin und habe kaum je im Leben solche Beifallsstürme geerntet. Als ich erfuhr, daß die Eintrittskarten stark überteuert waren, mithin für schlichte Musikliebhaber, Studenten und Musiklehrer unerschwinglich, überredete ich Kondraschin dazu, das Konzert am folgenden Morgen um elf bei freiem Zutritt nur für Musiker zu wiederholen. Dabei mußte ich denn auch noch das Es-Dur-Konzert von Beethoven zugeben. Das Hotel National, wo wir wiederum untergebracht waren, war in schlimmerem Zustand denn je. Wir bekamen die besten Zimmer, doch das Mobiliar war schlichtweg schandbar. Im Restaurant war das Essen ungenießbar, aber da wußte Hurok Rat; wir bekamen frisch gebratenes Huhn aufs Zimmer serviert, und die Frau, die uns das brachte, beschummelte die Sowjetregierung, indem sie Geld dafür nahm, das sie sogleich versteckte.

Leningrad hingegen war eine Offenbarung. Hier herrschte Sauberkeit. Die Kirchen, bei unserem ersten Besuch Museen der militanten Gottlosen und unbeschreiblich verwahrlost, waren in hervorragendem Zustand, und Fremdenführer wiesen mit Stolz auf die schönen Mosaiken, die Christus mit seinen Jüngern darstellen.

Meine beiden Konzerte im Saal des alten Adelspalais waren unvergeßliche Abende. Das Leningrader Orchester erhob sich zusammen mit dem Publikum und spendete mir Applaus. Nach dem ersten Konzert wurde ein Souper im Restaurant unseres Hotels serviert, wo man allerdings nicht bleiben konnte, weil die lauteste Jazzband, die ich je gehört hatte, dort lärmte. Als ich darum bat, in einem Nebenraum aufgetragen zu bekommen, hieß es: »Ausgeschlossen, der ist für Arthur reserviert.«

Das klang nun recht absurd, und ich forderte: »Dann möchte ich mit diesem Herrn sprechen.« Nebenan erblickte ich vier große Tafeln, besetzt von Amerikanern, darunter so mancher gute Bekannte von mir. Ich wurde stürmisch begrüßt. »Wir sind in Rußland auf einer Bildungsreise«, lautete die Erklärung. Es wurde dann noch ein fröhlicher Abend.

Mein letztes Konzert in Moskau war ein Chopin-Abend. Im Parkett saß die Kultusministerin Elena Furtsewa, und eine offizielle Loge war von einer einzelnen Dame besetzt, der Gattin des Ersten Sekretärs der KPdSU, Nikita Chruschtschow. Tags darauf wurde er von seinen Genossen aus dem Amt gedrängt.

Madame Furtsewa kam nach der letzten Zugabe an die Tür des Künstlerzimmers, trat sehr langsam näher und schloß mich in die Arme, wobei ich sehr deutlich ihren weichen, molligen Busen spürte.

Wieder in Paris beschlossen wir, das sehr teure Appartement in New York zu verkaufen, denn Alina studierte und hatte eine eigene Wohnung, und Johnny nahm, nachdem er die Collegiate School beendet hatte, an der University of California Schauspielunterricht. Anläßlich einer ausgedehnten Europatournee im Jahre 1965 sahen wir Szymanowskis Oper ›König Roger‹ im schönen neuen Warschauer Opernhaus. Sie erinnerte eher an ein Oratorium, die Handlung war etwas statisch, die Musik aber von Anfang bis Ende edel und ergreifend. Dem Chor fiel eine prominente Rolle zu, und er sang perfekt.

Für den Sommer fanden wir in Marbella in Spanien ein ideales Haus. Ich ließ ein Studio anbauen und meinen Steinway aus Paris kommen. Nela richtete es mit ländlichen Möbeln ein, und ein offener Kamin verbreitete Behagen. Zum Arbeiten der ideale Platz. In diesem Atelier schrieb ich in sechs aufeinanderfolgenden Sommerferien den ersten Band meiner Erinnerungen, ›Die frühen Jahre‹, und hier habe ich auch das vorliegende Buch begonnen.

1966 bereiste ich, begleitet von Nela und Alina, Japan, das sich ähnlich wie Deutschland nach dem letzten Kriege dank seinem unglaublichen Arbeitseifer schnell erholte und einen nie dagewesenen Wohlstand erreichte. Das Musikleben Tokios war stark beeinflußt von einem Sinfonieorchester, das von einer dortigen großen Tageszeitung getragen wurde. Man engagierte mich für fünfzehn Konzerte.

Welch eine Veränderung seit den Tagen des bedauernswerten Strok! In den Städten wimmelte es von Musikstudenten, von denen so mancher auf internationalen Wettbewerben Preise davongetragen hatte und die allesamt unserer westlichen Musik mit Hochachtung und großer Anpassungsfähigkeit begegneten. Wo 1935 kleine Städte gewesen waren, hatten sich Industriekomplexe angesiedelt. Osaka, am anderen Ende der Insel, besaß ebenfalls eine Zeitung, die sich ein Sinfonieorchester leistete, ja, das gesamte Land war leidenschaftlich musikinteressiert. Mir machte die Tournee ungeheuer viel Freude, und nie werde ich das letzte Konzert vergessen, das in der für die Olympischen Spiele errichteten Sporthalle stattfand. Ich spielte das Tschaikowsky-Konzert, Iwaki dirigierte. Es waren vierzehntausend Zuhörer im überfüllten Saal, und für Alina mußte eigens ein Stuhl gebracht werden. Die kaiserliche Familie war anwesend, ausgenommen der Kaiser selber. Alina und ich hatten Mühe, uns nach dem Konzert zum Wagen durchzudrängen, der von Tausenden umlagert war, die Autogramme verlangten. Eine Stunde lang kamen wir nicht vom Fleck, dann bahnte Polizei uns einen Weg. Ich möchte anfügen, daß diese Menschenmassen sich durchwegs höflich betrugen, man lächelte mir zu, aber es waren eben so viele, daß der Wagen einfach nicht losfahren konnte.

Nela flog von Japan über den Pol nach Paris, während Alina und ich den Rückweg über Hongkong, Bangkok usw. wählten. Die Reise nach Hongkong unterbrach ich für ein Konzert in Seoul, der Hauptstadt Koreas. Der Tag, den wir uns dafür ausgesucht hatten, wurde ausgesprochen hektisch. Zunächst einmal regnete es, wie ich es nie zuvor erlebt hatte, und man ließ uns erst ins Hotel, nachdem wir vom Bürgermeister im Gebäude der Stadtverwaltung den Schlüssel der Stadt entgegengenommen hatten. In der Aula der Universität wartete auf mich ein schlechter Flügel.

Nachdem wir in Hongkong wieder wunderbar billig eingekauft hatten, bat Alina mich: »Könnten wir nicht einen Tag in Rom verbringen, Daddy? Die Maschine landet dort schon um sieben Uhr früh. Ich würde Rom gern einmal wiedersehen.«

Ich schlug meinen Kindern ohnedies kaum je einen Wunsch ab, und Alinas Wunsch traf sich diesmal genau mit meinem eigenen. Über ein Reisebüro ließen wir Zimmer im Hotel Excelsior buchen und starteten in bester Stimmung. Die langen Aufenthalte in Singapur, Bangkok und Neu-Delhi waren wir schon gewöhnt, doch die Zwischenlandung um drei Uhr früh in Teheran erwarteten wir ganz aufgeregt, denn wir wollten dort unbedingt Kaviar kaufen.

So stiegen wir denn alle beide eilig aus der Maschine, rannten in den zollfreien Laden und kauften vier Dosen Kaviar à 500 Gramm, die wir im Triumph ins Flugzeug brachten. Bei der Zwischenlandung in Tel Aviv begnügten wir uns jeder mit einer Tasse israelischen Kaffees und dösten dann friedlich bis nach Rom. Hier landeten wir um sechs, nahmen das nächstbeste Taxi und fuhren zum Hotel, denn wir brauchten beide dringend ein heißes Bad und ein gutes Frühstück.

Am Empfang sagte man uns freundlich: »Das Excelsior ist ausgebucht, aber wir haben Ihnen Zimmer gegenüber im Savoy besorgt.«

Das klang schon weniger gut, und etwas bedenklich überquerten wir die Straße, wo wir denn am Empfang im Savoy zu hören bekamen: »Ihre Zimmer stehen ab elf zur Verfügung, dann sind die derzeitigen Gäste abgereist.«

Das war ja nun recht unangenehm, denn wir fühlten uns verschwitzt und schmutzig nach der Reise. »Nun, dann warten wir eben und frühstücken derweil ausgiebig.«

»Frühstück gibt es ab acht.« Der Anblick, den wir beide boten, wie wir da in der Halle saßen und warteten, hätte auch einen Stein erweichen können, doch durften wir erst um halb neun ins Frühstückszimmer. Da labten wir uns denn ausgiebig an prosciutto, Eiern, unzähligen Tassen Kaffee, lasen alle erreichbaren Zeitungen und schauten immer wieder auf die Uhr, die sich nur höchst widerstrebend auf die Elf hin bewegte.

Kaum war der große Moment da, eilten wir zum Empfang, wo diesmal ein anderer Herr mit strenger Miene erklärte, unsere Zimmer seien nicht vor dem frühen Nachmittag verfügbar. Das machte mich nun recht wütend, und ich protestierte laut: »Erwarten Sie etwa, daß wir den ganzen Tag müde und ungewaschen in der Stadt herumlaufen? Ich werde mich über Sie beschweren und der Presse gegenüber kein Blatt vor den Mund nehmen. Man soll ruhig erfahren, wie das Savoy seine Gäste behandelt.«

»Nun, Signore, ein Zimmer, wo Sie sich waschen könnten, habe ich schon.«

»Dann zeigen Sie es mir gefälligst!«

Es gab dort zwar ein Waschbecken, aber keine Badewanne, und wir mußten uns damit begnügen, uns einer nach dem anderen an diesem Becken zu waschen. Etwas erfrischt betraten wir sodann die Straße. Ich sagte nun zu Alina: »Wir haben eine Menge Zeit, und du kennst so gut wie alle Sehenswürdigkeiten schon, aber die Villa Farnesina mit ihren herrlichen Fresken von Raffael hast du, glaube ich, noch nicht gesehen. Was hältst du von einem Besuch dort?«

Wir hielten ein Taxi an, und ich gab die Anweisung:

»Andiamo alla Villa Farnesina.«

Darauf fragte der Fahrer, wo die sei! »Wir haben wirklich Glück«, sagte ich zu Alina. »Das ist bestimmt der einzige römische Taxifahrer, der die Villa Farnesina nicht kennt!«

»Erkundigen Sie sich danach bei einem Kollegen!« befahl ich barsch in meinem schönsten Italienisch. Das tat er, aber sein Kollege kannte die Villa Farnesina ebenfalls nicht. Ich wußte nur, daß sie am Tiberufer liegt. Wir fragten eine Weile herum, unter Passanten und anderen Taxifahrern, doch niemand kannte die Villa.

Ich bin hartnäckig, und Alina ist es auch, wir gaben nicht auf. Wir fuhren also am Tiber entlang, unser Fahrer hielt vor einem Palazzo und fragte ohne viel Zuversicht beim Pförtner nach der Villa Farnesina, doch siehe da, der Mann wies mit dem Zeigefinger auf den gegenüberliegenden Palazzo und sagte: »*Ecco la*«, und da erkannte ich sie auch schon. Wir betraten das Gebäude etwas schüchtern, und ich fragte den Museumswärter: »Ist dies die Villa Farnesina?« »Nein, das ist die Italienische Akademie.« Nichts hatte sich hier verändert, und man führte uns in den herrlichen Raum, wo die Fresken des Raffael im Sonnenlicht leuchteten.

In einer Ecke stand eine Büste von Guglielmo Marconi, und der Wärter erläuterte: »*Il primo presidente dell' Accademia*.« Mir fiel plötzlich ein, daß Mussolini nach französischem Vorbild Italien eine Akademie gestiftet hatte, die aber auch alle Künste umfassen sollte.

Nach diesem Ausflug nahm ich Alina mit zu Passetto zu einem etwas späten Lunch. Nach zwei Tassen Espresso verspürten wir beide den Wunsch, wieder einmal die Villa Borghese zu besuchen, wo die schöne Pauline Bonaparte als Akt zu sehen ist, überdies auch noch Tizians ›Himmlische und Irdische Liebe‹ und die liebliche Eva von Cranach.

Erst danach fuhren wir wieder ins Savoy und hörten: »Ihre Zimmer sind in einer halben Stunde bereit.« Diesmal bekam Alina einen Wutanfall. »Was für ein gräßlicher Kerl, Daddy!« rief sie, »warum nehmen wir nicht noch heute abend das Flugzeug nach Paris? Wir brauchen doch nicht in diesem elenden Hotel zu wohnen!«

Da hatte sie ganz recht. Um die Ecke war ein Reisebüro, und wir buchten für sechs Uhr abends einen Flug nach Paris. Es blieb gerade noch Zeit, das Gepäck aus dem Savoy ins Taxi zu verladen, und ich sagte zum Empfangschef: »Ich hoffe nur, Ihre Zimmer stehen in alle Ewigkeit leer, aber für andere Leute, nicht für uns.« Wir kamen gerade noch rechtzeitig zum Flughafen ›Leonardo da Vinci‹, landeten wohlbehalten in Paris und fanden auch gleich einen Wagen, der uns heimbrachte.

Meine Frau war in Amerika, und mein polnischer Diener Adam hatte sich bereits für die Nacht zurückgezogen. Wir hatten beide mächtigen Hunger, und ich fragte Alina: »Was essen wir denn jetzt?« Zum Glück wartete der Wagen noch, wir ließen das Gepäck in der Diele stehen, legten den Kaviar in den Kühlschrank und fuhren schnurstracks zu Fouquet auf den Champs-Elysées und nahmen dort eine gute französische Mahlzeit ein.

Beim Kaffee und einer Zigarre schlug ich Alina vor: »Warum gehen wir nicht noch ins Kino? Die letzte Vorstellung fängt gerade an.« Sie war sehr dafür, und wir sahen gespannt einen sehr langen Film an, nur weiß ich nicht mehr, welchen. Um ein Uhr nachts gingen wir endlich schlafen.

Ich könnte mit Recht sagen, dies war der längste, aber bezauberndste vierundzwanzig Stunden während Tag meines Lebens.

Im selben Jahr spielte ich in Budapest, in Jugoslawien und in Istanbul.

Während meiner folgenden Amerika-Tournee wurde mir die Freude zuteil, mit dem noch jungen Guarneri-Quartett Aufnahmen zu machen. In kurzer Zeit spielten wir die drei Klavierquartette von Brahms ein, sein Quintett und das Quintett von Schumann. Die Aufnahmen waren vorzüglich, und ich höre sie jetzt noch mit viel Freude. Von diesem Erfolg ermutigt, spielten wir auch noch Dvořáks Klavierquintett und machten ganz ungemein gute Aufnahmen von seinem Es-Dur-Quartett und von Faurés Klavierquartett in c-moll.

Zwei oder drei Jahre lang war ich sehr damit beschäftigt, mein Solorepertoire aufnehmen zu lassen. In New York spielte ich meine letzte Version aller Mazurken und der beiden Sonaten von Chopin wie von Schumanns ›Kreisleriana‹ ein. Im selben Jahr nahm ich in Rom, wo RCA Italiana in den Außenbezirken vorzügliche Tonstudios besaß, die Liszt-Sonate, Schuberts ›Wandererfantasie‹ und seine B-Dur-Sonate, ferner alle Valses von Chopin auf. Selbstverständlich hatte ich auch früher schon Platten von Préludes, Scherzi, Balladen, Polonaisen und Impromptus von Chopin gemacht. Diese gehäuften Aufnahmen meines Orchesterrepertoires, meiner Solostücke und so vieler Kammermusik waren ein Erlebnis, dem ich einige bedeutende Erfahrungen danke.

Die erste lautet, Kammermusik sollte wirklich immer in kleinem Kreis gespielt werden, sie heißt ja wirklich nicht umsonst in allen Sprachen so. Die großen Italiener, dann Haydn, Mozart, Beethoven und später Schubert, Schumann und Brahms haben ihr ganzes Genie in diesem intimen Medium zum Ausdruck gebracht. Ich erinnere mich noch sehr genau der Proben des Joachim-Quartetts, denen ich als junger Mensch beiwohnen durfte. Wohingegen ich den Ton, den auch die besten Kammerensembles in den modernsten Konzertsälen produzieren, immer als unzureichend empfunden und darunter gelitten habe.

In meinem Alter, nach so langem Kontakt mit meinen Zuhörern, ist mir aufgegangen, daß die zarten kleinen Stücke von Schubert, Schumann oder Brahms, auch die von Ravel, Debussy, Prokofieff oder Szymanowski, überhaupt alle Stücke, die leise ausklingen, keinen unmittelbaren Kontakt zwischen Publikum und Musikern vermitteln können. Dieselbe Kammermusik, dieselben Solostücke, erzielen allerdings unmittelbare Wirkung auf den Hörer, der sie in perfekten neuen Aufnahmen in der ihm vertrauten intimen Umgebung hört. Aus eben diesem Grunde gibt es eine ganze Anzahl von mir sehr geliebter Stücke, die ich niemals öffentlich gespielt habe, aber immer wieder im privaten Kreis.

Kapitel 123

1967 begann mit einer guten Kunde: Mein erster Enkel Rubinstein, Jason mit Vornamen, wurde meinem Sohn Paul und seiner zweiten Frau geboren.

Als ich mich im Juni dieses Jahres in Paris von meinen Konzertreisen erholte, las man in den Zeitungen schlimme Nachrichten. Präsident Nasser von Ägypten verwies die UNO-Friedenstruppe aus dem an Israel grenzenden Gebiet, und man gehorchte ihm sogleich – die ganze Welt stimmte stillschweigend zu. Nachdem dergestalt die Pufferzone frei geworden war, drang er an der Spitze seiner Truppen in den Sinai vor, erklärte, Ägypten, Jordanien und Syrien seien übereingekommen, Israel zu besetzen zur Strafe dafür, daß es sich »arabisches Territorium unrechtmäßig angeeignet« habe, und die Juden sollten nunmehr ins Meer getrieben werden. Die Juden in aller Welt wurden von Angst erfaßt, doch nicht eine einzige fremde Macht rührte auch nur einen Finger.

Um eben diese Zeit wurden wir vom israelischen Konsul in Paris zu einem Diner geladen und fanden zu unserer Verblüffung unter den Gästen die Stabschefs des französischen Heeres und der Marine sowie unseren alten Freund Hervé Alphand, Generalsekretär im Außenministerium. Daraus schlossen wir, daß Frankreich bereit war einzugreifen, doch erklärte General de Gaulle, obschon die Pariser Bevölkerung durch Demonstrationen ihre Sympathie mit Israel zum Ausdruck brachte, hochtrabend, eine jede derartige Einmischung sei als Aggressionsakt abzulehnen. Pierre Benouville, den ich leider nur allzu selten sah, der sich aber stets als Freund in der Not erwies, brachte uns heil durch die polizeiliche Absperrung zum Israelischen Konsulat, wo sich eine Anzahl populärer französischer Persönlichkeiten eingefunden hatten, so der heroische General Koenig, der berühmte Filmstar Michel Simon, Alain Delon und andere. Man forderte uns auf, zu der unübersehbaren Menge von der Gefahr zu sprechen, die tragischerweise wieder einmal uns Juden drohte. Viele tapfere Juden flogen schnellstens nach Israel, darunter mein Kollege Daniel Barenboim und seine Braut Jacqueline du Pré, die bedeutende Cellistin. Die beiden heirateten sogleich nach der Ankunft in Israel, und sie trat zur jüdischen Religion über.

Wir selber lebten in einer von Stunde zu Stunde steigenden ängstlichen Erwartung. Am 5. Juni hieß es dann unerwartet im Radio, die israelische Luftwaffe habe vor Tagesanbruch die Flugplätze aller drei Gegner, Ägypten, Jordanien und Syrien, zerstört und anschließend den Angriff zu Land begonnen.

Überall wurde Bewunderung und Siegeszuversicht laut. Wir durchlebten einige der herrlichsten Tage unseres Lebens. Man kennt die Geschichte des siegreichen Sechs-Tage-Krieges, ich brauche nicht ins Detail zu gehen. Nur möchte ich meine Leser daran erinnern, daß General de Gaulle die Israeli in scharfen Worten als »Aggressoren« verurteilte, daß er sich weigerte, den Israeli vierzig Kampfflugzeuge zu übergeben, die sie bereits bezahlt hatten, und daß er und die Engländer es ablehnten, Ersatzteile für die bei ihnen gekauften Waffen zu liefern.

Nassers Armee floh barfuß durch die Wüste zurück nach Ägypten, Jordanien und Syrien setzten sich hingegen ernsthaft zur Wehr und mußten in schweren Kämpfen niedergerungen werden.

Die Hauptstadt der Juden, Jerusalem, wurde nach zweitausend Jahren endlich vereinigt, die von den jordanischen Okkupanten schamlos geschändete Altstadt aufgeräumt und ist nun dank dem bewundernswerten Bürgermeister Teddy Kollek glänzend und ruhmvoll wiedererstanden.

In allen Ländern der westlichen Welt akklamierte der Mann auf der Straße dem Mut und der Intelligenz der israelischen Streitkräfte, die Regierungen indessen dachten nur ängstlich an die möglichen Folgen.

Ich selber war ganz von Glück erfüllt, als ich bei einem Besuch in Jerusalem einige Monate später die Altstadt wieder in Händen ihrer rechtmäßigen Bewohner sah. Ich küßte voll tiefer Dankbarkeit Golda Meir die Hände und gab meiner Bewunderung für Dayan und Rabin Ausdruck, die Architekten des Sieges.

Im übrigen schämte ich mich zutiefst dieser Welt. Nach Hitlers Versuch, die Juden auszurotten, nach der heldenhaften Rückeroberung ihres Heimatlandes durch die wenigen Überlebenden des Holocaust verlangte doch wohl die einfache Gerechtigkeit, daß die zivilisierte Welt mit Erleichterung die Rückkehr der Juden in das Land ihrer Väter aufnehme, welche dieser Welt die große Religion geschenkt hatten, die nur den einzigen Gott, den Schöpfer aller Dinge kannte und dem Goldenen Kalb abschwor. Die ganze zivilisierte Welt hat später dieses Dogma angenommen, einerlei ob Christen oder Moslems, sogar die klugen Griechen sagten sich von ihren reizenden Götterfamilien los, mit denen sie lange in vertrautem Umgang gelebt hatten.

Während der zweitausend Jahre dauernden Diaspora erwiesen sich Intelligenz und angeborene Gaben der Juden als sehr nützlich für die Länder, in denen sie eine neue Heimat fanden. Darauf reagierte man aber mit Verleumdung, Eifersucht und Haß, aus denen sich dann der Antisemitismus entwickelte; er besteht fort.

Zum Glück fand Israel die richtigen Männer und die großartige Frau, die es ihm ermöglichten, sich zu verteidigen. Ben Gurion, Yigael Yadin, Moshe Dayan, Yitzhak Rabin, Ariel Sharon und die tapfere Golda Meir erteilten der Welt eine Lektion, und während ich dies niederschreibe, bereitet der große Staatsmann Menachem Begin den Frieden mit Ägypten vor; ich hoffe, das wird die anderen Nachbarn zwingen, Israel endlich in Ruhe zu lassen.

Ich erinnere mich zweier wichtiger Sitzungen, die eine französische Gruppe unter Professor André Lwoff organisierte, dem ersten französischen Nobelpreisträger für Medizin. Einhundertfünfzig Prominente waren geladen worden, um gegen den Ausschluß Israels aus der UNESCO zu protestieren, der nur mit der falschen Anklage begründet wurde, Israel nehme Ausgrabungen auf »okkupiertem Territorium« vor – womit die Altstadt von Jerusalem gemeint war. In zwei Artikeln, erschienen in der ›New York Times‹ und in ›Le Monde‹, habe ich den Vorsitzenden des Musikdepartements der UNESCO, den Juden mit dem hebräischen Namen Yehudi Menuhin, dafür getadelt, daß er nicht nur nicht seinen Rücktritt erklärte, sondern seine Stimme gegen Israel abgab.

Am ersten Tage der Versammlung wurde die UNESCO in milder Form dafür kritisiert, daß sie sich einzig aus politischen Gründen gegen Israel ausgesprochen habe, denn wie jedermann weiß, hat die UNESCO sich ausschließlich um kulturelle Angelegenheiten zu kümmern.

Ich verlangte in einer Ansprache an die Versammelten eine eindeutig formulierte Resolution, in welcher Jerusalem als die unbezweifelbare Hauptstadt Israels seit nunmehr fünftausend Jahren bezeichnet und den Israelis ausdrücklich das Recht zuerkannt werden sollte, nicht nur die von den Jordaniern begangenen Schändungen zu tilgen, sondern mit den Ausgrabungsarbeiten fortzufahren, zum Nutzen der Menschheit und mit Unterstützung der Christen.

Man lehnte meine Forderung als »zu politisch« ab. Ich verließ unter empörtem Protest die Versammlung: »Würden die hier zusammengekommenen bedeutenden Persönlichkeiten unmißverständlich protestieren, müßte das die Welt gebührend beeindrucken, aber die hier geübte Leisetreterei wird die Gleichgültigkeit nur noch bestärken.«

Ein Jahr später lud man mich zu einer Versammlung der genau gleichen Art ein, nur sollte die Teilnehmerzahl diesmal geringer sein. Ich ging als Beobachter hin, in der Hoffnung, man werde der UNESCO scharf die Meinung sagen, doch vernahm ich wieder nur schwächlichen Tadel, kein hartes Wort. Als ich von Professor Lwoff aufgefordert wurde, meinen Standpunkt darzulegen, sagte ich schroff und knapp: »Es ist unnötig, Israel zu bedauern. Israel braucht die UNESCO nicht, aber die UNESCO ist ohne Israel wesentlich ärmer dran.« Und damit ging ich, ohne die Abstimmung abzuwarten, die ohnedies nichts bewirken konnte.

Kapitel 124

Eines Nachmittags besuchte mich in Paris der bekannte Kritiker des ›Figaro‹ Bernard Gavoty. »Ich würde Sie gern mit einem jungen Freund von mir bekanntmachen, der sehr begabt ist. Er möchte mit Ihnen einen Film fürs französische Fernsehen drehen. Darf ich ihn mal herbringen?«
Nun hatten mir sehr bekannte Produzenten ähnliche Vorschläge schon in den USA gemacht, meine Frau hatte mir auch immer zugeredet, doch hatte ich schon sehr mißlungene Filme dieser Art mit Strawinsky und Casals gesehen, und ich wollte mich nicht als ein weiterer Achtzigjähriger an solch einem unseligen Unternehmen beteiligen.

In Paris war ich nicht weniger skeptisch, stimmte aber immerhin zu, den jungen Mann zu empfangen. »Wir könnten ja zu dritt essen und darüber reden«, sagte ich. Es wurde eine sehr angenehme Mahlzeit, denn François Reichenbach gefiel mir gut. Er hatte originelle Einfälle und viel persönlichen Charme. Gavoty selber war der geborene Erzähler, und ich stand ihm da nicht nach. Da wir nicht in Amerika, sondern in Frankreich waren, dauerte es eine geraume Weile, bis wir zur Sache kamen. Der Vorschlag lautete, ich möge über alles sprechen, was mir in den Sinn käme – mein Leben, meine Musik, meine Familie, überhaupt alles, was ich für erzählenswert halte. Beim Kaffee und einer Zigarre belebte sich mein Interesse für ein solches Projekt. »Ich reise jetzt für den größten Teil des Sommers nach Marbella, und anschließend habe ich Konzerte in Israel und im Iran. Es wäre das beste, Sie schickten mir baldmöglichst das Drehbuch, wie Sie es sich vorstellen, nach Marbella, und ich sehe mir dann gewissenhaft alles an.« Nach diesem Bescheid verließen mich die beiden in bester Stimmung.

Als ich in unserem reizenden Haus oberhalb Marbellas eintraf, an dem ich seiner schlichten Behaglichkeit wegen sehr hing, erzählte ich meiner Frau sogleich davon und fügte schmunzelnd an: »Was die sich wohl für mich ausdenken?«

Nach zehn Tagen war noch kein Drehbuch eingetroffen. Ah, dachte ich, sie haben den Plan aufgegeben! Doch schon tags darauf erfolgte eine ganze Invasion, sechs oder sieben Leute, darunter Reichenbach und Gavoty. »Wir wollen mit der Arbeit gleich anfangen«, sagte Reichenbach ganz gelassen.
»Aber ich habe das Drehbuch nicht bekommen«, wandte ich aufgeregt ein. »Mit Ihnen brauchen wir keins. Gehen wir in den Garten, und Gavoty wird Sie schon zum Reden bringen.«
Und damit begann die Arbeit an dem Film, der mir einen Oscar eintrug. Wir erkundeten gemeinsam Marbella, sie begleiteten Nela, Alina und mich nach dem Iran, wo ich vor den großartigen Ruinen der Darius und Xerxes in Persepolis ein Konzert gab. Reichenbach gelang es, die Schönheiten Isfahans ins Bild zu bringen. Alles wurde improvisiert, und als Beweis dafür möge dienen, daß ich die alberne Episode mit den Lachvögeln im Zoo von Sydney erzählte, die alle Zuschauer zum Lachen brachte, einzig weil Gavoty mich nach einem Mittagessen, dessen Hauptgang himmlischer iranischer Kaviar war, fragte, ob ich den finnischen Dirigenten Schneevoigt gekannt habe; wir saßen damals im Garten des Kalifenpalastes und fühlten uns wie in Tausendundeiner Nacht.

Im Iran widerfuhren uns auch allerlei dramatische Momente, so etwa wurde Nela eines Morgens in Schiras von einer mysteriösen Krankheit befallen, konnte sich nicht rühren, war also nicht reisefähig. Ich stand nun vor einer schweren Wahl: Eigentlich wollten wir in Teheran filmen, mit einem Zwischenaufenthalt in Isfahan, anschließend das Flugzeug nach Israel nehmen, wo am folgenden Morgen meine Probe mit dem Orchester gefilmt werden sollte.

So blieb denn Alina bei ihrer Mutter, und beide sollten uns so bald wie möglich in Tel Aviv treffen. Aus Teheran erkundigte ich mich telefonisch nach dem letzten Stand der Dinge in Schiras und bekam zur Antwort: »Die Damen sind beide abgereist.« Welcher Schrecken! Ich stellte mir vor, Alina habe meine Frau zu einer dringenden Operation ins nächste Krankenhaus gebracht, und sagte meinen Begleitern, ich müsse zurück nach Schiras. Wer beschreibt mein Erstaunen, als ich im Warteraum des Flughafens Nela und Alina frisch und munter mit meinen Begleitern beisammen sitzen sah! Also flogen wir allesamt weiter nach Israel, wo meine arme Frau allerdings mehrere Tage das Bett hüten mußte. In Israel drehten wir den ergreifendsten Teil des Films. Bevor meine eigentliche Tournee begann, mußte ich noch nach New York, und von dort flog ich nach Paris zurück. Die dann folgende Konzertreise war hektisch und schlecht organisiert, und ich dachte kaum je an unseren Film. Ich mußte immer wieder unvorhergesehen spielen und auch Ansprachen halten und fand alles lästig und unzulänglich.

Reichenbach indessen führte während meiner Abwesenheit den geschnittenen Film seinen Freunden vor, und die schrieben mir, sie fänden ihn großartig. Sogar bis nach Amerika drang das Gerücht vom Vorhandensein dieses Filmes, denn nach einem Konzert in Monte Carlo erschien plötzlich Gavoty in meiner Garderobe und sagte sehr aufgeregt: »Falls Sie einverstanden sind, so oft wie möglich mit einem amerikanischen Kommentator Englisch zu sprechen, will NBC den Film zeigen und bietet für eine einzige Vorführung eine phantastische Summe.« Eine tolle Nachricht, die nach Champagner verlangte.

Mit dem Geld von NBC sah Reichenbach sich dann imstande, aus seinem Fernsehfilm von einer Stunde Dauer einen Spielfilm von der üblichen Länge zu machen, denn Material hatten wir reichlich.

Zum ersten Mal sah ich ihn auf dem Filmfestival in Cannes; er wurde als Dokumentarfilm während der dafür vorgesehenen Nachmittagsvorstellung gezeigt. Das Kino war voll und die gesamte Jury anwesend, obschon dieser Film gar nicht für den Wettbewerb gemeldet war. Ich sah mir das alles an und wäre am liebsten weggelaufen – ich hörte mich Albernheiten sagen und ziemlich schlecht spielen. Nela und Eva, die dabei waren, hatten Mühe, mich im Saal zu halten. Am Ende war ich auf Buhrufe, ja auf Proteste gefaßt, aber die Zuschauer erhoben sich und klatschten!

Den Rest dieses Tages und den ganzen Abend lang war ich von Interviewern förmlich belagert und mußte in allen möglichen Sprachen lange Erklärungen für das Fernsehen vieler Länder abgeben.

Dann fand eine Galaaufführung des Films in einem Kino auf den Champs-Elysées statt, und *tout Paris* war anwesend. Allein in Paris lief der Film monatelang in fünf Kinos, und ich schäme mich fast es zu sagen: In einem Caféhaus sitzend, genoß ich ausgiebig den Anblick der Schlangen vor der Kinokasse. Mein Film und ein »richtiger« Film gingen als Beitrag Frankreichs nach Hollywood zum Wettbewerb um den

Oscar, und Nela und Reichenbach flogen zur jährlichen Verleihungszeremonie nach Los Angeles.

Ich litt unterdessen Todesqualen, blieb in New York, gab ein Konzert und traute mich nicht, der Verleihung am Fernsehen zu folgen. Als Fred Astaire den inhaltsschweren Umschlag geöffnet und angekündigt hatte, unser Film habe gewonnen, überreichte er den Oscar an Nela und Reichenbach, die ihm in meinem Namen dankten, doch ging der Oscar dann an einen gewissen Bernard Chevrey, bloß weil der zufällig Produzent war! Dies, weil man mich nicht zum besten Schauspieler und Reichenbach nicht zum besten Regisseur des Jahres wählen konnte. Und doch endete diese ganze langwierige Angelegenheit wie im Märchen: Tausend Mitglieder der Akademie der Filmkunst erkannten mir einstimmig einen speziellen Oscar zu, den der Vorsitzende, Gregory Peck, mir persönlich nach Paris brachte; er trug ihn in der Hand vor sich her, und nun steht er auf einem runden Tischchen im Salon, eine prachtvolle goldene Figur, und ihm gegenüber eine Emmy, die mir für den besten Fernsehfilm des Jahres in Amerika verliehen wurde.

Kapitel 125

Bei meinem nächsten Aufenthalt in Israel zeigten wir unseren Film ausschließlich für wohltätige Zwecke, und Golda Meir wohnte der ersten Vorstellung bei. Regierung und Bürgermeister von Jerusalem ehrten mich auf herzergreifende Weise: Am Stadtrand von Jerusalem sollte ein Wald angepflanzt und nach mir benannt werden. Das dafür zuständige Komitee wandte sich an meine Freunde in aller Welt mit der Bitte um Spenden für Bäume. Die mit dem Pflanzen des ersten Baumes verbundene Zeremonie rührte mich zu Tränen. Nela und ich pflanzten ihn, der Justizminister Rosen und Bürgermeister Kollek hielten jeder eine Rede, und als Zeugnis dieses Vorganges wurde dann auch noch ein Denkstein mit einer Inschrift gesetzt. Aus Tel Aviv waren viele Freunde gekommen, darunter der Maler Rubin und seine liebreizende Frau, und ich werde diesen Tag nicht vergessen.

Das letzte Jahrzehnt hat mir viele Ehrungen, aber auch viel Kummer beschert. Als Achtzigjähriger habe ich alle meine engen Freunde überlebt. Der Tod des tapferen, edlen Louis Vallery Radot, von seinen Freunden Sioul genannt, traf mich tief. Bald darauf starben mein Freund und Nachbar Marcel Pagnol und mein alter Kumpan Marcel Achard. Mitten im Schreiben seiner Memoiren erlag Wladimir Golschmann einem Herzinfarkt.

Die Dirigenten, mit denen ich so gern Jahr um Jahr konzertiert habe, starben einer nach dem anderen weg und überließen das Feld jungen Leuten, die das Konzertleben in den USA, was Orchestermusik angeht, sehr veränderten.

Gott sei Dank besitze ich hervorragende Schallplatten und kann in meinen intimen vier Wänden Sinfonien von Schumann, Brahms und Beethoven hören, dirigiert von dem großen, einen und einzigen George Szell.

Ich hatte das Glück, mit dem brillanten Daniel Barenboim und Zubin Mehta Aufnahmen zu machen, nicht zu reden von dem viel älteren Eugene Ormandy mit dem Philadelphia Orchestra und Erich Leinsdorf mit der Boston Symphony, und das weitere Glück, immer neue Aufnahmen derselben Werke zu machen, in der Hoffnung, sie noch zu verbessern.

Ich lebte nun mehr und mehr in Paris, widmete mich meinen Büchern, genoß den Anblick meiner Bilder, saß oft am Flügel.

Das Jahr 1971 ist mir als eines in Erinnerung, das viele unerwartete Ehrungen brachte. Die Republik Frankreich ernannte mich zum Grand Officier der Legion d'Honneur, wovon Präsident Pompidou und Ministerpräsident Chaban-Delmas mich in Kenntnis setzten. Zwei Monate später erwies mir Italien eine gleichartige Ehrung.

Nach einem Konzert mit dem wunderbaren Concertgebouw-Orchester in Amsterdam erhielt ich von den Holländern unzählige Freundschaftsbekundungen. Ein Bukett mit etwa hundert Rosen wurde mir aufs Podium gereicht samt einem Begleitschreiben von Königin Juliana. Bei dieser Gelegenheit ernannte mich der Kultusminister zum Kommandeur des hohen Ordens von Orange-Nassau. Der Vorstand des Orchesters trug mir die Ehrenmitgliedschaft in dieser glänzenden Musikervereinigung an, und das war nicht alles: In einem anderen Raum gaben Abgeordnete des holländischen Blumenzüchterverbandes bekannt, eine neue Tulpenart solle meinen Namen tragen – die Arthur Rubinstein-Tulpe. Besonders dieses Präsent ging mir sehr nahe. Selbstverständlich spürte ich, daß diese Ehrungen mehr meinem Alter galten als meinen künstlerischen Verdiensten.

Noch im selben Monat traf mich wie der Blitz aus heiterem Himmel die telefonische Mitteilung meines Freundes Gaston Palenski, Präsident des französischen Staatsrates: »Man hat Sie soeben zum Mitglied der Academie des Beaux Arts ernannt, Arthur, also kommen Sie schnellstens in die Brasserie Lipp, denn die Tradition verlangt, daß Sie die anderen Akademiemitglieder dort mit Champagner traktieren.« Die Überraschung war so groß, daß ich eigentlich ohnmächtig hätte hinschlagen müssen. Ich – ein Mitglied der Akademie! Ich hatte weder eine Universität noch ein Konservatorium, schon gar keine Akademie absolviert, und nun sollte ich also als ein vollwertiges Mitglied des Institut de France fungieren, in der prächtigen Uniform mit den in Grün und Gold gehaltenen Blattstickereien?

Nun, was soll ich sagen, Nela und ich eilten, so rasch es gehen wollte, in die Brasserie Lipp und wurden schon am Eingang von Mitgliedern jener fünf Akademien beglückwünscht, die zusammen das Institut de France ausmachen. »Gehen wir hinauf, Sie werden dort erwartet«, hieß es.

Unten an der Treppe hockte auf einem Stuhl ein uralter Mann, offenbar in der Absicht, mich zu begrüßen. »Das ist Maître Dupré, er kann mit seinen fünfundneunzig Jahren nicht mehr die Treppen steigen, will Sie aber beglückwünschen.« Das rührte mich tief, Maître Dupré war ein berühmter Organist und Komponist und einige Jahre lang Direktor des Conservatoire National. Als ich mich für sein Erscheinen bedankte, flüsterte er: »Erinnern Sie sich, daß Sie mich in Rouen auf den Schoß nahmen, als ich fünf Jahre alt war?«

Das klang nun recht aberwitzig, und ich kam nicht gleich darauf, was er damit meinte, doch fiel es mir dann ein: mein berühmter Namensvetter Anton Rubinstein mußte es gewesen sein, der den kleinen Dupré auf den Schoß genommen hatte. Diese Geschichte sprach sich herum und wurde gutmütig belacht.

Oben erwarteten mich die Akademiemitglieder, darunter so mancher gute Freund, und es begann die Champagnerorgie. Es schien, als litten alle seit Stunden heftigen Durst, und Flasche um Flasche wurde geleert. Ein glücklicher Tag.

Ich erbte den Sitz des Schweizer Bildhauers Edouard Marcel Sandoz, der seinerseits Paderewski beerbt hatte, was mich überraschte und freute. Es werden zehn Ausländer zugelassen, die sich irgendwie um die Kunst verdient gemacht haben, und zwar weniger der eigenen künstlerischen Betätigung als ihrer überragenden Persönlichkeit wegen. Ich fand unter meinen Kollegen also auch Königin Elisabeth von Belgien, Feldmarschall Montgomery von Alamein, Graf Cini aus Venedig, sogar König Alfonso von Spanien war Mitglied. Es leuchtet ein, daß ich sie nicht als Kumpane oder Busenfreunde bezeichnen kann.

Die offizielle Einführung eines neugewählten Akademikers ist ein feierlicher Akt, der Saal voller Gäste, und die Mitglieder in ihren prächtigen Uniformen samt Zierdegen geleiten das neue Mitglied zu einer Tafel unterhalb des Podestes. Der amtierende Präsident, der ständige Sekretär und einer seiner Gehilfen halten lange Willkommensansprachen, in denen Lebenslauf und Verdienste ausführlich gewürdigt werden. Der neue *élu* muß, nachdem er dem Präsidenten gedankt hat, mit einer langen Preisrede auf seinen Vorgänger erwidern, schlimmer noch, er muß sie verlesen, denn diese Reden werden gedruckt und in den Archiven der Akademie aufbewahrt.

Diese Pflicht erfüllte mich mit tödlicher Angst, doch zu umgehen war sie nicht. Die Preisrede auf M. Sandoz war wie eine mühsame Schularbeit. Ich fuhr nach Lausanne, wo Sandoz' Skulpturen zu sehen sind, teils in einem ihm gewidmeten Museum, teils in einem Park, wo Tierplastiken stehen, die er der Stadt geschenkt hat. Seine Tochter war mir liebenswürdigerweise behilflich mit biographischen Hinweisen und hatte auch die Nachrufe auf ihn gesammelt.

In Genf machte ich mich in unserer kleinen Wohnung an die Arbeit – eine wahre Schwerarbeit, wie gesagt. Doch möge man mich nicht bedauern, denn sie ging mir leichter von der Hand als befürchtet. Drei ganze Stunden brauchte ich dazu. Ich gebe zu, Paderewski, sozusagen mein Großvater in der Akademie, kam mir dabei zu Hilfe, denn den konnte ich mühelos in meine Rede einschließen.

Bei der Inauguration ging dann alles ganz glatt. Jedermann schien erfreut, daß meine Preisrede kurz war, und genoß die improvisierte kleine Ansprache, die ich darauf folgen ließ. Unnötig zu sagen, daß ich mit Vergnügen die neue Uniform trug, auch wenn ich Cardin dafür ein Vermögen zahlen mußte!

Kapitel 126

Darius Milhaud sollte seinen achtzigsten Geburtstag begehen, und ebenso wie ich verabscheute er offizielle Geburtstagsfeiern mit allem, was dabei unvermeidlich ist, Präsenten, Besuchern, Telegrammen und so fort. Meine Einladung zu einem *Diner à quatre* nahm er aber liebenswürdigerweise an. Wir wählten ein außerhalb Genf gelegenes Restaurant und ließen uns auf der Terrasse nieder.

Selbstverständlich stand die Feier ganz im Zeichen der Erinnerungen an Brasilien, Claudel, Milhauds Oper ›Bolivar‹ und die großen Abende mit seinen Werken. Leider sah ich ihn bei dieser Gelegenheit zum letzten Mal, und das macht diesen Abend zur wehmütigen Erinnerung.

Ich klagte während des Essens über einen Fleck an meiner linken Wange, der mich irritierte. Tags darauf hatte sich ein Ausschlag über die ganze Wange verbreitet. Ein Arzt im amerikanischen Krankenhaus in Paris diagnostizierte Rose. Die Schmerzen waren scheußlich, schier unerträglich, doch dagegen half nichts. Es brach mir fast das Herz, daß ich Hurok bitten mußte, meine elf Konzerte in den USA abzusagen, aber ich saß wie benommen stundenlang unbeweglich da, wagte den Kopf nicht zu rühren, doch eigenartigerweise gelang es mir, täglich zwölf Stunden auf dem Rücken liegend zu schlafen, was meine Widerstandskraft stärkte.

Ich wollte aber, ungeachtet aller Schmerzen auf dem großen Empfang nicht fehlen, den Baron Alain de Rothschild und seine reizende Gattin Mary in ihrem Palais Avenue Marigny aus Anlaß der Entgegennahme des Ehrendegens veranstalteten, den das neugebackene Akademiemitglied traditionsgemäß von seinen Freunden empfängt, in meinem Fall

Freunden aus vieler Herren Ländern, welche eigens zu diesem Empfang geladen waren. Der Degen ist ein Kunstwerk ganz eigener Art, er kann in der Schlacht ebenso benutzt werden wie zum Duell, ist von einem Künstler entworfen und wird von Spezialisten hergestellt.

Diesmal allerdings waren die Götter gegen mich, denn am Vorabend des Festes griff die Rose auch auf die andere Wange über, und der eilig herbeigerufene Arzt war ratlos: »Die Rose befällt niemals beide Seiten!« Nach genauerem Hinsehen verkündete er dann auch triumphierend: »Sie haben die Windpocken, lieber Freund. Die haben Sie offenbar nie gehabt, und daher hat man sie für Gesichtsrose gehalten.« Ich teilte seine Heiterkeit keinen Moment, denn er schleppte mich, ohne auch nur zu fragen, ins Krankenhaus. Tags darauf war das Fieber weg, aber man entließ mich nicht. Ich lag also im Bett und verabscheute mich. Nela vertrat mich beim Empfang und erwiderte den Reden.

Damals hatte am Broadway ein Musical mit dem Titel ›Pippin‹ Premiere, in dem mein Sohn Johnny die Hauptrolle spielte. Wir waren natürlich sehr aufgeregt, und Nela sagte gleich, sie wolle hinfliegen. Das war zuviel: Rose oder Pocken, dabeisein mußte ich.

Ich war vor Beginn der Premiere nervös und ängstlich. Johnny hatte mir im Sommer das Libretto vorgelesen, und mir war es albern vorgekommen. Es handelte von Karl dem Großen und seinem Sohn Pippin dem Kurzen.

Ich habe nichts dagegen, daß man alles und jedes verulkt, und das Stück, dessen Inszenierung Millionen verschlungen hatte, lief mehrere Spielzeiten hindurch erfolgreich am Broadway, doch gefiel es mir nicht, daß Pippin unter lauter Karikaturen der einzige wirkliche Mensch war, er hätte ein junger Amerikaner aus Nebraska oder Michigan sein können.

John machte sich glänzend. Er mußte komisch sein, viele Songs singen und mit Verve tanzen. Zwei volle Jahre hindurch war er einer der Stars am Broadway. Bei der Uraufführung von ›Pippin‹ machte ich die Entdeckung, daß ich von dem, was auf der Bühne vorging, so abgelenkt war, daß ich von meiner Rose nichts mehr verspürte; es ging mir damit wie in meinen eigenen Konzerten.

Ich gab Hurok darum schon am folgenden Tage Anweisung, meine Konzerte wie ursprünglich geplant anzukündigen. Und es kam, wie ich geahnt hatte: die Krankheit belästigte mich niemals während eines Konzertes, stellte sich aber davor und danach unfehlbar ein.

Kapitel 127

Zwanzig Jahre hatte ich die Niederschrift meiner Erinnerungen hinausgeschoben, dann endlich arbeitete ich jahrelang jeden Sommer daran – und hatte oft die größte Lust, alles hinzuschmeißen, denn Stil und Grammatik machten mir zu schaffen –, doch dann kam der große Tag, an dem ich ›Die frühen Jahre‹ beendete.

Zu meinem Erstaunen meldete sich sogleich ein bekannter Agent und erbot sich, meine Interessen wahrzunehmen. Ich selber, loyal, wie ich bin, hatte eigentlich die Absicht, das Manuskript meinem alten Freund Alfred A. Knopf anzubieten, der darauf immerhin seit dreißig Jahren wartete, um so mehr als seine Frau Blanche, die unterdessen verstorben war, mich mit wahrer Engelsgeduld immer wieder zum Schreiben ermuntert hatte. Mein Agent betrachtete die Sache aber durchaus anders. Als ich sagte, der Verlag Knopf wolle mir vor der Drucklegung eine kleine Garantiesumme zahlen, lachte er laut auf. »Für Ihr kleines Büchlein bekommen wir einen Haufen Geld, Sie werden sehen!« versicherte er, und bei Gott, er behielt recht.

Er handelte eine hohe Garantiesumme von dem amerikanischen, aber auch von einem französischen und einem deutschen Verleger heraus. Zum ersten Mal bot man mir eine große Summe Geld nicht für mein Können als Pianist, sondern für meine unerprobten Fähigkeiten als Schriftsteller. Um also nicht in Gewissenskonflikte zu geraten, schenkte ich die Erträge aus dem Buchverkauf meiner Frau und den Kindern.

Im Druck sah ich das Buch erstmals in der französischen Übersetzung, die nicht so ganz nach meinem Geschmack ausgefallen ist, doch die Rezensionen waren samt und sonders lobend. Erst als ich wieder in Amerika war, kam der Verkauf der Originalfassung in Schwung. Der Verlag Knopf hatte während der redaktionellen Bearbeitung des Buches schwere Bedenken gehabt, ob der »amerikanische Leser« Interesse haben könne an den zahllosen Beschreibungen und Details, doch dann rief Knopf eines Tages strahlend an: »Ihr Buch ist vom ›Book of the Month Club‹ gekauft worden, kommen Sie gleich zu uns, der Champagner steht schon auf dem Tisch!«

Mein mit vielen Anstrengungen unternommener Ausflug in die Literatur war nun also doch von Erfolg gekrönt. Knopf veranstaltete auf dem Konzertpodium der Carnegie Hall eine große Party und lud die gesamte künstlerische und kunstliebende Elite ein. Vor einem ins Riesenhafte vergrößerten Photo von mir hielten Knopf, Musiker und Schriftsteller Reden auf mich, und unzählige Flaschen Champagner wurden geleert. Drei volle Monate standen ›Die frühen Jahre‹ auf der Bestsellerliste, und überall in den USA erschienen Besprechungen des Buches. Einzig etliche Musikkritiker bemäkelten, daß dieses Buch nicht ausschließlich Musik zum Gegenstand habe, wobei sie außer acht ließen, daß ich hier schließlich mein ereignisreiches und von vielen Erfahrungen geprägtes Leben beschreibe. Musik ist mir angeboren wie ein sechster Sinn, und wenn man mich fragte: »Welche Hobbies haben Sie außer der Musik?«, wurde ich unweigerlich wütend.

»Ich habe keine Hobbies. Ich liebe Bücher und Bilder und reise leidenschaftlich gern; ich liebe das Leben in allen seinen Erscheinungen. Die Musik hat damit nichts zu tun, mit der bin ich geboren.«

Nachdem das Buch in Deutschland, Japan, Israel, Finnland, Jugoslawien und sogar in Polen erschienen war, drängte man mich, die Fortsetzung zu schreiben, aber mir lag nicht das geringste daran, die Gegenwart abzuschildern mit allem, was dabei zur Sprache kommen mußte.

Statt dessen gab ich mehr Konzerte denn je. Mein Film, der mir verliehene Oscar, die Fernsehprogramme und endlich das Buch stellten den Menschen eindringlich vor Augen, daß ich nicht nur Konzertpianist bin, sondern auch eine Person. Ich erhielt ungezählte sehr herzliche Zuschriften von Leuten, die mich nie hatten spielen hören, die mir aber ihre Zuneigung und ihr Verständnis zum Ausdruck bringen wollten; andere hatten einfach den Wunsch, sich mit mir über mein Buch oder den Film auszusprechen. Hier ein kleines Beispiel: Eines regnerischen Morgens, ich gastierte in einer gewissen Stadt, hielt mich, als ich zur Probe eilte, ein älterer Mann am Eingang zum Saal auf. »Dürfte ich Sie vielleicht einen Moment sprechen, Herr Rubinstein?« fragte er drängend.

»Ausgeschlossen. Ich habe jetzt eine Probe, und die dauert mindestens zwei Stunden.« Damit ließ ich ihn stehen. Die Probe dauerte dann sogar noch länger, aber als ich das Gebäude verließ, stand der Mann dort immer noch im Regen und wartete auf mich. Er tat mir sehr leid, und ich glaubte, er brauche dringend Geld. Ich fragte ihn also: »Kann ich Ihnen irgendwie helfen?«

Er errötete und sagte schüchtern: »Ich habe Ihr Buch gelesen und möchte gern wissen: Was ist aus Pola geworden?«

Ich konnte seine Neugier mit wenigen Worten befriedigen, und er zog strahlend ab.

In Paris las ich eines Morgens in der Zeitung die ungemein überschwengliche Besprechung des Klavierabends eines jungen französischen Pianisten namens François Duchable. Die Äußerungen französischer Musikkritiker lassen mich in der Regel kalt – unsere Ansichten differieren meist zu stark –, in diesem Fall aber sagte mir mein Instinkt, ich solle den jungen Mann kennenlernen.

Meine Freundin Diane Benvenuti teilte mir mit, Duchable habe bei ihrem Mann studiert, und sie veranlaßte auch, daß der junge Mann mir einen Besuch machte. Duchable war ein reizender Junge, schlicht und gar nicht prätentiös, er setzte sich sofort an den Flügel, hielt einen Moment den Kopf still gesenkt wie im Gebet und legte dann in einem atemberaubenden Tempo die Oktavenetüde in h-moll von Chopin hin, als sei es ein Kinderspiel; im Trio der Etüde allerdings zeigte er eine feine Musikalität.

Endlich einmal konnte ich einem französischen Kritiker aus vollem Herzen zustimmen. Ich schloß den jungen Menschen in mein Herz, und es freute mich ungemein, ihm Konzerte verschaffen zu können. Fast sogleich erntete er in Spanien großen Erfolg, und jetzt ist Duchable einer der besten französischen Pianisten. Sein Vaterland darf stolz auf ihn sein.

Aus Anlaß des bevorstehenden fünfundzwanzigsten Jahrestages der Staatsgründung Israels reiste der glänzende Organisator des Warschauer Chopin-Wettbewerbes, Jacob Bistritzky, nach Israel, um hier einen Rubinstein-Wettbewerb für Pianisten zu organisieren, der einer der Höhepunkte der geplanten Festlichkeiten werden sollte. Ich selber fand den Gedanken eher zum Lachen und sagte zu Bistritzky: »Wozu noch ein Wettbewerb? Sie müssen doch verrückt sein. Erst einmal muß eine ganz neue Pianistengeneration nachwachsen, denn die lebenden haben schon an allzuvielen Wettbewerben teilgenommen.« Er beharrte aber auf seiner Idee, und darin wurde er vom israelischen Botschafter in Paris, vom Minister für Tourismus und von Golda Meir, die damals Ministerpräsidentin war, noch bestärkt. Bistritzky überzeugte sogar meine Frau davon, daß es sich um eine hochwichtige Angelegenheit handele, und damit war ich geschlagen, ich mußte einwilligen.

Bevor es dazu kam, geschah allerdings Entsetzliches. Ägypter und Syrer überfielen Israel am Morgen des höchsten jüdischen Feiertages, des Yom Kippur. Ich will nicht im einzelnen den Verlauf dieses grausamen Krieges beschreiben. Die Israelis mußten diesmal schwere Verluste hinnehmen, siegten endlich aber doch dank ihrer unglaublichen Tapferkeit und Intelligenz und erteilten überdies der Welt eine Lektion in Menschlichkeit, indem sie die eingekesselte ägyptische Armee abziehen ließen, statt sie auszuhungern. Die Feierlichkeiten wurden um ein Jahr verschoben.

Eine traurige Nachricht traf mich. Sol Hurok, mein guter alter Freund, dem ich so viel verdankte, starb in New York. Es war ihm schon seit geraumer Zeit gesundheitlich nicht gut gegangen, doch fuhr er bis zur buchstäblich letzten Stunde in seiner Arbeit fort. Tröstlich war der Gedanke, daß ihm noch eine Ehre zuteil geworden war, die Menschen von Verdienst selten erleben: Bei einer Galavorstellung ihm zu Ehren in der Metropolitan Opera traten viele weltberühmte Künstler auf, im Publikum befanden sich Menschen aus aller Welt, die ihn bewunderten. Ich selber hatte leider in Europa Konzertverpflichtungen, doch war an meiner Statt meine Frau anwesend.

Die Agentur Hurok wurde von seinen drei Getreuen weitergeführt – Walter Prude, Sheldon Gold und George Perper –, aber nicht für lange. Ein Bostoner Unternehmer kaufte sie auf und machte schon ein Jahr später pleite. Daraufhin gründeten die drei ihre eigene Agentur.

Zu meiner großen Erleichterung bewies Bistritzky bei der Organisation des Rubinstein-Wettbewerbes sein glänzendes Talent. Trotz großer

Entfernungen und einer gewissen Gefahr, die der Aufenthalt dort mit sich brachte, strömten junge Meisterpianisten aus aller Welt nach Jerusalem. Arturo Benedetti Michelangeli, einer der Juroren, gab ein Konzert und stiftete die Einnahmen zur Deckung der mit dem Wettbewerb verbundenen Kosten. Vier Preise gingen an junge Pianisten, die schon im Begriff waren, eine bedeutende Laufbahn einzuschlagen: Emanuel Ax, 1. Preis; Eugene Indjic, 2. Preis; Janina Fialkowska, 3. Preis; Seta Tanyel, 4. Preis. Der israelische Staatspräsident und die Regierung unter Golda Meir nahmen sehr lebhaften Anteil an den Vorgängen. Bistritzky ließ Medaillen in Gold, Silber und Bronze mit einem meiner Porträts von Picasso prägen.

In Paris, New York und Marbella spielte Mlle. Fialkowska mir später häufig aus ihrem wachsenden Repertoire vor. Bistritzky ist für seine Bemühungen hoch zu loben, zumal er ohne mein Wissen und wohl in der Absicht, meinen Widerstand zu überwinden und mir eine Freude zu machen, zwölf bekannte Komponisten aufforderte, je ein Stück für Klavier eigens für mich in beliebiger Form zu schreiben und mir zu widmen. Jordi Cervello, Carlos Chávez, Henri Dutilleux, Henri Gagnebin, Camargo Guarnieri, Rodolfo Halffter, Marlos Nobre, Marcel Poot, Alexander Tansman, Haim Alexander, Menahem Avidom und Josef Tal gingen großmütig auf diese Bitte ein und sandten Manuskripte, die mir während des Wettbewerbs überreicht wurden. Diese freundschaftliche Ehrung rührte mich sehr.

Nach dem Wettbewerb machte ich eine herrliche Spanienreise, die mir das Herz erwärmte. Das Jahresende und das neue Jahr begingen wir in bester Stimmung in Paris.

Kapitel 128

Das Jahr 1975, in dem ich achtundachtzig Jahre alt wurde, fing als eines der meistversprechenden meines Lebens an, es war interessant und voller Aktivitäten. Es begann mit einer langen Konzertreise in den USA, die mich auch nach Kalifornien führte. In Los Angeles spielte ich mit Zubin

Mehta, dessen Begleitung mich immer inspiriert hat, und gab einen Soloabend. Ein weiterer folgte in San Diego.

Dann lud mich Dr. Josef Rubinstein von der Stanford University zu einem Symposium ein, das unter dem Motto »Die Majestät des Menschen« stehen sollte, und an dem Linus Pauling teilnahm, hochberühmt und zweimal mit dem Nobelpreis ausgezeichnet, ferner ein weiterer Nobelpreisträger sowie bedeutende Physiker und Mediziner. Das war ja nun eine schmeichelhafte Einladung, denn die anderen Teilnehmer waren hochgelehrte Männer, doch bei näherem Überlegen kam mir der Gedanke, ich solle dort vielleicht als eine Art Versuchskaninchen dienen. Ich erwartete Fragen von der Art wie: »Was fällt Ihnen als erstes ein, wenn Sie morgens aufwachen, Mr. Rubinstein?« Aber da irrte ich.

In der großen Aula der Universität, die gut besetzt war, hielt Professor John Nicholls einen langen Vortrag über das Hirn des Menschen, seine Millionen Verästelungen und seine beherrschende Kraft.

Anschließend bat man mich zu einigen anderen Herren, mit denen diskutiert werden sollte, aufs Podium. Zum Glück stellte man mir keine albernen Fragen, vielmehr bezogen die Fragen sich auf Dinge, die ich in meinem Buch dargestellt hatte. Man wollte wissen, was ich unter »vorbehaltlosem Glücklichsein« verstehe, und ich suchte das, so gut es gehen wollte, zu verdeutlichen, indem ich schilderte, daß für mich Gegensätze eine entscheidende Rolle spielen.

»Weil ich das Leben so liebe, wie ich es tue, drängt sich mir der Schluß auf, daß man schlimme Zeiten durchmachen muß, um das Wunderbare und das Faszinierende des Lebens zu erkennen. Ich kann unmöglich jene religiösen Dogmen hinnehmen, die das Dasein als ein von Sünden bestimmtes Vorspiel zu einem besseren Leben nach dem Tod bezeichnen. Ich habe aufmerksam und achtungsvoll dem Vortrag von Professor Nicholls zugehört, muß aber gestehen, daß er mich nicht überzeugt hat. Was mich betrifft, so arbeitet mein Gehirn wie ein Kalkulator. Immer wieder sah ich mich vor zwei Möglichkeiten gestellt und hätte eine vernunftbestimmte Wahl treffen müssen. Statt dessen habe ich meist einem Impuls nachgegeben.« Ich fragte die Herren Gelehrten, ob sie sich das Hirn mit der Seele verbunden dächten, ein Wort, das in allen Sprachen vorkommt und dessen Bedeutung niemand kennt. Darauf wußten sie natürlich keine Antwort.

»In den meisten meiner Konzerte befindet sich mein Hirn, das mir bei der Vorbereitung meiner Arbeit behilflich ist, im Ruhezustand. Seele nenne ich nun die Inspiration, den Drang, meinen Zuhörern die Musik zu vermitteln.« Danach hielt ich inne, denn ich glaubte, nun sei ich zu weit gegangen, doch keineswegs – ich hatte nicht vergebens gesprochen, schon gar nicht, was Linus Pauling anging, der mich tags darauf, als wir mit Dr. Rubinstein zu Mittag aßen, ausführlich über diesen Sachverhalt befragte. Alles in allem war das ein großes Erlebnis für mich.

Wenige Tage später spielte ich mit Daniel Barenboim am Pult das d-moll-Konzert von Brahms. Am Vorabend hatte ich einen Anruf von meiner Frau aus Los Angeles erhalten – gerade am Tage dieses Konzertes mußte sie sich einer gefährlichen Operation unterziehen. Eigentlich wollte ich das Konzert absagen und heimfliegen, doch sowohl Nela als auch der Arzt meinten, meine Anwesenheit könnte Nela eher aufregen.

Nach der Probe, bei der ich fast unfähig war, an Musik auch nur zu denken, eilte ich ins Hotel und hockte am Telefon in Erwartung des Anrufes von Johnny, der mir berichten sollte, wie die Operation verlaufen war. Um sechs Uhr abends endlich rief er an und sagte, Nela sei außer Gefahr, und nach ihm bestätigte mir auch der Arzt, es sei alles gut überstanden, ich solle mir keine Sorgen machen.

Am Abend spielte ich in großartiger Stimmung, lud meine Freunde zum Souper ein, und wir leerten einen ganzen Kasten Champagner.

Am folgenden Morgen flog ich nach Los Angeles, eilte ins Krankenhaus und fand meine Frau in tiefem Schlaf vor. Es hieß, sie befinde sich in denkbar guter Verfassung, und zwei Tage später frühstückte sie bereits im Bett und sah geradezu glänzend aus. Leider mußte ich sozusagen auf dem Absatz kehrtmachen, denn ich hatte in Europa Verpflichtungen. Die erste davon war in London das Einspielen aller fünf Beethoven-Konzerte mit Daniel Barenboim und den Londoner Philharmonikern. Wir machten unsere Sache beide gut, und nicht wenig trug dazu die Anwesenheit von Jacqueline du Pré, Daniels Frau, bei, dieser großen Cellistin, die so grausam von multipler Sklerose befallen war. Zum Glück bleiben ihre Schallplatten Zeugnisse ihrer sublimen Kunst.

Nach diesen Aufnahmen lag eine lange Tournee durch Europa vor mir, einschließlich Englands, Hollands, der Schweiz und einer herrlichen Konzertreise durch Spanien.

Während der Osterpause forderte mich der junge Herbert Kloiber, der meine Videokassetten produzierte, auf, ihn in seiner Privatmaschine nach Salzburg zu begleiten. Hier ist Mozart geboren, und ich hätte die Stadt immer schon gern einmal besucht. Mein erster Weg war denn auch der zu Mozarts Geburtshaus, und ich stellte befriedigt fest, daß seine Eltern hier recht behaglich gelebt haben müssen. Beim Anblick des Clavichords des von mir so geliebten Meisters konnte ich nicht widerstehen: ich spielte den Anfang des A-Dur-Konzertes, und dabei traten mir Tränen in die Augen. Die anwesenden Touristen teilten meine Gefühle, sie empfanden die Gegenwart des vor so langem verstorbenen Genies und wischten sich ebenfalls die Augen.

Ich hörte hier Herbert von Karajan ›La Bohème‹ dirigieren, eine Oper, die ich nie habe leiden mögen, weil ich finde, das Libretto hätte lieber von einem eleganten Franzosen mit viel Stilgefühl wie Delibes oder Messager vertont werden sollen, als von dem doch eher groben Italiener Puccini.

Zum Ausgleich dafür hörte ich tags darauf eine unvergeßliche Aufführung der mir so lieben ›Meistersinger‹, bei der Karajan zeigte, was er kann. Nach vier wunderbaren Tagen flog mein Cicerone mich nach Paris. In ein paar Wochen wollten wir wieder Videokassetten aufnehmen, diesmal mit André Previn und den Londoner Sinfonikern, ebenfalls in London. Auch das gelang gut. Previn erwies sich als ein feinfühliger Musiker, ich allerdings litt grauenhaft unter den grellen Punktstrahlern und mußte dafür mit wochenlangen Augenschmerzen bezahlen.

Es folgte eine dreitägige Stippvisite in Jerusalem. Mein Freund Teddy Kollek hatte mich eingeladen, den Jahrestag der Unabhängigkeit Israels mit ihm zu begehen, und gebeten, zu den Festlichkeiten ein Konzert beizusteuern.

Zurück nach Paris, von dort nach Madrid, dann mit dem Flugzeug nach New York, zwecks Entgegennahme der Ehrendoktorwürde der Columbia-Universität, wo meine Tochter Alina zu meiner wirklich großen Freude als Studentin der Medizin angenommen worden war – eine besondere Auszeichnung, denn diese Universität ist sehr wählerisch.

Das alles fand an einem sehr heißen Tag statt und war auch darum so anstrengend, weil ich stundenlang den versammelten Studenten und anderen Gästen gegenübersitzen mußte – von der Sonne geblendet. Insgesamt fünf Personen sollte die Ehrendoktorwürde verliehen werden, drei Professoren von anderen Universitäten, die hier unbekannt waren und deshalb nur schwachen Applaus erhielten; mich selber beklatschte man heftig, dann war ein junger Mann dran, der seine Ehrung zum Beifallsgeschrei sämtlicher weiblicher Anwesenden entgegennahm. Als ich mich bei meinem Nachbarn erkundigte, warum die Damen ihn denn so mit Beifall überschütteten, lautete die Antwort: »Der hat die Pille erfunden.«

Sechs Tage lang war ich in England und gab sechs Konzerte, dann fuhr ich weiter nach Lodz, meiner Geburtsstadt, um zum Jubiläum des dortigen Philharmonischen Orchesters zu spielen. Ich nahm diese Einladung sehr gerne an, denn jahrelang hatte ich in Polen nicht auftreten dürfen: Bei der Regierung Gomulka war ich *persona non grata*, er nannte mich einen Demagogen. Der kurze Aufenthalt in Lodz ergriff mich sehr. Schon auf dem Warschauer Flugplatz wurde ich von Freunden empfangen, selbstverständlich auch von meiner Nichte und meinem Neffen. Mein alter Freund Roman Jasinski und Henryk Czyz, der Dirigent der Lodzer Philharmoniker, waren aus Lodz mit dem Wagen gekommen, mich abzuholen.

Vor der Abfahrt aus Warschau wollte ich den neu aufgebauten Königspalast sehen, der von den Nazis völlig zerstört worden war. Als ich diesen stolzen Bau sah, den ich seit je bewundert habe, vollkommen, als sei er nie zerstört gewesen, empfand ich eine besonders starke Liebe zu den Polen, ihres Mutes wegen, mit dem sie sich über die Kritik ihrer immer einmischungsfreudigen Nachbarn hinwegsetzen, auch wenn das nicht ungefährlich ist. Als ich fragte, welchem Zweck der Palast diene, ob er ein Museum, eine Universität oder ein Regierungsgebäude werden solle, hieß es: »Nein, der Palast wird auch innen wieder völlig hergestellt, so wie er es jetzt außen schon ist.«

Keine zwei Stunden, und wir kamen in Lodz an. Ich fand die Stadt völlig unverändert. Jede Straße, jedes Haus waren mir aus der Kindheit vertraut. Ich konnte vom Innenhof meines Geburtshauses auf meine elterliche Wohnung deuten und einem uns begleitenden Journalisten die Anordnung der Zimmer beschreiben. Einer von ihnen hat dann nach meiner Abreise nachgeprüft, ob ich mich tatsächlich so genau an Räumlichkeiten erinnern konnte, die ich seit meinem vierten Lebensjahr nicht mehr betreten hatte, und er erzählte mir später davon. Auf sein Klingeln öffnete eine ältliche Frau, er trat ein und nannte meinen Namen. Sie selber und ihre Tochter, die Klavier studierte, wurden nun ganz aufgeregt und gestatteten ihm, die Wohnung zu besichtigen. »Es war alles, wie Sie es geschildert haben, und ich muß sagen, ich war wie vom Donner gerührt.«

Das Konzert mit Czyz – wir spielten das f-moll-Konzert von Chopin und Beethovens Fünftes – griff sowohl mir wie meinem Publikum ans Herz, denn wir wußten wohl alle, es war das letzte Mal, daß ich hier spielte.

Ich bekam eine bedeutende Gage in Zlotys für das Konzert, die gleiche Summe für die Rundfunkübertragung und eine noch größere für die Fernsehübertragung des Konzertes. Sogar für einen Film wurde ich bezahlt, den man von meinem Aufenthalt drehte. Insgesamt gesehen war es anstrengend, aber unvergeßlich. Mit Freuden stiftete ich mein Zlotyvermögen für weitere Restaurierungsarbeiten am Warschauer Königspalast, auch das Orchester von Lodz bekam sein Teil sowie die polnische Komponistenvereinigung, und dann stiftete ich noch einen Preis, den die Philharmonie von Lodz jährlich einem jungen Musiker verleihen sollte.

Nach meiner Rückkehr aus Polen unternahm ich eine Spanienreise, auf der ich einige hübsche Konzerte gab, und spielte dann mit Daniel Barenboim in Paris das Fünfte Beethoven-Konzert mit dem Pariser Orchester zweimal am selben Tag in der ausverkauften Kongreßhalle, erst um sieben Uhr abends und dann um neun noch einmal. Im Juni fand dann in Zürich mein nächstes Konzert statt, und ich selber bin der Meinung, daß dieses das beste des ganzen Jahres war. Das letzte Konzert der Spielzeit gab ich in Monte Carlo zugunsten des Weizmann-Instituts. Dies war ein Chopin-Abend unter dem Patronat der reizenden Fürstin Gracia von Monaco. Ich selber war mit meinem Spiel nicht ganz glücklich. Das Publikum besteht bei Wohltätigkeitskonzerten meist nicht überwiegend aus echten Musikliebhabern, es war also eine unangenehme Überraschung, als ich hören mußte, Swjatoslaw Richter sei eigens gekommen, mich spielen zu hören.

Der Sommer in Marbella war in weit größerem Maße als bisher der Lektüre gewidmet. Ein Instinkt drängte mich, Bücher zu Ende zu lesen, die ich begonnen und andere, die ich bislang vernachlässigt hatte. Ich machte mir die Mühe, den ganzen ›Ulysses‹ von Joyce zu lesen, den ich ohne weiteres verstand und der mich stark beeindruckte. Ferner las ich den gesamten Proust – ich hatte ihn mir in Paris beschafft, dazu noch die Proust-Biographie von Painter und obendrauf auch noch den Band, den sein altes Dienstmädchen über ihn geschrieben hat – dies alles sozusagen auf einen Sitz. Anschließend nahm ich mir ›Buddenbrooks‹ von Thomas Mann vor, die ich schon in Berlin gelesen hatte, und dazu nochden ›Zauberberg‹, zu dem ich nie gekommen war und der mich tief bewegte.

Als uns Roman Jasinski im September besuchte, machte ich mich an die Lektüre etlicher deutscher Bücher, darunter Clara Schumanns Tagebücher und Briefe, die mir eindrucksvoll ihren schwierigen Charakter enthüllten. Sie war gewiß eine sehr dominierende Frau und dürfte ihrem großen Gatten mitunter das Leben schwer gemacht haben, ganz zu schweigen von Brahms, der ihr lebenslang in Freundschaft ergeben blieb, trotz seinem harschen Wesen. Dies alles erörterten wir ausgiebig, und Roman erwies sich dabei als ein höchst angenehmer Gesprächspartner.

Ich hatte wieder in Edinburgh und Glasgow Konzerte, dann in Paris mit Lorin Maazel und dem Cleveland Orchestra, anschließend ging es nach England, zum Windsor Festival, nach Birmingham und Aldershot. Hier fand mein Konzert ein ungewöhnliches Ende. Ich hatte mit Freude gehört, daß die Angehörigen von Juanita Gandarillas, die ganz in der Nähe wohnten, im Saal anwesend waren, und spielte mit besonderem Vergnügen ein sehr schönes Programm. Meine Zugaben sollten sie an vergangene Tage erinnern, doch bevor ich mit den Zugaben beginnen konnte, drängte mich der Konzertunternehmer, sofort mit ihm das Haus zu verlassen. Ich wandte ein, daß die Zuhörer Zugaben verlangten, er packte aber meinen Arm und zog mich zum Ausgang. »Angeblich ist in der Halle eine Zeitbombe deponiert, gerade haben wir einen Anruf bekommen.« Das reichte mir, und wir verließen das Gebäude in höchster Eile. Ich hatte aber Gelegenheit, den Mut der Engländer zu bewundern: nachdem ihnen mitgeteilt worden war, in welcher Gefahr sie schwebten, verließen sie das Gebäude seelenruhig und gingen heim. Zum Glück war das Ganze nur ein schlechter Scherz.

Das nächste Konzert fand im Concertgebouw von Amsterdam statt, das mir so lieb ist, und wo meine treuen und musikliebenden holländischen Zuhörer mich unfehlbar dazu inspirierten, mein Bestes zu geben.

Am Tag darauf speisten wir ohne sonstige Gäste allein bei Kronprinzessin Beatrix in deren Palast. Sie und ihr Mann setzten uns eine der besten Mahlzeiten vor, die ich je im Leben zu mir genommen habe. Die königlich-holländische Familie war insoweit höchst bemerkenswert, als sie mich, obwohl völlig unmusikalisch, mit ihrer besonderen Freundschaft beehrte. Früher einmal hatte Königin Juliana uns zu Ehren sogar ein Staatsbankett gegeben, und ich weiß noch, wie sehr sie darüber lachte, als ich erzählte, ich habe als ganz junger Mensch aus Anlaß des Geburtstages ihrer Großmutter in Mecklenburg in Anwesenheit ihrer erst kurz verheirateten Mutter ein Konzert gegeben. Sie las dann die Einzelheiten in meinen Memoiren nach.

Mit Barenboim spielte ich in London das d-moll-Konzert von Brahms zur allseitigen Zufriedenheit, dann reiste ich zusammen mit Roman in die Schweiz. Wir besuchten Bern, Lausanne, Genf und Basel. Es war nun Ende Oktober geworden, und ich flog nach Los Angeles, um meine ersten acht Konzerte an der Pazifikküste zu geben. Ich hatte insgesamt zwanzig Konzerte vorgesehen, mir aber ausbedungen, daß in den Städten, in denen ich spielte, Janina Fialkowska und François Duchable für die nächste Spielzeit ebenfalls Engagements erhielten.

In Kalifornien wurden wir von unseren Freunden und meinem Sohn Johnny, seiner Frau und den reizenden Kindern Jessica und Mike aufs herzlichste begrüßt. Mein erstes Konzert fand in dem schönen neuen Musikzentrum statt, und ich kam mir vor, als spiele ich in meinen eigenen vier Wänden nur für meine Freunde und Angehörigen. Ich legte mein ganzes Herz in mein Spiel, das ich bravourös mit sechs Etüden von Chopin beendete, doch in der letzten mißlangen mir einige Takte. Das Publikum hörte darüber hinweg und bereitete mir die üblichen Ovationen, aber bevor ich Zugaben spielte, trat ich an die Rampe und erklärte: »Vor den Zugaben will ich noch einmal die letzte Etüde wiederholen, weil sie mir mißlungen ist.« Ich spielte sie dann tadellos von Anfang bis Ende und ließ drei Zugaben folgen. In San Diego verhielt sich das Publikum ebenso wie in Los Angeles.

In Los Angeles wirkte ich im letzten Konzert, das Zubin Mehta dirigierte; ich spielte das f-moll-Konzert von Chopin und das Es-Dur-Konzert von Beethoven. Dieser Abend war aus mehreren Gründen denkwürdig, in der Hauptsache aber darum, weil alle beteiligten Musiker außergewöhnlich inspiriert waren. Mit Mehta zu konzertieren, war für mich jetzt ein ebensolcher Genuß wie früher die Konzerte mit George Szell.

Als wir tags darauf in unserem Salon im Hotel Beverly Wilshire frühstückten, rief Nela: »Du mußt unbedingt die Besprechung in der ›Los Angeles Times‹ lesen, eine bessere ist mir nie vor Augen gekommen.« Ich nahm die Zeitung, fand auch die richtige Seite, konnte dann aber die gedruckten Zeilen nicht lesen. Dies war der unselige Morgen, an dem meine Augen sich weigerten, wahrzunehmen, was ich lesen wollte. Mir wurde nun bewußt, daß man mir meine Post künftig würde vorlesen müssen, es war mir auch nicht möglich, eine Telefonnummer zu wählen, und doch nahm ich das alles verhältnismäßig leicht.

Nela brachte mich in die Augenklinik von Jules Stein, wo der beste Arzt mich untersuchte und mir eröffnete, ich litte an einer Netzhautablösung, gegen die es kein Mittel gebe, schon gar nicht in meinem Alter. Das war nun wirklich schlimm. Das gleiche Phänomen hatte bereits vor zwei Jahren mein linkes Auge befallen, doch war ich darüber nicht besonders unglücklich gewesen, denn seit zehn Jahren litt ich daran, daß ich auf einen bestimmten Abstand alles doppelt sah, und nachdem ich ein Auge verloren hatte, konnte ich mit dem verbliebenen wieder ganz normal sehen.

Sollten meine Leser mich deshalb bedauern, möchte ich sie damit trösten, daß ich bis zu meinem achtzigsten Lebensjahr Augen von hervorragender Sehkraft besessen habe und daß mein Motto »*Nie dam się*« (ich werde niemals nachgeben) mehr Gültigkeit für mich hat denn je. War die Tastatur hell beleuchtet, konnte ich immer noch spielen, und ich beschloß deshalb, meine Konzertreise fortzusetzen. Begleitet von Louis Bender, meinem getreuen Sancho Pansa, flog ich nach San Francisco, wo das Konzert zum Glück glatt ging, was mich, wie ich gestehe, beruhigte. In Portland fiel es mir sogar noch leichter zu spielen, doch als ich in Seattle unter Milton Katims das d-moll-Konzert von Mozart begann, geschah etwas Schlimmes: ich blickte zerstreut von den Tasten auf und war plötzlich außerstande, die nächste Sequenz zu sehen. Meine tiefe Liebe und Achtung vor Mozart verboten es mir, einfach so zu tun, als sei nichts geschehen. Ich brach also ab und bat Katims, von neuem zu beginnen, und wir kamen sehr schön gleichzeitig zu Ende. Das letzte Konzert hatte ich in Salt Lake City unter der Stabführung meines guten Freundes Maurice Abravanel zu geben, und hier bestand die einzige Schwierigkeit darin, die Stufen zum Podium des Tabernakels nicht zu verfehlen; ich mußte sie mir genau einprägen, um nicht zu stolpern.

In New York ging ich sogleich zu meinem alten Augenarzt Dr. Milton Berliner, der nach sorgsamer Untersuchung die schon gestellte Diagnose bestätigte, aber tröstend hinzusetzte: »Seien Sie nicht zu traurig, Arthur, ganz blind werden Sie niemals sein.« Dies war die erste optimistische Äußerung, die ich seit Verlust meiner eigentlichen Sehkraft gehört hatte, und ich verdanke ihr eine enorme Stärkung meiner Moral. Noch, so meinte ich, ist nicht alles verloren, ich sehe noch, was um mich her vorgeht, bin in vieler Weise von Hilfe unabhängig, kann allein über die Straße gehen.

Wieder in Paris, ging ich das Wagnis ein, in der riesigen neuen Kongreßhalle einen Klavierabend zu geben, dessen Einnahmen ausschließlich dem Amerikanischen Krankenhaus zugute kommen sollten.

Zum letzten Mal konzertierte ich in Paris im Théâtre des Champs-Elysées, und zwar trotz meiner Abneigung gegen eine Übertragung meiner Konzerte über den Rundfunk erstmals mit dem Radioorchester. Ich habe nur selten einer Rundfunkübertragung meiner Konzerte zugestimmt und dabei jedesmal Qualen gelitten.

Meine partielle Blindheit machte mir doch sehr zu schaffen, ich war aber fest entschlossen, keines der schon angekündigten Konzerte abzusagen, spielte also Anfang 1976 noch dreimal in Spanien: einmal in Palma de Mallorca und zweimal in Barcelona. Es folgten zwei Konzerte in Straßburg, eines in Mailand in der Società del Quartetto. Letzteres fiel sehr gut aus, und ich speiste anschließend mit Pollini und anderen Musikern.

Wir verbrachten nur einen Tag in Paris, bevor wir wieder nach Amerika flogen, wo ich jene zwölf Konzerte zu geben hatte, an welche die schon erwähnten Engagementsverpflichtungen für Janina Fialkowska und François Duchable geknüpft waren. Diese Konzerte fanden alle im Osten der USA statt, und ich erinnere mich dieser letzten Tournee als meiner in vieler Hinsicht besten. Meine treuen Zuhörer ahnten, daß ich zum letzten Mal auftrat, und ich selber bemühte mich, ihnen meine Dankbarkeit und Liebe nahezubringen, was ja alles war, was ich zu geben hatte.

Die Klavierabende in Boston und New York waren hervorragend; die anderen fanden in Chicago, Washington, Cleveland, Houston, Columbus, Montreal und zwei in Philadelphia statt. Das letzte war in Cincinnati, und am Morgen danach brachte mich die Maschine des Präsidenten der USA nach Washington. In Gegenwart des gesamten diplomatischen Corps und von dreihundert Gästen verlieh mir Präsident Ford im Weißen Haus die Freiheitsmedaille. Er stand an einem eigens zu diesem Zwecke errichteten Pult und verlas eine lange Ansprache, in der er mir viele Komplimente machte, und ich erwiderte mit einer spontanen kleinen Rede, die ich nach einer schlaflosen Nacht improvisierte.

Anschließend an diese Zeremonie und die Begrüßung der Gäste gaben der Präsident und die First Lady ein Frühstück im kleinen Kreise, an dem außer uns noch Virginia Bacon, unser Freund Bill Cook und Mr. Kissinger teilnahmen. Die Maschine des Präsidenten brachte uns sodann nach New York, wo wir den Empfang noch einmal im Fernsehen betrachten konnten.

Nach Paris kehrte ich in gedämpfter Stimmung zurück, denn nun standen meine letzten öffentlichen Auftritte und die letzten Einspielungen von Schallplatten bevor. Ich hatte versprochen, das d-moll-Konzert von Brahms mit Mehta und den Israelischen Philharmonikern aufzunehmen, und zu diesem Zwecke flogen wir nach Tel Aviv und Jerusalem.

Eine Woche später machte ich in London mit Max Wilcox meine letzte Aufnahme: Schumanns Fantasiestücke und die Sonate Op. 31 Nr. 2 in Es-Dur von Beethoven. Ich hätte gern noch andere Aufnahmen gemacht, wagte dies aber nicht, weil ich die Noten nicht mehr lesen konnte.

Das letzte Konzert in Frankreich gab ich in Toulouse, und zwar spielte ich das Schumann-Konzert mit einem neu gebildeten Orchester unter dem ausgezeichneten Dirigenten Michel Plasson. Roman Jasinski begleitete uns. Bei der Probe, gegen Ende des zweiten Satzes, konnte ich plötzlich die hohen Noten nicht mehr erkennen; das wiederholte sich zum Glück aber während der Aufführung nicht.

Mein endgültig letztes Konzert gab ich in der Wigmore Hall in London und stiftete die Einnahmen der Erhaltung dieses Konzertsaales, der abgerissen werden sollte. Ich wollte damit anderen Künstlern ein Beispiel geben, denn ich fand, es sei notwendig, diesen alten Saal zu erhalten, der so vielen Menschen am Herzen lag. Für mich selber war es außerdem eine symbolische Handlung, denn hier war ich zum ersten Mal in London aufgetreten, und daß ich hier nun auch das letzte Konzert meines Lebens gab, ließ mir meine ganze Laufbahn in Sonatenform erscheinen. Der erste Satz zeigte die Kämpfe meiner Jugend, das folgende Andante steht für den Beginn eines ernsthafteren Gebrauchs meiner Begabung, ein Scherzo stellt treffend den unerwartet großen Erfolg dar, und das Finale geriet zu einem wunderbaren und bewegten Ende.

Kapitel 129

Nun plötzlich hatte ich Zeit im Überfluß zur Verfügung. Die vielen Stunden, die ich mit Lektüre verbracht hatte – Vormittage und Nachmittage, Nachtstunden im Bett, und dies mein Leben lang, oft genug unter Vernachlässigung meiner pianistischen Tätigkeit –, diese Stunden mußten nun mit einer ganz neuen Lebensweise ausgefüllt werden. Meine Frau überredete mich endlich, Radio zu hören, wogegen ich mich stets gesperrt hatte; sie stellte einen Apparat auf meinen Nachttisch, ich wurde ein widerstrebender Novize, nach und nach jedoch, wie alle meine Angehörigen, ein gehorsamer Diener dieses teuflischen Eindringlings in unser Privatleben. Ich zerbrach mir gleichwohl immer wieder den Kopf darüber, womit ich mich sonst noch beschäftigen könnte.

Der erste Teil meiner Memoiren – ›Die frühen Jahre‹ – war, wie gesagt, ein großer Erfolg gewesen, und meine Verleger hatten mich gedrängt, eine Fortsetzung zu schreiben. Ein erheblich bedeutenderes und umfangreicheres Werk zu schreiben, lockte mich eigentlich nicht, denn mir war schon die Arbeit am ersten Band schwer geworden. Auch fürchtete ich mich davor, die Wahrheit und nichts als die Wahrheit zu schreiben, weil die Gefahr bestand, viele Menschen zu kränken, die ich gekannt habe und die noch lebten, mindestens aber Nachkommen hinterlassen hatten. Jetzt aber meinte ich, mir bliebe keine Wahl. Mein Gedächtnis war deutlich und scharf, ich war durchaus imstande, mein Leben in allen Details hintereinander zu erzählen. Tony Madigan, einer unserer jungen Freunde aus Marbella, schrieb nach meinem Diktat, und wir kamen gut voran, insbesondere der Anfang ging bemerkenswert glatt.

Mein alter Ernesto de Quesada, der 1973 gestorben war, beschäftigte in seinem Büro in Madrid eine junge Engländerin, Annabelle Whitestone, die sich als besonders tüchtig erwies. Sie verschaffte mir in Spanien bessere Konditionen für meine Konzerte, begleitete mich auf Tourneen, kassierte prompt meine Gage und sorgte stets für gute Unterbringung. Sie war es auch, die sich auf meine Empfehlung des jungen französischen Pianisten François Duchable angenommen hatte, der dann dank ihrer Hilfe schon bei seinem ersten Erscheinen in Spanien sehr erfolgreich war. Auch um Janina Fialkowska, die Preisträgerin im Rubinstein-Wettbewerb von Jerusalem, machte sie sich sehr verdient. Als Janina in Marbella ein Konzert gab, stellte sich auch Miss Whitestone dort ein. Sie interessierte sich sehr für mein neues Buchprojekt und ging auf meinen Vorschlag ein, das Manuskript abzutippen. Wir drei kamen so gut voran, daß Tony Madigan seine Theaterarbeit in Barcelona und Miss Whitestone ihren Posten bei der Agentur Quesada in Madrid aufgaben, und beide blieben dann in Paris bei mir, um weiter an meinem Buch zu arbeiten.

Die ersten hundert Seiten fielen so befriedigend aus, daß Alfred Knopf die Rechte an dem Buch erwarb. Als Tony Madigan gegen Weihnachten beschloß, seine Theaterarbeit fortzusetzen, diesmal in Madrid, erklärte Annabelle sich bereit, sowohl mein Diktat aufzunehmen als auch den Text ins Reine zu tippen. Sie hat getreulich bei mir bis zu diesem Moment ausgehalten, da ich die letzten Zeilen meiner Memoiren diktiere.

Mein neunzigster Geburtstag, den ich in New York beging, um meine Kinder zu sehen und meine Steuern zu bezahlen, wurde in einer geradezu rührenden Weise gefeiert. Den ganzen Tag über kamen telefonische Anrufe aus aller Welt, sämtliche Zimmer quollen von Blumen über, und ich erinnere mich insbesondere jener neunzig herrlichen Rosen meines jungen Kollegen Van Cliburn, der jede Gelegenheit wahrnimmt, mich mit solcher Blumenpracht zu überschütten. Von Interviewern wurde ich förmlich belagert. Am späten Nachmittag versammelten sich meine Angehörigen und viele meiner Freunde zum Cocktail. So ausgiebig und allgemein war ich seit meinem vierten Geburtstag in Lodz nicht mehr gefeiert worden, nur war es damals die ganze Stadt Lodz und jetzt die ganze Welt.

Seither habe ich die glücklichsten Tage meines Lebens verbracht. Mein hervorragender Plattenspieler und unzählige Schallplatten machen es mir möglich, von morgens bis abends die göttlichste Musik zu hören, während meine ständigen Konzertreisen mich früher kaum je dazu kommen ließen, hin und wieder einen Klavierabend zu besuchen und hier und dort einmal ein gutes Orchesterkonzert. Jetzt hat plötzlich Miss Whitestone mir den Zugang zu den herrlichen Kammermusikwerken Mozarts, Haydns und Beethovens eröffnet, in allen Kombinationen von Streich- und Blasinstrumenten, Werken, von denen ich bisher kaum etwas gehört hatte. Die wundervollen Lieder, die ich in frühen Berliner Tagen mit solcher Freude vom Blatt gespielt hatte, höre ich nun aufs schönste gesungen von Kathleen Ferrier, Dietrich Fischer-Dieskau und Elisabeth Schwarzkopf. Mahlers Genius enthüllte sich mir nun in seiner Gesamtheit. Ich höre die Werke meines unvergessenen Freundes Karol Szymanowski und George Szells großartige Aufführungen der Symphonien von Beethoven, Brahms und Schumann. Die ›Sinfonia Concertante‹ von Mozart, gespielt von Arthur Grumiaux und Arrigo Pelliccia, treibt mir die Tränen in die Augen. Jacqueline du Prés' und Daniel Barenboims Wiedergabe der bedeutenden Cellosonaten haben nicht ihresgleichen, selbst den großen Pablo Casals stellen sie in den Schatten. Man möge mich nicht auslachen, wenn ich sage, daß ich vier vollständige Aufnahmen von Wagners ›Meistersingern‹ und Verdis ›Aida‹ besitze und sie gemeinsam mit Annabelle zwei- oder dreimal gehört habe, ohne auch nur eine einzige Note unbeachtet zu lassen.

Bei diesem vielen Musikhören habe ich einige interessante Entdeckungen gemacht, die in erster Linie England betreffen, von dem man so lange angenommen hat, es widme sich zum Nachteil der Musik ausschließlich dem Sport. Durch sorgfältigen Vergleich wurde mir deutlich, daß die englischen Kammermusiker – und Kammermusik ist ja bekanntlich die höchste Ausdrucksform der Musik – bei weitem die besten sind.

Ihre hingebungsvolle Achtung vor der Schönheit der diffizilsten Schöpfungen der Meister erfüllt mich mit tiefster Dankbarkeit.

Selbstverständlich besitze ich auch so gut wie alle Schallplatten meiner Kollegen bis in die jüngste Zeit. Mein Urteil darüber fällt gewiß sehr persönlich aus, ganz objektiv zu sein, wird mir schwer. Es ärgert mich, wenn vertraute Stücke rasend schnell heruntergespielt werden, wie es die Gewohnheit meiner jüngsten Kollegen ist, oder aber viel zu langsam, wie es superintellektuelle Pianisten tun. Aber es gibt sehr viel zu bewundern an Richter, Gilels, Pollini, Brendel, Barenboim und anderen. Horowitz ist in das Konzertleben zurückgekehrt als der große Virtuose, der er immer war, er trägt aber meines Erachtens zur Kunst der Musik nichts bei.

Dank der hilfreichen Fürsorge von Miss Whitestone habe ich trotz meiner starken Sehbehinderung wiederum mein geliebtes Venedig besucht, auch Rom und sogar Israel, diesmal nicht, um Konzerte zu geben, sondern um die Luft des Heiligen Landes meiner Vorfahren zu atmen. In ›Die frühen Jahre‹ habe ich dem Leser versichert, ich sei der glücklichste Mensch, dem ich je begegnet bin, und im Alter von zweiundneunzig Jahren kann ich das nur wiederholen.

Selbst mein deus ex machina hat mich nicht verlassen. Ich gebe zu, in manchen Augenblicken entmutigt mich die Vorstellung, daß ich selbst so sehr viel empfangen, mein Leben und die Musik in vollen Zügen genossen habe, ohne selbst etwas zu geben. Da machte mich eines Tages François Reichenbach mit einem seiner mexikanischen Freunde bekannt, dem Direktor der mexikanischen Fernsehgesellschaft, dem auch in Nordamerika einige Fernsehstationen gehören. Nachdem wir in Paris miteinander vertraut geworden waren, schlug Emilio Azcarraga mir vor, eine Serie von halbstündigen Fernsehsendungen zu machen. Als ich ihm eröffnete, ich sei leider nicht mehr in der Lage zu spielen, erwiderte er: »Ich bin auch nicht auf Ihr Spiel aus, ich will Ihre Persönlichkeit darstellen.« Das war ein sehr verlockendes Angebot, zumal er mir völlig freistellte, worüber ich sprechen wollte, über die Orte, die ich gesehen, die Menschen, mit denen ich Umgang gehabt habe.

»Ich möchte den Fernsehzuschauern nahebringen, welche Auffassung von Musik Sie haben, in Ihren eigenen Worten, und unter Beiziehung von ausübenden Künstlern Ihrer eigenen Wahl.«

Unter diesen Bedingungen konnte ich nicht gut ablehnen. Regisseur sollte Reichenbach sein, der zu diesem Zweck ein besonderes Team zusammenstellen wollte. Um die Einzelheiten würde Annabelle sich kümmern, die zu Illustrationszwecken dienende Musik auswählen und vorher meinen Text mit mir durchgehen.

So waren wir denn von einem Tag auf den anderen emsig bei der Arbeit. Nach etlichen Aufnahmen in Paris mit dem hervorragenden Cellisten Paul Tortelier reisten wir nach Venedig, Padua, Vicenza und Verona, wo ich Reichenbach viel zu erzählen und zu zeigen hatte. Es folgte ein kurzer Aufenthalt in Deauville, wo es zu einem sehr angenehmen Zusammentreffen mit dem ausgezeichneten Pianisten Bruno Leonardo Gelber kam, wir besuchten die Festspiele von Luzern und reisten von dort nach Israel, wo einige junge begabte Pianisten mir im Musikzentrum von Jerusalem vorspielten und wir ein sehr schönes Konzert mit Leonard Bernstein als Dirigenten hörten.

Damit ist meine lange Erzählung zu Ende, doch bevor ich das Buch abschließe, möchte ich noch einige Worte über die Welt sagen, die ich nun bald verlassen muß.

Die Welt, in der wir leben, befindet sich moralisch und künstlerisch auf dem Tiefpunkt. Man hat ›Die frühen Jahre‹ gelobt, weil ich darin ein so anschauliches Bild der sogenannten »Belle Epoque« gegeben habe, aber ich finde, daß diese Bezeichnung nicht am Platze ist. Mein eigenes Dasein, das ich nun in allen Einzelheiten in diesen beiden Büchern dargestellt habe, zeichnet sich von früh an bis zu diesem Augenblick durch eine vorbehaltlose Liebe zum Leben aus, doch was ich gesehen, gehört und beobachtet habe, ist ganz das Gegenteil einer »Belle Epoque«.

Seit meiner Kindheit denke ich mit Abscheu an die Dreyfus-Affäre in Frankreich, und dies ist ein dunkler Punkt, den ich nie ganz habe aus meinem Gedächtnis löschen können. Es folgte eine ganze Lawine von Kriegen: der spanisch-amerikanische Krieg (in dessen Verlauf viele Länder besetzt wurden, die immer noch besetzt sind); der russisch-japanische Krieg; mehrere blutige Balkankriege; dann die jahrelange Kriegsdrohung, verursacht durch die Politik des deutschen Kaisers Wilhelm II. Bei alledem könnte man aber immer noch von einer »zivilisierten Epoche« sprechen, denn wenn solche Kriege einmal durch Friedensverträge beendet waren, nahmen die Beteiligten wieder Beziehungen zueinander auf, die Völker verkehrten wieder miteinander in traditionell zivilisierter Weise, und die Schrecken des Krieges wurden allmählich vergessen. Dieser »zivilisierten Epoche« setzten die beiden Weltkriege ein Ende. Wir leben jetzt in einem Zustand des fortgesetzten Kalten Krieges, es herrschen Heuchelei und die Furcht, von den gefährlichen Erfindungen unserer genialen Wissenschaftler total vernichtet zu werden: durch Atombomben und ferngelenkte Raketen, die mühelos ganze Länder verwüsten können.

Das Traurigste bei alledem ist nun, daß die ganze Welt, vertreten durch die statutengemäße Mehrheit in den Vereinten Nationen, stets die Partei der Starken gegen die Schwachen ergreift, einerseits aus Angst vor dem Kommunismus, andererseits in der Befürchtung, daß die Ölpreise ständig steigen könnten (und hier dienen selbstverständlich nach guter alter Sitte die Juden als Sündenböcke). Das Vertrauen in Gott, das den Menschen so lange ein Bedürfnis war, weil sie sich vor dem Tod fürchteten, ist zu einem Zerrbild geworden, seit Menschen einander bekämpfen und töten im Namen desselben Gottes, eines Gottes, der eben nur eine andere Sprache spricht und verschiedene Namen hat. Man betrachte einmal die Iren, diese noblen Menschen, die ganz einfach vergessen, daß der protestantische und der katholische Gott ihr gemeinsamer Herr ist. Sie benehmen sich vielmehr, als sei Gott eine hübsche Frau, um deren Gunst man sich gegenseitig bekämpft. Man betrachte weiter die Millionen Araber, die sich weder von Allah noch von seinem Propheten Mohammed davon überzeugen lassen wollen, daß Moses seinen Gott bereits Jahrtausende früher gefunden hat und daß die Juden deshalb nicht den Wunsch haben können, Allah und Mohammed zu verehren. Es ist einfach tragisch, daß die Religionskriege von Tag zu Tag verbissener werden, was überdies zu einem allgemeinen wirtschaftlichen Chaos führt. Ich selber habe stets größte Hochachtung vor allen Männern und Frauen empfunden, die einen tiefverwurzelten Glauben besitzen und sich so selber einen Gott erschaffen haben.

Doch wer bin ich schon, daß ich urteilen dürfte? Ich habe vielleicht das Recht, Folgerungen zu ziehen aus den Sachverhalten, die ich zu schildern versucht habe. Das Familienleben und die Gesittung sind in Europa auf den tiefsten Stand in dessen Geschichte gesunken – Pornographie wird öffentlich gehandelt, Drogen werden von Massen demoralisierter

Jugendlicher konsumiert. Während noch im vergangenen Jahrhundert die Künste in voller Blüte standen, verkünden die modernen Komponisten, Maler und Bildhauer, daß ihre Schöpfungen keinerlei Gefühl ausdrücken sollen, und damit negieren sie die eigentliche Berechtigung ihres Daseins als Künstler. Mit Bekümmerung beobachte ich, daß die jungen Menschen, welche diese modernen Kunstwerke unterschiedslos bejubeln, von ihnen weder ergriffen noch überzeugt sind, sondern nur Gebrauch von ihnen machen im Sinne einer aufrührerischen Geste gegenüber der älteren Generation. Die liebenswerte Eleganz vergangener Tage ist einer schäbigen Nachlässigkeit gewichen, die zu der noch erhaltenen Schönheit alter Städte einen häßlichen Gegensatz bildet.

Gleichwohl tut der Zustand, in dem unsere Welt sich befindet, meiner tief eingewurzelten Liebe zum Leben keinen Abbruch. Nicht unähnlich einem Historiker glaube ich fest an eine kommende neue Renaissance und daran, daß die durch die herrschenden Verhältnisse bewirkte pessimistische Betrachtungsweise nur wenige Blätter des Buches der Geschichte füllen und den notwendigen Gegensatz bilden wird zum vollen Erkennen und zur rechten Würdigung besserer Zeiten.

Epilog

Am Ende dieses Buches möchte ich meine tiefgefühlte Dankbarkeit für die herzlichen Freundschaftsbeweise aussprechen, die ich von Menschen aus aller Welt erhalten habe, und ihnen einmal mehr versichern, daß ich immer noch der glücklichste Mensch bin, den ich je gekannt habe.

Meine partielle Blindheit hat meine Liebe zum Leben nur gesteigert. Mein Empfinden für Musik, meine Gedanken und Vorstellungen sind noch klarer geworden, und mein geliebter deus ex machina hat mir zum Ende meines Lebens die schönsten Jahre beschert.

Während ich dies schrieb, planten wir schon, einen interessanten Film in New York, Spanien und Polen zu drehen.

Auch in diesen mit Reisen und Aufnahmen reichlich gefüllten fünf Monaten haben Annabelle und ich das Buch keinen Tag vernachlässigt – mit dem Ergebnis, daß ich es nun, Gott sei Dank, zum Abschluß bringen kann.

Register

ABC Symphony Orchestra 530 f.
Abdul-Hamid II., türkischer Sultan 237
Abdullah Ibn el Hussein, König von Transjordanien 656
Abetz, Otto 552
Abravanel, Maurice 757
Academie des Beaux Arts 740 ff.
Achard, Juliette 213, 231, 249, 266, 365, 385, 403, 449, 663
Achard, Marcel 213, 231, 249, 266, 365, 385, 389, 403, 449, 512, 663, 713, 739
   Jean der Träumer (Jean de la lune) 213, 230
Adam (Diener) 729 f.
Aeolian Duo-Art (Pianola-Firma) 76, 85, 113
Agoult, Marie Comtesse d' 256
Aherne, Brian 548
Aischylos 245, 246
Alan, Maude 130
Alba, Herzog von 155, 156, 157
Albaret, Célestine
   Monsieur Proust 754
Albéniz, Isaac 30, 47, 111, 208, 412, 512, 522, 546, 690
   El Albaicín 162
   Iberia 19, 89, 200, 699
      Triana 59, 68, 76, 79, 162, 377
      Navarra 14, 15, 40, 59, 108, 121, 162, 193, 211, 245, 258, 268, 303, 316, 377, 378, 412, 690, 699
Albéniz, Mateo 200
Albert (Wirt) 370 f.
Albert, Eugen d' 78, 162, 316
Albert I., König der Belgier 305
Alexander, Haim 748
Alexander der Große 238
Alexandria
   Alhambra-Theater 238
   Aula des amerikanischen College 338
Alfidi, Joe 699
Alfonso XIII., König von Spanien 11, 55, 96, 155, 158, 323, 376, 378, 741
All American Youth Orchestra 599
Alpar, Gitta 438, 439
Alphand, Hervé 732

Altmann, Theodor 443
Alvear, Familie 16
Amaya, Carmen 599
Ampico Pianolas (Pianola-Firma) 76, 85
Amsterdam Concertgebouw 422 ff., 515, 75
Anchorena Sánchez Elía, Familie 16
Anders, Wladyslaw 625
Anderson, Marian 502, 511, 549, 627, 669
André, Großfürst 509
André, Dominique 315
Angel, Heather 613
Annunzio, Gabriele d' 251, 264
Ansermet, Ernest 21, 22, 48, 197
Anski, S. (eigtl. Schloyme Zanul Rappoport)
   Der Dibbuk 700
Antonio (Tänzer) 599
Arbós s. Fernández Arbós, Enrique
Arditi (Konzertagent) 230, 235, 236, 237 f., 240, 245, 277, 338, 389, 390
Aristophanes 246
Arrau, Claudio 310
Arthur, Frank 555, 556
Asociación Wagneriana 29, 47
Asquith, Anthony Earl of Oxford and 111, 112
Asquith, Herbert Henry Earl of Oxford and 110 f.
Asquith, Lady Margot 111 ff., 148, 407
Astaire, Adele 84
Astaire, Fred 84, 356, 508, 738
Astor, Familie 168
Astruc, Gabriel 139, 161, 681
Atatürk s. Kemal Pascha, Mustafa
Augustus (urspr. Gaius Octavianus), römischer Kaiser 250
Aumont, Jean-Pierre 608
Auric, Georges 134 f., 141, 173, 176, 225, 248, 340, 664
   Les Fâcheux 232
Australian Broadcasting Commission 508
Avidom, Menahem 748
Avila, Juan 32 f., 34, 35 f., 37 ff., 40, 44, 45 f., 47, 48 ff., 51, 107, 125 f., 130, 146, 160 f., 166, 167, 197, 212, 215 ff., 227, 238, 239, 253, 292, 379, 436 ff.

Ax, Emanuel 748
Azcarraga, Emilio 762

Bach, Johann Sebastian 14, 15, 79, 149, 150,
  198, 200, 235, 236, 252, 288, 355, 490, 541,
  627, 670, 711
  Italienisches Konzert F-Dur, BWV 971
  (aus *Clavir-Übung II*) 556
  *Konzert für zwei Violinen, Streicher und Basso
  continuo d-Moll, BWV 1043* 298
  Partita für Cembalo c-Moll, BWV 826
  (aus *Clavir-Übung I*) 556
  *Sonaten und Partiten für Violine solo, BWV
  1001–1006* 627
    Partita Nr. 2 d-Moll, BWV 1004
      Chaconne (Bearb. von Lionel Tertis) 189
      – (Bearb. von Ferruccio Busoni) 252, 589
  Suiten für Violoncello solo, BWV 1007–1012 627
  *Toccata C-Dur, BWV 564 (Bearb. von Ferruccio
  Busoni)* 199, 212, 393, 394, 562
  *Toccata F-Dur, BWV 540 (Bearb. von Eugen
  d'Albert)* 162, 489, 490
Bachauer, Gina 245, 246 f.
Bacon, Virginia 563, 682 f., 701, 719, 758
Badet, Regina 12
Bagby 80
Balfour, Arthur James Earl of 238
Balleta (Tänzerin) 231
Ballet de Monte Carlo 549, 595, 596, 598, 599, 609
Balsan, Consuelo, geb. Vanderbilt 171
Balzac, Honoré de 272, 416, 662
Bankhead, Tallulah 214 f.
Baratz (Pianist) 243, 247, 277 f.
Barbara (Köchin) 559, 560
Barbirolli, Sir John 358, 403, 404, 534, 536,
  537, 539 f., 566, 590, 593, 612, 630, 718
Barenboim, Daniel 732, 739, 750, 753, 755,
  761, 762
Barrault, Jean-Louis 712
Barrientos, María 60, 66
Barrymore, Ethel 84, 608
Barrymore, John 84, 564
Barrymore, Lionel 84
Barth, Heinrich 17, 19, 259, 290, 303, 442, 556
Bartók, Béla 75, 321, 540, 675, 688, 690, 707
Baudelaire, Charles 373
Bauer, Harold 17, 81
Baur, Harry 230, 355
Bax, Arnold 189
Beardsley, Aubrey Vincent 677
The Beatles 720
Béatrice von Orleans, Infanta 378
Beatrix, Königin der Niederlande 755
Bechstein (Klavierhersteller) 109, 274

Beecham, Sir Thomas 630, 631 f.
Beethoven, Ludwig van 94, 137, 145, 162 f.,
  175, 181, 203, 208, 235, 236, 288, 290, 294,
  303, 307, 355, 447, 541, 626, 630, 667, 710,
  730, 761
  Konzerte für Klavier und Orchester 635, 679,
  691, 750
  Nr. 1 *C-Dur, op. 15* 679
  Nr. 2 *B-Dur, op. 19* 679
  Nr. 3 *c-Moll, op. 37* 290, 544, 635, 636,
  637 f., 639
  Nr. 4 *G-Dur, op. 58* 78, 191, 308, 316, 318,
  335, 336, 337, 394, 515, 564, 631, 652, 661,
  663
  Nr. 5 *Es-Dur, op. 73* 266, 679, 703, 725,
  753, 756
  Leonore, op. 72
  Ouvertüre III C-Dur 316
  Sonaten für Klavier 14, 15, 25, 89, 207 f., 690,
  696, 697, 699
  Nr. 14 *cis-Moll, op. 27 Nr. 2 (Mondschein-
  Sonate)* 721, 722
  Nr. 17 *d-Moll, op. 31 Nr. 2 (Der Sturm)*
  208, 758
  Nr. 21 *C-Dur, op. 53 (Waldstein-Sonate)*
  68, 71, 162
  Nr. 23 *f-Moll, op. 57 (Appassionata)* 208,
  212, 286, 308, 325, 415 f., 687, 696
  Nr. 26 *Es-Dur, op. 81a (Les Adieux)* 199,
  201, 208, 489, 490, 524
  Nr. 29 *B-Dur, op. 106
  (Hammerklaviersonate)* 208
  Sonaten für Violine und Klavier 683
  Nr. 5 *F-Dur, op. 24 (Frühlingssonate)* 107
  Nr. 7 *c-Moll, op. 30 Nr. 2* 133, 379
  Nr. 9 *A-Dur, op. 47 (Kreutzer-Sonate)* 18,
  79, 379, 613
  Symphonien 347, 690, 739, 761
  Nr. 3 *Es-Dur, op. 55 (Eroica)* 515
  Nr. 5 *c-Moll, op. 67* 316
  *Trio für Klavier, Violine und Violoncello Nr. 7
  B-Dur, op. 97 (Erzherzog-Trio)* 404, 621, 622
Begin, Menachem 733
Bekeffi, Maria 616, 676
Bellini, Vincenzo 281, 671
Belmont, Mrs. 168, 171
Belmonte, Juan 155, 379
Bender, Louis 756
Benedetti Michelangeli, Arturo 553, 748
Ben Gurion, David 665, 703 f., 733
Benny, Jack 667
Benouville, Pierre 663, 674, 732
Benvenuti, Diane 746
Benvenuti, Giacomo 746

Bérard, Jean 365
Berenson, Bernard 189
Berg, Alban 690, 707
  Wozzek 688, 709
Bergen, Candice 676
Bergheim, Clara 95, 101, 102, 109, 110, 133
Bergheim, John 101, 102
Berlin, Irving 135
Berliner, Milton 757
Bernard, Tristan 323
Berner Stadtorchester 421
Berners, Lord 226, 227, 228, 329
Bernstein, Henri 323, 365 f., 512
Bernstein, Leon 269, 303
Bernstein, Leonard 688 ff., 703, 763
Berri, Jules 355
Bertrand, Eusebio 398
Bertrand, Mercedes 398
Besanzoni, Frau (Mutter von Gabriella B.) 51, 85, 114, 115
Besanzoni, Adriana 142, 143, 144, 343
Besanzoni, Gabriella, verh. Lage 33 ff., 36 f., 48, 51–61, 65, 69 f., 71, 72 ff., 77 f., 79, 83 ff., 87, 88, 89–95, 114 f., 116, 142 f., 144 f., 180, 343, 674
Bethlehem, Pennsylvania
  Bachfest 551
Biancamano (Konzertagent) 50, 51, 53, 57
Bibesco, Prinz Antoine 148 f.
Bibesco, Prinzessin Elisabeth, geb. Asquith 148, 407
Bibesco, Prinz George 329, 334, 335
Bibesco, Prinzessin Marthe 329, 334, 335
Bieliankin (Schwager Strawinskys) 182–186
Billington, Miss (Kindermädchen) 432
Bing, Sir Rudolf 672
Bismarck, Otto Fürst von 94
Bistritzky, Jacob 746 ff.
Bizet, Georges
  Carmen 33, 48, 56, 58, 72 f., 84, 89, 90 f., 102, 114, 252
  Habanera (Bearb. für Klavier) 315, 326
Björnson, Björnstjerne 503
Blac-Belair, Mimi 325
Blanchard, Émile 298, 379
Blanchard, Jeanne 298, 379, 585
de Blanck (Leiter des Konservatoriums in Havanna) 59
Bliss (of Dumbarton Oaks), Mrs. 683
Bliss, Arthur 189
Bloch, André 301
Bloch, Ernest 190
  Sonate für Violine und Klavier Nr. 2, op. 34 (Poème mystique) 190

Block, Michel 705, 706
Blum, Léon 568
Blumenfeld, Felix 326
Bodanzky, Artur 81, 149, 151
Böcklin, Arnold
  Die Toteninsel 264
Boissevain, Estrella 585
Bok, Mary 541, 542
Bolívar, Simón 546
Bolm, Adolf 67 f.
Bologna
  Oper 671
Bonaparte, Pauline s. Borghese, Pauline
Borghese, Pauline 729
Borodin, Alexander Porfirjewitsch
  Fürst Igor 22, 67, 585
Borzage, Frank 654
  I've always loved you (Filmregie) 653 ff.
Boskoff, George 121 f.
›Boston Herald‹ 563
Boston Symphony Orchestra 60, 66, 84, 95, 151, 189, 510, 550, 612, 632, 688, 690, 739
Boucher, Victor 230 f., 306, 355
Boulanger, Nadia 248, 705, 712
Boulez, Pierre 75, 709
Boult, Sir Adrian 691
Bourdelle, Antoine 139
Bourdet, Denise 361 f., 363, 365, 385, 389
Bourdet, Édouard 361 f., 365, 385, 389, 512
  Das schwache Geschlecht (Le Sexe faible) 305, 306, 307
Bowman (Hoteldirektor) 80, 115
Boy (eigtl. Zeleński), Tadeusz 272
Boyer, Charles 563, 608, 609, 615, 616, 621
Boyer, Pat 608, 609, 613, 615, 616
Braccale, Antonio 57 f., 59, 60, 61, 355
Braga, Francisco 41
Brahms, Johannes 89, 93, 116, 288, 292, 303, 307, 500, 630, 644, 668, 672, 679, 699, 731, 754
  Konzerte für Klavier und Orchester 82, 532, 691
  Nr. 1 d-Moll, op. 15 116, 672, 750, 755, 758
  Nr. 2 B-Dur, op. 83 116, 287, 308, 320, 358, 376 f., 514, 536, 537, 542, 563, 612, 619, 624, 630, 672, 681, 718, 724
  Konzert für Violine und Orchester D-Dur, op. 77 133, 151, 500
  Quartette für Klavier und Streichtrio 404, 730
  Quintett für Klavier und Streichquartett f-Moll, op. 34 730
  Sonaten für Klavier 699
  Sonaten für Violine und Klavier 683
  Nr. 3 d-Moll, op. 108 18, 79, 133, 366, 379
  Symphonien 690, 739, 761

Brahms, Johannes *(Forts.)*
　Trio für Klavier, Violine und Violoncello Nr. 1
　　H-Dur, op. 8　621,622
　Variationen über ein Thema von Paganini, op. 35
　　162,553,554
Brailowsky, Alexander　254,296
Branca, Conte　263
Breithaupt, Rudolf Maria　118
Brendel, Alfred　762
Briand, Aristide　468
Brisson, Pierre　325,365,673
Britten, Benjamin　110
Brown, Clarence
　Song of Love (Filmregie)　668 f.
Brownlee, John　631
Bruce, Nigel　608
Brüssel
　Saal des Konservatoriums　435
Brunswick (Schallplattenfirma)　367,379
Buchanan, Jack　217
Budapester Streichquartett　627
Bülow, Hans Guido Freiherr von　288,423
Buenos Aires
　Jockey Club　20,29
　Konservatorium Alberto Williams　17
　Teatro Colón　11,21,22,33,48,128,209,
　　428,431,521,599,647,649 f.
　Teatro Odeón　11,14 f.,16,20,21,107,258
　Teatro San Martín　259
Buitoni, Alba　288,289,671
Bukarest
　Atheneul　334
Bullitt, William C.　584,586
Busch, Adolf　229
Busch, Fritz　309,672
Busch-Quartett　229
Busoni, Ferruccio　46,76,119,161,252,336,
　442,688
　Bach-Transskriptionen　199,212,252,393,
　　562,589
　Sonatina super Carmen　161

Cadaval, Marqués de　261
Cadaval, Marquesa Olga de, geb. Gräfin Robillant　261,300
Cage, John　709
Caillavet, Gaston Armand de　230
Callas (urspr. Kalogeropoulos), Maria　171
Calvé, Emma　102,107 f.
Camus, Clara　275,278,288,664
Canaletto (Giovanni Antonio Canal)　702
›Candide‹, Paris　296
Cannes
　Casino　287

Canova, Antonio
　Ruhende Venus　729
Cardin, Pierre　742
Cardwell, Kathryn　609,648,685
Carla s. Palladini, Carla
Carpenter, Ellen, geb. Borden　469,471,543
Carpenter, John Alden　469,471,543
Carranza, Venustiano　90
Carreras (Konzertagent)　47 f.,66
Carreras, Maria　47
Cartagena
　Teatro Circo　105
Caruso, Enrico　13,17,58,59,72,73,80,85,95,
　114
Casadesus, Robert　561,627,687
Casals, Pablo　17,107,175,252,383,622,735,
　761
Castellane, Gräfin de　197
Castelnuovo-Tedesco, Mario　251
Castro, Juan José　347
Caunter (Rechtsanwalt)　404
Cendrars, Blaise (urspr. Frédéric Sauser-Hall)
　134,166,172,195,266
　Les Pâques à New York　134
Cervantes Saavedra, Miguel de
　Don Quijote　26,54,348
Cervello, Jordi　748
Cézanne, Paul　211
Chaban-Delmas, Jacques　739
Chabrier, Alexis Emanuel
　Bourrée fantasque　556
　España (Fassung für zwei Klaviere)　209,327
　Valses romantiques　177
Chadwick, Dorothy　535 f.,540 f.
Chamberlain, Arthur Neville　556 f.
Chanel, Coco　164 f.,198,249,315,325,363,
　428,508
Chanler, Bob　82
Chaplin, Charles Spencer (Charlie)　83,356,
　563,608,609
Chaplin, Geraldine　676
The Charlot Review (Show)　217
Charlottavotte　35,39
Chateaubriand, François René, Vicomte de　42
Chávez, Carlos　748
Chevallier, J.　211
Chevrey, Bernard　738
Chicago
　Kimball Hall　218
　Lyric Opera　219,626
Chicago Symphony Orchestra　66,218,543
Chigi, Conte Guido　671 f.
Childs, Calvin　73 f.
Chlapowski, Alfred　368

Cholmondeley, Marquis Rocksavage 351,
352, 353, 379 f., 404, 406
Cholmondeley, Marchioness Sybil 212, 287,
351, 352 f., 380, 404, 405, 406, 407
Chopin, Frédéric 14, 15, 40, 47, 59, 68, 89, 105,
111, 119, 126, 137, 145, 162, 165, 172, 201,
208, 235, 236, 254, 257, 258, 267, 270, 274,
294, 295, 303, 317, 319, 325, 326, 352, 355,
360, 398, 401, 407, 412, 414, 447, 473, 489,
515, 517, 522, 524, 536, 537, 539, 541, 546,
556, 559, 567, 587, 630, 636, 639, 656, 679,
681, 690, 706, 710, 725, 753
*Andante spianato und Grande Polonaise brillante
Es-Dur, op. 22* 683
Balladen 699, 730
Nr. 2 *F-Dur, op. 38* 295
Nr. 4 *f-Moll, op. 52* 310, 556
Barcarolle Fis-Dur, op. 60 68, 162, 173, 326,
357, 514
Etüden 162, 389, 589, 630, 699, 755
Nr. 18 *gis-Moll, op. 25 Nr. 6 (Terzen-Etüde)*
447
Nr. 22 *h-Moll, op. 25 Nr. 10* 746
Impromptus 699, 730
Konzerte für Klavier und Orchester 249, 691
Nr. 1 *e-Moll, op. 11* 260, 267, 652, 661, 663
Nr. 2 *f-Moll, op. 21* 189, 294, 295, 652,
724, 753, 756
Mazurken 172 f., 318, 699, 730
Nocturnes 162, 286, 378, 434, 589, 678
Polonaisen 449, 450, 699, 730
Nr. 3 *A-Dur, op. 40 Nr. 1 (Militär-Polonaise)*
578
Nr. 5 *fis-Moll, op. 44* 451, 452
Nr. 6 *As-Dur, op. 53 (Heroische)* 40, 59,
162, 163, 285, 294, 295, 401, 451, 508, 537,
539, 589, 634
Nr. 7 *As-Dur, op. 61 (Polonaise Fantaisie)*
326, 639
Préludes 699, 730
Scherzi 480, 699, 730
Nr. 4 *E-Dur, op. 54* 199, 262, 299, 556
Sonaten 554, 699
Nr. 2 *b-Moll, op. 35 (mit dem Trauermarsch)*
79, 126, 480, 644, 730
Nr. 3 *h-Moll, op. 58* 126, 162, 389 f., 730
Les Sylphides 22, 23, 24, 27
Valses 23, 286, 699, 730
Chopin, Nicolas 295
Chopin-Gesellschaft, Warschau 702
Chopin-Wettbewerb (Warschau) 704, 705 f.,
746
Chotzinoff, Samuel 590, 636
Christie, John 672

Chruschtschow, Nikita Sergejewitsch 725
Chruschtschow, Nina 725
Churchill, Sir Winston Spencer 513 f., 619,
641, 658
Ciechanowski, Jan 562
Cincinnati Symphony Orchestra 66, 77, 78,
115, 151, 534
Cini, Graf 741
Citroën, Frau, geb. Goldfeder 443
Citroën, André 443
Cittadini, Conte 450
Clair (urspr. Chomette), René 608, 712
Claudel, Paul 41 ff., 44 f., 134, 393, 471, 742
Der Bürge (L'Otage) 42
Verkündigung (L'Annonce faite à Marie) 42
Claus, Prinz der Niederlande 755
Clémenceau, Georges 103, 173, 468
Cleveland Symphony Orchestra 534, 542,
612, 690, 754
Cliburn, Van (eigtl. Harvey Lavan C.) 704, 761
Van Cliburn-Preis 704
Coates, Albert 376 f.
Coats, Audrey 283, 284, 285
Cocteau, Jean 135, 140 f., 166, 176, 195, 197,
205, 266, 340, 365, 707
Coffin, Eva, geb. Rubinstein (Tochter) 163,
430 f., 432, 433, 434, 435, 439, 442, 445, 446,
447, 449, 450, 486, 487, 491, 492, 498 f., 500,
507, 508 f., 511, 518, 519, 520, 521, 522, 524,
534, 545, 551, 556, 561, 568, 577, 578,
584–587, 591, 596, 598, 599 ff., 606, 607, 610,
615 f., 632, 645, 646, 653, 658, 661, 671, 676,
680, 681, 682 f., 685, 700, 701, 719, 723, 737
Coffin, William Sloane 700, 723
Colefax, Lady Sibyl 513, 514
Colman, Benita 608, 609, 615, 616
Colman, Juliette 676
Colman, Ronald 563, 608, 609, 615, 616
Columbia Association of Managers 508, 549
Columbia Records (Schallplattenfirma) 590,
591, 592, 593
Concertgebouw-Orchester Amsterdam
422 ff., 514, 515, 739
Conciertos Daniel (Konzertagentur) 32, 107,
130
Concours du Conservatoire (Paris) 310 f.
Concours Marguerite Long / Jacques Thibaud
704
Concours Reine Elisabeth (Brüssel) 416, 704,
705
Conrad, Joseph (urspr. Teodor Józef Konrad
Korzeniowski) 294 f.
Conservatorio Nacional de Canto Orfeônico,
Rio de Janeiro 344

Consolo, Ernesto 251
Cook, Bill 758
Cooper, Alfred Duff, Viscount Norwich 513
Cooper, Lady Diana 108, 110, 188, 214, 513
Cooper, Gary 356, 563
Cooper, Gladys 187
Coppicus (Konzertunternehmer) 508, 510
Cortot, Alfred 145, 162, 175, 252, 254, 309, 310, 311, 401, 561
Courteline (urspr. Moineaux), Georges 373
Cousiño, Arturo 212, 215
Coward, Noël 218, 286, 472, 473, 476, 477
Craft, Robert 708
Cretelle, Jacques de la 315
Cristabel s. McClaren, Cristabel
Cromwell, John
   Night Song (Filmregie) 668
Curie, Eve 296 ff., 365 f.
   Madame Curie 296
Curie, Irène s. Joliot-Curie, Irène
Curie, Marie, geb. Sklodowska 295, 296 ff.
Curie, Pierre 295, 296
Curtis Institute of Music, Philadelphia 366, 541 f.
Czartoryski, Fürst 597
Czerny, Karl 360
Czyz, Henryk 752, 753

Dagmar s. Godowsky, Dagmar
Daladier, Edouard 556
Dallio, Marcel 608
Damrosch, Walter 74, 82, 151, 152, 214, 536, 539
Danilova, Alexandra 609
D'Annunzio, Gabriele s. Annunzio, Gabriele d'
Darius I., der Große, König von Persien 736
Darrieux, Danielle 548
Daudet, Alphonse 373
Davis, Bette 608
Dawydow, Denis 164
Dawydow, Dimitri Lwowitsch 132, 164, 416
Dawydow, »Kiki« 164, 165
Dawydow, Natalja Michailowna 132, 164 f., 416
Dawydow, Wassia 164
Dayan, Moshe 733
Dearly, Max 355
Debussy, Claude 30, 47, 68, 75, 76, 81, 121, 138, 139, 162, 174, 251, 252, 254, 325, 476, 537, 541, 556, 627, 699, 731
   En blanc et noir 327
   Nocturnes
      Fêtes (Bearb. für zwei Klaviere) 327
   Pelléas et Mélisande 48, 175

Prélude à l'après-midi d'un faune 22
Préludes II
   Nr. 8 *Ondine* 162, 174
Debussy, Emma 174
Defauw, Désiré 689
Degas, Edgar 211
Delalande, François 304 f., 306, 312, 313, 321, 324, 340, 358, 359, 364 f., 366, 368 f., 373, 385, 394, 396, 402, 448, 453
Delibes, Leo 751
Delius, Frederick 189
   Sonate für Violine und Klavier Nr. 2 (Bearb. von Lionel Tertis) 189
Delon, Alain 732
Demidow, Fürst 239, 243, 244 f.
Denis, Maurice 139
›La Dépêche‹, Toulouse 104
Derain, André 197, 232
Dernbourg, Ilona, geb. Eibenschütz 212 f.
Destinn, Emmy 72, 392
Detroit Symphony Orchestra 81, 82
Deval (urspr. Boularan), Jacques 608
Devonshire, Herzog und Herzogin von 570, 571
Diaghilev, Sergei Pawlowitsch 21, 39, 67, 83, 136, 139, 140, 143, 144, 146, 173, 176, 196, 198, 213, 225, 231 f., 356, 372, 549, 596, 616, 707, 709
Dickens, Charles 677
Diederichs, André 413
Dieterle, William (Wilhelm)
   The Life of Emile Zola (Filmregie) 542
   A Midsummer Night's Dream (Filmregie, zus. mit Max Reinhardt) 620
Dietrich, Marlene (urspr. Maria Magdalena von Losch) 356, 608
Dizengoff, Meier 665
Dluski, Josef 297
Dohnányi, Ernö (Ernst von) 320 f.
Donizetti, Gaetano 671
Doolittle, James H[arold] 645
Dostojewski, Fjodor Michailowitsch 373
   Schuld und Sühne 230
Downes, Olin 537
Drangosch, Ernesto 17, 18, 259
Draper, George 84, 95, 214
Draper, Muriel 65, 66 f., 71, 84, 151, 405, 411 f., 622
Draper, Paul 66, 71, 84, 95, 116, 120, 151, 214, 353, 622
Draper, Ruth 84, 95, 116, 120 f., 405, 595, 596, 598
Dresden
   Staatsoper 390 f.

Dreyfus (Musikstudent) 310 f.
Dreyfus, Alfred 542, 673, 763
Drzewiecki, Zbigniew 706
Dubman, Laura 569, 577
Duchable, François 746, 755, 757, 760
Dukas, Paul 568
Duke, Mr. 476, 477, 478, 483
Duke, Doris 476, 478, 483
Dukelsky, Wladimir 151
Duncan, Isadora 177
Duparc, Henri 30
Dupré, Marcel 740
Dushkin, Samuel 198, 360
Dutilleux, Henri 748
Dvořák, Antonin
   Quartette für Klavier, Violine, Viola und Violoncello 404
   Nr. 2 *Es-Dur, op. 87* 730
   Quintett für Klavier und Streichquartett A-Dur, op. 81 730

Ebert, Carl 672
Edinburgh
   International Festival 670 f.
Eduard VII., König von Großbritannien und Irland 139, 160
Eduard VIII., König von Großbritannien 168, 170, 283–286, 513, 514, 683
Eibenschütz, Ilona s. Dernbourg, Ilona
Einstein, Albert 587, 588, 589
Eisenhower, Dwight D[avid] 630, 673
Eisenstein, Sergei Michailowitsch 675
Elena, Königin von Italien 222 f., 515 f.
Elgar, Sir Edward
   Konzert für Violoncello und Orchester e-Moll, op. 85 (Bearb. von Lionel Tertis) 189
Elisabeth, Königin der Belgier 435, 552, 553, 704, 705, 741
Elizalde, Germán 347, 524
Elman, Mischa 80, 81, 115, 168, 627
Enesco, Georges 121
Engels, George 133, 151, 152, 194, 214, 219 f.
Enright, Thomas 117
Enrique (Diener) 49, 51, 53, 54, 55, 56 f., 65, 74, 77, 85, 86, 101, 120, 122, 127, 129, 130 f., 134, 146, 147, 150, 153, 155, 156, 178, 179 f., 206 f.
Enwall, Helmer 502, 611
d'Erlanger, Baronesse 112
Ernesto s. Quesada, Ernesto
Errazuriz, Mademoiselle 172
Errazuriz, Eugenia 29, 49, 102, 129, 172, 195, 266, 301 f.
Eschig, Max 252
Eugenia s. Errazuriz, Eugenia

Evans, Warwick 102, 287
Eyck, Hubert und Jan van
   Genter Altar 325

Fabini, Eduardo 19, 205
Fairbanks, Douglas 83, 168
Faïssigny-Lusinge, Familie 365
Fall, Leo 321
Falla, Manuel de 13, 30 f., 32, 47, 105 f., 148, 177, 229, 233, 298, 512, 521, 522, 546
   Atlántida 521
   Der Dreispitz
      Tänze (Bearb. von Arthur Rubinstein) 277
   Fantasia bética 32, 148, 258, 294
   Der Liebeszauber (El Amor brujo) 13, 148
      Feuertanz 31, 59, 108, 162, 193, 258, 268, 294, 303, 377, 412, 559, 690, 699
   Suite 229
   Nächte in spanischen Gärten 308, 689, 691
   Pièces Espagnoles
      Nr. 4 *Andaluza* 32
Fargue, Léon-Paul 166, 197, 249, 299, 340, 500
Farrar, Geraldine 72, 114, 171
Faruk, König von Ägypten 238
Fauré, Gabriel 30
   Dolly-Suite für Klavier zu vier Händen, op. 56 712
   Quartette für Klavier, Violine, Viola und Violoncello 404
   Nr. 1 *c-Moll, op. 15* 730
   Sonate für Violine und Klavier Nr. 1 A-Dur, op. 13 79
Fellows, Daisy 323
Fernández Arbós, Enrique 233, 255, 291 f.
Ferrier, Kathleen 761
Feuchtwanger, Lion 620
Feuermann, Emanuel 621 f., 626
Février, Jacques 173, 174, 315, 327, 664
Fialkowska, Janina 748, 755, 757, 760
›Le Figaro‹, Paris 673, 735
Fischer-Dieskau, Dietrich 672, 761
Fiszer, Franc 272
Fitelberg, Gregor 260, 267, 294, 295, 347, 400, 401, 578
Fleischer, Editha 431
Flers, Robert de 230
Flier, Jacob 553, 554
Florenz
   Oper 671
   Sala Bianca (Palazzo Pitti) 251, 288
Flynn, Errol 608
Focillon, Henri 596, 597, 598
Fokine, Michail Michailowitsch
   Le Spectre de la Rose (Choreographie) 22

Follman, Frau (Tante) 153, 269
Follman, Nathan (Onkel) 153
Fontaine, Joan 564
Ford, Betty 758
Ford, Gerald 758
Foukier 384
Fournet, Jean 691
Fournier, Pierre 622
Franck, César 17, 29, 435
   Prélude, Choral et Fugue 111, 537, 538, 562
   Sonate für Violine und Klavier A-Dur 133, 435
   Variations symphonique pour piano et orchestre
   255, 334, 679, 691, 718
Franco Bahamonde, Francisco 438, 514
François *s.* Delalande, François
Frankenstein, Alfred 642
Franklin, Frederic 609
Franz Joseph I., Kaiser von Österreich 187
Frescobaldi, Girolamo 228
Fresnay, Pierre 230, 301, 434 f.
Frías, Brigidita *s.* López Buchardo, Brigidita
Frías, José 17, 18, 30
Fried (Musikkritiker) 642
Friedman, Ignaz 130, 209, 552, 553
Frieman (Klavierlehrer) 243 ff., 246 f., 389
Friends of Music 81, 83, 116
Frohman, Mae 549
›Die Fünf‹ 134
Furtsewa, Elena 725

Gable, Clark 356, 563
Gabriella *s.* Besanzoni, Gabriella
Gabrilowitsch, Ossip 81, 82, 117, 120, 218
Gagnebin, Henri 748
Gainza Paz, Familie 16, 206
Gaisberg, Fred 356 f., 358, 367, 376 ff., 379,
   403, 404
Galafres, Elsa 321
Gandarillas, Carmen 522
Gallito (auch Joselito; José Gómez y Ortega)
   155, 379
Gandarillas, José Antonio (Tony) 102, 108,
   110, 135, 187, 522
Gandarillas, Juanita 28 f., 102, 110, 131 f., 133,
   187, 213, 374, 434, 521 f., 523, 652, 754
Gandhi, Mohandas Karamchand (»Mahatma«)
   575
Gaona, Rodolfo 155
Garbat, Dr. 565 f.
Garbo (urspr. Gustafsson), Greta 356, 609
Garden, Mary 80, 115, 167 f., 171, 219
Gardiner, Isabella Steward 189
Garson, Greer 609, 610, 680
Gatti-Casazza, Giulio 72, 81, 114, 168

Gaulle, Charles de 673, 674, 732
Gavoty, Bernard 735, 736
Gelber, Bruno Leonardo 763
Genua
   Oper 671
Georg II., König von Griechenland 359, 360
Georg V., König von Großbritannien und
   Nordirland 513
Germaine
   s. Rothschild, Baronesse Germaine de
Gershwin, George 295 f., 668
Gieseking, Walter 252, 254, 541, 552, 553, 688
Gilbert, Jean (urspr. Max Winterfeld) 463
Gilels, Emil 415 f., 553, 554, 688, 697, 724, 762
Ginastra, Alberto 30
Glubb (Pascha), Sir John Bagot 656
Gluck, Alma 155–159
Glyndebourne Festival 672
Godebski, Cipa 198, 321, 365
Godebski, Ida 198, 365
Godebski, Jean 198
Godebski, Mimi 198
Godowsky, Dagmar 65, 66, 67, 70, 74, 95
Godowsky, Leopold 74, 76, 81, 352, 538, 539
Goebbels, Joseph 500
Goethe, Johann Wolfgang von 186
Gold, Sheldon 747
Goldflam, Dr. 269, 303
Goldwyn, Samuel 614, 615, 680
Golschmann, Wladimir 565, 739
Gomulka, Wladislaw 752
Gontaut-Brion, Graf Armand de 674
Gonzáles, Rafael 347, 427, 524
Gonzáles, Victoria 347, 427, 430, 522, 524
Goossens, Eugene 534
Gordon, Ruth 700
Gore, Lord 531 f.
Gottlieb, Adolph 166 f.
Gottschalk, Louis Moreau 125
Gould, Familie 80, 168
Gounod, Charles
   Faust (Margarethe) 252
Gracia Patricia, Fürstin von Monaco 753
Gradstein, Alfred 401
   Konzert für Klavier und Orchester 401
   Mazurken 400 f.
Gramont, Herzog und Herzogin 169
Granat (Kinobesitzer) 94
Granier, Jeanne 231
Grant, Cary 563, 615, 680
Granville, Dorothy 643
Grassi (Konzertagent) 125
Gravina, Gräfin Blandine, geb. von Bülow 288
Greiner, Alexander 536 f., 623 f.

Grew, Joseph 470
Grieg, Edvard Hagerup 81, 503, 683
  Konzert für Klavier und Orchester a-Moll, op. 16
  593 f., 616, 629, 688 f., 691, 718
  Lyrische Stücke 683
Griffes, Charles Tomlinson 81
Gris, Juan (urspr. José Gonzáles) 301, 714
Griswold, Alfred 717 f.
Gromadzski, Jan 559
Grumiaux, Arthur 761
Guanabarino, Oscar 44
Guarneri, Camargo 748
Guarneri-Quartett 730
Guinle, Carlos 201, 202 f., 223 f., 257, 343, 426
Guinle, Gilda 201, 202, 223, 343
Guinness, Benjamin 217
Guitry, Germain-Lucien 231
Guitry, Sacha (Alexandre-Georges-Pierre G.)
  199, 231, 355, 435, 673
  Le Grand Duc 231
  Mozart 355
Guller, Youra 172 f.

Händel, Georg Friedrich 225
Hahn, Reynaldo 287 f., 355
Halffter, Rodolfo 748
Hanska-Rzewuska, Gräfin Eva 416
Hardt, Ernst 138
Harman (Vater von Pola R., geb. Harman) 266 f.
Harman, Frederic 267, 344, 347
Harman, Magdalena 266 f., 275, 347
Harrison, Rex 608
Harty, Sir Hamilton 133
Havanna
  Oper 57 ff.
Havilland, Olivia de 564
Hawtrey, Lady 160
Hawtrey, Sir Charles 160, 187
Hay, Alice 150 f.
Hay, Clarence 151
Hay, John 151
Haydn, Joseph 367, 711, 730, 761
Hébertot, Jacques 160 f., 162
Heifetz, Jascha 74, 93 f., 117, 190, 367 f.,
  369 ff., 590, 613 f., 621 f., 626, 666, 667, 669,
  678 f., 684, 688
Heine, Heinrich
  Buch der Lieder 677
Hemar, Marian 318
Hemingway, Ernest 514, 617
Hepburn, Katherine 669
Herard, Mlle. (Musiklehrerin) 712
Herman, Woody 709
Hermant, Abel 315

Hertz, Alfred 116, 151, 190
Heyman, Frandzia (Tante) 153, 269
Heyman, Noemi (Kusine) 153
Himmler, Heinrich 613
Hindenburg, Paul von Beneckendorff und von
  425
His Master's Voice (Schallplattenfirma) 356,
  358, 367, 378, 403 f., 449, 450, 451 f., 461,
  513, 548, 562
Hitchcock, Alfred 608
Hitler, Adolf 410, 424, 425, 426, 439, 451, 500,
  521, 547, 551, 552, 553, 556 f., 569, 577, 578,
  579, 583, 595, 597, 599, 603, 604, 605, 610,
  613, 620, 624, 642, 647, 657, 702, 733
  Mein Kampf 410, 425
Hochman, George 76
Hofmann, Josef 71, 81, 115, 117, 119 f., 265 f.,
  367, 536, 541, 542, 561, 589, 616, 623
Hofmann, Kazimir 541
Hofmann, Marie 265
Hofmannsthal, Raimund von 371
Hogarth, William 708
Holt, Harold 655, 657, 659
Homer[os] 245
Honegger, Arthur 134 f., 140, 141, 265
  König David (Le Roi David) 175
  Pacific 231 175
Hoover, Herbert Clark 104
Hoppenot, Hélène 44, 471
Hoppenot, Henri 44 f., 471
Horowitz, Friedrich 424, 664, 672
Horowitz, Samuel 419
Horowitz, Wanda, geb. Toscanini 422, 424, 561
Horowitz, Wladimir 315, 321 f., 325, 326 f.,
  328, 329, 367, 368, 383, 419, 422 f., 424, 561,
  567, 590, 626, 635 f., 638, 679, 687, 762
House, Edward Mandell 103
Howard, Leslie 608
Hryncewicz, Henryk 559
Hubermann, Bronislaw 321, 500, 527, 531,
  572, 573, 587
Hugo, Jean 141
Hugo, Victor 141
  Die Elenden (Les Misérables) 141
  Marion Delorme 141
  Ruy Blas 141
Hull, Helen 536, 539 f.
Huneker, James 72, 82
Hurok, Saul (Sol) 94, 193, 509 ff., 534, 535 f.,
  537 f., 539, 544, 545, 547, 548 f., 561, 562,
  586, 587, 595, 596, 598, 599, 600 f., 603, 605,
  611, 619, 625, 626, 636, 639 f., 647, 648,
  653 f., 655, 657, 658, 659, 661, 684, 688, 690,
  695 ff., 697 f., 699, 705, 724, 725, 742, 743, 747

Hutton, Barbara 615
Huxley, Aldous 620, 630
Ibsen, Henrik 503
Imperio, Pastora 13 f., 15
Indjic, Eugene 748
Ireland, John 189
　Konzert für Klavier und Orchester Es-Dur 189, 356
Irion, Mr. 539
Isabel, Infanta 378
Israel Philharmonic Orchestra 682, 695, 703, 758
Iturbi, José 254, 328
Iwaki, Hiroyuki 726
Iwaszkiewicz, Jaroslaw 272, 273

Jackowski, Frau 305, 306, 307
Jackowski, Tadeusz 305, 306
Jacob, Max 301
Jacquemer, Dr. 173
Jacquemer, Marie-Blanche s. Polignac, Gräfin Marie-Blanche de
James, Harry 668
Janacopoulos, Vera 68
Jaroszynski, Familie 132
Jaroszynski, Joseph 270, 416, 674 f.
Jasinski, Roman 384, 752, 754, 755, 758
Jeanne (Dienstmädchen) 448, 453
Jeanson, Henri 213
Joachim, Joseph 153
Joachim-Quartett 731
Jogjakarta, Kaiser von 476
Johannes XXIII., Papst 708
John, Augustus 286
Johnson, R. E. 47 f., 60, 65 f., 67, 68, 69, 70 f., 76 f., 79 f., 82, 95, 115, 116, 117, 149, 151, 152, 189, 193, 194, 214
Joliot, Frédéric 296
Joliot-Curie, Irène 296, 297
José (Priester) 398
José Antonio s. Gandarillas, José Antonio
Jouvet, Louis 213
Jowitt, Lesley 108, 110, 112, 133, 170, 187, 212, 213, 226, 239, 286, 404, 405, 407, 513, 659 f.
Jowitt, William 108, 110, 112, 187, 513, 658
Joyce, James
　Ulysses 677, 754
Juanita s. Gandarillas, Juanita
Judith (Concierge) 301, 302, 304, 305
Judson, Arthur 508, 510
Juilliard School of Music 81, 150, 152, 189, 194, 375, 686, 687
Juliana, Königin der Niederlande 739, 755
Jussopow, Fürst Felix 214

Kahn, Otto H. 168
Kaiserliches Gamelan-Orchester, Jogjakarta 476
Kalbeck, Max
　Johannes Brahms 213
Kamiko (Koch) 609
Kammerorchester Scarlatti, Neapel 471
Kanarek, Juliusz 644, 676
Kanin, Garson 700
　The diary of Anne Frank 700
Kaper, Bronislaw (Bronek) 564, 609, 615, 618
Kaper, Lola 564, 609, 615
Kappell, Willy 540 f., 687 f.
Kapurthala, Maharadscha von 139
Karajan, Herbert von 751
Karl I., Kaiser von Österreich 187
Karlowicz, Mieczyslaw 295
Karol s. Szymanowski, Karol
Karola (Kindermädchen) 433, 434, 435, 439, 442, 445, 446, 450, 453, 499, 500, 518, 519, 520, 522, 534, 551
Karsawina, Tamara 22
Katims, Milton 756 f.
Kaufmann, Harry 609
Kedra, Wladislaw 675
Kemal Pascha, Mustafa (Atatürk) 236, 237
Kennedy, John F[itzgerald] 717 f.
Kennedy, Robert F[rancis] 718
Kenyon, Doris 680
Kerenski, Alexander Fjodorowitsch 187
Kern, Jerome 135
Kerr, Deborah 680
Keynes, John Maynard 21
Khatschaturian, Aram
　Konzert für Klavier und Orchester Des-Dur 628 f.
Kiepura, Jan 587
Kierkegaard, Søren 356
Kirow, Sergei Mironowitsch 457
Kisch, Aaron 572 f.
Kisling, Moïse 166, 298, 365, 512, 611, 615, 616, 622 f.
Kissinger, Henry A[lfred] 758
Klaviere
　Baldwin 623
　Bechstein 105, 274, 300, 310, 376, 516, 623
　Blüthner 104, 357, 623
　Bösendorfer 516, 623
　Erard 104, 165, 172, 278 ff., 623
　Gaveau 165 f., 199
　Knabe 219, 623
　Mason & Hamlin 218 f., 623
　Pleyel 104, 161, 165 f., 173, 210, 623
　Schiedmayer 104, 469

Klaviere *(Forts.)*
 Steinway 32, 34, 40, 58, 87, 104, 165, 218, 378, 412, 465, 470, 472, 480, 535, 536 f., 540, 544, 577, 594 f., 623, 649 ff., 666, 683, 721, 726
Klemperer, Otto 543 f., 630
Kloiber, Herbert 751
Kluck, Alexander von 596
Knabe (Klavierhersteller) 76, 219
Kneisel, Franz 85
Kneisel-Quartett 85
Knepler, Hugo 307, 308, 321
Knopf, Alfred 535, 564, 606 f., 624, 744, 745, 760
Knopf, Blanche 535, 606, 624, 744
Knopf, Edwin 564, 615
Knopf, Mildred 564, 615
Kochanski, Familie 83, 104, 362 f.
Kochanski, Frau (Mutter von Paul K.) 362
Kochanski, Herr (Vater von Paul K.) 362
Kochanski, Paul 18, 19, 65, 84, 130–133, 138, 146, 149, 150, 151, 152, 161, 177 f., 186, 187, 189, 190, 192, 193 f., 195, 198, 199, 200, 205, 206, 207, 210, 214, 220, 225, 226, 255, 291, 295, 298, 328, 329, 349 ff., 353, 362 f., 365 f., 367, 371 f., 374, 375 f., 379, 400, 401, 403, 406, 408 f., 421, 433, 450, 452, 536, 559, 608, 627
Kochanski, Sophie (Zosia), geb. Kohn 130–133, 146, 150, 151, 152, 177 f., 186, 189, 193, 194, 198, 199, 200, 205, 210, 214, 225, 226, 255, 298, 328 f., 333, 341, 349, 362, 363, 365 f., 366 f., 371, 375, 403, 406, 408, 433, 450, 536, 548, 556, 561, 584, 585
Kochlowa, Olga 196 f.
Koczalski, Raoul von 552
Kodály, Zoltán 321
Kœnig, Marie Pierre 732
Kolischer, Wilhelm (Guillermo) 19, 20, 209
Kollek, Teddy 733, 738, 751
Kolumbus, Christoph 159
Kondracki, Michel 442, 446
Kondraschin, Kyrill 724 f.
Konoye, Graf 462
Konoye, Fumimaro 462
Kopernikus, Nikolaus 294
Kosziuszko, Tadeusz 527, 531 f.
Kranz, Kazimir 517
Koussevitzky, Serge s. Kussewitzky, Sergei Alexandrowitsch
Kramsztyk, Roman 662
Krehbiel, Henry Edward 72, 82
Kreisler, Fritz 74, 81, 85, 117, 214, 252, 589, 626, 627, 667, 688
Kreisler, Harriet 214

Křenek, Ernst 688
Krips, Josef 718
Krzesinska, Mathilde 509
Kubelik, Jan 371
Kurtz, Efrem 596
Kussewitzky, Sergei Alexandrowitsch 225, 418, 550, 563, 612, 630, 632 ff.
Kwapiczewski (Diplomat) 96

Labunski, Wanda, geb. Mlynarski (Schwägerin) 317, 433, 717
Labunski, Wiktor 317, 512
Lafita, Juan 112 f., 375, 400
La Fontaine, Jean de
 Fabeln 676
Lage, Enrique 145, 343, 674
Laguardia (Musikkritiker) 15, 47
Lamond, Frederic 175
Landau, Helena (Hela), geb. Rubinstein (Schwester) 103, 104, 145 f., 154, 274
Landau, Jadwiga, geb. Rubinstein (Schwester) 83, 104, 132, 153, 154, 273
Landau, Jan (Neffe) 83, 104, 154, 603
Landau, Maryla (Nichte) s. Wrangel, Maryla
Landau, Maurycy 83, 104, 132 f., 154
Landowska, Wanda 400, 401
Lanier, Charles 80 f., 82 f., 84
Lanier, Sarah 82 f., 84, 116, 151, 155
Lanner, Josef 707
Lanvin, Jeanne 173, 428
La Rochefoucauld 365
Laschanska, Hulda 614
Laughton, Charles 608, 680
Laurencin, Marie 232
Lawrence, Gertrude 217, 218, 406
Lazare 365
Lechon, Jan (urspr. Leszek Serafinowicz) 272, 318, 512, 517, 597, 603 f., 615
Lehmann, Lotte 613
Leinsdorf, Erich 739
Lenin (urspr. Uljanow), Wladimir Iljitsch 187, 509
Leningrad
 Philharmonie (früher Adelssaal) 414, 725
Leningrader Philharmonie 725
Leoncavallo, Ruggiero
 La Mattinata 93
Leschetitzky, Theodor 118, 442
Lesley (Leslie) s. Jowitt, Lesley
Levi, Giorgio 372
Levitzki, Mischa 76, 81, 118, 120
Lewis, Sir George 108
Lhévinne, Joseph 71, 81, 538, 539, 541
Lhévinne, Rosina 81, 538

Lichnowsky, Fürst Karl 203
Lieberson, Goddard 590, 592
Liebling, Leonard 85 f., 96 f., 588
Lifar, Serge 315, 365, 507
Likiernik (Neffe) 154
Likiernik, Frania, geb. Rubinstein (Schwester) 103, 145, 154, 388
Likiernik, Jadwiga (Nichte) 154
Likiernik, Leo (Schwager) 154, 388
Lillie, Beatrice 217, 218
Lilpop, Halina s. Rodzinski, Halina, geb. Lilpop
Lima
  Oper 652
Lincoln, Abraham 549
Lindbergh, Charles A. 605
Lipatti, Dinu 334
Lipatti, Madelaine 334
Lipton, Thomas 111
Liszt, Franz 75, 89, 149, 163, 165, 186, 256, 303, 389, 416, 450, 541, 630, 668, 699
  Grandes Etudes d'après les Caprices de Paganini (Paganini-Etüden)
    Nr. 2 *Es-Dur* 326
    Nr. 5 *E-Dur (La Chasse)* 326
  Konzerte für Klavier und Orchester 669, 679, 691
    Nr. 1 *Es-Dur* 421, 718
  Mephisto-Walzer Nr. 1 (nach Nr. 2 der *Episoden aus Lenaus Faust*) 79, 162, 668, 687
  Sonate für Klavier h-Moll 162, 324, 696, 699, 730
  Ungarische Rhapsodien für Klavier 481
    Nr. 12 *cis-Moll* 14, 15, 233 f., 489, 490
Litvak, Anatole 609
Litwinow, Maxim Maximowitsch (urspr. Meir Henoch Wallach) 413, 619
Lodz
  Konzerthaus 268
Lodzer Philharmonisches Orchester 318, 319, 703, 752, 753
Lois 160
London
  Albert Hall 110, 655 f., 657, 659
  Covent Garden Opera 187, 188, 514
  Queen's Hall 113, 133, 225, 655, 658, 672
  Royal Festival Hall 672
  Wigmore Hall (früher Bechstein Hall) 109, 111 f., 133, 187, 188, 212, 287, 379, 656, 759
London Philharmonic Orchestra 750
London Symphony Orchestra 133, 403, 404, 751
Long, Marguerite 162, 392 f., 556, 704, 705, 712
Longo, Alessandro 251
Longworth, Alice 563, 683, 719
Longworth, Nicholas 683

López, Juancito 483, 484, 486, 487
López Buchardo, Brigidita 30, 428
López Buchardo, Carlos 30, 145, 428
Lopoukhova, Lydia, verh. Keynes 21
Lorraine, Lady 336, 337
Lorraine, Sir Percy 238 f., 336, 337
Los Angeles
  Hollywood Bowl 618 f., 620, 630 f., 641, 679
  Philharmonie 564, 614
Los Angeles Chamber Orchestra 666
Los Angeles Philharmonic Orchestra 439, 563, 679, 748 f., 755 f.
›Los Angeles Times‹ 756
Loti, Pierre (urspr. Louis-Marie-Julien Viaud) 236
Lubitsch, Ernst 609
Lubomirski, Fürst Ladislas 132
Luboschutz, Pierre 192, 199, 371
Ludendorff, Erich 410
Ludwig XV., König von Frankreich 210
Lukasiewicz (Botschafter) 568 f.
Lulu 66, 71, 95, 117, 194
Luro, Amelia 347
Luzern
  Internationale Musikfestwochen 763
Lwoff, André 734
Lyon, Mrs. 470, 471

Maazel, Lorin 754
MacArthur, Douglas 619, 645
MacDowell, Edward 81
Madigan, Tony 760
Madrid
  Teatro Lara 15, 18
  Teatro Monumental 291
  Teatro Real 33
Magaloff, Nikita 712
Mahler, Gustav 672, 690, 761
Mailand
  Conservatorio Verdi 671
  Sala Verdi 251
  Scala 251, 671
Malipiero, Gian Francesco 229
Mallarmé, Stéphane 122
Malraux (urspr. Berger), André 205, 514
Mango, Verree 613
Mann, Mrs. 588, 592, 607
Mann, Frederick 587 ff., 591 f., 593, 603, 607, 703, 704
Mann, Katia 679
Mann, Thomas 620, 622, 630, 666, 679
  Buddenbrooks 622, 754
  Doktor Faustus 620, 622
  Der Zauberberg 754

Marcello, Benedetto 228
Marconi, Guglielmo Marchese 159f., 729
Marfá, Isabel 398
Maria, Prinzessin von Italien 222f., 516
Maria Pawlowna, Großfürstin von Rußland 231
Marie, Großherzogin von Mecklenburg-Schwerin 755
Marie José (Maria Josepha), Prinzessin von Belgien (später Königin von Italien) 435, 515, 516, 553
Marika s. Papaioannou, Marika
Marina, Prinzessin von Griechenland (später Herzogin von Kent) 80, 659
Marjerie, Jeanne de 300 ff., 304, 315, 433
Marlboro Festival 550
Marseille
  Salle Pratt 210
Martínez de Hoz, Elena de 49, 205, 206 f., 258
Martínez de Hoz, Miguel 16, 20, 35, 49, 205, 258, 345
Mary, Gemahlin Georgs V., Königin von England 285
Masaryk, Jan 212, 450 f., 615
Masaryk, Tomáš Garrigue 212, 450
Massenet, Jules
  Manon 252
Massine, Léonide Fjodorowitsch 21, 139, 176
  La Boutique fantasque (Der Zauberladen) (Choreographie) 232
Mastrogianni, Miguel 15, 17, 18, 428
Mata, Herr 104
Matisse, Henri 677
Matzenauer, Margarethe 114
Maugham, Cirry 286
Maugham, William Somerset 286
Maurier, Gerald du 187
Maxwell, Elsa 167–172, 176, 364, 365
McClaren, Cristabel 110, 239, 286, 407
Medtner, Nikolai 19, 30
Mehta, Zubin 739, 748 f., 756, 758
Meir, Golda 733, 738, 747, 748
Melba, Nellie 530
Memling, Hans 325
Menasse, Baron 238
Mendelssohn-Bartholdy, Felix 89, 288
  Trios für Klavier, Violine und Violoncello 666, 678
Mengelberg, Willem 116, 422 ff., 515
Menjou, Adolphe 615
Menocal, Madame 216
Menocal, Mario García 216
Menuhin, Yehudi 679, 734
Mercé, Antonia (»La Argentina«) 432

Mérimée, Prosper
  Carmen 33
Mérito, Marqués de 514 f.
Mero, Yolanda, verh. Irion 539
Merry de Val, Kardinal 371
Merry de Val, Domingo 371
Messager, André 751
Mexico City
  Teatro Arbeu 87 ff., 94
  Teatro de Bellas Artes 93, 351, 354, 645 f.
  Teatro Esperanza Iris 89 f., 91 f.
Meyer, Sophie (Zosia), geb. Bernstein 269, 303, 316, 317
Meyer, Stanislaw 303, 317
Meyerbeer, Giacomo (urspr. Jakob Liebmann Beer) 288
Mickiewicz, Adam
  Pan Tadeusz 373
Milhaud, Darius 41 f., 43, 44, 45, 134 f., 145, 162, 175, 176, 202, 742
  Le bœuf sur le toit 176
  Bolivar 742
  Saudades do Brasil 315
  Sonate für Violine und Klavier Nr. 2, op. 40 44
  Suite provençale 175
Mille, Agnes de 700
Miller, Harry 719, 721 f., 723
Milstein, Nathan 326, 383, 627
Minelli, Liza 676
Minneapolis Symphony Orchestra 612
Misia s. Sert, Misia
Mitchell (Konzertagent) 102, 108 f., 113, 130, 152, 282, 340, 378, 442, 450
Mitre, Luis 13 f., 16, 20, 206
Mitropoulos, Dimitri 335, 336, 337, 441 f., 612, 688
Mlynarski, Frau (Schwiegermutter) 132, 318, 384, 391, 398, 421, 433, 439, 442, 449, 454, 497, 499, 534, 541, 559, 560, 561, 568, 577, 611, 646, 648, 676, 685, 717
Mlynarski, Alina (Schwägerin) s. Raue, Alina
Mlynarski, Bronislaw (Schwager) 328 f., 333, 404, 405, 407, 421, 497, 499, 611, 648, 649, 680 f.
Mlynarski, Emil (Schwiegervater) 132, 273, 293 f., 295, 316, 317, 318 f., 331, 332, 366, 384, 391, 398, 421, 439, 442, 449, 454, 464 f., 541, 717
Mlynarski, Felix 295
Mlynarski, Hela 317, 318
Mlynarski, Nina 577, 578
Mlynarski, Wanda (Schwägerin) s. Labunski, Wanda
Mocchi, Walter 38, 39, 40, 44, 107

Mocenigo, Familie 261
Modigliani, Amedeo 166
Moïse (Bardirektor) 166
Moiseiwitsch, Benno 81, 118, 120, 535, 571
Molière (Jean-Baptiste Poquelin) 139, 232, 272
Molinari, Bernardino 249, 290
Monaco, Baron del 397
›Le Monde‹, Paris 734
Moniuszko, Stanislaw
   Halka 295
Monteux, Pierre 67, 68, 95, 151, 189, 514, 534, 544, 619
Monteverdi, Claudio 228, 671, 708
Montevideo
   Teatro Solis 19, 20
Montgomery, Bernard Law, Viscount M. of Alamein 673, 741
Moore, Mrs. 170
Mora, Joaquín 19, 205, 209
Moreno, David 16
Morgan, Mr. 204 f.
Morgan, Pierpont 204
Morgenthau, Henry, jr. 611
Morosini, Contessa Annina 227, 372
Morros, Boris 667 f.
Moskau
   Konservatorium 412, 416
   Künstlertheater 419
   Tschaikowsky-Saal des Konservatoriums 411, 412, 439
Moszkowski, Antek 266, 269, 674 f.
Moszkowski, Moritz 288
Moszkowski, Wacek 266
Mounet-Sully (Jean-Sully Mounet) 141
Mozart, Wolfgang Amadeus 55, 137, 202, 233, 245, 287, 307, 540, 630, 672, 683, 699, 708, 710, 711, 730, 751, 761
   Konzerte für Klavier und Orchester 566, 567, 666, 679, 691, 718
      Nr. 20 d-Moll, KV 466 756 f.
      Nr. 23 A-Dur, KV 488 751
      Nr. 24 c-Moll, KV 491 718
   Quartette für Klavier und Streichtrio 404
   Serenade Nr. 13 G-Dur, KV 525 (Eine kleine Nachtmusik) 666
   Sinfonia concertante für Violine, Viola und Orchester Es-Dur, KV 364 761
   Sonate für zwei Klaviere D-Dur, KV 448 209
Mühlstein, Anatole 365 f., 578, 579, 583, 604
Mühlstein, Diana, geb. Baronesse de Rothschild 578
Müller, Fritz 530
Muller, Mrs. 330 f., 333

Muller, Max 331, 333
Munch, Charles 656, 663, 688
Munch, Edvard 503
Muni, Paul 542
Munster, Lord 372
Munz, Mieczyslaw 333, 334, 341, 347, 366, 398, 402
Murphy, Frank 483
›Musical America‹, New York 588
›Musical Courier‹, New York 85, 96
Musicesco, Floria 334
I Musici 671
Musset, Alfred de 373
Mussolini, Benito 223, 249 f., 300, 395 f., 552, 557, 576, 597, 625, 664, 729
Mussorgsky, Modest Petrowitsch
   Boris Godunow 188

›La Nación‹, Buenos Aires 13, 14, 15, 48, 206
Napoleão, Arturo 124 f.
Napoleon I. (Bonaparte), Kaiser der Franzosen 42, 644
Narros, Marqués Marcelino 253
Nasser, Gamal Abd el 682, 731, 732
NBC Symphony Orchestra 543, 599, 635, 636, 638
Neapel
   Opera San Carlo 671
Negri, Pola (urspr. Barbara Apolonia Chalupiec) 83
Nela s. Rubinstein, Aniela (Nela)
Nemirowitsch-Dantschenko, Wladimir Iwanowitsch 419
Nepomuceno, Alberto 41, 123
Neuhaus, Harry (Heinrich) 412 f., 416, 421, 696, 697, 705
New Symphony Orchestra, New York 74 f.
New York
   Carnegie Hall 66, 68, 71, 75, 77, 79, 82, 115, 117, 508, 537, 538 f., 544, 566, 602, 604, 616, 629, 636, 639, 667, 686, 687, 688, 696, 745
   Hippodrome 193
   Lewisohn Stadium 619
   Metropolitan Opera 72, 81, 114, 116, 149, 151, 167 f., 192, 543, 587, 626, 627, 672, 747
   Museum of Modern Art 598, 604
›New York Herald Tribune‹ 537
New York Philharmonic Orchestra 74, 534, 536, 543, 612, 688, 689 f.
New York Symphony Orchestra 74, 82, 151
›The New York Times‹ 82, 537, 734
Newton, Ivor 133
Nicholls, John 749
Nicolson, Harold 513 f.

Nightingale (Elektriker) 609, 680
Nijinski, Romola 21, 22 f.
Nijinski, Wazlaw Fomitsch 21, 22–28, 39
Nikisch, Arthur 207
Nikolaus II. Alexandrowitsch, Zar 11, 187, 214, 509
Nin, Joaquín 199 ff.
Niven, David 548
Noailles, Vicomte de 211
Noailles, Vicomtesse Marie-Laure de 361
Nobre, Marlos 748
Noemi s. Heyman, Noemi
Nono, Luigi 75, 709
Novaes, Guiomar 46, 108

Oberon, Merle 608
Obolensky, Fürst 80
O'Brien, Mavourneen 610
O'Brien, Pat 610
Ocampo, Victoria 22
Ochs, Adolf 82
O'Connor, Charles 562, 591, 592
Odessa
    Konservatorium 415
Offenbach, Jacques (Jacob)
    Hoffmanns Erzählungen 514
Ojeda, José 14, 15
Olivier (maître d'hôtel) 305 ff.
Oppenheim, Blanche 190
Oppenheim, Irving 190 f.
Oppenheimer, Lady (Gattin von Sir Albert O.) 571 f., 573
Oppenheimer, Mrs. (Gattin von Arthur O.) 189 f.
Oppenheimer, Sir Albert 570, 571, 573 f.
Oppenheimer, Arthur 189 f.
Oppermann, Anne 549
Orchester der Accademia di Santa Cecilia Rom 250
Orchester der Dänischen Königlichen Oper Kopenhagen 308, 309
Orchester der National-Philharmonie Warschau 701
Orchestre du Capitole, Toulouse 758
Orchestre Colonne, Paris 165, 175
Orchestre Lamoureux, Paris 165, 175
Orchestre National de l'ORTF Paris 757
Orchestre de Paris 753
Orchestre Pasdeloup, Paris 175
Orchestre de la Société des Concerts du Conservatoire de Paris 175, 656, 690
Ordynski, Richard 67 f., 103, 104, 145, 266, 274, 303, 312, 313, 314, 316, 318, 319, 330 f., 332, 383, 384, 601

Oregon Symphony Orchestra, Portland 191
Orloff, Nicholas 552, 553
Ormandy, Eugene 534, 593, 612, 616, 623, 630, 640, 668, 739
Ornstein, Leo 76
Orquestra Pau Casals, Barcelona 107
Orquestra Renacimiento, Buenos Aires 347
Osaka Philharmonic Orchestra 726
Oswaldo (Direktor des Nationalen Konservatoriums in Rio de Janeiro) 41, 123
Oxford
    Rathaussaal 212

Pachmann, Wladimir de 351 ff.
Paderewski, Ignacy Jan 15, 18, 72, 81, 103, 133, 153, 162, 400 ff., 536, 571, 594, 623, 675, 741
Paggi, Ada 88, 90, 92
Pagnol, Marcel 230, 739
    Das große ABC (Topaze) 230
Painter, George D.
    Marcel Proust 754
Palermo
    Teatro Massimo 251, 281, 397
Palestine Orchestra Tel Aviv 500, 567, 572, 587, 588, 591
Palewski, Gaston 740
Palladini, Principessa Carla 228, 248 f., 250 f., 256, 257, 258 f., 262–265, 287, 289 f., 327 f., 329, 330, 331, 332, 333, 334, 335, 336 f., 338 ff., 341, 343, 346
Pallenberg, Max 321
Papaioannou, Marika 243, 246 f., 277 f., 336, 389
Paris
    Comédie Française 141
    Conservatoire de Paris 162, 174, 310
    Grande Opéra 252, 293 f., 295, 325 f.
    Opéra-Comique 252
    Palais des Congrès 753, 757
    Salle des Agriculteurs 252, 402
    Salle Gaveau 165, 175, 194, 210, 220, 223, 253, 293, 294, 295, 315, 424, 425
    Salle Pleyel 515, 558
    Salle du Trocadero 681
    Salle Wagram 369
    Théâtre Antoine 373
    Théâtre de l'Atelier 373
    Théâtre des Champs-Elysées 139, 160, 161 f., 174, 213, 222, 266, 325, 326, 373, 400, 656, 663, 664, 681, 757
    Théâtre de l'Œuvre 373
Parr, Audrey 393 f.
Pasteur, Louis 673

Pasteur Vallery-Radot, Louis 673 f., 739
Patek, Stanislaw 413, 439
Patou, Jean 323
Paul s. Kochanski, Paul
Pauling, Linus Carl 749, 750
Pawlowa, Anna 39, 615, 626
Pecci-Blunt, Contessa Mimi 249, 250 f., 290, 314, 402
Peck, Gregory 738
Peerce, Jan 669
Pekmezian, Herr 236 f., 277, 389
Pekmezian, Sappho 236 f., 277, 389
Pellas (Konzertveranstalter) 44, 195, 201, 204, 257, 342, 343, 374, 425, 426
Pelliccia, Arrigo 761
Pembaur, Josef 309, 310
Peña, Joaquin 34, 104, 107
Pergolesi, Giovanni Battista 232, 671, 707
Perón, Evita 651
Perón, Juan Domingo 647, 649, 650, 651
Perper, George 747
Pertile, Aureliano 90
Perugino (Pietro di Cristoforo Vanucci) 288
Pétain, Henri Philippe 266, 604
Pfeiffer, John 593
Pfitzner, Hans 394
Philadelphia Symphony Orchestra 534, 593, 612, 616, 623, 630, 640 f., 690, 739
Philipp II., König von Spanien 399
Philippe, Isidor 46, 162
Piatigorsky, Gregor 326, 383, 602 f., 666, 667, 669, 678, 680, 703
Piatigorsky, Jacqueline, geb. Baronesse de Rothschild 408, 602 f., 680
Picasso, Pablo 166, 172, 195 ff., 211, 232 f., 301, 365, 584, 707, 713-719, 748
Picasso, Paul (Paulo) 197
Pickford, Mary 83, 168
Pilatus, Pontius 239
Pilsudski, Józef 132, 153, 187, 267, 579
Pittsburgh Symphony Orchestra 612
Pizzetti, Ildebrando 229, 251
Planté, Francis 252 f.
Plasson, Michel 758
Plato[n] 245
Pleyel (Klavierhersteller) 136, 143, 161
Poincaré, Raymond 468
Pola, R., geb. Harman 51, 65, 266 f., 275 f., 318, 674, 746
 ihre Töchter 65, 267, 275, 276
Polacco, Giorgio 58
Polignac, Familie 365, 545
Polignac, Graf Jean de 173, 228

Polignac, Gräfin Marie-Blanche de 173, 228, 663
Polignac, Marquis Melchior 173, 176, 265, 361, 673
Polignac, Marquise Nina 176, 264
Polignac, Prinzessin Winifred, geb. Singer 141, 176 f., 226-229, 248, 260-263, 274, 276 f., 299, 323, 358 ff., 365, 372, 407, 408, 554, 711
Polk, Rudolf 669
Pollini, Maurizio 705, 757, 762
Pompidou, Georges 739
Ponce, Manuel María 89, 93 f., 353 f.
 Concierto del Sur 93
 Konzert für Violine und Orchester 93
Poniatowski, Fürst und Fürstin 365
Pons, Lilly 667
Ponsonby, Sheila (später Herzogin von Westminster) 372
Poot, Marcel 748
Porter, Cole 135, 356
Portinari, Candido 597 f., 604
Potocki, Gräfin 388
Potocki, Graf Nicholas 339
Potocki von Lancut, Graf 450
Poulenc, Francis 134 f., 141, 145, 173, 175, 176, 177, 225, 248, 265, 299, 315, 664
 Les Biches 232
 Les Promenades 141, 315
 Sonate für zwei Klaviere (1918) 173
Poznanski, Familie 206
Pré, Jacqueline du 732, 750, 761
›La Prensa‹, Buenos Aires 15, 47, 206
Previn, André 751
Primo de Rivera y Orbaneja, Miguoel, Marqués de Estella 376
Primrose, William 622
Printemps, Yvonne 199, 231, 355, 434 f.
Prokofieff, Serge 19, 30, 46, 67 f., 70, 71, 84, 152, 162, 167 f., 177, 219, 223, 248, 249, 291 f., 414, 421, 627, 629, 675, 699, 731
 Konzerte für Klavier und Orchester 629, 675
  Nr. 1 *Des-Dur, op. 10* 67
  Nr. 2 *g-Moll, op. 16* 67
  Nr. 3 *C-Dur, op. 26* 68, 152, 248, 291, 629, 688
 Konzerte für Violine und Orchester 675
  Nr. 1 *D-Dur, op. 19* 291
  Nr. 2 *g-Moll, op. 63* 291
 Die Liebe zu den drei Orangen 219
 Marsch (Bearb. von Arthur Rubinstein) 111, 219
 Sonaten für Klavier 629, 675
  Nr. 3 *a-Moll, op. 28* 68
  Nr. 4 *c-Moll, op. 29* 68
  Nr. 6 *A-Dur, op. 82* 629

Prokofieff, Serge *(Forts.)*
Stücke für Klavier, op. 4
   Nr. 4 *Suggestion diabolique* 629
Der verlorene Sohn
Rondo (Bearb. für Klavier) 308
Visions fugitive, op. 22 68, 629, 699
Proust, Marcel 149, 754
Prude, Walter 747
Prunières, Henry 507 f.
Puccini, Giacomo
La Bohème 751
Madame Butterfly 464

Quartetto Italiano 671
Queensberry, Lord 130
Quesada, Ernesto de 11, 12 f., 19, 20 f., 23, 28, 29, 32, 36, 104, 107, 121, 122, 125, 130, 195, 207, 255, 340, 351, 353, 375, 544, 545, 546 f., 607, 645, 647, 649 f., 760
Quezón, Manuel 483
Quintana, Manuel 15, 31
Quintana, Susana 15, 16, 19, 20, 31, 49, 125, 258, 345
Quisling, Vidkun 595

R. E. *s.* Johnson, R. E.
Rabaud, Henri 310, 311
Rabelais, François
Gargantua und Pantagruel 313
Rabin, Yitzhak 733
Rachmaninow, Sergei 31, 66, 81, 115, 117, 119, 120, 149 f., 419, 501, 538 f., 561, 589, 616 f., 620, 623, 629, 675, 679
Konzerte für Klavier und Orchester
   Nr. 1 *fis-Moll, op. 1* 419
   Nr. 2 *c-Moll, op. 18* 419, 544, 632, 633 f., 655
   Nr. 3 *d-Moll, op. 30* 321
Morceaus de fantaisie, op. 3
   Nr. 2 *Prelude cis-Moll* 31, 617
Rhapsodie über ein Thema von Paganini für Klavier und Orchester, op. 43 629, 661, 663, 679, 691
Die Toteninsel, op. 29 264
Raczynski, Graf 450
Radziwill, Dolly 365
Radziwill von Nieswirz, Prinz 450
Raffael (Raffaello Santi) 288, 728
Die Sixtinische Madonna 232, 325
Raimu (Jules-Auguste-César Muraire) 230
Raiza, Rosa 90
Ramuz, Charles-Ferdinand 137
Rasputin, Grigori Jefimowitsch 214
Rathbone, Basil 608, 609, 615

Rathbone, Ouida 608, 609, 615
Rathenau, Walther 375
Raue, Alina, geb. Mlynarski (Schwägerin) 317, 318, 385, 388, 394 f., 396, 397, 556, 578
Raue, Jan 578
Ravel, Maurice 19, 30, 31, 46, 67, 76, 135, 198, 223, 295, 296, 298 f., 379, 392 f., 476, 500, 501, 556, 585, 627, 675, 696, 699, 731
Bolero 31
Gaspard de la nuit 47
   Ondine 14, 15
Jeux d'eau 416
Ma Mère l'Oye 198, 712
Miroirs
   Nr. 2 *Oiseaux tristes* 696
Trio für Klavier, Violine und Violoncello a-Moll 666, 678
La Valse 198
Valses nobles et sentimentales 208, 233, 234
   Epiloque 233
›La Razón‹, Buenos Aires 15, 17
RCA Symphony Orchestra 639
RCA-Victor (Schallplattenfirma) (s. a. Victor) 590 f., 592 ff., 611, 621, 638, 683 f., 699, 730
Reading, Lady 658 f.
Reading, Lord Rufus Isaac 658
Reger, Max 423
Régnier, Henri de 315
Reichenbach, François 735 ff., 738
   Arthur Rubinstein. L'amour de la vie (Filmregie, zus. mit Gérard Patris) 735–738, 745, 762, 763
Reiner, Fritz 612
Reinhardt, Gottfried 609
Reinhardt (urspr. Goldmann), Max 68, 214, 609, 620
   A Midsummer Night's Dream (Filmregie, zus. mit William Dieterle) 620
Remarque, Erich Maria (urspr. E. Paul Remark) 609, 610
   Im Westen nichts Neues 609
Rembrandt Harmensz van Rijn
   Der Mann mit dem Goldhelm 232
Renaud, Madeleine 712
Renoir, Auguste 211, 608, 676
Renoir, Jean 608
Respighi, Elsa 290
Respighi, Ottorino 229, 290
›La Revue musicale‹, Paris 508
Richter, Swjatoslaw 416, 629, 695 ff., 698, 753, 762
Rimbaud, Arthur 43
Rimini, Giacomo 90

Rimski-Korssakow, Nikolai Andrejewitsch
  *Capriccio Espagnol, op. 34
  (Bearb. für zwei Klaviere)* 327
  Der goldene Hahn 89
  Scheherazade, op. 35 22
Rio de Janeiro
  Nationales Konservatorium 41, 122, 123
  Teatro Municipal 40, 46, 121, 201, 204, 255, 343
Risler, Edouard 175, 207 ff., 210, 259
Rivera, José 84 f., 87 f.
Robillant, Graf 261, 300, 372
Robillant, Gräfin Clémentine 261, 300, 372
Robinson, Edward G. 677
Roca, Julio 428
Rockefeller, Familie 80, 168
Rockefeller, Nelson A[ldrich] 598
Rodgers, Richard – Hammerstein II, Oscar
  Oklahoma 700
Rodzinski, Artur 439 f., 534, 542 f., 563, 612, 624, 630, 667, 688
Rodzinski, Halina, geb. Lilpop 383, 440, 534, 542, 543
Rogers, Ginger 356, 508
Rom
  Academia di Santa Cecilia 275, 340, 557, 664, 671
  Augusteo 220, 223, 249, 250, 275, 290, 394 f., 516
Rommel, Erwin 615, 673
Roncalli, Angelo Giuseppe, Patriarch von Venedig s. Johannes XXIII., Papst
Roosevelt, Anna Eleanor 549
Roosevelt, Franklin D[elano] 604, 605, 612, 613, 641
Roosevelt, Theodore 151, 563, 683
Roque, Jacqueline 714, 716
Rosa, Faustino da 11, 12, 14, 15, 18, 19, 31, 33, 34, 36, 37, 38, 40, 48, 50, 107
Rosario (Tänzerin) 599
Rosen, Pinkas Felix 738
Rossini, Gioacchino 671
Rossini, Gioacchino – Respighi, Ottorino
  Der Zauberladen (La Boutique fantasque) 232
Rothschild, Familie 163, 365, 615
Rothschild, Baron Alain de 742
Rothschild, Baron Edouard de 163, 265, 312, 313, 508, 602
Rothschild, Baronesse Germaine de 163, 265, 312, 314, 365, 401, 407 f., 518, 519, 554, 560, 569, 577, 584, 602, 672, 680
Rothschild, Baron Gustave de 212, 352
Rothschild, Baronesse Mary de 742
Rothschild, Maurice de 369 f.
Rothschild, Baronesse Nelly de 578
Rothschild, Baron Robert de 402, 407, 508, 578, 614
Rouché (Operndirektor) 325, 507
Rouget de Lisle, Claude Joseph
  Marseillaise 50
Rubens, Peter Paul 325
Rubin, Esther 678, 738
Rubin, Reuven 677 f., 719, 738
Rubinstein, Alina (Tochter) 163, 611, 635, 640 f., 653, 664, 669, 676, 685, 695, 698, 700, 701 f., 712, 717, 719–724, 726, 727–730, 736, 751
Rubinstein, Aniela (Nela), geb. Mlynarski (Gattin) 93, 145, 163, 170, 317, 318, 319 f., 321, 324, 328 f., 330, 331, 332 f., 334, 341 f., 346, 347, 348, 349, 366 f., 383 f., 385–388, 389–394, 394 f., 396 f., 398 ff., 402–421, 422–435, 438 f., 440, 442, 443 f., 445 f., 447 f., 449, 450, 451, 452, 453, 457–499, 500, 509, 510, 511, 512 f., 515, 517, 518 f., 520, 521, 522, 523, 524, 534, 540, 541, 542, 544, 545, 551, 552, 553, 554 ff., 558, 559, 560, 563 f., 565, 566, 568 f., 570, 574, 575, 576 f., 579, 584, 585, 586 f., 588, 592 f., 597 f., 600 f., 602, 604, 605 f., 607, 608–611, 612, 613, 615, 616 f., 618, 622, 633, 635, 636, 639, 643, 644, 645, 646, 648 f., 653, 656, 663, 664, 671, 680, 681, 683, 684, 685, 695, 701, 712, 713, 717, 726, 727, 729, 735, 736, 737, 738, 740, 743, 744, 747, 750, 756, 759
Rubinstein, Anton Grigorjewitsch 119, 161, 420, 740
  Konzert für Klavier und Orchester Nr. 4 d-Moll, op. 70 191
Rubinstein, Eva (Tochter) s. Coffin, Eva
Rubinstein, Felicija, geb. Heyman (Mutter) 65, 103, 104, 145, 153, 269
Rubinstein, Frania (Schwester) s. Likiernik, Frania
Rubinstein, Helena (Schwester) s. Landau, Helena
Rubinstein, Ida 707
Rubinstein, Ignacy (Bruder) 104, 145, 153, 646 f., 661, 663, 672
Rubinstein, Isaak (Vater) 65, 103, 104, 145, 153, 269
Rubinstein, Jadwiga (Schwester) s. Landau, Jadwiga
Rubinstein, Jason (Enkel) 731
Rubinstein, Jessica (Enkelin) 755
Rubinstein, John (Sohn) 163, 611, 646, 664, 669 f., 676, 685, 695, 698, 700, 701 f., 712, 717, 719–724, 726, 743, 750, 755

Rubinstein, Josef 749, 750
Rubinstein, Karol 268, 274
Rubinstein, Mike (Enkel) 755
Rubinstein, Nikolai 423
Rubinstein, Paul (Sohn) 452, 487, 498 f., 511, 518 ff., 520 f., 522, 524, 534, 545, 551, 561, 568, 577, 578, 584–587, 591, 596, 598, 600 ff., 606, 607, 610, 611, 613, 645, 646, 656, 658, 661, 663, 671, 676, 685, 700, 701, 731
Rubinstein, Stanislas (Stas) (Bruder) 153 f., 269
Rubinstein, Tadeusz (Bruder) 154
(Anton-)Rubinstein-Wettbewerb (St. Petersburg) 413, 418, 537
(Arthur-)Rubinstein-Wettbewerb (Jerusalem) 746 ff., 760
Rubljow, Andrei 417
Rudge, Antonietta 46
Rudolf, Erzherzog von Österreich 203
Ruffo, Titta 84, 87, 193, 509
Ruiz, Francisco 125, 195, 207, 209, 258, 342, 346, 374, 425, 428, 429, 521, 598
Rutland, Duchess of 108, 214
Rytel, Piotr 268

Saint-Saëns, Camille 252 f., 681
 Havanaise für Violine und Orchester, op. 83 688
 Der Karneval der Tiere
  Nr. 13 *Der Schwan* 615
 Konzert für Klavier und Orchester Nr. 2 g-Moll, op. 22 115, 249, 309, 629, 679, 691, 718
 Variationen über ein Thema von Beethoven, op. 35 209
Salamanca, Marqués Luis de 16, 35, 345 f.
Salamanca, Marquesa Nena de 16, 19, 35, 125, 199, 200, 205, 207, 345 f., 427, 430, 431, 432, 600
Salan, Raoul 674
Salmond, Felix 110, 287, 404
Salvador, Don 37, 38, 47
Salvati, Renato 20, 522 f., 652
Salverte, Gräfin 323
Samaroff, Olga 552
Sammons, Albert 102, 110, 287
San Francisco
 Civic Auditorium 544
 Oper 626, 627, 642, 643 f.
San Francisco Symphony Orchestra 116, 190, 534, 544
San Martino, Graf 220, 250, 275, 395, 671
Sánchez, Rafael 88 f., 94
Sandoz, Edouard Marcel 741
Sandrich, Mark
 The Gay Divorce (Filmregie) 356
Sanguszko, Fürst 138, 418

Santo Mauro, Herzog von 376
Sapieha, Fürst und Fürstin 103
Sarasate, Pablo de 627
Sargent, John Singer 189
Sarnoff, David 590 f., 592, 593
Satie, Eric 139, 176
 Gymnopédies 139
 Morceaux en forme de poire 139
Sauer, Emil von 307 f., 552
Sauguet, Henri 173
Scarlatti, Domenico 80, 251
Schaljapin, Fjodor Iwanowitsch 187 f., 192 f., 509
Scharf 655
Schelling, Ernest 309, 310
Schiafarelli, Luigi 46, 257, 427
Schiff, Paul 424 f., 449, 450, 499, 500, 501, 508, 510, 511, 525, 558, 560, 664
Schindler, Kurt 81
Schmitt, Florent 223
Schnabel, Artur 145, 208, 336, 515
Schneevoigt, Georg 530, 532 f., 720, 736
Schönberg, Arnold 75, 175, 620 f., 653, 675, 690, 707, 709
 Moses und Aron 709
 Pierrot Lunaire, op. 21 175
Schola Cantorum 81
Schostakowitsch, Dimitri
 Lady Macbeth von Minsk 439, 440
 Symphonie Nr. 1 f-Moll, op. 10 439
Schraml, José 207, 209
Schröder, Raúl von 51
Schubert, Franz 18, 30, 89, 137, 202, 307, 540, 622, 630, 672, 679, 699, 710, 711, 731
 Lieder 93
 Militärmarsch für Klavier D-Dur, op. 51 Nr. 1, D 733 (Bearb. von Karl Tausig) 69
 Quintett für zwei Violinen, Viola und zwei Violoncelli C-Dur, op. 163, D 956 622
 Sonate für Klavier B-Dur, op. posth., D 960 699, 730
 Symphonien 81
 Trio für Klavier, Violine und Violoncello Nr. 2 Es-Dur, op. 100, D 929 404, 622, 623
 Wanderer-Fantasie C-Dur, op. 15, D 760 730
Schumann, Clara, geb. Wieck 290, 668, 669, 754
Schumann, Elisabeth 113, 129, 133
Schumann, Robert 29, 119, 137, 200, 208, 294, 303, 352, 360, 447, 630, 644, 668, 679, 699, 710, 731
 Andante und Variationen B-Dur, op. 46 209
 Carnaval, op. 9 40, 162, 683, 699

Schuman, Robert *(Forts.)*
  Dichterliebe, op. 48
  Nr. 7 *Ich grolle nicht* 93
  Etudes Symphoniques, op. 13 162, 204, 699
  Fantasie für Klavier C-Dur, op. 17 696, 699
  Fantasiestücke, op. 12 683, 758
    Nr. 5 *In der Nacht* 265
  Konzert für Klavier und Orchester a-Moll, op. 54 435, 632, 669, 691, 758
  Kreisleriana, op. 16 699, 730
  Lieder 93
  Myrten, op. 25
    Nr. 1 *Widmung* 668
  Quintett für Klavier und Streichquartett Es-Dur, op. 44 730
  Symphonien 81, 690, 739, 761
Schuschnigg, Kurt Edler von 552
Schwartz, Stephen – Hirson, Roger O.
  Pippin 443
Schwarzkopf, Elisabeth 672, 761
Scottish Orchestra Glasgow 358
›Die Sechs‹ s. ›Les Six‹
Segovia, Andrés 93
Segurola, Andrés de 85
Selznick, David O. 615, 680
Sem (Georges Goursat) 139
Serkin, Rudolf 551, 561, 627, 679, 687
Sert, José Maria 177, 198, 214, 365
Sert, Misia 139, 140, 144, 146, 164, 176, 198, 214, 249, 315, 321 f., 325, 350, 363, 365, 402, 433, 450, 508, 515, 553, 554, 660, 664
Sharon, Ariel 733
Shaw, George Bernard
  Musik in London 373
Shearer, Norma 564
Sibelius, Jan 626
Sica, Vittorio de 712
Sienkiewicz-Lafont, Basia 518
Siloti, Alexander 149 f.
Siloti-Orchester, St. Petersburg 149
Simon, Sir John (später Viscount) 450
Simon, Michel 213, 732
Simpson, Wallis Warfield 513, 514
Singapur
  Victoria Hall 472
Singer, Fred 554, 555
Singer, Isaac Merrit 177
Singer, Paris 177
Singer, Washington 177
Sitwell, Sir Osbert 110, 286
Sitwell, Sacheverell 110, 286
›Les Six‹ 134 f., 139, 175, 265
›The Sketch‹, London 109
Skirmunt, Constanty 405

Skriabin, Alexander Nikolajewitsch 19, 30, 162, 208
  Sonate für Klavier Nr. 5 Fis-Dur, op. 53 696
Skzynski, Graf Alexander 273
Slonimski, Antoni 272
Smetana, Antanas 558, 559
Smith (Freund Noël Cowards) 476, 477 f.
Sociedad Hebraica, Buenos Aires 29, 47
Società Musicale, Palermo 397
Società del Quartetto, Mailand 220, 251, 276, 757
Sokolnicki, Henryk 412 f., 457
Sokolow, Nahum 450
Sokrates 245
Soler, Padre Antonio 200
Solomon, Cutner 372
Sonnenschein 392, 393 f.
Sophie s. Kochanski, Sophie
Sophokles 245, 246
Soutine, Chaïm 166 f.
Sparrow, Sylvia, verh. Caunter 102, 226, 286, 404 f.
Stalin (urspr. Dschugaschwili), Josef Wissarionowitsch 457, 497, 579, 610, 641, 702
Stanislaus I., Leszczyński, König von Polen 210
Stanislawski (urspr. Alexejew), Konstantin Sergejewitsch 419
Statsradiofoniens Orkester, Kopenhagen 309
Stefanides (Bankier) 245 f., 247, 336 f., 389
Stein, Jules 683, 756
Steinberg, William (Wilhelm) 630
Steinert, Alexander 151, 321, 326, 327
Steinway, Theodore 536 f., 594, 624, 650, 666
Steinway, William 535, 536
Steinway & Sons (Klavierhersteller) 32, 58, 67, 218, 219, 535, 536, 539, 540, 544, 594, 623
Stendhal (Henri Beyle) 42
Stern, Isaac 688, 703
Stevenson, Robert Louis
  Die Schatzinsel 54
Stinnes, Hugo 154
Stock, Frederick 66, 218
Stockhausen, Karlheinz 75, 709
Stokowski, Leopold 95, 116, 531, 599, 618, 620, 630, 667
Storrs, Sir Ronald 239, 240 f.
Stransky, Joseph 74, 151
Strauss, Minka 554
Strauss, Richard 229, 267, 273, 391, 675, 706 f.
  Arabella 502
  Ein Heldenleben, op. 40 347
  Salome, op. 54 128, 129
    Salomes Tanz (Bearb. von A. Rubinstein) 89

Strawinsky, Igor Fjodorowitsch 67, 68, 83, 84, 115, 136 f., 140, 141, 142 ff., 146, 162, 172, 176, 177, 178 f., 180, 181 ff., 185, 186, 192, 197 f., 213, 224 ff., 232, 248, 299, 360 f., 365, 372, 501, 514, 538, 616 f., 620, 621, 622, 632, 666, 675, 679, 690, 699, 706, 707 ff., 709, 712, 735
  Apollon Musagète 707
  Canticum sacrum ad honorem Sancti Marci nominis 708
  Capriccio für Klavier und Orchester 360
  Duo concertante für Violine und Klavier 198, 360
  Der Feuervogel 617, 707
    (Bearb. von Arthur Rubinstein) 89
  Die Geschichte vom Soldaten (L'histoire du soldat) 137, 707
  Konzert für Klavier und Bläser 198, 224
  Der Kuß der Fee (Le Baiser de la Fée) 707
  Mavra 143, 146, 172, 178, 182, 186
  Les Noces 137, 141, 707
  Oedipus Rex 707
  Oktett für Bläser 225
  Petruschka 22, 27, 137, 193, 617, 707
  Drei Sätze für Klavier 137, 177, 178, 181 f., 192 f., 194, 201, 208, 228, 235, 236, 245, 325, 389, 412, 413, 415, 416, 417, 439, 489, 490, 509, 524, 537, 538 f., 542, 609, 644
    Danse russe 193, 201
  Piano-Rag-Music 83, 115 f., 136, 175
  Psalmen-Sinfonie 708
  Pulcinella 198, 232
    Suite (Bearb. von Paul Kochanski) 298
  The Rake's Progress 708
  Le Renard 141
  Le Sacre du Printemps 44, 137, 175, 185, 323, 707
Strok (Konzertagent) 448, 449, 460, 461, 462, 463 f., 468, 472, 476, 479, 481
Styczynski 269
Sudeikin, Vera, verh. Strawinsky 142, 213, 372, 616 f., 622
Sullivan, Sir Arthur Seymour
  Der Mikado 463
Supervielle, Frau 200
Supervielle, Jules 200
Sydney
  Konservatorium 529 f.
Sylvia s. Sparrow, Sylvia
Szell, Georg[e] 394, 515, 531, 612, 619, 630, 632, 690, 739, 756, 761
Szer, Mania 270 ff.
Szeryng, Henryk 622, 683 f.
Szigeti, Joseph 614, 627
Szymanowski, Familie 83, 104, 132, 138, 559

Szymanowski, Frau (Mutter von Karol Sz.) 273
Szymanowski, Alexander 266
Szymanowski, Felix 273
Szymanowski, Karol 19, 30, 41, 46, 65, 67, 84, 132, 134, 136, 138, 140, 141, 144, 146, 149, 150, 151, 152, 162, 205, 267, 272, 273 f., 277, 279, 318, 326, 342, 349 f., 376, 401, 412, 501, 507, 508, 516 ff., 536, 699, 731, 761
  Etüden 79
  Hagith, op. 25 149, 151, 273
  Harnasie, op. 55 507, 516
  König Roger, op. 46 273, 726
  Konzerte für Violine und Orchester
    Nr. 1, op. 35 295, 400
    Nr. 2, op. 61 349, 433
  Masques, op. 34 138
  Mazurken für Klavier, op. 50 295, 303, 315, 556, 699
  Mythes, op. 30
    La Fontaine d'Aréthuse 205
    Notturno und Tarantella, op. 28
    Nr. 2 *Tarantella* 205
  Sonate für Klavier Nr. 3, op. 36 139
  Symphonien
    Nr. 2 B-Dur, op. 19 151
    Nr. 3, op. 27 (*Das Lied der Nacht*) 139, 295
  Symphonie concertante für Klavier und Orchester, op. 60 267, 342, 507, 623, 629, 718
Szymanowski, Nula 273 f.
Szymanowski, Stanislawa (Stasia) 274, 501, 517
Szymanowski, Zioka 273 f.

Tagliaferro, Magda 705
Taillefferre, Germaine 135, 172, 175, 265, 585
Tal, Josef 748
Talleyrand, Charles-Maurice, Herzog von 163
Tanglewood
  Berkshire Music Festival 550 f., 632
Tansman, Alexander 398, 621, 748
Tanyel, Seta 748
›The Tatler‹, London 108, 109
Tauber (Hotelbesitzer) 161, 195
Tausig, Karl 69
Tebaldi, Renata 171
›Le Temps‹, Paris 325, 365, 673
Tertis, Lionel 102, 110, 188 f., 287, 404 f., 622
Tessier, Valentine 213
Thibaud, Jacques 71, 102, 107 f., 110, 175, 252, 298 f., 404 f., 556, 558, 585, 622, 627, 681, 688, 704
›Time Magazine‹, New York 623
›The Times‹, London 187, 691
Tito (urspr. Broz), Josip 686, 687

Tizian (Tiziano Vecellio)
 Danae 232
 Himmlische und Irdische Liebe 729
Tokugawa, Marquis 466 f.
Tokugawa, Marquise 466 f.
Tolstoi, Leo Nikolajewitsch Graf
 Anna Karenina 373
 Krieg und Frieden 373
Tomsic, Dubravka 686 f.
Tortelier, Paul 703, 704, 763
Toscanini, Arturo 222, 229, 531, 543, 561, 567, 590, 599, 635, 636 ff., 639, 667
Toscanini, Carla 637
Toulouse
 Théâtre Capitol 220, 221 f.
Toulouse-Lautrec, Henri de 220
Tree, Iris 286
Trefusis, Violet 299 f.
Trio di Trieste 671
Trotzki, Leo Dawidowitsch (urspr. Leib Bronstein) 187, 295
Trzciński, Teofil 274, 388
Tschaikowsky, Peter Iljitsch 423, 626, 707
 Eugen Onegin, op. 24 419
 Konzerte für Klavier und Orchester 260
  Nr. 1 *b-Moll, op. 23* 267, 394, 403, 404, 422, 423 f., 453, 462, 528, 530, 536, 537, 543, 548, 562, 567, 571, 590, 591, 593, 618, 619, 624, 629, 640, 652, 653, 679, 724, 726
 Symphonie Nr. 4 f-Moll, op. 36 634
 Trio für Klavier, Violine und Violoncello a-Moll, op. 50 666, 678
Tschaikowsky-Wettbewerb (Moskau) 704
Tschechow, Anton Pawlowitsch 373
 Der Kirschgarten 419
Turczynski, Josef 318 f.
Tuwim, Juljan 272, 273, 318, 597, 603, 615
Twain, Mark (eigtl. Samuel Langhorne Clemens) 81

Ulmer, Edgar
 Carnegie Hall (Filmregie) 667 f.
Unzue, Familie 16
Urchs, Ernst 67, 219
Utah Symphony Orchestra, Salt Lake City 757

Valencia
 Teatro Principal 34
Valéry, Paul 171
Valiev, Nikita 141
Vallin, Ninon 48
Valmalète, Marcel de 165, 194, 210, 220, 221 f., 287, 294, 307, 308, 315, 340, 359 f., 372, 407 f., 421, 424 f., 664

Vanderbilt, Familie 80, 151, 168
Vanderbilt, Cornelius III 214
Vanderbilt, Grace 214, 535
Vanderbilt, William K. 171
Vandervelde, Emil 342 f.
Van Dyke, William S.
 Marie Antoinette (Filmregie) 564
›La Vanguardia‹, Barcelona 34
Van Wyck, Wilfried 567
Varèse, Edgar 74 f.
Vatikanstadt
 Sala Conciliazione 250, 671
Velázquez, Diego Rodríguez de Silva y 232
Vendôme, Herzog von 323
Venedig
 Festival für zeitgenössische Musik 228 f.
 Saal des Konservatoriums Benedetto Marcello 276
 Teatro La Fenice 228, 251, 671
Venizelos, Eleutherios 335
Verdi, Giuseppe 182, 228, 396, 671
 Aida 48, 58, 59 f., 114, 761
 Der Troubadour 48
Verdura, Conte (Fulco) 263
Verlaine, Paul 122, 373
Vermeer van Delft, Jan 325
Verne, Jules 124
Victor (Schallplattenfirma) (s. a. RCA-Victor) 72, 73 f., 115, 548, 562, 590, 591
Victoria Eugenia, Königin von Spanien 11, 155, 158, 180, 233, 234, 346, 376, 378, 405
Viera, Feliciano 24, 25
Viertel, Salka 609
Viktor Emanuel III., König von Italien 625
Viktoria, Königin von England 285, 472
Villa-Lobos, Heitor 122–125, 127, 201 f., 203, 220, 223 f., 252, 257, 277, 322, 343 f., 598, 604, 699
 Amazonas 123
 Chôro für zwanzig Violoncelli 604
 Chôro Nr. 2 für Flöte und Klarinette 124
 Lieder 202
 A Próle do Bébé 124, 125, 162, 699
 Rudepoêma pour piano solo 322 f., 599, 601, 604
 Streichquartette 124, 202
Villa-Lobos, Lucille 124
Vilmorin, Louise de 205
I Virtuosi di Roma 671
Vivaldi, Antonio 228, 671
Vix, Geneviève 128, 129
Vollard, Ambroise 677
Vollmoeller, Karl Gustav
 Das Mirakel 214
Volpi, Contessa 300, 712

Volpi, Giuseppe 300
Vuillard, Edouard 139

Wagner, Richard 29, 81, 116, 281, 283, 288, 327, 394
  Die Meistersinger von Nürnberg 431, 751, 761
    Vorspiel 344
    Preislied (Bearb. von Eugène Ysaÿe) 77 f., 79
  Parsifal 316, 318, 390 f., 398
  Der Ring des Nibelungen
    Die Walküre
      Walkürenritt (Bearb. von Arthur Rubinstein) 89, 303
  Tristan und Isolde 281
    Isoldes Liebestod (Bearb. von Franz Liszt) 89
Walden, Lady Howard de 188
Waldstein, Graf Ferdinand 203
Wales, Prinz von s. Eduard VIII., König von Großbritannien
Wallenstein, Alfred 563, 564, 594, 609, 620, 630, 679, 690, 691, 718
Walter (urspr. Schlesinger), Bruno 613, 620, 630, 667
Walton, William Turner 110
  Sinfonia concertante für Klavier und Orchester 110
Ward, Mrs. Dudley 283, 284, 285
Warden, Irene (später Contessa Cittadini) 449 f., 452
Warner, Jack 666 f.
Warschau
  Filharmonja 267 f., 274, 294, 383, 702
  Große Oper 318, 726
  Konservatorium 154, 273, 332
Washington
  Constitution Hall 549, 563, 701
Webern, Anton von 690, 707, 709
Weil 365
Weingartner, Felix von 209
Wells, H[erbert] G[eorge] 286, 560 f.
Wells, Rebecca 676
Wendell, Mr. 150
Wendell, Ruth 150 f.
Werfel, Franz 620
Werstowski, Alexei Nikolajewitsch
  Pan Twardowski 295
Wesendon[c]k, Mathilde 281
Westminster, Herzog von 356, 372

Whitestone, Annabelle 760, 761, 762, 763, 766
Wiborg, Hoyty 151, 378, 536
Wien
  Musikvereinssaal 307
Wiéner, Jean 135, 175
Wierzyński, Kazimierz 272, 597
Wiggins (Mädchen im Hause Bergheim) 101
Wigman, Mary 388
Wilcox, Max 758
Wilde, Oscar 140
Wilhelm II., Deutscher Kaiser 186, 763
Wilhelmina, Königin der Niederlande 755
Willard, Joseph E. 56
Williams, Alberto 16, 17, 18, 29 f.
Wilson, Hilary (später Lady Munster) 372
Wilson, Thomas Woodrow 103, 186, 187
Windsor, Herzog von s. Eduard VIII., König von Großbritannien
Windsor Festival 754
Wittgenstein (Sayn-Wittgenstein), Fürstin Karolyne, geb. Iwanowska 416
Wladimir, Großfürst von Rußland 139, 231
Wolfson (Konzertagentur) 72, 73, 115
Wood, Sir Henry J. 113, 189, 356
Wrangel, Baron 133
Wrangel, Maryla, geb. Landau (Nichte) 83, 104, 133, 154, 603

Xerxes I., König von Persien 736

Yadin, Yigael 682, 733
›The Yellow Book‹, London 677
Yomiuri Japanese Symphony Orchestra, Tokio 726
Ysaÿe, Eugène 48, 66, 77 ff., 95, 115, 151, 435 f., 627
Ysaÿe-Wettbewerb (Brüssel) 552 f.
Yvonne (Gouvernante) 577, 584, 585, 586, 596, 600, 601, 604

Zamoyski, Graf August 183, 569, 577
Zatajewitsch, Alexander 419
Zeleński, Ladislas 272
Ziegfeld Follies 217
Zimbalist, Efrem 81, 85, 155, 189
Zola, Émile 542, 673
Zosia s. Kochanski, Sophie (Zosia)
Zuckertort, Johannes 110

Das Register wurde von Wolfgang Kloft zusammengestellt

Bildnachweis

Sämtliche Bilder sind Eigentum des Autors mit folgenden Ausnahmen:

Clive Barda (›mit Barenboim‹)
Nomi Baumgartl, Düsseldorf
 (Umschlagseite und ›Anfang 1980‹)
City News Bureau, Washington, D. C. (›mit
 Indira Gandhi‹)
Renate Dabrowski, Frankfurt (›Ehepaar Rubinstein in Frankfurt‹)
Loomis Dean, Life Magazine, © 1948, Time Inc.
 und © 1958, Time Inc.
 (›Familie Rubinstein 1948‹ und ›Familie
 Rubinstein ist ausgegangen‹)
B. J. Dorys (›Nela 1928‹)
Bill Fitz-Patrick (›Weißes Haus‹ und ›Carter‹)
Herbert Gehr, Life Magazine, © Time Inc.
 (›Toscanini‹)

Israel Sun (›mit Golda Meir‹)
Dimitri Kissel, Life Magazine, © 1959 Time Inc.
 (›Boston 1959‹)
Patrice Picot, Jours de France
 (›Oscar-Verleihung‹)
RCA Records (›Eva tanzt‹ und ›Studio der
 RCA‹)
Eva Rubinstein (›mit Sol Hurok‹)
Mrs. Vera Stravinsky (›Strawinsky und Fürstin
 de Polignac‹)
Alton Taube (›mit Segovia‹)
© 1976 *Avraham Toren* (›Jerusalem Symphony
 Orchestra‹ und ›Der Neunzigjährige‹)
Twentieth Century-Fox Productions (›Beverly Hills‹)
White House (›Präsident Ford‹)

Inhalt

Vorwort
7

Erster Teil
Das Land der Verheißung –
Südamerika und das Ende des Ersten Weltkrieges
9

Zweiter Teil
Zweiter Versuch in den Vereinigten Staaten
und Abenteuer in Mexiko
63

Dritter Teil
Europa nach dem Kriege und die goldenen zwanziger Jahre
99

Vierter Teil
Ehe und Familie
381

Fünfter Teil
Eine große Konzerttournee im Orient
457

Sechster Teil
1937: Meine längste Tournee
und die triumphale Rückkehr in die USA
507

Siebenter Teil
Zweiter Weltkrieg, Flucht nach Hollywood
und Erwerb der amerikanischen Staatsbürgerschaft
583

Achter Teil
Wieder daheim in Paris,
noch mehr Konzertreisen und Schallplattenaufnahmen
695

Epilog
767

Register
769

Bildnachweis
794